NJW Praxis

Im Einvernehmen mit den Herausgebern der NJW
herausgegeben von
Rechtsanwalt Felix Busse

Band 93

Pharmarecht

Arzneimittel- und Medizinprodukterecht

von

Dr. Alexander Meier
Rechtsanwalt in München und Amsterdam

Peter von Czettritz
Rechtsanwalt in München

Dr. Marc Gabriel, LL.M.
Rechtsanwalt, Fachanwalt für Vergaberecht und Fachanwalt
für Verwaltungsrecht in Berlin

Prof. Dr. Marcel Kaufmann, LL.M.
Rechtsanwalt in Berlin

2., vollständig überarbeitete Auflage 2018

C.H.BECK

Zitierweise: Meier/von Czettritz/Gabriel/Kaufmann PharmaR § ... Rn. ...

www.beck.de

ISBN 978 3 406 70319 5

© 2018 Verlag C. H. Beck oHG
Wilhelmstraße 9, 80801 München
Druck: Nomos Verlagsgesellschaft mbH & Co. KG / Druckhaus Nomos
In den Lissen 12, 76547 Sinzheim
Satz und Umschlaggestaltung: Druckerei C. H. Beck Nördlingen
(Adresse wie Verlag)

Gedruckt auf säurefreiem, alterungsbeständigem Papier
(hergestellt aus chlorfrei gebleichtem Zellstoff)

Vorwort der 2. Auflage

Das Pharmarecht ist ein vielfältiges und anspruchsvolles Rechtsgebiet: Es beinhaltet Teile des öffentlichen Rechts, wie zB das Arzneimittelrecht mit den Anforderungen an die Zulassung und Verkehrsfähigkeit eines Arzneimittels oder das Medizinprodukterecht mit dem, teilweise dem Zivilrecht zugeordnetem Erfordernis einer Zertifizierung für Medizinprodukte, aber auch wettbewerbsrechtliche Fragestellungen im Bereich der Bewerbung von Arzneimitteln und Medizinprodukten, sozialrechtliche Fragestellungen von der Preisfestsetzung bis zur Erstattung von verschreibungspflichtigen Arzneimitteln, sowie vergaberechtliche Fragestellungen wie die Ausschreibung von Rabattverträgen durch Krankenkassen. Der heutige Alltag eines mit diesen Materien befassten Rechtsanwenders ist durch die mannigfaltige Verknüpfung dieser Rechtsbereiche und eine in den letzten Jahren stetig gewachsene und auch weiter steigende Regelungsdichte gekennzeichnet.

Ziel dieses nun in der zweiten Auflage erscheinenden Lehrbuchs ist es, einem in der Pharmabranche tätigen Juristen eine systematische, komprimierte und rechtsübergreifende Aufbereitung der pharmaspezifischen Bereiche des regulatorischen Rechts zur Verfügung zu stellen. Bereits die Erarbeitung der einzelnen Rechtsbereiche für sich gestaltet sich nicht immer einfach. Weitaus schwieriger ist aber, dass die Querverbindungen der einzelnen Rechtsbereiche zueinander häufig in Form eines „learning by doing" erarbeitet werden müssen. Dieser Situation ein Ende zu bereiten, war Herausforderung und Ansporn zugleich für die Erstellung dieses Lehrbuches, und dem stellten sich die Autoren nun auch in der zweiten Auflage mit Freude und Leidenschaft.

Alle Bereiche des Lehrbuches wurden insbesondere aufgrund der Tätigkeiten des europäischen und deutschen Gesetzgebers seit der ersten Auflage zum Teil umfangreich aktualisiert. Im ersten Teil wurden u.a. die Auswirkungen des BREXIT auf das Pharmarecht adressiert. Im zweiten Teil „Arzneimittel" wurde insbesondere die zwischenzeitlich in Kraft getretene und voraussichtlich im zweiten Halbjahr 2019 gültig werdende EU-Verordnung zu klinischen Prüfungen aufgenommen als auch der Zugang zu klinischen Studiendaten, der in den letzten Jahren eine zunehmende Bedeutung erlangt hat. Im dritten Teil „Medizinprodukte" hat das Inkrafttreten der Medical Device Regulation (MDR) am 25.5.2017 mit Geltungsbeginn am 26.5.2020 eine entsprechende Aktualisierung und erste Kommentierung erforderlich gemacht. Im vierten Teil der „Bewerbung von Arzneimitteln und Medizinprodukten" wurden insbesondere auch Anpassungen an die in den letzten vier Jahren erfolgten HWG- und UWG-Novellen vorgenommen. Im fünften Teil zur gesetzlichen und privaten Krankenversicherung wurden u.a. die Neuerungen des GKV-Versorgungsstärkungsgesetzes aus dem Jahre 2017 zu den Wirtschaftlichkeitsprüfungen und zum Apothekenabschlag berücksichtigt und die sich entwickelnde Praxis zur frühen Nutzenbewertung ausgewertet. Der sechste Teil war aufgrund der im April 2016 in Kraft getretenen deutschen Vergaberechtsreform umfassend zu aktualisieren, da die Vergaberechtsmodernisierung durch VergRModG und VergRModVO weitreichende Änderungen in den meisten vergaberechtlichen Regelwerken bewirkte.

Über vier Jahre nach dem Erscheinen der ersten Auflage ist die Begeisterung der mitwirkenden Autoren und auch des Verlags C.H.BECK an diesem Projekt ungebrochen. Daher sind wir froh, nunmehr die zweite Auflage dieses durchweg an den Bedürfnissen der Praxis orientierten Lehrbuches realisiert zu haben.

Danken möchten wir wieder allen, die uns bei der Erstellung des Lehrbuches durch Rat und Tat unterstützt haben. Unser Dank gilt insbesondere unseren Familien für ihr Verständnis hierfür. Besonderer Dank gilt schließlich dem Verlag C.H.BECK für die Unterstützung des Konzepts sowie die durchweg verständnisvolle und hilfreiche Begleitung bei der Erstellung der zweiten Auflage.

Für Anregungen, weiterführende Hinweise und Kritik sind die Autoren und der Verlag C.H.BECK dankbar.

Amsterdam/München/Berlin, im Juni 2018

Alexander Meier   *Peter von Czettritz*   *Marc Gabriel*   *Marcel Kaufmann*

Bearbeiterverzeichnis

(alphabetisch)

Peter von Czettritz .... §§ 5, 6 (zs. mit *Tanja Strelow*)
§§ 7–9 (zs. mit *Dr. Stephanie Thewes*)
Dr. Marc Gabriel .... §§ 13, 14
Prof. Dr. Marcel Kaufmann .... §§ 10–12
Dr. Alexander Meier .... §§ 1–4

Inhaltsübersicht

Vorwort der 2. Auflage	V
Bearbeiterverzeichnis	VII
Inhaltsverzeichnis	XI
Abkürzungsverzeichnis	XXVII
1. Teil. Pharmarecht	**1**
§ 1 Grundlagen und Strukturen des Pharmarechts	1
2. Teil. Arzneimittel	**17**
§ 2 Grundlagen des Arzneimittelrechts	17
§ 3 Prüfung, Herstellung und Zulassung von Arzneimitteln	34
§ 4 Inverkehrbringen, Überwachung und Schutz von Arzneimitteln	146
3. Teil. Medizinprodukte	**213**
§ 5 Entwicklung und Zertifizierung von Medizinprodukten	213
§ 6 Inverkehrbringen und Überwachung von Medizinprodukten	244
4. Teil. Die Bewerbung von Arzneimitteln und Medizinprodukten	**259**
§ 7 Grundlagen und Strukturen	259
§ 8 Das Heilmittelwerbegesetz	267
§ 9 Das UWG im Heilmittelwerberecht	302
5. Teil. Arzneimittel und Medizinprodukte in der gesetzlichen und privaten Krankenkasse	**307**
§ 10 Grundlagen der gesetzlichen und der privaten Krankenversicherung	308
§ 11 Preisfestsetzung und Erstattung	318
§ 12 Kollektivvertragliche Steuerungsinstrumente	378
6. Teil. Wettbewerbliche Selektivverträge für Arzneimittel und Medizinprodukte	**391**
§ 13 Individualvertragliche Steuerungsinstrumente	393
§ 14 Ausschreibung von Verträgen in der GKV	408
Sachregister	**487**

Inhaltsverzeichnis

1. Teil. Pharmarecht	1
§ 1 Grundlagen und Strukturen des Pharmarechts	1
A. Einleitung	1
B. Entwicklung des Pharmarechts	3
C. Europäisierung und Globalisierung des Arzneimittelrechts	6
I. Europäisierung	6
1. Anwendungsvorrang des Gemeinschaftsrechts	7
2. Bindungswirkung von Sekundärrechtsakten	8
3. Warenverkehrsfreiheit und Parallelimport von Arzneimitteln	10
4. Gemeinschaftsrechtskonformer Vollzug nationaler Bestimmungen	11
5. Veränderungen in den arzneimittelrechtlichen Verwaltungsstrukturen	11
a) Die Europäische Kommission und die Europäische Arzneimittelagentur (EMA)	11
b) Die nationalen Arzneimittelbehörden	12
6. Veränderungen in arzneimittelrechtlichen Verwaltungsverfahren	12
II. Globalisierung	13
D. BREXIT	14
2. Teil. Arzneimittel	17
§ 2 Grundlagen des Arzneimittelrechts	17
A. Rechtsgrundlagen	17
B. Zweck und Funktionen des Arzneimittelrechts	20
C. Der Arzneimittelbegriff und dessen Bedeutung im AMG	21
I. Arzneimittelbegriff	21
1. Stoffe und Zubereitungen aus Stoffen	22
2. Präsentationsarzneimittel	22
3. Funktionsarzneimittel (Abs. 1 Nr. 2 (a))	22
4. Diagnostika (Abs. 1 Nr. 2 (b))	24
5. Objektive Zweckbestimmung und Wirkung	24
II. Geltungsarzneimittel	24
III. Abgrenzung des Arzneimittels zu anderen Produktkategorien	25
1. Lebensmittel	25
2. Kosmetische Mittel	26
3. Tabakerzeugnisse	26
4. Biozid-Produkte	27
5. Medizinprodukte und Zubehör für Medizinprodukte	27
6. Menschliche Organe	28
IV. Zweifelsfallregelung des § 2 Abs. 3a AMG	29
D. Prinzip der globalen Marktzulassung	29
E. Anwendungsbereich des Arzneimittelgesetzes	30
I. Eröffnung des Anwendungsbereichs des Arzneimittelgesetzes	30
II. Ausnahmen vom Anwendungsbereich	30
III. Sondervorschriften für neuartige Therapien	30
F. Allgemeine Anforderungen an Arzneimittel	31
I. Verkehrsverbote	31
1. Absolute Verkehrsverbote der §§ 5 und 6a AMG	31
2. Relative Verkehrsverbote der §§ 6 und 7 AMG	32

II. Täuschungsverbote ... 33
III. Kennzeichnungs- und Informationspflichten ... 34

§ 3 Prüfung, Herstellung und Zulassung von Arzneimitteln ... 34

A. Die Prüfung von Arzneimitteln am Menschen ... 34
   I. Rechtlicher Rahmen für die Durchführung klinischer Prüfungen ... 35
   II. Derzeitige Rechtslage unter RL 2001/20 ... 37
      1. Begrifflichkeiten und Abgrenzungen ... 37
         a) Kriterien der klinischen Prüfung ... 37
         b) Prüfpräparat ... 39
         c) Sponsor ... 39
         d) Prüfer ... 40
      2. Phasen klinischer Prüfungen ... 40
         a) Klinische Prüfungen *vor* Zulassungserteilung ... 40
         b) Klinische Prüfungen *nach* Zulassungserteilung ... 42
      3. Planung und Durchführung einer klinischen Prüfung ... 42
         a) Genehmigung der klinischen Prüfung ... 43
         b) Durchführung der klinischen Prüfung ... 44
      4. Exkurs: Die nicht-interventionelle Prüfung, insbesondere die Anwendungsbeobachtung ... 45
         a) Begriff und Abgrenzung ... 45
         b) Prinzip der Nichtintervention ... 46
         c) Anzeigepflicht ... 47
         d) Sonstige Vorgaben für die Ausgestaltung ... 47
   III. Künftige Rechtslage unter Verordnung 536/2014 ... 48
      1. Hintergrund und Ziele der VO 536/2014 ... 48
      2. Implementierung der VO 536/2014 in den EU-Mitgliedstaaten ... 49
      3. Neue Terminologie und deren Konsequenzen ... 50
         a) Klinische Studie ... 50
         b) Klinische Prüfung ... 50
         c) Minimalinterventionelle klinische Prüfung ... 51
         d) Nichtinterventionelle Studie ... 51
         e) Konsequenzen der neuen Terminologie ... 51
      4. Sponsor und Prüfer ... 52
         a) Sponsor ... 52
         b) Prüfer ... 53
      5. Das EU-Portal und die EU-Datenbank ... 53
      6. Zugang zu Dokumenten und Informationen ... 54
      7. Verfahren zur Genehmigung einer klinischen Prüfung ... 55
         a) Einreichung des Antrags ... 55
         b) Antragsvalidierung und -prüfung ... 56
         c) Bewertungsbericht ... 56
         d) Entscheidung über die Durchführung der klinischen Prüfung ... 58
         e) Zurückziehung und Neueinreichung eines Genehmigungsantrags ... 59
         f) Zufügung eines weiteren betroffenen Mitgliedstaats ... 60
      8. Weitere bedeutsame Bestimmungen der VO 536/2014 ... 60
         a) Wesentliche Änderung einer klinischen Prüfung ... 60
         b) Sicherheitsberichterstattung im Rahmen einer klinischen Prüfung ... 60
         c) Schutz der Prüfungsteilnehmer und Einwilligung nach Aufklärung ... 61
      9. Die ergänzenden Regelungen des 4. AMG-Änderungsgesetzes ... 61
      10. Ausblick ... 62

B. Herstellung und Einfuhr von Arzneimitteln ... 62
   I. Die Herstellungserlaubnis ... 63
      1. Erforderlichkeit einer Herstellungs- und Einfuhrerlaubnis ... 63
      2. Versagungsgründe ... 64
      3. Entscheidung über die Herstellungs- und Einfuhrerlaubnis ... 64
   II. Qualitätsanforderungen an die Arzneimittelherstellung ... 65

C. Zulassung von Arzneimitteln ... 66
   I. Einleitung ... 66

II. Zulassungsverfahren und Zulassungsbehörden	66
1. Zulassungsverfahren	66
2. Zulassungsbehörden	67
III. Antragsarten	68
1. Vollantrag	68
2. „Informed Consent-Antrag"	70
3. Generikumsantrag	70
4. Hybrid-Zulassungsantrag	71
5. Fixkombination	71
6. Well-established-use- bzw. Literaturzulassungsantrag	71
7. Biosimilar-Antrag	72
8. Parallelimportzulassung	72
9. Antrag auf Nachzulassung	73
IV. Zulassungspflichtige Arzneimittel	74
1. Grundsatz der Zulassungspflicht	74
2. Ausnahmen von der Zulassungspflicht	74
V. Nationales Zulassungsverfahren	76
1. Anwendungsbereich	76
2. Verfahrensablauf und Versagungsgründe	77
a) Antragsteller	77
b) Validierung	77
c) Versagungsgründe des § 25 Abs. 2 AMG	77
d) Versagungsgründe des § 25 Abs. 3 AMG	78
e) Mängelbescheid	79
f) Vorprüfung	79
g) Sonderregelungen	79
3. Entscheidung über den Zulassungsantrag	80
4. Änderungen der Arzneimittelzulassung	82
a) „Tell and Do"-Änderungen	82
b) Bezeichnungsänderung	84
c) Zustimmungsbedürftige Änderungen	84
d) Änderungen mit Neuzulassungserfordernis § 29 Abs. 3 AMG	85
5. Rücknahme, Widerruf und Ruhen der Zulassung	85
6. Erlöschen und Verlängerung der Zulassung	86
7. Rechtsschutzfragen	87
VI. Zentrales Europäisches Zulassungsverfahren	88
1. Entstehungsgeschichte	88
2. Anwendungsbereich	89
a) „Mandatory Scope"	90
b) „Optional Scope"	90
3. Verfahrensablauf und Versagungsgründe	91
a) Notifizierung der EMA und Ernennung von Rapporteur und Co-Rapporteur	91
b) Einreichung des Zulassungsantrages und Validierungsphase	91
c) Erstbeurteilung	92
d) „Clock-Stop"	93
e) Zweitbeurteilung	93
f) CHMP-Empfehlung und Kommissionsentscheidung	93
g) Entscheidungsentwurf der Europäischen Kommission und Einbeziehung des CHMP	94
h) Entscheidung der Europäischen Kommission	95
4. Besondere Zulassungsarten und -verfahren	96
5. Änderungen der Arzneimittelzulassung	97
a) Klassifizierung der Änderungen	98
b) Überwachungsmaßnahmen und -instrumente	99
6. Rücknahme, Widerruf und Ruhen der Zulassung	100
7. Erlöschen und Verlängerung der Zulassung	101
8. Rechtsschutzfragen	101

- VII. Verfahren der Gegenseitigen Anerkennung und Dezentrales Zulassungsverfahren 102
  - 1. Verfahren der Gegenseitigen Anerkennung 102
    - a) Erstellung der Zulassungsdokumentation 102
    - b) Anerkennungsantrag in den betroffenen Mitgliedstaaten 102
    - c) Anerkennungsverfahren 102
    - d) Nationale Phase 104
  - 2. Dezentrales Zulassungsverfahren 104
    - a) Zulassungsantrag in den betroffenen Mitgliedstaaten 105
    - b) Zulassungsverfahren 105
    - c) Nationale Phase 106
  - 3. Änderungen der Arzneimittelzulassung 107
  - 4. Rücknahme, Widerruf und Ruhen der Zulassung 108
    - a) Einleitung zu Referral-Verfahren 108
    - b) Arten von Referral-Verfahren 109
    - c) Veröffentlichung von Informationen über Referral-Verfahren 110
    - d) Ablauf des Referral-Verfahrens 110
  - 5. Erlöschen und Verlängerung der Zulassung 111
  - 6. Rechtsschutzfragen 111
- VIII. Widerstreitende und mehrfache Zulassungsanträge 112
- IX. Registrierung von Arzneimitteln 112
  - 1. Registrierung homöopathischer Arzneimittel 112
    - a) Registrierungspflicht homöopathischer Arzneimittel 113
    - b) Antragsunterlagen für die Registrierung 113
    - c) Materielle Anforderungen 113
    - d) Kennzeichnung homöopathischer Arzneimittel 114
    - e) Änderungen und Gültigkeit der Registrierung 115
  - 2. Registrierung traditioneller pflanzlicher Arzneimittel 115
    - a) Registrierung traditioneller pflanzlicher Arzneimittel 116
    - b) Registrierungsunterlagen für traditionelle pflanzliche Arzneimittel 116
    - c) Entscheidung über die Registrierung traditioneller pflanzlicher Arzneimittel 117
    - d) Kennzeichnung der traditionellen pflanzlichen Arzneimittel 117
    - e) Gültigkeit der Registrierung und sonstige Verfahrensvorschriften . 118
- D. Transparenz klinischer Studiendaten 118
  - 1. Hintergrund und Entwicklung des Zugangs zu Studiendaten 118
    - a) Reaktiver Zugang zu Daten und Dokumenten 119
    - b) Proaktiver Zugang zu Daten und Dokumenten 120
  - 2. EMA und Transparenz klinischer Studiendaten 120
  - 3. Schutz von Betriebs- und Geschäftsgeheimnissen 122
- E. Arzneimittel für seltene Leiden 123
  - I. Rechtliche Grundlage 123
  - II. Das COMP 124
  - III. Ausweisung als Arzneimittel für seltene Leiden 125
    - 1. Kriterien für die Ausweisung als Arzneimittel für seltene Leiden 125
      - a) Behandlung eines seltenen Leidens als spezifische Zweckbestimmung 125
      - b) Erheblicher Nutzen 125
    - 2. Verfahren zur Ausweisung als Arzneimittel für seltene Leiden 126
    - 3. Eigenständige Zulassungen für Orphan Drugs 127
    - 4. Übertragung der Ausweisung als Arzneimittel für seltene Leiden 127
    - 5. Verfahren zur Streichung aus dem Gemeinschaftsregister für Arzneimittel für seltene Leiden 128
  - IV. Marktexklusivitätsrecht 128
    - 1. Schutzumfang des Orphan Marktexklusivitätsrechts 128
    - 2. Verkürzung des Schutzzeitraums 129
    - 3. Ausnahmen vom Orphan Marktexklusivitätsrecht 130

F. Kinderarzneimittel 130
  I. Rechtliche Grundlage 130
  II. Der Pädiatrieausschuss 131
  III. Durchführung von Studien gemäß einem pädiatrischen Prüfkonzept 132
    1. Art. 7-PIP 132
    2. Art. 8-PIP 132
    3. Ausnahmen 133
    4. Freigestellte Arzneimittel 133
  IV. Billigung des PIPs 134
  V. Zurückstellung oder Änderung des PIPs 134
  VI. Die „Genehmigung für die Pädiatrische Verwendung" (PUMA) 135
    1. Begriff der PUMA 135
    2. Genehmigung der PUMA 135
    3. Spezifisches Anreizsystem für PUMA 136
  VII. Übereinstimmung mit dem Pädiatrischen Prüfkonzept 136
  VIII. Anreize und weitere pädiatrische Verpflichtungen 137
    1. Möglichkeit des zentralen Zulassungsverfahrens 137
    2. Kennzeichnungsanforderungen 137
    3. Spezifische Anforderungen im Anschluss an die Zulassung 138
    4. Veröffentlichung des Studienergebnisses 138
    5. Bonusse und Anreize 139
  IX. Ausblick 139

G. Arzneimittel für neuartige Therapien 140
  I. Einleitung 140
  II. Anwendungsbereich 141
    1. Begriff der Arzneimittel für neuartige Therapien 141
    2. Zweifelsfallregelungen 142
    3. Ausnahmen vom Anwendungsbereich 142
  III. Die Rolle der EMA und des „Committee for Advanced Therapies"
       (CAT) 143
  IV. Genehmigung für das Inverkehrbringen 143
    1. Anforderungen für die Genehmigung für das Inverkehrbringen .. 144
    2. Genehmigungsverfahren 144
  V. Anforderungen an die Kennzeichnung 145
  VI. Anforderungen nach erfolgter Genehmigung 145
  VII. Anreize 145

§ 4 Inverkehrbringen, Überwachung und Schutz von Arzneimitteln 146
A. Das Inverkehrbringen von Arzneimitteln 146
  I. Kennzeichnung 146
    1. Umverpackung 146
      a) Inhalt und Umfang der Pflichtangaben 147
      b) Zulässigkeit weitere Angaben 148
      c) Sonstige Vorgaben des § 10 AMG 149
    2. Packungsbeilage § 11 AMG 149
    3. Fachinformation § 11a AMG 150
  II. Apotheken- und Verschreibungspflicht 151
    1. Grundsatz der Apothekenpflicht 151
    2. Ausnahmen von der Apothekenpflicht 152
    3. Verschreibungspflichtige Arzneimittel 153
  III. Abgabe von Arzneimitteln 154
    1. Vertriebswege und Abgabeformen 154
      a) Generelle Vertriebswege 154
      b) Sondervertriebswege 155
      c) Sonstige Abgabeformen 156
    2. Großhandel mit Arzneimitteln 156
    3. Bereitstellung von Arzneimitteln 156
    4. Informationsbeauftragter 157
    5. Pharmaberater 157

IV. Haftung für Arzneimittelschäden ... 158
1. Gefährdungshaftung ... 158
   a) Personenschaden ... 158
   b) Haftungsobjekt ... 158
   c) Haftungsgrund ... 159
   d) Haftender ... 160
   e) Kausalitätsvermutung ... 160
   f) Haftungsumfang ... 161
2. Auskunftsanspruch § 84a AMG ... 163
   a) Anspruchsvoraussetzungen ... 163
   b) Anspruchsinhalt ... 163
   c) Anspruchsausschluss ... 163
   d) Auskunftsverpflichtete ... 164
3. Gerichtszuständigkeit ... 164
4. Weitergehende Haftung ... 164
5. Deckungsvorsorge ... 164

B. Die Arzneimittelüberwachung ... 165
I. Pharmakovigilanz ... 165
   1. Pharmakovigilanz-System der zuständigen Behörden ... 165
   2. Stufenplan ... 167
   3. Stufenplanbeauftragter ... 168
   4. Pharmakovigilanz-Pflichten des Zulassungsinhabers ... 169
   5. Nichtinterventionelle Unbedenklichkeitsprüfungen ... 171
      a) Begriff der Unbedenklichkeitsprüfung ... 171
      b) Anzeigepflicht ... 172
      c) Zulassungsverfahren ... 172
      d) Unzulässigkeit der Unbedenklichkeitsprüfung ... 172
      e) Weitere Anzeigepflichten ... 172
   6. Tierarzneimittel ... 173
II. Behördliche Überwachung ... 173
   1. Zuständige Überwachungsbehörden ... 173
   2. Durchführung der Überwachung ... 174
   3. Probenahme ... 175
   4. Duldungs- und Mitwirkungspflichten ... 175
   5. Anzeigepflichten ... 176
   6. Datenbankgestütztes Informationssystem ... 177
   7. Maßnahmen der zuständigen Aufsichtsbehörde ... 177

C. Sonderregelungen für Tierarzneimittel ... 179
I. Einleitung ... 179
II. Sondervorschriften für Tierarzneimittel ... 181

D. Der Schutz von Arzneimitteln ... 182
I. Einleitung ... 182
   1. Gewerbliche Schutzrechte ... 183
   2. Sonstige Schutzrechte ... 183
II. Patent ... 185
   1. Rechtliche Grundlagen ... 185
   2. Erteilungskriterien ... 186
   3. Erteilungsverfahren ... 186
      a) Nationale Patentanmeldung ... 186
      b) Europäische Patentanmeldung ... 188
      c) Patentanmeldung nach dem Zusammenarbeitsvertrag (PCT) ... 188
   4. Wirkung und Schutzdauer des Patents ... 189
III. Ergänzendes Schutzzertifikat ... 190
   1. Rechtliche Grundlage ... 190
   2. Erteilungskriterien ... 190
   3. Erteilungsverfahren ... 191
   4. Wirkung des Ergänzenden Schutzzertifikats ... 191

IV. Gebrauchsmuster	192
1. Rechtliche Grundlage	192
2. Schutzvoraussetzungen	192
3. Eintragungsverfahren	193
4. Wirkung und Schutzdauer des Gebrauchsmusters	194
V. Eingetragenes Design	194
1. Rechtliche Grundlage	194
2. Schutzvoraussetzungen	195
3. Eintragungsverfahren	195
4. Wirkung des eingetragenen Designs	196
VI. Marken	196
1. Rechtliche Grundlagen	196
2. Erteilungskriterien	197
3. Erteilungsverfahren	197
a) Nationale Marke	197
b) Unionsmarke	198
c) Antrag auf Internationale Registrierung	200
VII. Exkurs: Parallelimport und Erschöpfung von Schutzrechten	200
VIII. Unterlagenschutz	201
1. Datenexklusivität und Marktschutz	201
2. Bestehender Unterlagenschutz für Referenzarzneimittel	201
a) Unterlagenschutz nach geltendem Recht („8+2+1-Formel")	202
b) Unterlagenschutz nach altem Recht	204
c) Relevanter Schutzzeitraum bei einem europäischen Referenzarzneimittel	205
d) Schutzzeiträume und Globale Marktzulassung	205
3. Ein Jahr Datenexklusivität bei neuer Indikation anerkannter Substanzen	206
4. Ein Jahr Datenexklusivität bei OTC-Switch	207
5. Rechtsschutzfragen	207
a) Durchsetzung der Datenexklusivität	208
b) Durchsetzung des Marktschutzes	208
IX. Orphan Marktexklusivität	209
1. Schutzwirkung des Orphan Marktsexklusivitätsrechts	209
2. Abweichungen vom Orphan Marktexklusivitätsrecht	209
3. Rechtsschutzfragen	210
X. Paediatrisches Exklusivitätsrecht	210
1. Anforderungen	210
2. Pädiatrische Verlängerung	211
a) SPC-Verlängerung um 6 Monate für non-orphan Arzneimittel	211
b) Verlängerung der Orphan Marktexklusivität um 2 Jahre	212
3. Unterlagenschutz für PUMA	212
3. Teil. Medizinprodukte	**213**
§ 5 Entwicklung und Zertifizierung von Medizinprodukten	**213**
I. Gegenstand des Medizinprodukterechts	213
1. Allgemeines	213
2. Definition	214
3. Arten von Medizinprodukten	214
II. Entstehungsgeschichte des MPG	215
1. Regelungsanlass	215
2. Aktuelle Entwicklungen	216
III. Abgrenzung von anderen Produktklassen	217
1. Allgemeines	217
2. Arzneimittel	218
a) Gleiche Zweckbestimmung – andere Wirkweise	218
b) Die Rechtsprechung von EuGH und BGH	219
c) Definition nach 16. AMG-Novelle	222

3. Kosmetika	222
a) Definition	222
b) Abgrenzungskriterien	223
4. Lebensmittel	223
a) Definition und Abgrenzung	223
b) Nahrungsergänzungsmittel	224
5. Biozide	224
6. Medical Apps	225
IV. Europäisches Recht	226
1. Allgemeines	226
a) EU-Verordnungen	226
b) EU-Richtlinien	226
2. Europäische Medizinprodukterichtlinien	227
a) Allgemeines	227
b) RL 93/42/EG	228
c) RL 98/79/EG	228
d) RL 90/385/EG	229
e) Übergangsvorschriften nach der MDR	229
3. Leitlinien	229
a) Allgemeines	229
b) MEDDEV	229
V. Nationales Recht	230
1. Medizinproduktegesetz	230
2. Verordnungen	231
VI. Die Medizinprodukte-Klassen	232
1. Allgemeines	232
2. Klassifizierung	232
3. Module	233
VII. Benannte Stellen	233
VIII. Konformitätserklärung	235
1. Medizinprodukte der Klasse I	236
2. Medizinprodukte der Klasse II a	236
3. Medizinprodukte der Klasse II b	237
4. Medizinprodukte der Klasse III	237
a) Allgemeines	237
b) Prüfung der Benannten Stelle	237
IX. Entwicklung von Medizinprodukten bis zur Vermarktung	238
1. Von der Idee bis zur Realisierung	238
2. Einschalten einer Benannten Stelle	239
3. Produktbeobachtung	239
4. Klinische Studien	240
a) Allgemeines	240
b) Klinische Bewertung – klinische Prüfung	241
c) Verordnung über klinische Prüfungen (MPKPV)	241
d) MEDDEV	241
e) Dokumentation	242
X. Zertifizierung von Medizinprodukten	242
1. CE-Kennzeichnung	242
2. Zuständigkeiten	242
3. Rechtsqualität des CE-Zeichens	243
§ 6 Inverkehrbringen und Überwachung von Medizinprodukten	**244**
I. Inverkehrbringen	244
1. Nationale und europäische Rechtsvorschriften	244
2. Voraussetzungen des Inverkehrbringens	245
a) Allgemeines	245
b) Anzeigepflichten	245
3. Verantwortlichkeiten	246
a) Hersteller	246
b) Vertreiber	246

4. Dokumentationspflichten	247
a) Allgemeines	247
b) Medizinproduktebetreiberverordnung (MPBetreibV)	247
5. Medizinprodukteberater	248
6. Sicherheitsbeauftragter für Medizinprodukte	249
7. Kennzeichnungspflichten	250
a) Allgemeines	250
b) CE-Kennzeichnung	251
8. Übergangsvorschriften nach MDR	251
9. Bewerbung	252
a) Allgemeines	252
b) § 3 HWG	253
c) § 11 Abs. 1 S. 2 HWG	254
d) Abgabe von Mustern	254
II. Überwachung von Medizinprodukten	254
1. Allgemeines	254
2. Zuständige Behörden	255
a) National	255
b) Europäisch	256
3. Befugnisse	256
a) Allgemeines	256
b) Verwaltungsvorschrift zur Durchführung des Medizinproduktegesetzes (MPGVwV)	256
III. Rechtsschutz	257
1. Allgemeines	257
2. Rechtsweg	258

4. Teil. Die Bewerbung von Arzneimitteln und Medizinprodukten ... 259

§ 7 Grundlagen und Strukturen ... 259

I. Entstehungsgeschichte des HWG	259
II. Das Gemeinschaftsrecht	261
1. Der Gemeinschaftskodex für Humanmedizin	261
2. Weitere einschlägige Richtlinien	262
3. Der Vorrang des Gemeinschaftsrechts	262
4. Zum Harmonisierungsstandard der im Heilmittelwerberecht einschlägigen Richtlinien	262
III. Das maßgebliche, neben dem HWG zu berücksichtigende nationale Recht – gesetzestechnische Einordnung des HWG	263
1. Verfassungsrecht	263
2. Das UWG	263
3. Das StGB	263
4. Die Arzneimittelpreisverordnung	264
5. Kodizes	265
6. Gesetzestechnische Einordnung des HWG	265
IV. Grundwertungen des Heilmittelwerbe- und des allgemeinen Wettbewerbsrechts	265
1. Schutzhöhe und geschützte Interessen	266
2. Grundwertungen des Heilmittelwerberechts	266
a) Das heilmittelwerberechtliche Strengeprinzip	266
b) Die Gesundheit als hohes Schutzgut – Vorbeugung des Medikamentenfehlgebrauchs	267
c) Hohe Aktualität	267

§ 8 Das Heilmittelwerbegesetz ... 267

I. Sachlicher Anwendungsbereich (§ 1 HWG)	268
1. Die in die Regelung einbezogenen Produktgruppen	268
2. Der Begriff der Werbung	268
3. § 2 HWG: Definition der Fachkreise	271
II. Der Adressatenkreis des HWG	273
III. § 13 HWG: Werbung ausländischer Unternehmen	273

IV. Heilmittelrechtliche Informationspflichten – § 4 HWG: Pflichtangaben . 274
  1. Grundsätzliches 274
  2. Der Pflichtangabenkatalog gem. § 4 Abs. 1 bis 3 HWG 276
  3. Die Pflichtangaben im Einzelnen 276
     a) Name oder Firma und Sitz des pharmazeutischen Unternehmers . . 276
     b) Bezeichnung des Arzneimittels 277
     c) Zusammensetzung des Arzneimittels 277
     d) Anwendungsgebiete 277
     e) Gegenanzeigen, Nebenwirkungen, Warnhinweise 277
     f) Verschreibungspflichtigkeit 278
     g) Wartezeit bei Tierarzneimitteln 278
  4. Pflichtangaben in der Öffentlichkeitswerbung 278
  5. Form der Pflichtangaben/Gute Lesbarkeit/Abgegrenztheit 279
  6. Erinnerungswerbung 280
V. Werbung in Packungsbeilagen, § 4a Abs. 1 HWG 280
VI. Verbot der Werbung mit der Verordnungsfähigkeit eines Arzneimittels,
   § 4a Abs. 2 HWG 281
VII. § 5 HWG: Werbung für homöopathische Arzneimittel 281
VIII. § 6 HWG: Werbung mit Gutachten und wissenschaftlichen
   Veröffentlichungen 282
IX. § 8 HWG: Verbot der Werbung für den Bezug von Arzneimitteln im
   Wege des Teleshopping und der Einzeleinfuhr 283
X. Verbot von Werbegaben, § 7 HWG 283
  1. Einführung 283
  2. Der Tatbestand der Norm 284
     a) Werbegaben von geringem Wert, § 7 Abs. 1 S. 1 Nr. 1 HWG 284
     b) Rabatte, § 7 Abs. 1 S. 1 Nr. 2 HWG 285
     c) § 7 Abs. 1 S. 1 Nr. 3 HWG: Handelsübliches Zubehör 287
     d) § 7 Abs. 1 S. 1 Nr. 4 HWG: Auskünfte und Ratschläge 287
     e) § 7 Abs. 1 S. 1 Nr. 5 HWG: Kundenzeitschriften
        287
     f) § 7 Abs. 1 S. 2 HWG: Werbegaben für Angehörige der Heilberufe 287
XI. Publikumswerbung, §§ 10, 11 und 12 HWG 288
  1. Publikumswerbeverbot § 10 HWG 288
  2. Zulässige Formen der Publikumswerbung, § 11 HWG 289
     a) § 11 Abs. 1 HWG – weggefallene Nummern 289
     b) § 11 Abs. 1 Nr. 2 HWG: Empfehlungen 289
     c) § 11 Abs. 1 Nr. 3 HWG: Wiedergabe von Krankengeschichten . . . 289
     d) § 11 Abs. 1 Nr. 5 HWG: Bildliche Darstellung 289
     e) § 11 Abs. 1 Nr. 7 HWG: Gesundheitsbeeinflussung 290
     f) § 11 Abs. 1 Nr. 8 HWG: Werbevorträge 290
     g) § 11 Abs. 1 Nr. 9 HWG: Getarnte Werbung 290
     h) § 11 Abs. 1 Nr. 11 HWG: Äußerungen Dritter 290
     i) § 11 Abs. 1 Nr. 12 HWG: Kinder unter 14 Jahren 291
     j) § 11 Abs. 1 Nr. 13 HWG: Preisausschreiben, Verlosungen 291
     k) § 11 Abs. 1 Nr. 14 und Nr. 15 AMG: Abgabe von Arzneimitteln
        und anderen Mitteln 291
     l) § 11 Abs. 2 HWG: Vergleichende Werbung 291
  3. § 12 HWG: Werbung für bestimmte Krankheiten oder Leiden 292
XII. Irreführende Werbung, § 3 HWG 292
  1. Bedeutung 292
  2. Irreführung 293
  3. Die Beispielstatbestände des § 3 S. 2 HWG 295
     a) § 3 S. 2 Nr. 1 HWG: Wirksamkeits- und Wirkungsangaben 295
     b) Irreführung durch falsche Erfolgsversprechen: § 3 S. 2 Nr. 2 lit. a)
        HWG 298
     c) Irreführung über schädliche Wirkungen, § 3 S. 2 Nr. 2 lit. b) HWG 299
     d) Irreführung über den Zweck der Werbung, § 3 S. Nr. 2 lit. c) HWG 299

e) § 3 S. 2 Nr. 3 lit. a) HWG: Irreführung über die Zusammensetzung oder Beschaffenheit von Heilmitteln	300
f) § 3 S. 2 Nr. 3 lit. b) HWG: Irreführung durch Angaben über die Person des Herstellers oder Erfinders	300
XIII. Werbung für nicht zugelassene Arzneimittel, § 3a HWG	301

§ 9 Das UWG im Heilmittelwerberecht ... 302
    I. Einleitung ... 302
    II. Sanktionierung der Vorschriften des HWG über § 4 Nr. 11 UWG aF/§ 3a UWG nF ... 302
    III. Unmittelbare Anwendung des UWG ... 304
        1. Einleitung ... 304
        2. § 3a UWG nF iVm §§ 299a und 299b StGB: Bestechlichkeit und Bestechung im Gesundheitswesen ... 304
        3. § 3a UWG nF/§ 4 Nr. 11 UWG aF i. V. mit § 47 Abs. 3 AMG: Unzulässigkeit der Abgabe von Arzneimittelmustern an Apotheker ... 305
        4. § 6 Abs. 2 Nr. 1 und 2 UWG: Vergleich von Waren oder Dienstleistungen für den gleichen Bedarf oder dieselbe Zweckbestimmung sowie Vergleich wesentlicher, nachprüfbarer, typischer und für die Kaufentscheidung relevanter Eigenschaften der Waren oder Dienstleistungen ... 305
        5. § 6 Abs. 2 Nr. 5 UWG: Herabsetzung und Verunglimpfung ... 305
        6. § 11 UWG: Verjährung des Unterlassungs- und Schadensersatzanspruchs ... 306

5. Teil. Arzneimittel und Medizinprodukte in der gesetzlichen und privaten Krankenkasse ... 307

§ 10 Grundlagen der gesetzlichen und der privaten Krankenversicherung ... 308
    A. Einführung ... 308
    B. System der Krankenversicherung ... 309
        I. System der gesetzlichen Krankenversicherung ... 309
        II. System der privaten Krankenversicherung ... 309
    C. Gesetzliche Grundlagen ... 310
        I. Kodifikation der GKV im SGB V ... 310
            1. Rechtskonkretisierungskonzept ... 310
            2. Anspruchskonkretisierung durch untergesetzliche Normen ... 311
                a) Richtlinien des Gemeinsamen Bundesausschusses (G-BA) ... 311
                b) Normsetzungsverträge ... 313
                c) Hilfsmittelverzeichnis ... 313
                d) Arzneimittel- und Medizinproduktegesetz ... 313
        II. Rechtsgrundlagen der PKV ... 313
            1. Rechtsbeziehungen in der privatärztlichen Versorgung ... 313
            2. VVG und AVB ... 314
    D. Leistungsrechtliche Grundprinzipien ... 315
        I. Grundprinzipien des Leistungsrechts im System der GKV ... 315
            1. Leistungserbringung in der GKV ... 315
            2. Sachleistungsprinzip ... 315
            3. Kostenerstattungsprinzip ... 316
            4. Wirtschaftlichkeitsgebot ... 316
        II. Kostenerstattung als zentrales leistungsrechtliches Prinzip der PKV ... 317

§ 11 Preisfestsetzung und Erstattung ... 318
    A. Erstattung von Arzneimitteln und Medizinprodukten durch die GKV ... 318
        I. Leistungsanspruch auf Versorgung mit apothekenpflichtigen Arzneimitteln ... 318
            1. Anspruchsvoraussetzungen ... 318
                a) Krankheit im krankenversicherungsrechtlichen Sinne ... 318
                b) Arzneimittel iSd SGB V ... 318
                c) Apothekenpflichtigkeit ... 319
                d) Arzneimittelrechtliche Zulassung ... 319

2. Gesetzliche Leistungsausschlüsse nach § 34 SGB V	322
a) Ausschluss von nicht verschreibungspflichtigen Arzneimitteln	323
b) Ausschluss von Bagatell-Arzneimitteln	324
c) Ausschluss von Lifestyle-Präparaten	324
3. Ausschluss unwirtschaftlicher Arzneimittel	324
4. Einschränkung oder Ausschluss der Verordnung von Arzneimitteln durch Richtlinien des G-BA nach § 92 Abs. 1 S. 2 Nr. 6 SGB V, Therapiehinweise	325
a) Konkretisierung des Leistungsanspruches durch Richtlinien nach § 92 SGB V	325
b) Verordnungseinschränkungen oder -ausschlüsse	325
c) Therapiehinweise	327
d) Verfahren	327
e) Rechtsschutz	328
II. Erstattung von Medizinprodukten	328
1. Einordnung von Medizinprodukten in die Leistungskategorien des SGB V	328
2. Erstattung von Medizinprodukten als Hilfsmittel	329
a) Medizinprodukte als Hilfsmittel im SGB V	329
b) Erstattungsfähigkeit von Hilfsmitteln	329
c) Hilfsmittelverzeichnis nach § 139 SGB V	332
3. Erstattung arzneimittelähnlicher Medizinprodukte	333
4. Erstattung von Medizinprodukten im Rahmen der ärztlichen Behandlung	334
5. Erstattungsfähigkeit von Medizinprodukten als Sprechstundenbedarf	335
B. Erstattung von Arzneimitteln und Medizinprodukten durch die PKV	335
I. Voraussetzungen der Leistungspflicht	335
1. Entstehen von Aufwendungen	336
2. Krankheit	336
3. Durchführung einer Heilbehandlung	336
4. Medizinische Notwendigkeit	337
II. Umfang der Leistungspflicht	337
1. Arzneimittel	337
2. Medizinprodukte	338
III. Einschränkung der Leistungspflicht	338
1. Leistungsausschlüsse, § 5 Abs. 1 MB/KK	338
2. Verbot der Übermaßvergütung, § 192 Abs. 2 VVG	338
C. Preisbildung und Preisregulierung	339
I. Grundzüge des Arzneimittelpreisrechts und der Regulierung von Arzneimittelpreisen	339
1. Arzneimittelpreisbildung nach dem Arzneimittelgesetz (AMG)	339
2. Regulierung der Arzneimittelpreise nach dem SGB V	340
II. Gesetzliche Preisabschläge	341
1. Apothekenrabatt (§ 130 SGB V)	341
2. Herstellerrabatte (§ 130a SGB V)	342
a) Allgemeiner Herstellerrabatt (§ 130a Abs. 1)	342
b) Erhöhter Herstellerabschlag (§ 130a Abs. 1a SGB V)	343
c) Preismoratorium (§ 130a Abs. 3a SGB V)	344
d) Generikaabschlag (§ 130a Abs. 3b SGB V)	344
e) Impfstoffabschlag (§ 130a Abs. 2 SGB V)	345
3. Verhältnis der gesetzlichen Rabatte	345
4. Herstellerrabatte zugunsten der PKV nach dem AMRabG	346
III. Festbeträge für Arzneimittel (§§ 31 Abs. 2, 35 SGB V)	346
1. Zweck der Festbetragsfestsetzung	346
2. Festsetzungsverfahren	347
a) Festbetragsgruppenbildung	347
b) Festbetragsfestsetzung	349
3. Rechtsschutz	349

IV. Festbeträge für Hilfsmittel (§ 36 SGB V)	350
V. Erstattungsbeträge (§§ 130b I, III SGB V)	351
1. Überblick über das Verfahren zur Bestimmung des Erstattungsbetrages	351
2. Frühe Nutzenbewertung nach § 35a SGB V	353
a) Grundlagen	353
b) Anwendungsbereich der frühen Nutzenbewertung	353
c) Herstellerdossier als Grundlage der frühen Nutzenbewertung	356
d) Bewertungsverfahren	361
e) Beschl. über die Nutzenbewertung	363
f) Rechtsschutz	364
g) Erneute Nutzenbewertung auf Antrag des Unternehmers oder durch Beschl. des G-BA	365
h) Kosten-Nutzen-Bewertung nach § 35b SGB V im Anschluss an eine frühe Nutzenbewertung	366
3. Vereinbarungen über Erstattungsbeträge nach § 130b Abs. 1 oder Abs. 3 SGB V	366
a) Gegenstand von Vereinbarungen über Erstattungsbeträge	366
b) Rechtsnatur und Voraussetzungen für den Vertragsschluss	366
c) Kriterien für die Bestimmung des Erstattungsbetrages für Arzneimittel mit Zusatznutzen	367
d) Kriterien für die Bestimmung des Erstattungsbetrages für nicht festbetragsfähige Arzneimittel ohne Zusatznutzen	370
e) Vereinbarungsinhalte	370
f) Kündigung	371
g) Festsetzung des Erstattungsbetrages durch Schiedsspruch (§ 130b Abs. 4 S. 3 SGB V)	372
4. Kosten-Nutzen-Bewertung nach § 35b SGB V nach Schiedsspruch	375
a) Grundlagen	375
b) Auftragserteilung durch den G-BA an das IQWiG	375
c) Bewertungsgrundlagen, Bewertungskriterien und Bewertungsmethodik	375
d) Beschl. des G-BA über die Kosten-Nutzen-Bewertung als Grundlage für Vereinbarungen über Erstattungsbeträge nach § 130b SGB V	377
e) Rechtsschutz	377
§ 12 Kollektivvertragliche Steuerungsinstrumente	378
A. Rechtsbeziehungen in der Arzneimittelversorgung	378
I. Arzneimittelverordnung und -verkauf	378
II. Arzneimittelabgabe	379
B. Rahmenverträge über die Arzneimittelversorgung nach § 129 Abs. 2 und 5 SGB	379
I. Bundesrahmenvertrag nach § 129 Abs. 2 SGB V	379
1. Rechtsnatur und Rechtswirkungen	379
2. Inhalte und Sanktionen	380
3. Vertragsfestsetzung durch die Schiedsstelle	381
II. Arzneimittelieferverträge nach § 129 Abs. 5 SGB V	381
C. Wirtschaftliche Arzneimittelversorgung durch die Rahmenverträge über die Arzneimittelversorgung	382
I. Aut-Idem-Substitution nach § 129 Abs. 1 S. 1 Nr. 1 SGB V	382
1. Systematik	382
2. Abgabe preisgünstiger Arzneimittel	383
a) Rechtlicher Hintergrund	383
b) Voraussetzungen der Substitution	384
3. Vorrangige Abgabe rabattbegünstigter Arzneimittel	386
a) Regelungszweck	386
b) Voraussetzungen der vorrangigen Abgabe rabattbegünstigter Arzneimittel	386
c) Wahlrecht der Versicherten	387

II. Abgabe preisgünstiger Importarzneimittel 388
III. Abgabe wirtschaftlicher Einzelmengen 389
IV. Angabe des Apothekenabgabepreises 389

6. Teil. Wettbewerbliche Selektivverträge für Arzneimittel und Medizinprodukte 391

§ 13 Individualvertragliche Steuerungsinstrumente 393

A. Einführung 394
B. Die gesetzlich vorgesehenen Selektivvertragsarten im Einzelnen 395
    I. Arzneimittelrabattverträge nach § 130a Abs. 8 SGB V 395
        1. Grundsätzliche Konzeption 395
        2. Substitutionspflicht nach § 129 Abs. 1 S. 3 SGB V 396
    II. Erstattungsvereinbarungen nach § 130b SGB V und § 130c SGB V 396
    III. Impfstoffversorgungsverträge 397
    IV. Zytostatikaversorgungsverträge nach § 130a Abs. 8a SGB V 399
    V. Hilfsmittelversorgungsverträge nach § 127 SGB V 402
    VI. Besondere Versorgungsverträge nach § 140a SGB V 403
C. Vertragsmodelle 403
    I. Inputbezogene Vertragsmodelle 404
        1. Grundtypus des Rabattvertrags 405
        2. Staffelrabattvertrag 405
        3. Budget-/Capitation-Vertrag 406
        4. Cost-Sharing-Vertrag 407
    II. Prozessbezogene Vertragsmodelle 407
    III. Outcomebezogene Vertragsmodelle 408

§ 14 Ausschreibung von Verträgen in der GKV 408

A. Die Anwendung des Vergaberechts auf Versorgungsverträge der GKV 410
    I. Systematik der vergaberechtlichen Vorschriften 410
        1. Nationales Haushaltsvergaberecht 411
        2. EU/GWB-Vergaberecht 412
            a) Funktionale Ausrichtung 412
            b) Regelungssystematik des „Kaskadensystems" 412
    II. Allgemeine Grundsätze 413
        1. Wettbewerbsgrundsatz 414
        2. Transparenzgrundsatz 414
        3. Grundsatz der Gleichbehandlung und Nichtdiskriminierung 415
    III. Anwendbarkeit des Vergaberechts gem. § 69 Abs. 3 SGB V 415
    IV. Berücksichtigung sozialrechtlicher Besonderheiten 416
B. Materielles Vergaberecht 417
    I. Personeller Anwendungsbereich, § 99 GWB 417
    II. Sachlicher Anwendungsbereich 418
        1. Öffentlicher Auftrag 418
            a) Rabattverträge gem. § 130a Abs. 8 SGB V betreffend Generika ... 419
            b) Rabattverträge betreffend patentgeschützte Originalpräparate 422
            c) Rabattverträge gem. § 130a Abs. 8 SGB V betreffend biologisch/
               biotechnologisch hergestellter Arzneimittel 427
            d) Hilfsmittelversorgungsverträge 429
            e) Besondere Versorgungsverträge 431
        2. EU-Schwellenwerte 433
        3. Ausnahmen 434
C. Überblick und Besonderheiten der Ausschreibung von GKV-Versorgungsverträgen über Arzneimittel und Medizinprodukte 434
    I. Grundlagen der Ausschreibung 435
        1. Öffentlicher Auftraggeber 435

2. Gegenstand der Ausschreibung	437
a) Bestimmung des Beschaffungsbedarfs	437
b) Eindeutige und erschöpfende Leistungsbeschreibung	438
c) Ausschreibungsgestaltungen	439
II. Die anzuwendende Vergabeverfahrensart	448
1. Überblick	448
2. Merkmale der einzelnen Vergabearten	449
a) Offenes Verfahren	449
b) Nicht offenes Verfahren	450
c) Verhandlungsverfahren	451
d) Wettbewerblicher Dialog	451
e) Innovationspartnerschaft	452
3. Anwendung des Verhandlungsverfahrens bei Rabattverträgen über patentgeschützte Originalpräparate (Solisten)	452
III. Aufteilung in Lose	456
IV. Bieter	456
1. Bietergemeinschaft	456
2. Nachunternehmer	459
3. Geheimwettbewerb und parallele Beteiligung konzernverbundener Unternehmen	461
V. Angebotsauswahl	462
1. Prüfung und Wertung der Angebote	462
2. Auswahlkriterien	464
a) Eignung	464
b) Zuschlagskriterien	467
3. Angebotswertung bei Arzneimittelversorgungsverträgen in der vergaberechtlichen Rechtsprechung	468
D. Vergaberechtliche Sonderfragen	470
I. Vergaberechtsfreie Open-House-Verträge	470
1. Hintergrund	470
2. Entscheidung des EuGH	471
3. Folgefragen	473
II. Rahmenvereinbarung nach § 130 Abs. 5 GWB, § 21 VgV	474
1. Allgemeines	474
2. Rahmenvereinbarungen im Versorgungssystem der GKV	474
3. Ein-Partner-Modell und Mehr-Partner-Rabattverträge	475
4. Abruffreihenfolge der Rahmenvertragspartner bei Mehr-Partner-Rabattverträgen	476
5. Kaskadenmodell	476
III. Rabattvertragsausschreibungen trotz indikationsbezogenen Patentschutzes	477
IV. Arzneimittelsortimentsverträge	480
E. Grundzüge des vergaberechtlichen Rechtsschutzes	482
I. Primärrechtsschutz	483
1. Nachprüfungsverfahren und sofortige Beschwerde	483
2. Kosten	485
II. Sekundärrechtsschutz	486
Sachregister	487

Abkürzungsverzeichnis

aA	andere Ansicht
AAppO	Approbationsverordnung für Apotheker
ABl.	Amtsblatt
Abs.	Abs.
AEUV	Vertrag über die Arbeitsweise der Europäischen Union
aE	am Ende
aF	alte Fassung
AGG	Allgemeines Gleichbehandlungsgesetz
AKG	Arzneimittel und Kooperation im Gesundheitswesen
Alt.	Alternative
AMG	Arzneimittelgesetz
AMHV	Arzneimittel-Härtefall-Verordnung
AMNG/AMNOG	Gesetz zur Neuordnung des Arzneimittelrechts vom 24.8.1976
AM-NutzenV	Verordnung über die Nutzenbewertung von Arzneimitteln
AMPreisV	Arzneimittelpreisverordnung
AMRabG	Gesetz über Rabatte für Arzneimittel
AMRadV	Verordnung über radioaktive oder mit ionisierenden strahlenbehandelte Arzneimittel vom 19.1.2007
AM-RL	Arzneimittel-RL
AMVSG	Arzneimittelversorgungsstärkungsgesetz
AMVV	Arzneimittelverschreibungsverordnung vom 21.12.2005
AMWarnV	Arzneimittel-Warnhinweisverordnung vom 21.12.1984
Anhalt/Dieners MedProdukteR-HdB	Anhalt/Dieners, Medizinprodukterecht, Praxishandbuch, 2. Aufl. 2017
A&R	Arzneimittel & Recht, Zeitschrift
Art.	Art.
ART	Assisted Reproduction Technologies
AT	Allgemeiner Teil
Aufl.	Auflage
AVB	Allgemeine Versicherungsbedingungen
AVWG	Arzneimittelversorgung
BAH	Bundesverband der Arzneimittel-Hersteller
BAnz.	Bundesanzeiger
BApO	Bundesapothekerordnung
BeckOK	Beck'scher Onlinekommentar
Beschl.	Beschl.
BfArM	Bundesinstitut für Arzneimittel und Medizinprodukte
BGB	Bürgerliches Gesetzbuch
BGBl.	Bundesgesetzblatt
BGH	Bundesgerichtshof
BGHZ	Entscheidungen des Bundesgerichtshofs in Zivilsachen
BKostV-MPG	Medizinprodukte-Gebührenordnung
BlGewVFG	Blut- und Gewebezubereitungsvorschriften-Fortschreibungsgesetz
BMG	Bundesministerium für Gesundheit
BPI	Bundesverband der Pharmazeutischen Industrie
BT-Drs.	Bundestag Drucksache
BR-Drs.	Bundesrat Drucksache
BSG	Bundessozialgericht
BSGE	Entscheidungen des Bundessozialgerichts
BSSichG	Beitragssicherungsgesetz
Buchst.	Buchst.

BVerfG	Bundesverfassungsgericht
BVMed	Bundesverband Medizintechnologie
bzgl.	bezüglich
bzw.	beziehungsweise
ChemG	Chemikaliengesetz
CMDh	Coordination Group for Mutual Recognition and Decentralised Procedures – Human
DAV	Deutscher Apothekerverband
DEKRA	Deutscher Kraftfahrzeug-Überwachungs-Verein
DesignG	Designgesetz in der Fassung der Bekanntmachung vom 24. Februar 2014
dh	das heißt
Dieners/Reese PharmaR-HdB	Dieners/Reese, Handbuch des Pharmarechts, Grundlagen und Praxis, 2010
DIMDI	Deutsches Institut für medizinische Dokumentation und Information
DIMDIV	Verordnung über das datenbankgestützte Informationssystem über Medizinprodukte des Deutschen Instituts für Medizinische Dokumentation und Information
DIN	Deutsches Institut für Normung e. V.
DIN EN	Deutsches Institut für Normung e. V. Europäische Norm
Doepner HWG	Doepner, Heilmittelwerbegesetz, 2. Aufl. 2000
DPMA	Deutsches Patent- und Markenamt
EBM	Einheitlicher Bewertungsmaßstab
etc	Et cetera
EFTA	Europäische Freihandelsassoziation
EG	Europäische Gemeinschaft
Einf.	Einführung
Einl.	Einleitung
ELISA	Enzyme-linked Immunosorbent Assay
EMA	European Medicines Agency
EPSCO	Rat für Beschäftigung, Sozialpolitik, Gesundheit und Verbraucherschutz
Erwägungsgr.	Erwägungsgrund
EU	Europäische Union
EuGH	Europäischer Gerichtshof
ESZ	Ergänzendes Schutzzertifikat
EWR	Vertrag über einheitlichen Wirtschaftsraum
Fezer MarkenR	Fezer, Markenrecht, Kommentar, 5. Auflage 2018
Fn.	Fußnote
FS	Festschrift
FSA	Freiwillige Selbstkontrolle für die Arzneimittelindustrie e. V.
f&w	führen und wirtschaften im Krankenhaus, Fachmagazin
Gabriel/Krohn/ Neun VergabeR-HdB Gabriel	Gabriel/Krohn/Neun, Handbuch des Vergaberechts, 2. Aufl. 2017
G-BA	Gemeinsamer Bundesausschuss
GebrMG	Gebrauchsmustergesetz in der Fassung der Bekanntmachung vom 28. August 1986
gem.	gem.
GesR	GesundheitsRecht, Zeitschrift
GewO	Gewerbeordnung
GKV	gesetzliche Krankenversicherung
GKV-FinG	Gesetz zur nachhaltigen und sozial ausgewogenen Finanzierung der gesetzlichen Krankenversicherung
GKV-VStG	Gesetz zur Verbesserung der Versorgungsstrukturen in der gesetzlichen Krankenversicherung
GKV-WSG	Gesetz zur Wettbewerbsstärkung der gesetzlichen Krankenkassen
GG	Grundgesetz
GMG	Gesetz zur Modernisierung der gesetzlichen Krankenversicherung
GOA	Gebührenordnung für Ärzte
GOZ	Gebührenordnung für Zahnärzte

GRUR	Gewerblicher Rechtsschutz und Urheberrecht (Jahrgang, Seite)
GRUR-RR	GRUR-Rechtsprechungs-Report (Jahr, Seite)
GuP	Gesundheit und Pflege, Zeitschrift
GWB	Gesetz gegen Wettbewerbsbeschränkung
HdB	Handbuch
Fuhrmann/Klein/ Fleischfresser HdB-ArzneimittelR	Fuhrmann/Klein/Fleischfresser, Arzneimittelrecht, Handbuch, 2. Aufl. 2014
HeilprG	Heilpraktikergesetz
Hs.	Halbsatz
HWG	Heilmittelwerbegesetz
HWVO	Polizeiverordnung auf dem Gebiet des Heilwesens vom 11.7.1941
HWG	Heilmittelwerbegesetz
IFA	Informationsstelle für Arnzei-Spezialitäten GmbH
idF	in der Fassung
Igl/Welti GesundheitsR	Igl/Welti, Gesundheitsrecht, Eine systematische Einführung, 3. Aufl. 2018
iS	im Sinne
iSd	iSd/der
iSv	iSv
JZ	JuristenZeitung, Fachzeitschrift
IQWiG	Institut für Qualität und Wirtschaftlichkeit im Gesundheitswesen
IVD	In-Vitro-Diagnostikum
IVF	In-Vitro-Fertilisation
iVm	In Verbindung mit
KalV	Kalkulationsverordnung
Kap.	Kapitel
KassKomm	Kasseler Kommentar
KFZ	Kraftfahrzeug
KMH AMG	Kügel/Müller/Hoffmann, Arzneimittelgesetz: AMG, Kommentar, 2. Aufl. 2016
KKV	Krankheitskostenvollversicherung
KKW	Knickrehm/Kreikebohm/Waltermann, Kommentar zum Sozialrecht, 5. Aufl. 2017
KV HilfsmV	Verordnung über Hilfsmittelverfügungen von geringem therapeutischen Nutzen oder geringem Abgabepreis in der gesetzlichen Krankenversicherung
LFGB	Lebensmittel-, Bedarfsgegenstände und Futtermittelgesetzbuch
LG	Landesgericht
lit.	litera
LOT	Chargenangabe
LSG	Landessozialgericht
MAH MedR	Terbille, Münchener Anwaltshandbuch Medizinrecht, 2. Aufl. 2013
mAnm	mAnm
MarkenG	Markengesetz vom 25. Oktober 1994
Martinek/Semler/ Flohr VertriebsR-HdB	Martinek/Semler/Flohr, Handbuch des Vertriebsrechts, 4. Aufl. 2016
MB	Musterbedingungen
MDR	Medical Devices Regulation
MEDDEV	Medical Device Leitlinie
MedR	Medizinrecht, Zeitschrift
MMR	MultiMedia und Recht (Jahr, Seite)
MPBetreibV	Medizinproduktebetreiberverordnung
MPG	Medizinproduktegesetz
MPGebV	Medizinprodukte-Gebührenverordnung
MPGVwV	Medizinprodukte-Durchführungsvorschrift
MPKPV	Verordnung über klinische Prüfungen von Medizinprodukten
MPR	Zeitschrift für das gesamte Medizinprodukterecht
MPSV	Medizinprodukte-Sicherheitsplanverordnung
MPV	Medizinprodukte-Verordnung

MPVerschrV	Verordnung über die Verschreibungspflicht von Medizinprodukten
MPVertrV	Verordnung über Vertriebswege für Medizinprodukte
MüKo	Münchener Kommentar
Montag/Säcker MüKoBeihilfenR VergabeR	Montag/Säcker, Münchener Kommentar zum Europäischen und Deutschen Wettbewerbsrecht (Kartellrecht): Beihilfenrecht, 2. Aufl. 2018
mwN	mit weiteren Nachweisen
NAT	Nucleic acid test, Nukleinsäure amplifizierender Test
NBOG	Notified Body Operation Group
NemV	Nahrungsergänzungsmittelverordnung
nF	neue Fassung
NJOZ	Neue Juristische Online-Zeitschrift
NJW	Neue Juristische Wochenschrift (Jahr, Seite)
NK	Nomos Kommentar
NK-MedizinR	Bergmann/Pauge/Steinmeyer, Gesamtes Medizinrecht, Kommentar, 3. Aufl. 2018
Nr.	Nr.
NVwZ	Neue Zeitschrift für Verwaltungsrecht
NZBau	Neue Zeitschrift für Baurecht und Vergaberecht
NZS	Neue Zeitschrift für Sozialrecht
OLG	Oberlandesgericht
OTC-Produkt/ OTC Präparate	Bezeichnung für apothekenpflichtige, nicht verschreibungspflichtige Medikamente (engl.: Over-The-Counter, über die Ladentheke verkauft)
Orphan VO	Verordnung (EG) Nr. 141/2000 des Europäischen Parlaments und des Rates vom 16. Dezember 1999 über Arzneimittel für seltene Leiden
OVG	Oberverwaltungsgericht
PackungsV	Packungsgrößenverordnung
Pädiatrische VO	Verordnung (EG) Nr. 1901/2006 des Europäischen Parlaments und des Rates vom 12. Dezember 2006 über Kinderarzneimittel und zur Änderung der Verordnung (EWG) Nr. 1768/92, der Richtlinien 2001/20/EG und 2001/83/EG sowie der Verordnung (EG) Nr. 726/2004
PatG	Patentgesetz in der Fassung der Bekanntmachung vom 16.12.1980
PEI	Paul-Ehrlich-Institut
PharmR	Pharmarecht (Jahr, Seite)
PIP	Paediatric Investigation Plan
PKV	private Krankenversicherung
ProdHaftG	Produkthaftungsgesetz
PsychThG	Psychotherapeutengesetz
PZN	Pharmazentralnummer
Ratzel/Luxenburger MedR-HdB	Ratzel/Luxenburger, Handbuch Medizinrecht, 3. Aufl. 2015
Rehmann/Wagner MPG	Rehmann/Wagner, Medizinproduktegesetz (MPG), Kommentar, 3. Aufl. 2018
rev	review
RL	RL
Rn.	Randnummer
S.	S., Seite(n)
s.	s.
Saalfrank MedR-HdB	Saalfrank, Handbuch des Medizin- und Gesundheitsrechts, Loseblattwerk mit 6. Aktualisierung 2016
SG	Sozialgericht
SGb	Die Sozialgerichtsbarkeit, Zeitschrift für das aktuelle Sozialrecht
SGB IX	Sozialgesetzbuch IX – Rehabilitation und Teilhabe behinderter Menschen
SGB V	Sozialgesetzbuch V – Gesetzliche Krankenversicherung
SGB X	Sozialgesetzbuch X – Sozialverwaltungsverfahren und Sozialdatenschutz
SGB XI	Sozialgesetzbuch XI – Soziale Pflegeversicherung

Abkürzungsverzeichnis XXXI

SGG	Sozialgerichtsgesetz
Sodan Kranken-VersR-HdB	Sodan, Handbuch des Krankenversicherungsrechts, 3. Aufl. 2018
sog.	sogenannte
Sp	Spalte
SPC	Supplementary Protection Certificate
StPO	Strafprozessordnung
str	strittig
TÜV	Technischer Überwachungsverein
Tz.	Teilziffer
ua	unter anderem
UAbs.	UAbs.
UGP-RL	RL 2005/29/EG über unlautere Geschäftspraktiken
usw.	und so weiter
UWG	Gesetz gegen den unlauteren Wettbewerb
VAG	Versicherungsaufsichtsgesetz
VerfO	Verfahrensordnung des Gemeinsamen Bundesausschusses
VergabeR	Vergaberecht, Zeitschrift
VfA	Verband forschender Arzneimittelhersteller
VG	Verwaltungsgericht
vgl.	vergleiche
VgV	Vergabeverordnung
VK	Vergabekammer
VO	Verordnung
VPR	Vergabepraxis & -recht, Zeitschrift
VVG	Versicherungsvertragsgesetz
VwGO	Verwaltungsgerichtsordnung
WHO	World Health Organization
WRP	Wettbewerb in Recht und Praxis (Jahr, Seite)
WuW	Wirtschaft und Wettbewerb, Zeitschrift
zB	zum Beispiel
ZESAR	Zentrale Stelle zur Abrechnung von Arzneimittelrabatten-GmbH
ZfBR	Zeitschrift für deutsches und internationales Bau- und Vergaberecht
Ziff.	Ziff.
ZLG	Zentralstelle der Länder für Gesundheitsschutz

1. Teil. Pharmarecht

Schrifttum zu Teil 1: Calliess/Ruffert, EUV/AEUV, 5. Auflage (2016); *Dieners/Heil*, in: Dieners/Reese (Hrsg.), Hdb PharmaR, § 1; *Deutsch/Spickhoff*, Medizinrecht 4. Aufl. (2008); *Frotscher*, Wirtschaftsverfassungs- und Wirtschaftsverwaltungsrecht, 4. Aufl. (2004), § 1; Grabitz/Hilf/Nettesheim, Das Recht der Europäischen Union (62. Ergänzungslieferung 2017); *Meier*, Arzneimittelrecht im Wandel, in: Bauer u. a. (Hrsg.), Wirtschaft im offenen Verfassungsstaat (2006), S. 121 ff.; *R. Schmidt*, Öffentliches Wirtschaftsrecht, Allgemeiner Teil (1990).

§ 1 Grundlagen und Strukturen des Pharmarechts

A. Einleitung

Die pharmazeutische Industrie leistet ungebrochen einen signifikanten Beitrag zum europäischen und globalen Wohlstand. Der Grund hierfür ist nicht nur die Versorgung mit sicheren und wirksamen Arzneimitteln, sondern auch hohe Investitionen in die Forschung und Entwicklung von Arzneimitteln, ein kontinuierliches wirtschaftliches Wachstum und qualitativ hochwertige Arbeitsplätze. Aufgrund dieser Bedeutung für die Wirtschaft als auch für die öffentliche Gesundheit betrachtet die *Europäische Kommission* die pharmazeutische Industrie als einen strategischen Sektor für die Europäische Wirtschaft[1]. Im Jahr 2016 erreichte für den Bereich der forschenden Arzneimittelindustrie die Herstellung von Arzneimitteln einen Wert von EUR 250 Milliarden, die Arzneimittelexporte aus der EU EUR 375 Milliarden sowie die Ausgaben für Forschung und Entwicklung EUR 35 Milliarden, und die Anzahl an Beschäftigten stieg auf 800.000[2]. Auch der Bereich der Medizinprodukte stellt innerhalb der EU einen dynamischen, innovationsgetriebenen und hochkompetitiven Bereich mit einem Umsatz von ca. EUR 100 Milliarden dar, in dem über 575.000 Personen beschäftigt sind[3]. 1

Der Pharmasektor unterliegt mittlerweile einer strengen Regulierung gerade auf europäischer Ebene. Es geht zum einen um die Gewährleistung des größtmöglichen Schutzes für die öffentliche Gesundheit und um das Schaffen von Vertrauen in unbedenkliche, wirksame und qualitativ hochwertige Arzneimittel und Medizinprodukte. Zum anderen soll die Vollendung des EU-Binnenmarkts für Arzneimittel und Medizinprodukte weiter vorangetrieben werden zur Stärkung der Wettbewerbsfähigkeit und der Forschungskapazitäten der europäischen Pharmaindustrie. Die stetig steigenden Qualitäts- und Sicherheitsanforderungen werden gerade in Bezug auf biotechnologische Arzneimittel besonders sichtbar, wie dies insbesondere bei den „*Arzneimitteln für neuartige Therapien*"[4], 2

---

[1] S. *Europäische Kommission*, Competitiveness in the Healthcare Industries (Stand: 27.12.2017), sowie Commission Staff Working Document, Pharmaceutical Industry: A Strategic Sector for the European Economy, SWD(2014)216 final/2 (1.8.2014), beide abrufbar unter ec.europa.eu/growth/sectors/healthcare/competitiveness.

[2] S. *EFPIA*, The Pharmaceutical Industry in Figures, Key Data * 2017.

[3] S. *Europäische Kommission*, Medical Devices (Stand: 27.12.2017), abrufbar unter ec.europa.eu/growth/sectors/medical-devices_en.

[4] S. Europäische Kommission, Advanced Therapies, abrufbar unter ec.europa.eu/health/human-use/advanced-therapies_en. Vgl. hierzu VO (EG) Nr. 1394/2007 des Europäischen Parlaments und des Rates vom 13. November 2007 über Arzneimittel für neuartige Therapien und

den sog „Personalized Medicines", der Fall ist[5]. So folgten seit Verabschiedung der ersten Gemeinschaftsrichtlinie im Jahre 1965 – der RL 65/65/EWG[6] – eine Vielzahl weiterer Gemeinschaftsvorschriften, die schließlich zur Schaffung eines zentralisierten Zulassungsverfahrens sowie der heutigen Europäischen Arzneimittel-Agentur (engl.: European Medicines Agency – EMA)[7] führten, um einen Binnenmarkt für Arzneimittel zu verwirklichen[8].

Das Pharmarecht, unter dem hier die Gesamtheit der Regelungen betreffend Arzneimittel und Medizinprodukte verstanden werden, stellt allerdings keine einheitliche Regelungsmaterie dar, sondern kann aufgrund der Normierung in zahlreichen Gesetzen als Querschnittsmaterie bezeichnet werden: Es umfasst nicht mehr nur das klassische *regulatorische* Arzneimittelrecht, bei dem es um die klinische Erforschung, die Zulassung und das Inverkehrbringen von Arzneimitteln geht. Der in den 90er Jahren geschaffene Produktbereich der Medizinprodukte ist als Teil des Pharmarechts anzusehen, da diese Produktkategorie – wie Arzneimittel – ebenfalls eine therapeutische Zweckbestimmung haben. Das Spektrum des Pharmarechts erfasst zwischenzeitlich ferner zahlreiche *zivilrechtliche* Fragestellungen, wie die Bewerbung dieser Produkte, deren rechtlicher Rahmen primär im Heilmittelwerbegesetz verankert ist, die Preisgestaltung und die Erstattungsfähigkeit der Produkte, welche im Sozialgesetzbuch V geregelt sind, sowie die vertraglichen Kooperationen mit Kostenträgern, die eng mit der Frage verknüpft ist, wann diese dem Vergaberecht mit all seinen Konsequenzen unterliegen. Die Darstellung dieses Gesamtbereichs des regulatorischen Pharmarechts, nämlich das Arzneimittel- und das Medizinprodukterecht, das Heilmittelwerberecht, das Sozialrecht sowie das Vergaberecht, ist Gegenstand dieses Lehrbuchs.

Dieser Bereich des regulatorischen Pharmarechts ist aufgrund seiner Charakteristika dem Öffentlichen Wirtschaftsrecht zuzuordnen[9]: In diesem Bereich geht es um die gesetzlichen Bestimmungen betreffend das Verhältnis des Staates zur Wirtschaft[10]. Dabei stehen neben den primär ökonomischen Bereichen[11] auch die traditionell dem Sicherheits-

---

zur Änderung der RL 2001/83/EG und der VO (EG) Nr. 726/2004, ABl. L 324 v. 10.12.2007, S. 121, geändert durch VO (EU) Nr. 1235/2010 vom 15. Dezember 2010, ABl. L 348 v. 31.12.2010, S. 1.

[5] S. *Europäische Kommission*, Personalized Medicines: Background, conference reports, publications and links related to personalise medicine, abrufbar unter ec.europa.eu/research/health.

[6] RL 65/65/EWG v. 26. Januar 1965 zur Angleichung der Rechts- und Verwaltungsvorschriften über Arzneimittel, ABl. L 22 v. 9.2.1965, S. 369.

[7] Der Name der Agentur war ursprünglich European Medicines Evaluation Agency (EMEA) und er wurde mit Inkrafttreten der Verordnung 726/2004 geändert in European Medicines Agency (EMA). S. hierzu ausführlich u. 3 Rn. 18 ff.

[8] S. 1. Erwägungsgrund der VO (EWG) Nr. 2309/93 des Rates vom 22. Juli 1993 zur Festlegung von Gemeinschaftsverfahren für die Genehmigung und Überwachung von Human- und Tierarzneimitteln und zur Schaffung einer Europäischen Agentur für die Beurteilung von Arzneimitteln, ABl. L 214 vom 24.8.1993, S. 1.

[9] Gleichbedeutend wird der Begriff *Wirtschaftsverwaltungsrecht* verwendet. Vgl. *R. Schmidt*, Öffentliches Wirtschaftsrecht, Allgemeiner Teil (1990), S. 58; *Frotscher*, Wirtschaftsverfassungs- und Wirtschaftsverwaltungsrecht, 4. Aufl. (2004), § 1 Rn. 5; *Meier*, Arzneimittelrecht im Wandel in Bauer ua (Hrsg.), Wirtschaft im deutschen Verfassungsstaat (2006), S. 121 (122 f.).

[10] Vgl. *R. Schmid*, Öffentliches Wirtschaftsrecht, Allgemeiner Teil (1990), S. 37 ff.; *Frotscher*, Wirtschaftsverfassungs- und Wirtschaftsverwaltungsrecht, 4. Aufl. (2004), § 1 Rn. 4.

[11] Hierzu zählen ua das Subventionsrecht, das Recht der Bankwirtschaft, das Außenwirtschaftsrecht sowie das internationale Waren- und Dienstleistungsrecht; s. hierzu die Beiträge von *Haverkate*, Subventionsrecht, u. *Gramlich*, Recht der Bankwirtschaft, jeweils in R. Schmidt (Hrsg.), Öffentliches Wirtschaftsrecht, Besonderer Teil 1 (1996), § 4, S. 331 ff. u. § 5, S. 421 ff., sowie von *Bryde*, Außenwirtschaftsrecht, u. *Wolfrum*, Das internationale Recht für den Austausch von Waren und Dienstleistungen, jeweils in: R. Schmidt (Hrsg.), Öffentliches Wirtschaftsrecht, Besonderer Teil 2 (1996), § 14, S. 485 ff. u. § 15, S. 535 ff.

recht zuzuordnenden Bereiche im Fokus[12]: Die Aufgaben des modernen Staates sind nicht mehr nur auf die Kontrolle der Einhaltung der sicherheitsrechtlichen Bestimmungen beschränkt, sondern erfassen zwischenzeitlich auch das Finden angemessener Lösungen zur Verteilung staatlicher und privater Wirtschaftsinteressen[13]. Der Zweck des heutigen Arzneimittel- und Medizinprodukterechts, dessen Wurzeln im *Sicherheitsrecht* mit ihrem Ursprung zum Teil in der Gewerbeordnung liegen[14], umfasst nicht mehr nur das Vorbeugen vor potentiellen Risiken sowie die Beseitigung von Gefährdungen im Verkehr mit Arzneimitteln und Medizinprodukten, wie dies nach wie vor zB mit den Vorschriften über die Herstellung und die Zulassung von Arzneimitteln[15] und den Bestimmungen über die Rahmenbedingungen klinischer Prüfungen[16] der Fall ist. Es geht zwischenzeitlich in weitem Umfang auch um die Verteilung staatlicher und privater Wirtschaftsinteressen, wie zB beim Import und Export von Arzneimitteln[17], bei der Zulässigkeit des Versandhandels mit Arzneimitteln durch Leistungserbringer aus anderen Mitgliedstaaten der EU[18], und bei den Kooperationen zwischen Leistungserbringern und Kostenträgern, deren Rahmen mittlerweile häufig durch das Vergaberecht vorgegeben ist[19].

B. Entwicklung des Pharmarechts

Im Zentrum des „*klassischen*" deutschen Pharmarechts steht das heutige **„Gesetz über den Verkehr mit Arzneimitteln (Arzneimittelgesetz – AMG)"**[20]. Dessen Wurzeln finden sich insbesondere in der Gewerbeordnung[21], die einige wenige Bestimmungen von Bedeutung für Arzneimittel enthielt[22], sowie in einigen spezialgesetzlichen Mate-

---

[12] ZB das Kommunikationswesen, der Lebensmittelbereich sowie die Abfallentsorgung; s. hierzu die Beiträge von *Hoffmann-Riem*, Öffentliches Wirtschaftsrecht der Kommunikation und der Medien in R. Schmidt (Hrsg.), Öffentliches Wirtschaftsrecht, Besonderer Teil 1 (1996), § 6, S. 563 ff., sowie *Hufen*, Lebensmittelrecht, u. *Peine*, Recht der Abfallwirtschaft, jeweils in R. Schmidt (Hrsg.), Öffentliches Wirtschaftsrecht, Besonderer Teil 2 (1996), § 12, S. 291 ff. u. § 13, S. 371 ff.

[13] So zutreffend *R. Schmidt* in ders. (Hrsg.), Öffentliches Wirtschaftsrecht, Besonderer Teil 1 (1996), S. V.

[14] Arzneimittelspezifische Regelungen waren bis dato enthalten in einer auf § 6 Abs. 2 GewO basierenden kaiserliche Verordnung aus dem Jahre 1901 (diese bestimmte, welche „*Apothekerwaren*" auch außerhalb der Apotheken gehandelt werden durften), der auf § 80 Abs. 1 GewO basierenden Deutschen Arzneitaxe (diese legte die Gewinnspannen für die in Apotheken abgegebenen Arzneimittel fest), den Apothekenbetriebsordnungen der einzelnen Länder, dem Gesetz über den Verkehr mit Betäubungsmitteln von 1929 und aus dem Jahre 1941 der Verordnung über den Verkehr mit Arzneimitteln sowie der Polizeiverordnung über die Werbung auf dem Gebiet des Heilwesens. Vgl. hierzu umfassend *Deutsch*, Medizinrecht, 4. Aufl. (1999), Rn. 679.

[15] §§ 13 ff. u. 21 ff. AMG.

[16] §§ 40–42a AMG.

[17] §§ 72–74 AMG.

[18] § 73 Abs. 1 Nr. 1a AMG. Hiernach können Arzneimittel aus dem Ausland im Wege des Versandhandels direkt an einen diese bestellenden Patienten abgegeben werden, wenn die versendende Stelle eine Apotheke eines Mitgliedstaates der EU oder anderes EWR-Vertragsstaates ist, die nach den rechtlichen Bestimmungen ihres Landes zum Versandhandel befugt ist, und wenn die Regelungen des anderen Mitgliedstaates in Bezug auf den Versandhandel den deutschen Bestimmungen entsprechen. Hierzu *Gaßner/Reich-Malter*, Europarechtliche Probleme des Arzneimittelversandhandels, PharmaR 2004, S. 342 ff.

[19] Vgl. hierzu ausführlich *Meier*, Arzneimittelrecht im Wandel, in Bauer ua (Hrsg.), Wirtschaft im offenen Verfassungsstaat (2006), S. 121 (123 f.).

[20] Arzneimittelgesetz idF d. Bek. v. 12. Dezember 2005 (BGBl. I S. 3394), zuletzt geändert durch Art. 1 des Gesetzes vom 18. Juli 2017 (BGBl. I S. 2757).

[21] Gleiches gilt für zahlreiche andere Materien des besonderen Verwaltungsrechts wie zB Bundes-Immissionsschutzgesetz, Gaststättengesetz, Handwerksordnung.

[22] So basierte die Deutsche Arzneitaxe auf § 80 Abs. 1 GewO, in welcher die Gewinnspannen für die in Apotheken abgegebenen Arzneimittel festgelegt wurden. § 6 Abs. 2 GewO war Rechtsgrund-

rien[23]. Erst im Jahre 1961 wurde der bis dahin zersplitterte Bereich des Arzneimittelrechts zum Zweck der Rechtsvereinheitlichung sowie der Gesamtbereinigung des Arzneimittelrechts einem einheitlichen Rechtsregime unterworfen mit dem „Gesetz über den Verkehr mit Arzneimitteln (AMG)"[24]. Damit sollte im Interesse einer ordnungsgemäßen Arzneimittelversorgung nicht nur der Menschen, sondern auch der Tiere die Sicherheit des Verkehrs mit Arzneimitteln, insbesondere deren Qualität, Wirksamkeit und Unbedenklichkeit gewährleistet werden, wie nach wie vor § 1 AMG in seiner gültigen Fassung entnommen werden kann. Mit diesem Gesetz wurde insbesondere die Herstellung von Arzneimitteln an person- sowie sachgebundene Voraussetzungen geknüpft und in § 21 Abs. 1 AMG unter einen Erlaubnisvorbehalt gestellt. Zum Zwecke der behördlichen Überwachung sah das Gesetz darüber hinaus neben einer Registrierungs- auch eine Kennzeichnungspflicht vor, jedoch keine materielle Prüfung des Arzneimittels selbst[25].

6   Die Unzulänglichkeiten dieses Gesetzes wurden drastisch durch den **Contergan-Fall** aufgezeigt. Dort traten nach dem Inverkehrbringen des Präparats Contergan im Jahre 1957 erhebliche Nebenwirkungen bei Schwangeren nach der Einnahme dieses Schlafmittels auf, insbesondere Missbildungen bei Föten[26]. Dieser Fall offenbarte, nachdem das AMG 1961 weder eine Prüfung neuer Arzneimittel noch Haftungsregelungen zugunsten von Arzneimittelgeschädigten enthielt, dass das Gesetz letztlich nicht in der Lage war, auch zukünftig derartige Zwischenfälle im Arzneimittelbereich wirkungsvoll zu begegnen, und war damit prägend für die weitere Entwicklung des Arzneimittelrechts nicht nur auf nationaler, sondern gerade auch auf europäischer Ebene[27].

7   Das mehrfach geänderte Arzneimittelgesetz vom 16.5.1961 wurde schließlich durch das „Gesetz zur Neuordnung des Arzneimittelrechts" vom 24.8.1976[28] (sog. AMG 1976) abge-

---

lage einer bereits im Jahre 1901 erlassenen kaiserlichen Verordnung, welche die außerhalb von Apotheken erhältlichen „Apothekerwaren" bestimmte.

[23] Zu nennen sind hier insbesondere das „*Gesetz über den Verkehr mit Betäubungsmitteln*" aus dem Jahr 1929 sowie die „*Verordnung über den Verkehr mit Arzneimitteln*" und die „*Polizeiverordnung über die Werbung auf dem Gebiet des Heilwesens*", die beide aus dem Jahre 1941 stammen. Infolgedessen kann das bis dato bestehende Rechtsregime betreffend Arzneimittel nicht nur als zersplittert, sondern auch als unvollständig qualifiziert werden. Vgl. hierzu *E. Deutsch*, Medizinrecht, Rn. 680.

[24] Gesetz über den Verkehr mit Arzneimitteln (AMG) vom 16.5.1961 (BGBl. I, S. 533).

[25] Zu den Bestimmungen des AMG 1961 vgl. die Darstellung bei *Kloesel/Cyran*, Arzneimittelgesetz, 1. Auflage (1961).

[26] Gegenstand dieses Verfahrens war das Schlafmittel Contergan mit dem Wirkstoff Thalidomid, das seit dem Jahre 1957 in Deutschland von der Firma Grünenthal in den Verkehr gebracht wurde. Bereits ab dem Jahre 1958 häuften sich Meldungen über Nebenwirkungen, insbesondere Nervenschäden. Nachdem dieses Präparat im Mai 1961 unter Rezeptpflicht gestellt wurde, kam im November 1961 der Verdacht auf, Contergan verursache Missbildungen bei Föten. Daraufhin zog die Herstellerfirma zwar alle thalidomid-haltigen Präparate aus dem Handel, allerdings meldeten sich hunderte von Müttern, deren Kinder mit schweren Missbildungen wie fehlenden Beinen, Armen, Ohren oder Zwischengliedern zur Welt kamen. Das daraufhin am 27. Mai 1968 vor der Großen Strafkammer des Landgerichts Aachen angestrengte Strafverfahren gegen sieben leitende Angestellte der Herstellerfirma hatte im wesentlichen zum Gegenstand, ob die Schädigung der Leibesfrucht eine tatbestandsmäßige Körperverletzung darstellte und ob eine Kausalität zwischen der Einnahme des Wirkstoffs Thalidomid und dem Hervorrufen von Missbildungen bestand. Das Verfahren wurde schließlich vom LG Aachen mit Beschl. vom 18.12.1970 eingestellt auf Grundlage des § 153 StPO aF, da angesichts einer zivilrechtlichen Einigung zwischen den Geschädigten und der Herstellerfirma *Grünenthal* unter Mitwirkung der damaligen Regierung das öffentliche Interesse an der Strafverfolgung verneint und die Schuld der Angeklagten als gering eingestuft wurde. Vgl. hierzu LG Aachen, JZ 1971, S. 507; *Deutsch*, Medizinrecht, Rn. 681 ff.; *Dieners/Heil* in Dieners/Reese (Hrsg.), Hdb PharmaR, § 1 Rn. 21.

[27] Vgl. hierzu auch die Darstellung bei *Dieners/Heil* in Dieners/Reese (Hrsg.), Hdb PharmaR, § 1 Rn. 19 ff.

[28] Gesetz zur Neuordnung des Arzneimittelrechts vom 24.8.1976 (BGBl. I S. 2445).

löst, dessen Art. 1 eine Neuregelung des Arzneimittelgesetzes enthielt. Verglichen mit dem AMG 1961 waren insbesondere die Gefährdungshaftung nach § 84 AMG sowie die klinischen Prüfung in den §§ 40 ff. AMG eingeführt worden, um die Schwächen des AMG 1961 auszuräumen. Das AMG 1976, Grundlage des geltenden Rechts, wurde zwischenzeitlich mehrfach geändert. Die letzten wesentlichen Änderungen erfolgten durch

- Art. 1 und Art. 2 des Vierten AMG-Änderungsgesetzes vom 20. Dezember 2016[29], mit dem die notwendigen Regelungen zur Implementierung der europäischen Verordnung Nr. 536/2014 über klinische Prüfungen mit Humanarzneimitteln erlassen wurden, wobei das Inkrafttreten des Artikels 2 von der Funktionsfähigkeit des EU-Portals und der Datenbank nach Art. 82 der Verordnung (EU) Nr. 536/2014 abhängt[30], sowie
- Art. 1 des Gesetzes zur Fortschreibung der Vorschriften für Blut- und Gewebezubereitungen und zur Änderung anderer Vorschriften (BlGewVFG) vom 18. Juli 2017[31], in Kraft getreten am 29. Juli 2017.

Zwischenzeitlich geht es aber nicht mehr allein um Arzneimittel, sondern auch um die Regulierung von Medizinprodukten. In den neunziger Jahren wurde in der EU mit der RL 90/385/EWG über aktive implantierbare Medizinprodukte[32], der RL 93/42/EWG über Medizinprodukte[33] und der RL 98/79/EG über In-vitro Diagnostika[34] der derzeitige Rechtsrahmen für Medizinprodukte geschaffen[35]. Es wurde eine Notwendigkeit gesehen, die unterschiedlichen mitgliedstaatlichen Vorschriften für als Medizinprodukte zu qualifizierenden Produkte bzw. Geräte zu harmonisieren, um das Funktionieren des Binnenmarktes und ein hohes Niveau an Gesundheitsschutz und Sicherheit sicherzustellen[36].

---

[29] Viertes Gesetz zur Änderung arzneimittelrechtlicher und anderer Vorschriften vom 20. Dezember 2016 (BGBl. I, S. 3048).
[30] S. hierzu ausführlich u. → § 3 Rn. 7 ff.
[31] Art. 1 des Gesetzes zur Fortschreibung der Vorschriften für Blut- und Gewebezubereitungen und zur Änderung anderer Vorschriften vom 18. Juli 2017 (BGBl. I, S. 2757).
[32] RL 90/385/EWG des Rates vom 20. Juni 1990 zur Angleichung der Rechtsvorschriften der Mitgliedstaaten über aktive implantierbare medizinische Geräte, ABl. L 189 v. 20.7.1990, S. 17.
[33] RL 93/42/EWG des Rates vom 14. Juni 1993 über Medizinprodukte, ABl. L 169 vom 12.7.1993, S. 1. Die Medizinprodukterichtlinie teilt die Medizinprodukte in vier Klassen aus: Klasse I (kein methodisches Risiko, zB Gehhilfen, Rollstühle, Stützstrümpfe), Klasse IIa (Anwendungsrisiko, e. g. Dentalmaterialien, Desinfektionsmaterialien), Klasse IIb (erhöhtes methodisches Risiko, zB Dentalimplantate, Anästhesiegeräte, Beatmungsgeräte) und Klasse III (besonders hohes methodisches Risiko, e. g. künstliche Schulter-, Hüft- oder Kniegeräte, Brustimplantate, Herzschrittmacher). Die aktiven implantierbaren Medizinprodukte (wie zB Herzschrittmacher), welche der RL 90/385/EWG unterliegen, fallen de facto in die Risikoklasse III.
[34] RL 98/79/EG des Europäischen Parlaments und des Rates vom 27. Oktober 1998 über In-vitro-Diagnostika, ABl. L 331 vom 7.12.1998, S. 1.
[35] Insoweit gab es auch Änderungen bzw. Ergänzungen durch spätere Änderungsrichtlinien, zuletzt mit RL 2007/47/EG des Europäischen Parlaments und des Rates vom 5. September 2007 zur Änderung der RL 90/385/EWG des Rates zur Angleichung der Rechtsvorschriften der Mitgliedstaaten über aktive implantierbare medizinische Geräte und 93/42/EWG des Rates über Medizinprodukte sowie der RL 98/8/EG über das Inverkehrbringen von Biozid-Produkten, ABl. L 247 v. 21.9.2007, S. 21. Diese Änderungsrichtlinie trat zum 21. März 2010 in Kraft. S. hierzu u. → § 5 Rn. 10 ff.
[36] Vgl. Erwägungsgründe zu RL 90/385/EWG. Daher handelt es sich hierbei im Wesentlichen um Produkte, die bislang keiner europaweit einheitlichen produktspezifischen Regelung unterlagen, jedoch aufgrund ihrer vorhandenen therapeutischen Zweckbestimmung und des mit ihrem Einsatz verbundenen Risikos einem spezifischen Rechtsregime unterworfen werden sollten. Dabei wird unterschieden zwischen einem „Aktiven Medizinprodukt", dessen Betrieb von einer Stromquelle oder einer anderen Energiequelle (mit Ausnahme der direkt vom menschlichen Körper oder durch die Schwerkraft erzeugten Energie) abhängig ist, und nicht-aktiven Medizinprodukten, die im Wesentlichen eine unveränderte Übertragung von Energie, Stoffen oder Parametern zum Gegenstand haben, selbst wenn diese zwischen einem aktiven Medizinprodukt und dem Patienten erfolgt.

Medizinprodukte wurden nicht dem Erfordernis einer behördlichen Marktzulassung vor Inverkehrbringen unterstellt, sondern einer Konformitätsbewertung, das für Produkte bestimmter Risikoklassen (Klassen IIa, IIb und III) das Hinzuziehen eines unabhängigen Dritten, der sog. Benannten Stelle erfordert. Diese Benannten Stellen, von denen es in Europa etwa 80 gibt, werden von den Mitgliedstaaten errichtet und beaufsichtigt und agieren unter der Kontrolle der national zuständigen Behörden. Die zertifizierten Medizinprodukte tragen sodann das CE-Zeichen, das den freien Warenverkehr innerhalb der EU und den EFTA Staaten Norwegen, Lichtenstein, Schweiz und Island sowie der Türkei erlaubt[37]. Am 5. Mai 2017 wurden nunmehr die Europäischen Verordnungen über Medizinprodukte (MPV)[38] sowie über In-vitro-Diagnostika (IVDV)[39] im EU-Amtsblatt bekannt gemacht, die damit am 25. Mai 2017 in Kraft traten. Die MPV ist dann nach einer dreijährigen Übergangszeit ab 26. Mai 2020 verpflichtend anzuwenden, die IVDV nach einer fünfjährigen Übergangszeit ab 26. Mai 2022. Damit verbunden sind umfangreiche neue Anforderungen insbesondere an die Benannten Stellen sowie an die klinische Bewertung von Medizinprodukten und In-vitro-Diagnostika[40].

C. Europäisierung und Globalisierung des Arzneimittelrechts

9   Das Pharmarecht stellt bereits seit langem keinen isoliert national zu betrachtenden Rechtsbereich mehr dar, sondern ist ebenso wie viele andere Gebiete des Öffentlichen Wirtschaftsrechts durch einen immer stärker werdenden Entwicklungs- und Anpassungsprozess nicht nur auf europäischer, sondern auch auf globaler Ebene gekennzeichnet. Dieser durchzieht alle Bereiche des Pharmarechts. Als Beispiel kann hier die Entwicklung von biotechnologischen Arzneimitteln und der mit ihnen verbundenen teils neuen Risiken, die global erforderliche Erfassung, Meldung und Bewertung von unerwünschten Arzneimittelwirkungen sowie die Entwicklung globaler Standards für die Herstellung und Erforschung von Arzneimitteln aufgeführt werden. Hieran wird sich auch durch den BREXIT nichts ändern[41].

I. Europäisierung

10   Der festzustellende Wandel im Pharmarecht ist zunächst geprägt durch eine zunehmende Beeinflussung, Überlagerung und Umformung des nationalen Rechts durch europäisches Rechtsdenken und -handeln: Wesentliche Veränderungen des Rechtsregimes

---

[37] Nach Ansicht der *Europäischen Kommission* hat der bestehende Rechtsrahmen zwar seine Verdienste gezeigt, ist allerdings unter harsche Kritik geraten, insbesondere nachdem die französischen Gesundheitsbehörden herausgefunden hatten, dass ein französischer Hersteller (*Poly Implant Prothèse,* PIP) mehrere Jahre lang offensichtlich Industriesilikon anstelle medizinischen Silikons für die Herstellung von Brustimplantaten verwendet hat, entgegen der Zertifizierung durch die Benannte Stelle. Vgl. Vorschlag der Europäischen Kommission vom 26.9.2012 für eine Verordnung des Europäischen Parlaments und des Rates für Medizinprodukte zur Änderung der RL 2001/83/EG, VO (EC) Nr. 178/2002 und VO (EG) No 1223/2009, COM(2012) 542 final (2012/0266(COD)).
[38] VO (EU) 2017/745 des Europäischen Parlaments und des Rates vom 5. April 2017 über Medizinprodukte, zur Änderung der RL 2001/83/EG, der VO (EG) Nr. 178/2002 und der VO (EG) Nr. 1223/2009 und zur Aufhebung der RL 90/385/EWG und 93/42/EWG des Rates, ABl. L 117 vom 5.5.2017, S. 1.
[39] VO (EU) 2017/746 des Europäischen Parlaments und des Rates vom 5. April 2017 über In-vitro-Diagnostika und zur Aufhebung der RL 98/79/EG und des Beschlusses 2010/227/EU der Kommission, ABl. L 117 vom 5.5.2017, S. 176.
[40] Ausführlich hierzu u. → § 5 Rn. 12 f.
[41] Ausführlich zum BREXIT s. u. → 11 Rn. 26 ff.

gehen auf eine nach wie vor ungebrochene Rechtsetzungsaktivität des Europäischen Gesetzgebers zurück. Auch haben neben den nationalen Behörden neue europäische Akteure mit zunehmenden Befugnissen das Spielfeld des Arzneimittelrechts betreten. Der Einfluss des Europarechts auf die nationalen Bestimmungen des Arzneimittelrechts ist aber nicht nur am gegenständlichen und inhaltlichen Umfang der rechtsharmonisierenden und -vereinheitlichenden Bestimmungen des europäischen Sekundärrechts festzumachen, die auf Basis entsprechender Rechtsetzungskompetenzen erlassen wurden. Dieser zeigt sich auch in der Durchsetzung der nach dem EG-Vertrag primärrechtlich gewährleisteten Warenverkehrsfreiheit[42] für den Bereich des Parallelimports von Arzneimitteln sowie an den Vorgaben für einen gemeinschaftsrechtskonformen Vollzug der nationalen Bestimmungen[43].

Rechtsquellen des Europarechts sind   11
- das *Primärrecht* mit den Verträgen über die Europäische Union (EUV) und die Arbeitsweise der Europäischen Union (AEUV) als dem geschriebenen Vertragsrecht sowie den ungeschriebenen Rechtssätzen (insb. allgemeine Rechtsgrundsätze, Gewohnheitsrecht). Das Primärrecht bindet nicht nur die EU-Organe, sondern nach allgemeiner Auffassung auch mitgliedstaatliche Organe, soweit diese Unionsrecht durchführen, und gewährleistet Rechte für die Bürger der Staaten[44].
- die *völkerrechtlichen Vereinbarungen* der EU auf Basis der Art. 47 EUV und Art. 216 AEUV, welche die Organe der EU (dh Kommission, Rat, Parlament usw.) bei ihren Rechtsetzungen binden, woraus die unmittelbare Verbindlichkeit für die Mitgliedstaaten der EU folgt[45].
- das *Sekundärrecht*, nämlich die auf Basis der Primärrechts erlassenen Rechtsakte Verordnungen, Richtlinien, Beschlüsse sowie Empfehlungen (und Stellungnahmen) der Unionsorgane gem. Art. 288 AEUV[46].

1. Anwendungsvorrang des Gemeinschaftsrechts

Das europäische Recht genießt im Verhältnis zum nationalen Recht der Mitgliedstaaten   12
nicht Geltungsvorrang, sondern Anwendungsvorrang[47]:
- Der Geltungsvorrang bezeichnet eine Reihenfolge im Sinne einer Über- und Unterordnung, in der die Rechtsnormen im Verhältnis zueinander stehen sollen. Beispielsweise ist das „höherrangige Recht" das Grundgesetz im Verhältnis zum förmlichen Gesetz oder einer Rechtsverordnung eines Ministeriums, wobei das niederrangige Recht mit dem höherrangigen zu vereinbaren sein muss.
- Der *Anwendungsvorrang* hingegen besagt, dass eine Rechtsnorm im Verhältnis zu einer anderen alleine vorrangig anzuwenden sei, ohne aber die Geltung der nicht

---

[42] Vgl. Art. 28 ff. AEUV.
[43] Vgl. insgesamt *Dieners/Heil* in Dieners/Reese (Hrsg.), Hdb PharmaR, § 1 Rn. 44 ff.; *Meier*, Arzneimittelrecht im Wandel in Bauer ua (Hrsg.), Wirtschaft im offenen Verfassungsstaat (2006), S. 121 (124 ff.); Fleischfresser in Fuhrmann/Klein/ders., Arzneimittelrecht, 2. Aufl. (2014), § 3 Rn. 1 ff..
[44] Vgl. *Nettesheim* in Grabitz/Hilf/ders. (Hrsg.), Das Recht der Europäischen Union, Art. 288 AEUV Rn. 27 ff.
[45] Vgl. *Vöneky/Beylage-Haarmann* in Grabitz/Hilf/Nettesheim, Das Recht der Europäischen Union, Art. 216 AEUV Rn. 25 ff.
[46] Vgl. *Nettesheim* in Grabitz/Hilf/ders. (Hrsg.), Das Recht der Europäischen Union, Art. 288 AEUV Rn. 30.
[47] Vgl. hierzu *Streinz*, Europarecht, Rn. 222; *Beljin* EuR 2002, 351 (353); *Ruffert* in Calliess/ders., EUV/AEUV, Art. 1 AEUV 16 f.; *Nettesheim* in Grabitz/Hilf/ders. (Hrsg.), Das Recht der Europäischen Union, Art. 288 AEUV Rn. 47 ff.; Geismann in v. d. Groeben/Schwarze/Hatje, Europäisches Unionsrecht, 7. Auflage (2015), Art. 288 AEUV Rn. 4 ff.

anzuwendenden und damit verdrängten Norm zu berühren. Diejenige Rechtsvorschrift, der ein Anwendungsvorrang zukommt, verdrängt die andere Vorschrift nur hinsichtlich ihrer Anwendbarkeit, im Übrigen aber gelten beide Normen innerhalb des Bereichs, für den sie wirksam in Kraft gesetzt worden sind, weiter. Dementsprechend darf ein mitgliedstaatliches Gericht eine Vorschrift des mitgliedstaatlichen Rechts, die im Widerspruch zu einer Vorschrift des Unionsrechts steht, nicht anwenden, sondern muss den Fall anhand der unionsrechtlichen Regelung entscheiden. Die mitgliedstaatliche Vorschrift wird aber nicht unwirksam, sondern bleibt innerhalb ihres Anwendungsbereichs wirksam.

2. Bindungswirkung von Sekundärrechtsakten

13 Die in Art. 288 AEUV aufgeführten Sekundärrechtsakte sind im Hinblick auf ihre Bindungswirkung wie folgt zu unterscheiden[48]:
- Eine *Verordnung* hat allgemeine Geltung, sie ist in allen ihren Teilen verbindlich und gilt unmittelbar in jedem Mitgliedstaat (Art. 288 Abs. 2 AEUV). Dementsprechend haben sie auch eine unmittelbare Wirkung für die Bürger in der EU. Als wohl wichtigste Verordnung im Bereich des Arzneimittelrechts kann die VO (EWG) Nr. 2309/93[49] angeführt werden, mit der ein Gemeinschaftsverfahren für die Genehmigung und Überwachung von Human- und Tierarzneimitteln festgelegt und die Europäische Agentur für die Beurteilung von Arzneimitteln (EMEA) errichtet wurde[50]. Diese Verordnung wurde zwischenzeitlich ersetzt durch die VO (EG) Nr. 726/2004[51].
- Die *Richtlinie* richtet sich an die Mitgliedstaaten, und gibt diesen das zu erreichende Ziel verbindlich vor, überlässt jedoch den innerstaatlichen Stellen die Wahl der Form und der Mittel (Art. 288 Abs. 3 AEUV). Derartige Richtlinien sind von den Mitgliedstaaten bis zu einem bestimmten Termin in nationales Recht umzusetzen. Sofern dem Bürger durch die RL Rechtspositionen eingeräumt werden, die ihn begünstigen, so kann der Mitgliedstaat schadensersatzpflichtig werden bzw. ein Vertragsverletzungsverfahren gegen ihn eingeleitet werden, falls der Mitgliedstaat die Umsetzungsfrist nicht einhält[52]. Als Beispiel kann hier die RL 2001/83/EG[53] – sog. Kodex Humanarzneimittel – angeführt werden, mit der aus Gründen der Übersichtlichkeit im Jahr 2001 alle seit der RL 65/65/EWG erlassenen Richtlinien im Bereich des Arzneimittelrechts[54]

---

[48] Vgl. hierzu *Ruffert* in Calliess/ders. (Hrsg.), EUV/AEUV, Art. 288 AEUV Rn. 16 ff.; *Nettesheim* in Grabitz/Hilf/ders. (Hrsg.), Das Recht der Europäischen Union, Art. 288 AEUV Rn. 89 ff.; Geismann in v. d. Groeben/Schwarze/Hatje, Europäisches Unionsrecht, 7. Auflage (2015), Art. 288 AEUV Rn. 32 ff.

[49] VO (EWG) Nr. 2309/93 v. 22.7.1993 zur Festlegung von Gemeinschaftsverfahren für die Genehmigung und Überwachung von Human- und Tierarzneimitteln und zur Schaffung einer Europäischen Agentur für die Beurteilung von Arzneimitteln, ABl. L 214 v. 24.8.1993, S. 1.

[50] S. hierzu u. → § 3 Rn. 114 ff.

[51] VO (EG) Nr. 726/2004 v. 31.3.2004 zur Festlegung von Gemeinschaftsverfahren für die Genehmigung und Überwachung von Human- und Tierarzneimitteln und zur Errichtung einer Europäischen Arzneimittel-Agentur, ABl. L 136 v. 30.4.2004, S. 1.

[52] S. hierzu ausführlich *Ruffert* in Calliess/ders. (Hrsg.), EUV/AEUV, Art. 288 AEUV Rn. 47 ff.

[53] RL 2001/83/EG v. 6.11.2001 zur Schaffung eines Gemeinschaftskodexes für Humanarzneimittel, ABl. L 311 v. 28.11.2001, S. 67 ff.

[54] Den Anfang machte im Jahre 1965 die sog. Arzneimittelbasis-RL 65/65/EWG (RL 65/65/EWG v. 26.1.1965 zur Angleichung der Rechts- und Verwaltungsvorschriften über Arzneimittel, ABl. L 22 v. 9.2.1965, S. 369). Diese normierte neben Begriffsbestimmungen – ua des Arzneimittels – die Voraussetzungen für die Erteilung einer Genehmigung für das Inverkehrbringen von Arzneimitteln, deren Aussetzung und Widerruf sowie die Etikettierung von Arzneimitteln. Als nachfolgende Richtlinien sind insbesondere zu nennen die RL 75/318/EWG über die analytischen, toxikologisch-pharmakologischen und ärztlichen oder klinischen Vorschriften und Nachweise über Versuche mit

in einer RL kodifiziert und zu einem einzigen Text zusammengefasst wurden[55]. Zudem wurden bestehende Unterschiede zwischen den einzelstaatlichen Vorschriften über Arzneimittel, die als eine Behinderung des Handels mit Arzneimitteln innerhalb der Gemeinschaft angesehen wurden und sich daher auf das Funktionieren des Binnenmarktes auswirkten, durch eine Angleichung der einschlägigen Rechtsvorschriften beseitigt[56]. Zwischenzeitlich wurde auch diese RL durch zahlreiche weitere Richtlinien in einigen wesentlichen Punkten geändert, insbesondere durch die Änderungs-RL 2004/27/EG[57].

- *Beschlüsse* sind Einzelentscheidungen, die in allen ihren Teilen verbindlich sind. Sofern diese nur an bestimmte Adressaten gerichtet sind, so sind sie auch nur für diese verbindlich (vgl. Art. 288 Abs. 4 AEUV). Dementsprechend können europäische Beschlüsse mit deutschen Verwaltungsakten sowie Allgemeinverfügungen gem. § 35 VwVfG verglichen werden. Beispielhaft kann hier die Zulassungsentscheidung der Europäischen Kommission für Arzneimittel auf Basis der VO 726/2004 genannt werden, welche mithin auf Basis des sog. zentralisierten Verfahrens zugelassen werden[58].
- Schließlich gibt es noch *Empfehlungen,* die den Adressaten bestimmte Verhaltensweisen nahelegen, und *Stellungnahmen,* die meist eine sachverständige Meinungsäußerung enthalten: Diese sind zwar weder für Mitgliedstaaten noch für die Bürger verbindlich, allerdings bedeutet dies nicht, dass diese rechtlich bedeutungslos wären, da sie zur „weichen", influenzierenden Steuerung eingesetzt werden oder auch Prozess- oder Handlungsvoraussetzung sein können[59]. Ferner haben nach dem *EuGH* nationale Gerichte Empfehlungen zur Auslegung innerstaatlicher, Gemeinschaftsrecht durchführender Rechtsvorschriften oder zur Ergänzung verbindlicher gemeinschaftlicher Vorschriften heranzuziehen[60].

Allerdings ist die Aufzählung der Rechtsakte in Art. 288 AEUV nicht abschließend[61]. **14** Daneben existieren noch zahlreiche unbenannte oder ungekennzeichnete Rechtsakte, zu denen alle Handlungen der Unionsorgane zusammengefasst werden, die nicht den in Art. 288 AEUV „vertypten" Rechtshandlungen zugeordnet werden können. Diese lassen sich im Wesentlichen in die folgenden vier Hauptgruppen unterteilen[62]:

Arzneispezialitäten (ABl. L 147 v. 9.6.1975, S. 1), die RL 75/319/EWG zur Angleichung der Rechts- und Verwaltungsvorschriften über Arzneispezialitäten (ABl. L 147 v. 9.6.1975, S. 13) und die RL 92/25/EWG, 92/26/EWG, 92/27/EWG und 92/28/EWG über den Großhandelsvertrieb von Humanarzneimitteln (ABl. L 113 v. 30.4.1992, S. 1), zur Einstufung bei der Abgabe von Humanarzneimitteln (ABl. L 113 v. 30.4.1992, S. 5), über die Etikettierung und die Packungsbeilage von Humanarzneimitteln (ABl. L 113 v. 30.4.1992, S. 8) sowie über die Werbung für Humanarzneimittel (ABl. L 113 v. 30.4.1992, S. 13).

[55] Erwägungsgrund 1 zur RL 2001/83/EG.
[56] Erwägungsgründe 2–5. Deren Umsetzung erfolgte in Deutschland mit dem Zwölften Gesetz zur Änderung des Arzneimittelgesetzes (12. AMG-Novelle) vom 30.7.2004, BGBl. I S. 2031, in Kraft getreten am 6.8.2004.
[57] RL 2004/27/EG v. 31.3.2004 zur Änderung der RL 2001/83/EG zur Schaffung eines Gemeinschaftskodex für Humanarzneimittel, ABl. L 136 v. 30.4.2004, S. 34. Die durch diese RL notwendigen nationalen Anpassungen wurden in Deutschland mit dem Vierzehnten Gesetz zur Änderung des Arzneimittelgesetzes vom 29.8.2005 (BGBl. I S. 2570) – der sog. 14. AMG-Novelle –, die zum 6.9.2005 in Kraft trat, in nationales Recht umgesetzt.
[58] Art. 10 Abs. 2 VO 726/2004. S. ausführlich hierzu u. → § 3 Rn. 199 ff.
[59] Vgl. Art. 288 Abs. 5 AEUV sowie *Ruffert* in Calliess/ders., EUV/AEUV, Art. 288 AEUV Rn. 95 ff.
[60] Vgl. EuGH Urteil v. 13.12.1989 – Rs. C-322/88, Grimaldi vs. Fonds des Maladies Professionnelles, Slg. 1989, 4407, Rn. 18; Urteil v. 21.1.1993 – Rs. C-188/91, Deutsche Shell vs. Hauptzollamt Hamburg-Harburg, Slg. 1993, I-363, Rn. 18 (Deutsche Shell AG).
[61] Vgl. *Ruffert* in Calliess/ders., EUV/AEUV, Art. 288 AEUV Rn. 98.
[62] Vgl. *Ruffert* in Calliess/ders., EUV/AEUV, Art. 288 AEUV Rn. 100–105; *Nettesheim* in Grabitz/Hilf/ders. (Hrsg.), Das Recht der Europäischen Union, Art. 288 AEUV Rn. 209 ff.

- **organinterne Rechtsakte** (zB Geschäftsordnungen der Organe);
- **europarechtliche Verwaltungsvorschriften,** dh interne Anweisungen mit Rechtswirkung, Mitteilungen der Kommission, Leitlinien, Rahmen und Bekanntmachungen sowie Selbstverpflichtungen einzelner Unionsorgane (zB der Kommission auf Herausgabe von Informationen), sowie im Eigenverwaltungsrecht der EU ein unsystematischer Korpus rechtlich unverbindlicher Mitteilungen und Verhaltenskodizes („soft law"[63]); über den durch die Selbstbindung der Kommission vermittelten Vertrauensschutz hinaus entfalten sie nur begrenzt Rechtswirkungen; in diesen Bereich der europarechtlichen Verwaltungsvorschriften fallen wohl die meisten der von der *EMA* erlassenen *Guidelines* bzw. *Notes for Guidance* – Leitlinien, die „den Standardweg" nach dem derzeitigen Stand der Erkenntnis wiederspiegeln[64] –, *Guidances* – Interpretationshilfen[65] – sowie *Points to Consider* – Erläuterungspapiere zum richtigen Verständnis einzelner Begriffe oder zur Erläuterungen von Zulassungsvoraussetzungen[66].
- Organhandlungen mit unterschiedlichen Bezeichnungen, die unter dem Begriff **Entschließungen** zusammengefasst werden können: diese haben über ihren politisch verpflichtenden Gehalt hinaus normative Kraft, sofern sie die Pflicht aus Art. 10 konkretisieren; sowie
- eine Vielzahl nur teilweise verbindlicher Rechtshandlungen unter verschiedensten Bezeichnungen (zB Erklärungen, Kommuniqués, Memoranden, Pläne, Mitteilungen, Leitlinien, Programme), die seit EEA und EUV auch weitergehend Eingang in die Verträge gefunden haben.

3. Warenverkehrsfreiheit und Parallelimport von Arzneimitteln

15 Den Eckpfeiler für die Erleichterung der Ein- und Ausfuhr von Arzneimitteln zwischen den europäischen Mitgliedstaaten stellt die Rechtsprechung des *EuGH* zum Parallelimport von Arzneimitteln dar. Dieser hat nicht nur die diesbezüglichen Zulässigkeitsvoraussetzungen definiert, sondern auch die Voraussetzungen, unter denen das Inverkehrbringen von Parallelimporten unter Berufung auf die Ausnahmeregelung des Art. 36 AEUV oder durch Inhaber gewerblicher Schutzrechte[67] unter Berufung auf dieses Recht überhaupt noch untersagt werden kann. Diese Rechtsprechung des *EuGH* wurde von der *Europäischen Kommission* erstmals im Jahre 1982 zusammengefasst[68] und im Jahre 2003 – nach zahlreichen weiteren Grundsatzentscheidungen des *EuGH* – aktualisiert mit der „Mitteilung der Kommission über Paralleleinfuhren von Arzneispezialitäten, deren Inverkehrbringen bereits genehmigt ist"[69].

---

[63] Diese europarechtlichen Verwaltungsvorschriften kanalisieren die politische Steuerung durch die Kommission, sorgen für eine einheitliche Verwaltungspraxis im EU-Eigenverwaltungsrecht und verbessern die Information über die Verwaltungstätigkeit und damit die Rechtssicherheit.

[64] ZB „*Pharmacovigilance Guidelines*", „*Guideline on clinical investigation of steroid contraceptives in women*" oder „*Note for Guidance on postmenopausal osteoporosis in women*".

[65] ZB „*Guidance concerning the braille requirements for labelling and the package leaflet*", eine Interpretationshilfe zu den Anforderungen der auf der Umverpackung anzubringenden Blindenschrift nach Art. 56a RL 2004/27/EG (o. → Fn. 31).

[66] ZB „*Points to Consider on switching between superiority and non-inferiority*".

[67] Hierzu zählen vor allem Patent- und Markenrechtsinhaber.

[68] ABl. C Nr. 115 v. 6.5.1982, S. 5.

[69] *Europäische Kommission*, Mitteilung der Kommission über Paralleleinfuhren von Arzneispezialitäten, deren Inverkehrbringen bereits genehmigt ist, v. 30.12.2003, Dok. KOM(2003) 839 endg. Diese Mitteilung hat zum Ziel, eine Anleitung für die praktische Anwendung der Rechtsprechung des EuGH auf nationale Maßnahmen im Zusammenhang mit Paralleleinfuhren aus einem Mitgliedstaat in den anderen von Arzneispezialitäten zu liefern, deren Inverkehrbringen im Einfuhrmitgliedstaat bereits genehmigt ist.

4. Gemeinschaftsrechtskonformer Vollzug nationaler Bestimmungen

Ein gemeinschaftsrechtskonformer Vollzug des Pharmarechts sowohl durch europäische als auch durch nationale Behörden wird insbesondere durch die nicht-verbindlichen Empfehlungen und Stellungnahmen gem. Art. 288 Abs. 5 AEUV hergestellt[70]. Sie werden ergänzt durch zahlreiche – ebenfalls unverbindliche – Mitteilungen der *Europäischen Kommission* zu Auslegungsfragen[71]. 16

5. Veränderungen in den arzneimittelrechtlichen Verwaltungsstrukturen

Die Bestimmungen des Europarechts haben auch zu Veränderungen von Verwaltungsstrukturen im nationalen Verwaltungsrecht geführt, indem zusätzlich zu den nationalen Arzneimittelbehörden weitere Behörden und Akteure auf europäischer Ebene geschaffen wurden: 17

a) Die Europäische Kommission und die Europäische Arzneimittelagentur (EMA). 18
Mit der VO (EG) Nr. 2309/93 wurde zum einen die Grundlage für eine europäische Zulassung geschaffen, welche durch die **Europäische Kommission** zugelassen werden[72]. Zum anderen wurde hierfür auch mit der *„Europäischen Agentur für die Beurteilung von Arzneimitteln"* (EMEA)[73], welche im Jahr 2004 umbenannt wurde in *„Europäische Arzneimittel-Agentur"* (EMA[74]), eine eigene europäische Behörde geschaffen, welche im Rahmen der zentralen Zulassungsverfahren insbesondere für deren Durchführung als auch die wissenschaftliche Unterstützung der Europäischen Kommission zuständig ist.[75]

Innerhalb der EMA werden zahlreiche Aufgaben, insbesondere bzgl. der Beurteilung 19 und der Überwachung von Arzneimitteln, von Ausschüssen wahrgenommen[76]. Derzeit bestehen innerhalb der EMA folgende wissenschaftlichen Ausschüsse, welche wiederum jeweils eigene ständige und nicht ständige Arbeitsgruppen einsetzen können[77]:
- Ausschuss für Humanarzneimittel (Committee for Medicinal Products for Human Use, CHMP)
- Ausschuss für Tierarzneimittel (Committee for Medicinal Products for Veterinary Use, CVMP),
- Ausschuss für Arzneimittel für seltene Krankheiten (Committee for Orphan Medicinal Products, COMP),
- Ausschuss für pflanzliche Arzneimittel (Committee for Herbal Medicinal Products, HMPC),
- Pädiatrieausschuss (Paediatric Committee, PDCO),
- Ausschuss für neuartige Therapien (Committee for Advanced Therapies, CAT), sowie
- Ausschuss für Risikobewertung im Bereich der Pharmakovigilanz (Pharmacovigilance Risk Assessment Committee, PRAC).

---

[70] S. hierzu bereits o. → § 1 Rn. 13 f.
[71] ZB Mitteilung der *Kommission* zu Auslegungsfragen – Erleichterung des Marktzugangs für Waren in einem anderen Mitgliedstaat: praktische Anwendung des Prinzips der gegenseitigen Anerkennung, ABl. C 265 v. 4.11.2003, S. 2.
[72] S. hierzu u. → § 3 Rn. 110 ff.
[73] Die EMEA wurde auf Grundlage der Art. 49 ff. VO 2309/93 errichtet.
[74] Art. 1, 71 ff. VO 726/2004.
[75] Vgl. Art. 55 VO 726/2004.
[76] Die Ausschüsse werden von Repräsentanten meist der nationalen Arzneimittelbehörden aus allen EU-Ländern sowie Island, Liechtenstein und Norwegen gebildet. Die Arbeit dieser Ausschüsse wird durch das Sekretariat der EMA unterstützt und koordiniert.
[77] Vgl. auch *Meier*, Arzneimittelrecht im Wandel in Bauer ua (Hrsg.), Wirtschaft im offenen Verfassungsstaat (2006), S. 121 (130 f.).

20 Die Aufgaben der EMA sind in Art. 56 Abs. 1 u. 2 VO 726/2004 aufgeführt, und umfassen insbesondere die Koordinierung der vorhandenen Wissenschaftsressourcen, die ihr von den zuständigen Stellen der Mitgliedstaaten zur Beurteilung, Überwachung und Pharmakovigilanz von Arzneimitteln zur Verfügung gestellt werden[78]. Ferner hat sie den Mitgliedstaaten und den Gemeinschaftsorganen den bestmöglichen wissenschaftlichen Rat zu erteilen hinsichtlich aller Fragen zur Beurteilung von Qualität, Sicherheit sowie Wirksamkeit von Arzneimitteln, die gem. den Bestimmungen der gemeinschaftlichen Rechtsvorschriften über Arzneimittel an sie herangetragen werden[79].

21 **b) Die nationalen Arzneimittelbehörden.** Daneben bleiben auch nationale Behörden weiterhin zuständig, und zwar nicht nur für die Erteilung der weiterhin möglichen nationalen Zulassungen, sondern darüber hinaus auch für die Überwachung aller im jeweiligen Mitgliedstaat im Verkehr befindlichen Arzneimittel als auch für die Erteilung von Erlaubnissen welche nach wie vor Gegenstand nationalen Rechts sind. Zu nennen sind hier zB die Herstellung- und Importerlaubnis nach §§ 13, 72 AMG[80] sowie die Großhandelserlaubnis nach § 52a AMG[81].

6. Veränderungen in arzneimittelrechtlichen Verwaltungsverfahren

22 Ferner bestehen zwischenzeitlich auch mehrere Arten europäischer Zulassungsverfahren, um für ein Arzneimittel in mehreren oder allen europäischen Mitgliedstaaten eine Zulassung zu erhalten[82]:

- Mittels des dezentralen Zulassungsverfahrens und des Verfahrens der gegenseitigen Anerkennung kann ein Antragsteller für ein Arzneimittel in mehreren oder allen ausgewählten Mitgliedstaaten jeweils nationale Zulassungen erhalten. Diese Verfahren, die sowohl nationale als auch supranationale Elemente aufweisen, sind in Art. 27 ff. RL 2001/83/EG normiert[83]. Sie unterscheiden sich dadurch, dass
  - entweder für das Arzneimittel zum Zeitpunkt der Antragstellung bereits in einem Mitgliedstaat der Europäischen Union – dem sog. Reference Member State (RMS) – eine Zulassung oder Genehmigung für das Inverkehrbringen vorliegt, und daher die Anerkennung dieser Zulassung von dem/den anderen Mitgliedstaat(en), für dessen Hoheitsbereich die Zulassung begehrt wird – dem/den sog. Concerned Member State (s) (CMS) – beantragt wird (*Verfahren der gegenseitigen Anerkennung*[84]),
  - oder im Zeitpunkt der Antragstellung noch keine nationale Zulassung vorliegt, so dass auf der Grundlage eines Beurteilungsberichtes, der von der zuständigen Behörde des Mitgliedstaats, der als RMS fungieren soll – in Deutschland das *BfArM* bzw. das *Paul-Ehrlich-Institut (PEI)* –, nach Konsultation mit den einbezogenen Mitglied-

---

[78] Art. 55 Abs. 2 VO 726/2004; entspricht Art. 49 S. 2 VO 2309/93.
[79] Art. 57 Abs. 1 VO 726/2004 entspricht Art. 51 VO 2309/93. Diese Aufgaben umfassen insb. die Koordinierung der wissenschaftlichen Beurteilung der Qualität, Sicherheit und Wirksamkeit zulassungsbedürftiger Arzneimittel (lit. a), die Übermittlung von Beurteilungsberichten, Zusammenfassungen der Produktmerkmale, Etikettierungen und Packungsbeilagen für diese Arzneimittel (lit. b) sowie die Koordinierung der Überwachung der in der EU genehmigten Arzneimittel sowie die Beratung über die erforderlichen Maßnahmen zur Sicherstellung der gefahrlosen und wirksamen Anwendung dieser Produkte, indem insb. die Nebenwirkungen dieser Produkte beurteilt und diese Informationen über Datenbanken zugänglich gemacht werden (Pharmakovigilanz) (lit. c).
[80] Ausführlich hierzu u. → § 3 Rn. 99 ff.
[81] Ausführlich hierzu u. → § 4 Rn. 40 ff.
[82] Vgl. hierzu *Dieners/Heil* in Dieners/Reese (Hrsg.), Hdb PharmaR, § 1 Rn. 112 ff.; *Meier*, Arzneimittelrecht im Wandel in Bauer ua (Hrsg.), Wirtschaft im offenen Verfassungsstaat (2006), S. 121 (131 ff.).
[83] Umgesetzt in nationales Rechts durch § 25b AMG.
[84] § 25b Abs. 2 AMG. Ausführlich hierzu → § 3 Rn. 224 ff.

staaten (CMS) erstellt wird, sodann von dem RMS als auch von jedem einzelnen CMS eine nationale Entscheidung über die Zulassungserteilung erfolgt (*dezentrales Zulassungsverfahren*[85]).

• Zudem besteht für bestimmte Arzneimittel zwischenzeitlich die Verpflichtung oder die Möglichkeit, mittels eines zentralen Zulassungsverfahrens eine Arzneimittelzulassung mit Gültigkeit für alle (derzeit noch) 28 Mitgliedstaaten der Europäischen Union zu erhalten. Hierbei kommt der *Europäischen Kommission* die Rolle als Zulassungsbehörde zu[86].

Hierdurch war neben einer Anpassung der nationalen Zulassungsvorschriften auch eine Änderung der Risikoverfahren und der Überwachung von Arzneimitteln verbunden. Die grenzüberschreitende Zulassung von Arzneimitteln hat im Hinblick auf Arzneimittelrisiken zu einer Anpassung der zuvor rein nationalen hin zu supranationalen Risiko- und Überwachungsverfahren geführt[87]. 23

II. Globalisierung

Zusätzlich sind aufgrund der Globalisierung des Pharmamarktes Rechtsetzungsaktivitäten auch auf globaler Ebene zu verzeichnen. Hier sind zunächst völkerrechtliche Verträge zwischen Staaten bzw. Staatenverbunden zu nennen. Da innerhalb der EU nicht nur die einzelnen Mitgliedstaaten, sondern auch die Europäische Union selbst Vertragspartner eines solchen Vertrages sein kann, ist bezüglich der Bindungswirkung der geschlossenen Verträge zu unterscheiden: 24

• Wird die Europäische Union Vertragspartei, so binden die völkerrechtliche Vereinbarungen der EU gem. der Art. 47 EUV und Art. 216 AEUV die Organe der EU (dh Kommission, Rat, Parlament usw.) bei ihren Rechtsetzungen. Hieraus folgt die unmittelbare Verbindlichkeit iSd Anwendungsvorrangs für die Mitgliedstaaten der EU[88].

• Wird nicht die EU, sondern allein ein oder mehrere Mitgliedstaaten Vertragspartner, so richtet sich die Bindungswirkung eines völkerrechtlichen Vertrages für die Mitgliedstaaten nach deren nationalem Verfassungsrecht. Für die Bundesrepublik Deutschland ist dies in Art. 25 des Grundgesetzes festgelegt: Nach erfolgter Ratifizierung des Vertrages durch den Bundestag werden diese Bestandteil des Bundesrecht, genießen aber Vorrang vor den formellen und materiellen Gesetzen[89]. Als Beispiel können hier die „Revidierte Grundregeln der Weltgesundheitsorganisation für die Herstellung von Arzneimitteln und die Sicherung ihrer Qualität" aufgeführt werden[90].

Ferner gibt es auch staatenübergreifende Aktivitäten, die auf eine Harmonisierung der materiellen Zulassungsanforderungen abzielen. Als wichtigste Institution ist hier die *„International Conference on Harmonisation of Technical Requirements for Registration of Pharmaceuticals for Human Use (ICH)"* zu nennen. Die 1990 gegründete ICH bringt die wichtigsten Arzneimittelbehörden, insbesondere die EMA für *Europa*, die US-ame- 25

---

[85] Art. 28 RL 2001/83/EG in der Fassung der Änderung durch Art. 1 Nr. 26 RL 2004/27/EG, in nationale Recht umgesetzt durch § 25b Abs. 3 AMG. Zum Rechtsschutz im dezentralen Zulassungsverfahren vgl. bereits *v. Czettritz*, PharmR 2000, S. 202 f. Ausführlich hierzu → § 3 Rn. 231 ff.
[86] S. u. → § 3 Rn. 173 ff.
[87] Vgl. ausführlich hierzu → § 4 Rn. 98 ff.
[88] Die EU besitzt gem. Art. 47 EUV Völkerrechtspersönlichkeit, und kann demnach als Völkerrechtssubjekt dem Völkerrecht unterliegende Übereinkünfte schließen, aber natürlich nur in den Bereichen, in denen ihr gem. dem in Art. 5 Abs. 1 EUV niedergelegten Prinzip der begrenzten Einzelzuständigkeiten eine materielle Sachkompetenz zukommt. Vgl. hierzu *Müller-Ibold* in Lenz/Borchardt (Hrsg.), EU-Verträge, 5. Aufl. 2010, Art. 216 AEUV Rn. 1 sowie instruktiv *S. Lorenzmeier* ZJS 3/2012, S. 322.
[89] Vgl. *Jarass* in ders./Pieroth, GG, 6, Aufl. (2002), Art. 25 Rn. 11 f.
[90] BAnz. Nr. 1 vom 3.1.1978.

rikanische FDA[91] und die japanische Arzneimittelbehörde MHLW[92] zusammen, um gemeinsam mit den Arzneimittelindustrieverbänden die wissenschaftlichen und technischen Aspekte von Produktregistrierungen zu diskutieren. Ziel von ICH ist es, eine größere Harmonisierung in der Interpretation und Anwendung von technischen Guidelines und Anforderungen für Produktregistrierungen zu erreichen, um hierdurch eine Duplizierung von Tests und Berichten, die während der Erforschung und Entwicklung von neuen Arzneimitteln durchgeführt werden, zu reduzieren[93]. Diese von ICH entwickelten Guidelines für die Prüfung der Qualität (Q1-Q11), Wirksamkeit (E1-E16) und Sicherheit (S 1-S10) sowie für multidisziplinäre Fragen (M1-M8) wurden mittlerweile von der EU übernommen[94].

D. BREXIT

26   Das Vereinigte Königreich (UK) stimmte im Rahmen eines Referendums am 23. Juni 2016 mit 51,89 % der Wähler für den Austritt aus der Europäischen Union, den sog. „Brexit"[95]. Der Austrittsprozess gem. Art. 50 AEUV wurde am 29. März 2017 durch schriftliche Notifizierung an den Europäischen Rat in die Wege geleitet, so dass nach der vertraglich vorgesehenen zweijährigen Verhandlungsperiode der Austritt am 29. März 2019 rechtskräftig wird[96], wohl verbunden mit einer bis zu zweijährigen Übergangsphase[97].

27   Die Auswirkungen des Austritts des Vereinigten Königreichs aus der EU werden mannigfaltig sein, und nicht nur Auswirkungen auf die Stimmenverhältnisse innerhalb der EU sowie deren Finanzierung haben. Insbesondere ist derzeit noch völlig offen, wie das künftige Verhältnis der EU zum Vereinigten Königreich ausgestaltet sind wird.[98]

---

[91] US Food and Drug Administration.
[92] Ministry of Health, Labour and Welfare.
[93] Vgl. *ICH* 20th Anniversary Publication „The Value and Benefits of ICH to Drug Regulatory Authorities Advancing Harmonization for Better Health", abrufbar unter www.ich.org.
[94] ZB Guideline on Stability Testing of New Drug Substances and Products, ICH Q1A(R2), übernommen von der EMA im März 2003 unter CPMP/ICH/2736/99; Guideline on Pharmaceutical Quality System, ICH Q10, übernommen von der EMA im Juli 2008 unter CHMP/ICH/214732/04. Vgl. die entsprechenden Hinweise zu den ICH-Guidelines unter www.ich.org/products/guidelines.html.
[95] Das Wort „Brexit" entstammt einer Verschmelzung von „**Br**itish" und „**exit**" (deutsch: Austritt).
[96] Ein Verbleib der UK in der EU kann aufgrund des erfolgten Ingangsetzens des Art. 50-Verfahrens nicht mehr einseitig durch eine Rücknahme der Notifizierung erwirkt werden, sondern bedürfte nunmehr der Zustimmung aller verbleibenden Mitgliedstaaten, so European Parliament, European Parliamentary Research Service, Briefing, February 2016, Article 50 TFEU: Withdrawal of a Member State from the EU, S. 5, abrufbar unter: http://www.europarl.europa.eu; aA House of Lords, European Union Committee, 11th Report of Session 2015–16, The process of withdrawing from the European Union, S. 5, abrufbar unter: http://www.publications.parliament.uk; übersichtlich zum Streitstand *Rinze*, ZIP 2016, 2152 (2153 f.).
[97] Ausführlich hierzu *Europäische Kommssion* unter ec.europa.eu/commission/brexit-negotiations_de.
[98] Diskutiert werden insbesondere folgende Modelle: Das „Norwegische Modell", wonach das Vereinigte Königreich wie Norwegen als Mitglied des Europäischen Wirtschaftsraums (EWR) vollen Zugang zum EU-Binnenmarkt hätten, dafür aber Personenfreizügigkeit gewähren, in den EU-Haushalt einzahlen und die Regeln der Union übernehmen müsste, ohne in der EU ein Mitspracherecht zu haben. Das „Schweizer Modell", mit der die Gewährung einer Personenfreizügigkeit verbunden wäre, aber keine Finanzdienstleistungen. Das „Türkei Modell", wonach über ein Zollabkommen eine lose Verbindung mit der EU bestehen würde, der Zugang zum Binnenmarkt aber auf den Warenhandel beschränkt wäre, Dienstleistungen wären nicht inbegriffen. Schließlich das „Kanada Modell", wonach keine Zölle auf Agrar- und Industrieprodukte bestehen sollen, jedoch die Finanzdienstleistungen ebenfalls außen vor wären.

Gerade auf den hoch-regulierten Bereich der pharmazeutischen Industrie wird der BRE-XIT zahlreiche Auswirkungen haben, sowohl für das Vereinigte Königreich selbst (insbesondere wie die pharmazeutische Gesetzgebung künftig aussieht, zB im Hinblick auf das Zulassungsverfahren für Arzneimittel und auf das Bestehen regulatorischer Exklusivitätsrechte) als auch für die EU und deren Mitgliedstaaten. Letzteres betrifft insbesondere folgende Bereiche[99]:

- **Firmensitz:** Zentrale Zulassungen, die derzeit von in der UK ansässigen Firmen als Zulassungsinhaber gehalten werden, sind auf in der EU ansässige Firmen zu übertragen[100]; gleiches gilt für die Inhaber von Ausweisungen als Arzneimittel für seltene Leiden[101] als auch für die Verantwortliche Person für Phamacovigilanz in der EU (EU QPPV);
- **Import- und Vertriebsgenehmigungen:** Produkte, die aus UK stamen, werden künftig als Importe von einem Staat außerhalb der EU/EEA angesehen, so dass deren Einfuhr mit einer Einfuhrerlaubnis abgedeckt sein als auch für diese eine EU-Freigabe durchgeführt werden muss[102];
- **Rolle der UK-Gesundheitsbehörde MHRA**[103] **im EU Netzwerk:** Die MHRA stellt pro Jahr in über 20 abgeschlossenen zentralen Zulassungsverfahren den Rapporteur/Co-Rapporteur, und ist in über 40 % der dezentralen Zulassungsverfahren Referenzmitgliedstaat (RMS); diese Möglichkeit der Mitwirkung in Zulassungsverfahren wird mit Wirksamwerden des BREXIT nicht nur enden, sondern in laufenden Zulassungsverfahren ist diese Rolle von anderen Mitgliedstaaten zu übernehmen.

Zwischenzeitlich geklärt ist der künftige Sitz der Europäischen Arzneimittelbehörde (EMA), die derzeit noch in London angesiedelt ist: Gem. Beschl. der verbleibenden EU-Mitgliedstaaten vom 20. November wird die EMA in die Niederlande nach Amsterdam umziehen und dort spätestens ab dem 30. März 2019 die Geschäftstätigkeiten aufnehmen[104].

---

[99] Vgl. *Kommission / EMA*, Questions and Answers related to the United Kingdom's withdrawal from the European Union with regard to the medicinal products for human and veterinary use within the framework of the Centralised Procedure (Rev.03) vom 19. Juni 2018. Zur praktischen Durchführung s. *EMA*, Practical guidance for procedures related to Brexit for medicinal products for human and veterinary use within the framework of the centralised procedure (Rev.02) vom 19. Juni 2018 (EMA/478309/2017). Beide Dokumente sind abrufbar unter ema.europa.eu.
[100] S. hierzu u. → § 3 Rn. 110.
[101] S. hierzu u. → § 3 Rn. 299 ff.
[102] S. hierzu u. → § 3 Rn. 102.
[103] Medicines and Healthcare product Regulatory Authority.
[104] Vgl. EMA, Press release „EMA to relocate to Amsterdam, the Netherlands" vom 20. November 2017 (EMA/756382/2017). Gegen diesen Beschluss des Rates der EU haben sowohl Italien als auch die Stadt Mailand am 30. Januar 2018 Klagen eingereicht. Diese Verfahren werden beim EuGH unter den Az. C-59/18 und C-182/18 geführt..

2. Teil. Arzneimittel

Schrifttum zu Teil 2: *Brückner* (Hrsg.), Ergänzende Schutzzertifikate / Supplementary Protection Certificates, 2. Aufl. (2015); *Dieners/Reese* (Hrsg.), Handbuch des Pharmarechts (2010); *Kloesel/ Cyran*, Arzneimittelrecht Kommentar (Stand: 2017); *Rehmann*, Arzneimittelgesetz: AMG, 3. Aufl. (2008); *Sander*, AMG Kommentar (Stand: Mai 2017); *Spickhoff* (Hrsg.), Medizinrecht, (2011).

§ 2 Grundlagen des Arzneimittelrechts

A. Rechtsgrundlagen

Das *Gesetz über den Verkehr mit Arzneimitteln* (Arzneimittelgesetz – AMG[1]) beinhaltet die wesentlichen gesetzlichen Rahmenbedingungen für Arzneimittel in Deutschland, insbesondere hinsichtlich deren Erforschung, Herstellung und Vertrieb. Die letzten wesentlichen Änderungen des AMG erfolgten durch Art. 1 u. 2 des Vierten AMG-Änderungsgesetzes vom 20. Dezember 2016[2], mit dem die notwendigen Regelungen zur Implementierung der europäischen Verordnung Nr. 536/2014 über klinische Prüfungen mit Humanarzneimitteln erlassen wurden, sowie durch Art. 1 des Gesetzes zur Fortschreibung der Vorschriften für Blut- und Gewebezubereitungen und zur Änderung anderer Vorschriften (BlGewVFG) vom 18. Juli 2017[3], das am 29. Juli 2017 in Kraft getreten ist. 1

In weiten Teilen basiert das deutsche Arzneimittelgesetz auf Vorgaben des europäischen Rechts. Zentral ist die RL 2001/83/EG vom 6. November 2001 zur Schaffung eines Gemeinschaftskodexes für Humanarzneimittel (Humankodex[4]): Mit dieser RL erfolgte eine Vollharmonisierung des Arzneimittelrechts in den EU-Mitgliedstaaten[5]. Damit dürfen die Mitgliedstaaten nur noch in den Bereichen, zu denen die RL keine Regelung beinhaltet oder in denen den Mitgliedstaaten die Möglichkeit einer individuellen Abweichung zu strengeren Regelungen oder zu Erleichterungen gelassen wird, abweichende oder weitergehende Vorschriften erlassen. Für den Bereich der klinischen Prüfungen mit Humanarzneimitteln basieren die Bestimmungen des deutschen Arzneimittelgesetzes auf 2

---

[1] Arzneimittelgesetz in der Fassung der Bekanntmachung vom 12. Dezember 2005 (BGBl. I S. 3394), zuletzt geändert durch Art. 1 des Dritten Gesetzes zur Änderung arzneimittelrechtlicher und anderer Vorschriften vom 7. August 2013 (BGBl. I S. 3108).
[2] Viertes Gesetz zur Änderung arzneimittelrechtlicher und anderer Vorschriften vom 20. Dezember 2016 (BGBl. I, S. 3048).
[3] Art. 1 des Gesetzes zur Fortschreibung der Vorschriften für Blut- und Gewebezubereitungen und zur Änderung anderer Vorschriften vom 18. Juli 2017 (BGBl. I, S. 2757).
[4] RL 2001/83/EG des Europäischen Parlaments und des Rates vom 6. November 2001 zur Schaffung eines Gemeinschaftskodexes für Humanarzneimittel, ABl. L 311 v. 28.11.2001, S. 67, zuletzt geändert durch RL 2012/26/EU des Europäischen Parlaments und des Rates vom 25. Oktober 2012 zur Änderung der RL 2001/83/EG hinsichtlich der Pharmakovigilanz, ABl. L 299 vom 27.12.2012, S. 1.
[5] So BGH, WRP 2008, 1209 (1210) – HMB Kapseln; WRP 2008, 1213 (1216) – L-Carnitin; *Rehmann*, AMG, § 2 Rn. 6; *Köhler* GRUR 2002, 844 (845 f.); *Rennert* NVwZ 2008, 1179 (1181); zwischenzeitlich auch EuGH, Urteil v. 8.11.2007 – Rs. C-374/06, BATIG vs. Hauptzollamt Bielefeld, LMRR 2007, 75 (BATIG); aA *Kloesel/Cyran*, AMG, A 1.0, § 2 Anm. 11. Zum Meinungsstand vgl. *Doepner/Hüttebräuker* in Dieners/Reese (Hrsg.), Hdb PharmaR, § 2 Rn. 44 ff.

der RL 2001/20/EG vom 4. April 2001[6], mit dem die Rechts- und Verwaltungsvorschriften der Mitgliedstaaten über die Anwendung der guten klinischen Praxis bei der Durchführung von klinischen Prüfungen mit Humanarzneimitteln angeglichen wurden. Diese wurde und wird durch die Verordnung 536/2014 schrittweise aufgehoben[7].

3 Die RL 2001/83/EG wurde seit dem Jahr 2001 im Wesentlichen durch die nachfolgenden Richtlinien geändert oder ergänzt:

- RL 2002/98/EG[8] zu menschlichem Blut und Blutbestandteilen,
- RL 2003/63/EG[9] zu biologischen Arzneimitteln,
- RL 2003/94/EG[10] zur Festlegung der Grundsätze und Leitlinien der Guten Herstellungspraxis für Humanarzneimittel und für zur Anwendung beim Menschen bestimmte Prüfpräparate[11],
- RL 2004/24/EG[12] zu traditionellen pflanzlichen Arzneimitteln,
- RL 2004/27/EG, mit der die ursprüngliche RL 2001/83/EG wesentlich überarbeitet wurde[13],
- RL 2008/29/EG, durch welche technische Anpassungen der Ausschussverfahren, bei denen der ständige Ausschuss beteiligt ist, vorgenommen wurden[14],
- RL 2009/53/EG, welche Änderungen der Bedingungen für Genehmigungen für das Inverkehrbringen von Arzneimitteln regelt[15],
- RL 2009/120/EG, die aufgrund des wissenschaftlichen und technischen Fortschritts bei neuartigen Therapien Anhang I der RL 2001/83/EG angepasst hat[16],

---

[6] RL 2001/20/EG vom 4. April 2001 zur Angleichung der Rechts- und Verwaltungsvorschriften der Mitgliedstaaten über die Anwendung der guten klinischen Praxis bei der Durchführung von klinischen Prüfungen mit Humanarzneimitteln, ABl. L 121 vom 1.5.2001, S. 34.

[7] Ausführlich hierzu u. → § 3 Rn. 8 ff.

[8] RL 2002/98/EG des Europäischen Parlaments und des Rates vom 27. Januar 2003 zur Festlegung von Qualitäts- und Sicherheitsstandards für die Gewinnung, Testung, Verarbeitung, Lagerung und Verteilung von menschlichem Blut und Blutbestandteilen und zur Änderung der RL 2001/83/EG, ABl. L 33 v. 8.2.2003, S. 30.

[9] RL 2003/63/EG der Kommission vom 25. Juni 2003 zur Änderung der RL 2001/83/EG des Europäischen Parlaments und des Rates zur Schaffung eines Gemeinschaftskodexes für Humanarzneimittel, ABl. L 159 v. 27.6.2003 S. 46.

[10] RL 2003/94/EG der Kommission vom 8. Oktober 2003 zur Festlegung der Grundsätze und Leitlinien der Guten Herstellungspraxis für Humanarzneimittel und für zur Anwendung beim Menschen bestimmte Prüfpräparate, ABl. L 262 v. 14.10.2003, S. 22.

[11] Die RL 1991/412/EWG der Kommission vom 23. Juli 1991 (ABl. L 228 v. 17.8.1991, S. 70) legt die Grundsätze und Leitlinien der Guten Herstellungspraxis für Tierarzneimittel fest. Beide werden konkretisiert durch den EU-GMP-Leitfaden für Human- und Tierarzneimittel, EudraLex – Volume 4 Good manufacturing practice (GMP) Guidelines, abrufbar unter ec.europa.eu/health/documents/eudralex/vol-4/.

[12] RL 2004/24/EG des Europäischen Parlaments und des Rates vom 31. März 2004 zur Änderung der RL 2001/83/EG zur Schaffung eines Gemeinschaftskodexes für Humanarzneimittel hinsichtlich traditioneller pflanzlicher Arzneimittel, ABl. L 136 v. 30.4.2004, S. 85.

[13] RL 2004/27/EG des Europäischen Parlaments und des Rates vom 31. März 2004 zur Änderung der RL 2001/83/EG zur Schaffung eines Gemeinschaftskodexes für Humanarzneimittel ABl. L 136 v. 30.4.2004, S. 34.

[14] RL 2008/29/EG des Europäischen Parlaments und des Rates vom 11. März 2008 zur Änderung der RL 2001/83/EG zur Schaffung eines Gemeinschaftskodexes für Humanarzneimittel im Hinblick auf die der Kommission übertragenen Durchführungsbefugnisse, ABl. L 81 v. 20.3.2008, S. 41.

[15] RL 2009/53/EG des Europäischen Parlaments und des Rates vom 18. Juni 2009 zur Änderung der RL 2001/82/EG und der RL 2001/83/EG in Bezug auf Änderungen der Bedingungen für Genehmigungen für das Inverkehrbringen von Arzneimitteln, ABl. L 168 v. 30.6.2009, S. 33.

[16] RL 2009/120/EG der Kommission vom 14. September 2009 zur Änderung der RL 2001/83/EG des Europäischen Parlaments und des Rates zur Schaffung eines Gemeinschaftskodexes für Humanarzneimittel im Hinblick auf Arzneimittel für neuartige Therapien, ABl. L 243 v. 15.9.2009, S. 3.

§ 2 Grundlagen des Arzneimittelrechts

- RL 2011/62/EU, mit der das Eindringen von gefälschten Arzneimitteln in die legale Lieferkette innerhalb der EU verhindert werden soll[17], sowie
- RL 2012/26/EU betreffend Pharmakovigilanzpflichten[18].

Zudem beinhalten auch die folgenden direkt anwendbaren EU-Verordnungen relevante Vorgaben für Arzneimittel: **4**

- die VO (EG) Nr. 141/2001 zu Arzneimitteln für seltene Leiden[19],
- die VO (EG) Nr. 726/2004, mit welcher der derzeitige Rechtsrahmen für die zentrale Zulassung von Arzneimitteln und die Schaffung der Europäischen Arzneimittelbehörde EMA geschaffen wurde[20],
- die VO (EG) Nr. 1901/2006 zu Kinderarzneimitteln[21],
- die VO (EG) Nr. 1394/2007 über neuartige Therapien[22], welche die RL 2001/83/EG sowie die VO (EG) Nr. 726/2004 ergänzten und änderten,
- die VO (EG) Nr. 469/2009 über das ergänzende Schutzzertifikat für Arzneimittel[23], sowie

---

[17] RL 2011/62/EU des Europäischen Parlaments und des Rates vom 8. Juni 2011 zur Änderung der RL 2001/83/EG zur Schaffung eines Gemeinschaftskodexes für Humanarzneimittel hinsichtlich der Verhinderung des Eindringens von gefälschten Arzneimitteln in die legale Lieferkette, ABl. L 174 v. 1.7.2011, S. 74.

[18] RL 2012/26/EU des Europäischen Parlaments und des Rates vom 25. Oktober 2012 zur Änderung der RL 2001/83/EG hinsichtlich der Pharmakovigilanz (ABl. L 299 v. 27.10.2012, S. 1). Mit dieser Änderungs-RL werden die Art. 23a, 31, 34, 37, 63, 85a, 107i, 107j, 123 RL 2001/83/EG geändert. Die RL ist am 16.11.2012 in Kraft getreten und von den Mitgliedstaaten bis zum 28.10.2013 in nationales Recht umzusetzen (Art. 2 der RL 2012/26/EG).

[19] VO (EG) Nr. 141/2000 des Europäischen Parlaments und des Rates vom 16. Dezember 1999 über Arzneimittel für seltene Leiden, ABl. L 18 vom 22.1.2000, S. 1.

[20] VO (EG) Nr. 726/2004 des Europäischen Parlaments und des Rates vom 31. März 2004 zur Festlegung von Gemeinschaftsverfahren für die Genehmigung und Überwachung von Human- und Tierarzneimitteln und zur Errichtung einer Europäischen Arzneimittel-Agentur, ABl. L 136 vom 30.4.2004, S. 1, zuletzt geändert durch die VO (EU) Nr. 1027/2012 des Europäischen Parlaments und des Rates vom 25. Oktober 2012 zur Änderung der VO (EG) Nr. 726/2004 hinsichtlich der Pharmakovigilanz, ABl. L 316 vom 14.11.2012, S. 38. Die VO 726/2004 ersetzte die VO 2309/93, die erstmals die Gemeinschaftsverfahren für die Genehmigung und Überwachung von Human- und Tierarzneimitteln festlegte und die Europäische Arzneimittelagentur EMEA schaffte. Auf Grundlage der Erfahrungen über die Funktionsweise der Zulassungsverfahren hat es sich als notwendig erwiesen, die Abwicklung der Genehmigungsverfahren für das Inverkehrbringen von Arzneimitteln in der Gemeinschaft zu verbessern und Änderungen an bestimmten verwaltungstechnischen Aspekten der Europäischen Agentur für die Beurteilung von Arzneimitteln vorzunehmen, vgl. Erwägungsgründe 2 u. 3 der VO 726/2004.

[21] VO (EG) Nr. 1901/2006 des Europäischen Parlaments und des Rates vom 12. Dezember 2006 über Kinderarzneimittel und zur Änderung der VO (EWG) Nr. 1768/92, der RL 2001/20/EG und 2001/83/EG sowie der VO (EG) Nr. 726/2004, ABl. L 378 v. 27.12.2006, S. 1.

[22] VO (EG) Nr. 1394/2007 des Europäischen Parlaments und des Rates vom 13. November 2007 über Arzneimittel für neuartige Therapien und zur Änderung der RL 2001/83/EG und der VO (EG) Nr. 726/2004, ABl. L 324 v. 10.12.2007, S. 121.

[23] VO (EG) Nr. 469/2009 des Europäischen Parlaments und des Rates vom 6. Mai 2009 über das ergänzende Schutzzertifikat für Arzneimittel, ABl. L 152 v. 16.6.2009, S. 1. Das ergänzende Schutzzertifikat wurde im Jahr 1992 in der EU geschaffen mit der VO (EWG) Nr. 1768/92 des Rates vom 18. Juni 1992, ABl. L 182 v. 2.7.1992, S. 1. Zweck des ergänzenden Schutzzertifikats für Arzneimittel ist die Beseitigung der Unterschiede und Unzulänglichkeiten bei den nationalen Patentsystemen im Bereich der pharmazeutischen Forschung, und insbesondere die Entwicklung von Arzneimitteln in der EU ausreichend zu schützen. Nachdem die VO 1768/92 mehrfach und erheblich geändert wurde, wurde diese kodifiziert mit der VO 469/2009 (vgl. dort Erwägungsgrund 1).

Meier

- die VO (EU) Nr. 536/2014 des Europäischen Parlaments und des Rates vom 16. April 2014 über klinische Prüfungen mit Humanarzneimitteln und zur Aufhebung der RL 2001/20/EG[24].

5 Schließlich wird für einzelne Bereiche der rechtliche Rahmen durch Rechtsverordnungen des Bundes vorgegeben, nämlich durch die

- Arzneimittelpreisverordnung auf Grundlage des § 78 Abs. 2 AMG, welche die preisgebundenen Arzneimittel und deren gesetzlichen Großhandels- und Apothekenzuschläge bestimmt[25], sowie
- GCP (Good Clinical Practice)-Verordnung, welche auf Basis von § 12 Abs. 1b Nr. 2 und § 42 Abs. 3 AMG[26] erlassen wurde und die Vorgaben für die Durchführung klinischer Prüfungen beinhaltet[27].

B. Zweck und Funktionen des Arzneimittelrechts

6 Das AMG bezweckt gem. § 1 *„im Interesse einer ordnungsgemäßen Arzneimittelversorgung von Mensch und Tier für die Sicherheit im Verkehr mit Arzneimitteln, insbesondere für die Qualität, Wirksamkeit und Unbedenklichkeit der Arzneimittel nach Maßgabe der folgenden Vorschriften zu sorgen."*[28] Dieser Zweckbestimmung können die folgenden drei wesentlichen Funktionen des Arzneimittelrechts entnommen werden[29]:

- das **Vorsorgeprinzip**: Das AMG bezweckt primär, *„für die Sicherheit im Verkehr mit Arzneimitteln, insbesondere für die Qualität, Wirksamkeit und Unbedenklichkeit der Arzneimittel (…) zu sorgen."* Hierin kommt das Vorsorgeprinzip zum Ausdruck, mit dem die Gewährleistung der Sicherheit von Arzneimitteln und des Schutzes der Patienten vor möglichen Schädigungen adressiert wird[30].
- das **Versorgungsprinzip**: Die Sicherstellung der *„ordnungsgemäßen Arzneimittelversorgung"* adressiert zum einen das Versorgungsprinzip, das die Heilung von Krankhei-

---

[24] VO (EU) Nr. 536/2014 des Europäischen Parlaments und des Rates vom 16. April 2014 über klinische Prüfungen mit Humanarzneimitteln und zur Aufhebung der RL 2001/20/EG, ABl. L 158 vom 27.5.2014, S. 1.

[25] ArzneimittelpreisV vom 14. November 1980 (BGBl. I S. 2147), zuletzt geändert durch Art. 1 der Verordnung vom 17. September 2012 (BGBl. I S. 2063).

[26] § 12 Abs. 1b Nr. 2 AMG wurde durch Art. 1 Nr. 10 lit.c a des Gesetzes vom 30. Juli 2004 (BGBl. I S. 2031) eingefügt und § 42 Abs. 3 durch Art. 1 Nr. 28 des Gesetzes vom 30. Juli 2004 (BGBl. I S. 2031) neu gefasst.

[27] GCP-V vom 9. August 2004 (BGBl. I S. 2081), zuletzt geändert durch Art. 8 des Gesetzes vom 19. Oktober 2012 (BGBl. I S. 2192).

[28] § 1 AMG hat lediglich deklaratorischen Charakter und enthält keine selbständige Anspruchsgrundlage. Insbesondere können aus § 1 keine Ansprüche gegen den Staat, zB auf Leistung einer staatlichen Garantie für die Sicherheit des Arzneimittelverkehrs hergeleitet werden.

[29] Vgl. *Dieners/Heil*, in Dieners/Reese (Hrsg.), Hdb PharmaR, § 1 Rn. 10 ff.; *Rehmann*, AMG, § 1 Rn. 1; *Heßhaus* in Spickhoff (Hrsg.), Medizinrecht, 10. AMG, § 1 Rn. 1.

[30] Auf diesem Gedanken basieren zB die Regelungen der §§ 5, 6a AMG mit dem Verbot, bedenkliche Arzneimittel sowie Arzneimittel zu Dopingzwecken im Sport in den Verkehr zu bringen, die Verbote zum Schutz vor Täuschungen des § 8 AMG, die §§ 13 ff. AMG mit dem Erfordernis einer Herstellungserlaubnis zur Einhaltung der Good Manufacturing Practice (GMP) als international anerkannten Prinzipien für die Herstellung von Arzneimitteln, sowie die Pharmakovigilanzregelungen der §§ 64 ff. AMG betreffend die fortlaufenden und systematischen Überwachung der Sicherheit eines Arzneimittels zur Entdeckung und Beurteilung unerwünschter Arzneimittelwirkungen sowie zur Durchführung von Risikominimierungsmaßnahmen. S. auch *Dieners/Heil*, in Dieners/Reese (Hrsg.), Hdb PharmaR, § 1 Rn. 12.

ten sowie die Linderung von Leiden durch die Versorgung des Patienten mit in Bezug auf Wirksamkeit und Qualität geeigneten Arzneimitteln erfasst[31].
- das **Forschungsprinzip**: Die Sicherstellung einer *„ordnungsgemäßen Arzneimittelversorgung"* bezieht sich aber nicht nur auf bestehende Therapien, sondern auch auf neue Therapien zu bislang noch nicht heilbaren Erkrankungen. § 1 AMG adressiert somit auch das Forschungsprinzip, das in den §§ 40 ff. AMG verankert ist und mit dem Erfordernis der Durchführung klinischer Prüfungen der Feststellung von Wirksamkeit und Sicherheit von Arzneimitteln dient[32].

C. Der Arzneimittelbegriff und dessen Bedeutung im AMG

Ob ein Erzeugnis als Arzneimittel einzustufen oder doch einer anderen Produktkategorie zuzuordnen ist, ist von zentraler Bedeutung: Diese Statuszuordnung entscheidet darüber, ob für dieses Erzeugnis der Anwendungsbereich des AMG eröffnet ist, und damit, welche Anforderungen insbesondere im Hinblick auf die Erforschung, die Herstellung, den Marktzutritt, den Vertrieb inklusive der Kennzeichnung, die Produkthaftung, die Bewerbung und die Preisfestsetzung gelten.   7

Der Arzneimittelbegriff ist legal definiert in § 2 AMG. Arzneimittel sind hiernach alle Stoffe und Zubereitungen aus Stoffen, die entweder dem Arzneimittelbegriff des § 2 Abs. 1 AMG zuzuordnen sind (I.) oder als Arzneimittel gelten gem. § 2 Abs. 2 u. Abs. 4 AMG (sog. Geltungs- oder Fiktivarzneimittel) (II.). Die Arzneimittel sind aber von zahlreichen Stoffen sowie Produkten abzugrenzen, auf die das AMG keine Anwendung findet (III.).   8

I. Arzneimittelbegriff

Arzneimittel sind nach der Legaldefinition des § 2 Abs. 1 AMG alle **Stoffe oder Zubereitungen aus Stoffen,**   9
- die zur Anwendung im oder am menschlichen oder tierischen Körper bestimmt sind und als Mittel mit Eigenschaften zur Heilung oder Linderung oder zur Verhütung menschlicher oder tierischer Krankheiten oder krankhafter Beschwerden bestimmt sind (Nr. 1, sog. **Präsentationsarzneimittel**) oder
- die im oder am menschlichen oder tierischen Körper angewendet oder einem Menschen oder einem Tier verabreicht werden können (Nr. 2), um entweder
   a) die physiologischen Funktionen durch eine pharmakologische, immunologische oder metabolische Wirkung wiederherzustellen, zu korrigieren oder zu beeinflussen (sog. **Funktionsarzneimittel**) oder
   b) eine medizinische Diagnose zu erstellen (sog. **Diagnostika**[33]).

---

[31] Dieses Prinzip ist insbesondere in den §§ 43 ff. AMG gesetzlich verankert, wonach für Arzneimittel grundsätzlich die Apothekenpflicht gilt und die Versorgung mit Arzneimitteln über die Apotheken sichergestellt wird (vgl. § 1 Abs. 1 S. 2 ApBetrO). S. auch *Dieners/Heil* in Dieners/Reese (Hrsg.), Hdb PharmaR, § 1 Rn. 11.
[32] Damit wird das Vorsorgeprinzip bereits bei der Forschung widergespiegelt. Gleichzeitig wird hiermit auch die Förderung klinischer Prüfungen sichergestellt, da das Arzneimittelrecht auch die Entwicklung von neuen Arzneimitteln zur Heilung oder Linderung von Beschwerden neuer Erkrankungen oder in Bezug auf bestehende Arzneimittel deren stetige Rezepturverbesserung zum Ziel hat. S. auch *Dieners/Heil* in Dieners/Reese (Hrsg.), Hdb PharmaR, § 1 Rn. 13.
[33] Vgl. *Dieners/Heil* in Dieners/Reese (Hrsg.), Hdb PharmaR, § 1 Rn. 82 f. u. 90; *Rehmann*, AMG, § 2 Rn. 3; *Fuhrmann* in ders./Klein/Fleischfresser, Arzneimittelrecht, 2. Aufl. (2014), § 2 Rn. 5 ff.

1. Stoffe und Zubereitungen aus Stoffen

10 Arzneimittel können hiernach also nur „Stoffe oder Zubereitungen aus Stoffen" sein. Der Stoffbegriff ist definiert in § 3 AMG und umfasst:
- chemische Elemente und chemische Verbindungen sowie deren natürlich vorkommenden Gemische und Lösungen (Nr. 1),
- Pflanzen, Pflanzenteile, Pflanzenbestandteile, Algen, Pilze und Flechten in bearbeitetem oder unbearbeitetem Zustand (Nr. 2),
- Tierkörper, auch lebender Tiere, sowie Körperteile, -bestandteile und Stoffwechselprodukte von Mensch oder Tier in bearbeitetem oder unbearbeitetem Zustand (Nr. 3), sowie
- Mikroorganismen einschließlich Viren sowie deren Bestandteile oder Stoffwechselprodukte (Nr. 4).

11 Der Begriff „Zubereitungen" ist zwar nicht definiert. Eine Zubereitung von Stoffen ist aber gegeben bei der Verarbeitung mehrerer Stoffe durch ihr Verbinden, Vermischen, Filtern oder sonstiger Verarbeitungsvorgänge[34].

2. Präsentationsarzneimittel

12 Mit der Regelung des § 2 Abs. 1 Nr. 1 AMG werden die **Präsentationsarzneimittel** definiert. Dies sind solche Arzneimittel, die – unabhängig von ihrer tatsächlichen Wirkungsweise – allein aufgrund ihrer vom pharmazeutischen Unternehmer bestimmten Aufmachung, äußeren Gestaltung oder Präsentation als Arzneimittel qualifiziert werden, um sie damit dem Regime des AMG zu unterstellen[35]. Dabei gelten folgende Begriffsbestimmungen:
- Als **Krankheit** ist *„jede, also auch eine nur unerhebliche oder vorübergehende Störung der normalen Beschaffenheit oder der normalen Tätigkeit des Körpers, die geheilt, dh beseitigt oder gelindert werden kann"* zu verstehen[36]. Erscheinungen oder Funktionsschwankungen, denen jeder Körper ausgesetzt ist und die seiner Natur oder dem natürlichen Auf und Ab der Leistungsfähigkeit entsprechen, werden damit nicht erfasst[37].
- Dem Begriff der **krankhaften Beschwerden** kommt neben dem Krankheitsbegriff keine eigenständige Bedeutung zu, so dass solche Beschwerden sich ohne weiteres unter den Krankheitsbegriff subsumieren lassen[38].
- Die **Heilung** einer Krankheit meint deren Beseitigung, deren **Linderung** die Verminderung der durch die Krankheit hervorgerufenen objektiven oder subjektiven Beschwerden. Damit werden alle Erzeugnisse mit einer therapeutischen Zweckbestimmung zum Zwecke der Beseitigung oder Verminderung der Beschwerden erfasst. Das **Verhüten** einer Krankheit erfasst alle Maßnahmen der Krankheitsvorbeugung, wie zB durch Impfung[39].

3. Funktionsarzneimittel (Abs. 1 Nr. 2 (a))

13 § 2 Abs. 1 Nr. 2a) AMG bestimmt die Erzeugnisse, die aufgrund ihrer **objektiven Funktion** her als Arzneimittel zu qualifizieren sind, sofern diese dazu eingesetzt oder

---

[34] S. *Rehmann*, AMG, § 2 Rn. 8.
[35] *Heßhaus* in Spickhoff (Hrsg.), Medizinrecht, 10. AMG, § 2 Rn. 4; *Dieners/Heil* in Dieners/Reese (Hrsg.), Hdb PharmaR, § 1 Rn. 83.
[36] BGH DAZ 1958, 500.
[37] Vgl. BVerwG DAZ 1973, 1363 – Dentinox; s. auch *Rehmann*, AMG, § 2 Rn. 12.
[38] Vgl. *Heßhaus* in Spickhoff, Medizinrecht, 10. AMG, § 2 Rn. 5; *Rehmann*, AMG, § 2 Rn. 15.
[39] S. insgesamt hierzu *Rehmann*, AMG, § 2 Rn. 16.

angewendet werden, um die physiologischen Funktionen wiederherzustellen, zu korrigieren oder zu beeinflussen. Es geht mithin darum, die ursprünglichen physiologischen Funktionen des menschlichen Körpers, die durch die Krankheit beeinträchtigt wurden, derart zu behandeln, dass diese möglichst wieder in ihren ursprünglichen Zustand zurückversetzt werden[40].

Der Erfolg der Anwendung oder Behandlung durch das Erzeugnis muss nach dem Wortlaut des § 2 Abs. 1 Nr. 2 lit. a AMG durch eine **pharmakologische, metabolische oder immunologische Wirkung** herbeigeführt werden. Wie diese Begriffe auszulegen sind, ist umstritten, zumal diese weder im europäischen noch im deutschen Recht definiert werden[41]. Definitionen dieser Begriffe finden sich aber in den von der *Europäischen Kommission* erlassenen sog. Borderline-Leitlinien[42], die in Zusammenarbeit mit den Behördenvertretern der Mitgliedstaaten, den Benannten Stellen, der Industrie und anderen interessierten Kreisen aus dem Medizinproduktesektor erstellt wurden. Der *EuGH* hat in Bezug auf die Definition des Begriffs „pharmakologische Wirkung" mit Urteil vom 6.9.2012 entschieden, dass hierfür die Definition dieses Begriffs in der entsprechenden Borderline-Leitlinie (hier der Leitlinie zur Abgrenzung der Kosmetikmittelrichtlinie von der Arzneimittelrichtlinie) berücksichtigt werden kann[43]. Auf Basis dieser Leitlinien der *EU Kommission*, welche insoweit identische Definitionen enthalten, ergeben sich die folgenden Begriffsverständnisse:

- **pharmakologische Wirkung** ist eine Wechselwirkung zwischen den Molekülen der in Frage kommenden Substanzen und einem Zellbestandteil, in der Regel als Rezeptor bezeichnet, die entweder in einer direkten Reaktion resultiert oder welche die Reaktion des anderen Wirkstoffs blockiert[44]. Auch wenn dies kein vollständig verlässliches Kriterium ist, so indiziert das Vorhandensein einer Dosis-Wirkungs-Beziehung einen pharmakologischen Effekt;
- **immunologische Wirkung** ist eine Aktivität in oder am menschlichen Körper infolge einer Stimulierung und/oder Mobilisierung von Zellen und/oder Produkten, die in einer spezifischen Immunreaktion beteiligt sind[45]; und
- **metabolische Wirkung** ist eine Aktivität, die mit einer Veränderung verbunden ist, einschließlich des Beendens, Beginnens oder Veränderns der Geschwindigkeit der normalen chemischen Prozesse, die in der normalen Körperfunktion beteiligt sind oder dafür zur Verfügung stehen. Die Tatsache, dass ein Produkt *von* dem menschlichen Körper metabolisiert wird, bedeutet nicht notwendigerweise, dass die Substanz, die in dem Produkt enthalten ist, auch eine metabolische Wirkung *auf* den Körper hat[46].

---

[40] Vgl. *Heßhaus* in Spickhoff (Hrsg.), Medizinrecht, 10. AMG, § 2 Rn. 10 ff.; *Rehmann*, AMG, § 2 Rn. 3.

[41] Vgl. *Dieners/Heil* in Dieners/Reese (Hrsg.), Hdb PharmaR, § 1 Rn. 84 ff.

[42] S. insb. *European Commission, DG Enterprise and Industry, Directorate F, Unit F3, Cosmetics and medical devices*: MEDICAL DEVICES: Guidance document – Borderline products, drug-delivery products and medical devices incorporating, as an integral part, an ancillary medicinal substance or an ancillary human blood derivative, abrufbar unter ec.europa.eu/growth/sectors/medical-devices.

[43] EuGH Urteil v. 6.9.2012 – Rs. C-308/11, Chemische Fabrik Kreussler vs. Sunstar. S. hierzu u. → § 5 Rn. 24.

[44] *Pharmacological Action*: „interaction between the molecules of the substance in question and a cellular constituent, usually referred to as a receptor, which either results in a direct response, or which blocks the response to another agent. Although not a completely reliable criterion, the presence of a dose-response correlation is indicative of a pharmacological effect".

[45] *Immunological Action*: „action in or on the body by stimulation and/or mobilisation of cells and/or products involved in a specific immune reaction".

[46] *Metabolic action*: „action which involves an alteration, including stopping, starting or changing the speed of the normal chemical processes participating in, and available for, normal body function. The fact that a product is metabolised *by* the human body does not necessarily mean that the substance contained in the product has a metabolic action *upon* the body".

4. Diagnostika (Abs. 1 Nr. 2 (b))

15 Mit der Regelung in Abs. 1 Nr. 2b) werden **Diagnostika** als Arzneimittel erfasst, dh alle Mittel, die zu dem Zweck angewendet oder verabreicht werden, Eigenschaften und Funktionen des Körpers oder der seelischen Zustände erkennbar zu machen. Nicht erfasst werden somit in-vitro Diagnostika, mit denen Analysen im Labor und damit außerhalb des menschlichen Körpers angewendet werden. Hierunter fallen zB Röntgenkontrastmittel oder radioaktiv markierte Stoffe[47].

5. Objektive Zweckbestimmung und Wirkung

16 Ist fraglich, ob ein Stoff oder eine Zubereitung aus Stoffen als Arzneimittel einzustufen ist, ist die **Zweckbestimmung** entscheidend. Mit der 15. AMG-Novelle, die am 23.7.2009 in Kraft getreten ist[48], hat der Gesetzgeber die Legaldefinition des § 2 Abs. 1 AMG geändert und nahezu wortgetreu die europäische Arzneimitteldefinition des Art. 1 (2) RL 2001/83/EG übernommen[49]. Damit hat nun auch der deutsche Gesetzgeber endgültig Klarheit geschaffen, dass es auf die objektive Zweckbestimmung ankommt und nicht auf die subjektive Zweckbestimmung, die der jeweilige Hersteller oder pharmazeutische Unternehmer seinem Produkt beimisst[50]: Es ist entscheidend, ob das Erzeugnis angewendet oder verabreicht wird, um die physiologischen Funktionen „**durch eine pharmakologische, immunologische oder metabolische Wirkung** wiederherzustellen, zu korrigieren oder zu beeinflussen". Weist daher ein Erzeugnis derartige objektive Eigenschaften auf, ist es als Arzneimittel einzustufen.

II. Geltungsarzneimittel

17 Gem. § 2 Abs. 2 AMG gelten zahlreiche Gegenstände oder Erzeugnisse als Arzneimittel. Mithin kommt es bei diesen Erzeugnissen nicht darauf an, ob diese die Tatbestandsvoraussetzungen des Arzneimittelbegriffs erfüllen oder nicht – sie gelten per Gesetz als Arzneimittel, auf welche die Vorschriften des AMG Anwendung finden[51].

- Auf Humanarzneimittel bezieht sich lediglich die Nr. 1, nämlich auf Gegenstände, die ein Arzneimittel enthalten oder auf die ein Arzneimittel aufgebracht ist und die dazu bestimmt sind, dauernd oder vorübergehend mit dem Körper in Berührung gebracht zu werden, wobei die bestimmungsgemäße Hauptwirkung durch den Arzneimittelbestandteil hervorgerufen werden muss. Hierunter fallen insbesondere sog. **Kombina-**

---

[47] Vgl. *Rehmann* AMG, § 2 Rn. 17.
[48] Gesetz zur Änderung arzneimittelrechtlicher und anderer Vorschriften (sog. 15. AMG-Novelle) vom 17.7.2009 (BGBl. I S. 1990, 3578).
[49] Die Legaldefinition des Art. 1 Abs. 2 RL 2001/83/EG für den Begriff „Arzneimittel" wurde mit Art. 1 Abs. 1 lit. b RL 2004/27/EG in die jetzige Fassung geändert und lautet: „a) Alle Stoffe oder Stoffzusammensetzungen, die als Mittel mit Eigenschaften zur Heilung oder zur Verhütung menschlicher Krankheiten bestimmt sind, oder b) alle Stoffe oder Stoffzusammensetzungen, die im oder am menschlichen Körper verwendet oder einem Menschen verabreicht werden können, um entweder die menschlichen physiologischen Funktionen durch eine pharmakologische, immunologische oder metabolische Wirkung wiederherzustellen, zu korrigieren oder zu beeinflussen oder eine medizinische Diagnose zu erstellen.".
[50] So bereits zum früheren Arzneimittelbegriff BGH Urteil vom 30.3.2006, WRP 2006, 736; Urteil vom 11.7.2002, PharmR 2002, 400 f. – Muskelaufbaupräparate; Urteil vom 10.2.2000, PharmR 2000, 184; so auch *Kloesel/Cyran*, AMG, A 1.0, § 2 Anm. 1 f.; *Rehmann*, AMG, § 2 Rn. 2.
[51] Ausführlich zu den einzelnen Tatbeständen *Doepner/Hüttebräuker* in Dieners/Reese (Hrsg.), Hdb PharmaR, § 3 Rn. 94 ff.; *Rehmann*, AMG, Rn. 21 ff.

tionsprodukte, bei denen das Arzneimittel mit dem Medizinprodukte fest miteinander verbunden sind[52].
- Die Nrn. 1a, 2, 3 und 4 von § 2 Abs. 2 AMG umfassen Erzeugnisse und Gegenstände, die für die Anwendung bei Tieren bestimmt sind, nämlich
  – bestimmte tierärztliche Instrumente (Nr. 1a[53]),
  – Gegenstände, die, ohne Gegenstände nach Nr. 1 oder 1a zu sein, dazu bestimmt sind, zu therapeutischen Zwecken in den tierischen Körper dauernd oder vorübergehend eingebracht zu werden (Nr. 2),
  – Verbandstoffe und chirurgische Nahtmaterialien, soweit sie zur Anwendung am oder im tierischen Körper bestimmt und nicht unter die Nrn. 1, 1a oder 2 fallen (Nr. 3), sowie
  – bestimmte Stoffe und Zubereitungen aus Stoffen, die dazu bestimmt sind, ohne am oder im tierischen Körper angewendet zu werden, die Beschaffenheit, den Zustand oder die Funktion des tierischen Körpers erkennen zu lassen oder der Erkennung von Krankheitserregern bei Tieren zu dienen (Nr. 4).

Ferner bestimmt § 2 Abs. 4 S. 1 AMG zu Zwecken der **Rechtssicherheit,** dass ein Mittel als Arzneimittel gilt, solange es nach dem AMG *„als Arzneimittel zugelassen oder registriert oder durch Rechtsverordnung von der Zulassung oder Registrierung freigestellt ist".* Diese Bindungswirkung für zugelassene oder registrierte Arzneimittel gilt unabhängig davon, ob das Produkt tatsächlich die Eigenschaften aufweist, um nach § 2 Abs. 1 AMG als Arzneimittel eingestuft zu werden. Eine entsprechende Entscheidung der Zulassungsbehörde ist verbindlich und von anderen Behörden bei allen Entscheidungen zugrunde zu legen. Deren Bindungswirkung endet mit Widerruf oder Rücknahme, nicht aber mit dem Ruhen der Zulassung. Eine entsprechende Bindungswirkung gilt auch für den umgekehrten Fall, dass die zuständige Bundesoberbehörde die Zulassung oder Registrierung eines Mittels mit der Begründung abgelehnt hat, dass es sich um kein Arzneimittel handeln würde – in diesem Fall gilt es dann nicht als Arzneimittel (Abs. 4 S. 2[54]).

18

III. Abgrenzung des Arzneimittels zu anderen Produktkategorien

In der Regelung des § 2 Abs. 3 AMG wird die erforderliche Abgrenzung des Arzneimittels zu anderen Produktgruppen vorgenommen, und damit gleichzeitig die Anwendbarkeit der entsprechenden Produktgesetze anstelle des AMG. Im Wesentlichen ist das Arzneimittel von folgenden Produktkategorien abzugrenzen:

19

1. Lebensmittel

Gem. § 2 Abs. 3 Nr. 1 AMG sind die Lebensmittel von den Arzneimitteln abzugrenzen. Nach der nunmehr geltenden Definition gem. § 2 Abs. 2 LFGB iVm Art. 2 UAbs. 1 VO 178/2002 (sog. Lebensmittel-Basis-Verordnung[55]) sind **Lebensmittel** *„alle Stoffe oder*

20

---

[52] Dies ist zB bei transdermalen Pflastern, die ein Arzneimittel enthalten oder damit beschichtet sind, bei Inhalationspräparate (wie zB Nasensprays) sowie bei Fertigspritzen der Fall. Dient demgegenüber das Arzneimittel lediglich der Unterstützung der vom Medizinprodukt selbst ausgehenden Wirkung, so ist das Kombinationspräparat insgesamt als Medizinprodukt zu qualifizieren.
[53] Nämlich nur, soweit sie zur einmaligen Anwendung bestimmt sind und aus der Kennzeichnung hervorgeht, dass sie einem Verfahren zur Verminderung der Keimzahl unterzogen worden sind.
[54] Vgl. insgesamt zur Regelung des § 2 Abs. 4 AMG *Fuhrmann* in ders./Klein/Fleischfresser, Arzneimittelrecht, 2. Aufl. (2014), § 2 Rn. 26; *Heßhaus* in Spickhoff (Hrsg.), Medizinrecht, 10. AMG, § 2 Rn. 21; *Kloesel/Cyran,* AMG, A 1.0, § 2 Anm. 167; *Rehmann,* AMG, § 2 Rn. 36.
[55] VO (EG) Nr. 178/2002 des Europäischen Parlaments und des Rates vom 28. Januar 2002 zur Festlegung der allgemeinen Grundsätze und Anforderungen des Lebensmittelrechts, zur Errichtung der Europäischen Behörde für Lebensmittelsicherheit und zur Festlegung von Verfahren zur Lebensmittelsicherheit, ABl. L 31 v. 1.2.2002, S. 1, zuletzt geändert durch VO (EU) Nr. 652/2014 vom

*Erzeugnisse, die dazu bestimmt sind oder von denen nach vernünftigem Ermessen erwartet werden kann, dass sie in verarbeitetem, teilweise verarbeitetem oder unverarbeitetem Zustand von Menschen **aufgenommen** werden"*. Nicht zu den Lebensmitteln gehören nach Art. 2 UAbs. 3 lit. d VO 178/08 ausdrücklich die Arzneimittel. Obwohl entgegen der früheren Gesetzesbestimmung der Ernährungszweck nicht mehr Gegenstand der Lebensmitteldefinition ist, so ist nach zutreffender Ansicht bei der Abgrenzung zwischen Arzneimittel und Lebensmittel nach wie vor im Hinblick auf die objektive Zweckbestimmung eines Erzeugnisses oder Gegenstands entscheidend, ob dies überwiegend zu **Ernährungszwecken** oder zu einem überwiegenden **therapeutischen Zweck** iSd § 2 Abs. 1 AMG eingenommen, verabreicht oder angewendet wird[56].

21　Wie bereits dargestellt, werden mit der Begriffsbestimmung des § 2 Abs. 1 Nr. 1 AMG die Präsentationsarzneimittel erfasst. Dies bedeutet gleichzeitig, dass Erzeugnisse, die aufgrund ihrer objektiven Wirkweise und Zweckbestimmung als Lebensmittel einzustufen wären – hierunter fallen auch Nahrungsergänzungsmittel oder diätetische Lebensmittel –, allerdings aufgrund ihrer Aufmachung unter die Begriffsbestimmung des Präsentationsarzneimittels fallen, als solche auch einzustufen sind[57].

2. Kosmetische Mittel

22　**Kosmetische Mittel** (Nr. 2) sind gem. der Legaldefinition des § 2 Abs. 5 LFGB alle Stoffe und Gemische aus Stoffen, die ausschließlich oder überwiegend dazu bestimmt sind, äußerlich am Körper des Menschen oder in seiner Mundhöhle zur Reinigung, zum Schutz, zur Erhaltung eines guten Zustandes, zur Parfümierung, zur Veränderung des Aussehens oder dazu angewendet zu werden, den Körpergeruch zu beeinflussen. Sind die Mittel aber überwiegend dazu bestimmt, Krankheiten zu behandeln, so sind diese als Arzneimittel einzustufen[58]. Entscheidend ist der objektive Gesamteindruck und die insofern bestehende Verkehrsanschauung[59]. Ferner gelten Stoffe oder Gemische aus Stoffen, die zur Beeinflussung der Körperformen bestimmt sind, ausdrücklich nicht als kosmetische Mittel[60].

3. Tabakerzeugnisse

23　Ferner sind **Tabakerzeugnisse** iSd § 3 des Vorläufigen Tabakgesetzes[61] keine Arzneimittel gem. § 2 Abs. 3 Nr. 3 AMG. Dies sind aus Rohtabak oder unter Verwendung von Rohtabak hergestellte Erzeugnisse sowie alle diesen Erzeugnissen ähnliche Waren, die zum Rauchen, Kauen oder anderweitigen oralen Gebrauch oder zum Schnupfen bestimmt sind. Allerdings gelten Erzeugnisse zur Linderung von Asthmabeschwerden ausdrücklich nicht als Tabakerzeugnisse, sondern sind damit als Arzneimittel einzustufen.

---

15. Mai 2014, ABl. L 189 v. 27.6.2014, S. 1. Zum vorherigen europäischen Begriffsverständnis vgl. Art 1 RL 76/768/EWG des Rates vom 27. Juli 1976 zur Angleichung der Rechtsvorschriften der Mitgliedstaaten über kosmetische Mittel, ABl. L 262 v. 27.9.1976, S. 169.

[56] Vgl. *Dieners/Heil* in Dieners/Reese (Hrsg.), Hdb PharmaR, § 1 Rn. 96 ff.; *Rehmann*, AMG, § 2 Rn. 6, 29; *Heßhaus* in Spickhoff (Hrsg.), Medizinrecht, 10. AMG, § 2 Rn. 18.

[57] So auch *Dieners/Heil* in Dieners/Reese (Hrsg.), Hdb PharmaR, § 1 Rn. 99; *Rehmann*, AMG, § 2 Rn. 6.

[58] Dies ist zB bei Haarwuchsmitteln oder Cremes gegen Akne der Fall. Vgl. *Rehmann*, AMG, § 2 Rn. 30.

[59] Vgl. *Doepner/Hüttebräuker* in Dieners/Reese (Hrsg.), Hdb PharmaR, § 3 Rn. 81; *Rehmann*, AMG, § 2 Rn. 30; Burgard, PharmR 1981, 276.

[60] Dementsprechend sind nach der Nr. 4 auch Tierkosmetika keine Arzneimittel, sofern sie aufgrund ihrer objektiven Zweckbestimmung vorwiegend zur Reinigung und Pflege eingesetzt werden. Vgl. OVG NRW PharmR 2005, 331 f. – Pferdesalbe; *Rehmann*, AMG, § 2 Rn. 32.

[61] Vorläufiges Tabakgesetz idFd Bek v. 9. September 1997 (BGBl. I S. 2296), geändert durch Art. 1 des Gesetzes v. 22. Mai 2013 (BGBl. I S. 1318).

Lange Zeit war umstritten, wie die **E-Zigarette** (elektrische oder elektronische Zigarette) einzustufen ist, bei der verdampfte nikotinhaltige Flüssigkeit (sog. Liquid) anstelle von Zigarettenrauch inhaliert wird. Zwar ähnelt der Dampf in Konsistenz und sensorischer Wirkung dem Tabakrauch, allerdings erfolgt hier keine Verbrennung. Dem Liquid, bestehend aus Propylenglykol, Glycerin, künstlichen Lebensmittelaromen und Wasser, wird teilweise auch Nikotin hinzugefügt. Das *BVerwG* hat nun in mehreren Entscheidungen bestätigt, dass die E-Zigarette zu Recht nicht als Arzneimittel eingestuft werden kann, da die objektive Zweckbestimmung nicht der Anwendung im menschlichen Körper zu arzneilichen Zwecken dient: Die E-Zigarette nimmt weder nach ihrer Bezeichnung und den werbenden Aussagen noch nach der Produktaufmachung im Übrigen in Anspruch, Eigenschaften zur Behandlung der Nikotin- oder Tabaksucht aufzuweisen. Auch hat die E-Zigarette nicht die Funktion, die Entwöhnung vom Nikotinkonsum oder die Linderung einer Nikotinabhängigkeit zu bewirken, selbst wenn das darin enthaltene nikotinhaltige Liquid pharmakologisch wirkt. Die E-Zigarette dient allein dazu, das Verlangen des Verwenders nach Nikotin zu befriedigen, und wurde daher zu Recht als Genussmittel angesehen. Der Umstand, dass E-Zigaretten in anderen EU-Mitgliedstaaten zum Teil als Arzneimittel angesehen werden, bindet das BVerwG nicht, da sich nach ständiger Rechtsprechung des EuGH[62] nach der gegenwärtigen – nicht vollständigen – Harmonisierung auf dem Gebiet des Arzneimittelrechts nicht ausschließen lässt, dass die Frage der Arzneimitteleigenschaft eines Erzeugnisses unterschiedlich beurteilt wird[63].

4. Biozid-Produkte

Biozid-Produkte sind nach Nr. 5 ebenfalls keine Arzneimittel. Gem. der in § 3b ChemG enthaltenen Definition muss es sich dabei zunächst um einen **Biozid-Wirkstoff** oder ein Gemisch, das einen oder mehrere Biozid-Wirkstoffe enthält, handeln. Biozid-Wirkstoffe sind dabei Stoffe mit allgemeiner oder spezifischer Wirkung auf oder gegen Schadorganismen, die zur Verwendung als Wirkstoff in Biozid-Produkten bestimmt sind; als derartige Stoffe gelten auch Mikroorganismen einschließlich Viren oder Pilze mit entsprechender Wirkung und Zweckbestimmung.

Ein Biozid muss dazu bestimmt sein, auf chemischem oder biologischem Wege **Schadorganismen** zu zerstören, abzuschrecken, unschädlich zu machen, Schädigungen durch sie zu verhindern oder sie in anderer Weise zu bekämpfen. Schließlich muss dies einer **Produktart** zugehören, die in Anhang V der RL 98/8/EG[64] aufgeführt ist, und dürfen auch nicht einem der dort in Art. 1 Abs. 2 aufgeführten Ausnahmebereiche unterfallen. Als derartige Biozid-Produkte können beispielhaft Milbensprays oder sonstige Schädlingsbekämpfungsmittel genannt werden.

5. Medizinprodukte und Zubehör für Medizinprodukte

Ferner sind nach § 2 Abs. 3 Nr. 7 AMG die Arzneimittel abzugrenzen von **Medizinprodukten** und **Zubehör für Medizinprodukte**, für die das Medizinproduktegesetz (MPG) gilt[65]. Medizinprodukte sind nach der Begriffsdefinition § 3 Abs. 1 MPG alle

---

[62] EuGH, Urteil v. 3.10.2013 – Rs. C-109/12, Laboratoires Lyocentre vs. Lääkealan turvallisuus u. a. (Laboratoires Lyocentre), Rn. 45 ff.; Urteil v. 15.1.2009 – Rs. C-140/07, Hecht-Pharma vs. Staatliches Gewerbeaufsichtsamt Lüneburg (Hecht-Pharma), Slg. 2009, I-41 Rn. 28.

[63] BVerwG Urteile v. 20.11.2014 – Az. 3 C 25.13, 3 C 26.13 und 3 C 27.13; so bereits in der Vorinstanz OVG NRW Beschl. v. 23.4.2012 – 13 B 127/12.

[64] RL 98/8/EG des Europäischen Parlaments und des Rates vom 16. Februar 1998 über das Inverkehrbringen von Biozid-Produkten, ABl. L 123 v. 24.4.1998, S. 1.

[65] S. hierzu → § 5 Rn. 4 ff.

- einzeln oder miteinander verbunden verwendeten Instrumente, Apparate, Vorrichtungen, Stoffe und Zubereitungen aus Stoffen oder andere Gegenstände einschließlich der für ein einwandfreies Funktionieren des Medizinproduktes eingesetzten Software,
- die vom Hersteller zur Anwendung für Menschen mittels ihrer Funktionen zu einem bestimmten therapeutischen Zweck zu dienen bestimmt sind[66], und
- deren bestimmungsgemäße Hauptwirkung im oder am menschlichen Körper weder durch pharmakologisch oder immunologisch wirkende Mittel noch durch Metabolismus erreicht wird, deren Wirkungsweise aber durch solche Mittel unterstützt werden kann.

28 Demgemäß unterscheiden sich Arzneimittel und Medizinprodukte nicht durch ihre Zweckbestimmung, sondern durch die **bestimmungsgemäße Hauptwirkung** des Erzeugnisses: bei einem Arzneimittel wird diese durch eine pharmakologische, metabolische oder immunologische Wirkung erzielt, bei einem Medizinprodukt hingegen nicht auf eine solche Weise, sondern zumeist auf mechanisch-physikalische Art. Wie bereits oben dargestellt, kann bzgl. der Begriffsbestimmungen auf die Borderline-Leitlinien der *Europäischen Kommission* zurückgegriffen werden[67]. Ferner sollen nach dem *BGH* bei der im jeweiligen Einzelfall zu treffenden Entscheidung, ob ein Erzeugnis ein (Funktions-)Arzneimittel oder ein Medizinprodukt ist, neben seinen unmittelbaren Wirkungen auch dessen mittelbaren Wirkungen[68] zu berücksichtigen sein: sofern diese auf immunologischem, metabolischem oder pharmakologischem Gebiet liegen, führt dies zu seiner Einordnung als Arzneimittel[69]. Steht hingegen fest, dass ein Mittel seine bestimmungsgemäße Hauptwirkung auf osmotischem und physikalischem Weg erreicht, so ist dies ein Medizinprodukt und nicht ein Arzneimittel[70].

29 Die für die Abgrenzung von Arzneimittel und Medizinprodukt im 2. Halbsatz von § 2 Abs. 3 Nr. 7 AMG enthaltene **Zweifelsfallregelung** („*es sei denn, es handelt sich um Arzneimittel iSd § 2 Abs. 1 Nr. 2 AMG*") besagt nur, dass dann, wenn das Erzeugnis sowohl unter die Begriffsbestimmung als Medizinprodukt bzw. Zubehör für Medizinprodukt und als Arzneimittel im Sinne des § 2 Abs. 1 Nr. 2 AMG fällt, das Erzeugnis sodann als Arzneimittel einzustufen ist. Sie besagt hingegen nicht, dass immer dann, wenn unklar ist, wie ein Erzeugnis einzuordnen ist, dies im Zweifel ein Arzneimittel sei[71].

6. Menschliche Organe

30 Schließlich sind gem. Nr. 8 des § 2 Abs. 3 AMG **menschliche Organe** iSd § 1a Nr. 1 des Transplantationsgesetzes[72] keine Arzneimittel, sofern sie zur Übertragung auf menschliche Empfänger bestimmt sind. Der Organbegriff umfasst alle aus verschiedenen Geweben bestehenden, differenzierten Teile des menschlichen Körpers, die in Bezug auf

---

[66] Dies sind (a) Erkennung, Verhütung, Überwachung, Behandlung oder Linderung von Krankheiten, (b) Erkennung, Überwachung, oder Behandlung, Linderung oder Kompensierung von Verletzungen oder Behinderungen, (c) Untersuchung, Ersetzung oder Veränderung des anatomischen Aufbaus oder eines physiologischen Vorgangs oder (d) Empfängnisregelung.
[67] S. o. → § 2 Rn. 14.
[68] Diese wurden im Urteil als „*Neben- und Folgewirkungen*" bezeichnet. Der Begriff „*Nebenwirkung*" ist legaldefiniert in § 4 Abs. 13 AMG und meint die beim bestimmungsgemäßen Gebrauch eines Arzneimittels auftretenden schädlichen *unbeabsichtigten* Reaktionen. Aufgrund des Gesamtkontexts waren aber wohl nur die *beabsichtigten* mittelbaren Wirkungen gemeint. S. u. → § 5 Rn. 25.
[69] BGH Urteil vom 24.6.2010 – I ZR 166/08 – photodynamische Therapie.
[70] BGH Urteil vom 10.12.2009 – I ZR 189/07 – Golly Telly.
[71] Damit kommt dieser Bestimmung keine über die Regelung des Abs. 3a hinausgehende Bedeutung zu. Zu § 2 Abs. 3a s. u. → § 2 Rn. 32.
[72] Gesetz über die Spende, Entnahme und Übertragung von Organen und Geweben (Transplantationsgesetz – TPG) idFd Bek vom 4. September 2007, BGBl. I S. 2206, zuletzt geändert durch Art. 2a des Gesetzes vom 19. Oktober 2012, BGBl. I S. 2192.

Struktur, Blutgefäßversorgung und Fähigkeit zum Vollzug physiologischer Funktionen eine funktionale Einheit bilden, einschließlich der Organteile und einzelnen Gewebe eines Organs, die unter Aufrechterhaltung der Anforderungen an Struktur und Blutgefäßversorgung zum gleichen Zweck wie das ganze Organ im menschlichen Körper verwendet werden können.

Damit unterfallen aber **Organteile** und **einzelne Gewebe** eines Organs, die nicht zum gleichen Zweck wie das ganze Organ im menschlichen Körper verwendet werden können, nicht dem Transplantationsgesetz, sondern als Arzneimittel dem AMG – wie zB Knochen- und Hautpräparationen, Herzklappen und Gefäße. Ausgenommen werden ferner die menschliche Haut – damit auch die Augenhornhaut – und solche Gewebe, die zur Herstellung von Arzneimitteln für neuartige Therapien iSd § 4 Abs. 9 AMG bestimmt sind. Diese unterfallen damit nicht dem Organbegriff, selbst wenn sie medizinisch als Organ angesehen werden, sondern sind bei entsprechender arzneilicher Zweckbestimmung als Arzneimittel anzusehen[73]. 31

IV. Zweifelsfallregelung des § 2 Abs. 3a AMG

Nach § 2 Abs. 3a AMG sind Arzneimittel auch *„Erzeugnisse, die Stoffe oder Zubereitungen aus Stoffen sind oder enthalten, die unter Berücksichtigung aller Eigenschaften des Erzeugnisses unter eine Begriffsbestimmung des Absatzes 1 fallen und zugleich unter die Begriffsbestimmung eines Erzeugnisses nach Abs. 3 fallen können"*. Diese **Zweifelsfallregelung** besagt nicht, dass ein Grenzprodukt „im Zweifel" als Arzneimittel zu werten ist, sofern es einer bestimmten Produktkategorie nicht zugeordnet werden kann, sondern einzig und allein, dass das AMG nur in den Fällen einschlägig ist, in denen das Produkt die Arzneimitteldefinition tatsächlich erfüllt, selbst wenn es auch unter eine andere Begriffsbestimmung fällt[74]. Es muss mithin die Erfüllung der Voraussetzungen als Arzneimittel gegeben sein – nur dann findet diese Regelung Anwendung. Allein dieses Verständnis steht auch im Einklang mit der europäischen Vorgabe des Art 2 Abs. 2 RL 2001/83/EG[75]. 32

D. Prinzip der globalen Marktzulassung

Art. 6 Abs. 1 UAbs. 2 RL 2001/83/EG beinhaltet das Prinzip der **globalen Marktzulassung** (engl.: Global Marketing Authorisation – GMA): Wurde für ein Arzneimittel eine Erstgenehmigung für das Inverkehrbringen erteilt, so müssen auch alle weiteren Stärken, Darreichungsformen, Verabreichungswege und Verabreichungsformen sowie alle Änderungen und Erweiterungen genehmigt oder in die Erstgenehmigung für das Inverkehrbringen einbezogen werden. All diese Genehmigungen werden als Bestandteil derselben umfassenden Genehmigung für das Inverkehrbringen angesehen. Dies gilt *„insbesondere für den Zweck der Anwendung des Artikels 10 Abs. 1"*, der sich auf das Zulassungsverfahren für generische Produkte und damit die Regelungen zum Unterlagenschutz sowie zum Europäischen Referenzarzneimittel bezieht[76]. 33

---

[73] So auch *Rehmann*, AMG, § 2 Rn. 35.
[74] So auch zutreffend OVG NRW Beschl. vom 23.4.2012 – 13 B 127/12. So auch *Fuhrmann* in ders./Klein/Fleischfresser, Arzneimittelrecht, 2. Aufl. (2014), § 2 Rn. 7 f.
[75] Art. 2 Abs. 2 RL 2001/83/EG lautet: „In Zweifelsfällen, in denen ein Erzeugnis unter Berücksichtigung aller seiner Eigenschaften sowohl unter die Definition des Begriffs ‚Arzneimittel' als auch unter die Definition eines Erzeugnisses fallen kann, das durch andere gemeinschaftliche Rechtsvorschriften geregelt ist, gilt diese RL".
[76] Hierzu ausführlich u. → § 4 Rn. 190 ff.

34 Daher beinhaltet die globale Marktzulassung die erste erteilte Zulassung als auch alle Änderungen und Erweiterungen hierzu, dh insbesondere alle weiteren Stärken, Darreichungsformen, Verabreichungswege und Verabreichungsformen, die durch separate Verfahren zugelassen und dem Inhaber der ersten Zulassung erteilt wurden. Dies gilt unabhängig davon, in welchem Verfahren das Arzneimittel zugelassen wurde[77].

E. Anwendungsbereich des Arzneimittelgesetzes

I. Eröffnung des Anwendungsbereichs des Arzneimittelgesetzes

35 Wie bereits dargestellt, bezweckt das AMG, im Interesse einer ordnungsgemäßen Arzneimittelversorgung für die Sicherheit im Arzneimittelverkehr zu sorgen. Demgemäß findet das AMG Anwendung auf alle Arzneimittel gem. § 2 AMG[78] sowohl für human- als auch für veterinärmedizinische Zwecke[79]. Ausgenommen vom Anwendungsbereich des AMG werden jedoch die in § 4a AMG aufgeführten Produkte. Ferner gelten Sondervorschriften für Arzneimittel für neuartige Therapien (§ 4b AMG).

II. Ausnahmen vom Anwendungsbereich

36 Gem. § 4a AMG findet das AMG keine Anwendung auf
- Arzneimittel, die unter Verwendung von Krankheitserregern oder auf biotechnischem Wege hergestellt werden und zur Verhütung, Erkennung oder Heilung von Tierseuchen bestimmt sind (Nr. 1[80]). Solche Arzneimittel, insbesondere Sera, Impfstoffe und Antigene, unterfallen in Deutschland dem Tierseuchengesetz (TierSG) und dürfen gem. § 17c Abs. 1 TierSG grundsätzlich nur nach Zulassung durch das Friedrich Loeffler-Institut (FLI) – Bundesforschungsinstitut für Tiergesundheit – abgegeben oder angewendet werden.
- die Gewinnung und das Inverkehrbringen von Keimzellen zur künstlichen Befruchtung bei Tieren (Nr. 2): Hierfür gelten die Regelungen des Tierzuchtgesetzes[81].
- Gewebe, die innerhalb eines Behandlungsvorgangs einer Person entnommen werden, um auf diese ohne Änderung ihrer stofflichen Beschaffenheit rückübertragen zu werden. Diese Vorgänge unterfallen mit Inkrafttreten des Gewebegesetzes zum 1.8.2007 dem Transplantationsgesetz[82].

III. Sondervorschriften für neuartige Therapien

37 § 4b AMG sieht Sondervorschriften für bestimmte Arzneimittel für neuartige Therapien vor. Für deren Inverkehrbringen wurde mit der VO 1394/2007 ausdrücklich geregelt, dass es einer zentralen Genehmigung durch die Europäische Kommission nach der VO 726/2004 bedarf, sofern diese auf Basis eines standardisierten Prozesses hergestellt werden[83].

---

[77] Die Zulassungsverfahren sind ausführlich beschrieben u. → § 3 Rn. 111 ff.
[78] S. o. → § 2 Rn. 9 ff.
[79] Dies ergibt sich aus einer Gesamtschau der §§ 1, 2, 4a AMG.
[80] Zwar soll das AMG hierauf – mit Ausnahme des § 55 AMG (s. S. 2) – unanwendbar sein. Dennoch gilt bei der Auslegung des § 4a Nr. 1 AMG auch der Arzneimittelbegriff des § 2 Abs. 1 AMG. Vgl. *Rehmann*, AMG, § 4 Rn. 2; *Kloesel/Cyran*, AMG, A 1.0, § 80 Anm. 1.
[81] Zu § 4a Nrn. 1 u. 2 AMG vgl. auch *Rehmann*, AMG, § 4a Rn. 2 f.; *Heßhaus* in Spickhoff (Hrsg.), Medizinrecht, 10. AMG, § 4a Rn. 2.
[82] Gesetz über Qualität und Sicherheit von menschlichen Geweben und Zellen (Gewebegesetz – GewebeG) v. 20.7.2007 (BGBl. I S. 157). Dieses Gesetz trat zum 1.8.2007 in Kraft.
[83] Vgl. hierzu ausführlich u. → § 3 Rn. 351 ff.

§ 2 Grundlagen des Arzneimittelrechts

Eine Ausnahme hiervon sieht § 4b Abs. 3 AMG in Umsetzung des Art. 3 Abs. 7 RL **38**
2001/83/EG vor, die sog. Krankenhausausnahme (engl.: „hospital exemption"): Hiernach
kann die Herstellung von Arzneimitteln für neuartige Therapien durch das Paul-Ehrlich-
Institut (PEI) als zuständige Bundesoberbehörde genehmigt werden[84] – diese Genehmigung kann befristet werden[85] –, sofern diese im Geltungsbereich des AMG

- als individuelle Zubereitung für einen einzelnen Patienten ärztlich verschrieben,
- nach spezifischen Qualitätsnormen nicht routinemäßig hergestellt[86] und
- in einer spezialisierten Einrichtung der Krankenversorgung[87] unter der fachlichen Verantwortung eines Arztes angewendet werden.

F. Allgemeine Anforderungen an Arzneimittel

Die Regelungen der §§ 5–12 AMG beinhalten generelle Vorschriften zur Arzneimittel- **39**
sicherheit. Diese dienen unmittelbar dem Schutz der beteiligten Verkehrskreise und sind
damit Schutzgesetze iSd § 823 Abs. 2 BGB[88]. Sie beinhalten absolute (dh keine Ausnahmen zulassende) und relative (dh Ausnahmen zulassende) Verkehrs- und Täuschungsverbote sowie Informations- und Kennzeichnungspflichten.

I. Verkehrsverbote

1. Absolute Verkehrsverbote der §§ 5 und 6a AMG

Nach § 5 Abs. 1 AMG ist es verboten, bedenkliche Arzneimittel in den Verkehr zu **40**
bringen oder sie gar bei einem Menschen anzuwenden. Nach der in Abs. 2 enthaltenen
Legaldefinition sind *„bedenklich" in diesem Sinne alle Arzneimittel, „bei denen nach dem
jeweiligen Stand der wissenschaftlichen Erkenntnisse der begründete Verdacht besteht,
dass sie bei bestimmungsgemäßem Gebrauch schädliche Wirkungen haben, die über ein
nach den Erkenntnissen der medizinischen Wissenschaft vertretbares Maß hinausgehen"*.
Damit verbietet § 5 AMG das Inverkehrbringen von bedenklichen Arzneimitteln generell
und unabhängig davon, ob diese zugelassen sind[89]. Voraussetzungen sind

- ein durch wissenschaftliche Erkenntnisse oder Erfahrungen begründeter und nicht
  widerlegter **Schädlichkeitsverdacht,** dass ein Zusammenhang zwischen der bestimmungsgemäßen Arzneimittelanwendung[90] und schädlicher Wirkung wissenschaftlich
  plausibel ist, und

---

[84] Hierfür gelten die Regelungen des § 21a Abs. 2–8 AMG über die Genehmigung von Gewebezubereitungen entsprechend. Demgemäß bestimmt § 4b Abs. 1 AMG, dass für diese nicht-routine-
mäßig hergestellten Arzneimittel die Zulassungsregelungen der §§ 21–37 (mit Ausnahme des § 33)
und die §§ 43–53 AMG betreffend die Abgabe der Arzneimittel keine Anwendung finden, im übrigen
gelten die sonstigen Bestimmungen des AMG entsprechend.

[85] § 4b Abs. 3 S. 4- 7 AMG enthält weitere Vorgaben zum Umfang der vom Antragsteller vorzulegenden Unterlagen sowie zu weiteren Befugnissen der Genehmigungsbehörde.

[86] Nicht routinemäßig hergestellt in diesem Sinne werden gem. Abs. 2 insbesondere Arzneimittel,
die (1) in geringem Umfang hergestellt werden, und bei denen auf der Grundlage einer routinemäßigen Herstellung Abweichungen im Verfahren vorgenommen werden, die für die einzelnen
Patienten medizinisch begründet sind, oder (2) noch nicht in ausreichender Anzahl hergestellt worden
sind, so dass die notwendigen Erkenntnisse für ihre umfassende Beurteilung noch nicht vorliegen.

[87] Eine Legaldefinition des Begriffs „Einrichtung der Krankenversorgung" findet sich in § 14 Abs. 2
S. 2 Transfusionsgesetz und umfasst staatliche und kommunale Krankenhäuser sowie private Kliniken
und bestimmte Arzpraxen. Vgl. *Heßhaus* in Spickhoff (Hrsg.), Medizinrecht, 10. AMG, § 4b Rn. 4.

[88] Vgl. *Rehmann,* AMG, Vor §§ 5–12 Rn. 1.

[89] *Dieners/Heil* in Dieners/Reese (Hrsg.), Hdb PharmaR, § 1 Rn. 129 f.

[90] Der bestimmungsgemäße Gebrauch richtet sich nach der zugelassenen Indikation, Dosierung,
Art und Häufigkeit der Anwendung, etc. wie in Fach- und Gebrauchsinformation widergegeben.

- die vorzunehmende **Nutzen/Risiko-Abwägung** ergibt, dass das durch die Häufigkeit und Schwere der Nebenwirkungen zu bestimmende Risiko im Verhältnis zu dem therapeutischen Nutzen des entsprechenden Arzneimittels nicht mehr vertretbar ist[91].

41 Die Anforderungen an die Eintrittswahrscheinlichkeit sind umso geringer, je größer die drohende Gefahr ist[92].

42 § 6a AMG beinhaltet ein absolutes Verbot von **Arzneimitteln zu Dopingzwecken im Sport** sowie ergänzende Hinweispflichten. Hiernach ist es verboten, Arzneimittel zu Dopingzwecken im Sport *in den Verkehr zu bringen*, zu *verschreiben* oder bei anderen *anzuwenden*, sofern ein Doping bei Menschen erfolgt oder erfolgen soll. Dies sind nur solche Arzneimittel, die Stoffe oder Wirkstoffe enthalten, welche in dem Anhang des Übereinkommens gegen Doping[93] aufgeführten Gruppen von verbotenen Wirkstoffen oder Stoffe gelistet und zur Verwendung bei den dort aufgeführten verbotenen Methoden bestimmt sind (§ 6a Abs. 2 S. 1 AMG). Zur Umsetzung dieses Verbots ist in der Packungsbeilage und in der Fachinformation dieser Arzneimittel folgender Warnhinweis anzugeben: „*Die Anwendung des Arzneimittels [Bezeichnung des Arzneimittels einsetzen] kann bei Dopingkontrollen zu positiven Ergebnissen führen.*"[94] Sofern aus dem Fehlgebrauch des Arzneimittels zu Dopingzwecken eine Gesundheitsgefährdung folgen kann, so ist dies zusätzlich anzugeben (§ 6a Abs. 2 S. 3 AMG).

43 Ergänzt wird dieses Verbot durch das Verbot, Arzneimittel und Wirkstoffe, welche die im Anhang zum AMG aufgeführten Stoffe sind oder enthalten, *in nicht geringen Mengen* zu Dopingzwecken im Sport *zu erwerben* oder zu *besitzen,* sofern das Doping bei Menschen erfolgen soll[95]. Die nicht geringe Menge dieser Stoffe ist geregelt in der Dopingmittel-Mengen-Verordnung (DmMV[96]).

2. Relative Verkehrsverbote der §§ 6 und 7 AMG

44 Nach § 7 AMG ist es verboten, **radioaktive Arzneimittel** oder **Arzneimittel, bei deren Herstellung ionisierende Strahlen verwendet** wurden, in den Verkehr zu bringen. Allerdings hat das Bundesministerium der Justiz auf Basis des in Abs. 2 eingeräumten Erlaubnisvorbehalts mit der Verordnung über radioaktive oder mit ionisierenden Strahlen behandelte Arzneimittel[97] Ausnahmen von diesem Verbot zugelassen, indem eine Zulassungspflicht für bestimmte derartiger Arzneimittel normiert wurde[98].

---

[91] Der Maßstab der vorzunehmenden Nutzen-Risikoabwägung ist bei dem Verkehrsverbote des § 5 Abs. 2 AMG und dem Zulassungsversagungsgrund des § 25 Abs. 2 Nr. 5 AMG identisch. Vgl. *Rehmann,* AMG, § 5 Rn. 2 m. w. Nachw.

[92] So OVG Berlin Beschl. vom 26.11.1987, VersR 1989, 70; *Rehmann,* AMG, § 5 Rn. 2.

[93] Gesetz vom 2. März 1994 zu dem Übereinkommen vom 16. November 1989 gegen Doping (BGBl. 1994 II S. 334).

[94] Diese Regelung des § 6a Abs. 2 S. 2 AMG findet keine Anwendung auf homöopathische Arzneimittel (S. 4).

[95] § 6a Abs. 2a AMG. Die Erweiterung auf den Erwerb (neben dem Besitz) wurde eingefügt mit dem Dritten Gesetz zur Änderung arzneimittelrechtlicher und anderer Vorschriften vom 7. August 2013 (BGBl. I S. 3108).

[96] Verordnung zur Festlegung der nicht geringen Menge von Dopingmitteln (Dopingmittel-Mengen-Verordnung – DmMV) vom 8. Juli 2016 (BGBl. I S. 1624.

[97] Verordnung über radioaktive oder mit ionisierenden Strahlen behandelte Arzneimittel (AMRadV) in der Fassung der Bekanntmachung vom 19. Januar 2007, BGBl. I S. 48, zuletzt geändert durch Art. 5 des Gesetzes vom 18. Juli 2017 (BGBl. I S. 2757).

[98] Damit wurde die Änderungs-RL 89/343/EWG des Rates vom 3. Mai 1989 zur Erweiterung des Anwendungsbereichs der RL 65/65/EWG und 75/319/EWG zur Festlegung zusätzlicher Vorschriften für radioaktive Arzneimittel (ABl. L 142 vom 25.5.1989, S. 16) umgesetzt. Die Zulassungsvorschriften der §§ 21 ff. AMG gelten für diese Präparate entsprechend. Vgl. hierzu *Rehmann,* AMG, § 7 Rn. 2.

Die Regelungen der §§ 5 und 7 AMG werden ergänzt durch die Vorschrift des § 6 AMG. **45**
Hiernach kann das Bundesgesundheitsministerium mittels Rechtsverordnung die Verwendung von Stoffen, Zubereitungen von Stoffen oder Gegenständen vorschreiben, beschränken oder verbieten, unabhängig davon, ob diese *„bedenklich"* iSd § 5 Abs. 2 AMG sind oder nicht. Allerdings ist dies nur möglich, soweit dies *„zur Risikovorsorge oder zur Abwehr einer unmittelbaren oder mittelbaren Gefährdung der Gesundheit (....) geboten ist"* (Abs. 1 S. 1 aE). Hiervon hat der Verordnungsgeber mehrfach Gebrauch gemacht, zB durch die Arzneimittelfarbstoff-Verordnung[99] oder die Arzneimittel-TSE-Verordnung[100].

II. Täuschungsverbote

Zum Zwecke des Verbraucherschutzes verbietet § 8 AMG, **46**
- Arzneimittel oder Wirkstoffe herzustellen oder in den Verkehr zu bringen, die durch Abweichung von den anerkannten pharmazeutischen Regeln in ihrer Qualität nicht unerheblich gemindert sind (Abs. 1 Nr. 1) – die *„anerkannten pharmazeutischen Regeln"* ergeben sich aus dem Arzneibuch gem. § 55 AMG sowie aus den Richtlinien über die gute Herstellungspraxis (engl. „good manufacturing practice" – GMP) –,
- Arzneimittel oder Wirkstoffe herzustellen oder in den Verkehr zu bringen, die mit einer irreführenden Bezeichnung, Angabe oder Aufmachung versehen sind (Abs. 1 Nr. 2[101]); diese Regelung steht in Ergänzung zu anderen Vorschriften, die eine Täuschung oder Irreführung der angesprochenen Verkehrskreise verbieten, wie dies zB bei dem Irreführungsverbot des § 3 HWG der Fall ist[102],
- gefälschte Arzneimittel oder gefälschte Wirkstoffe herzustellen, in den Verkehr zu bringen oder sonst mit ihnen Handel zu treiben (Abs. 2[103]), sowie
- Arzneimittel, deren Verfalldatum abgelaufen ist, in den Verkehr zu bringen (Abs. 3[104]).

---

[99] ArzneimittelfarbstoffVO (AMFarbV) vom 17. Oktober 2005, BGBl. I S. 3031, zuletzt geändert durch Art. 10 des Gesetzes vom 20. Dezember 2016, BGBl. I S. 3048.

[100] Arzneimittel-TSE-VO vom 9. Mai 2001, BGBl. I S. 856, geändert durch Art. 11 des Gesetzes vom 17. Juli 2009, BGBl. I S. 1990.

[101] § 8 Abs. 1 Nr. 2 AMG führt dabei folgende Fallbeispiele auf: (1.) wenn Arzneimitteln eine therapeutische Wirksamkeit oder Wirkungen oder Wirkstoffen eine Aktivität beigelegt werden, die sie nicht haben, (2.) wenn fälschlich der Eindruck erweckt wird, dass ein Erfolg mit Sicherheit erwartet werden kann oder dass nach bestimmungsgemäßem oder längerem Gebrauch keine schädlichen Wirkungen eintreten, oder (3.) zur Täuschung über die Qualität geeignete Bezeichnungen, Angaben oder Aufmachungen verwendet werden, die für die Bewertung des Arzneimittels oder Wirkstoffs mitbestimmend sind. So hat das OVG NRW mit Urteil v. 17.6.2013 („Fenistil" – Az. 13 A 1113/11) entschieden, dass die Verwendung einer „Dachmarke" in der Bezeichnung eines Arzneimittels regelmäßig irreführend gem. § 8 Abs. 1 Nr. 2 S. 1 AMG ist, wenn das Arzneimittel einen anderen Wirkstoff enthält, als die unter der „Dachmarke" bereits vermarkteten Arzneimittel.

[102] → § 8 Rn. 98 ff.

[103] § 8 Abs. 2 AMG wurde mit Art. 1 des Zweiten Gesetzes zur Änderung Arzneimittelrechtlicher und anderer Vorschriften vom 19.10.2012 (BGBl. I S. 2192 – sog. 16. AMG-Novelle) neugefasst sowie die Begriff *„gefälschte Arzneimittel"* und *„gefälschte Wirkstoffe"* definiert in § 4 Abs. 40 u. 41 AMG. Hiernach ist ein gefälschtes Arzneimittel ein Arzneimittel mit falschen Angaben über (1.) der Identität, einschließlich seiner Verpackung, seiner Kennzeichnung, seiner Bezeichnung oder seiner Zusammensetzung in Bezug auf einen oder mehrere seiner Bestandteile, einschließlich der Hilfsstoffe und des Gehalts dieser Bestandteile, (2.) die Herkunft, einschließlich des Herstellers, das Herstellungsland, das Herkunftsland und den Inhaber der Genehmigung für das Inverkehrbringen oder den Inhaber der Zulassung oder (3.) den in Aufzeichnungen und Dokumenten beschriebenen Vertriebsweg. Ein gefälschter Wirkstoff ist ein Wirkstoff, dessen Kennzeichnung auf dem Behältnis nicht den tatsächlichen Inhalt angibt oder dessen Begleitdokumentation nicht alle beteiligten Hersteller oder nicht den tatsächlichen Vertriebsweg widerspiegelt.

[104] Diese gelten per Gesetz als minderwertig. Ob tatsächlich eine Qualitätsbeeinträchtigung vorliegt, ist ohne Relevanz. Vgl. *Rehmann*, AMG, § 8 Rn. 6.

III. Kennzeichnungs- und Informationspflichten

47 Nach § 9 Abs. 1 AMG ist der **pharmazeutische Unternehmer** für das Inverkehrbringen eines Arzneimittels verantwortlich. Dies ist gem. der Legaldefinition des § 4 Abs. 18 AMG

- bei zulassungspflichten Arzneimitteln der *Zulassungsinhaber* und
- *jeder, der Arzneimittel unter seinem Namen in den Verkehr bringt.*

48 Diese treffen damit auch die Kennzeichnungs- und Informationspflichten nach dem AMG, die eine sachgerechte Information der angesprochenen Verkehrskreise sicherstellen sollen[105]. Konkret sieht das AMG in den §§ 10, 11 und 11a zwingend einzuhaltende Kennzeichnungsregelungen für die *Umverpackung*, die *Packungsbeilage* sowie die *Fachinformation* von Arzneimitteln vor. Allerdings betreffen diese nur solche Arzneimittel iSd § 2 Abs. 1 AMG, die als **Fertigarzneimittel** in Verkehr gebracht werden[106]. Fertigarzneimittel wiederum sind nach der Legaldefinition des § 4 Abs. 1 AMG aber nur

- diejenigen Arzneimittel, die im Voraus hergestellt sind und in einer zur Abgabe an den Verbraucher bestimmten Packung in den Verkehr gebracht werden, oder
- andere zur Abgabe an Verbraucher bestimmte Arzneimittel, bei deren Zubereitung in sonstiger Weise ein industrielles Verfahren zur Anwendung kommt oder die, ausgenommen in Apotheken, gewerblich hergestellt werden.

49 Ausgenommen vom Begriff des Fertigarzneimittels werden ausdrücklich Zwischenprodukte, die für eine weitere Verarbeitung durch einen Hersteller bestimmt sind. Damit werden zB der reine Wirkstoff oder sog. **Bulkware** – dh Arzneimittel, die sich noch in Behältnissen zum Abpacken oder Umfüllen befinden[107] – von dieser Kennzeichnungsregelung nicht erfasst. Der Grund ist, dass diese eben Vorstufen darstellen, die noch weiter verarbeitet werden, bevor sie an den Verbraucher abgegeben werden. Daher bedürfen solche Produkte noch nicht dieser, dem Schutz der Verbraucher dienenden Vorschriften, wie insb. einer Kennzeichnung[108].

§ 3 Prüfung, Herstellung und Zulassung von Arzneimitteln

A. Die Prüfung von Arzneimitteln am Menschen

1 Das Inverkehrbringen eines Arzneimittels für die Anwendung am Menschen bedarf der vorherigen Zulassung durch die zuständige Arzneimittelbehörde und hierfür eines Nachweises der Wirksamkeit, Sicherheit und Unbedenklichkeit[109]. Der Entwicklungsprozess erfolgt in mehreren Stufen:

2 Am Beginn des Prozesses steht die Identifizierung eines geeigneten Wirkstoffs. Diese **Wirkstoffsuche** erfolgt zwischenzeitlich häufig in einem systematischen, mehrstufigen Verfahren, indem mit Hilfe der Molekularbiologie versucht wird, die relevanten Krankheitsfaktoren sowie ihr Zusammenwirkungen zu verstehen und potentielle Zielmoleküle

---

[105] Vgl. *Rehmann*, AMG, Vor §§ 5–12 Rn. 4.
[106] S. hierzu u. → § 4 Rn. 3.
[107] Vgl. *Rehmann*, AMG, § 4 Rn. 1.
[108] Die Regelungen der §§ 10, 11 und 11a AMG werden in → § 4 Rn. 3 ff. vertieft behandelt.
[109] Vgl. Art. 6 Abs. 1 UAbs. 1 RL 2001/83/EG sowie § 21 Abs. 1 AMG: Es gilt ein sog. präventives Verbot mit Erlaubnisvorbehalt, wonach erst nach erfolgter positiver Zulassungsentscheidung der zuständigen Behörde das Arzneimittel für die Anwendung am Menschen in Verkehr gebracht werden darf.

Meier

zu identifizieren, an denen sodann geeignete Arzneistoffe ansetzen können, um den Krankheitsverlauf zu beeinflussen (sog. **personalized medicines**[110]).

Nachdem ein geeigneter Wirkstoff identifiziert wurde, ist dieser zunächst in zahlreichen **prä-klinischen Prüfungen** im Labor zu testen und sodann eine Testung in geeigneten Tierversuchen erforderlich, insbesondere auf dessen Toxizität, um soweit wie möglich Vorhersagen über die Reaktion von Menschen auf den neuen Wirkstoff zu machen[111]. Die Durchführung von Tierversuchen bedarf nach den geltenden Tierschutzgesetzen einer vorherigen Anmeldung oder Genehmigung[112].

Erst wenn auf Basis dieser nicht-klinischen Prüfungen hinreichend Informationen vorliegen, die eine sichere Anwendung am Menschen unterstützen, kann und darf dieser Wirkstoff in geeigneten **klinischen Studien** auf Unbedenklichkeit und Wirksamkeit am Menschen geprüft werden[113].

Nach Beendigung all dieser vorgeschriebenen präklinischen und klinischen Studien und dem Erbringen eines Nachweises für die Wirksamkeit, Qualität und Unbedenklichkeit des Arzneimittels kann erfolgreich ein Antrag bei den Zulassungsbehörden auf Zulassung zur Vermarktung gestellt werden. Aber auch nach erfolgter Zulassung müssen für zahlreiche Änderungen, wie weitere Stärken, Darreichungsformen, Verabreichungswege, Verabreichungsformen oder Anwendungsgebiete des zugelassenen Arzneimittels zunächst die jeweils vorgeschriebenen Studien durchlaufen werden, um sodann auf Basis der gewonnenen Daten für die Vermarktung zugelassen zu werden[114].

I. Rechtlicher Rahmen für die Durchführung klinischer Prüfungen

Die Ergebnisse der durchgeführten klinischen Prüfungen von Arzneimitteln bilden den elementaren Bestandteil der für die Zulassung eines Arzneimittels erforderlichen Antragsunterlagen[115]. Den rechtlichen Rahmen für die Planung und Durchführung klinischer Prüfungen in Deutschland bildet der sechste Abschnitt des AMG (**§§ 40–42b AMG**), der ausweislich seines Titels den *„Schutz des Menschen bei der klinischen Prüfung"* zum Gegenstand hat. Diese Bestimmungen des AMG werden ergänzt durch die auf Basis des § 42 Abs. 3 AMG erlassene *„Verordnung über die Anwendung der Guten Klinischen Praxis"* (engl. **Good-Clinical-Practice-Verordnung** – GCP-V[116]) sowie die auf Basis des § 26 AMG erlassenen **Arzneimittelprüfrichtlinien**, welche inhaltliche Vorgaben für die Durchführung von klinischen Prüfungen beinhalten, die von den pharmazeutischen Unternehmern und den Prüfärzten zu beachten sind.

---

[110] Vgl. umfassend Bericht des Ausschusses für Bildung, Forschung und Technikfolgenabschätzung (18. Ausschuss), Zukunftsreport Individualisierte Medizin und Gesundheitssystem, BT-Drs. 16/12000 v. 17.2.2009.

[111] Vgl. hierzu EMA, ICH guideline M3(R2) on non-clinical safety studies for the conduct of human clinical trials and marketing authorisation for pharmaceuticals, December 2009 (EMA/CPMP/ICH/286/1995), Step 5; EMA, Toxicokinetics: A Guidance for Assessing Systemic Exposure in Toxicology Studies (ICH S 3A), June 1995 (CPMP/ICH/384/95); beide Dokumente sind abrufbar unter ema.europa.eu.

[112] Vgl. §§ 7–9 Tierschutzgesetz.

[113] So *EMA*, Note for Guidance on General Considerations for Clinical Trials (CPMP/ICH/291/95 – ICH E8: *General Considerations for Clinical Trials*), Ziff. 3.1.1.1. Vgl. hierzu *Heil/Lützeler* in Dieners/Reese (Hrsg.), Hdb PharmaR, § 4 Rn. 100 ff.

[114] So Art. 6 Abs. 1 UAbs. 2 S. 1 RL 2001/83/EG.

[115] Vgl. Art. 8 Abs. 3 lit. i RL 2001/83/EG „Ergebnisse von (...) klinischen Versuchen;" sowie § 22 Abs. 2 Nr. 3 AMG: „die Ergebnisse der klinischen Prüfungen".

[116] Verordnung über die Anwendung der Guten Klinische Praxis bei der Durchführung von klinischen Prüfungen mit Arzneimitteln zur Anwendung am Menschen (GCP-V) vom 9. August 2004, BGBl. I S. 2081, zuletzt geändert durch Art. 8 des Gesetzes vom 19. Oktober 2012, BGBl. I S. 2192.

6 Die einschlägigen Regelungen des AMG beruhen weitgehend auf **europarechtliche Vorgaben,** insbesondere auf
- die **RL 2001/20/EG**[117] über die Anwendung der guten klinischen Praxis bei der Durchführung von klinischen Prüfungen mit Humanarzneimitteln,
- die **RL 2003/94/EG**[118] über die Festlegung der Grundsätze und Leitlinien der Guten Herstellungspraxis für Humanarzneimittel und für zu Anwendung beim Menschen bestimmte Prüfpräparate,
- die **RL 2005/28/EG**[119], in der die Grundsätze und ausführlichen Leitlinien der guten klinischen Praxis für zur Anwendung beim Menschen bestimmte Prüfpräparate sowie die Anforderungen für die Erteilung einer Genehmigung zur Herstellung oder Einfuhr solcher Produkte festgelegt werden, sowie
- die **„Guideline on Good Clinical Practice"**[120], in welcher internationale ethische und wissenschaftliche Qualitätsstandards für Gestaltung, Durchführung, Erfassung und Auswertung von klinischen Prüfungen festgelegt wurden.

7 Bedeutsame Änderungen werden mit Gültigkeit der VO (EU) Nr. 536/2014 vom 16. April 2014 über klinische Prüfungen[121] erfolgen, welche die zurzeit noch gültige RL 2001/20/EG ablösen und damit aufheben wird.

8 Diese Verordnung ist zwar bereits am 16. Juni 2014 in Kraft getreten, sie gilt aber erst sechs Monate nach Veröffentlichung einer Mitteilung der Europäischen Kommission über die Funktionsfähigkeit des mit ihr eingeführten EU-Portals und der EU-Datenbank im Europäischen Amtsblatt (Art. 99 Abs. 2 der VO 536/2014). Auf Basis der Art. 98 u. 99 VO 536/2014 erfolgt ein schrittweiser, gleichzeitig fließender Übergang auf die durch die VO 536/2014 geschaffene neue Rechtslage wie folgt:
- Ausgangspunkt ist die Unterrichtung der Kommission durch den Verwaltungsrat der EMA über die erfolgreiche Überprüfung der vollen Funktionsfähigkeit des EU-Portals und der EU-Datenbank auf der Grundlage eines unabhängigen Prüfberichts.
- Wenn sich die Kommission hierüber vergewissert hat, veröffentlicht sie eine diesbezügliche Mitteilung über die Funktionsfähigkeit des EU-Portals und der EU-Datenbank im Europäischen Amtsblatt.
- Die VO 536/2014 gilt ab 6 Monate nach dieser Veröffentlichung, so dass klinische Prüfungen ab diesem Zeitpunkt nach dem neuen Rechtsregime der VO 536/2014 durchgeführt werden können.
- Parallel dazu dürfen aber klinische Prüfungen noch 12 Monate ab diesem Zeitpunkt auf Basis der bisherigen Rechtslage (dh nach der RL 2001/20/EG) begonnen und durchgeführt werden. Für diese klinischen Prüfungen gelten die RL 2001/20/EG und damit die derzeit gültigen AMG-Normen noch für 36 Monate.

---

[117] RL 2001/20/EG des Europäischen Parlaments und des Rates vom 4. April 2001 zur Angleichung der Rechts- und Verwaltungsvorschriften der Mitgliedstaaten über die Anwendung der guten klinischen Praxis bei der Durchführung von klinischen Prüfungen mit Humanarzneimitteln, ABl. L 121 vom 1.5.2001, S. 34.

[118] RL 2003/94/EG der Kommission vom 8. Oktober 2003 über die Festlegung der Grundsätze und Leitlinien der Guten Herstellungspraxis für Humanarzneimittel und für zu Anwendung beim Menschen bestimmte Prüfpräparate, ABl. L 262 vom 14.10.2003, S. 22.

[119] RL 2005/28/EG der Kommission vom 8. April 2005 zur Festlegung von Grundsätzen und ausführlichen Leitlinien der guten klinischen Praxis für zur Anwendung beim Menschen bestimmte Prüfpräparate sowie von Anforderungen für die Erteilung einer Genehmigung zur Herstellung oder Einfuhr solcher Produkte, ABl. L 91 vom 9.4.2005, S. 13.

[120] *EMA,* Guideline for Good Clinical Practice EG (R2) vom 1. Dezember 2016 (CHMP/ICH/135/95).

[121] Verordnung (EU) Nr. 536/2014 des Europäischen Parlaments und des Rates vom 16. April 2014 über klinische Prüfungen mit Humanarzneimitteln und zur Aufhebung der RL 2001/20/EG, ABl. L 158 v. 27.5.2014, S. 1.

Nach derzeitigem Stand geht die EMA davon aus, dass die unabhängige Prüfung zu 9
Beginn von 2019 durchgeführt und die VO 536/2014 in der zweiten Hälfte des Jahres
2019 gültig werden wird[122]. Auf dieser Basis stellt sich die Übergangsphase wie folgt
dar:

RL 2001/83	Derzeit	Beginn der klinischen Prüfung unter RL2001/83 noch möglich	Beendigung der klinischen Prüfung unter RL2001/83	
VO 536/2014		Zukunft	Zwingend Antrag auf klinische Prüfung nach VO 536/2014	
	Veröffentlichung 27. Mai 2014	Gültigkeit 2. HJ 2019*	2. HJ 2020	2. HJ 2022

*6 Monate nach Veröffentlichung der Mitteilung der Kommission über die volle Funktionsfähigkeit des EU-Portals und der EU-Datenbank

Dies bedeutet, dass auch nach Gültigkeit der VO 536/2014 die derzeitigen Regelungen 10
des AMG, die auf der RL 2001/20 basieren, für einen Zeitraum von 3 Jahren weiterhin
Gültigkeit behalten, so dass während dieses Zeitraums beide Regelungsregime nebeneinander bestehen. Daher wird im Folgenden zunächst die derzeit gültige Rechtslage
unter der RL 2001/20/EG und der darauf basierenden AMG-Regelungen dargestellt, und
sodann auf die künftige Rechtslage unter der VO 536/2014 eingegangen.

II. Derzeitige Rechtslage unter RL 2001/20

1. Begrifflichkeiten und Abgrenzungen

a) **Kriterien der klinischen Prüfung.** Der Begriff der **klinischen Prüfung** ist definiert 11
in § 4 Abs. 23 S. 1 AMG als *„jede am Menschen durchgeführte Untersuchung, die dazu
bestimmt ist, klinische oder pharmakologische Wirkungen von Arzneimitteln zu erforschen oder nachzuweisen oder Nebenwirkungen festzustellen oder die Resorption, die
Verteilung, den Stoffwechsel oder die Ausscheidung zu untersuchen, mit dem Ziel, sich
von der Unbedenklichkeit oder Wirksamkeit der Arzneimittel zu überzeugen"*[123]. Die
klinische Prüfung ist insbesondere abzugrenzen von
- der in § 4 Abs. 23 S. 3 AMG definierten **nicht-interventionellen Prüfung**, bei der
  die Behandlung einschließlich Diagnose und Überwachung nicht einem vorab festgelegten Prüfplan, sondern ausschließlich der ärztlichen Praxis folgt und dem Prüfarzt
  damit keinerlei Vorgaben für die Verabreichung des Arzneimittels gemacht werden
  dürfen[124],
- dem sog. **Heilversuch**[125],

---

[122] EMA Management Board: highlights of October 2017 meeting, 6 October 2017 (EMA/659964/ 2017), S. 3; EMA Management Board: highlights of December 2017 meeting, 15 December 2017 (EMA/828026/2017), S. 2 f.; EMA Press release „Highlights of 100th Management Board meeting: June 2018" v. 7.6.2018, S. 2; allesamt abrufbar unter ema.europa.eu.
[123] Diese Definition basiert auf Art. 2 lit. a RL 2001/20/EG.
[124] Hierzu ausführlich u. → § 3 Rn. 32 ff.
[125] Ein Heilversuch liegt vor bei der Anwendung eines – zugelassenen oder nicht zugelassenen – Arzneimittels in einem Anwendungsgebiet, das jedenfalls nicht von der Zulassung umfasst ist auf Basis einer individuellen Therapieentscheidung nebst Nutzen-Risiko-Abwägung durch den behan- delnden Artz. Vgl. hierzu *Heil/Lützeler* in Dieners/Reese (Hrsg.), Hdb PharmaR, § 4 Rn. 29.

- dem **Off-Label-Use**[126] sowie
- dem **Compassionate Use**[127].

12 Entscheidende Merkmale der klinischen Prüfung, die diese gleichzeitig von der nicht-interventionellen Prüfung abgrenzt, sind dass dies eine „*interventionelle*" Studie ist, bei der auf Basis eines vorher definierten und exakt einzuhaltenden Prüfplans (dem sog. Studienprotokoll) das Prüfpräparat zu verabreichen ist, und dies zu einem der in § 4 Abs. 23 S. 1 AMG aufgeführten Zwecke[128].

13 Die Anforderungen an das Studienprotokoll sind in Ziff. 4.6 GCP-Guideline aufgeführt. Hiernach müssen in dem Protokoll insbesondere folgende Punkte aufgeführt werden:

- die konkreten **Zielparameter der Studie,** nämlich die zu überprüfende Hypothese (sog. primäre Endpunkt, an dem die Studie zum Erhalt eines signifikanten Ergebnisses statistisch ausgerichtet ist) und weitere Zielparameter, sofern vorhanden (sog. sekundäre Endpunkte[129]),
- das Design der Studie, dh[130]
  – ob es sich um eine **kontrollierte Studie** handelt, die dem Nachweis der Überlegenheit, Nicht-Unterlegenheit oder Äquivalenz des Prüfpräparats zu einem oder mehreren Kontrollpräparaten dient: hier gibt es eine sog. **Verumgruppe** (die Gruppe, welche das zu prüfende Arzneimittel erhält) und eine oder mehrere **Kontrollgruppen**, die eine alternative Behandlung oder **Placebo** (ein Scheinpräparat, welches in einer vergleichbaren Darreichungsform hergestellt wird, jedoch keine arzneilich wirksamen Inhaltsstoffe enthält) erhalten; die Ergebnisse aller Gruppen werden sodann verglichen im Hinblick auf die aufgestellte Studienhypothese[131];
  – sofern es sich um eine solche *kontrollierte* Studie handelt:
    • nach welchem Zufallsmechanismus die Studienteilnehmer den jeweiligen Gruppen zugeordnet werden (sog. **Randomisierung**); hierdurch sollen personengebundene Störgrößen möglichst gleichmäßig auf die Gruppen verteilt werden, um Alternativerklärungen auszuschließen und die Wahrscheinlichkeit zu verringern, dass der

---

[126] Ein sog. Off-Label-Use ist bei einer zulassungsüberschreitenden Anwendung eines zugelassenen Arzneimittels gegeben, dh wenn dies ausserhalb des zugelassenen Gebrauchs verordnet und angewendet wird, zB in einem anderen Anwendungsgebiet, einer anderen Dosierung oder einer anderen Behandlungsdauer. Dies ist insbesondere in der Kinderheilkunde sowie in der Onkologie verbreitet. Vgl. hierzu *Kortland* in Kügel/Müller/Hofmann, Arzneimittelgesetz (2. Aufl.), Vorb zu § 21 Rn. 22 f.; *Heil/Lützeler* in Dieners/Reese (Hrsg.), Hdb PharmaR, § 4 Rn. 30 u. 199. Zur Frage der Kostenerstattung bei Off-Label-Use vgl. BSG Urteil v. 13.12.2016 – B 1 KR 1/16 R.

[127] Ein Compassionate Use liegt vor bei der Zurverfügungstellung eines (noch) nicht zugelassenen Arzneimittels bei schwerwiegenden, lebensbedrohlichen Erkrankungen, die mit regulär zugelassenen Arzneimitteln nicht oder nicht ausreichend behandelt werden können, vgl. Art. 83 VO 726/2004. In Deutschland ist in solchen Fällen dann zulässig, wenn für das Arzneimittel bereits ein Zulassungsantrag gestellt wurde oder es in klinischen Prüfung verwendet wird, § 21 Abs. 2 Nr. 6 AMG. Vgl. hierzu auch *Kortland* in Kügel/Müller/Hofmann, Arzneimittelgesetz (2. Aufl.), Vorb zu § 21 Rn. 25; *Heil/Lützeler* in Dieners/Reese (Hrsg.), Hdb PharmaR, § 4 Rn. 31.

[128] Vgl. auch *Heil/Lützeler* in Dieners/Reese (Hrsg.), Hdb PharmaR, § 4 Rn. 23; *Rehmann*, AMG, 3. Aufl. (2008), § 4 Rn. 25.

[129] Vgl. hierzu ausführlich EMA, Note for Guidance on Statistical Principles for Clinical Trials (CPMP/ICH/363/96 – ICH E 9) (September 1998).

[130] Vgl. hierzu *Heil/Lützeler* in Dieners/Reese (Hrsg.), Hdb PharmaR, § 4 Rn. 118 ff.

[131] Kontrollierte Studien sind in der Regel zum Wirkungsnachweis erforderlich. Ausnahmen sind aber möglich, zB wenn eine Kontrollgruppe ethisch nicht vertretbar ist, weil kein hinreichend wirksames Kontrollpräparat zur Verfügung steht, oder wenn es sich um eine seltene Krankheit handelt. Vgl. hierzu insbesondere *Kloesel/Cyran*, AMG, A 1.0, § 40 Anm. 19; *Sander*, AMG, Erl. § 40 AMG Anm 6c; *Heil/Lützeler* in Dieners/Reese (Hrsg.), Hdb PharmaR, § 4 Rn. 118.

Meier

nachgewiesene Effekt auf einer systematischen Verzerrung (sog. **Bias**) beruht[132]; und
- ob die Studie **verblindet** ist, dh ob Patient und eventuell auch dem Prüfarzt nicht bekannt ist, welches Präparat (Verum, aktives Kontrollpräparat, Placebo) der Patient bekommt. Bei einer **Doppelblindstudie** weiss also weder der Patient, welches Präparat er bekommt, noch der Prüfarzt, welcher Therapiegruppe der Patient zugewiesen wurde. Grund für eine Verblindung ist, bewussten und auch unbewussten Einflüssen auf das Studienergebnis vorzubeugen, um die Aussagekraft der Studie zu erhöhen[133];
- das/die zu verabreichenden **Medikament(e)** nebst Dosierung, Verabreichungsintervall, etc.,
- **Ein- und Ausschlusskriterien** für die Patienten,
- die für die Führung des Nachweises zu erhebenden **Messwerte** (zB Blutwerte, Leberwerte, spezielle Messwerte von Biomarkern) und die Zeitpunkte, an denen diese zu erheben sind, sowie
- Kriterien für den **Abbruch der Studienteilnahme** durch einen Patienten und den **Abbruch der Studie** insgesamt.

Die Ergebnisse müssen sodann anhand einer anerkannten wissenschaftlichen Methode ausgewertet werden.

14

b) **Prüfpräparat. Prüfpräparate** sind legaldefiniert in § 3 Abs. 3 GCP-V als Darreichungsformen eines Wirkstoffes oder eines Placebos, die in einer klinischen Prüfung am Menschen getestet oder als Kontrollsubstanz verwendet oder zum Erzeugen bestimmter Reaktionen am Menschen eingesetzt werden. Dies können sowohl noch nicht zugelassene Arzneimittel sein, als auch zugelassene Arzneimittel, wenn diese im Rahmen einer klinischen Prüfung am Menschen in einer anderen als der zugelassenen Darreichungsform oder für ein nicht zugelassenes Anwendungsgebiet oder zum Erhalt zusätzlicher Informationen über das zugelassene Arzneimittel eingesetzt werden[134]. Prüfpräparate sind konsequenterweise von der Zulassungspflicht ausgenommen (§ 21 Abs. 2 Nr. 2 AMG), daher besonders zu kennzeichnen, insbesondere mit der Angabe „*Zur klinischen Prüfung bestimmt*"[135].

15

c) **Sponsor.** Bei jeder klinischen Prüfung gibt es eine Person oder Stelle, die nicht nur für den organisatorischen Ablauf und die Finanzierung der klinischen Prüfung verantwortlich ist, sondern die Gesamtverantwortung hierfür übernommen hat[136]. Dies ist der sog. **Sponsor** einer klinischen Prüfung, definiert in § 4 Abs. 24 AMG als „*eine natürliche oder juristische Person, die die Verantwortung für die Veranlassung, Organisation und Finanzierung einer klinischen Prüfung bei Menschen übernimmt*". Sponsor einer klinischen Prüfung ist meist ein pharmazeutisches Unternehmen. Aber auch Universitätsinstitute oder sonstige Forschungseinrichtungen, sogar der Prüfarzt einer Studie selbst können Sponsor einer Studie sein. Dies ist insbesondere bei den sog. **Investigator Initiated Trials** (IITs) der Fall, bei denen ein Arzt oder ein Klinikum eine klinische Prüfung mit Arzneimitteln in alleiniger Verantwortung plant und durchführt[137].

16

---

[132] Vgl. auch *Heil/Lützeler* in Dieners/Reese (Hrsg.), Hdb PharmaR, § 4 Rn. 119.
[133] S. hierzu auch *Heil/Lützeler* in Dieners/Reese (Hrsg.), Hdb PharmaR, § 4 Rn. 122.
[134] Ausführlich hierzu *Heil/Lützeler* in Dieners/Reese (Hrsg.), Hdb PharmaR, § 4 Rn. 150 ff.
[135] §§ 10 Abs. 10 AMG, 5 GCP-V. Im Einzelnen hierzu *Heil/Lützeler* in Dieners/Reese (Hrsg.), Hdb PharmaR, § 4 Rn. 156 f.
[136] Vgl. *Heil/Lützeler* in Dieners/Reese (Hrsg.), Hdb PharmaR, § 4 Rn. 129.
[137] Vgl. *European Commission*, Notice to Applicants Volume 10, Questions & Answers Version 11.0 (May 2013) – Question 2; erläuternd *Heil/Lützeler* in Dieners/Reese (Hrsg.), Hdb PharmaR, § 4 Rn. 131. Um bei IITs nicht in die Rolle des Sponsors zu kommen, darf das pharmazeutische

17 **d) Prüfer.** Der **Prüfer** einer klinischen Studie ist gem. der Legaldefinition in § 4 Abs. 25 AMG die für die Durchführung der klinischen Prüfung *verantwortliche Person*, in der Regel ein verantwortlicher Arzt in der Prüfstelle. Wird eine klinische Prüfung in einer Prüfstelle von einer Gruppe von Personen durchgeführt, so ist der Prüfer der für die Durchführung verantwortliche Leiter dieser Gruppe, wird eine Prüfung in mehreren Prüfstellen durchgeführt (sog. **multizentrische Prüfungen**), so ist vom Sponsor einer der Prüfer als ein Leiter der Klinischen Prüfung (LKP) zu benennen. Diese Bestimmungen des § 4 Abs. 25 S. 2 u. 3 AMG sorgen für eine klare Zuweisung der Verantwortungsbereiche[138].

2. Phasen klinischer Prüfungen

18 **a) Klinische Prüfungen** *vor* **Zulassungserteilung.** Ein neues Arzneimittel muss klinische Studien der Phasen I, II und III erfolgreich durchlaufen haben, um von den zuständigen Behörden zugelassen zu werden[139]. Dabei wird die Genehmigung zu einer klinischen Prüfung der nächsthöheren Phase von der zuständigen Aufsichtsbehörde in der Regel nur nach erfolgreichem Abschluss der vorangegangenen Studienphase erteilt. Seit kurzem werden teilweise auch sog. Phase 0 Studien durchgeführt, die aber nicht vorgeschrieben sind[140].

19 **aa) Phase 0.** Bei **Phase-0-Studien** werden geringste, erheblich unter der Schwelle für einen pharmakologischen Effekt liegende Dosen des Arzneimittels an gesunden Personen (sog. Probanden) getestet (in der Regel 10–15 Personen für eine Zeitdauer von bis zu 7 Tagen). Mittels Massenspektrometrie werden sodann die Wirkstoffverteilung, der Wirkstoffabbau und einzelne Abbauprodukte analysiert. Hierdurch wird eine Erhöhung der Erfolgsrate bei den nachfolgenden klinischen Studien erhofft[141].

20 **bb) Phase I.** In den **Phase I-Studien** erfolgt klassischerweise die erste Anwendung eines neuen Arzneimittels beim Menschen, und zwar in der Regel an gesunden Probanden. Hier geht es darum, initial die Verträglichkeit und Sicherheit, die Pharmakokinetik (Aufnahme, Verteilung und Ausscheidung des Arzneistoffes) sowie die Pharmakodynamik (Wirkung im Organismus) des Arzneimittels zu testen. Hierzu muss zunächst der gefundene Wirkstoff in eine geeignete Darreichungsform und damit zu einem Arzneimittel, dem sog. **Prüfpräparat**, verarbeitet werden[142]. Aufgrund der zu diesem Zeitpunkt noch bestehenden Unsicherheit über die Wirkung des Arzneimittels am Menschen sind eine niedrige Anfangsdosis und eine sequenzielle Anwendung an den Probanden als Vorsichtsmaßnahmen geboten, wobei diese Studien typischerweise sowohl einfache als auch mehrfache Verabreichung umfassen. Auch werden alle während der Studie auftretenden Ereignisse auf einen möglichen Kausalzusammenhang mit dem Arzneimittel hin untersucht, um erste Hinweise auf Nebenwirkungen beim Menschen zu erhalten. Phase I-Studien werden daher an einer geringen Anzahl an gesunden Probanden (etwa 10–50)

Unternehmen nur in beschränktem Umfang durch Geldleistung oder durch die Bereitstellung der Prüfpräparate unterstützen. Eine weitergehende Einflussnahme hat zu unterbleiben.

[138] So auch *Heil/Lützeler* in Dieners/Reese (Hrsg.), Hdb PharmaR, § 4 Rn. 137.

[139] Ausnahmsweise kann in der EU eine sog. *Conditional Marketing Authorisation* erteilt werden, obwohl noch nicht alle Studienphasen abgeschlossen wurden. S. hierzu u. → § 3 Rn. 205.

[140] Vgl. hierzu EMA, Position Paper on non-clinical safety studies to support clinical trials with a single microdose, June 2004, abrufbar unter www.tga.gov.au.

[141] Vgl. hierzu US FDA (CDER), Guidance for Industry, Investigators, and Reviewers-Exploratory IND Studies, January 2006, abrufbar unter: www.fda.gov; *Gupta et al.*, Phase 0 clinical trials in oncology new drug development, Perspect Clin Res. 2011 Jan-Mar; 2(1): 13–22.

[142] In der EU sind die Prüfpräparate für klinische Studien nach den GMP-Regeln herzustellen, s. European Commission, EU Guidelines to GMP, Annex 13, Investigational Medicinal Products of 3 February 2010.

durchgeführt. Bei onkologischen Wirkstoffen erfolgt allerdings bereits in der Phase I eine Anwendung am Patienten, da die Gabe eines zytotoxischen Arzneimittels an Probanden als ethisch nicht vertretbar anzusehen ist[143].

cc) **Phase II.** In der Phase II geht es zunächst um die Überprüfung des **Therapiekonzepts** (engl. *Proof of Concept* – PoC; Phase IIa), nämlich um die Erforschung der therapeutischen Wirksamkeit bei Patienten. Ziel ist es, positive Effekte bei der Behandlung zu beobachten, damit zur Wirksamkeit und auch zur Verträglichkeit des Arzneimittels. Dementsprechend werden Phase-II-Studien an Patienten und nicht an gesunden Probanden durchgeführt, die mit vergleichsweise engen Kriterien ausgewählt und streng überwacht werden. Meist werden höchstens wenige hundert Patienten behandelt. Die Behandlungsdauer beschränkt sich in der Regel auf wenige Monate[144].

21

Ein weiteres wichtiges Ziel ist in dieser Phase auch die Findung der geeigneten **Therapiedosis** für den Patienten (sog. Phase IIb). Häufig werden in Phase-IIb-Studien mehrere Dosierungen gleichzeitig und parallel in mehreren Armen überprüft, um die optimale therapeutische Dosis zu finden, welche dann in den Phase-III-Studien verwendet wird[145].

22

dd) **Phase III.** In der **Phase III** werden schließlich die Studien zur Ermittlung der für die Zulassung erforderlichen und entscheidenden Daten zum Nachweis der Wirksamkeit und Sicherheit des Arzneimittels in den vorgesehenen Indikationen sowie der Zielgruppe durchgeführt (sog. pivotale Studien). Zum Nachweis der für die Zulassung erforderlichen positiven Risiko-Nutzen-Bewertung müssen selbstverständlich in den Phase-III-Studien durchgängig an allen Patienten Daten zur Arzneimittelsicherheit erhoben werden. Das Studiendesign ist in der Regel eine kontrollierte und randomisierte Doppelblindstudie, wobei abhängig von der Verfügbarkeit für die Studienindikation als Vergleichspräparat ein Placebo oder ein bereits zugelassenes Arzneimittel mit nachgewiesenem therapeutischen Wert heranzuziehen ist[146]. Auch können in der Phase III bereits weitere Untersuchungen durchgeführt werden, die zB der Langzeitbeobachtung dienen[147].

23

---

[143] Grundlegend *EMA*, Note for Guidance on General Considerations for Clinical Trials (CPMP/ICH/291/95 – ICH E8: *General Considerations for Clinical Trials*), Ziff. 3.1.3.1. Ergänzend hierzu vgl. *Heil/Lützeler* in Dieners/Reese (Hrsg.), Hdb PharmaR, § 4 Rn. 100 ff.; *Sander*, AMG, Erl. § 40 Anm. 6b.

[144] Grundlegend *EMA*, Note for Guidance on General Considerations for Clinical Trials (CPMP/ICH/291/95 – ICH E8: *General Considerations for Clinical Trials*), Ziff. 3.1.3.2. Vgl. ergänzend hierzu *Heil/Lützeler* in Dieners/Reese (Hrsg.), Hdb PharmaR, § 4 Rn. 105 ff.

[145] Vgl. EMA, Note for Guidance on General Considerations for Clinical Trials (CPMP/ICH/291/95 – ICH E8: *General Considerations for Clinical Trials*), Ziff. 3.1.3.2. Zeigt sich, dass zB die niedrigste Dosierung unwirksam ist, so ist dieser Studienarm abzubrechen. Sollte sich zeigen, dass ein Wechsel der Darreichungsform oder Formulierung des Arzneimittels notwendig ist, so müssten für diese neue Darreichungsform entsprechende Phase-I-Studien zur Pharmakokinetik erneut durchgeführt werden, sofern eine pharmakologische Vergleichbarkeite der beiden Darreichungsformen oder Formulierungen nicht nachgewiesen werden konnte. Ergänzend hierzu vgl. *Heil/Lützeler* in Dieners/Reese (Hrsg.), Hdb PharmaR, § 4 Rn. 109.

[146] Gegenüber Placebos ist in jedem Falle Überlegenheit zu demonstrieren, gegenüber anderen Arzneimitteln kann der Nachweis einer vergleichbaren Wirksamkeit ausreichend sein. Ausführlich hierzu *EMA*, Note for Guidance on Choice of Control Group in Clinical Trials (CPMP/ICH/364/96 – ICH Topic E 10: *Choice of Control Group in Clinical Trials*), Ziff. 1.4.

[147] Vgl. Teil 1 Ziff. 5.2.5 von Anhang I zur RL 2001/83/EG; EMA, Note for Guidance on General Considerations for Clinical Trials (CPMP/ICH/291/95 – ICH E8: *General Considerations for Clinical Trials*), Ziff. 3.1.3.3; *Heil/Lützeler* in Dieners/Reese (Hrsg.), Hdb PharmaR, § 4 Rn. 108, 110; *Rehmann*, AMG, Vor §§ 40–42a Rn. 4. Phase-III-Studien, die über die vor Zulassungserteilung begonnen haben und nach Zulassungserteilung noch andauern oder weiterlaufen, werden teilweise Phase-IIIb-Studien genannt. Ersichtlich bestehen im Hinblick auf die Anzahl der eingeschlossenen Patienten und die Dauer der Studie keine Beschränkungen.

24 Nach erfolgreicher Beendigung der Phasen I – III wird auf Basis der gewonnenen Ergebnisse sodann ein umfassendes Zulassungsdossier erstellt, das sog. „**Common Technical Document**" (CTD[148]), das bei der zuständigen Zulassungsbehörde einzureichen ist und damit die Grundlage für die behördliche Entscheidung über die Zulassungserteilung ist. In diesem werden alle Daten und Ergebnisse zur pharmazeutischen Qualität (Herstellung, Prüfung, Haltbarkeit) sowie zur präklinischen und klinischen Phase dargestellt, zusammengefasst und bewertet[149].

25 **b) Klinische Prüfungen** *nach* **Zulassungserteilung.** Mit dem Begriff *Phase-IV-Studien* werden alle klinischen Studien bezeichnet, die nach erfolgter Markteinführung mit dem sodann zugelassenen Arzneimittel in der zugelassenen Indikation durchgeführt werden, sei es aufgrund einer entsprechenden behördlichen Auflage, sei es aufgrund eines eigenständigen Entschlusses des Zulassungsinhabers[150]. Diese zielen auf eine Erweiterung der Erkenntnisse zu dem nunmehr zugelassenen Arzneimittel ab, und haben zum Gegenstand

- als sog. **Post Authorisation Safety Study (PASS)** den Erhalt weiterer Daten zur Sicherheit, zB durch die Erfassung seltener, aber relevanter Nebenwirkungen an bestimmten Patientenpopulationen[151], oder
- als sog. **Post Authorisation Efficacy Study (PAES)** den Erhalt weiterer Daten zur Wirksamkeit[152].

26 Als Phase-IV-Studien müssen diese als interventionelle klinische Prüfung geplant und durchgeführt werden, und unterliegen den §§ 40 ff. AMG. Allerdings können PASS und PAES auch *nicht-interventionell* durchgeführt werden, in Deutschland zB in der Form von Anwendungsbeobachtungen. In diesem Fall unterfallen sie nicht den §§ 40 ff. AMG, sondern dem § 67 Abs. 6 AMG[153].

3. Planung und Durchführung einer klinischen Prüfung

27 Planung und Durchführung einer klinischen Prüfung sehen in der Regel wie folgt aus[154]:

- Zu Beginn wird meist ein umfassendes **Studienprogramm** für das zu untersuchende Arzneimittel festgelegt, in dem auch die Zielrichtung der einzelnen Studien und der grobe Ablauf der nacheinander zu erfolgenden Studien geplant wird.

---

[148] Dies erfolgt zwischenzeitlich meist in elektronischer Form, daher „eCTD" genannt.

[149] Das CTD is in die folgenden fünf Module untergliedert: Modul 1: Regionale Information, Modul 2: Inhaltsverzeichnis, Überblick und Zusammenfassungen, Modul 3: Pharmazeutische Qualität, Modul 4: Präklinische Studienberichte, Modul 5: Klinische Studienberichte. Vgl. European Commission, Notice to Applicants Volume 2B: Incorporating the Common Technical Document (CTD) (May 2008), abrufbar unter ec.europa.eu/health/files/eudralex, sowie Anhang I Teil 1 der RL 2001/83/EG.

[150] Vgl. *Heil/Lützeler* in Dieners/Reese (Hrsg.), Hdb PharmaR, § 4 Rn. 112; *Rehmann*, AMG, Vor §§ 40–42a Rn. 4.

[151] Art. 1 Abs. 15 RL 2001/83/EG. Vgl. hierzu EMA/HMA, Guideline on good pharmacovigilance practices (GVP): Module VIII – Post-authorisation safety studies (Rev 1) v. 19. April 2013 (EMA/813938/2011 Rev 1).

[152] Art. 9 Abs. 4 lit. cc, Art. 10a Abs. 1 VO 726/2004 sowie Art. 21a, 22a Abs. 1 RL 2004/83/EG. Instruktiv hierzu das Konsultationspapier der Europäischen Kommission, Delegated Act on Post-Authorisation Efficacy Studies (Art. 10b of Regulation (EC) No 726/2004 and Article 22b of Directive 2001/83/EC) – Post-Authorisation Efficacy Studies, vom 18 February 2013, abrufbar unter ec.europa.eu.

[153] S. zu Anwendungsbeobachtungen ausführlich unten → § 3 Rn. 32 ff.

[154] Vgl. insgesamt hierzu *Heil/Lützeler* in Dieners/Reese (Hrsg.), Hdb PharmaR, § 4 Rn. 40 ff.; *Rehmann*, AMG, Vor §§ 40–42a Rn. 6.

§ 3 Prüfung, Herstellung und Zulassung von Arzneimitteln

- Sodann hat eine **Detailplanung der einzelnen Studie** innerhalb dieses Studienprogrammes zu erfolgen, indem das Prüfprotokoll für die einzelnen Studien aufgestellt wird mit den o. → Rn. 10 dargestelltem wesentlichen Inhalt.
- Daran anschließend sind in den Ländern, in denen die Studie durchgeführt werden soll, die hierfür erforderlichen **Behördengenehmigungen** einzuholen[155].
- Nach erfolgter Genehmigung erfolgt die **Probanden- bzw. Patientenrekrutierung.** Zur Feststellung, ob der einzelne Kandidat die Einschlusskriterien erfüllt und keine Ausschlusskriterien vorliegen, erfolgt nicht nur ein Screening der demografischen Werte wie Geschlecht, Alter, Gewicht etc., sondern es werden auch erforderliche Laborwerte erhoben.
- Steht fest, dass ein Kandidat die Einschlusskriterien erfüllt und keine Ausschlusskriterien vorliegen, ist dessen Zustimmung zur Studienteilnahme einzuholen (sog. **informed consent**). Erst nachdem diese in *schriftlicher* Form vorliegt, darf der Kandidat in die Studie aufgenommen werden.
- Die klinischen Prüfungen werden entweder von den Pharmafirmen selbst oder von spezialisierten Dienstleistern, den sog. **CROs (Contract Research Organisations)** durchgeführt, und die erhobenen Daten sodann meist elektronisch erfasst[156].
- Schließlich werden die geplanten statistischen Analysen anhand der festgelegten Methoden durchgeführt und entsprechende Berichte (sog **Study Reports**) erzeugt. Bei Zulassungsstudien ist dieser Studienbericht sodann Bestandteil des Zulassungsdossiers, der auch die Grundlage der entsprechenden Studienveröffentlichungen ist.

a) **Genehmigung der klinischen Prüfung.** Die klinische Prüfung eines Arzneimittels darf in Deutschland gem. § 40 Abs. 1 S. 2 AMG vom Sponsor erst begonnen werden, nachdem

- die zuständige **Ethik-Kommission** diese nach Maßgabe des § 42 Abs. 1 AMG **zustimmend bewertet** und
- die **zuständige Bundesoberbehörde** diese nach Maßgabe des § 42 Abs. 2 AMG **genehmigt** hat.

Der **Ablauf des Bewertungs- und Genehmigungsverfahrens** stellt sich wie folgt dar:

- Zunächst muss der Antragsteller für die klinische Prüfung eine sog. **EudraCT-Nr.** haben[157]. Diese ist bei der EMA zu beantragen, indem der Antragsteller die klinische Prüfung bei der EMA mittels eines entsprechenden Web-Formulars registriert. Daraufhin erhält der Antragsteller die EudraCT-Nr. per E-Mail[158].
- Sodann ist bei der zuständigen **Bundesoberbehörde** – dies sind in Deutschland das BfArM oder das Paul-Ehrlich-Institut (PEI) – ein schriftlicher und begründeter **Antrag auf Genehmigung** der klinischen Prüfung zu stellen nach Maßgabe des § 42 Abs. 2 AMG. Da die Bundesoberbehörde insbesondere Qualität und Sicherheit des Arzneimittels prüft, hat der Antragsteller vor allem pharmakologisch-toxikologische und analytische Unterlagen sowie klinische Daten zum Prüfpräparat einzureichen und den Prüfplan vorzulegen[159]. Sollte innerhalb von 30 Tage nach Eingang der Antrags-

---

[155] S. hierzu nachfolgend für Deutschland → § 3 Rn. 28 f.
[156] Ausführlich zur Rolle und Verantwortlichkeiten von CROs *Heil/Lützeler* in Dieners/Reese (Hrsg.), Hdb PharmaR, § 4 Rn. 142 f.
[157] EudraCT bedeutet „European Union Drug Regulating Authorities Clinical Trials" und ist ein Register für klinische Studien, die seit dem Jahr 2004 mit Humanarzneimitteln in der EU durchgeführt werden. Die EudraCT wird von der Europäischen Arzneimittelagentur (EMA) betrieben und von den Arzneimittelbehörden der EU Mitgliedstaaten bei der Genehmigung und Überwachung klinischer Studien genutzt.
[158] Vgl. insgesamt hierzu die Erläuterungen unter eudract.ema.europa.eu.
[159] Für Deutschland sind die formalen und inhaltlichen Anforderungen an die Unterlagen, die mit dem Antrag auf Genehmigung einer klinischen Prüfung von Humanarzneimitteln durch die zuständi-

unterlagen keine Mitteilung der zuständigen Bundesoberbehörde erfolgen, so gilt die Studie als genehmigt[160].
- Gleichzeitig zu dem Genehmigungsantrag bei der Bundesoberbehörde ist ein schriftlicher **Antrag auf zustimmende Bewertung** der klinischen Prüfung bei der nach Landesrecht für den Prüfer zuständigen **Ethik-Kommission**[161] zu stellen nach Maßgabe des § 40 Abs. 1 S. 2 AMG[162]. Den Eingang des Antrags hat die zuständige Ethik-Kommission dem Sponsor innerhalb von 10 Tagen zu bestätigen (§ 8 Abs. 1 GCP-V). Die Ethik-Kommission prüft die klinische Prüfung insbesondere im Hinblick auf ethische Gesichtspunkten und den Schutz der Prüfungsteilnehmer. Innerhalb von höchstens 60 Tagen nach Eingang des Antrags übermittelt die zuständige Ethik-Kommission dem Sponsor und der zuständigen Bundesoberbehörde ihre mit Gründen versehene Bewertung[163].
- Nach Vorliegen sowohl der Genehmigung der zuständigen Bundesoberbehörde als auch der zustimmenden Bewertung der zuständigen Ethik-Kommission ist die klinische Prüfung noch bei der gem. Landesrecht festgelegten zuständigen Behörde (zB Gesundheitsamt eines Landkreises) **anzuzeigen,** bevor schließlich mit der Studie begonnen werden kann[164].

30   **b) Durchführung der klinischen Prüfung.** Bei der Durchführung der klinischen Prüfung eines Arzneimittels haben sodann nicht nur der Sponsor, sondern auch der Prüfer und alle weiteren an der klinischen Prüfung beteiligten Personen die GCP-Anforderungen der Guten Klinischen Praxis gem. der RL 2001/20/EG zu beachten. Diese wurden durch die §§ 40–42b AMG sowie die GCP-V in nationales Recht umgesetzt[165].

31   Die klinische Prüfung eines Arzneimittels darf gem. § 40 Abs. 1 S. 3 AMG nur durchgeführt werden, wenn und solange
- ein Sponsor vorhanden ist, der seinen **Sitz in der EU oder im EWR** hat; Firmen, die ihren Sitz außerhalb der EU haben, müssen einen gesetzlichen Vertreter mit Sitz in der EU oder im EWR benennen (Nr. 1);
- die für die Studienteilnehmer mit der Durchführung der Prüfung verbundenen Risiken im Vergleich zu dem Nutzen **ärztlich vertretbar** sind (Nr. 2): Diese Güterabwägung ist vor Beginn der Prüfung vorzunehmen und im Verlauf der Prüfung aufgrund Abschnitt 20 der Deklaration von Helsinki fortlaufend zu überprüfen auf Basis der weiteren Erkenntnisse[166];

---

ge Bundesoberbehörde nach § 42 Abs. 2 AMG sowie § 7 Abs. 1, 2, 4, 5, 6 u. 7 der GCP-Verordnung (GCP-V) bei dieser vorzulegen sind, sowie die Anforderungen nach § 10 Abs. 1 und 3 (nachträgliche Änderungen) und nach § 13 Abs. 8 (Anzeige der Beendigung der klinischen Prüfung) und 9 (Zusammenfassung eines Abschlussberichts) der GCPV niedergelegt in der 3. Bekanntmachung zur klinischen Prüfung des BfArM und des PEI vom 10.8.2006.
[160] § 42 Abs. 2 S. 4 AMG. Detailliert zum Genehmigungsverfahren vgl. § 9 GCP-V.
[161] Wird die klinische Prüfung von mehreren Prüfern durchgeführt, so ist der Antrag bei der für den Hauptprüfer oder Leiter der klinischen Prüfung (LKP) zuständigen lokalen Ethik-Kommission zu stellen. Die für diesen verantwortliche Ethik-Kommission wird sodann federführend für die Bewertung der klinischen Prüfung, welches im Benehmen mit den weiteren beteiligten (lokalen) Ethik-Kommissionen erfolgt.
[162] Die Einzelheiten über die notwendigen Antragsunterlagen sind in § 7 Abs. 2 und 3 GCP-V aufgeführt.
[163] Die beteiligten (lokalen) Ethik-Kommissionen prüfen die Qualifikation der Prüfer und die Geeignetheit der Prüfstellen in ihrem Zuständigkeitsbereich. Die Bewertung der lokalen Ethik-Kommissionen muss der zuständigen Ethik-Kommission innerhalb von 30 Tagen nach Antragseingang vorliegen. Zu den Einzelheiten vgl. § 42 Abs. 1 AMG sowie § 8 GCP-V.
[164] § 67 Abs. 1 S. 5 AMG.
[165] S. o. → § 3 Rn. 6.
[166] Vgl. *Heil/Lützeler* in Dieners/Reese (Hrsg.), Hdb PharmaR, § 4 Rn. 74 ff.

- bei Arzneimitteln, die aus einem gentechnisch veränderten Organismus oder einer Kombination solcher Organismen bestehen oder solche enthalten, nach dem Stand der Wissenschaft zum Zweck der klinischen Prüfung eines Arzneimittel unvertretbare **schädliche Auswirkungen auf die Gesundheit Dritte und die Umwelt** nicht zu erwarten sind (Nr. 2a);
- eine hinreichende **Aufklärung der Studienteilnehmer** gem. dem Studienprotokoll nach Maßgabe von § 40 Abs. 2 u. 2a AMG gewährleistet ist und auf dieser Basis eine **wirksame Einwilligung des Studienteilnehmers** (engl. „informed consent") vor Beginn der klinischen Prüfung vorliegt sowie während des gesamten Prüfzeitraums fortbesteht (Nr. 3); ohne eine solche wirksame Einwilligung würde eine dennoch erfolgte Teilnahme nach ständiger Rechtsprechung eine rechtswidrige Körperverletzung darstellen[167];
- **keine Unterbringung in einer Anstalt** der betroffenen Person auf gerichtliche oder behördliche Anordnung gegeben ist (Nr. 4);
- die Leitung der klinischen Prüfung durch einen **geeigneten und qualifizierten Prüfer** erfolgt (Nr. 5);
- eine dem jeweiligen Stand der wissenschaftlichen Erkenntnisse entsprechende **pharmakologisch-toxikologische Prüfung des Arzneimittels** durchgeführt worden ist (Nr. 6);
- jeder Prüfer durch einen für die pharmakologisch-toxikologische Prüfung verantwortlichen Wissenschaftler über deren Ergebnisse und die voraussichtlich mit der klinischen Prüfung verbundenen **Risiken informiert** worden ist (Nr. 7);
- eine Probandenversicherung abgeschlossen ist, welche den Vorgaben des § 42 Abs. 3 AMG genügt (Nr. 8 iVm Abs. 3);
- die **medizinische Versorgung** des Studienteilnehmers durch einen geeigneten Arzt sichergestellt ist (Nr. 9);
- die **zustimmende Bewertung** durch die zuständige Ethikkommission (§ 42 Abs. 1) als auch die **Genehmigung durch die zuständige Bundesoberbehörde** (§ 42 Abs. 2) bestehen und nicht gem. § 42a AMG zurückgenommen, widerrufen oder zum Ruhen gebracht wurden; sowie
- die **besonderen Voraussetzungen der klinischen Prüfung** nach § 41 AMG eingehalten sind, wonach aus ethischen Gründen Sonderregelungen für die klinische Prüfung an Kranken in Abhängigkeit davon bestehen, ob der Studienteilnehmer ein volljähriger Patient (Abs. 1), ein minderjähriger Patient (Abs. 2) oder ein volljähriger, nicht einwilligungsfähiger Patient (Abs. 3) ist[168].

4. Exkurs: Die nicht-interventionelle Prüfung, insbesondere die Anwendungsbeobachtung

a) **Begriff und Abgrenzung.** Die nicht-interventionelle Prüfung (engl.: non-interventional study, kurz „NIS" genannt) ist definiert in § 4 Abs. 23 S. 3 AMG als *„eine Untersuchung, in deren Rahmen Erkenntnisse aus der Behandlung von Personen mit Arzneimitteln anhand epidemiologischer Methoden analysiert werden; dabei folgt die Behandlung einschließlich der Diagnose und Überwachung nicht einem vorab festgelegten*

32

---

[167] Erforderlich sind (1) eine Einwilligungsfähigkeit des Studienteilnehmers, um Wesen, Bedeutung und Tragweite der Einwilligung zur Teilnahme an einer klinischen Prüfung beurteilen zu können, (2) eine Aufklärung über alle entscheidungserheblichen Umstände, (3) die Aushändigung einer allgemein verständlichen schriftlichen Aufklärungsunterlage sowie (4) ein hinreichende Aufklärungs- und Beratungsgespräch durch einen Arzt. Vgl. ICH GCP Guideline (E6), Ziff. 4.8; s. hierzu auch *Heil/Lützeler* in Dieners/Reese (Hrsg.), Hdb PharmaR, § 4 Rn. 77 ff.

[168] Die Einzelheiten können den jeweiligen Absätzen des § 41 AMG entnommen werden. Vgl. auch *Heil/Lützeler* in Dieners/Reese (Hrsg.), Hdb PharmaR, § 4 Rn. 200 ff.

Prüfplan, sondern ausschließlich der ärztlichen Praxis; soweit es sich um ein zulassungspflichtiges oder nach § 21a Abs. 1 genehmigungspflichtiges Arzneimittel handelt, erfolgt dies ferner gem. den in der Zulassung oder der Genehmigung festgelegten Angaben für seine Anwendung"[169]. Demnach dürfen bei einer NIS, anders als bei einer klinischen Prüfung[170], dem Prüfarzt keine Vorgaben für die Verabreichung des Arzneimittels gemacht werden. Behandlung, Diagnose und Überwachung des Patienten mit dem Arzneimittel dürfen ausschließlich der ärztlichen Praxis auf Basis der Fachinformation folgen. Zweck einer NIS ist es, *„Erkenntnisse aus der Behandlung von Personen mit Arzneimitteln"* zu erhalten – dies umfasst jegliche Arten von Erkenntnissen wie Verträglichkeit, Nebenwirkungen, Compliance, etc. Die gewonnenen Ergebnisse werden sodann anhand epidemiologischer Methoden analysiert[171].

33 Um eine besondere Form und damit einer Unterfall der NIS handelt es sich bei der in § 67 Abs. 6 AMG geregelten sog. **Anwendungsbeobachtung („AWBs")**. Diese sind in § 67 Abs. 6 AMG definiert als *„Untersuchungen, die dazu bestimmt sind, Erkenntnisse bei der Anwendung zugelassener oder registrierter Arzneimittel zu sammeln"*. Diese wissenschaftliche Untersuchung erfolgt mit einem bereits zugelassenen oder registrierten Arzneimittel, das als Handelsware verabreicht wird – bei verschreibungspflichtigen Arzneimitteln auf Basis einer entsprechenden ärztlichen Verordnung –, und dient der Sammlung sowie der Analyse von Erkenntnissen bei dessen Anwendung in der therapeutischen Praxis, dh *„es wird dem Arzt lediglich über die Schulter gesehen"*[172].

34 Abzugrenzen sind AWBs wiederum von solchen nicht-interventionellen Studien, in denen prospektiv zum Zwecke der Auswertung und innerhalb einer solchen Studie eine Datensammlung zur Anwendung von zugelassenen Arzneimitteln erfolgt, um Erkenntnisse bei deren Anwendung zu sammeln, als auch von **Registern**, bei denen Daten zur Erkrankung erfasst wurden, auch wenn nur Personen mit einer definierten medikamentösen Therapie in das Register eingeschlossen werden sollen[173].

35 **b) Prinzip der Nichtintervention.** Entscheidendes Kennzeichen der Anwendungsbeobachtung ist damit das **Prinzip der Nichtintervention**, wonach keine Beeinträchtigung der Verordnungsfreiheit des Arztes erfolgen darf[174]: Die Entscheidung eines Arztes über die Einbeziehung eines Patienten in eine AWB darf nicht zusammenhängen mit seiner Entscheidung über die Verordnung oder Anwendung eines Arzneimittels bei dem betroffenen Patienten. Auch darf keine unangemessene Vergütung des Arztes für seine Beteiligung erfolgen, da ihn dies in seiner Entscheidungsfreiheit beeinflussen könnte. Insoweit schreibt

---

[169] Vgl. hierzu *Rehmann*, AMG, 3. Aufl. (2009), § 4 Rn. 25 sowie umfassend *Heil/Lützeler* in Dieners/Reese (Hrsg.), Hdb PharmaR, § 4 Rn. 23 ff.

[170] S. hierzu o. → § 3 Rn. 13.

[171] S. hierzu auch *Heil/Lützeler* in Dieners/Reese (Hrsg.), Hdb PharmaR, § 4 Rn. 25.

[172] Vgl. hierzu Empfehlungen des BfArM und des PEI zur Planung, Durchführung und Auswertung von Anwendungsbeobachtungen vom 7. Juli 2010, Ziff. 1.1, abrufbar unter bfarm.de; *A. Meier*, Die Anwendungsbeobachtung in der wettbewerbsrechtlichen Auseinandersetzung, Arzneimittel&Recht 2005, S. 155 (156), m. z.Nachw.

[173] S. Gemeinsame Bekanntmachung des Bundesinstituts für Arzneimittel und Medizinprodukte und des Paul-Ehrlich-Instituts zur Anzeige von Anwendungsbeobachtungen nach § 67 Abs. 6 AMG und zur Anzeige von nichtinterventionellen Unbedenklichkeitsprüfungen nach § 63f und g AMG, Entwurfsfassung vom 20. Oktober 2014, Ziff. 1, abrufbar unter www.bfarm.de. Zur Erhöhung der Qualität von Daten aus Registern hat die EMA die „Patient Registry Initiative" gestartet, s. *EMA*, Patient Registry Initiative Strategy and Mandate of the Cross-Committee Task Force, 5 May 2017 (EMA/180341/2017).

[174] Vgl. Empfehlungen des BfArM und des PEI zur Planung, Durchführung und Auswertung von Anwendungsbeobachtungen vom 7. Juli 2010, Ziff. 1.2; *A. Meier*, Die Anwendungsbeobachtung in der wettbewerbsrechtlichen Auseinandersetzung, Arzneimittel&Recht 2005, S. 155 (157); *Sander*, AMG, Erl. § 40 Anm. 2; OLG Hamburg Urteil v. 3.6.2004 – Az. 3 U 143/03 –, Arzneimittel&Recht 2005, S. 169.

zwischenzeitlich § 67 Abs. 6 S. 3 AMG ausdrücklich fest, dass derartige Vergütungen *„nach ihrer Art und Höhe so zu bemessen [sind], dass kein Anreiz für eine bevorzugte Verschreibung oder Empfehlung bestimmter Arzneimittel entsteht"*. Als angemessen wird eine aufwandsabhängige Vergütung von EUR 75,- pro Stunde Aufwand angesehen, eine Vergütung von EUR 150,- pro Stunde Aufwand wird als unangemessen eingestuft[175].

c) Anzeigepflicht. AWBs sind der zuständigen Bundesoberbehörde – dies ist bei Impfstoffen das PEI und im Übrigen das BfArM[176] –, der Kassenärztlichen Bundesvereinigung (KBV), dem Spitzenverband Bund der Krankenkassen (GKV-Spitzenverband) und dem Verband der Privaten Krankenversicherung e. V. (PKV) unverzüglich **anzuzeigen** (§ 67 Abs. 6 S. 1 AMG[177]). Dabei sind Ort, Zeit, Ziel und Beobachtungsplan der Anwendungsbeobachtung anzugeben sowie gegenüber der Kassenärztlichen Bundesvereinigung und dem Spitzenverband Bund der Krankenkassen die beteiligten Ärzte namentlich mit Angabe der lebenslangen Arztnummer zu benennen (S. 2). Sofern beteiligte Ärzte Leistungen zu Lasten der GKV erbringen, sind bei der vorzunehmenden Anzeige gegenüber der KBV, dem GKV-Spitzenverband und der PKV auch die Art und die Höhe der an sie geleisteten Vergütung anzugeben und jeweils eine Ausfertigung der mit den Ärzten geschlossenen Verträge zu übermitteln nebst einer Darstellung des Aufwandes für die beteiligten Ärzte und eine Begründung für die Angemessenheit der Entschädigung[178].

36

d) Sonstige Vorgaben für die Ausgestaltung. Weitere gesetzliche Vorgaben für die Ausgestaltung und Durchführung einer Anwendungsbeobachtung bestehen nicht. Allerdings haben das BfArM und das PEI gemeinsam **Empfehlungen zur Durchführung, Planung und Auswertung von Anwendungsbeobachtungen** erarbeitet[179]. Diese sehen im Wesentlichen folgendes vor:

37

- Die AWB sollte einem nicht-interventionellen **Beobachtungs- und Auswertungsplan** folgen, der am aktuellen Stand der medizinischen, epidemiologischen und biometrischen Wissenschaft sowie am routinemäßigen Vorgehen auszurichten ist und eine strukturierte, systematische Beobachtung ermöglichen soll.
- Als „**Generelle Anforderungen**" werden aufgestellt, dass
  – AWBs eine medizinisch wissenschaftliche Zielsetzung verfolgen müssen, die als präzise Fragestellung vorab formuliert sein muss, und
  – das gewählte Design (Basis eines Vergleichs, zeitlicher Umfang und Beobachtungsumfang beim einzelnen Patienten, Patientenzahl) sowie die geplanten Methoden (Datenerhebung und Auswertung) zur Beantwortung dieser Frage geeignet sein müssen.
- Als mögliche **Ziele** von Anwendungsbeobachtungen werden angesehen
  – das Gewinnen von Erkenntnissen über Verordnungsverhalten und Verschreibungsgewohnheiten, Beachtung der Fach- und Gebrauchsinformationen, Akzeptanz und Compliance, Praktikabilität, Beachtung von Zulassungsauflagen etc.;

---

[175] Vgl. *A. Meier*, Die Anwendungsbeobachtung in der wettbewerbsrechtlichen Auseinandersetzung, Arzneimittel&Recht 2005, S. 155 (158); Schiedsstelle des FSA, Beschl. vom 9.2.2009 – Az.: FS II 5/08/2007.12–217.

[176] § 77 Abs. 1 u. 2 AMG.

[177] Für Arzneimittel, die zur Anwendung bei Tieren bestimmt sind, besteht eine Anzeigepflicht nur gegenüber der zuständigen Bundesoberbehörde (S. 5). Für Unbedenklichkeitsprüfungen nach § 63 f. AMG besteht überhaupt keine Anzeigeverpflichtung nach § 67 Abs. 6 AMG.

[178] § 67 Abs. 6 S. 4 AMG. Die Sätze 5–6 enthalten weitere Übermittlungsverpflichtungen, die jedoch nicht für Anzeigen gegenüber der zuständigen Bundesoberbehörde gelten (§ 67 Abs. 6 S. 12 AMG).

[179] Empfehlungen des Bundesinstituts für Arzneimittel und Medizinprodukte und des Paul-Ehrlich-Instituts zur Planung, Durchführung und Auswertung von Anwendungsbeobachtungen vom 7. Juli 2010, abrufbar unter bfarm.de/DE/Arzneimittel.

- das Vertiefen von Erkenntnissen zu bekannten unerwünschten Arzneimittelwirkungen (UAW) unter routinemäßiger Anwendung[180], das Gewinnen von Erkenntnissen zu bisher unbekannten UAWs und Wechselwirkungen unter routinemäßiger Anwendung sowie Untersuchungen zu besonderen Populationen innerhalb der zugelassenen Indikation;
- das Erweitern von Erkenntnissen zum Therapieverlauf innerhalb der zugelassenen Indikation unter den Bedingungen der routinemäßigen Anwendung.
• Zum Zweck der **Qualitätssicherung** müssen auch AWBs an den für epidemiologische Studien üblichen Qualitätsanforderungen ausgerichtet werden.
• In Bezug auf die **Therapieentscheidung** wird eine über die übliche ärztliche Aufklärungspflicht hinausgehende Information des Patienten als nicht notwendig angesehen[181].
• Eine **Beratung durch eine Ethikkommission** wird empfohlen, aber nicht als zwingend angesehen.
• Schließlich sollte innerhalb einer eines Jahres nach Abschluss der Beobachtungsphase ein **Abschlussbericht** erstellt werden, der eine geeignete biometrische Auswertung und eine Bewertung aus medizinischer Sicht enthält.

III. Künftige Rechtslage unter Verordnung 536/2014

1. Hintergrund und Ziele der VO536/2014

38   Die neue VO 536/2014 zur Genehmigung, Durchführung und Überwachung von klinischen Prüfungen löst zukünftig die zurzeit noch gültige Europäische RL 2001/20/EG samt nationaler Umsetzungsvorschriften ab. Ziel dieser Verordnung ist es, ein günstiges Umfeld für die Durchführung klinischer Prüfungen in allen Mitgliedstaaten der EU mit den höchsten Sicherheitsstandards für die Prüfungsteilnehmer und eine erhöhte Transparenz der Prüfungsinformationen zu schaffen.

39   Erreicht werden soll dieses Ziel insbesondere durch
• eine weitere Harmonisierung der Genehmigungs- und Meldeverfahren für die Durchführung von klinischen Prüfungen,
• die Einführung eines gemeinsamen europäischen Assessments bei multinationalen klinischen Prüfungen in der EU, wobei trotz einer gemeinsamen Bewertung unter Federführung eines sog. berichterstattenden Mitgliedstaats weiterhin jeder Mitgliedstaat die erforderliche Genehmigung national ereilt[182], sowie
• die Schaffung eines zentralen elektronischen Portals, über das künftig nicht nur die papierlose Antragstellung und -bearbeitung als auch jegliche Kommunikation erfolgt, sondern auch der öffentlicher Zugang zu Informationen und Dokumenten über die Genehmigung, Durchführung und die Ergebnisse jeder in der EU durchgeführten klinischen Prüfung.

---

[180] ZB Bewertung von Schweregraden, Häufigkeitsabschätzungen, Wechselwirkungen.
[181] Allerdings kann ergänzender Aufklärungsbedarf bestehen bzgl. des Umgangs mit Patientendaten sowie bzgl. zusätzlicher Vorgaben in der Beobachtung. In diesem Falle wird auch das Einholen der Einwilligung des Patienten als erforderlich betrachtet, insbesondere wenn erhobene Daten an den Auftraggeber pseudonymisiert weitergegeben bzw. von diesem Quelldaten anhand einer Einsichtnahme in Patientendaten überprüft werden sollen. Hierbei müssen auch alle Vorgaben des Datenschutzes berücksichtigt werden.
[182] Dies ähnelt dem dezentralen Zulassungsverfahren (DCP), bei dem ebenfalls eine gemeinsame Bewertung durch den RMS erfolgt und auf dieser Basis sodann nationale Zulassungen durch alle im DCP beteiligten Mitgliedstaaten (RMS und CMS) erteilt werden. S. hierzu u. → § 3 Rn. 231 ff.

§ 3 Prüfung, Herstellung und Zulassung von Arzneimitteln

Durch diese Instrumente erwartet sich der europäische Gesetzgeber 40
- eine Verbesserung der Effizienz der in der EU durchgeführten Prüfungen, insbesondere sofern diese in mehreren Mitgliedsstaaten durchgeführt werden,
- eine Förderung von Innovation und Forschung, sowie
- eine Vermeidung der Durchführung unnötiger klinischer Prüfungen.

Zwar ist die Verordnung über klinische Prüfungen bereits am 16. Juni 2014 in Kraft 41 getreten, allerdings gilt sie erst sechs Monate nach Veröffentlichung einer Mitteilung der Europäischen Kommission über die Funktionsfähigkeit des mit ihr eingeführten EU-Portals und der EU-Datenbank im Europäischen Amtsblatt, womit nach derzeitiger Planung in der zweiten Hälfte des Jahres 2019 zu rechnen ist.

2. Implementierung der VO 536/2014 in den EU-Mitgliedstaaten

Auch wenn die VO 536/2014 über klinische Prüfungen aufgrund ihrer Rechtsnatur als 42 Verordnung unmittelbar und direkt in jedem Mitgliedstaat anwendbar ist, so bedarf es zahlreicher weiterer Rechtsakte sowohl auf EU- als auch auf nationaler Ebene, um die Regelungen und Vorgaben der VO 536/2014 in den EU-Mitgliedstaaten wirksam zu implementieren.

Auf EU-Ebene stellt sich die Situation wie folgt dar: Die VO 536/2014 hat in gewissen 43 Umfang die Bestimmungen der folgenden zwei RL aufgenommen:
- der KommissionsRL 2005/28/EG vom 8. April 2005[183], welche die Grundsätze und ausführliche Leitlinien der guten klinischen Praxis für zur Anwendung beim Menschen bestimmte Prüfpräparate sowie Anforderungen für die Erteilung einer Genehmigung zur Herstellung oder Einfuhr solcher Produkte enthält („GCP-RL"), und
- der KommissionsRL 2003/94/EC vom 8. Oktober 2003[184], welche die Grundsätze und Leitlinien der Guten Herstellungspraxis für Humanarzneimittel und für zur Anwendung beim Menschen bestimmte Prüfpräparate beinhaltet („GMP-RL").

Sowohl die GCP- als auch die GMP-RL werden insoweit wie sie Prüfpräparate 44 betreffen, von zwei neuen Rechtsakten ersetzt, welche die Verordnung 536/2014 ergänzen:
- die DurchführungsVO (EU) 2017/556 der Kommission vom 24. März 2017[185], welche die Einzelheiten der Inspektionsverfahren hinsichtlich der guten klinischen Praxis gem. VO 536/2014 festlegt, sowie
- die Delegierte VO (EU) 2017/1569 der Kommission vom 23. Mai 2017[186], welche die Grundsätze und Leitlinie für die Gute Herstellungspraxis bei Prüfpräparaten, die zur Anwendung beim Menschen bestimmt sind, und Einzelheiten von Inspektionen festlegt.

---

[183] RL 2005/28/EG der Kommission vom 8. April 2005 zur Festlegung von Grundsätzen und ausführlichen Leitlinien der guten klinischen Praxis für zur Anwendung beim Menschen bestimmte Prüfpräparate sowie Anforderungen für die Erteilung einer Genehmigung zur Herstellung oder Einfuhr solcher Produkte, ABl. L 91 v. 9.4.2005, S. 13.

[184] RL 2003/94/EG der Kommission vom 8. Oktober 2003 zur Festlegung der Grundsätze und Leitlinien der Guten Herstellungspraxis für Humanarzneimittel und für zur Anwendung beim Menschen bestimmte Prüfpräparate, ABl. L 262 v. 14.10.2003, S. 22.

[185] DurchführungsVO (EU) 2017/556 der Kommssion vom 24. März 2017 über die Einzelheiten der Inspektionsverfahren hinsichtlich der guten klinischen Praxis gem. der VO (EU) Nr. 536/2014 des Europäischen Parlaments und des Rates, ABl. 80 v. 25.3.20, S. 7.

[186] Delegierte VO (EU) 2017/1569 der Kommission vom 23. Mai 2017 zur Ergänzung der VO (EU) Nr. 536/2014 des Europäischen Parlaments und des Rates durch die Festlegung von Grundsätzen und Leitlinien für die Gute Herstellungspraxis bei Prüfpräparaten, die zur Anwendung beim Menschen bestimmt sind, und der Einzelheiten von Inspektionen, ABl. L 238 v. 16.9.2017, S. 12.

45 Dies bedeutet auch, dass während der Übergangsphase die GCP- und die GMP-RL sowie die nationalen Umsetzungsbestimmungen weiterhin anwendbar sind für Prüfpräparate, die in klinischen Studien verwendet werden, welche auf Basis der RL 2001/83/EG und den derzeit geltenden gesetzlichen Bestimmungen durchgeführt werden.

46 Auch gilt weiterhin der Grundsatz, dass klinische Prüfungen, die außerhalb der EU durchgeführt werden, aber auf die in einem in einem Antrag auf klinische Prüfung oder in einem Antrag auf Arzneimittelzulassung Bezug genommen wird, mit regulatorischen Anforderungen übereinstimmen müssen, die mit denen in der EU zumindest vergleichbar sind. Nach Ablauf der Umsetzungsfrist müssen daher alle klinische Prüfungen, die außerhalb der EU durchgeführt werden, aber auf die in der EU Bezug genommen wird, den neuen Anforderungen genügen.

47 Auch die EMA treffen Verantwortlichkeiten auf Basis der VO 536/2014, nämlich zum einen die Funktionsfähigkeit des mit ihr eingeführten EU-Portals und der EU-Datenbank herbeizuführen, von dem die Gültigkeit der Verordnung abhängt, als auch Leitlinie für die Benutzung des EU-Portals und der EU-Datenbank aufzustellen.

48 Daneben sind für die Implementierung der VO 536/2014 auch gesetzgeberische Maßnahmen in den Mitgliedstaaten auf nationaler Ebene erforderlich, insbesondere betreffend die nationalen Zuständigkeiten und die Verfahren für die Genehmigung klinischer Prüfungen auf Basis der VO 536/2014 inklusive der künftigen Einbeziehung der Ethik-Kommittees. Dies erfolgte in Deutschland durch das Vierte Gesetz zur Änderung arzneimittelrechtlicher und anderer Vorschriften[187] (4. AMG-ÄndG), das am 24.12.2016 in Kraft trat. Im Einklang mit den o. g. Übergangsvorschriften gelten wesentliche Teile des 4. AMG-ÄndG erst ab Gültigkeit der VO 536/2014.

3. Neue Terminologie und deren Konsequenzen

49 Die VO 536/2004 enthält in Art. 2 Abs. 2 neben zahlreichen weiteren Begriffsbestimmungen eine Präzisierung des Begriffs „klinische Prüfung, indem das weitere Konzept der „klinischen Studie" eingeführt sowie weitere Unterkategorien definiert werden wie folgt:

50 **a) Klinische Studie.** Die **klinische Studie** stellt den Oberbegriff dar und ist sehr weit definiert als jede am Menschen durchgeführte Untersuchung, die dazu bestimmt ist, bei einem oder mehreren Arzneimitteln
- die klinischen, pharmakologischen oder sonstigen pharmakodynamischen Wirkungen zu erforschen oder zu bestätigen (lit. a),
- jegliche Nebenwirkungen festzustellen (lit. b) oder
- die Absorption, die Verteilung, den Stoffwechsel oder die Ausscheidung zu untersuchen (lit. c),

mit dem Ziel, deren Sicherheit und/oder Wirksamkeit festzustellen[188].

51 **b) Klinische Prüfung.** Die **klinische Prüfung** ist ein Unterfall der klinischen Studie und ist definiert als eine klinische Studie, die mindestens eine der folgenden Bedingungen erfüllt[189]:
- der Prüfungsteilnehmer wird vorab einer bestimmten Behandlungsstrategie zugewiesen, die nicht der normalen klinischen Praxis des betroffenen Mitgliedstaats entspricht (lit. a);

---

[187] Viertes Gesetz zur Änderung arzneimittelrechtlicher und anderer Vorschriften vom 20. Dezember 2016, BGBl I Nr. 63 v. 23.12.2016, S. 3048.
[188] Vgl. Art. 2 Abs. 2 Nr. 1 VO 536/2004.
[189] S. Art. 2 Abs. 2 Nr. 2 VO 536/2004.

- die Entscheidung, die Prüfpräparate zu verschreiben, wird zusammen mit der Entscheidung getroffen, den Prüfungsteilnehmer in die klinische Studie aufzunehmen (lit. b); oder
- an den Prüfungsteilnehmern werden diagnostische oder Überwachungsverfahren angewendet, die über die normale klinische Praxis hinausgehen (lit. c).

c) Minimalinterventionelle klinische Prüfung. Ferner führt die Verordnung die Kategorie der **minimalinterventionellen klinischen Prüfung** ein. Grund hierfür ist, dass bei vielen klinischen Prüfungen im Vergleich zur normalen klinischen Praxis nur ein minimales zusätzliches Risiko für die Sicherheit der Prüfungsteilnehmer besteht. Dies ist insbesondere dann der Fall, wenn das Prüfpräparat bereits über eine Zulassung verfügt[190], wenn das Prüfpräparat zwar nicht gem. den Bedingungen der Zulassung verwendet wird, seine Anwendung aber evidenzbasiert und durch veröffentlichte wissenschaftliche Erkenntnisse über die Sicherheit und Wirksamkeit des Prüfpräparats untermauert ist, und wenn die Intervention im Vergleich zur normalen klinischen Praxis nur ein sehr begrenztes zusätzliches Risiko für die Sicherheit der Prüfungsteilnehmer darstellt. In diesen Fall gehen für die Sicherheit der Prüfungsteilnehmer geringere Risiken von dem Prüfpräparat und der Intervention aus[191]. Die „minimalinterventionelle klinische Prüfung" ist demgemäß definiert als eine klinische Prüfung, die alle der folgenden Bedingungen erfüllt[192]:

- die Prüfpräparate — außer Placebos — sind zugelassen;
- dem Prüfplan der klinischen Prüfung zufolge (i) werden die Prüfpräparate gem. den Bedingungen der Zulassung verwendet oder (ii) stellt die Verwendung der Prüfpräparate in einem der betroffenen Mitgliedstaaten eine evidenzbasierte Verwendung dar, die durch veröffentlichte wissenschaftliche Erkenntnisse über Sicherheit und Wirksamkeit dieser Prüfpräparate untermauert ist; und
- die zusätzlichen diagnostischen oder Überwachungsverfahren stellen im Vergleich zur normalen klinischen Praxis in dem betroffenen Mitgliedstaat nur ein minimales zusätzliches Risiko bzw. eine minimale zusätzliche Belastung für die Sicherheit der Prüfungsteilnehmer dar.

Diese minimalinterventionellen klinischen Prüfungen unterliegen zwar dem gleichen Antragsverfahren wie andere klinische Prüfungen, sie werden aber weniger strengen Regeln hinsichtlich der Überwachung, der Anforderungen an den Inhalt des Master Files und der Rückverfolgbarkeit des Prüfpräparats unterworfen.

d) Nichtinterventionelle Studie. Die **nichtinterventionelle Studie** ist definiert in Art. 2 Abs. 2 Nr. 4 VO 536/2014 als *„eine klinische Studie, die keine klinische Prüfung ist"*, und stellt demgemäß den Auffangtatbestand aller sonstigen klinischen Studien dar.

e) Konsequenzen der neuen Terminologie. Die VO 536/2014 gilt gem. ihrem Art. 1 für alle innerhalb der EU durchgeführten klinischen Prüfungen, aber nicht für nichtinterventionelle Studien im o. g. Sinne. Hierfür gelten weiterhin die noch nicht harmonisierten nationalen Vorschriften in den jeweiligen Mitgliedstaaten[193].

Gem. Art. 3 VO 536/2014 darf eine klinische Prüfung nur durchgeführt werden, wenn die Rechte, die Sicherheit, die Würde und das Wohl der Prüfungsteilnehmer geschützt

---

[190] In diesem Fall wurden Qualität, Sicherheit und Wirksamkeit des Arzneimittels bereits im Rahmen des Zulassungsverfahrens bewertet.
[191] S. Erwägungsgrund 11 der VO 536/2014.
[192] S. Art. 2 Abs. 2 Nr. 3 VO 536/2014. Sie sind häufig von grundlegender Bedeutung für die Bewertung von Standardbehandlungen und -diagnosen, dienen der Optimierung der Arzneimittelanwendung und tragen so zu einem hohen Gesundheitsschutzniveau bei.
[193] In Deutschland: § 67 Abs. 6 AMG. S. hierzu u. → § 3 Rn. 32 ff.

Meier

sind und Vorrang vor allen sonstigen Interessen haben, und die klinische Prüfung dafür konzipiert ist, zuverlässige und belastbare Daten zu liefern.

57   Eine klinische Prüfung muss nach Art. 4 VO 536/2014 einer wissenschaftlichen und ethischen Überprüfung unterzogen und gem. dieser Verordnung genehmigt werden, bevor sie angefangen werden kann.

- Die ethische Überprüfung erfolgt durch eine Ethik-Kommission gem. dem Recht des betroffenen Mitgliedstaats[194].
- Die Mitgliedstaaten haben dafür zu sorgen, dass die Fristen und Verfahren für die Überprüfung durch die Ethik-Kommissionen mit den Fristen und Verfahren vereinbar sind, die in dieser Verordnung für die Bewertung des Antrags auf Genehmigung einer klinischen Prüfung festgelegt sind[195].

58   Ferner sieht die VO 536/2014 zum Teil besondere Regelungen für minimalinterventionelle klinische Prüfungen vor, insbesondere

- hat der Sponsor gem. Art. 5 Abs. 2 bei einem Antrag für eine minimalinterventionelle klinische Prüfung, bei der das Prüfpräparat nicht gem. den Bedingungen der geltenden Zulassung verwendet wird, die Anwendung dieses Präparats aber evidenzbasiert und durch veröffentliche wissenschaftliche Erkenntnisse über Sicherheit und Wirksamkeit dieses Präparats untermauert ist, einen der betroffenen Mitgliedstaaten, in denen die Anwendung evidenzbasiert ist, als berichterstattenden Mitgliedstaat vorzuschlagen;
- hat das Antragsdossier für die Genehmigung der klinischen Prüfung eine Begründung zu enthalten, warum es sich um eine minimalinterventionelle klinische Prüfung handelt, falls der Sponsor dies geltend gemacht hat (Art. 25 Abs. 1 lit. e); und
- kann bei Cluster-Prüfungen uU die Einwilligung nach Aufklärung mit Hilfe eines vereinfachten Verfahrens eingeholt werden, wenn es sich um eine minimalinterventionelle klinische Prüfung und die bereits zugelassenen Prüfpräparate gem. den Bedingungen der Zulassung verwendet werden (Art. 30 Abs. 3 lit. c).

4. Sponsor und Prüfer

59   **a) Sponsor.** Der „Sponsor" ist definiert in Art. 2 Abs. 14 VO 536/2014 als eine Person, ein Unternehmen, eine Einrichtung oder eine Organisation, die bzw. das die Verantwortung für die Einleitung, das Management und die Aufstellung der Finanzierung einer klinischen Prüfung übernimmt[196].

60   Neu ist, dass eine klinische Prüfung nicht mehr nur einen (wie bislang), sondern mehrere Sponsoren haben kann (Art. 71 UAbs. 1 VO 536/2014). Dabei kann jeder Sponsor seine Aufgaben in einem schriftlichen Vertrag gänzlich oder teilweise auf eine Person, ein Unternehmen, eine Einrichtung oder eine Organisation übertragen. Eine solche Übertragung hat jedoch keine Auswirkungen auf die Verantwortlichkeit des Sponsors, insbesondere in Bezug auf die Sicherheit der Prüfungsteilnehmer und die Zuverlässigkeit und Belastbarkeit der im Rahmen einer klinischen Prüfung gewonnenen Daten.

---

[194] Diese Überprüfung durch die Ethik-Kommission kann Aspekte umfassen, die in Teil I bzw. Teil II des Bewertungsberichts zur Genehmigung einer klinischen Prüfung behandelt werden, abhängig davon, was der Mitgliedstaat für angemessen hielt. In Deutschland hat der Gesetzgeber hiervon bzgl. der in Teil II des Bewertungsberichts enthaltenen Aspekte Gebrauch gemacht, s. Neufassung des § 40 Abs. 5 AMG gem. Art. 2 Abs. 10 des 4. AMG-ÄndG.

[195] Dies erfolgt durch die Neufassung des § 40 AMG gem. Art. 2 Abs. 10 des 4. AMG-ÄndG.

[196] Im Unterschied zur bisherigen Definition des Sponsors in Art. 2 lit. e RL 2001/83/EC („‚Sponsor': Person, Unternehmen, Institution oder Organisation, die bzw. das die Verantwortung für die Einleitung, das Management und/oder die Finanzierung einer klinischen Prüfung übernimmt.") wurde das „oder" bzgl. der Übernahme der Finanzierung gestrichen. Damit ist nunmehr die Übernahme der Finanzierung zwingende Voraussetzung für die Sponsoreigenschaft.

Gibt es bei einer klinischen Prüfung mehrere Sponsoren (sog. „Co-Sponsoring"), so 61
unterliegt jeder dieser Sponsoren in vollem Umfang den sich aus der VO 536/2014
ergebenden Verpflichtungen, es sei denn, die Sponsoren haben in einem schriftlichen
Vertrag eine Aufteilung ihrer Verantwortlichkeiten vorgenommen. Ist in dem betreffenden Vertrag bezüglich eines bestimmten Aspekts nicht klar festgelegt, wer die Verantwortung hierfür trägt, obliegt sie allen Sponsoren.[197]

Abweichend hiervon sind die Sponsoren gemeinsam dafür verantwortlich, Folgendes 62
zu benennen (vgl. Art. 72 UAbs. 2 VO 536/2014):
- einen Sponsor, der für die Einhaltung der Verpflichtungen des Sponsors im Rahmen der Genehmigungsverfahren verantwortlich ist;
- einen Sponsor, der als Kontaktstelle für sämtliche Fragen, die Prüfungsteilnehmer, Prüfer oder betroffene Mitgliedstaaten im Zusammenhang mit der klinischen Prüfung haben, und für die Beantwortung dieser Fragen verantwortlich ist;
- einen Sponsor, der für die Durchführung von gem. Art. 77 getroffenen Korrekturmaßnahmen der Mitgliedstaaten verantwortlich ist.

Dabei kann eine Person gleichzeitig Prüfer und Sponsor sein (Art. 71 UAbs. 3 VO 63
536/2014).

Ist der Sponsor einer klinischen Prüfung nicht in der EU niedergelassen, so hat er 64
grundsätzlich eine in der EU niedergelassene natürliche oder juristische Person als seinen
rechtlichen Vertreter zu benennen, die dann dafür verantwortlich ist, die Einhaltung der
dem Sponsor aus der VO 536/2014 erwachsenden Verpflichtungen sicherzustellen[198].
Auch wird die gesamte in dieser Verordnung vorgesehene Kommunikation mit dem
Sponsor über diesen rechtlichen Vertreter abgewickelt. Dabei gilt jeglicher Kontakt mit
diesem rechtlichen Vertreter als direkte Kommunikation mit dem Sponsor.[199]

b) Prüfer. „Prüfer" ist gem. der in Art. 2 Abs. 15 VO 536/2014 enthaltenen Definition 65
eine für die Durchführung einer klinischen Prüfung an einer Prüfstelle verantwortliche
Person[200]. An jeder Prüfstelle hat es einen Hauptprüfer zu geben, der an der Prüfstelle
sicherstellt, dass die klinische Prüfung den Anforderungen der Verordnung entspricht
(Art. 73 UAbs. 1 VO 536/2014). Der Hauptprüfer weist den Mitgliedern des Prüferteams
ihre Aufgaben so zu, dass die Sicherheit der Prüfungsteilnehmer sowie die Zuverlässigkeit
und Belastbarkeit der im Rahmen der klinischen Prüfung in der Prüfstelle gewonnenen
Daten nicht gefährdet werden (Art. 73 UAbs. 1 VO 536/2014).

5. Das EU-Portal und die EU-Datenbank

Die **EMA** hat sowohl das EU-Portal als auch die EU-Datenbank in Zusammenarbeit 66
mit den Mitgliedstaaten und der Kommission einzurichten und zu unterhalten[201].

Das **EU-Portal** wird das zentrale Kommunikationsinstrument darstellen, das als zen- 67
trale Anlaufstelle für die Übermittlung von Daten und Informationen im Zusammenhang
mit klinischen Prüfungen gem. der VO 536/2014 dient. Insbesondere wird über das EU-
Portal die Antragstellung und die Kommunikation zwischen den Sponsoren und den Mitgliedstaaten im Rahmen der Verfahren zur Genehmigung klinischer Prüfungen erfolgen[202].

---

[197] Vgl. Art. 72 UAbs. 1 VO 536/2014.
[198] Die Mitgliedstaaten können auf dieses Erfordernis eines rechtlichen Vertreters nach Maßgabe des Art. 74 Abs. 2 u. 3 VO 536/2014 verzichten.
[199] S. Art. 74 Abs. 1 VO 536/2014.
[200] Dies entspricht der bisherigen Definition in Art. 2 lit. f S. 2 RL 2001/20/EG („*Der Prüfer ist für die Durchführung der klinischen Prüfung in einer Prüfstelle verantwortlich.*").
[201] Art. 80 UAbs. 1 u. 81 Abs. 1 UAbs. 1 S. 1 VO 536/2014.
[202] S. Erwägungsgrund 4 der VO 536/2014.

Daten und Informationen, die über das EU-Portal übermittelt werden, werden in der EU-Datenbank gespeichert.[203]

68 Über das EU-Portal wird sodann auch auf eine **EU-Datenbank** zugegriffen werden können, in der alle über das EU-Portal übermittelten relevanten Daten und Informationen zu klinischen Prüfungen, die gem. dieser Verordnung übermittelt werden, erfasst werden[204]. Die EMA ist dafür verantwortlich, dass eine unnötige Doppelerfassung von Daten in dieser Datenbank und in den EU-Datenbanken EudraCT and EudraVigilance vermieden wird. In der EU-Datenbank wird jede klinische Prüfung mit einer einzigen EU-Prüfungsnummer erfasst. Der Sponsor hat sich sodann bei allen späteren Übermittlungen, die mit einer klinischen Prüfung in Verbindung stehen oder einen Bezug zu ihr aufweisen, auf diese EU-Prüfungsnummer zu beziehen[205]. Die EU-Datenbank soll daher zum einen eine Zusammenarbeit der zuständigen Behörden der betroffenen Mitgliedstaaten ermöglichen, die Suche nach bestimmten klinischen Prüfungen gestatten, und die Kommunikation zwischen den Sponsoren und den betroffenen Mitgliedstaaten erleichtern. Zum anderen sollen Unionsbürger über die Datenbank auch Zugriff auf klinische Informationen über Arzneimittel erhalten.[206]

6. Zugang zu Dokumenten und Informationen

69 Die EU-Datenbank wird der Öffentlichkeit und damit jedermann zugänglich sein. Ausgenommen werden jedoch die Daten und Informationen oder Teile davon, die aus den folgenden Gründen vertraulich behandelt werden müssen[207]:

- um personenbezogene Daten gem. VO 45/2001[208] zu schützen[209];
- um Betriebs- oder Geschäftsgeheimnisse zu schützen unter Berücksichtigung des Status der Zulassung des Arzneimittels, sofern kein übergeordnetes öffentliches Interesse an der Offenlegung besteht;
- um vertrauliche Mitteilungen zwischen Mitgliedstaaten bezüglich der Ausarbeitung des Bewertungsberichts zu schützen; sowie
- um eine wirksame Überwachung der Durchführung einer klinischen Prüfung durch die Mitgliedstaaten zu gewährleisten.

70 Zugänglich sind dabei insbesondere die Zusammenfassung der Ergebnisse der klinischen Prüfungen[210] und eine für Laien verständliche Zusammenfassung der klinischen

---

[203] Vgl. insgesamt Art. 80 VO 536/2014.
[204] S. Erwägungsgründe 66 u. 67 sowie Art. 81 Abs. 1 S. 2 VO 536/2014.
[205] S. Art. 81 Abs. 1 VO 536/2014. Dabei hat der Sponsor die EU-Datenbank laufend mit jeglichen Änderungen der klinischen Prüfung zu aktualisieren, bei denen es sich nicht um wesentliche Änderungen handelt, die aber für die Überwachung der klinischen Prüfung durch die betroffenen Mitgliedstaaten relevant sind.
[206] Art. 81 Abs. 2 VO 536/2014. Die EU-Datenbank wird auch die Aufzeichnung und Übermittlung sämtlicher Daten über Arzneimittel *ohne Zulassung* und über Stoffe *ohne Zulassung* als Bestandteil eines Arzneimittels in der EU an das in der Eudrovigilance-Datenbank enthaltene Arzneimittelverzeichnis unterstützen, das für die ständige Aktualisierung dieses Kompendiums erforderlich sind. S. hierzu im Detail Art. 81 Abs. 3 VO 536/2014.
[207] Siehe die Regelung des Art. 81 Abs. 4 VO 536/2014. Vgl. hierzu *Dettling/Apeltauer* in Voit (Hrsg.), Transparenz/Neue Produkte (2017), S. 96 ff.
[208] VO (EG) Nr. 45/2001 des Europäischen Parlaments und des Rates vom 18. Dezember 2000 zum Schutz natürlicher Personen bei der Verarbeitung personenbezogener Daten durch die Organe und Einrichtungen der Gemeinschaft und zum freien Datenverkehr, ABl. L 8 v. 12.1.2001, S. 1.
[209] Personenbezogene Daten werden in der EU-Datenbank nur in dem Ausmaß gespeichert, wie es für die Zwecke von Art. 81 Abs. 2 VO 536/2014 erforderlich ist (Abs. 6). Personenbezogene Daten der Prüfungsteilnehmer werden der Öffentlichkeit nicht zugänglich gemacht (Abs. 7).
[210] Der Inhalt dieser Zusammenfassung ist in Anhang IV dargelegt, vgl. Art. 37 Abs. 4 UAbs. 1 VO 536/2014.

Prüfungsergebnisse[211], die innerhalb eines Jahres ab Ende der klinischen Prüfung an die EU-Datenbank zu übersenden sind. Soll die klinische Prüfung dazu dienen, eine Zulassung für ein Prüfpräparat zu erhalten, hat der Antragsteller für die Zulassung des Prüfpräparats innerhalb von 30 Tagen ab dem Tag, an dem die Zulassung erteilt wurde, das Verfahren zur Erteilung der Zulassung beendet wurde oder der Antragsteller den Antrag auf eine Zulassung zurückgezogen hat, neben der Zusammenfassung der Ergebnisse auch den Studienabschlussbericht an die EU-Datenbank zu übersenden[212].

Die Rohdaten von klinischen Prüfungen sind nur dann zugänglich, sofern der Sponsor beschließt, diese freiwillig zur gemeinsamen Nutzung zur Verfügung zu stellen[213]. Nicht öffentlich zugänglich sind allerdings in den Antragsunterlagen enthaltene Daten, bevor eine Entscheidung über die klinische Prüfung getroffen wurde, es sei denn, es besteht ein übergeordnetes öffentliches Interesse an einer Offenlegung (Art. 81 Abs. 5 VO 536/2014). 71

7. Verfahren zur Genehmigung einer klinischen Prüfung

a) Einreichung des Antrags. Art. 5 VO 536/2014 bestimmt die Anforderungen an die Einreichung eines Antrags auf Genehmigung einer klinischen Prüfung: 72
- Eingeleitet wird das Verfahren dadurch, dass der Sponsor das Antragsdossier den betroffenen Mitgliedstaaten seiner Wahl über das EU-Portal übermittelt[214].
- Dabei hat der Sponsor einen der betroffenen Mitgliedstaaten als berichterstattenden Mitgliedstaat vorzuschlagen.
  – Ist ein anderer betroffener Mitgliedstaat als der zum berichterstattenden Mitgliedstaat vorgeschlagene Mitgliedstaat bereit, als berichterstattender Mitgliedstaat tätig zu werden, oder wünscht der vorgeschlagene Mitgliedstaat, diese Aufgabe nicht zu übernehmen, so wird dies über das EU-Portal allen betroffenen Mitgliedstaaten spätestens drei Tage nach Übermittlung des Antragsdossiers mitgeteilt.
  – Ist nur ein betroffener Mitgliedstaat bereit, als berichterstattender Mitgliedstaat tätig zu werden, oder ist an der klinischen Prüfung nur ein Mitgliedstaat beteiligt, so ist dieser Mitgliedstaat der berichterstattende Mitgliedstaat.
  – Gibt es keinen betroffenen Mitgliedstaat, der bereit ist, als berichterstattender Mitgliedstaat tätig zu werden, oder gibt es mehr als einen betroffenen Mitgliedstaat, der bereit ist, als berichterstattender Mitgliedstaat tätig zu werden, wird der berichterstattende Mitgliedstaat durch eine Einigung zwischen den betroffenen Mitgliedstaaten unter Berücksichtigung der in Art. 85 Abs. 2 Buchst. c genannten Empfehlungen ausgewählt.
  – Gibt es keine Einigung zwischen den betroffenen Mitgliedstaaten, übernimmt der ursprünglich vorgeschlagene Mitgliedstaat diese Aufgabe.
- Der berichterstattende Mitgliedstaat teilt dem Sponsor und den anderen betroffenen Mitgliedstaaten über das EU-Portal innerhalb von sechs (!) Tagen nach Einreichung des Antragsdossiers mit, dass er der berichterstattende Mitgliedstaat ist.

---

[211] Der Inhalt dieser Zusammenfassung ist in Anhang V dargelegt, vgl. Art. 37 Abs. 4 UAbs. 2 VO 536/2014.
[212] Art. 37 Abs. 4 UAbs. 1 VO 536/2014. Im Einzelnen ist in den Art. 36–39 VO 536/2014 geregelt, wie und nach welchen Maßgabe Beginn, Ende, vorübergehende Unterbrechung sowie vorzeitiger Abbruch einer klinischen Prüfung über das Portal und die involvierten Mitgliedstaaten zu melden sind.
[213] Die Kommission hat dabei Leitlinien für das Format und die Freigabe dieser Daten zu erstellen, Art. 37 Abs. 4 UAbs. 5 VO 536/2014.
[214] Art. 5 Abs. 1 UAbs. 1 VO 536/2014.

73 **b) Antragsvalidierung und -prüfung.** Innerhalb von zehn Tagen nach Einreichung des Antragsdossiers hat der berichterstattende Mitgliedstaat gem. Art. 5 Abs. 3 VO 536/2014 den Antrag unter Berücksichtigung der von den anderen betroffenen Mitgliedstaaten vorgebrachten Anmerkungen zu validieren[215] und dem Sponsor über das EU-Portal mitzuteilen, ob die beantragte klinische Prüfung in den Geltungsbereich der VO 536/2014 fällt sowie ob das Antragsdossier vollständig gem. Anhang I ist (Art. 5 Abs. 3 UAbs. 1 lit. a u. b). Teilt der berichterstattende Mitgliedstaat dem Sponsor dies nicht innerhalb dieser Frist mit, so gilt die beantragte klinische Prüfung als in den Geltungsbereich der VO 536/2014 fallend und das Antragsdossier als vollständig (Art. 5 Abs. 4 VO 536/2014).

74 Stellt der berichterstattende Mitgliedstaat unter Berücksichtigung der von den anderen betroffenen Mitgliedstaaten vorgebrachten Anmerkungen fest, dass das Antragsdossier unvollständig ist oder die beantragte klinische Prüfung nicht in den Geltungsbereich dieser Verordnung fällt, teilt er dies dem Sponsor über das EU-Portal mit und setzt ihm eine Frist von höchstens zehn Tagen zur Stellungnahme zum Antrag oder zur Ergänzung des Antragsdossiers über das EU-Portal. Bei fristgemäßem Eingang der Stellungnahme oder des ergänzten Antragsdossiers teilt der berichterstattende Mitgliedstaat dem Sponsor innerhalb von fünf Tagen mit, ob der Antrag den o. g. Anforderungen gem. Art. 5 Abs. 3 UAbs. 1 lit. a u. b VO 536/2014 entspricht oder nicht. Erfolgt durch den berichterstattenden Mitgliedstaat nicht innerhalb dieser Frist eine Mitteilung an den Sponsor, gilt die beantragte klinische Prüfung als in den Geltungsbereich dieser Verordnung fallend und das Antragsdossier als vollständig. Gibt der Sponsor innerhalb der o. g. Frist keine Stellungnahme ab oder vervollständigt er das Antragsdossier nicht, gilt der Antrag in allen betroffenen Mitgliedstaaten als hinfällig.[216]

75 Als Tag der Validierung des Antrags gilt der Tag, an dem der Sponsor benachrichtigt wurde, anderenfalls der letzte Tag der o. g. Fristen[217].

76 **c) Bewertungsbericht.** Der berichterstattende Mitgliedstaat hat einen Bewertungsbericht zu erstellen, der sich in einen Teil I nach Maßgabe des Art. 6 und einen Teil II nach Maßgabe des Art. 7 VO 536/2014 aufteilt.

77 aa) Für den **Bewertungsbericht Teil I** hat der berichterstattende Mitgliedstaat den Antrag gem. Art. 6 Abs. 1 VO 536/2014 danach zu bewerten,

- ob es sich tatsächlich um eine minimalinterventionelle klinische Prüfung handelt, falls der Sponsor dies geltend gemacht hat (lit. a);
- auf Übereinstimmung mit Kapitel V in Bezug auf (i) den erwarteten therapeutischen Nutzen und den Nutzen für die öffentliche Gesundheit unter Berücksichtigung der Eigenschaften der Prüfpräparate und des Wissens darüber, der Relevanz der klinischen Prüfung, sowie die Zuverlässigkeit und Belastbarkeit der im Rahmen der klinischen Prüfung gewonnenen Daten unter Einbeziehung des statistischen Ansatzes, des Aufbaus der klinischen Prüfung und der Methodik (einschließlich Probenumfang, Randomisierung, Komparatoren und Endpunkte); (ii) die Risiken und Nachteile für den Prüfungsteilnehmer unter Berücksichtigung der Eigenschaften der Prüfpräparate und der Hilfspräparate sowie des Wissens darüber, der Merkmale der Intervention im Vergleich zur normalen klinischen Praxis der Sicherheitsmaßnahmen, einschließlich der Vorkehrungen zur Risikominimierung, Überwachung und Sicherheitsberichterstattung und des Sicherheitsplans, und des Risikos, das der klinische Zustand, für dessen Behandlung das Prüfpräparat getestet wird, für die Gesundheit des Prüfungsteilnehmer darstellt (lit b);

---

[215] Für die betroffenen Mitgliedstaaten besteht hierfür eine Frist von sieben Tagen nach Einreichung des Antragsdossiers.
[216] S. Art. 5 Abs. 5 VO 536/2014.
[217] S. Art. 5 Abs. 6 VO 536/2014.

- ob die Anforderungen an Herstellung und Einfuhr von Prüfpräparaten und Hilfspräparaten gem. Kapitel IX (Art. 60 ff.) sowie die Etikettierungsvorschriften gem. Kapitel X (Art. 66 ff.) erfüllt sind (lit. c u. d), sowie
- auf Vollständigkeit und Angemessenheit der Prüferinformation (lit. e).

Der berichterstattende Mitgliedstaat hat daraufhin einen Bewertungsbericht zu erstellen, der die o. g. Aspekte in Teil I behandelt und zu eine der folgenden Schlussfolgerungen kommen muss[218]: 78

- die Durchführung der klinischen Prüfung ist nach Maßgabe der Anforderungen dieser Verordnung vertretbar (lit. a);
- die Durchführung der klinischen Prüfung ist nach Maßgabe der Anforderungen dieser Verordnung vertretbar; sie ist jedoch besonderen Auflagen unterworfen, die in der Schlussfolgerung genau aufgeführt sind (lit. b), oder
- die Durchführung der klinischen Prüfung ist nach Maßgabe der Anforderungen dieser Verordnung nicht vertretbar (lit c).

Innerhalb von 45 Tagen ab dem Tag der Validierung hat der berichterstattende Mitgliedstaat den endgültigen Teil I des Bewertungsberichts, einschließlich der Schlussfolgerung, über das EU-Portal dem Sponsor und den übrigen betroffenen Mitgliedstaaten zu übermitteln (Art. 6 Abs. 4). Dabei umfasst das Bewertungsverfahren für klinische Prüfungen, an denen mehr als ein Mitgliedstaat beteiligt ist, drei Phasen (vgl. Art. 6 Abs. 5): 79

- eine Phase der **Erstbewertung** durch den berichterstattenden Mitgliedstaat innerhalb von 26 Tagen ab dem Tag der Validierung[219];
- eine Phase der **koordinierten Überprüfung** innerhalb von zwölf Tagen nach Abschluss der Phase der Erstbewertung, in die alle betroffenen Mitgliedstaaten einbezogen sind[220];
- eine Phase der **Konsolidierung**, die vom berichterstattenden Mitgliedstaat innerhalb von sieben Tagen nach Abschluss der Phase der koordinierten Überprüfung vorgenommen wird.[221]

Diese Frist von 45 Tagen kann der berichterstattende Mitgliedstaat für klinische Prüfungen, in denen ein Prüfpräparat für neuartige Therapien oder zentral zuzulassende Arzneimittel gem. Ziff. 1 des Anhangs zu VO 726/2004 um weitere 50 Tage verlängern, damit eine Beratung mit Sachverständigen möglich ist[222]. 80

Als Berichtstag gilt der Tag, an dem der endgültige Teil I des Bewertungsberichts dem Sponsor und den übrigen betroffenen Mitgliedstaaten vom berichterstattenden Mitgliedstaat übermittelt wird (Art. 6 Abs. 6). Im Zeitraum zwischen Validierung und Berichtstag darf dabei einzig der berichterstattende Mitgliedstaat auf der Grundlage der in Abs. 5 genannten Anmerkungen den Sponsor um zusätzliche Informationen ersuchen, wofür er die Frist von 45 Tagen um bis zu 31 Tage verlängern kann und dem Sponsor eine Frist setzen kann[223]. Sowohl das Ersuchen um zusätzliche Informationen als auch die zusätzli- 81

---

[218] Vgl. Art. 6 Abs. 2u 3 VO 536/2014.
[219] Während der Phase der Erstbewertung erstellt der berichterstattende Mitgliedstaat einen Entwurf des Teils I des Bewertungsberichts und leitet ihn allen anderen betroffenen Mitgliedstaaten zu.
[220] In dieser Phase überprüfen alle betroffenen Mitgliedstaaten gemeinsam den Antrag auf der Grundlage des Entwurfs des Teils I des Bewertungsberichts und tauschen etwaige Anmerkungen aus, die für den Antrag von Belang sind.
[221] Während der Phase der Konsolidierung hat der berichterstattende Mitgliedstaat bei der Erstellung der endgültigen Fassung des Teils I des Bewertungsberichts gebührend die Anmerkungen der anderen betroffenen Mitgliedstaaten zu berücksichtigen und zu dokumentieren, in welcher Weise alle diese Anmerkungen behandelt wurden.
[222] In solchen Fällen gelten die Fristen gem. Art. 6 Abs. 5 u. 8 entsprechend (Art. 6 Abs. 7 VO 536/2014).
[223] Art. 6 Abs. 8 UAbs. 1 -3 VO 536/2014.

82 bb) Für den **Bewertungsbericht Teil II** hat gem. Art. 7 Abs. 1 VO 536/2014 jeder betroffene Mitgliedstaat den Antrag für sein Hoheitsgebiet nach folgenden Aspekten zu bewerten:
- Einhaltung der Voraussetzungen für die Einwilligung nach Aufklärung gem. Kapitel V;
- Übereinstimmung der Vorkehrungen für Vergütung oder Aufwandsentschädigung der Prüfungsteilnehmer und der Prüfer sowie für die Rekrutierung von Prüfungsteilnehmern mit den Anforderungen des Kapitels V;
- Übereinstimmung mit der RL 95/46/EG zum Schutz natürlicher Personen bei der Verarbeitung personenbezogener Daten und zum freien Datenverkehr[224];
- Übereinstimmung mit Art. 49, 50 u. 76 VO 536/2014; sowie
- Übereinstimmung mit den Bestimmungen über die Gewinnung, Lagerung und zukünftige Nutzung der vom Prüfungsteilnehmer genommenen biologischen Proben.

83 Hierfür hat jeder betroffene Mitgliedstaat innerhalb von 45 Tagen nach Validierung des Antrags seine Bewertung vorzunehmen und über das EU-Portal Teil II des Bewertungsberichts, einschließlich seiner Schlussfolgerung, dem Sponsor zu übermitteln. Dabei hat jeder betroffene Mitgliedstaat das Recht, in begründeten Fällen den Sponsor lediglich innerhalb dieser 45-Tage-Frist um zusätzliche Informationen zu den aufgeführten Aspekten zu ersuchen. Hierfür kann der betroffene Mitgliedstaat diese Frist um höchstens 31 Tage verlängern. Der Sponsor hat die angeforderten zusätzlichen Informationen innerhalb einer vom betroffenen Mitgliedstaat gesetzten Frist, die zwölf Tage ab dem Eingang des Informationsersuchens nicht überschreiten darf, zu übermitteln. Nach Eingang der zusätzlichen Informationen hat der betroffene Mitgliedstaat seine Bewertung innerhalb von höchstens 19 Tagen fertig zu stellen. Legt der Sponsor innerhalb der vom betroffenen Mitgliedstaat gem. UAbs. 2 gesetzten Frist keine zusätzlichen Informationen vor, gilt der Antrag als hinfällig. Auch hier hat die gesamte Kommunikation über das EU-Portal zu erfolgen[225].

84 **d) Entscheidung über die Durchführung der klinischen Prüfung.** Gem. Art. 8 Abs. 1 UAbs. 1 VO 536/2014 hat jeder betroffene Mitgliedstaat dem Sponsor über das EU-Portal mitzuteilen, ob er die klinische Prüfung genehmigt, unter Auflagen genehmigt[226] oder eine Genehmigung versagt. Diese Mitteilung hat in Form einer einzigen Entscheidung zu erfolgen, und zwar innerhalb von fünf Tagen ab dem Berichtstag oder ab dem letzten Tag der Bewertung Teil II gem. Art. 7, wobei der spätere Zeitpunkt maßgebend ist. Um die Einhaltung dieser strikten Fristen sicherzustellen, wird ausdrücklich klargestellt, dass ab dem Berichtstag die betroffenen Mitgliedstaaten keine zusätzlichen Informationen zu den in Teil I des Bewertungsberichts behandelten Aspekten vom Sponsor verlangen dürfen (Art. 8 Abs. 7).

85 Ferner ist in Bezug auf die Genehmigungserteilung folgendes zu beachten:
- Gelangt der *berichterstattende* Mitgliedstaat in Bezug auf Teil I des Bewertungsberichts zu dem Schluss, dass die Durchführung der klinischen Prüfung vertretbar oder unter bestimmten Auflagen vertretbar ist, so gilt diese Schlussfolgerung als die Schlussfolgerung auch des betroffenen Mitgliedstaats.

---

[224] RL 95/46/EG des Europäischen Parlaments und des Rates vom 24. Oktober 1995 zum Schutz natürlicher Personen bei der Verarbeitung personenbezogener Daten und zum freien Datenverkehr ABl. L 281 v. 23.11.1995, S. 31.
[225] Vgl. Art. 7 Abs. 2 u. 3 VO 536/2014.
[226] Eine Genehmigung unter Auflagen ist nur möglich, wenn die Auflagen ihrer Art wegen zum Zeitpunkt der Genehmigung nicht erfüllt werden können, Art. 8 Abs. 1 UAbs. 3 VO 536/2014.

- Allerdings darf ein betroffener Mitgliedstaat diese Schlussfolgerung des berichterstattenden Mitgliedstaats in Bezug auf Teil I des Bewertungsberichts ablehnen, jedoch nur aus folgenden Gründen:
  - wenn er der Auffassung ist, dass die Teilnahme an der klinischen Prüfung dazu führen würde, dass ein Prüfungsteilnehmer eine schlechtere Behandlung erhalten würde als dies gem. normaler klinischer Praxis im betroffenen Mitgliedstaat der Fall wäre;
  - Verstoß gegen die in Art. 90 der VO 536/2014 genannten nationalen Rechtsvorschriften;
  - Bedenken hinsichtlich der Sicherheit der Prüfungsteilnehmer sowie der Zuverlässigkeit und Belastbarkeit der gem. Art. 6 Abs. 5 oder 8 übermittelten Daten.

  Eine solche Ablehnung hat der betroffene Mitgliedstaat der Kommission, sämtlichen Mitgliedstaaten und dem Sponsor über das EU-Portal zusammen mit einer detaillierten Begründung zu übermitteln[227].
- Ist die klinische Prüfung hinsichtlich der in Teil I des Bewertungsberichts behandelten Aspekte vertretbar oder unter bestimmten Auflagen vertretbar, so enthält die Entscheidung des betroffenen Mitgliedstaats seine Schlussfolgerung zu Teil II des Bewertungsberichts (Art. 8 Abs. 3 VO 536/2014).
- Ein betroffener Mitgliedstaat hat die Genehmigung einer klinischen Prüfung zu versagen, wenn er aus einem der o. g. Gründe die Schlussfolgerung des berichterstattenden Mitgliedstaats in Bezug auf Teil I des Bewertungsberichts ablehnt, oder wenn er in hinreichend begründeten Fällen zu dem Schluss gelangt, dass die in Teil II des Bewertungsberichts behandelten Aspekte nicht eingehalten werden, oder wenn eine Ethik-Kommission eine ablehnende Stellungnahme abgegeben hat, die gem. dem Recht des betroffenen Mitgliedstaats für diesen gesamten Mitgliedstaat gültig ist. Der betroffene Mitgliedstaat sieht im Hinblick auf eine solche Versagung ein Rechtsmittelverfahren vor.[228]
- Ist der berichterstattende Mitgliedstaat in Bezug auf Teil I des Bewertungsberichts zu dem Schluss gelangt, dass die klinische Prüfung nicht vertretbar ist, gilt diese Schlussfolgerung ebenfalls als die Schlussfolgerung aller betroffenen Mitgliedstaaten (Art. 8 Abs. 5 VO 536/2014).
- Teilt der betroffene Mitgliedstaat dem Sponsor seine Entscheidung nicht innerhalb der in Art. 8 Abs. 1 VO 536/2014 genannten einschlägigen Frist mit, gilt die Schlussfolgerung in Bezug auf Teil I des Bewertungsberichts als Entscheidung des betroffenen Mitgliedstaats über den Antrag auf Genehmigung der klinischen Prüfung.

Als Notifizierungstag gilt der Tag, an dem die in Art. 8 Abs. 1 genannte Entscheidung dem Sponsor übermittelt wurde. Wurde der Sponsor nicht gem. Abs. 1 unterrichtet, so gilt der letzte Tag der in Abs. 1 genannten Frist als Notifizierungstag (Art. 8 Abs. 8). Für den Fall, dass innerhalb von zwei Jahren ab dem Notifizierungstag der Genehmigung kein Prüfungsteilnehmer in die klinische Prüfung in einem betroffenen Mitgliedstaat aufgenommen wurde, erlischt die Genehmigung in diesem betroffenen Mitgliedstaat, es sei denn, auf Antrag des Sponsors wurde eine Verlängerung gewährt[229].

e) Zurückziehung und Neueinreichung eines Genehmigungsantrags. Bis zum Berichtstag[230] kann der Sponsor seinen Antrag jederzeit zurückziehen, wobei diese **Zurück-**

---
[227] S. Art. 8 Abs. 2 VO 536/2014.
[228] S. Art. 8 Abs. 4 VO 536/2014.
[229] Hierfür gilt das Verfahren nach Art. 15 ff. VO 536/2014. S. hierzu → § 3 Rn. 90.
[230] Definiert in Art. 6 Abs. 6 VO 536/2014 als der Tag, an dem der endgültige Teil I des Bewertungsberichts dem Sponsor und den übrigen betroffenen Mitgliedstaaten vom berichterstattenden Mitgliedstaat übermittelt wird.

ziehung für alle betroffenen Mitgliedstaaten gilt. Die Gründe für die Rücknahme sind über das EU-Portal bekannt zu geben.[231]

88 Auch hat der Sponsor das Recht, nach Versagung einer Genehmigung oder Rücknahme eines Antrags in jedwedem betroffenen Mitgliedstaat seiner Wahl erneut einen Antrag auf Genehmigung einer klinischen Prüfung zu stellen. Diese **Neueinreichung** gilt dann als neuer Antrag auf Genehmigung einer weiteren klinischen Prüfung.[232]

89 **f) Zufügung eines weiteren betroffenen Mitgliedstaats.** Art. 14 VO 536/2014 regelt detailliert das Verfahren für die spätere **Hinzufügung eines betroffenen Mitgliedstaats**. Auch hier erfolgt die Einreichung der Antragsunterlagen an den neuen betroffenen Mitgliedstaat durch das EU-Portal. Am Ende des Verfahrens muss der neue betroffene Mitgliedstaat eine Entscheidung über die Genehmigung treffen.[233]

8. Weitere bedeutsame Bestimmungen der VO 536/2014

90 **a) Wesentliche Änderung einer klinischen Prüfung.** Die Art. 15 ff. VO 536/2014 regeln das Verfahren zur Genehmigung einer wesentlichen Änderung einer klinischen Prüfung, zB die Hinzufügung einer weiteren Prüfstelle oder die Änderung des Hauptprüfers in einer Prüfstelle. Die Genehmigung solcher wesentlichen Änderungen folgt demselben Verfahren mit demselben berichterstattenden Mitgliedstaat, allerdings mit etwas kürzeren Zeitlinien (für die Validierung: 6–21 Tage, für die Prüfung und die Entscheidung: 43–74 Tage).

91 **b) Sicherheitsberichterstattung im Rahmen einer klinischen Prüfung.** Die Art. 40 ff. VO 536/2014 enthaltenen Regelungen über die Sicherheitsberichterstattung im Rahmen einer klinischen Prüfung. Die wesentlichen Änderungen sind:
- Die Bestimmungen wurden vereinfacht und modernisiert. Insbesondere wird die EMA eine internet-basierte Form für die Meldung eines Verdachtsfalls einer Unerwarteten Schwerwiegenden Nebenwirkung (sog. SUSARs – *Suspected Unexpected Serious Adverse Reactions*).[234]
- Vereinfachte Einreichung des jährlichen Sicherheitsberichts durch den Sponsor.
- Die Meldung unerwünschter Ereignisse und schwerwiegender unerwünschter Ereignisse vom Prüfer an den Sponsor erfolgt nach Maßgabe des Art. 41 VO 536/2014.
  – Der Prüfer hat alle unerwünschten Ereignisse aufzuzeichnen und zu dokumentieren, es sei den, es ist im Prüfbericht etwas anderes vorgesehen.
  – Alle schwerwiegenden unerwünschten Ereignisse hat der Prüfer dem Sponsor unverzüglich, spätestens innerhalb von 24 Stunden, nachdem er von den Ereignissen erfahren hat, zu melden, sofern im Prüfplan für bestimmte schwerwiegende unerwünschte Ereignisse keine unverzügliche Meldung vorgesehen ist.
- Die Meldung mutmaßlicher unerwarteter schwerwiegender Nebenwirkungen durch den Sponsor an die EMA erfolgt nach Maßgabe des Art. 42 VO 536/2014 elektronisch an die EudraVigilance-Datenbank. Die Frist, innerhalb deren der Sponsor der EMA mutmaßliche unerwartete schwerwiegende Nebenwirkungen zu melden hat, hängt von der Schwere der Nebenwirkung ab und ist wie folgt:
  – bei tödlichen oder lebensbedrohlichen mutmaßlichen unerwarteten schwerwiegenden Nebenwirkungen unverzüglich, und jedenfalls spätestens sieben Tage, nachdem der Sponsor von der Nebenwirkung Kenntnis erlangt hat;

---

[231] Art. 12 VO 536/2014.
[232] Art. 13 VO 536/2014.
[233] S. im Einzelnen Art. 14 VO 536/2014.
[234] Zu SUSARs s. → § 4 Rn. 78.

– bei nicht tödlichen oder nicht lebensbedrohlichen mutmaßlichen unerwarteten schwerwiegenden Nebenwirkungen spätestens 15 Tage, nachdem der Sponsor von der Nebenwirkung Kenntnis erlangt hat;
– bei mutmaßlichen unerwarteten schwerwiegenden Nebenwirkungen, die anfangs für nicht tödlich oder nicht lebensbedrohlich gehalten wurden, sich später aber als tödlich oder lebensbedrohlich erwiesen haben, unverzüglich, und jedenfalls spätestens sieben Tage, nachdem der Sponsor Kenntnis davon erlangt hat, dass es sich um eine tödliche oder lebensbedrohliche Nebenwirkung gehandelt hat.

c) **Schutz der Prüfungsteilnehmer und Einwilligung nach Aufklärung.** Die Art. 28 ff. VO 536/2014 enthalten die Bestimmungen über den Schutz der Prüfungsteilnehmer und die Einwilligung des Patienten nach erfolgter Aufklärung. Die rechtliche Grundlage für das Einwilligungserfordernis des Patienten ist die Charta der Grundrechte der Europäischen Union (im Folgenden „Charta"). Neben der darin aufgeführten Würde des Menschen und sein Recht auf Unversehrtheit besagt die Charta ausdrücklich, dass Interventionen im Rahmen der Medizin oder Biologie nur mit freier Einwilligung des Betroffenen nach vorheriger Aufklärung vorgenommen werden dürfen. Die in der RL 2001/20/EG enthaltenen ausführlichen Bestimmungen zum Schutz der Prüfungsteilnehmer wurden beibehalten[235]. Die VO 536/2014 sieht besondere Schutzmaßnahmen vor für nicht einwilligungsfähige Prüfungsteilnehmer (Art. 31), Minderjährige (Art. 32) sowie schwangere Frauen und stillende Frauen (Art. 33). Schließlich ist vorgesehen, dass nach Maßgabe des Art. 30 die Einwilligung des Patienten in einem vereinfachten Verfahren eingeholt werden kann.

9. Die ergänzenden Regelungen des 4. AMG-Änderungsgesetzes

Im November 2016 wurde vom Bundestag das 4. AMG-Änderungsgesetz beschlossen. Hiermit werden insbesondere die nationalen Zuständigkeiten und Verfahren für die Genehmigung klinischer Prüfungen geändert, um diese an die geänderten Verfahrensregelungen der VO 536/2014 anzupassen. Einige Bestimmungen des 4. AMG treten sofort, andere zeitgleich mit der VO 536/2004 in Kraft – hierunter Art. 2, der die entsprechenden Änderungen des AMG beinhaltet[236].

An der Genehmigung klinischer Prüfungen werden weiterhin maßgeblich die Ethik-Kommissionen der Bundesländer beteiligt sein. Die Ethik-Kommissionen müssen bestimmte Voraussetzungen erfüllen und sich zukünftig beim BfArM registrieren. Ihre Zustimmung zu den nationalen Regelungen ist für die Durchführung einer klinischen Prüfung in Deutschland erforderlich. Die europaweiten Aspekte der klinischen Prüfung werden künftig von der zuständigen Bundesoberbehörde und der Ethik-Kommission gemeinsam geprüft. Dabei soll sichergestellt werden, dass die Entscheidung der Ethik-Kommission gegenüber dem Sponsor der klinischen Prüfung transparent gemacht wird.

---

[235] Vgl. Erwägungsgrund 27 zur VO 536/2014 sowie Art. 28 u. 29 VO 539/2014.
[236] Daneben enthält das 4. AMG-Änderungsgesetz Bestimmungen in anderen Bereichen: Ein begründeter Verdacht auf Arzneimittelfälschungen wird einen Grund für einen möglichen Arzneimittelrückruf der Bundesoberbehörden darstellen. Die Informationspflichten zu Anwendungsbeobachtungen sind zukünftig auf elektronischem Weg in dem vom GKV-Spitzenverband und der KBV vorgegebenen Format zu übermitteln. Die Ausnahmeregelungen des AMG (zB Verwendung eines nicht zugelassenen Arzneimittels oder Impfstoffs) und der AMG-Zivilschutzausnahme-Verordnung werden künftig auch zum Zweck einer Beteiligung an internationalen Hilfsaktionen greifen.

10. Ausblick

95 Es bleibt abzuwarten, ob die VO 536/2014 tatsächlich zu einer Verbesserung des Umfelds für die Durchführung klinischer Prüfungen in der EU führen wird. Dabei wird die Funktionsfähigkeit des EU-Portals sowie die Praxistauglichkeit des Genehmigungsprozesses, der bereits in Piloten getestet wird, von entscheidender Bedeutung sein.

B. Herstellung und Einfuhr von Arzneimitteln

96 Im Interesse eines umfassenden Verbraucherschutzes sieht das europäische Arzneimittelrecht für die Herstellung von Arzneimitteln und deren Einfuhr eine Erlaubnispflicht vor, für deren Erteilung qualitative Anforderungen gesetzt werden. Hierdurch wird sichergestellt, dass nicht nur alle Arzneimittel, die innerhalb der EU hergestellt werden – unabhängig davon, ob sie sodann innerhalb oder außerhalb der EU in den Verkehr gebracht werden –, sondern alle Arzneimittel, die in der EU in den Verkehr gebracht werden – unabhängig davon, ob sie innerhalb oder außerhalb der EU hergestellt wurden – von entsprechend autorisierten Herstellern in einer zu gewährleistenden Qualität hergestellt und freigegeben wurden[237].

97 Den europarechtlichen Rahmen hierfür setzen die Art. 40 ff. RL 2001/83/EG sowie die Prinzipien und Leitlinien der Guten Herstellungspraxis (engl. „Guidelines of Good Manufacturing Practice", GMP), die für Humanarzneimittel in der RL 2003/94/EG[238] und für Tierarzneimittel in der RL 91/412/EG[239] enthalten sind. In Übereinstimmung mit diesen GMP-Prinzipien hat die Europäische Kommission weitere detaillierte Leitlinien erlassen, die bei Anträgen auf Erteilung einer Herstellerlaubnis geprüft und als Grundlage für die Inspektion von Arzneimittelherstellern verwendet werden[240]. Diese GMP-Prinzipien sowie die detaillierten Leitlinien finden Anwendung auf alle Herstellvorgänge, die erlaubnispflichtig sind gem. Art. 40 RL 2001/83/EG für Humanarzneimittel, Art 44 RL 2001/82 für Tierarzneimittel und Art. 13 RL 2001/20/EG für Prüfpräparate. Sie finden aber auch Anwendung auf pharmazeutische Herstellvorgänge, die in Krankenhäusern ausgeführt werden[241].

98 In Deutschland wurden die europäischen Vorgaben betreffend den Hersteller umgesetzt in den §§ 13–20d AMG, für die Einfuhr in den §§ 72–73 AMG und die rechtlichen Vorgaben für die Arzneimittel- und Wirkstoffherstellung in den §§ 54–55a AMG sowie der Arzneimittel- und Wirkstoffherstellungsverordnung (AMWHV[242]).

---

[237] Vgl. *Dieners/Heil* in Dieners/Reese (Hrsg.), Hdb PharmaR, § 1 Rn. 146 f.; *Rehmann*, AMG, Vor §§ 13–20, Rn. 1.
[238] RL 2003/94/EG der Kommission vom 8. Oktober 2003 zur Festlegung der Grundsätze und Leitlinien der Guten Herstellungspraxis für Humanarzneimittel und für zur Anwendung beim Menschen bestimmte Prüfpräparate, ABl. L 262 v. 14.10.2003, S. 22.
[239] RL 91/412/EWG der Kommission vom 23. Juli 1991 zur Festlegung der Grundsätze und Leitlinien der Guten Herstellungspraxis für Tierarzneimittel, ABl. L 228 v. 17.8.1991, S. 70.
[240] Veröffentlicht in EU Guidelines to Good Manufacturing Practice – Medicinal Products for Human and Veterinary Use (EudraLex – Volume 4 Good manufacturing practice (GMP) Guidelines), abrufbar unter ec.europa.eu/health/home_en.
[241] Vgl. Introduction zu EU Guidelines to Good Manufacturing Practice – Medicinal Products for Human and Veterinary Use (EudraLex – Volume 4 Good manufacturing practice (GMP) Guidelines), abrufbar unter ec.europa.eu/health/home_en.
[242] Verordnung über die Anwendung der Guten Herstellungspraxis bei der Herstellung von Arzneimitteln und Wirkstoffen und über die Anwendung der Guten fachlichen Praxis bei der Herstellung von Produkten menschlicher Herkunft vom 3. November 2006, BGBl. I S. 2523, zuletzt geändert durch Art. 10 des Gesetzes vom 19. Oktober 2012, BGBl. I S. 2192.

I. Die Herstellungserlaubnis

1. Erforderlichkeit einer Herstellungs- und Einfuhrerlaubnis

Gem. § 13 Abs. 1 AMG bedarf jeder, der nachfolgende Produkte gewerbs- oder berufsmäßig herstellt, einer **Erlaubnis der zuständigen Landesbehörde**[243]: 99
- Arzneimittel iSd § 2 Abs. 1 oder Abs. 2 Nr. 1 AMG[244],
- Testsera oder Testantigene,
- Wirkstoffe, die menschlicher, tierischer oder mikrobieller Herkunft sind oder die auf gentechnischem Wege hergestellt werden, sowie
- andere zur Arzneimittelherstellung bestimmte Stoffe menschlicher Herkunft.

Der Begriff des **Herstellens** ist definiert in § 4 Abs. 14 AMG als „*das Gewinnen, das Anfertigen, das Zubereiten, das Be- oder Verarbeiten, das Umfüllen einschließlich Abfüllen, das Abpacken, das Kennzeichnen und die Freigabe*"[245]. Der Herstellungsbegriff und damit die Erlaubnispflicht erfasst alle Vorgänge, die zur Herstellung eines Arzneimittels sowie der weiter in § 13 Abs. 1 AMG aufgeführten Produkte erforderlich sind inklusive der Endfreigabe des Produkts, die durch die sachkundige Person nach § 14 AMG erfolgt[246]. Ob dies zum Zwecke der Abgabe an andere erfolgt, ist für die Frage der Herstellung ohne Relevanz. Erfasst wird dabei nur das **gewerbs- oder berufsmäßige Herstellen**[247]: Gewerbsmäßig ist jede auf die Erzielung dauernder Einnahmen gerichtete Tätigkeit. Berufsmäßig erfolgt die Herstellung von Arzneimitteln durch Angehörige der freien Berufe, dh insbesondere Apotheker und Ärzte. 100

Ferner sind in den Absätzen 1a, 2, 2b u. 2c des § 13 AMG **Ausnahmetatbestände** von der Erlaubnispflicht geregelt. Hiernach bedürfen einer Erlaubnis insbesondere nicht 101
- der Inhaber einer Apotheke für die Herstellung von Arzneimitteln im Rahmen des üblichen Apothekenbetriebs (Abs. 2 Nr. 1),
- Krankenhausapotheken (Abs. 2 Nr. 2),
- der Apothekeninhaber und Krankenhausapotheken für die Rekonstitution oder das Abpacken einschließlich der Kennzeichnung von Arzneimitteln, die zur klinischen Prüfung bestimmt sind, sofern dies dem Prüfplan entspricht (Abs. 2 Nrn. 1 u. 2),
- Großhändler für das Umfüllen, Abpacken oder Kennzeichnen von Arzneimitteln, sofern diese hierdurch nicht verändert werden und keine Packungen zur Abgabe an den Endverbraucher hergestellt werden (Abs. 2 Nr. 4),
- der Hersteller von Wirkstoffen, die für die Herstellung von homöopathischen Arzneimitteln bestimmt sind, sofern diese nach einer im Homöopathischen Teil des Arzneibuchs beschriebenen Verfahrenstechnik hergestellt werden (Abs. 2 Nr. 6[248]), sowie
- Ärzte oder sonst zur Ausübung der Heilkunde bei Menschen, soweit die Arzneimittel unter ihrer unmittelbaren fachlichen Verantwortung zum Zwecke der persön-

---

[243] Die Erlaubnis wird von der zuständigen Behörde des Landes erteilt, in dem die Betriebsstätte liegt oder liegen soll, § 13 Abs. 4 S. 1 AMG. Bei bestimmten Produkten hat diese im Benehmen mit dem PEI als zuständige Bundesoberbehörde zu erfolgen, § 13 Abs. 4 S. 2 AMG.
[244] S. hierzu o. → § 2 Rn. 7 ff.
[245] Ausdrücklich nicht als Herstellen gilt das Mischen von Fertigarzneimitteln mit Futtermitteln durch den Tierhalter zur unmittelbaren Verabreichung an die von ihm gehaltenen Tiere, § 4 Abs. 14 HS 2 AMG.
[246] Vgl. auch *Rehmann*, AMG, § 4 Rn. 13.
[247] Vgl. hierzu *Rehmann*, AMG, § 13 Rn. 2.
[248] Insoweit wird vertreten, dass dies in gleicher Weise für Wirkstoffe gelten muss, die für Arzneimittel bestimmt sind, die nach einem in einer anderen offiziellen Pharmakopöe beschriebenen homöopathischen Herstellverfahren gefertigt werden. Vgl. *Kloesel/Cyran*, AMG, A 1.0, § 13 Anm. 64.

lichen Anwendung bei einem bestimmten Patienten hergestellt werden (Abs. 2b S. 1[249]).

102 Nach § 72 Abs. 1 AMG bedarf auch derjenige, der Arzneimittel iSd § 2 Abs. 1 oder Abs. 2 Nr. 1 AMG, bestimmte Wirkstoffe oder andere zur Arzneimittelherstellung bestimmte Stoffe menschlicher Herkunft gewerbs- oder berufsmäßig aus nicht-EU/EEA Mitgliedstaaten nach Deutschland einführt einer Erlaubnis der zuständigen Landesbehörde. Hierfür gelten die Anforderungen des § 13 Abs. 4 und die §§ 14–20 AMG entsprechend. Da hierfür auch dieselbe Landesbehörde wie für die Herstellung verantwortlich ist, werden diese in einer gemeinsamen „Herstellung-/Einfuhrerlaubnis" erteilt. Ausnahmen finden sich in § 72 Abs. 3 u. 4 AMG. Damit bedarf auch jedes eingeführte Arzneimittel einer Freigabe durch die sachkundige Person vor dessen Inverkehrbringen.

2. Versagungsgründe

103 Es besteht ein Rechtsanspruch auf die Erteilung der Erlaubnis, sofern keiner der in § 14 Abs. 1 AMG abschließend aufgeführten Versagungsgründe vorliegt[250]. Hiernach darf die Erlaubnis nur versagt werden, wenn

- die nach den Nrn. 1–5c erforderliche **personelle Ausstattung** eines ordnungsgemäßen Herstellungsbetriebes nicht nachgewiesen ist. Insbesondere ist die sog. sachkundige Person nach § 14 Abs. 1 Nr. 1 iVm § 15 AMG erforderlich[251], welche für die Freigabe der Arzneimittel für die Vermarktung nach Maßgabe des § 19 AMG verantwortlich ist;
- **geeignete Räume und Einrichtungen** für die beabsichtigte Herstellung, Prüfung und Lagerung der Arzneimittel nicht vorhanden sind (Nr. 6). Die Eignung der Räume und Einrichtungen hängt von der Art der konkreten Herstellungstätigkeiten ab am Maßstab der AMWHV sowie der anerkannten Richtlinien wie die GMP-Prinzipien. Die zuständige Behörde hat diese vor Erteilung der Herstellerlaubnis zu inspizieren, um sich von der tatsächlichen Geeignetheit der Räume zu überzeugen[252]; oder
- der Hersteller nicht gewährleisten kann, dass die **Herstellung und Prüfung** der Arzneimittel nach dem Stand von Wissenschaft und Technik vorgenommen wird (Nr. 6a). Daher sind im Antrag auf Erteilung der Herstellungserlaubnis die Methoden zur Herstellung und Prüfung zu beschreiben, so dass die zuständige Behörde diese entsprechend überprüfen kann. Der „Stand von Wissenschaft und Technik" wird konkretisiert durch die AMWHV, den GMP-Prinzipien sowie den weiteren öffentlichen Leitlinien inklusive der Arzneimittelprüfrichtlinien[253].

3. Entscheidung über die Herstellungs- und Einfuhrerlaubnis

104 Über einen Antrag auf Erteilung einer Herstellungs- und Einfuhrerlaubnis hat die zuständige Behörde innerhalb einer Frist von drei Monaten zu entscheiden (§ 17 Abs. 1 AMG). Im Falle von Beanstandungen der vorgelegten Unterlagen hat die zuständige Behörde dem Antragsteller allerdings zunächst Gelegenheit zu geben, den Mängeln inner-

---

[249] Dies wiederum gilt nicht für (1) Arzneimittel für neuartige Therapien und xenogene Arzneimittel sowie (2) Arzneimittel, die zur klinischen Prüfung bestimmt sind, soweit es sich nicht nur um eine Rekonstitution handelt (Abs. 2b S. 2).
[250] Vgl. *Rehmann*, AMG, § 14 Rn. 1.
[251] Die Anforderungen an die Sachkunde der sachkundigen Person sind detailliert geregelt in § 15 AMG.
[252] Nach Maßgabe des Abs. 4 können gewisse Tätigkeiten *außerhalb* der Betriebsstätte des Arzneimittelherstellers in entsprechend geeigneten Räumen vorgenommen werden, ohne dass diese einer Erlaubnis bedürfen. Insbesondere ist dies möglich für die Herstellung von Prüfpräparaten in einer beauftragten Apotheke (Nr. 1) sowie die Prüfung der Arzneimittel in beauftragten Betrieben (Nr. 3).
[253] Vgl. *Rehmann*, AMG, § 14 Rn. 10.

halb einer angemessenen Frist abzuhelfen. In diesem Fall werden die Fristen bis zur Behebung der Mängel oder bis zum Ablauf der gesetzten Frist gehemmt (§ 17 Abs. 3 S. 1 u. 2 AMG). Erfolgt keine Abhilfe, ist die Erlaubniserteilung zu versagen (§ 14 Abs. 5 AMG).

Inhaltlich und auch räumlich ist die dem Hersteller erteilte Erlaubnis beschränkt, da sie gem. § 16 AMG nur für eine **bestimmte Betriebsstätte,** für **bestimmte Arzneimittel** und für **bestimmte Darreichungsformen** dieser Arzneimittel erteilt wird. Daher sind im Antrag die Betriebsstätte sowie die Arzneimittel und Darreichungsformen, die Gegenstand der Erlaubnis sein sollen, genau zu bezeichnen. Im Fall der Auftragsprüfung wird die Erlaubnis auch für eine bestimmte Betriebsstätte des beauftragten oder anderen Betriebes, der nach § 14 Abs. 4 S. 1 Nr. 3 AMG eingeschaltet wird, erteilt. 105

Die Herstellungs- und Einfuhrerlaubnis ist damit betriebsbezogen, so dass bei einer Veräußerung oder Umwandlung des Betriebs die Erlaubnis mit übertragen wird und entsprechend auf den neuen Inhaber umgeschrieben werden kann, sofern zwischenzeitlich keine Versagungsgründe vorliegen[254]. 106

Bevor aber die Herstellung und/oder Einfuhr von Arzneimitteln in einer zugelassenen Betriebsstätte begonnen werden kann, ist dies der zuständigen Landesbehörde anzuzeigen (§ 67 Abs. 1 AMG). 107

II. Qualitätsanforderungen an die Arzneimittelherstellung

Die auf Basis des § 54 AMG erlassenen Betriebsverordnungen geben einen einheitlichen Standard nicht nur für die Entwicklung, sondern auch für die Herstellung, Prüfung, Lagerung und Verpackung von Arzneimitteln und Wirkstoffen vor. Mit diesen erfolgt die Umsetzung der internationalen und europarechtlich vorgegebenen Standards wie den Grundsätzen der guten Laborpraxis (GLP) und den Grundsätzen der guten Herstellungspraxis (GMP[255]). 108

Zusätzlich hierzu gibt es das Arzneibuch, das „*eine Sammlung anerkannter pharmazeutischer Regeln über die Qualität, Prüfung, Lagerung, Abgabe und Bezeichnung von Arzneimitteln ist sowie den bei ihrer Herstellung verwendeten Stoffen*" (§ 55 Abs. 1 S. 1 AMG). Im Arzneibuch ist somit die pharmazeutische Qualität für einzelne in Monographien beschriebene Arzneimittel sowie für Arzneimittelgruppen festgelegt, und es enthält eine Beschreibung der Prüfmethoden zur Qualitätsbestimmung, der Lagerungsregeln sowie Angaben zur Arzneimittelbezeichnung. Derzeit existieren zwei Arzneibücher, nämlich das **Deutsche Arzneibuch,** in welches das **Europäische Arzneibuch** integriert ist, und das **Homöopathische Arzneibuch**[256]. Da der Inhalt des Arzneibuchs vom Bundesministerium für Gesundheit lediglich veröffentlicht wird, ohne deren Geltung in Form einer Rechtsverordnung vorzuschreiben, sind dessen Regeln nicht rechtlich bindend. Ihnen kommt allerdings die Qualität eines Sachverständigengutachtens zu, das den jeweils allgemein anerkannten Stand der Erkenntnisse über die pharmazeutischen Grundregeln wiederspiegelt und damit einen Standard vorgibt. Daher sind diese nach § 55 Abs. 8 AMG bei der Herstellung von Arzneimitteln und deren Inverkehrbringen zu beachten[257]. 109

---

[254] So auch *Rehmann,* AMG, § 16 Rn. 3.
[255] Vgl. *Rehmann,* AMG, § 54 Rn. 1.
[256] Die darin enthaltenen Regeln werden von der Deutschen oder der Europäischen Arzneibuch-Kommission ausgearbeitet, beschlossen und laufend fortgeschrieben. Die Deutsche Arzneibuch-Kommission ist eine beim BfArM gebildete Kommission.
[257] Vgl. hierzu *Rehmann,* AMG, § 55 Rn. 1, 5.

C. Zulassung von Arzneimitteln

I. Einleitung

110 Für das Inverkehrbringen von Fertigarzneimitteln besteht ein **präventives Verbot mit Erlaubnisvorbehalt:** Nach der RL 2001/83/EG darf ein Fertigarzneimittel in einem Mitgliedstaat der Europäischen Union in der Regel erst dann in den Verkehr gebracht werden, wenn für das Inverkehrbringen entweder eine Zulassung durch die zuständige Behörde dieses Mitgliedstaats oder durch die Europäische Kommission mittels einer europaweit gültigen zentralen Zulassung nach der VO 726/2004[258] erteilt wurde[259]. Dies gilt nicht nur für die Erstzulassung, sondern auch für alle weiteren Stärken, Darreichungsformen, Verabreichungswege und Verabreichungsformen sowie alle Änderungen und Erweiterungen[260]. Bei Nichtvorliegen der gesetzlich geregelten Versagungsgründe besteht für den Antragsteller ein **Rechtsanspruch** auf Erteilung der Zulassung[261]. Die Zulassung darf nur einem in der EU niedergelassenen Antragsteller erteilt werden, wobei dieser Zulassungsinhaber für das Inverkehrbringen des Arzneimittels verantwortlich ist und bleibt. Die Bestellung eines Vertreters entbindet diesen nicht von seiner rechtlichen Verantwortung[262].

II. Zulassungsverfahren und Zulassungsbehörden

1. Zulassungsverfahren

111 Seit Einführung des Arzneimittelrechts in seiner heutigen Form besteht die Möglichkeit, auf Basis des jeweiligen **nationalen Zulassungsverfahrens** – in Deutschland sind dies die §§ 22 ff. AMG[263] – die Zulassung zum Inverkehrbringen eines Arzneimittels für Deutschland zu erhalten.

112 Zwischenzeitlich hat der pharmazeutische Unternehmer auch die Möglichkeit, teilweise sogar die Verpflichtung, sein zulassungspflichtiges Fertigarzneimittel für *mehrere oder alle weiteren Mitgliedstaaten* der EU zugelassen zu bekommen. Hierbei sind zu unterscheiden:

- das **zentrale Zulassungsverfahren** auf Basis der VO 726/2004, an dessen Ende eine europaweit gültige Zulassungsentscheidung der Europäischen Kommission steht[264]: Bei

---

[258] Dies gilt in Verbindung mit der VO (EG) Nr. 1901/2006 über Kinderarzneimittel und der VO (EG) Nr. 1394/2007 über neuartige Therapien.

[259] So explizit Art. 6 Abs. 1 UAbs. 1 RL 2001/83/EG. Eine solche Genehmigung ist auch für Radionuklidgeneratoren, Radionuklidkits, Kits von radioaktiven Arzneimitteln und industriell zubereitete radioaktive Arzneimittel erforderlich (§ 6 Abs. 2 RL 2001/83/EG). Vgl. hierzu *Rehmann*, AMG, Vor § 21 Rn. 3; *Heßhaus*, in Spickhoff, Medizinrecht, 10. AMG, § 21 Rn. 1. Allgemein zur Begrifflichkeit *Meier*, Risikosteuerung im Lebensmittel- und Gentechnikrecht (2000), S. 39 ff.

[260] All diese Genehmigungen für das Inverkehrbringen werden nach dem Prinzip der sog „*Global Marketing Authorisation*" als Bestandteil derselben umfassenden Genehmigung für das Inverkehrbringen dieses Fertigarzneimittels angesehen (Art. 6 Abs. 1 UAbs. 2 RL 2001/83/EG). S. ausführlich hierzu o. → § 2 Rn. 33.

[261] Dies ergibt sich aus Wortlaut und Systematik des Art. 26 RL 2001/83/EG, der für sowohl für nationale als auch für zentrale Zulassungen gleichermaßen gilt. Vgl. ferner zur rein nationalen Zulassung *Rehmann*, AMG, § 21 Rn. 3; *Dieners/Heil* in Dieners/Reese (Hrsg.), Hdb PharmaR, § 1 Rn. 123; *Wagner* in Dieners/Reese (Hrsg.), Hdb PharmaR, § 6 Rn. 101; für die zentrale europäische Zulassung bestätigt dies auch der Wortlaut des Art. 12 VO 726/2004.

[262] Vgl. Art. 6 Abs. 1a und Art. 8 Abs. 2 RL 2001/83/EG.

[263] S. hierzu ausführlich u. → § 3 Rn. 136 ff.

[264] Vgl. Art. 13 Abs. 1 S. 1 UAbs. 1 VO 726/2004, geändert durch Art. 27 Abs. 1 VO 1394/2007: „Unbeschadet des Artikels 4 Absätze 4 und 5 der RL 2001/83/EG ist eine Genehmigung für das Inverkehrbringen, die nach der vorliegenden Verordnung erteilt worden ist, für die gesamte Gemeinschaft gültig.".

Meier

diesem Verfahren wird das Dossier direkt bei der EMA eingereicht, und nach erfolgreicher Prüfung und Konsultation wird die Kommission eine Zulassung erteilen; dieses Verfahren ist für bestimmte Arzneimittel verpflichtend, für bestimmte Arzneimittel optional[265];

- *pan-europäische* Zulassungsverfahren, die mit Zulassungsentscheidungen durch die jeweils zuständigen nationalen Zulassungsbehörden auf Basis der Art. 6 Abs. 1 RL 2001/83/EG mit Geltungsbereich für den jeweiligen Mitgliedstaat enden; dies sind
  – das **Verfahren der gegenseitigen Anerkennung** (§ 25b Abs. 2 AMG, engl. Mutual Recognition Procedure – MRP): hier wird der Zulassungsantrag in einem Mitgliedstaat eingereicht, und nach erfolgter Zulassung in diesem Staat wird beantragt, diese Zulassung des Referenzstaates – dem sog. Reference Member State (RMS) – durch die Arzneimittelbehörden der eingebundenen Länder – der sog. Concerned Member States (CMS) – anzuerkennen, wobei als Basis für die Anerkennung die durch die RMS-Behörde bereits erteilte nationale Zulassung dient[266]; sowie
  – das **dezentrale Zulassungsverfahren** (§ 25b Abs. 3 AMG, engl. Decentralised Procedure – DCP): hier gibt es noch keine nationale Zulassung, die von anderen Mitgliedstaaten anerkannt werden kann, sondern es erfolgt die gemeinsame Anerkennung der positiven Bewertung eines Zulassungs*antrags*, erstellt durch den RMS, durch die involvierten CMS, wobei als Basis für die Anerkennung der durch die RMS-Behörde erstellte Beurteilungsbericht (assessment report) dient. Das dezentrale Verfahren verläuft also ähnlich wie das MRP, allerdings wird hier der Zulassungsantrag gleichzeitig in allen gewünschten Mitgliedsstaaten eingereicht[267].

2. Zulassungsbehörden

In Deutschland können Fertigarzneimittel in den Verkehr gebracht werden   113

- auf Basis einer Zulassungsentscheidung der **Europäische Kommission**[268]: diese Zulassung beansprucht ohne weitere Umsetzungsmaßnahme Gültigkeit für alle Länder der EU[269]; in den EWR-Staaten Island, Liechtenstein und Norwegen, die auch Beteiligte des zentralen Zulassungsverfahrens sind, bedarf die Zulassungsentscheidung noch einer separaten Umsetzung in eine rechtlich bindende Entscheidung[270]; sowie
- auf Basis der in Deutschland zuständigen Bundesoberbehörden[271], nämlich
  – dem **Bundesinstitut für Arzneimittel und Medizinprodukte** (BfArM) für die Zulassung und Überwachung von niedermolekularen Arzneimitteln und Medizinprodukten,
  – dem **Bundesinstitut für Impfstoffe und biomedizinische Arzneimittel** (Paul Ehrlich Institut – PEI) für die Zulassung und Überwachung von Sera und Impfstoffen, sowie

---

[265] S. hierzu ausführlich u. → § 3 Rn. 173 ff.
[266] S. hierzu ausführlich u. → § 3 Rn. 224 ff.
[267] S. hierzu ausführlich u. → § 3 Rn. 231 ff.
[268] Der Bereich Arzneimittel ist fachlich bei der Generaldirektion Gesundheit und Verbraucher angesiedelt.
[269] Die Europäische Kommission wird dabei unterstützt wird durch die Europäische Arzneimittelbehörde EMA (European Medicines Agency), die eine koordinierende Funktion einnimmt. Innerhalb der EMA gibt es verschiedene Ausschüsse, die mit Mitarbeitern nationaler Behörden besetzt sind und insbesondere Gutachten erstellen, welche die Europäische Kommission bei ihrer Entscheidung heranzieht, s. hierzu o. → § 1 Rn. 18 ff. Auf europäischer Ebene arbeiten die nationalen Arzneimittelbehörden der EU-Mitgliedsstaaten als „Heads of Medicines Agencies" zusammen.
[270] Sobald Arzneimittelzulassungsentscheidungen von der EU getroffen wurden, werden gem. der Entscheidung Nr. 74/1999 des EEA Joint Committee Island, Liechtenstein und Norwegen entsprechende Entscheidungen für ihr Hoheitsgebiet erlassen.
[271] Die Zuständigkeitsabgrenzung ist geregelt in § 77 AMG.

– dem **Bundesinstitut für gesundheitlichen Verbraucherschutz und Veterinärmedizin** (BgVV) für die Zulassung und Überwachung von Tierarzneimitteln.

III. Antragsarten

114 Für die Zulassung eines Fertigarzneimittels bestehen mehrere Antragsarten. Diese haben ihre Grundlage in der RL 2001/83/EG und finden Anwendung auf alle Verfahrensarten – also nicht nur auf nationale Zulassungsverfahren, das dezentrale Verfahren und das Verfahren der gegenseitigen Anerkennung, sondern aufgrund der Verweisung von Art. 6 Abs. 1 VO 726/2004 auf die Regelungen der Art. 10, 10a, 10b oder 11 sowie Anhang I RL 2001/83/EG auch auf das zentrale Zulassungsverfahren[272]. Im Wesentlichen hängen die Antragsarten davon ab, ob es sich um die Erstzulassung oder die Nachfolgezulassung eines Präparates handelt, und damit ob und ggf. in welchem Umfang eigene Daten vorgelegt werden müssen oder auf Unterlagen Dritter Bezug genommen werden kann[273].

1. Vollantrag

115 Für die Zulassung eines Arzneimittels ist grundsätzlich ein sog. **Vollantrag** gem. den Vorgaben des Art. 8 Abs. 3 RL 2001/83/EG (§ 22 Abs. 1 u. 2 AMG) einzureichen. Dieser wird auch „Stand alone application", „Full application" oder **„8(3)-Antrag"** genannt.

116 Gem. Art. 8 Abs. 3 RL 2001/83/EG in Verbindung mit dessen Anhang I muss der Antrag mit den folgenden Angaben und Unterlagen eingereicht werden, die ggf. auf den neuesten Stand zu bringen sind[274]:

- Name oder Firma und Anschrift des Antragstellers und ggf. des Herstellers;
- Name des Arzneimittels;
- Zusammensetzung nach Art und Menge aller Bestandteile des Arzneimittels, einschließlich der Nennung des von der Weltgesundheitsorganisation empfohlenen internationalen Freinamens (INN), falls ein INN für das Arzneimittel besteht, oder des einschlägigen chemischen Namens;
- Bewertung der möglichen Umweltrisiken des Arzneimittels[275];
- Angaben über die Herstellungsweise;
- Heilanzeigen, Gegenanzeigen und Nebenwirkungen;
- Dosierung, Darreichungsform, Art und Form der Anwendung und mutmaßliche Dauer der Haltbarkeit;
- Gründe für etwaige Vorsichts- und Sicherheitsmaßnahmen bei der Lagerung des Arzneimittels, seiner Verabreichung an Patienten und der Beseitigung der Abfallprodukte, zusammen mit einer Angabe potenzieller Risiken, die das Arzneimittel für die Umwelt darstellt;
- Beschreibung der vom Hersteller angewandten Kontrollmethoden;
- Eine schriftliche Bestätigung darüber, dass der Hersteller des Arzneimittels durch Audits gem. Art. 46 lit. f RL 2001/83/EG die Einhaltung der GMP-Prinzipien durch den Hersteller des Wirkstoffs nachgeprüft hat. Die schriftliche Bestätigung muss einen

---

[272] Vgl. European Commission, Notice to Applicants Volume 2A – Procedures for marketing authorisation, Chapter 1 Marketing Authorisation (June 2018, Revision 8), Ziff. 5.

[273] Da die Antragsarten für alle Verfahren gelten (dh nationales, DCP, MRP und zentrales Verfahren), werden die Antragsarten nachfolgend auf Basis der Bestimmungen der RL 2001/83 sowie in Klammern der AMG-Bestimmung dargestellt, mit denen diese in das AMG umgesetzt wurden. Die weiteren Darstellungen benennen sodann allein die Bestimmungen der RL 2001/83/EG.

[274] Zusätzliche Erfordernisse bestehen für Radionuklidengeneratoren gem. Art. 9 RL 2001/83/EG.

[275] Diese Auswirkungen sind zu prüfen; im Einzelfall sind Sonderbestimmungen zu ihrer Begrenzung vorzusehen.

§ 3 Prüfung, Herstellung und Zulassung von Arzneimitteln   69

Hinweis auf das Datum der Audits und eine Erklärung enthalten, wonach das Ergebnis der Audits bestätigt, dass die Herstellung den GMP-Anforderungen genügt;
- Ergebnisse von:
  – pharmazeutischen (physikalisch-chemischen, biologischen oder mikrobiologischen) Versuchen,
  – vorklinischen (toxikologischen und pharmakologischen) Versuchen,
  – klinischen Versuchen[276];
- Zusammenfassung des Pharmakovigilanz-Systems des Antragstellers, die Folgendes umfassen muss:
  – Nachweis, dass der Antragsteller über eine qualifizierte Person verfügt, die für die Pharmakovigilanz verantwortlich ist,
  – Angabe der Mitgliedstaaten, in denen diese Person ansässig und tätig ist,
  – die Kontaktangaben zu dieser qualifizierten Person,
  – vom Antragsteller unterzeichnete Erklärung, dass er über die notwendigen Mittel verfügt, um den in Titel IX aufgeführten Aufgaben und Pflichten nachzukommen,
  – Angabe des Ortes, an dem die Pharmakovigilanz-Stammdokumentation für das betreffende Arzneimittel geführt wird.
- Risikomanagement-Plan, mit einer Beschreibung des Risikomanagementsystems, das der Antragsteller für das betreffende Arzneimittel einführen wird, verbunden mit einer Zusammenfassung[277];
- Erklärung dahingehend, dass die klinischen Versuche, die außerhalb der EU durchgeführt wurden, den ethischen Anforderungen der RL 2001/20/EG entsprechen;
- Eine Zusammenfassung der Merkmale des Arzneimittels nach Art. 11, ein Modell der äußeren Umhüllung mit den Angaben des Art. 54, der Primärverpackung des Arzneimittels mit den Angaben des Art. 55 sowie die Packungsbeilage gem. Art. 59;
- Ein Nachweis darüber, dass der Hersteller in seinem Land die Genehmigung zur Herstellung von Arzneimitteln besitzt;
- Kopien von:
  – allen in einem anderen Mitgliedstaat oder einem Drittland erteilten Genehmigungen für das Inverkehrbringen des betreffenden Arzneimittels, einer Zusammenfassung der Unbedenklichkeitsdaten einschließlich der Daten aus den regelmäßigen aktualisierten Unbedenklichkeitsberichten, soweit verfügbar, und den Berichten über vermutete Nebenwirkungen, zusammen mit einer Liste der Mitgliedstaaten, in denen ein nach dieser RL gestellter Antrag auf Genehmigung geprüft wird;
  – der vom Antragsteller gem. Art. 11 vorgeschlagenen oder durch die zuständigen Behörden des Mitgliedstaats gem. Art. 21 genehmigten Zusammenfassung der Merkmale des Arzneimittels und der gem. Art. 59 vorgeschlagenen oder durch die zuständigen Behörden des Mitgliedstaats gem. Art. 61 genehmigten Packungsbeilage;
  – Einzelheiten aller Entscheidungen zur Versagung der Genehmigung, ob in der Union oder in einem Drittland, und der Gründe für diese Entscheidung;
- Eine Kopie jeder Ausweisung des Arzneimittels als Arzneimittel für seltene Leiden gem. der VO 141/2000 zusammen mit einer Kopie der entsprechenden Stellungnahme der EMA[278].

Gem. Art. 8 Abs. 3 UAbs. 2 RL 2001/83/EG iVm Anhang I Teil I Ziff. 1.4 müssen die **Sachverständigen** ihre Anmerkungen zu den Angaben und Unterlagen, aus denen der

117

---

[276] S. hierzu → § 3 Rn. 5 ff.
[277] Das Risikomanagement-System muss in einem angemessenen Verhältnis zu den ermittelten und den potenziellen Risiken des Arzneimittels und dem Bedarf an Daten über die Unbedenklichkeit nach der Genehmigung stehen (Art. 8 Abs. 3 UAbs. 3 RL 2001/83/EG).
[278] Zu der Ausweisung eines Arzneimittels als Arzneimittel für seltene Leiden s. → § 3 Rn. 296 ff.

Antrag besteht, insbesondere zu den Modulen 3, 4 und 5 (chemische, pharmazeutische und biologische Dokumentation, präklinische Dokumentation bzw. klinische Dokumentation) in ausführlichen Berichten vorlegen. Dabei wird von den Sachverständigen verlangt, dass sie sich mit den kritischen Fragen hinsichtlich der Qualität des Arzneimittels und der an Tieren und Menschen durchgeführten Untersuchungen befassen und alle Daten aufzeigen, die für die Bewertung sachdienlich sind. Um diesen Auflagen gerecht zu werden, sind eine Zusammenfassung der pharmazeutischen Qualität, ein präklinischer Überblick (Daten aus Untersuchungen an Tieren) und ein klinischer Überblick vorzulegen, die in Modul 2 des Antrags enthalten sein müssen. In Modul 1 muss eine von den Sachverständigen unterzeichnete Erklärung enthalten sein, in der ihr Ausbildungsprofil und ihre Berufserfahrung knapp beschrieben sind. Die Sachverständigen müssen über die geeignete fachliche oder berufliche Befähigung verfügen, die in einem kurzen Lebenslauf dargestellt werden[279].

2. „Informed Consent-Antrag"

118   Nach Art. 10c RL 2001/83/EG (§ 24a AMG) besteht für einen Antragsteller die Möglichkeit, mit Zustimmung („Consent") des Inhabers einer Arzneimittelzulassung (dem sog. Vorantragsteller) auf bestimmte Unterlagen, die in dem Dossier des bereits zugelassenen Arzneimittels enthalten sind, Bezug zu nehmen – nämlich auf die pharmazeutischen, vorklinischen und klinischen Unterlagen[280].

3. Generikumsantrag

119   Für die Zulassung eines Generikums besteht gem. Art. 10(1) RL 2001/83/EG (§ 24b AMG) die Möglichkeit, abweichend von Art. 8 Abs. 3 lit. i RL 2001/83/EG und unbeschadet des Rechts über den Schutz des gewerblichen und kommerziellen Eigentums, nach Ablauf des bestehenden Unterlagenschutzes auf die Ergebnisse der vorklinischen und klinischen Versuche des zugelassenen Arzneimittels eines Vorantragstellers (dem sog. Referenzarzneimittel) **ohne dessen Zustimmung** Bezug zu nehmen (sog. „10(1)-Antrag").

120   Ein **Generikum** ist nach der in Art. 10 Abs. 2 lit. b) RL 2001/83/EG enthaltenen Definition ein Arzneimittel, das die gleiche qualitative und quantitative Zusammensetzung aus Wirkstoffen und die gleiche Darreichungsform wie das Referenzarzneimittel aufweist und dessen Bioäquivalenz mit dem Referenzarzneimittel durch geeignete Bioverfügbarkeitsstudien nachgewiesen wurde. Dabei gelten die verschiedenen Salze, Ester, Ether, Isomerer, Mischungen von Isomeren, Komplexe oder Derivate eines Wirkstoffes als ein und derselbe Wirkstoff, es sei denn, ihre Eigenschaften unterscheiden sich erheblich hinsichtlich der Unbedenklichkeit oder der Wirksamkeit. In diesem Fall müssen vom Antragsteller ergänzende Unterlagen vorgelegt werden, die die Unbedenklichkeit oder Wirksamkeit der verschiedenen Salze, Ester, Ether, Isomere, Mischungen von Isomeren, Komplexe oder Derivate des Wirkstoffes belegen. Dabei gelten die verschiedenen oralen

---

[279] Diese Personen müssen auch jede Verwendung wissenschaftlicher bibliografischer Unterlagen nach Art. 10a gem. den Bedingungen des Anhangs I begründen (Art. 12 Abs. 2). Abs. 3 bestätigt schließlich, dass die detaillierten Zusammenfassungen Teil der Unterlagen sind, die der Antragsteller den zuständigen Behörden vorlegt. Diese Vorgaben des Art. 8 Abs. 3 UAbs. 2, Art. 12 sowie Anhang I Teil I Ziff. 1.4 RL 2001/83/EG wurden im AMG durch die Regelungen des § 24 Abs. 1–3 AMG umgesetzt.

[280] Gem. § 24a AMG hat der Antragsteller auch die Bestätigung vorzulegen, dass die Unterlagen, auf die Bezug genommen wird, die Anforderungen der Arzneimittelprüfrichtlinien nach § 26 AMG erfüllen.

§ 3 Prüfung, Herstellung und Zulassung von Arzneimitteln

Darreichungsformen mit sofortiger Wirkstofffreigabe als ein und dieselbe Darreichungsform[281].

Voraussetzung für die Zulässigkeit eines entsprechenden Antrages ist – wie bereits angemerkt –, dass der Unterlagenschutz für das Referenzarzneimittel abgelaufen ist, mithin das Referenzarzneimittel vor mindestens acht Jahren zugelassen wurde (sog. **Datenexklusivität**). Da dies auch für eine Zulassung in einem anderen EU-Mitgliedstaat gilt, ist mithin für diesen Unterlagenschutz auf die erste innerhalb der EU erteilte Zulassung abzustellen. Ein hiernach zugelassenes Generikum darf allerdings frühestens nach Ablauf von zehn Jahren nach Erteilung der ersten Zulassung für das Referenzarzneimittel in den Verkehr gebracht werden (sog. **Marktschutz**). Dieser Zeitraum kann um ein weiteres Jahr auf 11 Jahre verlängert werden, wenn der Zulassungsinhaber des Referenzarzneimittels für dieses ein neues Anwendungsgebiet zugelassen bekommt, das bei der wissenschaftlichen Bewertung vor der Zulassung durch die zuständige Behörde als von bedeutendem klinischem Nutzen im Vergleich zu bestehenden Therapien beurteilt wird[282].

4. Hybrid-Zulassungsantrag

Bei einem Zulassungsantrag für ein Arzneimittel, das nicht die Anforderungen eines Generikums erfüllt – also nicht bioäquivalent zum Referenzarzneimittel ist – oder in denen die Bioäquivalenz nicht durch entsprechende Studien nachgewiesen werden kann, sind gem. Art. 10 Abs. 3 RL 2001/83/EG (§ 24b Abs. 2 S. 6 AMG) die Ergebnisse der geeigneten vorklinischen oder klinischen Versuche vorzulegen (sog. „**10(3)-Antrag**"). Die gleichen Anforderungen gelten bei einer Änderung des Wirkstoffes, des Anwendungsgebietes, der Stärke, der Darreichungsform oder des Verabreichungsweges gegenüber dem Referenzarzneimittel.

5. Fixkombination

Die Regelung des Art. 10b RL 2001/83/EG (§ 22 Abs. 3 Nr. 1 AMG) beinhaltet eine Sonderregelung für feste Kombinationen aus bereits zugelassenen Wirkstoffen. Enthält nämlich das Arzneimittel Wirkstoffe, die Bestandteil bereits genehmigter Arzneimittel sind, bisher jedoch zu therapeutischen Zwecken noch nicht fest miteinander kombiniert wurden, so sind gem. Art. 10b nur die Ergebnisse neuer vorklinischer oder neuer klinischer Versuche zu dieser Kombination gem. Art. 8 Abs. 3 lit. i RL 2001/83/EG vorzulegen, ohne dass aber zu jedem einzelnen Wirkstoff wissenschaftliche Referenzen anzugeben sind. Beinhaltet die Festkombination aber einen noch nicht zugelassenen Wirkstoff, so ist ein Vollantrag nach Art. 8 Abs. 3 RL 2001/83/EG einzureichen, der auch die erforderlichen wissenschaftlichen Referenzen zu den einzelnen Wirkstoffen enthalten muss.

6. Well-established-use- bzw. Literaturzulassungsantrag

Bei einem Arzneimittel, dessen Wirkstoffe seit mindestens zehn Jahren in der EU allgemein medizinisch verwendet wurden, eine anerkannte Wirksamkeit sowie einen annehmbaren Grad an Sicherheit gem. den Bedingungen des Anhangs I zur RL 2001/83/EG aufweisen, ist der Antragsteller gem. Art. 10a RL 2001/83/EG (§ 22 Abs. 3 Nr. 1 AMG) abweichend von Art. 8 Abs. 3 lit. i) RL 2001/83/EG und unbeschadet des Rechts

---

[281] Dem Antragsteller können die Bioverfügbarkeitsstudien erlassen werden, wenn er nachweisen kann, dass das Generikum die relevanten Kriterien erfüllt, die in den entsprechenden ausführlichen Leitlinien festgelegt sind (Art. 10 Abs. 2 lit. b S. 5 RL 2001/83/EG).

[282] Vgl. Art. 14 Abs. 11 VO 726/2004, Art. 10 Abs. 1 RL 2001/83/EG sowie § 24 Abs. 1 S. 1 AMG. S. ausführlich hierzu unten → § 4 Rn. 190 ff.

über den Schutz des gewerblichen und kommerziellen Eigentums nicht verpflichtet, die Ergebnisse der vorklinischen oder klinischen Versuche vorzulegen. In diesem Fall hat er die Ergebnisse dieser Versuche durch einschlägige wissenschaftliche Dokumentation (insbesondere Literaturdaten) zu ersetzen (auch „**Well-established-use-Antrag**" oder „**10a-Antrag**" genannt). Nach Ansicht der *Europäischen Kommission* bedeutet die „allgemeine medizinische Verwendung" nicht zwingend eine entsprechende Verwendung als zugelassenes Arzneimittel. Allerdings reichen für den Nachweis der notwendigen umfassenden allgemeinen medizinischen Verwendung Daten aus klinischen Studien allein – selbst wenn diese Studien sehr umfangreich waren – nicht aus, um eine derartige allgemeine Verwendung zu rechtfertigen[283].

7. Biosimilar-Antrag

125   Zwischenzeitlich gibt es mit Art. 10 Abs. 4 RL 2001/83/EG (§ 24b Abs. 5 AMG) eine besondere Rechtsgrundlage für die Zulassung von Nachfolgeprodukten zu biotechnologischen Referenzarzneimitteln[284] (sog. **Biosimilars**): Erfüllt ein biologisches Arzneimittel, das einem zugelassenen biologischen Referenzarzneimittel ähnlich ist, die für Generika geltenden Anforderungen nach Art. 10 Abs. 1 RL 2001/83/EG nicht, weil insbesondere die Rohstoffe oder der Herstellungsprozess des biologischen Arzneimittels sich von dem des biologischen Referenzarzneimittels unterscheiden, so sind die Ergebnisse geeigneter vorklinischer oder klinischer Versuche hinsichtlich dieser Abweichungen vorzulegen. Dabei müssen die Art und Anzahl der vorzulegenden zusätzlichen Unterlagen den nach dem Stand der Wissenschaft relevanten Kriterien des Anhangs I zur RL 2001/83/EG und den diesbezüglichen Leitlinien entsprechen. Die Ergebnisse anderer Versuche aus dem Dossier des Referenzarzneimittels sind aber ausdrücklich nicht vorzulegen.

8. Parallelimportzulassung

126   **Parallelimport-Arzneimittel** sind in EU-/EWR-Mitgliedstaaten *national* zugelassene Arzneimittel, die ein vom Zulassungsinhaber unabhängiger Dritter dort erwirbt und in ein anderes EU-/EWR-Mitgliedstaat importiert, um sie dort – „parallel" zum ursprünglichen pharmazeutischen Unternehmer – in den Verkehr zu bringen. Für Parallelimportarzneimittel gilt die Regelung des Art. 6 Abs. 1 RL 2001/83/EG über die Zulassungspflicht von Fertigarzneimitteln gleichermaßen, so dass diese in den Mitgliedstaaten zugelassen werden müssen, *bevor* sie vom Importeur in den Verkehr gebracht werden dürfen. Mit **Parallelvertrieb** wird demgegenüber der Import von *zentral* von der Europäischen Kommission zugelassenen Arzneimitteln bezeichnet. Beim Parallelvertrieb bedarf es keiner separaten Zulassung, da das Arzneimittel bereits gemeinschaftlich zugelassen ist. Es ist lediglich die EMA einmal jährlich von Änderungen in der Kennzeichnung oder der Packungsbeilage zu informieren, es sei denn, es handelt sich um Sicherheits- oder Qualitätsprobleme[285].

---

[283] Vgl. Europäische Kommission, Pharmaceutical Committee – Human, Summary Record des 65. Meeting v. 16.3.2009 (PHARM 572); Notice to Applicants, Volume 2A, Procedures for marketing authorisation, Chapter 1, Marketing Authorisation (June 2018, Revision 8), Ziff. 5.4.

[284] Biotechnologische Arzneimittel sind Arzneimittel, die aus einer biologischen Quelle (wie zB einem Bakterium oder Hefe) hergestellt werden oder von einer solchen Quelle stammen. Diese können aus vergleichsweise kleinen Molekülen bestehen (wie zB menschliches Insulin oder Erythropoetin), oder komplexe Moleküle sein (wie zB monklonale Antikörper). Vgl. EMA, Questions and answers on biosimilar medicines (similar biological medicinal products) (EMA/837805/2011) v. 27.9.2012, dort auf S. 1 unter „*What is a biological medicine?*".

[285] Vgl. insgesamt hierzu Mitteilung der Kommission über Paralleleinfuhren von Arzneispezialitäten, deren Inverkehrbringen bereits genehmigt ist (KOM(2003) 839 endg.) vom 30.12.2003, dort Ziff. 2.; BfArM, Informationen zum Parallelimport von Arzneimitteln (Stand: 19.3.2009), abrufbar

Ein besonderes Zulassungsverfahren für Parallelimportarzneimittel ist zwar weder in   127
der RL 2001/83/EG noch im AMG geregelt. Nach der Rechtsprechung des *EuGH*
müssen allerdings Parallelimport-Arzneimittel nur ein sog. **vereinfachtes Zulassungsverfahren** durchlaufen[286]: Art. 28 EG schreibt den freien Warenverkehr innerhalb der EU
bzw. des EWR vor. Die Arzneimittelzulassungsverfahren – und damit die jeweiligen
Anforderungen an Nachweis der Qualität, Wirksamkeit und Unbedenklichkeit – sind
aufgrund der harmonisierenden Richtlinien zwischenzeitlich für alle EU-/EWR Mitgliedstaaten vergleichbar. Ein Parallelimporteur, der lediglich ein Fertigarzneimittel erwirbt,
das in einem anderen Mitgliedstaat auf Basis einer Zulassung bereits in den Verkehr
gebracht wird, ist nicht im Besitz des „Zulassungsdossiers" des ursprünglichen Herstellers im EU-Exportstaat zum Nachweis seiner Qualität, Wirksamkeit und Unbedenklichkeit. Deshalb kann und braucht er im EU-Importstaat nur einen geringen Teil der
gesetzlich geforderten Unterlagen vorzulegen[287].

Auf Basis dieser *EuGH*-Rechtsprechung ist die Zulassung für Parallelimport-Arznei-   128
mittel zu erteilen, sofern die folgenden Voraussetzungen erfüllt sind[288]:
- das Parallelimport-Arzneimittel wurde in dem jeweiligen EU-Staat, in dem es erworben wird, regulär geprüft und zugelassen, und wird dort auf Basis dieser Genehmigung
in Verkehr gebracht; und
- das eingeführte Erzeugnis gleicht im Wesentlichen (*"is essential similar to"*) einem
Erzeugnis, für das im Einfuhrmitgliedstaat bereits eine Genehmigung vorliegt (Bezugsarzneimittel), auf dessen Unterlagen der Parallelimporteur zum Nachweis der Wirksamkeit und Unbedenklichkeit der Parallelimporteur Bezug genommen hat. Das Parallelimport-Arzneimittel muss daher nicht in allen Punkten identisch sein mit dem
Bezugsarzneimittel, sondern es reicht aus, wenn es bzgl. Art und Menge des arzneilich
wirksamen Bestandteils sowie Darreichungsform und Art der Anwendung mit diesem
vergleichbar ist[289].

Die Genehmigung für Paralleleinfuhren ist schließlich nicht mit der Wirksamkeit der   129
Bezugszulassung gekoppelt. Vielmehr ist ein automatisches Erlöschen nur dann gerechtfertigt, wenn die Bezugszulassung aus Gründen des Schutzes der öffentlichen Gesundheit
erloschen ist[290].

9. Antrag auf Nachzulassung

Für Fertigarzneimittel, die sich mit Inkrafttreten des AMG am 1. Januar 1978 im   130
Verkehr befanden, gelten die Übergangsvorschriften des § 105 AMG für Altarzneimittel
und der §§ 109, 109a AMG für traditionelle Arzneimittel. Diese galten als zugelassen,
wenn sie sich bereits am 1. September 1976 im Verkehr befanden oder auf Grund eines
bis zu diesem Zeitpunkt gestellten Antrags in das Spezialitätenregister nach dem AMG
1961 eingetragen wurden. Sie mussten sodann innerhalb von 6 Monaten nach dem 1. Januar 1978 der zuständigen Bundesoberbehörde angezeigt werden. Diese sog. **Nachzulas-**

---

unter bfarm.de; EMA, Guidance on centrally authorised products requiring a notification of a change
for update of annexes (EMA/478821/2013) v. 6.8.2013; *Wagner* in Dieners/Reese (Hrsg.), Hdb
PharmaR, § 6 Rn. 254.

[286] EuGH Urteil v. 25.5.1976 – Rs. C-104/75 (de Peijper), Slg. 1976, 613 ff.

[287] Vgl. ausführlich hierzu, insbesondere zu den wegweisenden Entscheidungen des EuGH *Wagner* in Dieners/Reese (Hrsg.), Hdb PharmaR, § 6 Rn. 255 ff.; *Bauroth* in Fuhrmann/Klein/Fleischfresser, Arzneimittelrecht, 2. Aufl. (2014), § 23 Rn. 8 ff.

[288] Vgl. *Wagner* in Dieners/Reese (Hrsg.), Hdb PharmaR, § 6 Rn. 257.

[289] Vgl. EuGH Urteil v. 16.12.1999 – Rs. C-94/98, The Queen vs. The Licensing Authority
(Rhône-Poulenc Rorer), Rn. 628 f.

[290] EuGH Urteil v. 10.9.2002 – Rs. C-172/00, Ferring Arzneimittel vs. Eurim-Pharm Arzneimittel
(Ferring), Rn. 35. Vgl. hierzu auch *Wagner* in Dieners/Reese (Hrsg.), Hdb PharmaR, § 6 Rn. 259.

sung erlosch mit Wirkung zum 30.4.1990, es sei denn, es wurden fristgemäß entsprechende Verlängerungsanträge gestellt oder das Arzneimittel von der Zulassung oder Registrierung freigestellt[291].

IV. Zulassungspflichtige Arzneimittel

1. Grundsatz der Zulassungspflicht

131 Auf Basis des Art. 6 Abs. 1 RL 2001/83/EG besteht in Deutschland der Grundsatz, dass ein Fertigarzneimittel, das Arzneimittel iSd § 2 Abs. 1 o. Abs. 2 Nr. 1 AMG ist[292], nur dann in den Verkehr gebracht werden darf, wenn es zuvor durch die zuständige Behörde zugelassen wurde (§ 21 Abs. 1 AMG[293]).

2. Ausnahmen von der Zulassungspflicht

132 Allerdings sieht § 21 Abs. 2 AMG zahlreiche Ausnahmen von der Zulassungspflicht vor[294]. Einer Zulassung bedarf es hiernach nicht in folgenden Fällen:
- Humanarzneimittel, die auf Grund nachweislich häufiger ärztlicher oder zahnärztlicher Verschreibung in den wesentlichen Herstellungsschritten in einer Apotheke in einer Menge bis zu hundert abgabefertigen Packungen an einem Tag im Rahmen des üblichen Apothekenbetriebs hergestellt werden und zur Abgabe im Rahmen der bestehenden Apothekenbetriebserlaubnis bestimmt sind (Nr. 1, sog. „**Hunderterregelung**"[295]);
- Arzneimittel, bei deren Herstellung Stoffe menschlicher Herkunft eingesetzt werden und die entweder zur autologen oder gerichteten, für eine bestimmte Person vorgesehene Anwendung bestimmt sind oder auf Grund einer Rezeptur für einzelne Personen hergestellt werden, es sei denn, es handelt sich um Arzneimittel iSv § 4 Abs. 4 (1a) AMG;
- Arzneimittel, die andere als die zuvor in Nr. 1a genannten Arzneimittel sind und für Apotheken, denen für einen Patienten eine Verschreibung vorliegt, aus im Geltungsbereich dieses Gesetzes zugelassenen Arzneimitteln

---

[291] Vgl. insgesamt hierzu *Kloesel/Cyran*, AMG, A 1.0, § 105 Anm. 1 ff.
[292] S. hierzu o. → § 2 Rn. 9 ff.
[293] S. hierzu o. → § 3 Rn. 110 ff.
[294] Die europarechtliche Grundlagen hierzu finden sich in Art. 3 u. 5 RL 2001/83/EG.
[295] Diese Regelung des § 21 Abs. 2 Nr. 1 AMG, die sich im AMG seit der 8. AMG-Novelle im Jahr 1998 findet, war Gegenstand der Entscheidung des EuGH v. 26.10.2016 – Rs. C-276/15, Hecht-Pharma vs. Hohenzollern Apotheke, der diese Regelung auf seine Vereinbarkeit mit Art. 2 Abs. 1 und Art. 3 Nrn. 1 u. 2 RL 2001/83/EG geprüft hat. Nach Art. 2 Abs. 1 RL 2001/83/EG gilt der Humankodex nur für Humanarzneimittel, die in den Mitgliedstaaten in den Verkehr gebracht werden sollen und die entweder gewerblich zubereitet werden oder bei deren Zubereitung ein industrielles Verfahren zur Anwendung kommt. Nach den Vorgaben des Art. 3 Nrn. 1 u. 2 RL 2001/83/EG sind Ausnahmen für Apotheken zulässig für Arzneimittel, die (1) in einer Apotheke nach ärztlicher Verschreibung für einen bestimmten Patienten zubereitet werden (sog. formula magistralis), oder (2) in einer Apotheke nach Vorschrift einer Pharmakopöe zubereitet wurden, und die für die unmittelbare Abgabe an die Patienten bestimmt sind, die Kunden dieser Apotheke sind (sog. formula officinalis). Nach dem EuGH ist zunächst Art. 2 Abs. 1 weit auszulegen und umfasst jede Zubereitung oder Herstellung, bei der ein industrielles Verfahren zur Anwendung kommt, vgl. EuGH, Urteil v. 16. Juli 2015 – verb. Rs. C-544/13 u. C-545/13, Abcur vs. Apoteket Farmaci (Abcur). Ist eine im Rahmen des § 21 Abs. 2 Nr. 1 AMG ausgeübte Tätigkeit gewerbsmäßig in diesem Sinne, so hat der EuGH festgestellt, dass Art. 3 Nr. 2 RL 2001/83/EG eine nationalen Bestimmung wie § 21 Abs. 2 Nr. 1 AMG nicht entgehensteht, soweit diese die Apotheker der Sache nach verpflichten, bei der Zubereitung von Arzneimitteln in der Apotheke die Pharmakopöe zu beachten. Dies zu prüfen, ist wiederum Sache der nationalen Gerichte.

§ 3 Prüfung, Herstellung und Zulassung von Arzneimitteln

a) als Zytostikazubereitung oder für die parenterale Ernährung sowie in anderen medizinisch begründeten besonderen Bedarfsfällen, sofern es für die ausreichende Versorgung des Patienten erforderlich ist und kein zugelassenes Arzneimittel zur Verfügung steht, hergestellt werden oder

b) als Blister aus unveränderten Arzneimitteln hergestellt werden oder

c) in unveränderter Form abgefüllt werden[296];

- Humanarzneimittel, die antivirale oder antibakterielle Wirksamkeit haben und zur Behandlung einer bedrohlichen übertragbaren Krankheit, deren Ausbreitung eine sofortige und das übliche Maß erheblich überschreitende Bereitstellung von spezifischen Arzneimitteln erforderlich macht, aus Wirkstoffen hergestellt werden, die von den Gesundheitsbehörden des Bundes oder der Länder oder von diesen benannten Stellen für diese Zwecke bevorratet wurden, soweit ihre Herstellung in einer Apotheke zur Abgabe im Rahmen der bestehenden Apothekenbetriebserlaubnis oder zur Abgabe an andere Apotheken erfolgt (Nr. 1c);
- Arzneimittel, die Gewebezubereitungen sind und der Pflicht zur Genehmigung nach den Vorschriften des § 21a Abs. 1 unterliegen (Nr. 1d);
- Arzneimittel, die Heilwässer, Bademoore oder andere Peloide sind, aber nicht im Voraus hergestellt und nicht in einer zur Abgabe an den Verbraucher bestimmten Packung in den Verkehr gebracht werden, oder die ausschließlich zur äußeren Anwendung oder zur Inhalation vor Ort bestimmt sind (Nr. 1e);
- Arzneimittel, die medizinische Gase sind und die für einzelne Personen aus im Geltungsbereich dieses Gesetzes zugelassenen Arzneimitteln durch Abfüllen und Kennzeichnen in Unternehmen, die nach § 50 zum Einzelhandel mit Arzneimitteln außerhalb von Apotheken befugt sind, hergestellt werden (Nr. 1f);
- als Therapieallergene für einzelne Patienten auf Grund einer Rezeptur hergestellt werden (Nr. 1g);
- zur klinischen Prüfung bei Menschen bestimmt sind (Nr. 2)[297];
- Fütterungsarzneimittel, die bestimmungsgemäß aus Arzneimittel-Vormischungen hergestellt sind, für die eine Zulassung nach § 25 erteilt ist (Nr. 3);
- Arzneimittel, die für Einzeltiere oder Tiere eines bestimmten Bestandes in Apotheken oder in tierärztlichen Hausapotheken unter den Voraussetzungen des Absatzes 2a hergestellt werden (Nr. 4[298]);
- Arzneimittel, die zur klinischen Prüfung bei Tieren oder zur Rückstandsprüfung bestimmt sind (Nr. 5); oder
- Arzneimittel, die unter den in Art. 83 VO 726/2004 genannten Voraussetzungen[299] *kostenlos* für eine Anwendung bei Patienten zur Verfügung gestellt werden, die an einer

---

[296] Auf Basis der Entscheidung des EuGH v. 11.4.2013 – Rs. C-535/11, Novartis Pharma GmbH vs Apozyt (Novartis Pharma) ist nach hier vertretener Auffassung diese Ausnahmeregelung mit der europarechtlichen Vorgabe des Art. 5 Abs. 1 RL 2001/83/EG nicht vereinbar, da ein besonderer Bedarfsfall gegeben sein muss, der unabhängig von dem Erfordernis einer ärztlichen Verschreibung als Tatbestandsvoraussetzung auch aufgeführt sein muss.

[297] Auch das Placebo das im Rahmen einer klinischen Prüfung eingesetzt wird, bedarf keiner Zulassung. Arzneimittel zur klinischen Prüfung sind als solche zu kennzeichnen.

[298] § 21 Abs. 2a S. 1 – 4 AMG normiert detaillierte Voraussetzungen für eine solche Herstellung in Apotheken oder tierärztlichen Hausapotheken. Diese Regelungen des Abs. 2a S. 1 – 4 gelten nicht für registrierte oder von der Registrierung freigestellte homöopathische Arzneimittel, die, soweit sie zur Anwendung bei Tieren bestimmt sind, der Gewinnung von Lebensmitteln dienen, ausschließlich Wirkstoffe enthalten, die im Anhang der VO 37/2010 als Stoffe aufgeführt sind, für die eine Festlegung von Höchstmengen nicht erforderlich ist.

[299] Gem. Art. 83 VO 726/2004 können die Mitgliedstaaten abweichend von Art. 6 RL 2001/83/EG „ein Humanarzneimittel, das zu den Kategorien iSd Artikels 3 Abs. 1 u. 2 dieser Verordnung gehört, für einen „compassionate use" zur Verfügung stellen". Dabei bedeutet „compassionate use",

zu einer schweren Behinderung führenden Erkrankung leiden oder deren Krankheit lebensbedrohend ist, und die mit einem zugelassenen Arzneimittel nicht zufrieden stellend behandelt werden können (Nr. 6, sog. Härtefallprogramme oder „Compassionate Use Programs"[300]).

133 Ist fraglich, ob ein Arzneimittel unter die Zulassungspflicht fällt, so kann die zuständige Bundesoberbehörde über die Zulassungspflicht eines Arzneimittels oder die Genehmigungspflicht einer Gewebezubereitung auf Antrag der zuständigen Landesbehörde entscheiden. Dem Antrag hat die zuständige Landesbehörde eine begründete Stellungnahme zur Einstufung des Arzneimittels oder der klinischen Prüfung beizufügen (Abs. 3).

134 Ferner besteht für das Bundesministerium für Gesundheit die Möglichkeit, auf Basis des § 36 AMG bestimmte Arzneimittel oder Arzneimittelgruppen oder Arzneimittel in bestimmten Abgabeformen von der Zulassungspflicht freizustellen, soweit eine unmittelbare oder mittelbare Gefährdung der Gesundheit von Mensch oder Tier nicht zu befürchten ist, weil die Anforderungen an die erforderliche Qualität, Wirksamkeit und Unbedenklichkeit erwiesen sind. Durch die auf dieser Rechtsgrundlage erlassenen Verordnungen über Standardzulassungen vom 3.12.1982[301] und nachfolgenden Änderungsverordnungen[302] wurden bereits zahlreiche Fertigarzneimittel von der Pflicht zur Einzelzulassung freigestellt[303].

135 Schließlich gibt es Ausnahmen zur Zulassung dergestalt, dass bestimmte Arzneimittel lediglich einer Pflicht zur Registrierung unterliegen. Dies gilt für homöopathische Arzneimittel nach den §§ 38 f. AMG sowie traditionelle pflanzliche Arzneimittel nach den §§ 39a ff. AMG[304].

V. Nationales Zulassungsverfahren

1. Anwendungsbereich

136 Eine Zulassung durch die zuständige Bundesoberbehörde kommt nur für solche zulassungspflichtigen Fertigarzneimittel in Betracht, die nicht unter die Pflicht zur zentralen Zulassung nach Art 3 Abs. 1 VO 726/2004 fallen[305].

---

dass ein den Kategorien des Art. 3 Abs. 1 o. 2 VO 726/2004 zugehöriges Arzneimittel aus humanen Erwägungen einer Gruppe von Patienten zur Verfügung gestellt wird, die an einer zu Invalidität führenden chronischen oder schweren Krankheit leiden oder deren Krankheit als lebensbedrohend gilt und die mit einem genehmigten Arzneimittel nicht zufriedenstellend behandelt werden können. Das betreffende Arzneimittel muss entweder Gegenstand eines Antrags auf Erteilung einer Genehmigung für das Inverkehrbringen nach Art. 6 dieser Verordnung oder Gegenstand einer noch nicht abgeschlossenen klinischen Prüfung sein.

[300] Die Aufnahme des „Compassionate Use" (sog. Härtefallprogramm) in das nationale Arzneimittelrecht erfolgte mit der 14. AMG-Novelle und wurde durch das Gesetz zur Änderung arzneimittelrechtlicher und anderer Vorschriften vom 17. Juli 2009 modifiziert. Obwohl Art. 83 VO 726/2004 nur Arzneimittel erfasst, die zentral zugelassen werden können oder müssen, wird in der Ausnahmeregelung der Nr. 6 ausdrücklich normiert, dass diese Möglichkeit des Compassionate Use auch für Arzneimittel gilt, die nicht den Kategorien des Art. 3 Abs. 1 o. 2 VO 726/2004 zugehören; mit Wirkung zum 22. Juli 2010 ist sodann die sog. Arzneimittel-Härtefall-Verordnung (AMHV) vom 14. Juli 2010 (BGBl. I S. 935) in Kraft getreten: durch diese wurde das Verfahren zur bestätigten Anzeige eines Arzneimittel-Härtefallprogramms durch die Bundesoberbehörden (BfArM und PEI) eingeführt und geregelt. Allerdings gilt die AMHV nur für Arzneimittel-Härtefall*programme*, dh Programme, die zur Behandlung von Gruppen von Patienten intendiert sind. Die Behandlung eines indiviuellen Einzelfalls ist nicht Gegenstand der Arzneimittel-Härtefall-Verordnung und des damit verbundenen Anzeigeverfahrens bei den Bundesoberbehörden.

[301] BGBl. I S. 1601.

[302] Vgl. hierzu die Auflistung bei *Kloesel/Cyran*, AMG, A 1.0, § 36 Anm. 15.

[303] Vgl. hierzu die Übersicht des BfArM „Liste der aktuell gültigen Monographien für Standardzulassungen – Humanarzneimittel: Stand 29.7.2015", abrufbar unter bfarm.de.

[304] S. hierzu u. → § 3 Rn. 267 ff.

[305] S. ausführlich hierzu u. → § 3 Rn. 178 ff.

2. Verfahrensablauf und Versagungsgründe

a) Antragsteller. § 21 Abs. 3 AMG regelt, wer die Zulassung bei der zuständigen Bundesoberbehörde zu beantragen hat. Dies ist bei zulassungs- oder registrierungspflichtigen Arzneimitteln der künftige Inhaber der Zulassung oder Registrierung, der sog. **pharmazeutische Unternehmer**[306]. Für ein Fertigarzneimittel, das in Apotheken oder sonstigen Einzelhandelsbetrieben auf Grund einheitlicher Vorschriften hergestellt und unter einer einheitlichen Bezeichnung an Verbraucher abgegeben wird, ist die Zulassung vom **Herausgeber der Herstellungsvorschrift** zu beantragen. Wird ein Fertigarzneimittel für mehrere Apotheken oder sonstige Einzelhandelsbetriebe hergestellt und soll es unter deren Namen und unter einer einheitlichen Bezeichnung an Verbraucher abgegeben werden, so hat der **Hersteller** die Zulassung zu beantragen.

b) Validierung. Nach Einreichung des Zulassungsantrages nebst allen erforderlichen Anlagen und Unterlagen[307] bei der zuständigen Bundesoberbehörde[308] erfolgt zunächst eine formale Prüfung auf Vollständigkeit (sog. Validierung[309]). Ist diese positiv, so erfolgt die inhaltliche Prüfung und Bewertung des Zulassungsantrags. Da die Erteilung einer Zulassung nur bei Vorliegen eines der in § 25 Abs. 2 u. 3 AMG abschließend aufgeführten **Versagungsgründe** versagt werden kann, ist demgemäß die Prüfung und Bewertung auch auf diese beschränkt.

c) Versagungsgründe des § 25 Abs. 2 AMG. Gem. § 25 Abs. 2 AMG darf die Zulassungserteilung nur versagt werden, wenn

- die vorgelegten Unterlagen unvollständig sind (Nr. 1[310]),
- das Arzneimittel nicht nach dem jeweils gesicherten Stand der wissenschaftlichen Erkenntnisse ausreichend geprüft wurde oder das andere wissenschaftliche Erkenntnismaterial nach § 22 Abs. 3 AMG nicht dem jeweils gesicherten Stand der wissenschaftlichen Erkenntnis entspricht (Nr. 2[311]),
- das Arzneimittel nicht nach den anerkannten pharmazeutischen Regeln hergestellt wird oder nicht die angemessene Qualität aufweist (Nr. 3[312]),
- dem Arzneimittel die vom Antragsteller angegebene therapeutische Wirksamkeit fehlt oder diese nach dem jeweils gesicherten Stand der wissenschaftlichen Erkenntnisse vom Antragsteller unzureichend begründet ist (Nr. 4[313]),

---

[306] § 4 Abs. 18 AMG.
[307] S. hierzu o. → § 3 Rn. 114 ff.
[308] Dies ist für Humanarzneimittel das BfArM, für Sera, Impfstoffe, Testallergene, Testsera und Testantigene sowie für Blutzubereitungen das Paul-Ehrlich-Institut (PEI), und für Tierarzneimittel das Bundesamt für Verbraucherschutz und Lebensmittelsicherheit. S. hierzu o. → § 3 Rn. 113.
[309] Bei der Antragstellung sind die von der zuständigen Bundesoberbehörde herausgegebenen Antragsformulare zu verwenden, die auch im Bundesanzeiger bekanntgemacht sind. Gemäß der AMG-Einreichungsverordnung vom 21.12.2000 (BGBl. I Nr. 60, S. 2063) sind die Entwürfe der Texte nach §§ 10, 11 und 11a AMG (Modul 1.3.1) sowie die Sachverständigengutachten nach § 24 AMG (Modul 2) elektronisch per E-Mail einzureichen.
[310] Zuvor ist dem Antragsteller Gelegenheit zur Ergänzung zu geben gem. § 25a AMG, so dass nur dann, wenn der Mangel der Vollständigkeit nicht behoben wurde, zur Zulassungsversagung führt. Vgl. *Rehmann*, AMG, § 25 Rn. 4.
[311] Entscheidend ist der Stand der eingereichten Unterlagen zum Zeitpunkt des Ablaufs der durch den Mängelbescheid nach § 25 Abs. 4 gesetzten Frist. S. hierzu BVerwGE 25, 369; *Heßhaus* in Spickhoff, Medizinrecht, 10. AMG, Rn. 8 f.; *Rehmann*, AMG, § 25 Rn. 5.
[312] Qualität ist gem. § 4 Abs. 15 AMG die Beschaffenheit eines Arzneimittels, die nach Identität, Gehalt, Reinheit, sonstigen chemischen, physikalischen, biologischen Eigenschaften oder durch das Herstellungsverfahren bestimmt wird.
[313] Die therapeutische Wirksamkeit ist indikationsbezogen zu beurteilen. Es darf die Zulassung nicht bereits deshalb versagt werden, weil therapeutische Ergebnisse nur in einer beschränkten Zahl von Fällen erzielt wurden. Die therapeutische Wirksamkeit fehlt aber, wenn der

- das Nutzen-Risiko-Verhältnis – das nach § 4 Abs. 28 AMG eine Bewertung der positiven therapeutischen Wirkungen des Arzneimittels im Verhältnis zu seinem Risiko umfasst – ungünstig ist (Nr. 5[314]),
- bei einem Kombinationsarzneimittel, das mehr als einen Wirkstoff enthält, eine ausreichende Begründung fehlt, dass jeder Wirkstoff einen Beitrag zur positiven Beurteilung des Arzneimittels leistet, wobei die Besonderheiten der jeweiligen Arzneimittel in einer risikogestuften Bewertung zu berücksichtigen sind (Nr. 5a[315]),
- die angegebene Wartezeit nicht ausreicht (Nr. 6[316]),
- bei Arzneimittel-Vormischungen die zum qualitativen und quantitativen Nachweis der Wirkstoffe in den Fütterungsarzneimitteln angewendeten Kontrollmethoden nicht routinemäßig durchführbar sind (Nr. 6a),
- das Arzneimittel zur Anwendung bei Tieren bestimmt ist, die der Gewinnung von Lebensmitteln dienen, und einen pharmakologisch wirksamen Bestandteil enthält, der nicht in Tabelle 1 des Anhangs der Verordnung (EU) Nr. 37/2010 enthalten ist (Nr. 6b[317]), sowie
- das Inverkehrbringen des Arzneimittels oder seine Anwendung bei Tieren gegen gesetzliche Vorschriften oder gegen eine Verordnung oder eine RL oder eine Entscheidung oder einen Beschl. der EG oder der EU verstoßen würde (Nr. 7[318]).

140 **d) Versagungsgründe des § 25 Abs. 3 AMG.** Gem. § 25 Abs. 3 S. 1 AMG ist die Zulassung zu versagen, wenn sich das Arzneimittel von einem zugelassenen oder bereits im Verkehr befindlichen Arzneimittel **gleicher Bezeichnung** in der Art oder der Menge der Wirkstoffe unterscheidet. Die Verkehrskreise sollen im Interesse der Sicherheit des Arzneimittelverkehrs vor einer Täuschung über die Zusammensetzung eines Arzneimittels geschützt werden, das sich unter gleicher Bezeichnung, aber unterschiedlicher Zulassung in Verkehr befindet, und damit vor entsprechenden Verwechslungen[319]. Allerdings ist nach S. 2 ein Unterschied in der Menge der Wirkstoffe unschädlich, wenn sich die Arzneimittel in der Darreichungsform unterscheiden.

Antragsteller nicht entsprechend dem jeweils gesicherten Stand der wissenschaftlichen Ergebnisse nachweist, dass sich mit dem Arzneimittel therapeutische Ergebnisse erzielen lassen. Die medizinischen Erfahrungen der jeweiligen Therapierichtung sind zu berücksichtigen (§ 25 Abs. 2 S. 2–4 AMG). Vgl. ergänzend *Rehmann*, AMG, § 25 Rn. 7; *Heßhaus* in Spickhoff, Medizinrecht, 10. AMG, § 25 Rn. 11 f.

[314] Bereits aus § 5 AMG ergibt sich, dass solche bedenkliche Arzneimittel nicht zulassungsfähig sind. S. auch *Rehmann*, AMG, § 25 Rn. 8; *Heßhaus* in Spickhoff, Medizinrecht, 10. AMG, § 25 Rn. 13.

[315] Der Wirksamkeits- und Unbedenklichkeitsnachweis ist bei Kombinationspräparaten sowohl auf die Einbezstandteile wie auch auf die Einzelbestandteile zu beziehen, wobei zusätzlich jeder Wirkstoff einen Beitrag zur positiven Beurteilung des Arzneimittels leisten muss. S. auch *Rehmann*, AMG, § 25 Rn. 9; *Heßhaus*, in Spickhoff, Medizinrecht, 10. AMG, § 25 Rn. 14.

[316] Bei Arzneimittellieferungen für lebensmittelliefernde Tiere ist die in § 4 Abs. 12 AMG definierte Wartezeit einzuhalten. Ist diese nicht ausreichend, so führt dies zur Zulassungsversagung. Vgl. auch *Rehmann*, AMG, § 25 Rn. 10; *Heßhaus*, in Spickhoff, Medizinrecht, 10. AMG, § 25 Rn. 15.

[317] Dabei darf gem. § 25 Abs. 2 S. 5 AMG die Zulassung nicht deshalb versagt werden, wenn das Arzneimittel zur Behandlung einzelner Einhufer bestimmt ist, bei denen die in Art. 6 Abs. 3 RL 2001/82/EG genannten Voraussetzungen vorliegen, und es die übrigen Voraussetzungen des Artikels 6 Abs. 3 RL 2001/82/EG erfüllt. Vgl. hierzu *Rehmann*, AMG, § 25 Rn. 11.

[318] Diese Generalklausel erfasst mithin Verstöße gegen gesetzliche Verbote, die nicht bereits in den vorstehenden Bestimmungen adressiert werden, wie zB Verstöße gegen das Betäubungsmittelrecht oder gegen die Verbote der Art. 5 u. 8 AMG. Für Tierarzneimittel sind entsprechende Verbote in der Verordnung 2377/90 enthalten.

[319] Vgl. *Rehmann*, AMG, § 25 Rn. 14; *Heßhaus* in Spickhoff, Medizinrecht, 10. AMG, § 25 Rn. 17.

e) **Mängelbescheid.** Kommt die zuständige Bundesoberbehörde nach erfolgter Prüfung zu dem Schluss, dass eine Zulassung auf Grund der vorgelegten Unterlagen nicht erteilt werden kann[320], so hat sie dies dem Antragsteller unter Angabe von Gründen mitzuteilen mittels des sog. **Mängelbescheids**, und ihm gleichzeitig Gelegenheit zu geben, Mängeln innerhalb einer angemessenen **Frist von höchstens sechs Monaten** abzuhelfen[321]. Wird den Mängeln innerhalb der gesetzten Frist nicht abgeholfen, so ist die Zulassung zu versagen[322]. Nach einer solchen Entscheidung über die Zulassungsversagung ist das Einreichen von Unterlagen zur Mängelbeseitigung ausgeschlossen – und damit auch ein Nachreichen von Unterlagen erst im Rechtsmittelverfahren[323].   141

f) **Vorprüfung.** Die Zulassungsbehörde hat gem. § 25a Abs. 1 AMG die Möglichkeit, den Zulassungsantrag durch unabhängige Sachverständige nicht nur auf Vollständigkeit, sondern auch daraufhin prüfen zu lassen, ob das Arzneimittel nach dem jeweils gesicherten Stand der wissenschaftlichen Erkenntnisse ausreichend geprüft wurde. Bei Beanstandungen auf dieser Grundlage hat der Sachverständige dem Antragsteller Gelegenheit zu geben, Mängeln innerhalb von drei Monaten abzuhelfen (Abs. 2). Ist der Zulassungsantrag nach Ablauf der Frist unter Zugrundelegung der abschließenden Stellungnahme des Sachverständigen weiterhin unvollständig oder mangelhaft iSd § 25 Abs. 2 Nr. 2 AMG, ist die Zulassung zu versagen (Abs. 3 AMG[324]).   142

Gem. § 25a Abs. 4 u. 5 AMG hat die Zulassungsbehörde in diesem Verfahrensstadium zu prüfen, ob bereits in einem anderen EU-Mitgliedstaat ein gleichlautender Zulassungsantrag anhängig ist oder für dieses Arzneimittel dem Antragsteller bereits eine Zulassung erteilt wurde. Wurde der Zulassungsantrag nicht im Rahmen eines entsprechenden DCP- oder MRP-Verfahrens gestellt, führt dies zur Zulassungsversagung[325].   143

g) **Sonderregelungen.** Sonderregelungen bestehen zum einen für Arzneimittel, die den Therapierichtungen Phytotherapie, Homöopathie oder Anthroposophie zuzurechnen sind und der Verschreibungspflicht nach § 48 Abs. 2 Nr. 1 AMG[326] unterliegen: Hier ist vor der Entscheidung über die Zulassung eine **Anhörung der Zulassungskommission** erforderlich[327]. Zum anderen werden für in der Nachzulassung befindliche Arzneimittel,   144

---

[320] Hiervon zu unterscheiden ist der Fall des § 28 Abs. 3 S. 1 AMG, wonach eine Zulassungserteilung unter Auflagen möglich ist, sofern hinreichende Anhaltspunkte dafür vorliegen, dass das Arzneimittel einen hohen therapeutischen Wert haben kann und deshalb ein öffentliches Interesse an seinem unverzüglichen Inverkehrbringen besteht. Vgl. hierzu *Kloesel/Cyran*, AMG, A 1.0, § 25 Anm. 106.
[321] § 25 Abs. 4 S. 1 u. 2 AMG. Diese Begrenzung der Beseitigungsfristen auf höchstens 6 Monate dient der Beschleunigung des Zulassungsverfahrens. Wird zunächst eine kürzere Frist zur Mängelbeseitigung gewährt, so kommt aber ggf. eine Fristverlängerung in Betracht, vgl. *Meier/v. Czettritz* PharmR 2003, 333; ebenso *Rehmann*, AMG, § 25 Rn. 15.
[322] § 25 Abs. 4 S. 3 AMG. Die gesetzliche Höchstfrist von 6 Monaten ist eine Notfrist und kann demgemäß nicht verlängert werden. S. auch *Rehmann*, AMG, § 25 Rn. 15.
[323] Präklusionsregelung des § 25 Abs. 4 S. 4 AMG. Der Antragsteller kann lediglich geltend machen, dass abweichend von der Bewertung durch die Zulassungsbehörde die Unterlagen zur Begründung des Zulassungsantrages ausreichen. Vgl. *Kloesel/Cyran*, AMG, A 1.0, § 25 Anm. 107 f.; *Rehmann*, AMG, § 25 Rn. 15 aE.
[324] Das Vorprüfungsverfahren nach § 25a AMG ist – wenn es gewählt wird – ein eigenständiges Verfahren, auf das die Regelungen des § 25 Abs. 4 u. 6 AMG keine Anwendung finden. Daher ist die Dreimonatsfrist des § 25a AMG auch nicht auf die Mängelbeseitigungsfrist des § 25 Abs. 4 AMG anzurechnen, zumal die Mängelrüge des § 25 Abs. 4 AMG durch die Zulassungsbehörde erfolgt, die Beanstandung der Zulassungsunterlagen gem. § 25a AMG hingegen durch die beauftragten Sachverständigen. Vgl. auch *Rehmann*, AMG, § 25a AMG Rn. 1.
[325] Vgl. hierzu auch *Rehmann*, AMG, § 25a Rn. 2; *Heßhaus* in Spickhoff, Medizinrecht, 10. AMG, § 25a Rn. 2. Ausführlich zu widerstreitenden Zulassungsanträgen → § 3 Rn. 253 ff.
[326] S. hierzu → § 4 Rn. 28 ff.
[327] S. hierzu detailliert die Bestimmung des § 25 Abs. 6 AMG sowie erläuternd *Rehmann*, AMG, § 25 Rn. 20; *Kloesel/Cyran*, AMG, A 1.0, § 25 Anm. 148 ff.

die *nicht* der Verschreibungspflicht nach § 48 Abs. 2 Nr. 1 AMG unterliegen, bei der Zulassungsbehörde Kommissionen für bestimmte Anwendungsgebiete oder Therapierichtungen gebildet (sog. **Aufbereitungskommissionen**), welche das Erkenntnismaterial aufbereiten. Soweit die Bundesoberbehörde bei der Entscheidung die Stellungnahme der jeweiligen Kommission nicht berücksichtigt, hat sie die Gründe hierfür darzulegen[328].

3. Entscheidung über den Zulassungsantrag

145 Kommt die Zulassungsbehörde nach erfolgter Prüfung der eingereichten Unterlagen, inklusive der als Antwort auf den Mängelbescheid eingereichten Unterlagen, und auf der Grundlage der ggf. eingeholten Sachverständigengutachten[329] zu dem Ergebnis, dass kein Versagungsgrund vorliegt, so hat sie die Zulassung zu erteilen. Die Zulassungserteilung wird sodann im Bundesanzeiger bekanntgemacht (§ 34 Abs. 1 Nr. 1 AMG[330]).

146 Auf die Erteilung der Zulassung hat der Antragsteller bei Nichtvorliegen von Versagungsgründen einen **Rechtsanspruch**[331]. Gem. § 25 Abs. 1 AMG erteilt die Zulassungsbehörde die Zulassung schriftlich unter Zuteilung einer Zulassungsnummer für das im Zulassungsbescheid aufgeführte Arzneimittel[332]. Werden dabei verschiedene Stärken, Darreichungsformen, Verabreichungswege oder Ausbietungen eines Arzneimittels beantragt, so können diese auf Antrag des Antragstellers Gegenstand einer einheitlichen umfassenden Zulassung sein; dies gilt auch für nachträgliche Änderungen und Erweiterungen[333].

147 Die zuständige Bundesoberbehörde erstellt sodann einen Beurteilungsbericht über die eingereichten Unterlagen zur Qualität, Unbedenklichkeit und Wirksamkeit (sog. Assessment Report) und gibt darin eine Stellungnahme hinsichtlich der Ergebnisse von pharmazeutischen und vorklinischen Versuchen sowie klinischen Prüfungen ab, bei Humanarzneimitteln auch zum Risikomanagement- und zum Pharmakovigilanz-System. Der Beurteilungsbericht ist zu aktualisieren, wenn hierzu neue Informationen verfügbar werden (vgl. § 25 Abs. 5a AMG[334]).

148 § 27 AMG bestimmt die **Fristen für die Erteilung einer Arzneimittelzulassung:**
- Hiernach hat die Zulassungsbehörde eine Entscheidung über den Zulassungsantrag innerhalb einer Regelfrist von sieben Monaten nach Antragstellung zu treffen[335].

---

[328] S. hierzu detailliert die Bestimmung des § 25 Abs. 7 AMG sowie erläuternd *Rehmann*, AMG, § 25 Rn. 21; *Kloesel/Cyran*, AMG, A 1.0, § 25 Anm. 165 ff.

[329] § 25 Abs. 5 AMG. Vgl. *Rehmann*, AMG, § 25 Rn. 16; ausführlich *Kloesel/Cyran*, AMG, A 1.0, § 25 Anm. 134 ff.

[330] Bei Sera, Impfstoffen, Blutzubereitungen, Gewebezubereitungen, Allergenen, xenogenen Arzneimitteln, die keine Arzneimittel nach § 4 Abs. 9 sind, erteilt die zuständige Bundesoberbehörde die Zulassung entweder auf Grund der Prüfung der eingereichten Unterlagen oder auf Grund eigener Untersuchungen oder auf Grund der Beobachtung der Prüfungen des Herstellers (§ 25 Abs. 8 AMG). Vgl. ergänzend *Rehmann*, AMG, § 25 Rn. 23.

[331] S. o. → § 3 Rn. 110.

[332] Bei Arzneimitteln, die nach einer homöopathischen Verfahrenstechnik hergestellt sind, wird die Zulassung auch für die in einem nach § 25 Abs. 7 S. 1 AMG genannten und im Zulassungsbescheid aufgeführten Verdünnungsgrade erteilt.

[333] Dabei ist eine einheitliche Zulassungsnummer zu verwenden, der weitere Kennzeichen zur Unterscheidung der Darreichungsformen oder Konzentrationen hinzugefügt werden müssen.

[334] Gem. § 25 Abs. 5b AMG findet dies keine Anwendung auf Arzneimittel, die nach einer homöopathischen Verfahrenstechnik hergestellt werden, sofern diese Arzneimittel dem Art. 16 Abs. 2 RL 2001/83/EG oder dem Art. 19 Abs. 2 RL 2001/82/EG unterliegen.

[335] Es ist strittig, ob eine Überschreitung dieser Regelfrist immer dann rechtswidrig ist, wenn sie nicht gem. § 27 Abs. 2 AMG gehemmt wurde (so *BVerwG*, PharmaR 1991, 327; zustimmend *Rehmann*, AMG, § 27 Rn. 2) oder auch nicht in § 27 AMG erwähnte Gründe die Rechtswidrigkeit entfallen lassen, sofern diese zu einer objektiven Unmöglichkeit einer fristgemäßen Entscheidung durch die Behörde führen, und ob hierunter bereits auch eine nicht ausreichende Ausstattung der Zulassungsbehörden fällt (so *Kloesel/Cyran*, AMG, A 1.0, § 27 Anm. 5).

- Für den Fall, dass die Zulassungsbehörde dem Antragsteller nach § 25 Abs. 4 AMG die Gelegenheit gibt, Mängeln abzuhelfen, so werden die Fristen bis zur Behebung der Mängel oder bis zum Ablauf der nach § 25 Abs. 4 gesetzten Frist gehemmt. Die Hemmung beginnt mit dem Tage, an welchem dem Antragsteller die Aufforderung zur Behebung der Mängel zugestellt wird. Das Gleiche gilt für die Frist, die dem Antragsteller auf sein Verlangen hin eingeräumt wird, auch unter Beiziehung von Sachverständigen, Stellung zu nehmen (§ 27 Abs. 2 AMG)[336].

Die Arzneimittelzulassung gewährt dem Zulassungsinhaber das Recht, das zugelassene Arzneimittel in den zugelassenen Stärken, Darreichungsformen, Verabreichungswege und Verabreichungsformen für die zugelassenen Anwendungsgebiete in Deutschland in den Verkehr zu bringen[337]. Nach zutreffender Ansicht stellt die Arzneimittelzulassung ein **produktbezogenes Recht** dar[338], das als kommerzielles Eigentum vermarktet werden kann. Diese kann daher nicht nur vom Zulassungsinhaber gebraucht, sondern auch an Dritte übertragen oder dem Dritten ein sog. Mitvertriebsrecht an der Zulassung eingeräumt werden[339]. Allerdings versetzt die Zulassung allein den Dritten noch nicht in die Lage, das Arzneimittel in Verkehr zu bringen: Er benötigt Rechte an dem Produkt selbst, um es entweder selbst herzustellen oder von dem Hersteller zu beziehen, also die Arzneimittelrezeptur bzw. eine Herstellungslizenz oder ein Vertriebsrecht[340]. 149

Die Zulassungsbehörde kann gem. § 28 AMG die Zulassung nicht nur bei deren Erteilung mit **Auflagen verbinden,** sondern diese auch **nachträglich anordnen.** Auflagen sind in diesem Zusammenhang Nebenbestimmungen zum Zulassungsbescheid, durch die dem Zulassungsinhaber ein weiteres Tun, Dulden oder Unterlassen vorgeschrieben wird[341]. Gem. Abs. 2 können Auflagen angeordnet werden, um sicherzustellen, dass 150

- die Kennzeichnung der Behältnisse und äußeren Umhüllungen den Vorschriften des § 10 entspricht (Nr. 1[342]);
- die Packungsbeilage den Vorschriften des § 11 entspricht (Nr. 2[343]);
- die Fachinformation den Vorschriften des § 11a entspricht (Nr. 2a[344]);
- die Angaben nach den §§ 10, 11 und 11a den für die Zulassung eingereichten Unterlagen entsprechen und dabei einheitliche und allgemein verständliche Begriffe und ein

---

[336] Vgl. ergänzend *Rehmann*, AMG, § 27 Rn. 3.
[337] Dies ergibt sich aus Art. 6 Abs. 1 UAbs. 2 RL 2001/83/EG.
[338] So auch *Rehmann*, AMG, § 21 Rn. 39. Vgl. zum Meinungsstreit *Ehle/Schütze* in Dieners/Reese (Hrsg.), Hdb PharmaR, § 10 Rn. 87 ff.
[339] Bei einem Mitvertrieb räumt der Zulassungsinhaber einem Dritten durch privatrechtliche Vereinbarung das Recht ein, das zugelassene Arzneimittel unter eigener Firma zu vermarkten. In diesem Fall ist neben dem Mitvertreiber auch der Zulassungsinhaber auf der äußeren Umverpackung anzugeben, so BVerwG NVwZ-RR 2004, 179. Allgemein zum Mitvertrieb v. Czettritz/Meier PharmR 2001, 147 ff.; *Wagner* in Dieners/Reese (Hrsg.), Hdb PharmaR, § 6 Rn. 125.
[340] Vgl. bloß *Ehle/Schütze* in Dieners/Reese (Hrsg.), Hdb PharmaR, § 10 Rn. 3 f.
[341] Vgl. allgemein die Legaldefinition in § 36 Abs. 2 Nr. 4 VwVfG.
[342] Dabei kann angeordnet werden, dass angegeben werden müssen (a) Hinweise oder Warnhinweise, soweit sie erforderlich sind, um bei der Anwendung des Arzneimittels eine unmittelbare oder mittelbare Gefährdung der Gesundheit von Mensch oder Tier zu verhüten, sowie (b) Aufbewahrungshinweise für den Verbraucher und Lagerhinweise für die Fachkreise, soweit sie geboten sind, um die erforderliche Qualität des Arzneimittels zu erhalten.
[343] Dabei kann angeordnet werden, dass angegeben werden müssen (a) die in der Nr. 1 Buchst. a genannten Hinweise oder Warnhinweise, sowie (b) die Aufbewahrungshinweise für den Verbraucher, soweit sie geboten sind, um die erforderliche Qualität des Arzneimittels zu erhalten.
[344] Dabei kann angeordnet werden, dass angegeben werden müssen (a) die in Nr. 1 Buchst. a genannten Hinweise oder Warnhinweise, (b) besondere Lager- und Aufbewahrungshinweise, soweit sie geboten sind, um die erforderliche Qualität des Arzneimittels zu erhalten, sowie (c) Hinweise auf Auflagen nach Abs. 3. Ein solcher Aufbewahrungshinweis ist zB „Nach Gebrauch gut verschließen" oder „Im Kühlschrank bei 2 bis 8°C lagern".

einheitlicher Wortlaut, auch entsprechend den Empfehlungen und Stellungnahmen der Ausschüsse der EMA verwendet werden, wobei die Angabe weiterer Gegenanzeigen, Nebenwirkungen und Wechselwirkungen zulässig bleibt (Nr. 3[345]);
- das Arzneimittel in Packungsgrößen in den Verkehr gebracht wird, die den Anwendungsgebieten und der vorgesehenen Dauer der Anwendung angemessen sind (Nr. 4), sowie
- das Arzneimittel in einem Behältnis mit bestimmter Form, bestimmtem Verschluss oder sonstiger Sicherheitsvorkehrung in den Verkehr gebracht wird, soweit dies geboten ist, um die Einhaltung der Dosierungsanleitung zu gewährleisten oder um die Gefahr des Missbrauchs durch Kinder zu verhüten (Nr. 5).

151 Daneben besteht für die Zulassungsbehörde auch die Möglichkeit, durch Auflagen anzuordnen,
- dass weitere analytische, pharmakologisch-toxikologische oder klinische Prüfungen durchgeführt werden und über die Ergebnisse berichtet wird, wenn hinreichende Anhaltspunkte dafür vorliegen, dass das Arzneimittel einen großen therapeutischen Wert haben kann und deshalb ein öffentliches Interesse an seinem unverzüglichen Inverkehrbringen besteht, jedoch für die umfassende Beurteilung des Arzneimittels weitere wichtige Angaben erforderlich sind (Abs. 3), sowie
- dass im Interesse der Arzneimittelsicherheit bestimmte im Risikomanagement-System enthaltene Maßnahmen zur Gewährleistung der sicheren Anwendung des Arzneimittels zu ergreifen (Abs. 3a Nr. 1), Unbedenklichkeitsprüfungen durchzuführen (Abs. 3a Nr. 2), Verpflichtungen im Hinblick auf die Erfassung oder Meldung von Verdachtsfällen von Nebenwirkungen, die über jene des Zehnten Abschnitts hinausgehen, einzuhalten (Abs. 3a Nr. 3), sonstige erforderliche Maßnahmen hinsichtlich der sicheren und wirksamen Anwendung des Arzneimittels zu ergreifen (Abs. 3a Nr. 4), ein angemessenes Pharmakovigilanz-System einzuführen (Abs. 3a Nr. 5), und soweit Bedenken bezüglich einzelner Aspekte der Wirksamkeit des Arzneimittels bestehen, die erst nach seinem Inverkehrbringen beseitigt werden können, Wirksamkeitsprüfungen nach der Zulassung durchzuführen sind, die den Vorgaben in Art. 21a S. 1 lit. f RL 2001/83/EG entsprechen (Abs. 3a Nr. 6).

152 Weitere Auflagenbefugnisse für Humanarzneimittel sind in den Absätzen 3b-3h normiert. Soll die Zulassung mit einer Auflage verbunden werden, so wird die in § 27 Abs. 1 AMG vorgesehene Frist zur Zulassungserteilung von 7 Monaten bis zum Ablauf einer dem Antragsteller gewährten Frist zur Stellungnahme gehemmt (§ 28 Abs. 4 AMG).

4. Änderungen der Arzneimittelzulassung

153 Sollen nach erteilter Zulassung eines Arzneimittels Änderungen vorgenommen werden, so ist in Abhängigkeit von Inhalt und Schwere der Änderung zu unterscheiden, ob eine solche Änderung lediglich anzuzeigen ist oder vor deren Umsetzung die Änderung einer positiven Genehmigung bedarf, wobei bestimmte Änderungen sogar eine Neuzulassung des geänderten Arzneimittels erfordern. Im Einzelnen gilt folgendes:

154 a) „Tell and Do"-Änderungen. Ergeben sich Änderungen in den Angaben und Unterlagen nach den §§ 22 bis 24a und 25b AMG, so hat Antragsteller der zuständigen Bundesoberbehörde unter Beifügung entsprechender Unterlagen unverzüglich Anzeige zu er-

---

[345] Von dieser Befugnis kann die zuständige Bundesoberbehörde allgemein aus Gründen der Arzneimittelsicherheit, der Transparenz oder der rationellen Arbeitsweise Gebrauch machen; dabei kann angeordnet werden, dass bei verschreibungspflichtigen Arzneimitteln bestimmte Anwendungsgebiete entfallen, wenn zu befürchten ist, dass durch deren Angabe der therapeutische Zweck gefährdet wird. Erläuternd hierzu *Wagner* in Dieners/Reese (Hrsg.), Hdb PharmaR, § 6 Rn. 92 f.

statten (§ 29 Abs. 1 AMG). Dies betrifft damit insbesondere Änderungen in der Person oder Identität des Zulassungsinhabers sowie in den Texten von Fach- und Gebrauchsinformation des Arzneimittels. Hierunter fällt auch die Einräumung des Mitvertriebsrechts an einen Dritten, wonach ein Dritter das Recht erhält, zusammen mit oder anstelle des Zulassungsinhabers das Arzneimittel in Deutschland zu vermarkten[346].

Ferner hat der Zulassungsinhaber die Verpflichtung, der Zulassungsbehörde 155
- unverzüglich alle Verbote oder Beschränkungen durch die zuständigen Behörden jedes Landes, in dem das betreffende Arzneimittel in Verkehr gebracht wird, sowie alle anderen neuen Informationen mitzuteilen, die die Beurteilung des Nutzens und der Risiken des betreffenden Arzneimittels beeinflussen könnten (§ 29 Abs. 1a[347]),
- den Zeitpunkt für das Inverkehrbringen des Arzneimittels unter Berücksichtigung der unterschiedlichen zugelassenen Darreichungsformen und Stärken unverzüglich mitzuteilen (§ 29 Abs. 1b),
- das vorübergehende oder endgültige Einstellen des Inverkehrbringens des Arzneimittels spätestens zwei Monate zuvor anzuzeigen, es sei denn, es liegen Umstände vor, die der Inhaber der Zulassung nicht zu vertreten hat (§ 29 Abs. 1c).
- alle Daten im Zusammenhang mit der Absatzmenge des Arzneimittels sowie alle ihm vorliegenden Daten im Zusammenhang mit dem Verschreibungsvolumen mitzuteilen, sofern dies aus Gründen der Arzneimittelsicherheit gefordert wird (§ 29 Abs. 1d), sowie
- die in dem Verfahren nach Art. 107c Abs. 4, 5 oder 6 der RL 2001/83/EG geänderten Stichtage oder Intervalle für die Vorlage von regelmäßigen aktualisierten Unbedenklichkeitsberichten anzuzeigen (§ 29 Abs. 1e)[348].

Schließlich ist der Zulassungsinhaber verpflichtet, bei Humanarzneimitteln die zuständige Bundesoberbehörde und die EMA zu informieren, falls neue oder veränderte Risiken bestehen oder sich das Nutzen-Risiko-Verhältnis von Arzneimitteln geändert hat (§ 29 Abs. 1f AMG), sowie die zuständige Bundesoberbehörde unverzüglich die Gründe für ein vorübergehendes oder endgültiges Einstellen des Inverkehrbringens, einen Rückruf, einen Zulassungsverzicht oder die Nichtbeantragung der Verlängerung der Zulassung mitzuteilen, selbst wenn die Maßnahme in einem Drittland getroffen wird (§ 29 Abs. 1g AMG). 156

Seit Inkrafttreten der 16. AMG-Novelle[349] besteht nunmehr auch die Möglichkeit gem. § 29 Abs. 2b AMG, bestimmte Änderungsanzeigen zu sammeln und diese innerhalb von zwölf Monaten nach ihrer Einführung der Zulassungsbehörde erst anzuzeigen. Dies betrifft 157
- den Wegfall eines Standortes für die Herstellung des Arzneimittels oder seines Wirkstoffs oder für die Verpackung oder die Chargenfreigabe (Nr. 1),

---

[346] Vgl. lediglich *Ehle/Schütze* in Dieners/Reese (Hrsg.), Hdb PharmaR, § 10 Rn. 87 ff.; *Rehmann*, AMG, § 29 Rn. 5; speziell zum Mitvertrieb v. *Czettritz/Meier* PharmR 2001, 147 ff.

[347] Zu diesen Informationen gehören bei Humanarzneimitteln positive als auch negative Ergebnisse von klinischen Prüfungen oder anderen Studien, die sich nicht nur auf die in der Zulassung genannten, sondern auf alle Indikationen und Bevölkerungsgruppen beziehen können, sowie Angaben über die Anwendung des Arzneimittels, die über die Bestimmungen der Zulassung hinausgeht. Auf Verlangen sind der zuständigen Bundesoberbehörde auch alle Angaben und Unterlagen vorzulegen, die belegen, dass das Nutzen-Risiko-Verhältnis weiterhin günstig zu bewerten ist. Die zuständige Bundesoberbehörde kann bei Humanarzneimitteln jederzeit die Vorlage einer Kopie der Pharmakovigilanz- Stammdokumentation verlangen. Diese hat der Zulassungsinhaber spätestens sieben Tage nach Zugang der Aufforderung vorzulegen. Die Verpflichtungen nach § 29 Abs. 1a S. 1–3 AMG gelten nicht für den Parallelimporteur.

[348] Etwaige Änderungen des in der Zulassung angegebenen Stichtags oder des hiernach bestehenden Intervalls werden sechs Monate nach ihrer Veröffentlichung über das europäische Internetportal wirksam.

[349] Zweites Gesetz zur Änderung arzneimittelrechtlicher und anderer Vorschriften vom 19.10.2012 (BGBl. I S. 2192 – sog. „16. AMG-Novelle").

- eine geringfügige Änderung eines genehmigten physikalisch-chemischen Prüfverfahrens, wenn durch entsprechende Validierungsstudien nachgewiesen werden kann, dass das aktualisierte Prüfverfahren mindestens gleichwertig ist (Nr. 2),
- eine Änderung der Spezifikation eines Wirkstoffs oder anderen Stoffs zur Arzneimittelherstellung zwecks Anpassung an eine Monografie des Arzneibuchs, wenn die Änderung ausschließlich zur Übereinstimmung mit dem Arzneibuch vorgenommen wird und die Spezifikationen in Bezug auf produktspezifische Eigenschaften unverändert bleiben (Nr. 3),
- eine Änderung des Verpackungsmaterials, wenn dieses mit dem Arzneimittel nicht in Berührung kommt und die Abgabe, Verabreichung, Unbedenklichkeit oder Haltbarkeit des Arzneimittels nachweislich nicht beeinträchtigt wird (Nr. 4), sowie
- eine Änderung im Zusammenhang mit der Verschärfung der Spezifikationsgrenzwerte, wenn die Änderung nicht Folge einer Verpflichtung auf Grund früherer Beurteilungen zur Überprüfung der Spezifikationsgrenzwerte ist und nicht auf unerwartete Ereignisse im Verlauf der Herstellung zurückgeht (Nr. 5).

158 **b) Bezeichnungsänderung.** Gem. § 29 Abs. 2 AMG ist bei einer Änderung der Bezeichnung des Arzneimittels der Zulassungsbescheid entsprechend zu ändern, und diese ist im Bundesanzeiger gem. § 34 Abs. 1 S. 1 Nr. 7 AMG bekannt zu machen. Aufgrund dieser Regelungen war streitig, ob eine entsprechende Änderung des Zulassungsbescheids abzuwarten ist, bevor die Änderung der Bezeichnung wirksam wird[350], oder ob bereits mit Einreichung des Änderungsantrages das Arzneimittel unter der neuen Bezeichnung verkehrsfähig ist[351]. Das BfArM hatte sich mit Wirkung ab dem 1.8.2010 der erstgenannten Meinung angeschlossen: Eingehende Anzeigen zur Änderung der Bezeichnung eines Arzneimittels waren mit einem Änderungsbescheid zum Zulassungsbescheid abzuschließen, bei Unzulässigkeit der angezeigten Änderung der Bezeichnung erging ein entsprechender Feststellungsbescheid.[352] Seit Inkrafttreten der VO 712/2012 ab dem 4.8.2013 greift auch für die Bezeichnungsänderung die VO 1234/2008 ein mit der Folge, dass diese als Type IB-Variation zustimmungsbedürftig ist.[353]

159 **c) Zustimmungsbedürftige Änderungen.** Einer vorherigen Zustimmung durch die Zulassungsbehörde bedürfen gem. § 29 Abs. 2a AMG eine Änderung
- der Angaben nach den §§ 10, 11 und 11a AMG über die Dosierung, die Art oder die Dauer der Anwendung, die Anwendungsgebiete, soweit es sich nicht um die Zufügung oder Veränderung einer Indikation handelt, die einem anderen Therapiegebiet zuzuordnen ist, eine Einschränkung der Gegenanzeigen, Nebenwirkungen oder Wechselwirkungen mit anderen Mitteln (Nr. 1[354]),
- der wirksamen Bestandteile, ausgenommen der arzneilich wirksamen Bestandteile (Nr. 2),
- in eine mit der zugelassenen vergleichbaren Darreichungsform (Nr. 3),
- in der Behandlung mit ionisierenden Strahlen (Nr. 3a),

---

[350] So *Kloesel/Cyran*, AMG, A 1.0, § 25 Anm. 12; *Wagner* in Dieners/Reese (Hrsg.), Hdb PharmaR, § 6 Rn. 134.
[351] So *Sander*, AMG, § 29 Anm. 4; zum Meinungsstreit übersichtlich *Rehmann*, AMG, § 29 Rn. 10; *v. Czettritz*, Patienten- u. PflegeR 2011, 77.
[352] Bekanntmachung zur Änderung der Verwaltungspraxis bei der Bearbeitung von nationalen Anzeigen zur Änderung der Arzneimittelbezeichnung nach § 29 Abs. 2 AMG vom 1.8.2010, abrufbar unter bfarm.de.
[353] Vgl. u. → § 3 Rn. 212 ff.
[354] Dies gilt auch für eine Erweiterung der Zieltierarten bei Arzneimitteln, die nicht zur Anwendung bei Tieren bestimmt sind, die der Gewinnung von Lebensmitteln dienen (S. 2).

- im Zusammenhang mit erheblichen Änderungen von Herstellungsverfahren, Darreichungsform, Spezifikation oder Verunreinigungsprofil des Wirkstoffs oder des Arzneimittels, die sich deutlich auf die Qualität, Unbedenklichkeit oder Wirksamkeit des Arzneimittels auswirken können, sowie jede Änderung gentechnologischer Herstellungsverfahren (Nr. 4[355]),
- der Packungsgröße (Nr. 5) und
- der Wartezeit eines zur Anwendung bei Tieren bestimmten Arzneimittels (Nr. 6).

Dabei gilt die Zustimmung für diesen abschließenden Katalog zustimmungsbedürftiger Änderungsanzeigen als erteilt, wenn die Zulassungsbehörde der Änderung nicht innerhalb einer Frist von drei Monaten widersprochen hat[356]. 160

d) Änderungen mit Neuzulassungserfordernis § 29 Abs. 3 AMG. Bestimmte Änderungen bedürfen gem. § 29 Abs. 3 AMG einer **Neuzulassung** durch die zuständige Bundesoberbehörde. Dies ist der Fall 161
- bei einer Änderung der Zusammensetzung der Wirkstoffe nach Art oder Menge (Nr. 1[357]),
- bei einer Änderung der Darreichungsform, soweit es sich nicht um eine Änderung nach Abs. 2a Nr. 3 handelt (Nr. 2),
- bei einer Erweiterung der Anwendungsgebiete, soweit es sich nicht um eine Änderung nach Abs. 2a Nr. 1 handelt (Nr. 3), und
- bei der Einführung gentechnologischer Herstellungsverfahren (Nr. 3a[358]).

5. Rücknahme, Widerruf und Ruhen der Zulassung

Die Zulassung *ist* gem. § 30 Abs. 1 u. 1a AMG **zurückzunehmen** oder zu **widerrufen**, wenn 162
- nachträglich bekannt wird, dass einer der Versagungsgründe des § 25 Abs. 2 Nr. 2, 3, 5, 5a, 6 oder 7 AMG bereits bei der Erteilung vorgelegen hat, oder einer dieser Gründe nachträglich eingetreten ist; in diesen Fällen kann auch das **befristete Ruhen der Zulassung** angeordnet werden (Abs. 1 S. 4);
- wenn sich herausstellt, dass dem Arzneimittel die therapeutische Wirksamkeit fehlt[359],

---

[355] Bei Sera, Impfstoffen, Blutzubereitungen, Allergenen, Testsera und Testantigenen bedarf jede Änderung des Herstellungs- oder Prüfverfahrens oder die Angabe einer längeren Haltbarkeitsdauer einer vorherigen Zustimmung (Nr. 4 HS 2).
[356] § 29 Abs. 2a S. 3 AMG; Fristbeginn ist der Eingang der Änderungsanzeige bei der Zulassungsbehörde. Vgl. insgesamt hierzu *Rehmann*, AMG, § 29 Rn. 11; *Wagner* in Dieners/Reese (Hrsg.), Hdb PharmaR, § 6 Rn. 131 f.
[357] Unter eine solche Änderung der Zusammensetzung der Wirkstoffe nach Art und Menge fallen entsprechend Anhang I der VO 1234/2008 wohl auch das Ersetzen eines chemischen Wirkstoffs durch einen anderen Salz/Ester-Komplex oder ein anderes Salz/Ester-Derivat mit derselben Wirkungskomponente bei nicht signifikant unterschiedlichen Wirksamkeits-/Unbedenklichkeitsmerkmalen, das Ersetzen durch ein anderes Isomer oder eine andere Isomermischung bzw. Ersetzen einer Mischung durch ein isoliertes Isomer (zB Ersetzen eines Razemats durch ein einzelnes Enantiomer) bei nicht signifikant unterschiedlichen Wirksamkeits-/Unbedenklichkeitsmerkmalen sowie Ersetzen eines biologischen Wirkstoffs durch einen Wirkstoff mit einer geringfügig anderen Molekularstruktur bei nicht signifikant unterschiedlichen Wirksamkeits-/Unbedenklichkeitsmerkmalen. Änderungen der Hilfsstoffe bedürfen aufgrund des klaren Wortlauts von § 29 Abs. 3 Nr. 1 AMG keiner Neuzulassung, so zutreffend *Rehmann*, AMG § 29 Rn. 13; vgl. auch *Kloesel/Cyran*, AMG, A 1.0, § 29 Anm. 46 ff.
[358] Auch diese Aufzählung ist abschließend, vgl. *Rehmann*, AMG, § 29 Rn. 12; *Wagner* in Dieners/Reese (Hrsg.), Hdb PharmaR, § 6 Rn. 133.
[359] Die therapeutische Wirksamkeit fehlt, wenn feststeht, dass sich mit dem Arzneimittel keine therapeutischen Ergebnisse erzielen lassen, § 30 Abs. 1 S. 3 AMG.

- wenn in den Fällen des § 28 Abs. 3 AMG die therapeutische Wirksamkeit nach dem jeweiligen Stand der wissenschaftlichen Erkenntnisse unzureichend begründet ist, oder
- soweit dies erforderlich ist, um einer Entscheidung oder einem Beschluss der EU nach Art. 34 RL 2001/83/EG oder nach Art. 38 RL 2001/82/EG zu entsprechen.

163 In diesen Fällen ist die Zulassung lediglich zu ändern, wenn dadurch der betreffende Versagungsgrund entfällt bzw. im letztgenannten Fall der genannten Entscheidung entsprochen wird.

164 Ferner *kann* die zuständige Bundesoberbehörde die Zulassung nach § 30 Abs. 2 Nrn. 1 –4 AMG

- **zurücknehmen,** wenn in den Unterlagen nach den §§ 22, 23 oder 24 AMG unrichtige oder unvollständige Angaben gemacht wurden oder wenn einer der Versagungsgründe des § 25 Abs. 2 Nr. 6a oder 6b AMG bei der Erteilung vorgelegen hat,
- **widerrufen,** wenn einer der Versagungsgründe des § 25 Abs. 2 Nr. 2, 6a oder 6b AMG nachträglich eingetreten ist oder wenn eine der nach § 28 angeordneten Auflagen nicht eingehalten und diesem Mangel nicht innerhalb einer von der zuständigen Bundesoberbehörde zu setzenden angemessenen Frist abgeholfen worden ist[360], sowie
- im Benehmen mit der zuständigen Behörde **widerrufen,** wenn die für das Arzneimittel vorgeschriebenen Prüfungen der Qualität nicht oder nicht ausreichend durchgeführt wurden, oder sich herausstellt, dass das Arzneimittel nicht nach den anerkannten pharmazeutischen Regeln hergestellt wurde.

165 In diesen Fällen kann auch das befristete Ruhen der Zulassung angeordnet werden (Abs. 2 S. 2) oder die Zulassung allein durch eine Auflage geändert werden, wenn dies ausreicht, um den Belangen der Arzneimittelsicherheit zu entsprechen (Abs. 2a S. 2).

166 Vor einer Entscheidung nach den Absätzen 1 bis 2a muss der Inhaber der Zulassung gehört werden, es sei denn, dass Gefahr im Verzuge ist[361]. In den Fällen des § 25 Abs. 2 Nr. 5 AMG ist die Entscheidung sofort vollziehbar, so dass Widerspruch und Anfechtungsklage keine aufschiebende Wirkung haben.

167 Ist die Zulassung für ein Arzneimittel zurückgenommen oder widerrufen oder ruht die Zulassung, so darf es weder in den Verkehr gebracht noch in den Geltungsbereich dieses Gesetzes verbracht werden (§ 30 Abs. 4 AMG). Die Rückgabe des Arzneimittels an den pharmazeutischen Unternehmer ist unter entsprechender Kenntlichmachung nicht nur zulässig, sondern kann von der zuständigen Behörde auch angeordnet werden[362].

6. Erlöschen und Verlängerung der Zulassung

168 Nach der in § 31 Abs. 1 AMG enthaltenen Regelung erlischt die Zulassung,
- wenn das zugelassene Arzneimittel innerhalb von drei Jahren nach Erteilung der Zulassung nicht in den Verkehr gebracht wird oder wenn sich das zugelassene Arzneimittel, das nach der Zulassung in den Verkehr gebracht wurde, in drei aufeinander folgenden Jahren nicht mehr im Verkehr befindet (Nr. 1) – sog. **Sunset-Clause**[363],
- durch schriftlichen Verzicht (Nr. 2),

---

[360] Auflagen nach § 28 Abs. 3 und 3a AMG sind jährlich zu überprüfen, § 30 Abs. 2 Nr. 2 HS 2 AMG.

[361] Das gilt auch, wenn eine Entscheidung der Zulassungsbehörde über die Änderung der Zulassung, Auflagen zur Zulassung, den Widerruf, die Rücknahme oder das Ruhen der Zulassung auf einer Einigung der Koordinierungsgruppe nach Art. 107g, 107k oder Art. 107q RL 2001/83/EG beruht. Allerdings findet in diesen Fällen ein Vorverfahren nach § 68 VwGO nicht statt.

[362] Vgl. *Rehmann,* AMG, § 30 Rn. 11.

[363] In diesen Fällen kann allerdings die Zulassungsbehörde Ausnahmen gestatten, sofern dies aus Gründen des Gesundheitsschutzes für Mensch oder Tier erforderlich ist (§ 31 Abs. 1 S. 2 AMG).

- nach Ablauf von fünf Jahren seit ihrer Erteilung, es sei denn, dass rechtzeitig ein Verlängerungsantrag gestellt wird[364], nämlich bei Humanarzneimitteln spätestens neun Monate, bei Tierarzneimitteln spätestens sechs Monate vor Ablauf der Frist (Nr. 3); bei dieser Frist handelt es sich um eine sog. **Notfrist,** so dass bei Fristversäumnis eine Wiedereinsetzung in den vorherigen Stand nicht möglich ist[365], sowie
- wenn die Verlängerung der Zulassung versagt wird (Nr. 4).

Nach erfolgter Zulassungsverlängerung gilt die Zulassung gem. § 31 Abs. 1a AMG ohne zeitliche Begrenzung, es sei denn, dass die zuständige Bundesoberbehörde bei der Verlängerung eine weitere, lediglich befristete Verlängerung um fünf Jahre auch unter Berücksichtigung einer zu geringen Anzahl von Patienten, bei denen das betreffende Humanarzneimittel angewendet wurde, als erforderlich ansieht und angeordnet hat, um das sichere Inverkehrbringen des Arzneimittels weiterhin zu gewährleisten[366]. 169

Sofern die Zulassung durch Verzicht oder dadurch erlischt, dass sie nicht verlängert wurde, so darf das Arzneimittel noch zwei Jahre, beginnend mit dem auf die Bekanntmachung des Erlöschens nach § 34 folgenden 1. Januar oder 1. Juli, in den Verkehr gebracht werden. Das gilt allerdings nicht, wenn die zuständige Bundesoberbehörde feststellt, dass eine Voraussetzung für die Rücknahme oder den Widerruf nach § 30 vorgelegen hat. In diesem Fall findet die Regelung des § 30 Abs. 4 AMG Anwendung, so dass das Arzneimittel weder in den Verkehr gebracht noch in den Geltungsbereich dieses Gesetzes verbracht werden darf[367]. 170

7. Rechtsschutzfragen

Die **Zulassungserteilung bzw. -versagung** stellt einen Verwaltungsakt dar. Dementsprechend stehen dem Antragsteller gegen die Versagung der Zulassung die generellen verwaltungsrechtlichen Rechtsbehelfe zu. Dies bedeutet, der Antragsteller hat zunächst ein entsprechender Widerspruchsverfahren durchzuführen (§ 68 Abs. 1 VwGO), und kann, sofern dies erfolglos verlief, Verpflichtungsklage beim zuständigen Verwaltungsgericht erheben[368]. Bei Überschreiten der gesetzlichen vorgesehenen Erteilungsfrist von 7 Monaten hat der Antragsteller das Recht, **Untätigkeitsklage** gem. § 75 VwGO zu erheben[369]. 171

Die Erteilung von **Auflagen** kann der Antragsteller separat mittels Anfechtungswiderspruch und sodann -klage angreifen, sofern diese eine selbständig erzwingbare hoheitliche Handlung beinhalten. Dies ist zB regelmäßig der Fall bei zusätzlichen Kennzeichnungsanordnungen betreffend die Umverpackung oder die Gebrauchs- bzw. Fachinformation. 172

---

[364] Der Antrag auf Verlängerung ist gem. § 31 Abs. 2 AMG durch einen Bericht zu ergänzen, der Angaben darüber enthält, ob und in welchem Umfang sich die Beurteilungsmerkmale für das Arzneimittel innerhalb der letzten fünf Jahre geändert haben. Der Inhaber der Zulassung hat der zuständigen Bundesoberbehörde dazu eine überarbeitete Fassung der Unterlagen in Bezug auf die Qualität, Unbedenklichkeit und Wirksamkeit vorzulegen, in der alle seit der Erteilung der Zulassung vorgenommenen Änderungen berücksichtigt sind. Für Tierarzneimittel enthalten § 31 Abs. 2 S. 3 und 4 AMG weitere Sonderregelungen.
[365] So OVG Berlin OVGE BE 19, 18–20; Eine Wiedereinsetzung in den vorigen Stand ist aber möglich in Bezug auf die Antragsfrist, sofern die 5-Jahres-Frist noch nicht abgelaufen ist. So auch *Wagner* in Dieners/Reese (Hrsg.), Hdb PharmaR, § 6 Rn. 137; *Rehmann,* AMG, § 31 Rn. 6.
[366] In welchen Fällen die Zulassung zu verlängern ist, bestimmt § 31 Abs. 2 AMG.
[367] § 31 Abs. 4 S. 1 u. 2 AMG. Dieses Abverkaufsrecht gilt für nationale und zentrale Zulassungen gleichermaßen aufgrund der in Art. 13 Abs. 1 VO 726/2004 enthaltenen Regelung, wonach der Inhaber einer zentralen Arzneimittelzulassung in jedem Mitgliedstaat die gleichen Rechte und Pflichten wie der Inhaber einer von dem jeweiligen Mitgliedstaat erteilten nationalen – hier deutschen – Zulassung hat.
[368] Vgl. hierzu *Wagner* in Dieners/Reese (Hrsg.), Hdb PharmaR, § 6 Rn. 85; *Rehmann,* AMG, Vor § 21 Rn. 20; *Heßhaus* in Spickhoff, Medizinrecht, 10. AMG, § 25 Rn. 5.
[369] So BVerwG NJW 1992, 453. Vgl. *Heßhaus* in Spickhoff, Medizinrecht, 10. AMG, § 27 Rn. 2.

Meier

Einem solchen Anfechtungswiderspruch bzw. -klage kommt aufschiebende Wirkung in Bezug auf diese Auflage zu, so dass das Arzneimittel ohne Beachtung dieser Auflage in Verkehr gebracht werden kann. Handelt es sich jedoch um eine sog. **modifizierende Auflage,** dh eine integrative mit der Zulassungsentscheidung verbundene Regelung, die derart wesentlich ist, dass ohne diese die Zulassung nicht erteilt worden wäre – wie dies zB bei einer Einschränkung des Anwendungsgebietes oder des Anwenderkreises der Fall ist –, so kann diese nur zusammen mit der Zulassung selbst angegriffen werden, mithin mittels Verpflichtungswiderspruch und sodann -klage, denen jedoch keine aufschiebende Wirkung zukommt[370].

VI. Zentrales Europäisches Zulassungsverfahren

1. Entstehungsgeschichte

173   Mit der VO 2309/93 vom 22. Juli 1993[371] wurde erstmals der rechtliche Rahmen für das sog. zentrale Zulassungsverfahren geschaffen und gleichzeitig für die Errichtung der *„Europäischen Agentur für die Beurteilung von Arzneimitteln"*. Ein konzertiertes Vorgehen der Gemeinschaft von einer nationalen Entscheidung bezüglich eines technologisch hochwertigen Arzneimittels mit Blick auf die Herbeiführung einheitlicher Entscheidungen in der Gemeinschaft wurde bereits mit der RL 87/22/EWG geschaffen, mit der einzelstaatliche Maßnahmen betreffend das Inverkehrbringen technologisch hochwertiger Arzneimittel, insbesondere aus der Biotechnologie, angeglichen wurden[372]. Dieser Weg wurde fortgeführt, um insbesondere das reibungslose Funktionieren des Binnenmarktes im Arzneimittelsektor sicherzustellen, zumal die aufgrund der RL 87/22/EWG gewonnenen Erfahrungen aus Sicht des Unionsgesetzgebers gezeigt haben, dass die Einrichtung eines zentralisierten Gemeinschaftsgenehmigungsverfahrens für technologisch hochwertige Arzneimittel, insbesondere aus der Biotechnologie, erforderlich sind[373].

174   Auf Grundlage des Berichts über die Erfahrungen mit der Funktionsweise insbesondere des zentralen Zulassungsverfahrens[374] hat es sich sodann aber *„als notwendig erwiesen, die Abwicklung der Genehmigungsverfahren für das Inverkehrbringen von Arzneimitteln in der Gemeinschaft zu verbessern und Änderungen an bestimmten verwaltungstechnischen Aspekten der Europäischen Agentur für die Beurteilung von Arzneimitteln vorzunehmen"*, sowie den Namen der Agentur zu vereinfachen in *„Europäische Arzneimittel-Agentur"*[375]. Dementsprechend wurde im Jahr 2004 die VO 2309/93 durch eine neue VO ersetzt, nämlich durch die VO 726/2004 vom 31. März 2004[376].

---

[370] Vgl. insgesamt hierzu *v. Czettritz/Meier* PharmR 2006, 101 ff.; *Wagner* in Dieners/Reese (Hrsg.), Hdb PharmaR, § 6 Rn. 100.

[371] VO (EWG) Nr. 2309/93 des Rates vom 22. Juli 1993 zur Festlegung von Gemeinschaftsverfahren fuer die Genehmigung und Überwachung von Human- und Tierarzneimitteln und zur Schaffung einer Europaeischen Agentur für die Beurteilung von Arzneimitteln, ABl. L 214 vom 24.8.1993, S. 1.

[372] RL 87/22/EWG des Rates vom 22. Dezember 1986 zur Angleichung der einzelstaatlichen Maßnahmen betreffend das Inverkehrbringen technologisch hochwertiger Arzneimittel, insbesondere aus der Biotechnologie, ABl. L 15 vom 17.1.1987, S. 38. Zum Konzertierungsverfahren auf Basis der RL 87/22/EWG vgl. *Friese* in Dieners/Reese (Hrsg.), Hdb PharmaR, § 5 Rn. 26.

[373] Ferner wurde es im Interesse der öffentlichen Gesundheit auch als erforderlich angesehen, daß Entscheidungen über die Genehmigung solcher Arzneimittel allein auf den objektiven wissenschaftlichen Kriterien der Qualität, der Sicherheit und der Wirksamkeit des betreffenden Arzneimittels basieren, demnach wirtschaftliche oder sonstiger Überlegungen ausgeschlossen werden sollten. Vgl. insgesamt Erwägungsgründe 1-3 der VO 2309/93.

[374] Dieser war gem. Art. 71 VO 2309/93 innerhalb von 6 Jahren nach Inkrafttreten der VO 2309/93 vorgesehen.

[375] Vgl. Erwägungsgründe 1 u. 2 der VO 2309/93. Nachdem auch die RL 2001/83/EG zur Schaffung eines Gemeinschaftskodexes für Humanarzneimittel und die RL 2001/82/EG zur Schaf-

Meier

§ 3 Prüfung, Herstellung und Zulassung von Arzneimitteln

Wie sich dem Titel sowie Art. 1 VO 726/2004 entnehmen lässt, ist Inhalt dieser VO 175
zum einen die Festlegung von Gemeinschaftsverfahren für die Genehmigung, Überwachung und Pharmakovigilanz im Bereich der Human- und Tierarzneimittel. Dieses Gemeinschaftsverfahren ermöglicht einem Antragsteller, mit einem einzigen Antrag die Zulassung für ein Arzneimittel in allen Mitgliedsstaaten nicht nur der Europäischen Union, sondern des europäischen Wirtschaftsraums (dh inklusive Island, Liechtenstein und Norwegen) zu erhalten mittels der sog. zentralen Zulassung durch die *Europäische Kommission*. Grundvoraussetzung ist, dass der Antragsteller und zukünftige Inhaber der Zulassung für das Inverkehrbringen des zentral zugelassenen Arzneimittels in der Gemeinschaft niedergelassen ist. Er ist für das Inverkehrbringen dieser Arzneimittel verantwortlich, unabhängig davon, ob das Inverkehrbringen durch ihn selbst oder durch eine oder mehrere von ihm benannte Personen erfolgt[377]. Zum anderen wurde die Agentur umbenannt in **Europäische Arzneimittel-Agentur (European Medicines Agency – EMA**[378]**)**, als deren Teil Ausschüsse eingerichtet wurden, insbesondere der Ausschuss für Humanarzneimittel **(Committee for Human Medicinal Products – CHMP)**, der aus ernannten Vertretern der Zulassungsbehörden der Mitgliedstaaten besteht[379]. Im Rahmen des zentralen Zulassungsverfahrens ist gem. Art. 5 VO 726/2004 der CHMP, der monatlich in der EMA tagt, ua zuständig für die Erstellung von Gutachten der EMA zu allen Fragen bezüglich der Zulässigkeit der eingereichten Dossiers sowie der Abgabe von Empfehlungen zur Erteilung, Änderung, Aussetzung oder des Widerrufs einer zentralen Genehmigung für das Inverkehrbringen eines Humanarzneimittels durch die Europäische Kommission[380]. Für die Anwendung der VO 726/2004 gelten gem. Art. 2 die Begriffsbestimmungen des Art. 1 RL 2001/83/EG entsprechend.

Ausdrücklich lässt die VO die Zuständigkeiten der Behörden der Mitgliedstaaten im 176
Bereich der Preisfestsetzung für Arzneimittel sowie in Bezug auf die Einbeziehung von Arzneimitteln in die nationalen Krankenversicherungs- oder Sozialversicherungssysteme aufgrund von gesundheitlichen, wirtschaftlichen und sozialen Bedingungen unberührt. Die Mitgliedstaaten können insbesondere aus den Angaben in der Zulassung für das Inverkehrbringen diejenigen therapeutischen Indikationen und Packungsgrößen auswählen, die von ihren Sozialversicherungsträgern abgedeckt werden (Art. 1 UAbs. 2 VO 726/2004).

2. Anwendungsbereich

Das zentrale europäische Zulassungsverfahren steht nicht allen Arzneimitteln zur Ver- 177
fügung, sondern nur solchen, die entweder zwingend zentral zugelassen werden müssen, oder solchen, für die der Antragsteller die von der VO 726/2004 eingeräumte Wahlmöglichkeit hat:

---

fung eines Gemeinschaftskodexes für Tierarzneimittel angenommen wurden, bestand zudem Anlass, die Verweise auf die kodifizierten Richtlinien in der VO 2309/93 zu aktualisieren, vgl. Erwägungsgrund 4 der VO 2309/93.

[376] VO (EG) Nr. 726/2004 des Europäischen Parlaments und des Rates vom 31. März 2004 zur Festlegung von Gemeinschaftsverfahren für die Genehmigung und Überwachung von Human- und Tierarzneimitteln und zur Errichtung einer Europäischen Arzneimittel-Agentur, ABl. L 136 vom 30.4.2004, S. 1.

[377] Art. 2 UAbs. 2 VO 726/2004.

[378] Vgl. Art. 55 ff. VO 726/2004.

[379] Allgemein zur EMA o. → § 1 Rn. 18 ff.

[380] Auf Antrag formuliert bei entsprechendem Auftrag des Verwaltungsdirektors der EMA oder des Kommissionsvertreters das CHMP Gutachten zu wissenschaftlichen Fragen im Zusammenhang mit der Beurteilung von Humanarzneimitteln und gibt Gutachten ab im Falle von Meinungsverschiedenheiten bei der Beurteilung von Arzneimitteln im Rahmen des Verfahrens der gegenseitigen Anerkennung.

178 a) „Mandatory Scope". Die Arzneimittel, die *zwingend* nur auf Basis einer zentralen Genehmigung der Europäischen Kommission innerhalb der EU in den Verkehr gebracht werden dürfen, sind in dem Anhang zur VO 726/2004 aufgeführt (Art. 3 Abs. 1 VO 726/2004) wie folgt:
- Arzneimittel, die mit Hilfe von bestimmten biotechnologischen Verfahren hergestellt werden (zB mit Hilfe rekombinierter DNS, monoklonale Antikörper) (Nr. 1),
- Arzneimittel für neuartige Therapien gemäß Art. 2 VO 1394/2007 (Nr. 1a),
- Tierarzneimittel, die vorwiegend zur Anwendung als Leistungssteigerungsmittel zur Förderung des Wachstums oder zur Erhöhung der Ertragsleistung von behandelten Tieren vorgesehen sind (Nr. 2),
- Humanarzneimittel, die einen neuen Wirkstoff[381] enthalten, der bei Inkrafttreten dieser Verordnung noch nicht in der Gemeinschaft genehmigt war und dessen therapeutische Indikation die Behandlung der folgenden Erkrankungen ist (Nr. 3):
  – erworbenes Immundefizienz-Syndrom,
  – Krebs,
  – neurodegenerative Erkrankungen,
  – Diabetes, und
  – mit Wirkung vom 20. Mai 2008 Autoimmunerkrankungen und andere Immunschwächen sowie Viruserkrankungen, sowie
- Arzneimittel, die als Arzneimittel für seltene Leiden gem. der VO 141/2000 ausgewiesen sind (Nr. 4)[382].

179 b) „Optional Scope". Für ein nicht unter den Anhang fallendes Arzneimittel *kann* gem. Art. 3 Abs. 2 VO 726/2004 eine zentrale Genehmigung für das Inverkehrbringen erteilt werden, wenn
- das Arzneimittel einen neuen Wirkstoff enthält, der bei Inkrafttreten dieser Verordnung nicht in der Gemeinschaft genehmigt war (lit. a[383]), oder
- der Antragsteller nachweist, dass das Arzneimittel eine bedeutende Innovation in therapeutischer, wissenschaftlicher oder technischer Hinsicht darstellt oder dass die Erteilung einer Genehmigung gem. dieser Verordnung auf Gemeinschaftsebene im Interesse der Patienten oder der Tiergesundheit ist (lit. b).

180 In diesen Fällen hat also der Antragsteller eine Wahlmöglichkeit, ob er sein Präparat zentral oder national zulässt[384].

181 Auch Generika zu zentral zugelassenen Referenzarzneimitteln fallen unter den *„optional scope"*: Diese können entweder von der Europäischen Kommission auf Basis eines entsprechenden zentralen Zulassungsverfahrens zentral oder aber von den zuständigen Behörden der Mitgliedstaaten auf Basis eines nationalen, dezentralen oder gegenseitigen Anerkennungsverfahrens national genehmigt werden, letzteres allerdings nur, wenn

---

[381] Vgl. hierzu EMA, pre-authorisation procedural advice for users of the centralised procedure, 6. Februar 2018 (EMA/821278/2015), Ziff. 2.1.1.2.

[382] Zum Verfahren zur Ausweisung eines Arzneimittels als Arzneimittel für seltene Leiden s.u. → § 3 Rn. 296 ff.

[383] Auf dieses Basis könnten alle Wirkstoffe, die zum Zeitpunkt des Inkrafttretens der VO 726/2004 (20.5.2004) in der EU noch nicht zugelassen waren, auf jeden Fall fakultativ zentral zugelassen werden, sofern sie nicht bereits unter den obligatorischen Anwendungsbereich der VO 726/2004 nach Art. 3 Abs. 1 VO 726/2004 fallen auf Basis der Ziff. 3 des Anhangs zur VO 726/2004.

[384] Gem. den Empfehlungen der EMA sollte der Antrag auf fakultative Anwendung des zentralisierten Verfahrens frühestens 18 Monate und mindestens 7 Monate vor der geplanten Einreichung des Zulassungsantrages bei der EMA eingereicht werden. Vgl. EMA, pre-authorisation procedural advice for users of the centralised procedure, 6. Februar 2018 (EMA/821278/2015), Ziff. 2.1.1.

Meier

- der Genehmigungsantrag auf Genehmigung gem. Art. 10 RL 2001/83/EG oder gem. Art. 13 RL 2001/82/EG eingereicht wird,
- die Fachinformation in allen einschlägigen Punkten der des zentral genehmigten Arzneimittels entspricht, außer bei jenen Teilen der Zusammenfassung der Produktmerkmale, die sich auf Indikationen oder Dosierungen beziehen, die zum Zeitpunkt des Inverkehrbringens des Generikums noch unter das Patentrecht fielen, und
- das Generikum in allen Mitgliedstaaten, in denen der Antrag gestellt wurde, unter demselben Namen genehmigt wird.[385]

Das Generikaunternehmen muss sich aber für eine Zulassungsart entscheiden, da in Bezug auf das gleiche Arzneimittel unterschiedliche Beurteilungsberichte durch verschiedene Zulassungsbehörden vermieden werden sollen – es gilt der generelle Grundsatz „*no co-existence of central and national authorisation*"[386]. 182

3. Verfahrensablauf und Versagungsgründe

a) Notifizierung der EMA und Ernennung von Rapporteur und Co-Rapporteur. 183
Zuständig für die Durchführung des zentralen Zulassungsverfahrens ist die EMA. Diese ist spätestens 7 Monate vor Einreichung des Zulassungsantrags von dem Vorhaben zu notifizieren. Daraufhin erfolgt insbesondere die Ernennung des sog. Rapporteurs und des Co-Rapporteurs: dies sind die Vertreter von 2 Mitgliedsländern der EU, die bei dem Genehmigungsantrag als Rapporteur bzw. Co-Rapporteur die Federführung übernehmen und als zentrale Kontaktpersonen fungieren[387].

b) Einreichung des Zulassungsantrages und Validierungsphase. Der Antrag auf 184
Erteilung einer zentralen Zulassung ist bei der EMA einzureichen (Art. 4 VO 726/2004). Diesem Antrag sind die in Art. 8 Abs. 3, Art. 10, 10a, 10b oder 11 sowie Anhang I der RL 2001/83/EG genannten Angaben und Unterlagen vollständig beizufügen[388] nebst der zu entrichtenden Gebühr[389], wobei grundsätzlich die Verwendung einer einheitlichen Arzneimittelbezeichnung vorzusehen ist[390].

---

[385] Vgl. hierzu die Regelung des Art. 3 Abs. 3 VO 726/2004.
[386] Vgl. Commission Communication on the Community marketing authorisation procedures for medicinal products (98/C 229/03) v. 22.7.1998; European Commission, Note to the attention of the Heads of Medicines Agencies and the Pharmaceutical Committee v. 24.2.2009, S. 3ff, abrufbar unter ec.europa.eu/health.
[387] Vgl. hierzu Vgl. EMA, pre-authorisation procedural advice for users of the centralised procedure, 6. Februar 2018 (EMA/821278/2015), Ziff. 2.2; EMA, Committee for Medicinal Products for Human Use – Rules of Procedure (EMEA/45110/2007, EMEA/MB/87146/2007), Article 6.
[388] Sofern klinische Versuche außerhalb der EU durchgeführt wurden, müssen die Unterlagen eine Bestätigung darüber enthalten, dass diese den ethischen Anforderungen der RL 2001/20/EG entsprechen (Art. 6 Abs. 1 S. 2 VO 726/2004). Für einen Antrag auf Genehmigung eines Humanarzneimittels, das *genetisch veränderte Organismen* iSd Art. 2 RL 2001/18/EG enthält oder aus solchen besteht, sind weiter die in Art. 6 Abs. 2 VO 726/2004 aufgeführten Unterlagen beizufügen.
[389] Die Gebührenordnung der EMA basiert auf der VO (EG) Nr. 297/95 des Rates vom 10. Februar 1995 über die Gebühren der Eurpäischen Agentur für die Beurteilung von Arzneimitteln, ABl. L 35 v. 15.2.1995, S. 1, zuletzt geändert durch die VO (EU) Nr. 273/2012 der Kommission vom 27. März 2012, ABl. L 90 v. 28.3.2012, S. 11. Hierzu stellt die EMA sog. „Explanatory Notes" zur Verfügung, abrufbar unter ema.europa.eu.
[390] Art. 6 Abs. 1 VO 726/2004. Für bestimmte Länder kann hiervon dann eine Ausnahme erteilt werden, wenn die Verwendung der einheitlichen Arzneimittelbezeichnung in diesen Ländern aus markenrechtlichen Gründen von Dritten in Frage gestellt wird, vgl. EMA, Guideline on the Acceptability of Names for Human Medicinal Products processed through the Centralised Procedure (CPMP/328/98), Revision 5 v. 5.2.2007, Ziff. 1.

185   Nach erfolgter Einreichung des Zulassungsdossiers (sog. **Submission**) erfolgt sodann zunächst die **Validierung** des Zulassungsantrags durch die EMA, indem sie die Zulässigkeit des Antrags, insbesondere die Einhaltung der formellen Anforderungen an das Zulassungsdossier und die Vollständigkeit der eingereichten Daten und Unterlagen prüft[391]. Dabei kann der Antragsteller aufgefordert werden, innerhalb bestimmter Fristen Daten und Unterlagen nachzuliefern[392]. Die Validierung ist bis zum offiziellen Verfahrensbeginn durch die EMA abzuschließen.

- Im Falle eines *positiven* Validierungsergebnisses informiert die EMA den Antragsteller schriftlich über den erfolgreichen Abschluss der Validierung verbunden mit einem Zeitplan für die weitere Beurteilung durch den CHMP[393].
- Sofern die erforderlichen Daten, Unterlagen oder Klarstellungen nicht (oder nicht rechtzeitig) eingereicht werden, wird der Antragsteller über das *negative* Ergebnis der Validierung ebenfalls schriftlich informiert und aufgefordert mitzuteilen, ob er das Zulassungsdossier zurückerhalten möchte oder dies von der EMA vernichtet werden soll. Sofern der Antragsteller in der Zukunft einen erneuten Antrag starten möchte, muss der Antragsteller ein neues Dossier bei der EMA einreichen.

186   **c) Erstbeurteilung.** Nach erfolgter Validierung und Beginn des Verfahrens[394] nimmt das CHMP[395] eine erste wissenschaftliche Bewertung der Antragsunterlagen zur Qualität, Wirksamkeit und Unbedenklichkeit des Arzneimittels einschließlich der Umweltverträglichkeit vor. Über den CHMP sind Wissenschaftler aus allen europäischen Zulassungsbehörden – damit auch des BfArM – an der Bearbeitung und Bewertung der Zulassungsanträge beteiligt. Die Federführung liegt dabei bei Rapporteur sowie Co-Rapporteur, die einen Bewertungsbericht als Basis für die weitere Abstimmung erstellen. Dabei stellt die EMA sicher, dass dieses CHMP-Gutachten innerhalb von 210 Tagen nach Eingang des gültigen Antrags abgegeben wird[396].

187   Zur Erstellung seines Gutachtens *muss* das CHMP prüfen, ob die vorgelegten Angaben und Unterlagen den Anforderungen der RL 2001/83/EG entsprechen, und ob die Bedingungen für die Erteilung einer Genehmigung für das Inverkehrbringen erfüllt sind. Zusätzlich hierzu *kann* dieses CHMP verlangen, dass ein amtliches Arzneimittelkontroll-

---

[391] Vor Zulassungserteilung ist ggf. auch die Durchführung von GMP-, GMP und GLP-Inspektionen erforderlich, die von der EMA angeordnet und innerhalb der 210 Tage Verfahrensdauer auch durchgeführt werden müssen. Insoweit hat der Antragsteller im Zulassungsantrag bereits zu versichern, dass die zu inspizierenden Standorte (Herstellungs- oder Qualitätskontrollstandorteund/oder nicht-klinische Standorte oder klinische Studien Standorte) ab dem Zeitpunkt der Einreichung des Zulassungsantrags bereit sind für eine Inspektion. Die Einreichung von Produktmustern zum Testen des entsprechenden Arzneimittels ist zum Zeitpunkt der Antragseinreichung nicht erforderlich.
[392] Ausführlich hierzu EMA, pre-authorisation procedural advice for users of the centralised procedure, 6. Februar 2018 (EMA/821278/2015), Ziff. 4.1.
[393] Nach erfolgter Validierung werden die Produktdetails in das Tracking System der EMA (SIAMED) eingetragen. Dieses Numerierungssystem erlaubt eine klare Identifizierung eines jeden Antrags auf Erteilung, Änderung, Erweiterung, Übertragung oder Erneuerung einer zentralen Zulassung für jedes Produkt und für jede Darreichungsform während des gesamten Lebenszyklus. Primär werden bei der EMA Zulassungsanträge nach dem Namen und dem aktiven Wirkstoff des Produkts identifiziert. Aus Verwaltungsgründen wird jedem Antrag auch eine Antragsnummer erteilt (EMA/H/C/....), wobei „H" für „Human" steht und C für „centralised procedure" gefolgt von einer fortlaufenden sechsstelligen Nr. des Antrags. Der Antragsteller wird über die Prozessnummer in der Validierungsmitteilung informiert. Diese Nr. sollte sodann in jeder weiteren Korrespondenz mit der EMA verwendet werden. Vgl. EMA, pre-authorisation procedural advice for users of the centralised procedure, 6. Februar 2018 (EMA/821278/2018), Ziff. 4.7.1.
[394] Die EMA veröffentlicht zwischenzeitlich auf ihrer Website monatlich eine Liste der „*Medicines under evaluation*", bei denen das Validierungsverfahren einen positiven Ausgang genommen hat.
[395] Allgemein zu CHMP s. o. → § 1 Rn. 18ff.
[396] Vgl. zu den entsprechenden Timelines die Regelung des Art. 6 Abs. 3 VO 726/2004.

labor das Humanarzneimittel, dessen Ausgangsstoffe und ggf. dessen Zwischenprodukte oder sonstige Bestandteile prüft, um sicherzustellen, dass die vom Hersteller angewandten und in den Antragsunterlagen beschriebenen Kontrollmethoden ausreichend sind.

d) „Clock-Stop". Nach 120 Tagen ab Validierung verabschiedet die EMA ihre generelle Schlussfolgerung und eine Liste offener Fragen, die sodann dem Antragsteller zugeleitet werden, verbunden mit der Aufforderung, die offenen Fragen zu beantworten und ggf. die mit dem Antrag vorgelegten Unterlagen innerhalb einer bestimmten Frist zu vervollständigen[397]. Macht der CHMP von dieser Möglichkeit Gebrauch, so wird die in Art. 6 Abs. 3 UAbs. 1 VO 726/2004 festgelegte Frist von 210 Tagen unterbrochen, bis die angeforderten zusätzlichen Informationen vorliegen (sog. „Clock-Stop"). In gleicher Weise wird diese Frist für den Zeitraum unterbrochen, der dem Antragsteller zur Abgabe mündlicher oder schriftlicher Erklärungen eingeräumt wird (Art. 7 VO 726/2004).

188

e) Zweitbeurteilung. Auf Basis der ggf. weiter eingereichten Unterlagen und Informationen erfolgt sodann die Zweitbeurteilung des Zulassungsantrags, die in einem normalen Verfahren 90 Tage dauert. Das von Rapporteur und Co-Rapporteur auf dieser Basis erstellte wissenschaftliche Gutachten wird sodann von den übrigen Mitgliedsländern kommentiert und danach im CHMP diskutiert und verabschiedet. Das finale Gutachten gibt eine positive oder negative Empfehlung zur Zulassungserteilung ab[398].

189

f) CHMP-Empfehlung und Kommissionsentscheidung. Diese Empfehlung des CHMP bildet damit gleichzeitig die – unverbindliche – Basis für die finale Entscheidung der Europäischen Kommission über den Zulassungsantrag, die innerhalb von 67 Tagen nach dem finalen CHMP-Gutachten erfolgt[399].

190

Kommt das CHMP-Gutachten zu dem für den Antragsteller *negativen* Ergebnis, dass
- der Antrag die in der VO 726/2004 festgelegten Genehmigungskriterien nicht erfüllt,
- die vom Antragsteller vorgeschlagene Zusammenfassung der Merkmale des Arzneimittels geändert werden muss,
- die Etikettierung bzw. die Packungsbeilage des Produkts nicht den Regelungen des Titel V (Art. 54–69) RL 2001/83/EG entspricht, oder
- die Genehmigung vorbehaltlich der in Art. 14 Abs. 7 u. 8 VO 726/2004 vorgesehenen Bedingungen zu erteilen ist,

191

hat die EMA den Antragsteller hiervon unverzüglich zu unterrichten (Art. 9 Abs. 1 VO 726/2004).

Sodann hat der Antragsteller die Möglichkeit, bei der EMA innerhalb von 15 Tagen nach Erhalt dieses Gutachtens um Überprüfung des Gutachtens zu ersuchen und dieses Gesuch binnen 60 Tagen nach Erhalt des Gutachtens ausführlich zu begründen. Sodann überprüft das CHMP innerhalb von weiteren 60 Tagen nach Erhalt der Gesuchsbegrün-

192

---

[397] Hierzu sieht Art 8 Abs. 1 VO 726/2004 vor, dass auf entsprechende schriftliche Aufforderung des CHMP ein Mitgliedstaat Informationen vorlegen muss, aus denen hervorgeht, dass der Hersteller eines Arzneimittels oder der Importeur aus einem Drittland in der Lage ist, das betreffende Arzneimittel in Übereinstimmung mit den gem. Art. 6 vorgelegten Angaben und Unterlagen herzustellen bzw. die notwendigen Kontrollen durchzuführen. Auch kann der CHMP vom Antragsteller verlangen, einer speziellen Inspektion des Herstellungsbetriebs des betreffenden Arzneimittels zuzustimmen. Solche Inspektionen können unangemeldet erfolgen. Die Inspektion wird innerhalb der in Art. 6 Abs. 3 UAbs. 1 festgelegten Frist durch entsprechend qualifizierte Inspektoren aus dem Mitgliedstaat durchgeführt, die von einem vom Ausschuss benannten Berichterstatter oder Sachverständigen begleitet werden können.

[398] Vgl. ausführlich hierzu EMA, pre-authorisation procedural advice for users of the centralised procedure, 6. Februar 2018 (EMA/821278/2015), Ziff. 5.1.1.

[399] Vgl. EMA, pre-authorisation procedural advice for users of the centralised procedure, 6. Februar 2018 (EMA/821278/2015), Ziff. 5.1.1.

dung sein Gutachten gem. den in Art. 62 Abs. 1 UAbs. 4 VO 726/2004 genannten Bedingungen. Die Gründe für die erzielten Schlussfolgerungen werden sodann dem endgültigen Gutachten beigefügt (Art. 9 Abs. 2 VO 726/2004).

193 Im Falle eines *positiven* Gutachtens auf Erteilung einer Genehmigung für das Inverkehrbringen des betreffenden Arzneimittels sind dem Gutachten gem. Art. 9 Abs. 4 VO 726/2004 folgende Unterlagen beizufügen:

- der Entwurf der Zusammenfassung der Merkmale des Arzneimittels gem. Art. 11 RL 2001/83/EG;
- Einzelheiten etwaiger Bedingungen oder Einschränkungen, die für die Lieferung oder Verwendung des betreffenden Arzneimittels gelten sollten, einschließlich der Bedingungen, unter denen das Arzneimittel Patienten zugänglich gemacht werden darf, und zwar im Einklang mit den in Titel VI der RL 2001/83/EG festgelegten Kriterien;
- Einzelheiten etwaiger empfohlener Bedingungen oder Einschränkungen hinsichtlich der sicheren und wirksamen Anwendung des Arzneimittels;
- der Textentwurf für die vom Antragsteller vorgeschlagene Etikettierung und Packungsbeilage gem. Titel V der RL 2001/83/EG, sowie
- der Beurteilungsbericht.

194 Die EMA übermittelt das endgültige Gutachten des CHMP innerhalb von 15 Tagen nach seiner Verabschiedung der Europäischen Kommission, den Mitgliedstaaten und dem Antragsteller, zusammen mit einem Bericht, der die Beurteilung des Arzneimittels durch den Ausschuss enthält und die Gründe für seine Schlussfolgerungen angibt (Art. 9 Abs. 3 VO 726/2004). Gem. Art. 14 Abs. 10 VO 726/2004 schließt der CHMP in sein Gutachten einen Vorschlag über die Kriterien der Verschreibung und der Verwendung des Arzneimittels ein.

195 **g) Entscheidungsentwurf der Europäischen Kommission und Einbeziehung des CHMP.** Innerhalb von 15 Tagen nach Erhalt des CHMP-Gutachtens erstellt die Kommission den Entwurf einer Entscheidung über den Antrag:

- Sieht der Entscheidungsentwurf die Erteilung einer Genehmigung für das Inverkehrbringen vor, so enthält er die in Art. 9 Abs. 4 lit. a, b, c u. d VO 726/2004 genannten Unterlagen oder nimmt darauf Bezug.
- Entspricht der Entscheidungsentwurf nicht dem Gutachten der EMA, so fügt die Kommission eine eingehende Begründung für die Abweichung bei. Der Entscheidungsentwurf wird den Mitgliedstaaten und dem Antragsteller mitgeteilt.

196 Die Kommission erlässt eine endgültige Entscheidung nach dem in Art. 87 Abs. 3 VO 726/2004 genannten Verfahren innerhalb von 15 Tagen nach Abschluss dieses Verfahrens (Art. 10 Abs. 1 u. 2 VO 726/2004).

197 Die Kommission wird dabei weiter durch den CHMP unterstützt. Hierbei hat die Stellungnahme des CHMP innerhalb eines Monats im Wege des schriftlichen Verfahrens zu ergehen. Im Rahmen des Verfahrens nach Art. 87 Abs. 3 VO 726/2004 steht den Mitgliedstaaten das Recht zu, innerhalb einer Frist von 22 Tagen der Kommission ihre schriftlichen Bemerkungen zum Entscheidungsentwurf zu übermitteln. In Fällen, in denen die Beschlussfassung Dringlichkeitscharakter hat, kann der Vorsitzende jedoch je nach Dringlichkeit eine kürzere Frist festlegen. Diese Frist darf nicht weniger als 5 Tage betragen, es sei denn, es liegen außergewöhnliche Umstände vor. Ferner können die Mitgliedstaaten unter ausführlicher Darlegung ihrer Gründe schriftlich beantragen, dass der in Art. 10 Abs. 1 VO 726/2004 genannte Entscheidungsentwurf von dem CHMP im Plenum erörtert wird[400].

---

[400] Vgl. hierzu Art. 10 Abs. 3 VO 726/2004.

Sollten sich nach Auffassung der Kommission aus den schriftlichen Bemerkungen eines **198**
Mitgliedstaats wichtige neue Fragen wissenschaftlicher oder technischer Art ergeben, die
in dem von der EMA abgegebenen Gutachten nicht behandelt wurden, setzt der Vorsitzende das Verfahren aus, und der Antrag wird zur weiteren Prüfung an die EMA
zurückverwiesen (Art. 10 Abs. 4 VO 726/2004).

h) Entscheidung der Europäischen Kommission. Erfolgt eine Versagung der Gemeinschaftsgenehmigung für das Inverkehrbringen, so stellt dies ein Verbot für das **199**
Inverkehrbringen des betreffenden Arzneimittels in der gesamten EU dar[401]. Allerdings
darf die Kommission die Genehmigung für das Inverkehrbringen gem. Art. 12 Abs. 1
VO 726/2004 nur versagen,
- wenn sich nach Prüfung der vorgelegten Angaben und Unterlagen ergibt, dass der Antragsteller die Qualität, die Sicherheit oder die Wirksamkeit des Arzneimittels nicht angemessen oder ausreichend nachgewiesen hat,
- wenn vom Antragsteller vorgelegte Angaben oder Unterlagen unrichtig sind, oder
- wenn die vom Antragsteller vorgeschlagene Etikettierung und Packungsbeilage nicht Titel V der RL 2001/83/EG entsprechen.

Die Informationen über jede Versagung einer Genehmigung und die Gründe hierfür **200**
werden öffentlich zugänglich gemacht (Art. 12 Abs. 3 VO 726/2004).

Entscheidet die Europäische Kommission hingegen, die Gemeinschaftsgenehmigung **201**
zu erteilen, so ist diese Genehmigung für die gesamte Gemeinschaft gültig. Sie umfasst die
gleichen Rechte und Pflichten in jedem einzelnen Mitgliedstaat wie eine jeweilige nationale Genehmigung[402]. Die genehmigten Humanarzneimittel werden in das Arzneimittelregister der Gemeinschaft aufgenommen, und ihnen wird eine Nr. zugeteilt, die auf
der Verpackung anzugeben ist[403].

Ferner veröffentlicht die EMA – nach Streichung aller vertraulichen Angaben geschäft- **202**
licher Art – umgehend den vom Ausschuss für Humanarzneimittel erstellten Bericht über
die Beurteilung des Humanarzneimittels und die Gründe für das Gutachten zugunsten
der Erteilung einer Genehmigung. Dieser **Europäische Öffentliche Beurteilungsbericht**
(European Public Assessment Report – EPAR) enthält eine allgemein verständliche
Zusammenfassung, insbesondere einen Abschnitt über die Verwendungsbedingungen des
Arzneimittels (Art. 13 Abs. 3 VO 726/2004)[404].

Der Zulassungsinhaber hat die EMA über die Termine für das tatsächliche Inverkehr- **203**
bringen des Humanarzneimittels in den Mitgliedstaaten unter Berücksichtigung der unterschiedlichen genehmigten Verabreichungsformen zu unterrichten. Auch hat er der
EMA zu melden, wenn das Inverkehrbringen dieses Arzneimittels vorübergehend oder
endgültig eingestellt wird. Diese Meldung hat spätestens zwei Monate vor der Einstellung
des Inverkehrbringens zu erfolgen, sofern keine außergewöhnlichen Umstände vorliegen
(Art 13 Abs. 4 VO 726/2004).

---

[401] So ausdrücklich Art. 12 Abs. 2 VO 726/2004. Die EMA veröffentlicht sodann auch einen entsprechenden „*Refusal EPAR*", vgl. Art. 12 Abs. 3 VO 726/2004.

[402] Art. 13 Abs. 1 UAbs. 1 S. 2 VO 726/2004; European Commission, Notice to Applicants, Volume 2A, Procedures for marketing authorisation, Chapter 1, Marketing Authorisation (June 2018, Revision 8), Ziff. 1 ff.

[403] Vgl. Art. 13 Abs. 1 S. 1–3 VO 726/2004. Die Mitteilungen über die Genehmigungen für das Inverkehrbringen werden insbesondere unter Angabe des Genehmigungsdatums und der Registriernummer des Europäischen Arzneimittelregisters sowie des internationalen Freinamens (INN) des Wirkstoffes des Arzneimittels, seiner Darreichungsform und des anatomisch-therapeutisch-chemischen Codes (ATCCode) im Amtsblatt der EU veröffentlicht (Art. 13 Abs. 2 VO 726/2004).

[404] Die EPARs werden von der EMA auf ihre Website www.ema.europa.eu veröffentlich unter „Find Medicine".

204 Übersicht: Verfahrensablauf beim zentralen Zulassungsverfahren (210 + 67 Tage)

[Diagramm: Einreichung – Validierung (Tag 0) → CHMP: Erstbeurteilung (Tag 1) → Clock Stop (Tag 120) → CHMP: Zweitbeurteilung (Tag 121) → CHMP Empfehlung (Tag 210) → EU Kommission Entscheidung; 120 Tage, 90 Tage, 210 Tage, 67 Tage]

4. Besondere Zulassungsarten und -verfahren

205 Art. 14 Abs. 7 VO 726/2004 sieht die Möglichkeit einer bedingten Zulassung vor (engl. „conditional marketing authorisation"): Hiernach kann nach entsprechender Konsultation des Antragstellers eine bedingte Zulassung beantragt und vorbehaltlich besonderer Bedingungen erteilt werden, die jährlich von der EMA neu zu beurteilen ist. Diese bedingte Zulassung hat damit grundsätzlich nur eine Geltungsdauer von einem Jahr. Die Liste dieser Bedingungen wird öffentlich zugänglich gemacht[405].

206 Ferner besteht die Möglichkeit, in Ausnahmefällen und nach Konsultation des Antragstellers eine **Zulassung unter außergewöhnlichen Umständen** (engl. „marketing authorisation under exceptional circumstances") zu beantragen und zu erhalten gem. Art. 14 Abs. 8 VO 726/2004. Diese Möglichkeit besteht für Produkte, für die der Antragstellt in seinem Zulassungsantrag nachweisen kann, dass er keine vollständigen Auskünfte über die Wirksamkeit und Unbedenklichkeit bei bestimmungsgemäßem Gebrauch erteilen kann, weil

- die Indikationen, für die das betreffende Arzneimittel bestimmt ist, so selten vorkommen, dass dem Antragsteller billigerweise nicht zugemutet werden kann, die vollständigen Angaben vorzulegen,
- beim jeweiligen Stand der Wissenschaft es nicht möglich ist, vollständige Auskünfte zu erteilen, oder
- die allgemein anerkannten Grundsätze des ärztlichen Berufsethos es nicht gestatten, diese Angaben zu beschaffen.

207 In diesen Fällen kann unter bestimmten spezifischen Auflagen eine Zulassung erteilt werden. Diese Auflagen können Folgendes umfassen[406]:

- der Antragsteller führt innerhalb eines von der zuständigen Behörde festgelegten Zeitraums ein festgelegtes Versuchsprogramm durch, dessen Ergebnisse die Grundlage einer Neubeurteilung des Nutzen/Risikoprofils bilden;
- das Arzneimittel darf nur auf ärztliche Verschreibung abgegeben werden; gegebenenfalls darf es nur unter strenger ärztlicher Kontrolle, eventuell in Krankenhäusern, und im Falle radioaktiver Arzneimittel nur von dazu befugten Personen verabreicht werden;

---

[405] Für die Anwendung dieser Vorschrift hat die Europäische Kommission eine Durchführungs-VO erlassen, nämlich die VO (EG) Nr. 507/2006/EG über die bedingte Zulassung von Humanarzneimitteln, die unter den Geltungsbereich der VO (EG) Nr. 726/2004 fallen (ABl. L 92 v. 30.3.2006). Instruktiv hierzu *Friese* in Dieners/Reese (Hrsg.), Hdb PharmaR, § 5 Rn. 126 f. Vgl. auch EMA, Guideline on procedures for the granting of a marketing authorisation under exceptional circumstances v. 15.12.2005 (EMEA/357981/2005).

[406] Siehe Teil II von Annex I der RL 2001/83.

- in der Packungsbeilage und in der für Ärzte bestimmten Information müssen diese darauf aufmerksam gemacht werden, dass für bestimmte anzugebende Bereiche noch keine ausreichenden Angaben über das betreffende Arzneimittel vorliegen.

Diese Zulassung unter außergewöhnlichen Umständen ist zwar fünf Jahre gültig, ihre Aufrechterhaltung ist aber von der jährlichen Neubeurteilung der ausgesprochenen Bedingungen abhängig[407]. 208

Schließlich kann der Antragsteller für Humanarzneimittel, die für die öffentliche Gesundheit und insbesondere unter dem Gesichtspunkt der therapeutischen Innovation von erheblichem Interesse sind, bei Einreichen des Antrags auf Erteilung der Zulassung für das Inverkehrbringen ein **beschleunigtes Beurteilungsverfahren** (engl. „Accelerated Procedure") beantragen. Dieser Antrag ist hinreichend zu begründen. Kommt der CHMP diesem Antrag nach, so verkürzt sich die in Art. 6 Abs. 3 UAbs. 1 VO 726/2004 vorgesehene Frist auf 150 Tage[408]. 209

Um die Möglichkeit dieses beschleunigten Zulassungsverfahrens optimal zu nutzen, hat die EMA im März 2016 das **PRIME („PRIority MEdicines")-Programm** als Angebot für Arzneimittelentwickler eingeführt[409]. Hiermit soll auf Basis des bestehenden regulatorischen Rahmens die Unterstützung für die Entwicklung von Arzneimitteln verbessert werden, für die ein ungedeckter medizinischen Bedarf besteht. Voraussetzung ist somit, dass das Arzneimittel einen bedeutenden Vorteil gegenüber bereits verfügbaren Therapien verspricht oder auf eine Erkrankung abzielt, für die es bis dato noch keine Behandlungsoption gibt. Dieses Programm basiert auf einer verbesserten Interaktion und einem frühen Dialog zwischen den Entwicklern vielversprechender Arzneimittel und der EMA, um hierdurch die Entwicklungspläne und das Generieren robuster Daten zu optimieren und die Beurteilung zu beschleunigen, so dass diese Arzneimittel den Patienten früher zur Verfügung stehen. Bekommt ein pharmazeutisches Unternehmen auf entsprechenden Antrag den PRIME-Status für sein Arzneimittel von der EMA gewährt, so kann das Unternehmen erwarten, dass dieses Arzneimittel bei Antragstellen für das beschleunigte Beurteilungsverfahren geeignet ist. Ferner hat dies den Vorteil, dass sogleich ein Rapporteur vom CHMP oder CAT ernannt und ein Auftaktmeeting mit dem CHMP/CAT Rapporteur sowie eine multidisziplinäre Expertengruppe organisiert wird, um Anleitungen für den Entwicklungsplan sowie die Zulassungsstrategie zu geben[410]. Bis einschließlich 31. Mai 2018 wurden bereits 185 Anträge auf Gewährung des PRIME-Status gestellt, wovon allerdings nur 40 positiv verbeschieden wurden[411]. 210

5. Änderungen der Arzneimittelzulassung

Die VO 1234/2008[412] beinhaltet den gemeinschaftlichen Rechtsrahmen sowohl für Änderungen von Arzneimittelzulassungen, die auf Basis des dezentralen Verfahrens sowie des Verfahrens der gegenseitigen Anerkennung erlassen wurden, als auch für 211

---

[407] Instruktiv hierzu *Friese* in Dieners/Reese (Hrsg.), Hdb PharmaR, § 5 Rn. 128 f.
[408] Art. 14 Abs. 9 VO 726/2004. Zu den Einzelheiten des Verfahrens vgl. EMA, Guideline on the scientific application and the practical arrangements necessary to implement the procedure for accelerated assessment pursuant to Article 14(9) of Regulation (EC) No 726/2004, 25.2.2016 (EMA/CHMP/671361/2015 Rev. 1).
[409] Siehe *EMA*, Enhanced early dialogue to facilitate accelerated assessment of PRIority MEdicines (PRIME), 25. Februar 2016 (EMA/CHMP/57760/2015).
[410] Zu Einzelheiten vgl. *EMA* Guidance for applicants seeking access to PRIME scheme, 7. März 2016 (EMA/191104/2015).
[411] S. EMA Recommendations on eligibility to PRIME scheme v. 6. Juni 2018 (EMA/116728/2018), S. 4, abrufbar unter ema.europa.eu.
[412] VO (EG) Nr. 1234/2008 der Kommission vom 24. November 2008 über die Prüfung von Änderungen der Zulassungen von Human- und Tierarzneimitteln, ABl. L 334 v. 12.12.2008, S. 7,

Änderungen von zentralen Arzneimittelgenehmigungen, die auf Basis der VO 726/2004 von der Europäischen Kommission erlassen wurden (Art. 1 Abs. 1[413]). Allerdings gilt diese Verordnung nicht für die Übertragung einer Zulassung von einem Zulassungsinhaber auf einen anderen (Art. 1 Abs. 2), dies ist geregelt in der Verordnung (EG) Nr. 2141/96[414].

212 Die Änderungen von Arzneimittelzulassungen werden in Abhängigkeit von dem Grad des Risikos für die öffentliche Gesundheit und dem Umfang der Auswirkungen auf Qualität, Unbedenklichkeit und Wirksamkeit des betreffenden Arzneimittels in unterschiedliche Kategorien eingeteilt, welche wiederum unterschiedlichen Überwachungsinstrumenten zugeordnet werden. Auch wird festgelegt, dass zwar prinzipiell jede Änderung getrennt eingereicht werden soll. Allerdings wird für bestimmte Fälle die Möglichkeit eröffnet, Änderungen derselben Gruppe zusammenzufassen, um die Überprüfung der Änderungen zu vereinfachen und den Verwaltungsaufwand zu reduzieren[415].

213 a) **Klassifizierung der Änderungen.** Die Änderungen werden klassifiziert wie folgt[416]:
- **geringfügige Änderung des Typs IA:** eine Änderung, die gar keine oder nur minimale Folgen für die Qualität, Unbedenklichkeit oder Wirksamkeit des betreffenden Arzneimittels hat;
- **geringfügige Änderung des Typs IB:** eine Änderung, bei der es sich weder um eine geringfügige Änderung des Typs IA noch um eine größere Änderung des Typs II oder um eine Erweiterung handelt;
- **größere Änderung des Typs II:** eine Änderung, bei der es sich nicht um eine Erweiterung handelt und die umfangreiche Folgen für die Qualität, Unbedenklichkeit oder Wirksamkeit des betreffenden Arzneimittels haben kann;
- **Zulassungserweiterung:** eine Änderung, die in Anhang I zur VO 1234/2008 aufgeführt ist und die dort festgelegten Voraussetzungen erfüllt.

214 Dabei gilt für jede Änderung, bei der es sich nicht um eine Erweiterung handelt, die Einstufung gem. Anhang II (Art. 3 Abs. 1). Ferner gilt eine Änderung, bei der es sich nicht um eine Erweiterung handelt und deren Einstufung auch nach Anwendung der Vorschriften der VO1234/2008, insb. des Anhangs II, unklar ist, standardmäßig als geringfügige Änderung des Typs IB (Art. 3 Abs. 2). Allerdings gilt abweichend hiervon nach Art. 3 Abs. 3 eine solche Änderung als größere Änderung des Typs II,
- wenn der Inhaber bei Einreichung der Änderung darum ersucht, oder
- wenn die EMA zu dem Ergebnis gelangt, dass die Änderung umfangreiche Folgen für die Qualität, Unbedenklichkeit oder Wirksamkeit des betreffenden Arzneimittels haben kann.

---

geändert durch die VO (EU) Nr. 712/2012 des Kommission vom 3. August 2012, ABl. L 209 v. 4.8.2012, S. 4.

[413] Die Art 1–7 beinhalten die Allgemeinen Bestimmungen, die Art. 8–13 betreffen die Änderung dezentraler und MRP-Zulassungen, die Art. 14–18 betreffen die Änderung zentraler Zulassungen, die Art. 19–24 beinhalten Sonderverfahren, und die Art. 25–28 die Schlussbestimmungen.

[414] VO (EG) Nr. 2141/96 der Kommission vom 7. November 1996 über die Prüfung eines Antrags auf Übertragung einer Zulassung für ein in den Geltungsbereich der VO (EWG) Nr. 2309/93 des Rates fallendes Arzneimittel, ABl. L 286 v. 8.11.1996, S. 6.

[415] Erwägungsgründe 6 u. 7 der VO 1234/2008.

[416] Vgl. Art. 2 Nrn. 2–5 VO 1234/2008 sowie *European Commission,* Guidelines of 16.5.2013 on the details of the various categories of variations, on the operation of the procedures laid down in Chapters II, IIa, III and IV of Commission Regulation (EC) No 1234/2008 of 24 November 2008 concerning the examination of variations to the terms of marketing authorisations for medicinal products for human use and veterinary medicinal products and on the documentation to be submitted pursuant to those procedures v. 16.5.2013 (C (2013) 2804).

Meier

b) **Überwachungsmaßnahmen und -instrumente.** Es gelten folgende Verfahrensregelungen:

- Für *geringfügige Änderungen des Typs IA* gilt das **Mitteilungsverfahren des Art. 14 VO 1234/2008:** Hiernach ist grundsätzlich innerhalb von 12 Monaten[417] nach Durchführung der Änderung diese allen maßgeblichen Behörden gleichzeitig mitzuteilen unter Einreichung der in Anhang IV aufgeführten Unterlagen. Innerhalb von 30 Tagen nach Erhalt der Mitteilung werden sodann die Maßnahmen nach Art. 17 ergriffen.
- Für *geringfügige Änderungen des Typs IB* gilt das **Mitteilungsverfahren des Art. 15 VO 1234/2008:** Hiernach hat der Zulassungsinhaber bei der EMA eine Mitteilung einzureichen, die die in Anhang IV aufgeführten Unterlagen enthält[418]. Sofern die EMA dem Zulassungsinhaber nicht innerhalb von 30 Tagen nach Bestätigung des Erhalts einer gültigen Mitteilung ein negatives Gutachten übermittelt, darf der Zulassungsinhaber von einem positiven Gutachten ausgehen, so dass die Maßnahmen nach Art. 17 ergriffen werden (Art. 15 Abs. 2). Ist allerdings die EMA der Ansicht, dass die Mitteilung nicht akzeptiert werden kann, teilt sie dies dem Zulassungsinhaber unter Angabe der Gründe für dieses negative Gutachten mit. Sodann hat der Inhaber das Recht, innerhalb von 30 Tagen eine geänderte Mitteilung bei der EMA einzureichen, um die in dem Bescheid geäußerten Einwände angemessen zu berücksichtigen.
  – Werden keine Änderungen an der Mitteilung vorgenommen, gilt die Mitteilung als abgelehnt, so dass die Maßnahmen nach Art. 17 eingeleitet werden (Art. 15 Abs. 3).
  – Wird hingegen eine geänderte Mitteilung eingereicht, wird sie von der EMA innerhalb von 30 Tagen nach ihrem Eingang bewertet und die Maßnahmen nach Art. 17 eingeleitet (Art. 15 Abs. 5).
- Für *größere Änderungen des Typs II* gilt das **Verfahren der „Vorabgenehmigung" nach Art. 16 VO 1234/2008**[419]: Auch hier hat der Zulassungsinhaber bei der EMA einen Antrag unter Beifügung der in Anhang IV ausgeführten Unterlagen einzureichen. Bei Einreichung eines solchen gültigen Antrags bestätigt die EMA den Empfang eines gültigen Antrags (Art. 16 Abs. 1). Innerhalb von 60 Tagen[420] hat sodann die EMA ein Gutachten über den Antrag abzugeben. Die EMA kann diese Frist verkürzen, um die Dringlichkeit einer Frage zu berücksichtigen, oder auf 90 Tage verlängern, wenn es sich um Änderungen handelt, die in Anhang V Teil 1 aufgeführt sind (Art. 16 Abs. 2 S. 2). Innerhalb der gültigen Frist kann die EMA vom Zulassungsinhaber verlangen, dass er innerhalb einer festgelegten Frist zusätzliche Informationen vorlegt. In diesem Fall wird das Verfahren so lange ausgesetzt, bis diese zusätzlichen Informationen vorgelegt wurden (Art. 16 Abs. 3 S. 1 u. 2). Für das Gutachten zu dem gültigen Antrag gelten Art. 9 Abs. 1 u. 2 sowie Art. 34 Abs. 1 u. 2 VO 726/2004. Innerhalb von 15 Tagen nach der Verabschiedung des endgültigen Gutachtens über den gültigen Antrag werden die Maßnahmen nach Art. 17 ergriffen (Art. 16 Abs. 4).

---

[417] Die Mitteilung ist jedoch unverzüglich nach Durchführung der Änderung einzureichen, wenn es sich um geringfügige Änderungen handelt, die zur ständigen Überwachung des betreffenden Arzneimittels eine unverzügliche Mitteilung erfordern (Art. 8 Abs. 1 S. 3 VO 1234/2008).

[418] Erfüllt die Mitteilung die Bedingungen gem. UAbs. 1, bestätigt die zuständige Behörde des RMS nach Anhörung der CMS den Erhalt einer gültigen Mitteilung (Art. 9 Abs. 1 S. 2 VO 1234/2008).

[419] Abweichend von Art. 10 ist bei der Prüfung von Änderungen aufgrund von Wirkstoffänderungen zwecks jährlicher Aktualisierung eines Grippeimpfstoffs für den Menschen das Verfahren nach den Art. 12 Abs. 2 bis 6 anzuwenden (Art. 12 Abs. 1 VO 1234/2008).

[420] Die zuständige Behörde des RMS kann die in UAbs. 1 genannte Frist verkürzen, um die Dringlichkeit der Angelegenheit zu berücksichtigen, oder auf 90 Tage verlängern, wenn es sich um Änderungen handelt, die in Anhang V Teil 1 aufgeführt sind (Art. 10 Abs. 2 S. 1 VO 1234/2008).

216 Zum Abschluss der Verfahren nach den Art. 14 bis 16 hat die EMA schließlich die in Art. 17 VO 1234/2008 aufgeführten Maßnahmen zu ergreifen:
a) Die EMA teilt dem Zulassungsinhaber und der Kommission mit, ob ihr Gutachten positiv oder negativ ausgefallen ist.
b) Fällt ihr Gutachten über die Änderung negativ aus, teilt sie dem Inhaber und der Kommission die Begründung dafür mit.
c) Die EMA unterrichtet den Zulassungsinhaber und die Kommission davon, ob die Änderung erfordert, dass die Entscheidung über die Erteilung der Zulassung geändert wird.

217 Neben den Regelungen der VO 1234/2008 gelten für solche Änderungen, die ihrer Natur nach nicht von der VO 1234/2008 erfasst werden, die Regelungen des § 29 Abs. 1 bis 2 AMG. Dies ergibt sich als Umkehrschluss aus der Regelung des § 29 Abs. 4 AMG, wonach die Absätze 2a bis 3 keine Anwendung finden für Arzneimittel, die der VO 1234/2008 unterliegen – mithin finden die übrigen Absätze des § 29 AMG auf zentrale Zulassungen Anwendung. Dementsprechend ist zB die Anbringung weiterer Angaben auf der Umverpackung oder der Packungsbeilage in Deutschland mittels einer Änderungsanzeige nach § 29 Abs. 1 AMG beim BfArM anzuzeigen.

6. Rücknahme, Widerruf und Ruhen der Zulassung

218 Der Antragsteller hat das Recht, jederzeit seinen Zulassungsantrag zurückzunehmen. Tut er dies, bevor die EMA ihren Beurteilungsbericht erstellt hat, so sind der EMA die Gründe hierfür mitzuteilen (Art. 11 VO 726/2004). Die EMA macht diese Information öffentlich zugänglich und veröffentlicht ggf. den Beurteilungsbericht nach Streichung aller vertraulichen Angaben geschäftlicher Art. Nach erteilter Zulassung hat der Zulassungsinhaber eine eventuelle Rücknahme seiner Zulassung bei der Europäischen Kommission zu beantragen und die EMA hierüber zu notifizieren nebst der Gründe für die beantragte Rücknahme (s. Art. 13 Abs. 4 VO 726/2004).

219 Unabhängig davon hat die Europäische Kommission die Befugnis, Maßnahmen in Bezug auf die Zulassung zu treffen (zB diese zurückzunehmen, zu widerrufen, auszusetzen), sofern dies das Ergebnis des in Art. 20 VO 726/2004 geregelten Referral-Verfahrens ist. Sofern die Mitgliedstaaten oder die Europäische Kommission der Auffassung sind, dass eine der in Titel IX der RL 2001/83/EG betreffend Pharmakovigilanz[421] oder Titel XI der RL 2001/83/EG betreffend Überwachung und Sanktionen[422] vorgesehenen Maßnahmen in Bezug auf das betreffende Arzneimittel angewendet werden sollte, ist eine Entscheidung der Kommission unter wissenschaftlicher Unterstützung durch die EMA und dem CHMP gem. dem in Art. 20 VO 726/2004 geregelten sog. Referral-Verfahren herbeizuführen[423].

220 Nur dann, wenn eine Maßnahme zum Schutz der menschlichen Gesundheit oder der Umwelt dringend erforderlich ist, kann ein Mitgliedstaat von sich aus oder auf Ersuchen der Kommission die Verwendung eines gem. dieser Verordnung genehmigten Humanarzneimittels in seinem Hoheitsgebiet aussetzen. Handelt der Mitgliedstaat von sich aus, sind die Kommission und die Agentur spätestens an dem auf die Aussetzung folgenden Arbeitstag über die Gründe dieser Maßnahme zu unterrichten. Diese Aussetzungsmaßnahmen können aber nur solange in Kraft bleiben, bis eine endgültige Entscheidung der

---

[421] S. hierzu im Detail Art. 101 ff. RL 2001/83/EG.
[422] Vgl. Art. 111 ff. RL 2001/83/EG.
[423] Instruktiv hierzu *Friese* in Dieners/Reese, HdB PharmaR, § 5 Rn. 150 f. Zur Beweislast bei Aussetzung, Rücknahme oder Widerrufe einer zentralen Zulassung hat das Europäische Gericht erster Instanz entschieden, dass diese die zuständige Behörde habe, vgl. EuG, verb. RS T-74/00, T-76/00 ua, Rn. 191 f. sowie kommentierend *Friese* in Dieners/Reese, HdB PharmaR, § 5 Rn. 152.

Kommission nach dem in Art. 87 Abs. 3 VO 726/2004 genannten Verfahren ergangen ist[424].

7. Erlöschen und Verlängerung der Zulassung

Auch zentrale Zulassungen für das Inverkehrbringen eines Arzneimittels sind initial nur **fünf Jahre gültig** (Art. 14 Abs. 1 VO 726/2004). Diese können auf der Grundlage einer von der EMA vorgenommenen Neubeurteilung des Nutzen-Risiko-Verhältnisses verlängert werden. Hierzu hat der Zulassungsinhaber der EMA spätestens sechs Monate vor Ablauf der 5-Jahres-Frist eine konsolidierte Fassung der Unterlagen in Bezug auf Qualität, Sicherheit und Wirksamkeit des Arzneimittels vorzulegen, in der alle seit der Erteilung der Zulassung für das Inverkehrbringen vorgenommenen Änderungen zu berücksichtigen sind. Wird die Genehmigung für das Inverkehrbringen verlängert, so gilt diese verlängerte Zulassung ohne zeitliche Begrenzung, es sei denn, die Kommission beschließt in begründeten Fällen im Zusammenhang mit der Pharmakovigilanz eine zusätzliche Verlängerung um fünf Jahre gem. Art. 14 Abs. 2 VO 726/2004[425]. 221

Ausnahmen von diesem Grundsatz der initialen 5-Jahres-Gültigkeit einer Arzneimittelzulassung beinhalten die in den Absätzen 4, 5 und 7 des Art. 14 geregelten Fälle: 222
- Die Arzneimittelzulassung wird ungültig, wenn ein genehmigtes Humanarzneimittel innerhalb von drei Jahren nach Zulassungserteilung *nicht* tatsächlich in der Gemeinschaft in Verkehr gebracht wird (Abs. 4) oder sich ein genehmigtes Arzneimittel, das zuvor in Verkehr gebracht wurde, drei aufeinander folgende Jahre *nicht mehr* tatsächlich auf dem Markt gebracht wird (Abs. 5). Allerdings kann in Ausnahmefällen die Europäische Kommission aus Gründen des Gesundheitsschutzes wiederum gebührend begründete Rückausnahmen hiervon vorsehen (Abs. 6).
- Ferner stellt die bedingte Zulassung nach Art. 14 Abs. 7 VO 726/2004 eine Ausnahme dar, da diese nur ein Jahr gültig ist und jährlich verlängert werden muss[426].

8. Rechtsschutzfragen

Gegen die Versagung einer beantragten Gemeinschaftszulassung[427] hat der Antragsteller gem. Art. 230 EGV das Recht, binnen 2 Monaten ab Bekanntgabe der Entscheidung im Zulassungsverfahren Klage beim Europäischen Gericht erster Instanz[428] gegen die Europäische Kommission zu erheben[429]. Ein Rechtsschutz gegen ein negatives CHMP-Gutachten besteht nicht, da diesem keine unmittelbare Wirkung gegenüber dem Antragsteller zukommt, zumal die Europäische Kommission an diese Stellungnahme bei ihrer Entscheidung nicht gebunden ist, sondern es bedarf zu einer entsprechenden Außenwirkung eine Kommissions- bzw. Ratsentscheidung[430]. 223

---

[424] Zu den Einzelheiten vgl. die Bestimmung des Art. 20 VO 726/2004 sowie *Friese* in Dieners/Reese, HdB PharmaR, § 5 Rn. 154. Für das Verfahren gelten gem. Art. 87 Abs. 3 VO 726/2004 die Art. 4 u. 7 des Beschlusses 1999/468/EG unter Beachtung von dessen Art. 8. Dabei wird der Zeitraum nach Art. 4 Abs. 3 des Beschlusses 1999/468/EG auf einen Monat festgesetzt.
[425] Instruktiv *Friese* in Dieners/Reese, HdB PharmaR, § 5 Rn. 121 f.
[426] S. hierzu o. → § 3 Rn. 205 ff.
[427] Gem. Art. 12 Abs. 2 VO 726/2004 stellt die Versagung einer Gemeinschaftsgenehmigung ein Verbot dar, das entsprechende Arzneimittel in der EU in Verkehr zu bringen.
[428] Die Zuständigkeit des Gerichts erster Instanz ergibt sich aus Art. 225 EGV iVm Art. 3 Abs. 1 lit. c des Beschlusses des Rates zur Errichtung eines Gerichtes erster Instanz der Europäischen Gemeinschaften vom 24.10.1988, geändert durch Beschl. vom 8.6.1993 (93/350/EWG, Euratom).
[429] Vgl. hierzu auch *Rehmann*, AMG, Vor § 21 Rn. 10.
[430] Ebenso *Friese* in Dieners/Reese (Hrsg.), Hdb PharmaR, § 5 Rn. 110.

VII. Verfahren der Gegenseitigen Anerkennung und Dezentrales Zulassungsverfahren

1. Verfahren der Gegenseitigen Anerkennung

224 Das Verfahren der Gegenseitigen Anerkennung findet Anwendung, sofern der Antragsteller bereits eine nationale Zulassung für das Inverkehrbringen seines Arzneimittels in einem Mitgliedstaat hat, und nunmehr eine Zulassung für dieses Arzneimittel auch in anderen – von ihm zu bestimmenden – Mitgliedstaaten haben möchte. In diesem Fall hat der Antragsteller um Anerkennung der bereits vorliegenden nationalen Zulassung zu ersuchen. Den Rechtsrahmen setzen auf europäischer Ebene Art. 28 Abs. 1 RL 2001/83/EG sowie national § 25b AMG[431].

225 Das MRP findet auch dann Anwendung, wenn das Arzneimittel schon ein erstes MRP oder ein DCP durchlaufen hat und der Zulassungsinhaber beabsichtigt, die Zulassung für dieses Arzneimittel in einem oder mehreren weiteren EU-Mitgliedstaat(en) zuzulassen (sog. „Repeat-use procedure", RUP).

226 a) **Erstellung der Zulassungsdokumentation.** Zunächst hat der Inhaber der Genehmigung für das Inverkehrbringen – im weiteren „Antragsteller" genannt – den Mitgliedstaat, der die nationale Zulassung für das Inverkehrbringen erteilt hat – den sog. **Referenzmitgliedstaat** (engl. „Referenz Member State" – RMS) –, zu ersuchen, *entweder* einen bereits bestehenden Beurteilungsbericht über das Arzneimittel zu aktualisieren *oder* einen solchen zu erstellen, wofür eine Frist von maximal 90 Tagen besteht[432]. Der Ablauf dieser 90-Tage-Frist kennzeichnet zugleich den offiziellen Beginn des Verfahrens der gegenseitigen Anerkennung, den sog. „Tag 0". Ferner hat der Antragsteller die Zuteilung einer Prozessnummer zu beantragen[433].

227 b) **Anerkennungsantrag in den betroffenen Mitgliedstaaten.** Etwa 14 Tage vor Tag 0 reicht der Antragsteller sowohl im RMS als auch in den Mitgliedstaaten, in denen er diese Zulassung anerkannt haben möchte – den sog. **betroffenen Mitgliedstaaten** (engl. „Concerned Member States" – CMSs) –, einen auf einem identischen Dossier beruhenden Antrag auf Anerkennung der bereits erteilten nationale Zulassung ein. Das Dossier enthält – abhängig von der Antragsart – die in den Artikeln 8, 10, 10a, 10b, 10c und 11 RL 2001/83/EG genannten Informationen und Unterlagen inklusive einer Liste der Mitgliedstaaten, auf die sich der Antrag bezieht (Art. 28 Abs. 1 RL 2001/83/EG). Zeitgleich übersendet der RMS den (aktualisierten) Beurteilungsbericht und die gebilligte Zusammenfassung der Merkmale des Arzneimittels sowie die Etikettierung und Packungsbeilage an die CMSs und den Antragsteller (Art. 28 Abs. 2 S. 4 RL 2001/83/EG). Nach der daraufhin erfolgten Validierung des Antrags (und damit offiziellem Eingang der Unterlagen) in den CMSs beginnt das MRP-Verfahren mit dem Tag 0[434].

228 c) **Anerkennungsverfahren.** Die Art. 28 Abs. 4 RL 2001/83/EG sieht eine weitere Frist von 90 Tagen nach Eingang dieser Unterlagen vor, innerhalb der die CMSs den Beurteilungsbericht, die Zusammenfassung der Merkmale des Arzneimittels sowie dessen Etikettierung und Packungsbeilage billigen und den RMS davon in Kenntnis setzen sollen.

---

[431] S. hierzu bereits o. → § 3 Rn. 112.
[432] Art. 28 Abs. 2 S. 2 u. 3 RL 2001/83/EG.
[433] S. *CMDh*, Best Practice Guide for Decentralised and Mutual Recognition Procedures v. April 2013 (CMDh/068/1996/Rev.10), Ziff. 2; CMDh, Flow Chart for the Mutual Recognition Procedure v. November 2011 (CMDh/081/2007, Rev1).
[434] Vgl. CMDh, Flow Chart for the Mutual Recognition Procedure v. November 2011 (CMDh/081/2007, Rev1).

- Wird innerhalb dieser Frist eine Einigung zwischen CMSs und RMS erzielt, wird der RMS daraufhin das Einverständnis aller Parteien feststellen, das Verfahren schließen und den Antragsteller hierüber informieren (Art. 28 Abs. 4 S. 2 RL 2001/83/EG).
- Ein Mitgliedstaat hat jedoch das Recht, (allein) aus Gründen einer potenziellen schwerwiegenden Gefahr für die öffentliche Gesundheit[435] den Beurteilungsbericht, die Zusammenfassung der Merkmale des Arzneimittels sowie die Etikettierung und die Packungsbeilage nicht zu genehmigen. In diesem Fall hat dieser Mitgliedstaat dem RMS, den übrigen CMSs sowie dem Antragsteller eine ausführliche Begründung zu übermitteln, und die Angelegenheit wird eskaliert an die **Koordinierungsgruppe** (engl. „**Coordination Group for Mutual Recognition and Decentralised Procedures – Human**", CMDh).
    - Können die Mitgliedstaaten innerhalb von 60 Tagen nach Mitteilung der Punkte, über die unterschiedliche Auffassungen bestehen, eine Einigung erzielen, so stellt der RMS das Einverständnis fest, schließt das Verfahren ab und setzt den Antragsteller davon in Kenntnis[436].
    - Haben die Mitgliedstaaten innerhalb dieser 60-Tage-Frist keine Einigung erzielt, so wird die EMA im Hinblick auf die Anwendung des Verfahrens nach den Art. 32, 33 und 34 unverzüglich informiert[437]. In diesem Fall können die Mitgliedstaaten, die dem Beurteilungsbericht, der Zusammenfassung der Merkmale des Arzneimittels, der Etikettierung und der Packungsbeilage des RMS zugestimmt haben, auf Antrag des Antragstellers das Inverkehrbringen des Arzneimittels genehmigen, ohne den Ausgang des Verfahrens nach Art. 32 abzuwarten (Art. 29 Abs. 6 RL 2001/83/EG).

Der Zeitplan sieht auf Basis der entsprechenden CMDh-Guideline wie folgt aus[438]:

229

- Tag 30: CMSs senden ihre Anmerkungen an den RMS sowie den Antragsteller.
- Tag 40: Antragsteller sendet sein Antwortdokument an den RMS und die CMSs.
- Bis Tag 48: RMS übermittelt seine Beurteilung der Antwortdokumente an die CMSs.
- Tag 55: CMSs senden ihre verbleibenden Kommentare an den RMS, die anderen CMSs und den Antragsteller.
- Tag 55–59: Antragsteller und RMS sind in engem Kontakt um zu klären, ob das Verfahren am Tag 60 geschlossen werden kann oder of der Antragsteller eine weitere Antwort am Tag 60 einreichen soll.
- Tag 60: <u>MRP</u>: Sofern CMSs keine verbleibenden Kommentare am Tag 55 haben, schließt RMS das Verfahren.

    <u>RUP</u>: Sofern CMSs keine potenziellen schwerwiegende Gefahr für die öffentliche Gesundheit darlegen, schließt der RMS das Verfahren.

---

[435] Vgl. European Commission, Guideline on the definition of a potential serious risk to public health in the context of Article 29(1) and (2) of Directive 2001/83/EC, ABl. C 133 v. 8.6.2006, S. 5.

[436] Art. 29 Abs. 1 u. 3 RL 2001/83/EG. In der Koordinierungsgruppe haben sich alle betroffenen Mitgliedstaaten nach Kräften zu bemühen, eine Einigung über die zu treffenden Maßnahmen zu erzielen. Dem Antragsteller ist dabei die Möglichkeit zu geben, seine Ansicht mündlich oder schriftlich vorzutragen (Art. 29 Abs. 3 S. 1 u. 2 RL 2001/83/EG).

[437] Dabei werden der EMA eine detaillierte Darstellung der Punkte, über die keine Einigung erzielt werden konnte, sowie die Gründe für die unterschiedlichen Auffassungen übermittelt, wovon der Antragsteller eine Kopie erhält.

[438] Vgl. CMDh, Flow Chart for the Mutual Recognition (MRP) and Repeat Use Procedure (CMDh/081/2007, Rev.2, November 2016).

Falls ein CMS am Tag 55 verbleibende Kommentare (MRP) oder potenzielle schwerwiegende Gesundheitsgefahren dargelegt hat, sendet der Antragsteller sein Antwortdokument an CMSs und RMS.

- *Tag 60–90*: Der Zeitraum von Tag 60–90 wird nur verwendet, falls ein CMS weitere Kommentare hat (MRP) oder potenzielle schwerwiegende Gesundheitsgefahren darlegt.
- Bis Tag 68: RMS bewertet und zirkuliert einen Bericht über das Antwortsdokument des Antragstellers an die CMSs.
- Tag 75: CMSs senden ihre verbleibenden Kommentare an RMS, CMSs und Antragsteller.
- Bis Tag 80: Eine sog. Break-out-Session (BOS) kann organisiert werden um Tag 75 (kann zwischen Tagen 73–80 stattfinden).
- Tag 85: CMSs senden jegliche verbliebenen Kommentare an RMS, CMS und Antragsteller.
- Tag 90: CMSs notifizieren RMS und Antragsteller über die abschließende Position (und im Falle einer negativen Stellungnahme auch das Sekretariat des CMD der EMA).
  – Falls eine Einigung erzielt wird, schließt RMS das Verfahren.
  – Falls keine Einigung erzielt wird, werden die Punkte, zu denen auf Basis entsprechender Eingaben der CMSs keine Übereinstimmung erzielt wurde, innerhalb von 7 Tagen nach Tag 90 von RMS an CMDh weitergeleitet.
- Tag 150: Für Verfahren, die an den CMDh weitergeleitet wurden, gilt:
  – Falls Einigung auf der Ebene des CMDh erzielt wurde, schließt RMS das Verfahren.
  – Falls keine Einigung auf der Ebene des CMDh erzielt wurde, leitet RMS die Angelegenheit an den CHMP zum Schiedsspruch weiter.

230   **d) Nationale Phase.** Nach Schließung des Verfahrens durch den RMS infolge der Feststellung des Einverständnisses der involvierten Mitgliedstaaten zu Tag 90/150 und damit positivem Abschluss des Anerkennungsverfahrens haben alle CMSs innerhalb von weiteren 30 Tagen die Zulassung in Übereinstimmung mit dem Beurteilungsbericht, der Zusammenfassung der Merkmale des Arzneimittels, der Etikettierung und der Packungsbeilage in ihrer genehmigten Form zu erteilen. Dabei hat der Antragsteller innerhalb von 5 Tagen nach Schließung des Verfahrens nationale Übersetzungen der Zusammenfassung der Arzneimittelmerkmale, der Packungsbeilage sowie der Etikettierung den CMSs zu übersenden[439].

2. Dezentrales Zulassungsverfahren

231   Das Dezentrale Zulassungsverfahren findet Anwendung, sofern der Antragsteller für ein bestimmtes Arzneimittel in mehreren Mitgliedstaaten der EU eine Zulassung für das Inverkehrbringen erhalten möchte, ohne dass er für dieses Arzneimittel bereits eine nationale Zulassung für das Inverkehrbringen in einem Mitgliedstaat der EU hat. Den

---

[439] Vgl. Art. 28 Abs. 5 RL 2001/83/EG sowie *CMDh*, Flow Chart for the Mutual Recognition (MRP) and Repeat Use Procedure (RUP) (CMDh/081/2007, Rev.2, November 2016).

Rechtsrahmen für dieses Verfahren setzen Art. 28 Abs. 3 RL 2001/83/EG auf europäischer Ebenso sowie national § 25b AMG[440].

a) Zulassungsantrag in den betroffenen Mitgliedstaaten. Zunächst ersucht der Antragsteller einen Mitgliedstaat, als Referenzmitgliedstaat (**RMS**) zu fungieren, der im Laufe des Verfahrens einen finalen Beurteilungsbericht über das Arzneimittel zu erstellen hat[441]. Das Verfahren wird sodann dadurch eingeleitet, dass der Antragsteller im RMS sowie in den von ihm weiter ausgesuchten und damit betroffenen Mitgliedstaaten – den sog. „**Concerned Member States**" (**CMSs**) – einen auf einem identischen Dossier beruhenden Antrag einreicht. Das Dossier enthält – abhängig von der Antragsart – die in den Artikeln 8, 10, 10a, 10b, 10c und 11 RL 2001/83/EG genannten Informationen und Unterlagen inklusive einer Liste der Mitgliedstaaten, auf die sich der Antrag bezieht (Art. 28 Abs. 1 RL 2001/83/EG). Nach der daraufhin erfolgten Validierung des Antrags (und damit offiziellem Eingang der Unterlagen) im RMS und in den CMSs startet der RMS das Verfahren mit dem Tag 0[442].

232

b) Zulassungsverfahren. Der RMS hat aufgrund des Zulassungsantrags einen Entwurf des Beurteilungsberichts, einen Entwurf der Zusammenfassung der Merkmale des Arzneimittels und einen Entwurf der Etikettierung sowie der Packungsbeilage zu erstellen. Die Entwürfe dieser Unterlagen hat der RMS innerhalb von 120 Tagen nach Erhalt eines gültigen Antrags auszuarbeiten und diese den CMSs sowie dem Antragsteller zu übermitteln (Art. 28 Abs. 3 RL 2001/83/EG). Nach Eingang dieser Unterlagen haben die CMSs innerhalb eines Zeitraums von 90 Tagen den Beurteilungsbericht, die Zusammenfassung der Merkmale des Arzneimittels sowie die Etikettierung und die Packungsbeilage zu billigen und hiervon den Referenzmitgliedstaat in Kenntnis zu setzen. Stellt der RMS das Einverständnis aller Parteien fest, schließt er das Verfahren und informiert den Antragsteller hierüber (Art. 28 Abs. 4 RL 2001/83/EG).

233

Konkret sieht der Zeitplan auf Basis der entsprechenden CMDh-Guideline[443] wie folgt aus:

234

Erste Beurteilungsstufe:

- Tage 0: RMS startet das Verfahren.
- Tag 70: RMS übermittelt den vorläufigen Beurteilungsbericht über das Zulassungsdossier an die CMSs und den Antragsteller einschließlich Kommentare bzgl. Zusammenfassung der Arzneimittelmerkmale, Etikettierung und Packungsbeilage.
- Bis Tag 100: CMSs senden ihre Kommentare an den RMS, den Antragsteller und die anderen CMSs.
- Bis Tag 105: Konsultation zwischen RMS, CMSs und Antragsteller. Falls eine Einigung nicht erzielt wird, hält der RMS das Verfahren an und gibt dem Antragsteller die Möglichkeit, das Zulassungsdossier zu ergänzen und den Fragen zu beantworten. Während dieser sog. „Clock-stop period" kann der Antragsteller zunächst Entwürfe seiner Antworten

---

[440] S. hierzu → § 3 Rn. 112.
[441] Es ist erforderlich, im Vorfeld mit dem RMS die Durchführung des DCP-Verfahrens zu planen. Hinsichtlich des Zeitplans hat der CMDh entsprechende Hinweise veröffentlicht, abrufbar unter hma.eu.
[442] S. CMDh, Flow Chart of the Decentralised Procedure (CMDh/080/2005/Rev2, March 2013); CMDh, Decentralised Procedure Member States' Standard Operating Procedure (CMDh/078/2005/Rev.4, March 2013).
[443] S. CMDh, Flow Chart of the Decentralised Procedure (CMDh/080/2005/Rev2, March 2013).

- Tag 106: an den RMS senden und mit dem RMS das Datum der finalen Antwort vereinbaren. Der Antragsteller hat das finale Antwortdokument an den RMS und die CMSs innerhalb eines Zeitraums von 3 Monaten zu senden, wobei dieser Zeitraum um weitere drei Monate verlängert werden kann.

- Tag 106: Nach Erhalt einer validen Antwort setzt der RMS das Verfahren wieder in Gang oder er beendet diese „Clock-stop period", falls er eine Antwort nicht erhalten hat.

Zweite Beurteilungsstufe:

- Tag 120 (0): RMS sendet die Entwürfe von Beurteilungsbericht, Zusammenfassung der Arzneimittelmerkmale, Etikettierung und Packungsbeilage an die CMSs und den Antragsteller.

- Tag 145 (25): CMSs senden ihre Kommentare an den RMS, den Antragsteller und die weiteren CMSs.

- Tag 150 (30): RMS kann das Verfahren schließen, falls Einigung erzielt wurde. In diesem Fall geht das Verfahren mit der 30-tägigen nationalen Phase und der Gewährung der Arzneimittelzulassung weiter.

- Bis Tag 180 (60): Falls bis Tag 150 keine Einigung erzielt wurde, teilt der RMS die offenen Punkte dem Antragsteller mit, erhält jegliche weitere Klarstellung, bereitet einen kurzen Bericht vor und leitet diesen an die CMSs und den Antragsteller weiter.

- Bis Tag 195: Eine sog. „Break-out Session" (BOS) kann bei der EMA mit den involvierten Mitgliedstaaten abgehalten werden, um eine Einigung über die wesentlichen noch ausstehenden Punkte zu erreichen.

- Tag 195–210: RMS bespricht sich mit den CMSs und dem Antragsteller, um die verbleibenden, zwischenzeitlich erhobenen Daten zu diskutieren.

- Tag 210 (Tag 90): Falls eine Einigung erzielt wird, schließt der RMS das Verfahren inklusive der Genehmigung des Beurteilungsberichts, Zusammenfassung der Arzneimittelmerkmale, Etikettierung und Packungsbeilage durch die CMSs. Es geht sodann mit der 30-tägigen nationalen Phase und der Gewährung der Arzneimittelzulassung weiter.

- Bis Tag 210: Falls keine Einigung zum Tag 210 erzielt wurde, werden die Punkte, über die Uneinigkeit herrscht, an den CMDh eskaliert, um die Angelegenheit zu lösen.

- Bis Tag 270: Für den Fall, dass weiterhin Uneinigkeit besteht und hierzu keine Lösung gefunden wurde, wird eine finale Position vom CMDh angenommen mit einer Eskalierung der Angelegenheit zum CHMP zum Erhalt eines Schiedsgerichtsspruchs.

235   c) **Nationale Phase.** Nach Schließung des Verfahrens durch den RMS infolge der Feststellung des Einverständnisses der involvierten Mitgliedstaaten zu Tag 150/210/270 und damit positivem Abschluss des dezentralen Zulassungsverfahrens haben RMS sowie alle CMSs innerhalb von weiteren 30 Tagen die Zulassung in Übereinstimmung mit dem Beurteilungsbericht, der Zusammenfassung der Merkmale des Arzneimittels, der Etiket-

tierung und der Packungsbeilage in ihrer genehmigten Form zu erteilen. Dabei hat der Antragsteller innerhalb von 5 Tagen nach Schließung des Verfahrens nationale Übersetzungen der Zusammenfassung der Arzneimittelmerkmale, der Packungsbeilage sowie der Etikettierung den CMSs und dem RMS zu übersenden[444].

3. Änderungen der Arzneimittelzulassung

Die VO 1234/2008, geändert durch die Verordnung Nr. 712/2012, enthält, wie bereits dargestellt, den gemeinschaftsrechtlichen Rahmen nicht nur für Änderungen zentraler Arzneimittelzulassungen, sondern auch von Arzneimittelzulassungen, die auf Basis des dezentralen Verfahrens sowie des Verfahrens der gegenseitigen Anerkennung erteilt werden, nebst denselben Klassifizierungen der Änderungen in solche des Typs IA, IB und II[445]. Bei Unklarheiten gilt diese dann als größere Änderung des Typs II, (a) wenn der Inhaber bei Einreichung der Änderung darum ersucht, oder (b) wenn die zuständige Behörde des RMS nach Anhörung der übrigen betroffenen Mitgliedstaaten zu dem Ergebnis gelangt, dass die Änderung umfangreiche Folgen für die Qualität, Unbedenklichkeit oder Wirksamkeit des betreffenden Arzneimittels haben kann[446].

Es gelten folgende Überwachungsmaßnahmen und -instrumente, geregelt in Art. 8–13 VO 1234/2008, die vergleichbar sind zu denen betreffend zentrale Zulassungen:

- Für geringfügige Änderungen des Typs IA gilt das **Mitteilungsverfahren des Art. 8 VO 1234/2008**: Hiernach ist die Änderung innerhalb von 12 Monaten[447] nach ihrer Durchführung allen maßgeblichen Behörden gleichzeitig mitzuteilen unter Einreichung der in Anhang IV aufgeführten Unterlagen. Innerhalb von 30 Tagen nach Erhalt der Mitteilung werden sodann die Maßnahmen nach Art. 11 ergriffen.
- Für geringfügige Änderungen des Typs IB gilt das **Mitteilungsverfahren des Art. 9 VO 1234/2008**: Hiernach hat der Zulassungsinhaber bei allen maßgeblichen Behörden gleichzeitig eine Mitteilung einzureichen, die die in Anhang IV aufgeführten Unterlagen enthält[448]. Sofern der RMS dem Zulassungsinhaber nicht innerhalb von 30 Tagen nach Bestätigung des Erhalts einer gültigen Mitteilung einen negativen Bescheid übermittelt, darf der Zulassungsinhaber davon ausgehen, dass die Mitteilung von allen maßgeblichen Behörden angenommen wurde. Ist allerdings der RMS der Ansicht, dass die Mitteilung nicht akzeptiert werden kann, teilt er dem Inhaber und den übrigen maßgeblichen Behörden diesen Bescheid unter Angabe der Gründe für den negativen Bescheid mit. Sodann hat der Inhaber das Recht, innerhalb von 30 Tagen eine geänderte Mitteilung bei allen maßgeblichen Behörden einzureichen, um die in dem Bescheid geäußerten Einwände angemessen zu berücksichtigen. Nimmt der Zulassungsinhaber keine Änderungen an der Mitteilung vor, gilt die Mitteilung als von allen maßgeblichen Behörden abgelehnt. Wird hingegen eine geänderte Mitteilung eingereicht, wird sie vom RMS innerhalb von 30 Tagen nach ihrem Eingang bewertet. Akzeptiert der RMS die Mitteilung, werden die Maßnahmen nach Art. 11 ergriffen[449].

---

[444] Art. 29 Abs. 5 RL 2001/83/EG sowie CMDh, Flow Chart of the Decentralised Procedure (CMDh/080/2005/Rev2, March 2013); CMDh, Decentralised Procedure Member States' Standard Operating Procedure (CMDh/078/2005/Rev4, March 2013), S. 8 f.

[445] S. o. → § 3 Rn. 158 ff.

[446] Art. 3 Abs. 3 VO 1234/2008.

[447] Die Mitteilung ist jedoch unverzüglich nach Durchführung der Änderung einzureichen, wenn es sich um geringfügige Änderungen handelt, die zur ständigen Überwachung des betreffenden Arzneimittels eine unverzügliche Mitteilung erfordern (Art. 8 Abs. 1 S. 3 VO 1234/2008).

[448] Erfüllt die Mitteilung die Bedingungen gem. UAbs. 1, bestätigt die zuständige Behörde des RMS nach Anhörung der CMS den Erhalt einer gültigen Mitteilung (Art. 9 Abs. 1 S. 2 VO 1234/2008).

[449] Vgl. Art. 9 Abs. 2–5 VO 1234/2008.

- Für größere Änderungen des Typs II gilt das **Verfahren der „Vorabgenehmigung"** nach Art. 10 VO 1234/2008[450]: Auch hier hat der Zulassungsinhaber bei allen maßgeblichen Behörden einen entsprechenden Antrag unter Beifügung der in Anhang IV ausgeführten Unterlagen einzureichen. Bei Eingang eines solchen gültigen Antrags bestätigt die zuständige Behörde des RMS den Empfang eines gültigen Antrags und unterrichtet den Zulassungsinhaber sowie die CMSs, dass das Verfahren mit dem Datum dieser Empfangsbestätigung beginnt. Innerhalb von 60 Tagen[451] hat sodann die zuständige Behörde des RMS einen Beurteilungsbericht und eine Entscheidung über den Antrag zu erstellen, die den CMSs übermittelt werden. Die Frist beträgt jedoch 90 Tage bei Änderungen, die in Anhang V Teil 2 aufgeführt sind. Innerhalb der gültigen Frist kann die zuständige Behörde des RMS verlangen, dass er innerhalb einer festgelegten Frist zusätzliche Informationen vorlegt. Ist dies der Fall, (a) unterrichtet der RMS die CMSs darüber, dass er zusätzliche Informationen verlangt hat, (b) wird das Verfahren so lange ausgesetzt, bis diese zusätzlichen Informationen vorgelegt werden, und (c) kann der RMS die gesetzte Frist verlängern. Innerhalb von 30 Tagen nach Erhalt der Entscheidung und des Beurteilungsberichts des RMS erkennen die CMSs die Entscheidung an und unterrichten die zuständige Behörde des RMS darüber. Hat eine maßgebliche Behörde innerhalb der in UAbs. 1 genannten Frist nicht mitgeteilt, dass sie aus in Art. 13 genannten Gründen anderer Meinung ist, gilt die Entscheidung als von dieser maßgeblichen Behörde anerkannt[452]. Wurde die in Abs. 2 genannte Entscheidung von allen CMS gem. Abs. 4 anerkannt, werden die Maßnahmen nach Art. 11 ergriffen[453].

238 Um die Verfahren nach den Art. 8 bis 10 VO 1234/2008 abzuschließen, hat der RMS die in Art. 11 VO 1234/2008 aufgeführten Maßnahmen zu ergreifen:

a) Der RMS unterrichtet den Zulassungsinhaber und die CMSs davon, ob die Änderung akzeptiert oder abgelehnt wird.

b) Wird die Änderung abgelehnt, unterrichtet der RMS den Inhaber und die übrigen maßgeblichen Behörden über die Gründe für die Ablehnung.

c) Der RMS unterrichtet den Zulassungsinhaber und die CMSs davon, ob die Änderung erfordert, dass die Entscheidung über die Erteilung der Zulassung geändert wird.

239 Auch hier gelten die Regelungen des § 29 Abs. 1 bis 2 AMG ergänzend[454].

4. Rücknahme, Widerruf und Ruhen der Zulassung

240 **a) Einleitung zu Referral-Verfahren.** Probleme hinsichtlich bestimmter DCP-/MRP-Arzneimittel, etwa ihre Sicherheit oder ihr Nutzen-Risiko-Verhältnis betreffend,

---

[450] Abweichend von Art. 10 VO 1234/2008 ist bei der Prüfung von Änderungen aufgrund von Wirkstoffänderungen zwecks jährlicher Aktualisierung eines Grippeimpfstoffs für den Menschen das Verfahren nach den Art. 12 Abs. 2 bis 6 anzuwenden (Art. 12 Abs. 1 VO 1234/2008).

[451] Die zuständige Behörde des RMS kann die in UAbs. 1 genannte Frist verkürzen, um die Dringlichkeit der Angelegenheit zu berücksichtigen, oder auf 90 Tage verlängern, wenn es sich um Änderungen handelt, die in Anhang V Teil 1 aufgeführt sind (Art. 10 Abs. 2 S. 1 VO 1234/2008).

[452] Ist die Anerkennung einer Entscheidung gem. Art. 10 Abs. 4 aufgrund einer potenziellen schwerwiegenden Gefahr für die öffentliche Gesundheit oder im Fall von Tierarzneimitteln aufgrund einer potenziellen schwerwiegenden Gefahr für die Gesundheit von Mensch oder Tier oder für die Umwelt nicht möglich, beantragt eine maßgebliche Behörde, dass die Koordinierungsgruppe unverzüglich mit der strittigen Angelegenheit befasst wird. Vgl. hierzu im einzelnen die Regelung des Art. 13.

[453] Art. 10 Abs. 1–5 VO 1234/2008.

[454] S. o. → § 3 Rn. 158 ff. Dementsprechend ist zB die Übertragung oder Auslizenzierung der MRP-/DCP-Zulassung an einen Dritten für Deutschland lediglich anzeigepflichtig nach § 29 Abs. 1 AMG beim BfArM.

oder sogar in Bezug auf eine ganze Arzneimittelklasse werden mittels sog. **Referral-Verfahren** adressiert und gelöst. In einem solchen Referral-Verfahren wird die Angelegenheit an die EMA „*verwiesen*" („*referred*"), um eine wissenschaftliche Beurteilung des spezifischen Arzneimittels oder Arzneimittelklasse von der EMA vornehmen zu lassen und eine Empfehlung für ein harmonisiertes europaweites Vorgehen zu erhalten[455].

Es gibt zahlreiche Gründe, weshalb ein solches Referral-Verfahren gestartet werden kann, das von Meinungsverschiedenheiten zwischen Mitgliedstaaten über die richtige Verwendung eines Arzneimittels bis hin zu Sicherheitsbedenken in Bezug auf eine gesamte Arzneimittelklasse gehen kann: 241

- **Sicherheitsbezogene Referrals** werden zunächst von dem PRAC[456] und sodann abhängig von der Art der Zulassung entweder vom CHMP bei zentralen Zulassungen oder bei national zugelassenen Arzneimitteln auf Basis eines DCP-/MRP-Verfahrens vom CMDh bewertet[457].
- Alle **anderen Referrals** werden allein vom CHMP bewertet.

Referral-Verfahren können von der Europäischen Kommission, jedem Mitgliedstaat der EU oder von dem Zulassungsinhaber eingeleitet werden[458]. Für die meisten Referrals erlässt die Europäische Kommission gem. dem in Art. 32–34 RL 2001/83/EG niedergelegten Verfahren auf Basis einer CHMP-Empfehlung eine Entscheidung an alle Mitgliedstaaten, welche die in den jeweiligen Mitgliedstaaten zu erlassenden Maßnahmen enthält und innerhalb von 30 Tagen umzusetzen sind (Art. 34 Abs. 3 RL 2001/83/EG). 242

b) Arten von Referral-Verfahren. Die Referral-Verfahren werden basierend auf den jeweiligen Richtlinien- bzw. Verordnungsbestimmungen benannt, die sie beschreiben, und legen auch fest, wie die Arzneimittel zugelassen und beobachtet werden. Die Dauer eines Referral-Verfahrens beträgt grundsätzlich 60 Tage, kann aber im Einzelfall und verfahrensabhängig bis zu 150 Tage dauern. 243

aa) Das Art. 107i Verfahren findet Anwendung, wenn ein Mitgliedstaat oder die Europäische Kommission aufgrund eines **Sicherheitsproblems** eine **eilbedürftige Maßnahme** in Bezug auf ein Arzneimittel oder eine Arzneimittelklasse für notwendig hält[459]. Hierunter fallen insbesondere Erwägungen zur Aussetzung oder Widerruf der Marktzulassung für ein Arzneimittel, zu einem Lieferstopp eines Arzneimittels, oder zu wesentlichen Änderungen der Zulassung, wie zB die Streichung von Indikationen, die Verringerung der empfohlenen Dosierung oder die Aufnahme neuer Gegenanzeigen. 244

---

[455] Vgl. *EMA*, Questions and Answers on Referrals v. 7.11.2012 (EMA/571011/2012), S. 3 f., abrufbar unter ema.europa.eu.

[456] Das Pharmacovigilance Risk Assessment Committee (PRAC) ist das Komitee innerhalb der EMA, das für die Bewertung und Überwachung von sicherheitsrelevanten Angelegenheiten bei Humanarzneimitteln verantwortlich ist. Die Empfehlungen des PRAC werden von dem CHMP in Betracht gezogen, wenn es Stellungnahmen abgibt in Bezug auf zentral zugelassene Arzneimittel im Rahmen eines diesbezüglichen Referral-Verfahrens, und von dem CMDh, wenn dieser Empfehlungen abgibt hinsichtlich des Gebrauchs eines Arzneimittels in den Mitgliedstaaten. Das PRAC besteht aus einem Präsidenten und einem Vizepräsidenten, gewählt von den PRAC Mitgliedern, einem Mitglied und einem stellvertretenden Mitglied, die von jedem der 28 Mitgliedstaaten nominiert werden, einem Mitglied sowie einem stellvertretenden Mitglied von Island und Norwegen, sechs unabhängigen wissenschaftlichen Experten die von der Europäischen Kommission nominiert werden, sowie je einem Mitglied und einem stellvertretenden Mitglied, die die Europäischen Kommission nach Anhörung des Europäischen Parlaments als Vertreter der medizinischen Berufsgruppen sowie als Vertreter der Patientenverbände benennt.

[457] Vgl. Art. 107i RL 2001/83/EG. Dieses Verfahren bleibt bei der weiteren Darstellung ausser Betracht.

[458] Vgl. Art. 29 Abs. 1 sowie Art. 31 Abs. 1 RL 2001/83/EG.

[459] Art. 107i RL 2001/83/EG.

245 bb) Bei Problemen betreffend die **Sicherheit, Qualität, Herstellung oder Wirksamkeit** eines Arzneimittels gilt
- das **Art. 20-Verfahren** für zentral zugelassene Arzneimittel[460], sowie
- das **Art. 31-Verfahren**, wenn in Bezug auf ein Arzneimittel oder eine Klasse von Arzneimitteln das Gemeinschaftsinteresse betroffen ist aufgrund Bedenken betreffend die Qualität, Sicherheit oder Wirksamkeit eines Arzneimittels oder einer Arzneimittelklasse[461].

246 cc) In Bezug auf **pädiatrische Arzneimittel** kann der Zulassungsinhaber das sog. **Art. 29-Verfahren** eröffnen, wenn er für ein auf Basis der RL 2001/83/EG zugelassenes nationales oder DCP-/MRP-Arzneimittels die Zulassung einer neuen Indikation, neuen Darreichungsform oder eines neuen Verabreichungswegs beantragt[462].

247 dd) Betreffend die **Harmonisierung von nationalen sowie für MRP- und DCP-Arzneimittel** gibt es folgende Verfahren:
- Das **Art. 29(4)-Referral** wird veranlasst, wenn Meinungsverschiedenheiten zwischen den Mitgliedstaaten in Bezug auf ein während eines MRP- oder DCP-Verfahrens zur Bewertung anstehendes Arzneimittel bestehen wegen eines **potentiellen ernsten Risikos für die öffentliche Gesundheit**[463].
- Das **Art. 13-Referral** wird veranlasst, wenn in Bezug auf ein MRP- oder DCP-Arzneimittel Meinungsverschiedenheiten zwischen den Mitgliedstaaten in Bezug auf eine sog. **Type-II-Variation** bestehen[464].
- Das **Art. 30-Referral** wird veranlasst wenn Mitgliedstaaten über die Jahre hinweg **unterschiedliche Entscheidungen für bestimmte Arzneimittel** getroffen haben (zB unterschiedliche Anwendungsgebiete, Gegenanzeigen oder Dosierung) und eine Erforderlichkeit zur europaweiten Harmonisierung gesehen wird[465].

248 c) **Veröffentlichung von Informationen über Referral-Verfahren.** Informationen über Referral-Verfahren werden auf der EMA-Website unter „*Referrals*" veröffentlicht. Die Anwender können die Datenbank gem. der Arzneimittelbezeichnung und der Art des Referrals durchsuchen[466].

249 d) **Ablauf des Referral-Verfahrens.** Referral-Verfahren werden abhängig vom Verfahren *entweder* von einem Mitgliedstaat oder der Europäischen Kommission *oder* von dem Antragsteller bzw. Zulassungsinhaber eingeleitet mittels entsprechender Notifizierung des CHMP/EMA-Sekretariats. Daraufhin hat der CHMP innerhalb von 60 Tagen, nachdem er mit der Angelegenheit befasst wurde, ein begründetes Gutachten abzugeben[467]. Die konkrete Ausgestaltung des Verfahrens hängt davon ab, ob dies (1) von den

---

[460] Art. 20 VO 726/2004.
[461] Art. 31 RL 2001/83/EG.
[462] Art. 29 VO 1901/2006.
[463] Art. 29 Abs. 4 RL 2001/83/EG.
[464] Art. 13 VO 1234/2004.
[465] Art. 30 RL 2001/83/EG.
[466] Abrufbar unter ema.europa.eu. Zusätzlich gibt die EMA bei sicherheitsbezogenen Referrals den Start des Referral-Verfahrens in den PRAC Meeting Highlights bekannt und sodann nach erfolgter Beurteilung die Empfehlung des PRAC an den CHMP oder den CMDh. In Bezug auf alle anderen Referrals gibt die EMA den Start des Verfahrens in den CHMP Meeting Highlights bekannt. Für alle Referrals veröffentlicht die EMA ihre Schlussfolgerung in den CHMP Meeting Highlights oder in den CMDh Meeting Highlights.
[467] Art. 32 Abs. 1 UAbs. 1 RL 2001/83/EG. Diese Frist kann der CHMP im Fall der Art. 30 u. 31 Referrals unter Berücksichtigung der Standpunkte der Antragsteller oder der Inhaber der Genehmigung für das Inverkehrbringen um bis zu 90 Tage verlängern, allerdings kann in Notfällen der CHMP auf Vorschlag seines Vorsitzenden auch eine kürzere Frist festsetzen; vgl. Art. 32 Abs. 1 UAbs. 2 u. 3 RL 2001/83/EG.

Meier

Mitgliedstaaten bzw. der Europäischen Kommission oder (2) von dem Antragsteller bzw. Zulassungsinhaber eingeleitet wurde[468]. Nach erfolgter Abklärung offener Fragen, die den jeweiligen Verfahrensbeteiligten nebst Zeitschiene zur Beantwortung zugeleitet werden, hat der CHMP schließlich ein endgültiges Gutachten mit einer Empfehlung der zu ergreifenden Maßnahmen abzugeben, auf dessen Basis die Europäische Kommission eine Entscheidung trifft[469].

5. Erlöschen und Verlängerung der Zulassung

Auch DCP-/MRP-Zulassungen sind – wie rein nationale oder zentrale Arzneimittelzulassungen – initial fünf Jahre gültig (Art. 24 Abs. 1 RL 2001/83/EG). Auch diese kann auf der Grundlage einer von der zuständigen Behörde des die Genehmigung erteilenden Mitgliedstaats vorgenommenen Neubeurteilung des Nutzen-Risiko-Verhältnisses verlängert werden, sofern der Zulassungsinhaber der zuständigen nationalen Behörde spätestens neun Monate vor Ablauf der 5-Jahres-Frist eine konsolidierte Fassung der Unterlagen in Bezug auf die Qualität, Sicherheit und Wirksamkeit vorgelegt wird. Eine Genehmigung für das Inverkehrbringen, die verlängert wird, gilt ohne zeitliche Begrenzung, es sei denn, die zuständige nationale Behörde beschließt in begründeten Fällen im Zusammenhang mit der Pharmakovigilanz, einschließlich einer zu geringen Anzahl an Patienten, bei denen das betreffende Arzneimittel angewandt wird, die Genehmigung erneut um fünf Jahre zu verlängern[470]. 250

Ausnahmen hiervon gelten nach den Abs. 4 u. 5 des Art. 24 RL 2001/83/EG für die Fälle, dass das genehmigte Arzneimittel innerhalb von drei Jahren nach Erteilung der Genehmigung in dem jeweiligen Mitgliedstaat nicht in den Verkehr gebracht wurde oder, falls dieses zunächst in Verkehr gebracht wurde, drei aufeinanderfolgende Jahre lang dort nicht mehr in Verkehr bracht wurde: in beiden Fällen erlischt sodann die Genehmigung für den entsprechenden Mitgliedstaat[471]. Allerdings lässt Art. 24 Abs. 6 RL 2001/83/EG hiervon wiederum die Möglichkeit von Rückausnahmen zu für „*aus Gründen des Gesundheitsschutzes gebührend begründete Ausnahmen*"[472]. 251

6. Rechtsschutzfragen

Der Rechtsschutz in Bezug auf nationale Zulassungen, die auf Grundlage eines DCP- oder MRP-Verfahrens erteilt werden, richtet sich nach nationalem Recht, da es sich um Rechtsakte von nationalen Behörden handelt. Sofern daher ein positiver Beurteilungsbericht des RMS vorliegt, die Zulassung aber trotz Ablauf der 30-Tagesfrist nicht erteilt wird, so kann gegen die Versagung der Zulassungserteilung Verpflichtungsklage nach vorheriger Durchführung eines Widerspruchsverfahrens eingelegt werden. 252

---

[468] Vgl. hierzu ausführlich EMA, Questions and Answers on Referrals v. 7.11.2012 (EMA/571011/2012), S. 6 ff., abrufbar unter ema.europa.eu.
[469] Vgl. die Bestimmungen der Art. 32–34 RL 2001/83/EG sowie *EMA*, Questions and Answers on Referrals v. 7.11.2012 (EMA/571011/2012), S. 13 ff., abrufbar unter ema.europa.eu.
[470] Art. 24 Abs. 2 u. 3 RL 2001/83/EG.
[471] Die Anwendung dieser „*sunset clause*" gilt für jeden Mitgliedstaat eines DCP/MRP-Verfahrens separat, da es sich um jeweils unabhängige nationale Zulassungen handelt.
[472] Dies könnte zB bei einem Mitgliedstaat zu befürchtenden Versorgungsengpässen in Betracht kommen. Vgl. ausführlich hierzu CMDh, Agreement on Sunset Clause and its Application to Marketing Authorisations Granted in more than one Member State, December 2006. Instruktiv *Friese* in Dieners/Reese, HdB PharmaR, § 5 Rn. 194 ff.

VIII. Widerstreitende und mehrfache Zulassungsanträge

253 Sofern die Zulassungsbehörde feststellen sollte, dass ein gleich lautender Zulassungsantrag in einem anderen Mitgliedstaat der EU geprüft wird, hat sie den Antrag abzulehnen und den Antragsteller davon in Kenntnis zu setzen, dass ein DCP-Verfahren nach § 25b AMG Anwendung findet (§ 25a Abs. 4 AMG). Wird die zuständige Bundesoberbehörde davon unterrichtet, dass sich ein Antrag auf ein in einem anderen Mitgliedstaat der EU bereits zugelassenes Arzneimittel bezieht, hat sie den Antrag ebenfalls abzulehnen, es sei denn, dieser wurde als Teil eines MRP-Verfahrens nach § 25b AMG eingereicht (§ 25a Abs. 5 AMG).

254 Aufgrund des Grundsatzes *„no co-existence of central and national authorisation"* in Bezug auf das gleiche Arzneimittel kann ein Antragsteller für das gleiche Arzneimittel nicht sowohl einen zentralen als auch einen dezentralen Zulassungsantrag stellen, da unterschiedliche Beurteilungsberichte durch verschiedene Zulassungsbehörden vermieden werden sollen[473]. Hier gilt: Wurde eine zentrale Zulassung bereits erteilt, so können keine nationalen Zulassungen mehr erteilt werden; nationale Behörden haben demgemäß anhängige Zulassungsanträge zurückzuweisen oder bereits erteilte Zulassungen zu widerrufen. Wurde eine zentrale Zulassung noch nicht erteilt, so hat der Antragsteller sich für eine Zulassungsart zu entscheiden[474].

255 Schließlich beinhaltet Art. 82 Abs. 1 VO 726/2004 eine Beschränkung dahingehend, dass in Bezug auf zentrale Zulassungen ein Antragsteller – dies umfasst nach Ansicht der Europäischen Kommission alle Unternehmen, die zu derselben Unternehmensgruppe gehören – für ein bestimmtes Arzneimittel (dh dieselbe qualitative und quantitative Darreichungsform) grundsätzlich nur eine einzige Zulassung beantragen kann. Ausnahmen gelten allerdings für den Fall, dass objektive nachvollziehbare Gründe der öffentlichen Gesundheit im Hinblick auf die Verfügbarkeit des Arzneimittels dies erfordern oder dies für eine gemeinsame Vermarktung erforderlich ist[475].

IX. Registrierung von Arzneimitteln

1. Registrierung homöopathischer Arzneimittel

256 Nach den §§ 38, 39 AMG bedürfen homöopathische Arzneimittel, die nicht der Verschreibungspflicht unterliegen[476], keiner Zulassung, sondern für ihre Verkehrsfähigkeit ist eine Registrierung in dem vom BfArM geführten Register für homöopathische Arzneimittel ausreichend[477]. Ein **homöopathisches Arzneimittel** ist nach der Legaldefinition des § 4 Abs. 26 AMG ein Arzneimittel, das nach einem im Europäischen Arzneibuch oder, in Ermangelung dessen, nach einem in den offiziell gebräuchlichen Pharmakopöen (Arzneibüchern) der Mitgliedstaaten der EU beschriebenen *homöopathischen Zuberei-*

---

[473] Dies wäre nur möglich, sofern das Arzneimittel unter den sog. optional scope des Art. 3 Abs. 2 VO 726/2004 fällt oder es sich um einen Antrag für ein Generikum in Bezug auf ein zentral zugelassenes Originalarzneimittel handelt.

[474] Vgl. im Detail hierzu Commission Communication on the Community marketing authorisation procedures for medicinal products (98/C 229/03) v. 22.7.1998; *European Commission,* Note to the attention of the Heads of Medicines Agencies and the Pharmaceutical Committee v. 24.2.2009, S. 3 ff., abrufbar unter ec.europa.eu/health.

[475] Ausführlich hierzu European Commission, Handling of Duplicate Marketing Authorisation Applications, October 2011 (Update 1).

[476] Nach § 39 Abs. 2 Nr. 6 AMG können verschreibungspflichtige Arzneimittel nämlich nicht gem. den §§ 38, 39 AMG registriert werden.

[477] Vgl. *Rehmann,* AMG, § 38 Rn. 1; *Heßhaus* in Spickhoff (Hrsg.), Medizinrecht, 10. AMG, § 38 Rn. 1.

Meier

tungsverfahren hergestellt worden ist. Dabei kann ein homöopathisches Arzneimittel auch mehrere Wirkstoffe enthalten[478].

a) Registrierungspflicht homöopathischer Arzneimittel. Nach § 38 Abs. 1 S. 1 AMG dürfen Fertigarzneimittel, die Arzneimittel iSd § 2 Abs. 1 oder Abs. 2 Nr. 1 sind, als homöopathische Arzneimittel in Deutschland nur in den Verkehr gebracht werden, wenn sie in ein beim BfArM als zuständiger Bundesoberbehörde zu führendes Register für homöopathische Arzneimittel eingetragen sind **(Registrierung)**. Mithin bedürfen diese keiner Zulassung, sondern lediglich einer Registrierung, um sodann in den Verkehr gebracht werden zu können[479]. Die Registrierungspflicht gilt auch für homöopathische Tierarzneimittel, selbst wenn diese keine Fertigarzneimittel sind[480]. Dabei bedarf jede Darreichungsform einer gesonderten Registrierung, die Registrierung gilt gem. § 39 Abs. 1 S. 2 AMG dann aber für alle Verdünnungsgrade[481]. Einer Registrierung bedarf es allerdings nicht für homöopathische Arzneimittel, die nach Maßgabe des § 38 Abs. 1 S. 3 AMG in geringen Mengen in Verkehr gebracht werden[482].   257

b) Antragsunterlagen für die Registrierung. Den Antrag zur Registrierung hat entsprechend § 21 Abs. 3 AMG derjenige zu stellen, der das homöopathische Arzneimittel in Verkehr bringen möchte[483]. Inhaltlich sind dem Antrag auf Registrierung grundsätzlich alle in den §§ 22 bis 24 AMG bezeichneten Angaben, Unterlagen und Gutachten beizufügen[484] mit Ausnahme der Angaben über die Wirkungen und Anwendungsgebiete, der Unterlagen und Gutachten über die klinische Prüfung sowie der Angaben nach § 22 Abs. 2 Nrn. 5 u. 5a sowie Abs. 7 S. 2 AMG[485]. Die Unterlagen über die pharmakologisch-toxikologische Prüfung sind vorzulegen, soweit sich die Unbedenklichkeit des Arzneimittels nicht anderweitig, insbesondere durch einen angemessen hohen Verdünnungsgrad ergibt[486].   258

c) Materielle Anforderungen. Sofern keiner der in § 39 Abs. 2 AMG abschließend aufgeführten Versagungsgründe vorliegt[487], ist das homöopathische Arzneimittel gem.   259

---

[478] Vgl. Art. 1 Abs. 5 RL 2001/83/EG.
[479] S. *Rehmann*, AMG, § 38 Rn. 1; *Heßhaus* in Spickhoff (Hrsg.), Medizinrecht, 10. AMG, § 38 Rn. 1.
[480] § 38 Abs. 1 S. 2 AMG iVm § 21 Abs. 1 S. 2 AMG. Vgl. *Rehmann*, AMG, § 39 Rn. 1 aE.
[481] S. auch *Rehmann*, AMG, § 38 Rn. 1 aE.
[482] Hiernach gilt die Registrierungspflicht nicht für homöopatische Arzneimittel, die von einem pharmazeutischen Unternehmer in Mengen bis zu 1.000 Packungen in einem Jahr in den Verkehr gebracht werden, es sei denn, es handelt sich um Arzneimittel, die Zubereitungen aus Stoffen gem. § 3 Nr. 3 oder 4 enthalten (Nr. 1), die mehr als den hundertsten Teil der in nicht homöopathischen, der Verschreibungspflicht nach § 48 unterliegenden Arzneimitteln verwendeten kleinsten Dosis enthalten (Nr. 2), oder bei denen die Ausnahmetatbestände des § 39 Abs. 2 Nr. 3, 4, 5, 6, 7 oder 9 vorliegen (Nr. 3). Vgl. hierzu *Heßhaus* in Spickhoff (Hrsg.), Medizinrecht, 10. AMG, § 38 Rn. 3; *Rehmann*, AMG, § 38 Rn. 3.
[483] Vgl. § 38 Abs. 1 S. 2 AMG.
[484] Der Antrag kann sowohl schriftlich als auch elektronische beim BfArM eingereicht werden. Bis das BfArM ein neues Antragsformular für homöopathische Arzneimittel erarbeitet hat, das sodann auf der BfArM-Website veröffentlicht wird, ist das europäische Formular Notice to Applicants, Volume 2 B, Module 1: Administrative Information (abrufbar unter ec.europa.eu/health/documents/eudralex) zu verwenden.
[485] Vgl. § 38 Abs. 2 AMG. Vgl. hierzu *Rehmann*, AMG, § 38 Rn. 4.
[486] Ferner gilt die Regelung des § 22 Abs. 1a AMG entsprechend, wonach die Angaben nach § 22 Abs. 1 Nr. 1 bis 10 AMG sowie die Angaben, die für die Kennzeichnung, die Packungsbeilage oder die Fachinformation verwendet werden, in deutscher, die übrigen Angaben in deutscher oder in englischer Sprache beigefügt werden müssen.
[487] Nach dem Katalog des § 39 Abs. 2 AMG ist die Registrierung insbesondere zu versagen, wenn die vorgelegten Unterlagen unvollständig sind (Nr. 1), das Arzneimittel nicht nach dem jeweils

§ 39 Abs. 1 S. 1 AMG vom BfArM zu registrieren und dem Antragsteller die Registrierungsnummer schriftlich mitzuteilen. Sofern das BfArM der Auffassung ist, eine Registrierung auf Grund der vorgelegten Unterlagen nicht erteilen zu können, so hat das BfArM dies dem Antragsteller entsprechend § 25 Abs. 4 AMG mitzuteilen und ihm eine Frist zur Abhilfe zu geben[488]. Eine erfolgte Registrierung gilt nur für das im Bescheid aufgeführte homöopathische Arzneimittel und seine Verdünnungsgrade[489].

260 Wurde das homöopathische Arzneimittel bereits in einem anderen Mitgliedstaat der EU/EEA registriert, ist die Registrierung auf der Grundlage dieser Entscheidung zu erteilen, es sei denn, dass ein Versagungsgrund nach Abs. 2 vorliegt[490].

261 **d) Kennzeichnung homöopathischer Arzneimittel.** Für die Kennzeichnung von registrierten homöopathischen Arzneimitteln wurden mit der 14. AMG-Novelle Sondervorschriften in den Kennzeichnungsregelungen der §§ 10 u. 11 AMG aufgenommen[491].

262 In Bezug auf die Kennzeichnung der **Umverpackung** regelt § 10 Abs. 4 S. 1 AMG, dass an Stelle der Angaben nach Abs. 1 S. 1 Nr. 1 bis 14 und außer dem deutlich erkennbaren Hinweis „*Homöopathisches Arzneimittel*" die in den Nrn. 1–12 speziell auf homöopathische Arzneimittel zugeschnittenen Angaben zu machen sind, insbesondere

- die Ursubstanzen nach Art und Menge und der Verdünnungsgrad[492],
- der Hinweis, dass Arzneimittel unzugänglich für Kinder aufbewahrt werden sollen, weitere besondere Vorsichtsmaßnahmen für die Aufbewahrung und Warnhinweise, soweit diese für eine sichere Anwendung erforderlich oder vorgeschrieben sind[493], sowie

---

gesicherten Stand der wissenschaftlichen Erkenntnisse ausreichend analytisch geprüft worden ist (Nr. 2), das Arzneimittel nicht die nach den anerkannten pharmazeutischen Regeln angemessene Qualität aufweist (Nr. 3), bei dem Arzneimittel der begründete Verdacht besteht, dass es bei bestimmungsgemäßem Gebrauch unvertretbare schädliche Wirkungen hat (Nr. 4), das Arzneimittel, sofern es zur Anwendung bei Menschen bestimmt ist, nicht zur Einnahme und nicht zur äußerlichen Anwendung bestimmt ist (Nr. 5a), das Arzneimittel der Verschreibungspflicht unterliegt, es sei denn, dass es ausschließlich Stoffe enthält, die im Anhang der VO (EU) Nr. 37/2010 als Stoffe aufgeführt sind, für die eine Festlegung von Höchstmengen nicht erforderlich ist (Nr. 6), das Arzneimittel nicht nach einer im Homöopathischen Teil des Arzneibuches beschriebenen Verfahrenstechnik hergestellt ist (Nr. 7), wenn die Anwendung der einzelnen Wirkstoffe als homöopathisches oder anthroposophisches Arzneimittel nicht allgemein bekannt ist (Nr. 7a), für das Arzneimittel eine Zulassung erteilt ist (Nr. 8), oder das Inverkehrbringen des Arzneimittels oder seine Anwendung bei Tieren gegen gesetzliche Vorschriften verstoßen würde (Nr. 9). Ausführlich zu den Ausnahmetatbeständen *Kloesel/Cyran*, AMG, A 1.0, § 39 Anm. 5 ff.; *Rehmann*, AMG, § 39 Rn. 2 ff.

[488] Vgl. o. → § 3 Rn. 148. Werden die Unterlagen nicht rechtzeitig beigebracht, ist die Registrierung zu versagen. Ferner gilt die Regelung des § 25 Abs. 5 S. 5 AMG entsprechend, wonach das BfArM die Beurteilung der Unterlagen durch unabhängige Gegensachverständige durchführen lassen kann, welches sodann der weiteren Beurteilung zugrunde gelegt werden kann.

[489] Das BfArM kann den Bescheid über die Registrierung mit Auflagen verbinden oder auch nachträglich Auflagen anordnen, § 28 Abs. 2 u. 4 AMG finden entsprechende Anwendung (§ 39 Abs. 1 S. 4–6 AMG).

[490] Das Anerkennungsverfahren richtet sich nach den in § 39 Abs. 2a S. 2 AMG verwiesenen Bestimmungen der RL 2001/83/EG für Humanarzneimittel bzw. der RL 2001/82/EG für Tierarzneimittel.

[491] Vierzehntes Gesetz zur Änderung des Arzneimittelgesetzes vom 29. August 2005, BGBl. I v. 5.9.2005, S. 2570, dort Art. 1.

[492] Dabei sind die Symbole aus den offiziell gebräuchlichen Pharmakopöen zu verwenden. Die wissenschaftliche Bezeichnung der Ursubstanz kann durch einen Phantasienamen ergänzt werden.

[493] § 10 Abs. 2 AMG. Hierunter fallen auch Angaben zur Dosierung, zu Nebenwirkungen, Gegenanzeigen, Wechselwirkungen und zur Dauer der Anwendung, da dies Angaben sind, die für eine sichere Anwendung des Arzneimittels erforderlich sind.

- der Hinweis an den Anwender, bei während der Anwendung des Arzneimittels fortdauernden Krankheitssymptomen medizinischen Rat einzuholen.

Gem. § 10 Abs. 4 S. 2 AMG gelten diese Kennzeichnungsanforderungen entsprechend für solche homöopathische Arzneimittel, die nach § 38 Abs. 1 S. 3 AMG von der Registrierung freigestellt sind. Da § 10 Abs. 4 S. 1 AMG allein Ausnahmeregelungen zu S. 1 von § 10 Abs. 1 AMG enthält, ist es demnach auch für homöopathische Arzneimittel möglich, sog. **weitere Angaben** nach § 10 Abs. 1 S. 5 AMG zu machen[494]. 263

Die **Packungsbeilage** ist gem. § 11 Abs. 3 AMG entsprechend den Regelungen des § 10 Abs. 4 AMG zu kennzeichnen, ausgenommen die Angabe der Chargenbezeichnung, des Verfalldatums und des bei Mustern vorgeschriebenen Hinweises. Ferner sind Name und Anschrift des Herstellers anzugeben, der das Fertigarzneimittel für das Inverkehrbringen freigegeben hat, soweit es sich dabei nicht um den pharmazeutischen Unternehmer handelt. Auch diese Kennzeichnungsregelung gilt entsprechend für Arzneimittel, die nach § 38 Abs. 1 S. 3 AMG von der Registrierung freigestellt sind. 264

e) Änderungen und Gültigkeit der Registrierung. Ergeben sich Änderungen in den Angaben und Unterlagen nach § 38 Abs. 2 S. 1 AMG, so hat diese der Antragsteller – und nach Erteilung der Registrierung der Inhaber der Registrierung – dem BfArM unter Beifügung entsprechender Unterlagen unverzüglich anzuzeigen[495]. In den folgenden Fällen ist nach § 39 Abs. 2b S. 4 AMG eine neue Registrierung zu beantragen: 265
- bei einer Änderung der Zusammensetzung der Wirkstoffe nach Art oder Menge, einschließlich einer Änderung der Potenzstufe, oder
- bei einer Änderung der Darreichungsform, soweit es sich nicht um eine Änderung nach § 29 Abs. 2a S. 1 Nr. 3 AMG handelt.

Die Registrierung erlischt nach Ablauf von fünf Jahren seit ihrer Erteilung, es sei denn, dass spätestens neun Monate vor Ablauf der Frist ein Antrag auf Verlängerung gestellt wird. Für das Erlöschen und die Verlängerung der Registrierung gilt § 31 entsprechend mit der Maßgabe, dass die Versagungsgründe nach § 39 Abs. 2 Nr. 3 bis 9 AMG Anwendung finden[496]. 266

2. Registrierung traditioneller pflanzlicher Arzneimittel

Pflanzliche Arzneimittel können nicht nur auf normalem Wege zugelassen werden. Alternativ besteht seit Inkrafttreten der 14. AMG-Novelle im September 2005 die Möglichkeit, ein pflanzliches Arzneimittel für dessen Verkehrsfähigkeit auf vereinfachtem Wege registrieren zu lassen, sofern es als „*traditionelles*" pflanzliches Arzneimittel eingestuft werden kann[497]. Die entsprechenden Regelungen finden sich in den §§ 39a–d AMG[498]. 267

---

[494] Da homöopathische Arzneimittel aufgrund der Ausnahmeregelung des § 11a Abs. 1 S. 7 AMG ohne Fachinformation in den Verkehr gebracht werden dürfen, treten an die Stelle der Fachinformation die Antragsunterlagen. Eine Rückausnahme gilt für solche homöopathische Arzneimittel, die im Rahmen des europäischen Verfahren registriert wurden, da den hierfür einzureichenden Unterlagen eine SmPC beizufügen ist.
[495] § 39 Abs. 2b AMG. Die Bestimmungen des § 29 Abs. 1a, 1e, 1f und 2 bis 2b AMG gelten entsprechend, s. hierzu o. → § 3 Rn. 153 ff.
[496] § 39 Abs. 2c AMG. Für Rücknahme, Widerruf und Ruhen der Registrierung gilt § 30 Abs. 1 S. 1, Abs. 2, 2a, 3 u. 4 AMG entsprechend mit der Maßgabe, dass die Versagungsgründe nach Abs. 2 Nr. 2 bis 9 Anwendung finden (§ 39 Abs. 2d AMG).
[497] Vierzehntes Gesetz zur Änderung des Arzneimittelgesetzes vom 29. August 2005, BGBl. I v. 5.9.2005, S. 2570.
[498] Die §§ 39a–d AMG dienen der Umsetzung der RL 2004/24/EG des Europäischen Parlaments und des Rates vom 31. März 2004 zur Änderung der RL 2001/83/EG zur Schaffung eines Gemeinschaftskodexes für Humanarzneimittel hinsichtlich traditioneller pflanzlicher Arzneimittel, ABl. Nr. L 136 v. 30.4.2004, S. 85. Die RL über pflanzliche Arzneimittel sah eine außergewöhnlich lange

268 Nach den Überleitungsvorschriften des § 141 Abs. 14 AMG erlosch die Zulassung eines traditionellen pflanzlichen Arzneimittels, die nach § 105 iVm § 109a AMG verlängert wurde, am 30.4.2011, es sei denn, dass vor dem 1.1.2009 ein Antrag auf Zulassung oder Registrierung gestellt wurde. Damit konnten pflanzliche § 109a-Arzneimittel in eine Zulassung („well-established medicinal use") oder eine Registrierung überführt werden, soweit die entsprechenden Voraussetzungen hierfür vorlagen[499].

269 **a) Registrierung traditioneller pflanzlicher Arzneimittel.** Ausweislich des § 39a AMG besteht die Möglichkeit einer Registrierung als *„traditionelles pflanzliches Arzneimittel"* nicht nur für Fertigarzneimittel, die pflanzliche Arzneimittel und Arzneimittel iSd § 2 Abs. 1 AMG sind[500], sondern ausdrücklich auch für pflanzliche Arzneimittel, die Vitamine oder Mineralstoffe enthalten, sofern die Vitamine oder Mineralstoffe die Wirkung der traditionellen pflanzlichen Arzneimittel im Hinblick auf das Anwendungsgebiet oder die Anwendungsgebiete ergänzen. *„Pflanzliche Arzneimittel"* sind dabei nach § 4 Abs. 29 AMG definiert als Arzneimittel, die als Wirkstoff ausschließlich einen oder mehrere pflanzliche Stoffe oder eine oder mehrere pflanzliche Zubereitungen oder eine oder mehrere solcher pflanzlichen Stoffe in Kombination mit einer oder mehreren solcher pflanzlichen Zubereitungen enthalten.

270 **b) Registrierungsunterlagen für traditionelle pflanzliche Arzneimittel.** Dem Antrag auf Registrierung müssen vom Antragsteller gem. § 39b Abs. 1 AMG folgende Angaben und Unterlagen beigefügt werden[501]:
- die in § 22 Abs. 1, 3c, 4, 5 u. 7 AMG und § 24 Abs. 1 Nr. 1 AMG genannten Angaben und Unterlagen (Nr. 1),
- die in § 22 Abs. 2 S. 1 Nr. 1 AMG genannten Ergebnisse der analytischen Prüfung (Nr. 2),
- die Zusammenfassung der Merkmale des Arzneimittels mit den in § 11a Abs. 1 AMG genannten Angaben unter Berücksichtigung, dass es sich um ein traditionelles pflanzliches Arzneimittel handelt (Nr. 3),
- bibliographische Angaben über die traditionelle Anwendung oder Berichte von Sachverständigen, aus denen hervorgeht, dass entweder das betreffende oder ein entsprechendes Arzneimittel[502] zum Zeitpunkt der Antragstellung seit mindestens 30 Jahren, davon mindestens 15 Jahre in der EU, medizinisch oder tiermedizinisch verwendet wird, das Arzneimittel unter den angegebenen Anwendungsbedingungen unschädlich ist und dass die pharmakologischen Wirkungen oder die Wirksamkeit des Arzneimittels auf Grund langjähriger Anwendung und Erfahrung plausibel sind (Nr. 4[503]),

---

Übergangsfrist von 7 Jahren vor, damit die Hersteller ihre traditionellen pflanzlichen Arzneimittel registrieren lassen konnten, die bereits auf dem EU-Markt waren, als die RL in Kraft trat.
[499] *Heßhaus* in Spickhoff (Hrsg.), Medizinrecht, 10. AMG, § 141 Rn. 1; *Rehmann*, AMG, § 141 Rn. 10.
[500] Vgl. zum Arzneimittelbegriff allgemein o. → § 2 Rn. 9 ff.
[501] Vgl. hierzu ausführlich *Rehmann*, AMG, § 39b Rn. 2 ff.; *Kloesel/Cyran*, AMG, A 1.0, § 39b Anm. 4 ff.
[502] Gem. § 39b Abs. 1 S. 3 AMG ist ein Arzneimittel ein entsprechendes Arzneimittel in diesem Sinne, wenn es ungeachtet der verwendeten Hilfsstoffe dieselben oder vergleichbare Wirkstoffe, denselben oder einen ähnlichen Verwendungszweck, eine äquivalente Stärke und Dosierung und denselben oder einen ähnlichen Verabreichungsweg wie das Arzneimittel hat, für das der Antrag auf Registrierung gestellt wird.
[503] Der Nachweis der Verwendung über einen Zeitraum von 30 Jahren gem. S. 1 Nr. 4 kann gem. § 39b S. 2 AMG auch dann erbracht werden, wenn für das Inverkehrbringen keine spezielle Genehmigung für ein Arzneimittel erteilt wurde. Er ist auch dann erbracht, wenn die Anzahl oder Menge der Wirkstoffe des Arzneimittels während dieses Zeitraums herabgesetzt wurde (sog. „Minusvarianten").

- ein bibliographischer Überblick betreffend die Angaben zur Unbedenklichkeit zusammen mit einem Sachverständigengutachten gem. § 24 AMG und, soweit zur Beurteilung der Unbedenklichkeit des Arzneimittels erforderlich, die dazu notwendigen weiteren Angaben und Unterlagen (Nr. 5), sowie
- Registrierungen oder Zulassungen, die der Antragsteller in einem anderen Mitgliedstaat oder in einem Drittland für das Inverkehrbringen des Arzneimittels erhalten hat, sowie Einzelheiten etwaiger ablehnender Entscheidungen über eine Registrierung oder Zulassung und die Gründe für diese Entscheidungen.

Wie bei homöopathischen Arzneimitteln, so müssen auch hier die Angaben nach § 22 Abs. 1 S. 1 Nr. 1 bis 10 AMG sowie Angaben, die für die Kennzeichnung der Umverpackung, die Packungsbeilage oder die Fachinformation verwendet werden, in deutscher, die übrigen Angaben in deutscher oder englischer Sprache beigefügt werden. Ferner kann anstelle der Vorlage der Angaben und Unterlagen nach Abs. 1 S. 1 Nr. 4 u. 5 bei Humanarzneimitteln auch Bezug genommen werden auf eine gemeinschaftliche oder unionsrechtliche Pflanzenmonographie nach Art. 16h Abs. 3 RL 2001/83/EG oder eine Listenposition nach Art. 16f RL 2001/83/EG, welche vom Herbal Medicinal Products Committee (HMPC) erstellt werden (§ 39b Abs. 2 AMG). Enthält das Arzneimittel mehr als einen pflanzlichen Wirkstoff oder Stoff nach § 39a S. 2 AMG, sind die in Abs. 1 S. 1 Nr. 4 genannten Angaben für die Kombination vorzulegen; sind die einzelnen Wirkstoffe nicht hinreichend bekannt, so sind auch Angaben zu den einzelnen Wirkstoffen zu machen (§ 39b Abs. 3 AMG). 271

c) Entscheidung über die Registrierung traditioneller pflanzlicher Arzneimittel. Ebenfalls entsprechend der Regelung zu homöopathischen Arzneimitteln, hat gem. § 39c Abs. 1 AMG das BfArM als zuständige Bundesoberbehörde das traditionelle pflanzliche Arzneimittel zu registrieren und dem Antragsteller die Registrierungsnummer schriftlich mitzuteilen, sofern nicht ein Versagungsgrund gem. § 39c Abs. 2 AMG vorliegt[504]. Auch hier finden § 25 Abs. 4 AMG über die Möglichkeit einer Mängelabhilfe sowie § 25 Abs. 5 S. 5 AMG über die Möglichkeit der Begutachtung der Antragsunterlagen durch unabhängige Sachverständige entsprechende Anwendung. Eine erfolgte Registrierung gilt nur für das im Bescheid aufgeführte traditionelle pflanzliche Arzneimittel. Die zuständige Bundesoberbehörde kann den Bescheid über die Registrierung ebenfalls mit Auflagen verbinden oder Auflagen nachträglich anordnen; § 28 Abs. 2 und 4 AMG findet entsprechende Anwendung (§ 39c Abs. 1 S. 6 AMG). 272

d) Kennzeichnung der traditionellen pflanzlichen Arzneimittel. Mit der 14. AMG-Novelle wurden auch in Bezug auf traditionelle pflanzliche Arzneimittel Sondervorschriften für die Kennzeichnung in den §§ 10 u. 11 AMG aufgenommen. Nach § 10 Abs. 4a AMG müssen bei der **Umverpackung** von traditionellen pflanzlichen Arzneimitteln zusätzlich zu den Pflichtangaben des Abs. 1 die Hinweise aufgenommen werden, dass 273

- das Arzneimittel ein traditionelles Arzneimittel ist, das ausschließlich auf Grund langjähriger Anwendung für das Anwendungsgebiet registriert ist, und

---

[504] Gem. § 39c Abs. 2 AMG hat das BfArM die Registrierung insbesondere zu versagen, wenn der Antrag nicht die in § 39b vorgeschriebenen Angaben und Unterlagen enthält oder die qualitative oder quantitative Zusammensetzung nicht den Angaben nach § 39b Abs. 1 AMG entspricht oder sonst die pharmazeutische Qualität nicht angemessen ist (Nr. 1), das Arzneimittel bei bestimmungsgemäßem Gebrauch schädlich sein kann (Nr. 3), die Unbedenklichkeit von Vitaminen oder Mineralstoffen, die in dem Arzneimittel enthalten sind, nicht nachgewiesen ist (Nr. 4), oder die Angaben über die traditionelle Anwendung unzureichend sind, insbesondere die pharmakologischen Wirkungen oder die Wirksamkeit auf der Grundlage der langjährigen Anwendung und Erfahrung nicht plausibel sind (Nr. 5). Für traditionelle pflanzliche Arzneimittel, die zur Anwendung bei Tieren bestimmt sind, gilt diese Regelung des § 39c Abs. 2 S. 1 AMG entsprechend (S. 2).

- der Anwender bei fortdauernden Krankheitssymptomen oder beim Auftreten anderer als der in der Packungsbeilage erwähnten Nebenwirkungen einen Arzt oder eine andere in einem Heilberuf tätige qualifizierte Person konsultieren sollte[505].

274 In Bezug auf die **Packungsbeilage** gelten nach § 11 Abs. 3b AMG bei traditionellen pflanzlichen Arzneimitteln die allgemeine Regelungen des Abs. 1 entsprechend. Allerdings ist bei der Angabe des Anwendungsgebietes nach Abs. 1 S. 1 Nr. 2 anzugeben, dass das Arzneimittel ein traditionelles Arzneimittel ist, das ausschließlich auf Grund langjähriger Anwendung für das Anwendungsgebiet registriert ist[506].

275 **e) Gültigkeit der Registrierung und sonstige Verfahrensvorschriften.** Eine erfolgte Registrierung erlischt nach Ablauf von fünf Jahren seit ihrer Erteilung, es sei denn, dass spätestens neun Monate vor Ablauf der Frist ein Antrag auf Verlängerung gestellt wird. Für das Erlöschen und die Verlängerung der Registrierung gilt § 31 entsprechend mit der Maßgabe, dass die Versagungsgründe nach Abs. 2 Anwendung finden (§ 39c Abs. 3 AMG).

276 § 39d AMG enthält weitere Verfahrensvorschriften. So hat gem. § 39d Abs. 1 AMG das BfArM dem Antragsteller, sowie bei Humanarzneimitteln der Europäischen Kommission und der zuständigen Behörde eines Mitgliedstaates der EU auf Anforderung eine von ihr getroffene ablehnende Entscheidung über die Registrierung als traditionelles Arzneimittel und die Gründe hierfür mitzuteilen. Ferner hat der Antragsteller, nach Erteilung der Registrierung der Inhaber der Registrierung, gem. Abs. 7 hat dem BfArM unter Beifügung entsprechender Unterlagen unverzüglich Anzeige zu erstatten, wenn sich Änderungen in den Angaben und Unterlagen nach § 39b Abs. 1 S. 1 iVm Abs. 2 AMG ergeben[507].

277 Eine neue Registrierung ist gem. § 39d Abs. 7 S. 4 AMG in folgenden Fällen zu beantragen:
- bei einer Änderung der Anwendungsgebiete, soweit es sich nicht um eine Änderung nach § 29 Abs. 2a S. 1 Nr. 1 AMG handelt,
- bei einer Änderung der Zusammensetzung der Wirkstoffe nach Art oder Menge, sowie
- bei einer Änderung der Darreichungsform, soweit es sich nicht um eine Änderung nach § 29 Abs. 2a S. 1 Nr. 3 handelt.

278 Für Rücknahme, Widerruf und Ruhen der Registrierung gilt § 30 Abs. 1 S. 1, Abs. 2, 2a, 3 u. 4 AMG entsprechend mit der Maßgabe, dass die Versagungsgründe nach § 39c Abs. 2 AMG Anwendung finden (§ 39d Abs. 8 AMG).[508]

D. Transparenz klinischer Studiendaten

1. Hintergrund und Entwicklung des Zugangs zu Studiendaten

279 Die Transparenz klinischer Studiendaten dient nicht nur der Herstellung von Vertrauen der Öffentlichkeit in die Qualität und Validität der klinischen Daten, welche die Basis für die Zulassung von Arzneimitteln sind, sondern ermöglicht auch Wissenschaftlern, diese weiter zu analysieren, und unnötige klinische Prüfungen zu vermeiden. Der

---

[505] Ferner tritt an die Stelle der Angabe nach Abs. 1 S. 1 Nr. 3 die Registrierungsnummer mit der Abkürzung „Reg.-Nr.". Vgl. insgesamt hierzu *Rehmann*, AMG, § 10 Rn. 24; *Kloesel/Cyran*, AMG, A 1.0, § 10 Anm. 86.
[506] Zusätzlich ist in die Packungsbeilage der Hinweis nach § 10 Abs. 4a S. 1 Nr. 2 aufzunehmen.
[507] Ferner gelten hier die Regelungen des § 29 Abs. 1a, 1e, 1f und 2 bis 2b AMG entsprechend, vgl. § 39d Abs. 7 S. 1–3 AMG.
[508] S. zu § 30 AMG o. → § 2 Rn. 162 ff.

Zugang zu Studiendaten ist nicht erst seit kurzem möglich, hat jedoch aufgrund der Policy der EMA über die letzten Jahre, einen weitmöglichen Zugang zu klinischen Studiendaten zu ermöglichen, eine zunehmende Bedeutung erlangt[509].

a) Reaktiver Zugang zu Daten und Dokumenten. Ein reaktiver Zugang zu Daten und Dokumenten des Europäischen Parlaments, des Rates und der Kommission auf Basis eines entsprechenden Antrags ist schon seit Anfang 2000 aufgrund der VO 1049/2001 vom 30. Mai 2001 möglich[510]. Hiernach hat jeder Unionsbürger sowie jede natürliche oder juristische Person mit Wohnsitz oder Sitz in einem EU-Mitgliedstaat ein Recht auf Zugang zu Dokumenten dieser Organe, vorbehaltlich der in dieser Verordnung festgelegten Grundsätze, Bedingungen und Einschränkungen. Von Bedeutung ist hier insbesondere die Ausnahmeregelung des Art. 4 VO 1049/2001:

280

Gem. Art. 4 Abs. 1 VO 1049/2001 wird der Zugang zu einem Dokument verweigert, wenn durch dessen Verbreitung Folgendes beeinträchtigt würde:

281

(a) der **Schutz des öffentlichen Interesses** im Hinblick auf die öffentliche Sicherheit, die Verteidigung und militärische Belange, die internationalen Beziehungen, und die Finanz-, Währungs- oder Wirtschaftspolitik der Gemeinschaft oder eines Mitgliedstaats, sowie
(b) der **Schutz der Privatsphäre und der Integrität des Einzelnen**, insbesondere gem. den einschlägigen Datenschutzbestimmungen.

Art. 4 Abs. 2 VO 1049/2001 erweitert diesen Schutz auf Konstellationen, bei denen durch die Verbreitung eines Dokuments Folgendes beeinträchtigt würde:

282

- der Schutz der geschäftlichen Interessen einer natürlichen oder juristischen Person, einschließlich des geistigen Eigentums,
- der Schutz von Gerichtsverfahren und der Rechtsberatung, oder
- der Schutz des Zwecks von Inspektions-, Untersuchungs- und Audittätigkeiten,

es sei denn, es besteht ein überwiegendes öffentliches Interesse an der Verbreitung.

Auch wird der Zugang zu einem Dokument, das sich auf eine Angelegenheit bezieht, in der das Organ noch keinen Beschluss gefasst hat, verweigert, wenn eine Verbreitung des Dokuments den Entscheidungsprozess des Organs ernstlich beeinträchtigen würde, es sei denn, es besteht ein überwiegendes öffentliches Interesse an der Verbreitung[511].

283

Betrifft das Ersuchen Dokumente Dritter, so sind diese zu konsultieren, um beurteilen zu können, ob eine der o. g. Ausnahmeregelungen des Art. 4 Abs. 1 o. 2 VO 1049/2001 anwendbar ist, es sei denn, es ist klar, dass das Dokument verbreitet werden muss bzw. nicht verbreitet werden darf. Sofern jedoch nur Teile des angeforderten Dokuments einer der Ausnahmen unterliegen, werden die übrigen Teile des Dokuments freigegeben (Art. 4 Abs. 6 VO 1049/2001).

284

Auch die Gesetze zahlreicher Mitgliedstaaten ermöglichen der Öffentlichkeit den Zugang zu bei den jeweils nationalen Behörden vorhandenen Daten und Dokumenten, zB in Deutschland aufgrund des Informationsfreiheitsgesetzes aus dem Jahre 2005[512]. Im

285

---

[509] S. EMA, Clinical Data Pulication, abrufbar unter ema.europa.eu.
[510] VO (EG) Nr. 1049/2001 des Europäischen Parlaments und des Rates vom 30. Mai 2001 über den Zugang der Öffentlichkeit zu Dokumenten des Europäischen Parlaments, des Rates und der Kommission, ABl. L 145 v. 31.5.2001, S. 43.
[511] Art. 4 Abs. 3 UAbs. 1 VO 1049/2001. Gem. UAbs. 2 wird der Zugang zu einem Dokument mit Stellungnahmen zum internen Gebrauch im Rahmen von Beratungen und Vorgesprächen innerhalb des betreffenden Organs auch nach erfolgter Beschlussfassung verweigert, wenn die Verbreitung des Dokuments den Entscheidungsprozess des Organs ernstlich beeinträchtigen würde, es sei denn, es besteht ein überwiegendes öffentliches Interesse an der Verbreitung.
[512] Informationsfreiheitsgesetz (IFG) vom 5. September 2005 (BGBl. I S. 2722), geändert durch Art. 2 Abs. 6 des Gesetzes vom 7. August 2013 (BGBl. I S. 3154).

Bereich der pharmazeutischen Industrie haben auch pharmazeutische Unternehmen schon jahrelang interessierten Wissenschaftlern auf entsprechendes Gesuch für Forschungszwecke auf freiwilliger Basis Zugang zu Studiendaten gewährt.

b) Proaktiver Zugang zu Daten und Dokumenten. Parallel hierzu ist ein zunehmender **proaktiver Zugang** zu klinischen Studiendaten zu verzeichnen, sowohl auf Behördenseite als auch auf Seite der pharmazeutischen Unternehmen:

- Art. 11 RL 2001/83/EG schaffte die gesetzliche Grundlage für den Aufbau des **EudraCT-Registers**[513], in dem seit 1. Mai 2004 klinische Studien mit Humanarzneimitteln in der EU gelistet werden. Dieses Register wird von der EMA betrieben und von den Arzneimittelbehörden der EU-Mitgliedstaaten bei der Genehmigung und Überwachung klinischer Studien genutzt. Zweck der Einführung des EudraCT-Registers war die Erhöhung der Transparenz der in der EU durchgeführten klinischen Studien und der Sicherheit für Studienteilnehmer durch eine bessere Überwachung. Aufgrund von § 7 Abs. 2 Nr. 1 GCP-VO muss eine in Deutschland geplante klinische Arzneimittelstudie in EudraCT registriert sein, bevor ein Genehmigungsantrag gestellt werden kann.
- Art. 57 Abs. 1 lit. l VO 726/2004 verpflichtet die EMA, eine der Öffentlichkeit zugänglichen **Datenbank über Arzneimittel** zu schaffen, die auch die Suche nach Informationen, die schon für Packungsbeilagen genehmigt sind, erlaubt, und ausdrücklich eine Sektion über Arzneimittel, die für Kinder zugelassen sind, enthalten muss. Dies hat die EMA mit der Rubrik „Find Medicine" auf ihrer Website realisiert.
- Dies führte auch zur Einführung des „**EU Clinical Trials Register**" (EU CTR) als Teil von EudraPharm. EudraPharm ist die Datenbank der EU für zugelassene Arzneimittel, die der Öffentlichkeit Zugang zu Informationen aus EudraCT ermöglicht. Das EU CTR enthält Informationen über klinische Prüfungen mit Nennung der Prüfstellen innerhalb der EU/EEA.
- Seit Inkrafttreten der VO 1901/2006 über **Kinderarzneimittel** sind in dem EudraCT-Register und damit auch im EU CTR zwingend Studien mit Kindern aufzunehmen, die außerhalb der EU durchgeführt wurden, sofern diese in gebilligten pädiatrischen Prüfkonzepten enthalten sind (Art. 41 Abs. 1 VO 1901/2006).
- Parallel dazu haben über die letzten Jahre hinweg zahlreiche **pharmazeutische Unternehmen** auf freiwilliger Basis einen besseren Zugang zu klinischen Studiendaten ermöglicht, indem sie Internetportale geschaffen haben, über die autorisierte Wissenschaftler und/oder jedermann Zugang zu anonymisierten Studiendaten erhalten kann, die das jeweilige Unternehmen durchgeführt hat. Eine entsprechende Selbstverpflichtung besteht für die Unternehmen, die Mitglied bei EFPIA, dem europäischen Dachverband der nationalen Verbände forschender Pharmaunternehmen, sind[514].
- In Zukunft wird die VO 536/2014 Studiensponsoren verpflichten, alle Daten zu einer klinischen Studie zu veröffentlichen, selbst wenn ein zur Prüfung angemeldetes Arzneimittel keine Marktzulassung erhalten sollte. Die Daten zur Studiendurchführung und zu den Ergebnissen werden über das **EU-Portal** zugänglich sein[515].

2. EMA und Transparenz klinischer Studiendaten

Mit Inkrafttreten der VO 726/2004 am 20. November 2005 wurde der EMA die Verpflichtung auferlegt, umgehend den vom CHMP erstellten **Bericht über die Beurteilung**

---

[513] EudraCT ist die Abkürzung für „European Union Drug Regulating Authorities Clinical Trials".
[514] EFPIA und PHRMA, Principles for Responsible Clinical Trial Data Sharing Our Commitment to Patients and Researchers v. 24.7.2013, abrufbar unter efpia.eu.
[515] S. hierzu o. → § 3 Rn. 66 ff.

des **Humanarzneimittels** und die Gründe für das Gutachten zugunsten der Erteilung einer Genehmigung – nach Streichung aller vertraulichen Angaben geschäftlicher Art – zu veröffentlichen. Dies beinhaltet auch eine Diskussion der durchgeführten Studien. Der Europäische Öffentliche Beurteilungsbericht (EPAR) hat dabei eine allgemein verständliche Zusammenfassung mit einem Abschnitt über die Verwendungsbedingungen des Arzneimittels zu enthalten.[516] Ferner erweiterte Art. 73 UAbs. 1 VO 726/2004 den Anwendungsbereich der VO 1049/2001 über den Zugang der Öffentlichkeit zu Dokumenten auf die **Dokumente der EMA**.

Bei Anfragen auf Herausgabe von oder Zugang zu Dokumenten hatte die EMA anfänglich klinische Studienberichte grundsätzlich als vertraulich angesehen, die nicht herausgegeben und damit auch nicht veröffentlich wurden. Allerdings gab es kein standardisiertes Vorgehen oder Verständnis mit den mitgliedstaatlichen Gesundheitsbehörden, die auf Basis nationaler Informationsfreiheitsgesetze auf vergleichbare Anträge entscheiden mussten.

Dies änderte sich ab dem Jahre 2010:

- Zunächst erließen die HMA, das Netzwerk der Leiter der mitgliedstaatlichen Gesundheitsbehörden, und die EMA im November 2010[517] gemeinsame Empfehlungen im Hinblick auf die Zurverfügungstellung von Informationen betreffend neuer Arzneimittelzulassungsanträgen vor und nach Empfehlung für oder Entscheidung über die Erteilung der Zulassung, mit denen insbesondere **periodische Sicherheitsberichte (PSURs)** öffentlich zugänglich wurden.
- Am 30. November 2010 hat die EMA sodann ihre **Policy/0043**[518] erlassen, wonach sie einen weitestmöglichen Zugang zu Dokumenten der EMA gestatten möchte[519] und einen Zugang nur ablehnen wird, wenn eine der in Art. 4 VO 1049/2001 aufgeführten Ausnahmen als anwendbar angesehen wird. Damit sah die EMA auch klinische Studienberichte grundsätzlich nicht mehr als vertraulich an, es sei denn, der Zulassungsinhaber kann bzgl. des Berichts oder Teile davon nachweisen, dass diese als Betriebs- und Geschäftsgeheimnisse anzusehen sind – das Regel-Ausnahme-Verhältnis wurde damit um 180° gedreht[520].
- Im März 2012 wurde eine weitere gemeinsame HMA/EMA Leitlinie veröffentlicht, nämlich bezüglich der Identifizierung von **Betriebs- und Geschäftsgeheimnissen** (*"Commercial Confidential Information"* – **CCI**) und persönlichen Daten innerhalb der Struktur des Zulassungsantrags betreffend die Herausgabe der Informationen nach Erteilung der Zulassung[521]. Aus Sicht von HMA und EMA konnten damit Dokumente als Teil des Zulassungsantrags herausgegeben werden, es sei denn, diese sind speziell als

---

[516] Art. 13 Abs. 3 VO 726/2004.
[517] HMA/EMA recommendations on transparency, Recommendations on release of information with regard to new applications for medicinal products before and after opinion or decision on granting of a marketing authorisation, November 2010 (EMA/484118/2010).
[518] EMA, Policy on access to documents (related to medicinal products for human and veterinary use) – POLICY/0043 – v. 30.11.2010 (EMA/110196/2006), gültig ab 1. Dezember 2010; abrufbar unter ema.europa.eu.
[519] „(…) widest possible access to EMA documents concerning any matter to the policies, activities and decisions falling within the Agency's remit and responsibilities.".
[520] Dies geht zurück auf eine Position des Europäischen Bürgerbeauftragten („Ombudsman"), der sich die EMA anschloss. Vgl. Decision of the European Ombudsman closing his inquiry into complaint 2560/2007/BEH against the European Medicines Agency v. 24. November 2010, Nr. 89–94, abrufbar unter www.ombudsman.europa.eu/cases. Ausführlich hierzu sowie zur Entwicklung unter der VO 1049/2001 seit 2001 *Dettling/Apeltauer* in Voit (Hrsg.), Transparenz/Neue Produkte (2017), S. 78 ff.
[521] HMA/EMA Guidance Document on the Identification of Commercially Confidential Information and Personal Data within the Structure of the Marketing Authorisation (MA) Application – Release of Information after the Granting of a Marketing Authorisation, v. 14. März 2012, abrufbar unter ema.europa.eu.

Betriebs- und Geschäftsgeheimnisse (engl.: commercially confidential information – CCI)[522] ausgewiesen oder stellen geschützte persönliche Daten (engl.: protected personal data – PPD)[523] dar.

- Am 2. Oktober 2014 hat sodann die EMA ihre „*Policy on publication of clinical data for medicinal products for human use*" – die sog. **Policy/0070** – erlassen. Hiermit erklärte die EMA, dass mit Wirkung ab Januar 2015 klinische Daten in der Regel nicht als Betriebs- und Geschäftsgeheimnisse angesehen werden, sondern es aus Sicht der EMA nur begrenzte Umstände gebe, in denen Informationen Betriebs- und Geschäftsgeheimnisse darstellen würden[524]. Daher sieht die Policy/0070 die Weitergabe bzw. Veröffentlichung der sehr ausführlichen Studienberichte (Clinical Study Reports, **CSRs**) vor, die Teil der Studien sind, welche mittels Zulassungsanträgen eingereicht werden. Dies bezieht sich auf CSRs aus allen neu gestellten Zulassungsanträgen ab dem 01. Januar 2015 sowie aus Anträgen für Zulassungserweiterungen ab dem 01. Juli 2015[525]. Für den Zugang zu diesen CSRs sieht die Policy einen „on screen"- sowie einen „kontrollierten" Zugang vor: Bei der on-screen-Kategorie bekommt jedermann nach einem einfachen Registrierungsprozess und der Akzeptanz einfacher Nutzungsbedingungen (sog. „terms of use")[526] auf der EMA-Webseite Zugang zu den CSRs, allerdings ohne Möglichkeit, diese herunterzuladen. Beim kontrollierten Zugang wird Wissenschaftlern und anderen nicht-kommerziellen Verwendern der Zugang nach detaillierter Registrierung, Annahme spezifischer Nutzungsbedingungen und Überprüfung der Identität durch die EMA eingeräumt mit der Möglichkeit, die Daten herunterzuladen und damit für Zweitauswertungen zu nutzen.

3. Schutz von Betriebs- und Geschäftsgeheimnissen

290   Ob und inwieweit klinische Daten Betriebs- und Geschäftsgeheimnisse darstellen können, so dass sie nur im Falle eines überwiegenden öffentlichen Interesses auf Antrag herausgegeben bzw. veröffentlicht werden dürfen, war und ist Gegenstand zahlreicher Gerichtsverfahren vor den Europäischen Gerichten[527]. In all diesen Verfahren hatte die

---

[522] Der Begriff „Commercially confidential information (CCI)" wurde definiert wie folgt: *„any information contained in the clinical reports submitted to the Agency by the applicant/MAH that is not in the public domain or publicly available and where disclosure may undermine the legitimate economic interest of the applicant/MAH."*.

[523] Der Begriff „Personal data" wurde definiert wie folgt: *„any information relating to an identified or identifiable natural person ('data subject'); an identifiable person is one who can be identified, directly or indirectly, in particular by reference to an identification number or to one or more factors specific to their physical, physiological, mental, economic, cultural or social identity (Article 2(a) of Regulation (EC) No 45/2001)"*.

[524] *„Agency respects and will not divulge CCI.* **In general, however, clinical data cannot be considered CCI.** *The Agency acknowledges that there are limited circumstances where information could constitute CCI."* (Hervorheb. d. d. Verf.).

[525] Insbesondere aufgrund datenschutzrechtlicher Probleme hat die EMA entschieden, in der Policy/0070 auf eine Weitergabe anonymisierter Studienrohdaten (sog. „individual patient level data", IPD) zu verzichten. Dennoch soll weiter geprüft werden, wie die Herausgabe solcher Daten an Wissenschaftler und andere nicht-kommerzielle Nutzer in der Zukunft ermöglicht werden kann.

[526] Nach den Nutzungsbedingungen ist die Nutzung auf allgemeine Informationen und nicht-kommerzielle Zwecke einschließlich nicht-kommerzieller Forschungszwecke beschränkt. Der Nutzer muss daher bestätigen, dass keine kommerzielle Nutzung der Daten beabsichtigt ist. Ferner enthalten diese Nutzungsbeschränkungen, zB dürfen die CSRs nicht für die Erlangung oder Unterstützung einer Zulassung oder Zulassungserweiterungen genutzt werden. Die Dokumente werden auch mit einem Wasserzeichen versehen, um eine unzulässige Nutzung zu verhindern.

[527] In der Literatur wird vertreten, dass eine zwangsweise Veröffentlichung proprietärer Studienergebnisse ohne überwiegendes öffentliches Interesse grundrechtswidrig sei, vgl. *Dettling/Apeltauer* in Voit (Hrsg.), Transparenz/Neue Produkte (2017), S. 107 ff.

EMA auf ein entsprechendes Auskunftsersuchen hin entschieden, die verlangten Daten herauszugeben. Gegen diese Entscheidung haben die Inhaber der Zulassungen, die diese Daten im Dossier enthalten, Klage gegen die EMA beim erstinstanzlich zuständigen Europäischen Gericht eingereicht. In den drei Verfahren, die nicht verglichen wurden[528], hat das Europäische Gericht am 5.2.2018 die Klagen allesamt zurückgewiesen, indem es auf Grundlage einer vergleichbaren Argumentationslinie die generelle Vermutung der Vertraulichkeit klinischer Daten verneinte. Als Konsequenz wurde das Zulassungsdossier in seiner Gesamtheit nicht als vertraulich und generell schutzbedürftig angesehen, so dass für jedes Dokument eine spezifische Beurteilung und Rechtfertigung erfolgen müsste, auf deren Basis zu entscheiden sei, ob die Ausnahme einer Schutzbedürftigkeit als Betriebs- und Geschäftsgeheimnis Anwendung finden würde. Daher müssten Zulassungsinhaber konkrete, präzise und gut substantiierte Rechtfertigungen vorbringen, um darlegen zu können, dass Dokumente Betriebs- und Geschäftsgeheimnisse enthalten. In allen drei Fällen wies das Europäische Gericht die vorgebrachten Rechtfertigungen als zu vage zurück und machte gleichzeitig klar, dass ein behaupteter finanzieller Wert einer Information an sich nicht ausreichend sei, um als Betriebs- und Geschäftsgeheimnis qualifiziert zu werden. Vielmehr sei erforderlich darzulegen, dass das Risiko, dass die Veröffentlichung der in den Dokumenten enthaltenen Information(en) die kommerziellen Interessen des Zulassungsinhabers untergraben wird, nicht nur hypothetisch, sondern in vernünftiger Weise vorhersehbar sei.

Insgesamt hat das Europäische Gericht damit die Hauptprinzipien der Policy/0070 der EMA gestützt. Ein Zugang zu Informationen hat jedoch gemäß der Europäischen Kommission keinen Einfluss auf einen existierenden Unterlagenschutz, da anderenfalls dieses Recht unterminiert würde[529].

291

E. Arzneimittel für seltene Leiden

I. Rechtliche Grundlage

Die EU hat mit der VO 141/2000[530] („Orphan VO") den rechtlichen Rahmen zur Förderung der Entwicklung und des Inverkehrbringens von Arzneimitteln für die Diagnose, Verhütung oder Behandlung von sehr selten auftretenden Leiden – den sog. „Orphan Drugs"[531] – geschaffen. In dieser Orphan VO wurden ein Gemeinschaftsverfahren für die Ausweisung von Arzneimitteln als Arzneimittel für seltene Leiden festgelegt und gleichzeitig Anreize für die Erforschung, Entwicklung und das Inverkehrbringen für

292

---

[528] Pari Pharma GmbH v EMA (Case T-235/15), PTC Therapeutics v EMA (Case T-718/15) and MSD Animal Health Innovation and Intervet International v EMA (Case T-729/15). Verglichen wurden die Verfahren AbbVie vs EMA (T-44/13 and T-29/13) sowie Intermune vs EMA (T-73/13).
[529] Vgl. Europäische Kommission, Notice to Applicants Volume 2A – Procedures for marketing authorisation, Chapter 1 Marketing Authorisation (June 2018, Revision 8), Ziff. 6.1.6: „*During the period of data exclusivity of a medicinal product, the data contained in the pre-clinical and clinical file of that product and obtained through access to documents or freedom of information legislation within the EU or in third countries, cannot be relied on by other applicants or the authorities in a subsequent application to ascertain the safety and efficacy of other products. As long as a product authorised in the EU is under data exclusivity, the reliance on published or unpublished pre-clinical and clinical data contained in the dossier of that product within the EU or in third countries by the competent authorities to grant a marketing authorisation would lead to a circumvention of the data exclusivity rules. Therefore, such application cannot be accepted.*".
[530] VO (EG) Nr. 141/2000 des Europäischen Parlaments und des Rates vom 16. Dezember 1999 über Arzneimittel für seltene Leiden, ABl. L 18 vom 22.1.2000, S. 1.
[531] Wörtlich übersetzt sind dies die „Waisenkinder" unter den Arzneimitteln.

Arzneimittel für seltene Leiden geschaffen[532]. Diese VO wird ergänzt durch die DurchführungsVO 847/2000[533], in der die Kriterien für die Ausweisung eines Arzneimittels als Arzneimittel für seltene Leiden und von Definitionen für die Begriffe „ähnliches Arzneimittel" und „klinische Überlegenheit" näher festgelegt werden. Die Orphan Verordnung ist mit Verkündung und Wirksamwerden der VO 847/2000 am 28. April 2000 in Kraft getreten, so dass ab diesem Tage Anträge auf Ausweisung eines Arzneimittels als Arzneimittel für seltene Leiden gestellt werden konnten (Art. 11 UAbs. 2 Orphan VO).

293 Die Orphan VO sieht insbesondere folgende Maßnahmen für die Förderung von Arzneimitteln für seltene Leiden vor:
- Es werden eindeutige Kriterien aufgestellt, unter denen Arzneimittel als Arzneimittel für seltene Leiden mit den entsprechenden Anreizen ausgewiesen werden können.
- Für die Ausweisung als Arzneimittel für seltene Leiden besteht ein offenes und transparentes Gemeinschaftsverfahren[534].
- Ferner wurde ein umfangreiches Anreizsystem für Investoren geschaffen, insbesondere
  – Zugang zum zentralen Zulassungsverfahren[535],
  – Gebührenverzicht[536],
  – Unterstützung bei der Erstellung des Prüfplans sowie wissenschaftliche Unterstützung beim Forschungs- und Entwicklungsprogramm[537], sowie
  – ein besonderes 10-jähriges Marktexklusivitätsrecht für Arzneimittel für seltene Leiden[538].

II. Das COMP

294 Innerhalb der EMA wurde ein spezieller **Ausschuss für Arzneimittel für seltene Leiden** (engl. „Committee for Orphan Medicinal Products" – COMP) eingesetzt[539]. Der COMP setzt sich zusammen aus einem Mitglied von jedem der 28 EU Mitgliedstaaten sowie von Island und Norwegen, aus drei Mitgliedern auf Empfehlung der EMA, und aus drei Mitgliedern als Vertreter der Patientenorganisationen. Die Ernennung erfolgt für 3 Jahre, wobei eine Wiederernennung möglich ist. Alle Mitglieder können sich von Sachverständigen begleiten lassen[540].

---

[532] Vgl. Erwägungsgrund 1 und Art. 1 der Orphan VO. In den USA bestehen bereits seit 1983 und in Japan seit 1993 Anreize für die Entwicklung von Arzneimitteln für seltene Leiden, vgl. Erwägungsgrund 2 der Orphan VO.
[533] VO (EG) Nr. 847/2000 der Kommission vom 27. April 2000 zur Festlegung von Bestimmungen für die Anwendung der Kriterien für die Ausweisung eines Arzneimittels als Arzneimittel für seltene Leiden und von Definitionen für die Begriffe „ähnliches Arzneimittel" und „klinische Überlegenheit", ABl. L 103 vom 28.4.2000, S. 5, zuletzt geändert durch VO (EU) 2018/781 der Kommission vom 29. Mai 2018 in Bezug auf die Bestimmung des Begriffs „ähnliche Arzneimittel", ABl. L 132 v. 30.5.2018, S. 1. Diese Durchführungsverordnung wurde erlassen auf Basis von Art. 3 Abs. 2 u. 8 Abs. 4 Orphan VO und kürzlich geändert.
[534] Vgl. Erwägungsgrund 4 der Orphan VO.
[535] So Art. 7 Abs. 1 Orphan VO, wonach der Sponsor beantragen kann, daß die Genehmigung für das Inverkehrbringen des betreffenden Arzneimittels dem zentralen Zulassungsverfahren nach der VO 726/2004 unterliegt, ohne daß er nachweisen muß, daß das Arzneimittel den Bedingungen des Anhangs jener Verordnung entspricht. Diese Regelung ist zwischenzeitlich durch Art. 3 Abs. 1 iVm Nr. 4 des Anhangs zur VO 726/2004 überholt, da hiernach ein als Arzneimittel für seltene Leiden ausgewiesenes Arzneimittel zwingend dem zentralen Genehmigungsverfahren unterfällt. S. hierzu bereits o. → § 3 Rn. 178.
[536] Art. 7 Abs. 2 Orphan VO.
[537] Art. 6 sowie Art. 9 Abs. 1 Orphan VO.
[538] Art. 8 Abs. 1 Orphan VO. S. hierzu ausführlich → § 4 Rn. 212 ff.
[539] Art. 4 Abs. 1 Orphan VO.
[540] S. Art. 4 Abs. 3 Orphan VO sowie EMA, Committee for Orphan Medicinal Products, Rules of Procedure of 21 March 2007 (EMEA/COMP/8212/00 Rev. 3), Art. 1.

Der COMP ist insbesondere verantwortlich für die Prüfung von Anträgen auf 295
Ausweisung von Arzneimitteln als Arzneimittel für seltene Leiden[541]. Darüber hinaus
berät und unterstützt der COMP die Europäische Kommission in Angelegenheiten
Arzneimittel für seltene Leiden betreffend, insbesondere bei der Ausarbeitung und
Festlegung einer EU-weiten Politik sowie bei der Erarbeitung ausführlicher Leitlinien[542].

III. Ausweisung als Arzneimittel für seltene Leiden

1. Kriterien für die Ausweisung als Arzneimittel für seltene Leiden

Die Kriterien, anhand derer beurteilt wird, ob ein Arzneimittel als Arzneimittel für 296
seltene Leiden ausgewiesen werden kann, sind in Art. 3 Abs. 1 Orphan VO abschließend
aufgeführt. Diese gelten nicht nur für die initiale Ausweisung eines Arzneimittels für
seltene Leiden, sondern auch für die Aufrechterhaltung dieses Status zum Zeitpunkt der
Zulassung des Arzneimittels[543]. Hiernach hat der Investor[544] den Nachweis zu erbringen,
dass das Arzneimittel zur Behandlung einer seltenen Erkrankung bestimmt ist (nachfolgend lit. a) und dieses Arzneimittel von erheblichem Nutzen sein wird (nachfolgend
lit. b).

a) Behandlung eines seltenen Leidens als spezifische Zweckbestimmung. Das Arzneimittel muss bestimmt sein 297
- entweder für die Diagnose, Verhütung oder Behandlung eines Leidens, das lebensbedrohend ist oder eine chronische Invalidität nach sich zieht, und von dem zum Zeitpunkt der Antragstellung in der Gemeinschaft nicht mehr als fünf von zehntausend Personen betroffen sind (sog. Prävalenz),
- oder unabhängig von der Prävalenz für die Diagnose, Verhütung oder Behandlung eines lebensbedrohenden Leidens, eines zu schwerer Invalidität führenden oder eines schweren und chronischen Leidens in der Gemeinschaft, und das Inverkehrbringen des Arzneimittels würde in der Gemeinschaft ohne Anreize vermutlich nicht genügend Gewinn bringen, um die notwendigen Investitionen zu rechtfertigen.[545]

b) Erheblicher Nutzen. Darüber hinaus muss das Arzneimittel einen erheblichen 298
Nutzen haben dahingehend, dass
- entweder in der Gemeinschaft **noch keine zufriedenstellende Methode** für die Diagnose, Verhütung oder Behandlung des betreffenden Leidens zugelassen ist,
- oder das betreffende Arzneimittel – sofern eine solche Methode besteht – für diejenigen, die von diesem Leiden betroffen sind, von **erheblichem Nutzen** sein wird[546].

Gemäß der Europäischen Kommission muss dieser erhebliche Nutzen nicht zur zum
Zeitpunkt der Beantragung der Ausweisung als Arzneimittel für seltene Leiden oder

---

[541] Vgl. Erwägungsgrund 6 zur Orphan VO.
[542] S. Art. 4 Abs. 2 Orphan VO. Agenden und Niederschriften der COMP-Meetings werden auf der EMA-Homepage unter ema.europa.eu veröffentlicht.
[543] Dies ergibt sich aus einer Gesamtschau mit Art. 5 Abs. 12 lit. b) Orphan VO.
[544] „Investor" ist in Art. 2 lit. c) Orphan VO definiert als *„eine in der Gemeinschaft niedergelassene juristische oder natürliche Person, die beantragt, daß ein Arzneimittel als Arzneimittel für seltene Leiden ausgewiesen wird, oder diese Ausweisung bereits erhalten hat".* Diese Person kann, muss aber nicht mit dem (künftigen) Antragsteller auf Zulassung des Arzneimittels identisch sein.
[545] Detailliert hierzu Art. 2 Abs. 1 u. 2 VO 847/2000 sowie Commission notice on the application of Articles 3, 5 and 7 of Regulation (EC) No 141/2000 on orphan medicinal products, ABl. C 424 v. 18.11.2016, S. 3 (3 f.).
[546] Detailliert hierzu Art. 2 Abs. 3 VO 847/2000.

zum Zeitpunkt der Stellung des Zulassungsantrags, sondern auch noch im Zeitpunkt der Zulassungserteilung gegeben sein[547].

2. Verfahren zur Ausweisung als Arzneimittel für seltene Leiden

299 Art. 5 Orphan VO regelt das Verfahren zur Ausweisung eines Arzneimittels als Arzneimittel für seltene Leiden. Dies sieht im Wesentlichen wie folgt aus:

300 a) Das Verfahren wird eingeleitet durch einen **Antrag** des Investors **auf Ausweisung eines Arzneimittels als Arzneimittel für seltene Leiden.** Diesem bei der EMA einzureichenden Antrag sind die in Art. 5 Abs. 2 Orphan VO aufgeführten, für die Bewertung des Antrags erforderlichen Angaben und Unterlagen beizufügen, nämlich
- Name oder Firma und ständige Anschrift des Investors,
- Wirkstoffe des Arzneimittels,
- das vorgeschlagene therapeutische Anwendungsgebiet, sowie
- eine Begründung, dass die Kriterien des Art. 3 Abs. 1 VO 141/2000 erfüllt sind und eine Darstellung des Entwicklungsstandes einschließlich der erwarteten Anwendungsgebiete[548].

301 Hinsichtlich des Zeitpunkts ist zu beachten, dass aufgrund des Wortlauts des Art. 5 Abs. 1 Orphan VO ein solcher Antrag zwar in einem beliebigen Stadium der Entwicklung eines Arzneimittels gestellt werden kann, allerdings *vor* Stellung des Antrags auf Genehmigung für das Inverkehrbringen gestellt werden muss. Nach erfolgter Einreichung eines Zulassungsantrags für das Arzneimittel kann demnach ein solcher Antrag nicht mehr wirksam eingereicht werden. Das gleiche gilt gem. Art. 5 Abs. 12 (a) Orphan VO, wenn der Zulassungsinhaber das Arzneimittel aus dem Register für Arzneimittel für seltene Leiden genommen hat: Eine solche Maßnahme führt nach der EMA zum unwiderruflichen Verlust der Ausweisung des Arzneimittels als Arzneimittel für seltene Leiden[549]. Um eine entsprechende Ausweisung wieder zu erhalten, müsste ein neuer Antrag eingereicht werden – dies ist aber aufgrund der in Art. 5 Abs. 1 Orphan VO enthaltenen Regelung nach Zulassungserteilung nicht möglich[550].

302 b) Daran schließt sich das **Prüfungsverfahren** der EU-Kommission in Konsultation mit EMA und COMP an. Der Ablauf ist im Wesentlichen wie folgt[551]:
- Die EMA prüft zunächst die Gültigkeit des Antrags und legt dem COMP die Ergebnisse in Form eines Kurzberichts vor. Sie kann den Investor erforderlichenfalls auffordern, zusätzliche Angaben und Unterlagen einzureichen.
- Die EMA stellt sodann sicher, dass der COMP innerhalb von 90 Tagen nach Erhalt eines gültigen Antrags ein Gutachten abgibt.
- Der COMP bemüht sich bei der Erstellung seines Gutachtens darum, einen Konsens zu erzielen. Gelingt dies nicht, wird das Gutachten mit Zweidrittelmehrheit der Mitglieder des Ausschusses angenommen.

---

[547] Commission notice on the application of Articles 3, 5 and 7 of Regulation (EC) No 141/2000 on orphan medicinal products, ABl. C 424 v. 18.11.2016, S. 3 (6). Nach a. A. müssen Umstände nach Einreichung des Zulassungsantrags unberücksichtigt bleiben. Dies ist Gegenstand des Gerichtsstreits *Bristol-Myers Squibb Pharma* vs *Commission and EMA*, T-329/16 beim Europäischen Gericht.

[548] Die *Europäische Kommission* hat auf Basis des Art. 5 Abs. 3 Orphan VO ausführliche Leitlinien für Form und Inhalt der Anträge auf Ausweisung von Arzneimitteln als Arzneimittel für seltene Leiden erstellt, die der Antragsteller zu nutzen hat. Diese sind im Internet abrufbar unter ema.europa.eu.

[549] S. *EMA*, Post-orphan medicinal product designation procedures, Guidance for sponsors of 12 July 2017 (EMA/62801/2015 Rev. 7), Ziff. 8.

[550] Vgl. Gericht der Europäischen Union, Urteil vom 9. September 2010 (Rs T-264/07 – CSL Behring vs European Commission ua), Slg. 2010 II-04469.

[551] Vgl. Art. 5 Abs. 4–8 Orphan VO.

- Kommt das Gutachten des COMP zu dem Schluss, dass der Antrag nicht die Kriterien für die Ausweisung des Arzneimittels als Arzneimittel für seltene Leiden nach Art. 3 Abs. 1 Orphan VO erfüllt, so teilt die EMA dies dem Investor unverzüglich mit. Der Investor kann innerhalb von 90 Tagen nach Erhalt des Gutachtens unter Angabe ausführlicher Gründe einen Widerspruch einlegen, den die EMA an den COMP weiterleitet. Der COMP prüft auf seiner nächsten Sitzung eine etwaige Revision seines Gutachtens.
- Das endgültige Gutachten des COMP wird sodann von der EMA unverzüglich der Europäischen Kommission übermittelt, die innerhalb von 30 Tagen nach Erhalt des Gutachtens eine Entscheidung zu treffen hat. Steht der Entscheidungsentwurf ausnahmsweise nicht im Einklang mit dem Gutachten des Ausschusses, so wird die endgültige Entscheidung nach dem in Art. 10a Abs. 2 genannten Regelungsverfahren angenommen. Die Entscheidung wird dem Investor sowie der EMA und den zuständigen Behörden der Mitgliedstaaten mitgeteilt.

c) Ein als Arzneimittel für seltene Leiden ausgewiesenes Arzneimittel wird sodann in das **Gemeinschaftsregister für Arzneimittel für seltene Leiden** (engl. „Community Register for Orphan Medicinal Products") eingetragen[552]. Der Investor hat jährlich der EMA einen Bericht über den Entwicklungsstand des ausgewiesenen Arzneimittels zu übermitteln[553].

3. Eigenständige Zulassungen für Orphan Drugs

Gem. Art. 7 Abs. 3 S. 1 Orphan VO gilt eine für ein Arzneimittel für seltene Leiden erteilte Genehmigung für das Inverkehrbringen ausschließlich für solche therapeutische Anwendungsgebiete, die den Kriterien des Art. 3 Orphan VO entspricht. Sofern der Zulassungsinhaber für ein Arzneimittel mit demselben Wirkstoff sowie der gleichen Darreichungsform eine Zulassung für Anwendungsgebiete erhalten möchte, die nicht die Kriterien für die Ausweisung als Arzneimittel für seltene Leiden erfüllen, so stellt Art. 7 Abs. 3 S. 2 Orphan VO klar, dass es hierfür einer eigenständigen Zulassung mit einer unterschiedlichen Arzneimittelbezeichnung bedarf. Sofern bereits ein Arzneimittel als Arzneimittel für seltene Leiden zugelassen ist, kann damit eine non-orphan Indikation nur dadurch unter diese Zulassung zugelassen werden, wenn zuvor die Ausweisung als Arzneimittel für seltene Leiden widerrufen und das Arzneimittel aus dem Gemeinschaftsregister für Arzneimittel für seltene Leiden entfernt wird.[554]

4. Übertragung der Ausweisung als Arzneimittel für seltene Leiden

Die Ausweisung als Arzneimittel für seltene Leiden kann auch auf einen anderen Investor übertragen werden. Hierfür hat der Inhaber der Ausweisung bei der EMA einen entsprechenden Antrag einzureichen, über den die Europäische Kommission sodann entscheidet[555].

---

[552] Art. 5 Abs. 9 Orphan VO. Das Gemeinschaftsregister ist zugänglich unter ec.europa.eu/health/documents/community-register.
[553] Art. 5 Abs. 10 Orphan VO.
[554] Dies entspricht derzeitiger Praxis der EMA und der Kommission. Ausführlich hierzu o. → § 3 Rn. 301.
[555] Der entsprechende Antrag muss an orphandrugs@ema.europa.eu gestellt werden, zusammen mit den erforderlichen Unterlagen. Die EMA wird sodann innerhalb von 30 Tagen eine Empfehlung abgeben und diese senden an (1) den bestehenden Sponsor, (2) den Sponsor, auf den die Ausweisung übertragen werden soll, und (3) der Europäischen Kommission. Wenn die Europäische Kommission mit der Übertragung einverstanden ist, wird sie die ursprüngliche Entscheidung über die Erteilung der Ausweisung entsprechend abändern.

5. Verfahren zur Streichung aus dem Gemeinschaftsregister für Arzneimittel für seltene Leiden

306 Ein als Arzneimittel für seltene Leiden ausgewiesenes Arzneimittel wird aus dem Gemeinschaftsregister für Arzneimittel für seltene Leiden gestrichen in den in Art. 5 Abs. 12 Orphan VO aufgeführten Fällen, nämlich

- auf Antrag des Investors – dieser bedarf keiner Begründung und kann jederzeit nach wirksam erfolgter Ausweisung als Arzneimittel für seltene Leiden gestellt werden,
- wenn vor Erteilung der Genehmigung für das Inverkehrbringen festgestellt wird, dass für dieses Arzneimittel die Kriterien des Art. 3 Orphan VO nicht mehr erfüllt sind, sowie
- am Ende des in Art. 8 Orphan VO vorgesehenen Zeitraums des Marktexklusivitätsrechts.

Die Streichung eines Arzneimittels aus dem Orphan Register hat die Wirkung, dass das Arzneimittel ab diesem Zeitpunkt nicht mehr als ein Arzneimittel für seltene Leiden klassifiziert werden kann und nicht mehr von den Incentives profitiert.[556]

IV. Marktexklusivitätsrecht

307 Der für pharmazeutische Unternehmen wohl wichtigste Anreiz für die Erforschung und Zulassung von Arzneimitteln für seltene Leiden ist das in Art. 8 Abs. 1 Orphan VO normierte *„Marktexklusivitätsrecht"*. Wurde eine Zulassung für ein als Arzneimittel für seltene Leiden ausgewiesenes Arzneimittel erteilt, *„so werden die Gemeinschaft und die Mitgliedstaaten während der nächsten zehn Jahre weder einen anderen Antrag auf Genehmigung für das Inverkehrbringen eines ähnlichen Arzneimittels für dasselbe therapeutische Anwendungsgebiet annehmen noch eine entsprechende Genehmigung erteilen noch einem Antrag auf Erweiterung einer bestehenden Genehmigung stattgeben"*.

1. Schutzumfang des Orphan Marktexklusivitätsrechts

308 Das Orphan Marktexklusivitätsrecht stellt ein spezielles regulatorisches Schutzrecht dar, das eine Verpflichtung der zuständigen europäischen und nationalen Behörden beinhaltet:

- Mit erfolgter Zulassung eines Arzneimittels für seltene Leiden besteht für dieses ein **zehnjähriges Exklusivitätsrecht**, welches die Europäische Kommission, die EMA und die zuständigen Zulassungsbehörden der Mitgliedstaaten verpflichtet, während eines Zeitraums von *zehn Jahren* ab Zulassung in Bezug auf *ähnlichen Arzneimittel* für *dasselbe therapeutische Anwendungsgebiet*
  – weder einen anderen Antrag auf Genehmigung anzunehmen
  – noch eine entsprechende Genehmigung zu erteilen
  – noch einem Antrag auf Erweiterung einer bestehenden Genehmigung stattzugeben.
- Dieser Schutz eines Arzneimittels für seltene Leiden bezieht sich auf alle „**ähnlichen Arzneimittel**":
  – Der Begriff „ähnliche Arzneimittel" ist definiert in Art. 3 Abs. 3 lit. b der VO 847/2000[557] als ein Arzneimittel, das einen oder mehrere **ähnliche Wirkstoffe** enthält wie

---

[556] So ausdrücklich *EMA*, Post-orphan medicinal product designation procedures, Guidance for sponsors of 12 July 2017 (EMA/62801/2015 Rev. 7), Ziff. 8.

[557] VO (EG) Nr. 847/2000 der Kommission vom 27. April 2000 zur Festlegung von Bestimmungen für die Anwendung der Kriterien für die Ausweisung eines Arzneimittels als Arzneimittel für seltene Leiden und von Definitionen für die Begriffe „ähnliches Arzneimittel" und „klinische Überlegenheit" ABl. L 103 v. 28.4.2000, S. 5, geändert durch VO (EU) 2018/781 der Kommission vom 29. Mai 2018 zur Änderung der VO (EG) Nr. 847/2000 in Bezug auf die Bestimmung des Begriffs „ähnliches Arzneimittel", ABl. L 132 v. 30.5.2018, S. 1.

ein derzeit zugelassenes Arzneimittel für seltene Leiden, das für dasselbe therapeutische Anwendungsgebiet bestimmt ist;
– Ein „ähnlicher Wirkstoff" wiederum ist definiert als ein **identischer Wirkstoff** oder ein Wirkstoff mit **denselben Hauptmerkmalen der Molekülstruktur** (dies betrifft jedoch nicht notwendigerweise alle Merkmale der Molekülstruktur) und mit **demselben Wirkungsmechanismus**[558]. Im Falle von Arzneimitteln für neuartige Therapien allerdings, deren Hauptmerkmale der Molekülstruktur nicht vollständig bestimmt werden können, wird die Ähnlichkeit zweier Wirkstoffe anhand der biologischen und funktionellen Merkmale bewertet;
• Ferner bezieht sich der Schutz auch nicht nur auf dasselbe zugelassene Anwendungsgebiet, sondern ist weiter und bezieht sich auf dasselbe **therapeutische Anwendungsgebiet**.

Es gilt zu beachten, dass dieses Orphan Marktexklusivitätsrecht sich nicht auf den Wirkstoff bezieht, sondern auf das jeweils zugelassene Anwendungsgebiet. Sofern daher für ein als Arzneimittel für seltene Leiden ausgewiesenes Arzneimittel ein weiteres Anwendungsgebiet zugelassen wird, das für eine andere Erkrankung als Indikation für seltene Leiden ausgewiesen ist, so wird jede dieser Indikationen separat durch einen 10-jährigen Exklusivitätszeitraum gem. Art. 8 Abs. 1 Orphan VO geschützt[559].

2. Verkürzung des Schutzzeitraums

Der 10-Jahres-Zeitraum des Art. 8 Abs. 1 Orphan VO kann auf sechs Jahre verkürzt werden, wenn am Ende des fünften Jahres in Bezug auf das betreffende Arzneimittel feststeht, dass die Kriterien für eine Ausweisung als Arzneimittel für seltene Leiden nicht mehr erfüllt sind. Dies kann zB der Fall sein, wenn sich die Prävalenz der Krankheit geändert hat und nunmehr mehr als fünf von zehntausend Personen hiervon betroffen sind, oder wenn zwischenzeitlich andere Arzneimittel zur Behandlung dieses Leidens zugelassen sind, und der dann erforderliche erhebliche Nutzen ntich mehr besteht. Nur ein Mitgliedstaat, damit etwa nicht Konkurrenzunternehmen, kann eine solche Überprüfung einleiten durch eine entsprechende Mitteilung an die EMA. Die EMA leitet daraufhin das Überprüfungsverfahren nach Art. 5 Orphan VO ein[560].

---

[558] Genannt werden hier in Bezug auf chemische Moleküle beispielhaft (1.) Isomere, Isomergemische, Komplexe, Ester, Salze und nicht-kovalente Derivate des ursprünglichen Wirkstoffs oder eines Wirkstoffs, der sich von dem ursprünglichen Wirkstoff nur durch kleine Änderungen der Molekülstruktur, wie ein Strukturanalogon, unterscheidet, oder (2.) dasselbe Makromolekül oder ein Makromolekül, das sich von dem ursprünglichen Makromolekül nur durch kleinere Änderungen der Molekülstruktur unterscheidet, oder (3.) derselbe radiopharmazeutische Wirkstoff oder ein Wirkstoff, der sich von dem ursprünglichen Wirkstoff durch Radionuklid, Ligand, Markierungsort oder Molekül- Radionuklid-Kopplungsmechanismus, der das Molekül und das Radionuklid verbindet, unterscheidet, sofern der Wirkungsmechanismus derselbe ist. Aufgrund des wissenschaftlichen und technischen Fortschritts gerade im biotechnologischen Bereich wurde eine Aktualisierung des Konzepts „vergleichbare Arzneimittel" diskutiert durch eine Änderung der VO 847/2000, die zwischenzeitlich mit der VO (EU) 2018/781 erlassen wurde, s. o. → § 3 Rn. 308 Fn. 557. Siehe die Initiative Ares(2017)5291179 der Europäische Kommission, abrufbar unter ec.europa.eu/info/law/better-regulation/initiatives.
[559] Vgl. *EMA*, Questions & Answers: Orphan Applications, dort Q&A 4, abrufbar unter ema.europa.eu.
[560] Vgl. Art. 8 Abs. 2 Orphan VO. Ausführlich hierzu *Communication from the Commission*, Guideline on aspects of the application of Article 8(2) of Regulation (EC) No 141/2000: Review of the period of market exclusivity of orphan medicinal products v. 17.9.2008, C(2008) 4051 final.

3. Ausnahmen vom Orphan Marktexklusivitätsrecht

311 Art. 8 Abs. 3 Orphan VO führt die Ausnahmefälle auf, in denen abweichend von Art. 8 Abs. 1 Orphan VO für ein ähnliches Arzneimittel eine Zulassung für dasselbe therapeutische Anwendungsgebiet gewährt werden kann[561]. Dies ist der Fall, wenn

- der Inhaber der Genehmigung für das Inverkehrbringen des zuerst als Arzneimittel für seltene Leiden ausgewiesenen Arzneimittels dem zweiten Antragsteller seine **Zustimmung** gegeben hat (lit. a),
- der Inhaber der Genehmigung für das Inverkehrbringen des zuerst als Arzneimittel für seltene Leiden ausgewiesenen Arzneimittels das Arzneimittel **nicht in ausreichender Menge liefern** kann (lit. b), oder
- der zweite Antragsteller in seinem Antrag nachweisen kann, dass das zweite Arzneimittel, obwohl es dem bereits zugelassenen und als Arzneimittel für seltene Leiden ausgewiesenen Arzneimittel ähnlich ist, **sicherer, wirksamer** oder unter anderen Aspekten **klinisch überlegen** ist (lit. c). „*Klinisch überlegen*" bedeutet dabei, dass ein Arzneimittel im Vergleich zu einem zugelassenen Arzneimittel für seltene Leiden nachweislich zusätzlich einen oder mehrere der im folgenden genannten erheblichen therapeutischen Vorteile aufweist[562]:
  – **größere Wirksamkeit** als ein zugelassenes Arzneimittel für seltene Leiden, die durch einen klinisch bedeutsamen Endpunkt mittels adäquaten und ordnungsgemäß kontrollierten klinischen Studien zu bewerten ist,
  – **größere Sicherheit** in einem bedeutenden Anteil der Zielbevölkerung, oder
  – *in außergewöhnlichen Fällen* ein Nachweis, dass das Arzneimittel im Hinblick auf einen anderen Parameter einen **wichtigen Beitrag zur Diagnose oder Behandlung von Patienten** leistet.

312 In diesem Zusammenhang hat der *EuGH* entschieden, dass ein Arzneimittel für seltene Leiden auch dann von einem eigenständigen, 10-jährigen Marktexklusivitätsrecht nach Art. 8 Abs. 1 Orphan VO profitiert, wenn dies „ähnlich" mit einem zuvor zugelassenen Arzneimittel für seltene Leiden ist und nur auf Basis einer Ausnahme nach Art. 8 Abs. 3 Orphan VO (dort: Zustimmung gem. lit. a) zugelassen werden konnte.[563]

F. Kinderarzneimittel

I. Rechtliche Grundlage

313 Über lange Zeit wurden Zulassungsstudien für Humanarzneimittel meist nur für die Verwendung bei Erwachsenen durchgeführt, so dass viele der in der Kinderheilkunde verwendeten Arzneimittel für eine solche Verwendung nicht untersucht und damit auch nicht zugelassen waren. Das Fehlen von speziell an die pädiatrische Bevölkerungsgruppe angepassten Arzneimitteln ist aber mit zahlreichen Problemen verbunden: Inadäquate Dosierungsinformationen führen bei zu hoher Dosierung zu einer Erhöhung des Risikos von Nebenwirkungen oder bei zu niedriger Dosierung zu einer Unwirksamkeit der

---

[561] S. hierzu insbesondere European Commission, Guideline on aspects of the application of Article 8(1) and (3) of Regulation (EC) No 141/2000: Assessing similarity of medicinal products versus authorised orphan medicinal products benefiting from market exclusivity and applying derogations from that market exclusivity, ABl. L 242 v. 23.9.2008, S. 12.

[562] S. hierzu insbesondere European Commission, Guideline on aspects of the application of Article 8(1) and (3) of Regulation (EC) No 141/2000: Assessing similarity of medicinal products versus authorised orphan medicinal products benefiting from market exclusivity and applying derogations from that market exclusivity, ABl. C 242 v. 23.9.2008, S. 12.

[563] EuGH Urteil v. 3.3.2016 – Rs. C-138/15R, Teva Pharma BV ua vs. EMA.

Behandlung. Ferner werden therapeutische Fortschritte für die pädiatrische Bevölkerungsgruppe nicht erschlossen, stehen kindgerechte Zubereitungen sowie Verabreichungswege nicht zur Verfügung, und können auf ärztliche Verschreibung hin zubereitete Arzneimittel (formula magistralis sowie formula officinalis[564]) zur Behandlung der pädiatrischen Bevölkerungsgruppe von mangelhafter Qualität sein.

Die EU hat die Marktkräfte alleine als nicht hinreichend angesehen, um Forschung, Entwicklung sowie die Genehmigung für das Inverkehrbringen von Kinderarzneimitteln anzuregen, und als Reaktion hierauf mit der VO 1901/2006 über Kinderarzneimittel[565] („Pädiatrische VO") den Rechtsrahmen geschaffen, um Zulassung und Zugänglichkeit von Arzneimitteln zur Verwendung bei der pädiatrischen Bevölkerungsgruppe zu erleichtern[566]. Diese ist gem. Art. 57 Abs. 1 Pädiatrische VO am 26.1.2007 in Kraft getreten, wobei die Art. 7, 31 und 32 Pädiatrische VO erst ab dem 26.7.2008 und Art. 8 Pädiatrische VO erst ab dem 26.1.2009 Geltung beanspruchten[567]. 314

Mit der Pädiatrischen VO soll gewährleistet werden, dass die zur Behandlung der pädiatrischen Bevölkerungsgruppe verwendeten Arzneimittel eigens für die pädiatrische Verwendung genehmigt und die über die Verwendung von Arzneimitteln bei den verschiedenen pädiatrischen Bevölkerungsgruppen verfügbaren Informationen verbessert werden[568]. Um dieses Ziel zu erreichen, werden die pharmazeutischen Unternehmen gezwungen, pädiatrische Studien in der Form eines pädiatrischen Prüfkonzepts (engl. „paediatric investigation plan" – PIP) als einen integrierten Teil der normalen Produktentwicklung durchzuführen, um pädiatrische Daten zu generieren und die Ergebnisse dieser Studien offenzulegen (sog. pädiatrische Verpflichtungen). Im Gegenzug hierfür wird den pharmazeutischen Unternehmern eine Erweiterung bestehender Exklusivitätsrechte bzw. ein separates Exklusivitätsrecht bei Erfüllung spezifischer Voraussetzungen in Aussicht gestellt (sog. pädiatrische Belohnung[569]). 315

II. Der Pädiatrieausschuss

Zur Durchführung der Pädiatrischen VO wurde innerhalb der EMA ein Pädiatrieausschuss (engl. „Paediatric Committee", PDCO[570]) eingerichtet. Die Aufgaben des Pädiatrieausschusses umfassen gem. Art. 6 Pädiatrische VO insbesondere: 316

---

[564] Normiert in Art. 3 Nrn. 1 u. 2 RL 2001/83/EG.
[565] VO (EG) Nr. 1901/2006 des Europäischen Parlaments und des Rates vom 12. Dezember 2006 über Kinderarzneimittel und zur Änderung der VO (EWG) Nr. 1768/92, der RL 2001/20/EG und 2001/83/EG sowie der VO (EG) Nr. 726/2004, ABl. L 378 vom 27.12.2006, S. 1, geändert durch die VO (EG) Nr. 1902/2006 des Europäischen Parlaments und des Rates vom 20. Dezember 2006 zur Änderung der VO 1901/2006 über Kinderarzneimittel, ABl. L 378 vom 27.12.2006, S. 20.
[566] Zur Geschichte der Pädiatrischen VO s. EMA, The European paediatric initiative: History of the Paediatric Regulation (EMEA/17967/04 Rev 1) v. 11. Juli 2007, abrufbar unter ema.europa.eu; v. Czettritz/Brückner in Brückner, ESZ/SPC, 2. Aufl. (2015), Pädiatrische Laufzeitverlängerung Rn. 4 ff.
[567] Vgl. Art. 57 Abs. 2 Pädiatrische VO.
[568] Vgl. Erwägungsgründe 1–4 der Pädiatrischen VO.
[569] Die Europäische Kommission veröffentlichte am 24.6.2013 einen Erfahrungsbericht nach 5 Jahren Pädiatrische VO, der einige Verbesserungen in dem Bereich der pädiatrischen Arzneimitteln auswies, gleichzeitig aber das PUMA-Konzept als Enttäuschung bezeichnete, vgl. EU Commission, Better Medicines for Children. From Concept to Reality. Progress Report on the Paediatric Regulation (EC) No 1901/2006, COM(2013)443 FINAL.
[570] Der Pädiatrieausschuss setzt sich gem. Art. 4 Abs. 1 Pädiatrische VO zusammen aus (1) fünf Mitgliedern des Ausschusses für Humanarzneimittel, (2) jeweils einem Mitglied und einem stellvertretenden Mitglied, die von denjenigen Mitgliedstaaten benannt werden, deren zuständige Behörde nicht durch die vom Ausschuss für Humanarzneimittel benannten Mitglieder vertreten ist, sowie (3) je drei Mitgliedern und drei stellvertretenden Mitgliedern, die die Kommission auf der Grundlage eines öffentlichen Aufrufs zur Interessensbekundung nach Anhörung des Europäischen Parlaments

- die Beurteilung des Inhalts eines PIPs für ein Arzneimittel, das ihm nach dieser Verordnung vorgelegt wird, und die Formulierung einer entsprechenden Stellungnahme;
- die Beurteilung von Freistellungen sowie Zurückstellungen von PIPs und die Formulierung einer entsprechenden Stellungnahme;
- auf Ersuchen des CHMP, einer zuständigen Behörde oder des Antragstellers die Bewertung der Übereinstimmung des Genehmigungsantrags mit dem dazugehörigen gebilligten PIP und die Formulierung einer entsprechenden Stellungnahme; sowie
- auf Ersuchen des CHMP oder einer zuständigen Behörde die Bewertung von Daten, die gemäß einem gebilligten PIP erarbeitet wurden, und die Formulierung einer Stellungnahme zu Qualität, Sicherheit und Wirksamkeit des Arzneimittels für die Verwendung in der pädiatrischen Bevölkerungsgruppe.

317 Bei der Ausführung seiner Aufgaben wägt der Pädiatrieausschuss ab, ob von einer vorgeschlagenen Studie zu erwarten ist, dass sie von signifikantem therapeutischen Nutzen für die pädiatrische Bevölkerungsgruppe ist sowie einem Therapiebedarf dieser Gruppe entspricht. Dabei berücksichtigt der Pädiatrieausschuss sämtliche ihm vorliegende Informationen, einschließlich Stellungnahmen, Beschlüsse oder Empfehlungen der zuständigen Behörden von Drittländern[571].

III. Durchführung von Studien gemäß einem pädiatrischen Prüfkonzept

318 Zunächst ist zu untersuchen, ob für die wirksame Einreichung eines Zulassungsantrags die Vereinbarung eines PIPs sowie die Durchführung der darin enthaltenen Maßnahmen erforderlich ist. Hierfür ist danach zu unterscheiden, ob es sich um eine Neuzulassung handelt oder ob das Arzneimittel für das Inverkehrbringen in der EU bereits genehmigt ist (nachfolgend 1. und 2.). Von einer solchen Verpflichtung sind allerdings bestimmte Arzneimittel ausgenommen oder freigestellt (nachfolgend 3. und 4.).

1. Art. 7-PIP

319 Gem. Art 7 Pädiatrische VO ist ein Zulassungsantrag für ein Arzneimittel, das zum Zeitpunkt des Inkrafttretens dieser Regelung – dh zum 26.7.2008 – noch nicht zugelassen war, nur dann zulässig, wenn dieser die Ergebnisse aller Studien sowie Einzelheiten zu sämtlichen Informationen, die in Übereinstimmung mit einem gebilligten PIP durchgeführt bzw. zusammengetragen wurden, enthält, nebst Beifügung der Entscheidung der EMA über die Billigung des PIPs (lit. a). Ist dies nicht möglich, so ist eine Entscheidung der EMA über die Gewährung einer arzneimittelspezifischen Freistellung nach Art. 11 (lit. b – sog. product-specific waiver), einer Gruppenfreistellung nach Art. 11 (lit. c – sog. class waiver) oder einer Zurückstellung nach Art. 20 (lit. d – sog. deferral) Pädiatrische VO vorzulegen.

2. Art. 8-PIP

320 Für bereits zugelassene Arzneimittel, die entweder noch durch ein ergänzendes Schutzzertifikat (Supplementary Protection Certificate, SPC) oder durch ein Patent, für das die Verlängerung durch ein SPC in Frage kommt, geschützt sind, gilt bei Einreichung von

---

als Vertreter der medizinischen Berufsgruppen sowie als Vertreter der Patientenverbände benennt. Die stellvertretenden Mitglieder vertreten die Mitglieder in ihrer Abwesenheit und stimmen für sie ab. Die Mitglieder des Pädiatrieausschusses werden für eine Amtszeit von drei Jahren benannt, die verlängert werden kann. Auf den Sitzungen des Pädiatrieausschusses können sie sich von Experten begleiten lassen (Art. 4 Abs. 2 Pädiatrische VO).

[571] Art. 6 Abs. 2 Pädiatrische VO; *v. Czettritz/Brückner* in Brückner, ESZ/SPC, 2. Aufl. (2015), Pädiatrische Laufzeitverlängerung, Rn. 16.

Zulassungsanträgen die Regelung des Art. 8 Pädiatrische VO ab dem Zeitpunkt seines Inkrafttretens – mithin ab dem 26.1.2009. Hiernach gelten die Anforderungen des Art. 7 auch für jeden Antrag auf die Zulassung neuer Indikationen (inkl. paediatrischer Indikationen), neuer Darreichungsformen oder neuer Verabreichungswege, so dass diese nur dann zulässig sind, wenn entsprechende paediatrische Daten eingereicht oder eine Freistellung bzw. Zurückstellung erfolgte. Nicht erfasst ist die Zulassung neuer Dosisstärken. Diese Anforderung des Art. 8 gilt nicht nur für zentral zugelassene Arzneimittel, sondern auch für dezentral oder rein national zugelassene Arzneimittel.

3. Ausnahmen

Ausgenommen von den Anforderungen der Art. 7 u. 8 Pädiatrische VO sind die in Art. 9 Pädiatrische VO aufgeführten Fälle. Ausgenommen werden Arzneimittel, die zugelassen werden **321**
- auf Basis des Art. 10 RL 2001/83/EG, mithin auf Basis eines Generikums- (Abs. 1), Biosimilars- (Abs. 4), oder Hybrid-Zulassungsantrags (Abs. 3),
- mittels eines well-established-use Zulassungsantrags[572], und
- als homöopathische sowie als traditionelle pflanzliche Arzneimittel[573].

Im Umkehrschluss hieraus ergibt sich, dass von der Ausnahme nicht erfasst sind **322**
- Zulassungen für Fixkombinationen auf Basis des Art. 10b RL 2001/83/EG,
- sog informed consent-Zulassungen auf Basis des Art. 10c RL 2001/83/EG, sowie
- gemischte Zulassungsanträge (die zB sowohl auf bibliographische als auch auf eigene Daten basieren),

für die demnach das Erfordernis eines PIP gem. Art. 7 u. 8 Pädiatrische VO gilt, es sei denn, es greift ein Freistellungtatbestand des Art. 11 Pädiatrische VO ein[574].

4. Freigestellte Arzneimittel

Art. 11 Pädiatrische VO ermöglicht es, spezifische Arzneimittel oder Arzneimittelgruppen von der Verpflichtung zur Durchführung eines PIPs freizustellen, wenn es Hinweise darauf gibt, dass **323**
- das spezifische Arzneimittel oder die Arzneimittelgruppe in Teilen oder in der Gesamtheit der pädiatrischen Bevölkerungsgruppe wahrscheinlich unwirksam oder bedenklich ist (lit. a);
- die Krankheit oder der Zustand, für den das betreffende Arzneimittel oder die betreffende Arzneimittelgruppe vorgesehen ist, lediglich bei Erwachsenen auftritt (lit. b); nach dem EuG ist die Zweckbestimmung eines Arzneimittels objektiv allein anhand seiner Wirkeigenschaften zu beurteilen und nicht subjektiv danach, ob sie der vom Sponsor dieses Arzneimittels definierten Indikation entspricht[575]; oder
- das fragliche Arzneimittel im Vergleich zu bestehenden pädiatrischen Behandlungen keinen signifikanten therapeutischen Nutzen bietet (lit. c).

Eine solche Freistellung kann in Bezug auf entweder eine oder mehrere spezifische Untergruppen der pädiatrischen Bevölkerungsgruppe oder auf eine oder mehrere spezifische therapeutische Indikationen oder auf eine Kombination von beiden gewährt werden nach dem in Art. 25 Pädiatrische VO geregelten Verfahren (s. Art. 12). **324**

---
[572] Art. 10a RL 2001/83/EG.
[573] Vgl. Art. 13 bis 16 sowie 16a bis 16i RL 2001/83/EG.
[574] Vgl. hierzu EMA, Questions and answers: Paediatric-investigation-plan guidance, Q&As Nr. 17–21, abrufbar unter ema.europa.eu.
[575] *EuG*, Urteil vom 14.12.2011 (Rs. T-52/09 – Nycomed Danmark ApS vs. EMA), Slg. 2011 II-08133.

IV. Billigung des PIPs

325 Wird beabsichtigt, einen Zulassungsantrag zu stellen, für den eine PIP-Verpflichtung besteht, so ist bei der EMA der Entwurf eines PIPs zusammen mit einem entsprechenden Antrag auf Billigung vorzulegen (Art. 15 Abs. 1 Pädiatrische VO). Der PIP enthält Einzelheiten zum Zeitplan und zu den Maßnahmen, durch welche die Qualität, Sicherheit und Wirksamkeit des Arzneimittels in allen ggf. betroffenen Untergruppen der pädiatrischen Bevölkerungsgruppe nachgewiesen werden sollen. Darüber hinaus werden darin alle Maßnahmen beschrieben, durch die die Zubereitung des Arzneimittels so angepasst werden soll, dass seine Verwendung für verschiedene pädiatrische Untergruppen annehmbarer, einfacher, sicherer oder wirksamer wird (Art. 15 Abs. 2 Pädiatrische VO).

326 Der PIP oder der Antrag auf Freistellung ist zusammen mit dem Antrag auf Billigung nach Art. 15 Abs. 1 Pädiatrische VO spätestens bei Abschluss der pharmakokinetischen Studien an Erwachsenen vorzulegen, so dass zum Zeitpunkt der Bewertung des entsprechenden Genehmigungsantrags oder sonstigen Antrags eine Stellungnahme zur Verwendung des betreffenden Arzneimittels in der pädiatrischen Bevölkerungsgruppe abgegeben werden kann. Nach Eingang des Antrags prüft die EMA innerhalb von 30 Tagen dessen Zulässigkeit und erstellt einen zusammenfassenden Bericht für den Pädiatrieausschuss[576]. Nachdem ein den Anforderungen des Art. 15 Abs. 2 Pädiatrische VO genügender PIP beim Pädiatrieausschuss eingegangen ist, gibt dieser sodann innerhalb einer Frist von 60 Tagen eine Stellungnahme dazu ab, ob durch die vorgeschlagenen Studien die Erarbeitung der Daten sichergestellt wird, die für die Festlegung der Verwendungsmöglichkeiten des Arzneimittels zur Behandlung der pädiatrischen Bevölkerungsgruppe oder deren Untergruppen erforderlich sind, sowie dazu, ob der zu erwartende therapeutische Nutzen die vorgeschlagenen Studien rechtfertigt. Sobald der Pädiatrieausschuss eine befürwortende oder ablehnende[577] Stellungnahme abgegeben hat – ggf. nach Vorlage weiterer Unterlagen durch den Antragsteller –, trifft die EMA auf Basis des in Art. 25 Pädiatrische VO niedergelegten Verfahrens eine Entscheidung über die Billigung des PIPs.

V. Zurückstellung oder Änderung des PIPs

327 Auf Basis der Art. 20 u. 21 Pädiatrische VO kann bereits gleichzeitig mit der Vorlage des PIPs bei der EMA ein Antrag auf **Zurückstellung** („*Deferral*") der Einleitung oder des Abschlusses einiger oder sogar aller Maßnahmen des Konzepts gestellt werden, sofern hierfür wissenschaftliche oder technische Gründen oder Gründe der öffentlichen Gesundheit vorliegen. Eine solche Zurückstellung wird auf jeden Fall gewährt, wenn Studien an Erwachsenen vor Einleitung der Studien in der pädiatrischen Bevölkerungsgruppe angezeigt sind oder wenn Studien in der pädiatrischen Bevölkerungsgruppe länger dauern als Studien an Erwachsenen.

328 Ergeben sich nach der Entscheidung der EMA zur Billigung des PIPs Probleme bei der Umsetzung, die das Konzept undurchführbar oder nicht mehr geeignet machen (zB in Bezug auf die Dauer des Prüfplans oder die Anzahl der einzuschließenden pädiatrischen Patienten), so kann der Antragsteller auf Basis des Art. 22 Pädiatrische VO auch dann noch eine **Änderung** („*Modification*") bzw. eine Zurückstellung („*Deferral*") oder sogar eine Freistellung („*Waiver*") beantragen[578].

---

[576] Gegebenenfalls kann die EMA die Vorlage zusätzlicher Angaben und Unterlagen fordern; in diesem Fall wird die 30-Tage-Frist so lange ausgesetzt, bis die geforderten ergänzenden Informationen bereitgestellt wurden, Art. 16 Abs. 2 u. 3 Pädiatrische VO.

[577] Vgl. hierzu Art. 19 Pädiatrische VO – in diesem Fall gibt der Pädiatrisausschuss eine Stellungnahme zugunsten einer Freistellung ab.

[578] Vgl. hierzu Communication from the Commission – Guideline on the format and content of applications for agreement or modification of a paediatric investigation plan and requests for waivers

VI. Die „Genehmigung für die Pädiatrische Verwendung" (PUMA)

Es besteht für bereits zugelassene Wirkstoffe die Möglichkeit, für deren Anwendung in einer pädiatrischen Indikation unter bestimmten Voraussetzungen eine besondere, eigenständige Zulassung zu erhalten, die mit besonderen Vorteilen verbunden ist. Diese „*Genehmigung für die Pädiatrische Verwendung*" – die aufgrund des englischen Begriffs „Paediatric-Use Marketing Authorisation" auch PUMA genannt wird – ist geregelt in den Art. 30 u. 31 Pädiatrische VO.[579]

329

1. Begriff der PUMA

Die PUMA ist definiert in Art. 2 Abs. 4 Pädiatrische VO als eine Zulassung für ein Humanarzneimittel, das nicht durch ein SPC oder durch ein Patent, das für ein SPC in Frage kommt, geschützt ist, und „das ausschließlich therapeutische Indikationen abdeckt, die für die pädiatrische Bevölkerungsgruppe oder deren Untergruppen von Bedeutung sind, wobei Stärke, Darreichungsform oder Verabreichungsweg dieses Mittels adäquat sein müssen, um die pädiatrische Entwicklung von bereits zugelassenen Arzneimitteln voranzutreiben". Auch hier muss die Entwicklung des Arzneimittels für Kinder einem pädiatrischen Prüfkonzept folgen und alle erforderlichen pädiatrischen Aspekte diskutieren, wie dies der entsprechenden EMA-Entscheidung nebst Stellungnahme des PDCO entnommen werden kann.

330

Eine PUMA kann demnach für Arzneimittel beantragt werden, die

331

- bereits für den Gebrauch in anderen Indikationen zugelassen sind,
- nicht mehr von einem SPC oder einem Patent, das für eine Verlängerung durch ein SPC in Frage kommt, geschützt sind, und
- exklusiv für die Verwendung bei Kindern entwickelt werden.

2. Genehmigung der PUMA

Für die Genehmigung einer PUMA stehen dem Antragsteller alle Zulassungsverfahren zur Verfügung, dh er hat die Auswahl zwischen dem nationalen, dem MRP, dem DCP sowie dem zentralen Verfahren. Ein Genehmigungsantrag auf eine PUMA hat dabei automatischen Zugang zum zentralen Verfahren, wenn der Antragsteller diese Verfahrensart wählen möchte, selbst wenn die Voraussetzungen des Art. 3 Abs. 2 VO 726/2004 nicht erfüllt sind (s. Art. 31 Pädiatrische VO)[580].

332

Dem PUMA-Antrag sind gem. Art. 32 Abs. 2 Pädiatrische VO alle Angaben und Unterlagen beizufügen, die zur Feststellung von Qualität, Sicherheit und Wirksamkeit bei der pädiatrischen Bevölkerungsgruppe erforderlich sind, insbesondere spezifische Daten als Grundlage für eine adäquate Stärke und Darreichungsform und einen adäquaten Verabreichungsweg des Arzneimittels in Übereinstimmung mit dem gebilligten pädiatrischen Prüfkonzept und die Entscheidung der EMA über die Billigung des betreffenden pädiatrischen Prüfkonzepts[581]. Dabei können PUMA-Anträge auf relevante Zulassungs-

333

---

or deferrals and concerning the operation of the compliance check and on criteria for assessing significant studies (2008/C 243/01), ABl. C 243 v. 24.9.2008, S. 1.

[579] Zum ergänzenden Schutzzertifikat vgl. → § 4 Rn. 145 ff.

[580] Bevor ein PUMA-Antrag im zentralen Verfahren gestellt werden kann, ist auch hier eine entsprechende Eignungsbestätigung der EMA erforderlich, zu beantragen vom Antragsteller mittels eines sog. „Pre-submission request" bei CPeligibility@ema.europa.eu.

[581] Nach Art. 34 Pädiatrische VO, sind in einem Risk-Management Plan (RMP) der zusammen mit dem PUMA-Antrag einzureichen ist, die Maßnahmen im einzelnen zu beschreiben, die eine Nachverfolgung der Wirksamkeit und möglicher Nebenwirkungen bei der pädiatrischen Verwendung des Arzneimittels sicherstellen sollen.

unterlagen eines zugelassenen Arzneimittels Bezug nehmen, sofern dies aufgrund der Unterlagenschutzrechte zulässig ist[582].

3. Spezifisches Anreizsystem für PUMA

334 Für die PUMA besteht ein spezifisches Anreizsystem, nämlich:
- PUMA-Zulassungsanträge haben „automatischen Zugang" zum zentralen Verfahren[583], und in diesem Fall profitieren sie von einer teilweisen Ausnahme von der Zahlung von Verfahrensgebühren nach der VO 297/95. Diese Teilausnahme gilt für die Einreichung des PUMA-Zulassungsantrags und einige Aktivitäten, die während dem ersten Jahr nach Zulassungserteilung durchzuführen sind;
- ein eigenständiges 10-jähriges Unterlagenschutzrecht von 8 Jahren Datenexklusivität und zusätzlichen 2 Jahren Marktschutz[584];
- ein Wahlrecht in Bezug auf die Arzneimittelbezeichnung, dh es kann der Name des Arzneimittels mit demselben Wirkstoff beibehalten werden, für das demselben Zulassungsinhaber eine Zulassung für die Verwendung bei Erwachsenen erteilt wurde[585].

VII. Übereinstimmung mit dem Pädiatrischen Prüfkonzept

335 Die zuständige Genehmigungsbehörde prüft, ob ein Genehmigungs- oder Änderungsantrag die Anforderungen der Art. 7 u. 8 Pädiatrische VO erfüllt und ob ein PUMA-Antrag nach Art. 30 Pädiatrische VO das gebilligte pädiatrische Prüfkonzept einhält[586]. Dabei kann gem. Art. 23 Abs. 2 Pädiatrische VO auch der PDCO um Stellungnahme dazu ersucht werden, ob die vom Antragsteller durchgeführten Studien mit dem gebilligten PIP übereinstimmen, und zwar
- durch den **Antragsteller** vor der Stellung eines Antrags auf Genehmigung für das Inverkehrbringen oder Änderung nach den Art. 7, 8 oder 30 Pädiatrische VO (lit. a[587]);
- durch die **EMA oder die zuständige nationale Behörde** bei der Bewertung der Zulässigkeit eines Antrags nach Buchst. a, dem keine Stellungnahme zur Übereinstimmung beiliegt, die infolge eines Antrags nach Buchst. a abgegeben wurde (lit. b); oder
- durch den **CHMP oder die zuständige nationale Behörde** bei der Prüfung eines Antrags nach Buchst. a, wenn Zweifel an der Übereinstimmung bestehen und noch keine Stellungnahme infolge eines Antrags nach Buchst. a oder b abgegeben wurde (lit. c).

336 Wird der PDCO um eine entsprechende Stellungnahme gebeten, so hat er diese innerhalb von 60 Tagen nach Eingang des Antrags abzugeben. Diese ist sodann von den Mitgliedstaaten zu berücksichtigen[588]. Gelangt die zuständige Behörde im Verlauf der

---

[582] Art. 30 Abs. 3 Pädiatrische VO. Details enthält die Communication from the Commission – Guideline on the format and content of applications for agreement or modification of a paediatric investigation plan and requests for waivers or deferrals and concerning the operation of the compliance check and on criteria for assessing significant studies (2008/C 243/01), ABl. C 243 v. 24.9.2008, S. 1.
[583] S. hierzu o. → § 3 Rn. 173 ff.
[584] Art. 38 Pädiatrische VO.
[585] Art. 20 Abs. 4 Pädiatrische VO.
[586] Wird ein Antrag nach dem Verfahren der Art. 27 bis 39 RL 2001/83/EG gestellt, so wird die Übereinstimmungskontrolle gegebenenfalls einschließlich der Einholung einer Stellungnahme des Pädiatrieausschusses nach Abs. 2 Buchstaben b und c des vorliegenden Artikels vom Referenzmitgliedstaat vorgenommen. Vgl. Art. 23 Abs. 1 Pädiatrische VO.
[587] In diesem Fall stellt der Antragsteller seinen Antrag erst, wenn der Pädiatrieausschuss seine Stellungnahme abgegeben hat; eine Kopie dieser Stellungnahme ist dem Antrag beizufügen (Art. 23 Abs. 2 S. 2 Pädiatrische VO).
[588] Art. 23 Abs. 3 Pädiatrische VO.

wissenschaftlichen Bewertung eines zulässigen Genehmigungsantrags zu dem Schluss, dass die Studien nicht mit dem gebilligten PIP übereinstimmen, so kann das Arzneimittel keinen Bonus und keinen Anreiz nach den Art. 36, 37 u. 38 Pädiatrische VO erhalten[589].

VIII. Anreize und weitere pädiatrische Verpflichtungen

1. Möglichkeit des zentralen Zulassungsverfahrens

Für die Zulassung eines neuen Arzneimittels nach Art. 7 Abs. 1 Pädiatrische VO, das eine oder mehrere pädiatrische Indikationen auf der Grundlage von in Übereinstimmung mit einem gebilligten PIP durchgeführten Studien beinhaltet, können gem. Art. 28 Abs. 1 Pädiatrische VO Anträge nach dem zentralen Verfahren gem. Art. 5 bis 15 VO 726/2004 gestellt werden. Wird die Zulassung erteilt, so werden die Ergebnisse aller derartigen Studien in die Fachinformation und ggf. in die Packungsbeilage des Arzneimittels aufgenommen, sofern die Informationen von der EMA und der Kommission als nützlich für den Patienten erachtet werden, und zwar unabhängig davon, ob sämtliche betroffenen pädiatrischen Indikationen zugelassen wurden. Gleiches gilt für die gewährten Freistellungen oder Zurückstellungen bei Zulassungserteilung oder -änderung. Auch ist in diesem Fall eine Erklärung in die Zulassung aufzunehmen, aus der hervorgeht, dass der Antrag mit dem gebilligten und ausgeführten PIP übereinstimmt[590].

337

Für national sowie auf Basis von MRP/DCP-Verfahren zugelassene Arzneimittel kann nach dem Verfahren der Art. 32, 33 u. 34 RL 2001/83/EG ein Antrag auf Zulassung neuer Indikationen, einschließlich der Erweiterung der Zulassung für die Verwendung in der pädiatrischen Bevölkerungsgruppe, einer neue Darreichungsform oder eines neuen Verabreichungswegs gem. Art. 8 Pädiatrische VO gestellt werden. Allerdings beschränkt sich das Verfahren auf die Bewertung der spezifischen Abschnitte der Zusammenfassung der Merkmale des Arzneimittels, die geändert werden sollen[591].

338

2. Kennzeichnungsanforderungen

Bei Arzneimitteln, die für eine pädiatrische Indikation zugelassen werden, ist an sich gem. Art. 32 Pädiatrische VO auf dem Etikett ein spezielles, von der Europäischen Kommission gewähltes Symbol hinzuzufügen, dessen Bedeutung sodann auch in der Packungsbeilage zu erläutern ist[592]. Ein solches Symbol ist bis heute nicht ausgewählt, und damit ist auch weiterhin nicht zu rechnen.[593]

339

---

[589] Art. 24 Pädiatrische VO. Vgl. auch Communication from the Commission – Guideline on the format and content of applications for agreement or modification of a paediatric investigation plan and requests for waivers or deferrals and concerning the operation of the compliance check and on criteria for assessing significant studies (2008/C 243/01), ABl. C 243 v. 24.9.2008, S. 1.

[590] Art. 28 Abs. 2 u. 3 Pädiatrische VO.

[591] Art. 29 Pädiatrische VO.

[592] Dies gilt grundsätzlich auch für Arzneimittel, die vor Inkrafttreten der VO 1901/2006 zugelassen wurden, sowie für Arzneimittel, die nach Inkrafttreten dieser Verordnung, aber vor Veröffentlichung des Symbols zugelassen wurden, sofern sie für pädiatrische Indikationen zugelassen sind. In diesem Fall sind das Symbol und die Erläuterung nach Abs. 1 spätestens zwei Jahre nach Veröffentlichung des Symbols in das Etikett und die Packungsbeilage der betreffenden Arzneimittel aufzunehmen.

[593] Das PDCO hatte der Kommission davon abgeraten, ein solches zu verwenden, da die konkrete Bedeutung des Symbols von den Eltern oder Kostenträgern missverstanden werden könnte. Daraufhin hatte die Kommission bereits im Jahr 2008 darüber informiert, dass sie sich nicht in der Lage fühlt, ein Symbol auszuwählen, und dies ist bis heute unverändert der Fall. Vgl. zuletzt Report from the Commission to the European Parliament and the Council „Better Medicines for Children – From Concept to Reality" vom 24.6.2013 (COM(2013) 443 final), S. 5.

3. Spezifische Anforderungen im Anschluss an die Zulassung

340 Wenn ein Arzneimittel, das mit einer pädiatrischen Indikation entsprechend einem gebilligten und ausgeführten PIP zugelassen wurde, *bereits vorher* mit anderen Indikationen in den Verkehr gebracht worden war, hat der Zulassungsinhaber innerhalb von zwei Jahren nach dem Zeitpunkt der Zulassung der pädiatrischen Indikation dieses Arzneimittel mit der pädiatrischen Indikation versehen in den Verkehr zu bringen[594].

341 Ferner hat der Antragsteller bei Anträgen auf Zulassung, die eine pädiatrische Indikation einschließen, auf Aufnahme einer pädiatrischen Indikation in eine bestehende Zulassung sowie auf Zulassung für die pädiatrische Verwendung die Maßnahmen anzugeben, mit denen die Nachkontrolle der Wirksamkeit sowie etwaiger Nebenwirkungen der pädiatrischen Verwendung des Arzneimittels gewährleistet wird. Dies umfasst ggf. die Einrichtung eines Risikomanagementsystems oder die Durchführung spezifischer Studien im Anschluss an das Inverkehrbringen. Im Falle einer Zurückstellung hat der Zulassungsinhaber der EMA einen jährlichen Bericht mit einem aktualisierten Fortschrittsbericht über die pädiatrischen Studien entsprechend der Entscheidung der EMA über den gebilligten PIP und die gewährte Zurückstellung vorzulegen[595].

342 Ist ein Arzneimittel für eine pädiatrische Indikation zugelassen und plant der Zulassungsinhaber, nachdem er in den Genuss der Bonusse oder Anreize nach den Art. 36, 37 o. 38 Pädiatrische VO gekommen ist und diese Schutzzeiträume abgelaufen sind[596], das Inverkehrbringen des Arzneimittels einzustellen, so hat er gem. Art. 35 Pädiatrische VO die Zulassung zu übertragen oder einem Dritten, der seine Absicht bekundet hat, das Arzneimittel weiterhin in Verkehr zu bringen, auf der Grundlage von Art. 10c RL 2001/83/EG den Rückgriff auf die pharmazeutischen, vorklinischen und klinischen Unterlagen, die in dem Dossier des Arzneimittels enthalten sind, zu gestatten. Insoweit hat der Zulassungsinhaber die EMA mindestens sechs Monate im Voraus von seiner Absicht zu unterrichten, das Arzneimittel nicht länger in den Verkehr zu bringen.

4. Veröffentlichung des Studienergebnisses

343 Pädiatrische Studien, die bereits *vor* dem Inkrafttreten der Pädiatrischen VO abgeschlossen wurden und in der Gemeinschaft zugelassene Arzneimittel betreffen, mussten der zuständigen Behörde vom Zulassungsinhaber bis zum 26. Januar 2008 zur Bewertung vorgelegt werden, und diese konnte die Zusammenfassung der Merkmale des Arzneimittels und der Packungsbeilage aktualisieren und die Genehmigung entsprechend ändern (Art. 45 Abs. 1 Pädiatrische VO).

344 Alle anderen von einem Zulassungsinhaber gesponserte Studien, die die Verwendung eines zugelassenen Arzneimittels in der pädiatrischen Bevölkerungsgruppe zum Inhalt haben, sind der zuständigen Behörde innerhalb von sechs Monaten nach Abschluss der betreffenden Studien vorzulegen, und zwar unabhängig davon, ob sie entsprechend einem gebilligten PIP durchgeführt wurden oder ob der Zulassungsinhaber eine pädiatrische Indikation zu beantragen gedenkt (Art. 46 Abs. 1 u. 2. Pädiatrische VO). Auch hier kann die zuständige Behörde die Zusammenfassung der Merkmale des Arzneimittels und der Packungsbeilage aktualisieren und die Genehmigung entsprechend ändern (Art. 46 Abs. 3 Pädiatrische VO) [597].

---

[594] Art. 33 Pädiatrische VO. Diese Fristen werden von der EMA in einem öffentlich zugänglichen Register angegeben, abrufbar unter ema.europa.eu.
[595] Art. 34 Abs. 1, 3 u. 4 Pädiatrische VO.
[596] S. hierzu ausführlich → § 4 Rn. 218 ff.
[597] Die EMA veröffentlicht jährlich eine Liste mit den unter Art. 45 und Art. 46 Pädiatrische VO fallenden Arzneimittel, deren Genehmigung entsprechend abgeändert wurde. Für das Jahr 2012 vgl. Annex 4 u. 5 des *Report to the European Commission* on companies and products that have benefited

5. Bonusse und Anreize

Sofern ein Genehmigungsantrag nach Art. 7 oder 8 Pädiatrische VO die Ergebnisse sämtlicher Studien beinhaltet, die gem. einem gebilligten PIP durchgeführt wurden, so wird 345

- bei Arzneimitteln, die als Arzneimittel für seltene Leiden ausgewiesen sind, die zehnjährige Exklusivitätsfrist nach Art. 8 Abs. 1 Orphan VO um 2 Jahre auf zwölf Jahre verlängert (Art. 37 Abs. 1 Pädiatrische VO), und
- bei allen anderen (sog. „non-orphan") Arzneimitteln dem Inhaber des Patents oder des ergänzenden Schutzzertifikats (SPC) eine sechsmonatige Verlängerung des SPCs gewährt (Art. 36 Abs. 1 Pädiatrische VO)[598].

Dies gilt auch, wenn die Ausführung des gebilligten pädiatrischen Prüfkonzepts nicht zur Genehmigung einer pädiatrischen Indikation führt, die Studienergebnisse aber in der Fachinformation und ggf. in der Packungsbeilage des betreffenden Arzneimittels wiedergegeben werden[599]. 346

Bei Erteilung einer PUMA gelten für die Daten und das Inverkehrbringen die Unterlagenschutzfristen nach Art. 14 Abs. 11 VO 726/2004 für zentral zugelassene Arzneimittel und nach Art. 10 Abs. 1 RL 2001/83/EG für nationale/MRP/DCP-Arzneimittel, mithin die 8+2+1 Regel[600]. 347

Darüber hinaus besteht für die EU sowie den Mitgliedstaaten die Möglichkeit, weitere Anreize zur Unterstützung von Erforschung, Entwicklung und Verfügbarkeit von Arzneimitteln für die pädiatrische Verwendung bereitzustellen (vgl. Art. 39 Pädiatrische VO)[601]. 348

Schließlich stellt die EU im Gemeinschaftshaushalt Mittel für die Erforschung von Arzneimitteln für die pädiatrische Bevölkerungsgruppe bereit, um Studien im Zusammenhang mit Arzneimitteln oder Wirkstoffen, die nicht durch ein Patent oder ein ergänzendes Schutzzertifikat geschützt sind, zu unterstützen. Diese Gemeinschaftsmittel werden im Rahmen der Rahmenprogramme der Gemeinschaft für Forschung, technologische Entwicklung und Demonstration oder anderer Gemeinschaftsinitiativen für die Forschungsförderung bereitgestellt[602]. 349

IX. Ausblick

Nach der Europäischen Kommission sind zwar in den 10 Jahren seit Inkrafttreten der Pädiatrischen Verordnung im Jahr 2007 spürbare Fortschritte bei der Forschung und Entwicklung pädiatrischer Arzneimittel erzielt worden, die ohne diese spezifische EU-Gesetzgebung nicht erreicht worden wären, wie zB die Zulassung von 260 neuer Arzneimittel. Allerdings wird in dem 10-Jahresbericht auch anerkannt, dass weitere Anstrengungen erforderlich sind, um den bestehenden medizinischen Bedarf insbesondere im Bereich der seltenen Leiden bei Kindern zu adressieren, insbesondere eine Kombination der Anreizsysteme der Pädiatrischen mit denen der Orphan VO. Nachdem bis Ende 2017 lediglich zwei PUMA gewährt wurden[603], ist das Instrument der PUMA sicherlich als 350

---

from any of the rewards and incentives in the Paediatric Regulation and on the companies that have failed to comply with any of the obligations in this Regulation (EMA/328413/2013 CORR) v. 30. April 2013.

[598] Ausführlich hierzu *v. Czettritz/Brückner* in Brückner, ESZ/SPC, 2. Aufl. (2015), Pädiatrische Laufzeitverlängerung, Rn. 26 ff.

[599] Ausführlich zu den Regelungen der Art. 36 u. 37 Pädiatrische VO unter → § 4 Rn. 218 ff.

[600] Vgl. Art. 38 Pädiatrische VO.

[601] Hiervon wurde bislang allerdings nur von wenigen Mitgliedstaaten Gebrauch gemacht.

[602] Vgl. Art. 40 Pädiatrische VO.

[603] Dies waren Buccolam für die Behandlung länger anhaltender, akuter Krampfanfälle bei Säuglingen, Kleinkindern, Kindern und Jugendlichen zwischen 3 Monaten und 18 Jahren (zugelassen am

Enttäuschung anzusehen. Vor diesem Hintergrund hat die Kommission hat eine gemeinsame Überprüfung der Orphan sowie der Pädiatrischen VO und die Kombinierung ihrer Effekte und Anreizsysteme verkündet.[604] Es bleibt daher abzuwarten, ob und welche gesetzgeberischen Maßnahmen sich aus dieser Überprüfung ergeben.

G. Arzneimittel für neuartige Therapien

I. Einleitung

351 Im Bereich der Biomedizin haben in den letzten Jahren die wissenschaftlichen Fortschritte in der Zell- und Molekularbiotechnologie zur Entwicklung neuartiger Therapien geführt, insbesondere der Gentherapie, der somatischen Zelltherapie und der biotechnologischen Gewebebearbeitung (Tissue-Engineering), die neue Möglichkeiten für die Behandlung von Krankheiten und Funktionsstörungen des menschlichen Körpers beinhalten. Soweit solchen neuartigen Therapeutika bei Menschen Krankheiten heilende oder verhütende Eigenschaften zugeschrieben werden oder wenn sie im oder am menschlichen Körper zur Wiederherstellung, Korrektur oder Beeinflussung der menschlichen physiologischen Funktionen hauptsächlich durch eine pharmakologische, immunologische oder metabolische Wirkung verwendet werden können, sind sie als **biologische Arzneimittel** einzustufen[605]. Aufgrund der Neuheit, Komplexität und technischen Besonderheit von solchen Arzneimitteln für neuartige Therapien wurden aber eigens auf sie zugeschnittene harmonisierte Vorschriften als erforderlich erachtet, damit der freie Verkehr dieser Arzneimittel innerhalb der Gemeinschaft und das wirksame Funktionieren des Binnenmarktes im Biotechnologiesektor gewährleistet werden können[606]. Dies erfolgte mit der VO 1394/2007[607] über Arzneimittel für neuartige Therapien, die am 30. Dezember 2008 in Kraft trat[608]. Darin werden die Arzneimittel für neuartige Therapien definiert und spezielle Vorschriften für die Genehmigung, Überwachung und Pharmakovigilanz von Arzneimitteln für neuartige Therapien festgelegt, um Sicherheit und Wirksamkeit dieser Arzneimittel sicherzustellen[609]. In systematischer Hinsicht ist die VO 1394/2007 eine „lex specialis" zur RL 2001/83/EG ergänzt, und für diese Arzneimittel für neuartige Therapien wird das zentrale Zulassungsverfahren zwingend vorgeschrieben[610]. Bereits im Jahr 2009 wurde die RL 2001/83/EG durch die RL 2009/120/EG[611] erneut geändert, insbesondere wurden einige Begriffsbestimmungen neu gefasst.

---

5. September 2011) und Hemangiol zur Behandlung von proliferativer infantiler Hämangiome, die bei Säuglingen zwischen 5 Wochen und 5 Monaten begonnen wird (zugelassen am 23. April 2014).
[604] EMA, „10-year Report to the European Commission" vom 27. Oktober 2017 (EMA/231225/2015), abrufbar unter ec.europa.eu/health/home_en; Europäische Kommission, Pressemitteilung „State of children's medicines in the EU" vom 26. Oktober 2017, abrufbar unter europa.eu/rapid, sowie „Evaluation of the legislation on medicines for children and rare diseases (medicines for special populations)" v. 11.12.2017 (Ares(2017)6059807), abrufbar unter ec.europa.eu/info/law/better-regulation/initiatives/ares-2017-6059807_en.
[605] Anhang I Teil IV der RL 2001/83/EG.
[606] Erwägungsgründe 1, 2 u. 5 VO 1394/2007.
[607] VO (EG) Nr. 1394/2007 des Europäischen Parlaments und des Rates vom 13. November 2007 über Arzneimittel für neuartige Therapien und zur Änderung der RL 2001/83/EG und der VO (EG) Nr. 726/2004, ABl. L 324 v. 10.12.2007, S. 121.
[608] Vgl. Art. 29 Abs. 1 sowie Art. 30 VO 1394/2007.
[609] Vgl. Art. 1 VO 1394/2007.
[610] So Erwägungsgründe 6 u. 9 der VO 1394/2007 sowie Ziff. 1a des Anhangs zur VO 726/2004. S. hierzu → § 3 Rn. 178.
[611] RL 2009/120/EG der Kommission vom 14. September 2009 zur Änderung der RL 2001/83/EG des Europäischen Parlaments und des Rates zur Schaffung eines Gemeinschaftskodexes für Humanarzneimittel im Hinblick auf Arzneimittel für neuartige Therapien, ABl. L 242 v. 15.9.2009, S. 3.

II. Anwendungsbereich

Die VO 1394/2007 findet Anwendung auf Arzneimittel für neuartige Therapien, die für das Inverkehrbringen in Mitgliedstaaten bestimmt sind und die aufgrund der Regelung des Art. 2 RL 2001/83/EG entweder industriell zubereitet werden oder bei deren Herstellung ein industrielles Verfahren zur Anwendung kommt. 352

1. Begriff der Arzneimittel für neuartige Therapien

Arzneimittel für neuartige Therapien unterscheiden sich stark von konventionellen Arzneimitteln, die aus chemischen Substanzen oder Proteinen hergestellt werden. Die vier Hauptgruppen von Arzneimitteln für neuartige Therapien sind gem. Art. 2 Abs. 1 VO 1394/2007 die folgenden Humanarzneimittel: 353

- **Gentherapeutika:** Ein Gentherapeutikum enthält einen Wirkstoff, der eine rekombinante Nukleinsäure[612] enthält oder daraus besteht, und der im Menschen verwendet oder ihm verabreicht wird, um eine Nukleinsäuresequenz zu regulieren, zu reparieren, zu ersetzen, hinzufügen oder zu entfernen. Seine therapeutische, prophylaktische oder diagnostische Wirkung steht in unmittelbarem Zusammenhang mit der rekombinanten Nukleinsäuresequenz, die es enthält, oder mit dem Produkt, das aus der Expression dieser Sequenz resultiert. Impfstoffe gegen Infektionskrankheiten gelten nicht als Gentherapeutika[613].
- **Somatische Zelltherapeutika:** Ein somatisches Zelltherapeutikum besteht entweder (1) aus Zellen oder Geweben, die **substanziell bearbeitet** wurden[614], so dass biologische Merkmale, physiologische Funktionen oder strukturelle Eigenschaften, die für die beabsichtigte klinische Verwendung relevant sind, verändert wurden, oder (2) aus Zellen oder Geweben, die im Empfänger im Wesentlichen nicht denselbe(n) Funktion(en) dienen sollen wie im Spender, oder es enthält derartige Zellen oder Gewebe (sog. **nicht gleichwertige Verwendung – non-homologous use**). Den somatischen Zelltherapeutika werden Eigenschaften zur Behandlung, Vorbeugung oder Diagnose von Krankheiten durch pharmakologische, immunologische oder metabolische Wirkungen der enthaltenen Zellen oder Gewebe zugeschrieben und sie werden zu diesem Zweck im Menschen verwendet oder ihm verabreicht.
- **Biotechnologisch bearbeitete Gewebeprodukte:** Ein „biotechnologisch bearbeitetes Gewebeprodukt" ist ein Produkt, das biotechnologisch bearbeitete[615] Zellen oder

---

Gem. Erwägungsgrund 3) sollte Anhang I der RL 2001/83/EG angepasst werden, um die Definitionen und die ausführlichen wissenschaftlichen und technischen Anforderungen an Gentherapeutika und somatische Zelltherapeutika zu aktualisieren und um ausführliche wissenschaftliche und technische Anforderungen sowohl für biotechnologisch bearbeitete Gewebeprodukte, als auch für Arzneimittel für neuartige Therapien, die Medizinprodukte enthalten, und für kombinierte Arzneimittel für neuartige Therapien festzulegen.

[612] Eine rekombinante Nukleinsäure ist ein künstliches DNA-Molekül, das in einem Labor in vitro mittels gentechnischer Methoden neu zusammengesetzt wurde, und die DNA von unterschiedlichen Quellen zusammenbringt.

[613] Ziff. 2.1 von Anhang I Teil IV der RL 2001/83/EG, zuletzt geändert durch Art. 1 RL 2009/120/EG.

[614] Die in Anhang I der VO 1394/2007 aufgeführten Bearbeitungsverfahren gelten dabei **nicht** als „substanzielle Bearbeitung" iSv Buchst. a dieser Definition. Demnach liegt keine „substanzielle Bearbeitung" in den folgenden Fällen vor: Schneiden, Zerreiben, Formen, Zentrifugieren, Einlegen in antibiotische oder antimikrobielle Lösungen, Sterilisieren, Bestrahlen, Separieren, Konzentrieren oder Reinigen von Zellen, Filtern, Lyophilisieren, Einfrieren, Kryopräservieren sowie Verglasen. Vgl. Ziff. 2.2 von Anhang I Teil IV der RL 2001/83/EG, zuletzt geändert durch Art. 1 RL 2009/120/EG.

[615] Gem. Art. 2 Abs. 1 lit. c VO 1394/2007 gelten Zellen oder Gewebe dann als „biotechnologisch bearbeitet", wenn sie wenigstens eine der folgenden Bedingungen erfüllen: (1) Die Zellen oder

Gewebe enthält oder aus ihnen besteht[616] und dem Eigenschaften zur Regeneration, Wiederherstellung oder zum Ersatz menschlichen Gewebes zugeschrieben werden oder das zu diesem Zweck verwendet oder Menschen verabreicht wird (Art. 2 Abs. 1 lit. b VO 1394/2007). Allerdings fallen Produkte, die ausschließlich nicht lebensfähige menschliche oder tierische Zellen und/oder Gewebe enthalten oder aus solchen bestehen und die keine lebensfähigen Zellen oder Gewebe enthalten und nicht hauptsächlich pharmakologisch, immunologisch oder metabolisch wirken, nicht unter diese Begriffsbestimmung (S. 5).
- **Kombinierte Arzneimittel für neuartige Therapien:** Dies ist ein Arzneimittel für neuartige Therapien, das folgende Voraussetzungen erfüllt: (1) es enthält als festen Bestandteil eines oder mehrere Medizinprodukte iSd Art. 1 Abs. 2 lit. a RL 93/42/EWG oder eines oder mehrere aktive implantierbare medizinische Geräte iSd Art. 1 Abs. 2 lit. c RL 90/385/EWG, und (2) sein Zell- oder Gewebeanteil enthält entweder lebensfähige Zellen oder Gewebe, oder für den Fall, dass sein Zell- oder Gewebeanteil nicht lebensfähige Zellen oder Gewebe enthält, dieser auf eine Weise auf den menschlichen Körper einwirkt, die im Vergleich zu den genannten Produkten und Geräten als Hauptwirkungsweise betrachtet werden kann (Art. 2 Abs. 1 lit. d VO 1394/2007).

2. Zweifelsfallregelungen

354 In Ergänzung hierzu sieht die VO 1394/2007 in Art. 2 Abs. 2–5 folgende Zweifelsregelungen vor:
- Enthält ein Produkt lebensfähige Zellen oder Gewebe, so gilt die pharmakologische, immunologische und metabolische Wirkung dieser Zellen oder Gewebe als die Hauptwirkungsweise dieses Produkts.
- Ein Arzneimittel für neuartige Therapien, das sowohl autologe (dh vom Patienten selbst stammende) als auch allogene (dh von anderen Personen stammende) Zellen oder Gewebe enthält, gilt als Arzneimittel zur allogenen Verwendung.
- Ein Produkt, auf das die Definition für „biotechnologisch bearbeitetes Gewebeprodukt" und die Definition für somatische Zelltherapeutika zutreffen, gilt als biotechnologisch bearbeitetes Gewebeprodukt.
- Ein Produkt, das sowohl unter die Definition „somatisches Zelltherapeutikum" oder „biotechnologisch bearbeitetes Gewebeprodukt" als auch „Gentherapeutikum" fallen kann, gilt als Gentherapeutikum.

3. Ausnahmen vom Anwendungsbereich

355 Gem. Art. 28 Abs. 2 VO 1394/2007 wurde der Katalog der Ausnahmetatbestände des Art. 3 RL 2001/83/EG um eine neue Ziff. 7 erweitert. Hierdurch werden vom Anwendungsbereich der RL 2001/83/EG – und damit von der VO 1394/2007 – ausgenommen solche Arzneimittel für neuartige Therapien, die nicht routinemäßig nach spezifischen Qualitätsnormen hergestellt und in einem Krankenhaus in demselben Mitgliedstaat unter

---

Gewebe wurden substanziell bearbeitet, so dass biologische Merkmale, physiologische Funktionen oder strukturelle Eigenschaften, die für die beabsichtigte Regeneration, Wiederherstellung oder den Ersatz relevant sind, erzielt werden. Nicht als substanzielle Bearbeitungsverfahren gelten insbesondere die in Anhang I aufgeführten Bearbeitungsverfahren; oder (2) die Zellen oder Gewebe sind nicht dazu bestimmt, im Empfänger im Wesentlichen dieselbe(n) Funktion(en) auszuüben wie im Spender.

[616] Gem. S. 2 von lit. b kann ein biotechnologisch bearbeitetes Gewebeprodukt Zellen oder Gewebe menschlichen oder tierischen Ursprungs enthalten. Die Zellen oder Gewebe können lebensfähig oder nicht lebensfähig sein. Es kann außerdem weitere Stoffe enthalten wie Zellprodukte, Biomoleküle, Biomaterial, chemische Stoffe und Zellträger wie Gerüst- oder Bindesubstanzen.

der ausschließlichen fachlichen Verantwortung eines Arztes auf individuelle ärztliche Verschreibung eines eigens für einen einzelnen Patienten angefertigten Arzneimittels verwendet werden[617]. Derartige individuelle Arzneimittel für neuartige Therapien sind aber nicht vollkommen ungeregelt, sondern deren Herstellung ist ausdrücklich durch die zuständige Behörde des Mitgliedstaats zu genehmigen. Diese sog. Krankenhausausnahme wurde in § 4b AMG in nationales Recht umgesetzt.[618] Die Mitgliedstaaten haben ferner sicherzustellen, dass die einzelstaatlichen Rückverfolgbarkeits- und Pharmakovigilanzanforderungen sowie die spezifischen Qualitätsnormen denen entsprechen, die auf Gemeinschaftsebene für Arzneimittel für neuartige Therapien gelten, für die eine Genehmigung gem. der VO 726/2004 erforderlich ist (Art. 3 Abs. 7 S. 3 RL 2001/83/EG).

III. Die Rolle der EMA und des „Committee for Advanced Therapies" (CAT)

Die EMA führt für die Arzneimittel für neuartige Therapien das zentrale Zulassungsverfahren durch, so dass diese von einer einzigen wissenschaftlichen Bewertung und einem zentralen Zulassungsverfahren profitieren, und ist auch zuständig für die Überwachung von Sicherheit und Wirksamkeit dieser Arzneimittel, sobald sie in Verkehr gebracht wurden. Ferner gibt die EMA Unternehmen wissenschaftliche Unterstützung für die Entwicklung geeigneter Systeme zur Überwachung der Sicherheit dieser Arzneimittel. 356

Innerhalb der EMA ist der **Ausschuss für neuartige Therapien** (engl. „Committee for Advanced Therapies" – CAT[619]) angesiedelt. Dieser nimmt eine zentrale Rolle in der wissenschaftlichen Bewertung von Arzneimitteln für neuartige Therapien ein[620]. Im Rahmen des Zulassungsverfahrens ist Aufgabe des CAT insbesondere die Ausarbeitung des Entwurfs eines Gutachtens über die Qualität, Unbedenklichkeit und Wirksamkeit des zu beurteilenden Arzneimittels für neuartige Therapien, der sodann an das CHMP zur endgültigen Annahme gesandt wird[621]. Auf Grundlage dieser Stellungnahme des CAT erlässt das CHMP eine Empfehlung an die Europäische Kommission, das auf dieser Grundlage sodann die Marktzulassung gewährt oder zurückweist. Ferner berät das CAT auch darüber, ob ein Produkt als ein Arzneimittel für neuartige Therapien zu qualifizieren ist[622], und verfasst hierzu eine entsprechende Stellungnahme[623]. 357

IV. Genehmigung für das Inverkehrbringen

Arzneimittel für neuartige Therapien unterfallen als **biologische Arzneimittel**[624] dem zentralen Zulassungsverfahren: gem. Art. 27 Abs. 3 lit. a VO 1394/2007 wurde der Anhang zu Art. 3 Abs. 1 VO 726/2004, in dem die zwingend zentral zuzulassenden Arznei- 358

---

[617] Vgl. hierzu auch Erwägungsgrund 6 der VO 1394/2007.
[618] So S. 2 des neuen Art. 3 Abs. 7 RL 2001/83/EG. Vgl. hierzu ausführlich o. → § 2 Rn. 37 f.
[619] Vgl. Art. 20 Abs. 1 VO 1394/2007.
[620] Die Zusammensetzung des CAT ist in Art. 21 VO 1394/2007 geregelt. Art. 22 VO 1394/2007 beinhaltet die Regelungen über Interessenkonflikte, wonach die Mitglieder und die stellvertretenden Mitglieder des CAT keine finanziellen oder sonstigen Interessen in der Biotechnologie- und Medizinproduktebranche haben dürfen, die ihre Unparteilichkeit beeinträchtigen könnten.
[621] Vgl. Art. 23 lit. a VO 1394/2007.
[622] Geregelt in Art. 17 VO 1394/2007.
[623] Darüber hinaus ist das CAT auch zuständig für die Durchsicht der Herstellungs- und Testdaten von Arzneimitteln, die in kleinen Unternehmen entwickelt werden, für die Unterstützung der wissenschaftlichen Empfehlung für Arzneimittel für neuartige Therapien, sowie auf Ersuchen der Europäischen Kommission für die Bereitstellung von wissenschaftlichem Fachwissen und Beratung bei Gemeinschaftsinitiativen, die mit der Entwicklung innovativer Arzneimittel und Therapien in Verbindung stehen, welche Fachwissen in einem der Art. 21 Abs. 2 VO 1394/2007 genannten wissenschaftlichen Sachgebiete erfordern.
[624] Vgl. Art. 2 Abs. 1 VO 1394/2007 iVm Ziff. 2 von Anhang I Teil IV der RL 2001/83/EG, zuletzt geändert durch Art. 1 RL 2009/120/EG.

mittel aufgeführt sind, explizit ergänzt um eine Nr. 1a „Arzneimittel für neuartige Therapien gem. Art. 2 VO 1394/2007 des Europäischen Parlaments und des Rates vom 13. November 2007 über Arzneimittel für neuartige Therapien". Aufgrund ihrer Besonderheiten wurden aber in den Regelungen der Art. 3–7 VO 1394/2007 besondere Anforderungen an die Genehmigung für das Inverkehrbringen von Arzneimitteln für neuartige Therapien als auch an das Genehmigungsverfahren selbst normiert.

1. Anforderungen für die Genehmigung für das Inverkehrbringen

359 Nach Art. 3 VO 1394/2007 müssen Spende, Beschaffung und Testung für ein Arzneimittel für neuartige Therapien, das menschliche Zellen oder Gewebe enthält, gemäß der RL 2004/23/EG erfolgen.

360 Art. 4 VO 1394/2007 normiert die Anforderungen an klinische Prüfungen. Gem. Abs. 1 gelten die in Art. 6 Abs. 7 und Art. 9 Abs. 4 u. 6 RL 2001/20/EG für Gentherapeutika und somatische Zelltherapeutika festgelegten Regeln auch für biotechnologisch bearbeitete Gewebeprodukte. Gem. Abs. 2 erstellt die Europäische Kommission nach Anhörung der Agentur eigene ausführliche Leitlinien zur guten klinischen Praxis für Arzneimittel für neuartige Therapien.

361 Gem. Art. 5 hat die Europäische Kommission nach Anhörung der EMA zwischenzeitlich ausführliche Leitlinien zur guten Herstellungspraxis (GMP) spezifisch für Arzneimittel für neuartige Therapien erlassen.[625]

362 Art. 6 normiert **besondere Regelungen für Medizinprodukte.** Hiernach gilt:
- Ein Medizinprodukt, das Bestandteil eines kombinierten Arzneimittels für neuartige Therapien ist, muss die grundlegenden Anforderungen des Anhangs I der RL 93/42/EWG erfüllen (Abs. 1).
- Ein aktives implantierbares medizinisches Gerät, das Bestandteil eines kombinierten Arzneimittels für neuartige Therapien ist, muss die grundlegenden Anforderungen des Anhangs 1 der RL 90/385/EWG erfüllen (Abs. 2).

363 Schließlich normiert die Regelung des Art. 7 VO 1394/2007 **besondere Anforderungen an Medizinprodukte, die Arzneimittel für neuartige Therapien enthalten.** Hiernach umfassen ergänzend zu den Anforderungen des Art. 6 Abs. 1 VO 726/2004 Anträge auf Genehmigung eines Arzneimittels für neuartige Therapien, das Medizinprodukte, Biomaterial oder Zellträger wie Gerüst- oder Bindesubstanzen enthält, eine Beschreibung der physikalischen Eigenschaften und Leistungsmerkmale des Arzneimittels sowie eine Beschreibung der Entwicklungsmethoden gem. Anhang I der RL 2001/83/EG.

2. Genehmigungsverfahren

364 Gem. Art. 8 Abs. 1 VO 1394/2007 hat der CHMP den CAT für die wissenschaftliche Beurteilung von Arzneimitteln für neuartige Therapien zu konsultieren, die zur Erstellung von wissenschaftlichen Gutachten gem. Art. 5 Abs. 2 u. 3 VO 726/2004 erforderlich ist. Der CAT wird auch im Falle einer Überprüfung des Gutachtens nach Art. 9 Abs. 2 VO 726/2004 konsultiert[626].

365 Sonderregelungen enthält schließlich Art. 9 VO 1394/2007 für kombinierte Arzneimittel für neuartige Therapien: Insoweit wird klargestellt, dass das gesamte Arzneimittel einer endgültigen Bewertung durch die EMA zu unterziehen ist. Ferner hat der Antrag auf Genehmigung für das Inverkehrbringen eines kombinierten Arzneimittels für neu-

---

[625] European Commission Guidelines on Good Manufacturing Practice specific to Advanced Therapy Medicinal Products vom 22.11.2017, abrufbar unter ema.europa.eu.
[626] Die Einzelheiten der Zusammenarbeit von CHMP und CAT sind in den Abs. 2–5 des Art. 8 geregelt.

artige Therapien einen Nachweis über die Konformität mit den in Art. 6 VO 1394/2007 genannten grundlegenden Anforderungen zu umfassen und, soweit verfügbar, die Ergebnisse der gem. der RL 93/42/EWG oder der RL 90/385/EWG von einer benannten Stelle durchgeführten Beurteilung des im Arzneimittel enthaltenen Medizinprodukts oder aktiven implantierbaren medizinischen Geräts.

V. Anforderungen an die Kennzeichnung

Die Regelungen der Art. 10–13 VO 1394/2007 enthalten Sondervorschriften zur Kennzeichnung von Arzneimitteln für neuartige Therapien: 366
- Abweichend von Art. 11 RL 2001/83/EG enthält die **Zusammenfassung der Merkmale des Arzneimittels** von Arzneimitteln für neuartige Therapien die in Anhang II der Verordnung 1394/2007 aufgeführten Informationen in der darin angegebenen Reihenfolge.
- Abweichend von den Art. 54 u. 55 Abs. 1 RL 2001/83/EG werden die in Anhang III der vorliegenden Verordnung aufgeführten Angaben auf der **äußeren Umhüllung** von Arzneimitteln für neuartige Therapien oder, sofern keine äußere Umhüllung vorhanden ist, auf der **Primärverpackung** aufgeführt. Ferner sind auch die folgenden Angaben auf der Primärverpackung von Arzneimitteln für neuartige Therapien aufgeführt:
  – die einheitlichen Spende- und Produktcodes gem. Art. 8 Abs. 2 RL 2004/23/EG,
  – im Falle von Arzneimitteln für neuartige Therapien zur autologen Verwendung die persönliche Patienten-Kennnummer und der Vermerk „Nur zur autologen Verwendung".
- Schließlich wird abweichend von Art. 59 Abs. 1 RL 2001/83/EG die **Packungsbeilage** eines Arzneimittels für neuartige Therapien in Übereinstimmung mit der Zusammenfassung der Merkmale des Arzneimittels erstellt und enthält die in Anhang IV der vorliegenden Verordnung aufgeführten Informationen in der darin angegebenen Reihenfolge. Diese hat auch die Ergebnisse der Befragung von Patientenzielgruppen widerzuspiegeln, um sicherzustellen, dass sie verständlich, klar und benutzerfreundlich ist.

VI. Anforderungen nach erfolgter Genehmigung

Das Kapitel 5 der VO 1394/2007 enthält in den Art. 14 u. 15 Vorschriften, die nach 367 erfolgter Genehmigung der Arzneimittel für neuartige Therapien gelten. Art. 14 VO 1394/2007 beinhaltet dabei Sonderregelungen zu den Pflichten zur Beobachtung der Wirksamkeit und der Nebenwirkung von Arzneimittel für neuartige Therapien sowie in Bezug auf das Risikomanagement nach erfolgter Genehmigung. Gem. Art. 15 VO 1394/2007 hat nicht nur der Genehmigungsinhaber, sondern auch das Krankenhaus, die Einrichtung oder die private Praxis, in dem/der das Arzneimittel für neuartige Therapien verwendet wird, ein System zur Sicherstellung der Rückverfolgbarkeit jedes einzelnen Arzneimittels für neuartige Therapien sowie dessen Ausgangs- und Rohstoffen zu erstellen und zu betreiben.

VII. Anreize

Die VO 1394/2007 stellt zahlreiche Anreize zur Verfügung, um Forschung und Ent- 368 wicklung in dem Bereich der neuartigen Therapien zu fördern. Dies umfasst[627]

---

[627] Vgl. Art. 16–19 VO 1394/2007.

- eine Kostenreduktion für die wissenschaftlichen Beratung mittels einer Ermäßigung von 90 % für kleine und mittlere Unternehmen sowie für andere Antragsteller mittels einer Ermäßigung von 65 %;
- das Recht des Antragstellers, für ein Produkt auf der Grundlage von Genen, Zellen oder Geweben bei der EMA um eine wissenschaftliche Empfehlung zur Einstufung als ein „Arzneimittel für neuartige Therapien" zu ersuchen;
- für kleine und mittlere Unternehmen das Recht, für ein Arzneimittel für neuartige Therapien zum Zwecke der Zertifizierung der EMA alle relevanten qualitätsbezogenen und, soweit verfügbar, nichtklinische Daten vorzulegen, sowie der EMA alle relevanten qualitätsbezogenen und, soweit verfügbar, nichtklinischen Daten vorzulegen, die gem. den Modulen 3 und 4 des Anhangs I der RL 2001/83/EG für die wissenschaftliche Beurteilung und Zertifizierung erforderlich sind; und
- eine Verringerung der Genehmigungsgebühr um 50 %, wenn der Antragsteller ein Krankenhaus oder ein kleines oder mittleres Unternehmen ist und nachweisen kann, dass innerhalb der Gemeinschaft ein besonderes Interesse in Bezug auf die öffentliche Gesundheit an dem betroffenen Arzneimittel für neuartige Therapien besteht.

§ 4 Inverkehrbringen, Überwachung und Schutz von Arzneimitteln

A. Das Inverkehrbringen von Arzneimitteln

1 An das Inverkehrbringen von zulassungspflichtigen Arzneimitteln knüpft das AMG zahlreiche Pflichten: Zum einen bestehen *produktbezogene* Regelungen mit Vorgaben für die Kennzeichnung von Arzneimitteln in den §§ 10, 11 und 11a AMG (nachfolgend I.) und für die Apotheken- sowie Verschreibungspflicht bestimmter Arzneimittel in den §§ 43–46 und 48 AMG (nachfolgend II.). Zum anderen bestehen auch *personbezogene* Regelungen dazu, wer an wen zur Abgabe von Arzneimitteln berechtigt ist, welche organisatorische Verpflichtungen diese Personen treffen (§§ 47, 49–53, 74a–76 AMG) (nachfolgend III.), und für wen eine Gefährdungshaftung für Schäden besteht, die infolge der Anwendung eines Arzneimittels entstanden sind (§§ 84–94a AMG) (nachfolgend IV.).

2 Inverkehrbringen ist definiert als *„das Vorrätighalten zum Verkauf oder zu sonstiger Abgabe, das Feilhalten, das Feilbieten und die Abgabe an andere"* (§ 4 Abs. 17 AMG). Das Inverkehrbringen umfasst damit nicht nur die tatsächliche Abgabe von Arzneimitteln an andere, sondern auch Vorbereitungshandlungen hierzu wie das bloße Vorrätighalten zum Verkauf oder zur Abgabe (dh Lagerung mit der Absicht, die Arzneimittel sodann im Geltungsbereich des AMG in Verkehr zu bringen), das Feilhalten (nach außen erkennbares Vorrätighalten zum Verkauf) und das Feilbieten (Hinweis auf feilgehaltene Ware[628]).

I. Kennzeichnung

1. Umverpackung

3 Die nach § 10 AMG bestehende Kennzeichnungspflicht für die Umverpackung von Arzneimitteln – dh deren Behältnisse und äußere Umhüllungen, sofern diese verwendet werden – gilt nicht für alle Arzneimittel, sondern nur für solche,

---

[628] Ausführlich hierzu *Kloesel/Cyran*, AMG, A 1.0, § 4 Anm. 52 ff.; *Rehmann*, AMG, § 4 Rn. 16 ff.; vgl. auch *Heßhaus*, in Spickhoff, Medizinrecht, 10. AMG, § 4 Rn. 14.

§ 4 Inverkehrbringen, Überwachung und Schutz von Arzneimitteln

- die Arzneimittel iSd § 2 Abs. 1 oder Abs. 2 Nr. 1 AMG sind[629],
- die *nicht* zur klinischen Prüfung bei Menschen bestimmt und die *nicht* von der Zulassungspflicht gem. § 21 Abs. 2 Nrn. 1a, 1b o. 6 AMG freigestellt sind[630], und
- die **Fertigarzneimittel** iSd § 4 Abs. 1 AMG sind[631].

Für diese der Kennzeichnungspflicht nach § 10 AMG unterliegenden Fertigarzneimittel sind die in Abs. 1 S. 1 in dem Katalog der Nrn. 1–14 aufgeführten Pflichtangaben anzubringen

- **auf den Behältnissen und (sofern verwendet) den äußeren Umhüllungen:**
  - **Behältnis** ist die Primärverpackung des Arzneimittels, zB Dose, Flasche, Tube, Ampulle, Fertigspritze und andere Einheiten, die das Arzneimittel umschließen und dessen Aufbewahrung dienen; eine Durchdrückpackung (sog. Blister) ist kein Behältnis, sondern Bestandteil des Arzneimittels und unterliegt der Sonderregelung des Abs. 8[632];
  - Die **äußere Umhüllung** ist die Verpackung, in der die Primärverpackung enthalten ist (sog. Sekundärverpackung), zB eine Schachtel;
- **in gut lesbarer Schrift:** die ausreichende Lesbarkeit richtet sich nicht allein nach der Schriftgröße, sondern auch nach der Gestaltung der Umhüllung (wie zB Farbgebung, Kontrast der Schrift zum Hintergrund). In der Regel sollte aber die Schrift mindestens die Schriftgröße 6 Punkt haben, um die Anforderungen an die DIN 1450 an die Schriftleserlichkeit zu erfüllen[633].
- **allgemein verständlich in deutscher Sprache:** Fremdwörter dürfen dann verwendet werden, wenn sie zum deutschen Wortschatz zählen. Zudem ist nunmehr eine Mehrsprachigkeit erlaubt, wie sich aus S. 2 ergibt – entscheidend ist allein, dass diese Angabe weiterhin ebenfalls in deutscher Sprache gemacht wird[634]; und
- **auf dauerhafte Weise und in Übereinstimmung mit Angaben nach § 11a AMG:** die europarechtliche Vorgabe des Art 56 RL 2001/83/EG fordert eine Unauslöschlichkeit, was letztendlich bedeutet, dass keine zerstörungsfreie Ablösung vom Untergrund möglich sein darf[635]. Ferner müssen die Angaben auf der Umverpackung mit den Angaben der Fachinformation nach § 11a AMG übereinstimmen.

a) Inhalt und Umfang der Pflichtangaben. Zu den Pflichtangaben des § 10 Abs. 1 AMG gehören

- Name oder Firma und Anschrift des pharmazeutischen Unternehmers und, soweit vorhanden, der Name des von ihm benannten örtlichen Vertreters (Nr. 1),
- die Bezeichnung des Arzneimittels[636], gefolgt von der Stärke und der Darreichungsform, und, soweit zutreffend, dem Hinweis, dass es zur Anwendung für Säuglinge, Kinder oder Erwachsene bestimmt ist, es sei denn, dass diese Angaben bereits in der Bezeichnung enthalten sind (Nr. 2),
- die Zulassungsnummer mit der Abkürzung „Zul.-Nr." (Nr. 3),

---

[629] S. ausführlich hierzu o. → § 2 Rn. 9 ff.
[630] Ausführlich hierzu bereits o. → § 3 Rn. 132 ff.
[631] Ausführlich hierzu bereits o. → § 2 Rn. 48 f.
[632] So auch *Kloesel/Cyran*, AMG, A 1.0, § 10 Anm. 18a; *Rehmann*, AMG, § 10 Rn. 2.
[633] Vgl. *Kloesel/Cyran*, AMG, A 1.0, § 10 Anm. 20 ff.; *Heßhaus* in Spickhoff, Medizinrecht, 10. AMG, § 10 Rn. 6.
[634] Ausführlich hierzu *Kloesel/Cyran*, AMG, A 1.0, § 10 Anm. 25; *Rehmann*, AMG, § 10 Rn. 3.
[635] So OLG Düsseldorf PharmR 1995, 280. Vgl. hierzu *Kloesel/Cyran*, AMG, A 1.0, § 10 Anm. 24; *Rehmann*, AMG, § 10 Rn. 4.
[636] Enthält das Arzneimittel bis zu drei Wirkstoffe, muss der internationale Freiname (INN) oder, falls dieser nicht existiert, die gebräuchliche Bezeichnung aufgeführt werden; dies gilt nicht, wenn in der Bezeichnung die Wirkstoffbezeichnung nach Nr. 8 enthalten ist.

- die Chargenbezeichnung: soweit das Arzneimittel in Chargen in den Verkehr gebracht wird, mit der Abkürzung „Ch.-B.", soweit es nicht in Chargen in den Verkehr gebracht werden kann, das Herstellungsdatum (Nr. 4),
- die Darreichungsform (Nr. 5),
- der Inhalt nach Gewicht, Rauminhalt oder Stückzahl (Nr. 6.),
- die Art der Anwendung (Nr. 7.),
- die Wirkstoffe nach Art und Menge und sonstige Bestandteile nach der Art, soweit dies durch Auflage der zuständigen Bundesoberbehörde nach § 28 Abs. 2 Nr. 1 angeordnet oder durch Rechtsverordnung nach § 12 Abs. 1 Nr. 4, auch in Verbindung mit Abs. 2, oder nach § 36 Abs. 1 vorgeschrieben ist[637]; bei Arzneimitteln zur parenteralen oder zur topischen Anwendung, einschließlich der Anwendung am Auge, alle Bestandteile nach der Art (Nr. 8),
- bei gentechnologisch gewonnenen Arzneimitteln der Wirkstoff und die Bezeichnung des bei der Herstellung verwendeten gentechnisch veränderten Mikroorganismus oder die Zellinie (Nr. 8a),
- das Verfalldatum mit dem Hinweis *„verwendbar bis"* (Nr. 9.), das mit Monat und Jahr anzugeben ist (Abs. 7),
- bei Arzneimitteln, die nur auf ärztliche, zahnärztliche oder tierärztliche Verschreibung abgegeben werden dürfen, der Hinweis *„Verschreibungspflichtig"*, bei sonstigen Arzneimitteln, die nur in Apotheken an Verbraucher abgegeben werden dürfen, der Hinweis *„Apothekenpflichtig"* (Nr. 10.),
- bei Mustern der Hinweis *„Unverkäufliches Muster"* (Nr. 11.),
- der Hinweis, dass Arzneimittel unzugänglich für Kinder aufbewahrt werden sollen, es sei denn, es handelt sich um Heilwässer (Nr. 12.),
- soweit erforderlich besondere Vorsichtsmaßnahmen für die Beseitigung von nicht verwendeten Arzneimitteln oder sonstige besondere Vorsichtsmaßnahmen, um Gefahren für die Umwelt zu vermeiden (Nr. 13), und schließlich
- bei nicht verschreibungspflichtigen Arzneimitteln der Verwendungszweck (Nr. 14).

6 Werden die Pflichtangaben zusätzlich in einer anderen Sprache wiedergegeben, müssen in dieser Sprache die gleichen Angaben gemacht werden (Abs. 1 S. 2). Auch ist auf der Umverpackung *„Raum für die Angabe der verschriebenen Dosierung"* vorzusehen (Abs. 1 S. 3), mithin ist entweder schlicht ausreichend Platz auf der Umverpackung hierfür zu lassen oder ein speziell hierfür vorgesehener Bereich, der auch schon vorstrukturiert sein kann (zB durch eine „Morgens/Mittags/Abends"-Tabelle, in der der Apotheker sodann die ärztlichen Einnahmevorgaben eintragen kann[638]). Homöopathische Arzneimittel sind zusätzlich mit einem Hinweis auf die homöopathische Beschaffenheit zu kennzeichnen (Abs. 1 S. 4[639]). Arzneimittel, die zur klinischen Prüfung bestimmt sind, sind mit dem Hinweis *„Zur klinischen Prüfung bestimmt"* zu versehen (Abs. 10).

7 **b) Zulässigkeit weitere Angaben.** Darüber hinausgehende, sog. *„weitere Angaben"* sind nach § 10 Abs. 1 S. 5 zulässig,
- wenn sie durch eine europäische VO vorgeschrieben oder nach einer solchen VO zulässig sind, oder
- soweit sie mit der Anwendung des Arzneimittels in Zusammenhang stehen, für die gesundheitliche Aufklärung des Patienten wichtig sind und den Angaben der Fachinformation nach § 11a AMG nicht widersprechen: dies ist zB für die Beschreibung

---

[637] Für die Bezeichnung der Bestandteile gelten die in Abs. 6 normierten Anforderungen.
[638] Diese Verpflichtung gilt aber nicht für kleine Behältnisse und Ampullen iSd § 10 Abs. 8 S. 2 AMG sowie für Arzneimittel, die ausschließlich zur Anwendung durch Angehörige der Heilberufe bestimmt sind (HS 2).
[639] Vgl. hierzu ausführlich → § 3 Rn. 256 ff.

des Verwendungsgebietes auf der Umverpackung bei verschreibungspflichtigen Arzneimitteln der Fall (zB „*Antibiotikum*").

Bei Humanarzneimitteln ist die Bezeichnung des Arzneimittels auf den äußeren Umhüllungen auch in **Blindenschrift** anzugeben, es sei denn, das Arzneimittel ist zur ausschließlichen Anwendung durch Angehörige der Heilberufe bestimmt oder in sehr kleinen Behältnissen von nicht mehr als 20 ml Rauminhalt oder 20g Gewicht enthalten (§ 10 Abs. 1b AMG). 8

c) Sonstige Vorgaben des § 10 AMG. Im Übrigen sieht § 10 AMG noch folgende Angaben vor: 9

- die Angabe von **Warnhinweisen**, für die Verbraucher bestimmte **Aufbewahrungshinweise** und für die Fachkreise bestimmte **Lagerhinweise**, sofern erforderlich nach Maßgabe des Abs. 2,
- zusätzliche Angaben für **Sera** und **Virusimpfstoffe** (Abs. 3),
- abweichende Pflichtangaben für **homöopathische Arzneimittel** nach Maßgabe des Abs. 4 und für **Tierarzneimittel** nach Maßgabe des Abs. 5,
- Sonderregelungen für **Durchdrückpackungen** und **kleine Behältnisse** (Abs. 8), **Frischplasmazubereitungen** und **Zubereitungen aus Blutzellen** (Abs. 8a) und **Gewebezubereitungen** (Abs. 8b),
- die Möglichkeit der Verwendung von üblichen **Abkürzungen** für alle Pflichtangaben nach den Absätzen 1–5 (Abs. 9),
- weitere Sonderregelungen für **Tierarzneimittel** und Arzneimittel, die zur klinischen Prüfung oder zur Rückstandsprüfung bestimmt sind (Abs. 10), sowie
- besondere Kennzeichnungsvorschriften für **Teilmengen**, die aus Fertigarzneimitteln entnommen werden (Abs. 11).

2. Packungsbeilage § 11 AMG

Die Fertigarzneimittel, die der Kennzeichnungspflicht nach § 10 AMG unterliegen, unterfallen auch der Kennzeichnungsregelung des § 11 AMG. Sie dürfen daher in Deutschland nur mit einer **Packungsbeilage** in Verkehr gebracht werden, die 10

- die **Überschrift** „*Gebrauchsinformation*" trägt sowie
- die in Abs. 1 S. 1 aufgeführten **Pflichtangaben** in der dargestellten Reihenfolge allgemein verständlich in deutscher Sprache, in gut lesbarer Schrift und in Übereinstimmung mit den Angaben der Fachinformation nach § 11a AMG enthält.

Können gem. § 11 Abs. 1 S. 2 Nr. c a) u. c) u. Nr. 5 AMG vorgeschriebene Angaben nicht gemacht werden, so ist nach dessen Abs. 5 S. 1 der Hinweis „*keine bekannt*" zu verwenden. 11

Mit der 16. AMG-Novelle wurde in den neu eingefügten Sätzen 2 und 3 geregelt, dass bei Humanarzneimitteln, die gem. Art. 23 VO 726/2004 gelistet sind und einer zusätzlichen Überwachung unterliegen, die Erklärung „*Dieses Arzneimittel unterliegt einer zusätzlichen Überwachung*" aufgenommen wird, dem ein schwarzes Symbol voransteht und ein geeigneter standardisierter erläuternder Text nach Art. 23 Abs. 5 VO 726/2004 nachfolgt[640]. 12

Weiter sieht § 11 AMG die Zulässigkeit von sog **erläuternden Angaben** zu den Pflichtangaben vor (Abs. 1 S. 4) sowie entsprechend der für die Kennzeichnung der Umverpackung bestehenden Regelungen nach § 10 AMG auch die Zulässigkeit sog. **weiterer Angaben** (Abs. 1 S. 7). Diese müssen allerdings von den übrigen Angaben deutlich abgesetzt und abgegrenzt sein (Abs. 5 S. 2). Dies erfolgt in der Praxis meist 13

---

[640] Hierzu ausführlich EMA, Guideline on good pharmacovigilance practices (GVP), Module X – Additional monitoring, v. 19.4.2013 (EMA/16546/2012), S. 7 ff.

14 Der Zulassungsbehörde ist unverzüglich ein **Muster** der Packungsbeilage und geänderter Fassungen zu übersenden (Abs. 1a). Ferner hat der Zulassungsinhaber dafür zu sorgen, dass die Packungsbeilage bei Ersuchen von Patientenorganisationen bei Humanarzneimitteln in Formaten verfügbar ist, die für blinde und sehbehinderte Personen geeignet sind (Abs. 3c).

15 Schließlich enthält § 11 AMG Sondervorschriften für radioaktive Arzneimittel (Abs. 2a), homöopathische Arzneimittel (Abs. 3), Sera, Virusimpfstoffe und Arzneimittel aus humanem Blutplasma (Abs. 3a), für traditionelle pflanzliche Arzneimittel (Abs. 3b), für Heilwässer (Abs. 3d), für Tierarzneimittel (Abs. 4) sowie für aus Humanarzneimitteln entnommene Teilmengen (Abs. 7).

3. Fachinformation § 11a AMG

16 Der pharmazeutische Unternehmer hat für die Arzneimittel, die der Pflicht zur Kennzeichnung nach § 10 AMG und zum Beifügen einer Gebrauchsinformation nach § 11 AMG unterliegen, auf Anforderung eine Gebrauchsinformation für Fachkreise zur Verfügung zu stellen (§ 11a Abs. 1 S. 1 AMG). Diese muss die **Überschrift** „*Fachinformation*" tragen und die in Abs. 1 S. 2 aufgeführten **Pflichtangaben** in gut lesbarer Schrift und in Übereinstimmung der Arzneimittelzulassung in der entsprechend definierten Reihenfolge enthalten (§ 11a Abs. 1 S. 2 AMG). Daher kann die Fachinformation auch als Spiegelbild der Zulassung angesehen werden.

17 Auch in der Fachinformation muss aufgrund der 16. AMG-Novelle bei Humanarzneimitteln, die gem. Art. 23 VO 726/2004 gelistet sind und einer **zusätzlichen Überwachung** unterliegen, die Erklärung über die zusätzliche Überwachung nebst Symbol und standardisiertem Erläuterungstext aufgenommen werden[641]. Sog. **weitere Angaben** sind entsprechend der Regelung für die Gebrauchsinformation auch in der Fachinformation zulässig, sofern sie von den Pflichtangaben deutlich abgesetzt und abgegrenzt sind (§ 11a Abs. 1 S. 6 AMG).

18 Wie bei der Gebrauchsinformation, so ist auch ein **Muster** der Fachinformation und geänderter Fassungen unverzüglich der zuständigen Bundesoberbehörde zu übersenden (Abs. 3).

19 Änderungen der Fachinformation, die für die Therapie von Relevanz sind, hat der Zulassungsinhaber den Fachkreisen in geeigneter Form zugänglich zu machen. Dies geschieht in der Praxis durch Veröffentlichungen in der Fachpresse oder bei Eilbedürftigkeit durch die sog. „*Rote Hand*"-Briefe[642]. Sofern erforderlich kann die zuständige Bundesoberbehörde auch durch Auflage anordnen, in welcher Form die Änderungen den Fachkreisen zugänglich zu machen sind (Abs. 2).

20 Bei Arzneimitteln, die ausschließlich von Angehörigen der Heilberufe verabreicht werden, kann die Verpflichtung zur Bereitstellung einer Fachinformation auch durch Aufnahme der Pflichtangaben in die Packungsbeilage erfüllt werden, die dann allerdings die Überschrift „*Gebrauchsinformation und Fachinformation*" tragen muss (Abs. 4). Eine Pflicht zur Fachinformation besteht nicht bei Arzneimitteln, die nach § 21 Abs. 2 AMG von der Zulassungspflicht ausgenommen sind[643], sowie bei homöopathischen Arzneimitteln (Abs. 1 S. 7).

---

[641] S. hierzu o. → § 4 Rn. 12.
[642] Vgl. hierzu EMA und HMA, Guideline on good pharmacovigilance practices (GVP), Module XV – Safety communication v. 22. Januar 2013 (EMA/118465/2012), dort unter B.6.1. „*Direct healthcare professional communication (DHPC)*"; Rehmann, AMG, § 11a Rn. 13.
[643] S. hierzu o. → § 3 Rn. 132 ff.

§ 4 Inverkehrbringen, Überwachung und Schutz von Arzneimitteln

Ferner enthält auch § 11a AMG **Sonderregelungen** für Sera, Virusimpfstoffe und Arzneimittel aus humanem Blutplasma (Abs. 1a), radioaktive Arzneimittel (Abs. 1b), Tierarzneimittel (Abs. 1c), für verschreibungspflichtige und apothekenpflichtige Arzneimittel sowie für Betäubungsmittel (Abs. 1d) und Generikazulassungen (Abs. 1e).

21

II. Apotheken- und Verschreibungspflicht

1. Grundsatz der Apothekenpflicht

Die Abgabe von Arzneimitteln iSd § 2 Abs. 1 oder Abs. 2 Nr. 1 AMG für den Endverbrauch ist nach § 43 Abs. 1 AMG grundsätzlich den Apotheken vorbehalten – sie sind damit **apothekenpflichtig** –, es sei denn, das Arzneimittel ist entweder nach § 44 AMG oder nach einer auf Basis des § 45 AMG erlassenen Rechtsverordnung[644] für den Verkehr außerhalb der Apotheken freigegeben, so dass es freiverkäuflich ist. Das hierdurch geschaffene **Apothekenmonopol** wurde vom Bundesverfassungsgericht als **verfassungsrechtlich zulässig** erachtet[645]. Auch aus europarechtlicher Sicht unterliegt das Apothekenmonopol keinen Bedenken, da es schützenswerten Interessen des Gemeinwohls dient[646]. Privatpersonen dürfen jedoch nicht darin beschränkt werden, solche Arzneimittel einzuführen, da das Apothekenmonopol und damit die Beachtung der Apothekenpflicht auch bei Abgabe des Arzneimittels in einer Apotheke eines anderen EU-Mitgliedstaates gewahrt ist[647].

22

Konkret regelt § 43 AMG die **Apothekenpflicht von Humanarzneimitteln** iSd § 2 Abs. 1 oder Abs. 2 Nr. 1 AMG wie folgt:

23

- Sie dürfen außer in den Fällen des § 47 AMG[648] berufs- oder gewerbsmäßig *für den Endverbrauch* nur in Apotheken und im Wege des Versandes nur auf Basis einer entsprechenden behördlichen Erlaubnis[649] in den Verkehr gebracht werden (Abs. 1 S. 1). Erfasst wird allein eine auf die unmittelbare Versorgung des Endverbrauchers gerichtete berufs- oder gewerbsmäßige Tätigkeit[650]. Nicht erfasst werden somit Lieferungen von pharmazeutischen Unternehmern an Großhändler oder Apotheken, oder von Großhändlern an Apotheken. Ferner liegt ein Inverkehrbringen nicht vor bei einem Verbrauch des Arzneimittels, und daher bei einer Verabreichung des Arzneimittels in der Arztpraxis[651].
- Mit ihnen darf – außer in den Fällen des Absatzes 4[652] und des § 47 Abs. 1 AMG – außerhalb der Apotheken kein Handel getrieben werden (§ 43 Abs. 1 S. 2 AMG).

---

[644] Auf Grundlage des § 45 AMG wurde die Verordnung über apothekenpflichtige und freiverkäufliche Arzneimittel in der Fassung vom 24.10.2005 (BGBl. I S. 1671) erlassen.

[645] BVerfG Urteil vom 11.6.1958, BVerfGE 7, 377 = NJW 1958, 1035 sowie Urteil vom 7.1.1958; BVerfGE 9, 73 ff. = NJW 1959, 667. Vgl. hierzu *Heßhaus* in Spickhoff, Medizinrecht, 10. AMG, § 43 Rn. 2.

[646] S. EuGH Urteil v. 21.3.1989 – Rs. C-60/89, Monteil v. Samanni, Rn. 41 f.; *Rehmann*, AMG, § 43 Rn. 1; ausführlich *Kloesel/Cyran*, AMG, A 1.0, § 43 Anm. 4.

[647] So EuGH Urteil v. 7.3.1989 – Rs. 215/87, Schumacher v. Hauptzollamt Frankfurt am Main-Ost (Schumacher), NJW 1989, 2185; PharmR 1992, 29 – Kommission/Deutschland.

[648] Hierzu u. → § 4 Rn. 31 ff.

[649] Die Angaben über die Ausstellung oder Änderung einer Erlaubnis zum Versand von Arzneimitteln sind in die Datenbank nach § 67a einzugeben, § 43 Abs. 1 S. 3 AMG.

[650] BayObLG NJW 1974, 2060; 1977 1501.

[651] Vgl. *Rehmann*, AMG, § 43 Rn. 2.

[652] § 43 Abs. 4 AMG besagt, dass Arzneimittel im Rahmen des Betriebes einer tierärztlichen Hausapotheke durch Tierärzte an Halter der von ihnen behandelten Tiere abgegeben und zu diesem Zweck vorrätig gehalten werden. Dies gilt auch für die Abgabe von Arzneimitteln zur Durchführung tierärztlich gebotener und tierärztlich kontrollierter krankheitsvorbeugender Maßnahmen bei Tieren, wobei der Umfang der Abgabe den auf Grund tierärztlicher Indikation festgestellten Bedarf nicht überschreiten darf. Auch dürfen hiernach Arzneimittel, die zur Durchführung tierseuchenrechtlicher

- § 43 Abs. 2 AMG untersagt juristischen Personen, nicht rechtsfähigen Vereinen und Gesellschaften des bürgerlichen Rechts und des Handelsrechts, apothekenpflichtige Arzneimittel an ihre Mitglieder abzugeben. Hiermit wird unterbunden, dass diese Rechtspersonen Arzneimittel im Direktbezug beziehen und sodann an ihre Mitglieder abgeben.
- Auf Verschreibung dürfen diese Arzneimittel iSd § 2 Abs. 1 oder Abs. 2 Nr. 1 AMG – unabhängig davon ob sie apothekenpflichtig sind oder nicht – nur von Apotheken abgegeben werden (§ 43 Abs. 3 AMG)[653].

24 Für Tierarzneimittel enthalten § 43 Abs. 5 u. 6 AMG folgende Sonderregelungen:
- Tierarzneimittel, die nicht für den Verkehr außerhalb der Apotheken freigegeben sind, dürfen an den Tierhalter oder an andere in § 47 Abs. 1 AMG nicht genannte Personen grundsätzlich nur in der Apotheke oder tierärztlichen Hausapotheke oder durch den Tierarzt ausgehändigt werden[654].
- Schließlich dürfen Arzneimittel im Rahmen der Übergabe einer tierärztlichen Praxis an den Nachfolger im Betrieb der tierärztlichen Hausapotheke abgegeben werden (Abs. 6).

2. Ausnahmen von der Apothekenpflicht

25 § 44 Abs. 1 AMG enthält einen **generellen Befreiungstatbestand,** wonach Arzneimittel, die von dem pharmazeutischen Unternehmer *ausschließlich* zu anderen Zwecken als zur Beseitigung oder Linderung von Krankheiten, Leiden, Körperschäden oder krankhaften Beschwerden zu dienen bestimmt sind, für den Verkehr außerhalb der Apotheken freigegeben sind. Freigestellt werden somit die sog. **Vorbeugemittel.** Diese müssen aber *ausschließlich* den Zweck der Vorbeugung vor Krankheiten, Leiden, etc. haben[655].

26 Ferner sind nach dem in § 44 Abs. 2 AMG aufgeführten abschließenden Katalog folgende Arzneimittel von der Apothekenpflicht freigestellt:
- natürliche Heilwässer und auch künstliche Heilwässer, sofern sie in ihrer Zusammensetzung natürlichen Heilwässern entsprechen[656],
- Heilerde, Bademoore und andere Peloide, Zubereitungen zur Herstellung von Bädern, Seifen zum äußeren Gebrauch,
- bestimmte Pflanzen und Pflanzenteile, Mischungen daraus, aus ihnen gewonnene Destillate oder Presssäfte,
- Pflaster, sowie
- ausschließlich oder überwiegend zum äußeren Gebrauch bestimmte Desinfektionsmittel und Mund- und Rachendesinfektionsmittel[657].

27 Allerdings gelten gem. § 44 Abs. 3 AMG diese Ausnahmetatbestände der Absätze 1 und 2 nicht für verschreibungspflichtige Arzneimittel sowie Arzneimittel, die durch entsprechende Rechtsverordnung nach § 46 AMG vom Verkehr außerhalb der Apotheken ausgeschlossen sind[658].

Maßnahmen bestimmt und nicht verschreibungspflichtig sind, in der jeweils erforderlichen Menge durch Veterinärbehörden an Tierhalter abgegeben werden. Mit der Abgabe ist dem Tierhalter eine schriftliche Anweisung über Art, Zeitpunkt und Dauer der Anwendung auszuhändigen.

[653] Für Fütterungsarzneimittel gilt die Sonderregelung des § 56 Abs. 1 AMG.
[654] Ausnahmen von diesem Grundsatz enthalten die nachfolgenden Sätze des § 43 Abs. 5 AMG.
[655] Bei Angabe *auch* einer Heilindikation oder der Werbung mit einer auch therapeutischen oder lindernden Wirkung gilt die Ausnahmeregelung des § 44 Abs. 1 AMG nicht, vgl. BVerwG PharmZ 1972, 804; *Kloesel/Cyran,* AMG, A 1.0, § 44 Anm. 2 mwN; *v. Czettritz* in Fuhrmann/Klein/Fleischfresser, Arzneimittelrecht, 2. Aufl. (2014), § 24 Rn. 16 ff.
[656] Das gleiche gilt für deren Salze, auch als Tabletten oder Pastillen.
[657] Vgl. weitergehend hierzu *Rehmann,* AMG, § 44 Rn. 2–8.
[658] Vgl. weitergehend hierzu *Rehmann,* AMG, § 46 Rn. 1–3.

3. Verschreibungspflichtige Arzneimittel

§ 48 AMG bestimmt, welche – im Regelfall apothekenpflichtigen – Arzneimittel nur auf Basis einer ärztlichen Verschreibung an Verbraucher abgegeben werden dürfen. Grund für die Unterstellung bestimmter Arzneimittel unter eine Verschreibungspflicht ist die Arzneimittelsicherheit, da auch der Apotheker bestimmte Arzneimittel, die ein Gefährdungspotential in sich bergen, nicht an den Endverbraucher abgeben soll, ohne dass die medizinische Indikation zuvor von dem behandelnden Arzt mit der Verschreibung schriftlich niedergelegt wurde. Da der Apotheker von der Verschreibung von sich aus auch nicht abweichen darf, ist sichergestellt, dass nur das verordnete Arzneimittel in der verordneten Form an den Verbraucher abgegeben wird[659].

28

Nach § 48 Abs. 1 S. 1 AMG sind verschreibungspflichtig:

29

- alle Arzneimittel, die in der gem. Abs. 2 erlassenen **Arzneimittelverschreibungsverordnung (AMVV)** [660] als solche bestimmt sind (Nr. 1[661]),
- von dieser Rechtsverordnung nicht erfasste Arzneimittel, sofern sie zur **Anwendung bei Tieren** bestimmt sind, welche der Gewinnung von Lebensmitteln dienen (Nr. 2), sowie
- alle Arzneimittel iSd § 2 Abs. 1 oder Abs. 2 Nr. 1 AMG, die Stoffe mit in der medizinischen Wissenschaft nicht allgemein bekannten Wirkungen oder Zubereitungen solcher Stoffe enthalten (Nr. 3[662]). Diese sog. **automatische Verschreibungspflicht für neue Stoffe** gilt nach S. 3 auch für Arzneimittel, die Zubereitungen aus in ihren Wirkungen allgemein bekannten Stoffen sind, wenn die Wirkungen dieser Zubereitungen in der medizinischen Wissenschaft nicht allgemein bekannt sind, es sei denn, dass die Wirkungen nach Zusammensetzung, Dosierung, Darreichungsform oder Anwendungsgebiet der Zubereitung bestimmbar sind. Die automatische Verschreibungspflicht gilt jedoch nicht für freiverkäufliche Arzneimittel, die Zubereitungen aus Stoffen bekannter Wirkungen sind (S. 4). Wird das Arzneimittel oder die Zubereitung sodann zu einem späteren Zeitpunkt in die AMVV aufgenommen, so ersetzt dies mit dem Zeitpunkt der Aufnahme die Verschreibungspflicht nach S. 1 Nr. 3 (S. 5).

Die **Aufhebung einer Verschreibungspflicht auf Basis der AMVV** erfolgt wie ihre Anordnung gem. § 48 Abs. 2 Nr. 3 AMG durch entsprechende Rechtsverordnung, nämlich wenn auf Grund der bei der Anwendung des Arzneimittels gemachten Erfahrungen die Voraussetzungen für die Verschreibungspflicht nicht oder nicht mehr vorliegen. Allerdings kann dies frühestens nach Ablauf eines Beobachtungszeitraums von drei Jahren nach deren Aufnahme in die AMVV erfolgen[663].

30

---

[659] Vgl. *Heßhaus* in Spickhoff, Medizinrecht, 10. AMG, § 48 Rn. 1; *Deutsch/Lippert*, AMG (3. Aufl.), § 48 Rn. 4.

[660] Verordnung über die Verschreibungspflicht von Arzneimitteln (Arzneimittelverschreibungsverordnung – AMVV) v. 21.12.2005 (BGBl. I S. 3632), zuletzt geändert durch Art. 1 der Verordnung v. 22.5.2012 (BGBl. I S. 1205).

[661] Inhalt und Umfang der Verordnungsermächtigung sind in den Absätzen 2–4 geregelt. Bei radioaktiven Arzneimitteln sowie Arzneimitteln, bei deren Herstellung ionisierend Stahlen verwendet werden, hat die Rechtsverordnung im Einvernehmen mit dem Bundesumweltministerium zu ergehen (Abs. 5).

[662] Nachdem die früher in § 49 aF enthaltene automatische Verschreibungspflicht für alle Arzneimittel mit neuen Stoffen oder neue Zubereitungen bekannter Stoffe, deren Wirkung noch nicht hinreichend bekannt ist, mit der 14. AMG-Novelle zunächst abgeschafft wurde, wurde mit der 15. AMG-Novelle eine automatische Verschreibungspflicht für alle „neuen Stoffe" mit der Regelung von S. 1 Nr. 3 wieder eingefügt, um zur Vermeidung einer Regelungslücke diese bereits mit Zulassung oder Genehmigung für das Inverkehrbringen wieder der Verschreibungspflicht zu unterstellen.

[663] Vgl. hierzu *v. Czettritz* in Fuhrmann/Klein/Fleischfresser, Arzneimittelrecht, 2. Aufl. (2014), § 25 Rn. 17.

III. Abgabe von Arzneimitteln

1. Vertriebswege und Abgabeformen

31 **a) Generelle Vertriebswege.** Die generellen Vertriebswege für Arzneimittel sind in § 47 AMG geregelt und stehen in Ergänzung zu § 43 AMG: § 43 AMG bestimmt die apothekenpflichtigen Arzneimittel[664], und § 47 AMG bestimmt, an wen pharmazeutische Unternehmer und Großhändler diese liefern dürfen, nämlich grundsätzlich nur an Apotheken, bestimmt aber gleichzeitig auch die Ausnahmen von diesem Grundsatz und die Fälle einer zulässigen **Direktbelieferung**[665].

32 Nach § 47 Abs. 1 AMG dürfen pharmazeutische Unternehmer und Großhändler apothekenpflichtige Arzneimittel neben Apotheken nur abgeben an:

- andere pharmazeutische Unternehmer und Großhändler (Nr. 1),
- Krankenhäuser und Ärzte, sofern es sich um die in den in Nr. 2 lit. a)–i) aufgeführten Arzneimittel handelt (zB bestimmte Blutzubereitungen und Infusionslösungen, Gewebezubereitungen, radioaktive Arzneimittel sowie für die Verwendung zur klinischen Prüfung bestimmte und entsprechend gekennzeichnete Arzneimittel),
- Krankenhäuser, Gesundheitsämter und Ärzte, soweit es sich um Impfstoffe handelt, die zu einer empfohlenen Schutzimpfung oder Abwendung einer Seuchen- oder Lebensgefahr angewendet werden (Nr. 3),
- anerkannte Impfzentren, soweit es sich um Gelbfieberimpfstoff handelt (Nr. 3a),
- Krankenhäuser und Gesundheitsämter, soweit es sich um Arzneimittel mit antibakterieller oder antiviraler Wirkung handelt, die zur spezifischen Prophylaxe gegen übertragbare Krankheiten bestimmt sind (Nr. 3b),
- Gesundheitsbehörden des Bundes oder der Länder oder von diesen im Einzelfall benannte Stellen zur Bevorratung mit bestimmten Arzneimitteln für den Fall einer bedrohlichen übertragbaren Krankheit (Nr. 3c),
- Veterinärbehörden, soweit es sich um Arzneimittel handelt, die zur Durchführung öffentlich-rechtlicher Maßnahmen bestimmt sind (Nr. 4),
- anerkannte zentrale Beschaffungsstellen für Arzneimittel (Nr. 5[666]),
- Tierärzte im Rahmen des Betriebes einer tierärztlichen Hausapotheke, wenn es sich um Fertigarzneimittel zur Anwendung an den von ihnen behandelten Tieren und zur Abgabe an deren Halter handelt (Nr. 6),
- Zahnärzte und Dentisten, wenn es sich um Fertigarzneimittel handelt, die ausschließlich in der Zahnheilkunde verwendet und bei der Behandlung am Patienten angewendet werden (Nr. 7),
- Einrichtungen von Forschung und Wissenschaft, die auf Basis einer Erlaubnis nach § 3 des Betäubungsmittelgesetzes entsprechende Arzneimittels erwerben dürfen (Nr. 8), sowie
- Hochschulen, soweit es sich um Arzneimittel handelt, die für die Ausbildung der Studierenden der Pharmazie und der Veterinärmedizin benötigt werden (Nr. 9).

---

[664] Lediglich in den Fällen des § 44 AMG sowie der gem. § 45 Abs. 1 AMG erlassenen Rechtsverordnungen dürfen Arzneimittel auch an andere Abgabestellen vertrieben werden.

[665] Vgl. auch *Heßhaus* in Spickhoff, Medizinrecht, 10. AMG, § 47 Rn. 1; *Rehmann*, AMG, § 47 Rn. 1.

[666] Die zentralen Beschaffungsstellen dürfen nach Abs. 2 S. 2 nur anerkannt werden, wenn nachgewiesen wird, dass sie unter fachlicher Leitung eines Apothekers oder, soweit es sich um zur Anwendung bei Tieren bestimmte Arzneimittel handelt, eines Tierarztes stehen und geeignete Räume und Einrichtungen zur Prüfung, Kontrolle und Lagerung der Arzneimittel vorhanden sind.

Die in § 47 Abs. 1 Nr. 5 bis 9 AMG bezeichneten Empfänger dürfen die Arzneimittel 33
allerdings nur für den eigenen Bedarf im Rahmen der Erfüllung ihrer Aufgaben beziehen
(§ 47 Abs. 2 S. 1 AMG)[667].

Für die **Abgabe von Arzneimittelmustern** bestehen besondere Regelungen in § 47 34
Abs. 3 u. 4 AMG:
- **Muster** sind Fertigarzneimittel (also nicht Bulkware), die insbesondere der Information des Arztes über den Gegenstand des Arzneimittels dienen, und nicht etwa der unentgeltlichen Praxisausstattung des Arztes[668].
- Diese müssen gem. § 10 Abs. 1 Nr. 11 AMG den Hinweis „*Unverkäufliches Muster*" enthalten[669].
- Nach § 47 Abs. 3 AMG dürfen pharmazeutische Unternehmer unentgeltlich Muster eines Fertigarzneimittels[670] nur abgeben oder abgeben lassen an
  – Ärzte, Zahnärzte oder Tierärzte (Nr. 1),
  – andere Personen, die die Heilkunde oder Zahnheilkunde berufsmäßig ausüben, soweit es sich nicht um verschreibungspflichtige Arzneimittel handelt (Nr. 2), sowie
  – Ausbildungsstätten für die Heilberufe (Nr. 3), dies allerdings nur mengenmäßig begrenzt in einem dem Zweck der Ausbildung angemessenen Umfang,
  dies allerdings nur auf jeweilige schriftliche Anforderung, in der kleinsten Packungsgröße und in einem Jahr von einem Fertigarzneimittel nicht mehr als zwei[671].

Ferner ist mit den Mustern eine gem. § 11a AMG vorgeschriebene Fachinformation zu 35
übersenden. Über die Empfänger von Mustern sowie über Art, Umfang und Zeitpunkt
der Abgabe von Mustern sind gesondert für jeden Empfänger Nachweise zu führen und
diese auf Verlangen der zuständigen Behörde vorzulegen (§ 47 Abs. 4 S. 2 u. 4 AMG).

b) Sondervertriebswege. Die §§ 47a und 47b AMG sehen Sondervertriebswege für 36
bestimmte Produkte vor:
- Für Arzneimittel, die zur Vornahme eines **Schwangerschaftsabbruchs** bestimmt und zugelassen sind, bestimmt § 47a AMG, dass diese nur von pharmazeutischen Unternehmen, nur an bestimmte Einrichtungen und nur auf Verschreibung eines dort behandelnden Arztes abgegeben werden dürfen. Ergänzend hierzu bestehen besondere Kennzeichnungsvorschriften sowie Aufbewahrungs- und Dokumentationspflichten der beteiligten Personen, um die Einhaltung des Vertriebswegs sicherzustellen und eine entsprechende Kontrolle zu ermöglichen;
- **Diamorphinhaltige Fertigarzneimittel,** die zur substitutionsgestützten Behandlung zugelassen sind, dürfen gem. § 47b AMG allein von pharmazeutischen Unternehmen und dies auch nur an anerkannte Einrichtungen iSd § 13 Abs. 3 S. 2 Nr. 2a des Betäubungsmittelgesetzes sowie auf Verschreibung eines dort behandelnden Arztes abgegeben werden.

---

[667] Nach § 47 Abs. 1a AMG darf eine Abgabe von Tierarzneimitteln, die zur Anwendung bei Tieren bestimmt sind, an die in Abs. 1 Nr. 1 oder 6 bezeichneten Empfänger erst erfolgen, wenn diesen eine Bescheinigung der zuständigen Behörde vorliegt, dass sie ihrer Anzeigepflicht nach § 67 AMG nachgekommen sind.

[668] S. auch *Kloesel/Cyran*, AMG, A 1.0, § 47 Anm. 51.

[669] Von Mustern abzugrenzen sind Arzneimittelproben: dies sind Fertigarzneimittel, die durch Apotheken oder Einzelhändler (§ 50 AMG) zum Zwecke der Werbung unentgeltlich an den Endverbraucher abgegeben werden. Ausführlich hierzu *Kloesel/Cyran*, AMG, A 1.0, § 47 Anm. 53; s. auch *Rehmann*, AMG, § 47 Rn. 16.

[670] Muster dürfen keine Stoffe oder Zubereitungen (1.) iSd § 2 des Betäubungsmittelgesetzes (BtMG), die als solche in Anlage II oder III des BtMG aufgeführt sind, oder (2.) die nach § 48 Abs. 2 S. 3 AMG nur auf Sonderrezept verschrieben werden dürfen, enthalten (§ 47 Abs. 2 S. 2 AMG).

[671] Zu dem empfangsberechtigten Personenkreis sowie den weiteren Beschränkungen der Musterabgabe vgl. die Kommentierungen von *Kloesel/Cyran*, AMG, A 1.0, § 47 Anm. 54 ff.; *Rehmann*, AMG, § 47 Rn. 16 f.

37 **c) Sonstige Abgabeformen.** Der **Einzelhandel** mit freiverkäuflichen Arzneimitteln darf nach § 50 Abs. 1 AMG außerhalb von Apotheken nur betrieben werden, wenn der Unternehmer, der gesetzliche Vertreter (Vorstand, Geschäftsführer, etc.) oder die mit der Leitung des Unternehmens oder mit dem Verkauf von Waren im Unternehmen beauftragte Person die nach Maßgabe der Absätze 2 und 3 erforderliche Sachkenntnis besitzt.

38 Nach § 51 AMG ist Feilbieten sowie das Aufsuchen von Bestellungen von Arzneimitteln im **Reisegewerbe** verboten, es sei denn, einer der dort aufgeführten Ausnahmebestände greift ein. Reisegewerbe meint dabei eine gewerbsmäßige Tätigkeit ohne vorhergehende Bestellung außerhalb der gewerblichen Niederlassung.

39 § 52 AMG normiert schließlich ein **Selbstbedienungsverbot**, wonach Arzneimittel nicht durch Automaten und auch nicht durch andere Formen der Selbstbedienung in den Verkehr gebracht werden dürfen. Die Absätze 2 und 3 enthalten Ausnahmetatbestände hierzu[672].

2. Großhandel mit Arzneimitteln

40 Nach § 52a Abs. 1 S. 1 AMG besteht eine **Erlaubnispflicht** für den Großhandel mit Humanarzneimitteln nach § 2 Abs. 1 und Abs. 2 Nr. 1 AMG sowie Testsera oder Testantigene. **Großhandel** ist legaldefiniert in § 4 Abs. 22 AMG als *„jede berufs- oder gewerbsmäßige zum Zwecke des Handeltreibens ausgeübte Tätigkeit, die in der Beschaffung, der Lagerung, der Abgabe oder Ausfuhr von Arzneimitteln besteht, mit Ausnahme der Abgabe von Arzneimitteln an andere Verbraucher als Ärzte, Zahnärzte, Tierärzte oder Krankenhäuser"*. Erlaubnispflichtig sind damit alle Handlungen, die der Vorbereitung oder Durchführung des Handeltreibens mit Arzneimitteln dienen[673].

41 **Keine Erlaubnispflicht** besteht für den Großhandel für die in § 51 Abs. 1 Nr. 2 AMG genannten freiverkäuflichen Fertigarzneimittel (Abs. 1 S. 2) sowie für die Tätigkeit der Apotheken im Rahmen des üblichen Apothekenbetriebs (Abs. 7). Ferner umfasst eine **Herstellerlaubnis** nach § 13 AMG sowie eine Importerlaubnis nach § 72 AMG auch die Erlaubnis zum Großhandel mit diesen Arzneimitteln (Abs. 6), so dass die Inhaber einer Herstell- und Importerlaubnis für die darin aufgeführten Arzneimittel keine separate Großhandelserlaubnis bedürfen.

42 Dem **Antrag** auf Erteilung der Großhandelserlaubnis sind die in § 52 Abs. 2 AMG aufgeführten Nachweise und Erklärungen beizufügen, insbesondere ist ein **Großhandelsbeauftragter** zu benennen als verantwortliche Person, der die zur Ausübung der Großhandelstätigkeit erforderliche Sachkenntnis besitzt (Nr. 3). Die Entscheidung über die Erlaubniserteilung trifft die zuständige Behörde des Landes, in dem die Betriebsstätte liegt oder liegen soll, und ist innerhalb einer Frist von drei Monaten ab Eingang des Antrags zu treffen (Abs. 3 S. 1 u. 2). Eine Versagung der Erlaubnis ist dabei nur aus den in Abs. 4 aufgeführten Gründen zulässig.

43 Schließlich normiert Abs. 8 **Anzeigepflichten** bei Änderungen der eingereichten Antragsunterlagen, die Gegenstand der behördlichen Prüfung bei der Entscheidung über den Antrag waren, sowie bei einer wesentlichen Änderung der Großhandelstätigkeit.

3. Bereitstellung von Arzneimitteln

44 Mit der 15. AMG-Novelle wurden pharmazeutische Unternehmer und Betreiber von Arzneimittelgroßhandlungen, die im Geltungsbereich des AMG ein in Verkehr gebrachtes und zugelassenes Humanarzneimittel vertreiben, dazu verpflichtet, *„eine angemessene und kontinuierliche Bereitstellung des Arzneimittels"* sicherzustellen, um den entsprechenden Patientenbedarf zu decken (§ 52b Abs. 1 AMG).

---

[672] Vgl. hierzu *Kloesel/Cyran*, AMG, A 1.0, § 52 Anm. 3 ff.; *Rehmann*, AMG, § 52 Rn. 2.
[673] Vgl. hierzu ausführlich *Kloesel/Cyran*, AMG, A 1.0, § 52a Anm. 2 f.

Gem. § 52b Abs. 2 AMG haben pharmazeutische Unternehmer im Rahmen ihrer Ver- 45
antwortlichkeit eine **bedarfsgerechte und kontinuierliche Belieferung vollversorgender
Arzneimittelgroßhandlungen**[674] zu gewährleisten. Dies gilt allerdings nicht für Arzneimittel, die dem Vertriebsweg des § 47 Abs. 1 S. 1 Nr. 2 bis 9 oder des § 47a AMG unterliegen oder die aus anderen rechtlichen oder tatsächlichen Gründen nicht über den Großhandel ausgeliefert werden können.

Die vollversorgenden Arzneimittelgroßhandlungen wiederum müssen im Rahmen ih- 46
rer Verantwortlichkeit eine bedarfsgerechte und kontinuierliche Belieferung der mit ihnen in Geschäftsbeziehung stehenden Apotheken gewährleisten. Dies gilt entsprechend für andere Arzneimittelgroßhandlungen im Umfang der von ihnen jeweils vorgehaltenen Arzneimittel (Abs. 3).

4. Informationsbeauftragter

Wer als pharmazeutischer Unternehmer Fertigarzneimittel in den Verkehr bringt, die 47
Arzneimittel iSd § 2 Abs. 1 oder Abs. 2 Nr. 1 sind, hat gem. § 74 Abs. 1 S. 1 AMG *„eine
Person mit der erforderlichen Sachkenntnis und der zur Ausübung ihrer Tätigkeit erforderlichen Zuverlässigkeit zu beauftragen, die Aufgabe der wissenschaftlichen Information
über die Arzneimittel verantwortlich wahrzunehmen"*. Der Verantwortlichkeitsbereich
dieses sog. **Informationsbeauftragten** umfasst gem. § 74a Abs. 1 S. 2 AMG insbesondere die Sicherstellung, dass

- das Verbot des § 8 Abs. 1 Nr. 2 AMG betreffend die Herstellung und das Inverkehrbringen von Arzneimitteln oder Wirkstoffen, die mit einer irreführenden Bezeichnung, Angabe oder Aufmachung versehen sind, beachtet wird, und
- die Kennzeichnung, die Packungsbeilage, die Fachinformation und die Werbung mit dem Inhalt der Zulassung oder der Registrierung übereinstimmen.

Die Verpflichtung zur Bestellung eines Informationsbeauftragten gilt nicht für Per- 48
sonen, die nach § 13 Abs. 2 S. 1 Nr. 1, 2, 3 oder 5 AMG keiner Herstellungserlaubnis
bedürfen[675]. 47

Der pharmazeutische Unternehmer hat den Informationsbeauftragten sowie jeden 49
Wechsel der zuständigen Behörde vorher mitzuteilen. Bei einem unvorhergesehenen
Wechsel des Informationsbeauftragten hat die Mitteilung unverzüglich zu erfolgen[676].
Der Informationsbeauftragte kann gem. § 74a Abs. 2 S. 2 AMG auch gleichzeitig Stufenplanbeauftragter nach § 63a AMG sein.

5. Pharmaberater

Nach § 75 Abs. 1 S. 1 AMG dürfen pharmazeutische Unternehmer nur *„Personen, die* 50
die in Abs. 2 bezeichnete Sachkenntnis besitzen", dazu beauftragen, hauptberuflich Angehörige von Heilberufen aufzusuchen, um diese über Arzneimittel iSd § 2 Abs. 1 oder
Abs. 2 Nr. 1 fachlich zu informieren (sog. **Pharmaberater**[677]).

---

[674] Vollversorgende Arzneimittelgroßhandlungen sind nach Abs. 2 S. 2 alle *„Großhandlungen, die
ein vollständiges, herstellerneutral gestaltetes Sortiment an apothekenpflichtigen Arzneimitteln unterhalten, das nach Breite und Tiefe so beschaffen ist, dass damit der Bedarf von Patienten von den mit
der Großhandlung in Geschäftsbeziehung stehenden Apotheken werktäglich innerhalb angemessener
Zeit gedeckt werden kann"*, wobei die vorzuhaltenden Arzneimittel mindestens dem durchschnittlichen Bedarf für zwei Wochen entsprechen müssen.
[675] § 74a Abs. 1 S. 3 AMG. Dies gilt auch für eine fernmündliche Information (S. 2).
[676] § 74a Abs. 3 AMG. Vgl. hierzu *Kloesel/Cyran*, AMG, A 1.0, § 74a Anm. 9.
[677] Andere Personen als die in § 75 Abs. 1 S. 1 AMG bezeichneten dürfen eine Tätigkeit als
Pharmaberater nicht ausüben (Abs. 1 S. 3).

51 Diese geforderte **Sachkenntnis** besitzen gem. § 75 Abs. 2 Nrn. 1–3 AMG nur
- Apotheker oder Personen mit einem Zeugnis über eine nach abgeschlossenem Hochschulstudium der Pharmazie, Chemie, Biologie, Human- oder Veterinärmedizin abgelegte Prüfung,
- Apothekerassistenten sowie Personen mit einer abgeschlossenen Ausbildung als technische Assistenten in Pharmazie, Chemie, Biologie, Human- oder Veterinärmedizin, sowie
- Pharmareferenten[678].

52 Bei einer fachlichen Information von Angehörigen der Heilberufe über einzelne Arzneimittel hat der Pharmaberater die Fachinformation nach § 11a vorzulegen. Erhält er dabei Mitteilungen über Nebenwirkungen und Gegenanzeigen oder sonstige Risiken bei Arzneimitteln, so hat er diese schriftlich aufzuzeichnen und dem Auftraggeber schriftlich mitzuteilen (§ 76 Abs. 1 AMG).

53 Soweit der Pharmaberater vom pharmazeutischen Unternehmer auch beauftragt wurde, Arzneimittelmuster nach § 47 AMG abzugeben, hat er über die Empfänger von Mustern sowie über Art, Umfang und Zeitpunkt der Abgabe von Mustern Nachweise zu führen und auf Verlangen der zuständigen Behörde vorzulegen – dies dient der Sicherstellung der Anforderung des § 47 Abs. 4 S. 4 AMG (§ 76 Abs. 2 AMG).

IV. Haftung für Arzneimittelschäden

54 Die Vorschriften des 16. Abschnitts des AMG (§§ 84 ff.) enthalten Sonderregelungen für die Haftung von durch Arzneimittel verursachte Schäden, insbesondere eine verschuldensunabhängige Gefährdungshaftung des pharmazeutischen Unternehmers sowie einen Auskunftsanspruch des Geschädigten gegen diesen. Diese Regelungen gehen den Bestimmungen des Produkthaftungsgesetzes vor[679], die allgemeinen Haftungstatbestände des Deliktrechts (§§ 823 ff. BGB) bleiben hingegen konkurrierend anwendbar (§ 91 AMG). Eine Ersatzpflicht nach den §§ 84 ff. AMG ist nicht abdingbar, sie kann im Voraus weder ausgeschlossen noch beschränkt werden (§ 92 AMG).

1. Gefährdungshaftung

55 Sofern infolge der Anwendung bestimmter Arzneimittel ein Personenschaden entsteht, sieht § 84 AMG für bestimmte Fälle eine verschuldensunabhängige Haftung des pharmazeutischen Unternehmers vor. Der Umfang dieser Haftung wird in den §§ 85, 86, 87, 88, 89 AMG genau geregelt.

56 a) **Personenschaden.** Für eine Haftung nach § 84 AMG muss zunächst ein **Personenschaden** vorliegen, dh es muss ein Mensch getötet oder der Körper oder die Gesundheit eines Menschen nicht unerheblich verletzt worden sein. Nach überwiegender Meinung erfasst dies nicht nur unmittelbar Geschädigte, sondern auch sog. Sekundärgeschädigte, dh die durch ein Verhalten des unmittelbar Geschädigten verletzt wurden[680].

57 b) **Haftungsobjekt.** Die Gefährdungshaftung des § 84 AMG greift nicht für alle Arzneimittel ein, sondern ist gem. dem Wortlaut des Abs. 1 S. 1 in mehrfacher Hinsicht beschränkt:

---

[678] Die zuständige Behörde kann dabei eine andere abgelegte Prüfung oder abgeschlossene Ausbildung als ausreichend anerkennen, sofern diese einer der in Abs. 2 aufgeführten Ausbildungen mindestens gleichwertig ist (§ 75 Abs. 3 AMG).

[679] Die Anwendbarkeit der Vorschriften des Produkthaftungsgesetzes ist für Arzneimittel ausgeschlossen, § 15 Abs. 1 ProdHaftG.

[680] Vgl. hierzu *Kloesel/Cyran*, AMG, A 1.0, Anm. 16; *Rehmann*, AMG, § 84 Rn. 4; *Heßhaus* in Spickhoff, Medizinrecht, 10. AMG, § 84 Rn. 4 f.

- Zunächst gilt diese nur für Schäden durch **Humanarzneimittel**, und damit nicht für Tierarzneimittel – insoweit gelten die Bestimmungen des BGB sowie des Produkthaftungsgesetzes.
- Ferner muss das Humanarzneimittel entweder **zulassungspflichtig** sein oder **von der Zulassungspflicht durch Rechtsverordnung befreit** worden sein. Letzteres ist für homöopathische Arzneimittel nicht der Fall, da diese weder zulassungspflichtig noch durch Rechtsverordnung von der Pflicht zur Zulassung befreit sind, sondern *per Gesetz* lediglich registrierungspflichtig nach § 38 AMG[681].
- Schließlich müssen die Arzneimittel vom pharmazeutischen Unternehmer „*im Geltungsbereich dieses Gesetzes*" an den Verbraucher abgegeben worden sein. Damit gilt § 84 AMG nicht für Arzneimittel, die von einem Importeur nach § 73 Abs. 2 Nr. 6, 6a AMG eingeführt oder nach § 73 Abs. 3 AMG über eine inländische Apotheke bestellt und im Inland abgegeben werden[682]. Bei zentral zugelassenen Arzneimitteln ist demnach auch erforderlich, dass sie für den entsprechenden Verkehr in Deutschland entsprechend gekennzeichnet sind – dazu gehört nicht nur die Kennzeichnung in deutscher Sprache, sondern auch, dass die Umverpackung die für den Vertrieb in Deutschland erforderlichen Angaben in der sog. blue box enthält[683].

c) **Haftungsgrund.** Ferner greift die Gefährdungshaftung nur ein, wenn einer der in § 84 Abs. 1 S. 2 AMG nachfolgend aufgeführten Haftungsgründe vorliegt: 58

(1) Zum einen besteht diese, wenn das Arzneimittel bei bestimmungsgemäßem Gebrauch schädliche Wirkungen hat, die über ein nach den Erkenntnissen der medizinischen Wissenschaft vertretbares Maß hinausgehen (Nr. 1). Wie sich aus der Gesamtschau mit Abs. 3 ergibt[684], geht es um Arzneimittel, die **fehlerhaft entwickelt oder hergestellt** wurden, und dies der Grund für die schädlichen Wirkungen ist. Für die Frage, ob die Wirkungen über ein nach den Erkenntnissen der Wissenschaft vertretbares Maß hinausgehen, ist eine **Nutzen-/Risikoabwägung** entscheidend. Insoweit ist zu Recht nicht auf den Zeitpunkt der Entwicklung, der Zulassung oder der Geltendmachung des Anspruches abzustellen, sondern retrospektiv zu fragen, ob die schädlichen Wirkungen in der medizinischen Situation hätten in Kauf genommen werden dürfen, wenn diese zur Zeit des Inverkehrbringens bekannt gewesen wären[685]. Eine Haftung für Unwirksamkeit fällt nicht unter den Gefährdungshaftungstatbestand des § 84 Abs. 2 Nr. 1 AMG.[686] 59

(2) Zum anderen besteht eine Gefährdungshaftung, wenn der Personenschaden infolge einer nicht den Erkenntnissen der medizinischen Wissenschaft entsprechenden **Kennzeichnung, Fachinformation oder Gebrauchsinformation** eingetreten ist (Nr. 2). Hierbei geht es um die Haftung für **Instruktionsfehler** durch falsche oder unzurei-

---

[681] Da auch Arzneimittel zur klinischen Prüfung nicht der Zulassungspflicht unterliegen, werden diese nicht von der Gefährdungshaftung des § 84 AMG erfasst. S. hierzu auch *Kloesel/Cyran*, AMG, A 1.0, § 84 Anm. 10 f.; *Rehmann*, AMG, § 84 Rn. 3.
[682] S. auch *Heßhaus* in Spickhoff, Medizinrecht, 10. AMG, § 84 Rn. 7 ff.; *Kloesel/Cyran*, AMG, A 1.0, Anm. 9 u. 15; § 84 Anm. *Rehmann*, AMG, § 84 Rn. 3.
[683] A. A. *Rehmann*, AMG, § 84 Rn. 3.
[684] Hiernach ist die Ersatzpflicht des pharmazeutischen Unternehmers nach Abs. 1 S. 2 Nr. 1 ausgeschlossen, „*wenn nach den Umständen davon auszugehen ist, dass die schädlichen Wirkungen des Arzneimittels ihre Ursache nicht im Bereich der Entwicklung und Herstellung haben*".
[685] So auch *Heßhaus* in Spickhoff, Medizinrecht, 10. AMG, § 84 Rn. 18 m. w. Nachw. A. A. ua *Kloesel/Cyran*, AMG, A 1.0, § 84 Anm. 26, sowie *Rehmann*, AMG, § 84 Rn. 5, die auf den Zeitpunkt der letzten mündlichen Verhandlung abstellen.
[686] Vgl. *Kloesel/Cyran*, AMG, A 1.0, Anm. 19; *Heßhaus* in Spickhoff, Medizinrecht, 10. AMG, § 84 Rn. 19; *Deutsch* VersR 1979, 685; *Rehmann*, AMG, § 84 Rn. 5; *Kullmann*, Produzentenhaftung Band I, 33.

chende Angaben in diesen Unterlagen, nicht aber um Angaben in anderen Unterlagen. Damit besteht eine Haftung für Gesundheitsschäden, wenn der pharmazeutische Unternehmer gebotene Hinweise auf Nebenwirkungen, Wechselwirkungen, oder mögliche Folgen einer missbräuchlichen Anwendung unterlässt[687]. Die Hinweise haben nach dem jeweils aktuellen Stand medizinischer Erkenntnisse so zu erfolgen, dass bei ihrer Beachtung keine unvertretbare Beeinträchtigung des Gesundheitszustands von Patienten zum jeweiligen Zeitpunkt des Inverkehrbringens erfolgen kann[688].

60   d) **Haftender.** Verantwortlich für den Ersatz des entstandenen Schadens ist nach § 84 Abs. 1 S. 1 AMG der **pharmazeutische Unternehmer**, mithin bei zulassungs- oder registrierungspflichtigen Arzneimitteln der Zulassungs- oder Registrierungsinhaber, daneben aber auch, wer Arzneimittel unter seinem Namen in den Verkehr bringt[689]. Ob der pharmazeutische Unternehmer das Arzneimittel selbst entwickelt oder hergestellt hat, ist insoweit ohne Relevanz[690], die Kennzeichnung mit seinem Namen ist ausreichend[691]. Bei mehreren pharmazeutischen Unternehmern – wie dies bei zentral zugelassenen Arzneimitteln häufig der Fall ist, da auf der Packung sowohl der Zulassungsinhaber als auch meist mehrere personenverschiedene örtliche Verantwortliche angegeben sind –, haften diese im Außenverhältnis als Gesamtschuldner nach § 93 AMG[692].

61   e) **Kausalitätsvermutung.** Sofern das angewendete Arzneimittel nach den Umständen des Einzelfalls geeignet ist, den Schaden zu verursachen, wird nach § 84 Abs. 2 S. 1 AMG vermutet, dass der Schaden durch dieses Arzneimittel verursacht wurde. Ausreichend ist der Nachweis der Möglichkeit einer Schadensverursachung durch das konkrete Arzneimittel, ein Vollbeweis durch den Geschädigten ist also nicht erforderlich[693]. Diese Eignung beurteilt sich auf Grundlage der konkreten Umstände im Einzelfall, insbesondere nach Zusammensetzung und Dosierung des angewendeten Arzneimittels, nach Art und Dauer seiner bestimmungsgemäßen Anwendung, nach dem zeitlichen Zusammenhang mit dem Schadenseintritt, nach dem Schadensbild und dem gesundheitlichen Zustand des Geschädigten im Zeitpunkt der Anwendung sowie allen sonstigen Gegebenheiten, die im Einzelfall für oder gegen die Schadensverursachung sprechen (§ 84 Abs. 2 S. 2 AMG).

62   Diese Kausalitätsvermutung gilt allerdings nicht, wenn der pharmazeutische Unternehmer darlegt und beweist, dass auch ein anderer Umstand nach den Gegebenheiten des Einzelfalls geeignet ist, den Schaden zu verursachen (§ 84 Abs. 2 S. 3 AMG). Erforderlich ist hierfür ein Vollbeweis des pharmazeutischen Unternehmers, dass im konkreten Fall auch ein anderer Umstand geeignet ist, den Schaden herbeizuführen, oder diesem sogar der Nachweis gelingt, dass der Schaden nicht auf das Arzneimittel zurückzuführen ist[694].

---

[687] Vgl. BGH NJW 1989, 1542.
[688] HM, vgl. *Deutsch*, Medizinrecht, Rn. 902; *Kloesel/Cyran*, AMG, A 1.0, § 84 Anm. 27 f.; *Sander*, § 40 Anm. 17; *Rehmann*, § 84 AMG Rn. 6.
[689] Vgl. § 4 Abs. 18 AMG sowie o. → § 2 Rn. 47.
[690] Vgl. hierzu ausführlich *Jänisch* PharmR 2004, 107 f.
[691] Dies können auch Apotheker oder Importeure sein. *Im Außenverhältnis* können auch Entwickler und Hersteller des Arzneimittels nach den allgemeinen Haftungstatbeständen des Deliktsrechts (§§ 823 ff. BGB) haften, jedoch können im Innenverhältnis Freistellungsansprüche bestehen. Häufig stellt der pharmazeutische Unternehmer vertraglich einen von ihm beauftragten Lohnhersteller in weitem Umfang von der Haftung frei.
[692] S. insgesamt hierzu *Heßhaus* in Spickhoff, Medizinrecht, 10. AMG, § 84 Rn. 15; *Kloesel/Cyran*, AMG, A 1.0, § 84 Anm. 4; *Rehmann*, AMG, § 84 Rn. 2.
[693] Eine bloße Vermutung auf Grundlage einer ungesicherten Hypothese ist nicht ausreichend; OLG Frankfurt NJW-RR 2003, 1177. Vgl. auch *Rehmann*, AMG, § 84 Rn. 8; *Kloesel/Cyran*, AMG, A 1.0, § 84 Anm. 32; *Heßhaus* in Spickhoff, Medizinrecht, 10. AMG, § 84 Rn. 26 f.
[694] S. *Wagner* NJW 2002, 2049; *Rehmann*, AMG, § 84 Rn. 9; *Kloesel/Cyran*, AMG, A 1.0, § 84 Anm. 40.

Dies bedeutet für die beiden Fallgruppen des § 84 Abs. 1 S. 2 AMG: 63
- Der pharmazeutische Unternehmer müsste den Entlastungsbeweis führen, dass nach den Umständen nicht von einem Entwicklungs- oder Herstellungsfehler auszugehen ist, wobei eine überwiegende Wahrscheinlichkeit ausreicht[695]. Bei Vorliegen eines **Entwicklungsfehlers** hätte das Arzneimittel nicht zugelassen werden dürfen, damit haftet dieser Mangel dem Produkt prinzipiell an. Ein **Herstellungsfehler** beruht entweder auf einem fehlerhaften Herstellungsprozess oder auf der Verwendung mangelhafter Rohstoffe, und bezieht sich damit nur auf bestimmte Chargen eines Arzneimittels.
- Ist die fehlerhafte Information geeignet, den Schadenseintritt herbeizuführen, so wird auch hier vermutet, dass die Verletzung der Instruktionsverpflichtung **kausal** für den Schadenseintritt ist, mithin ein Ursachenzusammenhang zwischen fehlerhafter Information und Schadenseintritt besteht. Demnach führen falsche Angaben in diesen Unterlagen immer dazu, dass der Haftungstatbestand des § 84 Abs. 1 AMG erfüllt ist. Dies ist aber nicht der Fall, wenn zB auch bei zutreffendem Hinweis das Präparat verwendet worden wäre. Auch hier hat der pharmazeutische Unternehmer aber den vollen Entlastungsbeweis zu führen[696].

Auch kann sich der pharmazeutische Unternehmer nicht damit verteidigen, dass noch 64 weitere Arzneimittel bei dem Geschädigten angewendet wurden, die nach den Gegebenheiten des Einzelfalls geeignet sind, den Schaden zu verursachen, es sei denn, dass wegen der Anwendung dieser Arzneimittel Ansprüche des Geschädigten nach § 84 AMG aus anderen Gründen als der fehlenden Ursächlichkeit für den Schaden nicht gegeben sind (Abs. 2 S. 4). Pharmazeutische Unternehmer sollen damit nicht dadurch der Kausalitätsvermutung entgehen, dass sie sich wechselseitig die Verantwortung zuschieben[697].

f) **Haftungsumfang.** Sofern hiernach eine Gefährdungshaftung des pharmazeutischen 65 Unternehmers dem Grunde nach gegeben ist, beurteilen sich Umfang und Höhe seiner Einstandspflicht nach den folgenden weiteren Regelungen des 16. Abschnitts des AMG:

Liegt ein **Mitverschulden des Geschädigten** bei der Schadensentstehung vor, so gilt 66 die Regelung des § 254 BGB (§ 85 AMG). Ist also ein Fehlverhalten des Geschädigten mitursächlich für den Eintritt des Schadens, führt dies zu einer Verringerung der Einstandspflicht des pharmazeutischen Unternehmers. Wäre der Schaden ohnehin eingetreten, greift § 254 BGB nicht ein. Wird ein Arzneimittel von dem Geschädigten nicht bestimmungsgemäß verwendet und kommt es dadurch zu dem Schaden, so fehlt es bereits an dem Anspruchsgrund des § 84 Abs. 1 Nr. 2 AMG[698]. Folglich hängt die Schadensersatzverpflichtung des pharmazeutischen Unternehmers – sowohl dem Grunde als auch der Höhe nach – davon ab, ob der Schaden vorwiegend auf einen von § 84 AMG erfassten Produktfehler oder auf ein Verhalten des Geschädigten zurückzuführen ist, indem dieser die ihm in eigenen Angelegenheiten obliegende Sorgfalt verletzt hat. Dabei trägt der pharmazeutische Unternehmer die Beweislast für ein behauptetes Mitverschulden des Geschädigten[699].

Den **Umfang der Ersatzpflicht** des pharmazeutischen Unternehmers nach § 84 AMG regeln die §§ 86–89 AMG:

---

[695] Vgl. *Rehmann*, AMG, § 84 Rn. 5.
[696] Vgl. *Rehmann*, AMG, § 84 Rn. 6; *Heßhaus* in Spickhoff, Medizinrecht, 10. AMG, § 84 Rn. 20 ff.
[697] S. *Kloesel/Cyran*, AMG, A 1.0, § 84 Anm. 41.
[698] Vgl. hierzu *Kloesel/Cyran*, AMG, A 1.0, § 85 Anm. 2 f.; *Rehmann*, AMG, § 85 AMG Rn. 1.
[699] BGH NJW-RR 1986, 1083.

(1) § 86 BGB bestimmt dem Umfang der Ersatzpflicht im Falle der **Tötung des Geschädigten**[700]. Hiernach sind zunächst die **Kosten einer versuchten Heilbehandlung** zu erstatten. Dies sind die Kosten der Behandlung, welche durch den Arzneimittel- oder Instruktionsfehler entstanden sind, nicht aber die Kosten der Krankheitstherapie insgesamt[701]. Ferner ist ein **Verdienstausfall** des Getöteten zu erstatten, der dadurch entstanden ist, dass während der durch den Arzneimittel- oder Instruktionsfehler hervorgerufenen Krankheit die Erwerbstätigkeit des Getöteten aufgehoben oder gemindert wurde, sowie ein Vermögensnachteil infolge von Aufwendungen wegen einer Vermehrung der Bedürfnisse (zB Kosten für Pflegepersonal, Hilfsmittel, Kuren, etc.[702]). Auch sind die **Kosten einer standesgemäßen Beerdigung** zu erstatten. Schließlich hat der pharmazeutische Unternehmer für **gesetzliche Unterhaltspflichten**[703] aufzukommen, sofern die Bedürftigkeit des Unterhaltsberechtigten gegeben ist und dem Dritten infolge der Tötung das Recht auf Unterhalt entzogen wurde (Abs. 2 S. 1). Dieser Anspruch steht auch dem Ungeborenen, im Zeitpunkt des Schadensereignisses noch nicht Rechtsfähigen zu (Abs. 2 S. 2). Der Schadensersatz ist in Form einer **Geldrente** entsprechend dem tatsächlichen Ausfall zu leisten[704].

(2) Für den Fall der **Körper- oder Gesundheitsverletzung** bestimmt § 87 AMG den Umfang der Ersatzpflicht. Hiernach sind die Kosten der durch den Arzneimittel- oder Instruktionsfehler hervorgerufenen **Heilbehandlung**, erlittene **Verdienstausfall** sowie Kosten, die durch eine **Vermehrung der Bedürfnisse** eingetreten sind, zu ersetzen[705]. Zusätzlich kann der Geschädigte seit dem 2. Schadensrechtsänderungsgesetz[706] auch **Schmerzensgeld** in angemessener Höhe verlangen.

(3) Die Haftung des pharmazeutischen Unternehmers ist dem Umfang nach begrenzt auf die in § 88 AMG aufgeführten **Höchstbeträge**, soweit sich die Haftung aus § 84 BGB ergibt. Demnach gelten diese Höchstbeträge nicht für eine Haftung nach Deliktsrecht (§§ 823 ff. BGB), da diese nach § 91 AMG hiervon unberührt bleibt. Die Haftungsbegrenzung bezieht sich immer auf das jeweilige Schadensereignis, dh den durch das bestimmte Arzneimittel im konkreten Fall herbeigeführten Schaden. Haben daher mehrere Arzneimittel unabhängig voneinander bei einer Person zu einem Schaden geführt, so gelten die Haftungshöchstgrenzen jeweils gesondert. Haben mehrere Arzneimittel von unterschiedlichen pharmazeutischen Unternehmern zu den Schaden geführt, haften diese als Gesamtschuldner (§ 93 AMG), wobei von diesen die Leistung innerhalb der Haftungshöchstgrenze nur einmal gefordert werden kann[707].

(4) Nach § 89 Abs. 1 AMG ist ein Schadensersatz wegen verminderter Erwerbsfähigkeit oder wegen Vermehrung der Bedürfnisse **für die Zukunft,** also wenn diese Nachteile

---

[700] Anspruchsinhaber sind die Erben, es sei denn, die Ansprüche sind auf andere Personen übergegangen, indem diese Leistungen für den Getöteten erbrachten (wie dies zB bei Versicherungsleistungen gem. § 116 SGB V der Fall ist).
[701] Vgl. *Heßhaus* in Spickhoff, Medizinrecht, 10. AMG, § 86 Rn. 1; *Rehmann*, AMG, § 86 Rn. 1.
[702] S. Palandt/*Thomas* § 843 BGB Rn. 3.
[703] Diese ergeben sich aus den §§ 1360 ff., 1570 ff., 1601 ff., 1615 a ff., 1736 ff., 1739, 1754 f. BGB.
[704] Ausführlich Palandt/*Thomas* § 844 Rn. 13; *Heßhaus* in Spickhoff, Medizinrecht, 10. AMG, § 86 Rn. 2.
[705] Vgl. hierzu *Heßhaus* in Spickhoff, Medizinrecht, 10. AMG, § 86 Rn. 1; *Rehmann*, AMG, § 87 Rn. 1.
[706] 2. Gesetz zu Änderung schadensrechtlicher Vorschriften vom 19.7.2002, BGBl. I S. 2674. Dies ist mit Wirkung zum 1.8.2002 in Kraft getreten.
[707] Insgesamt hierzu *Heßhaus* in Spickhoff, Medizinrecht, 10. AMG, § 88 Rn. 2 f.; *Rehmann*, AMG, § 88 Rn. 1.

andauern, durch **Geldrente** zu entrichten. In Bezug auf die Anspruchsregulierung gilt § 843 Abs. 2–4 BGB (Abs. 2[708]).

(5) **Mehrere Ersatzpflichtige,** deren Haftung aufgrund eines einheitlichen Lebenssachverhaltes entstanden ist, haften gem. § 93 S. 1 AMG **im Außenverhältnis als Gesamtschuldner** iSd § 421 BGB. Daher kann der Ersatzberechtigte den Ersatz des Schadens ganz oder teilweise nach seinem Belieben von jedem fordern[709].
Der Umfang der **Haftung im Innenverhältnis** hängt gem. S. 2 – abweichend von § 426 BGB – davon ab, *„inwieweit der Schaden vorwiegend von dem einen oder dem anderen Teil verursacht worden ist"*. Abweichende vertragliche Absprachen im Innenverhältnis sind allerdings vorrangig zu beachten. Erfolgt eine Schadensregulierung durch einen Ersatzpflichtigen, stehen ihm im Innenverhältnis Ausgleichsansprüche gegen die weiteren Ersatzpflichtigen zu (vgl. § 426 Abs. 2 BGB[710]).

2. Auskunftsanspruch § 84a AMG

Mit dem 2. Schadensrechtsänderungsgesetz[711] ist mit Wirkung ab dem 1.8.2002 dem Geschädigten ein **Auskunftsanspruch** sowohl gegen den pharmazeutischen Unternehmer als auch gegenüber den Zulassungs- und Überwachungsbehörden eingeräumt worden. Hiermit soll dem Geschädigten ermöglicht werden, die für die Anspruchsdurchsetzung erforderlichen Tatsachen in Erfahrung zu bringen[712].

a) **Anspruchsvoraussetzungen.** Es müssen Tatschen vorliegen, welche die Annahme begründen, dass ein Arzneimittel einen Schaden verursacht hat. § 84a AMG erlaubt demnach nicht die Ausforschung, auch ein unbestimmter Verdacht genügt nicht. Hinreichend ist aber ein schlüssiger Tatsachenvortrag zu einem begründeten Schadensverdacht, der eine entsprechende Plausibilitätsprüfung ermöglicht[713].

b) **Anspruchsinhalt.** Der Auskunftsanspruch richtet sich auf dem pharmazeutischen Unternehmer bekannte Wirkungen, Nebenwirkungen und Wechselwirkungen, ihm bekannt gewordene Verdachtsfälle von Neben- und Wechselwirkungen sowie sämtliche weiteren Erkenntnisse, die für die Bewertung der Vertretbarkeit schädlicher Wirkungen von Bedeutung sein können (Abs. 1 S. 2). Ggf. ist die Richtigkeit und Vollständigkeit der gemachten Auskünfte eidesstattlich zu versichern (§ 259 BGB). Ob darüber hinaus auch eine Verpflichtung zur Vorlage von Belegen besteht, ist strittig[714].

c) **Anspruchsausschluss.** Kein Auskunftsanspruch besteht, wenn dies zur Feststellung des Bestehens eines Anspruchs auf Schadensersatz nach § 84 AMG nicht erforderlich ist (Abs. 1 S. 1, 2. HS). Ferner besteht ein Auskunftsanspruch nicht, soweit die Angaben aufgrund gesetzlicher Vorschriften geheim zu halten sind oder wenn der pharmazeutische

---

[708] Hiernach ist die Rente für drei Monate im Voraus zu entrichten, und unter Umständen auch entsprechende Sicherheit. Diese kann auch nachträglich angeordnet oder erhöht werden. Ferner kann eine **Kapitalabfindung** bei Vorliegen eines wichtigen Grundes verlangt werden. Vgl. hierzu ausführlich Palandt/*Thomas* § 843 Rn. 5 ff. Für die Vollstreckbarkeit eines auf Rentenzahlungen gerichteten Urteils vgl. hiernach § 708 Nr. 8 ZPO.
[709] Vgl. hierzu Palandt/*Sprau* BGB § 840 Rn. 4; *Heßhaus* in Spickhoff, Medizinrecht, 10. AMG, § 93 Rn. 1.
[710] Vgl. *Heßhaus* in Spickhoff, Medizinrecht, 10. AMG, § 93 Rn. 2; *Rehmann,* AMG, § 93 Rn. 2.
[711] 2. Gesetz zur Änderung schadensrechtlicher Vorschriften v.19.7.2002 (BGBl. I 2674), in Kraft getreten zum 1. August 2002.
[712] Vgl. *Wagner* NJW 2002, 2052.
[713] Vgl. *Kloesel/Cyran,* AMG, A 1.0, § 84a Anm. 5; *Heßhaus* in Spickhoff, Medizinrecht, 10. AMG, § 84a Rn. 1; *Hieke* PharmR 2005, 35 f.
[714] Bejahend *Rehmann,* AMG, § 84a Rn. 1; *Heßhaus* in Spickhoff, Medizinrecht, 10. AMG, § 84a Rn. 4; aA *Rehmann,* AMG, § 84a Rn. 1; *Hieke* PharmR 2005, 44.

2. Teil. Arzneimittel

Unternehmer ein überwiegendes Interesse an ihrer Geheimhaltung geltend macht, wie dies bei Produktions- oder Betriebsgeheimnissen der Fall sein kann (§ 84 Abs. 1 S. 4 AMG)[715].

71 **d) Auskunftsverpflichtete.** Ein Auskunftsanspruch besteht unter den dargestellten Voraussetzungen nicht nur gegenüber dem pharmazeutischen Unternehmer (Abs. 1), sondern auch gegenüber den Arzneimittelzulassungs- und -überwachungsbehörden (Abs. 2). Die Behörden sind zur Erteilung der Auskunft aber nicht verpflichtet, soweit Angaben auf Grund gesetzlicher Vorschriften geheim zu halten sind oder die Geheimhaltung einem überwiegenden Interesse des pharmazeutischen Unternehmers oder eines Dritten entspricht[716].

3. Gerichtszuständigkeit

72 Für Klagen, die auf Grund von § 84 oder § 84a Abs. 1 AMG gegen den pharmazeutischen Unternehmer erhoben werden, gestattet § 94a AMG dem Anspruchsteller – in Abweichung vom prozessualen Grundsatz, dass die Klage am Sitz des Beklagten erhoben werden muss – die Klage auch an seinem Wohnsitz zu erheben. Sofern daneben auch andere Ansprüche geltend gemacht werden, wie zB Ansprüche aus allgemeinem Deliktsrecht nach §§ 823 ff. BGB, so gelten für diese die allgemeinen Zuständigkeitsregelungen der ZPO, insbesondere der Gerichtsstand, an dem die unerlaubte Handlung begangen ist (§ 32 ZPO). Da Begehungsort in diesem Sinne auch der Ort ist, an dem das bestimmte Arzneimittel in Verkehr gebracht worden ist, fällt hierunter im Regelfall auch der Wohnsitz des Klägers[717].

4. Weitergehende Haftung

73 Nach § 91 AMG bleibt eine weitergehende Haftung nach anderen gesetzlichen Vorschriften, insbesondere nach den §§ 823 ff. BGB, unberührt. Hintergrund ist, dass die verschuldensunabhängige Haftung der Höhe nach begrenzt ist, die verschuldensabhängige Haftung hingegen ist unbegrenzt und schließt auch die Bezahlung von Schmerzensgeld (§ 847 BGB) mit ein. Auch sollen Staatshaftungsansprüche wegen einer Amtspflichtverletzung gegen die zuständigen Arzneimittelbehörden gem. § 839 BGB, Art. 34 GG nicht ausgeschlossen sein[718].

5. Deckungsvorsorge

74 Die Regelung des § 94 AMG verpflichtet jeden pharmazeutischen Unternehmer, eine hinreichende Deckungsvorsorge sicherzustellen, so dass er die ihn nach §§ 84 ff. BGB treffenden Ansprüche auf Schadensersatz erfüllen kann. Diese Deckungsvorsorge muss in Höhe der in § 88 S. 1 AMG genannten Beträge erbracht werden, und zwar entweder durch eine Haftpflichtversicherung bei einem in Deutschland zum Geschäftsbetrieb befugten Versicherungsunternehmen oder durch eine Freistellungs- oder Gewährleistungsverpflichtung einer Bank mit Sitz in Deutschland, der EU oder des EWR.

---

[715] Dementsprechend wird der Auskunftsanspruchbegrenzt durch die Bestimmungen des Daten- und Geheimhaltungsschutzes, vgl. *Heßhaus*, in Spickhoff, Medizinrecht, 10. AMG, § 84a Rn. 5.

[716] Ansprüche nach dem Informationsfreiheitsgesetz bleiben unberührt, § 84a Abs. 2 S. 2 AMG, und bestehen demgemäß in Ergänzung hierzu.

[717] Vgl. *Heßhaus* in Spickhoff, Medizinrecht, 10. AMG, § 94a Rn. 1 f.; *Rehmann*, AMG, § 94a Rn. 1.

[718] Vgl. *Heßhaus* in Spickhoff, Medizinrecht, 10. AMG, § 91 Rn. 2; *Rehmann*, AMG, § 91 Rn. 1.

B. Die Arzneimittelüberwachung

Die Überwachung des Arzneimittelverkehrs besteht aus einer Kombination von Eigen- und Fremdüberwachung: Im Bereich der Pharmakovigilanzvorschriften bestehen zum einen für den Zulassungsinhaber zahlreiche – auch organisatorische – Verpflichtungen zur Erfassung, Bewertung und Übermittlung von Nebenwirkungsmeldungen von Arzneimitteln, zum anderen wurde auch eine Vielzahl von Befugnissen der zuständigen Behörden normiert.

I. Pharmakovigilanz

Mit der 16. AMG-Novelle, die zum 26.10.2012 in Kraft trat, wurde der zehnte Abschnitt des AMG (§§ 62–63j AMG) mit der neuen Überschrift *„Pharmakovigilanz"* an die umzusetzenden europäischen Vorgaben, insbesondere der RL 2010/84/EG[719], angepasst und zum Teil erheblich geändert. Der Begriff **Pharmakovigilanz**[720] steht für die systematische und laufende Überwachung der Sicherheit eines Fertigarzneimittels, um unerwünschte Nebenwirkungen zu beobachten, zu entdecken, auszuwerten sowie zu verstehen und sodann auf dieser Basis entsprechende Maßnahmen zur Risikominimierung ergreifen zu können. Dahinter steht die Erkenntnis, dass Arzneimittel Risiken in sich bergen können, die zum Zeitpunkt der Zulassung noch nicht bekannt waren, zB weil sie erst bei der Anwendung an einer großen Patientenzahl über einen längeren Zeitraum sichtbar werden, oder weil neue wissenschaftliche Erkenntnisse Hinweise auf Risiken geben. Um Arzneimittelrisiken daher wirksam vermeiden oder abwehren zu können, ist eine kontinuierliche Überwachung jedes im Verkehr befindlichen Arzneimittels und die ständige Anpassung der zu diesem Arzneimittel verfügbaren Informationen an den Stand des Wissens erforderlich[721].

Bei *Humanarzneimitteln* sind **Nebenwirkungen** nach der in § 4 Abs. 13 AMG enthaltenen Legaldefinition *„schädliche und unbeabsichtigte Reaktionen auf das Arzneimittel"*. Insoweit wurde mit der 16. AMG-Novelle der bisherige Zusatz *„bei bestimmungsgemäßem Gebrauch"* gestrichen, so dass nunmehr auch die Fälle erfasst werden, bei denen eine Anwendung außerhalb des bestimmungsgemäßen Gebrauchs (sog. off-label-use) vorliegt[722].

1. Pharmakovigilanz-System der zuständigen Behörden

§ 62 Abs. 1 AMG erteilt den zuständigen Bundesoberbehörden[723] den Auftrag, die bei der Anwendung von Arzneimitteln auftretenden Risiken, insbesondere Nebenwirkungen,

---

[719] RL 2010/84/EU des Europäischen Parlaments und des Rates vom 15. Dezember 2010 zur Änderung der RL 2001/83/EG zur Schaffung eines Gemeinschaftskodexes für Humanarzneimittel hinsichtlich der Pharmakovigilanz, ABl. L 348 vom 31.12.2010, S. 74.
[720] Der Begriff Pharmakovigilanz setzt sich zusammen aus dem griechischen Begriff „*pharmakon*" (Heilmittel) und dem lateinischen Begriff „*vigilantia*" (Wachheit, Schlauheit).
[721] Vgl. *Kloesel/Cyran*, AMG, A 1.0, § 62 Anm. 1; *Rehmann*, AMG, Vor § 62 Rn. 1; *Heßhaus* in Spickhoff, Medizinrecht, 10. AMG, § 62 Rn. 1 f. Die Regelungen des Zehnten Abschnitts finden keine Anwendung auf Arzneimittel, die im Rahmen einer klinischen Prüfung als Prüfpräparate eingesetzt werden (§ 63j Abs. 1 AMG).
[722] Bei *Tierarzneimitteln* sind Nebenwirkungen hingegen nach wie vor nur die schädlichen und unbeabsichtigten Reaktionen „*bei bestimmungsgemäßem Gebrauch*".
[723] Zuständige Bundesoberbehörden sind das Paul-Ehrlich-Institut (PEI), zuständig für Sera, Impfstoffe, Testallergene, Testsera, Testantigene und Blutprodukte und andererseits um das Bundesamt für Verbraucherschutz und Lebensmittelsicherheit (BVL), zuständig für Tierarzneimittel sowie das Bundesinstitut für Arzneimittel und Medizinprodukte (BfArM), zuständig für sonstige Arzneimittel und Medizinprodukte.

Wechselwirkungen mit anderen Mitteln, Verfälschungen sowie potenzielle Risiken für die Umwelt auf Grund der Anwendung eines Tierarzneimittels, zentral zu erfassen, auszuwerten und die nach diesem Gesetz zu ergreifenden Maßnahmen zu koordinieren[724]. Hierzu werden sie verpflichtet, ein **Pharmakovigilanz-System** zu betreiben (Abs. 1 S. 4). Der Begriff Pharmakovigilanz-System ist in § 4 Abs. 38 AMG legaldefiniert als ein System, das sowohl der Zulassungsinhaber als auch die zuständige Bundesoberbehörde anwenden, um insbesondere den in den §§ 62 ff. AMG aufgeführten Aufgaben und Pflichten nachzukommen, und das der Überwachung der Sicherheit zugelassener Arzneimittel und der Entdeckung sämtlicher Änderungen des Nutzen-Risiko-Verhältnisses dient[725]. Dies besteht insbesondere aus folgenden Maßnahmen:

- Die zuständige Bundesoberbehörde hat alle Verdachtsfälle von Nebenwirkungen zu **erfassen,** von denen sie Kenntnis erlangt. Dabei können Meldungen von Patienten und Angehörigen der Gesundheitsberufe in jeder Form, auch elektronisch, erfolgen. Die Meldungen von Zulassungsinhabern nach § 63c AMG müssen jedoch nunmehr elektronisch erfolgen (§ 62 Abs. 2 AMG).
- Bei Humanarzneimitteln hat die zuständige Bundesoberbehörde jeden ihr gemeldeten und im Inland aufgetretenen Verdachtsfall einer *schwerwiegenden* Nebenwirkung (sog. SUSAR – Suspected Unexpected Serious Adverse Reaction)[726] innerhalb von 15 Tagen und jeden ihr gemeldeten und im Inland aufgetretenen Verdachtsfall einer *nicht schwerwiegenden* Nebenwirkung innerhalb von 90 Tagen elektronisch an die **EudraVigilance-Datenbank** und erforderlichenfalls an den Zulassungsinhaber zu **übermitteln** (§ 62 Abs. 3 S. 1 AMG).
- Bei Humanarzneimitteln hat die zuständige Bundesoberbehörde ferner in **Zusammenarbeit** mit der EMA gem. § 62 Abs. 5 AMG insbesondere:
  – die Ergebnisse von Maßnahmen zur Risikominimierung, die Teil von Risikomanagement-Plänen sind, und die Auflagen nach § 28 Abs. 3, 3a u. 3b AMG zu überwachen,
  – Aktualisierungen des Risikomanagement-Systems zu beurteilen, und
  – Daten in der EudraVigilance-Datenbank auszuwerten, um zu ermitteln, ob es neue oder veränderte Risiken gibt und diese das Nutzen-Risiko-Verhältnis von Arzneimitteln beeinflussen.
- Auch kann die zuständige Bundesoberbehörde in Betrieben und Einrichtungen, die Arzneimittel herstellen oder in den Verkehr bringen oder klinisch prüfen, sowie von diesen hierzu beauftragte Unternehmen die Sammlung und Auswertung von Arzneimittelrisiken und die Koordinierung notwendiger Maßnahmen **überprüfen**. Zu diesem Zweck können Beauftragte der zuständigen Bundesoberbehörde im Benehmen mit der zuständigen Behörde Betriebs- und Geschäftsräume zu den üblichen Geschäftszeiten betreten, Unterlagen einschließlich der Pharmakovigilanz-Stammdokumentation einsehen sowie Auskünfte verlangen (§ 62 Abs. 3 S. 1 AMG).

---

[724] Sie wirkt dabei mit den Dienststellen der Weltgesundheitsorganisation, der EMA, den Arzneimittelbehörden anderer Länder, den Gesundheits- und Veterinärbehörden der Bundesländer, den Arzneimittelkommissionen der Kammern der Heilberufe, nationalen Pharmakovigilanzzentren sowie mit anderen Stellen zusammen, die bei der Durchführung ihrer Aufgaben Arzneimittelrisiken erfassen.

[725] Für den Bereich der Humanarzneimittel haben die pharmazeutischen Unternehmer regelmäßig Audits ihres Pharmakovigilanz-Systems durchzuführen und der Europäischen Kommission alle zwei Jahre Bericht zu erstatten, erstmals zum 21. September 2013.

[726] Schwerwiegende Nebenwirkungen sind Nebenwirkungen, die tödlich oder lebensbedrohend sind, eine stationäre Behandlung oder Verlängerung einer stationären Behandlung erforderlich machen, zu bleibender oder schwerwiegender Behinderung, Invalidität, kongenitalen Anomalien oder Geburtsfehlern führen. Für Tierarzneimittel sind schwerwiegend auch Nebenwirkungen, die ständig auftretende oder lang anhaltende Symptome hervorrufen.

- Zudem hat die zuständige Bundesoberbehörde in den Fällen, in denen nach Art. 107i RL 2001/83/EG aufgrund der Bewertung von Daten aus Pharmakovigilanz-Tätigkeiten ein dringendes Handeln für notwendig erachtet wird, die dort vorgesehenen **Maßnahmen zu ergreifen**, wobei für das Verfahren die Art. 107i bis 107k RL 2001/83/EG gelten (§ 63e AMG).
- Schließlich ist die zuständige Bundesoberbehörde jederzeit berechtigt, die Öffentlichkeit über Arzneimittelrisiken und beabsichtigte Maßnahmen zu **informieren** (§ 62 Abs. 1 S. 3 AMG).

2. Stufenplan

Auf Basis des § 63 AMG hat die Bundesregierung die *„Allgemeine Verwaltungsvorschrift zur Beobachtung, Sammlung und Auswertung von Arzneimittelrisiken"*, den sog. **Stufenplan**, erlassen[727]. In diesem werden die Zusammenarbeit der beteiligten Behörden und Stellen auf den verschiedenen Gefahrenstufen, die Einschaltung der pharmazeutischen Unternehmer sowie die Beteiligung der oder des Beauftragten der Bundesregierung für die Belange der Patientinnen und Patienten näher geregelt und die jeweils nach dem AMG zu ergreifenden Maßnahmen bestimmt. Als Verwaltungsvorschrift hat der Stufenplan unmittelbar bindende Wirkung nur gegenüber den zuständigen Behörden, damit nicht gegenüber Dritten wie zB dem pharmazeutischen Unternehmer[728]. Dabei können Stufenplanverfahren aus unterschiedlichen Gründen eingeleitet werden, so zB aufgrund neuer Erkenntnisse toxikologischer Untersuchungen oder klinischer Prüfungen, oder wenn eine Häufung von Meldungen über unerwünschte Arzneimittelwirkungen oder auch Literaturberichte über derartige Zwischenfälle vorliegen, die eine erneute Nutzen-Risiko-Abwägung erforderlich machen[729].

79

Der Grund für die Bezeichnung Stufenplan liegt in der Unterteilung in **zwei Gefahrenstufen**, die der Verhältnismäßigkeit der Mittel Rechnung tragen sollen:

80

- Die **Gefahrenstufe I** kann bereits bei Hinweisen auf die *Möglichkeit* von Arzneimittelrisiken, also u. U. bereits bei einem assoziationsweisen Bezug zwischen einer bestimmten Beobachtung und der Gabe eines Arzneimittels, eingeleitet werden[730]. In diesem Fall tritt das BfArM mit den betroffenen pharmazeutischen Unternehmen in einen **Informationsaustausch** ein, der sich insbesondere auf die Häufigkeit der vermuteten Arzneimittelrisiken, ihre möglichen Ursachen und den Grad der Gefährdung erstreckt[731].
- Die **Gefahrenstufe II** wird erst bei einem *begründeten Verdacht auf ein gesundheitliches Risiko* eingeleitet, dh wenn konkrete Maßnahmen zur Begrenzung des Risikos für erforderlich gehalten werden. Diese Gefahrenstufe ist erreicht, sofern der Informationsaustausch in Gefahrenstufe I oder die Meldungen und sonstigen Informationen einen begründeten Verdacht auf ein gesundheitliches Risiko ergeben und der pharmazeutische Unternehmer keine geeigneten Maßnahmen getroffen hat. Der pharmazeutische Unternehmer wird zu vorgesehenen risikomindernden Maßnahmen angehört.

---

[727] Allgemeine Verwaltungsvorschrift zur Beobachtung, Sammlung und Auswertung von Arzneimittelrisiken (Stufenplan) nach § 63 des Arzneimittelgesetzes (AMG) v. 9. Februar 2005.
[728] S. auch *Kloesel/Cyran*, AMG, A 1.0, § 63 Anm. 1; *Rehmann*, AMG, § 63 Anm. 1.
[729] Vgl. Ziff. 3 Verwaltungsvorschrift Stufenplan; *Kloesel/Cyran*, AMG, A 1.0, § 63 Anm. 1; *Rehmann*, AMG, § 63 Anm. 2.
[730] Als solche Risiken kommen insbesondere Nebenwirkungen (dh bei bestimmungsgemäßem Gebrauch eines Arzneimittels auftretende unerwünschte Wirkungen), Gegenanzeigen, Qualitätsmängel etc. in Betracht.
[731] Ziff. 5.1 UAbs. 1 Verwaltungsvorschrift Stufenplan. Vgl. hierzu auch *Kloesel/Cyran*, AMG, A 1.0, § 63 Anm. 4; *Rehmann*, AMG, § 63 Rn. 2.

Allerdings verbleiben die Verpflichtungen der zuständigen Behörde unberührt, unverzüglich die zur Gefahrenabwehr notwendigen Maßnahmen zu treffen[732].
- Nach Auswertung der in der Anhörung dargelegten Argumentation und Unterlagen, ggf. unter Berücksichtigung von Ergebnissen und Stellungnahmen der zuständigen Kommissionen, werden die zuständigen Bundesbehörden sowie die zuständigen Überwachungsbehörden der Länder über die geeigneten und erforderlichen **Maßnahmen** entscheiden und diese einleiten[733]. Diese werden dem pharmazeutischen Unternehmer einschließlich Fristsetzung für die Umsetzung bekannt gegeben. Dies geschieht in der Regel gegenüber den betroffen pharmazeutischen Unternehmern per Brief oder Telefax in Form eines rechtsmittelfähigen Bescheides, der den Stufenplanbeteiligten nachrichtlich zugestellt und bei aktuellen Problemen der Öffentlichkeit über die Presse zugänglich gemacht wird[734]. Allerdings kann das Verfahren jederzeit dadurch beendet werden, dass der pharmazeutische Unternehmer im Rahmen seiner Eigenverantwortung von sich aus hinreichende eigenverantwortliche Maßnahmen durchführt[735].

3. Stufenplanbeauftragter

81 Wer als pharmazeutischer Unternehmer zulassungspflichtige Fertigarzneimittel in den Verkehr bringt, hat gem. § 63a Abs. 1 AMG *„eine in einem Mitgliedstaat der Europäischen Union ansässige qualifizierte Person mit der erforderlichen Sachkenntnis und der zur Ausübung ihrer Tätigkeit erforderlichen Zuverlässigkeit"* (sog. **Stufenplanbeauftragter**) zu benennen[736]. Der pharmazeutische Unternehmer hat aufgrund der ihm insoweit obliegenden Organisationspflicht dafür zu sorgen, dass der Stufenplanbeauftragte – sei es als Angestellter oder als freier Mitarbeiter – in die Organisationsstruktur des pharmazeutischen Unternehmers eingebunden ist und ihm aufgrund der Art und Weise seiner Anstellung die Wahrnehmung seiner Aufgaben tatsächlich möglich ist; hierfür hat er die erforderlichen organisatorischen, personellen und sachlichen Voraussetzungen zu schaffen[737]. Der Stufenplanbeauftragte kann dabei gleichzeitig sachkundige Person nach § 14 AMG oder verantwortliche Person nach § 20c AMG sein (§ 63a Abs. 2 AMG). Ausgenommen von der Verpflichtung zur Bestellung eines Stufenplanbeauftragten sind die Apothekeninhaber, die Arzneimittel für ihren üblichen Apothekenbetrieb herstellen, Krankenhausträger, soweit sie nach dem ApothekenG Arzneimittel abgeben dürfen, die Tierärzte und die in § 13 Abs. 2 Nr. 5 AMG bezeichneten Einzelhändler[738].

---

[732] Ziff. 5.1 UAbs. 3 Verwaltungsvorschrift Stufenplan. Vgl. hierzu auch *Kloesel/Cyran*, AMG, A 1.0, § 63 Anm. 4; *Rehmann*, AMG, § 63 Rn. 2.

[733] Zu den Befugnissen vgl. → § 4 Rn. 98 ff.

[734] Für die Behörden besteht die Möglichkeit, sofern mehr als 50 pharmazeutische Unternehmer betroffen sind, die getroffenen Anordnungen in Form einer Veröffentlichung im Bundesanzeiger bekanntzumachen. Diese gelten dann zwei Wochen nach Veröffentlichung als bekanntgegeben, sofern kein anderer Termin bestimmt wurde, § 33 Abs. 2 AMG.

[735] Diese sind aufgeführt in Ziff. 6 Verwaltungsvorschrift Stufenplan. Sofern die betroffenen Arzneimittel im Rahmen der gegenseitigen Anerkennung oder im zentralen Verfahren zugelassen wurden oder bei ihnen ein Schiedsverfahren gem. den Art. 31 oder 36 RL 2001/83/EG oder Art. 35 oder 36 RL 2001/82/EG anhängig ist oder durchgeführt wurde, gilt die Regelung des § 69 Abs. 1a AMG.

[736] Gem. § 12 Abs. 2 AMWHV wird diese Verpflichtung auch auf andere Arzneimittel erstreckt. Allerdings hat diese verantwortliche Person nicht die Qualifikationsnachweise nach § 63a AMG zu erbringen.

[737] Hierzu ausführlich *Kloesel/Cyran*, AMG, A 1.0, § 63a Anm. 14 ff.; *Rehmann*, AMG, § 63a Rn. 2.

[738] Dies sind die *„Personen, soweit sie nach § 13 Abs. 2 S. 1 Nr. 1, 2, 3, 5 oder Abs. 2b keiner Herstellungserlaubnis bedürfen"* iSd § 63a Abs. 1 S. 2 AMG.

Der Stufenplanbeauftragte hat die Verpflichtung, ein Pharmakovigilanzsystem in dem **82** pharmazeutischen Unternehmen einzurichten, zu führen und bekannt gewordene Meldungen über Arzneimittelrisiken zu sammeln, zu bewerten und die notwendigen Maßnahmen zu koordinieren. Ferner ist der Stufenplanbeauftragte für die Erfüllung von Anzeigepflichten verantwortlich, soweit sie Arzneimittelrisiken betreffen. Er hat auch sicherzustellen, dass auf Verlangen der zuständigen Bundesoberbehörde weitere Informationen für die Beurteilung des Nutzen-Risiko-Verhältnisses eines Arzneimittels, einschließlich eigener Bewertungen, unverzüglich und vollständig übermittelt werden nach Maßgabe der AMWHV[739].

Gem. § 63a Abs. 3 AMG hat der pharmazeutische Unternehmer der zuständigen **83** Behörde und der zuständigen Bundesoberbehörde den Stufenplanbeauftragten und jeden Wechsel vorher mitzuteilen. Bei einem unvorhergesehenen Wechsel des Stufenplanbeauftragten hat die Mitteilung unverzüglich zu erfolgen.

4. Pharmakovigilanz-Pflichten des Zulassungsinhabers

§ 63b AMG normiert die **allgemeinen Pharmakovigilanz-Pflichten** des Zulassungs- **84** inhabers, nämlich:

- ein Pharmakovigilanz-System einzurichten und zu betreiben (Abs. 1), welches der Stufenplanbeauftragte innerhalb des Betriebs nach § 63a Abs. 1 AMG führt[740];
- bei Humanarzneimitteln anhand seines Pharmakovigilanz-Systems sämtliche Informationen wissenschaftlich auszuwerten, Möglichkeiten der Risikominimierung und -vermeidung zu prüfen und erforderlichenfalls unverzüglich Maßnahmen zur Risikominimierung und -vermeidung zu ergreifen (Abs. 2 Nr. 1);
- sein Pharmakovigilanz-System regelmäßig in angemessenen Intervallen Audits zu unterziehen; dabei hat er die wichtigsten Ergebnisse in seiner Pharmakovigilanz-Stammdokumentation zu vermerken und sicherzustellen, dass Maßnahmen zur Mängelbeseitigung ergriffen werden; wenn die Maßnahmen zur Mängelbeseitigung vollständig durchgeführt sind, kann der Vermerk gelöscht werden (Abs. 2 Nr. 2);
- eine Pharmakovigilanz-Stammdokumentation zu führen und diese auf Anfrage zur Verfügung zu stellen (Abs. 2 Nr. 3): Dies ist nach § 4 Abs. 39 AMG eine detaillierte Beschreibung des Pharmakovigilanz- Systems, das der Inhaber der Zulassung auf eines oder mehrere zugelassene Arzneimittel anwendet;
- ein Risikomanagement-System für jedes einzelne Arzneimittel zu betreiben, das nach dem 26. Oktober 2012 zugelassen worden ist oder für das eine Auflage nach § 28 Abs. 3b S. 1 Nr. 1 erteilt worden ist (Abs. 2 Nr. 4): Das Risikomanagement-System umfasst Tätigkeiten im Bereich der Pharmakovigilanz und Maßnahmen, durch die Risiken im Zusammenhang mit einem Arzneimittel ermittelt, beschrieben, vermieden oder minimiert werden sollen; dazu gehört auch die Bewertung der Wirksamkeit derartiger Tätigkeiten und Maßnahmen (s. § 4 Abs. 36 AMG);
- die Ergebnisse von Maßnahmen zur Risikominimierung zu überwachen, die Teil des Risikomanagement-Plans sind oder die als Auflagen nach § 28 Abs. 3, 3a bis 3c genannt worden sind (Abs. 2 Nr. 5); und
- das Risikomanagement-System zu aktualisieren und Pharmakovigilanz-Daten zu überwachen, um zu ermitteln, ob es neue Risiken gibt, sich bestehende Risiken verändert haben oder sich das Nutzen-Risiko-Verhältnis von Arzneimitteln geändert hat (Abs. 2 Nr. 6).

---

[739] Vgl. § 63a Abs. 1 S. 1, 3 u. 4 AMG.
[740] S. o. → § 4 Rn. 81 f.

85 Gem. § 63b Abs. 3 AMG darf der Zulassungsinhaber im Zusammenhang mit dem zugelassenen Arzneimittel keine die Pharmakovigilanz betreffenden Informationen ohne vorherige oder gleichzeitige Mitteilung an die zuständige Bundesoberbehörde sowie bei Humanarzneimitteln auch an die EMA und die Europäische Kommission öffentlich bekannt machen. Er hat sicherzustellen, dass solche Informationen in objektiver und nicht irreführender Weise dargelegt werden.

86 In § 63c AMG werden sodann umfassende **Dokumentations- und Meldepflichten** des Zulassungsinhabers von Humanarzneimitteln für Verdachtsfälle von Nebenwirkungen festgelegt[741]. Hiernach hat der Zulassungsinhaber

- Unterlagen über alle Verdachtsfälle von Nebenwirkungen sowie Angaben über abgegebene Mengen zu führen (Abs. 1),
- jeden ihm bekannt gewordenen Verdachtsfall einer schwerwiegenden Nebenwirkung, der im Inland aufgetreten ist, zu erfassen und der zuständigen Bundesoberbehörde unverzüglich, spätestens aber innerhalb von 15 Tagen nach Bekanntwerden zu melden (Abs. 2 Nr. 1),
- jeden ihm bekannt gewordenen Verdachtsfall einer schwerwiegenden Nebenwirkung, der in einem Drittland aufgetreten ist, zu erfassen und der zuständigen Bundesoberbehörde sowie der EMA unverzüglich, spätestens aber innerhalb von 15 Tagen nach Bekanntwerden elektronisch anzuzeigen (Abs. 2 Nr. 2[742]), und
- zu gewährleisten, dass alle Verdachtsmeldungen von Nebenwirkungen bei Arzneimitteln, die zur Anwendung bei Menschen bestimmt sind, bei einer zentralen Stelle im Unternehmen in der EU verfügbar sind (Abs. 3).

87 Diese Verpflichtungen nach § 63c Abs. 1–3 AMG gelten unabhängig davon, ob sich das Arzneimittel noch im Verkehr befindet oder die Zulassung oder die Registrierung noch besteht. Die Erfüllung dieser Verpflichtungen kann durch schriftliche Vereinbarung zwischen dem Inhaber der Zulassung und dem pharmazeutischen Unternehmer, der nicht Inhaber der Zulassung ist, ganz oder teilweise auf den Inhaber der Zulassung übertragen werden (Abs. 4 S. 3 u. 4).

88 Die o. g. Verpflichtungen des § 63c AMG finden nach dessen Abs. 5 keine Anwendung auf Arzneimittel, für die von der Europäischen Kommission eine zentrale Genehmigung für das Inverkehrbringen erteilt worden ist[743]. Bei Arzneimitteln, bei denen eine Zulassung der zuständigen Bundesoberbehörde Grundlage der gegenseitigen Anerkennung ist oder bei denen eine Bundesoberbehörde Berichterstatter in einem Schiedsverfahren nach Art. 32 RL 2001/83/EG ist, übernimmt die zuständige Bundesoberbehörde die Verantwortung für die Analyse und Überwachung aller Verdachtsfälle schwerwiegender Nebenwirkungen, die in der EU auftreten; dies gilt auch für Arzneimittel, die im dezentralen Verfahren zugelassen worden sind.

---

[741] Die Regelungen des § 63c Abs. 1 bis 3, § 62 Abs. 6 und § 63b AMG gelten entsprechend (1.) für den Inhaber einer Registrierung nach § 38 AMG für homöopathische Arzneimittel sowie § 39a für traditionelle pflanzliche Arzneimittel, und (2.) für einen pharmazeutischen Unternehmer, der nicht Inhaber der Zulassung oder Inhaber der Registrierung nach § 38 AMG bzw. § 39a AMG ist und der ein zulassungspflichtiges oder ein von der Pflicht zur Zulassung freigestelltes oder ein traditionelles pflanzliches bzw. homöopathisches Arzneimittel in den Verkehr bringt, in Bezug auf homöopathische Arzneimittel für den Antragsteller auch vor Erteilung der Zulassung (§ 63c Abs. 4 AMG).

[742] Die zuständige Bundesoberbehörde kann vom Inhaber der Zulassung verlangen, auch Verdachtsfälle von nicht schwerwiegenden Nebenwirkungen, die im Inland aufgetreten sind, zu erfassen und ihr unverzüglich, spätestens aber innerhalb von 90 Tagen nach Bekanntwerden, elektronisch anzuzeigen.

[743] Für diese Arzneimittel gelten die Verpflichtungen des pharmazeutischen Unternehmers nach der VO 726/2004 in der jeweils geltenden Fassung mit der Maßgabe, dass im Geltungsbereich des Gesetzes die Verpflichtung zur Mitteilung an die Mitgliedstaaten oder zur Unterrichtung der Mitgliedstaaten gegenüber der jeweils zuständigen Bundesoberbehörde besteht.

Ferner bestimmt § 63d AMG die Verpflichtung des Zulassungsinhabers, **regelmäßige** 89
aktualisierte Unbedenklichkeitsberichte elektronisch an die zuständige Bundesoberbehörde zu übermitteln[744]. Deren Inhalt ist detailliert in Abs. 1 definiert[745]. Vorlageintervall- und termine für solche regelmäßigen aktualisierten Unbedenklichkeitsberichte sind dabei entweder in der Zulassung anzugeben, zu berechnen ab dem Datum der Erteilung der Zulassung, oder Vorlageintervall und -termine werden nach dem Verfahren nach Art. 107c Abs. 4 RL 2001/83/EG festgelegt[746]. Für Arzneimittel, die vor Inkrafttreten der 16. AMG-Novelle, also vor dem 26.10.2012, oder die nur im Inland zugelassen sind und für die Vorlageintervall und -termine weder in der Zulassung noch nach Art. 107c Abs. 4, 5 o. 6 RL 2001/83/EG festgelegt sind, übermittelt der Inhaber der Zulassung die regelmäßigen aktualisierten Unbedenklichkeitsberichte *unverzüglich nach Aufforderung* oder *nach Maßgabe des § 63d Abs. 3 Nrn. 1 u. 2 AMG*.

§ 63i AMG schließlich regelt die Dokumentations- und Meldepflichten bei Blut- und 90
Gewebezubereitungen sowie Gewebe.

5. Nichtinterventionelle Unbedenklichkeitsprüfungen

In den §§ 63f und 63g AMG werden nunmehr die Voraussetzungen für nichtinterventionelle Unbedenklichkeitsprüfungen geregelt. 91

a) Begriff der Unbedenklichkeitsprüfung. Der Begriff der **Unbedenklichkeitsprü-** 92
fung, definiert in § 4 Abs. 34 u. 35 AMG, umfasst

- bei Humanarzneimitteln jede Prüfung zu einem zugelassenen Arzneimittel, die durchgeführt wird, um ein Sicherheitsrisiko zu ermitteln, zu beschreiben oder zu quantifizieren, das Sicherheitsprofil eines Arzneimittels zu bestätigen oder die Effizienz von Risikomanagement-Maßnahmen zu messen;
- bei einem Tierarzneimittel eine pharmakoepidemiologische Studie oder klinische Prüfung entsprechend den Bedingungen der Zulassung mit dem Ziel, eine Gesundheitsgefahr im Zusammenhang mit einem zugelassenen Tierarzneimittel festzustellen und zu beschreiben.

---

[744] Für Arzneimittel, die nach § 22 Abs. 3 oder nach § 24b Abs. 2 zugelassen sind, werden regelmäßige aktualisierte Unbedenklichkeitsberichte nur in den in § 63d Abs. 4 AMG aufgeführten Fällen übermittelt, nämlich (1) wenn eine Auflage nach § 28 Abs. 3 oder 3a erteilt worden ist, (2) wenn sie von der zuständigen Bundesoberbehörde für einen Wirkstoff nach Erteilung der Zulassung wegen Bedenken im Zusammenhang mit Pharmakovigilanz-Daten oder wegen Bedenken auf Grund nicht ausreichend vorliegender regelmäßiger aktualisierter Unbedenklichkeitsberichte angefordert werden, oder (3) wenn Intervall und Termine für die Vorlage regelmäßiger aktualisierter Unbedenklichkeitsberichte gem. Art. 107c Abs. 4 RL 2001/83/EG in der Zulassung bestimmt worden sind.

[745] Die Unbedenklichkeitsberichte müssen enthalten: (1) Zusammenfassungen von Daten, die für die Beurteilung des Nutzens und der Risiken eines Arzneimittels von Interesse sind, einschließlich der Ergebnisse aller Prüfungen, die Auswirkungen auf die Zulassung haben können, (2.) eine wissenschaftliche Bewertung des Nutzen-Risiko-Verhältnisses des Arzneimittels, die auf sämtlichen verfügbaren Daten beruht, auch auf Daten aus klinischen Prüfungen für Indikationen und Bevölkerungsgruppen, die nicht der Zulassung entsprechen, und (3.) alle Daten im Zusammenhang mit der Absatzmenge des Arzneimittels sowie alle ihm vorliegenden Daten im Zusammenhang mit dem Verschreibungsvolumen, einschließlich einer Schätzung der Anzahl der Personen, die das Arzneimittel anwenden.

[746] Der Zulassungsinhaber kann beim CHMP oder bei der Koordinierungsgruppe nach Art. 27 RL 2001/83/EG beantragen, dass ein *einheitlicher Stichtag* nach Art. 107c Abs, 6 RL 2001/83/EG in der Europäischen Union festgelegt oder das *Vorlageintervall* regelmäßiger aktualisierter Unbedenklichkeitsberichte *geändert* wird.

Meier

93 **b) Anzeigepflicht.** Nichtinterventionelle Unbedenklichkeitsprüfungen, die vom Zulassungsinhaber auf *eigene Veranlassung* durchgeführt werden, sind der zuständigen Bundesoberbehörde **anzuzeigen**. Diese kann vom Zulassungsinhaber das Protokoll und die Fortschrittsberichte anfordern. Innerhalb eines Jahres nach Abschluss der Datenerfassung hat der Zulassungsinhaber der zuständigen Bundesoberbehörde sodann den Abschlussbericht zu übermitteln (§ 63f Abs. 1 AMG).

94 **c) Zulassungsverfahren.** Für nichtinterventionelle Unbedenklichkeitsprüfungen, die vom Zulassungsinhaber *auf Grund einer Auflage* nach § 28 Abs. 3, 3a o. 3b AMG durchgeführt werden[747], gilt das in § 63g AMG festgelegte Verfahren wie folgt:

(1) Der Zulassungsinhaber hat den Entwurf des Prüfungsprotokolls vor Durchführung vorzulegen, und zwar
- der zuständigen Bundesoberbehörde, wenn es sich um eine Prüfung handelt, die nur im Inland durchgeführt wird,
- dem bei der EMA gebildeten Ausschuss für Risikobewertung im Bereich der Pharmakovigilanz, sog. PRAC, wenn die Prüfung in mehreren Mitgliedstaaten der EU durchgeführt wird.

(2) Diese nichtinterventionalle Unbedenklichkeitsprüfung darf nur begonnen werden, wenn der Protokollentwurf bei Prüfungen, die nur im Inland durchgeführt werden, durch die zuständige Bundesoberbehörde genehmigt wurde, oder bei Prüfungen, die in mehreren Mitgliedstaaten durchgeführt werden, durch den PRAC genehmigt wurde und der Protokollentwurf der zuständigen Bundesoberbehörde vorliegt[748].

(3) Nach Beginn einer Prüfung nach Abs. 1 sind wesentliche Änderungen des Protokolls vor deren Umsetzung, von der zuständigen Behörde (Bundesoberbehörde oder PRAC) zu genehmigen.

(4) Nach Abschluss der Prüfung ist der abschließende Prüfungsbericht an die zuständige Bundesoberbehörde bzw. dem PRAC innerhalb von zwölf Monaten nach Abschluss der Datenerfassung vorzulegen, wenn nicht auf die Vorlage verzichtet worden ist. Der Abschlussbericht ist zusammen mit einer Kurzdarstellung der Prüfungsergebnisse elektronisch zu übermitteln.

95 **d) Unzulässigkeit der Unbedenklichkeitsprüfung.** Die Durchführung einer Unbedenklichkeitsprüfung ist gem. § 63f Abs. 3 AMG nicht zulässig, wenn durch sie die Anwendung eines Arzneimittels gefördert werden soll, sich Vergütungen für die Beteiligung von Angehörigen der Gesundheitsberufe an solchen Prüfungen nach ihrer Art und Höhe nicht auf den Zeitaufwand und die angefallenen Kosten beschränken oder ein Anreiz für eine bevorzugte Verschreibung oder Empfehlung bestimmter Arzneimittel entsteht.

96 **e) Weitere Anzeigepflichten.** Schließlich hat der Zulassungsinhaber die Unbedenklichkeitsprüfung – entsprechend der zu Anwendungsbeobachtungen in § 67 Abs. 6 AMG geltenden Regelung – auch der Kassenärztlichen Bundesvereinigung, dem Spitzenverband Bund der Krankenkassen und dem Verband der Privaten Krankenversicherung e.V. unverzüglich anzuzeigen unter Angabe von Ort, Zeit, Ziel und Protokoll der Prüfung sowie Name und lebenslange Arztnummer der beteiligten Ärzte (§ 63f Abs. 4 S. 1 u. 2 AMG). Sofern beteiligte Ärzte Leistungen zu Lasten der gesetzlichen Krankenversicherung erbringen, sind bei diesen Anzeigen auch die Art und die Höhe der an sie geleisteten

---

[747] S. hierzu o. → § 3 Rn. 150 ff.
[748] Die zuständige Bundesoberbehörde hat nach Vorlage des Protokollentwurfs innerhalb von 60 Tagen über die Genehmigung der Prüfung zu entscheiden. Eine Genehmigung ist zu versagen, wenn die Anwendung des Arzneimittels gefördert werden soll, die Ziele mit dem Prüfungsdesign nicht erreicht werden können oder es sich um eine klinische Prüfung nach § 4 Abs. 23 S. 1 handelt.

Entschädigungen anzugeben und jeweils eine Ausfertigung der mit ihnen geschlossenen Verträge nebst einer Darstellung des Aufwandes für die beteiligten Ärzte und eine Begründung für die Angemessenheit der Entschädigung zu übermitteln (§ 63f Abs. 4 S. 3 AMG)[749].

6. Tierarzneimittel

§ 63h AME regelt die Dokumentations- und Meldepflichten für Tierarzneimittel. Ferner bestimmt § 63j Abs. 2 AMG, dass die Regelungen des § 63b – mit Ausnahme der Absätze 1 und 3 – sowie der §§ 63d, 63e, 63f und 63g AMG keine Anwendung finden auf Tierarzneimittel.

II. Behördliche Überwachung

1. Zuständige Überwachungsbehörden

Die behördliche Überwachung ist im 11. Abschnitt des AMG in den §§ 64–69a AMG geregelt. Zuständig für die Wahrnehmung der darin definierten Aufgaben ist jeweils die zuständige Überwachungsbehörde des Bundeslandes, in dem der überwachungspflichtige Betrieb oder die der Überwachung unterliegende Person ihren Sitz haben. Darüber hinaus nehmen die Landesüberwachungsbehörden auch die weiteren, ihnen durch die Allgemeine Verwaltungsvorschrift zur Durchführung des Arzneimittelgesetzes (AMGVwV) zugewiesenen Aufgaben wahr[750].

Die Zuständigkeit der nationalen Behörden für die Durchführung des AMG richtet sich nach dem Gegenstand der zu treffenden Maßnahmen:

- Das **Bundesministerium für Gesundheit** als oberste Bundesbehörde ist zuständig für *stoffbezogene* Maßnahmen im Rahmen von Rechtsverordnungen, wie zB Erlass eines Herstellungsverbots für bestimmte Stoffe, Unterstellung unter die Verschreibungspflicht.
- Die **Bundesoberbehörden** sind zuständig für den Erlass von Maßnahmen in Bezug auf die *Arzneimittelzulassung*, wie zB der Widerruf, die Rücknahme oder das Ruhen der Zulassung sowie Auflagen (zB die Änderung oder Ergänzung des Wortlauts der äußeren Umhüllung oder die Anordnung /Ergänzung des Wortlautes der Gebrauchs- und Fachinformation).
- Die **Landesüberwachungsbehörden** sind für den Erlass von Maßnahmen in Bezug auf *Einzelarzneimittel* bzw. *bestimmte Chargen* zuständig, wie zB Untersagung des Inverkehrbringens, Sicherstellung, Anordnung des Rückrufes (also zB bei produktionsbezogenen Chargenproblemen).

Zur Sicherstellung einer schnellen und reibungslosen Zusammenarbeit der Überwachungsbehörden sind diese über die bereits bestehende Verpflichtung zur Unterstützung im Wege der Amtshilfe hinaus zur aktiven gegenseitigen Unterstützung und Zusammenarbeit bei der Wahrnehmung ihrer Aufgaben verpflichtet, ohne dass ein Ersuchen einer anderen Behörde vorliegen muss (§ 68 AMG)[751]. Insbesondere haben diese sich bei

---

[749] Die Sätze 4–6 des § 63f Abs. 4 AMG enthalten weitere Übermittlungsverpflichtungen.
[750] Gem. Art. 83 GG ist die Durchführung des Bundesgesetzes – wie damit auch des AMG – eigene Angelegenheit der Bundesländer. Ausgenommen sind solche Vorschriften, deren Durchführung den Bundesoberbehörden vorbehalten sind, wie alle Maßnahmen betreffend die Zulassung von Arzneimitteln. Vgl. hierzu § 1 Allgemeine Verwaltungsvorschrift zur Durchführung des Arzneimittelgesetzes (AMGVwV) v. 29. März 2006; *Kloesel/Cyran*, AMG, A 1.0, § 64 Anr. 1 f.; *Rehmann*, AMG, § 64 Anm. 1.
[751] Gem. Art. 35 Abs. 1 GG sind alle Bundes- und Landesbehörden bereits zur gegenseitigen Rechts- und Amtshilfe verpflichtet. Dies ist in § 4 VwVfG nochmals gesetzlich niedergelegt, und ist daher im AMG nicht nochmals zu wiederholen. S. *Kloesel/Cyran*, AMG, A 1.0, § 68 Anm. 1.

Zuwiderhandlungen und bei Verdacht auf Zuwiderhandlungen gegen Vorschriften des Arzneimittelrechts, des Heilmittelwerberechts oder des Apothekenrechts für den jeweiligen Zuständigkeitsbereich unverzüglich zu unterrichten und bei der Ermittlungstätigkeit gegenseitig zu unterstützen. Ferner erteilen sie der zuständigen Behörde eines anderen Mitgliedstaates der EU oder bei Humanarzneimitteln der EMA auf begründetes Ersuchen Auskünfte und übermitteln die erforderlichen Urkunden und Schriftstücke, soweit dies für die Überwachung der Einhaltung der arzneimittelrechtlichen, heilmittelwerberechtlichen und apothekenrechtlichen Vorschriften oder zur Verhütung oder zur Abwehr von Arzneimittelrisiken erforderlich ist. Auch überprüfen sie alle von der ersuchenden Behörde eines anderen Mitgliedstaates mitgeteilten Sachverhalte und teilen ihr das Ergebnis der Prüfung mit[752].

2. Durchführung der Überwachung

101   Der Arzneimittelüberwachung unterliegen alle Betriebe und Einrichtungen, in denen **Arzneimittel** hergestellt, geprüft, gelagert, verpackt oder in den Verkehr gebracht werden oder in denen sonst mit ihnen Handel getrieben wird und die Arzneimittel entwickeln, klinisch prüfen, einer Rückstandsprüfung unterziehen oder Arzneimittel nach § 47a Abs. 1 S. 1 AMG oder zur Anwendung bei Tieren bestimmte Arzneimittel erwerben oder anwenden. Auch die Entwicklung, Herstellung, Prüfung, Lagerung, Verpackung und das Inverkehrbringen bestimmter **Wirkstoffe** und anderer zur Arzneimittelherstellung bestimmten Stoffen und von Gewebe sowie der sonstige Handel mit diesen Wirkstoffen und Stoffen unterliegt der Überwachung, soweit sie durch eine Rechtsverordnung nach § 54 AMG, nach § 12 des Transfusionsgesetzes oder nach § 16a des Transplantationsgesetzes geregelt sind (§ 64 Abs. 1 S. 1 u. 2 AMG)[753].

102   Zur sorgfältigen Wahrnehmung der Überwachungsaufgaben ist eine bestimmte **sachliche und personelle Ausstattung** der Behörden erforderlich. Daher bestimmt § 64 Abs. 2 AMG, dass die mit der Überwachung beauftragten Personen diese Tätigkeit hauptberuflich ausüben müssen, ggf. unter Beiziehung von Sachverständigen. Eine erforderliche Sachkenntnis wird von § 8 AMGVwV gefordert, die in der Regel durch die Approbation als Apotheker erbracht wird[754].

103   Die zuständigen Landesbehörden haben dabei einen **umfassenden Überwachungsauftrag,** da sie sich davon zu überzeugen haben, dass nicht nur die Vorschriften des AMG, sondern auch Vorschriften über Wirkstoffe und andere zur Arzneimittelherstellung bestimmte Stoffe, über die Werbung auf dem Gebiete des Heilwesens, des Zweiten Abschnitts des Transfusionsgesetzes, der Abschnitte 2, 3 und 3a des Transplantationsgesetzes und über das Apothekenwesen beachtet werden[755]. Die Überwachung selbst erfolgt insbesondere durch regelmäßige, ggf. unangemeldete Inspektionen und Folgemaßnahmen

---

[752] Die einzelnen Maßnahmen der Zusammenarbeit sind ausführlich in den Absätzen 2–6 des § 68 AMG beschrieben. Vgl. insgesamt hierzu die Kommentierung in *Kloesel/Cyran*, AMG, A 1.0, § 68 Anm. 8 ff.; *Rehmann*, AMG, § 68 Rn. 1–4.

[753] Als Maßstab des Standes von Wissenschaft und Technik für die Betriebsüberwachung bestehen einheitliche RL der Europäischen Kommission sowie der Pharmazeutischen Inspektions-Convention, insb. der gemeinsame Leifaden mti den Details zu GMP-Richtlinien 2003/94/EG und 91/412/EWG. Ferner hat die Europäische Kommission (DG Sanco) zur Unterstützung einer einheitlichen Durchführung von Inspektionen für bestimmte Arzneimittel das Verfahrenshandbuch „Inspektion der Beschaffung von Gewebe und Zellen und von Gewebeeinrichtungen" erlassen. Ausführlich hierzu *Kloesel/Cyran*, AMG, A 1.0, § 64 Anm. 5 f.

[754] Vgl. hierzu *Kloesel/Cyran*, AMG, A 1.0, § 64 Anm. 28 f.; *Heßhaus* in Spickhoff, Medizinrecht, 10. AMG, § 64 Rn. 4.

[755] Zur Sicherstellung einer einheitlichen Überwachung durch die Bundesländer, gerade auch im internationalen Vergleich, wurde eine zentrale Koordinierung der Überwachung durch die Bundesländer vereinbart, indem das Abkommen über die Zentralsteller der Länder für Gesundheitsschutz

§ 4 Inverkehrbringen, Überwachung und Schutz von Arzneimitteln

sowie durch die Entnahme von Arzneimittelproben zur amtlichen Untersuchung[756]. Bestimmte erlaubnispflichtige Betriebe und Einrichtungen (insbesondere Herstellbetriebe nach § 13 AMG) sollten alle zwei Jahre überpüft werden, wobei die Erlaubnis überhaupt erst nach erfolgter positiv verlaufender Inspektion erteilt werden darf (§ 64 Abs. 3a AMG). Detaillierte Vorgaben zur Durchführung der Inspektionen enthalten die Absätze 3b-3h des § 64 AMG.

Die **Befugnisse der mit der Überwachung beauftragten Personen** sind in § 64 Abs. 4 AMG niedergelegt, und umfassen das Recht, 104

- Grundstücke, Geschäftsräume, Betriebsräume, Beförderungsmittel und zur Verhütung dringender Gefahr für die öffentliche Sicherheit und Ordnung auch Wohnräume zu den üblichen Geschäftszeiten zu betreten, zu besichtigen sowie in Geschäftsräumen, Betriebsräumen und Beförderungsmitteln zur Dokumentation Bildaufzeichnungen anzufertigen,
- Unterlagen über Entwicklung, Herstellung, Prüfung, klinische Prüfung oder Rückstandsprüfung, Erwerb, Lagerung, Verpackung, Inverkehrbringen und sonstigen Verbleib der Arzneimittel sowie über das im Verkehr befindliche Werbematerial und über die nach § 94 erforderliche Deckungsvorsorge einzusehen,
- Abschriften oder Ablichtungen solcher Unterlagen oder Ausdrucke oder Kopien von Datenträgern, auf denen solche Unterlagen gespeichert sind, anzufertigen oder zu verlangen, soweit es sich nicht um personenbezogene Daten von Patienten handelt,
- Auskünfte zu verlangen, sowie
- vorläufige Anordnungen, auch über die Schließung des Betriebes oder der Einrichtung zu treffen, soweit es zur Verhütung dringender Gefahren für die öffentliche Sicherheit und Ordnung geboten ist.

3. Probenahme

§ 65 AMG berechtigt die mit der Überwachung beauftragte Person, **Proben** bei den der Überwachung nach § 64 AMG unterliegenden Personen, Betrieben und Einrichtungen zu nehmen. Hierbei kann es sich um planmäßige Proben (**Planproben**) oder außerplanmäßige Proben (**Verdachtsproben**) handeln[757]. 105

4. Duldungs- und Mitwirkungspflichten

Die der Überwachung nach § 64 Abs. 1 AMG unterliegenden Personen, Betriebe und Einrichtungen sind verpflichtet, die Maßnahmen nach den §§ 64 und 65 AMG zu **dulden** und die in der Überwachung tätigen Personen bei der Erfüllung ihrer Aufgaben zu **unterstützen**, insbesondere ihnen auf Verlangen die Räume und Beförderungsmittel zu bezeichnen, Räume, Behälter und Behältnisse zu öffnen, Auskünfte zu erteilen und die Entnahme der Proben zu ermöglichen (§ 66 Abs. 1 S. 1[758]). Diese Duldungs- und Mit- 106

(ZLG) auch auf Arzneimittel erweitert wurde. Ausführlich hierzu *Kloesel/Cyran*, AMG, A 1.0, § 64 Anm. 7 f.

[756] § 65 AMG ermächtigt zur Ziehung von Proben, Details zur Probenahme regelt § 5 AMGVwV.

[757] Dabei sind zurückzulassende Proben amtlich zu verschließen oder zu versiegeln, und mit dem Datum der Probenahme und dem Datum des Tages zu versehen, nach dessen Ablauf der Verschluss oder die Versiegelung als aufgehoben gelten (Abs. 2). Für Proben, die nicht bei dem pharmazeutischen Unternehmer entnommen werden, hat der pharmazeutische Unternehmer eine angemessene Entschädigung zu leisten, es sei denn, hierauf wird ausdrücklich verzichtet (Abs. 3). Das nähere hierzu regelt § 5 AMGVwV.

[758] Die gleiche Verpflichtung besteht nach § 66 Abs. 1 S. 2 AMG für die sachkundige Person nach § 14, die verantwortliche Person nach § 20c, den Stufenplanbeauftragten, Informationsbeauftragten,

5. Anzeigepflichten

107 Alle Betriebe und Einrichtungen, die eine der in § 67 Abs. 1 S. 1 AMG aufgeführten Tätigkeiten ausüben – dies sind alle, die Arzneimittel entwickeln, herstellen, klinisch prüfen oder einer Rückstandsprüfung unterziehen, prüfen, lagern, verpacken, in den Verkehr bringen oder sonst mit ihnen Handel treiben –, haben dies *vor* der Aufnahme der Tätigkeiten der zuständigen Behörde, bei einer klinischen Prüfung bei Menschen auch der zuständigen Bundesoberbehörde, **anzuzeigen**[759]. In der Anzeige sind die Art der Tätigkeit und die Betriebsstätte anzugeben; werden Arzneimittel gesammelt, so ist das Nähere über die Art der Sammlung und über die Lagerstätte anzugeben[760]. Bei der Herstellung von solchen Arzneimitteln, für die es einer Erlaubnis nach § 13 AMG nicht bedarf, sind nach § 67 Abs. 2 AMG die Arzneimittel mit ihrer Bezeichnung und Zusammensetzung anzuzeigen. Auch sind **nachträgliche Änderungen** anzuzeigen. Bei Betrieben und Einrichtungen, die Wirkstoffe herstellen, einführen oder sonst mit ihnen Handel treiben, genügt jährlich eine Anzeige, sofern die Änderungen keine Auswirkungen auf die Qualität oder Sicherheit der Wirkstoffe haben können (§ 67 Abs. 3 AMG).

108 Freigestellt von diesen Anzeigeverpflichtungen sind Apotheken, Arzneimittelhersteller nach § 13 AMG, Einrichtungen nach §§ 20b u. 20c AMG, Großhändler nach § 52a AMG sowie Arzneimittelimporteure nach § 72 AMG. Der Grund für diese Freistellung ist, dass sie mit der Beantragung der jeweils für ihre Tätigkeit erforderlichen Erlaubnis der Überwachungsbehörde bereits die erforderlichen Informationen übermitteln (§ 67 Abs. 4 AMG)[761].

109 Ferner hat der pharmazeutische Unternehmer, der von der Zulassungspflicht freigestellte Arzneimittel in den Verkehr bringt, dies *zuvor* der zuständigen Bundesoberbehörde und der zuständigen Behörde anzuzeigen. Darin sind der Hersteller, die verwendete Bezeichnung, die verwendeten nicht wirksamen Bestandteile, soweit sie nicht in der Verordnung nach § 36 Abs. 1 AMG festgelegt sind, sowie die tatsächliche Zusammensetzung des Arzneimittels anzugeben. Anzuzeigen sind auch *jede Änderung der Angaben* und die *Beendigung* des Inverkehrbringens. Schließlich ist nach Abs. 6 die Anwendungsbeobachtung (AWB) anzeigepflichtig[762].

---

die verantwortliche Person nach § 52a und den Leiter der klinischen Prüfung sowie deren Vertreter, auch im Hinblick auf Anfragen der zuständigen Bundesoberbehörde.

[759] Die Anzeigeverpflichtung gilt auch (1) für Einrichtungen, die Gewebe gewinnen, die die für die Gewinnung erforderliche Laboruntersuchung durchführen, Gewebe be- oder verarbeiten, konservieren, prüfen, lagern oder in Verkehr bringen, (2) für Personen, die diese Tätigkeiten selbständig und berufsmäßig ausüben, sowie für Personen oder Personenvereinigungen, die Arzneimittel für andere sammeln (S. 4) und für Betriebe und Einrichtungen, die Wirkstoffe oder andere zur Arzneimittelherstellung bestimmte Stoffe herstellen, prüfen, lagern, verpacken in den Verkehr bringen oder sonst mit ihnen Handel treiben, soweit diese Tätigkeiten durch eine Rechtsverordnung nach § 54 geregelt sind (§ 67 Abs. 1 S. 2, 4 u. 6).

[760] Ist eine klinische Prüfung bei Menschen anzuzeigen, so sind der zuständigen Behörde auch deren Sponsor, sofern vorhanden dessen Vertreter nach § 40 Abs. 1 S. 3 Nr. 1 sowie der Prüfer und sein Stellvertreter, ggf. auch mit Angabe der Stellung als Leiter der klinischen Prüfung, namentlich zu benennen (§ 67 Abs. 1 S. 4). Ferner sind deren Verlauf, Beendigung und Ergebnisse der zuständigen Bundesoberbehörde mitzuteilen; das Nähere wird in der Rechtsverordnung nach § 42 AMG bestimmt (Abs. 3a).

[761] S. auch *Kloesel/Cyran*, AMG, A 1.0, § 67 Anm. 15 ff.; *Rehmann*, AMG, § 67 Rn. 4.

[762] S. hierzu o. → § 3 Rn. 36.

Nach § 67 Abs. 7 AMG hat jeder, der beabsichtigt, gewerbs- oder berufsmäßig Arzneimittel, die in einem anderen Mitgliedstaat der EU zum Inverkehrbringen durch einen anderen pharmazeutischen Unternehmer zugelassen sind, erstmalig aus diesem Mitgliedstaat nach Deutschland zu verbringen (sog. Parallelimport), dies dem Inhaber der Zulassung vor der Aufnahme der Tätigkeit anzuzeigen. Diese Anzeige nach § 67 Abs. 7 AMG ersetzt nicht eine Zulassung für das Inverkehrbringen nach § 21 AMG. 110

Für zentral zugelassene Arzneimittel ist im Fall des Inverkehrbringens eines Arzneimittels aus einem anderen EU Mitgliedstaat (sog. Parallelvertrieb) die Anzeige dem Zulassungsinhaber und der EMA zu übermitteln. Allerdings ist beim Parallelvertrieb keine weitere Zulassung durch die zuständige Bundesoberbehörde erforderlich, da das Arzneimittel bereits in allen EU Mitgliedstaaten zugelassen ist. In diesen Fällen ist lediglich ein Notifizierungsverfahren bei der EMA durchzuführen. Diese prüft sodann, ob das Arzneimittel den Bedingungen für das Inverkehrbringen entspricht, die für den jeweiligen Mitgliedstaat in der zentralen Genehmigung festgelegt wurden[763]. 111

6. Datenbankgestütztes Informationssystem

Zur Erleichterung des Datenaustausches der zuständigen Bundesoberbehörden, Länderbehörden und europäischen Behörden ist auf Basis des § 67a AMG ein gemeinsam nutzbares **zentrales Informationssystem über Arzneimittel, Wirkstoffe und Gewebe** sowie deren Hersteller oder Einführer errichtet worden, das die für die Erfüllung der jeweiligen Aufgaben behördenübergreifend notwendigen Informationen zusammenfasst. Das **Deutsche Institut für Medizinische Dokumentation und Information (DIMDI)** hat dieses Informationssystem auf der Grundlage der von den zuständigen Behörden oder Bundesoberbehörden nach der Rechtsverordnung nach Abs. 3 zur Verfügung gestellten Daten errichtet und stellt dessen laufenden Betrieb sicher. Daten aus dem Informationssystem werden an die zuständigen Behörden und Bundesoberbehörden zur Erfüllung ihrer im Gesetz geregelten Aufgaben sowie an die EMA übermittelt. Die zuständigen Behörden und Bundesoberbehörden erhalten darüber hinaus für ihre im Gesetz geregelten Aufgaben Zugriff auf die aktuellen Daten aus dem Informationssystem. Eine Übermittlung an andere Stellen ist zulässig, soweit dies die auf Basis des § 67 Abs. 3 AMG erlassene DIMDI-Arzneimittelverordnung[764] vorsieht. 112

Das DIMDI stellt darüber hinaus allgemein verfügbare Datenbanken mit Informationen zu Arzneimitteln als auch zum Versandhandel mit Arzneimitteln, die zur Anwendung bei Menschen bestimmt sind, über ein allgemein zugängliches Internetportal zur Verfügung. Das Internetportal wird mit dem von der EMA eingerichteten europäischen Internetportal nach Art. 26 VO Nr. 726/2004 für Arzneimittel verbunden. Dieses Internetportal wird verbunden mit dem von der EMA betriebenen Internetportal, das Informationen zum Versandhandel und zum gemeinsamen Versandhandelslogo enthält (Abs. 2). Das DIMDI hat sicherzustellen, dass die Daten nur den dazu befugten Personen übermittelt werden und nur diese Zugang zu diesen Daten erhalten (Abs. 5). 113

7. Maßnahmen der zuständigen Aufsichtsbehörde

§ 69 AMG ermächtigt die zuständigen Landesbehörden, alle zur Beseitigung festgestellter Verstöße und die zur Verhütung künftiger Verstöße notwendigen Anordnun- 114

---

[763] S. Art. 57 Abs. 1 lit. o VO 726/2004. Ausführlich hierzu EMA, Frequently asked questions about parallel distribution, abrufbar unter ema.europa.eu.
[764] Verordnung über das datenbankgestützte Informationssystem über Arzneimittel des Deutschen Instituts für Medizinische Dokumentation und Information (DIMDI-Arzneimittelverordnung – DIMDI-AMV) vom 24. Februar 2010 (BGBl. I S. 140), zuletzt geändert durch Art. 6 des Gesetzes vom 20. Dezember 2016 (BGBl. I S. 3048).

gen zu treffen. Insbesondere können sie das Inverkehrbringen von Arzneimitteln oder Wirkstoffen untersagen, deren Rückruf anordnen und diese sicherstellen, sofern einer der in Abs. 1 S. 2 genannten Tatbestände erfüllt ist – nur in diesem Fall dürfen Maßnahmen ergriffen werden. Eine solche Befugnis ist hiernach gegeben, wenn

- die erforderliche Zulassung oder Registrierung für das Arzneimittel nicht vorliegt oder deren Ruhen angeordnet ist[765],
- das Arzneimittel oder der Wirkstoff nicht nach den anerkannten pharmazeutischen Regeln hergestellt ist oder nicht die hiernach angemessene Qualität aufweist,
- dem Arzneimittel die therapeutische Wirksamkeit fehlt,
- der begründete Verdacht besteht, dass das Arzneimittel schädliche Wirkungen hat, die über ein nach den Erkenntnissen der medizinischen Wissenschaft vertretbares Maß hinausgehen[766],
- die vorgeschriebenen Qualitätskontrollen nicht durchgeführt sind,
- die erforderliche Erlaubnis für das Herstellen des Arzneimittels oder des Wirkstoffes oder das Verbringen nach Deutschland nicht vorliegt oder ein Grund zur Rücknahme oder zum Widerruf der Erlaubnis nach § 18 Abs. 1 gegeben ist, oder
- die erforderliche Erlaubnis zum Betreiben eines Großhandels nach § 52a AMG nicht vorliegt oder ein Grund für die Rücknahme oder den Widerruf der Erlaubnis nach § 52a Abs. 5 AMG gegeben ist.

115 Hierbei kommt der zuständigen Landesbehörde nicht nur ein **Beurteilungsspielraum** dahingehend zu, ob die Tatbestandsvoraussetzungen gegeben sind, sondern auch ein **Auswahlermessen**, welche Maßnahme bei Vorliegen aller gesetzlichen Voraussetzungen zu treffen ist. Die Behörde kann damit nicht nur die in S. 2 aufgeführten Maßnahmen treffen, sondern auch andere Maßnahmen, sofern diese zur Beseitigung der festgestellten Verstöße erforderlich sind[767].

116 Im Falle von wesentlichen Qualitätsmängeln oder unvertretbaren Nebenwirkungen kann die zuständige Bundesoberbehörde auch den **Rückruf** eines Arzneimittels anordnen, sofern ihr Tätigwerden im Zusammenhang mit Maßnahmen nach § 28, § 30, § 31 Abs. 4 S. 2 oder § 32 Abs. 5 AMG zur Abwehr von Gefahren für die Gesundheit von Mensch oder Tier durch Arzneimittel geboten ist. Eine solche Entscheidung ist sofort vollziehbar[768]. Auch kann hier eine öffentliche Warnung erfolgen (§ 69 Abs. 4 AMG).

117 Bei Arzneimitteln, die zentral, im MRP- oder DCP-Verfahren oder auf Grund eines Gutachtens des Ausschusses gem. Art. 4 RL 87/22/EWG zugelassen wurden, hat die zuständige Bundesoberbehörde den CHMP oder den CVMP über festgestellte Verstöße gegen arzneimittelrechtliche Vorschriften nach Maßgabe der in den genannten Rechtsakten vorgesehenen Verfahren unter Angabe einer eingehenden Begründung und des vorgeschlagenen Vorgehens, zu unterrichten (§ 69 Abs. 1a S. 1 AMG). Bei diesen Arzneimitteln können die zuständigen Landesbehörden vor der Unterrichtung des zuständigen Ausschusses die zur Beseitigung festgestellter und zur Verhütung künftiger Verstöße notwendigen Anordnungen nur dann treffen, wenn diese zum Schutz der Gesundheit von Mensch oder Tier oder zum Schutz der Umwelt *dringend erforderlich* sind. Bei unvertretbaren Nebenwirkungen kann auch die zuständige Bundesoberbehörde das Ruhen der Zulassung oder den Rückruf eines Arzneimittels anordnen, sofern ihr Tätigwerden zum Schutz der in S. 2 genannten Rechtsgüter dringend erforderlich ist (§ 69 Abs 1a S. 4 AMG).

---

[765] Vgl. § 30 Abs. 2 S. 2 AMG.
[766] Soweit es sich hierbei um Tierarzneimitteln handelt, beschränkt sich die Anwendung auf den bestimmungsgemäßen Gebrauch (Abs. 1 S. 4).
[767] Ausführlich hierzu *Kloesel/Cyran*, AMG, A 1.0, § 69 Rn. 8; *Heßhaus* in Spickhoff, Medizinrecht, 10. AMG, § 69 Rn. 2; *Rehmann*, AMG, § 69 Rn. 2.
[768] Vgl. § 69 Abs. 1 S. 3 u. 4 AMG.

§ 4 Inverkehrbringen, Überwachung und Schutz von Arzneimitteln

Allerdings hat die zuständige Behörde im Benehmen mit der zuständigen Bundesoberbehörde das Recht, bei einem Humanarzneimittel, dessen Abgabe aus bestimmten Gründen untersagt wurde bzw. das aus dem Verkehr gezogen wurde, in Ausnahmefällen seine Abgabe an Patienten, die bereits mit diesem Arzneimittel behandelt werden, während einer Übergangszeit zu gestatten, wenn dies medizinisch vertretbar und für die betroffene Person angezeigt ist[769]. **118**

Falls eine sachgerechte Lagerung der Arzneimittel nicht gewährleistet ist oder wenn der begründete Verdacht besteht, dass die gesammelten Arzneimittel missbräuchlich verwendet werden, können die zuständigen Landesbehörden nicht nur das Sammeln von Arzneimitteln untersagen, sondern gesammelte Arzneimittel auch sichergestellt werden, falls durch unzureichende Lagerung oder durch ihre Abgabe die Gesundheit von Mensch und Tier gefährdet wird (§ 69 Abs. 2 AMG). Ferner räumt das Gesetz den zuständigen Landesbehörden in § 69 Abs. 2a und 3 AMG noch die Befugnis zur Sicherstellung von bestimmten Tierarzneimitteln sowie von Werbematerial ein. **119**

Schließlich regeln § 69a AMG die Überwachung von Stoffen, die als Tierarzneimittel verwendet werden, und § 69b AMG die Verwendung bestimmte Daten Vieh haltender Betriebe. **120**

C. Sonderregelungen für Tierarzneimittel

I. Einleitung

Auch der Bereich der Tierarzneimittel ist in weiten Teilen europaweit harmonisiert auf Basis der RL 2001/82/EG[770]. Daher gelten für Tierarzneimittel folgende vergleichbare Grundsätze und Regelungen wie für Humanarzneimittel: **121**

- Die **Einstufung** von Tierarzneimitteln erfolgt nach denselben Grundsätzen wie bei Humanarzneimitteln auf Basis der Begriffsbestimmung des § 2 AMG[771]. Von praktischer Relevanz ist insbesondere die Abgrenzung zu den Bioziden gem. RL 98/8/EG[772].
- Auch Tierarzneimittel, die in Deutschland vermarktet werden sollen, bedürfen gem. § 21 Abs. 1 AMG hierzu grundsätzlich einer vorherigen behördlichen Genehmigung, und zwar

---

[769] § 69 Abs. 5 AMG, eingefügt durch die 16. AMG-Novelle.
[770] RL 2001/82/EG des Europäischen Parlaments und des Rates vom 6. November 2001 zur Schaffung eines Gemeinschaftskodexes für Tierarzneimittel, ABl. L 311 v. 28.11.2001, S. 1, zuletzt geändert durch VO (EG) Nr. 596/2009 des Europäischen Parlaments und des Rates vom 18. Juni 2009, L 188 v. 18.7.2009, S. 14.
[771] Ob es sich bei einem bestimmten Präparat um ein zulassungspflichtiges Arzneimittel handelt oder nicht, klärt die Landesbehörde des Bundeslandes, in dem der Auskunftsuchende ansässig ist. Gem. § 21 Abs. 4 AMG kann die Landesbehörde jedoch in Zweifelsfällen ihre Entscheidung vom Bundesamt für Verbraucherschutz und Lebensmittelsicherheit (BVL) absichern lassen. Hat der pharmazeutische Unternehmer seinen Sitz in der EU bzw. des EWR, beantwortet das BVL Anfragen zur Zulassungs- oder Registrierpflicht eines Tierarzneimittels.
[772] RL 98/8/EG des Europäischen Parlaments und des Rates vom 16. Februar 1998 über das Inverkehrbringen von Biozid-Produkten, ABl. L 123 v. 24.4.1998, S. 1. Für die Einstufung als Tierarzneimittel mit der Folge einer entsprechenden Zulassungspflicht ist entscheidend, dass dem Produkt eine entsprechende pharmakologische, metabolische oder immunologische Wirkung beikommt sowie der Inverkehrbringer eine medizinische Indikation (zB Vorbeugung von Erkrankungen) beansprucht. Haben hiernach die enthaltenen Wirkstoffe ausschließlich letale Wirkung oder wird eine solche Indikation in Anspruch genommen, ist das Produkt als Tierarzneimittel einzustufen. Ist dies nicht der Fall, ist das Produkt als Biozid einzustufen, für dessen Registrierung bzw. Zulassung auf Antrag die Bundesanstalt für Arbeitsschutz und Arbeitsmedizin (BAuA) zuständig ist.

Meier

- in Form einer **nationalen Zulassung**, die erteilt wird durch das Bundesamt für Verbraucherschutz und Lebensmittelsicherheit (BVL[773]), das Paul-Ehrlich-Institut (PEI[774]), oder das Friedrich-Loeffler-Institut (FLI[775]), oder
- einer **zentralen Zulassung** durch die Europäische Kommission, koordiniert durch die EMA und unterstützt durch den Veterinärausschuss CVMP (Committee for Veterinary Medicinal Products).

- Für die Zulassung von Tierarzneimitteln stehen – abhängig von dem Arzneimittel selbst und davon, in welchen Ländern der EU bzw. des EWR die Vermarktung erfolgen soll – ebenfalls das nationale, das MRP-, das DCP- sowie das zentrale **Zulassungsverfahren** zur Verfügung[776]. § 23 AMG fordert allerdings für die Zulassung von Arzneimitteln, die zur Anwendung bei Tieren bestimmt sind, die der Gewinnung von Lebensmitteln dienen, die Vorlage weiterer besonderer Unterlagen.
- Eine von der Europäischen Kommission bzw. von den Mitgliedstaaten erteilte Zulassung hat eine **initiale Gültigkeit von fünf Jahren.** Nach diesen fünf Jahren findet eine erneute Bewertung des Nutzen-Risiko-Verhältnisses des Tierarzneimittels statt, wobei der Zulassungsinhaber hierzu sechs Monate vor Ablauf der Gültigkeitsfrist einen Antrag auf Zulassungsverlängerung bei der zuständigen Zulassungsbehörde stellen muss. Bei nicht fristgerechter Einreichung des Antrages erlischt die Zulassung automatisch, nach Erteilung einer Verlängerung gilt die Zulassung in der Regel ohne zeitliche Begrenzung[777].
- Auch für zentral zugelassene Arzneimittel erlischt die Zulassung, wenn das betreffende Tierarzneimittel drei Jahre lang nicht tatsächlich auf den Markt gebracht wurde (**sunset clause**[778]). Allerdings sind Ausnahmen hiervon möglich aus Gründen des Schutzes der Gesundheit bzw. aufgrund rechtlicher Vorschriften zu Maßnahmen der Bekämpfung spezifischer Tierseuchen (Art. 39 Abs. 6 VO 726/2004)[779].
- Für Tierarzneimittel gelten die **Kennzeichnungsvorschriften** der §§ 10, 11 und 11a AMG im Wesentlichen entsprechend[780]. Immunologische Tierarzneimittel, die in Deutschland vermarktet werden sollen, sind gem. §§ 35 u. 36 Tierimpfstoff-VO in

---

[773] Die Zulassung von Tierarzneimitteln obliegt grundsätzlich dem BVL. Das BVL ist aber nicht zuständig für Tierarzneimittel, die unter Verwendung von Krankheitserregern oder auf biotechnischem Wege hergestellt werden und zur Verhütung, Erkennung oder Heilung von Tierseuchen bestimmt sind (§ 4a S. 1 Nr. 1 AMG). Die Zulassung dieser Tierarzneimittel hat ihre gesetzliche Grundlage im Tierseuchengesetz (TierSG) und in der Verordnung über Sera, Impfstoffe und Antigene nach dem Tierseuchengesetz (Tierimpfstoff-VO). In § 2 Abs. 2 Tierimpfstoff-VO ist die Zuständigkeit von PEI und FLI als Zulassungsstellen geregelt.
[774] Nach § 2 Abs. 2 Tierimpfstoff-VO ist das PEI zuständig für die Zulassung von folgenden immunologischen Tierarzneimitteln, die zur Anwendung am Tier bestimmt sind und die nach § 1 Nr. 1 Tierimpfstoff-VO als Mittel bezeichnet werden: Sera, Impfstoffe, Immunmodulatoren, Tuberkuline, sowie weiter Tierarzneimittel.
[775] Ebenfalls nach § 2 Abs. 2 Tierimpfstoff-VO ist das FLI zuständig für die Zulassung von Mitteln, die nicht zur Anwendung am Tier bestimmt sind (Diagnostika).
[776] Zwingend nach dem zentralisierten Verfahren von der Europäischen Kommission zuzulassen sind gem. Art. 3 Abs. 1 VO 726/2004 die unter den Anhang hierzu fallenden Arzneimittel. Hierbei werden nach Ziff. 2 insbesondere solche Tierarzneimittel erfasst, die vorwiegend zur Anwendung als Leistungssteigerungsmittel zur Förderung des Wachstums oder zur Erhöhung der Ertragsleistung von behandelten Tieren vorgesehen sind. Gem. Art. 3 Abs. 2 VO 726/2004 kann für Tierarzneimittel, die einen neuen Wirkstoff enthalten, sowie innovative neue Tierarzneimittel das zentralisierte Zulassungsverfahren fakultativ gewählt werden. Alle übrigen Tierarzneimittel, die nicht unter diese Verordnung fallen, können nur von den nationalen Behörden der EU-/EWR-Mitgliedstaaten im nationalen, DCP- oder MRP-Verfahren zugelassen werden. Ausführlich hierzu o. → § 3 Rn. 178.
[777] Vgl. Art. 39 Abs. 1–3 VO 726/2004 sowie § 31 AMG.
[778] Art. 39 Abs. 4 u. 5 VO 726/2004.
[779] Beispielhaft können hier die Schweinepest oder die Maul- und Klauenseuche genannt werden.
[780] Vgl. §§ 10 Abs. 5 u. Abs. 10, 11 Abs. 4 und 11a Abs. 1c u. 1d AMG.

§ 4 Inverkehrbringen, Überwachung und Schutz von Arzneimitteln

deutscher Sprache, in deutlich lesbarer Schrift und in dauerhafter Weise zu kennzeichnen unter Beifügung einer Packungsbeilage (Gebrauchsinformation).
- Bei Vornahme von Änderungen einer Zulassung und sich hierdurch ergebender Änderungen an den zum Zulassungsantrag eingereichten Unterlagen sind diese der für die Zulassung zuständigen Behörde **anzuzeigen.** Abhängig davon, wie erheblich diese Änderungen sind, stehen sie unter dem Vorbehalt der Zustimmung bzw. Genehmigung durch die Zulassungsbehörde[781].
- Auch bei Tierarzneimitteln ist der Zulassungsinhaber zur Sammlung und Auswertung von Meldungen zu **unerwünschten Wirkungen** von Tierarzneimitteln verpflichtet und hat diese – je nach Schweregrad des jeweiligen Ereignisses – unverzüglich oder in bestimmten Zeitintervallen als Sammelmeldung den Behörden mitzuteilen[782].

II. Sondervorschriften für Tierarzneimittel

Daneben enthält das AMG im Neunten Abschnitt in den §§ 56–61 AMG im wesentlichen folgende Sonderregelungen für Tierarzneimittel:
- Nach § 56 AMG dürfen Fütterungsarzneimittel[783] vom Hersteller abweichend von § 47 Abs. 1 AMG nur unmittelbar an Tierhalter abgegeben werden, allerdings auch nur auf **Verschreibung eines Tierarztes;** dies gilt unter bestimmten Voraussetzungen auch für Fütterungsarzneimittel, die in einem anderen Mitgliedstaat der EU oder in einem anderen Vertragsstaat des EWR unter Verwendung von in Deutschland zugelassener Arzneimittel-Vormischungen oder solcher Arzneimittel-Vormischungen hergestellt werden. Die Absätze 2–5 des § 56 AMG enthalten besondere Vorschriften betreffend Herstellung, Kennzeichnung und Verschreibung von Fütterungsarzneimitteln.
- § 56a AMG normiert die Voraussetzungen für die **Verschreibung, Abgabe und Anwendung von Arzneimitteln durch Tierärzte,** und § 56b AMG die Möglichkeit des Bundesministeriums für Ernährung, Landwirtschaft und Verbraucherschutz, Ausnahmen hiervon zuzulassen, soweit die notwendige arzneiliche Versorgung der Tiere ansonsten ernstlich gefährdet wäre.
- § 57 AMG regelt den **Erwerb und den Besitz von Tierarzneimitteln** durch Tierhalter sowie die hierfür erforderlichen Nachweise. Insbesondere darf der Tierhalter apothekenpflichtige Tierarzneimittel nur in Apotheken, bei dem den Tierbestand behandelnden Tierarzt oder in den Fällen des § 56 Abs. 1 AMG direkt bei den Herstellern erwerben. Andere nicht in § 47 Abs. 1 AMG aufgeführte Personen dürfen solche Arzneimittel nur in Apotheken erwerben[784]. Ergänzend bestimmt die auf Basis des § 57

---

[781] Auch bei Tierarzneimitteln wird gem. VO 1234/2008 unterschieden zwischen geringfügigen Änderungen des Typs IA und des Typs IB-Änderungen sowie größeren Änderungen des Typs II. Dies gilt auch für immunologische Arzneimittel nach § 29 Tierimpfstoff-Verordnung.

[782] Vgl. §§ 62 ff. AMG. Bei immunologischen Tierarzneimitteln hat der Zulassungsinhaber bei Verdacht auf schwerwiegende Nebenwirkungen oder Verdachts der Nebenwirkung beim Menschen diesen Verdachtsfall innerhalb von 15 Tagen nach Bekanntwerden dem PEI anzuzeigen. Eine Nebenwirkung ist als schwerwiegend einzustufen, wenn diese tödlich oder lebensbedrohlich ist, zu signifikanter Behinderung führt oder bei den behandelten Tieren ständig auftretende bzw. lang anhaltende Symptome hervorruft.

[783] Fütterungsarzneimittel sind nach § 4 Abs. 10 AMG Arzneimittel in verfütterungsfertiger Form, die aus Arzneimittel-Vormischungen und Mischfuttermitteln hergestellt werden und die dazu bestimmt sind, zur Anwendung bei Tieren in den Verkehr gebracht zu werden.

[784] Ausnahmen hiervon regelt § 57 Abs. 1 S. 3 u. S. 4 AMG insbesondere für Tierarzneimittel, die ausschließlich zur Anwendung bei Tieren, die nicht der Gewinnung von Lebensmitteln dienen, zugelassen sind.

Abs. 2 AMG erlassene Rechtsverordnung Nachweispflichten über den Erwerb, die Aufbewahrung und den Verbleib der Arzneimittel und die Führung eines Registers bzw. von Nachweisen über die Anwendung der Arzneimittel[785].

- Eine **Anwendung** von verschreibungspflichten Arzneimitteln bei Tieren darf **durch Tierhalter** und andere Personen, die nicht Tierärzte sind, nur dann erfolgen, soweit die Arzneimittel von dem Tierarzt verschrieben oder abgegeben wurden, bei dem sich die Tiere in Behandlung befinden (§ 57a AMG).
- Für die **Anwendung** von Tierarzneimitteln bei Tieren, die der Gewinnung von Lebensmitteln dienen, bestimmt § 58 Abs. 1 AMG ferner, dass Tierhalter und andere Personen, die nicht Tierärzte sind, verschreibungspflichtige Arzneimittel oder andere vom Tierarzt verschriebene oder erworbene Arzneimittel nur nach einer tierärztlichen Behandlungsanweisung für den betreffenden Fall anwenden dürfen. Nicht verschreibungspflichtige Arzneimittel, die nicht für den Verkehr außerhalb der Apotheken freigegeben sind und deren Anwendung nicht auf Grund einer tierärztlichen Behandlungsanweisung erfolgt, dürfen ebenfalls nur unter engen, in § 58 Abs. 2 aufgeführten Voraussetzungen angewendet werden.
- § 59 AMG enthält Sondervorschriften in Bezug auf die **klinische Prüfung** und die **Rückstandsprüfung** bei Tieren, die der Lebensmittelgewinnung dienen.
- Die §§ 59a–d AMG sehen Sondervorschriften für die **Herstellung** und den **Verkehr** von Tierarzneimitteln mit bestimmten Stoffen und Zubereitungen aus Stoffen vor.
- Gem. § 60 AMG finden die Regelungen der §§ 21 bis 39d und 50 AMG über die Zulassungspflicht von Tierarzneimitteln für das Inverkehrbringen keine Anwendung für Arzneimittel, die ausschließlich zur Anwendung bei Zierfischen, Zier- oder Singvögeln, Brieftauben, Terrarientieren, Kleinnagern, Frettchen oder nicht der Gewinnung von Lebensmitteln dienenden Kaninchen bestimmt und für den Verkehr außerhalb der Apotheken zugelassen sind. Allerdings gelten die Vorschriften über die Herstellung von Arzneimitteln mit der Maßgabe, dass der Nachweis einer zweijährigen praktischen Tätigkeit nach § 15 Abs. 1 AMG entfällt.

D. Der Schutz von Arzneimitteln

I. Einleitung

123 Die Forschung im pharmazeutischen Bereich trägt entscheidend zur ständigen Verbesserung der Volksgesundheit bei. Gerade Arzneimittel, die das Ergebnis einer langen und kostspieligen Forschungstätigkeit sind, können häufig nur weiterentwickelt werden, wenn der rechtliche Rahmen einen ausreichenden Schutz zur Förderung einer solchen Forschung vorsieht[786]. Im Bereich der Entwicklung neuer Arzneimittel nimmt daher der Schutz von Arzneimitteln einen besonders hohen Stellenwert ein: Von 5.000–10.000 untersuchten Substanzen erlangt etwa nur eine einzige Substanz die behördliche Zulassung in Form eines neuen Medikaments, wobei bis zur Arzneimittelzulassung durchschnittlich 12 Jahre vergehen. Daher wird die Entwicklung eines modernen Arzneimittels im Jahr 2016 mit durchschnittlichen Investitionskosten von rund 2 Milliarden Euro veranschlagt, wobei der größte Anteil auf die klinische Entwicklung entfällt[787].

---

[785] Verordnung über Nachweispflichten der Tierhalter für Arzneimittel, die zur Anwendung bei Tieren bestimmt sind (Tierhalter-Arzneimittel-Nachweisverordnung), Art. 2 der Verordnung vom 20. Dezember 2006 (BGBl. I S. 3450, 3453).

[786] S. Erwägungsgrund 1 zur VO (EWG) Nr. 1768/92 des Rates vom 18. Juni 1992 über die Schaffung eines ergänzenden Schutzzertifikats für Arzneimittel (ABl. L 182 vom 2.7.1992, S. 1).

[787] Vgl. EFPIA, The Pharmaceutical Industry in Figures – Key Data 2017, S. 6, abrufbar unter efpia.eu.

Da wirtschaftlich erfolgreiche Ideen und Erfindungen häufig nachgeahmt werden, sind 124
aus Sicht der forschenden Arzneimittelhersteller effektive Schutzrechte unerlässlich, um
derart hohe finanzielle Investitionen für die Entwicklung neuer Arzneimittel tätigen und
das damit verbundene Risiko eingehen zu können: nur eine exklusive Marktstellung für
einen bestimmten Zeitraum ermöglicht es, die Entwicklungskosten am Markt zu erwirtschaften[788]. Der Schutz von Arzneimitteln wird dabei nicht nur durch **gewerbliche Schutzrechte** gewährt, sondern auch durch **sonstige, insbesondere regulatorische Schutzrechte**.

1. Gewerbliche Schutzrechte

Geistige und gewerbliche Leistungen, die einem Sonderrechtsschutz zugänglich sind, 125
werden unter dem Oberbegriff „**Gewerbliche Schutzrechte**" zusammengefasst. Die gewerblichen Schutzrechte sind als absolute Rechte (sog. Immaterialgüterrechte) ausgestaltet und genießen daher den **Eigentumsschutz nach Art. 14 GG**[789].

Die gewerblichen Schutzrechte lassen sich unterteilen in 126

- **technische Schutzrechte**: für den Bereich der Arzneimittel sind bedeutsam die **Patente** und die **Gebrauchsmuster**[790]; hierbei besteht die Möglichkeit, eine Verlängerung des Patentschutzes eines Arzneimittels durch das sog. **ergänzende Schutzzertifikat** zu erhalten, welches wiederum durch die sog. **äpdiatrische Exklusivität** verlängert werden kann[791],
- **ästhetische Schutzrechte**: dies umfasst **das eingetragene Design** und typographische Schriftzeichen[792], sowie
- **Kennzeichnungsrechte**, die nach dem Markengesetz gewährt werden: dies sind **Marken,** geschäftliche Bezeichnungen sowie geografische Herkunftsangaben[793].

2. Sonstige Schutzrechte

Nicht zum gewerblichen Rechtsschutz zählen insbesondere das Urheberrecht, das 127
Know-How, der ergänzende wettbewerbsrechtliche Leistungsschutz sowie im Bereich
des Arzneimittelrechts auch die regulatorischen Schutzrechte in Form des Unterlagenschutzes und der Orphan Marktexklusivität, die von zunehmender Bedeutung
sind:
- Das **Urheberrecht** schützt das Recht des Urhebers an seinen Werken. Dem Schutz des deutschen Urheberrechts unterfallen Werke der Literatur, Wissenschaft und Kunst (§ 1 UrhG)[794], sofern diese persönliche geistige Schöpfungen darstellen (§ 57a AMG). Dies

---

[788] Die Exklusivität der wirtschaftlichen Nutzung einer Erfindung für einen zeitlich befristeten Zeitraum gibt dem Patentinhaber die Möglichkeit, zum einen die Kosten für seine Erforschung und Entwicklung zurückzuverdienen und zum anderen zukünftige Forschungsarbeiten zu finanzieren. Vgl. VfA, Patentschutz – Garant für therapeutischen Fortschritt, 5.11.2012, abrufbar unter vfa. de.
[789] Gabler Verlag (Herausgeber), Gabler Wirtschaftslexikon, Stichwort: gewerbliche Schutzrechte, abrufbar unter wirtschaftslexikon.gabler.de.
[790] Die ebenfalls zu den technischen Schutzrechten zählenden Sortenschutzrechte sind vorliegend ohne Belang.
[791] Vgl. ausführlich zu den Patenten nachfolgend → Rn. 128 ff., zum ergänzenden Schutzzertifikat nachfolgend → Rn. 145 ff., zur Paediatric Extension nachfolgend → Rn. 218 ff., sowie zu den Gebrauchsmustern nachfolgend → Rn. 152 ff.
[792] Vgl. ausführlich zum eingetragenen Design nachfolgend → Rn. 159 ff. Typographische Schriftzeichen werden nach Maßgabe des § 61 Designgesetz geschützt, sofern diese nach Art. 2 des Schriftzeichengesetzes in der bis zum Ablauf des 1. Juni 2004 geltenden Fassung angemeldet wurden.
[793] Vgl. ausführlich zum Markenschutz nachfolgend → Rn. 166 ff.
[794] Hierzu gehören insbesondere Sprachwerke, wie Schriftwerke, Reden und Computerprogramme, Werke der Musik, pantomimische Werke, Werke der bildenden Künste, Lichtbildwerke, Film-

setzt voraus ein persönliches Schaffen, eine wahrnehmbare Formgestaltung, einen geistigen Gehalt sowie eine eigenpersönliche Prägung[795]. Damit ist zugleich die Abgrenzung gegenüber technisch-naturwissenschaftlichen Erfindungen gegeben, für die der gewerbliche Rechtsschutz einen Schutz bietet: Das Recht des gewerblichen Rechtsschutzes schützt die Ergebnisse geistigen Schaffens (sog. Immaterialgüter) auf gewerblichem Gebiet, während dessen das deutsche Urheberrecht solche auf kulturellem Gebiet schützt[796].

- Beim **Know-how** handelt es sich um Fähigkeiten und Wissen über prozedurale Vorgänge, wie zB Lösungswege und -prozesse zu den verschiedensten Problemen, wie zB in der Technik. Sofern Know-how einzeln oder in Kombination wertvoll, selten, dauerhaft und schwer imitierbar bzw. substituierbar ist, kann es als immaterielle Ressource einen Vermögensgegenstand darstellen[797]. Auch wenn Know-how nicht Gegenstand einer rechtlichen Verfügung sein und nicht übertragen, sondern nur mitgeteilt werden kann, so kann Know-how – in gleicher Weise wie gewerbliche Schutzrechte – Gegenstand eines schuldrechtlichen Lizenzvertrages sein[798]. Für Arzneimittel kann Know-how insbesondere bei der Herstellung und den dabei verwendeten Techniken bestehen.
- Der **ergänzende wettbewerbsrechtliche Leistungsschutz** gibt einem Unternehmen das Recht, sich gegen eine unlautere Ausbeutung der Leistungen oder des Rufes des Unternehmens durch ein anderes Unternehmen zu wehren. In Deutschland ist dies durch das Gesetz gegen unlauteren Wettbewerb (UWG[799]) geregelt. Dieser wettbewerbsrechtliche Leistungsschutz steht in Ergänzung zum gewerblichen Rechtsschutz, da das UWG Rechtsverletzungen beschreibt, gegen die auf der Grundlage von Spezialgesetzen – wie denen des Markenrechts oder des Urheberrechts – nicht vorgegangen werden kann[800]:
  – Spezialgesetze im Immaterialgüterrecht, wie das Patent- oder das Markengesetz, regeln grundsätzlich abschließend den Rechtsschutz, der durch die gewährten Ausschließlichkeitsrechte entsteht.
  – Das UWG regelt im Unterschied dazu das Marktverhalten zwischen den Mitbewerbern und das Verhältnis zur Marktgegenseite. Insoweit gilt der Grundsatz der Nachahmungsfreiheit, wonach Nachahmungen grundsätzlich frei sind und die Schranken nur durch das Urheberrecht, Markenrecht etc. gezogen werden. Außerhalb dieser Schranken darf eine Leistung nachgeahmt werden. Dieser Grundsatz wird nur ausnahmsweise durchbrochen, wenn die Leistung eine wettbewerbliche Eigenart besitzt und spezielle Verhältnisse hinzutreten, die das Nachahmen als unlauter erscheinen lassen.
- Der sog. **Unterlagenschutz** (engl. „**Regulatory Data Protection**" – RDP[801]) schützt den Zulassungsinhaber eines Arzneimittels davor, dass die Unterlagen dieses Arzneimittels, insbesondere die prä-klinischen und klinischen Studiendaten, welche Teil des

---

werke, sowie Darstellungen wissenschaftlicher oder technischer Art, wie Zeichnungen, Pläne, Karten, Skizzen, Tabellen und plastische Darstellungen, vgl. § 2 Abs. 1 UrhG.

[795] Vgl. hierzu ausführlich *Lutz*, Grundriss des Urheberrechts (2009), Rn. 37–86d.

[796] Vgl. §§ 1, 2 UrhG sowie *Schütze/Vormann* in Dieners/Reese (Hrsg.), Hdb PharmR, § 19 Rn. 87, und *Kirchhof* in Münchener Kommentar zum Anfechtungsgesetz (1. Aufl. 2012), § 1 Rn. 88 f.

[797] Im Unternehmenswert drückt sich das Know-how im Goodwill aus.

[798] S. hierzu *Schütze/Vormann* in Dieners/Reese (Hrsg.), Hdb PharmR, § 19 Rn. 98 ff.

[799] Vgl. § 4 UrhG.

[800] S. *Köhler* in ders./Bornkamm, UWG (31. Aufl. 2012), § 4 UWG Rn. 9.3 m. z. w.Nachw.

[801] Einen solchen Unterlagenschutz gibt es daneben nur im Pflanzenschutzrecht, in dem es ebenfalls um eine Einzelzulassung von Pflanzenschutzmitteln geht, und das mit §§ 13 ff. Pflanzenschutzgesetz ebenfalls eine Bestimmung enthält, die mit dem arzneimittelrechtlichen Institut des Unterlagenschutzes verwandt ist.

Zulassungsdossiers sind, von einem anderen Antragsteller in Bezug genommen werden können oder auf Basis einer Zulassung, die auf solchen geschützten Daten basiert, in Verkehr gebracht werden[802].
- Schließlich besteht mit dem sog. **Orphan Marktexklusivitätsrecht** ein besonderes Exklusivitätsrecht für Arzneimittel, die als Arzneimittel für seltene Leiden (sog. Orphan Drugs) ausgewiesen sind. Wie ein ergänzendes Schutzzertifikat, so kann auch die Orphan Marktexklusivität mittels der **Pädiatrischen Exklusivität** verlängert werden[803].

II. Patent

1. Rechtliche Grundlagen

Das Patent als das wohl bekannteste Schutzrecht soll bedeutsame Erfindungen sowie innovative Produkte und Verfahren vor unerwünschter Nachahmung schützen, indem es seinem Anmelder ein zeitlich befristetes und territorial begrenztes Nutzungsmonopol einräumt. Das Patent entfaltet Wirkung allein für das Hoheitsgebiet des Landes, für das es wirksam angemeldet wurde, und stellt damit – jedenfalls bislang – ein nationales Schutzrecht dar[804]. Im Bereich des Arzneimittelrechts kommt ein Patentschutz insbesondere bzgl. des Wirkstoffs, der Formulierung, des Herstellungsverfahrens als auch bzgl. der Verwendung in Betracht.

128

Bis Inkrafttreten des einheitlichen europäischen Patents besteht weiterhin die Möglichkeit, ein für das Gebiet der Bundesrepublik Deutschland wirksames Patent nicht nur national beim Deutschen Patent- und Markenamt (DPMA) anzumelden, sondern auch mittels einer europäischen oder internationalen Anmeldung einen Patentschutz für mehrere europäische Länder mit zu erlangen. Demgemäß finden sich die rechtlichen Grundlagen im deutschen Patentgesetz (PatG[805]), im Europäischen Patentübereinkommen (EPÜ[806]) sowie

129

---

[802] S. European Commission, Notice to Applicants, Volume 2A, Procedures for marketing authorisation, Chapter 1, Marketing Authorisation (June 2018, Revision 8), Ziff. 6.1; *Rehmann*, AMG, § 24b Rn. 10. Ausführlich zum Unterlagenschutz → § 4 Rn. 190 ff.

[803] Ausführlich zur Orphan Marktexklusivität → § 4 Rn. 212 ff. sowie zur Pädiatrischen Verlängerung → § 4 Rn. 218 ff.

[804] Die Mitgliedsstaaten und das Europäische Parlament haben im Jahr 2012 dem sog. „Patent-Paket" zugestimmt – einer Gesetzesinitiative, bestehend aus zwei Verordnungen und einem internationalen Abkommen, die den Grundstein für die Einführung des einheitlichen Patentschutzes in der EU legt. Dies sind: VO (EU) Nr. 1257/2012 des Europäischen Parlaments und des Rates v. 17. Dezember 2012 über die Umsetzung der Verstärkten Zusammenarbeit im Bereich der Schaffung eines einheitlichen Patentschutzes, ABl. L 361 v. 31.12.2012, S. 1; VO (EU) Nr. 1260/2012 des Rates v. 17. Dezember 2012 über die Umsetzung der verstärkten Zusammenarbeit im Bereich der Schaffung eines einheitlichen Patentschutzes im Hinblick auf die anzuwendenden Übersetzungsregelungen, ABl. L 361 v. 31.12.2012, S. 89, sowie Entwurf eines Übereinkommens über ein Einheitliches Patentgericht. Das Patent-Paket wird im Wege der verstärkten Zusammenarbeit zwischen 26 der derzeit 28 Mitgliedsstaaten umgesetzt (außer Italien und Spanien). Mit Inkrafttreten des Abkommens und der Verordnungen wird es möglich sein, ein europäisches Patent mit einheitlicher Wirkung zu erhalten, das den einheitlichen Schutz einer Erfindung über 26 Mitgliedsstaaten auf der Grundlage eines „one-stop shop" ermöglichen wird, verbunden mit Kostenvorteilen und einer Reduzierung der administrativen Hürden. Vgl. *Europäische Kommission*, unter ec.europa.eu/growth/industry/intellectual-property/patents/unitary-patent_de (zuletzt abgerufen am 30.6.2018). Ob und wann das Einheitspatent in Kraft treten wird, ist noch ungewiss, und hängt insbesondere von dem Ausgang einer in Deutschland anhängigen Verfassungsbeschwerde (Az. 2 BvR 739/17) ab.

[805] Patentgesetz in der Fassung der Bekanntmachung vom 16.12.1980 (BGBl. 1981 I S. 1), zuletzt geändert durch Art. 4 des Gesetzes v. 8. Oktober 2017 (BGBl. I S. 3546).

[806] Übereinkommen über die Erteilung europäischer Patente (Europäisches Patentübereinkommen), 14. Aufl. 2010, abrufbar unter epo.org/law-practice/legal-texts.

im Patentzusammenarbeitsvertrag (PCT[807]), wobei die Kriterien und Anforderungen für die jeweiligen nationalen Patente identisch sind.

2. Erteilungskriterien

130 Patente werden für eine *Erfindung* erteilt, die *neu* ist, auf einer *erfinderischen Tätigkeit* beruht und *gewerblich anwendbar* ist (§ 1 Abs. 1 PatG).

- **Erfindungen** in diesem Sinne sind technische Lehren zum planmäßigen Handeln, die einen kausal übersehbaren Erfolg unter Einsatz beherrschbarer Naturkräfte ohne Zwischenschaltung verstandesmäßiger Tätigkeiten reproduzierbar herbeiführen[808]. Abzugrenzen sind Erfindungen von **Entdeckungen** (zB Erkenntnisse, wie etwas funktioniert, oder Entdeckungen von Pflanzensorten und Tierarten): diese werden vom Gesetz nicht als technische Erfindungen angesehen und sind daher nicht patentierbar[809]. Auch sind wissenschaftliche Theorien, ästhetische Formschöpfungen, Pläne, Regeln und Verfahren für gedankliche Tätigkeiten, für Spiele oder für geschäftliche Tätigkeiten sowie Programme für Datenverarbeitungsanlagen und die Wiedergabe von Informationen als solche nicht patentierbar[810].
- Die **Neuheit** einer Erfindung ist gegeben, wenn sie nicht zum Stand der Technik gehört. Der Stand der Technik umfasst dabei alle Kenntnisse, die vor dem für den Zeitrang der Anmeldung maßgeblichen Tag durch schriftliche oder mündliche Beschreibung, durch Benutzung oder in sonstiger Weise der Öffentlichkeit zugänglich gemacht worden sind[811].
- Eine Erfindung gilt als auf einer **erfinderischen Tätigkeit** beruhend, wenn sie sich für den Fachmann nicht in naheliegender Weise aus dem Stand der Technik ergibt (sog. **Erfindungshöhe**[812]).
- Eine Erfindung gilt als **gewerblich anwendbar**, wenn ihr Gegenstand auf irgendeinem gewerblichen Gebiet einschließlich der Landwirtschaft hergestellt oder benutzt werden kann[813].

131 Patente werden für Erfindungen auch dann erteilt, wenn sie ein Erzeugnis, das aus biologischem Material besteht oder dieses enthält, oder wenn sie ein Verfahren, mit dem biologisches Material hergestellt oder bearbeitet wird oder bei dem es verwendet wird, zum Gegenstand haben (§ 1 Abs. 1 S. 2 PatG).

3. Erteilungsverfahren

132 **a) Nationale Patentanmeldung. aa) Einreichung eines formwirksamen Antrags.** Der Antrag auf Erteilung eines Patents in Deutschland ist beim **Deutschen Patent- und Markenamt (DPMA)** zu stellen. Die formellen Erfordernisse an den Patentantrag, der schriftlich oder zwischenzeitlich auch elektronisch beim DPMA eingereicht werden kann, sind der Patentverordnung (PatV[814]) zu entnehmen (vgl. § 3 PatV).

---

[807] Vertrag über die internationale Zusammenarbeit auf dem Gebiet des Patentwesens (Patentzusammenarbeitsvertrag), unterzeichnet in Washington am 19. Juni 1970 (BGBl. Teil II/1970, S. 649, 664).

[808] Vgl. *Mes*, PatG/GebrMG, 4. Aufl. (2015), § 1 PatG Rn. 7 ff.

[809] Allerdings ist eine planmäßige Nutzung einer Entdeckung (zB Extration eines Wirkstoffes aus einer Pflanze) patentfähig, wenn der Wirkstoff bekannt, jedoch die Wirkung (dh die planmäßige Nutzung) bislang unbekannt war.

[810] Vgl. § 1 Abs. 2 u. 3 PatG und Art. 52 Abs. 2 u. 3 EPÜ.

[811] § 3 Abs. 1 PatG, Art. 54 EPÜ.

[812] § 4 S. 1 PatG, Art. 56 S. 1 EPÜ.

[813] § 5 Abs. 1 PatG, Art. 57 EPÜ.

[814] Verordnung zum Verfahren in Patentsachen vor dem Deutschen Patent- und Markenamt (Patentverordnung – PatV) v. 1. September 2003 (BGBl. I S. 1702), zuletzt geändert durch Art. 3 der Verordnung vom 10. Dezember 2012 (BGBl. I S. 2630).

- Insbesondere hat hiernach der Antragsteller seine Erfindung in den Anmeldeunterlagen so deutlich und vollständig zu offenbaren, dass ein Fachmann sie ohne weiteres ausführen kann; das bloße Ausfüllen des Anmeldeformblatts ist nicht ausreichend[815]. Daher sind als weitere Bestandteile der Patentanmeldung erforderlich: eine Technische Beschreibung der Erfindung, ggf. mit Bezugszeichenliste, eine präzise Formulierung der Patentansprüche zur Darstellung aller unter Schutz zu stellenden technischen Merkmale, ggf. erforderliche Zeichnungen, eine Zusammenfassung sowie die Erfinderbenennung. Eine nachträgliche Erweiterung der technischen Information ist nicht zulässig[816].
- Die Unterlagen sind in deutscher Sprache vorzulegen; bei Einreichung der Anmeldung in einer Fremdsprache muss die Übersetzung innerhalb von drei Monaten nachgereicht werden (§ 35 Abs. 1 PatG).
- Schließlich ist die Anmeldegebühr innerhalb von drei Monaten nach dem Anmeldetag zu zahlen, da ansonsten die Anmeldung als zurückgenommen gilt[817].

Der Tag, an dem die Anmeldung beim Patentamt bzw. bei einem Patentinformationszentrum eingegangen ist, gilt als der sog. **Anmeldetag** (§ 35 Abs. 2 PatG). Dieser bestimmt ua, dass später eingereichte Anmeldungen der gleichen oder einer ähnlichen Erfindung von Mitbewerbern nicht mehr zu einem Patent führen können. Gleichzeitig ist der Anmeldetag das **Prioritätsdatum** des zukünftigen Patents, und damit bedeutsam für Nachanmeldungen und einem Patentschutz im Ausland[818].

bb) Prüfungsverfahren. Im Prüfungsverfahren werden vom Patentprüfer des DPMA die für eine Patenterteilung erforderliche Erfüllung der Kriterien (Neuheit, gewerbliche Anwendbarkeit, erfinderische Tätigkeit, und technische Erfindung) geprüft (§ 44 Abs. 1 PatG). Das Prüfungsverfahren läuft im Wesentlichen wie folgt ab[819]:

- Zunächst erfolgt eine **Vorprüfung der Anmeldung:** Mit Einreichung der Patentunterlagen und der Überweisung der Anmeldegebühren wurde der Zeitrang der Anmeldung gesichert. Daraufhin wird die Anmeldung vorgeprüft, dh die Unterlagen werden auf Einhaltung der Formvorschriften und daraufhin geprüft, ob offensichtliche Patentierungshindernisse vorliegen.
- Sodann ist vom Antragsteller ein **Prüfungsantrag zu stellen** (hierfür besteht eine Frist von 7 Jahren ab Patentanmeldung) und die Prüfungsgebühr in Höhe von EUR 350,00 zu bezahlen. Erst dann führt das Amt die für die Patenterteilung notwendige Prüfung der Anmeldung durch (§ 44 Abs. 2 PatG).
- Die Patentanmeldung bleibt zunächst 18 Monate lang geheim, erst danach erfolgt eine Offenlegung der Patentanmeldung mittels Veröffentlichung, der sog. **Offenlegungsschrift**[820]. Diese kann ab dem ersten Publikationstag in der Datenbank des DPMA eingesehen werden, so dass sich die Öffentlichkeit über den Stand der Technik informieren kann.

---

[815] §§ 5 ff. PatV.
[816] S. § 34 Abs. 4 PatG sowie *Mes*, PatG/GebrMG, 4. Aufl. (2015), § 34 Rn. 57 ff.
[817] S. §§ 1 Abs. 1, 2 Abs. 1 PatKostG, § 6 Abs. 1 S. 2, Abs. 2 PatKostG sowie *Mes*, PatG/GebrMG, 4. Aufl. (2015), § 34 PatG Rn. 93.
[818] S. §§ 40, 41 PatG.
[819] Vgl. hierzu insgesamt § 44 PatG sowie *Mes*, PatG/GebrMG, 4. Aufl. (2015), § 44 PatG Rn. 17 ff.
[820] §§ 31 Abs. 2 Nr. 2, 32 Abs. 1 Nr. 1, Abs. 2 PatG. Die Offenlegungsschrift enthält die nach § 31 Abs. 2 PatG jedermann zur Einsicht freistehenden Unterlagen der Anmeldung und die Zusammenfassung (§ 36 PatG) in der ursprünglich eingereichten oder vom Patentamt zur Veröffentlichung zugelassenen geänderten Form, § 32 Abs. 2 S. 1 PatG. Mit dem Zeitraum der Geheimhaltung von 18 Monaten wird dem Erfinder die Möglichkeit geben, die Anmeldung weiterzuverfolgen oder noch vor Erscheinen der Offenlegungsschrift zurückzuziehen. Vgl. insgesamt hierzu *Mes*, PatG/GebrMG, 4. Aufl. (2015), § 32 Rn. 5 ff.

- Nach Stellung des Prüfungsantrags gem. § 44 PatG wird ermittelt und überprüft, ob der Gegenstand der Anmeldung nach den §§ 1 bis 5 PatG patentfähig ist, insbesondere der für die angemeldete Erfindung relevante **Stand der Technik**. Wird festgestellt, dass die Erfindung neu ist, auf erfinderischer Tätigkeit beruht und gewerblich anwendbar ist und die Anmeldung auch alle sonstigen formalen Voraussetzungen erfüllt, wird das Patent erteilt. Sofern jedoch die Erfindung diesen Erfordernissen nicht genügt oder die Anmeldung sonstige Mängel aufweist, erfolgt eine entsprechende Mitteilung in einem **Prüfungsbescheid** (§ 45 Abs. 1 PatG)[821]. Hier besteht sodann die Möglichkeit zu Äußerung und Mängelbeseitigung innerhalb der im Prüfungsbescheid festgesetzten Frist.
- Nach der erfolgreichen Prüfung der Patentanmeldung kann eine **Erteilung** des Patents erfolgen. Auch die Bekanntmachung der Patenterteilung erfolgt im entsprechenden Teil des Patentblattes und ist in den Datenbanken DEPATISnet und DPMAregister recherchierbar.

135 cc) **Einspruch.** Jedermann hat das Recht, gegen die Patenterteilung innerhalb von drei Monaten nach Veröffentlichung der Patentschrift **Einspruch** beim Deutschen Patent- und Markenamt einzulegen[822]. Ansonsten ist das Patent nach Ablauf der Einspruchsfrist rechtskräftig.

136 Im **Einspruchsverfahren** können nur die Gründe angeführt werden, die gegen eine rechtmäßige Erteilung des Patents sprechen. Nach erfolgter Prüfung des Einspruchs dahingehend, ob die erforderlichen Kriterien für die Erteilung bzw. Aufrechterhaltung des Patents erfüllt sind, kann das Patent widerrufen, teilwiderrufen (bzw. beschränkt aufrechterhalten) oder aufrechterhalten werden (§ 61 PatG). Gegen den daraufhin erlassenen Einspruchsbeschluss ist eine **Beschwerde** beim Bundespatentgericht möglich (§ 65 PatG). Allerdings kann selbst nach Ablauf der Einspruchsfrist ein rechtskräftig bestehendes Patent noch im Rahmen einer **Nichtigkeitsklage** vor dem Bundespatentgericht angegriffen werden (§ 81 PatG).

137 b) **Europäische Patentanmeldung.** Es besteht auch die Möglichkeit, ein sog. **Europäisches Patent** zu erhalten gemäß dem Europäischen Patentübereinkommen (EPÜ)[823]. Nach einem zentralisierten Verfahren werden europäische Patente mit Wirkung für die benannten Vertrags- und Erstreckungsstaaten erteilt. Inhaltlich entsprechen diese einem Bündel nationaler Patente und sind diesen grundsätzlich gleichgestellt[824]. Der Antrag auf Erteilung eines solchen Europäischen Patents ist beim **Europäischen Patentamt** einzureichen (Art. 75 EPÜ).

138 Gegen die Erteilung eines solchen Europäischen Patents kann innerhalb von neun Monaten nach Veröffentlichung des Hinweises auf die Patenterteilung von jedermann beim Europäischen Patentamt **Einspruch** einlegen. Auch hier kann erfolgter Prüfung des Einspruchs das Patent widerrufen, eingeschränkt oder uneingeschränkt aufrechterhalten werden[825].

139 c) **Patentanmeldung nach dem Zusammenarbeitsvertrag (PCT).** Beim Deutschen sowie beim Europäischen Patentamt kann auch eine internationale Patentanmeldung nach

---

[821] Vgl. *Mes*, PatG/GebrMG, 4. Aufl. (2015), § 45 Rn. 3 ff.
[822] § 59 PatG; vgl. *Mes*, PatG/GebrMG, 4. Aufl. (2015), § 59 Rn. 32.
[823] Übereinkommen über die Erteilung europäischer Patente (EPÜ) in der seit 13. Dezember 2007 geltenden Fassung, abrufbar in der 16. Auflage (Stand: Juni 2016) unter www.epo.org.
[824] S. Art. 2 Abs. 2, Art. 64 EPÜ. Daher fällt die Entscheidung über die Verletzung oder die Nichtigkeit eines europäischen Patents unter die nationale Gerichtsbarkeit.
[825] Siehe Art. 99 ff. EPÜ.

dem Zusammenarbeitsvertrag (PCT – Patent Cooperation Treaty)[826] eingereicht werden. In dieser sog. PCT-Anmeldung können derzeit 152 Staaten benannt werden, in denen die Anmeldung gültig sein soll. Erst nach 30 Monaten ab dem Prioritätstag müssen dann die einzelnen nationalen Anmeldungen vor den einzelnen nationalen Ämtern fortgeführt, dh die nationalen Phasen (Übersetzung in die jeweilige Landessprache, Vertretung durch Patentanwalt vor Ort) eingeleitet werden[827].

4. Wirkung und Schutzdauer des Patents

Nach dem deutschen Patentrecht beträgt die Patentlaufzeit **20 Jahre ab Patentanmeldung** (§ 16 PatG). Während dieser Patentlaufzeit gibt ein Patent dem Patentinhaber das Recht, anderen die Nutzung und wirtschaftliche Verwertung der durch das Patent geschützten Erfindung für gewerbliche Zwecke zu untersagen, oder Dritten die wirtschaftliche Nutzung der Erfindung zu gestatten und dafür eine Vergütung in Form einer Lizenzgebühr zu verlangen (§ 9 PatG). Diese Exklusivitätswirkung eines Patents ist daher auch von dem Patentinhaber durchzusetzen und nicht Angelegenheit des zuständigen Patentamts. Erst nach Ablauf der Patentlaufzeit kann die Erfindung von jedermann genutzt werden[828].

Ob der Patentinhaber seine Erfindung auch tatsächlich nutzen kann und darf, wird durch die Gewährung des Patentes nicht entschieden, sondern durch andere Gesetze geregelt – wie zB das Arzneimittelgesetz. So muss ein durch ein Wirkstoffpatent geschützter Stoff zunächst eine Zulassung durch die zuständige Behörde erhalten, bevor dieser als Arzneimittel auf den Markt gebracht werden darf[829].

Auch wird dem Patentinhaber durch das Patent **keine absolute Monopolstellung** dergestalt gewährt, dass er keinerlei Wettbewerb zu fürchten hat: Zwar erhält der Erfinder eine zeitlich befristete Marktexklusivität für den durch sein Patent geschützten Erfindungsgegenstand. Allerdings tritt der Patentinhaber auch während dieser Patentlaufzeit in Wettbewerb zu Produkten und Verfahren von Konkurrenten. Demgemäß konkurrieren auch patentgeschützte Arzneimittel mit bereits auf dem Markt befindlichen Arzneimitteln sowie anderen innovativen Produkten und therapeutischen Verfahren in den betreffenden Indikationen.

Da der Patentschutz in der EU allein die wirtschaftliche Verwertung der Erfindung schützt, verbietet ein bestehender Patentschutz Generikaunternehmen nicht, während der Patentlaufzeit generische Zulassungen für das patentgeschütztes Arzneimittel zu erhalten: Innerhalb der EU besteht keine sog. Patent-Linkage, und damit stellt die Beantragung oder der Erhalt der Arzneimittelzulassung für sich genommen noch keine patentverletzende Handlung dar[830]. Der Erhalt einer Zulassung kann allein bei Bestehen regulatorischer Schutzrechte untersagt werden[831]. Allerdings darf das Generikaunternehmen trotz bestehender Arzneimittelzulassung während der Laufzeit eines validen Patents kein pa-

140

141

142

143

---

[826] Vertrag über die internationale Zusammenarbeit auf dem Gebiet des Patentwesens (PCT-Vertrag), unterzeichnet in Washington am 19. Juni 1970, geändert am 28. September 1979, am 3. Februar 1984 und am 3. Oktober 2001, abrufbar unter wipo.int.
[827] Vgl. hierzu www.wipo.int (zuletzt abgerufen am 25.2.2018).
[828] Siehe hierzu §§ 9 ff., 16 PatG.
[829] Gleiches gilt für Patente, die für ein bestimmtes Herstellungsverfahren (sog. Verfahrenspatent), für eine bestimmte Arzneimittelformulierung (sog. Formulierungspatent), für die Anwendung des Arzneimittels in einer bestimmten Indikation (sog. Indikationspatent), etc. gewährt werden.
[830] Vgl. Art. 10 Abs. 1 RL 2001/83/EG. Dies hat die Europäische Kommission zuletzt im Jahr 2012 gegenüber Italien deutlich gemacht, vgl. *European Commission* – Press Release, Pharmaceuticals: Commission calls on Italy to comply with EU rules on marketing authorisation of generic drug (IP/12/48) v. 26. Januar 2012, abrufbar unter europa.eu/rapid/press-release_IP-12-48_en.htm (zuletzt abgerufen am 30.06.2018).
[831] Siehe hierzu u. → § 4 Rn. 190 ff.

tentverletzendes Produkt in Deutschland in Verkehr bringen, wobei bereits die Anmeldung eines Preises zur Lauer-Taxe als patentverletzend angesehen wird[832].

144 Als **Gegenleistung** für den Patentschutz wird die Erfindung der Öffentlichkeit offenbart, so dass für die Fachwelt die Chance zu weiteren Entdeckungen und Erfindungen besteht. Ohne Patente würden die neuen Erkenntnisse möglichst lange geheim gehalten, ohne dass andere die Erfindung einfach nachahmen könnten.

III. Ergänzendes Schutzzertifikat

1. Rechtliche Grundlage

145 Wie bereits dargestellt, vergehen innerhalb der EU bei neu entwickelten Arzneimitteln von der Patentanmeldung des Wirkstoffes bis zur Marktzulassung des fertigen Arzneimittels aufgrund der umfangreichen erforderlichen Tests und klinischen Prüfungen durchschnittlich 12 Jahre, so dass eine durchschnittliche Patentverwertungszeit von 8 Jahren verbleibt[833]. Daher wurde für die EU der tatsächliche Patentschutz auf eine Laufzeit verringert, die für die Amortisierung der in der Forschung vorgenommenen Investitionen als unzureichend angesehen wurde[834].

146 Zur Ermöglichung eines Ausgleichs des mit dem aufwendigen Arzneimittelgenehmigungsverfahren verbundenen Zeitverlusts wurde mit der Verordnung 1768/92[835] das sog. **Ergänzende Schutzzertifikat** (engl.: „Supplementary Protection Certificate" – SPC) eingeführt, mit dem der Inhaber eines nationalen oder europäischen Patents unter bestimmten Voraussetzungen eine Verlängerung *(„Ergänzung")* des Patentschutzes um maximal fünf Jahre erhalten kann[836]. Die VO 1768/92 wurde aufgrund mehrfacher, erheblicher Änderungen und aus Gründen der Übersichtlichkeit und Klarheit durch die VO 469/2009[837] ersetzt und neu kodifiziert[838].

2. Erteilungskriterien

147 Art. 3 VO 469/2009 normiert die Kriterien für die Erteilung des SPC. Hiernach wird das SPC erteilt, wenn in dem Mitgliedstaat, in dem die Anmeldung des SPC nach Art. 7 VO 469/2009 eingereicht wird, zum Zeitpunkt dieser Anmeldung

- das Erzeugnis durch ein in Kraft befindliches Grundpatent geschützt ist (lit. a): dies ist nach Art. 1 lit. c VO 469/2009 jedes Patent, *„das ein Erzeugnis als solches, ein Verfahren zur Herstellung eines Erzeugnisses oder eine Verwendung eines Erzeugnisses schützt und das von seinem Inhaber für das Verfahren zur Erteilung eines Zertifikats bestimmt ist"*, mithin Stoff-, Verwendungs- oder Verfahrenspatente[839];
- für das Erzeugnis als Arzneimittel eine gültige Genehmigung für das Inverkehrbringen gem. der RL 2001/83/EG erteilt wurde (lit. b);
- für das Erzeugnis nicht bereits ein SPC erteilt wurde (lit. c); und
- die unter lit. b erwähnte Genehmigung die erste Genehmigung für das Inverkehrbringen dieses Erzeugnisses als Arzneimittel ist (lit. d).

---

[832] Vgl. zB LG München I Endurteil v. 24.6.2016 – Az. 21 O 5583/16.
[833] S. o. → § 4 Rn. 123.
[834] S. Erwägungsgrund der VO 1768/92.
[835] VO (EWG) Nr. 1768/92 des Rates vom 18. Juni 1992 über die Schaffung eines ergänzenden Schutzzertifikats für Arzneimittel, ABl. L Nr. 182 v. 2.7.1992, S. 1. Ausführlich zur Historie der VO 1768/92 s. *v. Czettritz/Brückner* in Brückner, ESZ/SPC, 2. Aufl. (2015), Einleitung Rn. 4 ff.
[836] Vgl. Erwägungsgrund der VO 1768/92.
[837] VO (EG) Nr. 469/2009 des Europäischen Parlaments und des Rates vom 6. Mai 2009 über das ergänzende Schutzzertifikat für Arzneimittel, ABl. L Nr. 152 v. 16.6.2009, S. 1.
[838] Erwägungsgrund 1 der VO 469/2009.
[839] Ausführlich hierzu *Brückner* in ders., ESZ/SPC, 2. Auf. (2015), Art. 1 Rn. 229 ff.

Meier

3. Erteilungsverfahren

Das Recht auf das Zertifikat steht dem Inhaber des Grundpatents oder seinem 148
Rechtsnachfolger zu (Art. 6 VO 469/2009). Daher können auch nur diese ein SPC beantragen. Der Antrag ist in jedem Mitgliedstaat bei den national zuständigen Patentämtern innerhalb von 6 Monaten nach Erteilung der Genehmigung für das Inverkehrbringen bzw. falls diese davor eintritt, innerhalb von 6 Monaten nach dem Zeitpunkt der Erteilung des Grundpatentes zu stellen[840]. Die zuständigen Patentämter erteilen sodann nach eingehender Prüfung die SPCs, und bestimmen insbesondere auch dessen Laufzeit[841].

4. Wirkung des Ergänzenden Schutzzertifikats

Gem. Art. 13 Abs. 1 VO 469/2009 gilt das Zertifikat „*ab Ablauf der gesetzlichen* 149
Laufzeit des Grundpatents für eine Dauer, die dem Zeitraum zwischen der Einreichung der Anmeldung für das Grundpatent und dem Zeitpunkt der ersten Genehmigung für das Inverkehrbringen in der Gemeinschaft entspricht, abzüglich eines Zeitraums von fünf Jahren". Jedoch beträgt „*Ungeachtet des Absatzes 1 (...) die Laufzeit des Zertifikats höchstens fünf Jahre vom Zeitpunkt seines Wirksamwerdens an*" (Art. 13 Abs. 2 VO 469/2009). Mit anderen Worten: Es erfolgt eine Verlängerung der Dauer des Patentschutzes

- um den Zeitraum, der zwischen Patentanmeldung und der ersten Arzneimittelzulassung in der EU vergangen ist, abzüglich von 5 Jahren[842],
- allerdings um höchstens 5 Jahre.

Diese Regelung wird veranschaulicht mit den zwei nachfolgenden Szenarien: 150

- **Szenario 1:** Anmeldung des Grundpatents 2000 und Zulassungserteilung 2013: SPC Ablauf in 2025

---

[840] Art. 7 Abs. 1 u. 2, Art. 9 Abs. 1 VO 469/2009. Der erforderliche Inhalt der Zertifikatsanmeldung ist in Art. 8 VO 469/2009 geregelt. Nach Art. 9 Abs. 2 VO 469/2009 wird die Zertifikatsanmeldung öffentlich bekannt gemacht.
[841] Vgl. Art. 10, 13 VO 469/2009.
[842] Als erste arzneimittelrechtliche Genehmigung in diesem Sinne ist auf alle Staaten des EWR-Abkommen abzustellen, dh inclusive Island, Norwegen und Liechtenstein. Dies umfasst auch eine arzneimittelrechtliche Genehmigung, die von der schweizerischen Zulassungsbehörde SwissMedic erteilt und vom Fürstentum Liechtenstein automatisch anerkannt wurde. S. EuGH Urt. v. 21.4.2005 – verb. Rs. C-207/03 u. C-252/03„Novartis ua vs. Comptroller General (Novartis u. a.), GRUR Int. 2005, 581; zuletzt Beschl. v. 14.11.2013 – C-617/12, Astrazeneca vs. Comptroller General. Vgl. auch *Brückner* in ders., ESZ/SPC, 2. Auf. (2015), Art. 13 Rn. 16 ff.

- **Szenario 2:** Anmeldung des Grundpatents 2000 und Zulassungserteilung 2008: SPC-Ablauf in 2023

```
                                                              SPC (3 Jahre)
          Schutz durch Basispatent (20 Jahre)

                      Unterlagenschutz
                            2008                               2023
                          Zulassung                          Ablauf SPC
          2000                                    2020
          Beginn                                   Ende
        Patentschutz                            Patentschutz
```

151 Grundsätzlich gewährt das Schutzzertifikat dieselben Rechte wie das nationale Grundpatent und unterliegt auch denselben Beschränkungen und Verpflichtungen[843]. Inhaltlich ist somit der durch das SPC gewährte Schutz

- beschränkt auf den durch das Grundpatent gewährten Schutz: das Zertifikat ist keine Erweiterung eines Patentes, sondern gewährt Schutz für ein Erzeugnis innerhalb des Schutzbereiches des Grundpatentes[844], beispielsweise ein Wirkstoff oder eine Wirkstoffkombination, für das eine erste Genehmigung für das Inverkehrbringen (Zulassung) vorliegt. Die Laufzeit des Grundpatentes und die vom Grundpatent ausgehende „Monopolstellung" wird so hinsichtlich des zugelassenen Erzeugnisses um bis zu maximal fünf Jahre verlängert („*ergänzt*"); und
- allein bezogen auf das Erzeugnis, das von der Genehmigung für das Inverkehrbringen des entsprechenden Arzneimittels erfasst wird, und zwar in Bezug auf diejenigen Verwendungen des Erzeugnisses als Arzneimittel, die vor Ablauf des Zertifikats genehmigt wurden (Art. 4 VO 469/2009)[845].

IV. Gebrauchsmuster

1. Rechtliche Grundlage

152 Das Gebrauchsmuster[846] ist geregelt im Gebrauchsmustergesetz (GebrMG[847]). Inhaltlich ist dies dem Patent sehr ähnlich, allerdings kennen viele Länder keinen Gebrauchsmusterschutz[848].

2. Schutzvoraussetzungen

153 Die Schutzvoraussetzungen für das Gebrauchsmuster sind denen für das Patent ähnlich, da nach § 1 Abs. 1 GebrMG als Gebrauchsmuster ebenfalls solche *Erfindungen* geschützt werden können, die *neu* sind, auf einem *erfinderischen Schritt* beruhen und *gewerblich anwendbar* sind. In Bezug auf die Kriterien „*Erfinderischer Schritt*" und

---

[843] Art. 5, 4 VO 469/2009.
[844] S. hierzu *Brückner* in ders., ESZ/SPC, 2. Aufl. (2015), Art. 5 Rn. 2 ff.
[845] S. hierzu ausführlich *Brückner* in ders., ESZ/SPC, 2. Aufl. (2015), Art. 4 Rn. 23 ff.
[846] In Deutschland hat sich der Begriff „*Deutsches Bundes-Gebrauchs-Muster*" mit der Abkürzung DBGM eingebürgert. Der englische Begriff ist „*utility model*".
[847] Gebrauchsmustergesetz in der Fassung der Bekanntmachung vom 28.8.1986 (BGBl. I S. 1455), zuletzt geändert durch Art. 14 des Gesetzes vom 24. November 2011 (BGBl. I S. 2302).
[848] So ist in Österreich, Spanien, Frankreich, Belgien und Ungarn ein Gebrauchsmusterschutz bzw. ein dem Gebrauchsmuster entsprechendes Institut bekannt – mit mehr oder weniger starken Abweichungen zum deutschen Gebrauchsmusterschutz –, in der Schweiz hingegen nicht.

„*gewerbliche Anwendbarkeit*" sind die Anforderungen mit den patentrechtlichen Kriterien „*Erfinderische Tätigkeit*" und „*gewerbliche Anwendbarkeit*" vergleichbar[849]. Unterschiede zeigen sich jedoch bei der Anforderung der „*Neuheit*" im Vergleich zu den Patentanforderungen:

- Gem. § 3 Abs. 1 GebrMG gilt der Gegenstand eines Gebrauchsmusters als neu, wenn er – zum Zeitpunkt der Anmeldung des Gebrauchsmusters – nicht zum Stand der Technik gehört. Der Stand der Technik umfasst dabei alle Kenntnisse, die „*vor dem für den Zeitrang der Anmeldung maßgeblichen Tag durch schriftliche Beschreibung oder durch eine im Geltungsbereich dieses Gesetzes erfolgte Benutzung der Öffentlichkeit zugänglich gemacht worden sind*".
- Im Gegensatz zum PatG gilt damit nur das als bekannt, was *schriftlich* vorbeschrieben ist oder bereits *im Inland* vorbenutzt wurde.
- Darüber hinaus bleiben auch Veröffentlichungen bei der Prüfung der Neuheit unberücksichtigt, die durch den Erfinder oder seinen Rechtsnachfolger bis zu 6 Monaten vor dem für den Zeitrang der Anmeldung maßgeblichen Tag erfolgt sind (sog. **Neuheitsschonfrist**[850]).

Ausgeschlossen vom Schutz durch Gebrauchsmuster sind zwischenzeitlich – im Gegensatz zum Patentrecht – biotechnologische Erfindungen sowie Verfahren[851]. 154

3. Eintragungsverfahren

Bei einem Gebrauchsmuster handelt es sich im Gegensatz zu einem Patent nicht um ein geprüftes Schutzrecht, sondern um ein reines **Registrierungsrecht**: Die Eintragung erfolgt durch das Patentamt ohne Prüfung der sachlichen Schutzvoraussetzungen. Liegen die formellen Kriterien für eine Eintragung vor (dh Einreichung eines formwirksamen Antrags bei der zuständigen Behörde in deutscher Sprache gem. §§ 4, 4a GebrMG), so wird das Gebrauchsmuster in der Regel in das Gebrauchsmusterregister eingetragen, da eine Prüfung des Gegenstands der Anmeldung auf Neuheit, erfinderischen Schritt und gewerbliche Anwendbarkeit nicht stattfindet (§ 8 GebrMG). Demgemäß erfolgt lediglich bei offensichtlich nicht dem Gebrauchsmusterschutz zugänglichen Gegenständen, wie zB Verfahren, keine Eintragung. Mit dem damit schnellen Eintragungsverfahren wird der Inhaber eines Gebrauchsmusters in die Lage versetzt, sehr schnell Rechte geltend machen zu können, ohne ein evtl. langwieriges Patenterteilungsverfahren abwarten zu müssen[852]. 155

---

[849] Seit der Entscheidung des BGH „*Demonstrationsschrank*" (BGHZ 168, 142; GRUR 2006, 842) ist davon auszugehen, dass die Anforderungen an den **erfinderischen Schritt** mit denen an die erfinderische Tätigkeit (Erfindungshöhe) im Patentrecht vergleichbar sind. Daher kann die frühere Meinung nicht aufrecht erhalten werden, wonach eine Erfindung, die nicht ganz „patentwürdig" sei, eventuell gebrauchsmusterfähig sei (so *Mes*, PatG/GebrMG, 4. Aufl. (2015), § 3 GebrMG Rn. 16). In Bezug auf die **gewerbliche Anwendbarkeit** sind die Voraussetzungen denen des Patents gleich und in Europa weitestgehend vereinheitlicht. Lediglich bei medizinischen Heilverfahren ist gewerbliche Anwendbarkeit oft nicht gegeben, da das Handeln des Arztes während seiner Berufsausübung als nicht gewerblich angesehen wird. Vgl. *Mes*, PatG/GebrMG, 4. Aufl. (2015), § 5 PatG Rn. 5 ff.

[850] Außerdem kann der Anmelder für eine Anmeldung innerhalb von sechs Monaten nach einer Ausstellung auf einer anerkannten Messe (im Bundesgesetzblatt veröffentlicht) eine sog. **Ausstellungspriorität** in Anspruch nehmen, so dass bei der Beurteilung der Schutzfähigkeit des Gebrauchsmusters alle Veröffentlichungen, die am Tag der Ausstellungspriorität oder danach erfolgten, außer Betracht bleiben (§ 6a Abs. 1 GebrMG).

[851] S. § 1 Abs. 2 Nr. 5 u. § 2 Nr. 3 GebrMG. Allerdings wurde in den letzten Jahren der Begriff des Verfahrens durch die Rechtsprechung einengend ausgelegt. Vgl. hierzu (*Mes*, PatG/GebrMG, 4. Aufl. (2015), § 2 GebrMG Rn. 4 f.

[852] Eine Gebrauchsmusteranmeldung ist in der Regel innerhalb von ca. 3 Monaten in das Gebrauchsmusterregister eingetragen. Demgegenüber vergehen ab bei einer Patentanmeldung bis zur Erteilung des Patents in der Regel mindestens 18 Monate.

156 Die sachlichen Kriterien werden erst im Löschungsverfahren von dem DPMA bzw. Bundespatentgericht oder im Rahmen eines Verletzungsverfahrens durch das Zivilgericht geprüft, so dass gegen ein Gebrauchsmuster im Gegensatz zum Patent eine doppelte Verteidigungsmöglichkeit besteht:

- Das **Löschungsverfahren** kann von jedermann durch einen entsprechenden Antrag auf Löschung eines Gebrauchsmusters beim DPMA eingeleitet werden[853].
- Das **Verletzungsverfahren** findet vor den zuständigen Kammern an den Landgerichten (Patentstreitkammern) statt. Hier kann der vom Gebrauchsmusterinhaber wegen Verletzung auf Unterlassung, Schadensersatz oder Auskunft in Anspruch genommene (sog. Verletzer) einwenden, dass das Gebrauchsmuster mangels Neuheit oder erfinderischem Schritt nicht rechtsbeständig ist. Da für eine Eintragung des Gebrauchsmusters die Schutzvoraussetzungen inhaltlich nicht geprüft werden, ist das Risiko, dass sich das Gebrauchsmuster im Streitfall mit einem Verletzer als nicht rechtsbeständig erweist, relevant höher als beim Patent. Dieses Risiko trägt der Gebrauchsmusterinhaber, so dass sich für ihn eine Schadenersatzpflicht gegenüber dem Verletzer ergeben kann, falls sich das Gebrauchsmuster als nicht rechtsbeständig erweist[854].

4. Wirkung und Schutzdauer des Gebrauchsmusters

157 Die Schutzwirkung eines Gebrauchsmusters gem. § 11 GebrMG ist im Wesentlichen die gleiche wie beim Patent[855]: Nur der Inhaber ist berechtigt, den Gegenstand des Gebrauchsmusters zu benutzen, so dass er Dritten verbieten kann, ohne seine Zustimmung ein Erzeugnis, das Gegenstand des Gebrauchsmusters ist, herzustellen, anzubieten, in Verkehr zu bringen oder zu gebrauchen oder zu den genannten Zwecken einzuführen oder zu besitzen.

158 Die Schutzdauer eines eingetragenen Gebrauchsmusters beginnt mit dem Anmeldetag und beträgt initial 3 Jahre. Diese kann durch Zahlung der entsprechenden Aufrechterhaltungsgebühren auf bis zu höchstens zehn Jahre verlängert werden[856].

V. Eingetragenes Design

159 Das Produktdesign spielt heute als emotionales Element bei der Kaufentscheidung eine erhebliche Rolle. Nachdem funktionale Unterschiede zwischen Produkten seltener und Lebenszyklen kürzer geworden sind, ist die Aufmachung häufig das einzige für den Verbraucher noch wahrnehmbare Unterscheidungsmerkmal. Daher können Kunden mit einer attraktiven Form- und Farbgebung emotional angesprochen und gebunden werden. Dies ist zum Teil auch in Bezug auf Arzneimittel von Relevanz, sofern es um das Design einer Tablette, eines Pflasters, etc. geht.

1. Rechtliche Grundlage

160 Ästhetische Gestaltungen sind zwar vom Schutz durch Patente und Gebrauchsmuster ausgenommen, können aber ggf. als eingetragenes Design ebenfalls gegen Nachahmung geschützt werden. Ein Design kann zum einen national geschützt werden – die entsprechenden Regelungen für Deutschland finden sich im Designgesetz (DesignG)[857], das mit Wirkung vom 1. Januar 2014 das alte **Geschmacksmustergesetz**

---

[853] Das Löschungsverfahren ist geregelt in den §§ 15 ff. GebrMG.
[854] §§ 24 ff. GebrMG.
[855] S. o. → § 4 Rn. 128 ff.
[856] Vgl. § 23 Abs. 1, 2 GebrMG.
[857] Gesetz über den rechtlichen Schutz von Design vom 12. März 2004 (BGBl. I S. 390), geändert durch Art. 6 des Gesetzes vom 19. Oktober 2013 (BGBl. I S. 3830).

Meier

(GeschmMG[858]) ablöste. Zum anderen besteht seit Inkrafttreten der VO 6/2002[859] das **Gemeinschaftsgeschmacksmuster.** Nach dieser VO wird neben dem eingetragenen Gemeinschaftsgeschmacksmuster (GGM) als wesentliche Neuerung auch das nicht eingetragene Gemeinschaftsgeschmacksmuster geschützt. Dieses nichtregistrierte Designrecht bietet zwar lediglich einen reinen Nachahmungsschutz für drei Jahre, entsteht aber automatisch mit der öffentlichen Zugänglichmachung des Musters in der EU[860].

2. Schutzvoraussetzungen

Gem. § 2 Abs. 1 DesignG wird als eingetragenes Design ein Design geschützt, das *neu* ist und *Eigenart* hat. Bedingungen für die Rechtswirksamkeit eines eingetragenen Designs sind daher: **161**

- Das Vorliegen eines **Designs:** dies ist die zweidimensionale oder dreidimensionale Erscheinungsform eines ganzen Erzeugnisses oder eines Teils davon, die sich insbesondere aus Merkmalen der Linien, Konturen, Farben, der Gestalt, Oberflächenstruktur oder der Werkstoffe des Erzeugnisses selbst oder seiner Verzierung ergibt (§ 1 Abs. 1 DesignG).
- Ein solches Design muss **neu** sein. Dies ist der Fall, wenn vor dem Anmeldetag kein identisches Muster offenbart wurde. Dabei gelten Muster als identisch, wenn sich ihre Merkmale nur in unwesentlichen Einzelheiten unterscheiden (§ 2 Abs. 2 DesignG).
- Die schließlich erforderliche **Eigenart** des Designs ist gegeben, wenn sich der Gesamteindruck, den das Design beim informierten Benutzer hervorruft, von dem Gesamteindruck unterscheidet, den ein anderes Design bei diesem Benutzer macht[861].

Es gibt nach § 6 S. 1 DesignG eine Neuheitsschonfrist von 12 Monaten, wonach eine Offenbarung in Bezug auf Neuheit sowie Eigenart eines Designs unberücksichtigt bleibt, wenn ein Design während der zwölf Monate vor dem Anmeldetag durch den Entwerfer, seinen Rechtsnachfolger oder durch einen Dritten als Folge von Informationen oder Handlungen des Entwerfers oder seines Rechtsnachfolgers der Öffentlichkeit zugänglich gemacht wurde[862]. **162**

3. Eintragungsverfahren

Ein eingetragenes Design ist – wie das Gebrauchsmuster – ein sog. **ungeprüftes Schutzrecht,** dessen Voraussetzungen der Neuheit und Eigenart im Eintragungsverfahren ebenfalls nicht vom DPMA überprüft werden. Das DPMA prüft nur die formalen Voraussetzungen der Eintragung[863]. Führt der Inhaber eines eingetragenen Designs einen Rechtsstreit über Ansprüche aus dem angemeldeten Design, so steht seinem Prozessgegner daher der Einwand offen, das Design sei unwirksam, weil ihm die Neuheit bzw. Eigenart fehle. Daneben steht auch jedermann das Recht zu, das Löschungsverfahren zur Feststellung der Nichtigkeit des eingetragenen Designs zu betreiben[864]. **163**

---

[858] Geschmacksmustergesetz vom 12. März 2004 (BGBl. I S. 390), zuletzt geändert durch Art. 18 des Gesetzes vom 24.11.2011 (BGBl. I S. 2302).
[859] VO (EG) Nr. 6/2002 des Rates vom 12. Dezember 2001 über das Gemeinschaftsgeschmacksmuster, ABl. L 3 v. 5.1.2002, S. 1.
[860] Zum Gemeinschaftsgeschmacksmuster s. ausführlich Webseite des Harmonisierungsamts für den Binnenmarkt (Marken, Muster und Modelle), dort „Häufig gestellte Fragen" zu Marken, abrufbar unter: oami.europa.eu/ows/rw/pages/CTM/FAQ/FAQ.de.do.
[861] Bei der Beurteilung der Eigenart wird der Grad der Gestaltungsfreiheit des Entwerfers bei der Entwicklung des Musters berücksichtigt. Vgl. § 2 Abs. 3 DesignG.
[862] Dasselbe gilt, wenn das Muster als Folge einer missbräuchlichen Handlung gegen den Entwerfer oder seinen Rechtsnachfolger offenbart wurde, § 6 S. 2 DesignG.
[863] Vgl. §§ 11 ff., insb. § 16 DesignG.
[864] Das Löschungsverfahren ist geregelt in den §§ 33 ff. DesignG.

4. Wirkung des eingetragenen Designs

164 Der Schutz des eingetragenen Designs entsteht mit der Eintragung in das Register, und dessen Schutzdauer beträgt 25 Jahre ab dem Anmeldetag (§ 27 Abs. 1 u. 2 DesignG). Werden die ab dem 6. Schutzjahr zu zahlenden Aufrechterhaltungsgebühren nicht entrichtet, erlischt der Schutz bereits früher (§ 28 DesignG).

165 Ein eingetragenes Design verleiht seinem Inhaber die ausschließliche Befugnis zur Benutzung einer ästhetischen Gestaltungsform (Design, Farbe, Form). Geschützt ist die eingetragene zwei- oder dreidimensionale Erscheinungsform eines ganzen Erzeugnisses oder eines Teils davon. Das eingetragene Design verleiht dem Inhaber das ausschließliche Recht, das Design zu benutzen, so dass er Dritten verbieten kann, dieses Design oder ein Design, das beim informierten Benutzer keinen anderen Gesamteindruck wie das eingetragene Geschmacksmuster erweckt, bei der Herstellung, Veräußerung oder Ein- und Ausfuhr von Produkten zu verwenden[865].

VI. Marken

1. Rechtliche Grundlagen

166 Das Markenrecht schützt Kennzeichnungen von Waren und Dienstleistungen im geschäftlichen Verkehr durch ein Unternehmen, um Herkunft sowie Urheberschaft des Produkts zu dokumentieren und damit diese von Waren/Dienstleistungen Dritter zu unterscheiden. Für Arzneimittel kommt daher ein Markenschutz insbesondere für die Arzneimittelbezeichnung oder die Bezeichnung eines in Kombination mit diesem verwendeten Medizinprodukts in Betracht.

Markenrechte können auf nationaler, europäischer und internationaler Ebene bestehen. Für **nationale Marken** in Deutschland findet das Markengesetz (MarkenG[866]) Anwendung[867], für die **Erstreckung einer nationalen Marke auf andere Länder** das Madrider Abkommen über die internationale Registrierung von Marken (MMA[868]), und für die zwischenzeitlich eingeführte sog. **Unionsmarke** die VO 2017/1001[869].

---

[865] Vgl. § 38 Abs. 1 S. 1 u. 2 DesignG.

[866] Gesetz über den Schutz von Marken und sonstigen Kennzeichen (Markengesetz – MarkenG) vom 25.10.1994 (BGBl. I S. 3082; 1995 I S. 156; 1996 I S. 682), zuletzt geändert durch Art. 11 des Gesetzes vom 17. Juli 2017 (BGBl. I S. 2541).

[867] Ergänzend für die im Markengesetz geregelten Verfahren vor dem DPMA gilt die Verordnung zur Ausführung des Markengesetzes (Markenverordnung – MarkenV) v. 11. Mai 2004 (BGBl. I S. 872), zuletzt geändert durch Art. 1 der Verordnung vom 2. Juni 2016 (BGBl. I S 1354).

[868] Madrider Abkommen über die internationale Registrierung von Marken (MMA) v. 14. April 1891. Deutschland ist diesem Abkommen am 1. Dezember 1922 beigetreten. Das Abkommen wurde zuletzt im Jahre 1967 in Stockholm revidiert mit weiteren Änderungen im Jahr 1979. Im Jahr 1989 wurde hierzu ein Zusatzprotokoll geschlossen, das rechtlich selbständig neben dem MMA besteht. Hiernach müssen Staaten, auch wenn sie schon Mitgliedstaaten des MMA sind, dem Protokoll gesondert beitreten. Zwischenzeitlich ist auch die Europäische Gemeinschaft dem Protokoll beigetreten, wodurch das Protokoll die international registrierte Marke mit dem System der EG-Marke verbindet. Vorteile sind ua, dass die Registrierung der IR-Marke erleichtert wird, indem zB die internationale Anmeldung schon mit Stellung des nationalen Markenantrages eingereicht werden kann und nicht bis zur Eintragung der nationalen Marke gewartet werden muss, dass über eine IR Marke eine Gemeinschaftsmarke geschaffen werden kann, sowie dass die Fristen und Schutzdauer länger sind. S. Protokoll zum Madrider Abkommen über die internationale Registrierung von Marken, angenommen am 27. Juni 1989, ABl. L 296 v. 14.11.2003, S. 22. Die Implementierung in das deutsche Recht erfolgt in den §§ 107 ff. MarkenG.

[869] VO (EU) 2017/1001 des Europäischen Parlaments und des Rates vom 14. Juni 2017 über die Unionsmarke, ABl. L 154 v. 16.6.2017, S. 1.

2. Erteilungskriterien

Alle Zeichen, die geeignet sind, Waren oder Dienstleistungen eines Unternehmens von denjenigen anderer Unternehmen zu unterscheiden, können als Marke geschützt werden (§ 3 Abs. 1 MarkenG). Dementsprechend können Marken aus Wörtern, Buchstaben, Zahlen, Abbildungen, dreidimensionalen Gegenständen und aus akustischen Signalen bestehen, weshalb insbesondere folgende Arten von Marken unterschieden werden[870]: **167**

- **Wortmarken** bestehen aus Wörtern, Buchstaben, Zahlen oder sonstigen Schriftzeichen, die sich mit der vom DPMA verwendeten üblichen Druckschrift darstellen lassen (zB der geschriebene Name eines Arzneimittels).
- **Bildmarken** sind Bilder, Bildelemente oder Abbildungen ohne Wortbestandteile (zB ein Logo).
- Gemischte **Wort-/Bildmarken** bestehen aus einer Kombination von Wort- und Bildbestandteilen, oder aus Wörtern, die grafisch gestaltet sind.
- **Farbmarken** sind Zeichen, bei denen eine Farbe oder Farbkombination als solche konturlos Schutzgegenstand ist.
- Eine **dreidimensionale Marke (3D-Marke)** ist eine gegenständliche Marke, die aus einer dreidimensionalen Gestaltung besteht.
- **Hörmarken** sind akustische, hörbare Marken, die somit aus Töne, Tonfolgen, Melodien oder sonstige Klänge und Geräusche bestehen.

3. Erteilungsverfahren

a) **Nationale Marke.** Der nationale Schutz einer Marke in Deutschland kann gem. § 4 MarkenG entstehen **168**

- durch Registrierung (sog. **Registermarke**[871]),
- durch umfangreiche Benutzung und Erlangung der Verkehrsgeltung (sog. **Benutzungsmarke**), oder
- durch notorische Bekanntheit (sog. **Notoritätsmarke**), deren Stärke sich nach dem Zeitrang und der Kennzeichnungskraft der Marke richtet[872].

Die Anmeldung einer nationalen Marke ist beim DPMA einzureichen (§ 32 Abs. 1 S. 1 MarkenG). Damit der Markenanmelder in seinen künftigen Aktivitäten mit der Marke optimal abgesichert ist, ist die Markenanmeldung auf die Bedürfnisse des künftigen Markeninhabers zuzuschneiden, sowohl betreffend die Auswahl und Gestaltung der Marke selbst als auch deren korrekte Klassifizierung anhand der Klasseneinteilung der Waren und Dienstleistungen nach der Nizzaer Klassifikation. **169**

Das DPMA überprüft sodann, ob die Markenanmeldung gegen **absolute Schutzhindernisse** verstößt, da in diesem Fall die Marke nicht eingetragen werden kann (§ 37 Abs. 1 MarkenG). Diese sind in § 8 MarkenG geregelt und umfassen insbesondere **170**

- fehlende graphische Darstellungsmöglichkeit der Marke,
- fehlende Unterscheidungskraft,
- für die allgemeine Benutzung freizuhaltende beschreibende Angaben, die damit von Wettbewerbern zur Beschreibung ihrer Waren und Dienstleistungen benötigt werden,

---

[870] Vgl. hierzu ausführlich *Ingerl/Rohnke*, MarkenG, § 14 Rn. 863 ff.; *Fezer* MarkenR, § 3 Rn. 504 ff.
[871] Die Voraussetzungen für den Schutz von Marken durch Eintragung nach § 4 Nr. 1 MarkenG sind geregelt in §§ 7 ff. MarkenG.
[872] Der weitaus überwiegende Teil der Marken sind die Registermarken, da die Voraussetzungen sehr hoch sind, um eine Marke wirklich im gesamten Geltungsbereich durch Benutzung zu erlangen.

- ersichtliche Irreführungsgefahr,
- Verstoß gegen die öffentliche Ordnung oder die guten Sitten, sowie
- in der Marke enthaltenes Hoheitszeichen.

171 Den Verstoß gegen **relative Schutzhindernisse,** dh die Verletzung von Schutzrechten Dritter, prüft das DPMA nicht[873]. Ferner wird die Marke nur eingetragen, wenn die erforderlichen Gebühren für die Anmeldung beim DPMA bezahlt wurden[874].

172 Bei erfolgreichem Abschluss des Anmeldungsverfahrens erfolgt die **Eintragung** der Marke in das Markenregister, womit der Markenschutz entsteht. Die Eintragung wird sodann veröffentlicht[875] und der Markeninhaber bekommt hierüber eine Urkunde (§ 26 MarkenV).

173 Innerhalb einer Frist von drei Monaten nach dem Tag der Veröffentlichung der Eintragung der Marke kann gegen die Eintragung der Marke **Widerspruch** erhoben werden von dem Inhaber einer Marke oder einer geschäftlichen Bezeichnung mit älterem Zeitrang[876]. Ist kein fristgemäßer Widerspruch eingelegt worden, so wird die Marke formell bestandskräftig und kann damit im Geschäftsverkehr verwendet werden unter Anfügung des ®-Zeichens beim Markennamen[877].

174 Mit der formell bestandskräftigen Marke erwirbt der Markeninhaber das alleinige und ausschließliche Recht, die Marke für die geschützten Waren und/oder Dienstleistungen zu benutzen, und kann gegen die Verwendung identischer sowie ähnlicher Zeichen Unterlassungs- sowie Schadenersatzansprüche geltend machen[878]. Ferner können Marken gekauft und verkauft oder Dritten ein Nutzungsrecht an seiner Marke eingeräumt werden (sog. Markenlizenz[879]).

175 Nach Ablauf des initialen Markenschutzes (nach 10 Jahren) hat der Markeninhaber das Recht, den Markenschutz jeweils gegen eine Verlängerungsgebühr von EUR 750,- (für bis zu drei Klassen) um den Zeitraum von jeweils weiteren 10 Jahren zu verlängern. Ansonsten wird die Marke gelöscht (§ 47 MarkenG). Sofern die Marke nach erfolgter Eintragung innerhalb eines Zeitraums von fünf Jahren nicht benutzt wurde, kann die Marke auf Antrag oder Klage wegen Verfalls ebenfalls gelöscht werden (§ 49 MarkenG).

176 **b) Unionsmarke.** Die auf Basis der VO 40/94 eingeführte sog. **Gemeinschaftsmarke,** die mit der VO 2017/1001 in die sog. Unionsmarke überführt wurde, ermöglicht es, mit einer einzigen Anmeldung einen einheitlichen Schutz der entsprechenden Marke mit Wirkung für alle Mitgliedstaaten der EU zu erhalten. Zuständig für die Eintragung ist das **Amt der Europäischen Union für geistiges Eigentum (EUIPO)** in Alicante (Spanien[880]).

177 aa) **Anmeldungsverfahren.** Anmeldungen einer Gemeinschaftsmarke sind direkt beim EUIPO einzureichen[881].

---

[873] Daher ist zu empfehlen, mittels einer Markenrecherche in den einschlägigen Markenregistern der in Betracht kommenden Länder festzustellen, ob bereits ältere Rechte bestehen, die einem neuen Markenschutz entgegenstehen könnten.
[874] § 36 Abs. 1 Nr. 3 MarkenG. Die Kosten für die Anmeldung einer Marke für bis zu drei Klassen betragen EUR 300,– bzw. EUR 290,– bei elektronischer Anmeldung. Mit jeder weiteren Klasse erhöht sich die Gebühr um weitere EUR 100,–.
[875] §§ 4 Nr. 1, 41 MarkenG.
[876] Vgl. §§ 42 f. MarkenG.
[877] Das ®-Zeichen (für „registered") darf zur Kennzeichnung der Eintragung einer Marke verwendet werden, es besteht jedoch keine Pflicht, eingetragene Marken mit diesem Zeichen zu versehen.
[878] Vgl. § 14 MarkenG.
[879] Vgl. *Ingerl/Rohnke,* MarkenG, § 30 Rn. 10 ff.; *Fezer,* Markenrecht, § 30 Rn. 1 ff.
[880] Vgl. Art. 2, 30 ff. VO 2017/1001.
[881] Vgl. Art. 30, Abs. 1 VO 2017/1001.

Nach Eingang der Anmeldung sendet das EUIPO eine Empfangsbescheinigung zu und 178
beginnt mit dem Prüfungsverfahren, das insbesondere folgende **Verfahrensschritte** umfasst:
- die Zuerkennung eines Anmeldetags, sofern die Anmeldung die Mindestanforderungen erfüllt (Name und Anschrift des Anmelders, eine Wiedergabe der Marke, ein Verzeichnis der Waren und Dienstleistungen sowie die Zahlung der Gebühr, Art. 32 VO 2017/1001),
- die Prüfung der Klassifikation der in der Anmeldung aufgeführten Waren bzw. Dienstleistungen,
- die Erstellung des Unionsrecherchenberichts (sofern beantragt, Art. 43 VO 2017/1001), sowie
- die Überprüfung auf absolute Eintragungshindernisse, Art. 42 VO 2017/1001.

Bei Feststellung eines Mangels erhält der Anmelder ein Beanstandungsschreiben mit 179
der Aufforderung, den Mangel binnen zwei Monaten zu beheben. Wird der Mangel nicht behoben, wird die Anmeldung zurückgewiesen.[882]. Werden bei der Prüfung keine Probleme festgestellt bzw. wird etwaigen Beanstandungen abgeholfen, wird die Marke in Teil A des Blatts für Unionsmarken veröffentlicht[883].

Mit der Veröffentlichung der Anmeldung in Teil A des Blatts für Unionsmarken 180
beginnt zugleich die dreimonatige Frist für die Einlegung eines Widerspruchs: Hiernach können Dritte Bemerkungen dazu einreichen, die sich auf das Vorliegen absoluter Eintragungshindernisse beziehen. Bei Verstreichen der Dreimonatsfrist oder Zurückweisung des Widerspruchs Dritter, erfolgt sodann die Eintragung der Marke in das Register für Unionsmarken[884].

bb) Wirkung der Unionsmarke. Eine Unionsmarke gewährt ihrem Inhaber dieselben 181
Rechte wie eine nationale Marke, nämlich ein ausschließliches Recht, die Marke zu benutzen und Dritten zu untersagen, dieselbe oder eine ähnliche Marke ohne Zustimmung des Inhabers für gleiche oder ähnliche Waren und/oder Dienstleistungen wie diejenigen, für welche die Unionsmarke geschützt ist, zu benutzen[885]. Der Markeninhaber kann gegen derartige Verletzungen die ausdrücklich in der VO 2017/1001 vorgesehenen Maßnahmen ergreifen, die für Streitigkeiten über die Verletzung und Gültigkeit von Unionsmarken gelten[886], insbesondere:
- Verfahren vor den gem. der VO 2017/1001 eingerichteten Unionsmarkengerichten;
- Anträge an die EU-Zollbehörden mit der Aufforderung, bestimmte Waren, bezüglich derer der Verdacht der Fälschung besteht, zu beschlagnahmen.

Eine Unionsmarke gilt **zehn Jahre** und kann danach unbeschränkt jeweils um weitere 182
Zeiträume von zehn Jahren verlängert werden (Art. 52 VO 2017/1001)[887].

cc) Aufrechterhaltung der Gemeinschaftsmarke. Gemeinschaftsmarken müssen bin- 183
nen fünf Jahren nach ihrer Eintragung ernsthaft in der Gemeinschaft benutzt werden (Art. 18 VO 2017/1001). Eine ernsthafte Benutzung liegt schon vor, wenn die Marke nur

---

[882] Vgl. Art. 41 Abs. 2–5 VO 2017/1001. Gegen eine Zurückweisung kann der Anmelder Beschwerde bei den Beschwerdekammern des EUIPO einlegen. Das Beschwerdeverfahren ist geregelt in den Art. 66 ff. VO 2017/1001.
[883] Art. 44 VO 2017/1001.
[884] Art. 51 VO 2017/1001.
[885] S. hierzu ausführlich die Regelung des Art. 9 VO 2017/1001.
[886] Vgl. Art. 122 ff. VO 2017/1001.
[887] Im Falle einer künftigen Erweiterung der EU erstrecken sich alle eingetragenen oder angemeldeten Unionsmarken automatisch auf die neuen Mitgliedstaaten, ohne dass weitere Formalitäten oder Gebührenzahlungen erforderlich wären.

Meier

in einem Teil der Gemeinschaft, etwa nur in einem Mitgliedstaat oder nur in einem Teil eines Mitgliedstaats, benutzt wurde[888].

184 **dd) Antrag auf Erklärung des Verfalls oder der Nichtigkeit.** Dritte können einen Antrag auf Erklärung des Verfalls stellen und damit beantragen, die Rechte des Inhabers einer Unionsmarke für verfallen zu erklären, wenn die Marke

- über einen Zeitraum von fünf Jahren nach der Eintragung oder von fünf aufeinander folgenden Jahren nicht ernsthaft benutzt wurde und keine berechtigten Gründe für die Nichtbenutzung vorliegen,
- infolge des Verhaltens oder der Untätigkeit ihres Inhabers im geschäftlichen Verkehr zur gebräuchlichen Bezeichnung einer Ware oder Dienstleistung geworden ist, für die sie eingetragen ist, oder
- infolge ihrer Benutzung durch den Inhaber geeignet ist, das Publikum irrezuführen (Art. 48 VO 2017/1001).

185 Dritte können auch einen Antrag auf Nichtigerklärung stellen und diesen begründen[889]

(1) mit dem Vorliegen von Verfallsgründen und/oder absoluten Nichtigkeitsgründen nach Art. 58 und 59 VO 2017/1001

(2) mit dem Vorliegen *relativer* Eintragungshindernisse gem. Art. 60 VO 2017/1001.

186 **c) Antrag auf Internationale Registrierung.** Nach dem **Madrider Markenabkommen (MMA)** und dem **Protokoll zum Madrider Markenabkommen (PMMA)** ist es möglich, eine Marke in ein internationales Register eintragen zu lassen. Der Antrag auf Internationale Registrierung ist über das Deutsche Patent- und Markenamt an die **Weltorganisation für Geistiges Eigentum (WIPO)** zu stellen.

187 Nach Bearbeitung und Weiterleitung des Antrages an die WIPO prüft diese den Antrag, trägt, wenn alle Voraussetzungen erfüllt sind, die Marke in das internationale Register ein und veröffentlicht die Registrierung in der *„Gazette des marques internationales"*. Die Marke ist damit in jedem der benannten Länder als Schutzgesuch hinterlegt. Die betroffenen Vertragsparteien haben innerhalb eines Jahres (unter dem PMMA im Einzelfall auch innerhalb von 18 Monaten) die Möglichkeit, nach ihren nationalen Gesetzen den Schutz zu verweigern. Wird der Schutz gewährt, hat der IR-Markeninhaber die vollen Rechte eines nationalen Markeninhabers. Wird in einem der Länder die Marke zurückgewiesen, so bleibt der Markenschutz in den anderen gewählten Ländern bestehen. Die Schutzdauer der IR-Marke beträgt nach dem MMA 20 Jahre, nach dem PMMA 10 Jahre, sie kann beliebig oft verlängert werden[890].

VII. Exkurs: Parallelimport und Erschöpfung von Schutzrechten

188 Die sog. **Erschöpfung von Schutzrechten** besagt, dass sich ein Schutzrechtsinhaber (zB eines Patents, eines Gebrauchsmusters, oder einer Marke) bezüglich eines konkreten Produkts nicht mehr auf sein Schutzrecht berufen kann, sobald das Produkt mit seinem Einverständnis erstmals in Verkehr gebracht wurde[891]: Das Schutzrecht soll sicherstellen,

---

[888] Jede juristische oder natürliche Person kann ihre eingetragene Unionsmarke vor dem Verfall mangels Benutzung auch dadurch schützen, dass diese *nach* Ablauf der ersten Fünfjahresfrist nach der Eintragung ernsthaft benutzt wird oder falls berechtigte Gründe für die Nichtbenutzung vorliegen.

[889] Vgl. Art. 63 ff. VO 2017/1001.

[890] Vgl. hierzu Art. 6, 7 PMMA.

[891] Bzgl. Patenten vgl. *Mes*, PatG/GebrMG, 4. Aufl. (2015), § 9 PatG Rn. 73 ff.; vgl. Marken vgl. *Ingerl/Rohnke*, MarkenG, § 24 Rn. 1 ff. Wird zB ein patentgeschützter Gegenstand vom Patentinhaber an einen Dritten willentlich verkauft, so darf der Dritte den patentierten Gegenstand sowohl privat als auch geschäftlich weiterverkaufen, ohne dass ihm dies der Patentinhaber gem. §§ 139 ff. PatG iVm § 9 PatG verbieten kann.

dass der Schutzrechtsinhaber die Monopolerlöse aus dem Verkauf des geschützten Gegenstandes erhält. Sobald der Rechteinhaber den Gegenstand gegen Entgelt in Verkehr gebracht hat, so ist dieser Schutzzweck erreicht. Mit diesem Zeitpunkt sind seine weiteren Befugnisse an der konkreten Sache damit erschöpft.

Dies ist im Arzneimittelrecht insbesondere in Bezug auf Re- sowie Parallelimporte von Bedeutung: um sich der Einfuhr eines von ihm oder mit seiner Einwilligung auf dem Markt eines anderen Mitgliedstaats rechtmäßig vertriebenen Erzeugnisses zu widersetzen, darf der Schutzrechtsinhaber **nicht** von den Rechtsvorschriften über geschütztes gewerbliches und kommerzielles Eigentumsrecht Gebrauch machen[892]. Auch darf der Markeninhaber von seinem Recht nicht Gebrauch machen, das Umpacken eines parallel eingeführten Erzeugnisses zu unterbinden, wenn[893]: 189

- der Gebrauch des Markenrechts durch den Inhaber, unter Berücksichtigung des von ihm angewandten Vermarktungsverfahrens, zur künstlichen Abschottung der Märkte zwischen den Mitgliedstaaten beiträgt;
- das Umpacken den Originalzustand der Ware nicht beeinträchtigen kann;
- auf der neuen Verpackung angegeben ist, von wem das Erzeugnis umgepackt worden ist;
- das umgepackte Arzneimittel nicht so aufgemacht ist, dass dadurch der Ruf der Marke und ihres Inhabers geschädigt werden kann; und
- der Markeninhaber unterrichtet wird, bevor das umgepackte Arzneimittel zum Kauf angeboten wird.

VIII. Unterlagenschutz

1. Datenexklusivität und Marktschutz

Im Arzneimittelrecht wird eine exklusive Marktstellung nicht nur durch den Schutz von Erfindungen mittels Patenten und anderen gewerblichen Schutzrechten gewährt, sondern auch durch den sog. **Unterlagenschutz** (engl.: „Regulatory Data Protection" – RDP): Hier geht es im Gegensatz zum Patent nicht um eine Belohnung für die Offenlegung einer Erfindung, sondern darum, den Inhaber einer Arzneimittelzulassung (sog. Vorantragsteller) für die Durchführung von klinischen Studien und die Veröffentlichung der entsprechenden Studiendaten durch einen **Schutz der generierten Daten** zu belohnen. Dabei werden im Wesentlichen zwei Arten von Unterlagenschutz unterschieden[894]: 190

- Zum einen kann Dritten untersagt sein, für den Erhalt einer Marktzulassung für ein Nachfolgepräparat während eines bestimmten Zeitraums auf die Unterlagen des Vorantragstellers Bezug zu nehmen und ein solcher Zulassungsantrag wird von der Behörde auch nicht akzeptiert und/oder die Erteilung einer Marktzulassung auf Basis eines solchen bezugnehmenden Zulassungsantrags wird abgelehnt (sog. **Datenexklusivität**).
- Zum anderen kann Dritten untersagt sein, ein Arzneimittel, dessen Zulassung auf Grundlage eines derart bezugnehmenden Zulassungsantrags erteilt wurde, während eines bestimmten Zeitraums zu vermarkten (sog. **Marktschutz**).

2. Bestehender Unterlagenschutz für Referenzarzneimittel

Mit der RL 2004/27/EG, welche die RL 2001/83/EG geändert hat, und der VO 726/2004 wurden für Humanarzneimittel neue Regelungen über die Schutzzeiträume eingeführt, 191

---

[892] Ausführlich zur Parallelimport-Zulassung → § 3 Rn. 126 ff.
[893] Ausführlich hierzu Europäische Kommission, Mitteilung der Kommission über Paralleleinfuhren von Arzneispezialitäten, deren Inverkehrbringen bereits genehmigt ist, v. 30.12.2003 (KOM(2003) 839 endg.), S. 10 ff.
[894] Vgl. European Commission, Notice to Applicants, Volume 2A, Procedures for marketing authorisation, Chapter 1, Marketing Authorisation (June 2018, Revision 8), Ziff. 6.1.

Meier

während denen die Antragsteller von generischen Produktzulassungen (sog. Generika[895]) nicht auf die präklinischen und klinischen Studiendaten des Referenzarzneimittels Bezug nehmen dürfen, um einen Zulassungsantrag zu stellen, eine Zulassung zu erhalten oder das auf einer solchen Zulassung basierende Arzneimittel in Verkehr zu bringen[896]. Damit wurden die Bestimmungen zum Unterlagenschutz europaweit harmonisiert und zwar gleichermaßen für zentrale, DCP-, MRP- und nationale Zulassungen.

192 Der Schutzzeitraum beginnt mit der ersten Marktzulassung des Referenzarzneimittels in der EU[897]. Dies ist bei zentral zugelassenen Arzneimitteln das Datum der zentralen Zulassungserteilung, bei national oder dezentral zugelassenen Arzneimitteln ist auf das Datum der ersten Zulassung des Produktes in einem Mitgliedstaat der EU abzustellen. Insoweit nimmt **Liechtenstein** eine Sonderstellung ein, indem dort ein duales System besteht: Zunächst kann für ein Arzneimittel eine Zulassung mit Wirkung für Liechtenstein nicht mehr nur mittels des zentralen Zulassungsverfahrens erteilt werden[898], sondern auch indem im Rahmen eines MRP- oder DCP-Verfahrens die automatische Anerkennung einer für Österreich erteilten Zulassung mit Wirkung auch für Lichtenstein als weiterem CMS beantragt wird[899]. Parallel dazu erlaubt Liechtenstein auf Grundlage eines entsprechenden Staatsvertrages mit der Schweiz auf seinem Markt automatisch die vom Schweizerischen Heilmittelinstitut Swissmedic zugelassenen Arzneimittel, allerdings mit der Ausnahme, dass seit dem 1. Juni 2005 Swissmedic-Zulassungen von Arzneimitteln mit *neuen* Wirkstoffen nicht mehr automatisch in Liechtenstein anerkannt werden, sondern die Anerkennung erst mit einer zeitlichen Verzögerung von in der Regel 12 Monaten erfolgt[900]. Da die Zulassung in der Schweiz nicht auf Basis des harmonisierten europäischen Rechts erfolgt, kann diese keine Wirkung für die EU haben, und mithin auch nicht den Lauf des Unterlagenschutzes in Gang setzen[901].

193 **a) Unterlagenschutz nach geltendem Recht („8+2+1-Formel"). aa) 8 Jahre Daten- und 10 Jahre Marktschutz.** Die europarechtlichen Vorgaben zum Unterlagenschutz finden sich in Art. 10 Abs. 1 RL 2001/83/EG[902] sowie Art. 14 Abs. 11 VO 726/2004.

---

[895] Ein Generikum ist nach Art. 10 Abs. 2 lit. b RL 2001/83/EG „ein Arzneimittel, das die gleiche qualitative und quantitative Zusammensetzung aus Wirkstoffen und die gleiche Darreichungsform wie das Referenzarzneimittel aufweist und dessen Bioäquivalenz mit dem Referenzarzneimittel durch geeignete Bioverfügbarkeitsstudien nachgewiesen wurde". Dabei gelten die verschiedenen Salze, Ester, Ether, Isomere, Mischungen von Isomeren, Komplexe oder Derivate eines Wirkstoffs als ein und derselbe Wirkstoff, es sei denn, ihre Eigenschaften unterscheiden sich erheblich hinsichtlich der Sicherheit und/oder Wirksamkeit. Ferner gelten die verschiedenen oralen Darreichungsformen mit sofortiger Wirkstofffreigabe als ein und dieselbe Darreichungsform. Ferner können dem Antragsteller die Bioverfügbarkeitsstudien erlassen werden, wenn er nachweisen kann, dass das Generikum die relevanten Kriterien erfüllt, die in den entsprechenden ausführlichen Leitlinien festgelegt sind.
[896] Für Tierarzneimittel wurde der Unterlagenschutz harmonisiert durch die RL 2004/28/EG zur Änderung der RL 2001/82/EG sowie in Bezug auf zentrale Arzneimittel ebenfalls durch die VO 726/2004.
[897] Ein Referenzarzneimittel ist nach Art. 10 Abs. 2 lit. a RL 2001/83/EG jedes gem. Art. 6 in Übereinstimmung mit Art. 8 RL 2001/83/EG genehmigtes Arzneimittel.
[898] Grund hierfür ist, dass Lichtenstein ein EFTA-Mitgliedstaat ist. Gleiches gilt für die weiteren EFTA-Staaten Norwegen und Island.
[899] Abkommen zwischen der Österreichischen Bundesregierung und der Regierung des Fürstentums Liechtenstein betreffend die automatische Anerkennung von in Österreich zugelassenen bzw. registrierten Human- und Tierarzneimitteln in Liechtenstein (BGBl. III Nr. 126/2010).
[900] Vgl. Ergänzungsvereinbarung zwischen der Schweiz und Liechtenstein, LGBl. 2005 Nr. 82.
[901] S. hierzu European Commission, Notice to Applicants, Volume 2A, Procedures for marketing authorisation, Chapter 1, Marketing Authorisation (June 2018, Revision 8), Ziff. 1.2 unter „Liechtenstein"; Webseite der Landesverwaltung des Fürstentums Liechtenstein, abrufbar unter llv.li (zuletzt abgerufen am 30.6.2018).
[902] Die neuen Regelungen wurden eingeführt durch die Änderungsrichtlinie 2004/27/EG.

Hiernach besteht für jedes Arzneimittel – unabhängig davon, ob es national im Wege eines nationalen, dezentralen, gegenseitigen Anerkennungs- oder zentralen Verfahren zugelassen wurde – ab dem Zeitpunkt der ersten erteilten Zulassung innerhalb der EU

- ein Zeitraum von **8 Jahren Datenexklusivität**, während dem ein generischer Antragsteller nicht ohne Zustimmung des Zulassungsinhabers auf präklinischen und klinischen Studiendaten des Zulassungsdossiers Bezug nehmen darf, sowie
- ein Zeitraum von **10 Jahren Marktschutz**, während dem ein Arzneimittel, dessen Zulassung durch eine solche Bezugnahme beantragt und erteilt wurde, nicht in den Verkehr gebracht werden darf[903].

Mithin können generische Zulassungsanträge erst nach dem Ablauf der 8 Jahre Datenexklusivität des Referenzarzneimittels bei den Behörden eingereicht werden, und unabhängig davon, wann danach die entsprechende generische Zulassung erteilt wird, besteht ein weiterer 2-jähriger Vermarktungsschutz[904]. Er gilt gleichermaßen für neue Kombinationsprodukte – und zwar unabhängig davon, ob diese aus bereits zugelassenen Wirkstoffen bestehen und der Zulassungsantrag auf Art. 10b RL 2001/83/EG beruht, oder zum Teil oder vollständig aus noch nicht zugelassenen Wirkstoffen und der Zulassungsantrag auf Art. 8 Abs. 3 RL 2001/83/EG beruht[905].

bb) Verlängerung des Marktschutzes bei Zulassung einer neuen Indikation. Gem. Art. 10 Abs. 1 UAbs. 4 RL 2001/83/EG besteht für Humanarzneimittel die Möglichkeit einer Verlängerung des 10-jährigen Marktschutzzeitraums um ein weiteres Jahr[906], sofern

- innerhalb der ersten 8 Jahre ab Erstzulassung die Erweiterung der Zulassung des Arzneimittels um eines oder mehrere neue therapeutische Anwendungsgebiete erwirkt wurde, und
- diese Zulassungserweiterung einen bedeutsamen klinischen Nutzen im Vergleich zu bestehenden Therapien mit sich bringt[907].

Das zusätzliche Jahr an Marktschutz gilt für die Globale Marktzulassung des Referenzarzneimittels, so dass generische Arzneimittel – mit oder ohne das neue Anwendungs-

---

[903] Dieser Zeitraum kann um 1 Jahr auf insgesamt 11 Jahre verlängert werden. S. hierzu u. → § 4 Rn. 195.

[904] Im AMG wurde dieser Unterlagenschutz in Bezug auf national zugelassene Arzneimittel via nationalem, DCP- und MRP-Verfahren in § 24b Abs. 1 S. 1 u. 2 AMG umgesetzt. Vgl. hierzu *Heßhaus* in Spickhoff, Medizinrecht, 10. AMG, § 24b Rn. 1; *Rehmann*, AMG, § 24b Rn. 11.

[905] S. hierzu o. → § 3 Rn. 114 ff.

[906] Dies ist in nationales Recht umgesetzt in § 24b Abs. 1 S. 3 AMG, wonach der Zeitraum der Marktexklusivität auf höchstens elf Jahre verlängert wird, wenn der Inhaber der Zulassung innerhalb von acht Jahren seit der Zulassung die Erweiterung der Zulassung um eines oder mehrere neue Anwendungsgebiete erwirkt, die bei der wissenschaftlichen Bewertung vor ihrer Zulassung durch die zuständige Bundesoberbehörde als von bedeutendem klinischem Nutzen im Vergleich zu bestehenden Therapien beurteilt werden.

[907] Bei Generika, die zur Anwendung bei Tieren bestimmt sind, gilt folgende Regelung: Die 10-jährige Marktexklusivität verlängert sich (1) bei Arzneimitteln, die zur Anwendung bei Fischen oder Bienen bestimmt sind, auf dreizehn Jahre, und (2) bei Arzneimitteln, die zur Anwendung bei einer oder mehreren Tierarten, die der Gewinnung von Lebensmitteln dienen, bestimmt sind und die einen neuen Wirkstoff enthalten, der am 30. April 2004 noch nicht in der Gemeinschaft zugelassen war, bei jeder Erweiterung der Zulassung auf eine weitere Tierart, die der Gewinnung von Lebensmitteln dient, die innerhalb von fünf Jahren seit der Zulassung erteilt worden ist, um ein Jahr. Dieser Zeitraum darf jedoch bei einer Zulassung für vier oder mehr Tierarten, die der Gewinnung von Lebensmitteln dienen, insgesamt dreizehn Jahre nicht übersteigen. Allerdings erfolgt die Verlängerung des Zehnjahreszeitraums für ein Arzneimittel für eine Tierart, die der Lebensmittelgewinnung dient, auf elf, zwölf oder dreizehn Jahre unter der Voraussetzung, dass der Inhaber der Zulassung ursprünglich auch die Festsetzung der Rückstandshöchstmengen für die von der Zulassung betroffenen Tierarten beantragt hat. Vgl. Art. 13 Abs. 1 UAbs. 3, Abs. 5 und § 24b Abs. 7 u. 8 AMG.

gebiet – nicht in Verkehr gebracht werden dürfen bis zum Ablauf des elften Jahres. Da der Schutzzeitraum insgesamt elf Jahre nicht überschreiten kann, kann diese Regelung nur einmal pro „*Globale Marktzulassung*" verwendet werden[908].

197 Die Möglichkeit einer Verlängerung des Unterlagenschutzes um 1 Jahr gilt nur für die Referenzarzneimittel, die unter dem neuen Rechtsregime der RL 2004/27/EG sowie der VO 726/2004 zugelassen wurden[909]. Insgesamt wird hier von der „*8+2+1-Formel*" gesprochen:

8 Jahre Datenexklusivität	*zuzüglich* 2 Jahre Marktschutz	*zuzüglich* 1 weiteres Jahr Marktschutz *sofern* die Zulassung eines neuen therapeutischen Anwendungsgebietes mit bedeutsamen klinischen Nutzen innerhalb der ersten 8 Jahre erfolgt
• *Keine* Einreichung eines bezugnehmenden Zulassungsantrages • *Kein Inverkehrbringen*	• *Einreichung* eines bezugnehmenden Zulassungsantrages • *Kein Inverkehrbringen*	• *Einreichung* eines bezugnehmenden Zulassungsantrages • *Kein Inverkehrbringen*

198 Der hiernach gewährte Unterlagenschutz besteht ausdrücklich „*unbeschadet des Rechts über den Schutz gewerblichen und kommerziellen Eigentums*", und gibt den Zulassungsinhabern einen eigenständigen und unabhängig von einem eventuellen Patentschutz bestehenden Schutz[910].

199 **b) Unterlagenschutz nach altem Recht.** Diese neuen Unterlagenschutzbestimmungen gelten nicht für Referenzarzneimittel, die

- national zugelassen wurden[911] und deren erster Zulassungsantrag innerhalb der EU vor dem 30.10.2005 eingereicht wurde[912], sowie
- zentral zugelassen wurden mit Einreichung des Zulassungsantrags vor dem 20.11.2005[913].

200 Arzneimittel, für die die erste Einreichung[914] eines Zulassungsantrags vor diesen Stichtagen erfolgte, profitieren weiterhin von den zuvor bestehenden Schutzzeiträumen, welche waren:

---

[908] Jeder Zulassungsantrag für ein neues Anwendungsgebiet muss von der zuständigen Behörde daraufhin geprüft werden, ob dieses einen bedeutsamen klinischen Nutzen in Vergleich zu bestehenden Therapien mit sich bringt. Bei zentral zugelassenen Arzneimitteln beinhaltet die Entscheidung der EU Kommission betreffend die neue therapeutische Anwendungsgebiet eine Feststellung hierzu. Bei Arzneimitteln, die im DCP- oder MRP-Verfahren zugelassen wurden, hat der Beurteilungsbericht des RMS eine entsprechende Feststellung zu enthalten.
[909] Art. 2 RL 2004/27/EG sowie Art. 89 VO 726/2004.
[910] Für Tierarzneimittel gilt ebenfalls ein initialer Unterlagenschutz von 8 Jahren Datenexklusivität und 10 Jahren Marktschutz (vgl. Art. 13 Abs. 1 UAbs. 1 RL 2004/28/EG sowie Art. 39 Abs. 10 VO 726/2004, der auf die Regelungen des Art. 13 u. 13a RL 2004/28/EG verweist).
[911] Dies gilt unabhängig davon, ob die nationale Zulassung im Wege eines rein nationalen Verfahrens, eines DCP-Verahren oder eines MRP-Verfahrens erteilt wurde.
[912] Vgl. Art. 2 u. 3 RL 2004/27/EG.
[913] Vgl. Art. 89 VO 726/2004.
[914] Aufgrund des Wortlauts der Bestimmungen ist für die Übergangsregelung der Zeitpunkt der „Einreichung" des Zulassungsantrags entscheidend, und damit wohl der Zeitpunkt des tatsächlichen Zugangs des Zulassungsantrages und nicht des Datums der Validierung eines Zulassungsantrages.

- 6 oder 10 Jahre Datenexklusivität für nationale Zulassungen, abhängig davon, von welchem Mitgliedstaat diese gewährt wurden – in Deutschland galt ein 10-jähriger Unterlagenschutz[915];
- 10 Jahre für alle Arzneimittel, die mittels des zentralisierten Verfahrens zugelassen wurden[916]; sowie
- 10 Jahre für alle Arzneimittel, die auf Basis einer Stellungnahme des CPMP gem. Art. 4 RL 87/22/EWG (ex-concertation Verfahren) zugelassen wurden[917].

c) Relevanter Schutzzeitraum bei einem europäischen Referenzarzneimittel. Art. 10 Abs. 1 UAbs. 1 RL 2001/83/EG erlaubt die Einreichung eines generischen Zulassungsantrages nur, wenn das Referenzarzneimittel für einen bestimmten Zeitraum bereits zugelassen war. Dabei ist ein generischer Zulassungsantrag auch dann möglich, wenn das Referenzarzneimittel nicht in dem Mitgliedstaat genehmigt wurde, in dem der Antrag für das Generikum eingereicht wird: In diesem Fall hat der Antragsteller im Antragsformular schlicht den Namen des Mitgliedstaats anzugeben, in dem das Referenzarzneimittel genehmigt wurde[918]. Natürlich kann auch hier ein generischer Zulassungsantrag nur eingereicht werden, wenn die Datenexklusivität in diesem Mitgliedstaat nicht mehr besteht.

d) Schutzzeiträume und Globale Marktzulassung. Gem. dem in Art. 6 Abs. 1 UAbs. 2 RL 2001/83/EG niedergelegten Prinzip der **Globalen Marktzulassung** sind sowohl eine Erstzulassung für das Inverkehrbringen als auch die Zulassung aller weiteren Stärken, Darreichungsformen, Verabreichungswege und Verabreichungsformen sowie sonstiger Änderungen und Erweiterungen Bestandteil derselben umfassenden Genehmigung für das Inverkehrbringen[919]. Dies gilt insbesondere für den Zweck der Anwendung der Regelung über den Unterlagenschutz nach Art. 10 Abs. 1 RL 2001/83/EG sowie des sog. Europäischen Referenzarzneimittels.

Daher gelten all diese Aufmachungen eines bestimmten Produktes als Teil derselben globalen Marktzulassung, wenn es um die Anwendung der Bestimmungen zum Unterlagenschutz geht. Dementsprechend ist der Beginn des 8-jährigen Datenexklusivitäts- und des 10-jährigen Marktschutzzeitraums eines Referenzarzneimittels das Datum, an dem die erste Marktzulassung innerhalb der EU erteilt wurde. Die spätere Zulassung zusätzlicher Stärken, Darreichungsformen, Verabreichungswege oder Verabreichungsformen sowie jegliche sonstige Änderungen oder Erweiterungen der Erstzulassung führen nicht dazu, dass dieser Zeitraum neu startet oder verlängert wird. Nach dem EuGH gilt dies selbst für den Fall, dass die neue Präsentation des Arzneimittels demselben Zulassungsinhaber durch ein separates zentrales Verfahren und als eigenständige Zulassung mit einer unterschiedlichen Arzneimittelbezeichnung gewährt wurde[920]. Fraglich ist, ob bereits vor

---

[915] Gem. Art. 10 Abs. 1 lit. a (iii) RL 2001/83/EG in der Fassung vor der Änderung durch RL 2004/27/EG gewährte den Mitgliedstaaten die Möglichkeit, zwischen einem 6-jährigen und einem 10-jährigen Unterlagenschutz in Form von Datenexklusivität zu wählen. Auf Basis der jeweiligen nationalen Bestimmungen gilt ein Unterlagenschutz von 10 Jahren für nationale Zulassungen, die von den folgenden Mitgliedstaaten gewährt wurden: Belgien, Deutschland, Frankreich, Italien, Niederlande, Schweden, England, Luxemburg; sowie ein Unterlagenschutz von 6 Jahren für nationale Zulassungen, die von den folgenden Mitgliedstaaten gewährt wurden: Österreich, Dänemark, Finnland, Irland, Portugal, Spanien, Griechenland, Polen, Tschechische Republik, Ungarn, Litauen, Lettland, Slowenien, Slowakai, Malta, Estland, Zypern sowie Norwegen, Liechtenstein und Island.
[916] Art. 13 Abs. 4 VO 2309/93.
[917] Vgl. insgesamt hierzu European Commission, Notice to Applicants, Volume 2A, Procedures for marketing authorisation, Chapter 1, Marketing Authorisation (June 2018, Revision 8), Ziff. 6.1.3.
[918] Art. 10 Abs. 1 UAbs. 3 RL 2001/83/EG.
[919] S. o. → § 2 Rn. 33.
[920] EuGH, Urteil v. 28.6.2017 – verb. Rs. C-629/15 P und C-630/15 P, Novartis vs. Europäische Kommission („Aclasta"). Dies war umstritten. Nach anderer Ansicht sollte nachfolgenden eigen-

Inkrafttreten der RL 2004/27/EG und der Normierung des Prinzips der Globalen Marktzulassung in Art. 6 RL 2001/83/EG dieses Prinzip Geltung beanspruchte[921].

3. Ein Jahr Datenexklusivität bei neuer Indikation anerkannter Substanzen

204　Nach Art. 10 Abs. 5 RL 2001/83/EG wird zusätzlich zu den Bestimmungen des Art. 10 Abs. 1 RL 2001/83/EG bei Zulassung einer neuen Indikation für einen bereits gut etablierten Wirkstoff eine nicht kumulierbare Ausschließlichkeitsfrist von einem Jahr für die entsprechenden Daten gewährt, sofern bedeutende vorklinische oder klinische Studien im Zusammenhang mit der neuen Indikation durchgeführt wurden[922]. Diese Regelung findet nicht nur Anwendung für Arzneimittel, die Unterlagenschutz nach dem neuen Rechtsregime beanspruchen, sondern für alle zugelassene Arzneimittel[923].

205　Es muss ein „*gut etablierter Wirkstoff*" vorliegen (engl.: „well established substance"). In Einklang mit Art. 10a RL 2001/83/EG ist dies ein in dem zugelassenen Arzneimittel enthaltener Wirkstoff, der seit mindestens zehn Jahren in der EU in der therapeutischen Praxis auf Basis einer entsprechenden Zulassung allgemein medizinisch verwendet wird[924]. Dies bedeutet folglich nicht, dass das betroffene Arzneimittel auch gem. Art. 10a RL 2001/83/EG als „well-established use"-Arzneimittel[925] zugelassen werden musste.

206　Voraussetzung ist ferner, dass für diesen gut etablierten Wirkstoff die Zulassung eines neuen weiteren Anwendungsgebietes erfolgt, die auf Daten von bedeutenden vorklinischen oder klinischen Studien im Zusammenhang mit dem neuen Anwendungsgebiet beruht. Auch hier hat bei zentral zugelassenen Arzneimitteln die Kommissionsentscheidung bzw. bei DCP- sowie MRP-Zulassungen der Beurteilungsbericht des RMS eine entsprechende Stellungnahme zu enthalten, ob die neue Indikation auf bedeutende präklinische oder klinische Studien basiert[926]. Der sodann gewährte eigenständige einjährige Zeitraum einer Datenexklusivität für die entsprechenden Studiendaten ist nicht kumulierbar mit anderen Schutzzeiträumen, da er sich ausschließlich auf die Daten für die neue Indikation bezieht[927].

---

ständigen zentralen Zulassungen desselben Wirkstoffs in einem anderen therapeutischen Gebiet ein eigenständiger Unterlagenschutz zukomme (teilweise auch „Independent Development Principle" genannt), da eigenständige Zulassungen insbesondere keine Zulassungsänderungen oder -erweiterungen iSd Art. 6 Abs. 1 RL 2001/83/EG darstellen würden gemäß den Vorgaben der Variations-VO 1234/2008, und damit nicht Teil derselben globalen Marktzulassung seien. Dies hat der EuGH nun zugunsten der bereits zuvor von der Kommission vertretenen Auffassung endgültig entschieden.

[921] Vgl. hierzu European Commission, Notice to Applicants, Volume 2A, Procedures for marketing authorisation, Chapter 1, Marketing Authorisation (June 2018, Revision 8), Ziff. 6.1.5, dort insb. Fn. 31.

[922] Diese Bestimmung wurde in nationales Recht umgesetzt durch § 10 Abs. 6 AMG.

[923] S. Übergangsregelung des Art. 2 RL 2004/27/EG.

[924] Teil II Ziff. 1 (a) des Annex der RL 2001/83/EG nach Änderung durch RL 2003/63/EG. Die Verwendung eines Wirkstoffs in einer Zulassungsstudie – selbst wenn es sich um eine umfangreiche Studie handelte – wird demgemäß als nicht ausreichend angesehen, um eine gut etablierte Verwendung begründen zu können.

[925] Die entsprechende Regelung im deutschen Recht ist § 10 Abs. 6 AMG.

[926] Vgl. hierzu European Commission, Notice to Applicants, Volume 2A, Procedures for marketing authorisation, Chapter 1, Marketing Authorisation (June 2018, Revision 8), Ziff. 6.3.

[927] Ausführlich hierzu European Commission, Guidance on a New Therapeutic Indication for a Well-Established Substance (November 2007), abrufbar unter ec.europa.eu/health.

4. Ein Jahr Datenexklusivität bei OTC-Switch

Art. 74a RL 2001/83/EG bestimmt: „*Wurde eine Änderung der Einstufung eines Arzneimittels aufgrund signifikanter vorklinischer oder klinischer Versuche genehmigt, so nimmt die zuständige Behörde bei der Prüfung eines Antrags eines anderen Antragstellers oder Inhabers der Genehmigung für das Inverkehrbringen auf Änderung der Einstufung desselben Stoffs während eines Zeitraums von einem Jahr nach Genehmigung der ersten Änderung nicht Bezug auf die Ergebnisse dieser Versuche*"[928]. Hiernach wird ein Zeitraum von 1 Jahr Datenexklusivität gewährt für die Daten von bedeutenden präklinischen oder klinischen Studien, die durchgeführt wurden, um eine Änderung der Einstufung des Wirkstoffs – mithin von verschreibungspflichtig zu verschreibungsfrei (OTC) – erfolgreich zu erhalten. Wird eine solche Entscheidung getroffen, hat die zuständige Behörde (dh EU-Kommission oder RMS) zu beurteilen, ob die Änderung der Einstufung des Arzneimittels auf signifikanten präklinischen oder klinischen Studien beruht[929].

5. Rechtsschutzfragen

Da in Europa Unterlagen- und Patentschutz unabhängig voneinander bestehen, wird die Frage des Schutzes vor einer unzulässigen Bezugnahme auf Unterlagen eines Vorantragstellers insbesondere dann von praktischer Relevanz, wenn der maßgebliche Patentschutz des Arzneimittels, insbesondere das Wirkstoffpatent, zeitlich vor der Datenexklusivität endet. Hierzu hat der EuGH in seinem „Olainfarm"-Urteil bestätigt, dass der Inhaber der Referenzarzneimittelzulassung das Recht hat, gegen die Entscheidung der zuständigen Behörde, mit der eine Genehmigung für das Inverkehrbringen eines Generikums erteilt wurde, einen Rechtsbehelf einzulegen, soweit es darum geht, gerichtlichen Schutz eines Rechts zu erlangen[930]. Hiernach ist der Inhaber der Referenzarzneimittelzulassung ausdrücklich berechtigt zu verlangen[931],

- dass sein Arzneimittel nicht zu dem Zweck verwendet wird, eine Generikumszulassung zu erhalten,
- dass sein Arzneimittel, dessen Inverkehrbringen auf der Grundlage des Art. 10 Abs. 1 der RL 2001/83/EG[932] genehmigt wurde, nicht vor Ablauf des Zeitraums von zehn Jahren (ggf. verlängert auf elf Jahre) nach Erteilung der Genehmigung in Verkehr gebracht wird, sowie
- dass sein Arzneimittel nicht zu dem Zweck verwendet wird, eine Generikumszulassung zu erhalten, für das sein eigenes nicht als Referenzarzneimittel angesehen werden kann[933] oder das nicht die sich aus Art. 10 Abs. 2 lit. b RL 2001/83/EG ergebende Voraussetzung der Gleichartigkeit der Wirkstoffzusammensetzung und der Darreichungsform erfüllt.

---

[928] Diese Bestimmung wurde in nationales Recht umgesetzt durch § 48 Abs. 3 AMG.
[929] Details hierzu s. European Commission, A Guideline on Changing the Classification for the Supply of a Medicinal Product for Human Use (Januar 2006), abrufbar unter ec.europa.eu/health/home_en.
[930] EuGH, Urteil v. 23. Oktober 2014 – Rs. C-104/13, Olainfarm AS vs. Latvijas Republikas Veselibas ministrija u. a. („Olainfarm").
[931] S. EuGH, Urteil v. 23. Oktober 2014 – Rs. C-104/13, Olainfarm AS vs. Latvijas Republikas Veselibas ministrija u. a. („Olainfarm"), Rn. 38. EuGH, Urteil v. 28.6.2017 – verb. Rs. C-629/15 P und C-630/15 P, Novartis vs. Europäische Kommission („Aclasta").
[932] Bei nationalen Zulassungen in Deutschland entspricht dies einer Zulassung auf Basis des § 24a AMG.
[933] So ausdrücklich im Entscheidungstenor Ziff. 2. des o. g. Olainfarm-Urteils des EuGH.

Diese drei Rechte bestehen nebeneinander. Dies bedeutet für die Durchsetzung des Unterlagenschutzes:

209 **a) Durchsetzung der Datenexklusivität.** Die Durchsetzung der Datenexklusivität erfolgt nicht durch den pharmazeutischen Unternehmer oder den Eigentümer der Daten, sondern hat durch die zuständigen Zulassungsbehörden zu erfolgen. Die Geltendmachung einer unzulässigen Bezugnahme auf geschützte Daten ist für den Zulassungsinhaber auch drittschützend[934]. Dementsprechend steht dem Zulassungsinhaber das Recht zu, bei einer Verletzung des Unterlagenschutzes mittels Gewährung einer bezugnehmenden Arzneimittelzulassung an einen Dritten diese vor Gericht anzugreifen. Zuständig ist bei einer zentralen Arzneimittelzulassung das Allgemeine Europäische Gericht, bei nationalen Zulassungen das jeweils zuständige nationale Gericht, in Deutschland nach Durchführung eines Widerspruchsverfahrens nach § 68 VwGO das für den Sitz der Zulassungsbehörde zuständige Verwaltungsgericht für die Durchführung der Anfechtungsklage nach § 42 VwGO[935].

210 Inhaltlich könne nach dem OVG Münster der Inhaber der Referenzarzneimittelzulassung nicht die Einhaltung aller gesetzlichen Voraussetzungen einer generischen Zulassung geltend machen, sondern sich lediglich auf die Verletzung drittschützender Normen berufen, die für ihn nur soweit reichen würden, wie seine Unterlagen durch eine Bezugnahme verwertet wurden[936]. In Anbetracht der Olainfarm-Entscheidung des EuGH ist diese Betrachtungsweise zu eng, da der Inhaber der Referenzarzneimittelzulassung auch eine Überprüfung der Voraussetzungen der Gleichartigkeit der Wirkstoffzusammensetzung und der Darreichungsform verlangen und gerichtlich durchsetzen kann. Erfolgt die Zulassung des Generikums auf Basis eines DCP-Verfahrens, so hat der EuGH in seinem Urteil vom 14.3.2018 entschieden[937], dass die *zuständige Behörde* eines von diesem Verfahren betroffenen Mitgliedstaats bei dem Erlass der nationalen Zulassungsentscheidung gem. Art. 28 Abs. 5 RL 2001/83/EG in diesem Mitgliedstaat nicht selbst den Zeitpunkt des Beginns der Unterlagenschutzfrist des Referenzarzneimittels festlegen darf. Demgegenüber sei ein *angerufenes Gericht* zwar befugt, die Festlegung des Zeitpunkts des Beginns der Unterlagenschutzfrist des Referenzarzneimittels zu prüfen, jedoch nicht befugt festzustellen, ob die in einem anderen Mitgliedstaat erteilte Erstgenehmigung für das Inverkehrbringen des Referenzarzneimittels mit RL 2001/83/EG vereinbar war.

211 **b) Durchsetzung des Marktschutzes.** Für die Durchsetzung des zusätzlichen 2-jährigen Marktschutzes sind nicht die Zulassungsbehörden verantwortlich, sofern die generische Zulassung unter Einhaltung der Datenexklusivitätsbestimmung erteilt wurde. Vielmehr hat der Zulassungsinhaber des Referenzarzneimittels direkt gegen den Zulassungsinhaber des generischen Arzneimittels mittels zivilrechtlicher Maßnahmen vorzugehen (zB Unterlassungsklage), um ein Inverkehrbringen vor Ablauf des Marktschutzzeitraumes zu verhindern.

---

[934] So OVG Berlin Urteil v. 18.4.1996, PharmaR 1997, S. 14 ff., sowie VG Köln Urteil v. 21.12.2000, PharmaR 2001, S. 68 ff., jeweils zu § 24a AMG aF, entspricht § 24b AMG nF; zur Anordnung der sofortigen Vollziehung insoweit OVG NRW Beschl. v. 26.9.2008 (13 B 1202/08), PharmaR 2008, S. 603 ff.; zum Drittschutz gegen die Zulassung eines Tierarzneimittels im Verfahren der gegenseitigen Anerkennung vgl. zuletzt OVG Lüneburg Urteil vom 7.6.2012 (13 LB 56/10). Zum Erfordernis des Vorliegens einer Widerspruchsbefugnis für den angreifenden Dritten bereits im Widerspruchsverfahren vgl. *Ramsauer* in Kopp/Ramsauer, VwVfG, 18. Aufl. (2017), § 79 Rn. 26.

[935] Allgemein zur Klagebefugnis bei Drittbetroffenheit vgl. *Schenke* in Kopp/Schenke, VwGO, 23. Aufl. (2017), § 42 Rn. 70 ff.

[936] OVG Münster, Beschl. v. 2.8.2016 – 13 B 390/16, BeckRS 2016, 51944.

[937] EuGH, Urteil v. 14.3.2018 – Rs. C-557/16, Astellas Pharma vg. Helm u. a. („Astellas Pharma").

IX. Orphan Marktexklusivität

1. Schutzwirkung des Orphan Marktsexklusivitätsrechts

Ein Arzneimittel, das als Arzneimittel für seltene Leiden ausgewiesen ist, profitiert von dem in Art. 8 Abs. 1 VO 141/2000 (Orphan VO[938]) geregelten Orphan Marktexklusivitätsrecht: Gem. Art. 8 Abs. 1 Orphan VO gilt für Arzneimittel, die als Arzneimittel für seltene Leiden zugelassen wurden[939], dass *„die Gemeinschaft und die Mitgliedstaaten während der nächsten zehn Jahre weder einen anderen Antrag auf Genehmigung für das Inverkehrbringen eines ähnlichen Arzneimittels für dasselbe therapeutische Anwendungsgebiet annehmen noch eine entsprechende Genehmigung erteilen noch einem Antrag auf Erweiterung einer bestehenden Genehmigung stattgeben"* werden.

Dies bedeutet:

- Der Schutz eines Arzneimittels für seltene Leiden bezieht sich nicht nur auf Arzneimittel mit demselben Wirkstoff, sondern erstreckt sich auf alle **„ähnlichen Arzneimittel"**. Dies beurteilt sich nach der Molekülstruktur, dem Wirkmechanismus sowie dem zugelassenen therapeutischen Anwendungsgebiet.[940]
- Nach erfolgter Zulassung eines Arzneimittels für seltene Leiden dürfen die Europäische Kommission, die EMA und die nationalen Zulassungsbehörden während eines Zeitraums von zehn Jahren ab Zulassung in Bezug auf solche ähnlichen Arzneimittel für dasselbe therapeutische Anwendungsgebiet
  – weder einen anderen Antrag auf Genehmigung annehmen
  – noch eine entsprechende Genehmigung erteilen
  – noch einem Antrag auf Erweiterung einer bestehenden Genehmigung stattgeben.

Mithin wird nicht nur eine Marktexklusivität vermittelt, wie die Überschrift zu Art. 8 Orphan VO missverständlich vermittelt, sondern ein darüber hinausgehender Schutz, indem jegliche Antragstellung und/oder Zulassungserteilung während dieses 10-Jahres-Zeitraums untersagt wird.

Es gilt zu beachten, dass diese Orphan Marktexklusivität sich nicht auf den Wirkstoff allein bezieht, sondern auf das jeweils zugelassene therapeutische Anwendungsgebiet des Wirkstoffs. Werden daher für ein Arzneimittel nach und nach mehrere Anwendungsgebiete zugelassen, die unterschiedliche seltene Krankheiten betreffen, so wird jede dieser Indikationen separat durch den 10-jähriger Exklusivitätszeitraum gem. Art. 8 Abs. 1 Orphan VO geschützt[941].

2. Abweichungen vom Orphan Marktexklusivitätsrecht

Die Regelung des Art. 8 Abs. 3 Orphan VO führt die Ausnahmefälle auf, in denen abweichend von Art. 8 Abs. 1 Orphan VO für ein ähnliches Arzneimittel mit demselben therapeutischen Anwendungsgebiet eine Genehmigung für das Inverkehrbringen gewährt werden kann.[942]

---

[938] VO (EG) Nr. 141/2000 des Europäischen Parlaments und des Rates vom 16. Dezember 1999 über Arzneimittel für seltene Leiden, ABl. L 18 vom 22.1.2000, S. 1.
[939] Unter dem Regime der VO 2309/93 waren Arzneimittel für seltene Leiden nicht zwingend zentral zuzulassen. Dies ist erst seit Inkrafttreten der VO 726/2004 der Fall, Art. 3 Abs. 1 iVm Ziff. 4 des Anhangs zur VO 726/2004.
[940] S. ausführlich hierzu u. → § 3 Rn. 308 f.
[941] Vgl. EMA, Questions & Answers: Orphan Applications, dort Q&A 4, abrufbar unter ema.europa.eu.
[942] S. ausführlich hierzu o. → § 3 Rn. 311 f.

3. Rechtsschutzfragen

217 Für die Durchsetzung des Orphan Marktexklusivitätsrechts sind ebenfalls die europäischen und nationalen Behörden zuständig: Es beinhaltet ein Verbot für die zuständigen Behörden, Zulassungsanträge für vergleichbare Arzneimittel anzunehmen oder solche positiv zu verbescheiden. Dementsprechend steht dem Zulassungsinhaber eines als Arzneimittel für seltene Leiden ausgewiesenen Arzneimittels das Recht zu, bei einer Verletzung des Marktexklusivitätsrechts mittels Gewährung einer Arzneimittelzulassung an einen Dritten diese vor Gericht anzugreifen. Wie beim Unterlagenschutz, ist bei einer zentralen Arzneimittelzulassung das Allgemeine Europäische Gericht, bei nationalen Zulassungen das jeweils zuständige nationale Gericht, in Deutschland nach Durchführung eines Widerspruchsverfahrens nach § 68 VwGO das für den Sitz der Zulassungsbehörde zuständige Verwaltungsgericht für die Durchführung einer Anfechtungsklage zuständig[943].

X. Paediatrisches Exklusivitätsrecht

218 Sofern ein Genehmigungsantrag nach Art. 7 oder 8 VO 1901/2006[944] (Pädiatrische VO) die Ergebnisse sämtlicher Studien beinhaltet, die gemäß einem gebilligten pädiatrischen Prüfkonzept durchgeführt wurden, so kann der Zulassungsinhaber hierfür bei Erfüllung aller Voraussetzungen eine pädiatrische Belohnung entweder in Form einer Exklusivitätsverlängerung oder in Form eines eigenständigen Unterlagenschutzes erhalten[945].

1. Anforderungen

219 Die Entscheidung der EMA über einen PIP, die mit der ersten regulatorischen Einreichung verbunden ist, welche einen PIP ausgelöst hat (im Gegensatz zu einer Freistellung), ist diejenige, die für die pädiatrische Belohnung qualifiziert[946]. Voraussetzungen für die Erteilung dieser Belohnung ist, dass alle diesbezüglichen Voraussetzungen erfüllt werden – und im Fall einer ersten Marktzulassung, dass der Zulassungsantrag auch erfolgreich ist. Daher ist der *„PIP, der zu der Belohnung führt"*, nicht immer identisch mit dem ersten PIP, der mit der EMA vereinbart wurde.

- Im Falle einer Neuzulassung und damit eines sog. Art. 7-PIP wird eine einzelne EMA-Entscheidung alle Krankheiten aufführen, die die beantragten Anwendungsgebiete abdeckt.
- Für zugelassene Arzneimittel erfordert die Bestimmung des Art. 8 Pädiatrische VO ausdrücklich, dass „sich die in Art. 7 Abs. 1 genannten Unterlagen sowohl auf bestehende als auch neue Indikationen, Darreichungsformen und Verabreichungswege" erstrecken. In diesem Fall wird daher ebenfalls eine einzelne EMA-Entscheidung die verschiedenen Krankheiten (aber nicht auch die Anwendungsgebiete, die unter die Krankheiten fallen), Darreichungsformen und Verabreichungswege aufführen.
- Allerdings muss sowohl im Fall eines Art. 7- als auch eines Art. 8-PIPs die Entscheidung der EMA nicht solche Krankheiten einschließen, die noch nicht zugelassen sind oder den PIP auf Anwendungsgebiete, Darreichungsformen und Verabreichungswege

---

[943] S. hierzu bereits o. → § 4 Rn. 208 ff.
[944] VO (EG) Nr. 1901/2006 des Europäischen Parlaments und des Rates vom 12. Dezember 2006 über Kinderarzneimittel und zur Änderung der VO (EWG) Nr. 1768/92, der RL 2001/20/EG und 2001/83/EG sowie der VO (EG) Nr. 726/2004, ABl. L 378 vom 27.12.2006, S. 1, geändert durch die VO (EG) Nr. 1902/2006 vom 20. Dezember 2006 zur Änderung der VO 1901/2006 über Kinderarzneimittel, ABl. L 378 vom 27.12.2006, S. 20.
[945] Zu Kinderarzneimitteln vgl. bereits o. → § 3 Rn. 313 ff.
[946] S. *Paolo Tomasi,* After the PIP Decision: Modification of the agreed PIP, validation, compliance check, DIA Euromeeting Geneva March 2011, dort insb. S. 4.

erstrecken, für die der Zulassungsinhaber erst später, dh in einer separaten regulatorischen Einreichung einen Antrag stellen möchte.

2. Pädiatrische Verlängerung

a) SPC-Verlängerung um 6 Monate für non-orphan Arzneimittel. Beinhaltet ein 220
Zulassungsantrag nach Art. 7 oder 8 Pädiatrische VO die Ergebnisse sämtlicher Studien, die entsprechend einem gebilligten pädiatrischen Prüfkonzept durchgeführt wurden, so wird dem Inhaber des Patents oder des SPCs eine Verlängerung des SPCs um 6 Monate gewährt (Art. 36 Abs. 1 UAbs. 1 Pädiatrische VO). Diese Belohnung gilt also nur für Arzneimittel, die noch unter einem entsprechenden Patentschutz bzw. Schutz durch ein SPC stehen[947].

Insoweit hat der *EuGH* in seinem Urteil vom 8.12.2011[948] klargestellt, dass für Arznei- 221
mittel ein ergänzendes Schutzzertifikat auch dann ausgestellt werden kann, wenn der Zeitraum zwischen der Einreichung der Anmeldung für das Grundpatent und dem Zeitpunkt der ersten Genehmigung für das Inverkehrbringen in der EU kürzer ist als fünf Jahre – und demnach eine negative SPC-Verlängerung ausgesprochen werden muss. In diesem Fall beginnt die in der Pädiatrischen VO vorgesehene Frist für die Verlängerung für pädiatrische Zwecke ab dem Zeitpunkt zu laufen, der dadurch bestimmt wird, dass vom Zeitpunkt des Ablaufs des Patents die Differenz zwischen fünf Jahren und dem Zeitraum, der zwischen der Einreichung der Patentanmeldung und der Erteilung der ersten Genehmigung für das Inverkehrbringen vergangen ist, abgezogen wird. Faktisch besteht in solchen Fällen dann die Möglichkeit einer SPC-Verlängerung um 6 Monate, wenn der Zeitpunkt der ersten Genehmigung für das Inverkehrbringen in der EU zwischen 4$^{1}/_{2}$ und 5 Jahren nach Einreichung der Anmeldung für das Grundpatent liegt.

Eine solche 6-monatige SPC-Verlängerung wird auch dann gewährt, wenn die Aus- 222
führung des gebilligten PIPs nicht zu der Genehmigung einer pädiatrischen Indikation führt, jedoch die Ergebnisse der pädiatrischen Studien in der Zusammenfassung der Merkmale des Arzneimittels und ggf. in der Packungsbeilage des betreffenden Arzneimittels wiedergegeben werden (Art. 36 Abs. 1 UAbs. 1 Pädiatrische VO). Wird das Compliance-Statement[949] in eine Arzneimittelgenehmigung aufgenommen, so bestimmt Art. 36 Abs. 2 Pädiatrische VO ausdrücklich, dass dies der oben dargestellten Anwendung von Abs. 1 dient.

Voraussetzung für den Erhalt einer 6-monatigen SPC-Verlängerung ist ferner, dass das 223
Arzneimittel in allen Mitgliedstaaten der EU zugelassen ist (Art. 36 Abs. 3 Pädiatrische VO). Dies bedeutet, dass

- entweder eine zentrale Zulassung vorliegen muss
- oder im Falle eines DCP-/MRP-Zulassungsverfahrens eine entsprechende nationale Zulassung in allen EU-Mitgliedstaaten gewährt wurde.

Diese Möglichkeit einer 6-monatigen SPC-Verlängerung besteht ausdrücklich nicht für 224
Arzneimittel, die nach der Orphan VO als Arzneimittel für seltene Leiden ausgewiesen sind – für diese gilt die Regelung des Art. 37 Pädiatrische VO[950].

Zu beachten ist, dass nach Art. 36 Abs. 5 Pädiatrische VO in Bezug auf ein zugelasse- 225
nes Arzneimittel die Ergebnisse einer pädiatrischen Studie nicht sowohl zu einer SPC-Verlängerung als auch zu einer Verlängerung des Unterlagenschutzes führen können: Führt ein Antrag nach Art. 8 Pädiatrische VO zur Genehmigung einer neuen pädiatri-

---

[947] Vgl. auch Art. 36 Abs. 3 S. 1 Pädiatrische VO.
[948] EuGH Urteil v. 8.12.2011 – C-125/10, Merck & Co. vs. Deutsches Patent- und Markenamt.
[949] So wird die Erklärung nach Art. 28 Abs. 3 Pädiatrische VO bezeichnet.
[950] S. hierzu nachfolgend → § 4 Rn. 228.

schen Indikation, so besteht die Möglichkeit einer 6-monatigen SPC-Verlängerung nach Art. 36 Abs. 1–3 Pädiatrische VO nicht, wenn der Antragsteller eine einjährige Verlängerung des Unterlagenschutzes für das betreffende Arzneimittel beantragt und erhält, weil diese von bedeutendem klinischen Nutzen im Vergleich zu den bestehenden Therapien ist.

226 Schließlich bedarf es zur Erteilung einer 6-monatigen SPC-Verlängerung der Einhaltung zahlreicher weiterer formeller Voraussetzungen[951]. Insbesondere ist der nach Art. 7 Abs. 4 VO 469/2009 erforderliche Antrag auf Verlängerung spätestens zwei Jahre vor Ablauf des Zertifikats zu stellen[952], und zwar bei der für den gewerblichen Rechtsschutz zuständigen Behörde eines jeden Mitgliedstaats, für den die SPC-Verlängerung erteilt werden soll[953].

227 Die Wirkung einer SPC-Verlängerung bezieht sich auch hier auf das jeweilige nationale Grundpatent, da das Zertifikat keine Erweiterung eines Patentes ist, sondern es gewährt innerhalb des Schutzbereiches des Grundpatentes Schutz für ein Erzeugnis, beispielsweise ein Wirkstoff oder eine Wirkstoffkombination, für das eine erste Genehmigung für das Inverkehrbringen (Zulassung) vorliegt.

228 **b) Verlängerung der Orphan Marktexklusivität um 2 Jahre.** Für ein Arzneimittel, das als Arzneimittel für seltene Leiden ausgewiesen ist, bestimmt die Regelung des Art. 37 Pädiatrische VO die entsprechende Belohnung: Werden in Bezug auf dieses Arzneimittel die Anforderungen des PIP erfüllt, die Ergebnisse aller Studien, die entsprechend dem vereinbarten PIP durchgeführt wurden, der Behörde vorgelegt und das Compliance-Statement anschließend in die gewährte Genehmigung aufgenommen, so erfolgt eine Verlängerung des zehnjährigen Orphan Marktexklusivitätsrechts um 2 zusätzliche Jahre auf insgesamt 12 Jahre. Dies gilt auch, wenn die Ausführung des gebilligten pädiatrischen Prüfkonzepts nicht zur Zulassung einer pädiatrischen Indikation führt, die Studienergebnisse jedoch in der Zusammenfassung der Merkmale des Arzneimittels und ggf. in der Packungsbeilage des betreffenden Arzneimittels wiedergegeben werden.

3. Unterlagenschutz für PUMA

229 Im Falle einer eigenständigen Genehmigung für die Pädiatrische Verwendung (sog. PUMA) unterliegen die entsprechenden Daten des Zulassungsdossiers einem selbständigen Unterlagenschutz nach der 8+2+1-Formel, und zwar unabhängig davon, ob eine Zulassung mittels zentralem oder mittels DCP/MRP/nationalem Zulassungsverfahren erfolgte (Art. 38 Pädiatrische VO).

---

[951] Ausführlich zu den formellen Voraussetzungen einer pädiatrischen Laufzeitverlängerung vgl. *v. Czettritz/Brückner* in Brückner, ESZ/SPC, 2. Aufl. (2015), Pädiatrische Laufzeitverlängerung Rn. 26 ff.

[952] Bis 27.1.2012 galt als Übergangsregelung noch, dass der Antrag auf Verlängerung der Laufzeit eines bereits erteilten Zertifikats spätestens sechs Monate vor Ablauf des Zertifikats zu stellen ist (Art. 7 Abs. 5 VO 469/2009).

[953] Vgl. ausführlich hierzu *v. Czettritz/Brückner* in Brückner, ESZ/SPC, 2. Aufl. (2015), Pädiatrische Laufzeitverlängerung Rn. 31 ff.

3. Teil. Medizinprodukte[1]

§ 5 Entwicklung und Zertifizierung von Medizinprodukten

Schrifttum: *Anhalt/Dieners,* Medizinprodukterecht Praxishandbuch, 2. Auflage, 2017; *Anhalt/Lücker/Wimmer,* Abgrenzung Arzneimittel-Medizinprodukt: Pharmakologisches ist nicht biochemisch, PharmR 2007, 45; *von Czettritz/Strelow,* Das VG Köln, die Zweifelsfallregelung und die Abgrenzung von Medizinprodukten zu Arzneimitteln, MPR 2010, 1; *Dauses,* EU-Wirtschaftsrecht, 40. Ergänzungslieferung Juni 2016 (41. 2017?); *Dieners/Povel,* Vorschläge der Kommission für eine Verordnung über Medizinprodukte, MPR 2012, 145; *Dieners/Reese,* Handbuch des Pharmarechts, 2010; *Doepner/Reese,* HWG Kom., 3. Aufl., 2018; *Frenz,* Handbuch Europarecht, Band 5 Wirkungen und Rechtsschutz, 2010; *Fuhrmann/Klein/Fleischfresser,* Arzneimittelrecht, Handbuch für die pharmazeutische Rechtspraxis, 2. Aufl. 2014; *Fulda,* Der Tragödie vierter Teil: Abgrenzung von Arzneimitteln u. Medizinprodukten – Anmerkung zu VG Köln, Urt. v. 30.05.2017 – 7 K 2241/14, MPR 2018, 11; *Hill/Schmitt,* WiKo Medizinprodukterechtkommentar, 17. Lieferung, Sept. 2017; *Jäkel,* Rechtliche Einstufung von Desinfektionsmitteln im Gesundheitswesen – ein Update, PharmR 2013, 261; *Kahl/Hillbert,* Die Rechtsprechung des BGH zur Abgrenzung von Funktionsarzneimitteln und Medizinprodukten auf dem Prüfstand des Unionsrechts, PharmR 2012, 177; *Keßler/Zindel,* Sind nur Produkte mit medizinischer Zweckbestimmung Medizinprodukte?, MPR 2012, 186; *Körner/Patzak/Vollkommer,* Betäubungsmittelgesetz, 8. Auflage 2016; *Kügel/Müller/Hofmann,* Arzneimittelgesetz, 2. Auflage, 2016; *Lücker,* Abgrenzung von Arzneimitteln zu Medizinprodukten im Lichte des Borderline Manuals, PharmR 2018, 109; *Martinek/Semler/Habermeier/Flohr,* Handbuch des Vertriebsrechts, 4. Auflage, 2016; *Meyer/Streinz,* LFGB-BasisVO, 2. Auflage 2012; *Nöthlichs,* Sicherheitsvorschriften für Medizinprodukte, 40. Ergänzungslieferung, 2018; *Rehmann/Wagner,* Medizinproduktegesetzkommentar, 3. Auflage 2018; *Reischl/Kneuper/Westphal/Stock/Buchholz,* MP-BetrVO 2017 – Antworten zur Umsetzung, MPR 2018, 1; *Schorn,* Medizinprodukterecht, 29. Ergänzungslieferung, 2016; *Spickhoff,* Medizinrecht, 2. Auflage, 2014; *Streinz,* Lebensmittelrechts-Handbuch, Lebensmittel und Futtermittelgesetzbuch, 37. Ergänzungslieferung, 2016; *Voit,* Zur Bedeutung des § 2 Abs. 3a AMG für die Abgrenzung von Medizinprodukten zu Präsentationsarzneimitteln, PharmR 2015, 425.

I. Gegenstand des Medizinprodukterechts

1. Allgemeines

Das Medizinprodukterecht regelt sämtliche Fragestellungen rund um die Produktgruppe der „Medizinprodukte." Hierzu sind auf europäischer Ebene zahlreiche Richtlinien vom Rat der Europäischen Union, weitergehende Leitlinien von der Europäischen Kommission und mittlerweile eine Verordnung Medical Devise Regulation (MDR) erlassen worden. 1

Auf nationaler Ebene regelt das Gesetz über Medizinprodukte (MPG) – mit derzeit 9 dazu erlassenen Rechtsverordnungen[2] – den Verkehr mit Medizinprodukten in Deutschland. Geregelt ist insbesondere, was Medizinprodukte sind, wie sie zu kennzeichnen sind und wie sie in den Verkehr gebracht und überwacht werden. Ergänzend werden Bekannt- 2

---

[1] Unter Mitarbeit von *Tanja Strelow,* Rechtsanwältin, Dipl.-Biol. in München.
[2] Medizinprodukte-Verordnung (MPV), Medizinprodukte-Sicherheitsplanverordnung (MPSV), Medizinprodukte-Betreiberverordnung (MPBetreibV), DIMDI-Verordnung (DIMDIV), Verordnung über die Verschreibungspflicht von Medizinprodukten (MPVerschrV), Verordnung über Vertriebswege für Medizinprodukte (MPVertrV), Medizinprodukte-Gebührenverordnung (BKostV-MPG), Allgemeine Verwaltungsvorschrift zur Durchführung des Medizinproduktegesetzes (MPGVwV), Verordnung über klinische Prüfungen von Medizinprodukten (MPKPV).

machungen[3] und Empfehlungen[4] erlassen. Mit Inkrafttreten (25.5.2017) bzw. Anwendbarkeit (26.5.2020) der Medical Device Regulation (MDR) wird diese unmittelbar gelten und der deutsche Gesetzgeber wird in Bezug auf das MPG tätig werden müssen.

3 Innerhalb der Europäischen Union dürfen Medizinprodukte nur in Verkehr gebracht werden, wenn sie eine CE-Kennzeichnung tragen. Diese darf auf Medizinprodukten nur angebracht werden, wenn vom Verantwortlichen alleine bzw. zusammen mit einer Benannten Stelle ein entsprechendes Konformitätsbewertungsverfahren durchgeführt worden ist, wobei sich die Einzelheiten des Verfahrens und der Anforderungen vor allem nach der Risikoklasse des Medizinproduktes richten.

2. Definition

4 Was Medizinprodukte sind, richtet sich in der überwiegenden Zahl der Fälle nach der grundlegenden Begriffsbestimmung gem. § 3 Nr. 1 MPG. Danach sind Medizinprodukte alle einzeln oder miteinander verbunden verwendeten Instrumente, Apparate, Vorrichtungen, Software, Stoffe und Zubereitungen aus Stoffen oder andere Gegenstände einschließlich der vom Hersteller speziell zur Anwendung für diagnostische oder therapeutische Zwecke bestimmten und für ein einwandfreies Funktionieren des Medizinproduktes eingesetzten Software, die vom Hersteller zur Anwendung für Menschen mittels ihrer Funktionen zum Zwecke

a) der Erkennung, Verhütung, Überwachung, Behandlung oder Linderung von Krankheiten,
b) der Erkennung, Überwachung, Behandlung, Linderung oder Kompensierung von Verletzungen oder Behinderungen,
c) der Untersuchung, der Ersetzung oder der Veränderung des anatomischen Aufbaues oder eines physiologischen Vorgangs oder
d) der Empfängnisregelung

zu dienen bestimmt sind und deren bestimmungsgemäße Hauptwirkung im oder am menschlichen Körper weder durch pharmakologisch oder immunologisch wirkende Mittel noch durch Metabolismus erreicht wird, deren Wirkungsweise aber durch solche Mittel unterstützt werden kann. Mit Anwendbarkeit der MDR im Jahr 2020 wird sich die Definition aus Art. 2 Ziff. 1 MDR ergeben, die im Wesentlichen keine Abweichungen enthält.

3. Arten von Medizinprodukten

5 Es gibt in der Produktklasse der Medizinprodukte ganz unterschiedliche Arten von Medizinprodukten, die sich in ihrer Funktionsweise erheblich unterscheiden. Schließlich umfasst die Produktgruppe der Medizinprodukte weit mehr als 400.000 unterschiedliche Produkte, vom einfachen hölzernen Mundspatel, wie ihn Kinder schon vom Kinderarzt kennen, bis hin zu hochkomplexen lebenswichtigen Geräten, wie zB Herzschrittmachern oder Lungenfunktionsmaschinen[5].

6 Zu den Medizinprodukten gehören Produkte aus Stoffen oder Zubereitungen von Stoffen, wie Nasensprays und Augentropfen[6], ebenso wie elektromedizinische Geräte, wie Beatmungsgeräte oder Hörgeräte, medizinisch-technische Instrumente und Produkte wie Skalpelle oder Brillen, die Dentalprodukte, ferner In-Vitro-Diagnostika und Diag-

---

[3] Bek. gem. § 2 (3) der DIMDI-Verordnung, Bek. der Erreichbarkeit der zuständigen Behörden, Bek. gem. § 7 und § 18 der MP-Sicherheitsplanverordnung, Bek. der zuständigen Behörden der Länder und der für den Bereich der Bundeswehr.
[4] Empfehlungen der Projektgruppe RKI-BfArM für die Überwachung der Aufbereitung von MP's.
[5] Vgl. *Nöthlichs*, MPG § 1, Erl. 2.1.3; Spickhoff Lücker, Medizinrecht, MPG § 3, Rn 2–13.
[6] Vgl. *Hill/Schmitt*, WiKo Medizinprodukterecht, MPG § 3 Rn. 53.

nostikageräte, Produkte zur Empfängnisregelung, sowie Medizinprodukte, die als Bestandteil Derivate aus menschlichem Blut oder Blutplasma enthalten[7].

Selbstverständlich bedürfen diese verschiedenen Produkte vor ihrer Inverkehrbringung nicht unterschiedslos der gleichen Prüfung. Aus diesem Grund hat der europäische Gesetzgeber zum einen 3 Richtlinien für die unterschiedlichen Arten von Medizinprodukten erlassen und zum anderen ein ausdifferenziertes System von vier Risiko-Klassen (I, IIa, IIb, III) aufgestellt. Zur Konformitätsbewertung kann der Hersteller nach vorgegebenen Kriterien aus 8 Modulen gezielt abgestimmt auf sein Produkt auswählen[8].

Bei den drei Richtlinien handelt es sich um die RL 90/385/EWG vom 20.6.1990 über aktive implantierbare medizinische Geräte, die RL 93/42/EG vom 14.6.1993 über Medizinprodukte und die RL 98/79/EG vom 27.10.1998 über In-Vitro-Diagnostika. Die RL über aktive implantierbare medizinische Geräte erfasst alle Medizinprodukte mit einer elektrischen oder einer anderen Energiequelle, wie beispielsweise Herzschrittmacher und Defibrillatoren. Die RL über In-Vitro-Diagnostika erfasst alle Produkte zur In-Vitro-Untersuchung von aus menschlichem Körper stammenden Proben, wie beispielsweise Blutzuckerteststreifen, Blutzuckermessgeräte, ELISA-Tests zum Nachweis von Antikörpern oder NAT-Tests zum Nachweis von Virusnukleinsäure in Blutspenden. Die weitaus bedeutendste RL ist die RL 93/42/EWG über Medizinprodukte, die alle übrigen Medizinprodukte erfasst, vom einfachen Mundspatel über Hüftgelenke und Brustimplantate, bis hin zu Augentropfen und Nasensprays sowie Kathetern und Kanülen.

Innerhalb der Medizinproduktearten wird grundsätzlich zwischen aktiven und nicht aktiven Medizinprodukten unterschieden. Aktive Medizinprodukte sind alle elektrisch oder sonst energetisch betriebenen Geräte, wie Defibrillatoren oder Herzschrittmacher, während alle anderen Medizinprodukte nicht aktive medizinische Produkte sind, einschließlich Implantaten oder Operationsmaterialien. Software gilt auch zukünftig nach Art. 2 Ziff. 4 MDR als aktives Medizinprodukt.

II. Entstehungsgeschichte des MPG

1. Regelungsanlass

Während das Arzneimittelgesetz in der heutigen Fassung seinen Ursprung in dem Contergan-Fall hatte, entwickelte sich das Medizinproduktegesetz maßgeblich aus der unbefriedigenden Situation, dass die heute zu den Medizinprodukten zählenden Erzeugnisse – angefangen bei den sogenannten „Medical-Produkten" bis hin zu fiktiven Arzneimitteln – in der Vergangenheit einer Vielzahl unterschiedlichster gesetzlicher Regelungen unterworfen waren. Dies führte nicht nur zu Schwierigkeiten bei der Abgrenzung zu den Arzneimitteln, sondern hatte auch aufgrund verschiedener Zuordnung unterschiedliche Anforderungen an die Qualität und Sicherheit innerhalb Europas zur Folge. So wurden manche der Medical-Produkte den Arzneimitteln zugeordnet oder aber als fiktive Arzneimittel behandelt, während andere Produkte wiederum dem Gerätesicherheitsgesetz, den Verordnungen zum Atomgesetz, den eich- und messrechtlichen Vorschriften oder aber dem Lebensmittel- und Bedarfsgegenständegesetz unterlagen[9].

Bereits in den 80er-Jahren gab es daher eine Initiative der Bundesvereinigung Verbandmittel und Medical-Produkte (heutiger Bundesverband Medizintechnologie -BVMed), die zur Erarbeitung eines Entwurfes für ein „Medical-Produkte-Gesetz" durch das ehe-

---

[7] *Hill/Schmitt*, WiKo Medizinprodukterecht, Einl. Rn. 2; *Anhalt/Dieners* in Anhalt/Dieners, Medizinprodukterecht, § 2 Rn. 4, § 4 Rn. 46 ff.

[8] *Anhalt/Dieners* in Anhalt/Dieners, MedProdukteR-HdB, § 2 Rn. 15; *Hill/Schmitt*, WiKo Medizinprodukterecht, Einl. Rn. 59; *Hill/Schmitt*, WiKo MedProdukteR-HdB, MPG, § 13 Rn. 5.

[9] *Anhalt/Dieners* in Anhalt/Dieners, Medizinprodukterecht, § 2 Rn. 6; Deutsch/Lippert; Kommentar zum Arzneimittelgesetz, S. 895 ff. (3.A, 2011).

malige Bundesministerium für Jugend, Familie, Frauen und Gesundheit führte[10]. Dieser Entwurf wurde jedoch vor seiner öffentlichen Bekanntgabe zurückgezogen, da sich die EG-Kommission zeitgleich mit der „Entschließung des Rates vom 7.5.1985 über eine neue Konzeption auf dem Gebiet der technischen Harmonisierung und Normung zum Abbau technischer Handelshemmnisse innerhalb der EG"[11], zu einer europaweiten Harmonisierung des Medizinprodukterechts entschlossen hatte[12]. Die Kommission erließ zuerst die RL über aktive implantierbare medizinische Geräte, sodann im Jahr 1993 die dem Medizinproduktegesetz zugrundeliegende RL 93/42/EWG des Rates über Medizinprodukte und schließlich die RL über In-Vitro-Diagnostika, die alle zusammen auch „Harmonisierungsrichtlinien" genannt werden[13]. In Umsetzung dieser Richtlinien entstand sodann das Medizinproduktegesetz (MPG) vom 2.8.1994.

2. Aktuelle Entwicklungen

12   Die aktuellen Entwicklungen im Medizinprodukterecht sind Konsequenzen einer seit Dezember 2011 geführten Diskussion über die Sicherheit von Medizinprodukten, die durch den Skandal um fehlerhafte Brustimplantate der Firma PIP ausgelöst worden war[14]. Ende 2011 war bekanntgeworden, dass ein französisches Unternehmen minderwertiges Silikon-Gel für Brustimplantate verwendet hatte, was mit erheblichen Risiken für die Gesundheit der betroffenen Patientinnen verbunden war. Als Folge dieses PIP-Brustimplantate-Skandals wurde in Deutschland die allgemeine Verwaltungsvorschrift zur Durchführung des Medizinproduktegesetzes (MPGVwV) beschlossen, die zum 1.1.2013 in Kraft getreten ist und für mehr Sicherheit bei Medizinprodukten sorgen sollte. Mit ihr sollte insbesondere Vollzugsdefiziten begegnet werden. So erfolgte eine Stärkung der Zentralstelle der Länder für Gesundheitsschutz bei Arzneimitteln und Medizinprodukten (ZLG), in dem diese zentrale Koordinierungsstelle mit entsprechenden Aufgaben und Kompetenzen ausgestattet worden ist, in der Hoffnung, dass dadurch eine effektivere Kooperation der Landesbehörden und eine einheitlichere Überwachung des Medizinproduktemarktes ermöglicht werde. Das bereits zuvor bestehende Instrument der Durchführung von Inspektionen sollte durch diese Verwaltungsvorschrift verstärkt und verschärft werden. Insbesondere wurde ausdrücklich festgehalten, dass unangekündigte Kontrollen vor Ort durchgeführt werden können. Da dies grundsätzlich bislang ebenfalls schon möglich war, bleibt abzuwarten, inwieweit durch die neue Verwaltungsvorschrift Fortschritte erzielt werden. Nach wie vor ist die hier vertretene Ansicht, dass es weitaus effizienter wäre und viele Probleme in der Praxis lösen würde, wenn den Benannten Stellen der Status eines Beliehenen zuerkannt würde[15].

13   Auf europäischer Ebene gab es Stand 26.9.2012 den Vorschlag für eine Verordnung des Europäischen Parlaments und des Rates über Medizinprodukte[16]. Ein Jahr später hat der zuständige ENVI-Ausschuss des EU-Parlaments (Committee on the environment, public health and food safety) über den Entwurf der Berichterstatterin und weitere Änderungsanträge abgestimmt und dies in einem Report vom 8.10.2013 (A 7–0324/2013) veröffentlicht. Danach wurden die Anforderungen für den Marktzugang von Hochrisikoproduk-

---

[10] *Hill/Schmitt*, WiKo Medizinprodukterecht, Einl. Rn. 3.
[11] ABl. EG Nr. C 136.
[12] *Dieners/Lützeler* in Anhalt/Dieners MedProdukteR-HdB, § 1 Rn. 53 ff.; *Hill/Schmitt*, WiKo Medizinprodukterecht, Einl. 3.
[13] *Hill/Schmitt*, WiKo MedProdukteR-HdB, Einl. Rn. 4 ff.; *Anhalt*/Dieners in Anhalt/Dieners MedProdukteR-HdB, § 2 Rn. 7 ff.
[14] Positionspapier des BMG zur Revision der europäischen Medizinprodukte-Richtlinien, Stand März 2013.
[15] *v. Czettritz* in Anhalt/Dieners, Medizinprodukterecht, 2. Aufl. § 14; s. a. § 6, A. VII., 3., S. 11.
[16] COM (2012) 542 final; *Dieners/Povel* MPR 2012, 145.

ten der Klasse III und II b) angehoben („Scrutiny-Verfahren") und es sollten nur noch bestimmte besonders kompetente Benannte Stellen diese Produkte bewerten dürfen. Am 19.6.2015 hatte sich dann der zuständige Rat für Beschäftigung, Soziales, Gesundheit und Verbraucherschutz (kurz EPSCO) auf eine sog. partielle Ausrichtung geeinigt, so dass Beratungen im europäischen Parlament aufgenommen werden konnten[17]. Erst am 25.5.2016 konnte man sich dann endgültig über die zahlreichen Diskussionspunkte einigen und am 5.4.2017 wurde die EU-Medizinprodukteverordnung (MDR) vom Europäischen Parlament verabschiedet. Die Veröffentlichung im europäischen Amtsblatt erfolgte am 5.5.2017. In Kraft getreten ist sie am 25.5.2017 und gelten wird sie ab 26.5.2020.

Als erste Sofortmaßnahme im Zusammenhang mit den Benannten Stellen war bereits am 24.9.2013 eine Durchführungsverordnung über die Benennung und Beaufsichtigung Benannter Stellen erlassen worden. Hierzu wurde auch eine Empfehlung der Kommission zu den Audits und Bewertungen, die von Benannten Stellen im Bereich der Medizinprodukte durchgeführt werden, veröffentlicht [18].

III. Abgrenzung von anderen Produktklassen

1. Allgemeines

Medizinprodukte sind anhand ihrer subjektiven und objektiven Zweckbestimmung insbesondere von den Produktklassen der Arzneimittel, Kosmetika, Lebensmittel und Biozide abzugrenzen. Am schwierigsten ist, aufgrund der im wesentlichen gleichen Zweckbestimmung, die Abgrenzung zu den Arzneimitteln, bei denen der entscheidende Unterschied in der Art und Weise liegt, wie die Wirkung erreicht wird. Bei Kosmetika hingegen, ebenso wie bei Lebensmitteln, ist bereits die Zweckbestimmung eine ganz andere, so dass hier die Abgrenzung leichter fällt, auch wenn es bei diesen Produktgruppen aufgrund der immer neuen Entwicklung von Grenzprodukten im Einzelfall dann doch Schwierigkeiten gibt[19]. Beispielsweise beschäftigte die Einstufung von E-Zigaretten, elektronische Zigaretten mittels derer nikotinhaltige Flüssigkeiten verdampft und inhaliert werden die Gerichte durch 3 Instanzen hinweg, bis das Verwaltungsgericht entschied, dass sie weder Arzneimittel noch Medizinprodukte und daher freiverkäuflich sind. Der Verkauf an Jugendliche ist seit 1.4.2016 auf Grund einer Änderung des JugendschutzG verboten[20]. Ebenso aktuell sind Abgrenzungsschwierigkeiten bei Apps im Gesundheitsbereich und der Grenzziehung zwischen Wellnessanwendung und Medizinprodukt[21]. 14

Auslegungshilfen bei der Abgrenzung geben die Leitlinien der europäischen Kommission, insbesondere die MEDDEV 2.1/3 rev. 3 zu Grenzprodukten oder die MEDDEV 2.1/6 rev. 1 zur Abgrenzung und Klassifizierung von Standalone-Software. 15

Auf Antrag des Herstellers oder einer zuständigen Aufsichtsbehörde entscheidet das Bundesinstitut für Arzneimittel und Medizinprodukte gem. § 32 Abs. 1 Ziff. 4 MPG iVm § 13 Abs. 2 und 3 MPG über die Abgrenzung von Medizinprodukten zu anderen Pro- 16

---

[17] Pressemitteilung des Europäischen Rats vom 19.6.2015.
[18] Durchführungsverordnung EU Nr. 920/2013 der Kommission vom 24.9.2013 über die Benennung und Beaufsichtigung Benannter Stellen gem. der RL 90/358/EWG des Rates über aktive implantierbare medizinische Geräte und der RL 93/42/EWG des Rates über Medizinprodukte, ABl. 2013 L 253, 8 und Empfehlung der Kommission vom 24.9.2013 zu den Audits und Bewertungen die von Benannten Stellen im Bereich der Medizinprodukte durchgeführt werden, ABl. 2013 L253, 27.
[19] *Hill/Schmitt*, WiKo Medizinprodukterecht, MPG, § 3 Rn. 5 mit Beispielen zur Rechtsprechung; *Nöthlichs*, § 3 MPG, Erl. 2.1.1.
[20] BverwG, Az. 3 C 25.13 bis 3 C 27.13, Urt. v. 20.11.2014; vgl. auch EuGH Brain Products, Urt. v. 22.11.2014, RS C-219/11.
[21] „Orientierungshilfe Medical Apps", homepage BfArM, Stand 9.10.2015.

dukten[22]. Hierdurch soll eine einheitliche Handhabung innerhalb Deutschlands sichergestellt und eine unterschiedliche Einstufung in den einzelnen Bundesländern vermieden werden[23]. Antragsteller kann nach der ausdrücklichen Regelung außer einer Aufsichtsbehörde der Länder nur der Hersteller des betroffenen Produktes sein, so dass es nicht möglich ist, dass beispielsweise ein Mitbewerber einen entsprechenden Antrag stellt[24].

Mit Anwendbarkeit der MDR im Jahr 2020 wird die Festlegung des rechtlichen Status eines Produktes als Arzneimittel oder Medizinprodukt gem. Art. 4 MDR durch die EU-Kommission erfolgen. Die Einzelheiten hierzu ergeben sich über Art. 114 Abs. 3 MDR aus Art. 5 der VO (EU) 182/2011.

2. Arzneimittel

17   Entscheidender Unterschied zum Arzneimittelrecht ist die vorrangig subjektive Zweckbestimmung durch den Hersteller selbst[25], im Gegensatz zur vorrangig objektiven Zweckbestimmung im Arzneimittelrecht. Allerdings genügt die subjektive Zweckbestimmung alleine nicht, vielmehr muss sie zudem in objektiv nachvollziehbarer Weise vom Hersteller schlüssig dargelegt werden können.

18   a) **Gleiche Zweckbestimmung – andere Wirkweise.** Medizinprodukte und Arzneimittel besitzen definitionsgemäß eine gleiche Zweckbestimmung. Beide dienen dem Ziel der Erkennung, Verhütung, Überwachung, Behandlung oder Linderung von Krankheiten. Der maßgebliche Unterschied liegt darin, dass Medizinprodukte gem. § 3 Nr. 1 MPG (zukünftig Art. 2 Nr. 1 MDR) ihre **bestimmungsgemäße Hauptwirkung** weder durch pharmakologisch oder immunologisch wirkende Mittel, noch durch Metabolismus erreichen dürfen, während gem. § 2 Abs. 1 Nr. 2a AMG diese Wirkweise das entscheidende Kriterium für ein Arzneimittel ist (→ § 2 Rn. 28). Arzneimittel erreichen ihre Wirkung eben gerade durch pharmakologisch oder immunologisch wirkende Stoffe oder aber durch Metabolismus. Medizinprodukte hingegen zeichnen sich durch eine mechanische, physikalische oder physiko-chemische Wirkung aus. Diese Abgrenzung über die Wirkweise ist oft nicht leicht und hat schon mehrfach die nationalen Gerichte über alle Instanzen beschäftigt[26].

19   In der Abgrenzungsleitlinie MEDDEV 2.1/3 rev. 3 wird die pharmakologische Wirkweise wie folgt definiert:

„*an interaction between the molecules of the substance in question and a cellular constituent, usually referred to as a receptor, which either results in a direct response, or which blocks the response to another agent. Although not a completely reliable criterion, the presence of a dose – response correlation is indicative of a pharmacological effect.*"

---

[22] Informationen zur Antragstellung: www.bfarm.de/DE/Medizinprodukte/Abgrenzung/Antragstellung/_node.html. aufgerufen am 7.6.2018.
[23] Vgl. *Hill/Schmitt*, WiKo, Medizinprodukterecht, MPG § 32 Rn. 6, MPG § 13 Rn. 9.
[24] Vgl. *Hill/Schmitt*, WiKo Medizinprodukterecht, § 13 Rn. 9; *Lücker* in Spickhoff, Medizinrecht, MPG § 13 Rn. 6.7.
[25] Vgl. *Hill/Schmitt*, WiKo, MPG § 3 Rn. 53.
[26] EuGH „Mundspüllösung" – C-308/11, Urt. v. 6.9.2012; OVG NRW; BGH „Mundspüllösung", Az. I ZR 90/08, Urt. v. 5.10.2010; Az. 13 A 2941/11, Beschl. v. 28.8.2012 – Campherhaltige Salbe –; BGH „Darmreinigungspräparat" Az. I ZR 204/09, Urt. v. 24.11.2010, PharmR 2011, 299; BGH „CE-Kennzeichnung", Az. I ZR 193/06, Urt. v. 9.7.2009; VGH Mannheim, Az. 10S3090/08, Urt. v. 11.3.2010; OVG NRW, Az. 13 A 622/10, Beschl. v. 23.4.2010, PharmR 2010, 342; OVG NRW, Az. 13 A 2612/09, Beschl. v. 15.3.2010; PharmR 2010, 289; VG Köln Az. 24 K 4394/08, Urt. v. 14.10.2009, PharmR 2010, 35; Bundesverwaltungsgericht Az. 3 C 5/09, Urt. v. 26.5.2009, „Red Rice", PharmR 2009, 397; BGH „Photodynamische Therapie", Az. 1 ZR 166/08, Urt. v. 24.6.2010, PharmR 2010, 638; vgl. auch EuGH, C-109/12 „Laboratoires Lyocentre", MPR 2013; *Doepner/Reese*, HWG, § 1 Rn. 357.

Danach ist die pharmakologische Wirkweise gekennzeichnet durch eine Wechselwirkung zwischen den Molekülen des maßgeblichen Wirkstoffes und einem zellulären Bestandteil, was in der Regel ein Rezeptor ist. Dementsprechend ist eine pharmakologische Wirkung dann gegeben, wenn eine Pharmakon-Rezeptor-Wechselwirkung stattfindet[27], so dass eine pharmakologische Wirkung eine spezifische Interaktion zwischen den Substanzmolekülen und einem Rezeptor nach dem sog. Schlüssel-Schloss-Prinzip voraussetzt[28]. 20

Wie die MEDDEV-Leitlinie in ihrem Vorwort ausdrücklich selbst festhält, ist sie rechtlich unverbindlich, da nur der EuGH eine verbindliche Auslegung des Unionsrechts vornehmen kann. Ihr Stellenwert für die Auslegung der von ihr definierten Begriffe ist mittlerweile durch den EuGH geklärt[29]. Danach ist die vorstehend wiedergegebene Definition der MEDDEV 2.1/3 rev. 3 bei der Abgrenzung von Arzneimitteln zu Medizinprodukten heranzuziehen. Nach der hier vertreten Auffassung kann der MEDDEV somit die Stellung von antizipierten Sachverständigengutachten oder normkonkretisierenden Verwaltungsvorschriften zukommen. So macht das ganze System eines harmonisierten Rechtsgebietes mit den dazu gebildeten europäischen Expertengruppen auch einen Sinn. Mit Hilfe der MEDDEV kann dementsprechend jederzeit eine flexible Anpassung an den sich ständig im Fluss befindlichen Stand der Wissenschaft ermöglicht werden. 21

Zur engen Definition der pharmakologischen Wirkung in der MEDDEV hat der EuGH mit Urteil vom 6.9.2012 darüberhinaus ausdrücklich festgestellt, dass eine pharmakologische Wirkung nicht erfordert, dass eine Wechselwirkung zwischen einem zellulären Bestandteil des menschlichen Körpers und einem Wirkstoff gegeben ist, sondern auch eine Wechselwirkung zwischen dieser Substanz und einem beliebigen im menschlichen Körper vorhandenen zellulären Bestandteil genügt[30]. 22

b) Die Rechtsprechung von EuGH und BGH. Soweit sich der EuGH bisher zum unionsrechtlichen Arzneimittelbegriff geäußert hat, geschah dies in erster Linie zu der Abgrenzung von Arzneimitteln zu Lebensmitteln und hier insbesondere Nahrungsergänzungsmitteln[31], sowie zu Kosmetika und Arzneimitteln[32]. Mit Urteil vom 3.10.2013 hat der EuGH in der Rechtssache C-109/12 eine grundlegende Entscheidung im Zusammenhang mit der Abgrenzung von Arzneimitteln und Medizinprodukten getroffen. Gegenstand des Verfahrens war die Frage der Einstufung vaginaler Kapseln mit lebenden Lactobazillen. Nach Auffassung des EuGH soll die in einem Mitgliedstaat gem. der RL 93/42/EG vorgenommene Einstufung eines Produktes als mit einer CE-Kennzeichnung versehenes Medizinprodukt nicht ausschließen, dass die zuständigen Behörden eines anderen Mitgliedsstaates dieses Präparat aufgrund seiner pharmakologischen, immunologischen oder metabolischen Wirkungen als Arzneimittel einstufen. Dies begründet der EuGH damit, dass nach dem gegenwärtigen Stand des Unionsrechts noch keine voll- 23

---

[27] *Anhalt/Lücker/Wimmer*, Abgrenzung Arzneimittel-Medizinprodukt: pharmakologisch ist nicht biochemisch, PharmR 2007, 45 ff.
[28] *Volkmer* in Körner, Betäubungsmittelgesetz, Vorb. zum AMG, Rn. 76; *Stephan* in Hdb-ArzneimittelR, § 2 Rn. 32; *Tolle* in HdB-ArzneimittelR, § 2 Rn. 131; OVG Münster Urt. v. 19.5.2010 – 13 A 156/06 – Natriumfluoridhaltige Dentalprodukte zur lokalen Anwendung sind keine Funktionsarzneimittel = PharmR 2010, 471 ff. mAnm *v. Czettritz*.
[29] EuGH Urt. v. 6.9.2012 – C-308/11, PharmR 2012, 442; vgl. *Kahl/Hilbert*, „Die Rechtsprechung des BGH zur Abgrenzung von Funktionsarzneimitteln und Medizinprodukten auf dem Prüfstand des Unionsrechts", PharmR 2012, 177, 178.
[30] EuGH Urt. v. 6.9.2012 – C-308/11, PharmR 2012, 442; *Lücker*, PharmR 2018, 109.
[31] EuGH Slg. 2004 I-3751, Kommission/Deutschland; Slg. 2005, I-5141, HLH und Ortica; Slg. 2007, I-9811, Kommission gegen Deutschland (Knoblauch-Kapseln), Slg. 2009, I-41, Hecht-Pharma; s. auch *v. Czettritz/Strelow*, PharmR 2012, 177 ff.
[32] EuGH Urt. v. 6.9.2012 – C-308/11, PharmR 2012, 442; vgl. → § 2 Rn. 14.

ständige Harmonisierung gegeben sei, so dass von den zuständigen Behörden der Mitgliedsstaaten unterschiedliche Entscheidungen aufgrund unterschiedlicher Bewertungen der Gefahren für die menschliche Gesundheit oder der wissenschaftlichen Informationen getroffen werden könnten. In einem solchen Fall müssten jedoch die zuständigen Behörden das Verfahren nach Art. 18 der RL 93/42/EWG bei unrechtmäßiger Anbringung der CE-Kennzeichnung oder das Schutzklauselverfahren nach Art. 8 der RL 93/42/EWG einleiten[33].

24 In den letzten Jahren hatte der BGH eine eigene Rechtsprechung zur Abgrenzung von Funktionsarzneimitteln und Medizinprodukten entwickelt[34], die nach der hier vertretenen Auffassung nicht mit der bisherigen Rechtsprechung des EuGH zum Funktionsarzneimittel in Einklang steht[35] und in jedem Fall einer Vorlage zum EuGH bedurft hätte. Stattdessen hat der BGH in einem Verfahren zu einem Produkt, das zur Untersuchung eines physiologischen Vorgangs bestimmt war und dessen nichtmedizinischer Gebrauch vom Hersteller eindeutig vorgegeben war, ein Vorabentscheidungsersuchen an den EuGH gerichtet, mit der Frage, ob dieses Produkt ohne für einen medizinischen Zweck bestimmt zu sein, dennoch unter den Begriff „Medizinprodukt" fällt. Wie nicht weiter überraschend, hat der EuGH festgestellt, dass sich die RL 93/42/EWG, wie sich bereits aus ihrem Titel ergibt, auf Medizinprodukte bezieht und dementsprechend der zur Beurteilung anstehende Gegenstand für einen medizinischen Zweck bestimmt sein muss[36]. In einem aktuelleren Urteil hat der BGH bei der Abgrenzung der Klassifizierung eines Produktes (Mundspüllösung mit Chlorhexidin) als Kosmetikum oder Funktionsarzneimittel[37] unter Verweis auf EuGH Rechtsprechung festgestellt, dass soweit Zweifel hinsichtlich der Wirkweise der Mundspüllösung verbleiben, ob diese aufgrund ihrer Zusammensetzung bei bestimmungsgemäßem Gebrauch physiologische Funktionen des Menschen in signifikanter Weise wiederherstellen, korrigieren oder beeinflussen kann, dies durch sachverständige Hilfe geklärt werden muss und das Produkt nicht aufgrund der Regelung des Art. 2 Abs. 2 der RL 2001/83/EG, die mit der Bestimmung des § 2 Abs. 3a AMG in deutsches Recht umgesetzt worden ist, als Funktionsarzneimittel angesehen werden könne.

In einem Beschl. zu neuen psychoaktiven Substanzen hat der BGH[38] unter Bezugnahme auf den EuGH festgestellt, dass Art. 1 Nr. 2b der RL 2001/83/EG dahin auszulegen ist, dass keine Stoffe erfasst werden, deren Wirkungen sich auf eine schlichte Beeinflussung der physiologischen Funktionen beschränkten, ohne dass sie geeignet wären, der menschlichen Gesundheit unmittelbar oder mittelbar zuträglich zu sein und ist dementsprechend zu der Feststellung gelangt, dass synthetischen Cannabinoiden die Arzneimitteleigenschaft fehlt.

Auch in einem weiteren Urteil zu einer Mundspüllösung mit Chlorhexidin[39] hat der BGH festgestellt, dass obgleich es nachweislich zu einer Wechselwirkung zwischen dem in der Mundspüllösung vorhandenen Wirkstoff Chlorhexidin und den in der Mundhöhle vorhandenen, die Krankheit Gingivitis auslösenden, Bakterien kommt, kein Funktionsarzneimittel vorliegt, da die Chlorhexidinkonzentration deutlich hinter der monografierten Dosierung zurückbleibt und es daher bei bestimmungsgemäßem Gebrauch nicht zu

---

[33] EuGH Urteil vom 10.10.2013, Rechtsache C-109/12 Laboratoires Lyocentre, MPR 2013 u. PharmR 2013, 485; vgl. EuGH, Schlussantrag der Generalanwältin Sharpston vom 31.5.2013 – C-109/12, PharmR 2013, 325

[34] BGH „Photodynamische Therapie", PharmR 2010, 638 ff.; BGH „Mundspüllösung", PharmR 2010, 641 ff. und BGH „Darmreinigungspräparat", PharmR 2011, 299 ff.

[35] S. v. Czettritz/Strelow PharmR 2012, 177 ff.; EuGH Urt. v. 6.9.2012 – C-308/11, PharmR 2012, 442.

[36] EuGH Urteil vom 22.11.2012, C-219/11, PharmR 2013, 30; Keßler/Zindel MPR 2012, 186.

[37] BGH „Mundspüllösung III", Urt. v. 25.6.2015, Az. I ZR 205/13.

[38] BGH, Beschl. v. 23.7.2014, Az. 1 StR 47/14.

[39] BGH, Urt. v. 25.6.2015, Az. I ZR 11/14.

einer signifikanten Beeinflussung der physiologischen Funktionen des menschlichen Körpers führt. Demnach kann trotz Annahme einer pharmakologischen Wirkung ein zulassungsfreies Produkt vorliegen, wenn die Chlorhexidinkonzentration deutlich unter der einer Arzneimittelmonographie liegt. Nach Auffassung des BGH[40] ist allerdings der Umstand, dass kosmetische Mittel nach dem Anhang VI (1. Teil Nr. 42) der RL 76/768/EWG zur Angleichung der Rechtsvorschriften der Mitgliedsstaaten über kosmetische Mittel und nach dem Anhang V Nr. 42 der VO (EG) Nr. 1223/2009 über kosmetische Mittel Chlorhexidin in einer Konzentration von bis zu 0,3 % als Konservierungsstoff enthalten, dürfen zur Klassifizierung eines Produktes nicht maßgeblich. Dies besage nicht, dass Erzeugnisse, die diesen Stoff in einer geringeren Konzentration enthielten, keine Funktionsarzneimittel sein könnten, denn nach der Rechtsprechung des EuGH ist die Zusammensetzung eines Erzeugnisses nur eines der Merkmale, das neben anderen Merkmalen, wie insbesondere den Modalitäten seines Gebrauchs, bei der Entscheidung darüber zu berücksichtigen ist, ob es sich bei dem Erzeugnis um ein Funktionsarzneimittel handelt.

In einer neueren Entscheidung zu einem Tabakerzeugnis hat der BGH festgestellt[41], dass der Begriff des Funktionsarzneimittels voraussetze, dass das Mittel – unbeschadet eventueller gesundheitsschädlicher Nebenfolgen – jedenfalls unter anderem auch eine positive Wirkung auf die Gesundheit hat oder haben soll und dementsprechend entschieden, dass das streitgegenständliche Produkt, eine Kräutermischung aus getrockneten Pflanzenmaterial, nicht dem AMG unterfällt.

Im Einklang mit der Definition des EuGH vom Funktionsarzneimittel geht auch der BGH bei der Abgrenzung zunächst von der Feststellung aus, dass für die Abgrenzung von Medizinprodukten und Arzneimitteln die Feststellung maßgeblich ist, ob die bestimmungsgemäße Hauptwirkung eines Produktes eine pharmakologische bzw. eine immunologische oder metabolische Wirkung ist. Allerdings ist der BGH sodann der Ansicht, dass die „bestimmungsgemäße Hauptwirkung" eines Medizinproduktes nicht nur in der unmittelbaren, primären Wirkung des Mittels liegen müsse, sondern auch in Neben- oder Folgewirkungen gesehen werden könne. Der BGH versteht somit den Begriff der „pharmakologischen Wirkung" weit, entgegen der Definition der Expertengruppe der Europäischen Kommission in der MEDDEV 2.1/3 rev. 3 und sieht eine pharmakologische Wirkung bereits dann als gegeben an, wenn eine erhebliche Einwirkung auf physiologische Vorgänge stattfindet, wie sie über die Aufnahme von Nahrungsmitteln nicht ausgelöst werden kann[42].

Nach der hier vertretenen Auffassung steht dies nicht nur im Gegensatz zu der vom EuGH bislang jedenfalls hinsichtlich Lebensmitteln, Nahrungsergänzungsmitteln und Kosmetika vertretenen Definition eines Funktionsarzneimittels, sowie der engen Definition der pharmakologischen Wirkung in der MEDDEV 2.1/3 rev. 3, sondern führt letztlich auch dazu, dass die Produktklasse der stofflichen Medizinprodukte mit einer vergleichbaren Zweckbestimmung wie Arzneimittel weitestgehend, entgegen der vom Gesetzgeber gewollten Einstufung, obsolet wird, mit der Folge, dass diese Produkte somit über die Rechtsprechung wieder den Arzneimitteln zugeordnet werden. Daher ist der vom BGH vertretene weite Begriff der pharmakologischen Wirkung abzulehnen, ganz abgesehen davon, dass sich den Urteilen des BGH nicht wirklich entnehmen lässt, worin denn nun bei dem jeweiligen Produkt die pharmakologische Wirkung liegen soll.

---

[40] BGH, Urt. v. 8.1.2015, Az. I ZR 141/13 „Mundspüllösung II".
[41] BGH, Beschl. v. 23.12.2015, Az. 2 ARs 434/14.
[42] BGH „Photodynamische Therapie", aaO; BGH „Darmreinigungspräparat", aaO; s. hierzu → § 2 Rn. 28.

27   c) **Definition nach 16. AMG-Novelle.** Ein Abgrenzungsproblem sollte eigentlich durch die 16. AMG-Novelle gelöst werden, indem § 2 Abs. 5 Nr. 1 MPG neu gefasst worden ist. Bis dahin lautete § 2 Abs. 5 Nr. 1 MPG wie folgt:

„Dieses Gesetz gilt nicht für
1. Arzneimittel iSd § 2 Abs. 1 Nr. 2 des Arzneimittelgesetzes ..."

28   Danach waren nur Funktionsarzneimittel ausdrücklich vom Anwendungsbereich des Medizinproduktegesetzes ausgenommen. In der Folge kam es zu Gerichtsentscheidungen bei denen nicht die Wirkweise eines als Medizinprodukt in Verkehr gebrachten Produktes durch Sachverständigenbeweis geklärt wurde, sondern die Einstufung als Arzneimittel mit der Argumentation erfolgte, es handele sich um ein Präsentationsarzneimittel[43].

29   Mit der 16. AMG-Novelle wurde daher der Anwendungsbereich in § 2 Abs. 5 Nr. 1 MPG wie folgt neu gefasst, um diese Art der Rechtsprechung zu verhindern:

„Dieses Gesetz gilt nicht für
1. Arzneimittel iSd § 2 des Arzneimittelgesetzes; die Entscheidung darüber, ob ein Produkt ein Arzneimittel oder ein Medizinprodukt ist, erfolgt insbesondere unter Berücksichtigung der hauptsächlichen Wirkungsweise des Produkts, es sei denn, es handelt sich um ein Arzneimittel iSd § 2 Abs. 1 Nr. 2b des Arzneimittelgesetzes, ..."

30   In der Gesetzesbegründung hierzu heißt es ua wie folgt:
Durch die Änderung ist klargestellt, dass die Abgrenzung von Medizinprodukten zu Arzneimitteln anhand der hauptsächlichen Wirkungsweise erfolgt, sofern es sich nicht um In-Vitro-Diagnostika handelt[44].
Es ist daher nicht möglich Medizinprodukte über die Anwendung von § 2 Abs. 1 Nr. 1 AMG als Präsentationsarzneimittel einzustufen und auf diesem Weg dem Arzneimittelregime zu unterwerfen[45].
Nichtsdestotrotz wird dies dennoch immer wieder versucht.
Das OLG Koblenz hat diesem Versuch eine Absage erteilt. Das VG Köln und OVG NRW hält unbeirrt daran fest stoffliche Medizinprodukte als Präsentationsarzneimittel einzustufen, ohne es für notwendig zu erachten, diese Frage wenigstens dem EuGH vorzulegen[46] oder eine Entscheidung des BVerwG herbeizuführen.

3. Kosmetika

31   a) **Definition.** Kosmetika sind gem. der Definition in § 2 Abs. 5 Lebensmittel-, Bedarfsgegenstände- und Futtermittelgesetzbuch (LFGB) „Stoffe oder Gemische aus Stoffen, die ausschließlich oder überwiegend dazu bestimmt sind, äußerlich am Körper des Menschen oder in seiner Mundhöhle zur Reinigung, zum Schutz, zur Erhaltung eines guten Zustandes, zur Parfümierung, zur Veränderung des Aussehens oder dazu angewendet werden, den Körpergeruch zu beeinflussen. Als kosmetische Mittel gelten nicht Stoffe oder Gemische aus Stoffen, die zur Beeinflussung der Körperformen bestimmt sind."[47]

---

[43] VG Köln, Az. 24 K 4394/08, Urt. v. 14.10.2009, PharmR 2010, 35; s. auch *v. Czettritz/Strelow* MPR 2010, 1 ff.; OVG NRW Az. 13 A 2612/09, Beschl. v. 15.3.2010, PharmR 2010, 289; OVG NRW Az. 13 A 622/10, Beschl. v. 23.4.2010, PharmR 2010, 342.
[44] BR-Drs. 91/12 vom 17.2.2012, S. 129.
[45] *Heßhaus* in Spickhoff, AMG, 2. A., § 2 Rn. 9; *Doepner/Reese*, HWG, § 1 Rn. 250 f., 377 f.; *Voit*, PharmR 2015, 425.
[46] VG Köln, Urt. v. 10.10.2017, Az. 7 K 5248/14; OLG Koblenz, Urt. v. 21.6.2017, Az. 9 U 161/17; OVG NRW, Beschl. v. 17.1.2018; Fulda, MPR 2018, 11.
[47] Vgl. Art. 2 Abs. 1a) Verordnung (EG) Nr. 1223/2009; s. § 2 Rn. 22.

b) Abgrenzungskriterien. Gem. § 2 Abs. 5 Nr. 2 MPG (zukünftig Art. 1 Nr. 6 Buchst. e) MDR) stehen auch kosmetische Mittel und Medizinprodukte in einem Ausschließlichkeitsverhältnis zueinander. 32

Maßgeblich für die Abgrenzung zu den Kosmetika ist wiederum das Kriterium der überwiegenden Zweckbestimmung[48]. Kosmetika dienen überwiegend dem Zweck der Reinigung, dem Schutz der Körperoberfläche vor nachteiligen Einwirkungen sowie insbesondere der Pflege und der Erhaltung des guten Zustandes. Auch Mittel zur Beeinflussung des Körpergeruchs und Produkte zur Parfümierung sind Kosmetika. Das zweite Hauptmerkmal, das kumulativ zu dieser Zweckbestimmung vorliegen muss, ist der begrenzte Anwendungsort. Kosmetika wirken ausschließlich auf das Körperäußere oder die Mundhöhle ein[49]. 33

Keine kosmetischen Mittel sind gem. § 2 Abs. 5 S. 2 LFGB „Stoffe oder Gemische aus Stoffen, die zur Beeinflussung der Körperformen bestimmt sind" wegen ihrer Beeinflussung der physiologischen Funktionen, wie beispielsweise Schlankheits- und Muskelaufbaucremes[50], welche als Arzneimittel nach § 2 Abs. 1 Nr. 2 Buchst. a) AMG zu qualifizieren sind. Für ein Zahnbleichmittel hat der Verwaltungsgerichtshof Baden-Württemberg letztlich unter Berücksichtigung aller Faktoren, die aus Sicht eines durchschnittlich informierten Verbrauchers relevant seien, eine überwiegend kosmetische Zweckbestimmung verneint und das Vorliegen eines Medizinproduktes bejaht[51]. 34

Diese Einstufung ist umstritten. Je nach Sichtweise überwiegt hier die medizinische Zweckbestimmung, bzw. die medizinische Zweckdienlichkeit, indem die wahrnehmbaren Zahnverfärbungen als krankhaft eingestuft und damit dem weiten Krankheitsbegriff unterfallend angesehen werden, während andere Meinungen den Standpunkt vertreten, derartige Erzeugnisse seien Kosmetika, weil sie von außen auf die Zähne aufgetragen werden mit dem Ziel, das Aussehen zu verändern. Zuletzt gibt es noch die differenzierende Betrachtungsweise, wonach ein Medizinprodukt anzunehmen ist, wenn das Zahnbleichmittel zur Aufhellung von avitalen Zähnen bestimmt ist und eingespritzt werden muss, während von Kosmetika auszugehen ist, wenn das Mittel äußerlich auf vitale Zähne aufgetragen wird, um das Aussehen zu verändern[52]. 35

Wie an diesem Beispiel ersichtlich, ist somit auch die Abgrenzung der Kosmetika zu den Medizinprodukten vereinzelt nicht immer einfach. 36

4. Lebensmittel

a) Definition und Abgrenzung. Lebensmittel sind gem. § 2 Abs. 2 LFGB iVm Art. 2 der VO (EG) Nr. 178/2002 alle Stoffe oder Erzeugnisse, die dazu bestimmt sind oder von denen nach vernünftigem Ermessen erwartet werden kann, dass sie in verarbeitetem, teilweise verarbeitetem oder unverarbeitetem Zustand von Menschen aufgenommen werden. Auch hier gibt es wiederum einen Negativkatalog, was gem. Art. 2 S. 4 Basis-VO keine Lebensmittel sind und damit anderen Produktkategorien unterfallen. Abgrenzungsprobleme können sich hier am ehesten bei Produkten zur Anwendung in der Mundhöhle und der Ermittlung der vorliegenden überwiegenden Zweckbestimmung ergeben[53]. Darüber hinaus ist bei Grenzprodukten die Frage vorrangig, ob die Schwelle zu einer pharma- 37

---

[48] *Raum* in KMH, AMG, § 95 Rn. 8, § 2 Rn. 190; *Meyer* in Meyer/Streinz, LFBG – Basis VO, LFGB, § 2 Rn. 133.
[49] *Müller* in KMH, AMG, § 2 Rn. 184 und 188.
[50] *Müller* in KMH, AMG, § 2 Rn. 189.
[51] *Wagner* in Martinek/Semler/Habermeier/Flohr, VertriebsR, § 51 Rn. 9; VG Baden-Württemberg Urt. v. 2.1.2008, Az. 9 S 2089/06.
[52] *Meyer* in Meyer/Streinz, LFBG – Basis VO, LFGB, § 2 Rn. 139; *Doepner/Hüttebräuker* in Dieners/Reese, PharmR-HdB, § 3 Rn. 84.
[53] *Meyer* in Meyer/Streinz, LFBG – Basis VO, LFGB, § 2 Rn. 142 f.

kologischen Wirkung erreicht wird, so dass kein Lebensmittel, sondern ein Arzneimittel vorliegt[54].

38 **b) Nahrungsergänzungsmittel.** Nahrungsergänzungsmittel gehören zur Gruppe der Lebensmittel und sind dazu bestimmt, die allgemeine Ernährung zu ergänzen (§ 1 Abs. 1 Nahrungsergänzungsmittelverordnung, NemV).

39 § 1 Abs. 1 NemV geht auf Art. 2 Buchst. a der RL 2002/46/EG zurück. Danach sind Nahrungsergänzungsmittel Lebensmittel, welche die allgemeine Ernährung ergänzen, ein Konzentrat von bestimmten Nährstoffen darstellen und in speziell dosierter Form in den Verkehr gebracht werden[55]. Die Abgrenzung zu den Arzneimitteln erfolgt über die drei Hauptmerkmale und hier insbesondere über die Frage nach der überwiegend pharmakologischen oder ernährungsphysiologischen Wirkung[56]. Abgrenzungsprobleme stofflicher Medizinprodukte zu Nahrungsergänzungsmitteln sind bisher nicht bekannt geworden.

5. Biozide

40 Biozidprodukte (§ 3 ChemG) sind gem. der VO (EU) 528/2012 vom 22.5.2012 jegliche Stoffe oder Gemische mit allgemeiner oder spezifischer Wirkung auf oder gegen Schadorganismen, die einen oder mehrere Wirkstoffe enthalten und die dazu bestimmt sind[57], auf andere Art als durch bloße physikalische oder mechanische Einwirkung Schadorganismen zu zerstören, abzuschrecken, unschädlich zu machen oder in anderer Weise zu bekämpfen. Zudem müssen diese Stoffe einer Produktart zugehören, die in Anhang V der Verordnung aufgeführt ist (s. § 2 Ran. 25, 26).

41 Biozide sind insbesondere Desinfektionsmittel, Schutzmittel, Schädlingsbekämpfungsmittel und sonstige Biozidprodukte, wie beispielsweise Schutzmittel für Lebens- und Futtermittel[58]. Abgrenzungsschwierigkeiten dürfte es überwiegend zu den Arzneimitteln geben. So hat das Landgericht Köln den Vertrieb eines Händedesinfektionsmittels untersagt, weil dieses in einer Aufmachung und mit einem Produktblatt in den Verkehr gebracht wurde, das diesem als Biozid vermarkteten Produkt den Anschein eines Arzneimittels gab, so dass es jedenfalls gem. § 2 Abs. 1 Nr. 1 AMG als Präsentationsarzneimittel anzusehen war. Mangels arzneimittelrechtlicher Zulassung sah das Landgericht Köln dieses Produkt daher in der konkreten Aufmachung und Bewerbung nicht als vertriebsfähig an[59]. In gleicher Weise hat das Landgericht Hamburg einige Jahre später ein vergleichbares Produkt als Präsentationsarzneimittel qualifiziert[60]. Für 2-Propanolhaltige Produkte für die Händedesinfektion hat die Europäische Kommission mit Durchführungsbeschluss (EU) 2016/904 vom 8.6.2016 entschieden, dass diese einschließlich der chirurgischen Händedesinfektion als Biozide gelten.

---

[54] EuGH Urt. v. 15.11.2007 – C-319/05 – Knoblauch-Kapseln; EuGH Urt. v. 15.1.2009 – C-140/07 – Red Rice; s. → § 2 Rn. 20.

[55] *Müller* in Kügel/Müller/Hofmann, Arzneimittelgesetz, § 2 Rn. 159; *Meyer* in Meyer/Streinz, LFBG – Basis VO, LFGB, § 2 Rn. 20; *Rützler* in Streinz, Lebensmittelrechts-Handbuch, Lebensmittel- und Futtermittelgesetzbuch (LFGB), Rn. 23b.

[56] *Müller* in KMH, Arzneimittelgesetz, § 2 Rn. 163 ff.; BVerwG Urt. v. 26.5.2009 – 3 C 5.09 – Abgrenzung Lebensmittel/Nahrungsergänzungsmittel/Funktionsarzneimittel (Red Rice) = LmuR 2009, 126 ff.; EuGH Urt. v. 15.1.2009 – C-140/07 – Red Rice = PharmRecht 2009, 122 ff.

[57] Zur europarechtskonformen Auslegung der Biozid-Definition s. EuGH Urt. v. 1.3.2012 – C-420/10.

[58] *Meyer* in Meyer/Streinz, LFBG – Basis VO, LFGB, § 2 Rn. 158; *Doepner/Hüttebräuker* in Dieners/Reese, PharmR-HdB, § 2 Rn. 115 ff.; *Hill/Schmitt*, WiKo Medizinprodukterecht, MPG § 3 Rn. 6.3.

[59] Landgericht Köln Urt. v. 18.1.2011, Az. 33 O 334/10, PharmR 2011, 108; informative Darstellung *Jäkel* PharmR 2013, 261.

[60] LG HH Beschl. v. 5.11.2015, Az. 312 O 522/15.

Das Verwaltungsgericht München hatte hinsichtlich eines Produktes, das als „Fliegenschutz-Deodorant" für Pferde verkauft wurde, über die Abgrenzung als Arzneimittel oder Biozid zu entscheiden. Das VG hob das von der zuständigen Behörde zunächst ausgesprochene Vertriebsverbot, welches damit begründet wurde, dieses Produkt würde als nicht zugelassenes Arzneimittel vertrieben, auf, da das Produkt nach seiner Zweckbestimmung ersichtlich nicht zur Verhütung von Tierkrankheiten oder zur Wiederherstellung gestörter physiologischer Funktionen beim Pferd eingesetzt würde, sondern lediglich um Fliegen, Bremsen, Zecken und andere Stechinsekten vom Pferd fern zu halten, womit es zur Produktart Nr. 19 (Repellentien und Lockmittel) im Anhang V. der RL 98/8/EG gehöre. Derartige Repellentien würden ersichtlich nicht unter den europäischen Arzneimittelbegriff fallen[61]. 42

Auf ein Vorabentscheidungsersuchen des Landgericht Hamburg[62], wie Art. 2 Abs. 1 lit. a der RL 98/8/EG zur Qualifizierung eines Produktes als „Biozid-Produkt" auszulegen ist, hat der EuGH[63] festgestellt, dass der Begriff „Biozid-Produkte" dahingehend auszulegen ist, dass er auch nur mittelbar auf die betreffenden Schadorganismen einwirkende Produkte erfasst, sofern sie einen oder mehrere Wirkstoffe enthalten, die eine chemische oder biologische Wirkung als Teil einer Kausalitätskette herbeiführen, die bei den betreffenden Schadorganismen eine Hemmwirkung hervorrufen soll. Aus der Abstufung bei der Beschreibung der Zwecke derartiger Produkte in Art. 2 Abs. 1 Buchst. a, UAbs. 1 dieser RL, die von der Zerstörung der Schadorganismen bis zur Verhinderung von Schädigungen durch sie reicht und auch daraus, dass sich diese Bestimmung an letzter Stelle auf Produkte bezieht, die „in anderer Weise" gegen diese Schadorganismen wirken, ergibt sich nach Auffassung des EuGH, dass eine solche Wirkung dieses Produktes, auch wenn sie darauf beschränkt ist, eine bessere Kontrolle über die betreffenden Schadorganismen zu ermöglichen oder ihre Entfernung zu erleichtern, genügt. Basierend auf dieser EuGH Entscheidung hat sodann das Landgericht Hamburg[64] den Beklagten verurteilt, da er in Deutschland ein Algenbekämpfungsmittel in Verkehr gebracht hat, ohne dieses als Biozid zu notifizieren. 43

6. Medical Apps

Apps sind Softwareanwendungen für Mobiltelefone und Tablets. Sie ermöglichen dem Nutzer seine Fitness zu messen, geben Gesundheitstipps, erinnern an die Einnahme von Medikamenten oder berechnen die Dosierung von Medikamenten und analysieren Daten wie Blutzucker- oder Blutdruckwerte, um nur einige Beispiele zu nennen. Zahl und Verbreitung der Apps steigt rasant an und eine Vielzahl der verbreiteten Medical Apps unterfallen dem Medizinprodukteregime und müssen zertifiziert sein[65]. Jedoch ist die Abgrenzung von Medizinprodukten zu Informations- oder Wellness-Apps nicht immer einfach. Wann eine Stand-Alone-Software wie eine Smartphone- oder Tablet-App ein Medizinprodukt ist, richtet sich nach der grundlegenden Begriffsbestimmung gem. § 3 Nr. 1 MPG. Dementsprechend erfolgt auch hier die Abgrenzung von anderen Produktklassen anhand ihrer subjektiven und objektiven Zweckbestimmung und verläuft grundsätzlich dort, wo keine reine Wissensbereitstellung mehr erfolgt und eine formende Einflussnahme auf Daten bzw. Informationen durch die App erfolgt[66]. Allerdings stellen reine Datenspeicherungen oder Kommunikation noch kein Medizinprodukt dar. Die 44

---

[61] VG München, Beschl. vom 22.9.2008, Az. M18S08.3886, PharmR 2009, 534.
[62] Landgericht Hamburg, Urt. v. 3.8.2010, Az. 315 O 617/08.
[63] EuGH, Urt. v. 1.3.2012, Az. C 420/10.
[64] LG Hamburg, 10.4.2013, Az. 315 O 617/08.
[65] *v. Czettritz*, Strelow: Beam me up, Scotty – die Klassifizierung von Medical Apps als Medizinprodukte, PharmR 2017, 433.
[66] Vgl. EuGH Urt. v. 7.12.2017 – C-329/16.

Klassifizierung von Medizinprodukten erfolgt gem. § 13 Abs. 1 MPG iVm Anhang VIII der RL 93/42/EWG, so dass entsprechend der Regeln 9–12 die meisten Medical Apps der Risikoklasse I und im übrigen – beispielsweise bei der Diagnose oder Kontrolle von Vitalfunktionen – den Klassen II a oder II b angehören.

45 Entscheidungshilfen zur Abgrenzung und Klassifizierung von Stand-Alone-Software bietet die MEDDEV 2.1/6 rev. 1 „Qualification and Classification of Stand-Alone-Software", eine Leitlinie zur Abgrenzung und Klassifizierung von Stand-Alone-Software der Europäischen Kommission, die auch weitergehende Hilfestellungen erarbeitet hat, wie beispielsweise das „Commission staff working document on the existing EU legal framework applicable to lifestyle and wellbeing apps", SWD (2014) 135 final vom 10.4.2014, ein Begleitdokument zu einer weiteren Veröffentlichung der EU zu diesem Thema „Green Paper on mobil health („mHealth")", COM (2014) 219 final. Das Bundesinstitut für Arzneimittel und Medizinprodukte hat im Frühjahr 2015 eine Dialogveranstaltung „BfArM im Dialog: Medical Apps" abgehalten, die auf der Homepage des BfArM veröffentlicht ist. Seit Anfang Oktober 2015 stellt das BfArM auf seiner Homepage eine „Orientierungshilfe Medical Apps" zur Verfügung, mit der das Bundesinstitut bei der Unterscheidung zwischen einer reinen Wellnessanwendung und einem Medizinprodukt behilflich sein möchte. Hier wird Herstellern eine Anleitung gegeben zur Abgrenzung der Apps anhand der vom Hersteller festgelegten Zweckbestimmung, Kennzeichnung, Gebrauchsanweisung und Werbematerialien anhand möglicher „Anhaltsbegriffe" bzw. „Anhaltsfunktionen" und es werden Abgrenzungsbeispiele gegeben sowie eine ausführliche Darstellung hinsichtlich der Risiko-Klassifizierung der Apps[67].

IV. Europäisches Recht

1. Allgemeines

46 In den europäischen Verträgen haben die einzelnen Mitgliedsstaaten der EU, unter Beschränkung ihrer eigenen Souveränitätsrechte in bestimmten Bereichen ihre Hoheitsgewalt auf die europäische Ebene übertragen. Dies ist in Deutschland durch Art. 23, 24 GG geschehen[68]. Durch diese Übertragung bildet das europäische Recht eine eigene Rechtsordnung, die über den Rechtsordnungen der einzelnen Mitgliedsstaaten steht. Die unterschiedlichen Rechtsakte der Europäischen Union entfalten eine unterschiedliche Wirkung.

47 **a) EU-Verordnungen.** Verordnungen nach Art. 288 Abs. 2 AEUV haben eine unmittelbare Wirkung direkt in den einzelnen Mitgliedsstaaten, ebenso besteht eine unmittelbare Wirkung für die Adressaten von Beschlüssen nach Art. 288 Abs. 4 AEUV. Dies wird im Bereich der Medizinprodukte zukünftig der Fall sein, da mit Aufhebung der RL 90/385/EWG und RL 93/42/EWG und Inkrafttreten der EU-Verordnung „Medical Device Regulation" (MDR) diese ab Geltung am 26.5.2020 unmittelbare Wirkung entfaltet.

48 **b) EU-Richtlinien.** Richtlinien hingegen haben in Abgrenzung zu Verordnungen und Beschlüssen in der Regel keine unmittelbare Wirkung, sondern richten sich an die einzelnen Mitgliedsstaaten, mit der Verpflichtung, das durch die RL verbindlich vorgegebene Ziel innerhalb einer bestimmten Frist in nationales Recht umzusetzen[69].

49 Eine RL richtet sich zwingend an alle Mitgliedsstaaten und wird in der Regel als Mittel der Rechtsangleichung eingesetzt, wenn die Harmonisierung der Rechtsakte der Mit-

---

[67] http://www.bfarm.de/DE/Medizinprodukte/Abgrenzung/medical_apps/_node.html. (aufgerufen am 7.6.2018).
[68] *Frenz*, Handbuch Europarecht, Band 5 Wirkungen und Rechtsschutz, Teil 1, Kapitel 1, § 1 Rn. 1.
[69] *Frenz*, Handbuch Europarecht, Band 5 Wirkungen und Rechtsschutz, Teil 1, Kapitel 8, § 1 Rn. 893ff; *Anhalt/Dieners* in Anhalt/Dieners, MedProdukteR-HdB, § 2 Rn. 18.

gliedsstaaten angestrebt wird[70]. Je nachdem wie die RL ausgestaltet sind, verbleibt den einzelnen Mitgliedsstaaten ein mehr oder weniger großer Spielraum für die Umsetzung in nationales Recht. Die umzusetzenden Inhalte sind verbindlich vorgegeben, doch ist den innerstaatlichen Stellen in der Regel die Wahl der Form und Mittel überlassen, damit die Möglichkeit der Anpassung in ihre innerstaatlichen Regelungsstrukturen besteht[71]. Häufig finden sich jedoch in den RL, wie vorliegend auch im Medizinprodukterecht, zahlreiche Detailregelungen, so dass der den Mitgliedsstaaten verbleibende inhaltliche Spielraum sehr gering ist[72].

So finden sich in den drei Medizinprodukterichtlinien zahlreiche detaillierte Vorgaben, zudem sind in dem Beschl. 90/683/EWG des Rates vom 13.12.1990 und dem Beschl. 93/465/EWG des Rates vom 22.7.1993 über die in den technischen Harmonisierungsrichtlinien zu verwendenden Module für die verschiedenen Phasen der Konformitätsbewertungsverfahren und die Regeln für die Anbringung der Verwendung der CE-Konformitätskennzeichen die Rahmenbedingungen für das Inverkehrbringen von Medizinprodukten konkret ausgestaltet[73]. 50

Nach Art. 288 Abs. 3 AEUV ist die Übernahme der vorgegebenen Inhalte einer RL verbindlich. Zudem fordert der EuGH auch eine weitgehend strukturelle Deckungsgleichheit der nationalen Umsetzung mit den Vorgaben der RL. Es genügt nicht, dass das verwirklichte Schutzniveau dem der RL entspricht, vielmehr muss die Konzeption der nationalen Regelung und selbst ihre instrumentelle Ausgestaltung deckungsgleich zu derjenigen der europäischen RL sein, weil die angestrebten Inhalte über bestimmte Regelungsstrukturen iSd Harmonisierung in allen Mitgliedsstaaten erreicht werden sollen[74]. 51

2. Europäische Medizinprodukterichtlinien

a) **Allgemeines.** Basierend auf den beiden Beschlüssen zum neuen Konzept und zum modularen Konzept[75] hat der europäische Gesetzgeber die drei Harmonisierungsrichtlinien erlassen, welche die grundlegenden Anforderungen festlegen, denen Medizinprodukte genügen müssen, damit sie in der europäischen Gemeinschaft vertrieben werden können, ebenso wie die Vorgabe technischer Spezifikationen für die Herstellung und das Inverkehrbringen von Medizinprodukten. Die drei Harmonisierungsrichtlinien, die die europarechtlichen Vorgaben für das deutsche Medizinproduktegesetz beinhalten, sind nach drei Produktkategorien unterschieden. Die RL 93/42/EWG des Rates vom 14.6.1993 über Medizinprodukte[76] regelt allgemein die unterschiedlichen Gruppen von Medizinprodukten, welche nicht gezielt in den anderen beiden Richtlinien, der RL über aktive implantierbare Geräte und der RL über In-Vitro-Diagnostika, geregelt sind. Mit Inkrafttreten der MDR und der IVDR werden die drei Richtlinien aufgehoben. 52

Anders als mit der RL 65/65/EWG zur Angleichung der Rechts- und Verwaltungsvorschriften über Arzneispezialitäten bzw. der nachfolgenden RL 2001/83/EG zur Schaffung eines Gemeinschaftskodexes für Humanarzneimittel, die sich durch detaillierte 53

---

[70] *Frenz*, Handbuch Europarecht, Band 5 Wirkungen und Rechtsschutz, Teil 1, Kapitel 8, § 1 Rn. 896.
[71] *Frenz*, Handbuch Europarecht, Band 5 Wirkungen und Rechtsschutz, Teil 1, Kapitel 8, § 1 Rn. 899 ff.
[72] *Frenz*, Handbuch Europarecht, Band 5 Wirkungen und Rechtsschutz, Teil 1, Kapitel 8, § 1 Rn. 904 ff.
[73] *Anhalt/Dieners* in Anhalt/Dieners, MedProdukteR-HdB, § 2 Rn. 11.
[74] *Frenz*, Handbuch Europarecht, Band 5 Wirkungen und Rechtsschutz, Teil 1, Kapitel 8, § 2 Rn. 919 ff. und 923 ff.
[75] *Dieners/Lützeler* in Anhalt/Dieners, MedProdukteR-HdB, § 1 Rn. 53 ff. und 65 ff.; *Hill/Schmitt*, Wiko, Medizinprodukterecht, Einl. Rn. 50 ff. und 56 ff.
[76] ABl. EG L169/1 1993.

Regelungen und eine Vereinheitlichung auszeichnen, beruhte die neue Konzeption für Medizinprodukte auf dem Gedanken der gegenseitigen Anerkennung durch die Mitgliedstaaten und einer technischen Harmonisierung. Ziel der neuen Konzeption war es, eine Gleichwertigkeit der nationalen Vorschriften für das zu gewährleistende Schutzniveau zu erreichen.

54 Bei diesem Konzept trägt der Hersteller die Hauptverantwortung und muss hierzu nachweisen, dass sein Produkt mit den harmonisierten Normen übereinstimmt und den grundlegenden Anforderungen entspricht, die in den jeweiligen Anhängen der RL niedergelegt sind. Mit dem modularen Konzept sind die Konformitätsbewertungsverfahren zwingend vorgegeben, die ihrerseits aus vom europäischen Gesetzgeber vorgegebenen „Modulen" aufgebaut sind. Ebenso vorgegeben sind die Regelungen betreffend der „CE-Kennzeichnung".

55 Ziel der drei Richtlinien war es, einen höchstmöglichen Schutz für Patienten und Anwender von Medizinprodukten zu gewährleisten und gleichzeitig einen freien Warenverkehr der Medizinprodukte innerhalb der gesamten EU sicherzustellen.

56 **b) RL 93/42/EG.** Die für die Mehrzahl der Medizinprodukte maßgebliche RL 93/42/EWG[77] beinhaltet abgestuft nach dem Gefährdungspotenzial der unterschiedlichsten Medizinprodukte ein Klassifizierungssystem, das im Anhang IX geregelt ist. Dort sind insgesamt 18 Regeln festgelegt, mit deren Anwendung jedes einzelne Medizinprodukt einer der vier Risikoklassen (Risikoklasse I, IIa, IIb und III) zuzuordnen ist. Für jede dieser Klassen ist wiederum ein bestimmtes Konformitätsbewertungsverfahren festgelegt, um die Eignung und Sicherheit des Medizinproduktes nachweisen zu können. Mit der vierstufigen Klassifizierung und den 18 Klassifizierungsregeln kann so die Fülle der Medizinprodukte, die von der RL 93/42/EWG erfasst sind, flexibel und auf sinnvolle Art und Weise gehandhabt werden. Mit der neuen EU-Verordnung (MDR) werden u. a. die Anforderungen für Klasse III Produkte angehoben und stoffliche Medizinprodukte auf Grund der neuen Regel 21 hochklassifiziert. Mit dem Datum der Geltung der MDR gem. Art. 123 Abs. 2 (3 Jahre nach Inkrafttreten), am 26.5.2020 wird die RL 93/42/EG gem. Art. 122 MDR aufgehoben.

57 **c) RL 98/79/EG.** Die RL 98/79/EG des Europäischen Parlamentes und des Rates vom 27.10.1998 über In-Vitro-Diagnostika[78] gilt gem. Art. 1 der RL für alle In-Vitro-Diagnostika und ihr Zubehör. Was ein In-Vitro-Diagnostikum ist, wird in Art. 1 Abs. 2 lit b) der RL 98/79/EG definiert, eine Definition die sich sinngemäß in § 3 Nr. 4 MPG wieder findet. Danach sind In-Vitro-Diagnostika Medizinprodukte, die nach der vom Hersteller festgelegten Zweckbestimmung zur In-Vitro-Untersuchung von aus dem menschlichen Körper stammenden Proben, einschließlich Blut- und Gewebespenden, bestimmt sind, und dazu dienen, Informationen zu liefern. Dies sind beispielsweise Reagenzien, Reagenzprodukte, Kalibriermaterial, Kontrollmaterial oder auch Schwangerschaftstests. Die In-Vitro-Diagnostika werden in vier unterschiedliche Gruppen unterteilt, die wiederum unterschiedliche Anforderungen entsprechend ihres Gefährdungspotenzials an die Konformitätsbewertung stellen.

58 Allen In-Vitro-Diagnostika ist gemeinsam, dass sie bestimmungsgemäß nicht mit dem Patienten, sondern nur den ihm entnommenen Körpersubstanzen in Berührung kommen sollen. Sie werden in erster Linie vom Fachpersonal zur Untersuchung der zuvor dem Patienten entnommenen Körpersubstanzen (Blut, Urin etc.) eingesetzt. Einige In-Vitro-Diagnostika sind zur Eigenanwendung bestimmt. Dies sind Tests, die der Patient bzw. Laie selber anwendet, wie Schwangerschafts- oder Blutzuckertests[79]. Mit dem Datum der

---

[77] Veröffentlicht im ABl. EG L169/1 1993.
[78] Veröffentlicht im ABl. ABl. EG L331/1 1998.
[79] Vgl. *Hill/Schmitt*, WiKo Medizinprodukterecht, § 3 MPG Rn. 32.1 und 36.

Anwendbarkeit der IVDR gem. Art. 113 Abs. 2 IVDR (5 Jahre nach Inkrafttreten) wird die RL 98/79/EG gem. Art. 112 IVDR aufgehoben.

d) RL 90/385/EG. Die RL 90/385/EG vom 20.6.1990 zur Angleichung der Rechtsvorschriften der Mitgliedstaaten über aktive implantierbare medizinische Geräte[80] erfasst die Produktgruppe der aktiven implantierbaren medizinischen Geräte. Die Anforderungen an die von dieser RL erfassten Produkte entsprechen derjenigen, die an die Klasse III-Produkte der RL 93/42/EG gestellt werden. Diese Medizinprodukte unterliegen alle dem höchsten Gefährdungsgrad, so dass hier keine Differenzierung und keine Einteilung in unterschiedliche Gefährdungsklassen erfolgt.

Mit dem Datum der Anwendbarkeit der MDR, die auch die aktiven Medizinprodukte regelt, wird die RL 90/385/EG gem. Art. 122 MDR aufgehoben.

e) Übergangsvorschriften nach der MDR. Bis zum Geltungsbeginn der MDR am 26.5.2020 können Medizinprodukte sowohl nach altem als auch nach neuem Recht in Verkehr gebracht werden. Die Einzelheiten hierzu sind in Art. 120 MDR geregelt. Alte Bescheinigungen die vor Geltungsbeginn am 26.5.2020 ausgestellt worden sind, behalten ihre Gültigkeit und werden spätestens zum 27.5.2024 ungültig (Art. 120 Abs. 2 S. 3 MDR). Für einen Übergangszeitraum von 1 Jahr können davon betroffene Altprodukte noch für 1 Jahr bis zum 27.5.2025 in den Handelsketten weiterverkauft werden (vgl. Art. 120 Abs. 4 MDR).[81]

3. Leitlinien

a) Allgemeines. Leitlinien sind grundsätzlich rechtlich unverbindlich[82]. Sie dienen jedoch den Gesetzesanwendern und den Gerichten als Auslegungshilfe, wie die gesetzlichen Vorgaben anzuwenden und zu interpretieren sind, insbesondere im Hinblick auf eine europarechtlich einheitliche Handhabung[83]. Sie bieten eine Interpretationshilfe für den Regelfall, von dem unter bestimmten begründeten Ausnahmen im Einzelfall jederzeit abgewichen werden kann. Hierfür ist dann jedoch eine Begründung erforderlich[84].

b) MEDDEV. Die maßgeblichen Leitlinien im Medizinprodukterecht sind die von der Medical Devices Experts Group (MDEG), einer Arbeitsgruppe der Kommission, veröffentlichten Dokumente zu Medizinprodukten, die Guidance MEDDEV'S (MEDDEV steht hierbei für **Med**ical **Dev**ice). Sie sind auf der Homepage der Europäischen Kommission[85] veröffentlicht. Insgesamt sind auf der Homepage der Europäischen Kommission mit Stand 7.6.2018 dreißig MEDDEV-Guidelines veröffentlicht, die aktuellsten vom Mai 2015 zu „Clinical investgation: serious adverse reporting under directives 90/385/EEC and 93/42/EC SAE reporting form (MEDDEVC 2.7/3 rev. 3) und zu „Guidelines for Competent Authorities for making a validation assessment of a clinical investigation application under directives 90/385/EEC and 93/42/EC (MEDDEV 2.7/rev. 2) vom September 2015 und vom Juni 2016 „Clinical evaluation: Guide for manufacturers and notified bodies (MEDDEV 2.7/1 rev.4)"[86]

---

[80] Veröffentlicht im ABl. EG L189/17 1990.
[81] *Rehmann/Wagner* MP-VO Art. 120 Rn. 237.
[82] *Frenz*: Handbuch Europarecht, Band 5, Wirkungen und Rechtsschutz, Kap. 10, Rn. 1554 f.; Vorwort der jeweiligen MEDDEV: „The present MEDDEV is part of a set of Guidlines relating to questions of application of EU directives on Medical Devices. They are not legally binding. Only the European Court of Justice can give an authoritative interpretation of Community Law ... it is for the national competent authorities and national courts to take legally binding decisions on a case-by-case basis ...".
[83] Vgl. EuGH Urt. v. 6.9.2012.
[84] *v. Danwitz* in *Dauses*, EU-Wirtschaftsrecht, BII Rechtsetzung und Rechtsangleichung, Rn. 63.
[85] http://ec.europa.eu/health/medical-devices/documents/guidelines/index_en.htm.
[86] http://ec.europa/growth/sectors/medical-devices/guidance_de.

63 Diese Dokumente beziehen sich allesamt auf die Medizinprodukterichtlinien und enthalten Definitionen, Erläuterungen und Beispiele um eine einheitliche Handhabung zu gewährleisten. Sie spiegeln den jeweiligen Stand von Wissenschaft und Technik wieder[87]. Ein großer Vorteil dieser Leitlinien ist die flexible und schnelle Handhabung, wenn sich ein Auslegungs- oder Handlungsbedarf zeigt. Während ein Gesetzgebungsverfahren eher langwierig und umständlich ist, kann die Arbeitsgruppe eine Anpassung ihrer Leitlinien relativ zügig und zeitgemäß handhaben. Damit steht grundsätzlich ein flexibles und aktuelles Instrumentarium zur Anpassung an aktuelle Geschehnisse zur Verfügung. Ein Beispiel einer solchen wiederholt angepassten Leitlinie ist die MEDDEV 2.1.3 rev. 3 zu „Borderline Products, Drug-Delivery Products and Medicinal Devices incorporating, as integral part, an Ancillary Medicinal Substance or an Ancillary Human Blood Derivative".

64 In dieser Leitlinie kann beispielsweise zeitnah eine Handlungsempfehlung eingearbeitet werden, wenn die Industrie neue Produkte auf den Markt bringt, deren Einordnung in die richtige Produktgruppe – Arzneimittel, Medizinprodukt, Lebensmittel, Kosmetikum oder Biozid – Schwierigkeiten und damit Vollzugshemmnisse mit sich bringt.

Ein weiteres Beispiel, ist die MEDDEV 2.4/1 zu „Medicinal Devices; Guidance document – Classification of Medical Devices", die mittlerweile in der neunten Überarbeitung mit Stand von Juni 2010 vorliegt.

V. Nationales Recht

1. Medizinproduktegesetz

65 In Deutschland regelt das Gesetz über Medizinprodukte (Medizinproduktegesetz-MPG) vom 2.8.1994 in Umsetzung der drei europäischen Richtlinien den Verkehr mit Medizinprodukten.

66 Dabei erfolgte die Umsetzung der europarechtlichen Vorgaben zum Teil auch dadurch, dass das MPG auf bestimmte Vorschriften in den europäischen Richtlinien zurückverweist und diese so in nationales Recht umsetzt. Mit der unmittelbaren Geltung der MDR ab 26.5.2020 wird auch das MPG abgelöst und insoweit besteht Regelungsbedarf seitens des deutschen Gesetzgebers.

67 An dieser Stelle sei auch darauf hingewiesen, dass die anlässlich des PIP-Skandals geführte Diskussion um eventuelle nationale Änderungen an den Regelungen des Medizinprodukterechts teilweise außer Acht ließ, dass solche Änderungen nur begrenzt im nationalen Alleingang möglich sind. Der europäische Gesetzgeber hat sich seinerzeit bewusst für dieses europäische Harmonisierungskonzept zum Abbau von Handelshemmnissen und gegen nationale Zulassungssysteme wie bei den Arzneimitteln entschlossen. Grundsätzliche Änderungen hat nun der europäische Gesetzgeber im Rahmen der MDR vorgenommen, wie dies mit in Kraft treten der MDR am 25.5.2017 (Geltung ab 26.5.2020) geschehen ist. Kriminelle Energie und schwarze Schafe wird es jedoch immer wieder geben, so dass derartige Vorkommnisse sich auch durch die verschärfte unmittelbare anwendbare MDR nicht verhindern lassen. Regelungen zum Vollzug des Medizinprodukterechts werden weiterhin in der Hand des nationalen Gesetzgebers liegen, wie dies mit dem Erlass der MPGVwV, die zum 1.1.2013 in Kraft getreten ist, geschehen ist.

68 Zudem wird sich nach der hier vertretenen Ansicht so lange nichts maßgeblich ändern, so lange die Benannten Stellen nicht als Beliehene hoheitliche Aufgaben wahrnehmen. Die Ausgestaltung der Benannten Stellen als Beliehene oder als nur privatrechtlich tätige Dienstleister obliegt der Entscheidung der einzelnen Mitgliedstaaten. Hier besteht somit weitergehender nationaler Handlungsspielraum und nach hiesiger Auffassung auch Handlungsbedarf.

---

[87] Vgl. *Hill/Schmitt*, WiKo Medizinprodukterecht, Kap. III 4 Rn. 2.

2. Verordnungen

Aufgrund der Ermächtigungsgrundlagen im Medizinproduktegesetz sind zahlreiche Verordnungen (derzeit 9) erlassen worden die weitergehende Regelungen für die Inverkehrbringung und den Umgang mit Medizinprodukten treffen. 69

Dies ist zum einen die Verordnung über Medizinprodukte (Medizinprodukte-Verordnung – MPV), die insbesondere die Durchführung der Konformitätsbewertungsverfahren für die verschiedenen Arten von Medizinprodukten regelt. 70

Die Verordnung über das Errichten, Betreiben, Anwenden und Instandhalten von Medizinprodukten (Medizinprodukte-Betreiberverordnung-MPBetreibV) regelt, wie der Name besagt, das Betreiben und Anwenden bestimmter Medizinprodukte, insbesondere aktiver Geräte oder Messgeräte[88]. Sie findet allerdings keine Anwendung auf Medizinprodukte zur klinischen Prüfung und In-Vitro-Diagnostika für Leistungsbewertungszwecke. 71

Die Verordnung zur Regelung zur Abgabe von Medizinprodukten Medizinprodukte-Abgabeverordnung-MPAV) ist am 29.7.2014 in Kraft getreten und bestimmt, welche Medizinprodukte der Verschreibungspflicht und der Apothekenpflicht unterliegen und regelt sonstige Abgabebeschränkungen. Die frühere Verordnung über die Verschreibungspflicht von Medizinprodukten und die Verordnung über Vertriebswege für Medizinprodukte, die in der Medizinprodukte Abgabeverordnung zusammen geführt sind, sind zum 28.7.2014 aufgehoben worden. 72

Die Verordnung über die Erfassung, Bewertung und Abwehr von Risiken bei Medizinprodukten (Medizinprodukte-Sicherheitsplanverordnung-MPSV) regelt die Verfahren zur Erfassung, Bewertung und Abwehr von Risiken im Verkehr oder in Betrieb befindlicher Medizinprodukte[89]. 73

Die Verordnung über klinische Prüfungen von Medizinprodukten (MPKPV), gilt für alle klinischen Prüfungen und genehmigungspflichtigen Leistungsbewertungsprüfungen gem. §§ 20–24 MPG und enthält Einzelheiten zur Kennzeichnung der Prüfprodukte, zur Antragstellung, Bewertung und Genehmigung der klinischen Prüfungen. 74

Die Gebührenverordnung zum Medizinproduktegesetz und den zu seiner Ausführung ergangenen Rechtsverordnungen (Medizinprodukte-Gebührenverordnung – BKostV-MPG) regelt die Gebühren und Auslagen, welche die zuständige Bundesoberbehörde (BfArM) für ihre Amtshandlungen nach dem Medizinproduktegesetz erhebt. Dies sind Entscheidungen über die Zulassung, Verlängerung und Änderung der Zulassung in den Fällen des § 11 Abs. 1 MPG, Gebühren für eine Entscheidung zur Klassifizierung von Medizinprodukten oder ihrer Abgrenzung von anderen Produkten, Gebühren im Konsultationsverfahren bei aktiven implantierbaren Medizinprodukten oder Amtshandlungen im Rahmen klinischer Prüfungen, die Gebühr für die Beratung von Benannten Stellen und sonstige Gebühren allgemein und in besonderen Fällen. 75

Die Verordnung über das datenbankgestützte Informationssystem über Medizinprodukte des Deutschen Instituts für medizinische Dokumentation und Information (DIMDI-Verordnung-DIMDIV) regelt alles Erforderliche für die Erhebung der für das datenbankgestützte Informationssystem über Medizinprodukte benötigten Daten sowie ihre Übermittlung an das Deutsche Institut für medizinischen Dokumentation und Information (DIMDI), ebenso wie die Verwendung der in diesem Informationssystem gespeicherten Daten. 76

Die Verordnung „Allgemeine Verwaltungsvorschrift zur Durchführung des Medizinproduktegesetzes (Medizinprodukte-Durchführungsvorschrift – MPGVwV) vom 77

---

[88] Vgl. Erläuterung bei *Nöthlichs* zur MPBetrV, Kennzahl 9604–9638 u. bei *Hill/Schmitt*, WiKo, Medizinprodukterecht, Kap. II. 3; *Reischl/Kneuper/Westphal/Stock/Buchholz*, MPR 2018, 1.
[89] Vgl. Erläuterungen bei *Nöthlichs* zur MPSV Kennzahl 9210.

VI. Die Medizinprodukte-Klassen

1. Allgemeines

78 Gem. § 6 Abs. 1 MPG dürfen Medizinprodukte (mit Ausnahme von Sonderanfertigungen, Medizinprodukten aus Eigenherstellung, Medizinprodukten zur klinischen Prüfung oder aber In-Vitro-Diagnostika) nur in Verkehr gebracht oder in Betrieb genommen werden, wenn sie mit einer CE-Kennzeichnung entsprechend § 9 MPG versehen sind[90] (zukünftig Art. 20 MDR). Die CE-Kennzeichnung darf auf Medizinprodukten nur angebracht werden, wenn diese die Grundlegenden Anforderungen des Medizinprodukterechtes erfüllen, insbesondere ein für das jeweilige Medizinprodukt vorgeschriebenes Konformitätsbewertungsverfahren durchgeführt worden ist[91]. In diesem Konformitätsbewertungsverfahren wird die gem. § 1 MPG (zukünftig Art. 52 MDR) erforderliche Sicherheit, Eignung und Leistung des Medizinproduktes bestätigt. Wie das Konformitätsbewertungsverfahren durchzuführen ist, insbesondere ob und in welchem Umfang eine Benannte Stelle bei der Prüfung beteiligt werden muss, oder aber der Hersteller die Prüfung eigenverantwortlich vornimmt und nach eigener Prüfung das CE-Kennzeichen rechtmäßig aufbringt, ist abhängig von der jeweiligen Klasse des Medizinproduktes.

2. Klassifizierung

79 Die Klassifizierung von Medizinprodukten erfolgt gem. § 13 Abs. 1 MPG iVm Anhang IX der RL 93/42/EWG (zukünftig Art. 51 MDR iVm Anhang VIII MDR). Nach ihrem Gefährdungspotenzial werden die Medizinprodukte in die Klassen I, II a, II b und III eingestuft[92]. Maßgeblich für die Zuordnung zu den verschiedenen Risikoklassen sind die beiden Faktoren Kontaktort und Kontaktdauer des Medizinproduktes. In Abschnitt I des Anhangs IX finden sich hierzu die maßgeblichen Definitionen und daran anschließend in Abschnitt II einige Anwendungsregeln. Sodann wird im Abschnitt III der Klassifizierungskriterien systematisch zwischen nicht invasiven (Regeln 1 – 4) und invasiven Produkten (Regeln 5 – 8) unterschieden. Innerhalb dieser beiden Gruppen wird wiederum danach differenziert, ob die Medizinprodukte im Zusammenhang mit Körperöffnungen zur Anwendung kommen oder ob es sich um chirurgisch-invasive Medizinprodukte (Regel 6–8) handelt. Ein wesentliches Klassifizierungsmerkmal ist die Dauer der Anwendung, wobei zwischen vorübergehend (weniger als 60 Minuten), kurzzeitig (bis zu 30 Tagen) und langzeitig (mehr als 30 Tage) unterschieden wird.

80 Sodann gibt es noch einige zusätzliche Regeln für aktive Produkte (Regeln 9–12) und besondere Regeln für dort im Einzelnen aufgeführte Produkte (Regeln 13–18).

81 Die Klassifizierung eines Medizinproduktes wird durch den Hersteller durchgeführt und dokumentiert, und dient der Festlegung, in welche Gefährdungsklasse das Produkt einzuordnen ist, um den Grad der Überwachung, dem ein Hersteller unterliegt, zu bestimmen.

82 Zu den 18 Klassifizierungsregeln und den Definitionen sowie Anwendungsregeln des Anhang IX der RL 93/42/EWG hat die Kommission ebenfalls einen Leitfaden zur Klassifizierung von Medizinprodukten, das Dokument MEDDEV 2.4/1 rev. 9 „Classifi-

---

[90] Vgl. *Hill/Schmitt*, WiKo, Medizinprodukte, § 6 MPG Rn. 1.
[91] Vgl. *Nöthlichs*, MPG § 9, Erl. 3; *Rehmann/Wagner*, MPG, MP-VO § 9 Rn. 1.
[92] *Frankenberger* in Anhalt/Dieners MedProdukteR-HdB, § 4 Rn. 42 ff.

cation of Medicinal Devices" erstellt[93]. Mit Inkrafttreten und Anwendbarkeit der MDR ändern sich die Klassifizierungsregeln in wesentlichen Bereichen. So werden stoffliche Medizinprodukte hochklassifiziert. Dies bedeutet, dass es keine stofflichen Medizinprodukte der Risikoklasse I mehr geben wird (Regel 21, Anhang VIII) mit der Folge, dass für diese Produkte in jedem Fall eine Konformitätsbewertung mit einer Benannten Stelle durchgeführt werden muss.

Für den Fall, dass zwischen dem Hersteller und der von ihm eingeschalteten Benannten Stelle keine Einigkeit über die zutreffende Klassifizierung eines zu bewertenden Medizinproduktes herbeigeführt werden kann, hat die Benannte Stelle gem. § 13 Abs. 2 MPG die Angelegenheit der zuständigen Behörde zur Entscheidung vorzulegen. Dies ist gem. § 32 Abs. 1 Nr. 4 MPG das Bundesinstitut für Arzneimittel und Medizinprodukte, es sei denn es handelt sich um In-Vitro-Diagnostika, dann ist gem. § 32 Abs. 2 MPG das Paul-Ehrlich-Institut zuständig[94]. Außerdem kann eine Klassifizierungsentscheidung auf Antrag einer zuständigen Länderbehörde oder des Herstellers durch das Bundesinstitut für Arzneimittel und Medizinprodukte bzw. das Paul-Ehrlich-Institut für In-Vitro-Diagnostika herbeigeführt werden (§ 13 Abs. 3 MPG[95]).

Zukünftig erfolgt bei Meinungsverschiedenheiten zwischen Hersteller und Benannter Stelle die Entscheidung durch die zuständige Behörde des Mitgliedsstaates gem. Art. 51 Abs. 2 MDR. Auf Ersuchen eines Mitgliedsstaates entscheidet die Kommission gem. Art. 51 Abs. 3 MDR über die Klassifizierung, wobei sie gem. Art. 51 Abs. 4 MDR auch aus eigener Initiative über eine Klassifizierung entscheiden kann.

3. Module

Je nach dem Gefährdungspotenzial eines Medizinproduktes hat der Hersteller innerhalb des soweit vorgegebenen Rahmens die Wahl zwischen mehreren Modulen, die er zur Konformitätsbewertung heranziehen kann. Dies sind Modul A, die interne Fertigungskontrolle, Modul B, die EG-Baumusterprüfung, Modul C, die Konformität mit der Bauart, Modul D, die Qualitätssicherung Produktion, Modul E, die Qualitätssicherung Produkt, Modul F, die Prüfung der Produkte, Modul G, die Einzelprüfung und Modul H, die umfassende Qualitätssicherung[96].

VII. Benannte Stellen

Der Begriff der „Benannten Stelle" (Notified Bodies) kommt aus der rechtlichen Vorgabe, dass jeder europäische Staat der Europäischen Kommission die in seinem Staatsgebiet ansässigen Überwachungsstellen zu benennen hat. Benannte Stellen sind unabhängige Stellen, die europäischen Vorgaben entsprechen müssen. Sie sind in Deutschland privatrechtlich organisiert[97]. Ab 2015 deutete sich an, das zukünftig die vom Hersteller beauftragte Benannte Stelle bei schuldhafter Verletzung einer Pflicht aus der RL 93/42/EWG bei der Überprüfung der Produktauslegung und der Überwachung bei Medizinprodukten der Klasse III gegenüber Patienten oder Anwendern des Medizinproduktes

---

[93] S. auch Übersicht der Klassifizierungsliste des BVMed bei *Hill/Schmitt*, WiKo Medizinprodukterecht, MPG, § 13 Rn. 6, http://ec.europa.eu/health/medical-devices/files/meddev/2_4_1_rev_9_classification_en.pdf.
[94] *Hill/Schmitt*, WiKo, Medizinprodukterecht, § 32, Rn. 6, 9; *Rehmann/Wagner*, MPG, § 32 Rn. 5.
[95] *Hill/Schmitt*, WiKo, Medizinrpodukterecht, § 13 Rn. 8.
[96] Einen Überblick über das Zusammenspiel der einzelnen Module findet sich bei *Dieners/Lützeler* in Anhalt/Dieners MedProdukteR-HdB, § 1 Rn. 71, Abb. 3.
[97] *Lücker* in Spickhoff MPG § 15a Rn. 1–4; *Hill/Schmitt*, Wiko Medizinprodukterecht Kommentar, § 3 Rn. 89 f.

haften kann⁹⁸. Zwischenzeitlich hat der EuGH sich den Schlussanträgen angeschlossen und mit Urteil vom 16.2.2017, Rechtssache C-219/15 festgestellt:

> *1. Die Bestimmungen des Anhangs II der RL 93/42/EWG des Rates vom 14. Juni 1993 über Medizinprodukte in der durch die Verordnung (EG) Nr. 1882/2003 des Europäischen Parlaments und des Rates vom 29. September 2003 geänderten Fassung in Verbindung mit ihrem Art. 11 Abs. 1 und 10 sowie Art. 16 Abs. 6 sind dahin auszulegen, dass der benannten Stelle keine generelle Pflicht obliegt, unangemeldete Inspektionen durchzuführen, Produkte zu prüfen und/oder Geschäftsunterlagen des Herstellers zu sichten. Liegen jedoch Hinweise darauf vor, dass ein Medizinprodukt die Anforderungen der RL 93/42 in der durch die Verordnung Nr. 1882/2003 geänderten Fassung möglicherweise nicht erfüllt, muss die Benannte Stelle alle erforderlichen Maßnahmen ergreifen, um ihren Verpflichtungen aus Art. 16 Abs. 6 dieser RL und den Abschnitten 3.2, 3.3, 4.1 bis 4.3 und 5.1 des Anhangs II der RL nachzukommen.*
>
> *2. Die RL 93/42 in der durch die Verordnung Nr. 1882/2003 geänderten Fassung ist dahin auszulegen, dass die Benannte Stelle im Rahmen des Verfahrens der EG-Konformitätserklärung zum Schutz der Endempfänger der Medizinprodukte tätig wird. Die Voraussetzungen, unter denen eine von einer benannten Stelle begangene schuldhafte Verletzung der ihr im Rahmen dieses Verfahrens gem. dieser RL obliegenden Pflichten ihre Haftung gegenüber den Endempfängern begründen kann, unterliegen vorbehaltlich der Grundsätze der Äquivalenz und der Effektivität dem nationalen Recht.*"

86 In § 3 Nr. 20 MPG (zukünftig Art. 2 Nr. 41 und 42 MDR) findet sich eine Definition der Benannten Stelle. Danach ist eine Benannte Stelle eine für die Durchführung von Prüfungen und Erteilung von Bescheinigungen im Zusammenhang mit Konformitätsbewertungsverfahren nach Maßgabe der Rechtsverordnung gem. § 37 Abs. 1 MPG vorgesehene Stelle, die der Europäischen Kommission und den Vertragsstaaten des Abkommens über den europäischen Wirtschaftsraum von einem Vertragsstaat des Abkommens über den europäischen Wirtschaftsraum benannt worden ist. Diese Definition ist eine eigenständige deutsche Erfindung, da sich nichts Vergleichbares in der RL 93/42/EWG findet. Gleichwohl gibt es in allen europäischen Mitgliedsstaaten solche Benannten Stellen, die in Art. 16 der RL 93/42/EWG geregelt sind. Entsprechende Regelungen finden sich in § 15 ff. MPG (zukünftig Art. 35 -50 MDR). Grundsätzlich kann der Verantwortliche für ein Medizinprodukt frei wählen, mit welcher Benannten Stelle, egal welchen Mitgliedstaates, er zusammenarbeiten möchte. Hier entscheiden vor allem praktische Erwägungen, der Ruf einer Benannten Stelle und Erfahrungswerte in der Zusammenarbeit. Gelistet sind die nationalen und europäischen Benannten Stellen auf der Homepage des Deutschen Institutes für Medizinische Dokumentation und Information (DIMDI⁹⁹).

87 Den Benannten Stellen kommt in dem Medizinprodukterecht zugrundeliegenden Konzept eine zentrale Bedeutung zu¹⁰⁰. Je nach Risikoklasse des Medizinproduktes ist das notwendige Konformitätsverfahren mit einer Benannten Stelle durchzuführen, wobei die Prüftiefe von der Klasse des jeweilgen Medizinproduktes abhängt¹⁰¹.

---

⁹⁸ Schlussanträge des Generalanwaltes Sharpston in der Rechtssache C-219/15 v. 15.9.2016; Vorlagefrage des BGH mit Beschl. v. 9.4.2015 – VII ZR 36/14 VG Köln, Urt. v. 12.4.2016 – 7 K 2347/14- PharmR 2016, 297.
⁹⁹ Vgl. Liste in Deutschland gem. § 15 Abs. 1 MPG, abzurufen auf der homepage der ZLG; Benannte Stelle sind mit Kennnummern bei *Nöthlichs*, Kennziffer 9424, aufgelistet.
¹⁰⁰ *Soltau/Edelhäuser* in Anhalt/Dieners, MPG § 11 Rn. 3.
¹⁰¹ *Hill/Schmitt*, Wiko Medizinprodukterecht MPG, § 3 Rn. 89; *Lücker* in Spickhoff MPG § 15a Rn. 1–4.

Die Benennung und Überwachung der Benannten Stellen obliegt dem jeweiligen 88
EU-Mitgliedsstaat, in dem die Stelle ihren Sitz hat. Für die Benennung im Vollzug der
EG-Richtlinien sind nach dem GG der Bundesrepublik Deutschland die Länder zuständig.

Daher obliegt die Benennung und die Überwachung der Benannten Stellen der Zen- 89
tralstelle der Länder für Gesundheitsschutz bei Arzneimitteln und Medizinprodukten
(ZLG) in Bonn. Die ZLG ist die zuständige Behörde, die auf Antrag einer zu benennenden Stelle in einem Benennungsverfahren die Benennung ausspricht[102]. Für die Benennung hat die ZLG ein Regelwerk aufgestellt, das auf der Homepage der ZLG abgerufen werden kann. Hierdurch ist sichergestellt, dass die Benennung in Deutschland einheitlich erfolgt[103].

In Folge des PIP-Skandals gibt es seit September 2013 eine Durchführungsverordnung 90
der Kommission über die Benennung und Beaufsichtigung Benannter Stellen, die sowohl
Kriterien zum Verfahren der Benennung als auch zur Kontrolle und Überwachung und
Untersuchung der Kompetenz der Benannten Stellen enthält[104].

Auf europäischer Ebene gibt es eine Notified Body Operation Group (NBOG), die 91
mit der Erarbeitung einheitlicher Kriterien für die Arbeit der europäischen Benannten
Stellen für Medizinprodukte sowie der diese überwachenden Behörden befasst ist. Auf
ihrer Website[105] finden sich für jeden Mitgliedsstaat die Adresse der national zuständigen
Stelle für die Benennung und Überwachung der Benannten Stellen[106].

VIII. Konformitätserklärung

Wie in Anhang VII der RL 93/42/EWG in Ziff. 1 festgehalten, handelt es sich bei der 92
EG-Konformitätserklärung (zukünftig Anhang IV MDR) um das Verfahren, mit dem der
Hersteller oder sein Bevollmächtigter den entsprechenden Verpflichtungen hinsichtlich
eines Medizinproduktes nachkommt und gewährleistet und erklärt, dass die betreffenden
Produkte den einschlägigen Bestimmungen dieser RL entsprechen. Hierfür stellt der
Hersteller die in Abschnitt 3 des Anhangs VII beschriebene technische Dokumentation
zusammen, welche die Bewertung der Konformität des Produktes mit den Anforderungen der RL ermöglichen muss. Bestandteil der Konformitätserklärung ist neben einer
Produktbeschreibung und dem Namen des Herstellers auch eine Auflistung der eingehaltenen Normen und technischen Spezifikationen.

Art. 9 Abs. 1 der RL 93/42/EWG (zukünftig Art. 51 MDR) legt fest, dass die Produkte 93
in die Klassen I, II a, II b und III eingestuft werden und die Klassifizierung nach den
Regeln gem. Anhang IX (zukünftig Anhang VIII MDR) erfolgt. Die Zuordnung eines
Medizinproduktes in eine der vier Risikoklassen ist Voraussetzung für die Wahl des
Konformitätsbewertungsverfahrens. Für Medizinprodukte der Klasse I ist keine Beteiligung einer Benannten Stelle erforderlich. Vielmehr stellt in diesem Fall der Hersteller
selbst die EG-Konformitätsbescheinigung aus. Zur Klasse I gehören beispielsweise
Gehhilfen, Rollstühle, Patientenbetten oder ähnliches. Bei Medizinprodukten der Klasse
Is, II a, II b und Klasse III ist stets eine Konformitätsprüfung durch eine Benannte Stelle,
allerdings mit unterschiedlicher Prüftiefe, erforderlich.

---

[102] *Hill/Schmitt*, WiKo Medizinprodukterecht, MPG, § 15 Rn. 3; *v. Czettritz* in Anhalt/Dieners
MedProdukteR-HdB, § 14 Rn. 36.
[103] S. Darstellung bei *Soltau/Edelhäuser* in Anhalt/Dieners MedProdukteR-HdB, § 11 Rn. 17 ff.;
Hill/Schmitt, WiKo Medizinprodukterecht MPG, § 15 Rn. 3 ff.
[104] Durchführungsverordnung (EU) Nr. 920/2013 der Kommission vom 24.9.2013 über die Benennung und Beaufsichtigung Benannter Stellen gem. RL 90/385/EWG und RL 93/42/EWG,
ABl. 2013 L 253/8.
[105] http://www.nbog.eu.
[106] *Hill/Schmitt*, WiKo Medizinprodukterecht MPG, § 15 Rn. 6.

1. Medizinprodukte der Klasse I

94   In die Klasse I werden alle Medizinprodukte eingeordnet, die dem niedrigsten Gefährdungsgrad unterliegen. Sie erfordern auch nur die geringste Kontrolle, so dass keine Konformitätsbewertung durch eine Benannte Stelle erfolgt. Dies sind beispielsweise OP-Bekleidung, Krankenpflegeartikel oder Fixierbinden[107] oder Meerwasser, wenn dieses bei Erkrankungen der Atemwege, der Haut oder des Bewegungsapparates eingesetzt wird[108]. Der Hersteller, der gem. § 5 MPG verantwortlich ist für die Inverkehrbringung seines Medizinproduktes, hat bei Medizinprodukten der Klasse I das Bewertungsverfahren, mit dem Sicherheit und Eignung seines Medizinproduktes geprüft wird, gem. § 7 Abs. 4 MPV nach Anhang VII der RL 93/42/EWG alleine durchzuführen. Im Anschluss hieran stellt sich der Hersteller die EG-Konformitätserklärung selbst aus (Allgemeine Pflichten der Hersteller zukünftig Art. 10 MDR).

95   In der technischen Dokumentation muss der Hersteller die Produktbeschreibung, die Konstruktions- und Fertigungsunterlagen, Zeichnungen, seine Risikoanalyse, seine Prüfberichte, klinische Datenkennzeichnung und Gebrauchsanweisung usw. festhalten und ein sogenanntes „Post-Marketing-Service" Verfahren einrichten. Diese gesamte Dokumentation muss er mindestens 5 Jahre lang zur Einsichtnahme durch die zuständigen Behörden bereithalten. Nur wenn alle diese Voraussetzungen erfüllt sind, darf die CE-Kennzeichnung angebracht werden. In diesem Fall allerdings ohne Kennnummer einer Benannten Stelle, da bei der Prüfung der Klasse I Produkte keine Benannte Stelle beteiligt ist.

2. Medizinprodukte der Klasse II a

96   In diese Medizinprodukteklasse fallen alle Produkte mit einem mittleren Risikopotenzial wie beispielsweise Katheter und invasive Produkte[109]. So werden gem. Regel 5 des Anhang IX der RL 93/42/EWG (zukünftig Regel 5 des Anhang VIII MDR) alle invasiven Produkte zur Klasse II a gezählt, wenn sie zur kurzzeitigen Anwendung, dh nur für eine ununterbrochene Anwendung über einen Zeitraum von bis zu 30 Tagen, bestimmt sind. Wenn die Produkte zur langzeitigen Anwendung, dh unter normalen Bedingungen für eine ununterbrochene Anwendung über einen Zeitraum von mehr als 30 Tagen bestimmt sind, gehören sie zur Klasse II b. Medizinprodukte der Klasse II a unterliegen lediglich in der Fertigungsphase der Überwachung durch eine Benannte Stelle, während ein Hersteller von Medizinprodukten der Klasse II b sowohl in der Entwicklungs- als auch der Fertigungsphase der Überwachung durch eine Benannte Stelle unterliegt[110].

97   Die Dauer der ununterbrochenen Anwendung eines Medizinproduktes gibt dem Hersteller im Rahmen der von ihm vorzunehmenden Zweckbestimmung einen möglichen Spielraum hinsichtlich der Einstufung in die Klasse II a oder II b, mit der Folge einer unterschiedlich tiefen Überwachung durch die Benannte Stelle. Dies birgt vereinzelt die Gefahr des Missbrauchs in sich, wenn beispielsweise eine Klassifizierung in die geringere Risikoklasse durch eine sinnlose Anwendungsunterbrechung des Medizinproduktes vorgenommen wird.

---

[107] *Hill/Schmitt*, Wiko Medizinprodukterecht, MPG, § 13 Rn. 5.
[108] VG Köln Urt. v. 12.4.2016 – 7 K 2347/14, PharmR 2016, 297.
[109] *Hill/Schmitt*, WiKo Medizinprodukterecht, § 13, Rn. 5; *Frankenberger* in Anhalt/Dieners MedProdukteR-HdB, § 4 Rn. 14 ff.
[110] *Edelhäuser* in Anhalt/Dieners MedProdukteR-HdB, § 5 Rn. 31 mit Abb. einer Übersicht des Konformitätsbewertungsverfahrens.

3. Medizinprodukte der Klasse II b

In diese Klasse fallen außer den Produkten zur Langzeitanwendung Produkte mit einem erhöhten Risikopotential wie beispielsweise chirurgisch-invasive Einmalprodukte, Implantate, Blutbeutel oder Produkte zur Empfängnisverhütung[111]. Hier ist die Einbeziehung der Benannten Stelle bereits auf der Stufe der Produktauslegung erforderlich, wobei der Hersteller wählen kann, ob eine detaillierte Überprüfung des vollständigen Qualitätssicherungssystems nach Anhang II erfolgt, oder ob ein repräsentatives Exemplar des Produktes einer EG-Baumusterprüfung gem. Anhang III unterzogen wird[112].

4. Medizinprodukte der Klasse III

a) Allgemeines. In die Klasse III gehören alle Produkte, die in die höchste Risikoklasse eingestuft werden. Hier ist eine Prüfung der Produktauslegung durch eine Benannte Stelle zwingend vorgeschrieben[113]. Hier zeichnet sich ab, dass die Benannte Stelle zukünftig für schuldhafte Pflichtverletzungen bei dieser Prüfung gegenüber Patienten und Anwendern eines Medizinproduktes haftet[114]. (→ § 5 Rn. 85)

Da in der Öffentlichkeit immer wieder eine ungenügende Prüfung von Medizinprodukten im Vergleich zum Arzneimittelrecht diskutiert wird, wird nachfolgend am Beispiel eines Klasse III Medizinproduktes exemplarisch dargestellt, welchen Umfang eine Auslegungsprüfung durch eine Benannte Stelle hat.

§ 19 Abs. 1 MPG fordert, dass die Eignung von Medizinprodukten für den vorgesehenen Verwendungszweck durch eine klinische Bewertung anhand von klinischen Daten zu belegen ist, soweit nicht in begründeten Ausnahmefällen andere Daten ausreichend sind (zukünftig Art. 61 MDR).

Somit müssen entweder eigene klinische Daten vorgelegt werden, oder aber es erfolgt eine Prüfung von klinischen Bewertungen auf Literaturbasis, wie dies gem. § 22 Abs. 3 AMG bei der Arzneimittelzulassung ebenfalls möglich ist. Die Anforderungen für die klinische Bewertung sind detailliert festgelegt. Zum einen ist der Begriff der klinischen Daten in § 3 Nr. 25 MPG (zukünftig Art. 2 Nr. 48 MDR) umfassend definiert, zum anderen ist in Anhang I der RL 93/42/EWG unter I. 6a) geregelt: „Der Nachweis der Übereinstimmung mit den Grundlegenden Anforderungen muss eine klinische Bewertung gem. Anhang X umfassen."

Im Anhang X „Klinische Bewertung" der RL sind die Anforderungen an die notwendige klinische Bewertung detailliert aufgeführt (Vorgaben zur klinischen Bewertung zukünftig Anhang XIV MDR). Weitergehende Anforderungen sind in der MEDDEV-Leitlinie 2.7.1/rev. 3 und dort in Abschnitt 10.1.1 beschrieben.

b) Prüfung der Benannten Stelle. Bei einem Medizinprodukt der Klasse III gelangen die strengsten Anforderungen bei der Durchführung eines Konformitätsbewertungsverfahrens zur Anwendung und die Benannte Stelle prüft umfangreich die Produktauslegung gem. Anhang II.4 der RL 93/42/EWG. Auch der Umfang der Prüfung durch die Benannte Stelle ist in der RL ausdrücklich und ausführlich beschrieben. Nicht nur muss sie sämtliche vorgelegte Unterlagen, ebenso wie die Arzneimittelzulassungsbehörde, prüfen, sie kann zudem verlangen, dass zusätzliche Tests oder Prüfungen durchgeführt werden, wenn ihrer Meinung nach die Übereinstimmung mit den Anforderungen der RL nicht

---

[111] *Hill/Schmitt*, WiKo Medizinprodukterecht, MPG, § 13 Rn. 5.
[112] Vgl. *Edelhäuser* in Anhalt/Dieners MedProdukteR-HdB, § 5 Rn. 34 mit Übersichtsabbildung.
[113] *Edelhäuser* in Anhalt/Dieners MedProdukteR-HdB, § 5 Rn. 35 ff. mit Abb. des Konformitätsbewertungsverfahrens für Produkte der Klasse III.
[114] EuGH Schlussanträge v. 15.9.2016 – C-219/15, PharmR 2016, 449; Vorlagefrage des BGH mit Beschl. v. 9.4.2015 – VII ZR 36/14; VG Köln Urt. v. 12.4.2016 – 7 K 2347/14; PharmR 2016, 297; EuGH Urteil v. 16.2.2017 – C-219/15.

gegeben ist (ausführliche Vorgaben zur Konformitätsbewertung durch die Benannten Stellen finden sich unter 4.5 des Anhang VII MDR).

105 Bei der klinischen Bewertung gem. Anhang X besteht die Möglichkeit (Ziff. I 1.1.1), ebenso wie im Arzneimittelrecht eine klinische Bewertung auf der Grundlage von publizierten Daten aus der Literatur zu erstellen.

106 Weiter ist der genaue Umfang einer Prüfung von klinischen Bewertungen auf Literaturbasis in der Leitlinie MEDDEV 2.7.1/rev. 3 im Abschnitt 10.1.1 beschrieben. Hier ist zwingend vorgegeben, dass durch die vom Hersteller vorgelegte Literatur dargelegt werden muss, dass das Medizinprodukt demselben Zweck dient, dem in der Literatur verwendeten Medizinprodukt gleichwertig ist und in der vorgelegten Literatur sämtliche maßgeblichen grundlegenden Anforderungen auch tatsächlich angesprochen sind.

107 Im Rahmen dieser Auslegungsprüfung wird bei einer Literaturbewertung durch die Benannte Stelle die Auswahl und Bearbeitung der Literatur auf Aktualität und Vollständigkeit des wissenschaftlichen Standes geprüft und die Vergleichbarkeit zu dem zu bewertenden Medizinprodukt festgestellt. Nur wenn nach der aktuellen und vollständigen Literatur eine Vergleichbarkeit gegeben ist und aus den Daten die Wirksamkeit und Sicherheit des zu bewertenden Medizinproduktes abgeleitet werden kann, die klinische Relevanz des festgestellten Nutzens gegeben ist und sämtliche Sicherheitsaspekte in der Abwägung ergeben, dass der Nutzen in einem angemessenen Verhältnis zu den Anwendungsrisiken steht, erteilt die Benannte Stelle ihre Konformitätsbescheinigung.

108 Erst wenn die Benannte Stelle somit zur Überzeugung gelangt, dass das Medizinprodukt sämtliche grundlegenden Anforderungen einschließlich der klinischen Bewertung gem. Anhang X erfüllt, stellt die Benannte Stelle die Konformitätsbescheinigung aus, die Voraussetzung dafür ist, dass das CE-Kennzeichen angebracht werden darf und das Medizinprodukt überhaupt verkehrsfähig ist.

IX. Entwicklung von Medizinprodukten bis zur Vermarktung

1. Von der Idee bis zur Realisierung

109 Wie bei jeder neuen Produktentwicklung steht auch bei den Medizinprodukten am Anfang jedes Produktentwicklungsprozesses eine Idee. Aus der Idee wird eine Produktvision, die zu einem Konzept weiterentwickelt wird. Sobald hierbei feststeht, dass das zu entwickelnde Produkt in Abgrenzung zu anderen Produktklassen tatsächlich als Medizinprodukt einzustufen sein wird und als solches entwickelt und vermarktet werden soll, liegt der weitere Prozessablauf wiederum in der Hand des Medizinprodukteherstellers – jedenfalls insoweit als er bezogen auf den Zweck des Medizinproduktes bei der Einstufung in die unterschiedlichen Klassen möglicherweise einen Gestaltungsspielraum hat. Wie dargelegt, gehören beispielsweise Produkte, die zur kurzzeitigen Anwendung bestimmt sind, zur Klasse II a, während solche, die zur langzeitigen Anwendung, somit über 30 Tage bestimmt sind, in die Klasse II b einzuordnen sind, mit der Folge einer unterschiedlichen Prüfungsdichte und Einschaltung einer Benannten Stelle.

110 Weder durch die EU-RL noch durch nationale Gesetzgebung ist eine Zuordnung von Medizinprodukten zu festen Risikoklassen vorgenommen, da jeweils im Einzelfall und vom Hersteller bezugnehmend auf den bestimmungsgemäßen Gebrauch – „Intended Use" – die Klassifizierung durchzuführen ist. Als Hilfe für die Klassifizierung der Medizinprodukte dient dem Hersteller unter anderem die MEDDEV 2.4/1 rev. 9, Stand Juni 2010.

111 Sobald die Produktplanung soweit fortgeschritten ist, dass feststeht, dass es sich bei dem zu realisierenden Produkt um ein Medizinprodukt handelt und entsprechend der gewählten Zweckbestimmung die Zuordnung zu einer Klasse durch die Klassifizierungs-

regeln eindeutig vom Hersteller festgelegt ist, kann das Projekt in die Realisierungsphase eintreten[115]. Sofern eine Benannte Stelle einzuschalten ist, muss die Wahl getroffen werden, mit welcher Stelle der Hersteller zusammenarbeiten möchte. Grundsätzlich hat er hierbei die freie Wahl der Benannten Stelle innerhalb der gesamten EU. Die Entscheidung wird in der Regel nach Praktikabilität, möglicherweise bereits längerfristiger Zusammenarbeit mit einer Benannten Stelle und damit Kenntnis der Ansprechpartner und des Umgangs, sowie dem Ruf, den eine Benannte Stelle hat, erfolgen.

2. Einschalten einer Benannten Stelle

Sodann hat bei den einzelnen Medizinprodukteklassen der Hersteller teilweise noch die Wahl, welche Prüfung er durch die Benannte Stelle vornehmen lässt. So kann beispielsweise für ein Medizinprodukt der Klasse IIa gem. Art. 11 Abs. 2 der RL 93/42/EG die Konformitätsbewertung nach Anhang VII entweder iVm Anhang IV, V oder VI durch die Benannte Stelle durchgeführt werden. Alternativ kann auch ein Verfahren nach Anhang II 3. der RL durchlaufen werden. Dies liegt in der Entscheidung des Herstellers[116]. Sobald die Benannte Stelle ihre Prüfung beendet hat, erteilt sie ihr Prüfzertifikat. Dieses dient zusammen mit der gesamten Dokumentation des Herstellers als Beleg für die Erfüllung sämtlicher rechtlich geforderter Anforderungen und ist die Basis dafür, dass der Hersteller in Eigenverantwortung das CE-Zeichen auf seinem Medizinprodukt aufbringen darf. 112

Das von der Benannten Stelle erteilte Zertifikat hat eine Gültigkeit von 5 Jahren, so dass alle 5 Jahre eine Rezertifizierung erforderlich ist, sofern das Produkt weiter vermarktet werden soll (vgl. § 17 MPG[117]). Ein Medizinprodukt, das rechtmäßig die CE-Kennzeichnung trägt, darf sodann grundsätzlich innerhalb der gesamten EU in Verkehr gebracht werden. Dies umfasst nach aktueller Rechtsprechung auch den Parallelimport dieser Medizinprodukte. Wie zu erwarten, hat der EuGH entschieden, dass es keiner erneuten Konformitätsbewertung eines Medizinproduktes durch den Parallelimporteur bedarf, wenn er ein mit einer CE-Kennzeichnung versehenes Medizinprodukt, das Gegenstand einer Konformitätsbewertung im Sinne Art. 11 der RL 93/42/EG in einem anderen Mitgliedstaat der EU war, in Verkehr bringt[118]. Kurz zuvor hatte der BGH entschieden, dass die für den Parallelimport von Arzneimitteln entwickelten Grundsätze auf den Parallelimport von Medizinprodukten uneingeschränkt Anwendung finden.[119] 113

3. Produktbeobachtung

Wenn ein Medizinprodukt in Verkehr gebracht wird, trifft den Hersteller fortlaufend eine Produktbeobachtungspflicht. Die nähere Ausgestaltung hierzu obliegt den einzelnen Mitgliedsstaaten. In Deutschland gilt insoweit die Medizinprodukte-Sicherheitsplanverordnung (MPSV) neben den grundsätzlichen Regelungen im Medizinproduktegesetz und der Medizinprodukteverordnung. Zudem gibt es als Auslegungshilfe wiederum eine europäische Leitlinie zum Medizinprodukte-Beobachtungs- und Meldesystem (MED- 114

---

[115] Der lange Weg eines Medizinprodukts von der Idee bis zur Anwendung am Patienten, Hintergrundartikel BVMed 6.1.2014.

[116] Vgl. zu den unterschiedlichen Wahlmöglichkeiten *Edelhäuser* in Anhalt/Dieners MedProdukteR-HdB, § 5 Rn. 23 ff.

[117] Vgl. *Nöthlichs*, MPG § 17 Erl. 1 u. 2.; *Hill/Schmitt*, WiKo, Medizinprodukterecht, § 17 Rn. 4 ff.; *Rehmann/Wagner*, MPG § 17 Rn. 1 ff.

[118] EuGH Urt. „L&R/Bios [Wundverband]" v. 24.11.2016, Rechtssache C-662/15, PharmR 2017,102.

[119] BGH „Debrisoft", Beschl. v. 6.10.2016, Az. I ZR 165/15, PharmR 2017, 27; EuGH Urteil v. 17.5.2018, C-642/16, offen gelassen vom EuGH, da kein Umpacken u. damit Erschöpfung iSd Art. 13 Abs. 1 VO 207/2009.

DEV 2.12/1 rev. 8). Grundsätzlich ist der Medizinproduktehersteller nach § 5 MPG für das Inverkehrbringen selbst verantwortlich. Wenn die vom Hersteller getroffenen Maßnahmen nach Auffassung der Überwachungsbehörden nicht ausreichend sind, sind weitergehende behördliche Maßnahmen gegenüber dem verantwortlichen Hersteller oder aber gegenüber Betreibern und Anwendern entsprechend den Regelungen der MPSV möglich. Die sehr umfassenden Unterrichtungspflichten und Vorschriften zum Austausch von Informationen zwischen dem Hersteller und den unterschiedlichen Behörden sind anschaulich abgebildet in Anhalt/Dieners, Handbuch des Medizinprodukterechts, § 10, Abb. 10, Rn. 99.

Die MDR sieht ausdrücklich in Art. 84 MDR eine Überwachung nach dem Inverkehrbringen (Definition Art. 2 Nr. 60 MDR) vor. Die Details dazu sind in Anhang III der MDR geregelt.

Die MDR sieht außerdem als einen fortlaufenden Prozess zur Aktualisierung der klinischen Bewertung gem. Art. 61 MDR eine klinische Nachbeobachtung nach dem Inverkehrbringen vor, deren Einzelheiten in Teil B des Anhangs XIV der MDR festgelegt sind.

4. Klinische Studien

115 **a) Allgemeines.** Im vierten Abschnitt des Medizinproduktegesetzes ist in den §§ 19–24 die klinische Bewertung, Leistungsbewertung, klinische Prüfung und Leistungsbewertungsprüfung von Medizinprodukten geregelt. Dieser Abschnitt dient zum einen der Umsetzung der Europäischen Medizinprodukterichtlinie (dort sind klinische Prüfungen in Art. 15 und Anhang X geregelt) und gleichzeitig sind zum anderen zusätzliche nationale Anforderungen an die Durchführung klinischer Prüfungen für Medizinprodukte festgelegt[120]. Zukünftig sind die Anforderungen und Voraussetzungen für die klinische Prüfung in den Art. 62–82 MDR mit starker Anlehnung an die Regelungen für Arzneimittel geregelt.

116 § 20 MPG regelt die allgemeinen Voraussetzungen für die klinische Prüfung an gesunden und kranken Menschen[121]. Zusätzliche Voraussetzungen für klinische Prüfungen an kranken Menschen sind in § 21 MPG erfasst und die weiteren Anforderungen an die Durchführung der klinischen Prüfung in den §§ 22–23a MPG geregelt, während § 23b MPG Ausnahmen zur klinischen Prüfung vorsieht. § 19 MPG regelt die klinische Bewertung und Leistungsbewertung, während in § 24 MPG die Leistungsbewertungsprüfung geregelt ist.

117 Die Entscheidung, ob für seine klinische Bewertung der Literaturweg über die Auswertung von vorhandenen Daten ausreicht oder aber eine klinische Prüfung mit dem betreffenden Medizinprodukt durchgeführt werden sollte, muss der Medizinproduktehersteller eigenverantwortlich treffen, da hierzu weder vom deutschen noch vom europäischen Gesetzgeber eine ausdrückliche Antwort erfolgt. Hierfür dienen die in den MEDDEV erarbeiteten Abgrenzungskriterien, wonach eine klinische Prüfung insbesondere immer dann durchzuführen ist, wenn ein Medizinprodukt neuartig ist, somit seine Bestandteile und Eigenschaften oder Wirkweise bislang unbekannt sind, eine neue Indikation vorgesehen ist oder es beispielsweise für eine signifikant längere Zeit verwendet werden soll[122]. Im Zweifel empfiehlt sich hier eine Absprache mit der vom Hersteller für dieses Medizinprodukt gewählten Benannten Stelle, bei der die spätere Konformitätsprüfung vorgenommen werden soll.

---

[120] *Hill/Schmitt*, WiKo Medizinprodukterecht, vor §§ 19–24 Rn. 2.
[121] Vgl. *Nöthlichs*, § 20 MPG, Erl. 1 ff.; *Rehmann/Wagner*, MPG, § 20 Rn. 1 ff.
[122] MEDDEV 2.7/4 „Guidelines on clinical investigation: a guide for manufacturers and notified bodies".

Mit Geltung der MDR werden jedoch eigene klinische Prüfungen des Herstellers zumindest für implantierbare Produkte und Produkte der Klasse III praktisch verpflichtend (vgl. Art. 61 Abs. 4 MDR).

b) Klinische Bewertung – klinische Prüfung. Gem. § 19 Abs. 1 MPG und Anhang X Abs. 1 der RL 93/42/EWG (zukünftig Art. 61 MDR und Teil A des Anhangs XIV der MDR) muss die Eignung eines Medizinproduktes für seinen vorgesehenen Verwendungszweck unter Berücksichtigung der vorgegebenen Leistungsmerkmale sowie Risiken durch eine klinische Bewertung belegt werden. Die klinische Bewertung erfolgt entweder durch eine Auswertung der verfügbaren Literatur und der Ergebnisse durchgeführter klinischer Studien oder durch eine klinische Prüfung für das zur Bewertung anstehende Medizinprodukt. Die klinische Bewertung muss sowohl eine Beurteilung der unerwünschten Nebenwirkungen als auch eine Nutzen-Risiko-Abwägung umfassen[123]. Bei implantierbaren Produkten und bei Produkten der Klasse III sind gem. Anhang X, Abschnitt 1.1a der RL in der Regel klinische Prüfungen durchzuführen, es sei denn die Verwendung bereits bestehender klinischer Daten ist ausreichend gerechtfertigt (vgl. zukünftig Art. 61 Abs. 4 MDR).

Mit der 4. MPG-Novelle ist der Bereich der klinischen Prüfung von Medizinprodukten weitgehend an die Regelungen aus dem AMG angeglichen worden[124], auch wenn dies aufgrund der Unterschiedlichkeit von Medizinprodukten und Arzneimitteln und gerade im Hinblick auf die Vielzahl der vorhandenen Medizinprodukte schwierig ist. Was „klinische Daten" sind, ist seitdem in § 3 Nr. 25 MPG legal definiert[125] (zukünftig Art. 2 Nr. 48 MDR). Grundsätzlich dürfen klinische Prüfungen nicht durchgeführt werden, wenn die Risiken ärztlich nicht vertretbar sind.

Wie auch bei Arzneimitteln muss vor Beginn einer klinischen Prüfung die Genehmigung der zuständigen Bundesoberbehörde sowie eine zustimmende Stellungnahme der zuständigen Ethikkommission vorliegen. Der Sponsor oder ein Vertreter des Sponsors muss seinen Sitz im europäischen Wirtschaftsraum haben und das Produkt muss die grundlegenden Anforderungen erfüllen. Die Prüfer müssen über die Ergebnisse der Sicherheitsprüfungen und Risiken informiert sein und es muss ein Prüfplan entsprechend dem Stand der wissenschaftlichen Erkenntnisse vorliegen. Schließlich muss für jeden Probanden der teilnimmt eine Versicherung abgeschlossen worden sein und sein schriftliches Einverständnis vorliegen[126] (zukünftig Einzelheiten Art. 62–82 MDR).

c) Verordnung über klinische Prüfungen (MPKPV). Weitere Einzelheiten enthält die Verordnung über klinische Prüfungen von Medizinprodukten (MPKPV) vom 10.5.2010, die für klinische Prüfungen und genehmigungspflichtige Leistungs-Bewertungsprüfungen gem. §§ 20–24 des MPG gilt. Dort sind weitergehende Anforderungen hinsichtlich klinischer Prüfungen spezifiziert, wie die Kennzeichnung der zur Prüfung vorgesehenen Medizinprodukte, das Antragstellungsverfahren, Bewertungsverfahren und Genehmigungsverfahren sowie Anforderungen an Prüfer und die Durchführung an sich, sowie ihre Überwachung.

d) MEDDEV. Um ein harmonisiertes Vorgehen innerhalb der Europäischen Union zu erreichen gibt es für klinische Untersuchungen und klinische Prüfungen die MEDDEV 2.7/4 „Guidelines on clinical investigations: a guide for manufacturers and

---

[123] *Hill/Schmitt*, WiKo, Medizinprodukterecht, § 19 Rn. 3.
[124] *Hill/Schmitt*, WiKo Medizinprodukterecht, vor §§ 19–24 Rn. 3.
[125] *Hill/Schmitt*, WiKo, Medizinprodukterecht, § 3 MPG, Rn. 110; *Rehmann/Wagner*, MPG § 3 Rn. 33.
[126] *Hill/Schmitt*, WiKo Medizinprodukterecht, § 20 Rn. 2; *Rehmann/Wagner*, MPG, § 20 Rn. 12 ff.

notified bodies" mit Stand Dezember 2010. Zudem existieren die MEDDEV 2.7/1 bis 4, die Leitlinien für die zuständigen Behörden über die Meldung von Nebenwirkungen und insgesamt für Benannte Stellen und Hersteller für die klinische Bewertung enthalten.

123 e) **Dokumentation.** Die Anträge und Anzeigen gem. §§ 22 Abs. 1 S. 1, 22a Abs. 1 S. 1 MPG zu klinischen Prüfungen und Leistungsbewertungsprüfungen sind gem. § 3 MPSV über das internetbasierte Erfassungssystem des DIMDI zu stellen. Nach Freigabe des Sponsors wird automatisch die zuständige Bundesoberbehörde und die Ethikkommission per E-Mail informiert, werden die Anträge bearbeitet und in den Datenbestand freigegeben. Abschließend werden automatisch die zuständigen Landesbehörden der Prüfeinrichtungen per E-Mail über die Entscheidung der Bundesbehörde bzw. der Ethikkommission informiert[127].

X. Zertifizierung von Medizinprodukten

1. CE-Kennzeichnung

124 Medizinprodukte dürfen gem. § 6 Abs. 1 MPG nur in Verkehr gebracht werden, wenn sie mit einer CE-Kennzeichnung nach Maßgabe des § 6 Abs. 2 S. 1 und des Abs. 3 S. 1 MPG versehen sind[128] (zukünftig Art. 5 und Art. 20 MDR). Gem. § 6 Abs. 2 und 3 MPG dürfen Medizinprodukte nur mit einer CE-Kennzeichnung versehen werden, wenn sie die grundlegenden Anforderungen nach § 7 MPG erfüllen bzw. speziell für dieses Medizinprodukt geltende weitergehende Rechtsvorschriften erfüllt sind. Dementsprechend dürfen gem. § 7 MPG Medizinprodukte nur dann mit der CE-Kennzeichnung versehen werden, wenn sie zuvor das entsprechend ihrer Klassifizierung erforderliche Konformitätsverfahren durchlaufen haben.

2. Zuständigkeiten

125 Bei Klasse I Medizinprodukten ist der Hersteller für die Durchführung des Konformitätsbewertungsverfahrens und die Ausstellung der EG-Konformitätserklärung allein zuständig. Die gesamte Dokumentation muss er mindestens 5 Jahre vorrätig halten und gegebenenfalls den für ihn zuständigen Überwachungsbehörden vorlegen können.

126 Für die Medizinprodukte der Klassen II a, II b und III ist eine Benannte Stelle zu beteiligen, die sodann die EG-Konformitätserklärung ausstellt. Dieser ist zu entnehmen, in welchem Umfang die Prüfung durch die Benannte Stelle erfolgt ist. Gem. § 3 Abs. 5 MPV ist die Entscheidung der Benannten Stelle auf höchstens 5 Jahre zu befristen, was der Vorgabe in der RL 93/42/EWG in Art. 11 Abs. 11 entspricht (zukünftig Art. 56 Abs. 2 MDR). Gem. § 17 Abs. 1 S. 1 MPV kann sie auf Antrag um jeweils weitere 5 Jahre verlängert werden, wobei der Verlängerungsantrag rechtzeitig vor Ablauf zu stellen ist[129]. Die CE-Kennzeichnung wiederum bringt der Hersteller nach Erhalt des Zertifikates selbst an und erklärt damit, dass sein Produkt den maßgeblichen rechtlichen Anforderungen entspricht und damit rechtmäßig in Verkehr gebracht wird. Solche rechtmäßig in Verkehr gebrachten Medizinprodukte dürfen nach den für Arzneimitteln entwickelten Grundsätzen innerhalb der europäischen Union parallel importiert werden,

---

[127] „Klinische Prüfungen und Leistungsbewertungsprüfungen" auf der Homepage des DIMDI www.dimdi.de/static/de/mpg/ismp/kplp/index.htm.
[128] *Hill/Schmitt*, WiKo Medizinprodukterecht, § 6 MPG, Rn. 3, 4; *Nöthlichs*, MPG § 6 Rn. 2; *Schorn*, MPG § 6 Rn. 4 ff.
[129] *Rehmann/Wagner*, MPG § 17 Rn. 3 ff.

ohne dass sie hierfür eine erneute Konformitätsbewertung durch den Parallelimporteur benötigen[130].

3. Rechtsqualität des CE-Zeichens

Die CE-Kennzeichnung gem. § 9 MPG ist die maßgebliche Voraussetzung, damit ein Medizinprodukt in Verkehr gebracht werden darf (zukünftig Art. 20 MDR). Entsprechend dem 29. Erwägungsgrund des Beschl.es Nr. 768/2008/EG des Europäischen Parlamentes und des Rates vom 9.7.2009[131] bringt die CE-Kennzeichnung die Konformität eines Produktes zum Ausdruck und ist die sichtbare Folge eines ganzen Prozesses, der die Konformitätsbewertung im weiteren Sinne umfasst"[132] (vgl. den 40. Erwägungsgrund und Art. 2 Nr. 43 MDR). 127

Rechtlich gilt das CE-Zeichen damit als ein „Verwaltungszeichen", das zum Ausdruck bringt, dass dieses Produkt sämtliche rechtlich vorgesehenen Anforderungen, gegebenenfalls überprüft durch die hierfür zuständigen Stellen, erfüllt, und damit die Verkehrsfähigkeit des Produktes im europäischen Wirtschaftsraum anzeigt[133]. Teilweise wird das CE-Zeichen auch als Gütezeichen verstanden[134]. 128

In der Verordnung (EG) Nr. 765/2008 vom 9.7.2008 über die Vorschriften für die Akkreditierung und Marktüberwachung im Zusammenhang mit der Vermarktung von Produkten und zur Aufhebung der Verordnung (EWG) Nr. 339/93 ist in Art. 30 Abs. 3 und 4 als allgemeiner Grundsatz der CE-Kennzeichnung festgehalten: 129

(3) „Indem er [der Hersteller] die CE-Kennzeichnung anbringt oder anbringen lässt, gibt der Hersteller an, dass er die Verantwortung für die Konformität des Produktes mit allen in den einschlägigen Harmonisierungsrechtsvorschriften der Gemeinschaft enthaltenen für deren Anbringung geltenden Anforderungen übernimmt."

(4) „Die CE-Kennzeichnung ist die einzige Kennzeichnung, die die Konformität des Produktes mit den geltenden Anforderungen der einschlägigen Harmonisierungsrechtsvorschriften der Gemeinschaft, die ihre Anbringung vorschreiben, bescheinigt."

Nach der hier vertretenen Auffassung, die allerdings eine Mindermeinung darstellt, ist das Erteilen der Konformitätsbescheinigung durch eine Benannte Stelle nach Prüfung der vom Hersteller eingereichten Unterlagen entsprechend der gesetzlichen Vorgaben bzw. die Einschränkung, Aussetzung oder Zurückziehung von derartigen Bescheinigungen gem. § 18 MPG vergleichbar mit der Erteilung oder Versagung der Prüfplakette durch den TÜV bei Kraftfahrzeugen. So wie das Tätigwerden des TÜV bei KFZ als Beliehener zu beurteilen ist, mit der Folge, dass Entscheidungen Verwaltungsaktqualität haben, sind nach der hier vertretenen Auffassung auch die Benannten Stellen nach deutschem Recht als Beliehene zu qualifizieren, da die Tätigkeiten des TÜV oder der DEKRA als Benannte Stelle quasi deckungsgleich mit der Tätigkeit des TÜV oder der DEKRA als Beliehener im Kraftfahrzeugbereich ist, da insoweit staatliche Aufgaben wahrgenommen werden und die Benennung der Benannten Stelle einer Beleihung gleichzusetzen ist[135]. 130

---

[130] EuGH Urt. „L&R/Bios [Wundverband] v. 24.11.2016, Rechtssache C-662/15, PharmR 2017, 102; BGH „Debrisoft", Beschl. v. 6.10.2016, Az. I ZR 165/15, PharmR 2017, 27; zum Parallelimport vgl. *Rehmann/Wagner*, MPG, Einf. Rn. 55, § 5 Rn. 23 ff.; EuGH Urteil v. 17.5.2018, C-642/16.
[131] ABl. Nr. L218/82 vom 13.8.2008.
[132] *Hill/Schmitt*, WiKo Medizinprodukterecht, Einl., Rn. 78.
[133] *Hill/Schmitt*, WiKo Medizinprodukterecht, Einl., Rn. 79; EuGH Urt. „L&R/Bios [Wundverband] v. 24.11.2016, Rechtssache C-662/15, PharmR 2017, 102.
[134] *Hill/Schmitt*, WiKo Medizinprodukterecht, Einl., Rn. 80.
[135] S. detailliert hierzu *v. Czettritz* in Anhalt/Dieners MedProdukteR-HdB, § 14 Rn. 13 ff; *Nils Tacke*, Die Benannte Stelle im Medizinprodukterecht – Rechtsstellung und Einbindung in die Verwaltungsstruktur sowie Amtshaftung, 2016.

131 Allerdings handelt es sich nach der herrschenden Auffassung bei dem Tätigwerden der Benannten Stelle um ein rein privatrechtliches Handeln aufgrund eines zwischen dem Hersteller und der Benannten Stelle geschlossenen zivilrechtlichen Vertrages, so dass bei Rechtsstreitigkeiten auch nur der Zivilrechtsweg gegeben sein soll[136]. Es mehren sich jedoch in der Literatur Stimmen, die der hier vertretenen Auffassung zuneigen. Auch der Wortlaut des Art. 56 Abs. 4 MDR spricht für ein öffentlich-rechtliches Tätigwerden, wenn bei Aussetzung, Widerruf oder Einschränkung der Konformitätsbescheinigung der Verhältnismäßigkeitsgrundsatz zu berücksichtigen ist. Auch die Formulierung in Art. 56 Abs. 2 MDR, dass die Gültigkeit der Bescheinigung auf Antrag des Herstellers verlängert werden kann, spricht für ein öffentlich-rechtliches Verhältnis, denn Anträge stellt man nur bei Behörden.

§ 6 Inverkehrbringen und Überwachung von Medizinprodukten

Schrifttum: *Anhalt/Dieners,* Medizinprodukterecht Praxishandbuch, 2. Auflage 2017; *v.Czettritz,* Rechtsschutz im Fall des Widerrufs der Akkreditierung der Benannten Stelle gem. § 21 MPG und im Fall des Widerrufs des erteilten CE-Zeichens durch die Benannte Stelle, PharmR 2000, 321; *v. Czettritz, Strelow,* Der Qualifikationsnachweis des Sicherheitsbeauftragten für Medizinprodukte gem. § 30 MPG, MPR 2015, 120 ff.; *v. Czettritz,* Schutzzertifikate auch für Medizinprodukte? PharmR 2016, 349; *Gassner,* Werbung für Medizinprodukte, Augsburger Schriften zum Arzneimittel und Medizinprodukterecht, 2012; *Hill/Schmitt,* WiKo, Medizinprodukterechtkommentar, 17. Lieferung, Sept. 2017; *Nöthlichs,* Sicherheitsvorschriften für Medizinprodukte, 40. Lieferung, März 2018; Reese, Änderungen des Heilmittelwerbegesetzes durch die 16. AMG-Novelle; *Rehmann/Wagner,* Medizinproduktegesetzkommentar, 3. Auflage 2018; *Scheel,* Benannte Stellen: Beliehene als Instrument für die Verwirklichung des Binnenmarktes, DVBl., 1999, 442; *Schorn,* Medizinprodukterecht, 29. Ergänzungslieferung, März 2016; *Spickhoff,* Medizinrecht 2. Auflage 2015.

I. Inverkehrbringen

1. Nationale und europäische Rechtsvorschriften

1 Der Begriff des Inverkehrbringens eines Medizinproduktes ist in § 3 Nr. 11 MPG definiert. Danach ist Inverkehrbringen, anders als im Gemeinschaftsrecht, jede entgeltliche oder unentgeltliche Abgabe von Medizinprodukten an andere, nicht jedoch, wenn Medizinprodukte für einen Anderen aufbereitet und an diesen zurückgegeben werden. Erstmaliges Inverkehrbringen ist definiert als die erste Abgabe von neuen oder als neu aufbereiteten Medizinprodukten an andere im europäischen Wirtschaftsraum. Mit dieser speziell deutschen Regelung hat der deutsche Gesetzgeber versucht, eine eindeutige Zuordnung der Verantwortlichkeiten zu erreichen, so dass ein Weiterverwender oder Zwischenhändler nicht für die Konformitätsbestimmung und CE-Kennzeichnung verantwortlich ist[137].

2 Demgegenüber ist mit dem Begriff des Inverkehrbringens von Medizinprodukten in den europäischen Richtlinien – Art. 1 Abs. 2 Buchst. h) der RL 90/385/EWG und 93/42/EWG sowie Art. 1 Abs. 2 Buchst. i) der RL 98/79/EG – lediglich das erste entgeltliche oder unentgeltliche Überlassen eines Produktes erfasst (zukünftig Art. 2 Nr. 28 MDR

---

[136] *Hill/Schmitt,* WiKo, Medizinprodukterecht, § 3 MPG, Rn. 90; *Rehmann/Wagner,* Einführung Rn. 28; *Schorn,* MPG § 3 Rn. 76; *Nöthlichs,* MPG § 18 Erl. 1.3.

[137] Vgl. *Lücker* in Spickhoff MPG § 3 Rn. 15; *Hill/Schmitt,* WiKo, MPG § 3 Rn. 56; *Schorn,* § 3 MPG Rn. 47.

Inverkehrbringen = erstmalige Bereitstellung eines Produktes mit Verweis auf Art. 2 Nr. 27 MDR).

Nach § 3 Nr. 11 MPG gilt nicht als Inverkehrbringen die Abgabe von Medizinprodukten zum Zwecke der klinischen Prüfung (a), die Abgabe von In-Vitro-Diagnostika für Leistungsbewertungsprüfungen (b) oder die erneute Abgabe eines Medizinproduktes nach seiner Inbetriebnahme an andere, es sei denn, dass es neu aufbereitet oder wesentlich verändert worden ist (c). 3

Damit unterscheidet sich die Legaldefinition des Inverkehrbringens eines Medizinproduktes nach § 3 Nr. 11 MPG von der des Inverkehrbringens eines Arzneimittels gem. § 4 Abs. 17 AMG. Entgegen der gesetzlichen Regelung im AMG ist das Inverkehrbringen von Medizinprodukten lediglich die Abgabe, nicht bereits das Vorrätig halten zum Verkauf oder zur Abgabe, das Feilhalten oder das Feilbieten[138]. (Dies bleibt auch nach der Definition in Art. 2 Nr. 27 und 28 MDR so). 4

2. Voraussetzungen des Inverkehrbringens

a) Allgemeines. Die grundlegenden Voraussetzungen für das Inverkehrbringen von Medizinprodukten sind in § 6 und § 7 MPG geregelt. Medizinprodukte dürfen nur in Verkehr gebracht werden, wenn sie rechtmäßig ein CE-Kennzeichen tragen. Rechtmäßig darf ein Medizinprodukt gem. § 6 Abs. 2 MPG mit einem CE-Kennzeichen nur versehen werden, wenn dieses Produkt die Grundlegenden Anforderungen des Medizinprodukterechts gem. § 7 MPG an Sicherheit, Leistungsfähigkeit und gesundheitliche Unbedenklichkeit erfüllt und dies im Rahmen des jeweils vorgesehenen Konformitätsbewertungsverfahrens schriftlich dokumentiert ist[139]. Wie das Konformitätsbewertungsverfahren gestaltet sein muss, richtet sich nach dem Medizinprodukt und der Risikoklasse, in die es fällt. 5

In Übereinstimmung mit den RL 93/42/EWG, 90/385/EWG und 98/79/EG kann grundsätzlich jedes Medizinprodukt, für das ein solches Konformitätsbewertungsverfahren rechtmäßig durchgeführt wurde und das somit rechtmäßig ein CE-Kennzeichen trägt, in Deutschland und innerhalb der Europäischen Union in den Verkehr gebracht oder in Betrieb genommen werden. 6

b) Anzeigepflichten. Beim erstmaligen Inverkehrbringen in Deutschland sind bestimmte Anzeigepflichten zu erfüllen. So muss das erstmalige Inverkehrbringen vom hierfür Verantwortlichen der für seinen Sitz zuständigen Behörde des betreffenden Bundeslandes gem. § 25 MPG angezeigt werden[140]. Auch muss ein Sicherheitsbeauftragter für Medizinprodukte gem. § 30 Abs. 1 MPG bestimmt und gem. § 30 Abs. 2 MPG der zuständigen Landesbehörde angezeigt werden. Diese Anzeigen sind im Wege der Datenübertragung bei dem Deutschen Institut für Medizinische Dokumentation und Information (DIMDI), zu erstatten[141]. Auf dessen Homepage (www.dimdi.de) finden sich auch alle maßgeblichen Informationen hierzu – zB die zuständigen Behörden für das erstmalige Inverkehrbringen von Medizinprodukten in den einzelnen Bundesländern, unterteilt nach aktiven Medizinprodukten, nicht aktiven Medizinprodukten, Medizinprodukten mit Messfunktion, In-Vitro-Diagnostika (IVD) aktiv und nicht aktiv, unter Auflistung der Anschrift sowie Telefon, Fax und E-Mail Kontaktdaten. Die 7

---

[138] *Hill/Schmitt*, WiKo Medizinprodukterecht, § 3 MPG Rn. 56.
[139] *Schorn*, MPG § 6 Rn. 4; *Nöthlichs*, MPG § 6 Rn. 2; *Hill/Schmitt*, WiKo, § 6 MPG, Rn. 4.
[140] *Nöthlichs*, MPG § 25 Rn. 1.1; *Rehmann/Wagner* MPG § 25 Rn. 2; *Schorn*, MPG § 25 Rn. 3; *Hill/Schmitt*, WiKo, § 25 MPG, Rn. 3.1.
[141] *Hill/Schmitt*, WiKo, § 30 MPG, Rn. 7 ff.; aA *Schorn*, MPG § 30 Rn. 7; *Nöthlichs*, MPG § 30 Rn. 8.

Homepage des DIMDI ist für Hersteller aus anderen europäischen Ländern vollständig auf Englisch vorhanden.

8 Rechtsgrundlage für das Tätigwerden des DIMDI ist § 33 MPG. Darauf gestützt hat das DIMDI seit 1995 ein datenbankgestütztes Informationssystem für Medizinprodukte aufgebaut. Aufgenommen sind in ihm sämtliche Informationen über Anzeigen bezüglich des erstmaligen Inverkehrbringens, über die klinische Prüfung und Leistungsbewertungsprüfung, Meldungen über Vorkommnisse, Anzeigen über Sicherheitsbeauftragte sowie Mitteilungen über Bescheinigungen, die von den Benannten Stellen ausgestellt wurden. Das nähere zur Gewährleistung einer ordnungsgemäßen Erhebung, Verarbeitung und Nutzung der Daten ist in der DIMDI-Verordnung (DIMDIV) geregelt.

Ein zentraler Bestandteil der MDR ist die Einrichtung einer zentralen Datenbank für Medizinprodukte (Eudamed) gem. Art. 33 MDR. Dort sind alle Produkte (Art. 29 Abs. 4 MDR) und die Wirtschaftsakteure, dh Hersteller, Bevollmächtigte und Importeure (Art. 30 MDR) zu registrieren.[142]

3. Verantwortlichkeiten

9 **a) Hersteller.** Nach § 5 MPG ist der Hersteller oder sein Bevollmächtigter verantwortlich für das erstmalige Inverkehrbringen von Medizinprodukten[143]. Sofern Medizinprodukte nicht unter der Verantwortung eines Bevollmächtigten in den europäischen Wirtschaftsraum eingeführt werden, ist der jeweilige Einführer der Verantwortliche[144].

10 Hersteller ist gem. der Legaldefinition in § 3 Nr. 15 MPG jede natürliche oder juristische Person, die für die Auslegung, Herstellung, Verpackung und Kennzeichnung eines Medizinproduktes verantwortlich ist (zukünftig findet sich eine etwas abweichende Definition in Art. 2 Nr. 30 MDR). Als Hersteller gilt auch derjenige, der fremdgefertigte Produkte unter eigenem Namen vertreibt[145]. Bevollmächtigter ist gem. der Legaldefinition in § 3 Nr. 16 MPG die im europäischen Wirtschaftsraum niedergelassene natürliche oder juristische Person, die vom Hersteller ausdrücklich dazu bestimmt wurde, im Hinblick auf seine Verpflichtungen nach diesem Gesetz in seinem Namen zu handeln und den Behörden und zuständigen Stellen zur Verfügung zu stehen (zukünftig findet sich eine entsprechende Definition in Art. 2 Nr. 32 MDR).

11 Der Einführer, als dritter der in § 5 MPG genannten Personen, die für das erstmalige Inverkehrbringen von Medizinprodukten verantwortlich sein können, ist gem. Legaldefinition in § 3 Nr. 26 MPG jede in der Europäischen Union ansässige natürliche oder juristische Person, die ein Medizinprodukt aus einem Drittstaat, dh von Herstellern außerhalb des europäischen Wirtschaftsraumes, in die Europäische Union einführt und in Verkehr bringt. Die Definition des Importeurs, dessen Pflichten in Art. 13 MDR geregelt sind, findet sich zukünftig in Art. 2 Nr. 33 MDR.

12 **b) Vertreiber.** Dem Vertreiber von Medizinprodukten kommt insbesondere eine Verantwortlichkeit zur Mitwirkung innerhalb des Medizinprodukte-Beobachtungs- und Meldesystems zu (vgl. § 6 MPSV). Damit die Behörden ihre Überwachungsverpflichtungen und Befugnisse im Einzelnen sachgerecht ausüben können, ist vom europäischen und nationalen Gesetzgeber ein Medizinprodukte-Beobachtungs- und -Meldesystem vorgesehen, das insbesondere die systematische Produktbeobachtung im Markt, die Meldung

---

[142] S. *Rehmann/Wagner*, MPG, Art. 33 MP-VO Rn. 4.
[143] *Schorn*, MPG § 5 Rn. 3.
[144] *Hill/Schmitt*, WiKo, § 5 MPG, Rn. 7; *Rehmann/Wagner*, MPG, § 5 Rn. 22.
[145] *Hill/Schmitt*, WiKo, § 3 MPG, Rn. 74; *Schorn*, MPG § 3 Rn. 60 ff.; *Hill/Schmitt*, WiKo, § 5 MPG, Rn. 7.

§ 6 Inverkehrbringen und Überwachung von Medizinprodukten

schwerwiegender Probleme und sonstiger relevanter Informationen bzw. die Durchführung von korrektiven Maßnahmen betrifft[146].

Innerhalb dieses Systems ist die zuständige Bundesoberbehörde gem. § 29 Abs. 3 MPG gehalten, mit anderen Behörden und Stellen, die mit Medizinprodukten befasst sind, ebenso wie mit Herstellern und auch Vertreibern zusammenzuarbeiten, um ihren Aufgaben nach § 29 Abs. 1 MPG, nämlich die zentrale Erfassung, Auswertung und Bewertung sämtlicher Nebenwirkungen, wechselseitiger Beeinflussungen mit anderen Stoffen oder Produkten, Gegenanzeigen, Verfälschungen, Funktionsfehlern, Fehlfunktionen und technischen Mängeln, zur Verhütung einer Gefährdung der Gesundheit oder der Sicherheit von Patienten, Anwendern oder Dritten, nachzukommen[147]. Hierzu ist in § 3 Abs. 3 der Verordnung über die Erfassung, Bewertung und Abwehr von Risiken bei Medizinprodukten (Medizinprodukte-Sicherheitsplanverordnung, MPSV) spiegelbildlich eine eigenständige Meldepflicht für den Vertreiber statuiert, wonach er verpflichtet ist, ihm mitgeteilte Vorkommnisse der zuständigen Bundesoberbehörde zu melden[148]. 13

Zudem sieht § 6 MPSV vor, dass die den Verantwortlichen nach § 5 MPG betreffenden Vorschriften der §§ 3–5 MPSV entsprechend gelten, soweit der in Deutschland ansässige Vertreiber im Auftrag des Verantwortlichen nach § 5 MPG Meldungen erstattet[149]. Somit gehen in diesem Fall die Meldepflichten entsprechend § 3 MPSV auf den Vertreiber über. Ebenso kann gem. § 14 Abs. 5 MPSV der Vertreiber der Verantwortliche für korrektive Maßnahmen im Auftrag des Verantwortlichen nach § 5 MPG sein. Zudem verbleibt nach dem Produkthaftungsgesetz (§ 4 ProdHaftG) eine hilfsweise Haftung des Vertreibers, wenn ein anderer erstrangig verantwortlicher Hersteller (bzw. Lieferant oder Importeur) nicht festgestellt werden kann[150]. 14

4. Dokumentationspflichten

a) **Allgemeines.** Unabhängig davon, ob ein Hersteller ein Medizinprodukt der Klasse I, II a, II b oder III in Verkehr bringt, muss er eine technische Dokumentation (Vorgaben hierzu zukünftig Anhang II MDR) als Voraussetzung für die Konformitätserklärung erstellt haben, mit der die jeweils anwendbaren Grundlegenden Anforderungen gem. Anhang I der RL 93/42/EWG erfüllt werden. Diese technische Dokumentation verbleibt beim Hersteller und ist zur Einsichtnahme der Behörde verfügbar zu halten[151]. Die Erstellung dieser technischen Dokumentation ist eine der grundlegendsten Pflichten, die einem Medizinproduktehersteller obliegt. Diese Unterlagen müssen für den Zeitraum der Lebensdauer des Produktes, jedoch mindestens fünf Jahre lang nach der Herstellung des letzten Produktes, zur Einsichtnahme durch die Überwachungsbehörden bereitgehalten werden. 15

Weitergehende Anforderungen an die Dokumentation für Produkte für besondere Zwecke finden sich in Anhang VIII der RL 93/42/EWG. Hierunter fallen Sonderanfertigungen und Produkte, die für klinische Prüfungen bestimmt sind. Diese Dokumentation unterliegt einer mindestens fünfjährigen Aufbewahrungsfrist. 16

b) **Medizinproduktebetreiberverordnung (MPBetreibV).** Für die Betreiber von allen aktiven nichtimplantierbaren Medizinprodukten (Anlage 1 Nr. 1 der MPBetreibV) beste- 17

---

[146] *Stößlein* in Anhalt/Dieners MedProdukteR-HdB, § 10 Rn. 8.
[147] *Hill/Schmitt*, WiKo, § 29 MPG, Rn. 19.
[148] *Nöthlichs*, MPSV § 3 Rn. 3.
[149] *Nöthlichs*, MPSV § 6.
[150] *Heil/Mayer-Sandrock* in Anhalt/Dieners MedProdukteR-HdB, § 23 Rn. 102 ff.; OLG Düsseldorf, MPR 2012, 50.
[151] *Hill/Schmitt*, WiKo, Medizinprodukterecht, § 25 MPG, Rn. 20.

hen spezielle Dokumentationspflichten, die in der Medizinproduktebetreiberverordnung (MPBetreibV) festgelegt sind. Nach § 13 MPBetreibV muss für diese Medizinprodukte ein Bestandsverzeichnis geführt werden. Diese Unterlagen sind stets zu aktualisieren bzw. neu anzulegen[152]. In das Bestandsverzeichnis sind die sogenannten Stammdaten des Medizinproduktes aufzunehmen, wie beispielsweise seine Bezeichnung, Art und Typ des Medizinproduktes, der Loscode oder die Seriennummer sowie das Anschaffungsjahr, Name und Firma und Anschrift des Verantwortlichen nach § 5 MPG, die Kennnummer der Benannten Stelle, die betriebliche Identifikationsnummer sowie die Fristen für sicherheitstechnische Kontrollen[153].

18 Zudem ist für alle in den Anlagen 1 und 2 der MPBetreibV aufgeführte, nicht implantierbare aktive Medizinprodukte mit besonderem Gefährdungspotential, die einer erhöhten sicherheitstechnischen Aufmerksamkeit bedürfen, bzw. medizinische Messgeräte, die früher der Eichordnung unterlagen, ein Medizinproduktebuch zu führen. Dieses ist eine das Bestandsverzeichnis gem. § 12 MPBetreibV ergänzende Dokumentation, in der die sogenannten Bewegungsdaten aufzuführen sind[154]. In § 12 Abs. 2 Ziff. 1 – 6 MPBetreibV sind die Mindestangaben, die im Medizinproduktebuch zu dokumentieren sind, aufgelistet. Dies sind die Bezeichnung und sonstige Angaben zur Identifikation des Medizinproduktes, der Beleg über die Funktionsprüfung und Einweisung nach § 10 Abs. 1 MPBetreibV, der Name des Beauftragten, der Zeitpunkt und Name des Eingewiesenen, Fristen und Daten der Durchführung, sowie die Ergebnisse von vorgeschriebenen Kontrollen, etwaige Verträge mit anderen Personen oder Institutionen, sowie Daten, Art und Folgen von Funktionsstörungen oder Bedienungsfehlern und Meldungen von Vorkommnissen an Behörden und Hersteller. Die Einzelheiten der Meldepflichten von Vorkommnissen sind in der MPSV geregelt.

5. Medizinprodukteberater

19 Zur Information der Fachkreise über die Medizinprodukte und zur vorgeschriebenen Einweisung der Anwender benötigen Medizinprodukteunternehmen Medizinprodukteberater. Die Anforderungen an die Qualifikation für die Tätigkeit des Medizinprodukteberaters sind in § 31 MPG geregelt. Diese rein deutsche Vorschrift orientiert sich weitgehend an § 75 AMG für Pharmaberater.

20 Der Medizinprodukteberater informiert berufsmäßig Fachkreise in fachlicher Hinsicht und weist diese in die sachgerechte Handhabung der Medizinprodukte ein. Ausüben darf diese Tätigkeit nur, wer die in § 31 MPG festgelegte erforderliche Sachkenntnis und Erfahrung besitzt[155]. Nach Abs. 2 besitzt diese Sachkenntnisse, wer eine Ausbildung in einem naturwissenschaftlichen, medizinischen oder technischen Beruf erfolgreich abgeschlossen hat und auf die jeweiligen Medizinprodukte bezogen geschult wurde oder aber jedenfalls eine mindestens einjährige Tätigkeit im Bereich der jeweiligen Medizinprodukte ausgeübt hat. Der Medizinprodukteberater muss auf Grund seiner Ausbildung in der Lage sein, die Fachkreise in die Handhabung der jeweiligen Medizinprodukte einzuweisen und erforderliche Informationen zu erteilen. Für den Medizinprodukteberater besteht eine Pflicht zur Fortbildung und sein Auftraggeber hat die Pflicht zur regelmäßigen Schulung des Beraters.

---

[152] *Dieners/Anhalt* in Anhalt/Dieners MedProdukteR-HdB, § 9 Rn. 191.
[153] *Nöthlichs*, MPBetreibV § 8, Rn. 3 ff.; *Hill/Schmitt*, WiKo, Medizinprodukterecht, MPBetreibV § 13 Rn. 3.
[154] *Dieners/Anhalt* in Anhalt/Dieners MedProdukteR-HdB, § 9 Rn. 201 ff.
[155] *Nöthlichs*, MPG § 31 Rn. 3, 5; *Hill/Schmitt*, WiKo, § 31 MPG Rn. 10; *Schorn*, MPG § 31 Rn. 5.

Gem. § 31 Abs. 4 MPG hat der Medizinprodukteberater außerdem die Aufgabe, sämtliche Mitteilungen der Fachkreise über Nebenwirkungen, wechselseitige Beeinflussungen, Fehlfunktionen, technische Mängel, Gegenanzeigen, Verfälschungen oder sonstige Risiken bei Medizinprodukten aufzuzeichnen und unverzüglich dem Verantwortlichen nach § 5 MPG oder dessen Sicherheitsbeauftragten gem. § 30 MPG schriftlich zu übermitteln[156]. Ihm kommt somit eine maßgebliche Funktion im Medizinprodukte-Beobachtungs- und Meldesystem zu. In der Regel wird vom Medizinprodukteberater ein Formblatt für die schriftliche Meldung an den Verantwortlichen ausgefüllt, in dem sämtliche meldepflichtigen Details, wie Name des Herstellers des Medizinproduktes, Art der Vorkommnisse etc. aufgelistet sind[157]. 21

Im Hinblick auf die wichtige Funktion im Überwachungs- und Meldesystem stellt das Ausüben einer Tätigkeit als Medizinprodukteberater ohne die erforderliche Sachkenntnis und Erfahrung ebenso wie das Unterlassen von Nebenwirkungsmeldungen gem. § 42 Abs. 2 Nr. 14 und 15 MPG eine Ordnungswidrigkeit dar, die entsprechend geahndet werden kann[158]. 22

6. Sicherheitsbeauftragter für Medizinprodukte

Nach § 30 MPG benötigt jede Firma, die ihren Sitz in Deutschland hat und für die erstmalige Inverkehrbringung von Medizinprodukten verantwortlich ist, einen Sicherheitsbeauftragten. Diesem obliegt die Risikobewertung der bekannt gewordenen Meldungen über Risiken der in Verkehr gebrachten Medizinprodukte. Wenn es sich dabei um Vorkommnisse iSv § 2 Nr. 1 MPSV handelt, besteht für den Sicherheitsbeauftragten eine Meldepflicht gegenüber den zuständigen Behörden. Wegen der herausragenden Bedeutung dieser Aufgabe bestimmt § 30 Abs. 5 MPG ausdrücklich, dass der Sicherheitsbeauftragte wegen der Erfüllung der ihm übertragenen Aufgaben nicht benachteiligt werden darf[159]. 23

Um seinen Aufgaben nachkommen zu können benötigt der Sicherheitsbeauftragte bestimmte Sachkenntnisse, die gegenüber der zuständigen Aufsichtsbehörde nachzuweisen sind. Der Nachweis kann gem. § 30 Abs. 3 MPG entweder durch ein abgeschlossenes naturwissenschaftliches, medizinisches oder technisches Hochschulstudium oder eine andere Ausbildung, die zur Durchführung der Aufgaben des Medizinprodukteberaters befähigt, geführt werden. Welche Ausbildung dieses Kriterium erfüllt, kann nur im Einzelfall unter Berücksichtigung der von der jeweiligen Firma in Verkehr gebrachten Medizinprodukte beantwortet werden. Zusätzlich muss der Sicherheitsbeauftragte über eine mindestens zweijährige Berufserfahrung im Medizinproduktebereich verfügen[160]. 24

Bisher war der Sicherheitsbeauftragte ebenso wie der Medizinprodukteberater eine deutsche Besonderheit[161].

Die MDR führt nun mit Art. 15 eine „Für die Einhaltung der Regulierungsvorschriften verantwortliche Person" ein. Deren Aufgabenbereich ist sehr umfangreich und vergleichbar mit den Aufgaben des Medizinprodukte-Sicherheitsbeauftragten nach § 30 MPG. Art. 15 Abs. 4 MDR lässt ausdrücklich eine Aufteilung der Aufgabenbereiche auf mehrere Personen zu. Die Anforderungen an das Fachwissen der verantwortlichen Per-

---

[156] *Hill/Schmitt*, WiKo, § 31 MPG, Rn. 14; *Rehmann/Wagner*, MPG § 31 Rn. 6 ff.; aA *Nöthlichs*, MPG § 31 Rn. 4.
[157] *Hill/Schmitt*, WiKo, Medizinprodukterecht, § 31 Rn. 14.
[158] *Hill/Schmitt*, WiKo, § 31 MPG, Rn. 15.
[159] *Schorn*, MPG § 30 Rn. 9; *Hill/Schmitt*, WiKo, § 30 MPG Rn. 22.
[160] *Lücker* in Spickhoff, MPG § 30 Rn. 5; *Hill/Schmitt*, WiKo, § 31 MPG Rn. 10.
[161] Vgl. *v. Czettritz, Strelow*, Der Qualifikationsnachweis des Sicherheitsbeauftragten für Medizinprodukte gem. § 30 MPG, MPR 2015, 120 ff.

son sind in Art. 15 Abs. 6 MDR niedergelegt, danach bedarf es entweder eines Hochschulstudiums bzw. einer vergleichbaren Ausbildung oder einer vierjährigen Berufserfahrung.

7. Kennzeichnungspflichten

25 **a) Allgemeines.** Die Kennzeichnung von Medizinprodukten ist einer der Bereiche des Medizinprodukterechts, der am weitestgehenden harmonisiert ist, so dass Medizinprodukte überall in Europa einheitlich gekennzeichnet sind[162]. Im Hinblick auf die Sprachenproblematik der zahlreichen Mitgliedstaaten der Europäischen Union wurde dies durch die Einführung von einheitlichen Symbolen gewährleistet. Diese sind für Medizinprodukte insbesondere in den technischen Normen DIN EN 1041 und DIN EN 980 geregelt. Vor allem die Norm DIN EN 980 wurde für alle Medizinprodukte erstellt, wenngleich sie auch festhält, dass nicht alle enthaltenen Symbole für alle Arten von Medizinprodukten geeignet sind[163]. Das Symbol der „Eieruhr" wird einheitlich im europäischen Raum als Symbol für „verwendbar bis" verwendet. Die Chargenbezeichnung wird mit der Buchstabenkombination „LOT" gekennzeichnet. Für das Herstellungsdatum wird das Fabriksymbol mit einer Zahlenangabe verwendet und für die Information, dass ein Medizinprodukt nicht zur Wiederverwendung geeignet ist, wurde die durchgestrichene Zwei gewählt[164].

26 Geregelt ist die Kennzeichnung im nationalen Recht durch eine direkte Verweisung auf die entsprechenden Regelungen in den drei Medizinprodukterichtlinien. Demzufolge gibt es keine nationalen Abweichungen durch die Umsetzung ins nationale Recht[165].

27 Dementsprechend ergibt sich die Kennzeichnung über § 7 MPG, der auf die grundlegenden Anforderungen für Medizinprodukte der Anhänge 1 bzw. I der jeweiligen Richtlinien verweist. § 7 MPG iVm RL 93/42/EWG, Anhang I, Ziff. 13 regelt die Grundlegenden Anforderungen an die Kennzeichnung von Medizinprodukten unter der Überschrift „Bereitstellung von Informationen durch den Hersteller" (zukünftig „Anforderungen an die mit dem Produkt gelieferten Informationen" Kapitel III Anhang I MDR). Dort finden sich zum einen allgemeine Verpflichtungen dahingehend, dass jedem Produkt Informationen beizugeben sind, die unter Berücksichtigung des Ausbildungs- und Kenntnisstandes des vorgesehenen Anwenderkreises die sichere Anwendung des Produkts und die Ermittlung des Herstellers möglich machen. Diese Informationen, welche aus Angaben auf der Kennzeichnung und solchen in der Gebrauchsanweisung bestehen, gewähren dem Hersteller einen gewissen Spielraum.

28 Zudem sind dort verpflichtende Informationen festgelegt, die zwingend, teilweise alternativ, teilweise kumulativ, in der Kennzeichnung auf dem Produkt, der Verpackung und/oder in der Gebrauchsanweisung enthalten sein müssen.

29 Weiterhin sind dort Informationen aufgeführt, die „gegebenenfalls" bereitgestellt werden müssen. Ferner ist geregelt, dass jedem Produkt in seiner Verpackung eine Gebrauchsanweisung beigegeben sein muss. Diese ist lediglich für Produkte der Klasse I und der Klasse II a dann entbehrlich, wenn die vollständig sichere Anwendung des Produktes auch ohne Gebrauchsanweisung gewährleistet ist[166].

30 Durch § 11 Abs. 2 MPG ist sichergestellt, dass die für den Anwender wesentlichen Informationen in deutscher Sprache anzugeben sind[167]. Dementsprechend bedarf ein in

---

[162] *Hill* in Anhalt/Dieners MedProdukteR-HdB, § 8 Rn. 1–10 und Rn. 128 ff.
[163] *Hill* in Anhalt/Dieners MedProdukteR-HdB, § 8 Rn. 82 sowie 73 ff.
[164] *Hill* in Anhalt/Dieners MedProdukteR-HdB, § 7 Rn. 83 ff.; *Hill/Schmitt*, WiKo, § 11 MPG Rn. 8.
[165] *Christmann* in Anhalt/Dieners MedProdukteR-HdB, § 7 Rn. 11.
[166] S. detaillierter *Christmann* in Anhalt/Dieners MedProdukteR-HdB, § 7 Rn. 10 ff.
[167] *Hill/Schmitt*, WiKo, § 11 MPG, Rn. 4; *Schorn*, MPG § 11 Rn. 6.

Deutschland in den Verkehr gebrachtes Medizinprodukt sowohl einer deutschen Kennzeichnung als auch einer deutschen Gebrauchsanweisung.

b) CE-Kennzeichnung. Die Anbringung und die Art und Weise der CE-Kennzeichnung, ohne die Medizinprodukte nicht in Verkehr gebracht werden dürfen, ist in § 9 MPG und durch Verweisung auf die drei europäischen Richtlinien geregelt. In den drei europäischen Medizinprodukterichtlinien ist jeweils im letzten Anhang die exakte grafische Darstellung der CE-Kennzeichnung festgelegt (zukünftig Anhang V MDR). Nach § 9 Abs. 1 MPG dürfen keine Zeichen oder Aufschriften verwendet werden, die geeignet sind, Dritte bezüglich der Bedeutung oder der grafischen Gestaltung der CE-Kennzeichnung in die Irre zu führen[168]. Zudem dürfen sonstige Zeichen nur angebracht werden, sofern sie die Sichtbarkeit und Lesbarkeit der CE-Kennzeichnung nicht beeinträchtigen. Ferner ist in § 9 Abs. 2 MPG geregelt, dass die CE-Kennzeichnung verpflichtend von der Person angebracht werden muss, die in den Vorschriften zu den Konformitätsbewertungsverfahren gem. der hierzu erlassenen Rechtsverordnung nach § 37 Abs. 1 MPG dazu bestimmt ist. Dies ist in der Regel der Hersteller gem. § 3 Abs. 1 S. 1 MPV oder sein Bevollmächtigter gem. § 3 Abs. 1 S. 2 MPV[169]. 31

§ 9 Abs. 3 MPG bestimmt, dass die CE-Kennzeichnung deutlich sichtbar, gut lesbar und dauerhaft auf dem Medizinprodukt bzw. der Handelspackung sowie auf der Gebrauchsanweisung angebracht wird und zudem die Kennnummer der Benannten Stelle hinzugefügt werden muss, die an der Durchführung des Konformitätsbewertungsverfahrens beteiligt war (zukünftig Art. 20 Abs. 1, 2, 5 MDR). Auf der Homepage des DIMDI sind die Benannten Stellen, sortiert nach Kennnummer, einzusehen[170]. 32

Wer ein Medizinprodukt entgegen § 6 Abs. 1 S. 1 MPG ohne CE-Kennzeichnung in Verkehr bringt, begeht gem. § 41 Nr. 2 MPG eine Straftat. Das gleiche gilt gem. § 41 Nr. 3 MPG, wenn eine CE-Kennzeichnung entgegen § 6 Abs. 2 S. 1 MPG fälschlicherweise angegeben wird, dh ein CE-Zeichen wird angebracht, obgleich das Medizinprodukt nicht die Grundlegenden Anforderungen erfüllt und das Konformitätsbewertungsverfahren nicht entsprechend der gesetzlichen Anforderungen durchgeführt wurde. 33

Das nicht richtige oder nicht in der vorgeschriebenen Weise Anbringen der CE-Kennzeichnung wird als Ordnungswidrigkeit gem. § 42 Abs. 2 Nr. 2 MPG geahndet. Wer ein Medizinprodukt ohne CE-Kennzeichnung in den Verkehr bringt oder fälschlicherweise eine CE-Kennzeichnung anbringt, begeht eine Straftat gem. § 41 Nr. 1 bzw. Nr. 2 MPG[171]. 34

Da nach Art. 113 MDR die Mitgliedsstaaten für Sanktionen gegen die Bestimmungen der MDR zuständig sind und die entsprechenden Vorschriften bis zum 25.2.2020 der Kommission mitteilen müssen, ist damit zu rechnen, dass die bisherige Straf- und Ordnungswidrigkeitsvorschriften in ähnlicher Weise fortgelten werden.

8. Übergangsvorschriften nach MDR

Grundsätzlich gilt, dass Bescheinigungen, die vor und nach dem Inkrafttreten der MDR am 25.5.2017 von einer Benannten Stelle ausgestellt worden sind bzw. werden bis zu dem in der Bescheinigung angegebenen Zeitpunkt gültig bleiben, wobei es hiervon gem. Art. 120 Abs. 2 MDR zwei Ausnahmen gibt. Zum einen verlieren alte Bescheinigungen die vor Inkrafttreten gem. Anhang 4 der RL 90/385/EG bzw. 93/42/EG ausgestellt worden sind, ihre Gültigkeit spätestens am 27.5.2022. Des Weiteren dürfen alte Bescheinigungen, die nach Inkrafttreten ausgestellt worden sind, die Gültigkeitsdauer 35

---

[168] *Schorn*, MPG § 9 Rn. 11; *Hill/Schmitt*, WiKo, § 9 MPG Rn. 7.
[169] *Hill/Schmitt*, WiKo, Medizinprodukterecht, § 9 Rn. 1.
[170] www.dimdi.de/static/de/mpg/adress/benannte-stellen/bs-kennnr.htm
[171] *Hill/Schmitt*, MPG § 9 Rn. 1 ff.

von 5 Jahren nicht überschreiten und verlieren ihre Gültigkeit spätestens am 27.5.2024. Dies bedeutet, dass alte Bescheinigungen, die vor Geltungsbeginn am 26.5.2020 ausgestellt worden sind, ihre Gültigkeit spätestens am 27.5.2024 verlieren. Bis dahin muss also jedes Unternehmen auf jeden Fall in Besitz einer neuen Bescheinigung sein, um die von ihm vertriebenen Produkte in Verkehr bringen zu können.

Die Inverkehrbringung der noch unter alten Bescheinigungen hergestellten Produkte ist in Art. 120 Abs. 3 MDR ausdrücklich geregelt. Danach dürfen diese Produkte, die aufgrund einer nach Abs. 2 noch gültigen Bescheinigung hergestellt worden sind, weiterhin in den Verkehr gebracht oder in Betrieb genommen werden, wenn sie den Vorschriften der RL 90/385/EG bzw. 93/42/EG entsprechen und sofern keine wesentlichen Änderungen der Auslegung und der Zweckbestimmung erfolgt sind. Mit diesen Regelungen in Art. 120 Abs. 2 und Abs. 3 MDR wird der Bestandschutz sowohl der Zertifikate als auch der dazugehörigen Produkte sichergestellt.

36   Art. 120 Abs. 4 MDR stellt sicher, dass Produkte die vor dem Geltungsbeginn der MDR rechtmäßig in den Verkehr gebracht worden sind und Produkte die ab dem Geltungsbeginn der MDR aufgrund einer Bescheinigung nach Art. 120 Abs. 2 MDR in den Verkehr gebracht worden sind, weiterhin bis zum 27.5.2025 auf dem Markt bereitgestellt oder in Betrieb genommen werden können. Bereitstellung auf dem Markt ist nach der Definition in Art. 2 Abs. 1 Nr. 27 MDR jede entgeltliche und unentgeltliche Abgabe eines Produktes zum Vertrieb, zum Verbrauch oder zur Verwendung auf dem Markt im Rahmen einer gewerblichen Tätigkeit. Inbetriebnahme bedeutet nach der Definition in Art. 2 Abs. 1 Nr. 28 MDR den Zeitpunkt zu dem ein Produkt als ein Erzeugnis zur Verfügung gestellt wird, das erstmals als gebrauchsfertiges Produkt entsprechend seiner Zweckbestimmung auf dem Unionsmarkt verwendet werden kann. Daher gelten zB auch gebrauchsfertige Produkte, die sich bis zum 27.5.2025 im Konsigniationslager eines Krankenhauses befinden, als in Betrieb genommen. Die Regelung in Art. 120 Abs. 4 MDR erfasst auch alle Klasse I Produkte, die bisher ohne eine Bescheinigung einer Benannten Stelle in den Verkehr gebracht werden konnten. Auch diese Produkte können somit bis zum 27.5.2025 weiter verkauft und in Betrieb genommen werden[172].

37   Art. 120 Abs. 5 MDR bestimmt, dass Produkte, die dieser Verordnung entsprechen, schon vor dem 26.5.2020 in Verkehr gebracht werden können, dies wird jedoch praktisch kaum der Fall sein. Zwar gelten gem. Art. 123 Abs. 3a MDR die Vorschriften über die Benannten Stellen (Art. 35 – 50) bereits ab dem 26.11.2017, die notwendigen Benennungsverfahren für die Benannten Stellen werden jedoch nach den bisherigen Prognosen ca. 18 Monate dauern, so dass erst ab Mitte des Jahres 2019 damit zu rechnen ist, dass Benannte Stellen nach neuem Recht mit ihrer Zertifizierungstätigkeit beginnen können.

9. Bewerbung

38   **a) Allgemeines.** Auch für Medizinprodukte ist der Anwendungsbereich des Heilmittelwerbegesetzes (HWG) gem. § 1 Abs. 1 Nr. 1a HWG eröffnet und findet Anwendung, soweit die einzelnen Paragraphen des HWG Medizinprodukte ausdrücklich nennen, wie in § 3 HWG, bzw. eine entsprechende Anwendung geregelt ist, wie durch § 11 Abs. 1 S. 2 HWG oder wenn Regelungen ganz allgemein gehalten sind, wie beispielsweise zum Teil in § 7 HWG[173].

---

[172] Vgl. *Graf:* Revision des europäischen Rechtsrahmens für Medizinprodukte, PharmR 2016, 486, 488; vgl. *Graf, Heil, Oeben:* Die MDR Übergangsvorschriften, MPR 2017, 15, 18.
[173] BGH Urt. v. 6.2.2013 – I ZR 62/11 – Levemir, LG Hamburg MPR 2012, 63, OLG Frankfurt a. M. Urt. v. 27.2.2014 – 6 U 244/12 „E-Zigarette"; OLG München Endurteil vom 12.2.2015, Az. 6 U 3700/13 „Memonizer"; Kammergericht Urt. v. 27.11.2015, Az. 5 U 20/14 „Akustische Wellentherapie"; LG Tübingen Urt. v. 7.11.2016, Az. 20 O 9/16 „zeolithhaltige Medizinprodukte"; *Doepner/Reese,* HWG, § 1 Rn. 81, § 12 Rn. 51; BGH, Urt. v. 1.2.2018, AZ I ZR 82/17.

b) § 3 HWG. Nach § 3 HWG ist es vor allem unzulässig, irreführende Werbung für **39** Medizinprodukte zu betreiben. Dies ist insbesondere dann der Fall, wenn Medizinprodukten eine therapeutische Wirksamkeit oder Wirkung beigelegt wird, die sie nicht haben, wenn fälschlich der Eindruck erweckt wird, dass ein Erfolg mit Sicherheit erwartet werden kann oder bei bestimmungsgemäßem oder längerem Gebrauch keine schädlichen Wirkungen eintreten bzw. die Werbung nicht zu Zwecken des Wettbewerbs veranstaltet wird, sowie wenn unwahre oder zur Täuschung geeignete Angaben über Medizinprodukte gemacht werden.[174]

aa) Beleg der Wirkaussagen. Nach der inzwischen gefestigten Rechtsprechung[175] sind **40** auf Aussagen über die Wirkung eines Medizinproduktes ebenso wie für Arzneimittel die strengen Voraussetzungen der gesundheitsbezogenen Werbung anzuwenden und werbende Anpreisungen auf diesem Gebiet grundsätzlich nur dann zulässig, wenn sie gesicherter wissenschaftlicher Erkenntnis entsprechen, was erfordert, dass als Beleg der Aussagen klinische Studien nach Goldstandard vorhanden sein müssen. Studien, die die Wirksamkeit eines Medizinproduktes belegen sollen, bedürften danach grundsätzlich einer nach allgemein anerkannten wissenschaftlichen Grundsätzen erstellten, gegebenenfalls in der Fachliteratur veröffentlichten, randomisierten und placebokontrollierten Doppelblindstudie. Zudem ist das Landgericht Hamburg der Auffassung, dass auch Studien, die mit vergleichbaren Medizinprodukten durchgeführt wurden, als Beleg nicht geeignet sind, wenn diese Äquivalenz nicht wiederum durch entsprechende Studien belegt ist. Als Begründung hierfür wird angeführt, dass § 3 Nr. 25 lit b) und lit. c) MPG, die erlauben, dass klinische Daten auch aus Studien oder Berichten über sonstige klinische Erfahrungen über ein ähnliches Produkt stammen können, den Nachweis der Gleichartigkeit verlange[176]. Der Nachweis der Gleichartigkeit muss nach Auffassung des Landgerichts Hamburg allerdings wiederum durch klinische Studien, die den Goldstandard erfüllen, erbracht werden[177]. Anderenfalls seien die Aussagen über das Medizinprodukt irreführend.

In § 19 Abs. 1 MPG ist ausdrücklich geregelt, dass die Eignung von Medizinprodukten **41** für den vorgesehenen Verwendungszweck durch eine klinische Bewertung anhand von klinischen Daten nach § 3 Nr. 25 MPG zu belegen ist, soweit nicht in begründeten Ausnahmefällen andere Daten ausreichend sind.

Es ist bei Medizinprodukten vom Gesetzgeber somit ausdrücklich vorgesehen, dass **42** Studien mit einem ähnlichen Produkt vollumfänglich genügen, wenn dessen Gleichartigkeit nachgewiesen werden kann, was auch in anderer Form als durch Studien erfolgen kann.

Diese Regelung entspricht der europäischen Regelung der RL 93/42/EWG in An- **43** hang X Ziff. 1, die Allgemeine Bestimmungen zur klinischen Bewertung enthält. Auch hier ist ausdrücklich vom europäischen Gesetzgeber vorgesehen, dass klinische Daten nicht mit dem betroffenen Medizinprodukt erhoben werden müssen, sondern klinische Daten mit gleichartigen Produkten übertragbar sind (zukünftig gilt insoweit Anhang XIV Ziff. 3 MDR). Gleiches ergibt sich aus den die RL interpretierenden Leitlinien der Europäischen Kommission, den Guidelines on Medical Devices, hier MEDDEV 2.7.1 rev. 3 Guidelines on Medical Devices: „Clinical Evaluation: A Guide for Manufacturers and Notified Bodies" und MEDDEV 2.7/4 Guidelines on Clinical Investigation: „A Guide for Manufacturers and Notified Bodies."

---

[174] *Doepner/Reese*, HWG, § 3 Rn. 242 ff.
[175] LG Hamburg Urt. v. 21.4.2009, Az. 312 O 136/09; LG Hamburg Urt. v. 15.11.2012, Az. 327 O 389/12 und LG Hamburg Urt. v. 15.11.2012, Az. 327 O 351/12; OLG Stuttgart, Urt. v. 8.6.2017, 2 U 154/16; KG, Urt. v. 27.11.2015, 5 U 20/14.
[176] LG Hamburg Urt. v. 15.11.2012, Az. 327 O 351/12.
[177] LG Hamburg Urt. v. 15.11.2012, Az. 327 O 351/12.

44   bb) **Zweckbestimmung des Medizinproduktes.** Bei der Wiedergabe der Zweckbestimmung des Medizinproduktes in der Werbung oder der Gebrauchsanweisung hat der Umstand, dass diese von der Benannten Stelle im Konformitätsbewertungsverfahren geprüft wurde, nach Auffassung des Landgerichts Hamburg keine Legitimationswirkung, da die Zweckbestimmung vom Hersteller der Benannten Stelle vorgegeben werde. Sie sei somit nicht das Ergebnis einer selbständigen Prüfung durch die Benannte Stelle und sei daher auch nicht zur Legalisierung der betroffenen Angaben in der Werbung geeignet – dies erfolge alleine durch einen wissenschaftlichen Nachweis[178]. Diese Auffassung wird jedoch der Aufgabe und Tätigkeit der Benannten Stelle nicht gerecht. Diese unbefriedigende Situation könnte aufgelöst werden, wenn der Benannten Stelle der Status eines Beliehenen zukäme (→ § 5 Rn. 130).

45   c) **§ 11 Abs. 1 S. 2 HWG.** Nach § 11 Abs. 1 S. 2 HWG darf für Medizinprodukte außerhalb der Fachkreise nicht geworben werden mit Werbeaussagen, die nahelegen, dass die Gesundheit durch die Nichtverwendung des Medizinprodukts beeinträchtigt bzw. durch die Verwendung verbessert werden könnte (§ 11 Abs. 1 Nr. 7 HWG), durch Werbevorträge, mit denen ein Feilbieten oder eine Entgegennahme von Anschriften verbunden ist (§ 11 Abs. 1 Nr. 8 HWG), sowie mit Veröffentlichungen, deren Werbezweck missverständlich oder nicht deutlich erkennbar ist (§ 11 Abs. 1 Nr. 9 HWG). Ferner ist eine Werbung mit Äußerungen Dritter unzulässig, insbesondere mit Dank-, Anerkennungs- oder Empfehlungsschreiben, oder mit Hinweisen auf solche Äußerungen, sofern diese in missbräuchlicher, abstoßender oder irreführender Weise erfolgen (§ 11 Abs. 1 Nr. 11 HWG), sowie Werbemaßnahmen, die sich ausschließlich oder überwiegend an Kinder unter 14 Jahren richten (§ 11 Abs. 1 Nr. 12 HWG)[179].

46   d) **Abgabe von Mustern.** Die Musterabgabe von Medizinprodukten stellt auch eine Art der Werbung dar. Anders als bei den Arzneimitteln (§ 47 AMG) ist die Musterabgabe von Medizinprodukten weder im MPG noch in den Medizinprodukterichtlinien geregelt. Auch im HWG findet sich weder in § 7 noch in § 11 Abs. 1 S. 1 Nr. 14 und Nr. 15 HWG eine Regelung zu den Medizinprodukten. § 11 Abs. 1 S. 1 Nr. 14 HWG bestimmt, dass eine Abgabe von Arzneimittelmustern außerhalb der Fachkreise unzulässig ist und in § 11 Abs. 1 S. 1 Nr. 15 HWG findet sich eine entsprechende Regelung für andere Mittel oder Gegenstände, worunter die in § 1 Abs. 1 Nr. 2 HWG aufgeführten Mittel und Gegenstände fallen, nicht jedoch die in § 1 Abs. 1 Nr. 1a HWG genannten Medizinprodukte. Der Gesetzgeber hat seinerzeit bewusst davon abgesehen, die Abgabe von Medizinproduktemustern zu regeln. Daher erscheint eine analoge Anwendung des § 7 Abs. 1 S. 3 HWG angebracht, da eine grundsätzliche Vergleichbarkeit mit der Abgabe von Arzneimittelmustern gegeben ist[180]. Es ist auch kein Grund ersichtlich, warum eine Abgabe von Medizinproduktemustern an Laien zulässig ist, an die Fachkreise jedoch unzulässig sein sollte.

II. Überwachung von Medizinprodukten

1. Allgemeines

47   Nach ihrer Markteinführung werden Medizinprodukte durch die örtlich zuständigen Landesbehörden überwacht. Zur Gewährleistung eines hohen Niveaus in Bezug auf den

---

[178] LG Hamburg Urt. v. 15.11.2012 – 327 O 351/12.
[179] *Reese,* MPR 2012, 165; Bülow/Ring/Artz/Brixius: Heilmittelwerbegesetz, 5 A, § 11 Abs. 1 S. 1 Nr. 12.
[180] Vgl. *Dieners* in Hill/Schmitt, WiKo, Medizinprodukterecht, § 7 HWG Rn. 11 und *v. Czettritz* in Gassner, Werbung für Medizinprodukte, Augsburger Schriften zum Arzneimittel- und Medizinprodukterecht 2012, S. 15 (17); Terbille/Clausen/Schroeder-Printzen, Münchener Anwaltsbuch Medizinrecht, S. 14, Rn. 308; *Doepner/Reese,* HWG, § 7 Rn. 187 ff.

Schutz öffentlicher Interessen und zur Gewährleistung des freien Warenverkehrs hat das Parlament und der Rat am 9.7.2008 die Verordnung (EG) Nr. 765/2008 über die Vorschriften für die Akkreditierung und Marktüberwachung im Zusammenhang mit der Vermarktung von Produkten erlassen. Mit ihr soll die Organisation und Durchführung der Benennung von Konformitätsbewertungsstellen sowie der Rahmen für die Marktüberwachung von Produkten und die allgemeinen Grundsätze zur CE-Kennzeichnung festgelegt werden. Bereits diese Verordnung hat deutlich gemacht, welche zentrale Bedeutung einer funktionierenden Marktüberwachung bei der Umsetzung der neuen Konzeption nach der Entschließung des Rates vom 7.5.1985 zukommt[181]. Art. 16 dieser Verordnung regelt die allgemeinen Anforderungen an die Marktüberwachung, welche die Mitgliedsstaaten gem. Abs. 1 selbst organisieren und durchführen. In den Art. 16–26 der Verordnung sind diese Anforderungen in abstrakter Form näher dargelegt – wie beispielsweise das Schaffen geeigneter Mechanismen für die Kommunikation und die Koordination zwischen den einzelnen Marktüberwachungsbehörden, Informationspflichten und Marktüberwachungsmaßnahmen in Form von stichprobenartiger Kontrolle auf geeignete Art und Weise in angemessenem Umfang.

Entsprechend dem in Deutschland herrschenden Föderalismus sind die einzelnen Länder für die Marktüberwachung zuständig. Im Rahmen des Brust-Implantat-Skandals sind vermeintliche Defizite in der Marktüberwachung in den Europäischen Mitgliedsstaaten zu Tage getreten, denen die Bundesregierung mit der allgemeinen Verwaltungsvorschrift zur Durchführung des Medizinproduktegesetzes (Medizinprodukte-Durchführungsvorschrift – MPGvwV) vom 18.5.2012 Rechnung getragen hat, vor allem durch die Sicherstellung einer bundeseinheitlichen, qualitätsgesicherten Überwachung durch Koordinierung der Marktüberwachung der einzelnen Länder, insbesondere durch die ZLG als gemeinsame zentrale Koordinierungsstelle. Außer verstärkten routinemäßigen Kontrollen und Laborprüfungen sollen bei Verdachts- oder Gefährdungsfällen anlassbezogene Überprüfungen stattfinden. Nach § 26 Abs. 2 S. 1 MPG in der Fassung vom 19.10.2012 sollen die zuständigen Länderbehörden auch die Einhaltung des HWG bei der Werbung für Medizinprodukte überwachen. **48**

2. Zuständige Behörden

a) National. Im 5. Abschnitt des MPG sind die Überwachung und der Schutz vor Risiken geregelt. § 25 MPG regelt allgemeine Anzeigepflichten und § 26 MPG die Durchführung der Überwachung. Beide Vorschriften dienen mittelbar der Umsetzung der jeweiligen Art. 2 zur Inverkehrbringung und Inbetriebnahme von Medizinprodukten der RL 90/385/EWG, 93/42/EWG und 98/79/EG. In Anlehnung an das Arzneimittelrecht deckt sich der Wortlaut des § 26 MPG teilweise mit dem des § 64 AMG, der die Durchführung der Überwachung für Arzneimittel regelt. Die Aufgabe der Überwachung von Medizinprodukten nach ihrem Inverkehrbringen obliegt gem. § 26 Abs. 1 S. 1 MPG den Bundesländern als eigene Angelegenheit nach Art. 83 GG. Die zuständigen Landesbehörden sind dieselben, die für die Entgegennahme der Anzeigen nach § 25 MPG sachlich zuständig sind[182]. Entsprechend den Regelungen in den einzelnen Bundesländern sind die sachlichen und örtlichen Zuständigkeiten verteilt. Eine Übersicht über alle in Deutschland für den Bereich der Medizinprodukte zuständigen Behörden, bei denen es sich meist um die Bezirksregierung bzw. Regierungspräsidien handelt, findet sich auf der Website des DIMDI[183]. **49**

---

[181] BR-Drs. 2011 863, 11 zur „allgemeine Verwaltungsvorschrift zur Durchführung des Medizinproduktegesetzes (Medizinprodukte-Durchführungsvorschrift – MPGvwV)", A „Problem und Ziel".
[182] *Hill/Schmitt*, WiKo, Medizinprodukterecht, § 26 MPG, Rn. 1 und 2.
[183] http://www.dimdi.de/static/de/mpg/adress/behoerden/index.htm; *Hill/Schmitt*, WiKo, Medizinprodukterecht, § 25 Rn. 18 ff.

50   Durch die am 1.1.2013 in Kraft getretene allgemeine Verwaltungsvorschrift zur Durchführung des Medizinproduktegesetzes (MPGVwV) soll eine bundeseinheitliche und qualitätsgesicherte Überwachung durch die Länder mit konkreteren Vorgaben sichergestellt werden. Die in § 4 MPGVwV vorgesehene zentrale Koordinierungsstelle ist die Zentralstelle der Länder für Gesundheitsschutz bei Arzneimitteln und Medizinprodukten (ZLG), die bisher schon für die Benennung und Überwachung der Benannten Stellen zuständig war.

51   **b) Europäisch.** Die jeweils in den einzelnen Mitgliedsstaaten der Europäischen Union zuständigen Behörden werden in Form einer Liste mit Adress- und Kontaktdaten sowie einem direkten Link zur entsprechenden Homepage durch die Generaldirektion Enterprise bei der Europäischen Kommission zur Verfügung gestellt[184]. In Deutschland sind dies das Bundesministerium für Gesundheit (BMG), die Zentralstelle der Länder für Gesundheitsschutz bei Arzneimitteln und Medizinprodukten (ZLG), das Bundesinstitut für Arzneimittel und Medizinprodukte (BfArM) sowie das Paul-Ehrlich-Institut (PEI) für In-Vitro-Diagnostika.

3. Befugnisse

52   **a) Allgemeines.** Die zuständigen Behörden haben die Aufgabe, Betriebe und Einrichtungen, die Medizinprodukte herstellen, prüfen, betreiben oder in Verkehr bringen, zu überwachen und sicherzustellen, dass weder Patienten noch Anwendern oder Dritten durch die Medizinprodukte eine Gesundheitsgefahr droht. Dieser allgemeine Überwachungsauftrag ist in § 26 Abs. 1 MPG verankert, wobei weitergehende konkrete Maßnahmen zum Schutz der Gesundheit und der Sicherheit von Patienten, Anwendern und Dritten in Abs. 2 und die hierzu gegebenen Befugnisse der Überwachungsbehörden in Abs. 3 statuiert sind[185]. § 27 MPG regelt die Verfahren bei unrechtmäßiger und unzulässiger Anbringung der CE-Kennzeichnungen, wobei als erstes versucht werden soll, die Voraussetzungen für ein rechtmäßiges Anbringen nachzuholen[186]. § 28 MPG regelt die Verfahren zum Schutze vor Risiken, um den Behörden zu ermöglichen, Medizinprodukte, die eine Gefahr für die Gesundheit oder das Leben von Patienten, Anwendern oder Dritten darstellen, vom Markt zu nehmen[187].

53   Gem. § 26 Abs. 2 S. 2 MPG prüfen die zuständigen Landesbehörden in angemessenem Umfang, unter besonderer Berücksichtigung möglicher Risiken, ob die Betriebe und die sich auf dem Markt befindlichen Medizinprodukte den gesetzlichen Anforderungen entsprechen. Hierzu gibt es grundsätzlich die systematische Regelüberwachung, aber ebenso Stichprobenprüfungen bestimmter Betriebe und Produktfamilien[188].

54   **b) Verwaltungsvorschrift zur Durchführung des Medizinproduktegesetzes (MPGVwV).** Mit der zum 1.1.2013 in Kraft getretenen allgemeinen Verwaltungsvorschrift zur Durchführung des Medizinproduktegesetzes (MPGVwV) vom 18.5.2012 wurden zentrale Befugnisse konkretisiert und vor allen Dingen bundesweit koordiniert. So ist gem. § 3 MPGVwV festgelegt, dass die zuständigen obersten Landesbehörden ein gemeinsames Rahmenüberwachungsprogramm festlegen, um die Marktüberwachung entsprechend dem Kapitel III der VO (EG) 765/2008 zu gewährleisten. § 4 MPGVwV bestimmt die Festlegung einer zentralen Koordinierungsstelle und ein Verfahren zum effektiven Informationsaustausch innerhalb der Europäischen Kommission.

---

[184] „List of contact points within the national competent authorities" – ec.europa.eu/health/medical-devices/links/contact_points_en.htm.
[185] *Schorn*, MPG § 26 Rn. 6; *Hill/Schmitt*, WiKo, § 26 Rn. 11.
[186] *Hill/Schmitt*, § 27 MPG, Rn. 2.
[187] *Hill/Schmitt*, WiKo, Medizinprodukterecht, § 28 Rn. 7 ff.; *Schorn*, MPG § 28 Rn. 6 ff.
[188] *Hill/Schmitt*, WiKo, Medizinprodukterecht, § 26 MPG, Rn. 5 ff.

Die bereits bisher bestehenden Befugnisse der Behörden werden konkret ausgeführt. 55
So regelt § 5 MPGVwV in vier Absätzen die Durchführung von Inspektionen und hält fest, dass diese sowohl angekündigt, als auch unangekündigt, durchgeführt werden können. Im Einzelnen wird zwischen routinemäßigen Inspektionen und anlassbezogenen Inspektionen unterschieden.

§ 6 MPGVwV regelt die Entnahme von Proben, § 7 MPGVwV die Überprüfungen 56
von Medizinprodukten und unterscheidet auch hier wieder routinemäßige und anlassbezogene Überprüfungen. § 8 MPGVwV gibt den Obersten Landesbehörden eine Ermächtigungsgrundlage zur Festlegung des Verfahrens bei festgestellten Mängeln. In § 11 MPGVwV ist die Zusammenarbeit der zuständigen Behörden festgehalten. Insbesondere ist eine unverzügliche Unterrichtung und Unterstützung sämtlicher zuständigen Behörden des Bundes und der Länder vorgesehen, ebenso wie eine Zusammenarbeit mit den für die Kontrolle der Außengrenze zuständigen Behörden, um einen effektiven Vollzug hinsichtlich festgestellter Mängel zu gewährleisten. Neuartig ist, dass § 12 MPGVwV Vorgaben für die Sachkenntnis der Überwachungsbeamten macht.

Je nach Schwere der festgestellten Mängel und gesundheitlichen Risiken kann die 57
Behörde auf die Ermächtigungen zum Einschreiten nach § 27 MPG und/oder § 28 MPG zurückgreifen. Die Möglichkeiten bei unrechtmäßiger oder unzulässiger Anbringung der CE-Kennzeichnung sind in § 27 MPG geregelt und ermöglichen der Behörde im Rahmen des Verhältnismäßigkeitsgrundsatzes die Maßnahmen zu ergreifen, die zur ordnungsgemäßen Erfüllung der gesetzlichen Voraussetzungen für das ordnungsgemäße Anbringen des CE-Kennzeichens erforderlich sind. Dies umfasst auch Maßnahmen wie beispielsweise die Einschränkung des Inverkehrbringens eines Medizinproduktes, die Erteilung von Auflagen, die Untersagung des Inverkehrbringens und die Veranlassung der Marktrücknahme[189].

Die weitestgehende Kompetenz vermittelt § 28 MPG „Verfahren zum Schutze vor 58
Risiken". Gem. § 28 Abs. 1 MPG kann die Behörde alle erforderlichen Maßnahmen entsprechend ihres Ermessens anordnen und zwar ohne dass eine konkrete Gefährdung vorliegt[190]. Hier ist der Behörde eine Eingriffsermächtigung zur Gefahrenabwehr mit konkret benannten Maßnahmen in Abs. 2 an die Hand gegeben[191]. Umfasst ist die Schließung von Betrieben und Einrichtungen, die Untersagung des Inverkehrbringens, der Inbetriebnahme, des Betreibens und/oder der Anwendung von bestimmten Medizinprodukten sowie der Rückruf oder die Sicherstellung bzw. in Bezug auf klinische Prüfungen oder Leistungsbewertungsprüfungen die Untersagung derselben sowie Beschränkungen oder Auflagen hinsichtlich der Durchführung[192].

Ob es in ferner Zukunft ein einheitliches europäisches Überwachungssystem geben 59
wird[193] bleibt abzuwarten. Auch unter der MDR verbleibt es grundsätzlich bei der nationalen Zuständigkeit der einzelnen Mitgliedstaaten.

III. Rechtsschutz

1. Allgemeines

Die Maßnahmen der Behörden im Bereich der Überwachung von Medizinprodukten 60
sind allesamt dem öffentlichen Recht zuzuordnen, bei dem die Beteiligten in einem Über- und Unterordnungsverhältnis zueinander stehen. Die Maßnahmen, die die Behörden in

---

[189] *Hill/Schmitt*, WiKo, Medizinprodukterecht, § 27 MPG, Rn. 5.
[190] *Hill/Schmitt*, WiKo, Medizinprodukterecht, § 28 Rn. 1; *Rehmann/Wagner*, MPG § 28 Rn. 7, 13.
[191] *Nöthlichs*, MPG § 28 Rn. 1.3.
[192] *Hill/Schmitt*, WiKo, Medizinprodukterecht, § 28 Rn. 8.
[193] *Rehmann/Wagner*, MPG, MP-VO Rn. 202 ff.

diesem Bereich ergreifen, sind in der Regel Verwaltungsakte, die wichtigste Handlungsform des Staates gegenüber dem Bürger durch seine Verwaltung. Die klassische Rechtschutzmöglichkeit gegen Verwaltungsakte ist in der Regel die Durchführung eines Vorverfahrens gem. § 68 VwGO, somit die Erhebung eines Widerspruches binnen einer Frist von einem Monat nach Zugang des Bescheides[194]. Dieses Vorverfahren stellt in der Regel eine zwingende Prozessvoraussetzung bei Anfechtungs- oder Verpflichtungsklagen dar, die die zulässige Klageart bei Verwaltungsakten sind.

2. Rechtsweg

61 Anfechtungs- oder Verpflichtungsklagen sind vor den zuständigen Verwaltungsgerichten zu erheben[195]. Gegen Verwaltungsakte der zuständigen Aufsichtsbehörden ist somit der Rechtsweg zu den für die Behörden zuständigen Verwaltungsgerichten gegeben.

62 Hingegen sind Rechtsstreitigkeiten mit der Benannten Stelle dem Zivilrecht zugeordnet, weil nach herrschender Meinung die Benannte Stelle aufgrund eines zivilrechtlichen Vertrages mit dem Hersteller tätig wird und nicht als Beliehener hoheitliche Aufgaben wahrnimmt. Dementsprechend ist daher der Rechtschutz gegen Tätigkeiten der Benannten Stelle, wie beispielsweise der Widerruf des CE-Zeichens, auf dem Zivilrechtsweg gegeben, was allerdings nach der hier vertretenen Auffassung wenig zufriedenstellend und durchaus diskussionswürdig ist[196]. (→ § 5 Rn. 130)

63 Konsequenz der herrschenden Meinung ist beispielsweise im Falle eines Widerrufs des CE-Kennzeichens, dass diese Maßnahme aufgrund der Zugrundelegung einer zivilrechtlichen Rechtsbeziehung zwischen Medizinproduktehersteller und Benannter Stelle, somit ohne weiteres mit Zugang an den Medizinproduktehersteller wirksam ist. Dieser muss daher, wenn er während des Rechtstreits mit der Benannten Stelle das betroffene Medizinprodukt weiter in den Verkehr bringen will, versuchen, bei dem zuständigen Zivilgericht den Widerruf des CE-Kennzeichens mit Hilfe einer einstweiligen Verfügung außer Kraft zu setzen. Die Erfolgsaussichten hierfür dürften allerdings in Anbetracht der für Zivilgerichte nicht alltäglichen Rechtsmaterie nicht besonders groß sein[197], im Gegensatz zur aufschiebenden Wirkung eines Widerspruchs im Falle einer öffentlich-rechtlichen Rechtsbeziehung.

---

[194] *Nöthlichs*, MPG § 28 Rn. 1.4.7.
[195] *v. Czettritz* in Anhalt/Dieners MedProdukteR-HdB, § 14 Rn. 17 ff.
[196] S. ausführlich: *v. Czettritz* in Anhalt/Dieners MedProdukteR-HdB, § 14 Rn. 27 ff.; *Hill/Schmitt*, § 3 MPG, Rn. 90; *Schorn*, MPG § 3 Rn. 76; *Rehmann/Wagner*, Einführung, Rn. 28, § 3 MPG Rn. 29; *Lücker* in *Spickhoff*, MPG § 3 Rn. 24; *Nöthlichs*, MPG § 18 Rn. 1.3; *Scheel* DVBl, 1999, 442; *v. Czettritz*, PharmR 2000, 321.
[197] *v. Czettritz* in Anhalt/Dieners MedProdukteR-HdB, § 14 Rn. 27 ff.

4. Teil. Die Bewerbung von Arzneimitteln und Medizinprodukten[1]

§ 7 Grundlagen und Strukturen

Schrifttum: *Bülow/Ring/Artz/Brixius*, Heilmittelwerbegesetz, 5. Auflage 2016; *Dieners/Reese*, Handbuch des Pharmarechts 2010; *von Czettritz*, Werbegrenzen der Pharmaindustrie, WRP 1993, 461; *von Czettritz*, FSA-Kodex: Verstoß gegen Verbandsregeln, Anmerkung zu BGH Urt. v. 9.9.2010, Az.: I ZR 157/08, PharmR 2011, 139; *von Czettritz/Thewes*, Anmerkung zu OLG Köln, Urt. v. 12.1.18, PharmR 2018, 149; *Dann/Scholz*, NJW 2016, 2077 ff.; *Dieners/Cahnbley*, MPR 2016, 48 ff.; *Doepner/Reese*, Heilmittelwerbegesetz, 3. Auflage 2018; *Doepner-Thiele*, Reform des Heilmittelrechts: Ein Überblick, GRUR-Prax 2012, 293; *Erbs/Kohlhaas*, Strafrechtliche Nebengesetze 210. Auflage, 2016; *Frank*, LMK 2016, 384747; *Fuhrmann/Klein/Fleischfresser*, Arzneimittelrecht, Handbuch für die pharmazeutische Rechtspraxis, 2. Auflage 2014; *Gröning/Mand/Reinhart*, Heilmittelwerberecht, 5. Ergänzungslieferung, Stand August 2015; *Hofmann*, Das Heilmittelwerbegesetz – Etappen eines Verbraucherschutzgesetzes, Sonderheft PharmR zum 50-jährigen Jubiläum von Integritas, 2011; *Höpker*, Die Selbstkontrolle der Heilmittelwerbung, WRP 1975, 330; Juri Pharmaceutico, Festschrift für Sander, 2008; *Kleist/Albrecht/Hoffmann*, Heilmittelwerbegesetz, 6. Ergänzungslieferung, September 1998; *Köhler/Bornkamm/Feddersen*, Gesetz gegen den unlauteren Wettbewerb, 36. Auflage 2018; *Kozianka/Hußmann*, PharmR 2017, 10 ff.; *Lafontaine*, JM 2017, 46 ff.; *Ludwigs*, NVwZ 2016, 1796 ff.; *Menebröker*, Öffentlichkeitswerbung nach der Reform des HWG, GRUR-Prax 2012, 297; *Merx*, GRUR-Prax 2016, 516; *Ohly/Sosnitza*, Gesetz gegen den unlauteren Wettbewerb, 7. Auflage 2016; *Rauer/Pfuhl*, PharmR 2016, 357 ff.; *Reese*, Zur Bedeutung des Verbraucherleitbildes für das nationale und europäische Heilmittelwerberecht, PharmR 2002, 237; *Spickhoff*, Medizinrecht, 2. Auflage 2014; *Stallberg*, Die Zugänglichmachung der Gebrauchsinformationen verschreibungspflichtiger Arzneimittel im Internet, WRP 2010, 56; *Streinz*, JuS 2017, 83 ff.; *Ullmann*, juris Praxiskommentar UWG, 3. Auflage 2013.

I. Entstehungsgeschichte des HWG

Das Gesetz über die Werbung auf dem Gebiete des Heilwesens, das heutige HWG, ist das Ergebnis eines mittlerweile über hundertjährigen Regelungsprozesses. Erstmals Ende des 19. Jahrhunderts wurden in einzelnen Bundesstaaten wegen der zunehmenden, häufig überaus marktschreierischen Anpreisung von Arzneimitteln mit unbekannter Zusammensetzung „Verordnungen über den Verkehr mit Geheimmitteln und ähnlichen Arzneimitteln" erlassen. Diese Verordnungen verboten für alle in sog. „Geheimmittellisten" aufgeführten Mittel jegliche Publikumswerbung und unterstellten zahlreiche weitere Arzneimittel der ärztlichen Verschreibungspflicht[2]. Nach dem 1. Weltkrieg wurden diese Verordnungen in den Ländern durch sog. „Ministerialerlasse", ergänzt, die die Werbung für alle Arzneimittel sowie für Gegenstände, Vorrichtungen und Methoden zur Verhütung, Linderung oder Heilung von Krankheiten bei Mensch und Tier regelten[3]. 1

Nach der Machtergreifung der Nationalsozialisten wurde der Werberat der deutschen Wirtschaft, der aufgrund des Gesetzes über Wirtschaftswerbung vom 12.9.1933[4] die 2

---

[1] Unter Mitarbeit von *Dr. Stephanie Thewes*, Rechtsanwältin in München.
[2] *Gröning/Mand/Reinhart/Mand/Reinhart*, HWG, Einl. Rn. 3; *Doepner/Reese*, HWG, Einl. Rn. 1; *Zimmermann* in HdB-ArzneimittelR, § 28 Rn. 3.
[3] *Gröning/Mand/Reinhart/Mand/Reinhart*, HWG, Einl. Rn. 5; *Doepner/Reese*, HWG, Einl. Rn. 1.; *Kleist/Albrecht/Hoffmann*, HWG, Einf. Rn. 2.
[4] RGBl. I S. 625.

Reichsaufsicht über das Werbewesen ausübte, ermächtigt, die Heilmittelwerbung neu zu regeln. Mit der 17. Bekanntmachung des Werberats, der sog. „Heilmittel-Bekanntmachung" aus dem Jahr 1936 wurde die die Heilmittelwerbung erstmals reichseinheitlich und umfassend geregelt, da die einzelnen Länder gleich lautende Polizeiverordnungen erließen[5].

3 Am 29.9.1941 erließ der Reichswirtschaftsminister des Inneren die HWVO, die Polizeiverordnung über die Werbung auf dem Gebiet des Heilwesens[6], mit deren Inkrafttreten die Polizeiverordnungen über die Werbung auf dem Gebiete des Heilwesens in den Ländern aufgehoben wurden[7].

4 In den 50iger Jahren wurden erste Beratungen zur Neuregelung des Heilmittelwerberechts aufgenommen, um den (teilweise aus den Vereinigten Staaten übernommenen) neuen Werbemethoden sowie der Verbreitung von audiovisuellen Multiplikationsmedien und der Fortentwicklung der medizinischen und pharmazeutischen Wissenschaft Rechnung tragen zu können[8]. Da der Gesetzgeber einen Ausgleich zwischen den (häufig entgegengesetzten) Interessen aller beteiligten Kreise – dem Interesse der Pharmawirtschaft an einer Bewerbung ihrer in oft langjährigen Forschungen entwickelten Medikamente, dem Interesse des Verbrauchers an hinreichender Information sowie seinem Recht auf Selbstmedikation, sowie dem Interesse des Staates an einer Aufrechterhaltung der Volksgesundheit – schaffen musste, zogen sich die Beratungen über Jahre hin[9].

5 Am 15.7.1965 trat dann schließlich, beruhend auf einem Gesetzesentwurf aus dem Jahr 1963[10], das HWG in Kraft. Im Gegensatz zu früheren Entwürfen enthielt es keine Listen mit bestimmten Krankheiten, Arzneimittelgruppen oder Stoffen, für die besondere Publikumswerbeverbote gelten sollten. Ansonsten bestanden aber zur HWVO weitreichende Parallelen[11].

6 Seit seinem Inkrafttreten hat das HWG zahlreiche Änderungen erfahren. So wurde etwa mit dem AMNG aus dem Jahr 1976 § 3a (heute: § 4) eingeführt, der das Gebot der Angabe von Pflichtangaben in jeder Arzneimittelwerbung vorsah. Der ebenfalls neu eingefügte § 3b (der heutige § 5) postulierte ein Verbot der Werbung mit Anwendungsgebieten für registrierte homöopathische Arzneimittel, § 5 enthielt eine verschärfte Regelung der Werbegaben.

7 Durch die 2. AMG-Novelle[12] wurde die Regelung zu den Pflichtangaben verschärft. Ausreichend ist seither nicht mehr deren „Erkennbarkeit"; ausdrücklich vorgeschrieben ist vielmehr ihre „gute Lesbarkeit"[13]. Die 4. AMG-Novelle vom 11.4.1990 führte ua anstelle der umfangreichen Pflichtangaben den standardisierten Aufklärungshinweis „Zu Risiken und Nebenwirkungen lesen Sie die Packungsbeilage und fragen Sie Ihren Arzt oder Apotheker" für die Werbung in audiovisuellen Medien ein[14]. Weitere Novellierun-

---

[5] *Doepner/Reese*, HWG, Einl. Rn. 3; vgl. *Zimmermann* in HdB-ArzneimittelR, § 28 Rn. 4.
[6] RGBl. I S. 587.
[7] *Doepner/Reese*, HWG, Einl. Rn. 3; *Kleist/Albrecht/Hoffmann*, HWG, Einf. Rn. 2.
[8] *Gröning/Mand/Reinhart*, Heilmittelwerberecht, Einl. Rn. 9; *Doepner/Reese*, HWG, Einl. Rn. 7 ff.; *Zimmermann* in Fuhrmann/Klein/Fleischfresser, Arzneimittelrecht, § 28 Rn. 5; *Pelchen/Anders* in Erbs/Kohlhaas, Strafrechtliche Nebengesetze, HWG, Vorb. Rn. 1.
[9] *Pelchen/Anders* in Erbs/Kohlhaas, Strafrechtliche Nebengesetze, Vorb. Rn. 1 f.
[10] ReGE 1963, BT-Drucks. IV/1867, Anlage 1, zitiert nach *Gröning/Mand/Reinhart*, Heilmittelwerberecht, Einl. Rn. 10; ferner *Hofmann*, PharmR, Sonderheft 2012, 1.
[11] *Gröning/Mand/Reinhart*, Heilmittelwerberecht, Einl. Rn. 8; *Doepner/Reese*, HWG, Einl. Rn. 12.
[12] BGBl. I S. 1296.
[13] § 4 Abs. 4 HWG.
[14] *Doepner/Reese*, Heilmittelwerbegesetz, Einl. Rn. 24 f.; *Gröning/Mand/Reinhart*, Heilmittelwerberecht, Einl. Rn. 21.

gen des HWG wurden maßgeblich durch den Erlass von EG-Richtlinien veranlasst. So dienten etwa die 5. und 8. AMG-Novelle der Umsetzung der RL 92/28/EWG[15] über die Werbung von Humanarzneimitteln. Die 16. AMG-Novelle[16] wurde ua zur Umsetzung der RL 2001/83/EG erforderlich[17].

II. Das Gemeinschaftsrecht

1. Der Gemeinschaftskodex für Humanmedizin

Nachdem in den letzten Jahrzehnten zahlreiche Richtlinien erlassen, überarbeitet und fortgeschrieben wurden, die das Recht der Humanarzneimittel regelten, hielt es der Gemeinschaftsgesetzgeber für angezeigt, eine einheitliche Gesamtregelung des Humanarzneimittelrechts zu schaffen. Gleichzeitig sollten die bestehenden Unterschiede zwischen den bisherigen einzelstaatlichen Vorschriften nivelliert werden. Ergebnis dieser Regelungsbemühungen auf europäischer Ebene war die RL 2001/83/EG des Europäischen Parlamentes und des Rates vom 6.11.2001 zur Schaffung eines Gemeinschaftskodexes für Humanarzneimittel[18], in dessen Art. 86 bis 100 sowie den Erwägungsgründen 42 bis 53 die für den Bereich der Heilmittelwerbung bis dahin maßgebliche RL 92/28/EWG des Rates vom 31.3.1992 über die Werbung von Humanarzneimitteln aufging[19].

8

Mittlerweile hat der Gemeinschaftskodex wiederholt Änderungen erfahren. Für den Bereich der Arzneimittelwerbung brachte die RL 2004/27/EG eine Reihe von Modifizierungen:

9

- Art. 88 wurde neu gefasst und der bisherige UAbs. 2, der Werbung für bestimmte Krankheiten wie Tuberkulose, schwere Infektionskrankheiten oder Krebs untersagte, aufgehoben;
- Die in Art. 94 Abs. 2 niedergelegte Regelung über den Repräsentationsaufwand bei Veranstaltungen zur Verkaufsförderung wurde verschärft, und
- Art. 100, der die Werbung für homöopathische Arzneimittel regelt, wurde modifiziert[20].
- Darüber hinaus wurde Art. 88a eingefügt, der die Kommission verpflichtete, binnen 3 Jahren einen Bericht über die Gefahren und Vorteile der gegenwärtigen Praktiken im Informationsbereich, insbesondere über im Internet verbreitete Informationen, vorzulegen. Diesen Bericht hat die Kommission am 20.12.2007 veröffentlicht. Die Bedeutung des Internets für die Patienteninformation wurde herausgehoben, das in den einzelnen Ländern bereitgestellte Informationsangebot aber als sehr unterschiedlich bewertet[21]. Im Jahr 2008 legte die Kommission daraufhin einen Vorschlag zur Änderung des Gemeinschaftskodexes vor[22], den sie in den Jahren 2011 und 2012 noch einmal abänderte. Die Gespräche im Rat zeigten, dass keine Einigung zu erzielen war, so dass der Vorschlag vom 22.10.2013 endgültig zurückgezogen wurde[23].

---

[15] *Reese/Holtorf* in Dieners/Reese, PharmaR-HdB, § 11 Rn. 17, 23.
[16] BT-Drucks. 17/9341.
[17] Vgl. Stellungnahme des GRUR-Fachausschusses für Arzneimittel- und Lebensmittelrecht zur Frage der Reformbedürftigkeit des Heilmittelwerbegesetzes, GRUR 2012, 361 ff.; ferner *Menebröker* GRUR-Prax 2012, 297 ff.; *Doepner-Thiele* GRUR-Prax 2012, 293 ff.
[18] ABl. EG 2001 L 311 (67 ff.), im Folgenden: „Gemeinschaftskodex".
[19] *Gröning/Mand/Reinhart*, Heilmittelwerberecht, Bd. 2, Einl. Rn. 18a und 18g; *Zimmermann*, in: Fuhrmann/Klein/Fleischfresser, Arzneimittelrecht, § 28 Rn. 22.
[20] *Gröning/Mand/Reinhart*, Heilmittelwerberecht, Bd. 2, Einl. Rn. 18 f.
[21] Der Bericht ist abrufbar unter http://eur-lex.europa.eu/LexUriServ/LexUriServ.do?uri=COM:2007:0862:FIN:DE:HTML; ferner *Stallberg* WRP 2010, 56 (63).
[22] Vgl. KOM (2008) 663, geändert durch KOM (2011) 633 u. COM (2012) 48.
[23] Vgl. COM (2013) 739 final.

2. Weitere einschlägige Richtlinien

10   Neben dem Gemeinschaftskodex kommen im Heilmittelwerbebereich im Wesentlichen noch folgende weitere Richtlinien zum Tragen:
* die RL 2005/29/EG des Europäischen Parlaments und des Rates über unlautere Geschäftspraktiken vom 11.3.2005[24], die Geschäftspraktiken von Unternehmern gegenüber Verbrauchern regelt[25],
* sowie die RL 2006/114/EG des Europäischen Parlaments und des Rates vom 12.12.2006 über irreführende und vergleichende Werbung[26], die dem Schutz gewerblicher Marktteilnehmer dient[27].

3. Der Vorrang des Gemeinschaftsrechts[28]

11   Diese Richtlinien gelten im Heilmittelwerberecht nicht unmittelbar wie die Verordnungen der Gemeinschaft (Art. 288 Abs. 2 AEUV), sondern bedürfen einer nationalen Umsetzung (Art. 288 Abs. 3 AEUV). Allerdings ist bestehendes nationales Recht aufgrund des Grundsatzes vom Vorrang des Gemeinschaftsrechts richtlinienkonform auszulegen. Die Auslegungsmethoden entsprechen dabei weitgehend denen des deutschen Rechts. Die Deutungshoheit des Gemeinschaftsrechts liegt beim Europäischen Gerichtshof; nationale Gerichte sind gehalten, in Zweifelsfällen ein Vorabersuchen an den EuGH zu richten (Art. 267 AEUV).

4. Zum Harmonisierungsstandard der im Heilmittelwerberecht einschlägigen Richtlinien

12   Die im Heilmittelwerberecht einschlägigen Richtlinien setzen jeweils unterschiedliche Schutzstandards. Der – nur den Bereich der Arzneimittelwerbung, nicht jedoch die Werbung für Medizinprodukte, andere Mittel, (insbesondere kosmetische) Behandlungen und Verfahren betreffende[29] – Gemeinschaftskodex bezweckt – soweit nicht in den Art. 88 Abs. 3, 89 Abs. 1 lit. b) und Abs. 2, Art. 91 Abs. 1 S. 2, Art. 96 Abs. 2 sowie Art. 5 Abs. 1 und 2 Ausnahmen zugelassen werden[30] – eine Vollharmonisierung im Bereich der Arzneimittelwerbung[31]. Den Mitgliedsstaaten ist es somit grundsätzlich verwehrt, vom Schutzstandard des Gemeinschaftskodex nach oben oder unten abzuweichen. Gleiches gilt für die RL 2005/29/EG über unlautere Geschäftspraktiken[32]. Die RL 2006/114/EG über irreführende und vergleichende Werbung bezweckt dagegen gem. ihrem Art. 8 Abs. 1 eine Vollharmonisierung nur im Bereich der vergleichenden Werbung; in allen anderen Regelungsbereichen setzt sie lediglich einen Mindeststandard.

---

[24] ABl. EG 2005 L 149 (22).
[25] Sog. B2C-Bereich.
[26] ABl. EG 2006 L 376 (21 f.).
[27] Sog. B2B-Bereich.
[28] Vgl. hierzu die Ausführungen unter → § 5 Rn. 42.
[29] BGH GRUR 2009, 1082, (1085) Tz. 23 – DeguSmiles&more.
[30] Str. noch in Bezug auf Art. 86 Abs. 2 des Gemeinschaftskodex, vgl. hierzu *Reese/Holtorf* in Dieners/Reese, PharmR-HdB, 11 Rn. 23, § 28 Rn. 40; *Bülow*, in: Bülow/Ring/Artz/Brixius, Heilmittelwerbegesetz, Einf. Rn. 5 f.; *Doepner/Reese*, HWG, Einl. Rn. 51 ff.
[31] EuGH GRUR 2008, 267 (268) Tz. 20, 39 – Gintec; jurisPK/*Ullmann* Einl. Rn. 43; PharmR 2012, 285.
[32] vgl. Erwägungsgrd. 5 und Art. 3 Abs. 5 der RL 2005/29/EG; ferner *Köhler* in Köhler/Bornkamm/Feddersen, UWG, Einl. Rn. 2.22.

III. Das maßgebliche, neben dem HWG zu berücksichtigende nationale Recht – gesetzestechnische Einordnung des HWG

1. Verfassungsrecht

Die im Heilmittelwerberecht hauptsächlich zum Tragen kommenden verfassungsrechtlichen Vorschriften sind die Berufsfreiheit nach Art. 12 GG, der Gleichheitsgrundsatz nach Art. 3 GG sowie die Meinungs- und Informationsfreiheit des Art. 5 GG. Gem. Art. 5 Abs. 2 GG wird die Meinungs- und Informationsfreiheit allerdings durch die allgemeinen Gesetze beschränkt, zu denen nach der ständigen Rechtsprechung des Bundesverfassungsgerichts auch die Vorschriften des HWG zählen[33]. Diese allgemeinen Gesetze sind jedoch wiederum im Lichte des Art. 5 Abs. 1 GG auszulegen – und damit insbesondere einer Verhältnismäßigkeitsprüfung zu unterziehen.

13

Ausfluss dieser Verhältnismäßigkeitskontrolle ist einmal, dass Heilmittelwerbung aus der Sicht eines verständigen Empfängers unter Berücksichtigung aller für ihn wahrnehmbaren, den Sinn der Äußerung mitbestimmenden Umstände zu beurteilen ist[34]. Diese Sichtweise entspricht der des allgemeinen Wettbewerbsrechts, bei der ebenfalls auf die Sichtweise des verständigen Durchschnittsverbrauchers abgehoben wird.

14

Darüber hinaus ist ein Verbot einer Werbung auf der Grundlage des HWG nur bei Vorliegen einer mittelbaren Gesundheitsgefährdung möglich[35]. Mit Einführung dieses ungeschriebenen Tatbestandsmerkmals[36] soll einer unverhältnismäßigen Ausdehnung des Anwendungsbereichs des HWG begegnet werden. Rechtsdogmatisch sind danach die Tatbestände des HWG nicht mehr als abstrakte Gefährdungsdelikte aufzufassen, bei denen die Rechtsfolge lediglich an die Erfüllung aller Tatbestandsmerkmale geknüpft ist. Geprüft werden muss vielmehr zusätzlich, ob aufgrund einer aus der fraglichen Werbemaßnahme resultierenden unsachlichen Beeinflussung eine Gesundheitsgefährdung des Umworbenen befürchtet werden muss[37].

15

2. Das UWG

Gem. § 17 HWG bleibt das Gesetz gegen den unlauteren Wettbewerb unberührt. Arzneimittelwerbung unterliegt damit nicht nur den speziellen arznei- und heilmittelwerberechtlichen Regelungen, deren Einhaltung über § 4 Nr. 11 UWG aF/§ 3a UWG nF von Mitbewerbern erzwungen werden kann[38], sondern muss sich auch an den Normen des UWG selbst messen lassen. Relevant wird dies insbesondere im Bereich der Image- und vergleichenden Werbung, da insoweit keine eigene heilmittelwerberechtliche Regelung existiert[39].

16

3. Das StGB

Im Juni 2016 ist das Gesetz zur Bekämpfung von Korruption im Gesundheitswesen in Kraft getreten, durch das das StGB um die §§ 299a (Bestechlichkeit) und 299b (Beste-

16a

---

[33] *Reese/Holtorf* in Dieners/Reese, PharmaR-HdB, § 11 Rn. 34 mwN; OLG Köln, Urt. v. 12.1.18, PharmR 2018, 144.
[34] BVerfG NJW 2003, 1303 (1304) – Benetton II.
[35] BVerfG GRUR 2004, 797 ff – Botox-Faltenbehandlung; BGH GRUR 2007, 809 ff. – TCM-Zentrum; GRUR 2004, 799 (800) – Lebertrankapseln; eingehend: *Zimmermann* in Fuhrmann/Klein/Fleischfresser, HdB-ArzneimittelR, § 28 Rn. 17 ff.; *Bülow* in Bülow/Ring/Artz/Brixius, Heilmittelwerbegesetz, Einf. Rn. 19 ff.
[36] *Zimmermann* in Fuhrmann/Klein/Fleischfresser, HdB-ArzneimittelR, § 28 Rn. 18.
[37] BGH GRUR 2007, 809 ff. Tz. 19 – TCM-Zentrum; *Zimmermann* in Fuhrmann/Klein/Fleischfresser, HdB-ArzneimittelR, § 28 Rn. 18.
[38] *Köhler* in Köhler/Bornkamm/Feddersen, UWG, § 3a Rn. 1.218 ff., 1.195.
[39] BGH GRUR 2009, 1082 ff. – DeguSmiles & more.

chung) ergänzt wurde⁴⁰. Beide Vorschriften schützen primär den Wettbewerb und nur mittelbar das Patienteninteresse an einer unbeeinflussten Berufsausübung⁴¹. Ihre Einhaltung ist deshalb über § 3a UWG (nF) durchsetzbar⁴².

4. Die Arzneimittelpreisverordnung

17   Relevant werden in heilmittelwerberechtlichen Fällen zudem häufiger die Vorschriften der Arzneimittelpreisverordnung (AMPreisV), deren Einhaltung über § 4 Nr. 11 UWG aF/§ 3a UWG nF auch durch Mitbewerber erzwungen werden kann. Hierbei sind allerdings die Wertungen des HWG bei der Anwendung dieser Vorschriften mit zu berücksichtigen. So hat der Bundesgerichtshof unlängst entschieden, dass ein Verstoß gegen die AMPreisV auch vorliegen kann, wenn für das preisgebundene Arzneimittel zwar der korrekte Preis angesetzt, dem Kunden aber auf andere Weise ein Vorteil gewährt werde. Im konkreten Fall war der Vorteil jedoch nicht geeignet, den Wettbewerb spürbar iSd § 3 Abs. 1 UWG aF zu beeinträchtigen, da es sich dabei um geringwertige Kleinigkeiten iSv § 7 Abs. 1 S. 1 Nr. 1 Fall 2 HWG handelte⁴³.

17a   Aufgrund des Urteils des EuGH vom 19.10.2016⁴⁴ soll die AMPreisV für ausländische Versandapotheken keine Geltung entfalten. Zur Beurteilung stand dort eine Kooperationsvereinbarung zwischen der Deutschen Parkinson Vereinigung und DocMorris, die für den Bezug verschreibungspflichtiger Parkinsonmedikamente bei der niederländischen Versandapotheke verschiedene Boni vorsah. Der EuGH urteilte, dass nationale Regelungen wie die Vorschriften der AMPreisV, die für verschreibungspflichtige Arzneimittel einheitliche Apothekenabgabepreise vorsehen, eine Maßnahme gleicher Wirkung iSv Art. 34 AEUV darstellen, da sie sich auf die Abgabe verschreibungspflichtiger Arzneimittel durch in anderen Mitgliedstaaten ansässige Apotheken stärker auswirken, als auf die Abgabe eben dieser Arzneimittel durch inländische Apotheken. Auch könne eine solche Regelung nicht nach Art. 36 AEUV mit dem Schutz der Gesundheit und des Lebens von Menschen gerechtfertigt werden, da sie nicht geeignet sei, die angestrebten Ziele zu erreichen⁴⁵. Allerdings hat der EuGH in seiner Entscheidung völlig außer Acht gelassen, dass die von DocMorris in Deutschland in den Verkehr gebrachten Arzneimittel in den Niederlanden überhaupt nicht zugelassen sind, so dass der Argumentation des EuGH eigentlich der Boden entzogen ist.

In der Entscheidung „Freunde werben Freunde"⁴⁶ hat der BGH daraufhin zutreffend die Auffassung vertreten, diese Entscheidung des Europäischen Gerichtshofs beruhe auf ungenügenden Feststellungen in jenem Verfahren. Aus diesem Grund hat er den der Entscheidung „Freunde werben Freunde" zugrunde liegenden Rechtsstreit an die Vorinstanz zurückverwiesen, um den Parteien Gelegenheit zu geben, zur Geeignetheit der deutschen Regelung der arzneimittelrechtlichen Preisbindung für eine flächendeckende und gleichmäßige Arzneimittelversorgung vertiefter vorzutragen.

Um die Preisbindung im Bereich verschreibungspflichtiger Arzneimittel für ausländische Versandapotheken entsprechend den Regelungen der AMPreisV aufrechtzuerhalten, hat das Bundesgesundheitsministerium einen Referentenentwurf eines Gesetzes erarbeitet,

---

⁴⁰ Gesetz vom 30.5.2016, BGBl. I S. 1254.
⁴¹ *Dann/Scholz*, NJW 2016, 2077 mwN; *Rauer/Pfuhl*, PharmR 2016, 357 ff.; *Dieners/Cahnbley*, MPR 2016, 48 ff.
⁴² → § 9 Rn. 1 ff.
⁴³ BGH GRUR-RR 2011, 39 ff. – E-Taler; GRUR 2009, 1082 ff. – DeguSmiles & more; ferner *Spickhoff*, Medizinrecht, AMPreisV § 3 Rn. 8.
⁴⁴ Az.: C-148/15, NVwZ 2016, 1793 ff.
⁴⁵ Vgl. *Lafontaine*, JM 2017, 46 ff.; *Ludwigs*, NVwZ 2016, 1796 ff.; *Franck*, LMK 2016, 384747; *Streinz*, JuS 2017, 83 ff.; *Merx*, GRUR-Prax 2016, 516; *Kozianka/Hußmann*, PharmR 2017, 10 ff.
⁴⁶ GRUR 2017, 635 ff., Rn. 48.

wonach für verschreibungspflichtige Arzneimittel ein generelles Versandhandelsverbot vorgesehen sein soll[47]. Bisher konnten sich die Parteien jedoch auf keine Regelung einigen.

5. Kodizes

Von (allerdings begrenzter) Bedeutung sind im Heilmittelwerberecht zuletzt die von verschiedenen Verbänden der Pharma- und Medizinproduktindustrie beschlossenen Kodizes[48]. Diese haben keinen Gesetzesrang und entfalten eine unmittelbare vertragliche Bindungswirkung nur für die jeweiligen Verbandsmitglieder[49]. Sie können jedoch unter Umständen als Indiz dafür herangezogen werden, was die beteiligten Verkehrskreise selbst als unlauteres Verhalten werten[50], und zudem die Anforderungen an die berufliche Sorgfalt in dieser Branche beschreiben[51]. Bei der Beurteilung von Korruption im Gesundheitswesen stellen sie auch wichtige Leitlinien für die Bewertung der Frage dar, ob Werbemaßnahmen und die Zusammenarbeit mit den Fachkreisen den Rahmen des nach §§ 299a und 299b StGB Zulässigen verlassen. Allerdings besteht insoweit weder eine Bindungswirkung für die Zivilgerichtsbarkeit, noch können die Kodizes eine Prüfung des jeweiligen Einzelfalls anhand der wettbewerbsrechtlichen Normen ersetzen[52].

18

6. Gesetzestechnische Einordnung des HWG

Gesetzestechnisch ist das HWG – die Straf- und Ordnungswidrigkeitstatbestände der §§ 14 bis 16 machen es deutlich – zum Nebenstrafrecht zu zählen. Allerdings erfolgt die Rechtsverfolgung ganz überwiegend auf zivilrechtlichem Weg über die Vorschrift des § 4 Nr. 11 UWG aF/3 3a UWG nF: Statistiken aus den Jahren 1966 und 1973 weisen 84 % Zivilgerichts- gegenüber 3 % Verwaltungsgerichtsentscheidungen und 13 % Strafurteilen aus – Tendenz zugunsten des Zivilrechtswegs deutlich steigend[53]. Für Medizinprodukte bestimmt § 26 Abs. 2 S. 1 seit der 16. AMG-Novelle, dass die zuständige Behörde die Beachtung der Vorschriften des HWG zu überwachen hat[54], was jedoch kaum geschieht.

19

IV. Grundwertungen des Heilmittelwerbe- und des allgemeinen Wettbewerbsrechts

Aufgrund der Vielzahl der generalklauselartig formulierten Tatbestände ist das Wettbewerbs- und Heilmittelwerberecht stärker durch die Rechtsprechung bestimmt als die

20

---

[47] https://www.bundesgesundheitsministerium.de/fileadmin/Dateien/3_Downloads/Gesetze_und _Verordnungen/GuV/V/Versandhandel-Verbot_RefE.pdf.; vgl. ferner Antwort der Bundesregierung vom 23.2.2017, BT-Drs. 18/11318.

[48] Vgl. den Kodex der Mitglieder des Bundesverbandes der Pharmazeutischen Industrie e. V., Stand November 2001 (novelliert und abgelöst durch den AKG Verhaltenskodex), die FSA-Kodizes „Patientenorganisationen" und „Fachkreise" vom August 2012 und März 2018, der Kodex Medizinprodukte vom September 2016 ergänzt zum 1.1.2018, sowie der „AKG Verhaltenskodex" und der „AKG-Kodex Patientenorganisationen" der Mitglieder des „Arzneimittel und Kooperation im Gesundheitswesen e. V." vom 22.4.2015, die sämtlich im Internet zur Verfügung stehen.

[49] BGH GRUR 1994, 219 (220) – Warnhinweis I; vgl. ferner die Legaldefinition in § 2 Abs. 1 Nr. 5 UWG; BGH PharmR 2011, 138 mAnm v. *Czettritz*; v. *Czettritz* in FS für Sander, 387, 388.

[50] BGHZ 166, 154 (162) Tz. 19 = GRUR 2006, 773 (774) – Probeabonnement; *Gröning/Mand/ Reinhart*, Heilmittelwerberecht, Bd. 1 Einl. Rn. 32 ff.

[51] Vgl. Erwägungsgr. 20 der RL 2005/29/EG; *Reese/Holtorf* in Dieners/Reese PharmaR-HdB § 11 Rn. 40.

[52] BGH GRUR 2011, 431 ff. – FSA-Kodex; BeckRS 2011, 17762 – FSA – Kodex II; ferner JurisPK-UWG/*Ullmann* Einl. Rn. 3; *Bülow* in Bülow/Ring/Artz/Brixius, Heilmittelwerbegesetz, § 7 Rn. 138, v. *Czettritz* PharmR 2011, 139.

[53] v. *Czettritz* WRP 1993, 461; WRP 1975, 330 (331); *Doepner/Reese* HWG Einl. Rn. 211.

[54] Art. 11 d. Gesetzes v. 19.10.2012 (BGBL. I S. 2192).

meisten anderen Rechtsgebiete. Die Zahl der Einzelentscheidungen ist fast unübersehbar. Letztlich lassen sich diese Entscheidungen jedoch fast durchweg auf einige wenige Grundwertungen zurückführen, die bei der Beurteilung eines Falles im Vorfeld einer gerichtlichen Klärung als Orientierungshilfe dienen können.

1. Schutzhöhe und geschützte Interessen

21 Vorrangiges Ziel des Wettbewerbs- wie des Heilmittelwerberechts ist es einerseits, dem Wettbewerb Ordnung und Rahmen zu geben, und andererseits die Wettbewerbsfreiheit des einzelnen nur dort zu beschränken, wo Eingriffe in die Belange der Mitbewerber, der Verbraucher oder der Allgemeinheit der Lauterkeit im Wettbewerb widersprechen[55].

22 Gleichzeitig ist das Wettbewerbs- und Heilmittelwerberecht ein Spiegel der Gesellschaft und des in ihr geltenden Menschenbilds. Während früher der Staat „seine Hand schützend über den Bürger hielt" und etwa eine Irreführung schon dann bejahte, wenn ein nicht völlig unbeachtlicher Teil der Verkehrskreise, an die sich eine Werbung richtete, bei ungezwungener Betrachtung in die Irre geführt wurde[56], kommt es heute – nicht zuletzt aufgrund des Einflusses des Gemeinschaftsrechts – auf die Auffassung eines informierten und verständigen Durchschnittsverbrauchers an[57].

23 Die Unternehmer wiederum haben dafür zu sorgen, dass der Verbraucher seine geschäftliche Entscheidung auf der Grundlage richtiger und pflichtgemäßer Information treffen kann[58]. Der Verkehr soll weder über das Angebot getäuscht noch unsachlich beeinflusst werden. Allerdings kommt auch hier das geänderte Verbraucherleitbild zum Tragen: Der Verbraucher von heute ist besser informiert und steht Werbung allgemein skeptischer gegenüber als früher. Aus diesem Grund wird in der Rechtsprechung die Tendenz sichtbar, eine Irreführung oder unsachliche Beeinflussung seltener anzunehmen als noch vor 10 Jahren[59].

24 Unter besonderem Schutz stehen allerdings einzelne Bevölkerungsgruppen wie Kinder, alte Menschen oder Kranke. Hier ist aufgrund des Alters oder der besonderen Lebenssituation, in der sich diese Menschen befinden und die sie für Beeinflussung jeglicher Art leichter empfänglich machen, ein erhöhtes Schutzniveau erforderlich[60]. Daher wird bei Werbung, die sich speziell an diese Bevölkerungsgruppen richtet, ein Wettbewerbsverstoß eher bejaht.

2. Grundwertungen des Heilmittelwerberechts

25 **a) Das heilmittelwerberechtliche Strengeprinzip.** Diesem letztgenannten Gedanken, dass nämlich Menschen in besonderen Lebenssituationen eines besonderen Schutzes bedürfen, trägt auch das heilmittelwerberechtliche Strengeprinzip Rechnung. Es besagt, dass an die Richtigkeit, Eindeutigkeit und Klarheit gesundheitsbezogener Werbeaussagen besonders strenge Anforderungen zu stellen sind[61]. Dies rechtfertigt sich daraus, dass die eigene Gesundheit in der Wertschätzung des Verbrauchers einen hohen Stellenwert hat, der Verkehr im Falle einer Krankheit generell verunsichert ist, und sich deshalb an die Gesundheit anknüpfende Werbemaßnahmen erfahrungsgemäß als besonders wirksam erweisen.

---

[55] *Ohly* in Ohly/Sosnitza, Gesetz gegen den unlauteren Wettbewerb, Einf. A Rn. 45 ff.
[56] Vgl. *Baumbach/Hefermehl*, Wettbewerbsrecht, 18. Aufl. 1995, UWG § 3 (aF) Rn. 27; *Reese* PharmR 2002, 237 f.
[57] Statt vieler *Sosnitza* in Ohly/Sosnitza UWG § 5 Rn. 122, § 2 Rn. 120 ff.
[58] *Köhler* in Köhler/Bornkamm/Feddersen UWG § 1 Rn. 18; *Reese* PharmR 2002, 237 (239).
[59] Ebenso: *Reese* PharmR 2002, 237 (243).
[60] Vgl. § 3 Abs. 2 S. 3 UWG aF/ § 3 Abs. 4 S. 2 UWG nF.
[61] BGH GRUR 2002, 182 (185) – Das Beste jeden Morgen; OLG Hamburg PharmR 2009, 629 ff. Tz. 38; Magazindienst 2008, 792 ff., Tz. 48; ferner *Reese/Holtorf* in Dieners/Reese PharmR-HdB § 11 Rn. 140.

b) Die Gesundheit als hohes Schutzgut – Vorbeugung des Medikamentenfehl- 26
gebrauchs. Daneben rechtfertigt sich die strengere Beurteilung gesundheitsbezogener Werbeaussagen auch aus dem Umstand, dass mit irreführenden gesundheitsbezogenen Werbeangaben erhebliche Gefahren für das hohe Schutzgut der Gesundheit des Einzelnen und der Bevölkerung verbunden sein können[62]. Ein durch Werbung motivierter Medikamentenfehlgebrauch kann dabei ebenso negative Auswirkungen auf die Volksgesundheit haben wie eine ärztlich nicht abgesicherte Selbstmedikation. Deshalb ist auch an die Neutralität der in der Heilmittelwerbung enthaltenen Informationen ein strenger Maßstab anzulegen.

c) Hohe Aktualität. Darüber hinaus müssen die in der Werbung verwendeten Infor- 27
mationen von größtmöglicher Aktualität sein. Die medizinischen Erkenntnisse unterliegen einer stetigen Veränderung und haben erheblichen Einfluss auf die Erkennung und Behandlung von Krankheiten. Werbetreibende haben daher die von ihnen bereitgestellten Informationen stets auf neuestem Stand zu halten, um dem Verbraucher eine rationale Entscheidung zu ermöglichen[63].

§ 8 Das Heilmittelwerbegesetz

Schrifttum: *BAH, A&R 2007, 201 ff.; Beuthien/Schmölz,* Die Geltung des Heilmittelwerbegesetzes für arzneimittelrechtliche Informationen, GRUR 1999, 297; *Bülow/Ring/Artz/Brixius,* Heilmittelwerberecht, 5. Auflage 2016; *Burk,* Die neuen Publikumswerbeverbote des § 11 HWG auf dem Prüfstand von Verfassungs- und Europarecht, GRUR 2012, 1097; *von Czettritz,* Pflichtangaben im Internet „über einen Klick", GRUR-Prax 2013, 548; *von Czettritz,* Pharma-Online-rechtliche Probleme der Pharmawerbung im Internet, PharmR 1997, 88; *von Czettritz,* Pflichtangaben in modernen Medien, PharmR 2003, 331; *von Czettritz/Thewes,* Pflichtangaben in Adwords-Anzeigen?, PharmR 2012, 56; *von Czettritz,* Wiedergabe der Pflichtangaben durch Link, Anmerkung zum Urteil des Kammergerichts Berlin vom 24.10.2003, PharmR 2004, 22; *von Czettritz/Strelow,* Arzneimittelmuster auch für Apotheker?, PharmR 2014, 188; *von Czettritz/Thewes,* Zur arzneimittelrechtlichen Beurteilung der Gewährung von Skonti durch den pharmazeutischen Großhandel – zugleich eine Anmerkung zu Mand, A&R 2014, 147 ff., PharmR 2014, 460 ff.; *Dieners/Reese,* Handbuch des Pharmarechts, 2010; *Doepner/Reese,* Heilmittelwerbegesetz, 3. Auflage 2018; *Feddersen,* Wissenschaftliche Absicherung von Wirkungsangaben im Heilmittelwerbeprozess, GRUR 2013, 127; *Fuhrmann/Klein/Fleischfresser,* Arzneimittelrecht, Handbuch für die pharmazeutische Rechtspraxis, 2. Aufl. 2014; *Geiger,* MPR 2015, 131 ff.; *Gröning/Mand/Reinhart,* Heilmittelwerberecht, 5. Ergänzungslieferung, Stand August 2015; *Hill/Schmitt,* WiKo Kommentar zum Medizinprodukterecht, 17. Lieferung, Sept. 2017; *Knauer/Kellermann,* Arzneimittelwerbung mit wissenschaftlichen Studien, PharmR 2013, 311; *Köhler/Bornkamm/Feddersen,* Gesetz gegen den Unlauteren Wettbewerb, 36. Auflage 2018; *Kügel/Müller/Hofmann,* Arzneimittelgesetz, 2. Auflage 2016; *Mand,* Online-Werbung für Arzneimittel im Europäischen Binnenmarkt, WRP 2013, 192; *Meeser,* Endverbraucherinformationen über verschreibungspflichtige Arzneimittel, PharmR 2011, 349; *Prütting,* Medizinrecht, 4. Auflage 2016; *Reese,* Änderungen des HWG durch die 16. AMG-Novelle, MPR 2012, 165; *Riegger,* Heilmittelwerberecht, Werbung im Gesundheitssektor 2009; *Runge,* PharmR 2014, 560 ff.; *Schmidt,* Heilmittelwerberecht: Vorstellung der Reform des Heilmittelwerberechts, PharmR 2012, 285; *Spickhoff,* Medizinrecht, 2. Auflage 2014; *Tillmanns,* A&R 2014, 190 f.; *Weidner,* Richtlinienkonforme Reformierung des § 10 Abs. 2 HWG mit dem 2. Gesetz zur Änderung arzneimittelrechtlicher und anderer Vorschriften, Sonderheft PharmaR zum 50-jährigen Jubiläum von Integritas, 2012, 6; *Weidner,* Arzneimittelwerbung im Bereich „Social Media", PharmR 2014, 241 ff.; *Weimer,* Das HWG und das Internet – Der Internetauftritt eines Pharmaunternehmens, PharmR 2003, 231; *Winnands,* Quo vadis § 7 HWG?, Sonderheft PharmaR zum 50-jährigem Jubiläum von Integritas, 2012, 4.

---

[62] BGH GRUR 2002, 182 (185) – Das Beste jeden Morgen; OLG Hamburg Magazindienst 2008, 792 ff., Tz. 48; *Köhler* in Köhler/Bornkamm/Feddersen UWG § 3a Rn. 1.218.

[63] Vgl. hierzu Erwägungsgr. 12 sowie Art. 100b des Kommissionsvorschlags zur Änderung der RL 2001/83/EG.

I. Sachlicher Anwendungsbereich (§ 1 HWG)

1. Die in die Regelung einbezogenen Produktgruppen

1 Nach der Legaldefinition des § 1 HWG finden die heilmittelwerberechtlichen Vorschriften Anwendung auf die Werbung für
- Arzneimittel iSd § 2 AMG (§ 1 Abs. 1 Nr. 1 HWG; zur Begriffs-Definition s. § 2 Rn. 9 ff.),
- für Medizinprodukte iSd § 3 MPG (§ 1 Abs. 1 Nr. 1a HWG; zur Begriffs-Definition s. § 5 Rn. 4), soweit die einzelnen Paragraphen Medizinprodukte ausdrücklich nennen oder durch § 11 Abs. 1 S. 2 HWG für anwendbar erklärt werden,
- auf Werbung für alle in § 1 Abs. 1 Nr. 2 und Abs. 2 HWG aufgeführten Mittel, dh Kosmetika iSv § 2 Abs. 5 S. 1 LFGB (s. § 2 Rn. 22), Verfahren, Behandlungen und Gegenstände, dh Bedarfsgegenstände zur Körperpflege iSv § 2 Abs. 6 Nr. 4 LFGB, die sich auf die Erkennung, Beseitigung oder Linderung von Krankheiten beziehen,
- sowie operative plastisch-chirurgische Eingriffe, soweit sich die Werbeaussagen auf die Veränderung des menschlichen Körpers ohne medizinische Notwendigkeit beziehen.

Vom Anwendungsbereich des HWG ausdrücklich ausgenommen sind gem. § 1 Abs. 4 HWG alle Gegenstände zur Verhütung von Unfallschäden wie etwa Sicherheitsgurte, Sturzhelme etc.[64].

2 Da der Gemeinschaftskodex gem. Art. 1 Nr. 2 sowie Art. 2 nur im Bereich der Arzneimittelwerbung, nicht aber für Werbung der anderen im HWG genannten Produktgruppen gilt, ist eine richtlinienkonforme Auslegung der heilmittelwerberechtlichen Vorschriften auch nur im Bereich der Arzneimittelwerbung geboten[65]. Die für den Bereich der Medizinprodukte ergangenen gemeinschaftsrechtlichen Bestimmungen sehen bis auf verschiedene Kennzeichnungsvorschriften keine besonderen Regelungen für die Werbung vor.

2. Der Begriff der Werbung

3 Das HWG selbst enthält keine Legaldefinition des Begriffs der Werbung. Klargestellt wird in § 1 Abs. 3 HWG lediglich, dass das Ankündigen oder Anbieten von Werbeaussagen, etwa in Form eines Hinweises auf eine Werbung[66], selbst ebenfalls „Werbung" ist. Eine Definition des Begriffs „Werbung" findet sich allerdings in Art. 86 Abs. 1 Hs. 1 des Gemeinschaftskodexes, der aufgrund der damit einhergehenden Vollharmonisierung des geregelten Bereichs auch für die Begriffsbestimmung nach dem HWG maßgeblich ist[67]. Danach sind unter Werbung für Arzneimittel „alle Maßnahmen zur Information, zur Marktuntersuchung und zur Schaffung von Anreizen mit dem Ziel, die Verschreibung, die Abgabe, den Verkauf oder den Verbrauch von Arzneimitteln zu fördern" zu verstehen. Diese Definition deckt sich mit dem allgemeinen Verständnis von Wirtschaftswerbung, deren spezifische Zweckbestimmung in dem subjektiven Ziel liegt, die Aufmerksamkeit der angesprochenen Verkehrskreise zu erregen, deren Interesse zu wecken und damit den Absatz von Waren oder Leistungen zu fördern[68].

4 Mit diesem direkten Bezug des § 1 Abs. 1 HWG auf Werbung für bestimmte Produktkategorien ist klargestellt, dass reine Imagewerbung vom Anwendungsbereich des

---

[64] *Zimmermann* in Fuhrmann/Klein/Fleischfresser HdB-ArzneimittelR § 28 Rn. 28.
[65] BGH GRUR 2009, 1082 (1085) Tz. 23 – DeguSmiles&more mwN.
[66] *Zimmermann* in Fuhrmann/Klein/Fleischfresser, Arzneimittelrecht, § 28 Rn. 30.
[67] BGH NVwZ 2008, 1270 (1271) Tz. 21, 26 – Amlodipin; *Meeser* PharmR 2011, 349 (352).
[68] BGH NJW 1995, 3054 – Sauerstoff-Mehrschnitt-Therapie; *Beuthien/Schmölz* GRUR 1999, 297 (298).

HWG nicht umfasst ist[69]. Hintergrund der Regelung ist, dass die Gefahr der medikamentösen Selbstbehandlung nur besteht, wenn konkrete Arzneimittel angepriesen werden[70].

Die Abgrenzung zwischen Produkt- und Imagewerbung ist danach vorzunehmen, ob nach dem Gesamterscheinungsbild der Werbung die Darstellung des Unternehmens oder bestimmter, zumindest aber individualisierbarer Waren im Vordergrund steht[71]. Von Bedeutung sind dabei namentlich die Gestaltung der Werbung als solche, der Zusammenhang, in dem sie steht, der Name des werbenden Unternehmens, inhaltliche Hinweise sowie der Sinn verwendeter Begriffe[72]. Die ausdrückliche Nennung einer Arzneimittelbezeichnung indiziert dabei regelmäßig das Vorliegen von Absatzwerbung[73]. Ausreichend ist aber auch eine mittelbare Bezugnahme, wenn die beteiligten Verkehrskreise aufgrund ihrer Kenntnis der Marktverhältnisse, zB der Angabe des Indikationsgebiets oder des Wirkstoffes entnehmen können, es solle für ein oder mehrere bestimmte Arzneimittel geworben werden, obwohl deren Bezeichnung nicht ausdrücklich genannt ist[74]. Maßgeblich ist dabei aufgrund des im Lauterkeitsrecht allgemein geänderten Verbraucherleitbilds die Auffassung des informierten und verständigen Durchschnittsverbrauchers[75].

In der Literatur wurde vor einiger Zeit die Frage diskutiert, ob – analog zu der nach dem UWG 2004 im Rahmen des Tatbestandsmerkmals der „Wettbewerbshandlung" erforderlichen Wettbewerbsförderungsabsicht – auch im Heilmittelwerberecht nur dann von „Werbung" auszugehen sei, wenn diese in der Absicht der eigenen oder fremden Absatzförderung erfolgt. Während etwa *Reese/Holtorf* in Dieners/Reese[76] unter Hinweis auf die Regelungen der UGP-RL eine Wettbewerbsabsicht für entbehrlich halten und das Ziel der Absatzförderung funktional in dem Sinne verstehen, dass die Maßnahme objektiv darauf gerichtet sein muss, die Entscheidungen der Werbeadressaten zu beeinflussen, ohne dass es auf die subjektiven Vorstellungen des Handelnden ankäme, sieht *Zimmermann* in Fuhrmann/Klein/Fleischfresser[77] eine subjektive Absatzförderungsabsicht als dem Werbebegriff immanent an. Vorzugswürdig erscheint das Erfordernis einer Absatzförderungsabsicht.

Die Rechtsprechung geht schon seit längerem vom Erfordernis eines Absatzförderungswillens aus. Der Bundesgerichtshof vertrat in der „Amlodipin"-Entscheidung[78] die Auffassung, dass eine Packungsbeilage dann als Werbung einzustufen sei, wenn sie „zu Werbezwecken verwendet" werde. Der EuGH legte in seinem Urteil vom 5.5.2011[79] dar, aus dem Wortlaut von Art. 86 Abs. 1 des Gemeinschaftskodexes gehe hervor, dass das Ziel der Botschaft das grundlegende Definitionsmerkmal der Werbung und das entscheidende Kriterium für die Unterscheidung der Werbung von der einfachen Information darstelle[80]. Sofern die Botschaft zum Ziel habe, die Verschreibung, die Abgabe, den

---

[69] BGH NJW 1992, 2964 – Pharma-Werbespot; *Zimmermann* in Fuhrmann/Klein/Fleischfresser HDB-ArzneimittelR § 28 Rn. 32; *Reese/Holtorf* in Dieners/Reese PharmaR-HdB § 11 Rn. 140; *v. Czettritz* PharmR 1997, 88 (91); *Doepner/Reese* HWG § 1 Rn. 85, § 4 Rn. 24.
[70] BGH NJW 1992, 2964 (2965) – Pharma-Werbespot; *Reese/Holtorf* in Dieners/Reese PharmaR-HdB § 11 Rn. 105.
[71] *Weimer*, PharmR 2003, 231 (233); zu Imagewerbung in social media vgl. *Weidner*, PharmR 2014, 241 (243); BGH GRUR 2017, 365 ff. Rn. 30 ff. – Freunde werben Freunde.
[72] BGH NJW 1992, 2964 (2965) – Pharma-Werbespot; *Zimmermann* in Fuhrmann/Klein/Fleischfresser HdB-ArzneimittelR § 28 Rn. 33, mwN.
[73] BGH GRUR 1992, 871 (872) – Femovan.
[74] BGH GRUR 1992, 871 (872) – Femovan.
[75] Anders *Reese/Holtorf* in Dieners/Reese PharmaR-HdB § 11 Rn. 106, unter Hinweis auf die „Novodigal/temagin"-Entscheidung des BGH, abgedr. in GRUR 1983, 393 (394).
[76] *Reese/Holtorf* in Dieners/Reese PharmaR-HdB § 11 Rn. 99.
[77] *Zimmermann* in Fuhrmann/Klein/Fleischfresser HdB-ArzneimittelR § 28 Rn. 34 ff.
[78] BGH NVwZ 2008, 1270 (1271) Tz. 21.
[79] EuGH 5.5.2011 – C-316/09, GRUR 2011, 1160 ff. – MSD/Merckle GmbH.
[80] Vgl. EuGH 5.5.2011 – C-316/09, GRUR 2011, 1160 Tz. 31 der Entscheidung.

Verkauf oder den Verbrauch von Arzneimitteln zu fördern, was im Rahmen einer konkreten Prüfung aller maßgeblichen Umstände festzustellen sei, handele es sich um Werbung iSd RL. Hingegen falle eine rein informatorische Angabe ohne Werbeabsicht nicht unter die RL.[81]

8   Letzteres gilt insbesondere für alle Angaben, die arzneimittelrechtlich für die Kennzeichnung der Packung und die Packungsbeilage (Gebrauchsinformation) vorgeschrieben oder aber explizit gestattet sind[82]. Enthalten solche Informationsmittel jedoch werbliche Elemente, verstößt dies einmal gegen Art. 62 des Gemeinschaftskodexes sowie die §§ 10 Abs. 1 S. 5, 11 Abs. 1 S. 7 AMG und eventuell § 4a Abs. 1 HWG, der verbietet, in der Packungsbeilage eines Arzneimittels für andere Arzneimittel zu werben. Die als Werbung einzustufenden Aussagen sind sodann an den Vorschriften des HWG zu messen[83]. Wenn der Text der Packungsbeilage ohne Hinzutreten werblicher Elemente im Internet zum Abruf bereit gestellt wird, ist dies zulässig, da – insbesondere mit Blick auf Art. 5 Abs. 1 GG – kein Grund dafür ersichtlich ist, dem interessierten Verbraucher, der sich durch eine aktive Suche im Internet selbst um die in der Packungsbeilage enthaltenen Informationen bemüht, diese vorzuenthalten[84]. Besteht die Internetdarstellung allein aus sachlicher Information, liegt nach Auffassung des EuGH keine „Werbung" iSd Art. 86 Abs. 1 des Gemeinschaftskodexes vor[85]. Anders wäre lediglich dann zu entscheiden, wenn der Verbraucher mit den Informationen durch so genannte „Pop-up-Fenster" unaufgefordert konfrontiert wird. Denn dann besteht eine starke Vermutung für einen Werbecharakter[86]. Seit der 16. AMG-Novelle ist die Rechtsprechung des EuGH in § 1 Abs. 8 HWG umgesetzt.

9   Keine Werbung stellen gem. § 1 Abs. 5 HWG Schriftwechsel und Unterlagen dar, die keinem Werbezweck dienen und die zur Beantwortung einer konkreten Anfrage zu einem bestimmten Arzneimittel erforderlich sind. Zum Schriftwechsel zählt dabei auch der elektronische Schriftverkehr[87]. Anfragen von Patienten können daher vom pharmazeutischen Unternehmer immer in sachlicher Form beantwortet werden. Nach § 1 Abs. 6 HWG finden die heilmittelwerberechtlichen Vorschriften ebenfalls keine Anwendung auf Bestellformulare und die dort aufgeführten Angaben, soweit diese für eine ordnungsgemäße Bestellung im elektronischen Handel erforderlich sind. Bei dieser als Ausnahmevorschrift eng auszulegenden Bestimmung handelt es sich um eine Folgeänderung der Ermöglichung des elektronischen Handels mit Arzneimitteln. Erfasst wird danach nur diejenige Seite, auf welcher der Käufer die Bestellung letztlich auslöst, nicht dagegen die Seiten, auf denen die Arzneimittel beworben und im Einzelnen beschrieben werden[88].

10 Der im Rahmen der 16. AMG-Novelle an § 1 HWG angefügte Abs. 7, der Verkaufskataloge und Preislisten, so lange sie nur die zur Bestimmung der Arzneimittel notwendigen Angaben enthalten, vom Anwendungsbereich ausnimmt, dient der Klarstellung im Hinblick auf die Ausnahmeregelung des Art. 86 Abs. 2 dritter Gedankenstrich des Ge-

---

[81] Vgl. EuGH 5.5.2011 – C-316/09 Tz. 32 ff. der Entscheidung.
[82] EuGH 5.5.2011 – C-316/09, Tz. 43; dazu die Anmerkung von *Meeser* PharmR 2011, 349 ff.; ferner BGH PharmR 2001, 19 (21) – Angaben in Packungsbeilagen; *Schmidt* PharmR 2012, 285/286.
[83] EuGH 5.5.2011 – C-316/09,Tz. 48; BGH NVwZ 2008, 1270 (1271) Tz. 21 – Amlodipin.
[84] EuGH 5.5.2011 – C-316/09,Tz. 47 f.; ferner LG München PharmR 2004, 114 ff.; OLG München PharmR 2004, 308 f.; mit Anm. v. *Czettritz*, PharmR 2004, 308; *Weidner*, PharmR 2014, 241 (243); aA OLG Hamburg Magazindienst 2007, 1200 ff. Die Vorlageentscheidung des BGH ist abgedruckt in GRUR 2009, 988 ff. – Arzneimittelpräsentation im Internet.
[85] EuGH GRUR 2011, 1160 ff., Tz. 27 ff. – MSD/Merckle GmbH.
[86] EuGH GRUR 2011, 1160 ff., Tz. 47 – MSD/Merckle GmbH.
[87] *Reese/Holtorf* in Dieners/Reese PharmaR-HdB § 11 Rn. 118.
[88] OLG Naumburg MMR 2006, 467 ff. – Pflichtangaben auf Bestellformular einer Internetapotheke.

meinschaftskodexes. Mit Anfügung von § 1 Abs. 8 HWG hat der Gesetzgeber auf das Urteil „MSD/Merckle GmbH" des EuGH[89] reagiert. Dieser hatte auf eine Vorlage des Bundesgerichtshofs[90] hin klargestellt, dass sog. Pull-Informationen, dh Informationen, um die sich der Internetnutzer aktiv bemühen muss, und die ausschließlich in der getreuen Wiedergabe der Umverpackung des Arzneimittels nach Art. 62 des Gemeinschaftskodexes (§ 10 AMG) sowie in der wörtlichen und vollständigen Wiedergabe der Packungsbeilage bestehen, keine Werbung iSd Art. 88 Abs. 1 Buchst. a), des Gemeinschaftskodexes darstellen[91].

3. § 2 HWG: Definition der Fachkreise

Das HWG unterscheidet generell zwischen Werbung gegenüber Fachkreisen und sog. Publikums- oder Öffentlichkeitswerbung. Grund für diese Differenzierung ist das unterschiedliche Informationsbedürfnis und Irreführungsrisiko dieser beiden Verkehrskreise[92]. Öffentlichkeitswerbung unterliegt daher weit stärkeren Beschränkungen als Werbung, die sich an Fachkreise richtet: Dementsprechend sind die §§ 4 Abs. 3, 4a, 10 Abs. 2, 11 und 12 HWG nur auf die Publikumswerbung anwendbar. **11**

Welche Personengruppen zu den Fachkreisen zu zählen sind, ist in § 2 HWG legaldefiniert. Danach gehören zu diesem Personenkreis Angehörige der Heilberufe oder des Heilgewerbes, Einrichtungen, die der Gesundheit von Mensch oder Tier dienen, sowie alle Personen, die mit Arzneimitteln, Medizinprodukten, Verfahren, Behandlungen, Gegenständen oder anderen Mitteln erlaubterweise Handel treiben oder sie in Ausübung ihres Berufes anwenden. Zu den beiden erstgenannten Personengruppen, zwischen denen eine Abgrenzung entbehrlich ist, zählen etwa Ärzte und Zahn- sowie Tierärzte, Apotheker, Hebammen, Krankenschwestern, medizinisch-technische und pharmazeutisch-technische Assistenten, Krankengymnasten, Masseure, Heilpraktiker (§ 1 HeilPrG), Psychotherapeuten (§ 1 Abs. 1 PsychThG), medizinische Bademeister und Apothekerassistenten, Studenten der Ausbildungsstätten für Heilberufe iSd § 47 Abs. 3 AMG, Krankenpfleger und Optiker[93]. **12**

„Einrichtungen, die der Gesundheit von Mensch und Tier dienen" sind beispielsweise Krankenhäuser, Sanatorien, Gesundheits- und Veterinärämter sowie Chemische und Medizinische Untersuchungsanstalten. Darüber hinaus werden hiervon die gem. § 47 Abs. 1 Nr. 5, Abs. 2 S. 2 AMG handelnden und von der zuständigen Behörde anerkannten zentralen Beschaffungsstellen für Arzneimittel erfasst, ebenso die Ausbildungsstätten für Heilberufe iSd § 47 Abs. 3 AMG. Kurhotels, Kurheime und Kurstätten, die keine Konzession iSd § 30 GewO benötigen, sind dagegen nicht zu den Fachkreisen iSd § 2 HWG zu zählen[94]. **13**

„Sonstige Personen, soweit sie mit Arzneimitteln, Medizinprodukten (...) erlaubterweise Handel treiben oder sie in Ausübung ihres Berufes anwenden" sind beispielsweise pharmazeutische Unternehmen und Großhändler (§ 47 Abs. 1 Nr. 1 AMG), Drogisten, **14**

---

[89] GRUR 2011, 1160 ff.
[90] GRUR 2009, 988 ff. – Arzneimittelpräsentation im Internet.
[91] Ausführlich: *Runge*, PharmR 2014, 560 ff.; zur Unzulässigkeit sog. Push-Informationen vgl. auch *Weidner*, PharmR 2014, 241 (243).
[92] *Fritzsche* in Spickhoff, Medizinrecht, HWG § 2 Rn. 2; *Doepner/Reese* HWG § 2 Rn. 10.
[93] Vgl. die Aufzählungen bei *Reese/Holtorf* in Dieners/Reese PharmaR-HdB § 11 Rn. 122; *Zimmermann* in Fuhrmann/Klein/Fleischfresser HdB-ArzneimittelR § 28 Rn. 39 ff., mwN; *Doepner/ Reese*, Heilmittelwerbegesetz, HWG § 2 Rn. 12, 20.
[94] *Reese/Holtorf* in Dieners/Reese PharmaR-HdB § 11 Rn. 125; *Zimmermann* in Fuhrmann/ Klein/Fleischfresser, Arzneimittelrecht, § 28 Rn. 40; *Ring* in Bülow/Ring/Artz/Brixius, Heilmittelwerbegesetz, § 2 Rn. 11; *Doepner/Reese*, Heilmittelwerbegesetz, HWG § 2 Rn. 17.

Reformhäuser und sonstige Einzelhändler, soweit sie erlaubterweise mit nicht apothekenpflichtigen Arzneimitteln Handel treiben[95].

15   Die Abgrenzung zwischen Fachkreis- und Publikumswerbung erfolgt anhand der Zielrichtung des Werbemediums[96]. Die Beurteilung erfolgt anhand einer Gesamtschau aller Umstände des Einzelfalls wie beispielsweise Adressaten, Inhalt und Gestaltung, Anlass der Kommunikation usw.[97] – und zwar sowohl nach subjektiver, als auch nach objektiver Zielgerichtetheit des Werbemediums. Herrscht beispielsweise der objektiv erkennbare Wille vor, eine bestimmte Werbung nur gegenüber Fachkreisen zu betreiben, indem sie etwa in einer Ärztezeitschrift geschaltet wird, steht die jederzeit verbleibende Kenntnisnahmemöglichkeit durch Laien einer Einordnung als Fachwerbung nicht entgegen. Umgekehrt ist etwa eine Werbung zu beurteilen, die in Fachzeitschriften mit erkennbar nicht-fachlichem „Zweitnutzen", zB einem ausgiebigen Fernsehprogramm, erfolgt, da dann damit zu rechnen ist, dass sie auch von einem nicht-fachlichen Publikum zur Kenntnis genommen wird[98]. Werbung in Massenmedien wie Radio oder Fernsehen kann wegen der objektiv gegebenen Ausrichtung auf das Laien-Publikum nicht als Fachwerbung gelten. Gleiches gilt für Internetwerbung, sofern sie nicht – etwa durch einen kontrollierten Passwortschutz – nur Fachkreisen zugänglich ist[99].

16   Verstärkt diskutiert wurde in der jüngeren Literatur die Frage, inwieweit die in § 2 HWG enthaltene Definition des Begriffs der Fachkreise mit der in Art. 86 Abs. 1, zweiter Gedankenstrich des Gemeinschaftskodexes enthaltenen Definition übereinstimmt[100]. Denn nach dem Gemeinschaftskodex umfasst der Kreis der fachkundigen Personen nur diejenigen, „die zur Verschreibung oder zur Abgabe von Arzneimitteln befugt sind". Die Definition der Fachkreise in § 2 HWG ist, wie dargestellt, deutlich weiter. Allerdings bezieht sich der Gemeinschaftskodex nur auf Arzneimittelwerbung, nicht aber auf Werbung etwa für Medizinprodukte. Für den Bereich der Arzneimittelwerbung wäre bei Zugrundelegung der Definition der Fachkreise durch den Gemeinschaftskodex der Anwendungsbereich der Fachkreiswerbung enger als nach der Definition des HWG – und umgekehrt der deutlich strenger regulierte Bereich der Publikumswerbung weiter. Insoweit stellt sich die Frage, ob es Sinn macht, § 2 HWG richtlinienkonform, das heißt einschränkend, auszulegen.

17   Während *Reese/Holtorf* in Dieners/Reese[101], *Doepner*[102] und *Fritzsche* in Spickhoff[103] eine einschränkende Auslegung des Begriffs der Fachkreise ablehnen, stehen *Zimmermann* in Fuhrmann/Klein/Fleischfresser[104] und *Gröning*[105] einer gemeinschaftsrechtskonformen Reduzierung des Fachkreisbegriffs aus § 2 HWG aufgeschlossen gegenüber. Der erstgenannten Auffassung ist zuzustimmen, da in Bezug auf Arzneimittelwerbung gegen-

---

[95] *Zimmermann* in Fuhrmann/Klein/Fleischfresser HdB-ArzneimittelR § 28 Rn. 40; *Reese/Holtorf* in Dieners/Reese, Handbuch des Pharmarechts, § 11 Rn. 126; *Doepner/Reese,* Heilmittelwerbegesetz, HWG § 2 Rn. 18.

[96] *Reese/Holtorf* in Dieners/Reese PharmaR-HdB § 11 Rn. 128; *Doepner/Reese,* Heilmittelwerbegesetz, § 2 Rn. 23; *Zimmermann* in Fuhrmann/Klein/Fleischfresser HdB-ArzneimittelR § 28 Rn. 41; *Gröning/Mand/Reinhart,* Heilmittelwerberecht, § 2 Rn. 7 ff.

[97] *Doepner/Reese,* Heilmittelwerbegesetz, § 2 Rn. 23; *Zimmermann* in Fuhrmann/Klein/Fleischfresser HdB-ArzneimittelR § 28 Rn. 41.

[98] *Doepner/Reese,* Heilmittelwerbegesetz, § 2 Rn. 24.

[99] *Doepner/Reese,* Heilmittelwerbegesetz, § 2 Rn. 25; *v. Czettritz* PharmR 1997, 88 (89).

[100] *Reese/Holtorf* in Dieners/Reese PharmaR-HdB § 11 Rn. 135; *Zimmermann* in Fuhrmann/Klein/Fleischfresser HdB-ArzneimittelR § 28 Rn. 40; *Fritzsche* in Spickhoff/Fritzsche, Medizinrecht, HWG § 2 Rn. 3; *Doepner/Reese* HWG § 2 Rn. 27.

[101] *Reese/Holtorf* in Dieners/Reese HWG § 11 Rn. 135.

[102] *Doepner/Reese* HWG § 2 Rn. 30.

[103] *Fritzsche* in Spickhoff/Fritzsche, Medizinrecht, HWG § 2 Rn. 3.

[104] *Zimmermann* in Fuhrmann/Klein/Fleischfresser, Arzneimittelrecht, § 28 Rn. 40 aE.

[105] *Gröning/Mand/Reinhart,* Heilmittelwerberecht, § 2 Rn. 5.

über anderen Teilen der Fachkreise der eindeutige Wortlaut des § 2 HWG einer richtlinienkonformen Auslegung entgegensteht und auch nicht ersichtlich ist, warum beispielsweise gegenüber Hebammen oder Krankenschwestern nicht mit fachlichen Empfehlungen oder der Wiedergabe von Krankengeschichten geworben werden soll. Im Anwendungsbereich des § 10 HWG, der die Werbung für verschreibungspflichtige Arzneimittel nur gegenüber den in seinem Abs. 1 genannten Personen, den sog. qualifizierten Fachkreisen, gestattet, bestehen zu der Regelung des Gemeinschaftskodexes keine Diskrepanzen.

II. Der Adressatenkreis des HWG

Der Adressatenkreis des HWG ist im Gesetz selbst nicht ausdrücklich beschrieben. 18
Das Gesetz richtet sich aber an jeden Werbungstreibenden, dh an alle natürlichen oder juristischen Personen, die an der Verbreitung einer als Werbung iSd HWG einzustufenden Aussage beteiligt bzw. hierfür verantwortlich sind[106]. Unerheblich ist insoweit, ob ein eigenes Interesse an dem durch die Werbung angestrebten wirtschaftlichen Erfolg besteht oder ob nur der Erfolg eines anderen gefördert wird[107]. Als Werbungstreibende sind danach etwa pharmazeutische Unternehmer, Hersteller, Vertreiber, Importeure, Großhändler, Einzelhändler, Apotheker, Ärzte, Pharmaberater und Werbeagenturen anzusehen. Medien, Verleger, verantwortliche Redakteure und Anzeigenleiter, dh die Presse, können nur insoweit in Anspruch genommen werden, als ihnen Prüfpflichten hinsichtlich des Werbeinhaltes obliegen[108].

Da insoweit keine gesetzliche Ausnahme besteht und die Interessenlage dieselbe ist, 19
sind auch Versandapotheken zum Adressatenkreis des HWG zu zählen. Deren Werbung unterliegt daher im örtlichen Anwendungsbereich des HWG ebenfalls dessen Beschränkungen.

An der Werbung „Beteiligte", die keinerlei Verantwortung für den Inhalt der Werbung 20
oder kein Interesse an deren Verbreitung haben, sondern stattdessen nur unselbständig an deren Verbreitung mitwirken, wie beispielsweise Plakatkleber oder Prospektverteiler, sind dagegen selbstverständlich nicht als Werbungstreibende anzusehen[109].

III. § 13 HWG: Werbung ausländischer Unternehmen

Dem Heilmittelwerbegesetz unterfällt jegliche Werbung, die in Deutschland durch- 21
geführt wird. § 13 HWG soll verhindern, dass für eine Werbung in Deutschland kein Verantwortlicher in Anspruch genommen werden kann[110]. Sinn und Zweck dieser Vorschrift ist es, Verstöße gegen das Heilmittelwerbegesetz, die von Unternehmen mit einem Sitz außerhalb der Bundesrepublik begangen werden, auch im Inland ahnden zu können[111]. Werbung eines ausländischen Unternehmens, die in den sachlichen Anwendungsbereich des HWG fällt, ist danach generell unzulässig, sofern nicht ein Unternehmen oder eine natürliche Person mit Sitz oder gewöhnlichem Aufenthalt im Geltungsbereich des HWG oder in einem anderen Mitgliedsstaat der EU ausdrücklich damit betraut ist, die

---

[106] *Zimmermann* in Fuhrmann/Klein/Fleischfresser, Arzneimittelrecht, § 28 Rn. 42; *Doepner/Reese* HWG § 1 Rn. 79.
[107] *Gröning/Mand/Reinhart*, Heilmittelwerberecht, § 1 Rn. 75.
[108] *Ring* in Bülow/Ring/Artz/Brixius, Heilmittelwerbegesetz, § 13 Rn. 5; *Zimmermann* in Fuhrmann/Klein/Fleischfresser, Arzneimittelrecht, § 28 Rn. 42, 148, *Doepner/Reese* HWG § 1 Rn. 79.
[109] *Zimmermann* in Fuhrmann/Klein/Fleischfresser HdB-ArzneimittelR § 28 Rn. 42; *Doepner/Reese*, Heilmittelwerbegesetz, HWG vor §§ 14, 15 Rn. 156.
[110] *Zimmermann* in Fuhrmann/Klein/Fleischfresser HdB-ArzneimittelR § 28 Rn. 45; *Ring* in Bülow/Ring/Artz/Brixius, Heilmittelwerbegesetz, § 13 Rn. 6.
[111] *Ring* in Bülow/Ring/Artz/Brixius, Heilmittelwerbegesetz, § 13 Rn. 1; *Zimmermann* in Fuhrmann/Klein/Fleischfresser HdB-ArzneimittelR § 28 Rn. 44 f.

sich aus dem HWG ergebenden Pflichten zu übernehmen. Dies bedeutet, dass auch dieser Verantwortliche in der Werbung zu benennen ist, denn sonst macht die Vorschrift keinen Sinn. Dementsprechend hat die Presse bei Anzeigen ausländischer Unternehmen außerhalb der EU auch die Prüfpflicht, dass ein inländischer oder europäischer Verantwortlicher vorhanden und in der Anzeige genannt ist[112].

IV. Heilmittelrechtliche Informationspflichten – § 4 HWG: Pflichtangaben

1. Grundsätzliches

22 § 4 HWG legt dem Werbenden in Form von Geboten zahlreiche Informationspflichten auf. Hierdurch unterscheidet sich § 4 HWG von den übrigen Vorschriften des HWG, die Verbote enthalten[113]. Der auf eine Aufklärung der Werbeadressaten und Versachlichung der Heilmittelwerbung abzielende § 4 HWG enthält in seinen Absätzen 1 und 1a eine Aufzählung all derjenigen Angaben (Pflichtangaben), die jeder Werbung für Arzneimittel iSd § 2 Abs. 1 oder Abs. 2 Nr. 1 AMG beigefügt werden müssen. Für Medizinprodukte (§ 1 Abs. 1 Nr. 1a) und andere Mittel, Verfahren, Behandlungen und Gegenstände (§ 1 Abs. 1 Nr. 2 HWG) besteht diese Pflichtangabenverpflichtung nicht. Die Adressaten der Arzneimittelwerbung sollen in die Lage versetzt werden, sich aufgrund der Werbung ein Bild über den Wert eines Arzneimittels zu machen, um danach eine möglichst rationelle Entscheidung darüber treffen zu können, ob das beworbene Arzneimittel den gesundheitlichen Bedürfnissen entspricht und ob dessen Verwendung wirtschaftlich sinnvoll erscheint[114].

23 Die Regelung des § 4 HWG ist nach herrschender Auffassung europarechtskonform[115]. Wie der EuGH[116] mit der „Gintec"-Entscheidung zum Ausdruck gebracht hat, ist mit dem Gemeinschaftskodex eine vollständige Harmonisierung des Bereichs der Arzneimittelwerbung erfolgt, wobei die Fälle, in denen die Mitgliedsstaaten befugt sind, Bestimmungen zu erlassen, die von der in dieser RL getroffenen Regelung abweichen, ausdrücklich aufgeführt sind. Da Art. 89 Abs. 1 lit. b) des Gemeinschaftskodexes lediglich bestimmt, dass jede Öffentlichkeitswerbung für Arzneimittel „mindestens" die im Folgenden ausdrücklich aufgeführten Angaben enthalten muss, ist der nationale Gesetzgeber nicht gehindert, darüber hinausgehende Angaben zu fordern, wie dies in § 4 Abs. 1 HWG geschehen ist[117]. Nach Auffassung von *Mand* gilt dies allerdings nur im Hinblick auf Art und Umfang der notwendigen Angaben. Soweit sich insbesondere Art. 89 Abs. 1 lit. b) Sp. 3 des Gemeinschaftskodex mit der formellen Gestaltung der Angaben befasse, sei diese Regelung abschließend. Die Angabe „mindestens" lasse es zwar zu, der Regelung gleichsam weitere Spiegelstriche hinzuzufügen. Die innerhalb der einzelnen Spiegelstriche genannten Fallkonstellationen seien aber abschließend geregelt[118].

24 Für diese Auffassung spricht, dass gerade im Internet immer wieder neue Werbeformen kreiert werden, bei denen die Einhaltung der in § 4 HWG genannten formellen Anforde-

---

[112] *Doepner/Reese*, Heilmittelwerbegesetz, HWG § 13 Rn. 9.
[113] *Riegger*, Heilmittelwerberecht, 4. Kap., Rn. 1, S. 79.
[114] *Reese/Holtorf* in Dieners/Reese PharmaR-HdB § 11 Rn. 197; *Doepner/Reese,* Heilmittelwerbegesetz, HWG § 4 Rn. 20.
[115] BGH NJW-RR 2009, 620 (621) Tz. 13 – Schoenenberger Artischockensaft; *Zimmermann* in Fuhrmann/Klein/Fleischfresser HdB-ArzneimittelR § 28 Rn. 59; *Brixius* in Bülow/Ring/Artz/Brixius, Heilmittelwerbegesetz, § 4 Rn. 6, mwN.
[116] EuGH 8.11.2007 – C-374/05 = GRUR 2008, 267 ff.
[117] BGH NJW-RR 2009, 620 (621) Tz. 13 – Schoenenberger Artischockensaft; *Zimmermann* in Fuhrmann/Klein/Fleischfresser, Arzneimittelrecht, § 28 Rn. 59; *Brixius* in Bülow/Ring/Artz/Brixius, Heilmittelwerbegesetz, § 4 Rn. 6, mwN.
[118] *Mand* in Prütting, Medizinrecht, § 4 Rn. 42, 48.

rungen technisch nicht möglich ist oder den Gegebenheiten dieses Mediums zuwiderläuft. Deutlich wird dies etwa bei den sogenannten AdWords, dh kleinstformatigen Anzeigen, die am Rand der Suchergebnisseite von Google erscheinen, wenn der Nutzer in die Suchmaschine bestimmte Keywords eingibt. Aufgrund der technisch vorgegebenen (geringen) Zeichenzahl können AdWords weder die Pflichtangaben des § 4 Abs. 1 HWG noch den in § 4 Abs. 3 S. 1 HWG niedergelegten Pflichttext „Zu Risiken und Nebenwirkungen lesen Sie die Packungsbeilage und fragen Sie Ihren Arzt oder Apotheker" enthalten. Während die nationale Regelung die wortlautgetreue Wiedergabe dieses Hinweises in der Werbung verlangt, sieht Art. 89 Abs. 1 lit. b) dritter Gedankenstrich des Gemeinschaftskodexes lediglich vor, dass „eine ausdrückliche und gut erkennbare Aufforderung *je nach Fall,* die Hinweise auf der Packungsbeilage oder auf der äußeren Verpackung aufmerksam zu lesen", erfolgen muss. Will man, wie dies Erwägungsgrund 3 des Gemeinschaftskodexes ausdrücklich vorschreibt, die Entwicklung der pharmazeutischen Industrie und des Handels mit Arzneimitteln innerhalb der Gemeinschaft nicht hemmen, ist § 4 Abs. 3 S. 1 HWG entweder einzelfallbezogen auszulegen, oder aber – wegen des abschließend gewählten Wortlautes – durch den nationalen Gesetzgeber zu reformieren[119].

Am einfachsten lässt sich das Problem jedoch lösen, wenn man die Wiedergabe der Pflichtangaben in Form eines direkten Links auf die Pflichtangaben vornimmt, was der BGH mittlerweile zugelassen hat[120]. **25**

Die Verfassungskonformität von § 4 HWG begegnet seit der Abschwächung der Anforderungen an die Pflichtangaben im Bereich der Publikumswerbung aufgrund des 8. Gesetzes zur Änderung des AMG vom 7.9.1998[121] keinen grundsätzlichen Bedenken mehr[122]. **26**

Konkurrenzen zu arzneimittelrechtlichen Vorgaben bestehen nicht. Wie der EuGH in der Rechtssache MSD/Merckle GmbH[123] dargelegt hat, dürfen die äußere Umhüllung und die Packungsbeilage gem. Art. 62 des Gemeinschaftskodexes keine Angaben mit Werbecharakter enthalten. Solange die Umverpackung oder die Packungsbeilage eines Arzneimittels keine zusätzlichen Elemente aufweisen, die für eine Einordnung als Werbung sprechen, kommt beiden kein Werbecharakter zu[124]. Enthalten Umverpackung oder Packungsbeilage eines Arzneimittels dagegen werbliche Elemente, oder werden erkennbar im werblichen Kontext verwandt, so sind die heilmittelwerberechtlichen Vorschriften neben den §§ 10-12 AMG anwendbar[125]. **27**

Für den Fall einer möglichen Kollision zwischen § 4 Abs. 1 Nr. 4 HWG und § 12 HWG, nach dem sich Laienwerbung nicht auf bestimmte Krankheiten beziehen darf, hat der Bundesgerichtshof entschieden, dass § 4 Abs. 1 Nr. 4 HWG nicht dahingehend zu verstehen ist, dass grundsätzlich in jeder Werbung für ein Arzneimittel alle Anwendungsgebiete genannt werden müssten. Die mit § 4 Abs. 1 HWG bezweckte vollständige Unterrichtung des Verbrauchers hinsichtlich der Zusammensetzung, Wirkungsweise und sonstigen Bedeutung des Arzneimittels erfordere es nicht, in einer Werbung, die allein auf **28**

---

[119] *v. Czettritz/Thewes* PharmR 2012, 56 ff.; *Prütting/Mand,* Medizinrecht, § 4 Rn. 42; *v. Czettritz* PharmR 1997, 88 (89).
[120] BGH, Urt. v. 6.6.2013 – I ZR 2/12, GRUR 2014, 94 – Pflichtangaben im Internet; vgl. *v. Czettritz,* GRUR-Prax 2013, 548; *Müllen* PharmR 2014, 8.
[121] BGBl. I, 2649.
[122] Im Einzelnen: BGH NJW-RR 2009, 620 (621) Tz. 15 – Schoenenberger Artischockensaft, mwN.
[123] GRUR 2011, 1160 ff. unter Tz. 42 ff.
[124] Ebenso *Zimmermann* in Fuhrmann/Klein/Fleischfresser HdB-ArzneimittelR § 28 Rn. 37; *Doepner/Reese,* Heilmittelwerbegesetz, HWG § 4 Rn. 14.
[125] *Brixius* in Bülow/Ring/Artz/Brixius, Heilmittelwerbegesetz, § 4 Rn. 14 f.; *Zimmermann* in Fuhrmann/Klein/Fleischfresser, HdB-ArzneimittelR, § 28 Rn. 58.

eine oder mehrere bestimmte Indikationen abgestellt ist, auch andere, in der Werbung im Übrigen überhaupt nicht angesprochene Anwendungsgebiete mit aufzuführen[126]. Insoweit ist § 12 HWG gegenüber § 4 HWG vorrangig.

2. Der Pflichtangabenkatalog gem. § 4 Abs. 1 bis 3 HWG

29 Wie bereits dargelegt, dienen die in § 4 Abs. 1 bis 3 HWG aufgezählten Pflichtangaben der Information und Versachlichung der Arzneimittelwerbung. Welche Pflichtangaben im Einzelfall zu machen sind, bestimmt sich nach der Art des beworbenen Arzneimittels und der jeweiligen Werbemaßnahme; darüber hinaus bestehen unterschiedliche Anforderungen für die Öffentlichkeits- und die Fachkreiswerbung. Am ausführlichsten und umfangreichsten sind die Pflichtangaben gegenüber den Fachkreisen, da diese aufgrund ihrer Stellung als Verschreiber der Arzneimittel mit jeder Werbung alle wesentlichen Informationen über das Arzneimittel erhalten sollen. Etwas weniger umfangreich sind die Pflichtangaben gegenüber dem Laien-Publikum.

30 In jede Arzneimittelwerbung zwingend aufzunehmen sind Angaben über die Bezeichnung des Arzneimittels (§ 4 Abs. 1 Nr. 2 HWG) und die Anwendungsgebiete (§ 4 Abs. 1 Nr. 4 HWG).

31 Abhängig von der Art des beworbenen Arzneimittels können die Pflichtangaben in Bezug auf Warnhinweise (§ 4 Abs. 1 Nr. 7 HWG) und die Wartezeit bei Tierarzneimitteln (§ 4 Abs. 1 Nr. 8 HWG) entfallen.

32 Anders als in der Öffentlichkeitswerbung, bei der die nachfolgenden Angaben entfallen können, sind bei der Fachkreiswerbung Angaben zu machen über den pharmazeutischen Unternehmer (§ 4 Abs. 1 Nr. 1 HWG), die Zusammensetzung (§ 4 Abs. 1 Nr. 3 HWG), die Gegenanzeigen (§ 4 Abs. 1 Nr. 5 HWG) und die Nebenwirkungen (§ 4 Abs. 1 Nr. 6 HWG). Außerdem hat Fachkreiswerbung Angaben über die Verschreibungspflicht (§ 4 Abs. 1 Nr. 7a HWG) zu enthalten, wobei für verschreibungspflichtige Arzneimittel ohnehin nur gegenüber den Fachkreisen geworben werden darf (§ 10 Abs. 1 HWG).

33 Werbung für registrierte traditionelle pflanzliche Arzneimittel muss darüber hinaus zusätzlich den Hinweis enthalten: „Traditionelles pflanzliches Arzneimittel zur Anwendung bei ... (spezifiziertes Anwendungsgebiet/spezifizierte Anwendungsgebiete) ausschließlich aufgrund langjähriger Anwendung" (§ 4 Abs. 1 S. 2 HWG). Bei Arzneimitteln, die nur einen arzneilich wirksamen Bestandteil (Monopräparate) enthalten, muss der Angabe nach § 4 Abs. 1 Nr. 2 HWG die Bezeichnung des Wirkstoffes mit dem Hinweis: „Wirkstoff" folgen, sofern diese Angabe nicht bereits in der Bezeichnung des Arzneimittels selbst enthalten ist, wie dies bei Generika regelmäßig der Fall ist (§ 4 Abs. 1a HWG). Darüber hinaus müssen die Angaben gem. § 4 Abs. 1 und 1a HWG mit denjenigen übereinstimmen, die nach § 11 oder § 12 AMG für die Packungsbeilage vorgeschrieben sind. Eine wörtliche Übereinstimmung ist dabei nicht erforderlich; vielmehr wird das Ziel einer hinreichenden Aufklärung der Verkehrskreise in der Werbung häufig sogar besser mit Angaben erreicht, die mit denen in der Packungsbeilage nur sinngem. übereinstimmen[127].

3. Die Pflichtangaben im Einzelnen

34 **a) Name oder Firma und Sitz des pharmazeutischen Unternehmers.** Gem. § 4 Abs. 1 S. 1 Nr. 1 HWG sind der Name (§ 12 BGB) oder die Firma (§ 17 HWG) und der

---

[126] BGH NJW 1983, 2087 (2088) – Grippewerbung II; *Brixius* in Bülow/Ring/Artz/Brixius, Heilmittelwerbegesetz, § 4 Rn. 18–20.
[127] BGH GRUR 1994, 839 (840) – Kontraindikationen; *Brixius* in Bülow/Ring/Artz/Brixius, Heilmittelwerbegesetz, § 4 Rn. 36 ff.

Sitz des pharmazeutischen Unternehmers anzugeben. Dabei kann die Firma nach herrschender Literaturmeinung analog § 10 Abs. 9 S. 2 AMG abgekürzt werden[128]. Wer pharmazeutischer Unternehmer ist, bemisst sich nach § 4 Abs. 18 AMG. Danach ist pharmazeutischer Unternehmer, wer Zulassungsinhaber ist oder das Arzneimittel unter seinem Namen in den Verkehr bringt (s. § 2 Rn. 47).

b) Bezeichnung des Arzneimittels. Gem. § 4 Abs. 1 S. 1 Nr. 2 HWG ist die Bezeichnung des Arzneimittels iSd §§ 11 Abs. 1 S. 1 Nr. 1 lit. a), 10 Abs. 1 S. 1 Nr. 2 AMG anzugeben. Sofern bei Monopräparaten die Wirkstoffbezeichnung nicht in der Arzneimittelbezeichnung enthalten ist, ist gem. § 4 Abs. 1a HWG nach der Bezeichnung des Arzneimittels die Bezeichnung des Wirkstoffs aufzuführen. In der Wahl der Arzneimittelbezeichnung unterliegen die pharmazeutischen Unternehmer grundsätzlich keinen Beschränkungen, soweit die gewählte Bezeichnung nicht mit einer gebräuchlichen, zB im Deutschen Arzneibuch oder von der WHO verwendeten Bezeichnung verwechselt werden kann[129]. Außerdem sind die arzneimittel-, heilmittel- und wettbewerbsrechtlichen Irreführungsverbote (§ 8 Abs. 1 Nr. 2 AMG, § 3 HWG, § 5 UWG) zu berücksichtigen[130]. Einschränkungen können sich ferner aus dem Markenrecht (§ 14 MarkenG) sowie aus dem Gebot der Verwendung einer einheitlichen Marke in allen EU-Staaten bei im zentralen Verfahren erteilten Zulassungen ergeben[131]. 35

c) Zusammensetzung des Arzneimittels. Gem. § 4 Abs. 1 Nr. 3 HWG ist die Zusammensetzung des Arzneimittels nach § 11 Abs. 1 S. 1 Nr. 6 lit. d) AMG anzugeben. Dies erfordert die Angabe der vollständigen qualitativen Zusammensetzung nach Wirkstoffen und sonstigen Bestandteilen sowie der quantitativen Zusammensetzung nach Wirkstoffen unter Verwendung der von der WHO empfohlenen Kurzbezeichnungen (INN) oder sonstiger gebräuchlicher Bezeichnungen für jede Darreichungsform des Arzneimittels[132]. Die Mengenangaben müssen für jeden Wirkstoff gesondert erfolgen und auf eine bestimmte Einheit bezogen werden. 36

d) Anwendungsgebiete. Gem. § 4 Abs. 1 S. 1 Nr. 4 HWG sind ferner die Anwendungsgebiete (Indikationen) anzugeben, für die das beworbene Arzneimittel die Zulassung erhalten hat (§ 22 Abs. 1 Nr. 6 AMG) oder registriert worden ist. Die Angabe anderer oder weitergehender Indikationen ist nicht zulässig. Anders, als der Wortlaut („die Anwendungsgebiete") dies vermuten lässt, müssen in einer nur auf einzelne Indikationen beschränkten Werbung für ein Mehrzweckpräparat die weiteren Anwendungsgebiete nicht mit aufgeführt werden[133]. Bei homöopathischen Arzneimitteln, die nicht zugelassen, sondern nur gem. § 38 AMG registriert worden sind, ist die Angabe von Anwendungsgebieten in der Werbung nicht zulässig (§ 5 HWG). 37

e) Gegenanzeigen, Nebenwirkungen, Warnhinweise. Gem. § 4 Abs. 1 S. 1 Nr. 5 HWG sind die Gegenanzeigen iSv § 11 Abs. 1 S. 1 Nr. 3 lit. a), S. 6 AMG anzugeben. Zu möglichen Kontraindikationen zählen körperliche oder seelische Umstände, aufgrund derer ein Arzneimittel nicht, nur eingeschränkt oder nur unter weiteren Voraussetzungen 38

---

[128] *Zimmermann* in Fuhrmann/Klein/Fleischfresser, HdB-ArzneimittelR § 28 Rn. 60; *Brixius* in Bülow/Ring/Artz/Brixius, Heilmittelwerbegesetz, § 4 Rn. 44; *Gröning/Mand/Reinhart*, Heilmittelwerberecht, § 4 Rn. 42; *Doepner/Reese* HWG § 4 Rn. 79.
[129] Vgl. aber Leitlinie des BfArM und des PEI zur Bezeichnung von Arzneimitteln vom 15.2.2016.
[130] Vgl. OLG München, PharmR 2010, 233 f. bzgl. des Bestandteils „akut".
[131] *Reese/Holtorf* in Dieners/Reese PharmaR-HdB § 11 Rn. 202; *Gröning/Mand/Reinhart*, Heilmittelwerberecht, § 4 Rn. 46.
[132] *Reese/Holtorf* in Dieners/Reese PharmaR-HdB § 11 Rn. 204; *Zimmermann* in Fuhrmann/Klein/Fleischfresser HdB-ArzneimittelR § 28 Rn. 62; *Doepner/Reese* HWG § 4 Rn. 82.
[133] BGH GRUR 1983, 333 (334 f.) – Grippewerbung II.

zur Anwendung kommen darf, wie etwa bestimmte Krankheiten, das Alter des Patienten, eine bestehende Schwangerschaft o. ä.[134].

39   Gem. § 4 Abs. 1 S. 1 Nr. 6 HWG sind die Nebenwirkungen iSd §§ 4 Abs. 13, 11 Abs. 1 S. 1 Nr. 5 AMG anzugeben. Nebenwirkungen sind nach der mit der 16. AMG-Novelle erfolgten Neudefinition in § 4 Abs. 13 AMG alle schädlichen und unbeabsichtigten Reaktionen auf das Arzneimittel. Umfasst sind danach bei Humanarzneimitteln nicht nur alle Reaktionen, die beim bestimmungsgemäßen Gebrauch auftreten, sondern auch Reaktionen infolge von Überdosierung, Fehlgebrauch, Missbrauch und Medikationsfehler, sowie Nebenwirkungen, die mit beruflicher Exposition verbunden sind[135].

40   Sind keine Gegenanzeigen oder Nebenwirkungen bekannt, können entsprechende Angaben gem. § 4 Abs. 2 S. 2 HWG entfallen. Unzulässig ist in einem solchen Fall allerdings auch die Angabe, es gäbe keine Gegenanzeigen oder Nebenwirkungen, da Wissenschaft und Forschung ständig fortschreiten und jederzeit neue Erkenntnisse gewonnen werden können. Zulässig ist aber die Angabe „keine Gegenanzeigen bekannt." Werden nach Zulassung des Arzneimittels Gegenanzeigen bekannt, müssen diese in die Werbung aufgenommen[136] und per Änderungsanzeige dem Bundesinstitut für Arzneimittel und Medizinprodukte angezeigt werden.

41   Nach § 4 Abs. 1 S. 1 Nr. 7 HWG sind in der Werbung die Warnhinweise anzugeben, die gem. § 10 Abs. 2 AMG für die Kennzeichnung der Behältnisse und äußeren Umhüllungen vorgeschrieben sind. Hierbei handelt es sich beispielsweise um Angaben zur Einschränkung der Verkehrstüchtigkeit und die in § 2 AMWarnV oder die in der AMRadV aufgeführten Hinweise[137].

42   **f) Verschreibungspflichtigkeit.** Arzneimittel, die nur auf ärztliche, zahnärztliche oder tierärztliche Verschreibung abgegeben werden dürfen, sind gem. § 4 Abs. 1 S. 1 Nr. 7a HWG mit der Angabe „verschreibungspflichtig" zu kennzeichnen. Diese Vorschrift wird nur bei Werbung gegenüber den in § 10 Abs. 1 HWG genannten Fachkreisen, die nicht alle in § 2 HWG genannten Fachkreise umfassen, relevant. Welche Arzneimittel verschreibungspflichtig sind, bestimmt sich nach § 48 AMG und der dazu erlassenen Verordnung über die Verschreibungspflicht von Arzneimitteln (AMVV[138]).

43   **g) Wartezeit bei Tierarzneimitteln.** Gem. § 4 Abs. 1 S. 1 Nr. 8 HWG ist bei Werbung für Arzneimittel, die bei Tieren, die zur Gewinnung von Lebensmitteln dienen, angewendet werden sollen, die Wartezeit nach § 4 Abs. 12 AMG anzugeben, die nach Anwendung des Arzneimittels aufgrund der Gefahr von Rückständen eingehalten werden muss, ehe mit der Gewinnung von Lebensmitteln von dem behandelten Tier begonnen wird.

4. Pflichtangaben in der Öffentlichkeitswerbung

44   § 4 Abs. 3 HWG sieht vor, dass die Angaben nach § 4 Abs. 1 Nr. 1, 3, 5 und 6 HWG in der Publikumswerbung entfallen können. Anzugeben sind in der Laienwerbung demnach nur die Bezeichnung des Arzneimittels sowie dessen Anwendungsgebiete (§ 4 Abs. 1 Nr. 2 und 4 HWG). Anstelle der übrigen Angaben ist gem. § 4 Abs. 3 S. 1 HWG der Pflichthinweis „Zu Risiken und Nebenwirkungen lesen Sie die Packungsbeilage und

---

[134] BGH GRUR 1994, 839 (840) – Kontraindikationen; *Reese/Holtorf* in Dieners/Reese PharmaR-HdB § 11 Rn. 209.
[135] Referentenentwurf vom 2.12.2011, abrufbar unter www.bmg.bund.de/fileadmin/dateien/Downloads/Gesetze_und_Verordnungen/Laufende_Verfahren/A/AMGuaAEndG/Zweites_Gesetz_zur_AEnderung_arzneimittelrechtlicher_und_anderer_Vorschriften_111202.pdf.
[136] *Reese/Holtorf* in Dieners/Reese PharmaR-HdB § 11 Rn. 210; *Brixius* in Bülow/Ring/Artz/Brixius, Heilmittelwerbegesetz, § 4 Rn. 68, 71, 73.
[137] *Brixius* in Bülow/Ring/Artz/Brixius, Heilmittelwerbegesetz, § 4 Rn. 75 ff.
[138] v. *Czettritz* in Fuhrmann/Klein/Fleischfresser HdB-ArzneimittelR § 25 Rn. 11 ff.

fragen Sie Ihren Arzt oder Apotheker" gut lesbar und von den übrigen Werbeaussagen deutlich abgesetzt und abgegrenzt anzugeben.

5. Form der Pflichtangaben/Gute Lesbarkeit/Abgegrenztheit

Gem. § 4 Abs. 4 HWG müssen die nach § 4 Abs. 1 HWG vorgeschriebenen Angaben von den übrigen Werbeaussagen deutlich abgesetzt, abgegrenzt und gut lesbar sein. Die Mindestschriftgröße entspricht der 6-Punkt-Schrift[139]. Darüber hinaus ist die gute Lesbarkeit auch mit Blick auf andere Parameter, wie etwa die verwendete Farbe, Drucktype, das Papier oder das Verhältnis der Buchstabengröße von Pflichtangaben zu anderen Werbeaussagen zu gewährleisten[140]. Gut abgesetzt ist der Pflichthinweis, wenn er gegenüber anderen Werbeangaben etwa durch Trennstriche, Absätze, Umrahmungen oder eine andere farbliche Gestaltung getrennt ist. Bei Werbebroschüren, in denen für mehrere Präparate oder das ganze Sortiment eines pharmazeutischen Unternehmens geworben wird, werden die Pflichtangaben in der Regel am Ende der Broschüre wiedergegeben. Dies soll jedoch nach einer Entscheidung des OLG Frankfurt nicht ausreichend sein[141]. Tatsächlich sind es jedoch die Fachkreise und auch die Verbraucher gewohnt, dass die Pflichtangaben zusammengefasst am Ende wiedergegeben werden, wenn bei jeder Werbung darauf verwiesen wird.

In Bezug auf eine Werbung im Internet besteht Einigkeit, dass insoweit dieselben Anforderungen wie bei der Printwerbung zu erfüllen[142], dh insbesondere die Pflichtangaben vollständig wiederzugeben sind.

Mit Blick auf neue Werbeformen im Internet wurde vor einiger Zeit erneut diskutiert, wo der Pflichthinweis anzubringen ist. Einige unterinstanzliche Gerichte meinten, dass der Pflichthinweis bei Internetwerbung stets in der Werbeanzeige selbst enthalten sein müsse[143]. Demgegenüber wird in der Literatur fast durchgängig die Auffassung vertreten, dass der Pflichthinweis bei Internetwerbung auch auf einer mit nur einem Klick direkt damit verlinkten Seite wiedergegeben werden kann[144]. Diese Auffassung folgt einer Reihe von Entscheidungen der Oberlandesgerichte München und Hamburg[145] sowie des Kammergerichts Berlin[146] zur Fachkreiswerbung. Gestützt wird diese Auffassung durch neuere Entscheidungen des Bundesgerichtshofs, in denen das Suchverhalten des Durchschnittsverbrauchers im Internet thematisiert wird. Nach Ansicht des BGH lädt eine AdWords-Werbung, die als erkennbar unvollständige Kurzangabe aufgefasst werde, dazu ein, die ausführliche und präzise Information zur Kenntnis zu nehmen, auf die der Link verweise[147]. Bereits im Jahr 2007 stellte der Bundesgerichtshof fest, dass der durchschnittliche Nutzer an die Besonderheiten des Internets gewöhnt sei, und wies darauf hin, dass Informationen zu angebotenen Waren auf mehreren Seiten verteilt sein könnten, die untereinander durch elektronische Verweise („Links") verbunden seien[148]. Mittlerweile steht fest, dass der Pflichthinweis gem. § 4 Abs. 3 S. 1 HWG auch auf einer einfach

---

[139] BGH NJW 1988, 766 (767) – 6-Punkt-Schrift; *Brixius* in Bülow/Ring/Artz/Brixius, Heilmittelwerbegesetz, § 4 Rn. 132 mwN aus der Rechtsprechung.
[140] BGH NJW 1988, 766 (767) – 6-Punkt-Schrift.
[141] OLG Frankfurt WRP 2001, 1111.
[142] *v. Czettritz* PharmR 1997, 88; *v. Czettritz* PharmR 2003, 301.
[143] LG Köln Magazindienst 2012, 248 ff.; LG Mannheim BeckRS 2011, 02841.
[144] *v. Czettritz/Thewes* PharmR 2012, 56 ff.; *Brixius* in Bülow/Ring/Artz/Brixius, Heilmittelwerbegesetz, § 4 Rn. 139; *Gröning/Mand/Reinhart*, Heilmittelwerberecht, § 4 Rn. 103.
[145] OLG München PharmR 2002, 254 (256); *v. Czettritz* PharmR 2003, 301 (302); OLG Hamburg GRUR-RR 2003, 121 (122).
[146] PharmR 2004, 23 ff. mAnm *v. Czettritz* PharmR 2004, 22.
[147] BGH GRUR 2012, 81 (82), Tz. 15 – Innerhalb 24 Stunden.
[148] BGH GRUR 2008, 84 ff. Tz. 30 – Versandkosten.

verlinkten Seite enthalten sein darf, wenn keine weiteren Zwischenschritte erforderlich sind. Dies hat der BGH mit Urteil vom 6.6.2013 ausdrücklich für Google-AdWords-Anzeigen für Arzneimittel festgestellt und damit auch die ältere Rechtsprechung zur Erreichbarkeit der Pflichtangaben über einen Link bestätigt.[149]

48 Bei Werbung in audiovisuellen Medien ist nur der nach § 4 Abs. 3 S. 1 oder 2 HWG vorgeschriebene Text vor neutralem Hintergrund gut lesbar einzublenden und gleichzeitig zu sprechen. Soweit es sich um Werbung für Arzneimittel handelt, die für den Verkehr außerhalb der Apotheken freigegeben sind und in deren Packungsbeilage oder Behältnis keine Nebenwirkungen oder sonstigen Risiken angegeben sind, kann dieser Text entfallen (§ 4 Abs. 3 S. 4, Abs. 5 S. 1, letzter Hs. HWG). Bei Arzneimittelwerbung im Rundfunk ist der Text gem. § 4 Abs. 3 S. 1 HWG zu sprechen.

6. Erinnerungswerbung

49 Gem. § 4 Abs. 6 S. 1 HWG können bei Erinnerungswerbung die in den Abs. 1, 1a, 3 und 5 der Norm vorgesehenen Angaben entfallen. Nach der Legaldefinition des § 4 Abs. 6 S. 2 HWG liegt Erinnerungswerbung immer dann vor, wenn ausschließlich mit der Bezeichnung eines Arzneimittels oder zusätzlich mit dem Namen, der Firma, der Marke des pharmazeutischen Unternehmers oder dem Hinweis: „Wirkstoff:" geworben wird. Grund für diese Privilegierung ist der Umstand, dass eine Werbung, die ausschließlich aus der Bezeichnung des Arzneimittels und des Namens, der Firma oder des Warenzeichens des Anbieters besteht und keinerlei medizinisch-relevante Angaben enthält, weitgehend nur diejenigen anspricht, die das beworbene Arzneimittel bereits kennen und daher keiner Unterrichtung durch die Pflichtangaben mehr bedürfen[150]. Über die genannten Elemente hinaus darf Erinnerungswerbung nach der Rechtsprechung weitere Angaben enthalten, soweit diese sich nicht – wie etwa die Angabe „gesund und schön"[151] – zu den gesundheitlichen Aspekten des beworbenen Arzneimittels verhalten oder medizinisch relevante Angaben, zB zu den Anwendungsgebieten enthalten. Unschädlich sind daher beispielsweise bloße Mengen- und Preisangaben oder Hinweise wie „preisgünstig" oder ähnliches[152]. Bei qualitätsbezogenen Angaben ist zwischen rein unternehmensbezogenen und produktbezogenen Angaben zu unterscheiden. Erstere stehen dem Charakter einer Erinnerungswerbung nicht entgegen. Angaben wie „seit Jahren bewährt" oder „erstklassig" sprengen den Rahmen einer Erinnerungswerbung, da sie einen unmittelbaren Produktbezug aufweisen[153].

V. Werbung in Packungsbeilagen, § 4a Abs. 1 HWG

50 Gem. § 4a Abs. 1 HWG ist es unzulässig, in der Packungsbeilage eines Arzneimittels für andere Arzneimittel oder andere Mittel, dh Kosmetika (§ 1 Abs. 1 Nr. 2 HWG iVm § 1 Abs. 2 HWG), zu werben. Sinn und Zweck des § 4a Abs. 1 HWG ist es zu verhindern, dass die Informationsfunktion der Packungsbeilage beeinträchtigt wird, indem die teils abschreckende Wirkung der in den Packungsbeilagen genannten Gegenanzeigen, Nebenwirkungen, Wechselwirkungen, Vorsichtsmaßnahmen und Warnhinweise durch Werbeangaben in Bezug auf andere Produkte ab- oder umgelenkt

---

[149] BGH GRUR 2014, 94 – Pflichtangaben im Internet; *v. Czettritz*, GRUR-Prax 2013, 548; *Müllen* PharmR 2014, 8; *Doepner/Reese*, HWG § 4 Rn. 166.
[150] BGH NJW 1983, 2636 (2637) – Kneipp Pflanzensaft.
[151] OLG Frankfurt WRP 1981, 321 (322); ferner *Brixius* in Bülow/Ring/Artz/Brixius, Heilmittelwerbegesetz, § 4 Rn. 151.
[152] *Reese/Holtorf* in Dieners/Reese PharmaR-HdB § 11 Rn. 225 mwN; *Brixius* in Bülow/Ring/Artz/Brixius, Heilmittelwerbegesetz, § 4 Rn. 150.
[153] *Reese/Holtorf* in Dieners/Rees PharmaR-HdB § 11 Rn. 227 mwN aus der Rechtsprechung.

wird[154]. Zulässig sind nur solche Angaben, die sich auf das betreffende Arzneimittel selbst beziehen und nach § 11 Abs. 1 S. 7 AMG zulässig sind, dh keinen Werbecharakter haben. Dies ist dann der Fall, wenn ein Zusammenhang mit der Verwendung des Arzneimittels besteht, die Angaben für die gesundheitliche Aufklärung wesentlich sind und der Fachinformation gem. § 11a AMG nicht widersprechen.

Eine Werbung für Verfahren, Behandlungen und Gegenstände, die in § 1 Abs. 1 HWG ebenfalls genannt sind, sowie für Medizinprodukte hingegen ist zulässig, soweit nicht die allgemeinen Grundsätze des § 11 Abs. 1 S. 7 AMG dagegen stehen[155].

Zu beachten ist, dass sich § 4a Abs. 1 HWG nur auf die Packungsbeilage für Arzneimittel bezieht, so dass in der Gebrauchsanweisung eines Medizinproduktes sowohl für Arzneimittel als auch andere Medizinprodukte geworben werden darf.

VI. Verbot der Werbung mit der Verordnungsfähigkeit eines Arzneimittels, § 4a Abs. 2 HWG

Da § 10 Abs. 1 HWG ein allgemeines Öffentlichkeitswerbeverbot für verschreibungspflichtige Arzneimittel statuiert, kommt § 4a Abs. 2 HWG nur in Bezug auf nach § 34 Abs. 1 S. 2 SGB V verordnungsfähige, nicht verschreibungspflichtige Arzneimittel Bedeutung zu, soweit diese vom Gemeinsamen Bundesausschuss als Therapiestandard für die Behandlung schwerwiegender Erkrankungen anerkannt werden[156]. Da § 4 Abs. 2 HWG nur die Werbung **mit der Verordnungsfähigkeit** untersagt, ist der Verbotsbereich kleiner als der des Art. 88 Abs. 3 des Gemeinschaftskodexes, wonach die Öffentlichkeitswerbung für erstattungsfähige Arzneimittel insgesamt untersagt werden kann. Allerdings ist diese Diskrepanz zwischen den beiden Regelungen unschädlich, da der Gemeinschaftskodex den Mitgliedsstaaten insoweit ausdrücklich einen Umsetzungsspielraum einräumt.

VII. § 5 HWG: Werbung für homöopathische Arzneimittel

Für homöopathische Arzneimittel, die nach dem Arzneimittelgesetz registriert oder von der Registrierung freigestellt sind, darf nicht mit der Angabe von Anwendungsgebieten geworben werden. Bekanntlich besteht bei homöopathischen Arzneimitteln die Möglichkeit, entweder ein Zulassungsverfahren nach § 21 AMG unter Vorlage sämtlicher nach § 22 AMG erforderlichen Unterlagen zu durchlaufen oder nach § 38 AMG in ein beim Bundesinstitut für Arzneimittel und Medizinprodukte geführtes Register für homöopathische Arzneimittel eingetragen zu werden, sofern nicht die Voraussetzungen für eine Befreiung von der Registrierungspflicht vorliegen (vgl. § 3 Rn. 256 ff.). Da für eine Registrierung gem. § 38 Abs. 2 S. 2 AMG keine Unterlagen über die Wirkungen und Anwendungsgebiete bzw. zur klinischen Prüfung vorzulegen sind, dürfen dementsprechend für diese registrierten oder von der Registrierung freigestellten homöopathischen Arzneimittel in der Werbung auch keine Aussagen zu den Anwendungsgebieten, dh der Wirkung des homöopathischen Arzneimittels, getroffen werden. Dies gilt auch für Werbung gegenüber Fachkreisen[157]. Auf diese Weise wird der Besonderheit homöopathischer Arzneimittel nicht nur im AMG, sondern auch im HWG Rechnung getragen[158].

---

[154] *Reese/Holtorf* in Dieners/Reese PharmaR-HdB § 11 Rn. 28; *Artz* in Bülow/Ring/Artz/Brixius, Heilmittelwerbegesetz, § 4a Rn. 1.
[155] AA *Artz* in Bülow/Ring/Artz/Brixius, Heilmittelwerbegesetz, § 4a Rn. 9.
[156] *Reese/Holtorf* in Dieners/Reese PharmaR-HdB § 11 Rn. 231.
[157] BGH GRUR 2012, 647 (649) – INJECTIO.
[158] Vgl. OLG Stuttgart, WRP 2014, 731 ff. – Historische Anwendungsgebiete, mAnm *Tillmanns*, A&R 2014, 190 f.

VIII. § 6 HWG: Werbung mit Gutachten und wissenschaftlichen Veröffentlichungen

55   Gem. § 6 HWG ist Heilmittelwerbung mit Veröffentlichungen, die per se eine fachliche Kompetenz des Urhebers suggerieren, wie etwa Gutachten, Zeugnisse oder sonstige wissenschaftliche bzw. fachliche Veröffentlichungen, untersagt, es sei denn, ihre Nachprüfbarkeit ist gesichert. Grundgedanke von § 6 HWG ist es, sowohl Fachkreise als auch das Laien-Publikum vor einer Irreführung durch eine mindere Qualität der vom ihm erfassten Veröffentlichungen, denen grundsätzlich ein qualitativ hochwertiger Informationswert beigemessen wird, zu schützen. Bis zur 16. AMG-Novelle hatte § 6 HWG nur im Bereich der Fachkreiswerbung praktische Relevanz, da die Werbung mit Gutachten und wissenschaftlichen Veröffentlichungen gegenüber dem Laien-Publikum gem. § 11 Abs. 1 Nr. 1 HWG aF generell verboten war[159]. Mit der 16. AMG-Novelle wurde diese Vorschrift gestrichen, da sie im Gemeinschaftskodex keine Entsprechung fand. Seither darf auch gegenüber den Laien mit Gutachten, Zeugnissen und Veröffentlichungen geworben werden.

56   Zum Ausgleich für die erhöhte Glaubwürdigkeit, die Gutachten oder Zeugnissen zukommt, sieht § 6 Nr. 1 HWG für Gutachtenwerbung bestimmte formale Voraussetzungen vor: Zunächst müssen Gutachten oder Zeugnisse von wissenschaftlich oder fachlich hierzu berufenen Personen erstattet sein. Um dies überprüfen zu können, müssen in der betreffenden Werbung Name, Beruf und Wohnort des Gutachters sowie der Zeitpunkt der Erstellung des Gutachtens angegeben werden. Als Gutachten sind dabei alle auf wissenschaftlicher Grundlage gewonnenen und in wissenschaftlicher Weise dargestellten Stellungnahmen eines Verfassers zu einem bestimmten Untersuchungsgegenstand anzusehen[160]. Ebenfalls unter diesen Begriff fallen Studien, klinische Prüfungen, Feldstudien oder Compliancestudien"[161].

57   Eine „Veröffentlichung" liegt bei einer wörtlichen, auch auszugsweisen, Wiedergabe des Gutachtens vor, eine „Erwähnung" lässt eine Bezugnahme auf dessen Inhalt genügen[162]. Nach § 6 Nr. 2 HWG ist es bei einer Bezugnahme auf wissenschaftliche, fachliche oder sonstige Veröffentlichungen erforderlich, dass deutlich gemacht wird, ob die Veröffentlichung das Arzneimittel, das Verfahren, die Behandlung, den Gegenstand oder ein anderes Mittel als dasjenige betrifft, für das geworben wird. Wenn beispielsweise die Studie, die Gegenstand der Veröffentlichung ist, mit einem anderen Präparat als dem beworbenen durchgeführt worden ist, muss dies in der Werbung deutlich gemacht werden. Darüber hinaus müssen der Name des Verfassers, der Zeitpunkt der Veröffentlichung und die Fundstelle genannt werden. Diese Angaben müssen so beschaffen sein, dass damit die Veröffentlichung ohne weiteres aufgefunden und besorgt werden kann.

58   Gem. § 6 Nr. 3 HWG dürfen in der Heilmittelwerbung Zitate, Tabellen oder sonstige Darstellungen aus der Fachliteratur nur wortgetreu, das heißt ohne Auslassungen, inhaltliche Änderungen oder Ergänzungen erfolgen[163]. Eine Änderung des Maßstabes von Tabellen oder Grafiken wird allerdings als zulässig angesehen[164]. Ebenso ist es zulässig,

---

[159] *Reese/Holtorf* in Dieners/Reese PharmaR-HdB § 11 Rn. 235.
[160] BayOLG NJW 1963, 402; *Zimmermann* in Fuhrmann/Klein/Fleischfresser HdB-ArzneimittelR § 28 Rn. 81.
[161] OLG Hamburg GRUR-RR 2002, 365; *Zimmermann* in Fuhrmann/Klein/Fleischfresser HdB-ArzneimittelR § 28 Rn. 81.
[162] *Ring* in Bülow/Ring/Artz/Brixius, Heilmittelwerbegesetz, § 6 Rn. 12 f.; *Riegger*, Heilmittelwerberecht, 6. Kap., Rn. 10, 11, S. 113 ff.; *Doepner/Reese*, HWG § 6 Rn. 32, 33.
[163] *Reese/Holtorf* in Dieners/Reese PharmaR-HdB § 11 Rn. 247.
[164] OLG Hamburg GRUR-RR 2001, 115 (116, 118); *Reese/Holtorf* in Dieners/Reese PharmaR-HdB § 11 Rn. 248.

die Ergebnisse einer Studie, zB in Form einer in der Originalarbeit nicht enthaltenen Grafik, aufzubereiten. Hierauf muss jedoch in geeigneter Weise hingewiesen werden, etwa durch die Angabe „modifiziert nach".

IX. § 8 HWG: Verbot der Werbung für den Bezug von Arzneimitteln im Wege des Teleshopping und der Einzeleinfuhr

§ 8 HWG verbietet die Werbung für bestimmte Vertriebsformen und Bezugsmöglichkeiten. Unter Teleshopping versteht man Fernsehwerbesendungen iSd RL 89/552/EWG, bei denen die angebotenen Produkte sogleich telefonisch bestellt werden können. In derartigen Werbesendungen darf für Arzneimittel grundsätzlich nicht geworben werden, völlig unabhängig davon, ob die beworbenen Arzneimittel frei verkäuflich oder apothekenpflichtig sind.

Grundsätzlich dürfen Arzneimittel aus dem Ausland nur eingeführt werden, wenn sie für das Inverkehrbringen in Deutschland zugelassen oder registriert sind. Hiervon macht § 73 AMG einige Ausnahmen, wobei nach § 8 HWG für die Einzeleinfuhr gem. § 73 Abs. 2 Nr. 6a und § 73 Abs. 3 AMG nicht geworben werden darf. § 73 Abs. 2 Nr. 6a AMG betrifft den Bezug von in anderen Mitgliedsstaaten der EU oder des EWR zugelassenen Arzneimitteln zum persönlichen Bedarf. § 73 Abs. 3 AMG gestattet den Bezug von im Herkunftsland zugelassenen Arzneimitteln, wenn diese von Apotheken in geringen Mengen und auf Bestellung einzelner Personen bezogen werden, wobei weiterhin erforderlich ist, dass hinsichtlich des Wirkstoffs identische und hinsichtlich der Wirkstärke vergleichbare Arzneimittel für das betreffende Anwendungsgebiet in Deutschland nicht zugelassen sind. Für diese beiden Bezugsmöglichkeiten darf nach § 8 HWG keine Werbung betrieben werden, da dies zu einer systematischen Ausweitung dieser Ausnahme-Bezugsmöglichkeiten bzw. zu einer Umgehung der grundsätzlichen Zulassungspflicht in Deutschland führen könnte.

Mit der 16. AMG-Novelle ist dieses totale Werbeverbot gegenüber Apotheken und Betreibern tierärztlicher Hausapotheken insofern aufgelockert worden, als die Übersendung von Listen von Arzneimitteln, die auf diesem Wege bezogen werden können, nunmehr zulässig ist, wenn diese nur Informationen über die Bezeichnung, die Packungsgrößen, die Wirkstärke und den Preis dieser Arzneimittel enthalten.

X. Verbot von Werbegaben, § 7 HWG

1. Einführung

§ 7 HWG, der mit zahlreichen Ausnahmen und Rückausnahmen versehen ist, untersagt im Grundsatz die Werbung mit Werbegaben. Sinn und Zweck der Norm war ursprünglich der Schutz der Bevölkerung vor unsachlicher Beeinflussung, die Aufrechterhaltung der Markttransparenz sowie die Ermöglichung von Preisvergleichen. Mittlerweile wird das Zuwendungsverbot des § 7 HWG, das trotz Abschaffung von Rabattgesetz und Zugabeverordnung aufrechterhalten wurde, auch mit anderen Erwägungen wie der Transparenz des Gesundheitswesens und der Erschließung von Wirtschaftlichkeitspotenzialen gerechtfertigt[165].

Erhebliche Zweifel bestehen allerdings an der Europarechtskonformität der Norm, soweit sie Wertreklame auch gegenüber dem Laien-Publikum untersagt. Gem. Art. 94 und 95 des Gemeinschaftskodexes ist Wertreklame für Arzneimittel nur gegenüber den

---

[165] *Reese/Holtorf* in Dieners/Reese PharmaR-HdB § 11 Rn. 249; instruktiv auch die Ausarbeitung der Deutschen Vereinigung für gewerblichen Rechtschutz und Urheberrecht, GRUR 2008, 592 (593); BGH GRUR 1990, 1041 (1042) – Fortbildungskassetten; GRUR 2015, 813 (814) Rn. 10 – Fahrdienst zur Augenklinik.

zu ihrer Verschreibung oder Abgabe berechtigten Personen verboten. Ausweislich der Erwägungsgründe sah der Gemeinschaftsgesetzgeber in einer unsachlichen Fachkreiswerbung die deutlich höheren Risiken für die Gesundheit der Bevölkerung, da nur Angehörige der Fachkreise verschreibungspflichtige Medikamente verordnen können und es sich hierbei in aller Regel – anders als bei nichtverschreibungspflichtigen Arzneimitteln – um Präparate zur Therapie schwerwiegender Erkrankungen handelt. Die Risiken, die mit einem Nicht- oder Fehlgebrauch eines verschreibungspflichtigen Arzneimittels einhergehen, sind ungleich größer. Da mit dem Gemeinschaftskodex eine Vollharmonisierung im Bereich der Arzneimittelwerbung erzielt werden sollte, besteht insoweit ein Umsetzungsdefizit[166], das auch durch die 16. AMG-Novelle nicht bereinigt wurde.

2. Der Tatbestand der Norm

64 Gem. § 7 Abs. 1 S. 1 HWG ist es grundsätzlich unzulässig, Zuwendungen und sonstige Werbegaben (Waren oder Leistungen) anzubieten, anzukündigen oder zu gewähren oder als Angehöriger der Fachkreise anzunehmen. Betroffen hiervon ist ausschließlich produktbezogene Werbung; Imagewerbung für pharmazeutische Unternehmen als solche wird von § 7 Abs. 1 S. 1 HWG nicht erfasst.

65 Eine Werbegabe ist eine unentgeltliche geldwerte Vergünstigung zum Zwecke der Absatzförderung, die vom Leistungsempfänger in einen Zusammenhang mit einem oder mehreren bestimmten Arzneimitteln gebracht und dessen Hersteller zugerechnet wird[167]. Aus dem Begriff der „Zuwendung" folgt, dass § 7 HWG nicht nur auf körperliche Werbegaben anwendbar ist[168]. Vielmehr fallen auch Preisnachlässe, Einkaufsgutscheine oder Prämien für die Werbung zusätzlicher Kunden in den Anwendungsbereich dieser Norm[169]. Gem. § 7 Abs. 1 Nr. 2 HWG sind ferner Rabatte als Werbegaben anzusehen.

66 § 7 Abs. 1 HWG untersagt das Anbieten, Ankündigen, Gewähren und Annehmen von Zuwendungen. Das Anbieten setzt dabei die erkennbare und ernste Absicht voraus, eine Werbegabe zu gewähren[170]. Die Ankündigung ist dagegen eine öffentliche Bekanntmachung oder eine mindestens für eine Vielzahl von Personen bestimmte Mitteilung[171]. Das Gewähren ist die tatsächliche Zuwendung einer Werbegabe. Unter Annehmen wird die auch konkludent geäußerte Akzeptanz der Gewährung der Werbegabe verstanden[172].

67 **a) Werbegaben von geringem Wert, § 7 Abs. 1 S. 1 Nr. 1 HWG.** Vom Werbegabenverbot ausgenommen sind zunächst Vergünstigungen in Form geringwertiger Kleinigkeiten, dh Waren oder Dienstleistungen, die von niemandem als wirtschaftlich interessant angesehen werden und damit unter keinen Umständen geeignet sind, eine Kaufentscheidung zu beeinflussen[173]. In den 80er und 90er Jahren wurden bereits Werbegaben im Wert von ca. 1,00 DM nicht mehr als geringwertige Kleinigkeiten angesehen[174]. Mittlerweile hat

---

[166] *Brixius* in Bülow/Ring/Artz/Brixius, Heilmittelwerbegesetz, § 7 Rn. 48ff; *Riegger*, Heilmittelwerberecht, 7. Kap., Rn. 4, S. 126 f.; *Reese/Holtorf* in Dieners/Reese PharmaR-HdB § 11 Rn. 270; *Doepner/Reese*, Heilmittelwerbegesetz, § 7 Rn. 212; aA: *Zimmermann* in Fuhrmann/Klein/Fleischfresser HdB-ArzneimittelR § 28 Rn. 88; *Gröning/Mand/Reinhart*, Heilmittelwerberecht, § 7 Rn. 15.
[167] BGH GRUR 1990, 1041 (1042) – Fortbildungskassetten; GRUR 2012, 1279 (1281) – DAS GROSSE RÄTSELHEFT; GRUR 2015, 504 ff. – Kostenlose Zweitbrille.
[168] *Reese/Holtorf* in Dieners/Reese PharmaR-HdB § 11 Rn. 252.
[169] LG München I WRP 2008, 681; OLG Naumburg GRUR-RR 2007, 159; BGH GRUR 2006, 949 – Kunden werben Kunden; *Reese/Holtorf* in Dieners/Reese PharmaR-HdB § 11 Rn. 252.
[170] *Doepner/Reese* HWG § 7 Rn. 98.
[171] OLG Schleswig GRUR 1979, 487 (488) – Knüller 78.
[172] *Reese/Holtorf* in Dieners/Reese PharmaR-HdB § 11 Rn. 254.
[173] BGH GRUR 1994, 656 (657) – Stofftragetaschen.
[174] BGH GRUR 1994, 656 – Stofftragetaschen; OLG Stuttgart NJW-RR 1997, 359 (360); OLG Bremen WRP 1995, 835 (837).

sich diese Wertgrenze, wenn auch geringfügig, nach oben verschoben. In mehreren Entscheidungen aus dem Jahr 2010 prüfte der BGH entlang des Art. 86 Abs. 1 Gedankenstrich 5 des Gemeinschaftskodexes, wonach Werbung immer dann vorliegt, wenn Anreize geschaffen werden „zur Verschreibung oder Abgabe von Arzneimitteln durch das Gewähren, Anbieten oder Versprechen von finanziellen oder materiellen Vorteilen, sofern diese nicht von geringem Wert sind", ob die ausgelobten finanziellen Vorteile diese Wertgrenze überstiegen. Dies sah er bei einem finanziellen Vorteil in Höhe von 1,00 EUR noch nicht, bei einem Vorteil von 5,00 EUR jedoch ohne Zweifel als erfüllt an[175], wobei man sicherlich auch unterscheiden muss, ob es sich um Laien- oder Fachkreiswerbung handelt. Im Bereich der Fachkreiswerbung sollten Werbegaben, die nach § 7 Abs. 1 S. 2 HWG zur Verwendung in der ärztlichen oder pharmazeutischen Praxis bestimmt sein müssen, in einer Größenordnung von 5,00 EUR zulässig sein.

Generell handelt es sich bei geringwertigen Kleinigkeiten um kleinere Zugaben, die als Ausdruck allgemeiner Kundenfreundlichkeit zu interpretieren sind[176]. Dabei ist auf den Gesamtwert aller überlassenen Zugaben abzustellen[177]. Die Erstattung der Arzneimittelzuzahlung ist nicht mehr als geringwertige Kleinigkeit einzustufen[178], ebenso wie die Erstattung der Praxisgebühr[179]. **68**

Bei der ersten Tatbestandsalternative des § 7 Abs. 1 S. 1 Nr. 1 HWG, den sog. geringwertigen Reklamegegenständen, handelt es sich um Waren, deren Verkehrswert über dem Schwellenwert für geringwertige Kleinigkeiten liegt. Allerdings wird deren Wert in den Augen der Verbraucher dadurch gemindert, dass ein nicht entfernbarer Hinweis auf den Werbenden oder dessen Produkt erfolgt[180]. **69**

Seit dem 3. Gesetz zur Änderung arzneimittelrechtlicher und anderer Vorschriften vom 12.8.2013 findet sich bei § 7 Abs. 1 S. 1 Nr. 1 HWG ebenso wie bisher schon bei Nr. 2 ein klarstellender Hinweis zur Geltung der Preisvorschriften des Arzneimittelrechts[181]. Hintergrund dieser Klarstellung war die Feststellung des BGH in zahlreichen wettbewerbsrechtlichen Verfahren zB zu Boni und Rabattaktionen von Apotheken, dass Zuwendungen und sonstige Werbegaben, die den für zulässige Wertreklame vorgegebenen Rahmen nicht überschreiten, heilmittelwerberechtlich zulässig seien, selbst wenn sie entgegen den Preisvorschriften gewährt würden, die aufgrund des Arzneimittelgesetzes gelten[182]. **70**

b) Rabatte, § 7 Abs. 1 S. 1 Nr. 2 HWG. Gem. § 7 Abs. 1 S. 1 Nr. 2 HWG sind Geld- und Naturalrabatte zulässig, soweit bestimmte Voraussetzungen erfüllt sind. Die Norm gilt für alle Handelsstufen und damit auch im Verhältnis zwischen Apothekern und Endverbrauchern. **71**

Gemeinsame Zulässigkeitsvoraussetzung für Geld- und Naturalrabatte ist, dass der Rabatt bezüglich des Betrages bzw. der Menge bestimmt oder auf bestimmte Art zu **72**

---

[175] GRUR 2010, 1136 ff. – Unser Dankeschön für Sie!; GRUR 2010, 1130 ff. – Sparen Sie beim Medikamentengebrauch!; GRUR 2010, 1133 ff. – Bonuspunkte; BGH GRUR 2013, 1262 (1263) – Rezept-Prämie; GRUR 2013, 1264 (1266) – RezeptBonus; GRUR 2015, 813 (816) Rn. 21 – Fahrdienst zur Augenklinik. Vgl. auch *Winnands* PharmR Sonderheft 2012, 4 (5); *Doepner/Reese*, HWG § 7 Rn. 112, 113.
[176] BGH GRUR 2010, 1133 (1135) Tz. 22 – Bonuspunkte; Mand in *Prütting*, Fachanwaltskommentar Medizinrecht, § 7 Rn. 62.
[177] BGH GRUR 2012, 1279 (1281) – DAS GROSSE RÄTSELHEFT.
[178] OLG Stuttgart, WRP 2015, 1133 Rn. 53.
[179] OLG Stuttgart NJW 2005, 227.
[180] *Reese/Holtorf* in Dieners/Reese PharmaR-HdB § 11 Rn. 255.
[181] 3. Gesetz zur Änderung arzneimittelrechtlicher und anderer Vorschriften, Bundesgesetzblatt 2013, Teil 1, Seite 3108; BT-Drs. 17, 13770; vgl. ferner BGH, GRUR 2017, 695 Rn. 35 – Freunde werben Freunde.
[182] Vgl. BGH GRUR 2013, 1262 – Rezept-Prämie; GRUR 2013, 1264 – RezeptBonus.

berechnen sein muss. Anzugeben sind daher bei Geldrabatten entweder ein Betrag, ein Prozentsatz oder eine Berechnungsformel[183]. Ein zulässiger Naturalrabatt beschränkt sich auf „gleiche Waren", was in der Rechtsprechung im Sinne einer Gattungs- und Qualitätsidentität ausgelegt wird[184].

73 § 7 Abs. 1 S. 2 Nr. 2, Hs. 2 und 3 HWG statuiert bestimmte Rückausnahmen. So sind Zuwendungen nach Buchst. a) nur zulässig, soweit sie im Einklang mit den Preisvorschriften der AMPreisV sowie § 78 AMG stehen; Rabatte und Skonti[185] für verschreibungspflichtige Arzneimittel sind damit nur im Rahmen der nach der AMPreisV möglichen Handelsspannen zulässig. Nach Auffassung des Bundesgerichtshofs[186] kann der Großhandel dabei nach dem Wortlaut des § 2 Abs. 1 S. 1 AMPreisV („darf ... höchstens...erhoben werden") nicht nur im Rahmen des variablen Höchstzuschlags von 3,15 % des Abgabepreises des pharmazeutischen Unternehmers Rabatte gewähren, sondern auch ganz oder teilweise auf den Festzuschlag von 70 Cent verzichten. Anderes gelte für den Apotheker. Denn der Wortlaut des § 3 Abs. 2 Nr. 1 AMPreisV, wonach der Festzuschlag „zu erheben ist", mache deutlich, dass die Apotheken bei der Abgabe von verschreibungspflichtigen Fertigarzneimitteln keinen preislichen Spielraum hätten, der Großhandel hingegen soll nach Auffassung des BGH einen Spielraum haben. Da für die Gesetzesauslegung nur der objektivierte Wille des Gesetzgebers maßgeblich sei, so wie er sich aus dem Wortlaut der Gesetzesbestimmung und dem Sinnzusammenhang mit anderen Vorschriften ergebe, sei die aus den Gesetzesmaterialien ableitbare, subjektive Vorstellung der Gesetzgebungsorgane, auch nach § 2 Abs. 1 S. 1 AMPreisV sei der „Festzuschlag" zwingend zu erheben, um dem Großhandel dadurch eine hinreichende Finanzierung seiner Tätigkeit einer angemessenen und flächendeckenden Belieferung der Apotheken zu ermöglichen, für die Auslegung unerheblich, da der Gesetzgeber dies im Gesetzeswortlaut selbst deutlicher hätte zum Ausdruck bringen müssen. Dies begegnet mit Blick auf den vom Gesetzgeber gewählten Terminus „Festzuschlag", der nach seiner lexikalischen Bedeutung einen „verbindlichen Zuschlag" meint, erheblichen Bedenken.

Gem. § 7 Abs. 1 S. 1 Nr. 2b) Hs. 3 HWG sind Naturalrabatte zulässig, sofern es sich hierbei um Mengenrabatte für nicht apothekenpflichtige Arzneimittel handelt. Weshalb hier zwischen Geld- und Naturalrabatten differenziert wird, erschließt sich allerdings nicht. Wirtschaftlich handelt es sich in beiden Fällen um im Kern vergleichbare Vorgänge[187], tatbestandlich sind sie nur schwer voneinander abzugrenzen. Wird etwa ein Preisnachlass von 50 % auf 100 Packungen eines OTC-Produktes gewährt, so ist dies nicht anders zu qualifizieren als die Draufgabe von 50 zusätzlichen Packungen bei Abnahme von 50 Packungen zum nicht rabattierten Preis. Ein Geldrabatt von 100 % ist nichts anderes als ein Naturalrabatt. Letztlich soll mit dieser Regelung zumindest gegenüber dem Endverbraucher einem erhöhten Arzneimittelkonsum vorgebeugt werden.

---

[183] Zur Zulässigkeit des Verzichts auf die gesetzliche Zuzahlung bei medizinischen Hilfsmitteln vgl. BGH, Urt. v. 1.12.2016 – I ZR 143/15, Rn. 41 GRUR 2017, 641 – Zuzahlungsverzicht bei Hilfsmitteln.
[184] BGH GRUR 1978, 547 (548) – Automatentruhe; GRUR 2015, 504 Rn. 26 ff. – Kostenlose Zweitbrille. Kritisch hierzu *Geiger*, MPR 2015, 131 ff.
[185] Vgl. hierzu ausführlich *v. Czettritz/Thewes*, PharmR 2014, 460 ff.; *Mand*, A & R 2014, 147 ff.
[186] Urt. v.5.10.2017 – I ZR 172/16 GRUR 2017, 1281 – „Großhandelszuschläge"; vgl. OLG Bamberg, PharmR 2016, 399 ff.; OLG Saarbrücken, PharmR 2016, 464 ff.; OLG Stuttgart, GRUR-RR 2012, 266 ff.; *von Czettritz/Thewes*, PharmR 2014, 460 ff.; *KMH*, § 78 AMG Rn. 62; *Doepner/Reese*, HWG, § 7 Rn. 85.
[187] Zu dem Vorstehenden vgl. Stellungnahme des Fachausschusses für Arzneimittel- und Lebensmittelrecht zur Regelung von Zuwendungen im Gesundheitswesen nach § 7 HWG, GRUR 2008, 592 (593); *Reese/Holtorf* in Dieners/Reese PharmaR-HdB § 11 Rn. 260.

§ 8 Das Heilmittelwerbegesetz

c) § 7 Abs. 1 S. 1 Nr. 3 HWG: Handelsübliches Zubehör. Gem. § 7 Abs. 1 S. 1 Nr. 3 HWG sind ferner Zuwendungen oder Werbegaben zulässig, die nur in handelsüblichem Zubehör zur Ware oder in handelsüblichen Nebenleistungen bestehen. Zubehör iSd Vorschrift ist damit nicht ein Teil der vertraglichen Hauptleistung. Allerdings muss das Zubehör die Hauptleistung mindestens fördern[188]. Nebenleistung kann etwa die Zustellung der Arzneimittel an den Patienten sein[189].   74

Von Handelsüblichkeit ist immer dann auszugehen, wenn sich das Zubehör oder die Nebenleistung „nach allgemeiner Auffassung der beteiligten Verkehrskreise im Rahmen vernünftiger kaufmännischer Gepflogenheiten hält"[190]. Als konkretes Beispiel einer handelsüblichen Nebenleistung wird in § 7 Abs. 1 S. 1 Nr. 3, Abs. 2 HWG ausdrücklich die Übernahme von Fahrtkosten für Verkehrsmittel des öffentlichen Nahverkehrs genannt[191]. Allerdings gibt es auch hierfür eine wertmäßige Beschränkung: Angemessen ist nach Auffassung des BGH eine Fahrtkostenerstattung in Höhe von bis zu 3 % des Einkaufswertes[192].   75

d) § 7 Abs. 1 S. 1 Nr. 4 HWG: Auskünfte und Ratschläge. Gem. § 7 Abs. 1 S. 1 Nr. 4 HWG ist es zulässig, wenn zum Zwecke der Heilmittelwerbung Auskünfte oder Ratschläge erteilt werden. Voraussetzung ist allerdings, dass die Auskunft nicht ohnehin bereits zum geschuldeten Leistungsumfang gehört, wie dies im Rahmen der beruflichen Tätigkeit von Apothekern und Ärzten vielfach der Fall sein dürfte[193]. Andererseits ist jedoch erforderlich, dass zwischen der erteilten Auskunft und der Hauptware oder -leistung ein funktionaler Zusammenhang besteht[194].   76

e) § 7 Abs. 1 S. 1 Nr. 5 HWG: Kundenzeitschriften. Zulässig sind gem. § 7 Abs. 1 S. 1 Nr. 5 HWG schließlich unentgeltliche Zeitschriften für Verbraucher. Voraussetzung ist allerdings, dass deren Werbecharakter durch einen entsprechenden Aufdruck auf der Titelseite erkennbar gemacht wird und die Herstellungskosten der Zeitschriften geringwertig sind. Von einer Erkennbarkeit des Werbezwecks ist dabei immer dann auszugehen, wenn der belehrende oder unterhaltende, redaktionelle Teil der Zeitschrift den werbenden Teil nicht vollständig in den Hintergrund treten lässt[195].   77

f) § 7 Abs. 1 S. 2 HWG: Werbegaben für Angehörige der Heilberufe. Gem. § 7 Abs. 1 S. 2 HWG sind Werbegaben für Angehörige der Heilberufe unbeschadet des § 7 Abs. 1 S. 1 HWG nur zulässig, wenn sie zur Verwendung in der ärztlichen, tierärztlichen und pharmazeutischen Praxis bestimmt sind. Maßgeblich ist dabei der funktionale Bezug zur Berufsausübung[196]. Die weiteren Voraussetzungen für die Zulässigkeit von Werbegaben (geringer Wert, Werbebezeichnung, geringwertige Kleinigkeit) müssen ebenfalls eingehalten werden. Der Begriff der „Angehörigen der Heilberufe" ist in § 2 HWG legaldefiniert.   78

---

[188] BGH NJW 1994, 388 (389) – Euroscheck- Differenzzahlung.
[189] *Reese/Holtorf* in Dieners/Reese PharmaR-HdB § 11 Rn. 262; *Brixius* in Bülow/Ring/Artz/Brixius, Heilmittelwerbegesetz, § 7 Rn. 101.
[190] BGH NJW-RR 1991, 1191 – Rückfahrkarte.
[191] Anders bei privatem Fahrdienst: BGH GRUR 2015, 813 (816) Rn. 22 – Fahrdienst zur Augenklinik.
[192] BGH GRUR 1995, 163 (164) – Fahrtkostenerstattung; GRUR 1995, 616 – Fahrtkostenerstattung II; ferner *Reese/Holtorf* in Dieners/Reese PharmaR-HdB § 11 Rn. 262.
[193] *Riegger,* Heilmittelwerbegesetz, 7. Kap, Rn. 35, S. 143; *Reese/Holtorf* in Dieners/Reese PharmaR-HdB § 11 Rn. 263.
[194] *Riegger,* Heilmittelwerbegesetz, 7. Kap., Rn. 34 S. 143; *Doepner/Reese* HWG § 7 Rn. 155.
[195] BGH GRUR 1966, 338 (340) – Drogisten-Illustrierte; OLG Düsseldorf WRP 1997, 968 ff.; *Zimmermann* in Fuhrmann/Klein/Fleischfresser HdB-ArzneimittelR § 28 Rn. 93; *Reese/Holtorf* in Dieners/Reese PharmaR-HdB § 11 Rn. 264.
[196] *Reese/Holtorf* in Dieners/Reese, Handbuch des Pharmarechts, § 11 Rn. 265; *Doepner/Reese,* Heilmittelwerbegesetz, HWG § 7 Rn. 169, mwN.

XI. Publikumswerbung, §§ 10, 11 und 12 HWG

1. Publikumswerbeverbot § 10 HWG

79 § 7 Abs. 1 S. 3 HWG nimmt zur Klarstellung ausdrücklich die Abgabe von Arzneimittelmustern gem. § 47 Abs. 3 AMG von der Beschränkung des S. 2 aus.

80 § 10 Abs. 1 HWG spricht für verschreibungspflichtige Arzneimittel ein Verbot der Publikumswerbung aus. Die Verschreibungspflicht ist in § 48 AMG und der dazu erlassenen AMVV geregelt[197]. Dies bedeutet, dass für alle Arzneimittel, die nur bei Vorliegen einer ärztlichen, zahnärztlichen oder tierärztlichen Verschreibung, dh auf Rezept, an Verbraucher abgegeben werden dürfen, gegenüber dem Laien-Publikum nicht geworben werden darf. Begründet wird dieses Publikumswerbeverbot in der Regel damit, dass nicht von außen auf das zwischen Arzt und Patient bestehende Vertrauensverhältnis eingewirkt werden soll, was allerdings mit dem Leitbild des mündigen Patienten schwer in Einklang zu bringen ist.

81 Eine Werbung für verschreibungspflichtige Arzneimittel ist nach der Regelung des § 10 Abs. 1 HWG nicht ausnahmslos gegenüber allen Angehörigen der Fachkreise zulässig, sondern nur gegenüber den in der Vorschrift ausdrücklich genannten Ärzten, Zahnärzten, Tierärzten, Apothekern und Personen, die mit diesen Arzneimitteln erlaubterweise Handel treiben. Gegenüber Heilpraktikern, Hebammen, Pflegepersonal etc. darf daher für verschreibungspflichtige Arzneimittel keine Werbung betrieben werden. Gegenüber diesen Verkehrskreisen und dem Laien-Publikum darf daher nur für nicht verschreibungspflichtige Arzneimittel (OTC-Präparate) geworben werden.

82 § 10 Abs. 2 HWG enthält ein indikations- und präparatebezogenes Werbeverbot, außerhalb der Fachkreise, unabhängig vom Verschreibungsstatus der Arzneimittel. Erfasst werden Präparate zur Beseitigung der Schlaflosigkeit oder von psychischen Störungen sowie Präparate zur Beeinflussung der Stimmungslage, wobei zusätzliche Voraussetzung ist, dass die Arzneimittel psychotrope Wirkstoffe enthalten, die geeignet sind, eine Abhängigkeit zu schaffen. Ursprünglich sollte mit der 16. AMG-Novelle § 10 Abs. 2 HWG insgesamt aufgehoben werden. Da Art. 88 Abs. 1 lit. b) der RL 2001/83/EG jedoch ein Verbot der Öffentlichkeitswerbung für Arzneimittel, die psychotrope Substanzen enthalten, vorsieht, ist Abs. 2 in der jetzigen Fassung verabschiedet worden. Die praktische Relevanz dieser Vorschrift dürfte jedoch gering sein, da psychotrope Wirkstoffe aufgrund der von ihnen ausgehenden Gefahr der Abhängigkeit in der Regel verschreibungspflichtig sind und somit eine Werbung hierfür schon gem. § 10 Abs. 1 HWG verboten ist. Denkbar ist die Anwendung nur noch für Antihistaminika mit den Wirkstoffen Diphenhydramin und Doxylamin, die üblicherweise zur Behandlung von Allergien eingesetzt werden[198].

Durch Art. 8a des Fünften Gesetzes zur Änderung des IV. Buchs des Sozialgesetzbuchs und anderer Gesetze, der am 22.4.2015 in Kraft trat, wurde in § 10 Abs. 2 HWG zusätzlich das Verbot der Werbung für Arzneimittel, die zur Notfallkontrazeption zugelassen sind, eingefügt[199]. Hintergrund dieser Regelung ist die Entlassung UPA-haltiger Notfallkontrazeptiva aus der Verschreibungspflicht, so dass das in § 10 Abs. 1 HWG normierte Publikumswerbeverbot für verschreibungspflichtige Arzneimittel nicht mehr zur Anwendung kommt[200].

---

[197] v. Czettritz in Fuhrmann/Klein/Fleischfresser, Arzneimittelrecht, § 25 Rn. 8 ff.
[198] Weidner PharmR Sonderheft 2012, 6 (7).
[199] BGBl. I S. 583.
[200] Vgl. Weidner, PharmR 2015, 286 ff.

2. Zulässige Formen der Publikumswerbung, § 11 HWG

§ 11 Abs. 1 HWG enthält für die Publikumswerbung zahlreiche Werbeverbote, da die Verbraucher – anders als die Fachkreise – von bestimmten Werbeformen leichter beeinflusst oder zu falschen Schlüssen veranlasst werden können, und die Gefahr eines Arzneimittelfehlgebrauchs oder -missbrauchs sowie einer eventuellen Gesundheitsgefährdung deutlich größer ist.

a) § 11 Abs. 1 HWG – weggefallene Nummern. Die weggefallenen Nummern 1 (Gutachten), 4 (bildliche Darstellung in Berufskleidung), 6 (fremd- oder fachsprachliche Bezeichnungen) und 10 (Anleitung zur Selbstbehandlung) sind mit der 16. AMG-Novelle aufgehoben worden, da im Gemeinschaftskodex keine entsprechenden Regelungen vorgesehen sind[201].

b) § 11 Abs. 1 Nr. 2 HWG: Empfehlungen. Nach dieser Vorschrift dürfen in der Laien-Werbung keine Angaben oder Darstellungen enthalten sein, die als fachliche Empfehlung aufgefasst werden können. Empfehlungen von Ärzten, Tierärzten und anderen im Gesundheitswesen tätigen Personen und Wissenschaftlern, denen aufgrund ihrer Ausbildung von den Laien eine besondere Autorität zugeschrieben wird, sind insgesamt unzulässig. Ebenfalls unzulässig[202] sind Empfehlungen von bekannten Persönlichkeiten, da man annimmt, dass diese aufgrund ihrer Bekanntheit zum Arzneimittelverbrauch anregen könnten[203]. Davon zu unterscheiden ist, wenn etwa ein bekannter Schauspieler erkennbar nur seinem Beruf als Schauspieler nachgeht und sich in einer gestellten Situation als Werbeträger verdingt[204].

c) § 11 Abs. 1 Nr. 3 HWG: Wiedergabe von Krankengeschichten. Seit der 16. AMG-Novelle ist die Wiedergabe von Krankengeschichten in Umsetzung der korrespondierenden Vorschrift des Art. 90 lit. i) und lit. j) des Gemeinschaftskodex nur noch unzulässig, wenn diese in missbräuchlicher, abstoßender oder irreführender Weise erfolgt oder durch die Art und Weise der Darstellung die Gefahr einer falschen Selbstdiagnose besteht. Unter Krankengeschichte im Sinne dieser Vorschrift ist nicht nur die Dokumentation eines behandelnden Arztes gemeint, sondern die Darstellung eines Krankheitsverlaufs aus Laien-Sicht[205]. Da die Anleitung zur Selbstmedikation früher in der mit der 16. AMG-Novelle aufgehobenen Nr. 10 enthalten war, kann die Rechtsprechung und Literatur zu dieser Vorschrift zur Auslegung des Begriffs „Selbstmedikation" herangezogen werden, wobei zu beachten ist, dass nach der geltenden Vorschrift nur noch Anleitungen unzulässig sind, die zu einer falschen Selbstdiagnose verleiten können. Sind das Krankheitsbild und die Schilderung so eindeutig, dass nur eine richtige Selbstdiagnose gestellt werden kann, ist die Werbung zulässig.

d) § 11 Abs. 1 Nr. 5 HWG: Bildliche Darstellung. Durch diese Vorschrift werden bestimmte bildliche Darstellungen verboten, wobei das bis zu 16. AMG-Novelle grundsätzlich bestehende Verbot jetzt nur noch gilt, wenn die Darstellung in missbräulicher, abstoßender oder irreführender Weise erfolgt. Verboten sind danach sowohl bildliche

---

[201] BT-Drucks. 17, 9341, S. 70; *Schmidt,* PharmR 2012, 285 (288); *Burk* GRUR 2012, 1097 (1098); *Reese,* MPR 2012, 165, 166.
[202] In BGH GRUR 2012, 1058 ff. – Euminz „moderne Medizin" unzutreffend als Empfehlung angenommen.
[203] Vgl. OLG Karlsruhe, GRUR-RR 2015, 487 ff. – Prominentenwerbung für Arzneimittel; *Ring* in Bülow/Ring/Artz/Brixius, Heilmittelwerbegesetz, § 11 Abs. 1 S. 1 Nr. 2, Rn. 9, mwN.
[204] OLG München, ZUM-RD 1999, 324 (325) – Arzneimittelempfehlung durch Darstellerin in einem Werbespot.
[205] *Doepner/Reese* HWG § 11 Nr. 3 Rn. 16 ff.; *Riegger,* Heilmittelwerberecht, 11. Kap, Rn. 23, S. 190.

Darstellungen von krankheitsbedingten Veränderungen des menschlichen Körpers als auch Darstellungen des Wirkvorgangs eines Arzneimittels im menschlichen Körper, insbesondere durch grafische und schematische Darstellungen der Wirkung im Körperinneren[206]. Bildliche Darstellungen, die zB die Wirkung eines Arzneimittels anhand eines Modells außerhalb des menschlichen Körpers darstellen, fallen nicht unter das Verbot. Nach § 11 Abs. 1 Nr. 5 lit. b) HWG aF war eine vergleichende Darstellung in Form von Vorher-Nachher-Abbildungen verboten. Dieses grundsätzliche Verbot besteht nun nicht mehr[207]. Jedoch ist zu beachten, dass in einigen Fällen eine Vorher-Nachher-Darstellung durchaus missbräuchlich oder abstoßend sein kann und dann nach wie vor verboten ist.

88 e) § 11 Abs. 1 Nr. 7 HWG: Gesundheitsbeeinflussung. Nach dieser Vorschrift sind Werbeaussagen verboten, wonach die Gesundheit durch die Nichtanwendung des Arzneimittels beeinträchtigt, dh verschlechtert, oder durch die Anwendung verbessert werden könnte. Bis zur 16. AMG-Novelle lautete diese Vorschrift dahingehend, dass es verboten war, Angstgefühle hervorzurufen oder auszunutzen. Die jetzige Gesetzesfassung ist im Vergleich dazu weitergehender, denn das Verbot greift nun früher. Diese Vorschrift gilt gem. § 11 Abs. 1 S. 2 HWG auch ausdrücklich für Medizinprodukte.

89 f) § 11 Abs. 1 Nr. 8 HWG: Werbevorträge. Nach dieser Regelung sind Werbevorträge unzulässig, mit denen ein Feilbieten, dh anbieten der beworbenen Produkte erfolgt, oder bei denen Name und Adresse der Teilnehmer gesammelt werden. Derartige Werbeveranstaltungen sind für die hierfür ohnehin nur in Frage kommenden nichtverschreibungspflichtigen OTC Präparate kaum vorstellbar, da ein Großteil der OTC-Präparate apothekenpflichtig ist, so dass ein Feilbieten außerhalb einer Apotheke von vorneherein ausscheidet. Diese Vorschrift gilt gem. § 11 Abs. 1 S. 2 HWG auch für Medizinprodukte, was schon mehr Sinn macht, da eine Vielzahl von Medizinprodukten weder verschreibungspflichtig noch apothekenpflichtig ist.

90 g) § 11 Abs. 1 Nr. 9 HWG: Getarnte Werbung. Nach dieser Vorschrift sind Veröffentlichungen, deren Werbezweck missverständlich oder nicht deutlich erkennbar ist, unzulässig. Das Verbot bezieht sich ausdrücklich auf Veröffentlichungen, dh Druckerzeugnisse in Form von Zeitungen, Zeitschriften und Broschüren. Werbemaßnahmen in den audiovisuellen Medien und im Internet sind hiervon nicht erfasst. Diese Medien unterliegen jedoch der allgemeinen Vorschrift des § 3 lit. 2c) HWG, wonach eine Werbung irreführend ist, wenn sie den Eindruck erweckt, als erfolge die Werbung nicht zu Zwecken des Wettbewerbs. Der klassische Fall von § 11 Abs. 1 Nr. 9 HWG sind Anzeigen, die als redaktionelle Beiträge getarnt sind. Diese müssen daher mit „Anzeige" gekennzeichnet werden[208]. Diese Vorschrift gilt gem. § 11 Abs. 1 S. 2 HWG gleichermaßen für Medizinprodukte. Wenn eine Zeitschrift erkennbar eine Werbemaßnahme eines Pharmaunternehmens ist, dann muss nicht jede Präparateempfehlung des Unternehmens als Anzeige gekennzeichnet werden, denn dann tritt der Werbezweck insgesamt erkennbar zu Tage.

91 h) § 11 Abs. 1 Nr. 11 HWG: Äußerungen Dritter. Nach dieser Vorschrift darf mit Äußerungen Dritter, insbesondere Dank-, Anerkennungs- und Empfehlungsschreiben, oder mit Hinweisen hierauf seit der 16. AMG-Novelle erstmals geworben werden, es sei denn, dies erfolgt in missbräuchlicher, abstoßender oder irreführender Weise. Bei dieser

---

[206] Vgl. *Doepner/Reese* HWG § 11 Nr. 5 Rn. 8; *Riegger*, Heilmittelwerberecht, 11. Kap., Rn. 48, S. 200.
[207] *Reese*, MPR 2012, 165, 167.
[208] *Doepner/Reese* HWG § 11 Nr. 9 Rn. 22; *Riegger*, Heilmittelwerberecht, 11. Kap., Rn. 68, S. 208.

nunmehr zulässigen Werbeform handelt es sich insbesondere um Erfahrungsberichte von Anwendern[209]. Diese Vorschrift gilt gem. § 11 Abs. 1 S. 2 HWG ebenfalls für Medizinprodukte.

i) § 11 Abs. 1 Nr. 12 HWG: Kinder unter 14 Jahren. Das Verbot des § 11 Abs. 1 Nr. 12 HWG, das gleichermaßen für Medizinprodukte gilt, untersagt Werbemaßnahmen, die ausschließlich oder überwiegend an Kinder unter 14 Jahren gerichtet sind. Erfasst werden hiervon in erster Linie Anzeigen in Kinder- und Jugendzeitschriften oder TV-Werbespots während des nachmittäglichen Kinderprogramms oder in speziellen Kindersendern wie KIKA. Durch diese Vorschrift soll verhindert werden, dass Kinder aufgrund von Werbesendungen einen Druck auf ihre Eltern ausüben, bestimmte Arzneimittel oder Medizinprodukte zu erwerben[210]. 92

j) § 11 Abs. 1 Nr. 13 HWG: Preisausschreiben, Verlosungen. Nach der 16. AMG-Novelle ist es nunmehr in Umsetzung der Rechtsprechung des EuGH zulässig, für Arzneimittel gegenüber dem Laien-Publikum mit Preisausschreiben, Verlosungen oder anderen vom Zufall abhängigen Verfahren zu werben, sofern durch diese Art der Werbung nicht einer unzweckmäßigen oder übermäßigen Verwendung von Arzneimitteln Vorschub geleistet wird[211]. Bei Preisausschreiben erbringt der Teilnehmer in der Regel eine Leistung, indem er eine Preisfrage beantwortet. Bei einer Verlosung macht der Teilnehmer zumeist nichts anderes, als teilzunehmen und seine Adresse anzugeben. Wenn der Preis in dem beworbenen Arzneimittel selbst bestehen würde, könnte die Werbemaßnahme einer unzweckmäßigen oder übermäßigen Verwendung des Arzneimittels Vorschub leisten. 93

Andere Konstellationen, in denen sich das Verbot konkretisiert, sind auf den ersten Blick schwer vorstellbar. Da § 11 Abs. 1 S. 2 HWG die Nr. 13 für Medizinprodukte nicht für anwendbar erklärt, sind für diese Preisausschreiben ohne die für Arzneimittel geltende Einschränkung der unzweckmäßigen oder übermäßigen Verwendung zulässig, wofür eigentlich keine Rechtfertigung gegeben ist. Auch wenn Medizinprodukte nicht pharmakologisch, sondern physikalisch oder physiko-chemisch wirken, so sollte doch auch hier eine unzweckmäßige oder übermäßige Verwendung verhindert werden. 94

k) § 11 Abs. 1 Nr. 14 und Nr. 15 AMG: Abgabe von Arzneimitteln und anderen Mitteln. Mit der 16. AMG-Novelle ist die Verbotsnorm des § 11 Abs. 1 Nr. 14 HWG an den Wortlaut des Art. 88 Abs. 6 und Art. 96 des Gemeinschaftskodex angepasst worden. Seitdem ist klar gestellt, dass gegenüber dem Laien-Publikum nicht nur die Abgabe von Mustern oder Proben von Arzneimitteln unzulässig ist, sondern auch die Abgabe des Arzneimittels als solches in der zugelassenen Packungsgröße, ebenso wie die Abgabe von Mustern an Apotheker unzulässig ist. Nach § 11 Abs. 1 Nr. 15 HWG ist gleichermaßen die Abgabe von Mustern oder Proben von anderen Mitteln oder Gegenständen iSv § 1 Abs. 1 Nr. 2 HWG unzulässig[212]. Dies bedeutet, dass die Abgabe von Mustern oder Proben von Medizinprodukten zulässig ist, da diese nicht unter andere Mittel und Gegenstände gem. § 1 Abs. 1 Nr. 2 HWG fallen, sofern nicht in der konkreten Konstellation § 7 HWG dagegen spricht[213]. 95

l) § 11 Abs. 2 HWG: Vergleichende Werbung. Durch diese Vorschrift wird praktisch die im allgemeinen Wettbewerbsrecht zulässige vergleichende Werbung für Arzneimittel 96

---
[209] *Schmidt* PharmR 2012, 285 (289).
[210] *Bülow/Ring/Artz/Brixius*, Heilmittelwerbegesetz, § 11 Nr. 12 Rn. 13; *Riegger*, Heilmittelwerberecht, 11. Kap. Rn. 94, S. 218.
[211] GRUR 2008, 267 (268) Tz. 36 – Gintec; *Reese,* MPR 2012, 165 (168).
[212] *v. Czettritz/Strelow* PharmR 2014, 188; OLG HH WRP 2015, 908.
[213] *Hill/Schmitt*, WiKo – Kommentar zum Medizinprodukterecht, Kap. II. 2., § 7 HWG Rn. 11.

gegenüber Laien eingeschränkt. Nach § 11 Abs. 2 HWG sind Angaben, die nahelegen, dass die Wirkung des beworbenen Arzneimittels einem anderen Arzneimittel entspricht oder überlegen ist, verboten. Da das wesentliche Merkmal einer vergleichenden Werbung in der Regel die Aussage ist, das eigene Produkt sei einem anderen überlegen oder diesem zumindest gleichwertig, ist somit in der Laien-Werbung mit Ausnahme des Preisvergleiches praktisch keine vergleichende Werbung zulässig, denn genau genommen beinhaltet jeder Vergleich zu einem anderen Arzneimittel in gewisser Weise zumindest die Behauptung einer therapeutischen Äquivalenz, denn sonst würde man sein Präparat nicht im Vergleich zu einem anderen Präparat benennen.

3. § 12 HWG: Werbung für bestimmte Krankheiten oder Leiden

97   § 12 Abs. 1 HWG enthält ein Werbeverbot für die in der Anlage zu dieser Vorschrift aufgeführten Krankheiten, wobei hier nur die Krankenheiten und Leiden beim Menschen im Abschnitt A der Anlage näher betrachtet werden. Zum einen handelt es sich hierbei um die in Nr. 1 genannten meldepflichtigen Krankheiten nach dem Infektionsschutzgesetz wie Cholera, Diphtherie, Masern oder Tollwut oder durch meldepflichtige Krankheitserreger verursachte Infektionen wie die echte Virusgrippe[214]. Nach Nr. 2 fallen unter das Werbeverbot bösartige Neubildungen, worunter in erster Linie sämtliche Krebsarten zu verstehen sind. Aus nicht ganz nachvollziehbaren Gründen findet dieses Werbeverbot der Nr. 2 gem. § 12 Abs. 1 S. 2 IIWG keine Anwendung auf die Werbung für Medizinprodukte. Schließlich darf gem. Ziff. 3 des Abschnitts A der Anlage zum HWG nicht für Arzneimittel gegen Suchtkrankheiten mit Ausnahme der Nikotinabhängigkeit geworben werden gem. Nr. 4 der Anlage darf sich die Werbung nicht auf krankhafte Komplikationen der Schwangerschaft oder des Wochenbetts beziehen.

XII. Irreführende Werbung, § 3 HWG

1. Bedeutung

98   Zentrale Norm des Heilmittelwerberechts, an der jede Heilmittelwerbung zu messen ist, ist § 3 HWG, der irreführende Werbung grundsätzlich für unzulässig erklärt. Unterstrichen wird die Bedeutung der Norm durch den Umstand, dass Verstöße gegen das Verbot der irreführenden Werbung gem. § 14 HWG mit Geld- oder Freiheitsstrafe bedroht und damit schärfer sanktioniert sind als alle anderen heilmittelwerberechtlichen Normverstöße, die gem. § 15 HWG nur als Ordnungswidrigkeiten gelten[215].

99   Sinn und Zweck des § 3 HWG ist vornehmlich der Schutz der Gesundheitsinteressen der Allgemeinheit sowie jedes einzelnen Verbrauchers. Eine irreführende Werbung für Heilmittel ist geeignet, den Arzt zur Verschreibung eines nicht geeigneten Präparats und den Patienten zu einem nicht angezeigten Arzneimittelkauf zu veranlassen. In beiden Fällen besteht die Gefahr, dass gesundheitliche Schäden eintreten oder die Anwendung geeigneter Mittel und Heilverfahren unterbleibt oder verspätet erfolgt und dadurch eine effektive Behandlung der Krankheit verzögert oder gar unmöglich wird[216]. In zweiter Linie schützt § 3 HWG die Verbraucher vor einer wirtschaftlichen Übervorteilung.

100   Das generelle Irreführungsverbot des § 3 S. 1 HWG erfasst – über die in § 3 S. 2 HWG aufgeführten Beispieltatbestände hinaus – eine Reihe für den Verbraucher rele-

---

[214] *Zimmermann* in Fuhrmann/Klein/Fleischfresser, § 28 Rn. 135; *Riegger*, Heilmittelwerberecht 12. Kap. Rn. 15.
[215] *Doepner/Reese* HWG § 3 Rn. 18.
[216] *Doepner/Reese* HWG § 3 Rn. 17.

vanter Werbehandlungen, wie zB eine Irreführung über die betriebliche Herkunft, die Preisbemessung oder die Bezugsquelle sowie über sonstige geschäftliche Verhältnisse, die im Zusammenhang mit dem Vertrieb von Arzneimitteln oder Medizinprodukten und den übrigen von § 1 HWG erfassten Mitteln und Leistungen relevant sein können[217].

In der Regel ist bei der Prüfung des Verkehrsverständnisses einer Werbeaussage auf deren Gesamteindruck abzustellen. Etwas anderes gilt im Bereich der so genannten „Blickfangwerbung", das heißt bei Werbeaussagen, die von den übrigen Angaben durch Fettdruck, größere Schrifttype oder optisch stark hervorgehobene Elemente deutlich abgesetzt und herausgestellt sind. Blickfangwerbung muss für sich allein zutreffend sein; die Irreführung wird nicht dadurch ausgeräumt, dass eine unzutreffende Blickfang-Aussage durch außerhalb des Blickfangs liegende Angaben richtig gestellt wird[218]. Ist die Blickfangangabe unvollständig, muss für den Werbeadressat klar erkennbar – etwa durch einen Sternchenhinweis im Blickfang – auf die für das rechtliche Verständnis der Werbeaussage unerlässlichen Angaben hingewiesen werden[219]. 101

2. Irreführung

Grundsätzlich liegt ein Verstoß gegen das Verbot irreführender Werbung dann vor, wenn die betreffende Werbeangabe geeignet ist, beim Adressaten einen falschen Eindruck zu erwecken und infolge dessen seine Entscheidung (zur Verordnung bzw. zum Kauf eines bestimmten Präparats) zu beeinflussen. Ein Nachweis, dass die betreffende Werbung tatsächlich die Entscheidung der angesprochenen Adressaten beeinflusst hat, ist insoweit nicht erforderlich. 102

Die Prüfung einer möglichen irreführenden Werbung verläuft in 3 Schritten[220]: 103
- Zunächst ist zu klären, welche Verkehrskreise von der Werbung angesprochen werden. Denn eine Werbung mit Gesundheitsbezug kann sich entweder speziell an fachkundige Adressaten wie zB Ärzte, Klinikpersonal, dh die Fachkreise, oder an Patienten zB mit schwerwiegenden Erkrankungen wenden, die im Lauf der Zeit ebenfalls vertiefte Kenntnisse über ihre Krankheit erwerben. Heilmittelwerbung für nicht verschreibungspflichtige Arzneimittel kann sich aber auch in Form von Zeitungsinseraten, Patientenbroschüren, TV-Spots oder für jedermann abrufbaren Internetpublikationen an das allgemeine Publikum richten. Die Bestimmung der maßgeblichen Verkehrskreise ist von besonderer Bedeutung, da von ihr unmittelbar die Beantwortung der zweiten Frage abhängt, nämlich
- welches das Verständnis der angesprochenen Werbeadressaten ist[221]. Abhängig davon, ob es sich bei den Werbeadressaten um Fachkreise oder das allgemeine Publikum handelt, kann beispielsweise eine Werbung unter Verwendung medizinischer Fachausdrücke gegenüber dem Laien-Publikum irreführend sein, während die Irreführungsgefahr bei Verwendung desselben Fachausdrucks in der Fachkreiswerbung unproblematisch verneint werden kann. Zu beachten ist auch, dass Werbeangaben von den

---

[217] Doepner/Reese HWG § 3 Rn. 377; Artz in Bülow/Ring/Artz/Brixius, Heilmittelwerbegesetz, § 3 Rn. 2; aA: Reese/Holtorf in Dieners/Reese PharmaR-HdB § 11 Rn. 136; Gröning/Mand/Reinhart, Heilmittelwerberecht, § 3 Rn. 8. Für die Praxis ist dieser Streit allerdings von untergeordneter Bedeutung, da der Begriff der Irreführung mit Blick auf Art. 6 UGP-RL sowie Art. 2 der RL 2006/114/EG über irreführende und vergleichende Werbung in gleicher Weise richtlinienkonform auszulegen ist wie § 5 UWG; vgl. ferner Artz in Bülow/Ring/Artz/Brixius, Heilmittelwerbegesetz, § 3 Rn. 4; Zimmermann in Fuhrmann/Klein/Fleischfresser HdB-ArzneimittelR § 28 Rn. 49.
[218] Riegger, Heilmittelwerberecht, 3. Kap., Rn. 12, S. 32.
[219] BGH GRUR 1999, 264 ff. – Handy für 0,00 DM; GRUR 2004, 343 ff. – Playstation.
[220] Riegger, Heilmittelwerberecht, 3. Kap., Rn. 5, S. 29.
[221] Vgl. die Rechtsprechungsbeispiele bei Riegger, Heilmittelwerberecht, 3. Kap., Rn. 9, S. 35.

Fachkreisen meist sorgfältiger betrachtet werden, da sie aufgrund ihrer Vorbildung den Aussagegehalt der Werbung leichter erfassen und wegen ihrer beruflichen Verantwortung zu einer genaueren Prüfung veranlasst werden[222].

- Zuletzt ist zu prüfen, ob die Angabe nach dem Verständnis der angesprochenen Verkehrskreise unzutreffend ist, dh mit den tatsächlichen Verhältnissen nicht übereinstimmt.

104 Wie bereits dargelegt, kann Werbung mit gesundheitsbezogenen Aussagen erhebliche Gefahren für die Gesundheit der Patienten nach sich ziehen. Deshalb sind – insbesondere, wenn sich Werbemaßnahmen an das Laien-Publikum richten – an die Richtigkeit, Eindeutigkeit und Klarheit gesundheitsbezogener Aussagen besonders strenge Anforderungen zu stellen (Strengeprinzip[223]). Dies führt dazu, dass auch formal wahre Werbeaussagen als irreführend eingestuft werden können, wenn sie geeignet sind, bei den Werbeadressaten falsche Erwartungen zu wecken.

105 Lässt eine Werbeaussage aus Sicht des angesprochenen Verkehrs mehrere Deutungen zu, darf grundsätzlich keine der verschiedenen Deutungsmöglichkeiten unzutreffend sein. Dies gilt allerdings nach zutreffender Auffassung des Oberlandesgerichts Hamburg[224] im Falle der Fachkreiswerbung dann nicht, wenn es sich um medizinische Fachbegriffe handelt, die auch in der Literatur teils unterschiedlich, teils gleichbedeutend verwendet werden. Denn das Fachpublikum entwickelt in einem solchen Fall nicht aus der Wortwahl allein heraus bestimmte Vorstellungen, sondern stellt maßgeblich auf den betreffenden Äußerungszusammenhang ab, in dem die jeweilige Angabe verwendet wird.

106 Darüber hinaus kann ein unzutreffender Eindruck auch durch das Vorenthalten von Informationen hervorgerufen werden (Irreführung durch Unterlassen). Allerdings folgt hieraus nicht, dass der Werbende verpflichtet wäre, alle (dh auch die negativen) Eigenschaften seines Präparats in der Werbung darzustellen. Maßgeblich ist vielmehr, wie dies auch § 5a Abs. 1 UWG festlegt, ob die verschwiegene Tatsache nach der Verkehrsauffassung für die geschäftliche Entscheidung von Bedeutung und ob das Verschweigen konkret geeignet ist, die Entscheidung des Umworbenen zu beeinflussen[225]. Zu einer Offenlegung ist der Werbetreibende demnach nur dann verpflichtet, wenn eine dahingehende Aufklärungspflicht besteht, so etwa in Bezug auf die Gegenanzeigen, Nebenwirkungen und die für das jeweilige Präparat bestehenden Warnhinweise in Rahmen der Pflichtangaben (§ 4 HWG)[226].

107 Im Übrigen kommt eine Irreführung durch Unterlassen dann in Betracht, wenn die Werbeadressaten entsprechende aufklärende Hinweise erwarten dürfen. So muss etwa in der Werbung für Medizinprodukte oder medizinische Verfahren gegebenenfalls in Analogie zu den Pflichtangaben für Arzneimittel über schädliche Wirkungen aufgeklärt werden, die mit dem Einsatz des Produktes verbunden sein können, soweit eine erhebliche Gesundheitsgefahr besteht und die Wahrscheinlichkeit eines Schadenseintritts möglich ist[227]. Gleiches gilt, wenn ein Medizinprodukt beworben wird, das für das beworbene Anwendungsgebiet (Zweckbestimmung) nicht über die erforderliche CE-Kennzeichnung

---

[222] *Bornkamm* in Köhler/Bornkamm/Feddersen UWG § 5 Rn. 1.69; *Riegger,* Heilmittelwerberecht, 3. Kap., Rn. 5, S. 29.
[223] BGH GRUR 2002, 182 (185) – Das Beste jeden Morgen; *Reese/Holtorf* in Dieners/Reese PharmaR-HdB § 11 Rn. 140; *Riegger,* Heilmittelwerberecht, 3. Kap., Rn. 7, S. 30; OLG Hamburg GRUR-RR 2010, 63 = PharmR 2007, 204.
[224] OLG Hamburg Urt. v. 26.7.2001 – 3 U 237/00 = BeckRS 2001, 30196488.
[225] *Riegger,* Heilmittelwerberecht, 3. Kap., Rn. 10, S. 31.
[226] *Riegger,* Heilmittelwerberecht, 3. Kap., Rn. 11, S. 31 f.; *Gröning/Mand/Reinhart,* Heilmittelwerberecht, § 3 Rn. 41.
[227] *Riegger,* Heilmittelwerberecht, 3. Kap., Rn. 11, S. 31 f.

verfügt, da diese gem. § 6 Abs. 1 MPG Voraussetzung für das Inverkehrbringen des Produktes ist[228].

Die Feststellung der Irreführung erfolgt – wie im allgemeinen Wettbewerbsrecht – in aller Regel aufgrund der eigenen Sachkunde des Gerichts. Allerdings ist im Urteil jeweils darzulegen, aufgrund welcher Umstände das Gericht eine solche Sachkunde für sich in Anspruch nimmt. Steht eine Gesundheitswerbung zur Beurteilung, die sich an das allgemeine Publikum richtet, wird das Gericht die Verkehrsauffassung regelmäßig selbst ermitteln können. Bei Fachkreiswerbung kann das Gericht sachkundig sein, wenn es aufgrund der ständigen Befassung mit Wettbewerbssachen auf diesem Gebiet eine entsprechende Sachkunde erworben hat oder wenn die Parteien des Rechtsstreits substantiiert zum Verständnis der zur Beurteilung anstehenden Aussage durch die angesprochenen Fachkreise vorgetragen haben. Möglich ist auch die Vorlage von Privatgutachten, die dem Gericht die erforderliche Sachkunde vermitteln. Eine Beweiserhebung zur Ermittlung des Verkehrsverständnisses einer Aussage ist dann erforderlich, wenn das Gericht nach eigener Überzeugung nicht die erforderliche Sachkunde besitzt[229]. In einem solchen Fall erfolgt die Beweiserhebung durch Einholung eines Sachverständigengutachtens, das in der Regel aus einer Verkehrsbefragung und deren Auswertung besteht.

108

3. Die Beispielstatbestände des § 3 S. 2 HWG

Für die Praxis wichtiger als die Generalklausel des § 3 S. 1 HWG sind die Beispielstatbestände des § 3 S. 2 HWG, die bestimmte, häufig auftretende Fälle irreführender Werbung nennen. Liegt ein Fall des § 3 S. 2 HWG vor, muss nicht mehr auf die Generalklausel des § 3 S. 1 HWG zurückgegriffen werden.

109

a) § 3 S. 2 Nr. 1 HWG: Wirksamkeits- und Wirkungsangaben. Von herausragender Bedeutung im Rahmen der Beispielstatbestände ist § 3 S. 2 Nr. 1 HWG. Danach liegt eine Irreführung insbesondere dann vor, wenn Arzneimitteln, Medizinprodukten, Verfahren, Behandlungen, Gegenständen oder anderen Mitteln eine therapeutische Wirksamkeit oder Wirkungen beigelegt werden, die sie nicht haben. Dabei beschreibt der Begriff der „Wirkung" die Reaktionen, die aufgrund der Anwendung eines Arzneimittels eintreten oder eintreten sollen. Ausgenommen hiervon sind die Nebenwirkungen eines Präparats. Mit der „therapeutischen Wirksamkeit" wird ein therapeutischer Erfolg bezeichnet, mithin alle Wirkungen, die in Relation zu einem angestrebten Therapieziel gesetzt und aufgrund des therapeutischen Effektes bewertet werden[230].

110

Da es die Gewissheit eines Wirkungseintritts auf medizinischem Gebiet generell nicht gibt, wird eine Irreführung gem. § 3 S. 2 Nr. 1 HWG schon dann bejaht, wenn die dem Heilmittel zugeschriebene Wirkung bzw. therapeutische Wirksamkeit nicht hinreichend nachgewiesen ist[231]. Im Grunde handelt es sich dabei um eine Umkehr des im allgemeinen Zivilrecht geltenden Grundsatzes, wonach jede Partei die ihr günstigen Umstände darlegen und im Bestreitensfall beweisen muss. Begründet wird diese Beweislastumkehr damit, dass derjenige, der mit einer unsicheren Angabe wirbt, die Verantwortung für ihre Richtigkeit trägt[232].

111

---

[228] Vgl. hierzu → § 6 Rn. 31; *Riegger*, Heilmittelwerberecht, 3. Kap., Rn. 11, S. 31 f.
[229] *Riegger*, Heilmittelwerberecht, 3. Kap., Rn. 18, S. 35.
[230] BVerwG NJW 1994, 2433.
[231] *Riegger*, Heilmittelwerberecht, 3. Kap., Rn. 23 S. 39 f.; *Doepner/Reese* HWG § 3 Rn. 233 ff.; *Reese/Holtorf* in Dieners/Reese, Handbuch des Pharmarechts, § 11 Rn. 143; *Gröning/Mand/Reinhart*, Heilmittelwerberecht, § 3 Rn. 12 ff.
[232] BGH GRUR 1958, 485 (486) – Odol; GRUR 1971, 153 (155) – Tampax; GRUR 1991, 848 (849) – Rheumalind II.

112 Zu beachten ist aber, dass eine Werbeaussage nicht bereits dann als umstritten oder ungesichert gilt, wenn eine einzelne Gegenstimme gegen die Richtigkeit der Werbeaussage existiert. Grund hierfür ist, dass ein gewisser Meinungspluralismus Grundlage jeder Wissenschaft ist[233]. Gibt es jedoch ernst zu nehmende Einwände gegen die jeweilige Werbeaussage, so sollte die Wirksamkeits- oder Wirkungsangabe zumindest durch einen Hinweis auf wissenschaftliche Gegenstimmen relativiert werden. Es ist auch nicht möglich, eine Wirkungsangabe in der Werbung plakativ herauszustellen und den relativierenden Hinweis unauffällig in eine Fußnote zu verbannen[234].

113 aa) „Hinreichende Absicherung" von Wirkaussagen. Wie bereits dargelegt, müssen Wirkaussagen in der Heilmittelwerbung hinreichend abgesichert sein, um nicht als irreführend eingestuft zu werden. Da der Gesetzgeber keine Vorgaben gemacht hat, in welcher Form die Absicherung erfolgen muss, kann auf verschiedene Erkenntnisquellen zurückgegriffen werden:

114 Angaben aus einer Arzneimittelzulassung nach § 25 AMG, etwa die im Zulassungsbescheid genannten Anwendungsgebiete des Präparats, dürfen stets verwendet werden. Dabei müssen die Anwendungsgebiete in der Werbung allerdings zutreffend beschrieben werden (vgl. auch § 3a HWG). Dies gilt allerdings nicht für homöopathische Arzneimittel, die lediglich eine Registrierung nach § 38 AMG aufweisen, für die ein Wirksamkeitsnachweis nicht erforderlich ist und für die deshalb mit der Angabe von Anwendungsgebieten grundsätzlich nicht geworben werden darf. Die indizielle Bedeutung der Zulassung für die hinreichende wissenschaftliche Absicherung der in einer Fachinformation enthaltenen Angaben entfällt allerdings, wenn neuere, erst nach dem Zulassungszeitpunkt bekanntgewordene oder der Zulassungsbehörde bei der Zulassungsentscheidung sonst nicht zugängliche wissenschaftliche Erkenntnisse vorliegen, die gegen die wissenschaftliche Tragfähigkeit der durch die Zulassung belegten Aussagen sprechen[235].

115 Zulässig ist darüber hinaus die Werbung mit Angaben, die der betreffenden Fach- oder Gebrauchsinformation entnommen sind. Da die pharmazeutischen Unternehmer gem. § 11a Abs. 2 AMG verpflichtet sind, Änderungen der Fachinformation, die für die Therapie relevant sind, den Fachkreisen zugänglich zu machen, kommt den Angaben in der Fachinformation ein hoher Stellenwert zu[236]. Die Fachinformation ist von der Legitimationswirkung des Zulassungsbescheides umfasst und ist deshalb der wettbewerbsrechtlichen Prüfung unter den Aspekten des Rechtsbruchs und der Irreführung entzogen.[237]

116 bb) Wirknachweis durch wissenschaftliche Studien. Wird der Wirknachweis eines Präparates durch wissenschaftliche Studien geführt, ist deren Validität erforderlich. Hinreichende Aussagekraft kommt derartigen Studien daher nach der Rechtsprechung im Regelfall nur dann zu, wenn es sich um randomisierte, placebokontrollierte Doppelblindstudien mit einer adäquaten statistischen Auswertung handelt, die durch Veröffentlichung in den Diskussionsprozess der Fachwelt einbezogen wurden (Goldstandard)[238].

---

[233] *Reese/Holtorf* in Dieners/Reese PharmaR-HdB § 11 Rn. 144.
[234] *Reese/Holtorf* in Dieners/Reese PharmaR-HdB § 11 Rn. 144.
[235] BGH PharmR 2016, 15 (18) Rn. 42 – Äquipotenzangabe in Fachinformation, mAnm *Stute*.
[236] Vgl. BGH GRUR 2013, 649 – Basisinsulin mit Gewichtsvorteil; s. § 4 Rn. 16.
[237] OLG Hamburg, Urt. v. 30.1.2014 – 3 U 63/12, 3 U 133/12, GRUR-RR 2014, 218, GRUR-Prax 2014, 191; OLG Hamburg Beschl. v. 8.4.2014 – 3 W 22/14, PharmR 2015, 31.
[238] BGH GRUR 2013, 649 „Basisinsulin mit Gewichtsvorteil"; OLG Frankfurt am Main GRUR-RR 2005, 394 (395); OLG Hamburg GRUR-RR 2010, 67, PharmR 2007, 204; sehr übersichtlich und umfassend: *Feddersen*, Wissenschaftliche Absicherung von Wirkungsangaben in Heilmittelwerbeprozess, GRUR 2013, 127; OLG Hamburg Urt. v. 2.7.2009 – 3 U 151/08, PharmR 2010, 153; OLG Hamburg Urt. v. 20.9.2012, 3 U 53/11, PharmR 2013, 77; *Knauer/Kellermann*, PharmR 2013, 311; → § 3 Rn. 10.

Eine placebokontrollierte Studie liegt dann vor, wenn die Wirksamkeit einer Substanz bzw. eines Verfahrens anhand einer Kontrollgruppe von Versuchspersonen überprüft wurde, denen ein Placebo verabreicht wurde. Bei einer Vergleichsstudie wird die Wirksamkeit zweier Substanzen gegeneinander getestet.

117

Von einer „Randomisierung" ist dann die Rede, wenn entsprechend vorab definierter Kriterien Versuchspersonen für die Studie rekrutiert werden, die dann unter Beachtung des Zufallsprinzips auf die Behandlungs- bzw. Kontrollgruppe verteilt werden. Voraussetzung ist außerdem, dass in beiden Studienarmen eine repräsentative Auswahl des ursprünglich zusammengestellten Patientenkollektivs enthalten ist, um eine Verzerrung des Studienergebnisses aufgrund der Bevorzugung eines Studienarms bei der Patientenzuteilung zu vermeiden.

118

Eine Doppelblindstudie liegt vor, wenn weder der behandelnde Arzt noch die Patienten wissen, ob sie mit der Studienmedikation oder mit einem Placebo bzw. der Vergleichssubstanz behandelt werden. Von einer statistischen Signifikanz des Ergebnisses ist dann auszugehen, wenn die Studie einer statistischen Auswertung unterzogen wurde und die Irrtumswahrscheinlichkeit unter 5 % liegt[239].

119

Teilweise wird in der Rechtsprechung unter Berufung auf das heilmittelwerberechtliche Strengeprinzip jedoch ein Maßstab an den wissenschaftlichen Nachweis des Wirkprinzips angelegt, dem der pharmazeutische Unternehmer mitunter kaum mehr gerecht werden kann. Ein instruktives Beispiel hierfür bildet ein Urteil des Oberlandesgerichts Frankfurt/Main vom 22.6.2006[240]. Die Antragsgegnerin hatte nicht weniger als 10 – zum Teil umfangreiche (soweit man dies als Außenstehender beurteilen kann) – Studien oder Gutachten zum Nachweis der Wirksamkeit der streitgegenständlichen Kernspinresonanztherapie beigebracht. Keiner dieser Nachweise war in den Augen des Oberlandesgerichts Frankfurt/Main als Wirknachweis geeignet:

120

„Die Studie von Prof. SV 5 ist nicht aussagekräftig, weil der Aufsatz auf einer Untersuchung von nur 14 Patientinnen ohne Kontrollgruppe basiert und daher nicht repräsentativ ist. Demgegenüber umfassen die Untersuchungen von SV 6 et al. zwar immerhin 60 Personen, es fehlte aber an einer Kontrollgruppe, ohne die gesicherte wissenschaftliche Erkenntnisse nach Auffassung des Senates nicht zu gewinnen sind. Die Studie von SV 7 wurde zwar mit einem Behandlungsgerät der Antragsgegnerin durchgeführt. Eingeschlossen waren 62 Rehabilitationspatienten mit Low Back Pain. Das Behandlungsgerät der Antragsgegnerin wurde aber lediglich ergänzend zu einem standardisierten Physiotherapieprogramm angewandt. Dementsprechend kommt SV 7 lediglich zu dem Ergebnis, dass die MBST-Kernspinresonanztherapie ein ergänzendes Therapieverfahren für die Rehabilitation von Patienten mit Low Back Pain sei. Über die Wirksamkeit des von der Antragsgegnerin beworbenen Verfahrens als alleinige Therapieform ist damit nichts ausgesagt. Auch die beiden Gutachten SV 8 vermögen die objektive Wirksamkeit des beworbenen Verfahrens nicht zu belegen, da sie lediglich die subjektive Zufriedenheit der Patienten dokumentieren. SV 8 selbst bezeichnet die Ursache für die subjektiv empfundene Verringerung der Schmerzintensität bei den Patienten als „noch nicht geklärt." Die Untersuchung von SV 9 et al. ist nicht aussagekräftig, da sie nur 27 Patienten umfasste und keine Kontrollgruppe hatte. Auch aus dem Gutachten von SV 10 kann die Antragsgegnerin nichts für sie Günstiges herleiten. Dort heißt es im Ergebnisteil, die Wechselbeziehungen zwischen Zelle und Kernspinresonanz seien noch ungeklärt. Das Gutachten von SV 11 befasst sich lediglich mit der Funktion des Gerätes, es trifft aber keine Aussage zur Wirksamkeit der Therapie.

---

[239] *Riegger*, Heilmittelwerberecht, 3. Kap., Rn. 33, S. 44 f.; *Reese/Holtorf* in Dieners/Reese PharmaR-HdB § 11 Rn. 147 ff.
[240] Az. 6 U 4/06 = Beck RS 2006, 12925.

Ebenso wenig befasst sich die Dissertation SV 12 mit der Wirksamkeit der MBST; es werden lediglich Reagenzglasversuche unter Verwendung von Elektroden ausgewertet. Die vorgelegte Äußerung von Prof. SV 13 besagt lediglich, dass dieser nach Sichtung von etwa 50 (!) Publikationen zu dem Ergebnis gekommen sei, die Wirksamkeit der Magnetfelder in den verschiedensten Gebieten der Medizin sei nachgewiesen. Hierbei handelt es sich um eine persönliche Wertung von Prof. SV 13 aufgrund des ihm vorgelegten Materials, die ihrerseits einen Wirksamkeitsnachweis nicht zu erbringen vermag. Nichts anderes gilt für das in der Berufungsinstanz vorgelegte Gutachten des Pharmakologen Prof. SV 14."

121 Hier hätte das OLG Frankfurt/Main wenigstens in der Zusammenschau aller beigebrachten Nachweise von einer hinreichenden Absicherung der Wirkung ausgehen können, zumal es hier um ein Medizinprodukt ging, bei dem es nach § 19 Abs. 1 MPG ausreicht, die Eignung für den vorgesehenen Verwendungszweck durch eine klinische Bewertung anhand von klinischen Daten nach § 3 Nr. 25 MPG zu belegen (vgl. → § 5 Rn. 101 ff.).

122 Nach § 3 Nr. 25 lit. b) und c) MPG sind dabei zB in der wissenschaftlichen Fachliteratur wiedergegebene Studien über ein ähnliches Produkt oder veröffentlichte oder unveröffentlichte Berichte über klinische Erfahrungen mit einem ähnlichen Produkt ausreichend, wenn dessen Gleichartigkeit nachgewiesen werden kann.

123 Dass die Anforderungen an den wissenschaftlichen Nachweis in der Rechtsprechung bisweilen zu hoch angesetzt werden, zeigt sich daher, wie aufgezeigt, insbesondere im Bereich der Medizinprodukte, wo dieselben Voraussetzungen wie bei Arzneimitteln[241] gelten sollen. Da das heilmittelwerberechtliche Strengeprinzip auch bei Medizinprodukten anwendbar ist, wird auch dort die Vorlage von randomisierten Doppelblindstudien verlangt und der Tätigkeit der Benannten Stelle mangels Behördenstellung kaum Bedeutung zugemessen[242].

124 **b) Irreführung durch falsche Erfolgsversprechen: § 3 S. 2 Nr. 2 lit. a) HWG.** Gem. § 3 S. 2 Nr. 2 lit. a) HWG liegt eine Irreführung dann vor, wenn fälschlich der Eindruck erweckt wird, ein Erfolg könne mit Sicherheit erwartet werden. Hintergrund dieser Regelung ist die Erwägung, dass mit Blick auf die unterschiedlichen Erscheinungsformen von Erkrankungen sowie der individuellen Disposition jedes einzelnen über die dem Heilmittel zugeschriebenen Wirkungen keine sichere Gewissheit besteht. Eine vergleichbare Regelung enthält § 8 Abs. 1 Nr. 2b) AMG für die Inverkehrbringung von Arzneimitteln und § 4 Abs. 2 Nr. 2, Hs. 1 MPG für die Inverkehrbringung von Medizinprodukten.

125 Der Tatbestand der Irreführung ist bereits dann erfüllt, wenn unzutreffender Weise der Eindruck eines sicheren Behandlungserfolgs erweckt wird. Die ausdrückliche Behauptung, ein bestimmtes Heilmittel sei „sicher wirksam", ist insoweit nicht erforderlich. Aus diesem Grund werden auch Garantieversprechen wie „Sie werden garantiert abnehmen" oder die Ankündigung, bei mangelnder Zufriedenheit den Kaufpreis zurückzuerstatten, als implizite Erfolgsversprechen gewertet[243]. Jede Art von „Geld-zurück-Garantie" ver-

---

[241] OLG München NJOZ 2002, 2282 (2284). Zur umfangreichen Kasuistik in diesem Bereich vgl. die Nachweise bei *Artz* in Bülow/Ring/Artz/Brixius, Heilmittelwerbegesetz, § 3 Rn. 57 ff.; OLG Hamburg GRUR-RR 2010, 63; PharmR 2007, 204.

[242] Vgl. LG Hamburg Urt. v. 21.2.2012 – 312 O 610/11; ferner *v. Czettritz* in Dieners/Anhalt, Handbuch des Medizinprodukterechts, § 15 Rn. 4 ff.

[243] *Riegger*, Heilmittelwerberecht, 3. Kap., Rn. 54, S. 55 f.; *Reese/Holtorf* in Dieners/Reese PharmaR-HdB § 11 Rn. 169; *Artz* in Bülow/Ring/Artz/Brixius, Heilmittelwerbegesetz, § 3 Rn. 67; *Doepner*, Heilmittelwerbegesetz, § 3 Rn. 84 ff., jeweils mit zahlreichen Nachweisen aus der Rechtsprechung; OLG München Beschl. v. 21.9.2012 – 29 W 1579/12.

§ 8 Das Heilmittelwerbegesetz

bietet sich daher für Arzneimittel[244]. Gleiches gilt für die verallgemeinernde Anpreisung eines Heilmittels als „Allheilmittel" oder „Wundermittel", die losgelöst von etwaigen konkreten Indikationsstellungen erfolgt. Auch die persönliche Ansprache eines Werbeadressaten kann den Eindruck vermitteln, dass das beworbene Heilmittel gerade bei dem Angesprochenen – und damit bei jedermann – erfolgreich sein werde[245].

c) Irreführung über schädliche Wirkungen, § 3 S. 2 Nr. 2 lit. b) HWG. Gem. § 3 S. 2 Nr. 2 lit. b) HWG liegt eine Irreführung vor, wenn der fälschliche Eindruck erweckt wird, dass bei bestimmungsgemäßem oder längerem Gebrauch keine schädlichen Wirkungen eintreten würden. Bei dieser Vorschrift handelt es sich um die Komplementärregelung zu § 3 S. 2 Nr. 2 lit. a) HWG, der die unzutreffende Inaussichtstellung eines positiven Erfolgs des betreffenden Heilmittels untersagt. Ein inhaltsgleiches Verbot ist in § 8 Abs. 1 Nr. 2 lit. b) AMG für die Herstellung und das Inverkehrbringen von Arzneimitteln enthalten, desgleichen in § 4 Abs. 2 Nr. 2 Hs. 2 MPG für Medizinprodukte[246]. 126

§ 3 S. 2 Nr. 2 lit. a) HWG bezieht sich sowohl auf die bestimmungsgemäße, dh mit der Packungsbeilage in Einklang stehende Anwendung als auch auf den zeitlich längeren Gebrauch[247]. Als unzulässig wurden beispielsweise Anpreisungen wie „völlig unschädlich", „überlegene Verträglichkeit", „wirkt sehr schonend", „kommt mit wenig Wirkstoff aus", „frei von schädlichen Nebenwirkungen", „unbedenklich" oder „harmlos" angesehen[248]. Unterschiedlich beurteilt wird die Angabe „gut verträglich", je nachdem, was die Packungsbeilage zu den Nebenwirkungen enthält. Die blickfangmäßige Herausstellung dieser Angabe wurde vom Kammergericht als irreführend beurteilt[249]. Im Rahmen einer nicht hervorgehobenen Darstellung hielt das Kammergericht diese Angabe jedoch für zulässig[250]. Die Werbung mit fehlenden schädlichen Wirkungen bei sonstigem, nicht bestimmungsgemäßen Gebrauch unterfällt der generellen Regelung des § 3 S. 1 HWG. Insoweit war trotz der Neuregelung des Begriffs der Nebenwirkungen in § 4 Nr. 13 AMG durch die 16. AMG-Novelle eine Änderung von § 3 S. 2 Nr. 2 lit. b) HWG nicht erforderlich. 127

d) Irreführung über den Zweck der Werbung, § 3 S. Nr. 2 lit. c) HWG. Gem. § 3 S. 2 Nr. 2 lit. c) HWG liegt eine Irreführung vor, wenn fälschlich der Eindruck erweckt wird, die Werbung werde nicht zu Zwecken des Wettbewerbs veranstaltet (sog. getarnte Werbung). Gegenstand der Irreführung ist somit die vermeintliche Motivation des Werbenden[251], denn eine Aussage zu Gunsten eines Arzneimittels oder Medizinproduktes, die von einer vermeintlich neutralen Person stammt, wird nicht als gewöhnliche Abs.werbung, sondern als objektives Urteil aufgefasst[252]. 128

Der Anwendungsbereich von § 3 S. 2 Nr. 2 lit. c) HWG überschneidet sich teilweise mit dem des § 11 Abs. 1 Nr. 9 HWG. Beide Vorschriften zielen auf ein Verbot getarnter 129

---

[244] OLG München Beschl. v. 21.9.2012 – 29 W 1579/12; OLG Hamburg Urt. v. 27.9.2013 – 3 U 172/12, PharmR 2013, 529.
[245] *Doepner/Reese* HWG § 3 Rn. 322.
[246] *Artz* in Bülow/Ring/Artz/Brixius, Heilmittelwerbegesetz, § 3 Rn. 70.
[247] *Artz* in Bülow/Ring/Artz/Brixius, Heilmittelwerbegesetz, § 3 Rn. 73; *Riegger*, Heilmittelwerberecht, 3. Kap., Rn. 66 ff., S. 60; *Doepner/Reese* HWG § 3 Rn. 332.
[248] *Reese/Holtorf* in Dieners/Reese, Handbuch des Pharmarechts, § 11 Rn. 175; *Riegger*, Heilmittelwerberecht, 3. Kap., Rn. 69, S. 61; *Artz* in Bülow/Ring/Artz/Brixius, Heilmittelwerbegesetz, § 3 Rn. 74.
[249] KG NJW-RR 1992, 301.
[250] KG NJW-RR 1992, 301; vgl. ferner OLG Karlsruhe PharmR 1987, 293.
[251] *Riegger*, Heilmittelwerberecht, 3. Kap., Rn. 70, S. 62.
[252] BGH GRUR 1993, 565 (566) – Faltenglätter; GRUR 1993, 561 (562) – Produktinformation I; *Artz* in Bülow/Ring/Artz/Brixius, Heilmittelwerbegesetz, § 3 Rn. 76.

Werbung. Während aber § 11 Abs. 1 Nr. 9 HWG lediglich Veröffentlichungen außerhalb der Fachkreise betrifft, deren Werbezweck nicht deutlich erkennbar ist, erfasst § 3 S. 2 Nr. 2 lit. c) HWG – weitergehend – jeder Art von Werbung, dh auch getarnte Werbung gegenüber Fachkreisen sowie Werbung in anderer Form als durch Veröffentlichungen, insbesondere in Form von Werbevorträgen oder Sendebeiträgen in audiovisuellen Medien[253].

130 **e) § 3 S. 2 Nr. 3 lit. a) HWG: Irreführung über die Zusammensetzung oder Beschaffenheit von Heilmitteln.** Gem. § 3 S. 2 Nr. 3 lit. a) HWG liegt eine Irreführung dann vor, wenn unwahre oder zur Täuschung geeignete Angaben über die Zusammensetzung oder Beschaffenheit von Arzneimitteln, Medizinprodukten, Gegenständen oder anderen Mitteln oder über die Art und Weise der Verfahren oder Behandlungen gemacht werden. Dabei bezeichnet der Begriff der Beschaffenheit die Zusammenfassung aller äußeren und inneren Eigenschaften eines Heilmittels, wie zB Herstellungsweise, Haltbarkeit oder äußere Form[254], aber auch die Zusammensetzung aus Wirkstoffen und nicht wirksamen Hilfsstoffen gem. § 10 Abs. 1 S. 1 Nr. 8 AMG.

131 Unzulässig ist danach etwa die Aussage „ohne Zuckerzusatz (Saccharose)" hergestellt, wenn der beworbene Kindertee sogenannten reduzierten Zucker enthält[255] oder die Angabe „aus frischem Knoblauch" für Kapseln aus Knoblauch-Ölmazerat[256]. Zulässig ist dagegen die Angabe „Thermalbad" für Badetabletten, weil dies nicht die Behauptung beinhaltet, das Produkt sei aus einer natürlichen Thermalquelle gewonnen[257]. In der Verwendung des Begriffs „medizinisches Salz" für ein kosmetisches Produkt liegt neben einem Verstoß gegen § 3 S. 2 Nr. 1 HWG auch ein Verstoß gegen § 3 S. 2 Nr. 3 lit. a) HWG, wenn die Konzentration des Salzes derart gering ist, dass keinerlei medizinische Wirkung nachgewiesen werden kann[258].

132 **f) § 3 S. 2 Nr. 3 lit. b) HWG: Irreführung durch Angaben über die Person des Herstellers oder Erfinders.** Eine Irreführung liegt gem. § 3 S. 2 Nr. 3 lit. b) HWG schließlich immer dann vor, wenn unwahre oder zur Täuschung geeignete Angaben über die Person, Vorbildung, Befähigung oder Erfolge des Herstellers, Erfinders oder der für sie tätigen oder tätig gewesenen Personen gemacht werden. Gegenstand der Irreführung sind demnach Angaben über die Person des Herstellers/Erfinders sowie über seine Kompetenz. Hersteller ist dabei derjenige, der das beworbene Heilmittel in den Verkehr bringt. Als Erfinder wird neben dem Entwickler des Heilmittels auch derjenige bezeichnet, der sich mit der Erforschung und Entwicklung eines Inhaltsstoffes eines Arzneimittels oder auch nur mit den technischen Aspekten der Zubereitung, Herstellung oder der Anwendung befasst hat[259].

133 Musterbeispiel eines Verstoßes gegen die vorgenannte Vorschrift ist etwa die Werbung mit nicht vorhandenen akademischen Graden oder sonstigen Bezeichnungen aus dem Heilmittelsektor wie „Arzt", „Facharzt", „Zahnarzt", „Tierarzt" oder „Hebamme"[260]. Zur Irreführung geeignet sind ferner Bezeichnungen wie „Privatgelehrter" oder „Preis-

---

[253] *Bülow und Brixius* in Bülow/Ring/Artz/Brixius, Heilmittelwerbegesetz, § 11 Abs. 1 S. 1 Nr. 9 Rn. 3; § 3 Rn. 76; weitere Rechtsprechungsbeispiele s. *Bülow/Ring/Artz/Brixius*, Heilmittelwerbegesetz, § 3 Rn. 78.
[254] BGH BeckRS 2016, 115577 – Optiker-Qualität.
[255] KG GRUR 1986, 258 – ohne Zuckerzusatz.
[256] KG NJW-RR 1990, 54.
[257] BGH GRUR 2003, 247 (248) – Thermalbad.
[258] Thür. OLG WRP 2000, 1423; *Artz* in Bülow/Ring/Artz/Brixius, Heilmittelwerbegesetz, § 3 Rn. 89.
[259] *Riegger*, Heilmittelwerberecht, 3. Kap., Rn. 77, S. 67; *Doepner/Reese* HWG § 3 Rn. 374.
[260] *Artz* in Bülow/Ring/Artz/Brixius, Heilmittelwerbegesetz, § 3 Rn. 93 mwN.

träger", wenn der Preis von einer privaten Organisation ohne fachlichen Nachweis verliehen wurde[261].

XIII. Werbung für nicht zugelassene Arzneimittel, § 3a HWG

Gem. § 3a HWG ist eine Werbung für zulassungspflichtige Arzneimittel, die nicht nach den arzneimittelrechtlichen Vorschriften zugelassen sind oder als zugelassen gelten, unzulässig[262]. Dies gilt auch, wenn die Werbung auf Anwendungsgebiete oder Darreichungsformen abhebt, die nicht von der Zulassung erfasst sind. 134

Zweck der Regelung ist zum einen die Vorbeugung potenzieller Gesundheitsgefahren, die entstehen, wenn für zulassungspflichtige, aber noch nicht zugelassene (und damit noch nicht von einer unabhängigen Behörde in Hinblick auf Wirksamkeit und Sicherheit bewertete) Arzneimittel geworben wird. Zum anderen soll verhindert werden, dass bereits vor Markteinführung eines Präparates die Fachkreise umworben werden[263]. Mit dieser Vorschrift werden daher auch sogenannte Premarketing-Maßnahmen für Arzneimittel verhindert[264]. Die Vorschrift ist als abstraktes Gefährdungsdelikt ausgestaltet[265]. Systematisch stellt sich das Werbeverbot des § 3a HWG als Ergänzung des in § 21 AMG normierten Vertriebsverbots für Arzneimittel ohne Zulassung dar[266]. 135

Gemeinschaftsrechtliche Grundlage der Vorschrift ist Art. 87 Abs. 1 des Gemeinschaftskodexes, der für die Mitgliedsstaaten die Verpflichtung festschreibt, Werbung für nicht zugelassene Arzneimittel zu untersagen. § 8 HWG, wonach eine Werbung für den Bezug von Arzneimitteln im Wege des Teleshoppings oder der Einzeleinfuhr nach § 73 Abs. 2 Nr. 6 lit. a) oder Abs. 3 AMG unzulässig ist, ist zu § 3a HWG lex specialis[267]. 136

§ 3a HWG gilt nur für die Werbung für zulassungspflichtige Arzneimittel und nicht für Medizinprodukte vor Erhalt des CE-Zeichens oder ohne CE-Zeichen. Werden Medizinprodukte unter Verstoß gegen § 6 Abs. 1 MPG, das heißt ohne CE-Kennzeichen, in Verkehr gebracht, begründet dies eine Unlauterkeit gem. § 4 Nr. 11 UWG[268]. Hingegen ist eine Premarketing-Werbung für Medizinprodukte grundsätzlich zulässig. 137

Das Verbot des § 3a HWG gilt gem. S. 2 auch für die Bewerbung eines Indikationsgebiets, für das das Arzneimittel nicht oder noch nicht zugelassen ist (Off-Label-Use[269]). 138

In gleicher Weise gilt § 3a HWG wenn eine von der Zulassung abweichende Dosierung oder Anwendungsdauer beworben wird[270].

Zu beachten ist, dass § 3a HWG einen unmittelbaren Produktbezug fordert. Ein solcher ist zu verneinen, wenn ein Pharmaunternehmen lediglich über den Forschungs- oder Entwicklungsstand eines neuen Wirkstoffes berichtet, der noch nicht als Arzneimittel in Verkehr gebracht wird[271]. Bei wissenschaftlichen Beiträgen in Fachzeitschriften 139

---

[261] *Artz* in Bülow/Ring/Artz/Brixius, Heilmittelwerbegesetz, § 3 Rn. 93.
[262] BGH GRUR Int. 2015, 726 (727) Rn. 12 – Weihrauch-Extrakt-Kapseln.
[263] *Doepner/Reese* HWG § 3a Rn. 6.
[264] *Reese/Holtorf* in Dieners/Reese PharmaR-HdB § 11 Rn. 193.
[265] *Riegger*, Heilmittelwerberecht, 3. Kap., Rn. 81, S. 69; *Brixius* in Bülow/Ring/Artz/Brixius, Heilmittelwerbegesetz, § 3a Rn. 1; *Reese/Holtorf* in Dieners/Reese PharmaR-HdB § 11 Rn. 190; *Doepner/Reese* HWG § 3a Rn. 8.
[266] *Reese/Holtorf* in Dieners/Reese, Handbuch des Pharmarechts, § 11 Rn. 189.
[267] Mand in *Prütting*, Fachanwaltskommentar Medizinrecht, § 3a HWG Rn. 11; *Reese/Holtorf* in Dieners/Reese PharmaR-HdB § 11 Rn. 189; zum früheren Meinungsstreit vgl. *Mand*, WRP 2003, 192, (193)/(194).
[268] BGH GRUR 2010, 169 Tz. 13 – CE-Kennzeichnung; Mand in *Prütting*, Medizinrecht, § 3a Rn. 3; *Reese/Holtorf* in Dieners/Reese PharmaR-HdB § 11 Rn. 193.
[269] BGBl. I 2570, 2529.
[270] *Bülow/Ring/Artz/Brixius*, HWG Kommentar, § 3a Rn 42, OLG Hamburg, Urt. v. 30.7.2015 – 3 U 93/14.
[271] *Prütting/Mand*, Medizinrecht, § 3a Rn. 5.

oder auf internationalen Kongressen, die sachlich, vollständig und ohne werblichen Überschuss über ein Präparat informieren, kann mangels Abs.förderungsabsicht eine produktbezogene Werbung zu verneinen sein[272].

§ 9 Das UWG im Heilmittelwerberecht

Schrifttum: *von Czettritz,* Werbegrenzen der Pharmaindustrie, WRP 1993, 461; *von Czettritz/ Strelow,* PharmR 2014, 188 ff.; *von Czettritz/Thewes,* Rückrufverpflichtung in einstweiligen Verfügungsverfahren?, PharmR 2017, 92; *Dann/Scholz,* NJW 2016, 2077 ff.; *Dieners/Cahnbley,* MPR 2016, 48 ff.; *Dieners/Reese,* Handbuch des Pharmarechts 2010; *Fuhrmann/Klein/Fleischfresser,* Arzneimittelrecht, Handbuch für die pharmazeutische Rechtspraxis, 2. Aufl. 2014; *Geiger,* CCZ 2016, 172 ff.; *Köhler/Bornkamm/Feddersen,* Gesetz gegen den Unlauteren Wettbewerb, 36. Auflage 2018; *Rauer/Pfuhl,* PharmR 2016, 357 ff.; *Tillmanns,* DAZ 2016, Nr. 4; *Ullmann,* Das Koordinatensystem des unlauteren Wettbewerbs im Spannungsfeld von Europa und Deutschland, GRUR 2003, 817.

I. Einleitung

1   Das Gesetz gegen den unlauteren Wettbewerb (UWG) spielt im Heilmittelwerberecht aus zweierlei Gründen eine Rolle. Zum einen handelt es sich bei den Regelungen des HWG um gesetzliche Vorschriften, die auch dazu bestimmt sind, im Interesse der Marktteilnehmer das Marktverhalten zu regeln, so dass Verstöße gegen eine Vorschrift des HWG in der Regel zugleich unlauter iSd § 4 Nr. 11 UWG aF/§ 3a UWG nF sind[273]. Zum anderen bleibt das Gesetz gegen den unlauteren Wettbewerb gem. § 17 HWG unberührt, so dass die Regelungen des UWG neben den Vorschriften des HWG anwendbar sind.

Das UWG hat durch das Zweite Gesetz zur Änderung des Gesetzes gegen den unlauteren Wettbewerb vom 2.12.2015[274], das der weiteren Anpassung des UWG an die RL über unlautere Geschäftspraktiken[275] diente, erhebliche Änderungen erfahren. Allerdings kommen diese bei den im Heilmittelwerberecht interessierenden Fallgestaltungen in der Regel nicht zum Tragen. Zu beachten ist jedoch, dass Werbemaßnahmen, die vor Inkrafttreten des Zweiten Änderungsgesetzes durchgeführt wurden, danach nur dann als unlauter beurteilt werden können, wenn sie sowohl nach alter wie nach neuer Rechtslage unzulässig sind.

II. Sanktionierung der Vorschriften des HWG über § 4 Nr. 11 UWG aF/ § 3a UWG nF

2   Werbebeschränkungen und -verbote, die sich auf bestimmte Waren und Dienstleistungen beziehen, wie dies bei den §§ 3–13 HWG der Fall ist, dienen typischerweise dem Schutz der Verbraucher und stellen daher Marktverhaltensregelungen dar[276]. Jeder Verstoß gegen eine Vorschrift des HWG ist damit zugleich ein Verstoß gegen § 4 Nr. 11

---

[272] *Prütting/Mand,* Medizinrecht, § 3a Rn. 6; *Reese/Holtorf* in Dieners/Reese PharmaR-HdB § 11 Rn. 190 ff.

[273] *von Czettritz* WPR 1993, 461; *Köhler* in Köhler/Bornkamm/Feddersen, Gesetz gegen den unlauteren Wettbewerb, § 3a Rn. 1.222.

[274] BGBl. I 2158.

[275] RL 2005/29/EG über unlautere Geschäftspraktiken vom 11.5.2005, ABl. Nr. L 149, S. 22.

[276] Vgl. *Ullmann* GRUR 2003, 817, 823; *Köhler* in Köhler/Bornkamm/Feddersen UWG § 3 Rn. 1.222; *Reese/Holtorf* in Dieners/Reese PharmaR-HdB § 11 Rn. 83; *Zimmermann* in Fuhrmann/ Klein/Fleischfresser HdB-ArzneimittelR § 28 Rn. 145.

UWG aF/§ 3a UWG nF Dementsprechend kann für jeden Verstoß gegen eine Vorschrift des HWG über § 4 Nr. 11 UWG aF/§ 3a UWG nF ein Unterlassungsanspruch gem. § 8 Abs. 1 UWG geltend gemacht werden. Erforderlich ist allerdings, dass der beanstandete Verstoß geeignet ist die Interessen von Verbrauchern oder Mitbewerbern spürbar zu beeinträchtigen.

Dieser Unterlassungsanspruch steht gem. § 8 Abs. 3 Nr. 1 UWG jedem Mitbewerber und gem. § 8 Abs. 3 Nr. 2 UWG rechtsfähigen Verbänden zur Förderung gewerblicher Interessen zu.

Seit einiger Zeit hat der BGH in Hauptsacheverfahren die Auffassung vertreten, dass die Verpflichtung zur Unterlassung einer Handlung, durch die ein fortdauernder Störungszustand geschaffen wurde, regelmäßig auch dahingehend auszulegen sei, dass sie nicht nur die Unterlassung derartiger Handlungen, sondern auch die Vornahme möglicher zumutbarer Handlungen zur Beseitigung des Störungszustandes umfasse[277]. Eine Unterlassungsverpflichtung erschöpfe sich nicht im bloßen Nichtstun, sondern umfasse auch die Vornahme von Handlungen zur Beseitigung des Zustandes, wenn alleine dadurch dem Unterlassungsgebot entsprochen werden könne[278]. Inwieweit dies auch in einstweiligen Verfügungsverfahren in Bezug auf Beschlussverfügungen und Urteile gelten kann, ist äußerst fraglich[279]. Da ein Rückrufs- und Beseitigungsanspruch auch Sanktions- und Schadensbeseitigungscharakter hat und derartige Maßnahmen im einstweiligen Verfügungsverfahren grundsätzlich zu unterlassen sind, erscheint die Anwendbarkeit der vorgenannten BGH-Rechtsprechung in einstweiligen Verfügungsverfahren nicht angemessen, da ansonsten die Hauptsache vorweggenommen wird. In dem Beschluss „Produkte zur Wundversorgung" hat der BGH nun klargestellt, dass der Unterlassungstitel im einstw. Verfügungsverfahren statt einer Rückrufpflicht die Verpflichtung zu einer Aufforderung an die Abnehmer umfasst, die betroffenen Waren nicht weiter zu vertreiben.[280]

Mitbewerber ist nach der Legaldefinition des § 2 Abs. 1 Nr. 3 UWG jeder Unternehmer, der mit einem oder mehreren Unternehmen als Anbieter oder Nachfrager von Waren oder Dienstleistungen in einem konkreten Wettbewerbsverhältnis steht. Ein konkretes Wettbewerbsverhältnis liegt nach einer Definition des Bundesgerichtshofs in der Entscheidung „nickelfrei"[281] immer dann vor, wenn zwischen den Vorteilen, die eine Partei durch eine Maßnahme für ihr Unternehmen oder das eines Dritten zu erreichen sucht, und den Nachteilen, die die andere Partei dadurch erleidet, eine Wechselwirkung in dem Sinne besteh, dass der eigene Wettbewerb gefördert und der fremde Wettbewerb beeinträchtigt werden kann[282].

Rechtsfähige Verbände, die zur Geltendmachung des Unterlassungsanspruches berechtigt sind, sind beispielsweise die Wettbewerbszentrale, der vom BAH und BPI ins Leben gerufene Verband „INTEGRITAS – Verein für lautere Heilmittelwerbung" oder der vom BPI initiierte Verein „Arzneimittel und Kooperation im Gesundheitswesen" (AKG), der vom VFA begründete Verein „Freiwillige Selbstkontrolle für die Arzneimittelindustrie" (FSA) sowie Abmahnvereine wie der Verband Sozialer Wettbewerb (VSW).

---

[277] Vgl. BGH Beschl. Rückruf von RESCUE-Produkten, GRUR 2017, 208 ff., BGH GRUR 2016, 720 Rn. 34 – Hot-Socks.
[278] Vgl. GRUR 2017, 208 (210), Rn. 26.
[279] Vgl. v. *Czettritz/Thewes* Rückrufverpflichtung in einstweiligen Verfügungsverfahren? PharmR 2017, 92 ff.; zum – überwiegend kritischen Meinungsstand vgl. *Bornkamm* in Köhler/Bornkamm/Feddersen, UWG § 8 Rn. 1.69 ff.
[280] BGH – I ZB 96/16, GRUR 2018, 292 – Produkte zur Wundversorgung.
[281] WRP 2014, 1307 ff.
[282] Vgl. *Köhler* in Köhler/Bornkamm/Feddersen UWG § 2 Rn. 107 f.

III. Unmittelbare Anwendung des UWG

1. Einleitung

6   Da gem. § 17 HWG das Gesetz gegen den unlauteren Wettbewerb unberührt bleibt, können die Vorschriften des UWG auch bei der Werbung für Arzneimittel- und Medizinprodukte zur Anwendung gelangen. In erster Linie kommen hierfür die Vorschriften in Frage, zu denen das HWG keine spezielleren Regelungen wie beispielsweise im Bereich der Irreführung enthält.

7   Von den Vorschriften des UWG ist daher insbesondere § 5 UWG von Bedeutung, soweit sich die irreführende Werbeaussage nicht auf die Funktion des Heilmittels als Mittel zur Erkennung, Beseitigung oder Linderung von Krankheiten, sondern, wie etwa bei Aussagen zur Preisgestaltung, auf die Eigenschaft des Heilmittels als Wirtschaftsgut bezieht[283].

8   Von den Beispieltatbeständen des § 4 UWG gelangen im Bereich der Heilmittelwerbung häufig die generalklauselartig gefassten Beispieltatbestände des § 4 Nr. 7 UWG aF/ § 4 Nr. 1 UWG nF (Herabsetzung von Mitbewerbern) und § 4 Nr. 10 UWG aF/§ 4 Nr. 4 UWG nF (gezielte Behinderung) zur Anwendung. Eine pauschale Herabsetzung liegt dann vor, wenn die betreffende Aussage in unangemessener Weise abfällig, abwertend oder unsachlich ist[284].

2. § 3a UWG nF iVm §§ 299a und 299b StGB: Bestechlichkeit und Bestechung im Gesundheitswesen

9   Unlauter i.S. des § 3a UWG nF ist zudem jeder Verstoß gegen die §§ 298 ff. StGB, insbesondere gegen die mit dem Anti-Korruptionsgesetz[285] im Jahr 2016 neu geschaffenen §§ 299a und 299b StGB[286]. Nach § 299a StGB können Angehörige eines Heilberufes mit Freiheitsstrafe bis zu 3 Jahren oder Geldstrafe belegt werden, wenn sie im Zusammenhang mit der Berufsausübung für sich oder einen Dritten einen Vorteil dafür fordern, sich auf Versprechen einlassen oder annehmen, dass sie als Gegenleistung bei der Verordnung von Arznei-, Heil- oder Hilfsmitteln oder von Medizinprodukten bzw. bei der Zuführung von Patienten oder Untersuchungsmaterial einen anderen im inländischen oder ausländischen Wettbewerb in unlauterer Weise bevorzugt.

Kern der beiden Vorschriften ist das Merkmal der Unrechtsvereinbarung, durch das eine inhaltliche Verknüpfung der Tatbestandsmerkmale „Vorteil" und „unlautere Bevorzugung" erfolgt. Ob eine solche Unrechtsvereinbarung vorliegt, muss in der Praxis aufgrund einer detaillierten Einzelfallprüfung entschieden werden. In die Wertung miteinzubeziehen sind dabei insbesondere die Beziehung des Vorteilsgebers zum Vorteilsnehmer, die Höhe des Vorteils, die Transparenz bzw. Intransparenz der getroffenen Vereinbarungen, das Vorliegen einer plausiblen Alternativ-Erklärung, die nicht auf eine Kopplung gerichtet ist, sowie die Einhaltung vorgeschriebener Verfahren, bei Klinikärzten insbesondere das Vorliegen der erforderlichen Dienstherrengenehmigung[287]. Bei der Bestimmung der Höhe des zulässigen Vorteils kann als Orientierungshilfe die GoÄ herangezogen werden, wobei durchaus auch höhere Sätze vertretbar sein können. Maßgeblich sind je nach Einzelfall der Zeitaufwand, der Schwierigkeitsgrad der Aufgaben-

---

[283] BGH GRUR 2016, 1070 ff. – Apothekenabgabepreis.
[284] BGH GRUR 1999, 1001 (1102) – Generika-Werbung; *Köhler* in Köhler/Bornkamm/Feddersen UWG § 4 Rn. 1.20 und Beispiele herabsetzender Werbung Rn. 1.26.
[285] BGBL. I S. 1254.
[286] *Dieners/Cahnbley*, MPR 2016, 48 (52); *Geiger*, CCZ 2016, 172 (175).
[287] Vgl. insbesondere *Dann/Scholz*, NJW 2016, 2077, 2078; Tillmanns, DAZ 2016, Nr. 4, *Rauer/Pfuhl*, PharmR 2016, 357 ff; *Dieners/Cahnbley*, MPR 2016, 48 ff; *Geiger*, CCZ 2016, 172, 178.

stellung sowie die individuelle Kompetenz des beauftragten Arztes. In jedem Fall sind zwischen den Parteien transparente Verträge abzuschließen, die eine genaue Leistungsbeschreibung enthalten und die Kalkulationsgrundlagen der vereinbarten Vergütung dokumentieren[288].

3. § 3a UWG nF/§ 4 Nr. 11 UWG aF i. V. mit § 47 Abs. 3 AMG: Unzulässigkeit der Abgabe von Arzneimittelmustern an Apotheker

Gem. § 47 Abs. 3 AMG dürfen pharmazeutische Unternehmer Muster eines Fertigarzneimittels an Ärzte, Zahnärzte, Tierärzte, andere Personen, die die (Zahn-)Heilkunde berufsmäßig ausüben, soweit es sich nicht um verschreibungspflichtige Arzneimittel handelt und Ausbildungsstätten für die Heilberufe abgeben. Nach dem Wortlaut des § 47 Abs. 3 AMG nicht privilegiert – und damit unlauter iSd §§ 3a UWG nF/4 Nr. 11 UWG aF – ist eine Abgabe von Arzneimittelmustern an Apotheker[289].

4. § 6 Abs. 2 Nr. 1 und 2 UWG: Vergleich von Waren oder Dienstleistungen für den gleichen Bedarf oder dieselbe Zweckbestimmung sowie Vergleich wesentlicher, nachprüfbarer, typischer und für die Kaufentscheidung relevanter Eigenschaften der Waren oder Dienstleistungen

Bei der grundsätzlich zulässigen vergleichenden Werbung, bei der die eigene Ware mit der Ware eines Mitbewerbers verglichen wird, sind von den in § 6 Abs. 2 UWG aufgezählten Fällen, unter denen eine vergleichende Werbung als unlauter iSd § 3 UWG anzusehen ist, insbesondere die Nummern 1 und 2 von Bedeutung.

Die miteinander zu vergleichenden Arzneimittel oder Medizinprodukte müssen aus der Sicht der angesprochenen Verkehrskreise wirklich miteinander vergleichbar bzw. substituierbar sein, das heißt im übertragenen Sinne, es dürfen nicht Äpfel mit Birnen verglichen werden[290]. Dies bedeutet beispielsweise, dass die miteinander zu vergleichenden Produkte in den wesentlichen Indikationen übereinstimmen müssen.

Prüfungsmaßstab für die Beurteilung der Zulässigkeit eines Eigenschaftsvergleichs ist die mögliche Irreführung. Allerdings ist es jedoch nicht erforderlich, dass der Werbende alle wesentlichen Eigenschaften in den Vergleich miteinbezieht. Solange keine Irreführungsgefahr besteht, kann der Werbende vielmehr eine Auswahl treffen und nur die Eigenschaften herausgreifen, bei denen er besser abschneidet als der Mitbewerber[291]. Ein Korrektiv ist hierbei allerdings, dass die miteinander verglichenen Eigenschaften wesentlich sein müssen[292].

5. § 6 Abs. 2 Nr. 5 UWG: Herabsetzung und Verunglimpfung

Da jeder Werbevergleich in der Regel mit einer gewissen nachteiligen Wirkung für das verglichene Mitbewerberpräparat verbunden ist, müssen zu diesem Umstand weitere besondere Umstände hinzutreten, die den konkreten Vergleich als unangemessen, abwer-

---

[288] Vgl. insbesondere *Dann/Scholz*, NJW 2016, 2077, 2079; *Rauer/Pfuhl*, PharmR 2016, 357 ff; *Dieners/Cahnbley*, MPR 2016, 48 ff.
[289] OLG Frankfurt, GRUR-RR 2017, 30 ff. Die Revision gegen diese Entscheidung wird beim BGH unter dem Aktenzeichen I ZR 235/16 geführt. Vgl. auch *v. Czettritz/Strelow*, PharmR 2014, 188 ff.
[290] Vgl. *Reese/Holtorf* in Dieners/Reese PharmaR-HdB § 11 Rn. 73; *Zimmermann* in Fuhrmann/Klein/Fleischfresser HdB-ArzneimittelR § 28 Rn. 151.
[291] *Köhler* in Köhler/Bornkamm/Feddersen, Gesetz gegen den unlauteren Wettbewerb, § 6 Rn. 103; OLG Hamburg GRUR-RR 2001, 33 (36); BGH GRUR 2002, 633 (635) – Hormonersatztherapie.
[292] Vgl. *Köhler* in Köhler/Bornkamm/Feddersen UWG § 6 Rn. 129 f.

tend oder unsachlich erscheinen lassen[293]. Wann dies der Fall ist, kann häufig unter Heranziehung der von der Literatur und Rechtsprechung herausgearbeiteten Grundsätze zur Irreführung und Unlauterkeit einer Werbung nach UWG ermittelt werden. Nicht aus dem Auge verloren werden darf dabei aber das heilmittelwerberechtliche Strengeprinzip. So kann im Bereich der Alltagsgüter ein bestimmter Slogan wie zB „Bezahlen Sie einfach mit Ihrem guten Namen" (American Express), „McDonalds ist einfach gut", „Einfach lossurfen" (Telekom) zulässig sein, ein vergleichbarer Slogan wie „einfach einmal pro Woche auftragen" für Arzneimittel jedoch nicht[294], wenn für das Mittel tatsächlich mehrere Anwendungsschritte erforderlich sind.

6. § 11 UWG: Verjährung des Unterlassungs-und Schadensersatzanspruchs

Zu beachten ist, dass unabhängig von der Frage der Dringlichkeit für die im Bereich der Heilmittelwerbung üblichen einstweiligen Verfügungsverfahren, die je nach Gericht zwischen 1–2 Monaten liegt, der Unterlassungs- und Schadensersatzanspruch wegen einer unzulässigen Werbung in 6 Monaten ab Kenntnis verjährt[295]. Die Einreichung eines Antrags auf Erlass einer einstweiligen Verfügung hemmt die Verjährung gem. § 204 Abs. 1 Ziff. 9 BGB, aber dies bezieht sich nur auf den Unterlassungsanspruch und nicht auf einen daraus folgenden eventuellen Schadensersatzanspruch. Allerdings ist festzustellen, dass die Entstehung eines konkreten Schadens im Falle einer unzulässigen Werbung ohnehin praktisch nicht belegbar ist, so dass der potentielle Schadensersatzanspruch gem. § 9 UWG im Bereich des HWG so gut wie keine Bedeutung hat.

Dementsprechend bringt auch der unselbständige Auskunftsanspruch gem. § 242 BGB zur Vorbereitung des Schadensersatzanspruchs nicht viel, außer Kenntnis des Umfangs und der Empfänger der Werbung, denn diese Kenntnis lässt sich nicht weiter verwerten.

---

[293] Vgl. BGH GRUR 1999, 1100 (1102) – Generikawerbung; BGH GRUR 2002, 633 (635) – Hormonersatztherapie; *Köhler* in Köhler/Bornkamm/Feddersen UWG § 6 Rn. 170.
[294] Vgl. LG München I Urt. v. 8.8.2012 – 37 O 13451/12; OLG München Urt. v. 11.4.2013 – 29 U 3750/12.
[295] BGH Urt. v. 25.4.2012 – I ZR 105, Das große Rätselheft, GRUR 2012, 1279.

5. Teil. Arzneimittel und Medizinprodukte in der gesetzlichen und privaten Krankenkasse

Schrifttum zu Teil 5: *Anders,* Die Vereinbarung des Erstattungsbetrages nach § 130b SGB V, PharmR 2012, 81; *Anhalt/Dieners,* Handbuch des Medizinprodukterechts, 1. Auflage 2003; *Axer,* Nutzenbewertung nach § 35a SGB V und Erstattungsbeträge bei Arzneimitteln – Zu zentralen Neuerungen des Arzneimittelmarktneuordnungsgesetzs (AMNOG), SGb 05/11. 246; *Baierl/Kellermann,* Arzneimittelrecht, 1. Auflage 2011; *Becker/Kingreen,* SGB V, Gesetzliche Krankenversicherung, Kommentar, 5. Auflage 2017; *Bergmann/Pauge/Steinmeyer,* Gesamtes Medizinrecht, 3. Auflage 2017; *Brand,* Praxis des Sozialrechts, 2. Auflage 2011; *Brixius/Maur/Schmidt,* Wirtschaftspolitische Auswirkungen des Gesetzentwurfes zur Neuordnung des Arzneimittelmarktes in der GKV für pharmazeutische Unternehmer, PharmR 2010, 373; *Buchner/Burk,* Neue Regeln für den Preiswettbewerb in der Arzneimittelvertriebskette, WRP 2011, 1543; *Dieners/Reese,* Handbuch des Pharmarechts, 1. Auflage 2010; *Ebsen,* Zentrale Reformelemente des AMNOG, GuP 2011, 41; *Günter/Behle,* Erstattungsfähigkeit von Medizinprodukten durch die PKV, MPR 2008, 74; *Hassel/Gurgel/Otto,* Handbuch des Fachanwalts Sozialrecht, 5. Auflage 2016; *Hauck,* Ausschluss, Therapiehinweis und Kostenregelung – Vom Ineinandergreifen der verschiedenen Instrumentarien zur Regulierung der Arzneimittelversorgung, GesR 2/2011, 69; *Hänlein/Kruse/Schuler,* Sozialgesetzbuch V Lehr- und Praxiskommentar, 5. Auflage 2016; *Hess,* Die frühe Nutzenbewertung und ihre rechtliche Herausforderung, GesR 2/2011, 65; *Huster,* Rechtsfragen der frühen Nutzenbewertung?, GesR 2/2011, 76; *Igl/Welti,* Gesundheitsrecht, 2. Auflage 2014; *Kaufmann,* Neuere Entwicklungen im Arzneimittelrecht: Die frühe Nutzenbewertung nach dem Arzneimittelmarktneuordnungsgesetz, in: Perspektiven des Stoffrechts, 27. Trierer Kolloquium zum Umwelt- und Technikrecht vom 1.9. bis 2.9.2011, S. 183 ff.; *Kaufmann,* Sozialrechtliche Weichenstellungen des AMNOG, PharmR 2011, 223; *Kingreen,* Zur Neuordnung des Arzneimittelmarktes in der gesetzlichen Krankenversicherung, NZS 2011, 442; *Krauskopf,* Soziale Krankenversicherung, Pflegeversicherung Loseblatt-Kommentar, 93. Ergänzungslieferung 2016, Stand:10/2016; *Knickrehm/Kreikebohm//Waltermann,* Kommentar zum Sozialrecht, 5. Auflage 2017; *Kügel/Müller/Hofmann,* Arzneimittelgesetz, 2. Auflage 2016; *Langheid/Wandt,* Münchener Kommentar VVG, 2. Auflage 2016; *Leitherer,* Kasseler Kommentar Sozialversicherungsrecht, Loseblatt-Ausgabe, 92. Ergänzungslieferung 2017, Stand: 12/2016; *Luthe,* Erstattungsvereinbarungen mit pharmazeutischen Unternehmen, PharmR 2011, 193; *Maasen,* Rechte und Pflichten des pharmazeutischen Unternehmers bei der frühen Nutzenbewertung, GesR 2/2011, 82; *Muckel/Ogorek,* Sozialrecht, 4. Auflage 2011; *Nitz,* Die Packungsgrößenverordnung nach dem AMNOG, PharmR 2011, 208; *Paal/Rehmann,* Arzneimittelrabattgesetz und frühe Nutzenbewertung nach dem AMNOG, A&R 2011, 51; *Prütting,* Fachanwaltskommentar Medizinrecht, 4. Auflage 2016; *Ratzel/Luxenburger,* Handbuch Medizinrecht, 3. Auflage 2015; *Rehmann,* Arzneimittelgesetz (AMG), 4. Auflage 2014; *Rolfs/Giesen/Kreikebohm/Udsching,* Beck'scher Onlinekommentar Sozialrecht SGB V Stand: 1.12.2016; *Saalfrank,* Handbuch des Medizin- und Gesundheitsrechts, Loseblattwerk, Stand: 2016; *Schacks,* Schnelle Nutzenbewertung und Erstattungsbeträge als Anwendungsfälle der Transparenzrichtlinie 89/105/EWG, PharmR 2011, 305; *Schickert,* Arzneimittelschnellbewertung und ihre Folgen nach dem Regierungsentwurf zum AMNOG, PharmR 2010, 452; *Schickert/Schmitz,* Frühe Nutzenbewertung – Bewertung erster Detailfragen zu Anwendungsbereich, Dossierpflicht und Vergleichstherapie, PharmR 2011, 217; *Schorn,* Medizinprodukte-Recht, Loseblatt-Kommentar, Stand: 2010; *Sodan,* Handbuch des Krankenversicherungsrechts, 2. Auflage 2014; *Spickhoff,* Medizinrecht, 2. Auflage 2014; *Stallberg,* Herstellerzwangsabschläge als Rechtsproblem – Verwerfungen von GKV-Änderungsgesetz und AMNOG, PharmR 2011, 38; *Terbille,* Münchener Anwaltshandbuch Medizinrecht, 2. Auflage 2013; *Wille,* Die wichtigsten Regelungen des AMNOG, WzS 2011, 35; *Willenbruch,* Juristische Aspekte der Regulierung von Arzneimittelpreisen, Pharm 2010, 321.

§ 10 Grundlagen der gesetzlichen und der privaten Krankenversicherung

A. Einführung

1   Das System der deutschen Krankenversicherung ist von dem **Nebeneinander von privater und gesetzlicher Krankenversicherung** geprägt[1]. **Verfassungsrechtliche Grundlage** der Krankenversicherung ist in erster Linie das in Art. 20 Abs. 1, Art. 28 Abs. 1 S. 1 GG verankerte **Sozialstaatsprinzip**. Als **Staatszielbestimmung** verpflichtet es den Gesetzgeber, für einen Ausgleich der sozialen Gegensätze und soziale Sicherheit zu sorgen[2]. Bei der Erfüllung dieses Verfassungsauftrages wird dem Gesetzgeber allerdings ein sehr weiter **Gestaltungsspielraum** zugestanden[3]. Wie der Gesetzgeber seinen Gestaltungsauftrag erfüllt, ist mangels näherer Konkretisierung des Sozialstaatsprinzips ihm selbst überlassen[4]. Angesichts seiner weiten Unbestimmtheit gewährt das Sozialstaatsprinzip regelmäßig kein Gebot, soziale Leistungen in einem bestimmten Umfang zu gewähren. Zwingend ist lediglich, dass der Staat die Mindestvoraussetzungen für ein menschenwürdiges Dasein seiner Bürger schafft[5]. Für den einzelnen Bürger ergeben sich aus dem Sozialstaatsprinzip in der Regel **keine subjektiven Rechte**[6]. Eine wesentliche aus dem Sozialstaatsprinzip abzuleitende Zielsetzung[7] ist die der **sozialen Sicherheit**. Danach verlangt das Sozialstaatsprinzip die Fürsorge für Hilfebedürftige und allgemein den Schutz der sozialen Existenz gegen die Wechselfälle des Lebens, womit der **gesetzlichen Krankenversicherung (GKV)** eine entscheidende Bedeutung zukommt[8]. Nach der Rechtsprechung des Bundesverfassungsgerichts ist der Schutz in Fällen von Krankheit in der sozialstaatlichen Ordnung des Grundgesetzes eine der Grundaufgaben des Staates. Diesem Verfassungsauftrag ist der Gesetzgeber nachgekommen, indem er durch Einführung der gesetzlichen Krankenversicherung als öffentlich-rechtlicher Pflichtversicherung für den Krankenschutz eines Großteils der Bevölkerung Sorge getragen und die Art und Weise der Durchführung dieses Schutzes geregelt hat[9]. Mit dem Gesetz zur Stärkung des Wettbewerbs in der gesetzlichen Krankenversicherung (GKV-Wettbewerbsstärkungsgesetz – GKV-WSG) vom 26.3.2007 dehnte der Gesetzgeber den Krankenversicherungsschutz aus. Alle Personen mit Wohnsitz in Deutschland, die bisher keinen anderweitigen Krankenversicherungsschutz hatten, sollten eine Absicherung in der gesetzlichen oder privaten Krankenversicherung erhalten. Im System der GKV wurde in Form eines Auffangtatbestandes gem. § 5 Abs. 1 Nr. 13 SGB V die Versicherungspflicht, im System der privaten Krankenversicherung **(PKV)** die Pflicht zum Abschluss eines Versicherungsvertrages angeordnet. Die neuere bundesverfassungsgerichtliche Rechtsprechung erblickt

---

[1] *Schüffner/Franck* in Sodan KrankenVersR-HdB § 43 Rn. 13; *Boetius* in MüKoVVG Vor §§ 192 ff. Rn. 19.

[2] *Muckel/Ogorek* SozialR § 6 Rn. 1; BVerfGE 69, 272 (314); 22, 180 (204).

[3] *Muckel/Ogorek* SozialR § 6 Rn. 2; BVerfGE 59, 231 (263); 82, 60 (81).

[4] BVerfGE 100, 271 (284). Eine verfassungsrechtliche Grenze ist aber dann erreicht, wenn es um den sozialen Mindestschutz geht, der dem Bürger ein der Menschenwürde entsprechendes Leben ermöglicht, BVerfG Urt. v. 9.2.2010 – 1 BVL 1/09, BVerfGE 125, 175 = NJW 2010, 505.

[5] BVerfG Beschl. v. 29.5.1990 – 1 BvR 20/84, NJW 1990, 2869 (2870).

[6] BVerfGE 82, 60 (80); 27, 253 (283); *Sodan* in Sodan KrankenVersR-HdB § 2 Rn. 50.

[7] Das Sozialstaatsprinzip ist inhaltlich hochgradig unbestimmt. Als Teilzielbestimmungen können soziale Sicherheit, soziale Gerechtigkeit und Chancengleichheit ausgemacht werden, *Sodan* in Sodan KrankenversR-HdB § 2 Rn. 44.

[8] BVerfGE 45, 376 (387); 28, 324 (348 ff.); *Sodan* in Sodan KrankenVersR-HdB § 2 Rn. 46.

[9] BVerfGE 115, 25 (43); 68, 193 (209).

auch in den gesetzlichen Vorgaben für die **PKV eine Verwirklichung des Sozialstaatsprinzips** und bezieht diese in das Sozialstaatsprinzip ein[10]. Danach ist die gesetzgeberische Absicht, einen bezahlbaren Krankenversicherungsschutz für alle Einwohner in der gesetzlichen oder privaten Krankenversicherung zu schaffen, von dem Ziel getragen, ein allgemeines Lebensrisiko abzudecken, welches sich bei jedem und jederzeit realisieren und ihn mit unabsehbaren Kosten belasten kann. Es ist ein legitimes Konzept des zur sozialpolitischen Gestaltung berufenen Gesetzgebers, die für die Abdeckung der dadurch entstehenden Aufwendungen notwendigen Mittel auf der Grundlage einer Pflichtversicherung sicherzustellen[11].

B. System der Krankenversicherung

I. System der gesetzlichen Krankenversicherung

Die GKV ist Teil der staatlichen Sozialversicherung. Sie wird durch die gesetzlichen Krankenkassen als Körperschaften des öffentlichen Rechts in mittelbarer Selbstverwaltung betrieben (§ 4 Abs. 1 SGB V). Zur Erfüllung kassenübergreifender Aufgaben sind die Krankenkassen in kassenartspezifischen Landes- und Bundesverbänden organisiert. Eine hervorgehobene Stellung hat dabei der nach § 217a SGB V als Körperschaft des öffentlich Rechts konzipierte Spitzenverband Bund der Krankenkassen (SpiBuKK[12]). Organisation, Leistungen und Beiträge der GKV werden unmittelbar durch Gesetz geregelt und durch Satzungsrecht der öffentlich-rechtlichen Krankenkassen ergänzt[13]. Es besteht eine Versicherungs- und Beitragspflicht kraft Gesetzes. Die gesetzliche Krankenversicherung ist als Solidarversicherung konzipiert. Im Krankheitsfall hat jeder Versicherte unabhängig von der Höhe seines Beitrages grundsätzlich Anspruch auf das gleiche Leistungsspektrum[14]. Während sich der Leistungsanspruch nach der medizinischen Bedürftigkeit des Versicherten richtet, werden die Beiträge nach der individuellen wirtschaftlichen Leistungsfähigkeit der Mitglieder berechnet[15]. Bei Pflichtversicherten werden die Beiträge je zur Hälfte von Arbeitgeber und Arbeitnehmer aufgebracht, wohingegen freiwillig Versicherte einen Zuschuss vom Arbeitgeber erhalten können oder die volle Beitragslast alleine tragen müssen[16]. Die Rechtsbeziehungen zwischen den Krankenkassen und ihren Mitgliedern sind öffentlich-rechtlicher Natur und unterliegen der Sozialgerichtsbarkeit[17].

2

II. System der privaten Krankenversicherung

Die PKV ist Individualversicherung und Teil des privatrechtlichen Versicherungswesens. Betrieben werden kann die PKV durch Versicherungsunternehmen in der Rechtsform privatrechtlicher Kapitalgesellschaften, Versicherungsvereine auf Gegenseitigkeit oder öffentlich-rechtlicher Körperschaften. Dabei unterliegt der Betrieb des Krankenversicherungsgeschäfts der staatlichen Versicherungsaufsicht. In der PKV gilt ein kollektiv

3

---

[10] Insbesondere den Basistarif der privaten Krankenversicherung betrachtet das Bundesverfassungsgericht als eine zulässige, sozialstaatliche Indienstnahme der privaten Krankenversicherungsunternehmen zum gemeinen Wohl, BVerfG Urt. v. 10.6.2009 – 1 BvR 706/08, BVerfGE 123, 186 (249) = NJW 2009, 2033 (2041); *Sodan* in Sodan KrankenVersR-HdB § 2 Rn. 47.
[11] BVerfGE 123, 186 (242 f.) = NJW 2009, 2033 (2040).
[12] *Kallmeyer* in Brand SozR Rn. 466.
[13] *Boetius* in MüKoVVG Vor §§ 192 ff. Rn. 23.
[14] *Kallmeyer* in Brand SozR Rn. 446.
[15] *Boetius* in MüKoVVG Vor §§ 192 ff. Rn. 23.
[16] *Von Koppenfels-Spies* in NK-MedizinR Vor §§ 192 ff. VVG Rn. 6.
[17] *Boetius* in MüKoVVG Vor §§ 192 ff. Rn. 23.

Kaufmann

getragenes Individualprinzip. Der Beitrag wird nach dem Äquivalenzprinzip ermittelt und entspricht den aus dem gewählten Tarif zu erwartenden Leistungen unter Berücksichtigung des individuellen Risikos. Die Versicherten einer Risikogruppe tragen kollektiv das Gesamtrisiko ihrer Gruppe. Während das Sozialversicherungsrecht solche Versicherungsverhältnisse zum Gegenstand hat, die kraft Gesetzes zwischen den Versicherten und den Trägern der Sozialversicherung bestehen, regelt das Privatversicherungsrecht Versicherungsverhältnisse, die auf eine privatautonome Entscheidung des Versicherten zurückzuführen sind. Die Rechtsbeziehungen zwischen den Versicherern und ihren Versicherungsnehmern beruhen auf zivilrechtlichen Versicherungsverträgen, die der Zivilgerichtsbarkeit unterliegen[18].

C. Gesetzliche Grundlagen

I. Kodifikation der GKV im SGB V

1. Rechtskonkretisierungskonzept

4   Die gesetzliche Krankenversicherung ist im Fünften Buch des Sozialgesetzbuchs (SGB V) normiert[19]. Das SGB V ist die maßgebliche gesetzliche Grundlage für die Rechtsbeziehungen zwischen Krankenkassen, Versicherten und Leistungserbringern sowie für die Organisation der Krankenkassen und ihrer Verbände. Das **Leistungsrecht der gesetzlichen Krankenversicherung** ist in den §§ 20 bis 68 SGB V geregelt. Es definiert die Teilhabe des gesetzlich Krankenversicherten an den Leistungen der gesetzlichen Krankenversicherung als ein Element des gesetzlichen Sozialversicherungssystems[20]. Nach § 27 Abs. 1 SGB V haben Versicherte Anspruch auf Krankenbehandlung, wenn sie notwendig ist, um eine Krankheit zu erkennen, zu heilen, ihre Verschlimmerung zu verhüten oder Krankheitsbeschwerden zu lindern. Dabei umfasst die Krankenbehandlung nach § 27 Abs. 1 S. 2 SGB V auch die Versorgung mit Arznei-, Verband-, Heil- und Hilfsmitteln. Als Rahmenbestimmung lässt diese offene Anspruchsnorm allerdings noch keine unmittelbare Aussage zum konkreten Leistungsanspruch des Versicherten zu. Nach der Rechtsprechung des Bundessozialgerichts besteht das materielle Leistungsrecht des Versicherten als **Rahmenrecht**, das der **normativen Konkretisierung** durch untergesetzliche Normen und über das Verfahrensrecht hinausgehende Regelungen des Leistungserbringungsrechts bedarf (sog. Rechtskonkretisierungskonzept[21]). Die Konkretisierung des materiellen Leistungsrechts erfolgt individuell und konkret durch die Behandlungsentscheidung des dazu berufenen Leistungserbringers sowie generell und abstrakt durch untergesetzliche Regelungen des Leistungsrechts, namentlich durch **Richtlinien**

---

[18] Zum Ganzen *Boetius* in MüKoVVG Vor §§ 192 ff. Rn. 25; *Eichelberger* in Spickhoff VVG Vor §§ 192 ff. Rn. 8; *von Koppenfels-Spies* in NK-MedizinR Vor §§ 192 ff. VVG Rn. 6.
[19] Das SGB V wurde zuletzt durch das Gesetz zur Stärkung der Arzneimittelversorgung in der GKV (GKV-Arzneimittelversorgungsstärkungsgesetz – AMVSG) vom 4.5.2017, BGBl. I S. 1050 geändert. Zusätzliche Änderungen erfuhr das SGB V in den letzten Jahren insbesondere durch das Gesetz zur Neuordnung des Arzneimittelmarktes in der gesetzlichen Krankenversicherung (Arzneimittelmarktneuordnungsgesetz – AMNOG) vom 11.11.2010, BGBl. I S. 2262, durch das Gesetz zur nachhaltigen und sozialen Finanzierung der Gesetzlichen Krankenversicherung (GKV-Finanzierungsgesetz – GKV-FinG) vom 12.11.2010, BGBl. I S. 2309, durch das Gesetz zur Verbesserung der Versorgungsstrukturen in der gesetzlichen Krankenversicherung (GKV-Versorgungsstrukturgesetz – GKV-VStG) vom 22.12.2011, BGBl. I S. 2983, durch das Vierzehnte Gesetz zur Änderung des Fünften Buches Sozialgesetzbuch (14. SGB V-Änderungsgesetz – 14. SGB V-ÄndG) vom 27.3.2014, BGBl. I S. 261 und durch das Gesetz zur Stärkung der Versorgung in der gesetzlichen Krankenversicherung (GKV-Versorgungsstärkungsgesetz – GKV-VSG) vom 16.7.2015, BGBl. I S. 1211.
[20] *Beeretz* in Ratzel/Luxenburger HdB MedR -HdB§ 6 Rn. 3.
[21] BSG SozR 3-2500 § 13 Nr. 4 S. 19.

des Gemeinsamen Bundesausschusses (G-BA) nach § 92 Abs. 1 S. 2 SGB V, aber auch durch **Normsetzungsverträge** der Parteien der gemeinsamen Selbstverwaltung. Diese Entscheidungen konkretisieren das Leistungsrecht des Versicherten und begründen es dadurch erst als subjektives öffentliches Recht[22].

2. Anspruchskonkretisierung durch untergesetzliche Normen

a) Richtlinien des Gemeinsamen Bundesausschusses (G-BA). aa) Organisation und Rechtsstellung des G-BA. Der materielle Leistungsanspruch des Versicherten wird insbesondere durch Richtlinien des G-BA nach § 92 Abs. 2 S. 1 SGB V konkretisiert. Der G-BA ist als **zentralisierte Steuerungsinstanz** und als **Gremium der gemeinsamen Selbstverwaltung** durch das GMG[23] zum 1.1.2004 konstituiert worden[24]. Er ist weder Körperschaft des öffentlichen Rechts, noch Anstalt des öffentlichen Rechts, sondern eine eigene körperschaftlich strukturierte rechtsfähige Einrichtung des öffentlichen Rechts[25]. Nach § 91 Abs. 1 und 2 SGB V ist der G-BA mit Vertretern der Kassenärztlichen Bundesvereinigungen, der Deutschen Krankenhausgesellschaft und des Spitzenverbandes der gesetzlichen Krankenversicherung sowie einem unparteiischen Vorsitzenden besetzt. Die nichtärztlichen Leistungserbringer wie etwa die pharmazeutischen Unternehmer sind hingegen nicht vertreten. Den zur Stellungnahme berechtigten Verbänden und Institutionen wurde aber iRd Strukturreform des G-BA durch das GKV-Versorgungsstrukturgesetz[26] mit Wirkung zum 1.1.2012 das Recht eingeräumt, mündlich angehört zu werden (§ 91 Abs. 9 SGB V). Seine interne Organisation und Arbeitsweise, die Geschäftsführung, Sitzung und Beschlussfassung des Plenums sowie weitere organisatorische Fragen wie die Einsetzung von Unterausschüssen hat der G-BA in einer **Geschäftsordnung**[27] geregelt[28]. Die methodischen Anforderungen an die wissenschaftliche Bewertung des Nutzens, der Notwendigkeit und der Wirtschaftlichkeit von Leistungen und Maßnahmen durch den G-BA sowie weitere Verfahrensfragen regelt die **Verfahrensordnung**[29]. Sie regelt die Ermittlung der Entscheidungsgrundlagen und legt in ihrem allgemeinen Teil Kriterien sowie Dokumentation des Abwägungsprozesses, Einzelheiten zu Stellungnahmeverfahren und für die Zusammenarbeit mit dem IQWiG nach § 139a SGB V fest[30].

bb) Richtlinienkompetenz des G-BA. Dem G-BA kommt eine leistungssektorenübergreifende Zuständigkeit zur Bewertung von Leistungen der gesetzlichen Krankenversicherung zu. Der G-BA hat eine **umfassende Richtlinienkompetenz**[31] zur Regelung der Qualitätssicherung sowohl in der vertragsärztlichen Versorgung als auch in der Krankenhausbehandlung und eine sektorübergreifende Empfehlungskompetenz für eine an einheitlichen Grundsätzen ausgerichtete sektoren- und berufsgruppenübergreifende Quali-

---

[22] *Baierl/Kellermann*, Arzneimittelrecht, S. 230.
[23] Gesetz zur Modernisierung der gesetzlichen Krankenversicherung (GKV-Modernisierungsgesetz – GMG) vom 14.11.2003, BGBl. I S. 2190.
[24] *Schmidt-De Caluwe* in Becker/Kingreen SGB V § 91 Rn. 4; *Barth* in Spickhoff SGB V § 91 Rn. 1.
[25] *Beeretz* in Ratzel/Luxenburger HdB MedR § 6 Rn. 78; *Schmidt-De Caluwe* in Becker/Kingreen SGB V § 91 Rn. 9 f.; *Barth* in Spickhoff SGB V § 91 Rn. 2.
[26] Gesetz zur Verbesserung der Versorgungsstrukturen in der gesetzlichen Krankenversicherung (GKV-Versorgungsstrukturgesetz – GKV-VStG) vom 22.12.2011, BGBl. I S. 2983.
[27] In der Fassung vom 17.7.2008 (BAnz. 2008 S. 3256) und zuletzt geändert am 17.12.2009 (BAnz. 2010 S. 1149). Aktuelle Fassung abrufbar unter www.g-ba.de.
[28] *Barth* in Spickhoff SGB V § 91 Rn. 9.
[29] In der Fassung vom 18.12.2008 (BAnz. 2009 S. 2050), zuletzt geändert durch Beschlüsse des G-BA vom 20.1.2011 und nach der Genehmigung durch das Bundesministerium für Gesundheit am 22.1.2011 in Kraft getreten. Aktuelle Fassung abrufbar unter www.g-ba.de.
[30] *Barth* in Spickhoff SGB V § 91 Rn. 9.
[31] *Baierl/Kellermann*, Arzneimittelrecht, S. 248.

tätssicherung³². Der G-BA beschließt in Richtlinien, ob für bestimmte Leistungen der diagnostische oder therapeutische Nutzen, die medizinische Notwendigkeit oder die Wirtschaftlichkeit nach dem allgemeinen Stand der medizinischen Erkenntnisse nachgewiesen sind (§ 92 SGB V). Damit entscheidet der G-BA auch über die generelle **Reichweite der Leistungsansprüche** der Versicherten³³. Als untergesetzlichem Normgeber steht dem G-BA hierbei ein **Gestaltungsspielraum** zu³⁴. Die Beschlussfassung durch den G-BA unterliegt dabei nach § 91 Abs. 8 SGB V der Rechtsaufsicht durch das Bundesministerium für Gesundheit. Die Richtlinien des G-BA entfalten gem. § 91 Abs. 6 SGB V Bindungswirkung³⁵ für Versicherte und Leistungserbringer und unterliegen als **untergesetzliche Normen** der Kontrolle durch die Sozialgerichte³⁶. Inhalt und Umfang der Versorgung gesetzlich Versicherter mit Arzneimitteln werden maßgeblich durch die **Arzneimittel-Richtlinien (AM-RL³⁷)** gem. § 92 Abs. 1 S. 2 Nr. 6 SGB V und weitere Steuerungsinstrumente geregelt. Neben allgemeinen Regelungen zur notwendigen, ausreichenden, zweckmäßigen und wirtschaftlichen Verordnungsweise normieren die AM-RL und ihre Anlagen insbes. **Leistungseinschränkungen und -ausschlüsse,** soweit sie sich aus Gesetzen und Rechtsverordnungen ergeben. Zudem sind Bestimmungen aufgrund von Beschlüssen des G-BA zur ausnahmsweisen Verordnungsfähigkeit von nicht verschreibungspflichtigen Arzneimitteln, von **Medizinprodukten,** der sogenannten enteralen Ernährung, von Arzneimitteln in nicht zugelassenen Anwendungsgebieten bei zulassungsüberschreitender Anwendung sowie weitere Regelungen zur wirtschaftlichen Arzneimittelversorgung aufgeführt. Als weitere Steuerungsinstrumente zur Realisierung einer hochwertigen und wirtschaftlichen Arzneimittelversorgung stehen dem G-BA insbesondere zur Verfügung die Bildung von Festbetragsgruppen, die Erstellung von Therapiehinweisen zur wirtschaftlichen Verordnungsweise, Verordnungseinschränkungen und -ausschlüsse, die Nutzen- und Kostenbewertung durch das IQWiG, Hinweise zur Austauschbarkeit von Darreichungsformen und die Konkretisierung des Ausschlusses von Arzneimitteln für bestimmte Indikationen³⁸.

7   cc) **Institut für Qualität und Wirtschaftlichkeit im Gesundheitswesen (IQWiG).** Bei der Erfüllung seiner Aufgaben wird der G-BA durch das Institut für Qualität und Wirtschaftlichkeit im Gesundheitswesen (IQWiG) unterstützt, das gem. § 139a Abs. 1 SGB V als **fachlich unabhängiges, rechtsfähiges Institut** in der Rechtsform einer Stiftung des privaten Rechts vom G-BA gegründet worden ist. Das IQWiG nimmt die ihm nach § 139a Abs. 3 SGB V gesetzlich zugewiesenen Aufgaben im Auftrag des G-BA war (§ 139b Abs. 1 S. 1 SGB V). Eine wesentliche Aufgabe des IQWiG ist die Durchführung der Bewertung des Nutzens von Arzneimitteln (§ 139a Abs. 3 Nr. 5 SGB V). Weitere

---

³² Das GKV-WSG vom 26.3.2007, BGBl. I S. 378 hat mit Wirkung zum 1.7.2008 die innere Organisationsstruktur des G-BA gestrafft und in § 91 Abs. 5 S. 7 SGB V die Verpflichtung zur sektorübergreifenden Arbeitsweise und Qualitätssicherung verstärkt, *Barth* in Spickhoff SGB V § 91 Rn. 2.
³³ BSG SozR 4–2500 § 116b Nr. 2 Rn. 16; *Ihle* in NK-MedizinR SGB V § 92 Rn. 3.
³⁴ BSG SozR 4–2500 § 92 Nr. 5 Rn. 68; BSG SozR 3–2500 § 92 Nr. 7 S. 60; *Ihle* in NK-MedizinR SGB V § 92 Rn. 3.
³⁵ Zur Frage der demokratischen Legitimation des G-BA *Barth* in Spickhoff SGB V § 91 Rn. 11; *Ihle* in NK-MedizinR SGB V § 91 Rn. 20; *Schmidt-De Caluwe* in Becker/Kingreen SGB V § 91 Rn. 56.
³⁶ BVerfG NJW 2006, 891 (894); BSG GesR 2009, 581 (588).
³⁷ RL des Gemeinsamen Bundesausschusses über die Verordnung von Arzneimitteln in der vertragsärztlichen Versorgung (Arzneimittel-RL – AM-RL) in der Fassung vom 22.12.2008 (BAnz. 2009, Nr. 49a), zuletzt geändert am 20.10.2016 (BAnz AT 10.1.2017 B2), in Kraft getreten am 15.2.2017, abrufbar im Internet unter https://www.g-ba.de/downloads/62-492-1349/AM-RL_2016-10-20_iK-2017-02-15_AT-10-01-2017-B2.pdf.
³⁸ *Baierl/Kellermann,* Arzneimittelrecht, S. 250.

Aufgaben des IQWiG sind ua die Evidenzbewertung diagnostischer und therapeutischer Verfahren bei ausgewählten Krankheiten (§ 139a Abs. 3 Nr. 1 SGB V), die Evaluierung medizinischer Leitlinien und die Bereitstellung von Patienteninformationen zur Qualität und Effizienz in der Gesundheitsversorgung (§ 139a Abs. 3 Nr. 3 bzw. 6 SGB V). An die Empfehlung des IQWiG ist der G-BA nicht gebunden. Jedoch hat er sie gem. § 139a Abs. 5 S. 2 SGB V im Rahmen seiner Aufgabenstellung zu berücksichtigen.

b) **Normsetzungsverträge.** Das materielle Leistungsrecht wird zudem durch Normsetzungsverträge nach § 2 Abs. 2 S. 3 SGB V konkretisiert, die die Krankenkassen mit den Leistungserbringern zu schließen haben[39]. So stellen etwa die gesetzlichen Krankenkassen die für die für die Versorgung der Patienten mit Arzneimitteln notwendigen beschaffungsrechtlichen Strukturen durch **kollektivvertragliche Vereinbarungen** über **die Arzneimittelversorgung** mit den Apotheken sicher[40]. Die Apotheken sind durch **Rahmenverträge nach § 129 SGB V** in die Arzneimittelversorgung eingebunden und sind nach Maßgabe dieser Verträge gegenüber den Krankenkassen verpflichtet, Arzneimittel an die Versicherten der GKV abzugeben (→ § 12 Rn. 3 ff.). 8

c) **Hilfsmittelverzeichnis.** Der Spitzenverband Bund der Krankenkassen erstellt nach § 139 SGB V ein systematisch strukturiertes Verzeichnis von Hilfsmitteln. Das Hilfsmittelverzeichnis konkretisiert die Leistungspflicht insofern, als dass alle dort gelisteten Hilfsmittel von der Leistungspflicht umfasst sind. Mit der Listung eines Hilfsmittels im Hilfsmittelverzeichnis steht gegenüber dem Versicherten die Verordnungsfähigkeit generell fest, so dass er nur die Voraussetzungen des Leistungsanspruches auf Versorgung mit Hilfsmitteln und die wiederum zur Konkretisierung dieses Anspruches ergangenen Richtlinien des G-BA beachten muss[41]. 9

d) **Arzneimittel- und Medizinproduktegesetz.** Ferner ist die normative Konkretisierung von Leistungsansprüchen nicht auf die Regelungen des SGB V beschränkt. Im Arzneimittelgesetz (AMG) und im Medizinproduktegesetz (MPG) finden sich zentrale Regelungen mit den jeweils hierzu im Zusammenhang stehenden Verordnungen. So sind grundsätzlich nur zugelassene Fertigarzneimittel zu Lasten der GKV verordnungsfähig. Gleiches gilt für Hilfsmittel oder Medizinprodukte[42]. 10

II. Rechtsgrundlagen der PKV

1. Rechtsbeziehungen in der privatärztlichen Versorgung

Die Rechtsbeziehungen zwischen den in der privatärztlichen Versorgung beteiligten Parteien beruht auf **zivilrechtlichen Verträgen.** Der Versicherungsnehmer schließt als Patient einen **Behandlungsvertrag** mit dem Leistungserbringer über die medizinische Versorgung. Unabhängig davon schließt er einen **Versicherungsvertrag** mit einer privaten Krankenversicherung zur Erstattung der Behandlungskosten. Eine unmittelbare Rechtsbeziehung zwischen Arzt und Versicherungsunternehmen besteht hingegen nicht[43]. 11

---

[39] *Becker/Kingreen* in Becker/Kingreen SGB V § 69 Rn. 4. Zur Anwendbarkeit des Wettbewerbs-, Kartell- und Vergaberechts auf die Rechtsbeziehungen zwischen Krankenkassen und Leistungserbringern *Becker/Kingreen* in Becker/Kingreen SGB V § 69 Rn. 44, insbesondere zur Anwendbarkeit kartellrechtlicher Vorschriften BGH Urt. v. 24.1.2017 – KZR 63/14.
[40] Zum Überblick über weitere Normsetzungsverträge in der gesetzlichen Krankenversicherung, die der Konkretisierung von Leistungsansprüchen der Versicherten dienen *Beeretz* in Ratzel/Luxenburger MedR-HdB § 6 Rn. 129 ff.
[41] *Wabnitz* in Spickhoff SGB V § 33 Rn. 14.
[42] *Beeretz* in Ratzel/Luxenburger MedR-HdB § 6 Rn. 3.
[43] Zum Ganzen *Griebau* in Saalfrank MedR-HdB § 4 Rn. 3 ff.

2. VVG und AVB

12 Der Abschluss einer privaten Krankenversicherung vollzieht sich grundsätzlich nach den Vorgaben des BGB, wird aber ergänzt durch die Regelungen des **Gesetzes über den Versicherungsvertrag (Versicherungsvertragsgesetz – VVG**[44]**)** als wichtigste gesetzliche Grundlage der PKV. Die §§ 192 ff. VVG[45] regeln die Rechte und Pflichten von Versicherern und Versicherungsnehmern, wobei sie für den einzelnen Versicherungsvertrag nur einen rechtlichen Rahmen in Form von **Mindestanforderungen** bilden[46]. Gegenstand und Umfang der Leistungspflicht im Einzelnen ergeben sich aus den **Allgemeinen Versicherungsbedingungen (AVB**[47]**)**. AVB sind die AGB der Versicherungswirtschaft[48]. Als AGB konkretisieren die AVB den vom VVG nicht näher festgelegten Leistungsinhalt einer PKV[49]. Hierbei stellen die **Musterbedingungen (MB)** die speziell für die PKV geltenden AVB dar. Einschlägig sind derzeit die MB/KK 2009 (Krankheitskosten- und Krankenhaustagegeldversicherung), MB/KT 2009 (Krankentagegeldversicherung), MB/PV 2009 (Private Pflegekrankenversicherung), MB/EPV 2009 (Ergänzende Pflegekrankenversicherung). Im Jahr 2013 wurden die Musterbedingungen schließlich entsprechend dem Gesetz zur Änderung versicherungsrechtlicher Vorschriften[50] an die Vorgaben des „Unisex-Urteils" vom 1.3.2011[51] und zum Auskunftsrecht des Versicherungsnehmers angepasst[52]. Neben diesen unverbindlichen Musterbedingungen des Verbandes der PKV

---

[44] Gesetz über den Versicherungsvertrag vom 23.11.2007 (BGBl. I S. 2631), zuletzt geändert durch Gesetz vom 19.2.2016 (BGBl. I S. 254).

[45] Der PKV in der heutigen Fassung gingen einige Änderungen voraus. Erstmals wurde das private Krankenversicherungsrecht 1994 gesetzlich in den §§ 178a bis 178o VVG aF geregelt. Durch das Gesetz zur Stärkung des Wettbewerbs in der gesetzlichen Krankenversicherung (GKV-WSG, BGBl. I 2007 S. 378) und das Gesetz zur Reform des Versicherungsvertragsrechts (VVG-ReformG, BGBl. I 2007 S. 2631) wurden diese Regelungen aber erheblich umgestaltet und finden sich nun in den §§ 192 bis 208 des VVG. Die wesentlichste Änderung ist die Einschränkung der Vertragsfreiheit in Form einer generellen Versicherungspflicht für die Bürger gem. § 193 Abs. 3 VVG, mit der ein Kontrahierungszwang auf Seiten der Versicherer einhergeht (§ 193 Abs. 5 S. 1 u. § 12 Abs. 1b S. 1 VAG). Eine weitere Umgestaltung erfolgte im Jahre 2013 durch das Gesetz zur Änderung versicherungsrechtlicher Vorschriften v. 24.4.2013 (BGBl. I S. 932) und durch das Gesetz zur Beseitigung sozialer Überforderung bei Beitragsschulden in der Krankenversicherung v. 15.7.2013 (BGBl. I S. 2423), wodurch einerseits ein Auskunftsanspruch des Versicherungsnehmers gegen seinen Versicherer nach § 192 VIII VVG und andererseits ein Notlagentarif eingeführt wurde.

[46] *Eichelberger* in Spickhoff VVG Vor §§ 192 ff. Rn. 5.

[47] Spezielle Vorschriften über die PKV finden sich erst seit dem Jahre 1994 im VVG. Hintergrund der späten Integration in das VVG war die geringe wirtschaftliche Bedeutung der PKV zur Zeit des Inkrafttretens des VVG im Jahr 1908. Der Gesetzgeber wurde schließlich der Bedeutung der PKV gerecht, indem er ihre Grundzüge und den Mindeststandard für die PKV im 3. Abschnitt des VVG, den §§ 178a bis 178o VVG gesetzlich festlegte. Zuvor beruhte das Recht der privaten Krankenversicherung auf den von der Branche selbst entwickelten und von der Versicherungsaufsichtsbehörde zu genehmigenden Allgemeinen Versicherungsbedingungen (AVB). In der Praxis haben sich die Musterbedingungen über Jahrzehnte hinweg bewährt. Zwar bestand keine Verpflichtung, diese den Versicherungsverträgen zugrunde zu legen, jedoch hing die damals notwendige Genehmigung der Tarife von der Verwendung der Musterbedingungen ab. Obwohl die Genehmigungspflicht für AVB und Tarifbedingungen infolge der Realisierung des europäischen Binnenmarktes im Bereich des Versicherungswesens zum 1.7.1994 entfallen ist, halten die Versicherer ganz überwiegend an den Musterbedingungen fest, von *Koppenfels-Spies* in NK-MedizinR VVG Vor §§ 192 ff. Rn. 1; *Eichelberger* in Spickhoff VVG Vor §§ 192 ff. Rn. 9 ff.

[48] BGH VersR 2000, 1090 (1091); von *Koppenfels-Spies* in NK-MedizinR VVG Vor §§ 192 ff. Rn. 1.

[49] *Igl/Welti* GesundheitsR § 29 Rn. 643.

[50] Gesetz zur Änderung versicherungsrechtlicher Vorschriften vom 24.4.2013, BGBl. I S. 932.

[51] EuGH Urt. v. 1.3.2011 Rs. – C-236/09 – Association Belge des Consommateurs Test – Achats u. a.

[52] *Kalis* in MüKoVVG § 192 Rn. 41.

§ 10 Grundlagen der gesetzlichen und der privaten Krankenversicherung

existieren für die studentische Versicherung sowie für Standard- und Basistarif brancheneinheitliche AVB[53]. Weitere für die PKV relevante Regelungen enthalten die **Tarife** und die **Tarifbedingungen** der einzelnen Versicherer. Geltung für die Ausgestaltung der PKV haben neben den AVB zudem das **Versicherungsaufsichtsgesetz (VAG**[54]**)**, die vertragsrechtlichen Vorschriften des VVG, das **AGG**[55], die **Krankenversicherungsaufsichtsverordnung (KVAV**[56]**)** sowie Vorschriften im **SGB V** und **SGB XI**.

D. Leistungsrechtliche Grundprinzipien

I. Grundprinzipien des Leistungsrechts im System der GKV

1. Leistungserbringung in der GKV

Die Leistungserbringung im System der GKV findet in einer **Dreiecksbeziehung** 13 zwischen den Krankenkassen als Sozialversicherungsträgern (§§ 4, 143 ff. SGB V), Versicherten (§§ 5 ff. SGB V) und den Leistungserbringern (§§ 69 ff. SGB V) statt[57]. Sofern es sich beim Leistungserbringer um einen Vertragsarzt handelt, wird das Beziehungsgefüge der Beteiligten durch das Hinzutreten der kassenärztlichen Vereinigung (§§ 77 ff. SGB V) zu einem **Viereckverhältnis**[58]. Hintergrund dieses Beziehungsgefüges ist, dass die gesetzlichen Krankenkassen weder die tatsächlichen, noch die rechtlichen Möglichkeiten besitzen, Behandlungsleistungen gegenüber dem Versicherten direkt zu erbringen[59]. Zur Erfüllung ihrer gegenüber den Versicherten gesetzlich geschuldeten Leistungen (§§ 2 Abs. 1 S. 1, 11 SGB V) bedienen sich die Krankenkassen der Hilfe sogenannter **Leistungserbringer**. Als Leistungserbringer werden die Personen oder Einrichtungen bezeichnet, die die erforderlichen Sach- oder Dienstleistungen tatsächlich ausführen[60]. Demnach kommen insbesondere Krankenhäuser, medizinische Versorgungszentren, Ärzte, Zahnärzte, Psychotherapeuten, Apotheken, Heil- und Hilfsmittelerbringer in Betracht. Der jeweilige Leistungserbringer erwirbt einen Anspruch auf Leistungsvergütung gegen die Krankenkasse des Versicherten, wenn er dem Versicherten eine Leistung der GKV zukommen lässt[61].

2. Sachleistungsprinzip

Die GKV basiert maßgeblich auf dem in § 2 Abs. 2 S. 1 SGB V festgeschriebenen 14 Sachleistungsprinzip (synonym: Naturalleistungsprinzip[62]). Danach erbringen die Krankenkassen die Leistungen der GKV grundsätzlich als **Sach- oder Dienstleistung**. Die Versicherten erhalten die gesetzlich geschuldeten **Leistungen in Natura**. Dazu schließen die Krankenkassen Verträge mit Leistungserbringern, welche die Leistungen gegenüber

---

[53] MB/PSKV 2009 (Private Studentische Krankenversicherung), MB/BT (Basistarif) und bis Ende 2008 MB/ST 2008 (Standardtarif, als Vorgänger des Basistarifs).
[54] Das VAG normiert die Versicherungsaufsicht und die Organisation der Versicherungsunternehmen.
[55] Hervorzuheben sind die §§ 19 f. AGG zu Diskriminierungsverboten.
[56] Verordnung betreffend die Aufsicht über die Geschäftstätigkeit in der privaten Krankenversicherung vom 18.4.2016, BGBl. I S. 780.
[57] *Becker/Kingreen* in Becker/Kingreen SGB V § 69 Rn. 4.
[58] *Grötschel* in NK-MedizinR SGB V § 2 Rn. 20. Zu den Rechtsbeziehungen bei Zwischenschaltung der Kassenärztlichen Vereinigungen s. *Waltermann* in KKW SGB V Sammelkommentierung §§ 95 bis 105 Rn. 1 ff.
[59] *Hornig* in HGO HdB d. Fachanwalts SozR SGB V Rn. 21.
[60] *Grötschel* in NK-MedizinR SGB V § 2 Rn. 21.
[61] *Grötschel* in NK-MedizinR SGB V § 2 Rn. 20
[62] *Scholz* in Becker/Kingreen SGB V § 2 Rn. 13 f.

den Versicherten erbringen (§§ 2 Abs. 2 S. 3, 69 ff. SGB V). Die Vergütung der Leistungen erfolgt zwischen den Leistungserbringern und Krankenkassen, wobei im vertragsärztlichen Bereich die kassenärztlichen Vereinigungen zwischengeschaltet sind. Damit stellt das Sachleitungsprinzip sicher, dass die Versicherten die Leistung in Anspruch nehmen können, ohne für deren Kosten in Vorleistung treten zu müssen[63]. Überdies garantiert es eine ordnungsgemäße und wirtschaftliche Leistungserbringung[64].

3. Kostenerstattungsprinzip

15 Dem Sachleistungsprinzip steht das Prinzip der Kostenerstattung gegenüber. Danach beschafft sich der Versicherte seine Leistung selbst, bezahlt diese gegenüber dem Leistungserbringer und erhält hierfür die angefallenen Aufwendungen von seiner Krankenversicherung erstattet[65]. Anspruch auf Kostenerstattung besteht als **Ausnahme zum Sachleistungsprinzip** jedoch nur in den ausdrücklich gesetzlich geregelten Fällen[66]. Hierzu zählen insbesondere die in § 13 Abs. 2 und 3 SGB V genannten Fälle[67]. Gem. § 13 Abs. 2 SGB V können Versicherte anstelle der Sach- oder Dienstleistung Kostenerstattung wählen. Hierdurch sollen Eigenverantwortung und Kostenbewusstsein des mündigen Patienten gestärkt werden[68]. Der Anspruch auf Kostenerstattung besteht nur in Höhe der Vergütung, die die Krankenkasse bei Erbringung der Sachleistung zu tragen hätte (§ 13 Abs. 2 S. 8 SGB V). Als weitere Ausnahme vom Sachleistungsprinzip wandelt sich im Falle des **Versagens des Beschaffungssystems** der Sach- oder Dienstleistungsanspruch in einen Anspruch auf Kostenerstattung um (§ 13 Abs. 3 S. 1 SGB V). Voraussetzung hierfür ist, dass die Krankenkasse entweder eine unaufschiebbare Leistung nicht rechtzeitig erbringen kann oder eine Leistung zu Unrecht abgelehnt hat.

4. Wirtschaftlichkeitsgebot

16 Zentraler Grundsatz des Leistungsrechts der GKV ist das in § 12 SGB V verankerte Wirtschaftlichkeitsgebot. Danach müssen die **Leistungen ausreichend, zweckmäßig** und **wirtschaftlich** sein und dürfen das **Maß des Notwendigen nicht überschreiten** (§ 12 Abs. 1 S. 1 SGB V). Leistungen, die nicht notwendig oder unwirtschaftlich sind, können Versicherte nicht beanspruchen, dürfen die Leistungserbringer nicht bewirken und die Krankenkassen nicht bewilligen (§ 12 Abs. 1 S. 2 SGB V). Das Wirtschaftlichkeitsgebot resultiert aus den finanziellen Grenzen, die der Leistungspflicht der GKV durch die Belastbarkeit der Beitragszahler und der Leistungsfähigkeit der Volkswirtschaft gesetzt werden[69]. Es zielt darauf ab, die finanzielle Stabilität und als deren Folge die **Funktions- und Leistungsfähigkeit der Krankenkassen zu gewährleisten**[70]. Unter Berücksichtigung der finanziell-wirtschaftlichen Systemgrenzen will das Wirtschaftlichkeitsgebot einen angemessenen gesundheitlichen Versorgungsstandard der Versicherten gewährleisten[71]. Es stellt somit einerseits den notwendigen Leistungsstandard sicher, begrenzt diesen aber auch durch ein Verbot der Leistung im Übermaß und hat damit sowohl eine

---

[63] *Nebendahl* in Spickhoff SGB V § 2 Rn. 11; *Kallmayer* in Brand SozR Rn. 481.
[64] *Nebendahl* in Spickhoff SGB V § 2 Rn. 11; *Kallmayer* in Brand SozR Rn. 481.
[65] *Reese/Stallberg* in Dieners/Reese PharmaR-HdB § 17 Rn. 62.
[66] *Kallmayer* in Brand SozR Rn. 483.
[67] Als weitere Ausnahme vom Sachleistungsprinzip hat der Gesetzgeber die Kostenerstattung für Auslandsbehandlung (§ 18 bzw. § 13 Abs. 4 bis 6 SGB V) sowie für selbstbeschaffte häusliche Krankenpflege und Haushaltshilfe (§ 37 Abs. 4 SGB V, § 38 Abs. 4 SGB V) vorgesehen.
[68] BT-Drs. 15/1525, S. 80.
[69] *Reese/Stallberg* in Dieners/Reese PharmaR-HdB § 17 Rn. 65.
[70] *Reese/Stallberg* in Dieners/Reese PharmaR-HdB § 17 Rn. 65; *Trenk-Hinterberger* in Spickhoff SGB V § 12 Rn. 1.
[71] *Grötschel* in NK-MedizinR SGB V § 12 Rn. 2.

Kaufmann

leistungsbegründende, als auch eine leistungsbegrenzende Funktion[72]. Das Wirtschaftlichkeitsgebot ist **Tatbestandmerkmal jedes Leistungsanspruchs,** sofern es nicht in einzelnen Normen des Leistungsrechts konkretisiert wird[73]. Jede Leistung muss alle vier Anforderungen erfüllen. **Ausreichend** ist eine Leistung, wenn sie den Grad des Genügenden weder über- noch unterschreitet, nicht qualitativ mangelhaft ist und nach Umfang und Qualität hinreichende Chancen für einen Heilerfolg bietet[74]. Mit dem Begriff ausreichend soll ein **Mindeststandard der Leistungserbringung** garantiert werden[75]. Eine Leistung ist **zweckmäßig,** wenn sie ex ante betrachtet objektiv medizinisch geeignet ist, das therapeutische oder diagnostische Ziel zu erreichen[76]. **Wirtschaftlich** ist die Leistung, bei der unter allen ausreichenden und zweckmäßigen Möglichkeiten das günstigste Verhältnis zwischen Aufwand und Wirkung besteht[77]. In diese **Kosten-Nutzen-Analyse**[78] sind Art, Dauer und Nachhaltigkeit des Heilerfolges miteinzubeziehen[79]. Die **Notwendigkeit** einer Leistung ist gegeben, wenn diese im Hinblick auf den mit ihr verfolgten Zweck unentbehrlich, unvermeidbar oder unverzichtbar ist[80]. Sowohl der Oberbegriff der Wirtschaftlichkeit als auch die konkretisierenden Begriffe einer ausreichenden, zweckmäßigen und wirtschaftlichen Leistung stellen unbestimmte Rechtsbegriffe dar, die der **vollen gerichtlichen Nachprüfung** unterliegen[81]. Der Verwirklichung des Wirtschaftlichkeitsgebotes dienen ua die Richtlinien des G-BA nach § 92 SGB V[82].

II. Kostenerstattung als zentrales leistungsrechtliches Prinzip der PKV

Im Gegensatz zur GKV gilt in der PKV an Stelle des Sachleistungsprinzips das Prinzip der Kostenerstattung[83]. In der PKV verschafft sich der Patient die notwendige Krankenbehandlung selbst. Die dem Patienten gewährten Leistungen werden diesem in Rechnung gestellt, der seinerseits gegen seine PKV einen **Kostenerstattungsanspruch** hat, soweit die medizinische Leistung „notwendig" war (§ 192 Abs. 1, 2, 4 VVG). Die **Krankheitskostenversicherung** als „klassische PKV" deckt das Risiko ab, mit finanziellen Aufwendungen belastet zu werden, die ihre Ursache in medizinisch notwendigen Heilbehandlungen oder ähnlichen medizinischen Maßnahmen haben[84]. Sie ersetzt die Aufwendungen für eine medizinisch notwendige Heilbehandlung wegen Krankheit oder Unfallfolgen, ferner Aufwendungen infolge von Schwangerschaft und Entbindung sowie für ambulante Vorsorgeuntersuchungen zur Früherkennung von Krankheiten nach gesetzlich eingeführten Programmen (§ 192 Abs. 1 VVG). Die Krankheitskostenversicherung ist eine Schadensversicherung. Sie gewährt Versicherungsschutz nach den Grundsätzen der Schadensversicherung, indem sie nach dem Prinzip der konkreten Bedarfsdeckung den durch den Versicherungsfall eingetretenen Vermögensschaden er-

17

---

[72] *Reese/Stallberg* in Dieners/Reese PharmaR-HdB § 17 Rn. 65; *Scholz* in Becker/Kingreen SGB V § 12 Rn. 2.
[73] *Scholz* in Becker/Kingreen SGB V § 12 Rn. 4.
[74] BSG SozR 2200 § 257a Nr. 10; *Scholz* in Becker/Kingreen SGB V § 12 Rn. 8.
[75] *Trenk-Hinterberger* in Spickhoff SGB V § 12 Rn. 4; *Waltermann* in KKW SGB V § 12 Rn. 3.
[76] *Scholz* in Becker/Kingreen SGB V § 12 Rn. 8; *Reese/Stallberg* in Dieners/Reese PharmaR-HdB § 17 Rn. 69.
[77] *Grötschel* in NK-MedizinR SGB V § 12 Rn. 9.
[78] *Scholz* in Becker/Kingreen SGB V § 12 Rn. 9; *Waltermann* in KKW SGB V § 12 Rn. 5.
[79] BSGE 52, 134 (137 ff.).
[80] BSG SozR 2200 § 182b Nr. 26; *Grötschel* in NK-MedizinR SGB V § 12 Rn. 11.
[81] BSGE 11, 102 (117); 17, 79 (84); 19; 123 (127); *Trenk-Hinterberger* in Spickhoff SGB V § 12 Rn. 3.
[82] *Waltermann* in KKW SGB V § 12 Rn. 1.
[83] *Von Koppenfels-Spies* in NK-MedizinR VVG § 192 Rn. 3.
[84] *Eichelberger* in Spickhoff VVG Vor §§ 192 ff. Rn. 3.

setzt[85]. Die Krankheitskostenversicherung unterteilt sich wiederum in die **Krankheitskostenvollversicherung** (KKV) und in die **Ergänzungsversicherung**. Die Krankheitskostenvollversicherung sieht Versicherungsleistungen für die Behandlung von Krankheiten vor. Ihr Kernbereich umfasst die ambulante ärztliche Behandlung, die zahnärztliche Behandlung einschließlich die Versorgung mit Zahnersatz, die **Versorgung mit Arznei-, Heil- und Hilfsmitteln** und die Krankenhausbehandlung. Die Leistungen der Krankheitskostenvollversicherung entsprechen ihrer Art nach den Leistungen der GKV iSd SGB V. Weil sie geeignet ist, die GKV ganz oder teilweise zu ersetzen, handelt es sich bei der Krankheitskostenvollversicherung um eine sogenannte substitutive Krankenversicherung. Ergänzungsversicherungen sind hingegen solche Krankenversicherungen, die über den Versicherungsschutz aus einer Krankheitskostenvollversicherung hinausgehen. Zu den Ergänzungsversicherungen zählen ua die Krankentagegeldversicherung, die selbständige Krankenhaustagegeldversicherung sowie sonstige selbständige Teilversicherungen[86].

§ 11 Preisfestsetzung und Erstattung

A. Erstattung von Arzneimitteln und Medizinprodukten durch die GKV

I. Leistungsanspruch auf Versorgung mit apothekenpflichtigen Arzneimitteln

1   Nach § 27 Abs. 1 SGB V haben Versicherte Anspruch auf Krankenbehandlung, wenn sie notwendig ist, um eine Krankheit zu erkennen, zu heilen, ihre Verschlimmerung zu verhüten oder Krankheitsbeschwerden zu lindern. Die Krankenbehandlung umfasst nach § 27 Abs. 1 S. 2 Nr. 3 SGB V auch die Versorgung mit Arzneimitteln. § 31 Abs. 1 SGB V konkretisiert diesen Versorgungsanspruch und bestimmt, dass Versicherte einen Anspruch auf Versorgung mit apothekenpflichtigen Arzneimitteln haben, soweit diese nicht nach § 34 SGB V oder durch Richtlinien nach § 92 Abs. 1 S. 2 Nr. 6 SGB V ausgeschlossen sind.

1. Anspruchsvoraussetzungen

2   a) **Krankheit im krankenversicherungsrechtlichen Sinne.** Zunächst setzt der Leistungsanspruch eine Krankheit im krankenversicherungsrechtlichen Sinne voraus. Hierunter ist nach der herrschenden Auffassung in Rechtsprechung und Literatur ein regelwidriger Körper- oder Geisteszustand zu verstehen, dessen Eintritt entweder allein die Notwendigkeit von Heilbehandlung oder zugleich oder ausschließlich die Arbeitsunfähigkeit zur Folge hat[87].

3   b) **Arzneimittel iSd SGB V.** Eine eigenständige Begriffsbestimmung für Arzneimittel sieht das SGB V nicht vor. Vielmehr bestimmt sich der **Arzneimittelbegriff des SGB V** nach der **Legaldefinition des § 2 AMG**. Dies ergibt sich daraus, dass gem. § 31 Abs. 1 S. 1 SGB V nur verschreibungs- und apothekenpflichtige Arzneimittel von der Leistungs-

---

[85] BGH NJW 1969, 2284; *Eichelberger* in Spickhoff VVG § 192 Rn. 5; *Von Koppenfels-Spies* in NK-MedizinR VVG § 192 Rn. 3.
[86] Zum Ganzen *Boetius* in MüKoVVG Vor §§ 192 ff. Rn. 90 f.
[87] BSG SozR 4-2500 § 27 Nr. 14, SozR 4-2500 § 27 Nr. 3, SozR 3-2500 § 27 Nr. 11; *Lang* in Becker/Kingreen SGB V § 27 Rn. 14.

Kaufmann

pflicht erfasst sind und insofern der Gesetzgeber auf die Apothekenpflicht nach §§ 43 ff. AMG sowie auf die Verschreibungspflicht nach § 48 AMG Bezug nimmt[88]. Da die Apothekenpflicht nach § 43 Abs. 1 AMG ausschließlich für diejenigen Mittel greift, die Arzneimittel iSd § 2 Abs. 1 und Abs. 2 AMG sind, wird nach allgemeiner Auffassung hieraus gefolgert, dass der Arzneimittelbegriff des AMG dem des SGB V entspricht[89]. Nach § 2 Abs. 1 AMG sind Arzneimittel Stoffe oder Zubereitungen aus Stoffen, die zur Anwendung im oder am menschlichen Körper bestimmt sind und als Mittel mit Eigenschaften zur Heilung oder Linderung oder zur Verhütung menschlicher Krankheiten oder krankhafter Beschwerden bestimmt sind oder die im oder am menschlichen Körper angewendet oder einem Menschen verabreicht werden können, um entweder die physiologischen Funktionen durch eine pharmakologische, immunologische oder metabolische Wirkung wiederherzustellen, zu korrigieren oder zu beeinflussen oder eine medizinische Diagnose zu erstellen[90].

c) Apothekenpflichtigkeit. Gem. § 31 Abs. 1 S. 1 SGB V ist der Leistungsanspruch auf Versorgung mit Arzneimitteln auf **apothekenpflichtige Arzneimittel** beschränkt. Das sind solche, die gem. § 43 ff. AMG ausschließlich über Apotheken vertrieben werden dürfen.

4

d) Arzneimittelrechtliche Zulassung. aa) Vorgreiflichkeit der arzneimittelrechtlichen Zulassung. Das Gefahrenabwehrrecht des AMG schreibt zugunsten der Arzneimittelsicherheit für Fertigarzneimittel eine staatliche Zulassung vor, deren Erteilung den Nachweis der Qualität, Wirksamkeit und Unbedenklichkeit des Arzneimittels nach § 21 Abs. 2 AMG voraussetzt. Insofern knüpft das AMG an die Kriterien nach § 2 Abs. 1 S. 3, § 12 Abs. 1 SGB V an, die für eine Verordnung zu Lasten der Krankenversicherung maßgeblich sind. Demgegenüber verzichtet das SGB V grundsätzlich bei der Arzneimittelversorgung auf eine Wirksamkeits- und Qualitätskontrolle von Arzneimitteln im Rahmen eines eigenständigen Zulassungsverfahrens. Jedoch sind grundsätzlich nur solche Fertigarzneimittel von der Leistungspflicht der GKV umfasst, die eine **Zulassung nach § 21 AMG** für das Indikationsgebiet haben, in dem das Arzneimittel angewendet wird[91]. Generell gilt, dass ein zulassungspflichtiges Fertigarzneimittel nicht verordnet werden darf, wenn ihm nach dem AMG die Zulassung zum Verkehr versagt oder wenn diese widerrufen, zurückgenommen oder zum Ruhen gebracht worden ist[92]. Nach der Recht-

5

---

[88] *Wodarz* in Sodan HdB KrankenVersR-HdB § 27 Rn. 13; *Axer* in Becker/Kingreen SGB V § 31 Rn. 7 u. 8.

[89] *Baierl/Kellermann*, Arzneimittelrecht, S. 164.

[90] Keine Arzneimittel sind insbesondere Lebensmittel, die dazu bestimmt sind, in unverändertem, zubereitetem oder verarbeitetem Zustand vom Menschen verzehrt zu werden. Abzugrenzen sind Arzneimittel zudem von Medizinprodukten iSv § 3 MPG. Gem. der im Zuge des Zweiten AMG-Änderungsgesetzes 2012 geänderten Abgrenzungsvorschrift nach § 2 Abs. 5 Nr. 1 MPG erfolgt die Abgrenzung von Medizinprodukten zu Arzneimitteln anhand der hauptsächlichen Wirkungsweise, sofern es sich nicht um In-vivo-Diagnostika handelt. In-vivo-Diagnostika, die unter die Definition des Arzneimittels in § 2 Abs. 1 Nr. 2 lit. b AMG fallen, sind ungeachtet ihrer Wirkungsweise als Arzneimittel einzustufen. Medizinprodukte sind dadurch gekennzeichnet, dass sie ihren Zweck vorwiegend auf physikalischem Weg erreichen, während Arzneimittel auf pharmakologischem Weg wirken. Ferner sind Arzneimittel gegenüber Heil- und Hilfsmitteln abzugrenzen. Während als Heilmittel ärztlich verordnete Dienstleistungen gelten, die einem Heilzweck dienen oder einen Heilerfolg sichern und nur von entsprechend ausgebildeten Personen erbracht werden dürfen, sind Hilfsmittel alle ärztlich verordneten Sachen, die den Erfolg der Heilbehandlung sichern oder Folgen von Gesundheitsschäden mildern oder ausgleichen, zum Ganzen: *Axer* in Becker/Kingreen SGB V § 31 Rn. 9 bis 12.

[91] *Axer* in Becker/Kingreen SGB V § 31 Rn. 15; *Wodarz* in Sodan HdB KrankenVersR-HdB § 27 Rn. 14.

[92] BSG SozR 4-2500 § 31 Nr. 5; *Joussen* in KKW SGB V § 31 Rn. 5.

sprechung des Bundessozialgerichts stellt die arzneimittelrechtliche Zulassung ein „**Mindestsicherheits- und Qualitätserfordernis**" dar[93]. Bei Vorliegen der arzneimittelrechtlichen Zulassung kann davon ausgegangen werden, dass zugleich die Mindeststandards einer wirtschaftlichen und zweckmäßigen Arzneimittelversorgung iSv § 2 Abs. 1 S. 3, § 12 Abs. 1 SGB V erfüllt sind[94]. Damit ist die arzneimittelrechtliche Zulassung für das Leistungsrecht der GKV zumindest **negativ vorgreiflich**[95]. Eine nicht vorhandene arzneimittelrechtliche Zulassung schließt einen Leistungsanspruch aus[96]. Fehlt die arzneimittelrechtliche Zulassung, fehlt es auch an der Zweckmäßigkeit und Wirtschaftlichkeit iSd §§ 2 Abs. 1, 12 Abs. 1 SGB V[97]. Umgekehrt rechtfertigt die durch Zulassung begründete arzneimittelrechtliche Verkehrsfähigkeit aber noch keinen Versorgungsanspruch auf Arzneimittel[98]. Arzneimittel ohne arzneimittelrechtliche Zulassung können gem. § 2 Abs. 1a SGB V[99] nur in Fällen lebensbedrohlicher oder regelmäßig tödlich verlaufender Krankheiten abgegeben werden, wenn eine nicht ganz entfernt liegende Aussicht auf Heilung oder auf eine spürbare positive Einwirkung auf den Krankheitsverlauf besteht.

6   bb) **Erstattung bei Off-Label Use und Compassionate Use.** Die Zulassung eines Arzneimittels wird stets indikationsbezogen erteilt, was zur Folge hat, dass für den Einsatz außerhalb der durch die Zulassung festgelegten Anwendungsgebiete dem Arzneimittel rechtlich gesehen die Verkehrsfähigkeit und damit die Erstattungsfähigkeit fehlt[100]. Der Grundsatz, dass nur arzneimittelrechtlich zugelassene Fertigarzneimittel von der Leistungspflicht der GKV umfasst sein können, gilt jedoch nicht ausnahmslos. Solche **Ausnahmen von der arzneimittelrechtlichen Wirksamkeits- und Qualitätskontrolle** werden von der Rechtsprechung des Bundessozialgerichts allerdings nur in engen Grenzen anerkannt[101]. Anerkannte Ausnahmen sind die zulassungsüberschreitende Verordnung eines Arzneimittels (sogenannter **Off-Label Use**) und die Verordnung eines Arzneimittels aus ethischen Erwägungen (sogenannter **Compassionate Use**).

7   Zu Lasten der GKV kann ein Arzneimittel nur als **Off-Label Use** verordnet werden, wenn es sich um eine **seltene bzw. schwerwiegende Erkrankung** handelt, **keine Behandlungsalternative** zur Verfügung steht und nach dem Stand der wissenschaftlichen Erkenntnisse die berechtigte bzw. begründete Aussicht besteht, dass mit dem betreffenden Arzneimittel **kurativ oder palliativ der erwünschte Behandlungserfolg erzielt werden**

---

[93] BSG SozR 4–2500 § 31 Nr. 3 Rn. 23.
[94] *Baierl/Kellermann* in Sallfrank, HdB MedR-HdB u. GesundheitsR § 9 Rn. 251.
[95] BSG SozR, 4–2500 § 31 Nr. 3 Rn. 23, *Axer* in Becker/Kingreen SGB § 31 Rn. 17; *Wodarz* in Sodan HdB KrankenVersR-HdB § 27 Rn. 15.
[96] BSG Urt. v. 19.3.2002 – B 1 KR 37/00 R-Sandoglobulin; BSG Urt. v. 30.6.2009 – B I KR 5/09 R-Concerta Retard.
[97] BSG SozR 4–2500, § 27 Nr. 7 Rn. 22; *Wodarz* in Sodan HdB KrankenVersR-HdB § 27 Rn. 14.
[98] BSG SozR 4–2500 § 31 Nr. 3 Rn. 23; *Axer* in Becker/Kingreen SGB V § 31 Rn. 18.
[99] § 2 Abs. 1a SGB V wurde im Wege des Gesetzes zur Verbesserung der Versorgungsstrukturen in der gesetzlichen Krankenversicherung (GKV-VStG vom 22.12.2011, BGBl. I S. 2983) eingeführt und setzt die Rechtsprechung des Bundesverfassungsgerichts zur Leistungspflicht der gesetzlichen Krankenversicherung für sog. neue Behandlungsmethoden in Fällen einer lebensbedrohlichen oder regelmäßig tödlichen Erkrankung um. Danach bestand eine Leistungspflicht der GKV zur Versorgung gesetzlich Versicherter bei lebensbedrohlichen Erkrankungen bei fehlender Therapiealternative im Hinblick auf das Grundrecht der allgemeinen Handlungsfreiheit iVm dem Sozialstaatsprinzip und im Blick auf das Grundrecht auf Leben (BVerfG, sog. „Nikolausbeschluss" vom 6.12.2005 – 1 BvR 347/98, BVerfGE 115, 25).
[100] BSG Urt. v. 19.3.2002, B 1 KR 37/00 R-Sandoglobulin; BSG Urt. v. 30.6.2009, B I KR 5/09 R-Concerta Retard.
[101] BSG Urt. v. 19.3.2002, B 1 KR 37/00 R-Sandoglobulin; BSG Urt. v. 4.4.2006, B 1 KR 7/05 R-Tomudex.

kann[102]. Davon kann ausgegangen werden, wenn entweder die Erweiterung der Zulassung bereits beantragt ist und die Ergebnisse einer kontrollierten klinischen Prüfung der Phase III veröffentlicht sind und eine klinisch relevante Wirksamkeit respektive ein klinisch relevanter Nutzen bei vertretbaren Risiken belegt oder außerhalb eines Zulassungsverfahrens gewonnene Erkenntnisse veröffentlicht sind, die über Qualität und Wirksamkeit des Arzneimittels in dem neuen Anwendungsgebiet zuverlässige, wissenschaftlich nachprüfbare Aussagen zulassen und aufgrund derer in den einschlägigen Fachkreisen Konsens über einen voraussichtlichen Nutzen in dem vorgenannten Sinne besteht[103].

Nach den Grundsätzen des **Compassionate Use** kann in Fällen, die einer Notstandssituation gleich kommen, auch ein noch **nicht zugelassenes Arzneimittel** von der Leistungspflicht der gesetzlichen Krankenkasse erfasst sein, wenn es zur Behandlung von schwerwiegenden Krankheiten eingesetzt wird, die sich durch ihre Seltenheit vom Durchschnitt der Erkrankungen abheben und einer systematischen Erforschung entziehen[104]. Die **rechtlichen Voraussetzungen** für die Bereitstellung eines noch nicht zugelassenen Arzneimittels aus ethischen Gründen sind in **§ 21 Abs. 2 Nr. 6 AMG** geregelt. Demnach dürfen Arzneimittel ohne arzneimittelrechtliche Zulassung für Patienten zur Verfügung gestellt werden, die an einer Erkrankung leiden, welche zu einer schweren Behinderung führen würde oder lebensbedrohend ist und die nicht mit einem genehmigten oder zugelassenen Arzneimittel zufriedenstellend behandelt werden kann (sogenannte Härtefälle). Neben diesen Voraussetzungen müssen die Voraussetzungen des Art. 83 der Verordnung (EG) Nr. 726/2004 vorliegen, auf die § 21 Abs. 2 Nr. 6 AMG verweist[105]. Nach Art. 83 Abs. 1 der Verordnung (EG) Nr. 726/2004 kommen für einen Compassionate Use nur solche Arzneimittel in Betracht, die unter die Kategorien des Art. 3 Abs. 1 und Abs. 2 der Verordnung fallen. Schließlich sind die Voraussetzungen der nach § 21 Abs. 2 Nr. 6 AMG iVm § 80 Abs. 1 Nr. 3a AMG vorgesehenen, konkretisierenden **„Verordnung über das Inverkehrbringen von Arzneimitteln ohne Genehmigung oder ohne Zulassung in Härtefällen"** (Arzneimittel-Härtefall-Verordnung – AMHV[106]) zu berücksichtigen, die das Verfahren zur bestätigten Anzeige eines Arzneimittel-Härtefall-Programms durch die Bundesoberbehörden regelt. Nach § 2 Abs. 1 AMHV ist ein Compassionate Use nur zulässig, wenn **ausreichende Hinweise auf die Wirksamkeit und Sicherheit** des Arzneimittels vorliegen und für dieses entweder eine **klinische Prüfung durchgeführt wird oder bereits ein Zulassungsantrag in der Europäischen Union gestellt** worden ist. § 21 Abs. 2 Nr. 6 SGB V verpflichtet den pharmazeutischen Unternehmer zur kostenlosen Abgabe von Arzneimitteln im Rahmen von Compassionate Use. Die GKV übernimmt also nicht die Kosten des Compassionate Use.

cc) **Erlaubnisvorbehalt für Arzneimitteltherapien.** Ein **eigenständiges krankenversicherungsrechtliches Zulassungsverfahren** zur Sicherung der Qualität der Arzneimittelversorgung besteht dann, wenn die Versorgung mit Arzneimitteln Teil eines ärztlichen Behandlungskonzeptes ist, das als **neue Untersuchungs- und Behandlungsmethode** vom G-BA in Richtlinien nach § 135 Abs. 1 SGB V anerkannt werden muss[107]. Neue

---

[102] BSG SozR 4–2500 § 31 Nr. 8; BSG SozR 4–2500 § 13 Nr. 16 Rn. 21; *Axer* in Becker/Kingreen SGB V § 31 Rn. 26; *Joussen* in KKW SGB V § 31 Rn. 7; *Diener/Heil* in Dieners/Reese PharmaR-HdB § 1 Rn. 194.
[103] BSG SozR 4–2500 § 106 Nr. 47 Rn. 31 ff.; *Baierl/Kellermann*, Arzneimittelrecht, S. 308.
[104] *Wodarz* in Sodan HdB KrankenVersR-HdB § 27 Rn. 16; *Dieners/Heil* in Dieners/Reese PharmaR-HdB § 1 Rn. 195.
[105] *Winnands* in KMH AMG § 21 Rn. 71.
[106] BGBl. I S. 935.
[107] Die Bewertung neuer Behandlungsmethoden erfolgt auf Grundlage des 2. Kap. der Verfahrensordnung des G-BA gem. § 91 Abs. 4 S. 1 Nr. 1 SGB V in der RL zu Untersuchungs- und Behandlungsmethoden der vertragsärztlichen Versorgung (RL Methoden vertragsärztliche Versorgung) gem.

Untersuchungs- und Behandlungsmethoden dürfen in der vertragsärztlichen Versorgung nur erbracht werden, wenn der G-BA Empfehlungen über den diagnostischen und therapeutischen Nutzen sowie die medizinische Notwendigkeit und Wirtschaftlichkeit abgegeben hat, es sei denn, es liegt der Ausnahmefall des Systemversagens[108] oder ein Seltenheitsfall[109] vor[110]. Das **präventive Verbot mit Erlaubnisvorbehalt nach § 135 Abs. 1 SGB V** soll gewährleisten, dass neue medizinische Verfahren nicht ohne Prüfung ihres diagnostischen bzw. therapeutischen Nutzens und etwaiger gesundheitlicher Risiken in der vertragsärztlichen Versorgung angewandt werden und dient somit dem Schutz der Versichertengemeinschaft vor unwirtschaftlicher Behandlung sowie dem Schutz der Versicherten vor unerprobten Methoden[111]. Neu iSv § 135 SGB V ist eine Untersuchungs- und Behandlungsmethode, wenn sie nicht als abrechnungsfähige Leistung im Katalog des Einheitlichen Bewertungsmaßstabs (**EBM**) enthalten ist[112]. **Arzneimitteltherapien** unterliegen dem Erlaubnisvorbehalt nur dann, wenn sie keiner arzneimittelrechtlichen Zulassung nach dem AMG bedürfen, was für **Rezepturarzneimittel** gilt[113]. Für zulassungspflichtige Arzneimittel wird die Wirksamkeitsprüfung, die der G-BA für neue Untersuchungs- und Behandlungsmethoden nach § 135 SGB V vornimmt, mit Wirkung für die GKV durch die Prüfung des Bundesinstituts für Arzneimittel und Medizinprodukte (**BfArM**) im Rahmen der arzneimittelrechtlichen Zulassungsverfahren ersetzt[114]. **Fertigarzneimittel** unterfallen dem Erlaubnisvorbehalt nach § 135 Abs. 1 SGB V, wenn sie nicht bloß verabreicht werden, sondern ihre bestimmungsgemäße Anwendung bestimmte medizinische Verfahren verlangt, so dass sie selbst wegen ihres Aufwandes eine Behandlungsmethode darstellen[115]. In diesem Fall müssen die Voraussetzungen des § 135 Abs. 1 SGB V und des § 21 AMG kumulativ erfüllt sein[116].

2. Gesetzliche Leistungsausschlüsse nach § 34 SGB V

10 Der Leistungsanspruch auf Versorgung mit arzneimittelrechtlich zugelassenen, apothekenpflichtigen Arzneimitteln besteht nur insoweit, wie Arzneimittel nicht nach § 34

---

§ 92 Abs. 1 S. 2 Nr. 5 SGB V, abrufbar im Internet unter http://www.g-ba.de/informationen/richtlinien.

[108] Systemversagen ist gegeben, wenn bei fehlender Anerkennung einer neuen Untersuchungs- oder Behandlungsmethode das Verfahren vor dem G-BA selbst überhaupt nicht, nicht zeitgerecht oder nicht ordnungsgemäß betrieben wurde und dies auf eine willkürliche oder sachfremde Untätigkeit bzw. Verfahrensverzögerung zurückzuführen ist. Neben dem Vorliegen eines Systemversagens ist erforderlich, dass Qualität und Wirtschaftlichkeit der Maßnahme zum Zeitpunkt der Anwendung dem allgemein anerkannten Stand der medizinischen Erkenntnisse entsprechen, der sich in zuverlässigen wissenschaftlich nachprüfbaren Aussagen niedergeschlagen hat, *Altmiks* in NK-MedizinR SGB V § 135 Rn. 11.

[109] Bei sehr seltenen Krankheiten, die sich wegen ihrer Seltenheit einer systematischen wissenschaftlichen Untersuchung entziehen, ist eine Beurteilung über Qualität und Wirtschaftlichkeit einer Methode nicht möglich. Eine Ausnahme von dem repressiven Verbot mit Erlaubnisvorbehalt kommt in Betracht, wenn eine schwerwiegende Erkrankung behandelt werden soll, für die keine andere Behandlungsalternative zur Verfügung steht und die im Zeitpunkt der Behandlung verfügbaren wissenschaftlichen Erkenntnisse die Annahme rechtfertigen, dass der voraussichtliche Nutzen der Maßnahme die möglichen Risiken überwiegen wird, *Altmiks* in NK-MedizinR SGB V § 135 Rn. 11.

[110] *Axer* in Becker/Kingreen SGB V § 31 Rn. 20.
[111] BSG SozR 3–2500 § 135 Nr. 4 S. 14; *Altmiks* in NK-MedizinR SGB V § 135 Rn. 3.
[112] BSG SozR 3–2500 § 92 Nr. 7 S. 7; BSG SozR 4–2500 § 27 Nr. 10 Rn. 17, *Axer* in Becker/Kingreen SGB V § 31 Rn. 20; *Altmiks* in NK-MedizinR SGB V § 135 Rn. 7.
[113] BSG SozR 3–1500 § 135 Nr. 14 S. 65; *Schmidt-De Caluwe* in Becker/Kingreen SGB V § 135 Rn. 5.
[114] *Baierl/Kellermann*, Arzneimittelrecht, S. 314.
[115] *Axer* in Becker/Kingreen SGB V § 31 Rn. 20.
[116] BSG SozR 4–2500 § 27 Nr. 1 Rn. 16; *Baierl/Kellermann*, Arzneimittelrecht, S. 314; *Altmiks* in NK-MedizinR SGB V § 135 Rn. 8.

SGB V oder durch Richtlinien nach § 92 Abs. 1 S. 2 Nr. 6 SGB V ausgeschlossen sind.

a) **Ausschluss von nicht verschreibungspflichtigen Arzneimitteln.** Gem. § 34 Abs. 1 S. 1 SGB V sind **nicht verschreibungspflichtige Arzneimittel** von der Leistungspflicht ausgeschlossen. Welche Arzneimittel verschreibungspflichtig sind, ergibt sich aus § 48 AMG iVm der Arzneimittelverschreibungsverordnung. Nicht verschreibungspflichtige Arzneimittel (sogenannte **OTC-Präparate**, dh Arzneimittel, die „over the counter" abgegeben werden) sind regelmäßig Arzneimittel im unteren Preisbereich, die bei geringfügigen Gesundheitsstörungen angewandt und vom Versicherten meist im Wege der Selbstmedikation erworben werden[117]. Der grundsätzliche gesetzliche Leistungsausschluss nicht verschreibungspflichtiger Arzneimittel verstößt weder gegen Verfassungs-, noch gegen Unionsrecht. Das Bundessozialgericht sieht darin weder einen Verstoß gegen Art. 3 Abs. 1 GG und Art. 2 Abs. 2 S. 2 GG iVm dem Sozialstaatsprinzip, noch unionsrechtlich eine Verletzung der Transparenzrichtlinie 89/105/EWG[118]. Auch die dagegen eingelegte Verfassungsbeschwerde hatte keinen Erfolg.[119]

11

Von dem Grundsatz, dass nur verschreibungspflichtige Arzneimittel zu Lasten der GKV verordnet werden dürfen, enthält § 34 SGB V zwei **Ausnahmen**. Zum einen gilt nach § 34 Abs. 1 S. 5 SGB V der Leistungsausschluss für verschreibungspflichtige Arzneimittel nicht für **versicherte Kinder bis zum vollendeten 12. Lebensjahr** sowie für **versicherte Jugendliche bis zum vollendeten 18. Lebensjahr mit Entwicklungsstörungen**.

12

Zum anderen legt gem. § 34 Abs. 1 S. 2 SGB V der G-BA in den Arzneimittel-Richtlinien nach § 92 Abs. 1 S. 2 Nr. 6 SGB V fest, welche nicht verschreibungspflichtigen Arzneimittel, die bei der **Behandlung schwerwiegender Erkrankungen** als **Therapiestandard** gelten, ausnahmsweise bei diesen Erkrankungen mit Begründung vom Vertragsarzt zu Lasten der GKV verordnet werden können (sogenannte **OTC-Ausnahmeliste**). Der Ermächtigung nach § 34 Abs. 1 S. 2 SGB V ist der G-BA durch die Ergänzung der Arzneimittel-RL um einen Abschnitt F Nr. 16 nachgekommen[120]. Nach Abschnitt F § 12 AM-RL gilt eine Krankheit als schwerwiegend, wenn sie lebensbedrohlich ist oder wenn sie aufgrund der Schwere der durch sie verursachten Gesundheitsstörung die Lebensqualität auf Dauer nachträglich beeinträchtigt. Ein Arzneimittel gilt als Therapiestandard, wenn der therapeutische Nutzen zur Behandlung der schwerwiegenden Erkrankung dem allgemein anerkannten Stand der medizinischen Erkenntnisse entspricht. Bei der Entscheidung über die Listung einer Ausnahme hat der G-BA gem. § 34 Abs. 1 S. 3 SGB V der therapeutischen Vielfalt Rechnung zu tragen, so dass die speziellen Wirkungsweisen der besonderen Therapierichtungen bei der Listenerstellung durch den GB-A besonders zu beachten und zu berücksichtigen sind[121]. Nach § 34 Abs. 6 SGB V können pharmazeutische Unternehmer beim G-BA Anträge auf Aufnahme nicht verschreibungspflichtiger Arzneimittel in die OTC-Liste nach § 34 Abs. 1 S. 2 und 4 SGB V stellen[122]. Gem.

13

---

[117] *Axer* in Becker/Kingreen SGB V § 34 Rn. 4; *Wodarz* in Sodan HdB KrankenVersR-HdB § 27 Rn. 17.
[118] BSG NZS 2009, 624 (625 f.).
[119] BVerfG Nichtannahmebeschluss v. 12.12.2012 – 1 BvR 69/09, ausführlich hierzu *Axer* in Becker/Kingreen § 34 Rn. 11.
[120] Der G-BA hat als Anlage I. der Arzneimittel-RL eine Liste mit schwerwiegenden Erkrankungen und OTC-Standardtherapeutika für deren Behandlung veröffentlicht. Diese sehr restriktiv gestaltete Liste mit 45 verordnungsfähigen OTC-Arzneimitteln enthält bspw. Acetylsalicylsäure zur Nachsorge bei Herzinfarkten und Schlaganfällen. Die OTC-Ausnahmeliste ist im Internet abrufbar unter www.g-ba.de.
[121] *Axer* in Becker/Kingreen SGB V § 34 Rn. 7; *Joussen* in KKW SGB V § 34 Rn. 4.
[122] Die Vorschrift wurde durch das GKV-WSG im Jahre 2007 in Konsequenz der Pohl-Boskamp-Entscheidung des EuGH (Urt. v. 26.10.2006 – C-317/05 – Pohl-Boskamp, MedR 2007, 231) und in Umsetzung der Vorgaben der Transparenzrichtlinie 89/105 eingeführt. Der EuGH hat entschieden,

§ 34 Abs. 6 S. 2 SGB V ist ein entsprechender Antrag ausreichend zu begründen, was Unterlagen verlangt, aus denen einwandfrei, methodisch und inhaltlich nachvollziehbar hervorgeht, dass ein Arzneimittel die erforderlichen Kriterien zur Aufnahme erfüllt. Nach § 34 Abs. 6 S. 4 SGB V ist der G-BA verpflichtet, über ausreichend begründete Anträge innerhalb von 90 Tagen zu bescheiden. Gegen eine ablehnende Entscheidung kann der Hersteller Feststellungsklage bei dem zuständigen Sozialgericht erheben.

14 **b) Ausschluss von Bagatell-Arzneimitteln.** § 34 Abs. 1 S. 6 SGB V beinhaltet einen Leistungsausschluss für sogenannte **Bagatellarzneimittel.** Hierbei handelt es sich um Arzneimittel, die üblicherweise bei **geringfügigen Gesundheitsstörungen** verordnet werden und bei denen wegen der **geringen medizinischen Bedeutung** Eigenvorsorge zumutbar ist[123]. Nach § 34 Abs. 1 S. 6 SGB V sind für Versicherte, die das achtzehnte Lebensjahr vollendet haben, Arzneimittel zur Anwendung von Erkältungskrankheiten und grippalen Infekten, Mund- und Rachentherapeutika, Abführmittel sowie Arzneimittel gegen Reisekrankheit von der Versorgung ausgeschlossen. Die nach § 34 Abs. 2 SGB V aF bestehende Verordnungsermächtigung zugunsten des Bundesministeriums für Gesundheit, wonach dieses mit Zustimmung des Bundesrates Arzneimittel ausschließen konnte, die ihrer Zweckbestimmung nach üblicherweise bei geringfügigen Gesundheitsstörungen verordnet werden, wurde mit dem Gesetz zur Neuordnung des Arzneimittelmarktes (**AMNOG**) aufgehoben[124].

15 **c) Ausschluss von Lifestyle-Präparaten.** Nach § 34 Abs. 1 S. 7 SGB sind Arzneimittel von der Versorgung ausgeschlossen, die primär nicht der Krankenbehandlung dienen, sondern bei denen eine **Erhöhung der Lebensqualität** im Vordergrund steht (sogenannte **Lifestyle-Präparate**). Ausgeschlossen sind nach § 34 Abs. 1 S. 8 SGB V insbesondere Arzneimittel, die überwiegend zur Behandlung der erektilen Dysfunktion, der Anreizung sowie Steigerung der sexuellen Potenz, zur Raucherentwöhnung, zur Abmagerung oder zur Zügelung des Appetits, zur Regulierung des Körpergewichts oder zur Verbesserung des Haarwuchses dienen. Hierbei handelt es sich um Regelbeispiele (dies ergibt sich aus der Formulierung „insbesondere"), bei deren Vorliegen die Voraussetzungen des § 34 Abs. 1 S. 7 SGB V immer erfüllt sind[125]. Entscheidend für die Beurteilung ist die überwiegende Zweckbestimmung des betroffenen Arzneimittels zur überwiegenden Behandlung der genannten körperlichen Störungen[126]. Näheres regelt der G-BA gem. § 34 Abs. 1 S. 9 SGB V in den Arzneimittelrichtlinien nach § 92 Abs. 1 S. 2 Nr. 6 SGB V[127].

3. Ausschluss unwirtschaftlicher Arzneimittel

16 Die nach § 34 Abs. 3 SGB V aF bestehende **Verordnungsermächtigung** zugunsten des Bundesministerium für Gesundheit zum Ausschluss von Arznei- und Hilfsmitteln für geringfügige Gesundheitsstörungen und aufgrund von Unwirtschaftlichkeit ist **durch das AMNOG aufgehoben** worden[128]. § 34 Abs. 3 SGB V enthält **nunmehr** eine Fikti-

---

dass die Transparenz-RL dahingehend auszulegen ist, dass im Falle des Ausschlusses nicht verschreibungspflichtiger Arzneimittel von der Leistungspflicht des staatlichen Gesundheitssystems die Verfahrensrechte nach Art. 6 Nr. 1 und 2 der RL zu gewähren sind. In § 34 Abs. 6 SGB V übernimmt der Gesetzgeber diese Anforderungen für das Verfahren der Aufnahme auf die OTC-Liste beinahe wörtlich.
[123] *Axer* in Becker/Kingreen SGB V § 34 Rn. 12.
[124] Art. 1 Nr. 3 AMNOG.
[125] *Barth* in Spickhoff SGB V § 34 Rn. 6.
[126] *Axer* in Becker/Kingreen SGB V § 34 Rn. 13.
[127] Die vom G-BA als nicht verordnungsfähig eingestuften Lifestyle-Präparate sind in der Anlage II zum Abschnitt F der Arzneimittel-RL aufgeführt.
[128] Art. 1 Nr. 3 AMNOG.

onsregelung, wonach der bisher mögliche Ausschluss bestimmter Arzneimittel durch Rechtsverordnung in die Verordnungsausschlüsse durch die Arzneimittel-Richtlinien des G-BA überführt wird[129]. Der Ausschluss der Arzneimittel, die in Anlage 2 Nr. 2 bis 6 der Verordnung über unwirtschaftliche Arzneimittel in der GKV[130] aufgeführt sind, gilt als Verordnungsausschluss des G-BA und ist Teil der Richtlinien nach § 92 Abs. 1 S. 2 Nr. 6 SGB V. Der G-BA ist verpflichtet, die Verordnungsausschlüsse zu überprüfen und an den aktuellen Stand der medizinischen Erkenntnisse anzupassen. Wie bisher ist bei der Beurteilung der besonderen Therapierichtungen wie homöopathischen, phytotherapeutischen und anthroposophischen Arzneimitteln der besonderen Wirkungsweise dieser Arzneimittel Rechnung zu tragen[131].

4. Einschränkung oder Ausschluss der Verordnung von Arzneimitteln durch Richtlinien des G-BA nach § 92 Abs. 1 S. 2 Nr. 6 SGB V, Therapiehinweise

a) Konkretisierung des Leistungsanspruches durch Richtlinien nach § 92 SGB V. 17
Nach § 31 Abs. 1 S. 1 SGB V besteht der Anspruch des Versicherten auf Versorgung mit zugelassenen, apothekenpflichtigen Arzneimitteln nur insoweit, wie die Arzneimittel nicht durch Richtlinien nach § 92 Abs. 1 S. 2 Nr. 6 SGB V ausgeschlossen sind. § 92 Abs. 1 SGB V ermächtigt den G-BA zur Konkretisierung des Leistungsanspruches durch den Erlass von **Arzneimittelrichtlinien (AM-RL**[132]**)**, die bestimmte Wirkstoffe aus dem verordnungsfähigen Arzneimittelbereich ausnehmen. Als grundlegende Regelungsinstrumente stehen dem G-BA **Verordnungsausschlüsse oder -einschränkungen**, die für Versicherte, Ärzte, Krankenkassen und alle Leistungserbringer gelten sowie **Therapiehinweise** zur Verfügung. Nur bei Vorliegen eines medizinisch begründeten Einzelfalles kann der Vertragsarzt ausnahmsweise von den Vorgaben des G-BA abweichen und auch ein solches Arzneimittel verordnen, das von der RL ausgenommen ist (§ 31 Abs. 1 S. 4 SGB V[133]). Das **AMNOG** modifiziert das Regime der Verordnungsausschlüsse und -einschränkungen. Bisher durfte die Verordnungsfähigkeit von Arzneimitteln nicht generell durch Richtlinien des G-BA ausgeschlossen sein oder es musste eine Rückausnahme bestehen. Das AMNOG erschwert den Verordnungsausschluss, in dem es die Anforderungen für einen Ausschluss verschärft, eine formale Abgrenzung von Therapiehinweisen statuiert und einen Vorrang einer Festbetrags- oder Erstattungsbetragsregelung begründet.

b) Verordnungseinschränkungen oder -ausschlüsse. Gem. § 92 Abs. 1 S. 1 SGB V 18
ist der G-BA ermächtigt, die Verordnungsfähigkeit von Arzneimitteln einzuschränken oder auszuschließen, wenn nach allgemein anerkanntem Stand der medizinischen Erkenntnisse der diagnostische oder therapeutische Nutzen, die medizinische Notwendigkeit oder die Wirtschaftlichkeit nicht nachgewiesen sind (§ 92 Abs. 1 S. 1 Hs. 3 SGB V), sowie wenn die Unzweckmäßigkeit erwiesen oder eine andere, wirtschaftlichere Behandlungsmöglichkeit mit vergleichbarem diagnostischen oder therapeutischen Nutzen verfügbar ist (§ 92 Abs. 1 S. 1 Hs. 4 SGB V).

aa) Nachweis der Unzweckmäßigkeit oder Unwirtschaftlichkeit durch den G-BA. 19
Bis zum Inkrafttreten des **AMNOG** war ein Verordnungsausschluss möglich, wenn nach allgemein anerkanntem Stand der medizinischen Erkenntnisse der diagnostische oder therapeutische Nutzen, die medizinische Notwendigkeit oder die Wirtschaftlichkeit nicht

---
[129] *Joussen* in KKW SGB V § 34 Rn. 9.
[130] Verordnung über unwirtschaftliche Arzneimittel in der GKV vom 21.2.1990, BGBl. I 301, zuletzt geändert durch Verordnung vom 9.12.2002, BGBl. I S. 4554.
[131] *Joussen* in KKW SGB V § 34 Rn. 9; *Baierl/Kellermann*, Arzneimittelrecht, S. 268.
[132] Im Internet abrufbar unter www.g-ba.de.
[133] *Joussen* in KKW SGB V § 34 Rn. 6.

nachgewiesen waren sowie wenn insbesondere ein Arzneimittel unzweckmäßig oder eine andere, wirtschaftlichere Behandlungsmöglichkeit mit vergleichbarem diagnostischem oder therapeutischem Nutzen verfügbar war (§ 92 Abs. 1 S. 1 SGB V aF). Die mit dem **AMNOG** in § 92 Abs. 1 S. 1 Hs. 4 SGB V eingeführte **Beweislastumkehr bei Unzweckmäßigkeit** erschwert zukünftige Verordnungsausschlüsse und -einschränkungen. Nicht wie bisher schon der mangelnde Nachweis der Notwendigkeit und Wirtschaftlichkeit, sondern erst der **Beweis der Unzweckmäßigkeit oder Unwirtschaftlichkeit durch den G-BA** erlauben es ihm, neue Verordnungsausschlüsse oder -einschränkungen zu regeln[134]. Der Nachweis der Unzweckmäßigkeit muss mit hoher Sicherheit erbracht werden. Für den Nachweis gelten die in § 35 Abs. 1b S. 4 und 5 SGB V genannten Anforderungen entsprechend[135]. Praktisch wird der Nachweis der Unzweckmäßigkeit damit nur schwer zu führen sein[136]. Jedoch wird der G-BA von dem durch das **AMNOG** eingeführten § 92 Abs. 2a SGB V ermächtigt, vom pharmazeutischen Unternehmer **versorgungsrelevante Studien** zur Bewertung der Zweckmäßigkeit eines Arzneimittels zu fordern. Kommt der pharmazeutische Unternehmer der Studienforderung nicht innerhalb einer angemessenen Frist nach, ist der G-BA nach § 92 Abs. 2a S. 4 berechtigt, das betreffende Arzneimittel von der Verordnungsfähigkeit mit Wirkung für die Zukunft auszuschließen. Bis zum Ablauf der rechtmäßig gesetzten Frist zur Vorlage der Studien bleibt es beim Fehlen eines generellen Verordnungsausschlusses[137]. Bei der Studienforderung hat sich der G-BA gem. § 92 Abs. 2a S. 1 SGB V mit der Arzneimittelkommission der deutschen Ärzteschaft und dem Bundesinstitut für Arzneimittel und Medizinprodukte oder dem Paul-Ehrlich-Institut ins Benehmen zu setzen. Den in § 92 Abs. 3a SGB V genannten Sachverständigen und Verbänden ist Gelegenheit zur Stellungnahme zu geben. Konkrete Anforderungen an die entsprechenden Studien kann der G-BA gem. § 92 Abs. 2a S. 3 SGB V in seiner Verfahrensordnung regeln. Eine gesonderte Klage gegen die Studienforderung ist gem. § 92 Abs. 2a S. 5 SGB V ausgeschlossen.

20 **bb) Kein Widerspruch zu den Beurteilungen der Zulassungsbehörde.** Gem. § 92 Abs. 2 S. 12 SGB V dürfen Verordnungseinschränkungen oder -ausschlüsse eines Arzneimittels wegen Unzweckmäßigkeit nach § 92 Abs. 1 S. 1 SGB V nicht den Feststellungen der Zulassungsbehörde über Qualität, Wirksamkeit und Unbedenklichkeit eines Arzneimittels widersprechen. Nach der Gesetzesbegründung[138] und der Rechtsprechung des Bundessozialgerichts[139] soll der **Verordnungsausschluss eines Arzneimittels wegen fehlenden Nutzennachweises ausgeschlossen** sein, da bereits iRd arzneimittelrechtlichen Zulassung die Zulassungsbehörde die Qualität, Wirksamkeit und Unbedenklichkeit geprüft habe. Der G-BA darf die Kriterien der Qualität, Wirksamkeit und medizinischen Unbedenklichkeit des Wirkstoffs unter dem Aspekt des medizinischen Nutzens nicht abweichend von der Beurteilung der für die Zulassung nach dem AMG zuständigen Behörde bewerten. Neben der zu beweisenden Unzweckmäßigkeit verbleibt dem G-BA jedoch die **Möglichkeit, den Zusatznutzen gegenüber Therapiealternativen zu bewerten,** da dieser Aspekt bei der arzneimittelrechtlichen Zulassung gerade nicht geprüft wird. Sofern sich ein Zusatznutzen des Arzneimittels nicht nachweisen lässt, es jedoch höhere Kosten verursacht, kann der G-BA **im Hinblick auf die Kosten die Verordnungsfähigkeit einschränken oder ausschließen**[140].

---

[134] *Hauck* GesR 2011, 69 (71); *Baierl/Kellermann*, Arzneimittelrecht, S. 270.
[135] BT-Drucks. 17/3698, S. 75; *Wille* WzS 2011, 35 (37).
[136] *Wille* WzS 2011, 35 (37).
[137] *Hauck* GesR 2011, 69 (71).
[138] BT-Drs. 17/3698, S. 75.
[139] BSG SozR 4–2500 § 92 Nr. 5 Rn. 71.
[140] BT-Drucks. 17/3698, S. 75; *Ihle* in NK-MedizinR SGB V § 92 Rn. 4; *Baierl/Kellermann*, Arzneimittelrecht, S. 271; *Wille* WzS 2011, 35 (37).

§ 11 Preisfestsetzung und Erstattung

cc) **Vorrang von Festbetragsregelungen.** Gem. § 92 Abs. 2 S. 11 SGB V sind **Verordnungseinschränkungen oder -ausschlüsse als ultima ratio** nur dann zulässig, wenn die Wirtschaftlichkeit nicht durch einen Festbetrag nach § 35 SGB V hergestellt werden kann. Voraussetzung für Verordnungseinschränkungen oder -ausschlüsse durch Richtlinien nach § 92 Abs. 1 SGB V ist, dass es an der konkreten Möglichkeit fehlt, die Wirtschaftlichkeit der Arzneimittelversorgung durch einen Festbetrag herzustellen. Damit begründet das SGB V einen **Vorrang von Festbetragsregelungen** gegenüber Verordnungseinschränkungen oder -ausschlüssen durch Richtlinien nach § 92 Abs. 1 SGB V[141]. 21

dd) **Formale Abgrenzung von Therapiehinweisen in den Arzneimittel-Richtlinien.** Gem. § 92 Abs. 2 S. 10 SGB V hat der G-BA Verordnungseinschränkungen oder -ausschlüsse für Arzneimittel gesondert in Richtlinien **außerhalb von Therapiehinweisen** zu beschließen. Aus dieser im Zuge des **AMNOG** eingeführten Neuregelung erwächst die Notwendigkeit einer formalen Abgrenzung von zu erlassenden Therapiehinweisen einerseits und Verordnungseinschränkungen oder -ausschlüssen andererseits in Arzneimittel-Richtlinien des G-BA nach § 92 Abs. 1 S. 2 Nr. 6 SGB V[142]. 22

c) **Therapiehinweise.** Nach § 92 Abs. 2 SGB V ist der G-BA zur Erstellung von Therapiehinweisen ermächtigt, um dem Vertragsarzt eine **wirtschaftliche und zweckmäßige Auswahl von Arzneimitteln** innerhalb eines Indikationsgebietes zu ermöglichen. Durch sie soll das **Wirtschaftlichkeitsgebot** beim Einsatz meist neuer und hochpreisiger Arzneimittel in der ambulanten Versorgung konkretisiert werden. Inhaltlich informieren Therapiehinweise über Indikation, Wirkungen, Wirksamkeit sowie Risiken neuer Arzneimittel[143]. Bei der Erstellung hat der G-BA gem. § 92 Abs. 2 S. 1 SGB V die Bewertungen nach den §§ 35a und b SGB V zu berücksichtigen. Durch das **AMNOG** hat der G-BA in § 92 Abs. 2 S. 6 SGB V die Möglichkeit erhalten, in Therapiehinweisen nicht nur die Anforderungen an eine qualitätsgesicherte Anwendung von Arzneimitteln festzustellen, sondern auch die Qualifikation der Ärzte zu bestimmen, die diese Arzneimittel verordnen. Ferner kann der G-BA Patientengruppen benennen und quantifizieren, für die das Arzneimittel im Vergleich zur zweckmäßigen Vergleichstherapie besonders geeignet und wirtschaftlich ist. Nach § 92 Abs. 2 S. 8 SGB V können Therapiehinweise Empfehlungen zu den Anteilen einzelner Wirkstoffe an den Verordnungen im Indikationsgebiet vorsehen. Therapiehinweise stehen außerhalb der Regelungen über die Erstattungsfähigkeit von Arzneimitteln. Nach § 92 Abs. 2 S. 7 SGB V sind sie innerhalb und außerhalb von Zusammenstellungen von Arzneimitteln möglich[144]. Gegenüber Verordnungseinschränkungen oder -ausschlüssen von Arzneimitteln sind Therapiehinweise das mildere Mittel, weil sie den Arzt nicht unmittelbar binden, sondern lediglich **empfehlende Hinweise für eine therapie- und kostengerechte Auswahl an Arzneimitteln** ermöglichen sollen[145]. 23

d) **Verfahren.** Die Auswahl des einzelnen Steuerungsinstruments unterliegt dem **Verhältnismäßigkeitsprinzip**[146]. Lässt sich im konkreten Einzelfall die Wirtschaftlichkeit der Arzneimittelverordnung durch Festsetzung eines Festbetrages erreichen, geht diese Möglichkeit einer Verordnungseinschränkung oder einem Verordnungsausschluss vor[147]. Lässt sich nicht nachweisen, dass ein Arzneimittel einen Zusatznutzen hat, es jedoch 24

---

[141] Hauck GesR 2011, 69 (71).
[142] Hauck GesR 2011, 69 (71).
[143] Baierl/Kellermann, Arzneimittelrecht, S. 274.
[144] Hauck GesR 2011, 69 (72).
[145] Barth in Spickhoff SGB V § 92 Rn. 13.
[146] Barth in Spickhoff SGB V § 92 Rn. 12; Baierl/Kellermann, Arzneimittelrecht, S. 276.
[147] Hauck GesR 2011, 69 (76); Baierl/Kellermann, Arzneimittelrecht, S. 276.

höhere Kosten verursacht, kann der G-BA die Verordnungsfähigkeit einschränken oder ausschließen. Das gilt auch, wenn der G-BA nachweisen kann, dass ein Arzneimittel unzweckmäßig ist[148]. Gegenüber Verordnungseinschränkungen oder -ausschlüssen sind Therapiehinweise das mildere Mittel[149]. Therapiehinweise sind zwar möglich, wenn Festbeträge vereinbart oder festgesetzt sind, nicht jedoch bei einem rechtmäßigen Verordnungsausschluss für das Arzneimittel[150].

25 e) **Rechtsschutz**. Rechtsschutz gegen die **Arzneimittel-Richtlinien** des G-BA ist wegen ihrer Qualität als **untergesetzliche Rechtsnormen**[151] regelmäßig nur als **Inzidentkontrolle** bei Klagen gegen entsprechende Entscheidungen auf der Grundlage der Arzneimittel-Richtlinien gegeben[152]. Eine Ausnahme besteht nach § 92 Abs. 3 S. 1 SGB V für Klagen gegen die **Zusammenstellung der Arzneimittel** nach § 92 Abs. 2 SGB V. Hier wird die Möglichkeit der **Anfechtungsklage** eröffnet, die allerdings keine aufschiebende Wirkung hat. Ein Suspensiveffekt kann nur durch einstweiligen Rechtsschutz erreicht werden. Gegen die in den Richtlinien enthaltenen **Therapiehinweise** ist die **Feststellungsklage** nach § 55 Abs. 1 Nr. 1 SGG statthafte Klageart[153]. Begehrt der Kläger nicht nur die Feststellung der ihn beeinträchtigenden Regelung, sondern auch eine **positive Änderung einer RL**, kann eine **Leistungsklage** nach § 54 Abs. 5 SGG als Normerlassklage statthaft sein[154].

II. Erstattung von Medizinprodukten

1. Einordnung von Medizinprodukten in die Leistungskategorien des SGB V

26 Medizinprodukte sind nach der Legaldefinition des § 3 Nr. 1 MPG Instrumente, Apparate, Vorrichtungen, Software, Stoffe, und Zubereitungen aus Stoffen oder andere Gegenstände, die vom Hersteller zur Anwendung für Menschen mittels ihrer Funktion zum Zwecke a) der Erkennung, Verhütung, Überwachung, Behandlung oder Linderung von Krankheiten, b) der Erkennung, Überwachung, Behandlung, Linderung oder Kompensierung von Verletzungen oder Behinderungen, c) der Untersuchung, der Ersetzung oder der Veränderung des anatomischen Aufbaus oder eines physiologischen Vorgangs oder d) der Empfängnisregelung zu dienen bestimmt sind. Die Qualifizierung als Medizinprodukt idS sagt jedoch noch nichts darüber aus, ob die GKV erstattungspflichtig ist. Das Leistungsrecht der GKV wird letztlich durch die Frage bestimmt, ob und in welchem Umfang der Versicherte Leistungen in Anspruch nehmen kann. Medizinprodukte iSd MPG können nur dann eine Leistung der GKV sein, wenn sie einer der Leistungskategorien iSd § 27 Abs. 1 S. 2 SGB V unterfallen. Allerdings sieht das SGB V Medizinprodukte **nicht als eigenständige Leistungsart** vor. Insofern sind Medizinprodukte den vom SGB V verwandten Erstattungskategorien zuzuordnen. In der GKV werden die Kosten für Medizinprodukte vor allem als Teil der **Hilfsmittelversorgung** und als Teil der **Arzneimittelversorgung** übernommen. Darüber hinaus können Medizinprodukte im Bereich der **ärztlichen Behandlung** sowie im Rahmen des **Sprechstundenbedarfs** verordnungsfähig sein[155].

---

[148] *Baierl/Kellermann*, Arzneimittelrecht, S. 272; BT-Drucks. 17/3698, S. 75.
[149] *Barth* in Spickhoff SGB V § 92 Rn. 12.
[150] *Hauck* GesR 2011, 69 (76).
[151] BSGE 78, 70 (78 ff.); 81, 73 (84); 82, 41 (46 ff.); 81, 240 (242); 96, 261 (265).
[152] *Schmidt/De Caluwe* in Becker/Kingreen SGB V § 92 Rn. 18; *Barth* in Spickhoff SGB V § 92 Rn. 6.
[153] BSGE 96, 261 (263).
[154] BSGE 67, 251 (252); 86, 223 (224 f).
[155] *Schorn*, MedizinprodukteR, Bd. 1, B 19.1; *Burgardt/Clausen/Wigge* in Anhalt/Dieners MedprodukteR-HdB § 23 Rn. 138.

2. Erstattung von Medizinprodukten als Hilfsmittel

a) Medizinprodukte als Hilfsmittel im SGB V. Die mit über 50.000 Produkten zahlenmäßig bei weitem größte Gruppe der erstattungspflichtigen Medizinprodukte sind **Hilfsmittel**[156]. Die maßgeblichen **Rechtsgrundlagen** für die Hilfsmittelversorgung in der GKV sind im **SGB V** sowie im **Hilfsmittelverzeichnis (§ 139 SGB V)** und in den **Hilfsmittel-Richtlinien des G-BA (§ 92 Abs. 1 S. 2 Nr. 6 SGB V, Anhang I)** enthalten. Gem. § 92 Abs. 1 Nr. 6 SGB V beschließt der G-BA in Richtlinien die Voraussetzungen und den Umfang der Hilfsmittelversorgung. Hilfsmittel sind nur dann zu Lasten der GKV erstattungsfähig, wenn sie von der Leistungspflicht nach § 33 SGB V erfasst und in das Hilfsmittelverzeichnis gem. § 139 SGB V aufgenommen sind[157].

27

b) Erstattungsfähigkeit von Hilfsmitteln. aa) Versorgungsanspruch nach § 33 Abs. 1 SGB V. Nach § 33 Abs. 1 S. 1 SGB V haben Versicherte Anspruch auf Versorgung mit **Hörhilfen, Körperersatzstücken, orthopädischen und andere Hilfsmitteln,** die im Einzelfall **erforderlich** sind, um den **Erfolg der Krankenbehandlung zu sichern,** einer **drohenden Behinderung vorzubeugen** oder eine **Behinderung auszugleichen,** soweit die Hilfsmittel nicht als Gebrauchsgegenstände des täglichen Lebens anzusehen oder nach der aufgrund von § 34 Abs. 4 SGB V erlassenen Rechtsverordnung ausgeschlossen sind. Der Anspruch umfasst nach § 33 Abs. 1 S. 4 SGB V auch die notwendige Änderung, Instandsetzung und Ersatzbeschaffung von Hilfsmitteln, die Ausbildung in ihrem Gebrauch und, soweit zum Schutz der Versicherten vor unvertretbaren gesundheitlichen Risiken erforderlich, die nach dem Stand der Technik zur Erhaltung der Funktionsfähigkeit und der technischen Sicherheit notwendigen Wartungen und technischen Kontrollen.

28

bb) Begriff des Hilfsmittels. Der Begriff Hilfsmittel ist im SGB V nicht legaldefiniert. Hierbei handelt es sich um **sachliche medizinische Mittel, die durch ersetzende, unterstützende oder entlastende Wirkung den Erfolg der Krankenbehandlung sichern, eine Behinderung ausgleichen oder ihr vorbeugen**[158]. Nach der Rechtsprechung des Bundessozialgerichts können Hilfsmittel zudem nur **bewegliche Sachen** sein, die vom Versicherten getragen oder mitgeführt werden können[159]. Hilfsmittel iSv § 33 SGB V sind zB Rollstühle, Prothesen und Orthesen, Sehhilfen, Hilfen für den hygienischen Bereich, Magnetfeldtherapie, Gehschienen, Inkontinenzartikel[160]. Keine Hilfsmittel iSd § 33 SGB V sind Produkte der Krankenhaus- oder Praxisausstattung, in vertragsärztlichen Praxen oder stationären Einrichtungen eingesetzte technische Produkte oder Verbandmittel iSv § 31 SGB V[161]. Abzugrenzen sind Hilfsmittel zudem von **Heilmitteln** iSd § 32 SGB V, bei denen es sich anders als bei Hilfsmitteln nicht um sächliche medizinische Mittel, sondern um ärztlich verordnete Dienstleistungen handelt[162].

29

cc) Anspruchsvoraussetzungen. Hilfsmittel zur Sicherung des Erfolgs der Krankenbehandlung iSv § 33 Abs. 1 S. 1 Alt. 1 SGB V sind solche Gegenstände, die spezifisch im Rahmen einer ärztlich verantworteten Krankenbehandlung eingesetzt werden,

30

---

[156] *Wabnitz* in Spickhoff SGB V § 139 Rn. 14; *Ihle* in NK-MedR SGB V § 139 Rn. 6, *Burgardt/Clausen/Wigge* in Anhalt/Dieners MedprodukteR § 23 Rn. 137.
[157] *Ratzel* in Ratzel/Luxenburger, HdB MedizinR-HdB, § 32 Rn. 122; *Schorn*, MedprodukteR, Bd. 1, B 19.1.2.
[158] *Butzer* in Becker/Kingreen SGB V § 33 Rn. 4; *Wabnitz* in Spickhoff SGB V § 33 Rn. 2; BSG NZS 2001, 533.
[159] BSG SozR 3-2500 § 33 Nr. 30; *Knispel* in BeckOK SGB V § 33 Rn. 4.
[160] *Wabnitz* in Spickhoff SGB V § 33 Rn. 2.
[161] *Schorn*, MedprodukteR, Bd 1 B 19.1.1.
[162] *Butzer* in Becker/Kingreen SGB V § 33 Rn. 4; *Joussen* in KKW SGB V § 33 Rn. 4.

nicht aber solche, die eine ärztliche Behandlung überhaupt erst ermöglichen[163]. Von wesentlicher Bedeutung ist die Funktion eines Hilfsmittels, einer drohenden **Behinderung vorzubeugen** oder eine **Behinderung auszugleichen**. Eine **Behinderung** ist gem. § 2 Abs. 2 S. 1 SGB IX eine Abweichung von der für das Lebensalter typischen Funktion, geistigen Fähigkeit oder seelischen Gesundheit, die mit hoher Wahrscheinlichkeit länger als sechs Monate andauert und daher die Teilhabe am Leben in der Gesellschaft beeinträchtigt. Eine **Behinderung droht**, wenn ohne ärztliche Behandlungsmaßnahmen aus einem bestimmten Krankheitsbild bei natürlichem Verlauf in absehbarere Zeit mit einiger Wahrscheinlichkeit ein Dauerzustand in Form einer sonst nicht mehr behebbaren Funktionseinschränkung erwachsen kann[164]. Der Anspruch auf Versorgung mit Hilfsmitteln zum **Behinderungsausgleich** umfasst alle Hilfsmittel, die dem Ausgleich der **Behinderung als solcher** dienen, in dem durch sie die ausgefallene oder beeinträchtigte Funktion wieder ersetzt wird (unmittelbarer Behinderungsausgleich[165]). Darüber hinaus werden alle Hilfsmittel erfasst, die die **Folgen der Behinderung** ausgleichen, in dem sie die Wirkungen der Behinderung im gesamten täglichen Leben beseitigen oder mildern und damit ein **Grundbedürfnis des täglichen Lebens betreffen** (mittelbarer Behinderungsausgleich[166]). Hierzu zählt das Bundessozialgericht in ständiger Rechtsprechung das Gehen, Stehen, Greifen, Sehen, Hören, Nahrung aufnehmen oder Ausscheiden, Körperpflege, Erschließen eines gewissen körperlichen und geistigen Freiraums[167]. **Nicht ausgeglichen** werden können dagegen die Folgen und Auswirkungen der Behinderung, die in **über die Grundbedürfnisse hinausgehende** berufliche, gesellschaftliche oder private Bereiche hineinwirken. Bewirkt werden soll nur die Beseitigung der Funktionseinschränkung. Eine über die medizinische Rehabilitation hinausgehende berufliche oder soziale Rehabilitation ist dagegen Aufgabe andere Sozialleistungssysteme[168]. Im Rahmen des mittelbaren Behinderungsausgleichs kann der Versicherte den **Basisausgleich** der Behinderung selbst verlangen, nicht aber das vollständige Gleichziehen mit den unbegrenzten Möglichkeiten eines Gesunden[169]. **Erforderlich** ist ein Hilfsmittel, wenn sein Einsatz unter Berücksichtigung der individuellen Verhältnisse zur Erreichung des verfolgten Zwecks unentbehrlich oder unvermeidlich ist. Das ist immer dann gegeben, wenn das Hilfsmittel geeignet, notwendig und bei Vorliegen mehrerer Hilfsmittelvarianten auch wirtschaftlich ist, um entweder die Krankenbehandlung zu sichern, einer drohenden Behinderung vorzubeugen oder eine solche auszugleichen[170]. Bei der Versorgung mit Hilfsmitteln ist darüber hinaus das **Wirtschaftlichkeitsgebot** zu beachten, wonach die Versorgung ausreichend, zweckmäßig und wirtschaftlich sein muss und das Maß des Notwendigen nicht übersteigen darf[171].

---

[163] *Wabnitz* in Spickhoff SGB V § 33 Rn. 7; *Joussen* in KKW SGB V § 33 SGB V Rn. 5. Typische Beispiele sind orthopädische Stütz- und Halteapparate, *Knispel* in BeckOK SGB V § 33 Rn. 8.

[164] BSG GesR 2009, 640.

[165] Etwa Brillen, Hörgeräte, Prothesen, BSG SozR 3–2500 § 33 Nr. 7 S. 28; *Knispel* in BeckOK SGB V § 33 Rn. 12; *Butzer* in Becker/Kingreen SGB V § 33 Rn. 18.

[166] BSG SozR 4–2500 § 33 Nr. 6 Rn. 12; *Butzer* in Becker/Kingreen SGB V § 33 Rn. 19.

[167] BSG SozR 3–2500 § 33 Nr. 31; BSG SozR 4–2500 § 33 Nr. 7.

[168] BSG SozR 3–2500 § 33 Nr. 22 S. 126; BSG SozR 4–2500 § 33 Nr. 11 Rn. 18; *Butzer* in Becker/Kingreen SGB V § 33 Rn. 17; *Knispel* in BeckOK SGB V § 33 Rn. 12; *Joussen* in KKW SGB V § 33 Rn. 7.

[169] *Wabnitz* in Spickhoff SGB V § 33 Rn. 9. Überblick über die in der Rechtsprechung anerkannten Hilfsmittel bei *Wagner* in Krauskopf SGB V § 33 Rn. 26 und *Höfler* in KassKomm SGB V § 33 Rn. 32 ff.

[170] BSG SozR 2200 § 182b Nr. 25; *Wabnitz* in Spickhoff SGB V § 33 Rn. 5; *Joussen* in KKW SGB V § 33 Rn. 8.

[171] BSG SozR 4–2500 § 33 Nr. 7.

dd) Anspruchshinderungsgrund und Ausschluss. Kein Versorgungsanspruch besteht auf Hilfsmittel, die von der aufgrund § 34 Abs. 4 SGB V erlassenen Rechtsverordnung[172] wegen ihres **geringen oder umstrittenen therapeutischen Nutzens**[173] oder ihres **geringen Abgabepreises** von der Erstattung ausgeschlossen sind. Ein grundsätzlich als Hilfsmittel zu qualifizierender Gegenstand kann zudem von der Versorgung ausgeschlossen sein, wenn es sich um einen allgemeinen **Gebrauchsgegenstand des täglichen Lebens handelt.** Die GKV soll nur für gezielte Mittel einer Krankheitsbekämpfung sowie der Milderung der Krankheitsfolgen aufkommen und nicht für Mittel, die der Versicherte für seine tägliche Lebensführung benötigt[174]. Für die Unterscheidung zwischen Hilfsmittel und Gebrauchsgegenstand des täglichen Lebens ist auf die Zweckbestimmung des Gegenstandes aus Sicht der Hersteller und aus Sicht der Benutzer abzustellen. Keine Gebrauchsgegenstände des täglichen Lebens sind Geräte, die spezifisch für Bedürfnisse kranker oder behinderter Menschen entwickelt, hergestellt und ausschließlich oder überwiegend von diesen benutzt werden. Gebrauchsgegenstände des täglichen Lebens sind vielmehr solche Gegenstände, die üblicherweise in jedem Haushalt vorhanden sind und solche, die in erster Linie für Gesunde hergestellt und von diesen gekauft oder benutzt werden[175]. Soweit ein Gegenstand sowohl dem Behinderungsausgleich dient als auch im täglichen Leben gebraucht wird, verbleibt das Hilfsmittel in der Leistungspflicht der GKV, wenn die auf die Hilfsmittelfunktion entfallenden Kosten überwiegen[176].

ee) Abgrenzung zu Ansprüchen gegen die soziale Pflegeversicherung. Abzugrenzen ist der Hilfsmittelanspruch nach § 33 SGB V **im ambulanten Bereich (Häusliche Pflege)** von dem Anspruch auf Pflegehilfsmittel nach § 40 SGB XI. Nach § 40 SGB XI muss die soziale Pflegeversicherung solche Hilfsmittel gewähren, die zur Erleichterung der Pflege oder zur Linderung der Beschwerden des Pflegebedürftigen beitragen oder ihm eine selbständige Lebensführung ermöglichen. Die Leistungspflicht der **Pflegeversicherung ist subsidiär zu den Leistungen der GKV** (§ 40 Abs. 1 S. 1 SGB XI). In Grenzfällen, in denen Hilfsmittel zugleich medizinische Zwecke iSv § 33 SGB V erfüllen und gem. § 40 XI SGB V die Pflege erleichtern und damit sowohl eine Leistungspflicht der GKV als auch der Pflegeversicherung möglich ist, richtet sich die Abgrenzung nach dem Grundsatz der wesentlichen Bedingung[177]. Stehen Krankenbehandlung und Behinderungsausgleich im Vordergrund, besteht eine Leistungspflicht der Krankenkasse, dient das Mittel ausschließlich oder ganz überwiegend der Erleichterung der Pflege, ist die soziale Pflegeversicherung zuständig[178]. Im **stationären Bereich** ist der Anspruch nach § 33 SGB V von der Ausstattungs- und Vorhaltepflicht des Heimträgers abzugrenzen. Ist der Versicherte **vollstationär** in einer Pflegeeinrichtung nach § 71 Abs. 2 SGB XI untergebracht,

---

[172] „Verordnung über Hilfsmittel von geringem therapeutischen Nutzen oder geringem Abgabepreis in der gesetzlichen Krankenversicherung" – KVHilfsmV vom 13.12.1989 (BGBl. I S. 2237, geändert durch VO vom 17.1.1995, BGBl. I S. 44).
[173] ZB Kompressionsstücke, Leibbinden, Applikationshilfen für Wärme und Kälte, Mundsperrer oder Rektophore gem. § 1 KVHilfsmV.
[174] *Höfler* in KassKomm SGB V § 33 Rn. 21.
[175] BSG SozR 3–2500 § 33 Nr. 33; BSG SozR 3–2500 § 33 Nr. 42; *Wabnitz* in Spickhoff SGB V § 33 Rn. 11; *Knispel* in BeckOK SGB V § 33 Rn. 27. Als Gebrauchsgegenstände des täglichen Lebens sind bspw. folgende Hilfsmittel von der Leistungspflicht ausgeschlossen: ein normaler Autokindersitz, ein elektronisch verstellbarer Sessel oder ein Standardtelefon, BSG SozR 3–2200 § 182b Nr. 6; BSG SozR 3–2500, § 33 Nr. 5. Keine Gebrauchsgegenstände sind hingegen ein Fahrrad-Ergometer, das zur körperlichen Belastung verwendet wird, ein behindertengerecht gestaltetes Kinder- oder Krankenbett BSG SozR 2200 § 182 RVO Nr. 86; BSG SozR 3–2500, § 33 Nr. 13 S. 52.
[176] BSG SozR 3–2500 § 33 Nr. 15; *Knispel* in BeckOK SGB V § 33 Rn. 12; *Wagner* in Krauskopf SGB V § 33 Rn. 15.
[177] *Wabnitz* in Spickhoff SGB V § 33 Rn. 17.
[178] *Wabnitz* in Spickhoff SGB V § 33 Rn. 17; *Butzer* in Becker/Kingreen SGB V § 33 Rn. 47.

hat er **unabhängig von seinem Wohn- und Aufenthaltsort** einen **Anspruch auf individuelle Versorgung mit Hilfsmitteln durch die GKV**. Jedoch endet der Anspruch des Versicherten auf individuelle Versorgung mit Hilfsmitteln gegenüber der Krankenkasse, wenn die Pflicht des Heimträgers gem. § 33 Abs. 1 S. 2 Hs. 2 SGB V auf Versorgung der Heimbewohnern mit Hilfsmitteln beginnt[179]. Die Abgrenzung zwischen der **Ausstattungs- und Vorhaltepflicht der Pflegeeinrichtung** und dem Leistungsanspruch nach § 33 Abs. 1 SGB V erfolgt einerseits anhand des sich aus den Leistungs- und Qualitätsvereinbarungen nach § 80a SGB XI ergebenden Versorgungsauftrags des Heimträgers, andererseits danach, ob noch eine Krankenbehandlung und ein Behinderungsausgleich im Sinne einer medizinischen Rehabilitation stattfindet oder aber ganz überwiegend die Pflege im Vordergrund steht[180].

33 **ff) Anspruch auf Versorgung mit Sehhilfen.** Vom Leistungsumfang umfasst ist nach § 33 Abs. 2 und 3 SGB V auch die **Versorgung mit Sehhilfen**. Als Sehhilfen kommen Brillengläser, Kontaktlinsen und andere vergrößernde Sehhilfen wie Lupen oder elektronisch vergrößernde Sehhilfen in Betracht[181]. Für Versicherte bis zur Vollendung des 18. Lebensjahres genügt nach § 33 Abs. 2 S. 1 SGB V, dass sie die allgemeinen Anspruchsvoraussetzungen für die allgemeine Hilfsmittelversorgung nach § 33 Abs. 1 SGB V erfüllen. Für Versicherte nach Vollendung des 18. Lebensjahres besteht gem. § 33 Abs. 2 S. 2 SGB V der Anspruch nur dann, wenn die Sehbeeinträchtigung mindestens die Stufe 1 der von der WHO empfohlenen Klassifikation erreicht. Der Anspruch auf Versorgung mit **Kontaktlinsen** nach § 33 Abs. 3 SGB V setzt voraus, dass ein Anspruch auf Versorgung mit Sehhilfen besteht und die Versorgung medizinisch zwingend erforderlich ist. Von der Leistungspflicht nicht erfasst sind gem. § 33 Abs. 2 S. 4 SGB V Brillengestelle. Dieser Leistungsausschluss gilt uneingeschränkt für alle Arten von Brillengestellen.

34 **c) Hilfsmittelverzeichnis nach § 139 SGB V.** Das vom Spitzenverband Bund der Krankenkassen gem. § 139 Abs. 1 SGB V zu erstellende Hilfsmittelverzeichnis enthält **alle Hilfsmittel, die von der Leistungspflicht der GKV umfasst sind**[182]. Der Spitzenverband Bund der Krankenkassen kann, soweit dies zur Gewährleistung einer ausreichenden, zweckmäßigen und wirtschaftlichen Versorgung erforderlich ist, Qualitätsstandards für Hilfsmittel entwickeln, die ebenfalls im Hilfsmittelverzeichnis veröffentlicht werden (§ 139 Abs. 2 SGB V). Gem. § 139 Abs. 8 SGB V hat der Spitzenverband Bund der Krankenkassen das Hilfsmittelverzeichnis regelmäßig fortzuschreiben. Die Fortschreibung umfasst die Aufnahme neuer und die Streichung bereits gelisteter Produkte, deren Aufnahme zurückgenommen oder widerrufen wurde. Umfasst sind auch die Änderungen und Weiterentwicklung der Systematik und der Qualitätsanforderungen.

35 Die Aufnahme eines Hilfsmittels in das Hilfsmittelverzeichnis erfolgt nach § 139 Abs. 3 SGB V auf **Antrag des Herstellers**. Über die Aufnahme entscheidet der Spitzenverband Bund der Krankenkassen durch Verwaltungsakt iSd § 31 SGB X. Der Hersteller eines Hilfsmittels hat, wenn er dessen **Funktionstauglichkeit, Sicherheit, die Erfüllung der Qualitätsanforderungen nach § 139 Abs. 2 SGB V und, soweit erforderlich, den medizinischen Nutzen** nachweist, einen gebunden **Anspruch auf Aufnahme** in das Hilfsmittelverzeichnis (§ 139 Abs. 4 SGB V). Die meisten Hilfsmittel unterfallen der Begriffsbestimmung des § 3 MPG, so dass sie gem. § 6 MPG nur dann verkehrsfähig sind,

---

[179] *Leitherer* in KassKomm SGB XI § 40 Rn. 14a.
[180] BSG SozR, 3-2500 § 33 Nr. 47; *Butzer* in Becker/Kingreen SGB V § 33 Rn. 46; *Wabnitz* in Spickhoff SGB V § 33 Rn. 18; *Knispel* in BeckOK SGB V § 33 Rn. 6.
[181] *Knispe* in BeckOK SGB V § 33 Rn. 37.
[182] http://www.gkv-spitzenverband.de/AktuellesHilfsmittelverzeichnis.gkvnet. Derzeit listet das Hilfsmittelverzeichnis etwa 23.000 Hilfsmittel in 33 Produktgruppen sowie sechs Gruppen von Pflegehilfsmitteln.

wenn in einem Konformitätsbewertungsverfahren ihre Übereinstimmung mit den grundlegenden Anforderungen an ihre Sicherheit und Zuverlässigkeit geprüft wurde[183]. Soweit danach das CE-Kennzeichen erteilt worden ist, gilt für Medizinprodukte iSd § 3 MPG der **Nachweis der Funktionstauglichkeit und Sicherheit durch die CE-Kennzeichnung** grundsätzlich als erbracht (§ 139 Abs. 5 S. 1 SGB V). Die Überprüfung durch die Spitzenverbände der Krankenkassen beschränkt sich auf die formale Rechtmäßigkeit der CE-Kennzeichnung. Nur aus begründetem Anlass sowie zur Durchführung von Stichproben nach erfolgter Aufnahme ins Hilfsmittelverzeichnis dürfen sie zusätzliche Prüfungen vornehmen und hierfür erforderliche Nachweise verlangen (§ 139 Abs. 5 S. 3 und 4 SGB V). Die Aufnahme eines Hilfsmittels in das Verzeichnis ist immer dann ausgeschlossen, wenn es sich um ein **neues Hilfsmittel** handelt, das einzig im Rahmen einer iSv § 135 Abs. 1 S. 1 SGB V neuen, vom G-BA nicht oder noch nicht anerkannten Behandlungsmethode eingesetzt wird. Erst nach positiver Entscheidung des G-BA über die neue Behandlungsmethode besteht ein Aufnahmeanspruch des Herstellers, wenn er auch die übrigen Voraussetzungen gem. § 139 Abs. 4 SGB V nachweist[184]. Gegen den Bescheid über die Ablehnung der Aufnahme des Hilfsmittels in das Hilfsmittelverzeichnis ist nach Durchführung eines Widerspruchverfahrens gem. § 78 SGG die **kombinierte Anfechtungs- und Verpflichtungsklage** nach § 54 Abs. 4 SGG statthaft.

Die Nichtaufnahme in das Hilfsmittelverzeichnis steht einem Leistungsanspruch auf Versorgung mit Hilfsmitteln nach § 33 SGB V jedoch nicht entgegen. Das Hilfsmittelverzeichnis versteht sich insofern nicht als Positivliste, sondern ist eine **unverbindliche Auslegungs- und Orientierungshilfe**[185]. Dem Versicherten steht unabhängig von der Listung eines Hilfsmittels im Hilfsmittelverzeichnis ein Anspruch auf Versorgung zu, wenn die Voraussetzungen gem. § 33 SGB V erfüllt sind. Allerdings konkretisiert das Hilfsmittelverzeichnis die Leistungspflicht insofern, als alle dort gelisteten Hilfsmittel von der Leistungspflicht umfasst sind. Damit steht gegenüber dem Versicherten die Verordnungsfähigkeit generell fest, so dass er nur noch die Voraussetzungen des § 33 SGB V und die zur Konkretisierung des Anspruchs ergangenen Hilfsmittelrichtlinien des GBA beachten muss[186]. 36

Zu unterscheiden ist das Hilfsmittelverzeichnis von den **Hilfsmittel-Richtlinien des G-BA**[187] nach § 92 Abs. 1 Nr. 6 SGB V, die die Verordnung von Hilfsmitteln durch Vertragsärzte regeln. Im Unterschied zum Hilfsmittelverzeichnis, das durch die Strukturierung des Hilfsmittelmarktes und der Vorgabe von Qualitätsstandards die Erhöhung der Transparenz des Hilfsmittelangebots bezweckt, zielen die Hilfsmittel-Richtlinien auf ein angemessenes Verordnungsverhalten des Arztes[188]. Die enthaltenen Regelungen sind verbindlich für Versicherte, Vertragsärzte, Krankenkassen und Leistungserbringer und beinhalten neben allgemeinen Verordnungsgrundsätzen spezifische Regelungen zu Seh- und Hörhilfen. 37

3. Erstattung arzneimittelähnlicher Medizinprodukte

Zu unterscheiden ist die Erstattung von Medizinprodukten als Hilfsmittel iSd § 33 SGB V von der Erstattung sogenannter **arzneimittelähnlicher Medizinprodukte** nach 38

---

[183] *Ihle* in NK-MedizinR SGB V § 139 Rn. 6; *Knispel* in BeckOK SGB V § 33 Rn. 3.
[184] BSG SozR 4–2500 § 139 Nr. 4 u. 16; *Wabnitz* in Spickhoff SGB V § 139 Rn. 9; *Hess* in KassKomm SGB V § 139 Rn. 8; *Ihle* in NK-MedR SGB V § 139 Rn. 6.
[185] BSG SozR 3–2500 § 33 Nr. 28; *Pannenbecker* in Terbille, MAH MedR, § 9 Rn. 344; *Joussen* in KKW SGB V § 33 Rn. 16; *Butzer* in Becker/Kingreen SGB V § 33 Rn. 38.
[186] *Wabnitz* in Spickhoff SGB V § 33 Rn. 14.
[187] RL des G-BA über die Verordnung von Hilfsmitteln in der vertragsärztlichen Versorgung in der Neufassung vom 21.12.2011 / 15.3.2012 BAnz AT 10.4.2012 B2, letzte Änderung vom 24.11.2016 BAnz AT 16.2.2017 B3, in Kraft getreten am 17.2.2017.
[188] *Schorn*, MedprodukteR, Bd. 1 B 19.1.2.

§ 31 Abs. 1 S. 2 und 3 SGB V[189]. Medizinprodukte nach § 3 MPG sind dadurch gekennzeichnet, dass sie ihren Zweck vorwiegend auf physikalischem Weg erreichen, während Arzneimittel auf pharmakologischen Weg wirken. Medizinprodukte sind grundsätzlich keine Arzneimittel. Jedoch hat der Gesetzgeber mangels Vorhandensein einer eigenen Erstattungskategorie für Medizinprodukte in § 31 Abs. 1 S. 2 und 3 SGB V **Stoffe oder Zubereitungen aus Stoffen, die als Medizinprodukte nach § 3 Nr. 1 oder 2 MPG zur Anwendung am oder im menschlichen Körper bestimmt sind,** in die Arzneimittelversorgung mit einbezogen, sofern der G-BA diese in der Arzneimittel-RL nach § 92 Abs. 1 S. 2 Nr. 6 SGB V bestimmt hat[190]. Die Erstattungspflicht ergibt sich damit nicht unmittelbar aus § 31 Abs. 1 SGB V, sondern durch die **Aufnahme des arzneimittelähnlichen Medizinproduktes in die Arzneimittel-RL.** Der G-BA hat gem. § 31 Abs. 1 S. 2 SGB V in einer Positivliste festzulegen, in welchen medizinisch notwendigen Fällen Medizinprodukte in die Arzneimittelversorgung einbezogen werden und damit wie Arzneimittel zu Lasten der GKV verordnet werden. Maßgebliches Kriterium für die Aufnahme in die Liste ist die **medizinische Notwendigkeit der Verordnung.** In der Anlage V zum Abschnitt J der Arzneimittel-RL hat der G-BA festgelegt, wann ein Medizinprodukt iSv § 31 Abs. 1 S. 2 SGB V medizinisch notwendig ist[191]. Die Anlage V enthält damit eine abschließende Übersicht der verordnungsfähigen arzneimittelähnlichen Medizinprodukte. § 31 Abs. 1 S. 2 iVm § 34 Abs. 6 SGB V ermöglicht dem Hersteller eines Medizinproduktes, beim G-BA einen **Antrag auf Aufnahme eines Medizinproduktes in die Arzneimittel- RL** zustellen. **Von der Erstattung ausgeschlossen** sind gem. § 31 Abs. 1 S. 2 iVm § 34 Abs. 1 S. 7 und 8 SGB V arzneimittelähnliche Medizinprodukte, die primär der Erhöhung der Lebensqualität dienen. Sowohl nichtverschreibungspflichtige wie verschreibungspflichtige Bagatell-Medizinprodukte sind gem. § 31 Abs. 3 iVm § 34 Abs. 1 S. 6 SGB V ebenfalls von der Erstattung ausgeschlossen.

4. Erstattung von Medizinprodukten im Rahmen der ärztlichen Behandlung

39   Zudem können Medizinprodukte iRd ärztlichen und zahnärztlichen Behandlung nach § 27 Abs. 1 S. 2 Nr. 1 und 2 SGB V zu Lasten der GKV erstattungsfähig sein. Gem. § 73 Abs. 2 Nr. 1 und 2 SGB V ist die ärztliche Behandlung Teil der vertragsärztlichen Versorgung nach den §§ 72 ff. SGB V. Die iRd vertragsärztlichen Versorgung erstattungsfähigen Leistungen ergeben sich aus dem **Einheitlichen Bewertungsmaßstab** (EBM) nach § 87 SGB V und der Anerkennung neuer Untersuchungs- und Behandlungsmethoden durch den G-BA nach §§ 92 Abs. 1 S. 2 Nr. 5, 135 Abs. 1 SGB V. Der Einheitliche Bewertungsmaßstab wird gem. § 87 Abs. 1 S. 1 SGB V zwischen der Kassenärztlichen Bundesvereinigung und dem Spitzenverband Bund der Krankenkassen als Bestandteil der Bundesmantelverträge nach § 82 Abs. 1 SGB V vereinbart. Er bestimmt den Inhalt der abrechnungsfähigen Leistungen und ihr wertmäßiges, in Punkten ausgedrücktes Verhältnis zueinander (§ 87 Abs. 2 S. 1 Hs. 1 SGB V[192]). Neben seinen Vergütungsregelungen steuert der Einheitliche Bewertungsmaßstab grundlegend das Spektrum erbringbarer und abrechenbarer Leistungen und der Mengenentwicklung auch gegenüber den Versicher-

---

[189] *Pannenbecker* in Terbille MAH MedR § 9 Rn. 340; *Ratzel* in Ratzel/Luxenburger, HdB MedR-HdB, § 32 Rn. 124; *Lücker* NZS 2007, 401 (401).
[190] *Axer* in Becker/Kingreen SGB V § 31 Rn. 11.
[191] ZB Mittel auf Dirneticonbasis zur Behandlung von Kopfläusen, macrogolhaltige Medizinprodukte zur Behandlung chronischer Verstopfung, Viscoelastatica u. intraokuläre Spüllösungen für Augenoperationen, Mittel zur Vorbereitung einer Darmreinigung und Durchführung einer Darmspiegelung.
[192] *Burgardt/Clausen/Wigge* in Anhalt/Dieners MedprodukteR-HdB § 23 Rn. 150; *Ziermann* in Sodan HdB d. KrankenVersR-HdB § 21 Rn. 14.

ten[193]. Dieser Katalog der abrechnungsfähigen Leistungen ist abschließend[194]. Leistungen, die dort nicht gelistet sind, können grds. nicht zu Lasten der GKV abgerechnet werden. Für die Abrechnung von Medizinprodukten gelten die **„Allgemeinen Bestimmungen"**[195]. Diese legen unter „Allgemeine Bestimmungen I 7.3 und 7.4"[196] fest, welche Kosten in den Gebührenpositionen enthalten sind und welche nicht[197].

5. Erstattungsfähigkeit von Medizinprodukten als Sprechstundenbedarf

Sprechstundenbedarf sind solche Mittel, die ihrer Art nach bei **mehreren Patienten** angewendet werden oder die zur Notfall- bzw. Sofortbehandlung erforderlich sind. Als Medizinprodukt kommen va **Verbandmittel, Nahtmaterial sowie Mittel zur Diagnostik und Therapie** in Betracht. Erstattungsgrundlage für Sprechstundenbedarf selbst sind die **Sprechstundenbedarfsvereinbarungen,** die mit den Krankenkassen und den kassenärztlichen Vereinigungen geschlossen werden. Diese sind Bestandteil der Gesamtverträge nach § 83 SGB V[198].

40

B. Erstattung von Arzneimitteln und Medizinprodukten durch die PKV

Nach § 192 Abs. 1 S. 1 VVG ist der Versicherer im Bereich der Krankheitskostenversicherung verpflichtet, im vereinbarten Umfang die Aufwendungen für medizinisch notwendige Heilbehandlungen wegen Krankheit oder für Unfallfolgen und für sonstige vereinbarte Leistungen einschließlich solcher bei Schwangerschaft und Entbindung sowie für ambulante Vorsorgeuntersuchungen zur Früherkennung von Krankheiten nach gesetzlich eingeführten Programmen zu erstatten. Als Grundnorm beschreibt § 192 VVG die **vertragstypischen Leistungen.** Gegenstand und Umfang der Leistungspflicht ergeben sich aus den Allgemeinen Versicherungsbedingungen (AVB[199]).

41

I. Voraussetzungen der Leistungspflicht

Inhaltlich weitgehend § 192 Abs. 1 S. 1 VVG entsprechend beschreibt § 1 Abs. 1 lit. a MB/KK den Gegenstand der Leistungspflicht im Bereich der Krankheitskostenversicherung. Danach erbringt der Versicherer im Versicherungsfall den Ersatz von Aufwendungen für Heilbehandlungen und sonst vereinbarte Leistungen. Unter **Versicherungsfall** als zentraler Voraussetzung der Leistungspflicht ist entsprechend § 192 Abs. 1 S. 1 VVG die medizinisch notwendige Heilbehandlung einer versicherten Person wegen Krankheit oder Unfallfolgen zu verstehen. Im Unterschied zu § 192 Abs. 1 VVG legt § 1 Abs. 2 S. 2

42

---

[193] BSG SozR 3–2500, § 87 Nr. 5, 22, Nr. 14, 49, 73.
[194] *Scholz* in Becker/Kingreen SGB V § 87 Rn. 6.
[195] *Burgardt/Clausen/Wigge* in Anhalt/Dieners MedprodukteR § 23 Rn. 154 ff.
[196] Einheitlicher Bewertungsmaßstab in der Fassung vom 1.1.2012: http://www.kbv.de/8156.html.
[197] In den Gebührenordnungspositionen sind bspw. enthalten: Allgemeine Praxiskosten, Kosten, die durch die Anwendung von ärztlichen Instrumenten und Apparaturen entstanden sind, Kosten für Einmalspritzen, Einmalkanülen, Einmaltrachealtuben, Einmalabsaugkatheter, Einmalhandschuhe, Einmalrasierer, Einmalharnblasenkatheter, Einmalskalpelle, Einmalproktoskope, Einmaldarmrohre, Einmalspekula, Einmalküretten, Einmal-Abdecksets. In den Gebührenordnungspositionen sind hingegen nicht enthalten: Kosten für Arzneimittel, Verbandmittel, Materialien, Instrumente, Gegenstände und Stoffe, die nach der Anwendung verbraucht sind oder die der Kranke zur weiteren Verwendung behält, Kosten für Einmalinfusionsbestecke, Einmalinfusionskatheter, Einmalinfusionsnadeln und Einmalbiopsienadeln, Telefonkosten, die entstehen, wenn der behandelnde Arzt mit dem Krankenhaus zu einer erforderlichen stationären Behandlung Rücksprache nehmen muss.
[198] *Burgardt/Clausen/Wigge* in Anhalt/Dieners MedprodukteR § 23 Rn. 183.
[199] *Kalis* in Sodan HdB KrankenVersR-HdB § 44 Rn. 2 und 3; *von Koppenfels-Spies* in NK-MedizinR VVG § 192 Rn. 1.

MB/KK Beginn und Ende des Versicherungsfalles fest. Danach beginnt der Versicherungsfall mit Aufnahme der Heilbehandlung, dh der Aufnahme ärztlicher Tätigkeit, die durch die jeweilige Krankheit verursacht worden ist und auf die Heilung oder Linderung der Krankheit abzielt[200]. Er endet, wenn nach objektivem medizinischen Befund keine Behandlungsbedürftigkeit mehr vorliegt.

1. Entstehen von Aufwendungen

43   Der Leistungsanspruch gegen den Versicherer nach § 192 Abs. 1 S. 1 VVG setzt voraus, dass dem Versicherungsnehmer Aufwendungen entstanden sind. Die Krankheitskostenversicherung ist eine Passivenversicherung. Es bedarf somit eines **wirksamen und fälligen Vergütungsanspruchs** des Behandlers oder sonstigen Leistungserbringers gegen den Versicherten[201]. Ein wirksamer Vergütungsanspruch und damit eine entsprechende Leistungspflicht entsteht nur bei Beachtung der gebührenrechtlichen Bestimmungen der GOÄ und GOZ[202]. Der Vergütungsanspruch ist fällig, sobald eine den formellen Voraussetzungen des § 12 GOÄ[203] genügende Liquidation vorliegt[204].

2. Krankheit

44   Zweite Voraussetzung der Leistungspflicht gem. § 192 Abs. 1 S. 1 VVG ist das Bestehen einer Krankheit. Der Krankheitsbegriff des Leistungsrechts der PKV orientiert sich nicht an dem sozialrechtlichen Krankheitsbegriff. Vielmehr hat sich ein **eigenständiger Krankheitsbegriff** herausgebildet. Krankheit ist danach ein anomaler Körper- oder Geisteszustand, der eine nicht ganz unerhebliche Störung körperlicher und/oder geistiger Funktionen bewirkt[205]. Der Krankheitsbegriff ist objektiv zu bestimmen. Es kommt nicht auf die subjektive Vorstellung des Versicherungsnehmers an. Maßgebend ist die Interpretation nach dem Sprachgebrauch des täglichen Lebens auf der Grundlage allgemein bekannter Erkenntnisse der Medizin[206].

3. Durchführung einer Heilbehandlung

45   Dritte Voraussetzung der Leistungspflicht gem. § 192 Abs. 1 S. 1 VVG ist die Durchführung einer Heilbehandlung. Hierunter ist jede ärztliche Tätigkeit zu verstehen, die durch die betreffende Krankheit verursacht worden ist, sofern die Leistung des Arztes oder sonstigen Behandelnden von ihrer Art her in den Rahmen der medizinisch notwendigen Krankenpflege fällt und auf Heilung oder Linderung der Krankheit abzielt[207]. Ein vollständiger Heilungserfolg ist nicht notwendig; allerdings darf eine Linderung nicht von vornherein vollständig ausgeschlossen sein[208].

---

[200] *Eichelberger* in Spickhoff VVG § 192 Rn. 31.
[201] BGHZ 154, 154 (158) = BGH VersR 2003, 581 (582); *von Koppenfels-Spies* in NK-MedizinR VVG § 192 Rn. 4.
[202] *Eichelberger* in Spickhoff VVG § 192 Rn. 28; *Kalis* in MüKoVVG § 192 Rn. 19.
[203] Bezeichnung der berechneten Leistung, Zuordnung zu einer bestimmten Gebührennummer, Datum der Leistungserbringung etc.
[204] BGH NJW-RR 2007, 494; *Eichelberger* in Spickhoff VVG § 192 Rn. 28; *Kalis* in Sodan HdB KrankenVersR-HdB § 44 Rn. 13.
[205] BGH NJW 2005, 3783; BGH NJW 1987, 703; *Kalis* in MüKoVVG § 192 Rn. 21.
[206] BGH VersR 1987, 278; *Kalis* in Sodan HdB KrankenVersR-HdB § 44 Rn. 4; ders. in MüKoVVG § 192 Rn. 21.
[207] BGHZ 133, 208 (211); BGH VersR 1996, 1224; *Eichelberger* in Spickhoff VVG § 192 Rn. 32.
[208] *Eichelberger* in Spickhoff VVG § 192 Rn. 34; *von Koppenfels-Spies* in NK-MedizinR VVG § 192 Rn. 8.

4. Medizinische Notwendigkeit

Vierte Voraussetzung der Leistungspflicht gem. § 192 Abs. 1 S. 1 SGB V ist die medizinische Notwendigkeit der durchgeführten Maßnahme. Dies ist dann der Fall, wenn es nach den objektiven medizinischen Erkenntnissen im Zeitpunkt der Vornahme der ärztlichen Behandlung **vertretbar** war, die Heilbehandlung als medizinisch notwendig anzusehen. Vertretbar ist die medizinische Notwendigkeit der Heilbehandlung, wenn sie sowohl in begründeter und nachvollziehbarer wie wissenschaftlich fundierter Vorgehensweise das zugrunde liegende Leiden diagnostisch hinreichend erfasst und eine ihm adäquate, geeignete Therapie anwendet[209]. Dabei ist auch im Hinblick auf die Erreichung des Behandlungsziels zu prüfen, ob die Maßnahme tatsächlich erforderlich war[210]. Die **Beweislast** für die medizinische Notwendigkeit der Behandlungsmaßnahme trägt der **Versicherungsnehmer**[211]. Die medizinische Notwendigkeit ist **objektiv zu beurteilen.** Es kommt weder auf die Auffassung des Versicherungsnehmers, noch allein auf die des behandelnden Arztes an, so dass im Streitfalle die medizinische Notwendigkeit einer Behandlungsmaßnahme grundsätzlich nur mit Hilfe eines Sachverständigengutachtens beurteilt werden kann[212].

46

II. Umfang der Leistungspflicht

Liegt ein Versicherungsfall nach § 1 Abs. 2 MB/KK vor, ergeben sich **Art und Höhe der Leistungspflicht** gem. § 192 Abs. 1 S. 1 VVG aus dem „vereinbarten Umfang". Sie bestimmen sich demnach nach dem einzelnen Versicherungsvertrag und den diesem zugrunde liegenden Allgemeinen Versicherungsbedingungen (AVB) sowie den jeweiligen Tarifbedingungen des Versicherers. Bezüglich des konkreten Umfangs der Leistungspflicht verweist § 4 Abs. 1 MB/KK auf die einzelnen Tarifbedingungen und den gewählten Tarif. Während die Tarifbedingungen unternehmenseigene Abweichungen oder Beschränkungen der MB/KK beinhalten, bezeichnen die Tarife Art und Höhe der einzelnen Leistungen einschließlich evtl. Selbstbeteiligungen sowie typischerweise die Versicherungsprämie.[213]

47

1. Arzneimittel

Gem. § 4 Abs. 3 MB/KK zählt zu den vertragstypischen Leistungen in der PKV die Erstattung der Kosten für Arznei-, Verband-, Heil- und Hilfsmittel. Sie müssen allesamt gem. § 4 Abs. 3 MB/KK von einem der in § 4 Abs. 2 MB/KK genannten Behandelnden verordnet werden. Arzneimittel sind über eine Apotheke zu beziehen, was auch Versandapotheken einschließt, sofern diese die üblichen deutschen Qualitätsstandards einhalten[214]. Arzneimittel sind alle Stoffe oder Stoffzusammensetzungen, die im oder am menschlichen Körper verwendet oder einem Menschen verabreicht werden können, um entweder die menschlichen physiologischen Funktionen durch eine pharmakologische, immunologische oder metabolische Wirkung wiederherzustellen, zu korrigieren oder zu beeinflussen oder eine medizinische Diagnose zu erstellen[215].

48

---

[209] BGH VersR 2003, 584; *Kalis* in MüKoVVG § 192 Rn. 23.
[210] LG Gießen VersR 2005, 777; *Kalis* in MüKoVVG § 192 Rn. 23.
[211] BGH NJW-RR 2004, 1399 ff.; *von Koppenfels-Spies* in NK-MedizinR VVG § 192 Rn. 8; *Eichelberger* in Spickhoff VVG § 192 Rn. 115.
[212] BGH NJW 2005, 3784; BGH NJW 1979, 1250; *Kalis* in Sodan HdB KrankenVersR-HdB § 44 Rn. 8; *Eichelberger* in Spickhoff VVG, § 192 Rn. 39.
[213] *Eichelberger* in Spickhoff VVG § 192 Rn. 44; *Kalis* in MüKoVVG § 192 Rn. 45.
[214] *Eichelberger* in Spickhoff VVG § 192 Rn. 48.
[215] Art. 1 Nr. 1 lit. b der RL 2004/27/EG; BGH WRP 2006, 736 ff.; BGH NJW 2006, 2634.

2. Medizinprodukte

49 Eine eigenständige Erstattungskategorie „Medizinprodukte" gibt es weder in der GKV, noch in der PKV oder im Beihilferecht[216]. Die Frage der Erstattungsfähigkeit von Medizinprodukten in der PKV spielt wie in der GKV überwiegend im Hilfsmittelsektor eine Rolle. Der Begriff der Hilfsmittel iSv § 4 Abs. 3 MB/KK wird in den unternehmenseigenen Tarifbedingungen näher erläutert. Diese beinhalten einen enumerativen, abschließenden Katalog, der wiederum Höchstgrenzen für einzelne Hilfsmittel enthält[217]. Als Hilfsmittel gelten demnach Bandagen, Brillengläser- und Fassungen, Gehstützen, Hörgeräte, Kompressionsstrümpfe, Krankenfahrstühle, Beatmungsgeräte etc. Danach sind Hilfsmittel technische Geräte, die körperliche Behinderungen unmittelbar mildern oder ausgleichen sollen[218]. Entsprechend dieser Definition sind nahezu alle denkbaren Hilfsmittel zugleich auch Medizinprodukte iSd § 3 Nr. 1 MPG (→ Rn. 38). Unterfällt ein Medizinprodukt iSv § 3 Nr. 1 MPG der enumerativen, abschließende Aufzählung in den unternehmenseigenen Tarifbedingungen, so ist es iRd Leistungsversprechens zu erstatten.

III. Einschränkung der Leistungspflicht

1. Leistungsausschlüsse, § 5 Abs. 1 MB/KK

50 § 5 Abs. 1 MB/KK schließt bestimmte Tatbestände auch bei Vorliegen eines Versicherungsfalles von der Leistungspflicht aus[219]. Gründe können unkalkulierbare Risiken oder die Möglichkeit sein, einzelne Sachverhalte nach freier Entscheidung des Versicherungsnehmers hinzuzuversichern.

2. Verbot der Übermaßvergütung, § 192 Abs. 2 VVG

51 Nach §§ 192 Abs. 2 VVG, 5 Abs. 2 MB/KK besteht keine Leistungspflicht für Aufwendungen, die in einem auffälligen Missverhältnis zu den erbrachten Leistungen stehen (**Übermaßverbot**[220]). Der Regelungszweck der Norm liegt darin, in Fällen eines **objektiven auffälligen Missverhältnisses** den Versicherungsnehmer nicht gänzlich anspruchslos zu stellen, sondern ihm den Leistungsanspruch auf die angemessene Vergütung zu bewahren. Liegt ein auffälliges Missverhältnis zwischen Leistung und Gegenleistung vor, darf der Versicherer die Leistungen kürzen, ohne dass weitere Voraussetzungen[221] gege-

---

[216] *Quaas/Zuck* MedR § 55 Rn. 1; *Günter/Behle* MPR 2008, 77.
[217] *Igl/Welti* GesundheitsR Rn. 734; *Kalis* in MüKoVVG § 192 Rn. 53.
[218] *Igl/Welti* GesundheitsR Rn. 734.
[219] Nach § 5 Abs. 1 MB/KK besteht keine Leistungspflicht für Krankheiten und Unfälle als Folge von Kriegsereignissen oder Wehrdienstbeschädigung, Krankheiten und Unfälle durch vorsätzliche Herbeiführung, Entziehungsmaßnahmen einschließlich Entziehungskuren, Behandlung durch Ärzte, Zahnärzte, Heilpraktiker und in Krankenanstalten auf der schwarzen Liste der Versicherer, Kur- und Sanatoriumsbehandlung sowie Rehabilitationsmaßnahmen gesetzlicher Träger und damit zusammenhängend grds. ambulante Heilbehandlungen in einem Heilbad oder Kurort, Behandlungen durch Ehegatten, Lebenspartner, Eltern oder Kinder, durch Pflegebedürftigkeit oder Verwahrung bedingte Unterbringung.
[220] Ein allgemeines Wirtschaftlichkeitsgebot, das die Erstattungspflicht wie in der GKV noch weiter einschränkt, in dem es eine Leistungspflicht des Versicherers bei mehreren gleich geeigneten Maßnahmen nur hinsichtlich der kostengünstigeren Maßnahme beinhalten würde, ist in § 192 Abs. 2 VVG nicht verankert. Der vertraglichen Vereinbarung eines Wirtschaftlichkeitsgebotes steht dies aber nicht entgegen, da § 192 VVG dispositiv ist, BT-Drs. 16/3945, S. 110; *von Koppenfels-Spies* in NK-MedizinR VVG § 192 Rn. 12; *Eichelberger* in Spickhoff VVG § 192 Rn. 65.
[221] Im Gegensatz zu § 138 Abs. 2 BGB verlangt § 192 Abs. 2 VVG keine weiteren subjektiven Voraussetzungen, wie etwa das Ausnutzen der Unerfahrenheit des Versicherungsnehmers.

ben sein müssen[222]. Erforderlich ist ein Vergleich des **objektiven Wertes** der erbrachten Leistung mit der dafür geforderten Vergütung, wobei sich der objektive Wert durch einen Marktvergleich unter den übrigen Anbietern für vergleichbare Leistungen ergibt[223]. Die Beweislast für die fehlende Angemessenheit der Aufwendungen trifft den Versicherer, wobei zunächst der Hinweis auf objektive Kriterien genügt. Der Versicherungsnehmer muss im Weiteren substantiiert darlegen, warum die geforderte Leistung in seinem Fall ausnahmsweise gerechtfertigt ist[224].

C. Preisbildung und Preisregulierung

I. Grundzüge des Arzneimittelpreisrechts und der Regulierung von Arzneimittelpreisen

1. Arzneimittelpreisbildung nach dem Arzneimittelgesetz (AMG)

Der pharmazeutische Unternehmer kann zunächst frei den Abgabepreis für sein Arzneimittel bestimmen. Jedoch ist er nach § 78 Abs. 3 AMG dazu verpflichtet, einen **einheitlichen Abgabepreis** zu garantieren. Er gibt seinen frei gewählten Abgabepreis gegenüber der Informationsstelle für Arzneispezialitäten GmbH (**IFA**) an. Über die IFA gelangt der Preis in die Lauer-Taxe. Die Lauer-Taxe, auch ABDA-Artikelstamm genannt, ist ein von der ABDATA Pharma-Daten-Service geführtes Verzeichnis der in Deutschland geführten Arzneimittel, mit dessen Hilfe sich Hersteller, Preise, Packungsgrößen usw. von einzelnen Arzneimitteln feststellen lassen[225]. Nach dem Inverkehrbringen durch den pharmazeutischen Unternehmer setzt auf den verschiedenen Handelsstufen die Arzneimittelpreisbildung nach dem AMG an. Gesetzliche Ermächtigung für die Preisregulierung auf dem Vertriebsweg ist **§ 78 AMG**. Zweck der Vorschrift ist es, im Bereich der **zu Lasten der GKV verordnungsfähigen verschreibungspflichtigen Arzneimittel** einen **einheitlichen Apothekenabgabepreis** zu gewährleisten und dabei die berechtigten wirtschaftlichen Interessen der Arzneimittelverbraucher, der Apotheken und des Großhandels zu berücksichtigen[226]. Durch die Gewährleistung eines einheitlichen Apothekenabgabepreises soll ein Preiswettbewerb unter Apotheken im Bereich der verschreibungspflichtigen Arzneimittel ausgeschlossen und die **Qualität der Arzneimittelversorgung** gewährleistet werden[227]. Für nicht verschreibungspflichtige Arzneimittel, die nicht zu Lasten der GKV abgegeben werden, soll hingegen kein einheitlicher Apothekenabgabepreis gelten (§ 78 Abs. 2 S. 3 AMG). § 78 Abs. 1 AMG enthält eine Verordnungsermächtigung, von der mit der **Arzneimittelpreisverordnung für apotheken- und verschreibungspflichtige Fertigarzneimittel (AMPreisV)**[228] Gebrauch gemacht worden ist. Die AMPreisV setzt **Preisspannen in Form prozentualer Höchst- und Festzuschläge des Großhandels und der Apotheken auf den Abgabepreis des pharmazeutischen Unternehmers** fest, die im Wiederverkauf abgegeben werden. Aufgrund der durch die AMPreisV festgelegten Preisspannen für die einzelnen Handelsstufen ist der Apotheken-

52

---

[222] *von Koppenfels-Spies* in NK- MedizinR VVG § 192 Rn. 14; *Kalis* in Sodan HdB KrankenVersR-HdB § 44 Rn. 42.
[223] BGH NJW 2003, 1597; *Eichelberger* in Spickhoff VVG § 192 Rn. 66.
[224] *Von Koppenfels-Spies* in NK- MedizinR VVG § 192 Rn. 14; *Kalis* in MüKoVVG § 192 Rn. 87.
[225] *Sandrock/Nawroth* in Dieners/Reese PharmaR-HdB § 9 Rn. 153.
[226] *Hofmann* in KMH AMG § 78 Rn. 11; *Igl/Welti* GesundheitsR Rn. 605; *Heßhaus* in Spickhoff AMG § 78 Rn. 1.
[227] *Heßhaus* in Spickhoff AMG § 78 Rn. 1; *Igl/Welti* GesundheitsR Rn. 605; *Hofmann* in KMH AMG § 78 Rn. 12.
[228] AMPreisVO v. 14.11.1980, BGBl. I S. 2147, zuletzt geändert durch Art. 6 AMVSG vom 13.5.2017, BGBl. I S. 1055.

abgabepreis für dasselbe Arzneimittel in allen Apotheken gleich. Dies gilt sowohl für Generika wie für patentgeschützte Arzneimittel[229]. Der **Apothekenabgabepreis** errechnet sich aus dem einheitlichen Abgabepreis des pharmazeutischen Unternehmers, dem nach § 2 Abs. 1 AMPreisV bestimmten Großhandelszuschlag und des nach § 3 AMPreisV bestimmten Zuschlags der Apotheke, der auf die Summe aus Abgabepreis des pharmazeutischen Unternehmers und Großhandelszuschlag erhoben wird sowie der gesetzlichen Mehrwertsteuer[230]. Maßgeblich für den Abgabepreis des pharmazeutischen Unternehmers ist die am Tag der Abgabe des Arzneimittels gültige Spezialitätentaxe (Lauer-Taxe). Darüber hinaus muss der pharmazeutische Unternehmer seit dem **AMVSG** auch bei Arzneimitteln, die vom Anwendungsbereich der AMPreisV ausgeschlossen sind, den einheitlichen Abgabepreis beachten und darf diesen nicht überschreiten (§ 78 Abs. 3 S. 3 AMG).

53 Der Gesetzgeber hat die Struktur des Großhandelszuschlages nach § 2 AMPreisV durch das **AMNOG** grundlegend verändert. An die Stelle des bisherigen degressiv anhand des Herstellerabgabepreises gestaffelten Höchstzuschlages von maximal 72 EUR tritt seit 1.1.2012 ein zwingend vom pharmazeutischen Großhandel zu erhebender, preisunabhängiger Festzuschlag von 70 Cent sowie ein variabler Höchstzuschlag von 3,15 % auf den Abgabepreis des pharmazeutischen Unternehmers[231]. Im Gegensatz zur bisherigen Rechtslage ist eine vollständige Rabattierung des Großhandelszuschlages gegenüber den abnehmenden Apotheken deshalb nicht mehr möglich. Der Festzuschlag von 70 Cent muss vom pharmazeutischen Großhandel bei jeder Abgabe von Arzneimitteln, die dem Anwendungsbereich der AMPreisV unterliegen, erhoben werden und ist nicht rabattfähig[232]. Zweck der Festzuschlagsregelung ist es, die im öffentlichen Interesse liegende Sicherstellungs- und Bevorratungsfunktion des pharmazeutischen Großhandels gem. § 52 AMG unabhängig vom Preis eines Arzneimittels zu gewährleisten[233].

2. Regulierung der Arzneimittelpreise nach dem SGB V

54 Die Regulierung der Arzneimittelpreise im System der GKV zielt auf eine **Begrenzung der Kosten** der zu Lasten der GKV abgegebenen Arzneimittel, um ein **funktionsfähiges** und gleichzeitig **finanzierbares Gesundheitssystem** zu gewährleisten[234]. Das Recht der GKV sieht als Instrumente der Preisregulierung **Festbeträge** (§ 35 SGB V), **Vereinbarungen über Erstattungsbeträge für nicht festbetragsfähige Arzneimittel** zwischen

---

[229] *Willenbruch* PharmR 2010, 321 (321).

[230] *Wodarz* in Sodan HdB KrankenVersR-HdB § 27 Rn. 25; *Rehmann* AMG § 78 Rn. 1; *Baierl/Kellermann*, Arzneimittelrecht, S. 202.

[231] § 2 Abs. 1 S. 1 AMPreisV idF von Art. 8 Nr. 1a) aa) AMNOG. Der BGH sieht in dem Festzuschlag keine vom pharmazeutischen Großhandel zwingend einzuhaltende Preisuntergrenze, sondern stellt diesen wie den Höchstzuschlag zur Disposition des Großhandels, BGH, Urt. v. 5.10.2017 – I ZR 172/16.

[232] BT-Drs. 17/2413, S. 36; BT-Drs. 17/3698, S. 60. Bereits vor ihrem Inkrafttreten hat die Neuregelung die Frage aufgeworfen, ob der Festzuschlag auch vom pharmazeutischen Unternehmer im Direktvertrieb an Apotheken zu erheben ist und ob ferner die Festzuschlagsregelung auch im Vertrieb an Apotheken angewendet werden muss, die zwar über eine Großhandelserlaubnis verfügen, aber vorwiegend für den Eigenbedarf einkaufen. Art. 13 des Gesetzes zur Verbesserung der Versorgungsstrukturen in der gesetzlichen Krankenversicherung (GKV-VStG vom 22.12.2011, BGBl. I, S. 2983) ergänzt § 78 Abs. 1 AMG und stellt klar, dass der gesetzliche Fixzuschlag für Großhändler auch für den Fall des Direktvertriebs von pharmazeutischen Unternehmern an Apotheker gelten soll und nicht rabattiert werden darf. Allerdings gilt dies nach der Gesetzesbegründung wiederum nicht, wenn Apotheken die betr. Arzneimittel als Großhändler an weitere Apotheken liefern. Zum Ganzen *Buchner/Burk* WRP 2011, 1543 f.

[233] BT-Drs. 17/2413, S. 36.

[234] *Wodarz* in Sodan HdB KrankenVersR-HdB § 27 Rn. 27; *Sandrock/Nawroth* in Dieners/Reese PharmaR-HdB § 9 Rn. 142.

dem Spitzenverband Bund der Krankenkassen und dem pharmazeutischen Unternehmer (§ 130b SGB V) sowie **gesetzliche Preisabschläge in Form von Apotheken- und Herstellerrabatten zu Gunsten der GKV** (§§ 130 bzw. 130a Abs. 1, 2, 3a und 3b SGB V) vor[235]. Die Kostensteuerungsinstrumente des SGB V knüpfen an unterschiedlichen Stellen der Arzneimittelpreisbildung nach dem AMG an, wodurch das Arzneimittelpreisrecht des AMG insofern durch das Preisrecht der GKV überlagert wird. Die **gesetzlichen Herstellerabschläge** sowie die **Erstattungsbeträge** für nicht festbetragsfähige Arzneimittel **setzen am Abgabepreis des pharmazeutischen Unternehmers an,** wohingegen die **Festbeträge** und der **Apothekenrabatt am Apothekenabgabepreis ansetzen**[236]. Dabei wirken die gesetzlichen Preisabschläge und die Erstattungsbeträge für nicht festbetragsfähige Arzneimittel unmittelbar zu Lasten der Apotheker und der pharmazeutischen Unternehmer, wohingegen sich die Festbeträge unmittelbar an die Versicherten richten[237].

II. Gesetzliche Preisabschläge

Die §§ 130, 130a SGB V sehen mit den Apotheken- und Herstellerrabatten gesetzliche Preisabschläge auf den Arzneimittelabgabepreis und den Abgabepreis des pharmazeutischen Unternehmers zu Gunsten der GKV als größten und deshalb privilegierten Kunden von Apotheken und pharmazeutischen Unternehmen vor. Auf diese Weise werden die Apotheken und pharmazeutischen Unternehmer als Arzneimittelversorger in die Bemühungen des Gesetzgebers zur Kostendämpfung und Sicherung der finanziellen Stabilität der GKV eingebunden. 55

1. Apothekenrabatt (§ 130 SGB V)

Nach § 130 SGB V haben die Apotheken die Pflicht, den Krankenkassen einen Rabatt auf den Arzneimittelabgabepreis einzuräumen. Dieser Rabatt, der vom Gesetz als Abschlag bezeichnet wird, stellt eine **Kürzung des Vergütungsanspruches des Apothekers** gegen die Krankenkasse dar[238]. Dabei differenziert § 130 SGB V bezüglich der Rabatthöhe zwischen verschreibungspflichtigen und sonstigen Arzneimitteln, sowie Arzneimitteln, für die ein Festbetrag nach § 35 SGB V festgeschrieben ist. Durch das GKV-VSG v. 23.7.2015[239] wurde erstmals eine dauerhafte gesetzliche Rabatthöhe **für verschreibungspflichtige Fertigarzneimittel** festgelegt. Danach erhalten Krankenkassen von den Apotheken **nun seit 2015 einen festen Abschlag von 1,77 EUR** je Arzneimittel, während dieser in den Jahren zuvor stetig variierte und gesondert angepasst werden musste.[240] 56

Für sonstige Arzneimittel (Rezepturarzneimittel oder nicht verschreibungspflichtige Fertigarzneimittel, die ausnahmsweise von der Krankenkasse übernommen werden) wird nach § 130 Abs. 1 Hs. 2 SGB V ein Abschlag in Höhe von 5 % auf den für den Versicherten maßgeblichen Arzneimittelabgabepreis berechnet. Für **Arzneimittel, für die**

---

[235] *Wodarz* in Sodan HdB KrankenVersR-HdB § 27 Rn. 26 ff.; *Igl/Welti* GesundheitsR Rn. 605; *Kingreen* NZS 2011, 441 (442).
[236] *Wodarz* in Sodan HdB KrankenVersR-HdB § 27 Rn. 25.
[237] *Reese/Stallberg* in Dieners/Reese PharmaR-HdB § 17 Rn. 217; *Wodarz* in Sodan HdB KrankenVersR-HdB § 27 Rn. 66.
[238] BSG SozR 4–2500 § 130 Nr. 1 Rn. 28; *Axer* in Becker/Kingreen SGB V § 130 Rn. 2; *Dalichau* in Prütting SGB V § 130 Rn. 2. Nach anderer Auffassung handelt es sich um eine Sonderabgabe im finanzverfassungsrechtlichen Sinne, *Barth* in Spickhoff SGB V § 130 Rn. 5; *Reese/Stallberg* in Dieners/Reese PharmaR-HdB § 17 Rn. 219. Verfassungsrechtliche Bedenken insbesondere wegen der Verletzung des Grundrechts der Berufsfreiheit bestehen insoweit nicht, BVerfGE 114, 196 (221).
[239] GKV-Versorgungsstärkungsgesetz vom 23.7.2015, BGBl. I S. 1211.
[240] Ausführlich zu den Einigungsschwierigkeiten auf eine bestimmte Rabatthöhe vor der gesetzlichen Festschreibung vgl. *Axer* in Becker/Kingreen SGB V § 130 Rn. 4.

nach § 35 SGB V ein Festbetrag gilt, bemisst sich der **Abschlag nach dem Festbetrag.** Liegt der maßgebliche Arzneimittelabgabepreis unter dem Festbetrag, ist dieser für die Bemessung zu Grunde zu legen (§ 130 Abs. 2 SGB V). Nach § 130 Abs. 3 SGB V ist der **Abschlag von den Apotheken jedoch nur dann zu gewähren,** wenn die Apothekenrechnung **innerhalb von 10 Tagen** nach ihrem Eingang bei der Krankenkasse beglichen wird. Insofern ist der Apothekenabschlag ein **gesetzlich vorgegebenes Skonto**[241]. Demgegenüber erhält der Apotheker bei der Arzneimittelabgabe für einen PKV-Versicherten sofort den vollen Betrag und muss keinerlei Abschlag zahlen[242].

2. Herstellerrabatte (§ 130a SGB V)

57   Zum Abschlagsregime nach § 130a SGB V gehören vier Arten von Kostendämpfungsinstrumenten: der **allgemeine Herstellerabschlag** nach § 130a Abs. 1 SGB V, das **Preismoratorium** nach § 130a Abs. 3a SGB V, der **Generikaabschlag** nach § 130a Abs. 3b SGB V sowie der durch das AMNOG etablierte **Impfstoffabschlag** nach § 130a Abs. 2 SGB V. Diese zeichnen sich allesamt dadurch aus, dass den Krankenkassen ein Preisnachlass auf den von ihnen zu erstattenden Abgabepreis des pharmazeutischen Unternehmers gewährt wird. Lediglich der Abschlagtatbestand und die Abschlagshöhe divergieren.

58   a) **Allgemeiner Herstellerrabatt (§ 130a Abs. 1).** Die Grundnorm der Abschlagspflicht ist der allgemeine Herstellerabschlag nach § 130a Abs. 1 SGB V. Die pharmazeutischen Hersteller müssen den Krankenkassen gem. § 130a Abs. 1 S. 6 iVm S. 1 SGB V für **Fertigarzneimittel, für die kein Festbetrag festgesetzt ist und deren Apothekenabgabepreis aufgrund von Preisvorschriften nach dem AMG oder aufgrund des § 129 Abs. 5a SGB V bestimmt** wird, einen Abschlag gewähren. Dieser Abschlag betrug nach S. 1 seit 2003 grundsätzlich 6 % des Abgabepreises des pharmazeutischen Unternehmers ohne Mehrwertsteuer. Seit 2014 hat sich dieser Herstellerabschlag in Folge des 14. SGB V ÄndG auf 7 % erhöht.[243] Nach seiner ursprünglichen Regelungsidee findet der Herstellerabschlag ausschließlich auf **preisgebundene Arzneimittel Anwendung.** Für Arzneimittel, bei denen Preise zwischen Apotheken und Krankenkassen frei vereinbart werden können, besteht grundsätzlich keine Abschlagspflicht[244]. § 130a Abs. 1 S. 7 SGB V weitet jedoch die Abschlagspflicht auf an sich preisungebundene **Fertigarzneimittel in parenteralen Zubereitungen** (Infusionen) tatbestandlich aus. § 130a Abs. 1 S. 6 SGB V dehnt zudem die Abschlagspflicht auf **Arzneimittel aus, die in Krankenhausapotheken iRd ambulanten Behandlung nach § 129a SGB V abgegeben** werden. Da sich gem. § 130a Abs. 1 S. 6 iVm S. 1 SGB V die Abschlagspflicht auf alle Arzneimittel erstreckt, deren Apothekenabgabepreise nach dem Arzneimittelgesetz bestimmt sind, ist die Anwendbarkeit der Abschlagpflicht auf solche Arzneimittel, die im Wege des Versandhandels von Apotheken mit Sitz in einem Mitgliedstaat der EU direkt an Verbraucher im Inland geliefert werden, problematisch. Nachdem der Gesetzgeber § 78 Abs. 1 AMG dahingehend modifiziert hatte, dass nun die AMPreisV auch für Arzneimittel gelte, die nach § 73 Abs. 1 S. 1 Nr. 1a SGB V in den Geltungsbereich dieses Gesetzes verbracht wurden, hat der EuGH diese deutsche Regelung schließlich für europarechtswidrig erklärt: Mit

---

[241] *Wodarz* in Sodan HdB KrankenVersR-HdB § 27 Rn. 70; *Axer* in Becker/Kingreen SGB V § 130 Rn. 2.
[242] *Barth* in Spickhoff SGB V § 130 Rn. 5.
[243] *Hess* in KassKomm SGB V § 130a Rn. 3. Patentfreie, wirkstoffgleiche Arzneimittel (Generika) werden allerdings gem. § 130a Abs. 1 S. 2 SGB V von der durch das 14. SGB V-ÄndG v. 27.3.2014 (BGBl. I S. 261) erfolgten Anhebung des Mengenrabatts von 6 auf 7 % ausgenommen.
[244] *Stallberg* PharmR 2011, 38 (40); *Axer* in Becker/Kingreen SGB V § 130a Rn. 3; *Barth* in Spickhoff SGB V § 130 Rn. 3.

Urteil vom 19.10.2016[245] hat er entschieden, dass einheitliche Apothekenabgabepreise für verschreibungspflichtige Medikamente im Fall des Versandhandels ausländischer Apotheken mit Sitz in der EU gegen die Warenverkehrsfreiheit nach Art. 34 AEUV verstoßen. Selbst wenn sich der EuGH ausdrücklich nur auf § 78 Abs. 1 AMG bezogen hat, so gilt aus Gründen der praktischen Wirksamkeit des Unionsrechts auch § 130a Abs. 1 SGB V nicht für diese Fälle.[246] Der Herstellerabschlag erstreckt sich daher europarechtskonform nur auf **Fertigarzneimittel, die dem deutschen Preisrecht zuzuordnen sind.** Importarzneimittel, die von Versandhausapotheken aus dem Ausland eingeführt werden, unterliegen nicht der Rabattierung[247]. Der Abschlag wird den Krankenkassen von den Apotheken vermittelt und den Apotheken von den pharmazeutischen Unternehmern erstattet. Damit findet die **Abwicklung des Herstellerrabattes im Dreiecksverhältnis zwischen Krankenkasse, Apotheker und Herstellern** statt[248]. Die Krankenkasse erstattet Apothekern einen um den Apothekenrabatt und den Herstellerrabatt gekürzten Betrag. Der Apotheker hat einen entsprechenden **Rückforderungsanspruch** nach § 130a Abs. 1 S. 2 SGB V gegenüber dem Hersteller und kann sich auf dieses Weise den Rabatt beim Hersteller erstatten lassen. **Wirtschaftlich** handelt es sich beim gesetzlichen Abschlag aus § 130a SGB V um einen **Herstellerrabatt**, bei dem kein direktes Rechtsverhältnis zwischen pharmazeutischem Unternehmer und Krankenkasse besteht.

b) Erhöhter Herstellerabschlag (§ 130a Abs. 1a SGB V). § 130a Abs. 1a S. 1 SGB V sieht für die Zeit **vom 1.8.2010 bis 31.12.2013**[249] eine Erhöhung des Herstellerabschlags **auf 16 Prozent** für alle verschreibungspflichtigen Arzneimittel einschließlich Fertigarzneimitteln in parenteralen Zubereitungen abweichend von § 130a Abs. 1 SGB V vor. Der erhöhte Herstellerrabatt findet nach § 130a Abs. 1a S. 2 SGB V keine Anwendung auf Arzneimittel, die dem Generikaabschlag nach § 130a Abs. 3b S. 1 SGB V unterfallen. Die zeitlich befristete Abschlagserhöhung auf 16 % gilt jedoch nicht ausnahmslos. § 130a Abs. 1a S. 4 SGB V enthält einen Privilegierungstatbestand, bei dessen Vorliegen eine **Ermäßigung des Abschlags** eintritt. Demgemäß mindert eine ab dem 1.8.2010 vorgenommene **Absenkung des Abgabepreises** des pharmazeutischen Unternehmers **gegenüber dem Preis am 1.8.2009** den erhöhten Herstellerabschlag **in Höhe der jeweiligen Preissenkung.** Jedoch ist die Absenkung der Abschlagserhöhung der Höhe nach begrenzt, wonach eine Preisabsenkung den Abschlag höchstens um 10 % auf das Niveau des in § 130a Abs. 1 SGB V geregelten 6 %-tigen Abschlags reduzieren kann. Für Arzneimittel, die **nach dem 1.8.2009** in den Markt eingeführt wurden, ist gem. § 130a Abs. 1a S. 5 SGB V der **Preis der Markteinführung** maßgeblich. Mit dieser Regelung sowie den nachfolgenden Regelungen in § 130a Abs. 1a S. 6 bis 8 SGB V soll sichergestellt werden, dass die Krankenkassen eine **Nachzahlung für Herstellerabschläge** erhalten, die ihnen in den Monaten August 2010 bis Dezember 2010 von den pharmazeutischen Unternehmern dadurch vorenthalten wurden, dass durch eine Preisabsenkung eine kurz zuvor erfolgte Preiserhöhung zurückgenommen wurde (sogenannte Preisschaukel[250]). Als Nachzahlung sieht § 130a Abs. 1a S. 6 SGB eine Erhöhung des Herstellerabschlags für die entsprechenden Arzneimittel im Jahr 2011 um 4,5 Prozentpunkte von 16 auf 20,5 % vor. Mit dieser Regelung sollen entgangene Abschläge pauschaliert ausgeglichen werden. Dieser erhöhte Abschlag von 20,5 % kann gem. § 130a Abs. 1a S. 8 SGB V durch eine

---

[245] EuGH, Urt. v. 19.10.2016 – C-148/15 – Deutsche Parkinson Vereinigung.
[246] von Dewitz BeckOK SozR SGB V § 130a Rn. 7.
[247] BSG, Urt. v. 17.12.2009 – B 3 KR 14/08, NZS 2010, 676; BSG, Urt. v. 28.7.2008 – B 1 KR 4/08, NZS 2009, 281.
[248] *Reese/Stallberg* in Dieners/Reese PharmaR-HdB § 17 Rn. 220; *Barth* in Spickhoff SGB V § 130a Rn. 4.
[249] Der erhöhte Herstellerabschlag ist zum 31.12.2013 beendet worden (dazu BT-Drs. 18, 606).
[250] *Steinmeyer* in NK-MedizinR SGB V § 130a Rn. 6; *Dalichau* in Prütting SGB V § 130a Rn. 16.

Preisenkung im Vergleich zu dem am 1.8.2009 geltenden Abgabepreis des pharmazeutischen Unternehmers abgelöst werden.

60   c) **Preismoratorium (§ 130a Abs. 3a SGB V)**. Die Gewährung von Pflichtrabatten zu Gunsten der GKV kann Anlass geben, diese durch Preiserhöhungen, die Veränderung von Packungsgrößen oder durch die Zusammensetzung von Arzneimitteln zu umgehen. Aus diesem Grund hat der Gesetzgeber Tatbestände geschaffen, die verhindern sollen, dass es zu einer **Umgehung der Rabattregelung** und zu einem Kostenanstieg zu Lasten der GKV kommt[251]. § 130a Abs. 3a S. 1 SGB V flankiert den erhöhten Herstellerrabatt nach § 130a Abs. 1a SGB V, indem **rückwirkend der Preisstand zum Stichtag 1.8.2009 bis zum 31.12.2022**[252] eingefroren wird und Preiserhöhungen durch die pharmazeutischen Unternehmer in vollem Umfang dem Herstellerabschlag zufließen und damit der GKV zugutekommen. Kommt es zu einer Erhöhung des Abgabepreises des pharmazeutischen Unternehmers ohne Mehrwertsteuer gegenüber dem Preisstand vom 1.8.2009, erhalten die Krankenkassen bis zum 31.12.2022 einen **Abschlag in der Höhe des Betrages der Preiserhöhung**. Auf diese Weise soll vermieden werden, dass die GKV in diesem Zeitraum durch Preiserhöhungen von Arzneimitteln zusätzlich belastet wird und die Hersteller den erhöhten Herstellerrabatt nach § 130a Abs. 1a SGB V durch Preiserhöhungen umgehen. Einer **Umgehung des Preisstopps** durch Änderung der Packungsgröße oder der Wirkstärke versucht § 130a Abs. 3a S. 4 und 5 SGB V entgegenzuwirken. Ist eine Änderung gegeben, wird für das neue Arzneimittel der Preis je Mengeneinheit derjenigen bereits im Markt befindlichen Packungsgröße zugrunde gelegt, die dem neuen Arzneimittel hinsichtlich der Packungsgröße am Nächsten kommt. Mit dem **AMVSG** wurde nun einerseits das Preismoratorium bis 2022 verlängert, andererseits jedoch in § 130a Abs. 3a S. 2 SGB V eine Preisanpassung entsprechend der Inflationsrate eingeführt[253]. Letzteres bedeutet, dass zur Berechnung des Abschlags nach S. 1 der Preisstand vom 1.8.2009 erstmalig am 1.7.2018 um den Betrag anzuheben ist, der sich aus der Veränderung des vom Statistischen Bundesamt festgelegten Verbraucherpreisindex für Deutschland im Vergleich zum Vorjahr ergibt. Mit dem ebenso neu eingefügten § 130a Abs. 3a S. 12 SGB V haben Krankenkassen auch für Arzneimittel, die durch Krankenhausapotheken im Rahmen der ambulanten Behandlung nach § 129a SGB V abgegeben werden, Anspruch auf einen Abschlag nach S. 1.

61   d) **Generikaabschlag (§ 130a Abs. 3b SGB V)**. § 130a Abs. 3b S. 1 SGB V enthält eine weitere Kostendämpfungsmaßnahme. Hiernach erhält die GKV für **patentfreie, wirkstoffgleiche Arzneimittel** einen **Abschlag in Höhe von 10%** des Abgabepreises des pharmazeutischen Unternehmers. Bei Absenkungen des Abgabepreises des pharmazeutischen Unternehmers kann sich der Abschlag der Höhe der Absenkung entsprechend

---

[251] *Dalichau* in Prütting SGB V § 130a Rn 84; *Axer* in Becker/Kingreen SGB V § 130a Rn. 10.
[252] Die Regelung war an sich bis zum 31.12.2013 befristet. Die Frist wurde aber durch das 13. SGB V- ÄndG bis zum 31.3.2014 und schließlich durch das 14. SGB V ÄndG bis zum 31.12.2017 verlängert, wodurch vor allem der Wegfall der Bestandsmarkt-Nutzenbewertung nach § 35a Abs. 6 SGB V aF kompensiert werden sollte, BT-Drs. 18/201, 7 f. Durch das AMVSG wurde das Preismoratorium nun bis zum 31.12.2022 verlängert. Zudem wird über § 1 AMRabG die Verlängerung des Preismoratoriums auch für die Unternehmen der Privaten Krankenversicherung wirksam.
[253] Die Verlängerung des Preismoratoriums über den 31.12.2017 hinaus bis zum Ende des Jahres 2022 verhindert Mehrausgaben, die auf ein Volumen von jährlich rund 1,5 bis 2 Milliarden Euro geschätzt werden. Im Bereich der privaten Krankenversicherungen verhindert die Verlängerung des Preismoratoriums Mehrausgaben in einer Größenordnung von jährlich rund 100 Millionen Euro. Durch den vorgesehenen Inflationsausgleich verringern sich die durch das Preismoratorium nicht eintretenden geschätzten Mehrausgaben im Bereich der gesetzlichen Krankenversicherung um rund 150 bis 200 Millionen Euro und im Bereich der privaten Krankenversicherungen um rund 10 Millionen Euro je Prozentpunkt der Veränderung des Preisindex, BT-Drs. 18/11449, S. 3.

vermindern (§ 130a Abs. 3b S. 2 SGB V). Durch die Bezugnahme in § 130a Abs. 3b S. 5 ff. SGB V auf **Preisänderungen im Zeitraum von 36 Monaten** sollen **Preisschaukeln als Umgehungsstrategien** verhindert werden, bei denen der Preis zunächst erhöht wird und dann anschließend durch Preissenkungen der Generikaabschlag reduziert werden soll[254]. Wie beim Herstellerrabatt nach § 130a Abs. 1 SGB V erfolgt die **Abwicklung des Rabatts im Dreiecksverhältnis** zwischen Krankenkasse, Apotheker und Hersteller. Die Apotheken gewähren den Krankenkassen den Abschlag, die Apotheken haben ihrerseits einen Erstattungsanspruch gegen die pharmazeutischen Unternehmer. Der Generikarabatt ist grundsätzlich auch dann zu gewähren, wenn für das betroffene Arzneimittel ein Festbetrag festgesetzt ist, es sei denn, der Apothekeneinkaufspreis liegt mind. 30 % unter dem jeweils gültigen Festbetrag. (§ 130a Abs. 3b S. 3 SGB V). Nicht festbetragsgebundene Generika können aufgrund von § 130a Abs. 1 und Abs. 3b SGB V damit einem festen Rabatt in Höhe von insgesamt 16 % des Herstellerabgabepreises unterliegen.

e) **Impfstoffabschlag (§ 130a Abs. 2 SGB V).** § 130a Abs. 2 SGB V ist durch das **AMNOG** neu in die Vorschrift des § 130a SGB V eingefügt worden und etabliert ein spezielles Abschlagsregime für Impfstoffe. Bisher waren die Abgabepreise der pharmazeutischen Unternehmer im Vergleich zu den internationalen Referenzpreisen überdurchschnittlich hoch[255]. Durch die Neuregelung soll eine **Begrenzung der Abgabepreise der pharmazeutischen Unternehmer auf internationale Referenzpreise** gewährleistet werden, so dass keine ungerechtfertigt hohen Impfstoffpreise zu Lasten der GKV abgerechnet werden können. Damit zielt die Regelung auf die **Festlegung eines angemessenen Preisniveaus** für die zu Lasten der GKV abgegebenen Impfstoffe[256]. Nach der Neuregelung sollen Krankenkassen von den Apotheken allgemein einen **Abschlag auf Impfstoffe für Schutzimpfungen** nach § 20d Abs. 1 SGB V erhalten, dessen Höhe in der Differenz des Abgabepreises zu einem geringeren durchschnittlichen Preis besteht, der aus internationalen Referenzpreisen ermittelt wird. Die Berechnung des Abschlags setzt voraus, dass der pharmazeutische Unternehmer die Höhe des Abschlags selbst ermittelt (§ 130a Abs. 2 S. 4 SGB V). Die Höhe ergibt sich gem. § 130a Abs. 2 S. 2 SGB V aus einem Durchschnittspreis auf Grundlage der **tatsächlich gültigen Abgabepreise des pharmazeutischen Unternehmers** in den vier Mitgliedstaaten der Europäischen Union, die den deutschen Verhältnissen am nächsten kommen. Die Auswahl der Vergleichsländer soll gem. § 130a Abs. 2 S. 2 SGB V nach Maßgabe der Vergleichbarkeit mit der Wirtschaftskraft Deutschlands hinsichtlich der Höhe der Bruttonationaleinkommen und der Kaufkraft erfolgen.

3. Verhältnis der gesetzlichen Rabatte

Die **Herstellerrabatte** aus § 130a Abs. 1, 2, 3a und 3b SGB V stehen ebenso wie der **Apothekenrabatt** aus § 130 SGB V als selbständiges Preisregulierungsinstrument neben den Festbeträgen. Im Unterschied zum Apothekenrabatt gilt aber der Herstellerrabatt aus § 130a Abs. 1 SGB V von vornherein nicht für Arzneimittel, für die ein Festbetrag nach § 35 SGB V festgesetzt worden ist, da insoweit die Erstattungspflicht der Krankenkassen bereits durch den Festbetrag begrenzt wird (§ 130a Abs. 3 SGB V). Die Herstellerrabatte aus § 130a Abs. 3a und 3b SGB V gelten dagegen grundsätzlich auch für festbetragsgebundene Arzneimittel. Die Krankenkassen erhalten die **Herstellerrabatte** aus § 130a SGB V **zusätzlich zum Apothekenrabatt** aus § 130 SGB V[257].

---

[254] *Axer* in Becker/Kingreen SGB V § 130a Rn. 11; *Barth* in Spickhoff SGB V § 130a Rn. 8.
[255] BT-Drs. 17/3698, S. 78.
[256] *Stallberg* PharmR 2011, 38 (43); BT-Drs. 17/3698, S. 78.
[257] *Wodarz* in Sodan HdB KrankenVersR-HdB § 27 Rn. 71;; *Axer* in Becker/Kingreen SGB V § 130a Rn. 1; *Hess* in KassKomm SGB V § 130a Rn. 2.

4. Herstellerrabatte zugunsten der PKV nach dem AMRabG

64 Durch das **AMNOG** wurde die Regulierung des Arzneimittelmarktes nicht nur in der GKV weiter fortgeführt und ausgebaut, sondern überdies teilweise auf die PKV übertragen. Zum 1.1.2011 ist das Gesetz über Rabatte für Arzneimittel (AMRabG[258]) in Kraft getreten. Gem. § 1 AMRabG haben die pharmazeutischen Hersteller **Rabatte auf den Herstellerabgabepreis** nach § 130a Abs. 1, Abs. 2, Abs. 3, Abs. 3a und 3b SGB V auch **an die Unternehmen der privaten Krankenversicherung abzuführen**. Neben PKV-Unternehmen bezieht § 1 AMRabG zudem Kostenträger nach beamtenrechtlichen Vorschriften (Beihilfe, Fürsorge) in die Zwangsrabatte der pharmazeutischen Unternehmer für verschreibungspflichtige Arzneimittel ein[259]. Bei der Ermittlung der Abschläge sind Selbst- oder Eigenbehalte, die Unternehmen der privaten Krankenversicherung mit den Versicherungsnehmern vereinbart haben oder die auf beamtenrechtlichen Vorschriften oder anderen Vorschriften beruhen, nach § 1 S. 3 AMRabG jedoch nicht zu berücksichtigen. Bis zum Inkrafttreten des AMRabG galten die Herstellerrabatte ausschließlich zugunsten der GKV. Mit § 1 AMRabG verfolgt der Gesetzgeber das Ziel eines **kostengünstigen Krankenversicherungsschutzes für PKV-Versicherte**[260]. Zudem will der Gesetzgeber mit der Regelung den Erhalt des PKV-Geschäftsmodells zum **Erhalt des Gesamtkrankenversicherungssystems** bezwecken[261]. Der Einzug der Zwangsrabatte erfolgt über die zentrale Stelle zur Abrechnung von Arzneimittelrabatten GmbH **(ZESAR)**. Eine solche Stelle war gem. § 2 S. 1 AMRabG einzurichten. Die Pharmaverbände BAH, BPI, Deutscher Genericaverband, Pro Generika und vfa haben mit der ZESAR einen Rahmenvertrag über die Abwicklung der zu leistenden Abschläge geschlossen, der rückwirkend zum 1.1.2011 in Kraft getreten ist. Dieser beinhaltet Abrechnungsregelungen, Einzelheiten zur Rechnungsstellung und Fälligkeit, zur Sammelrechnung, Abschlagszahlungen, Berichtigungen, Datenlieferungen und Überprüfungen. Der Rahmenvertrag entfaltet nur Rechtswirkung gegenüber pharmazeutischen Unternehmern, die dem Vertrag durch Abgabe einer schriftlichen Erklärung beitreten (Anl. 1 des Rahmenvertrages). Auch ohne Beitritt zum Rahmenvertrag sind die pharmazeutischen Unternehmer verpflichtet, von der ZESAR übermittelte Rabatte zu erstatten. Durch das **AMVSG** haben die Unternehmen der privaten Krankenversicherung sowie der Träger der Beihilfe und Heilfürsorge gegenüber pharmazeutischen Unternehmern einen gesetzlichen Anspruch auf Ausgleich der Differenz zwischen dem Erstattungsbetrag und dem tatsächlichen Abgabepreis (§ 1 Abs. 1a AMRabG). Damit ist gewährleistet, dass auch diese Kostenträger von einer rückwirkenden Geltung des Erstattungsbetrages profitieren[262].

III. Festbeträge für Arzneimittel (§§ 31 Abs. 2, 35 SGB V)

1. Zweck der Festbetragsfestsetzung

65 Zwischen **Arzneimitteln in vergleichbarer Qualität, mit vergleichbarer Wirkung und identischer Zusammensetzung** bestehen zum Teil **erhebliche Preisspannen**. Ist für eine **gleichartige Kategorie von Arzneimitteln** ein vergleichbarer **einheitlicher Festbetrag** nach § 35 SGB V festgesetzt, trägt die GKV die Kosten nur bis zur Höhe des

---

[258] Gesetz über Rabatte für Arzneimittel vom 22.12.2010, BGBl. I S. 2262, 2275, zuletzt geändert durch Art. 3a des Gesetzes v. 7.8.2013, BGBl. I S. 3108.
[259] Zur Verfassungsmäßigkeit von § 1 AMRabG *Butzer/Soffner* NZS 2011, 841 f.; *Paal/Rehmann* A&R 2011, 51.
[260] BT-Drs. 17/3698, S. 60 f.
[261] BT-Drs. 17/3698, S. 61.
[262] https://www.bundesgesundheitsministerium.de/presse/pressemitteilungen/2017/1-quartal/amvsg.html.

Festbetrages (§ 31 Abs. 2 SGB V). Demnach **begrenzen** Festbeträge den **Leistungsanspruch des Versicherten der Höhe nach,** indem sie bestimmen, bis zu welchen Kosten die GKV die Kosten eines Arzneimittels erstattet. Wählt der Versicherte ein Arzneimittel, dessen Apothekenabgabepreis den Festbetrag übersteigt, muss er die Mehrkosten selbst tragen. Als Erstattungsobergrenze wirken sich die Festbeträge aber auch mittelbar auf die Preisgestaltung des pharmazeutischen Unternehmers aus[263], wenn sich dieser im Zuge des durch die Festbetragsregelung ausgelösten Preisanpassungsdrucks dazu veranlasst sieht, seinen Abgabepreis so zu bestimmen, dass sein Arzneimittel zum Festbetrag erhältlich ist[264]. Werden die Kosten eines Arzneimittels nicht in voller Höhe von der GKV übernommen, erschwert dies für den pharmazeutischen Unternehmer den Absatz seines Produktes, so dass sich die Preisgestaltung des pharmazeutischen Unternehmers an den von der GKV übernommenen Kosten orientieren muss. Zweck der Festbetragsregelung ist es somit, den Versicherten und Vertragsärzten einen Anreiz zur **Wahl kostengünstigerer Arzneimittel** zu geben und die **Arzneimittelhersteller zur Absenkung ihres Abgabepreises zu veranlassen.** Auf diese Weise soll eine qualitativ hochwertige Arzneimittelversorgung auf niedrigem Preisniveau durch **Preiswettbewerb** zwischen den Herstellern bei vergleichbaren Arzneimitteln bewirkt und damit eine Kostensenkung herbeigeführt werden. Mit über 400 Festbetragsgruppen fällt ein Großteil der **Generikaverordnungen** unter die Festbetragsregelung[265].

2. Festsetzungsverfahren

Die Festbeträge werden in einem **zweistufigen Verfahren** bestimmt. Der G-BA ermittelt zunächst Gruppen von Arzneimitteln (§ 35 Abs. 1 SGB V), für die anschließend Festbeträge durch den Spitzenverband Bund der Krankenkassen festgesetzt werden (§ 35 Abs. 3 SGB V). 66

a) **Festbetragsgruppenbildung.** Gem. § 35 Abs. 1 S. 1 SGB V bestimmt der G-BA in den Arzneimittel-Richtlinien nach § 92 Abs. 1 S. 2 SGB V die Gruppen vergleichbarer Arzneimittel, für die ein einheitlicher Festbetrag festgesetzt wird. Die **Gruppenbildung** erfolgt jeweils für **Arzneimittel mit denselben Wirkstoffen** (§ 35 Abs. 1 S. 2 Nr. 1 SGB V), mit **pharmakologisch-therapeutisch vergleichbaren Wirkstoffen** (§ 35 Abs. 1 S. 2 Nr. 2 SGB V) oder für Arzneimittel mit **therapeutisch vergleichbarer Wirkung,** insbesondere Arzneimittelkombinationen (§ 35 Abs. 1 S. 2 Nr. 3 SGB V). Die drei Gruppen stehen in einem **Stufenverhältnis,** so dass vorrangig Gruppen mit denselben Wirkstoffen nach § 35 Abs. 1 S. 2 Nr. 1 SGB V zu bilden sind[266]. In dieser Gruppe sind Arzneimittel mit **chemisch identischen Wirkstoffen** sowie **Kombinationsarzneimittel mit identischer Wirkstoffkombination** zusammenzufassen[267]. Bei der Gruppenbildung nach § 35 Abs. 1 S. 2 Nr. 1 SGB V hat der G-BA klinisch relevante Bioverfügbarkeiten zu berücksichtigen. Gemeint sind die Geschwindigkeit und das Ausmaß, mit der ein chemischer Wirkstoff freigesetzt und resorbiert wird und im Körper seine Wirkung entfaltet[268]. Auf diese erste Gruppe entfallen mehr als ein Drittel der Arzneimittelaus- 67

---

[263] BVerfGE 106, 275 (299) – Festbetrags-Urteil, wonach sich die Festbeträge im Grundsatz nur im Wege eines – wenn auch ebenso marktlenkenden – Reflexes auf die Leistungserbringer auswirken.
[264] *Hofmann* in KMH AMG § 78 Rn. 88.
[265] *Barth* in Spickhoff SGB V § 35 Rn. 1; *Wodarz* in Sodan HdB KrankenVersR-HdB § 27 Rn. 27; *Reese/Stallberg* in Dieners/Reese PharmaR-HdB § 17 Rn. 172; *Hess* in KassKomm SGB V § 35 Rn. 3.
[266] *Barth* in Spickhoff SGB V § 35 Rn. 3; *Reese/Stallberg* in Dieners/Reese PharmaR-HdB § 17 Rn. 172; *Hess* in KassKomm SGB V§ 35 Rn. 3
[267] *Joussen* in KKW SGB V § 35 Rn. 3; *Axer* in Becker/Kingreen SGB V § 35 Rn. 7; *Hess* in KassKomm SGB V § 35 Rn. 4; *Reese/Stallberg* in Dieners/Reese PharmaR-HdB § 17 Rn. 175.
[268] *Axer* in Becker/Kingreen SGB V § 35 Rn. 7.

gaben der GKV[269]. In der zweiten Gruppe nach § 35 Abs. 1 S. 2 Nr. 2 SGB V sind insbesondere Arzneimittel mit **chemisch verwandten Stoffen** zusammenzufassen. Erfasst sind damit Arzneimittel, die zwar einen gleichen Wirkstoff aufweisen, dieser aber unterschiedlich molekular zusammengesetzt ist[270]. Bei den Gruppenbildungen nach § 35 Abs. 1 S. 2 Nr. 2 und 3 SGB V hat der G-BA gem. § 35 Abs. 1 S. 5 SGB V zu gewährleisten, dass die Therapiemöglichkeiten für den Arzt nicht eingeschränkt werden und medizinisch notwendige Verordnungsalternativen zur Verfügung stehen, zudem kann er altersgerechte Darreichungsformen für Kinder berücksichtigen[271].

68 **Von der Festbetragsgruppenbildung ausgenommen** sind Arzneimittel mit **patentgeschützten Wirkstoffen, deren Wirkungsweise neuartig** ist oder die eine **therapeutische Verbesserung**, auch wegen geringerer Nebenwirkungen bedeuten (§ 35 Abs. 1 S. 6 SGB V). Als neuartig gilt ein Wirkstoff, solange derjenige Wirkstoff, der als erster der Festbetragsgruppe in Verkehr gebracht worden ist, unter Patentschutz steht (§ 35 Abs. 1 S. 7 SGB V). Auf diese Weise soll verhindert werden, dass der Patentschutz unterlaufen wird[272]. Arzneimittel mit **patentgeschützten Wirkstoffen,** die eine **therapeutische Verbesserung,** auch wegen geringerer Nebenwirkungen herbeiführen, sind gem. § 35 Abs. 1 S. 6 SGB V **stets von der Festbetragsregelung ausgenommen.** Dadurch soll der Patentschutz gewahrt bleiben und der Anreiz zur Neuentwicklung und Weiterentwicklung hinreichend geschützt werden[273]. Das **AMNOG** lässt die materiellen Voraussetzungen für eine Einbeziehung patentgeschützter Arzneimittel in die Festbetragsregelung unverändert. **Arzneimittel mit patentgeschützten Wirkstoffen, die eine therapeutische Verbesserung bedeuten,** bleiben **festbetragsfrei.** Eine therapeutische Verbesserung liegt vor, wenn das Arzneimittel einen therapierelevanten höheren Nutzen als andere Arzneimittel dieser Wirkstoffgruppe hat und deshalb als zweckmäßige Therapie regelmäßig oder auch für relevante Patientengruppen oder Indikationsbereiche den anderen Arzneimitteln dieser Gruppe vorzuziehen ist. Ein höherer Nutzen kann auch eine Verringerung der Häufigkeit oder des Schweregrades therapierelevanter Nebenwirkungen sein (§ 35 Abs. 1b S. 1 und 3 SGB V). Der **Nachweis einer therapeutischen Verbesserung** erfolgt gem. § 35 Abs. 1b S. 4 SGB V aufgrund der Fachinformationen und durch Bewertung von klinischen Studien nach methodischen Grundsätzen der evidenzbasierten Medizin, soweit diese Studien allgemein verfügbar sind oder gemacht werden und ihre Methodik internationalen Standards entspricht. Vorrangig sind klinische Studien, insbes. direkte Vergleichsstudien mit anderen Arzneimitteln dieser Wirkstoffgruppe mit patientenrelevanten Endpunkten, insbesondere Mortalität, Morbidität und Lebensqualität zu berücksichtigen. Gelingt dem pharmazeutischen Unternehmer der Nachweis einer therapeutischen Verbesserung für bestimmte Patiententypen oder Indikationen, so führt dies einerseits dazu, dass das Arzneimittel nicht in die Festbetragsfestsetzung einbezogen werden darf und zu dem vom Hersteller gebildeten Preis von der GKV zu erstatten ist. Andererseits gilt nach § 35 Abs. 1b S. 9 SGB V das von der Festbetragsregelung ausgenommene Arzneimittel **in den übrigen Anwendungsbereichen** als **unwirtschaftlich**[274].

69 Zur Vorbereitung der Festsetzung eines Festbetrages bedarf es über die Gruppenbildung hinaus der **Festlegung geeigneter Vergleichsgrößen.** Die Festlegung einer geeig-

---

[269] *Joussen* in KKW SGB V § 35 Rn. 3.
[270] *Joussen* in KKW SGB V § 35 Rn. 4; *Reese/Stallberg* in Dieners/Reese PharmaR-HdB § 17 Rn. 176.
[271] Zu Inhalt und Umfang der Begründungspflichten bei der Festbetragsgruppenbildung durch den G-BA sowie der Festbetragsgruppenbildung bzgl. pharmakologisch-therapeutisch vergleichbarer Wirkstoffe, vgl. BSG, Urt. v. 17.9.2013, BSGE 114, 217 ff.
[272] *Joussen* in KKW SGB V § 35 Rn. 4.
[273] *Joussen* in KKW SGB V § 35 Rn. 6.
[274] *Barth* in Spickhoff SGB V § 35 Rn. 5; *Joussen* in KKW SGB V § 35 Rn. 7.

neten Vergleichsgröße obliegt nach § 35 Abs. 1 S. 8 SGB V dem G-BA, der als Vergleichsgröße die notwendigen rechnerischen mittleren Tages- oder Einzeldosen oder andere geeignete Vergleichsgrößen vorzugeben hat. Vor seiner Entscheidung über die Festbetragsgruppenbildung hat der G-BA gem. § 35 Abs. 2 SGB V die Sachverständigen der medizinischen und pharmazeutischen Wissenschaft und Praxis sowie die Arzneimittelhersteller und die Berufsvertretungen der Apotheker anzuhören und ihre Stellungnahme zu berücksichtigen.

b) **Festbetragsfestsetzung.** Auf Grundlage der Festbetragsgruppenbildung und der vom G-BA ermittelten Vergleichsgrößen setzt der Spitzenverband Bund der Krankenkassen die konkrete Höhe der Festbeträge in Form einer **Allgemeinverfügung iSd § 31 S. 2 SGB X** einheitlich fest[275]. Der Spitzenverband Bund der Krankenkassen ist an die Festbetragsgruppenbildung durch den G-BA gebunden, sofern das BMG nach § 94 Abs. 1 SGB V die vom G-BA als Bestandteil der Arzneimittel-Richtlinien beschlossenen Festbetragsgruppen nicht beanstandet[276]. Vor der Festsetzung ist den Sachverständigen Gelegenheit zur Stellungnahme zu geben (§ 35 Abs. 3 iVm Abs. 2 SGB V). Die **Kriterien für die Höhe der Festbeträge** sind in § 35 Abs. 5 SGB V bestimmt. Die Festbeträge sind der Höhe nach so festzusetzen, dass allgemein eine **ausreichende, zweckmäßige und wirtschaftliche sowie in der Qualität gesicherte Versorgung gewährleistet** bleibt und soweit wie möglich eine für die Therapie **hinreichende Arzneimittelauswahl sichergestellt** ist. Die Festsetzung ist an möglichst **preisgünstigen Versorgungsmöglichkeiten** auszurichten, damit durch eine entsprechende Festbetragshöhe ein wirksamer **Preiswettbewerb ausgelöst** wird und die **Wirtschaftlichkeitsreserven ausgeschöpft** werden. Für die **Berechnung der Höhe** bestimmt § 35 Abs. 5 S. 4 SGB V, dass der Festbetrag für die Arzneimittel den höchsten Abgabepreis des unteren Drittels des Intervalls zwischen dem niedrigsten und dem höchsten Preis einer Standardpackung nicht überschreiten soll. Bei dieser Berechnung dürfen nach § 35 Abs. 5 S. 6 SGB V hochpreisige Packungen mit einem Verordnungsanteil von weniger als 1 % nicht berücksichtigt werden, um Umgehungsstrategien der pharmazeutischen Unternehmer vorzubeugen. Die Festbeträge sind gem. § 35 Abs. 5 S. 3 SGB V mindestens einmal im Jahr zu überprüfen und in geeigneten Zeitabständen an eine veränderte Marktlage anzupassen. Bei der jährlichen Anpassung der Festbetragshöhe sollen gem. des durch das **AMNOG** neugefassten **§ 35 Abs. 6 SGB V** auch die Zuzahlungsfreistellungsgrenzen nach Maßgabe einer von § 35 Abs. 5 SGB V abweichenden Maßzahl berücksichtigt werden. Hierdurch soll gewährleistet werden, dass auch nach einer Festbetragsanpassung zuzahlungsfreigestellte Arzneimittel verfügbar sind und auch **unterhalb der Zuzahlungsfreistellungsgrenze ein wirksamer Preiswettbewerb** ausgelöst wird[277]. Die Festbeträge sind gem. § 35 Abs. 7 S. 1 SGB V im Bundesanzeiger bekannt zu machen und nach Maßgabe von § 35 Abs. 8 SGB V im Internet zu veröffentlichen.

3. Rechtsschutz

Ein Vorverfahren iSd § 78 Abs. 1 Nr. 1 SGG findet gem. § 35 Abs. 7 S. 3 SGB V nicht statt. Eine gesonderte Anfechtungsklage nach § 54 Abs. 1 S. 1 Alt. 1 SGB X gegen die Festbetragsgruppenbildung, die Vergleichsgrößenbestimmung sowie gegen sonstige Zwischenschritte des Festsetzungsverfahrens sind gem. § 35 Abs. 7 S. 4 SGB V unzulässig. Eine gerichtliche Überprüfung der Festbetragsgruppenbildung sowie der Vergleichsgrößen ist nur inzident im Rahmen einer Anfechtung der Festbetragsfestsetzung möglich.

---

[275] BVerfGE 106, 275 (307 f.); BSG SozR 4–2500 § 36 Nr. 3.
[276] *Reese/Stallberg* in Dieners/Reese PharmaR-HdB § 17 Rn. 183; *Hess* in KassKomm SGB V § 35 Rn. 25.
[277] *Baierl/Kellermann*, Arzneimittelrecht, 1. Aufl. 2011, S. 282.

Eine Anfechtungsklage gegen die Festbetragsfestsetzung hat keine aufschiebende Wirkung iSd § 86a Abs. 1 und Abs. 2 Nr. 4 SGG. Allerdings kann das zuständige Gericht der Hauptsache im Rahmen eines **Eilverfahrens nach § 86b Abs. 1 Nr. 2 SGG** die aufschiebende Wirkung einer gegen die Festsetzung gerichteten Anfechtungsklage ganz oder teilweise wieder anordnen. Vor dem Hintergrund der restriktiven bundesverfassungsgerichtlichen Rechtsprechung zur grundrechtlichen Betroffenheit des Herstellers durch die Festbeträge[278] sieht das Bundessozialgericht diesen nur dann als klagebefugt an, wenn das Arzneimittel durch eine unzutreffende Einstufung seiner Wirksamkeit im Wettbewerb benachteiligt wird[279]. Dem Hersteller ist dann ein Grundrecht auf gleiche bzw. faire Teilhabe am Marktzugang aus Art. 12 Abs. 1 GG iVm Art. 3 Abs. 1 GG als subjektives Recht anzuerkennen[280]. Bei der Festsetzung der Festbeträge ist dem Spitzenverband Bund der Krankenkassen ein **Beurteilungsspielraum** zuzubilligen, der nur einer eingeschränkten sozialgerichtlichen Kontrolle unterliegt[281].

IV. Festbeträge für Hilfsmittel (§ 36 SGB V)

72 Anders als bei Arzneimitteln existieren speziell für Medizinprodukte keine Kostensteuerungsinstrumente. Soweit aber Medizinprodukte Hilfsmittel iSd § 33 SGB V sind, sieht § 36 SGB V die Bildung und Festsetzung von Festbeträgen auch für Hilfsmittel vor. Die Vorschrift stellt das Pendant für Hilfsmittel zur Festbetragsregelung für Arzneimittel nach § 35 SGB V dar, weist bei gleichem Regelungszweck jedoch Unterschiede im Festsetzungsverfahren auf. Wie die Festbetragsregelung für Arzneimittel zielt die Regelung des § 36 SGB V als Preisregulierungsinstrument auf den Ausgleich der erheblichen **Preisunterschiede zwischen Hilfsmitteln mit gleichartiger und gleichwertiger Wirkung** und damit auf eine **Kostensenkung**. Durch die Festsetzung von Festbeträgen für bestimmte Hilfsmittelgruppen soll den Versicherten unter Gewährleistung einer qualitativ hochwertigen Versorgung ein Anreiz für die Wahl kostengünstiger Hilfsmittel gegeben werden, was wiederum einen wirksamen **Preiswettbewerb** unter den Anbietern auslösen soll[282]. Für Hilfsmittel, für die Festbeträge festgesetzt sind, bilden diese die **Höchstgrenze der Leistungspflicht der GKV**. Nehmen die Versicherten Hilfsmittel in Anspruch, deren Kosten den Festbetrag übersteigen, haben sie die Mehrkosten selbst zu tragen (§ 33 Abs. 1 S. 5 SGB V). Dem Festbetragsfestsetzungsverfahren für Arzneimittel entsprechend werden die Festbeträge für Hilfsmittel in einem **zweistufigen Verfahren** bestimmt, bei dem zuerst festbetragsfähige Hilfsmittelbereiche ausgewählt und sodann für diese Bereiche nach Untergruppen einheitliche Festbeträge ermittelt und anschließend festgesetzt werden[283]. Abweichend von § 35 SGB V erfolgt die **Festbetragsgruppenbildung** nicht durch den G-BA, sondern gem. § 36 Abs. 1 S. 1 SGB V **durch den Spitzenverband Bund der Krankenkassen** selbst. Die Bildung von Festbetragsgruppen für Hilfsmittel orientiert sich an der Funktion der Hilfsmittel. Sie sollen in **Untergruppen funktionell gleichartiger und gleichwertiger Hilfsmittel** zusammengefasst werden. Gleichartigkeit meint die Funktionsweise des Hilfsmittels, Gleichwertigkeit die gleiche Eignung für den Zweck der Krankenbehandlung[284]. Gem. § 36 Abs. 1 S. 2 SGB V können nur solche Hilfsmittel in Gruppen zusammengefasst werden, die die im

---

[278] BVerfGE 106, 275 (298 ff.).
[279] *Axer* in Becker/Kingreen SGB V § 35 Rn. 20; *Barth* in Spickhoff SGB V § 35 Rn. 8; *Baierl/Kellermann*, Arzneimittelrecht, S. 283.
[280] *Barth* in Spickhoff SGB V § 35 Rn. 8.
[281] *Axer* in Becker/Kingreen SGB V § 35 Rn. 19.
[282] *Butzer* in Becker/Kingreen SGB V § 36 Rn. 3; *Wagner* in Krauskopf SGB V § 36 Rn. 3; *Wabnitz* in Spickhoff SGB V § 36 Rn. 1; *Nolte* in KassKomm SGB V § 36 Rn. 2.
[283] *Butzer* in Becker/Kingreen SGB V § 36 Rn. 1.
[284] *Butzer* in Becker/Kingreen SGB V § 36 Rn. 6.

§ 11 Preisfestsetzung und Erstattung

Hilfsmittelverzeichnis festgelegten **Qualitätsstandards und Produkteigenschaften** erfüllen. Neben der Gruppenbildung sind gem. § 36 Abs. 1 S. 2 SGB V die **Einzelheiten der Versorgung** festzulegen, wodurch sichergestellt werden soll, dass alle Leistungsinhalte und Rahmendienstleistungen, die durch den Festbetrag abgedeckt werden, klar und transparent beschrieben sind[285]. Damit sind auch **sämtliche Kosten festbetragsfähig**, die im Zusammenhang mit der Bereitstellung von Hilfsmitteln entstehen[286]. Derzeit bestehen Festbetragsgruppen für Hörhilfen, Inkontinenzhilfen, Stomaartikel, Einlagen, Sehhilfen und Hilfsmittel zur Kompressionstherapie[287]. Die Festsetzung der Festbeträge obliegt wie die Gruppenbildung dem Spitzenverband Bund der Krankenkassen und erfolgt in Form einer Allgemeinverfügung iSv § 31 S. 2 SGB X. Die Kriterien für die Festbetragshöhe entsprechen den Vorgaben, die für die Höhe der Festbeträge für Arzneimittel gelten (§ 36 Abs. 3 iVm § 35 Abs. 5 SGB V). Sowohl bei der Bildung der Festbetragsgruppen als auch bei der Festsetzung der Festbeträge ist den Spitzenorganisationen der betroffenen Hersteller und Leistungserbringer Gelegenheit zur Stellungnahme zu geben (§ 36 Abs. 1 S. 3 und Abs. 2 S. 2 SGB V). Die Leistungserbringer und Hersteller sind nach § 36 Abs. 2 S. 3 SGB V zur **Mitwirkung verpflichtet,** wenn zur Ermittlung der Festbetragshöhe Informationen erforderlich sind, die nur von Herstellern und Leistungserbringern zur Verfügung gestellt werden können[288]. Neben den Leistungserbringern und Herstellern sind ferner die Selbsthilfeorganisationen chronisch kranker und behinderter Menschen sowie die Patientenorganisationen mitwirkungsberechtigt (§ 140f Abs. 4 SGB V). Die Festbeträge sind im Bundesanzeiger bekannt zu machen, mindestens jährlich zu überprüfen und in geeigneten Zeitabständen der Marktlage anzupassen (§ 36 Abs. 3 iVm § 35 Abs. 5 und 7 SGB V). Für den **Rechtsschutz gegen die Festsetzung des Festbetrages** gelten dieselben **Voraussetzungen**, die für den Rechtsschutz gegen die Festbetragssetzung bei Arzneimitteln gelten (§ 36 Abs. 3 iVm § 35 Abs. 7 SGB V).

V. Erstattungsbeträge (§§ 130b I, III SGB V)

1. Überblick über das Verfahren zur Bestimmung des Erstattungsbetrages

Seit dem 1.1.2011 werden die Preise für **neu zugelassene Arzneimittel mit neuen Wirkstoffen oder hierfür neu zugelassenen Anwendungsgebieten** im Rahmen eines **Preisverhandlungsverfahrens** gebildet. Kernstück des Verfahrens sind die **frühe Nutzenbewertung nach § 35a SGB V** und die **Vereinbarung über den Erstattungsbetrag nach § 130b SGB V** zwischen dem pharmazeutischen Unternehmer und dem Spitzenverband Bund der Krankenkassen[289]. Der pharmazeutische Unternehmer kann den Preis für sein neu zugelassenes Arzneimittel nach Markteinführung zunächst frei bestimmen.

73

---

[285] BT-Drs. 16/3100, S. 104; *Wabnitz* in Spickhoff SGB V § 36 Rn. 1.
[286] *Butzer* in Becker/Kingreen SGB V § 36 Rn. 6; *Nolte* in KassKomm SGB V § 36 Rn. 4.
[287] *Butzer* in Becker/Kingreen SGB V § 36 Rn. 2; *Wabnitz* in Spickhoff SGB V § 36 Rn. 5; *Nolte* in KassKomm SGB V § 36 Rn. 3.
[288] *Butzer* in Becker/Kingreen SGB V § 36 Rn. 8.; *Wabnitz* in Spickhoff SGB V § 36 Rn. 8.
[289] Bislang konnten pharmazeutische Unternehmer den Preis für innovative Arzneimittel frei bestimmen. War einmal die arzneimittelrechtliche Zulassung erteilt, mussten die Kosten für Arzneimittel in jedem Fall von der GKV getragen werden. Sofern es sich bei neuartigen Arzneimitteln um solche mit neuartiger Wirkungsweise handelte oder diese therapeutische Verbesserungen brachten, war allerdings die Einordnung in eine Festbetragsgruppe nicht möglich. Diese Regelungslücke sollte durch die Höchstbetragsregelung nach § 31 Abs. 2a SGB V aF geschlossen werden, indem diese nicht einem Festbetrag zuführbaren Arzneimittel nach einer Kosten-Nutzen-Bewertung einem Höchstbetrag durch die Spitzenverbände der Krankenkassen zugeführt werden sollten. Im Zuge des AMNOG wird die Höchstbetragsregelung von einem Preisverhandlungsverfahren nach §§ 35a, 130b SGB V abgelöst.

Spätestens zum Zeitpunkt des erstmaligen Inverkehrbringens oder der Zulassung neuer Anwendungsgebiete des Arzneimittels muss der Hersteller in einem an den G-BA übermittelten **Dossier** den Zusatznutzen des neu zugelassenen Arzneimittels gegenüber einer vom G-BA bestimmten zweckmäßigen Vergleichstherapie nach Maßgabe des § 35a Abs. 1 S. 3 SGB V belegen. Auf der Grundlage dieses Nachweises führt der G-BA gem. § 35a Abs. 3 SGB V innerhalb von drei Monaten nach Markteinführung eine **frühe Nutzenbewertung** durch, mit der er gem. § 35a Abs. 2 S. 1 SGB V auch das IQWiG oder einen Dritten beauftragen kann. An die Veröffentlichung des Ergebnisses der Nutzenbewertung nach Maßgabe des § 35a Abs. 2 S. 3 SGB V schließt sich ein Stellungnahmeverfahren an (§ 35a Abs. 3 S. 2 iVm § 92 Abs. 3a SGB V), bevor der G-BA über das Ergebnis der Nutzenbewertung nach spätestens weiteren drei Monaten beschließt (§ 35a Abs. 3 S. 1 SGB V). Soweit nach dem **Beschl.** für das zu bewertende Arzneimittel **kein Zusatznutzen** belegt wurde und dieses **festbetragsfähig** ist, wird es mit dem Beschl. einer bestehenden **Festbetragsgruppe** zugeordnet (§ 35a Abs. 4 S. 1 SGB V). Soweit nach dem **Beschl.** über die Nutzenbewertung ein **Zusatznutzen belegt** ist, trifft der Spitzenverband Bund der Krankenkassen eine **Vereinbarung** mit dem pharmazeutischen Unternehmer **über den Erstattungsbetrag** (§ 130b Abs. 1 S. 1 SGB V). Dabei hat sich die Preisfindung an den Vorgaben der Rahmenvereinbarung nach § 130b Abs. 9 SGB V zu orientieren. Ursprünglich wurde der Erstattungsbetrag als Rabatt auf den Abgabepreis des pharmazeutischen Unternehmers vereinbart (§ 130b Abs. 1 S. 2–5 SGB V aF). Durch das 14. SGB V-ÄndG wurde diese Rabattregelung gestrichen und stattdessen in § 78 Abs. 3a S. 1 AMG festgelegt, dass der pharmazeutische Unternehmer das Arzneimittel zum Erstattungspreis abgibt, wenn für das Arzneimittel ein Erstattungsbetrag nach § 130b SGB V gilt. Dadurch werden nun im Rahmen des § 130b SGB V **einheitliche Arzneimittelabgabepreise für Unternehmer** geschaffen.[290] Soweit ein Arzneimittel **keinen Zusatznutzen** hat und **keiner Festbetragsgruppe** zugeordnet werden kann, soll ebenfalls ein **Erstattungsbetrag** zwischen dem Spitzenverband Bund der Krankenkassen und dem pharmazeutischen Unternehmen vereinbart werden (§ 130b Abs. 3 S. 1 SGB V). Dieser darf gem. § 130b Abs. 3 S. 1 nicht zu höheren Jahrestherapiekosten führen als die nach § 35a Abs. 1 S. 7 SGB V bestimmte zweckmäßige Vergleichstherapie. Falls eine Vereinbarung zwischen dem Spitzenverband Bund der Krankenkassen und dem Pharmaunternehmen nicht innerhalb von sechs Monaten nach Veröffentlichung des Beschlusses über die Nutzenbewertung zustande kommt, setzt eine **Schiedsstelle** den Vertragsinhalt innerhalb von drei Monaten fest (§ 130b Abs. 4 S. 1 SGB V). Die Schiedsstelle entscheidet unter freier Würdigung aller Umstände des Einzelfalls und berücksichtigt die Besonderheiten des jeweiligen Therapiegebiets (§ 130b Abs. 4 S. 2 SGB V). Der durch die Schiedsstelle festgesetzte Erstattungspreis gilt gem. § 130b Abs. 4 S. 3 SGB V ab dem dreizehnten Monat nach Markteinführung des Arzneimittels, so dass dem Pharmahersteller insgesamt eine **freie unternehmerische Preisfestsetzung nur für die Dauer eines Jahres** möglich ist. Sind die Verhandlungsparteien nicht mit der Erstattungsbetragsfestsetzung durch die Schiedsstelle einverstanden, so können gem. § 130b Abs. 8 S. 1 SGB V beide beim G-BA eine **Kosten-Nutzen-Bewertung nach § 35b SGB V** beantragen, auf deren Grundlage der Erstattungsbetrag neu vereinbart oder, wenn keine Einigung erfolgt, von der Schiedsstelle festgesetzt wird (§ 130b Abs. 8 S. 3 und 4 SGB V). Die vereinbarten oder festgesetzten Erstattungsbeträge gelten auch für die **private Krankenversicherung** und für die Beihilfe (§ 78 Abs. 3a S. 3 AMG).

---

[290] Anlass für die Rechtsänderung waren Unklarheiten bezüglich der Berechnungsgrundlage für die Preisspannen nach der AMPreisVO, dazu ausführlich BT-Drs. 18/606, 13 ff. und *Axer* in Becker/Kingreen § 130b Rn. 1.

2. Frühe Nutzenbewertung nach § 35a SGB V

a) Grundlagen. Mit der arzneimittelrechtlichen Zulassung sind neue Arzneimittel unter den Voraussetzungen des § 31 SGB V zu Lasten der GKV verordnungsfähig. Gegenstand der arzneimittelrechtlichen Zulassung sind jedoch lediglich drei Aspekte: die medizinische Unbedenklichkeit, die therapeutische Wirksamkeit und die pharmazeutische Qualität[291]. Anders als bei anderen Leistungsarten (§§ 135–139 SGB V) verzichtete das SGB V bislang für neuartige Arzneimittel weitgehend auf eine eigenständige Qualitätsprüfung in sozialrechtlicher Hinsicht. Dies ändert sich durch die frühe Nutzenbewertung maßgeblich. Hiermit hält erstmals ein **System zur umfassenden Qualitätssicherung und Preissteuerung** Einzug in das Sozialversicherungsrecht[292]. Die frühe Nutzenbewertung neu zugelassener Arzneimittel mit neuen Wirkstoffen und neuen Anwendungsgebieten zielt auf die **Bewertung des Zusatznutzens des Arzneimittels gegenüber einer bereits zugelassenen zweckmäßigen Vergleichstherapie** ab und bildet die Grundlage für eine Vereinbarung des Spitzenverbands Bund der Krankenkassen mit dem pharmazeutischen Unternehmer über Erstattungsbeträge nach § 130b SGB V oder für die Einordnung des Arzneimittels in eine Festbetragsgruppe nach § 35 Abs. 1 SGB V[293]. Anders als die Arzneimittelzulassung ist die frühe Nutzenbewertung nicht als Antragsverfahren ausgestaltet, das dem Hersteller den Zugang zum System der GKV eröffnen soll[294]. Der **freie Marktzugang** eines arzneimittelrechtlich neu zugelassenen Arzneimittels und die **Preisbestimmung durch den Hersteller im ersten Jahr der Markteinführung** bleiben **unberührt**[295]. Die frühe Nutzenbewertung ist rechtlich als **gutachterliche, wissenschaftliche Stellungnahme** zu bewerten, die hinsichtlich der Preisvereinbarungen nach § 130b SGB V vorbereitenden Charakter hat[296]. Als **Verfahren zur wissenschaftlichen Begutachtung** entfaltet die frühe Nutzenbewertung keine normativen Wirkungen und ist **rechtlich nicht bindend**[297].

74

Gesetzliche Grundlage für das Verfahren der frühen Nutzenbewertung ist **§ 35a SGB V**. Ausgestaltet werden die gesetzlichen Vorgaben durch die auf § 35a Abs. 1 S. 6 und 7 SGB V beruhende **Arzneimittelnutzenbewertungsverordnung (AM-NutzenV**[298]**)** des Bundesministeriums für Gesundheit, die zusammen mit der Regelung nach § 35a SGB V am 1.1.2011 in Kraft getreten ist. Auf der Grundlage dieser Rechtsverordnung hat der G-BA gem. § 35a Abs. 1 S. 8 SGB V weitere Einzelheiten zum Verfahren der Nutzenbewertung in **Kapitel 5** seiner **Verfahrensordnung (VerfO**[299]**)** geregelt. Die VerfO vervollständigt die verschiedenen Regelungen des § 35a SGB V und der AM-NutzenV, ergänzt diese und fasst die Vorschriften zu einem einheitlichen Regelungswerk zusammen, so dass darin eine Gesamtdarstellung der für die Nutzenbewertung maßgeblichen Vorschriften erfolgt.

75

b) Anwendungsbereich der frühen Nutzenbewertung. Der sachliche Anwendungsbereich der frühen Nutzenbewertung wird durch § 35a Abs. 1 und 6 SGB V iVm §§ 3

76

---

[291] Vgl. § 25 Abs. 2 AMG.
[292] *Kingreen* NZS 2011, 441 (442).
[293] *Kraftberger* in LPK-SGB V § 35a Rn. 3.
[294] Hess GesR 2011, 65 (66).
[295] *Kraftberger* in LPK-SGB V § 35a Rn. 3.
[296] BT-Drs. 17/2413, S. 22; *Hess* in KassKomm SGB V § 35a Rn. 47; *Joussen* in KKW SGB V § 35a Rn 8; *Axer* SGb 05/11, 246 (250).
[297] BT-Drucks. 17/2413, S. 22.
[298] Verordnung über die Nutzenbewertung von Arzneimitteln nach § 35a Abs. 1 SGB V für Erstattungsvereinbarungen nach § 130b SGB V v. 28.12.2010, BGBl. I S. 2324, zuletzt geändert durch Art. 3 des AMVSG v. 4.5.2017 (BGBl. I, S. 1054).
[299] Verfahrensordnung v. 18.12.2008 BAnz. Nr. 84a, zuletzt geändert am 20.10.2016 BAnz AT 19.1.2017 B3 und in Kraft getreten am 20.1.2017. Abrufbar unter https://www.g-ba.de/downloads/62-492-1331/VerfO_2016-10-20_iK-2017-01-20.pdf.

Abs. 1 und 2 AM-NutzenV, 1 Abs. 2 Kap. 5 VerfO bestimmt. Vom Anwendungsbereich erfasst werden neu zugelassene Arzneimittel mit **neuen Wirkstoffen** und **neuen Wirkstoffkombinationen** oder hierfür **neu zugelassenen Anwendungsgebieten**. Zudem werden nun gem. Art. 1 Nr. 3d **AMVSG** auch Arzneimittel erfasst, die zwar keinen neuen Wirkstoff enthalten, **für die jedoch eine neue Zulassung mit neuem Unterlagenschutz erteilt wurde**. Der Wortlaut des § 35a SGB V differenziert dabei zwischen einer **obligatorisch durchzuführenden Nutzenbewertung** in Abs. 1 und einer **Nutzenbewertung nach Ermessen** in Abs. 6. Ursprünglich konnten auch **bereits zugelassene und im Verkehr befindliche Arzneimittel (Bestandsarzneimittel)** einer frühen Nutzenbewertung nach § 35a SGB V unterzogen werden. Durch Art. 1 Nr. 1 des 14. SGB V-ÄndG wurde die Nutzenbewertung für derartige Bestandsarzneimittel jedoch rückwirkend zum 1.1.2014 beendet[300].

77   **aa) Neu zugelassene Arzneimittel mit neuen Wirkstoffen.** Einer obligatorischen Nutzenbewertung unterfallen gem. § 35a Abs. 1 S. 1 SGB V i.V.m §§ 3 Abs. 1 AM-NutzenV, 1 Abs. 2 Nr. 1 VerfO alle erstattungsfähigen Arzneimittel mit neuen Wirkstoffen, die ab dem 1.1.2011 erstmals in den Verkehr gebracht werden, sofern erstmals ein Arzneimittel mit diesem Wirkstoff in den Verkehr gebracht wird. Dies gilt gem. § 35a Abs. 1 S. 4 SGB V auch für Arzneimittel mit neuen Wirkstoffen, die pharmakologisch-therapeutisch vergleichbar mit Festbetragsarzneimitteln sind und daher in eine Festbetragsgruppe eingeordnet werden können. Nach §§ 2 Abs. 1 S. 1 AM-NutzenV, 2 Abs. 1 S. 1 Kap. 5 VerfO sind Arzneimittel mit neuen Wirkstoffen solche, die Wirkstoffe enthalten, deren Wirkungen bei der erstmaligen Zulassung in der medizinischen Wissenschaft nicht allgemein bekannt sind. Gem. §§ 2 Abs. 1 S. 2 AM-NutzenV, 2 Abs. 1 S. 2 VerfO gilt ein Arzneimittel so lange als Arzneimittel mit einem neuen Wirkstoff, wie für das erstmalig zugelassene Arzneimittel mit dem gleichen Wirkstoff Unterlagenschutz, dh Verschreibungspflicht nach § 48 Abs. 1 S. 1 AMG und der Verordnung (EG) Nr. 726/2004, besteht[301]. Damit gilt die Neuregelung etwa nicht für Generika oder sonstige Arzneimittel mit Wirkstoffen, deren Wirkung der medizinischen Wissenschaft schon allgemein bekannt ist[302]. Erstattungsfähig sind alle Arzneimittel, die zu Lasten der GKV von der Versorgung nach § 31 SGB V erfasst sind, es sei denn, sie sind nach § 34 SGB V oder durch die Arzneimittelrichtlinie des G-BA nach § 92 Abs. 1 S. 2 Nr. 6 SGB V ausgeschlossen[303].

78   **bb) Neu zugelassene Arzneimittel mit neuen Wirkstoffkombinationen.** Einer obligatorischen Nutzenbewertung unterfallen gem. § 35a Abs. 1 S. 1 SGB V iVm §§ 3 Abs. 1 AM-NutzenV, 1 Abs. 2 Nr. 1 Kap. 5 VerfO alle erstattungsfähigen Arzneimittel mit neuen Wirkstoffkombinationen, die ab dem 1.1.2011 erstmals in den Verkehr gebracht werden, sofern erstmals ein Arzneimittel in dieser Kombination in den Verkehr gebracht wird. § 35a Abs. 1 S. 1 SGB V spricht lediglich von neuen Wirkstoffen. §§ 3 Abs. 1 AM-NutzenV, 1 Abs. 2 Nr. 1 Kap. 5 VerfO konkretisieren diesen Anwendungsbereich und beziehen auch neue Wirkstoffkombinationen ein. Die Definition „neue Wirkstoffkombinationen" ergibt sich aus der Regelung des § 2 Abs. 1 S. 3 Kap. 5 VerfO[304]. Diese nimmt

---

[300] § 35a Abs. 6 SGB V aF sah zunächst die Möglichkeit einer Nutzenbewertung für Bestandsarzneimittel vor. Im Jahr 2014 wurde dieser Abs. 6 durch das 14. SGB V-ÄndG aufgehoben und damit die Möglichkeit einer Nutzenbewertung für Bestandsarzneimittel beendet. Im Jahr 2017 wurde ein neuer Abs. 6 durch das AMVSG gefasst. Dieser sieht nun eine Nutzenbewertung vor, wenn für das Arzneimittel eine neue Zulassung mit neuem Unterlagenschutz erteilt wird.
[301] *Hess* in KassKomm SGB V § 35a Rn. 15; BT-Drs. 17/2413, S. 20.
[302] *Hauck* GesR 2011, 69 (72); *Schickert* PharmR 2011, 217 (217); *Joussen* in KKW SGB V § 35a Rn 3.
[303] *Kraftberger* in LPK-SGB V § 35a Rn. 6.
[304] *Hess* in KassKomm SGB V § 35a Rn. 15.

§ 11 Preisfestsetzung und Erstattung

in ihrem Wortlaut Bezug auf neue Wirkstoffe iSv § 35a SGB V und bestimmt, dass als solche auch fixe Kombinationen von Wirkstoffen gelten, sofern sie mindestens einen neuen Wirkstoff enthalten. Demnach setzt die Eröffnung des Anwendungsbereichs der frühen Nutzenbewertung eines Kombinationsarzneimittels voraus, dass die zu bewertende Wirkstoffkombination zumindest einen neuen Wirkstoff iSv § 35a SGB V neu kombiniert[305].

cc) **Zulassung neuer Anwendungsgebiete.** Einer Nutzenbewertung unterfallen erstattungsfähige Arzneimittel mit neuen Wirkstoffen und neuen Wirkstoffkombinationen, die ab dem 1.1.2011 erstmals in den Verkehr gebracht worden sind und die nach dem 1.1.2011 ein neues Anwendungsgebiet erhalten, sofern der G-BA eine Nutzenbewertung für das Arzneimittel vor Zulassung des neuen Anwendungsgebietes veranlasst hat (§ 35a Abs. 1 S. 3 SGB V iVm §§ 3 Abs. 1 Nr. 2 AM-NutzenV, 1 Abs. 2 Nr. 2 Kap. 5 VerfO). 79

Der Begriff des neuen Anwendungsgebiets ist in den §§ 2 Abs. 2 AM-NutzenV, 2 Abs. 2 Kap. 5 VerfO näher bestimmt. Demnach ist ein neues Anwendungsgebiet ein solches, für das nach § 29 Abs. 3 Nr. 3 AMG eine neue Zulassung erteilt wird oder als größere Änderung des Typs 2 nach Anhang 2 Nr. 2 lit. a der Verordnung (EG) Nr. 1234/2008 der Kommission vom 24.11.2008 über die Prüfung von Änderungen der Zulassungen von Human- und Tierarzneimitteln eingestuft wird. Ein Anwendungsgebiet ist gem. § 2 Abs. 2 S. 2 Kap. 5 VerfO im Vergleich zu dem bereits zugelassenen Anwendungsgebiet eines Arzneimittels insbesondere neu in den Fällen der Änderung des zugelassenen Patientenkreises, der Hinzufügung einer neuen Indikation, die einem anderen therapeutischen Bereich zuzurechnen ist oder der Verlagerung der Indikation in einen anderen therapeutischen Bereich. 80

Die obligatorische Nutzenbewertung des neuen Anwendungsgebiets eines neu zugelassenen Arzneimittels setzt voraus, dass der G-BA für das Arzneimittel **vor Zulassung des neuen Anwendungsgebietes eine Nutzenbewertung für das Arzneimittel veranlasst** hat[306]. Dass neue Anwendungsgebiete nur zwingend zu bewerten sind, wenn vor der Zulassung des neuen Anwendungsgebietes eine frühe Nutzenbewertung des Arzneimittels veranlasst wurde[307] ergibt sich daraus, dass nach § 3 Abs. 1 Nr. 2 AM-NutzenV neue Anwendungsgebiete von Arzneimitteln, die nach dem 1.1.2011 in den Verkehr gebracht wurden, zu bewerten sind. Solche Arzneimittel wurden aber bereits gem. § 3 Abs. 1 Nr. 1 AM-NutzenV bei Inverkehrbringen zwingend bewertet[308]. Nach dem Gesetzeszweck soll nur das neue Anwendungsgebiet bewertet werden und nicht das Arzneimittel, das vor Erweiterung des Indikationsbereiches bereits bewertet wurde[309]. Wurde vor der Zulassung des Anwendungsgebiets das betreffende Arzneimittel einer frühen Nutzenbewertung unterzogen, verbleibt dem G-BA die Möglichkeit, eine fakultative Nutzenbewertung einzuleiten[310]. Die obligatorische Nutzenbewertung neuer Anwendungsgebiete hängt demnach von der Bedingung ab, dass vor der Zulassung des neuen Anwendungsgebietes eine frühe Nutzenbewertung des Arzneimittels veranlasst wurde. 81

dd) **Arzneimittel mit neuem Unterlagenschutz. Im Ermessen des G-BA** steht gem. § 35a Abs. 6 SGB V iVm §§ 3 Abs. 2 AM-NutzenV die Nutzenbewertung von erstattungsfähigen Arzneimitteln mit Wirkstoffen, die keine neuen Wirkstoffe iSd § 35a Abs. 1 S. 1 SGB V iVm §§ 3 Abs. 1 Nr. 1 AM-NutzenV, 1 Abs. 2 Nr. 1 VerfO sind, aber denen eine neue Zulassung mit neuem Unterlagenschutz erteilt wurde. 82

---

[305] *Schickert* PharmR 2011, 217 (220).
[306] *Maasen* GesR 2/2011, 82 (83); *Schickert* PharmR 2011, 217 (219).
[307] *Schickert/Schmitz* PharmR 2011, 217 (218, 219); *Maasen* GesR 2011, 82 (83).
[308] *Schickert/Schmitz* PharmR 2011, 217 (218, 219).
[309] *Schickert/Schmitz* PharmR 2011, 217 (218, 219).
[310] *Schickert/Schmitz* PharmR 2011, 217 (218, 219).

83 ee) **Weitere Fälle der frühen Nutzenbewertung.** Eine frühe Nutzenbewertung wird außerdem durchgeführt auf **Antrag des pharmazeutischen Unternehmers** (§ 35a Abs. 5 SGB V iVm §§ 3 Abs. 1 Nr. 3 AM-NutzenV, 1 Abs. 2 Nr. 6, 14 VerfO), aufgrund **neuer Wissenschaftlicher Erkenntnisse** (§ 35a Abs. 5 iVm §§ 3 Abs. 1 Nr. 4 AM-NutzenV, 1 Abs. 2 Nr. 5, 13 VerfO) sowie bei **befristeten Nutzenbewertungen** (§ 35a Abs. 3 S. 4 SGB V iVm §§ 3 Abs. 1 Nr. 5 AM-NutzenV, 1 Abs. 2 Nr. 7 VerfO).

84 ff) **Freistellung des Pharmaherstellers vom Verfahren der frühen Nutzenbewertung.** Nach § 35a Abs. 1a SGB V hat auf Antrag des Pharmaunternehmers eine Freistellung von der frühen Nutzenbewertung zu erfolgen, wenn zu erwarten ist, dass der GKV nur geringfügige Ausgaben für das Arzneimittel entstehen werden. Die Ausgaben gelten gem. Kap. 5 § 15 Abs. 1 S. 3 VerfO als geringfügig, wenn der dauerhaft zu erwartende Umsatz einen Betrag in Höhe von 1 Mio. EUR innerhalb von 12 Kalendermonaten nicht überschreitet. Bei dem Freistellungsverfahren nach § 35a Abs. 1a SGB V handelt es sich um ein Verwaltungsverfahren iSd § 8 SGB X[311]. Gem. § 35a Abs. 1a S. 4 SGB V iVm § 15 Abs. 1 S. 1 VerfO ist der Antrag auf Freistellung spätestens drei Monate vor dem Inverkehrbringen eines neuen Arzneimittels zu stellen. Der Pharmahersteller hat seinen Antrag nach Maßgabe von Kap. 5 § 15 Abs. 2 VerfO zu begründen. Die Beurteilung der Geringfügigkeit erfolgt gem. Kap. 5 § 15 Abs. 1 S. 2 VerfO auf der Grundlage von Angaben zu den den Krankenkassen voraussichtlich entstehenden Kosten iSd Kap. 5 § 9 Abs. 8 VerfO sowie dem zu erwartenden Umsatz des Arzneimittels mit der gesetzlichen Krankenversicherung. Der G-BA beschließt in Form eines Verwaltungsaktes iSd § 31 S. 1 SGB X innerhalb von 8 Wochen über den Antrag und kann die Freistellung befristen, wenn Unsicherheiten über die Zahl von Patienten und die den Krankenkassen entstehenden Ausgaben entstehen[312]. Auf die Freistellung besteht ein **Rechtsanspruch**, wenn aufgrund der Begründung des Herstellers zu erwarten ist, dass der GKV nur geringfügige Ausgaben für das Arzneimittel entstehen werden[313]. Der Freistellungsbeschluss hat zur Folge, dass für das betroffene Arzneimittel kein Erstattungsbetrag nach § 130b SGB V zu vereinbaren ist. Wird der Freistellungsantrag abgelehnt, kann der Hersteller **Verpflichtungsklage auf Freistellung** (§ 54 Abs. 1 Alt. 3 SGG) vor dem Sozialgericht erheben. Darüber hinaus kommt eine Freistellung seit dem **AMVSG** nun auch bei Arzneimitteln in Betracht, die nach § 34 Abs. 1 S. 5 SGB V für versicherte Kinder und Jugendliche nicht von der Versorgung nach § 31 SGB V ausgeschlossen sind sowie für verschreibungspflichtige Arzneimittel, die nach § 34 Abs. 1 S. 6 SGB V von der Versorgung nach § 31 SGB V ausgeschlossen sind (§ 35a Abs. 1b Nr. 1 und 2 SGB V). Damit sollen insbesondere die Besonderheiten von Kinderarzneimitteln bei der Nutzenbewertung noch besser berücksichtigt werden und ein Zusatznutzen dann nicht mehr mit Studien belegt werden müssen, wenn die Arzneimittel bereits für Erwachsene zugelassen sind[314].

85 c) **Herstellerdossier als Grundlage der frühen Nutzenbewertung. aa) Nachweis eines Zusatznutzens gegenüber einer zweckmäßigen Vergleichstherapie.** Grundlage der frühen Nutzenbewertung ist nach § 35a Abs. 1 S. 3 SGB V iVm § 9 Abs. 1 S. 1 und 7 Kap. 5 VerfO ein vom Hersteller vorzulegendes **Dossier**, mit dem er einen **Zusatznutzen** seines Arzneimittels **gegenüber der zweckmäßigen Vergleichstherapie nachzuweisen** hat. Ein Dossier ist für jedes Arzneimittel mit neuem Wirkstoff sowie für jedes neu zugelassene Anwendungsgebiet vorzulegen[315].

---

[311] *Hess* in KassKomm SGB V § 35a Rn. 40; *von Dewitz* in BeckOK SGB V § 35a Rn. 23.
[312] *Hess* in KassKomm SGB V § 35a Rn. 41.
[313] *Hess* in KassKomm SGB V § 35a Rn. 40; *von Dewitz* in BeckOK SGB V § 35a Rn. 23.
[314] https://www.bundesgesundheitsministerium.de/presse/pressemitteilungen/2017/1-quartal/amvsg.html.
[315] *Kraftberger* in LPK-SGB V § 35a Rn. 10.

Der **Zusatznutzen** eines Arzneimittels ist nach §§ 2 Abs. 4 AM-NutzenV, 3 Abs. 2 **86** Kap. 5 VerfO ein Nutzen iSv §§ 2 Abs. 3 AM-NutzenV, 3 Abs. 2 Kap. 5 VerfO, der qualitativ oder quantitativ höher ist als der Nutzen, den die zweckmäßige Vergleichstherapie aufweist. Der Nutzen eines Arzneimittels iSv §§ 2 Abs. 3 AM-NutzenV, 3 Abs. 1 Kap. 5 VerfO ist der patientenrelevante therapeutische Effekt insbesondere hinsichtlich der Verbesserung des Gesundheitszustandes, der Verkürzung der Krankheitsdauer, der Verlängerung des Überlebens, der Verringerung von Nebenwirkungen oder einer Verbesserung der Lebensqualität.

Zweckmäßige Vergleichstherapie ist nach §§ 2 Abs. 5 AM-NutzenV, § 6 Abs. 1 **87** Kap. 5 VerfO diejenige Therapie, deren Nutzen mit dem Nutzen eines Arzneimittels mit neuen Wirkstoffen für die Nutzenbewertung nach § 35a SGB V verglichen wird. Bestimmt wird sie vom G-BA regelhaft nach den Maßstäben, die sich aus den internationalen Standards der evidenzbasierten Medizin ergeben (§ 6 Abs. 2 Kap. 5 VerfO). Sie muss gem. § 6 Abs. 3 Kap. 5 VerfO eine nach dem allgemein anerkannten Stand der medizinischen Erkenntnisse zweckmäßige Therapie im Anwendungsgebiet sein, vorzugsweise eine Therapie, für die Endpunktstudien vorliegen und die sich in der praktischen Anwendung bewährt hat, soweit nicht Richtlinien nach § 92 Abs. 1 SGB V oder das Wirtschaftlichkeitsgebot dagegen sprechen. Zu berücksichtigen sind bei der Bestimmung insbesondere die Zulassung des Arzneimittels für das Anwendungsgebiet, die Erbringbarkeit als nicht medikamentöse Behandlung im Rahmen der GKV, die Zugehörigkeit zur zweckmäßigen Therapie im Anwendungsgebiet nach dem allgemein anerkannten Stand der medizinischen Erkenntnisse. Bei mehreren Alternativen ist vorzugsweise die wirtschaftlichere Therapie zu wählen, für die ein Festbetrag gilt. Die Wahl der zweckmäßigen Vergleichstherapie hat große Auswirkungen auf die Feststellung eines Zusatznutzens: Je größer der Nutzen der Vergleichstherapie ist, desto größer muss auch der Nutzen der konkret bewerteten Therapie sein, damit ein Zusatznutzen festgestellt werden kann[316].

bb) **Vorzulegende Angaben, Unterlagen und Studien.** Für den Nachweis des Zusatz- **88** nutzens sehen §§ 35a Abs. 1 S. 3 SGB V, 4 Abs. 1 AM-NutzenV, 9 Abs. 1 S. 8 Kap. 5 VerfO die Vorlage bestimmter Angaben vor. Das Dossier des pharmazeutischen Unternehmers muss Angaben enthalten zu den **zugelassenen Anwendungsgebieten,** dem medizinischen **Nutzen,** dem medizinischen **Zusatznutzen im Verhältnis zur zweckmäßigen Vergleichstherapie,** der Anzahl der Patienten und Patientengruppen, für die ein therapeutisch bedeutsamer Zusatznutzen besteht, den **Kosten der Therapie für die GKV** sowie zu den Anforderungen an eine **qualitätsgesicherte Anwendung** des Arzneimittels. Die Nachweise sind gem. § 35a Abs. 1 S. 3 SGB V einschließlich aller vom Hersteller durchgeführten oder in Auftrag gegebenen **klinischen Prüfungen** vorzulegen.

Nähere Einzelheiten für die Vorlage regeln § 4 Abs. 6 bis 8 AM-NutzenV iVm § 9 **89** Abs. 2 bis 8 Kap. 5 VerfO. Danach hat der Hersteller für das zu bewertende Arzneimittel im Dossier den Ergebnisbericht der Zulassungsstudien einschließlich der Studienprotokolle und des Bewertungsberichtes der Zulassungsbehörde vorzulegen, sowie alle Studien, die der Zulassungsbehörde übermittelt worden sind. Darüber hinaus sind vom Hersteller alle Ergebnisse, Studienberichte und Studienprotokolle von Studien mit dem Arzneimittel zu übermitteln, für die der Hersteller Sponsor war, sowie alle verfügbaren Angaben über laufende oder abgebrochene Studien, für die der Hersteller Sponsor ist oder auf andere Weise finanziell beteiligt ist, und entsprechende Angaben über Studien von Dritten, soweit diese verfügbar sind. Für die zweckmäßige Vergleichstherapie sind im Dossier alle verfügbaren Ergebnisse von klinischen Studien einschließlich von Studienprotokollen, die geeignet sind, Feststellungen über den Zusatznutzen des zu bewertenden

---

[316] *Kaufmann*, Neuere Entwicklungen im Arzneimittelrecht, S. 189.

Arzneimittels zu treffen. Liegen keine klinischen Studien zum direkten Vergleich mit dem zu bewertenden Arzneimittel vor oder lassen diese keine ausreichenden Aussagen über den Zusatznutzen zu, können im Dossier indirekte Vergleiche vorgelegt werden.

90 Die Anforderungen für die **Angaben zu den Kosten der Therapie für die GKV** werden von §§ 4 Abs. 8 AM-NutzenV, 9 Abs. 7 Kap. 5 VerfO präzisiert. Die Kosten sind gemessen am Apothekenabgabepreis und den den Krankenkassen tatsächlich entstehenden Kosten sowohl für das zu bewertende Arzneimittel als auch für die zweckmäßige Vergleichstherapie anzugeben. Maßgeblich sind die direkten Kosten über einen bestimmten Zeitraum. Bestehen bei Anwendung der Arzneimittel entsprechend der Fach- oder Gebrauchsinformation regelhaft Unterschiede bei der notwendigen Inanspruchnahme ärztlicher Behandlung oder bei der Verordnung sonstiger Leistungen zwischen dem zu bewertenden Arzneimittel und der zweckmäßigen Vergleichstherapie, sind die damit verbundenen Kostenunterschiede für die Feststellung der den Krankenkassen tatsächlich entstehenden Kosten zu berücksichtigen.

91 cc) **Anforderungen an den Nachweis des Zusatznutzens.** Die Anforderungen an den Nachweis des Zusatznutzens von Arzneimitteln mit neuen Wirkstoffen ergeben sich aus §§ 5 Abs. 3 bis 5 AM-NutzenV, 5 Abs. 3 bis 5 Kap. 5 VerfO. Nach dieser Regelung erfolgt der Nachweis eines Zusatznutzens indikationsspezifisch im Vergleich zu der zweckmäßigen Vergleichstherapie auf der Grundlage von Unterlagen zum Nutzen des Arzneimittels in den zugelassenen Anwendungsgebieten. Basis sind die arzneimittelrechtliche Zulassung, die behördlich genehmigten Produktinformationen sowie die Bekanntmachung von Zulassungsbehörden und die Bewertung von klinischen Studien nach den internationalen Standards der evidenzbasierten Medizin. Sofern es unmöglich oder unangemessen ist, Studien höchster Evidenzstufe durchzuführen oder zu fordern, sind mit besonderer Begründung des pharmazeutischen Unternehmers Nachweise der besten verfügbaren Evidenzstufe einzureichen. Darüber hinaus hat er darzulegen, inwieweit die von ihm als beste verfügbare eingereichte Evidenz zum Nachweis eines Zusatznutzens geeignet ist. Die Anerkennung des Zusatznutzens auf Grundlage von Unterlagen einer niedrigeren Evidenzstufe bedarf jedoch umso mehr einer Begründung, je weiter von der Evidenzstufe I abgewichen wird.

92 Der Zusatznutzen gegenüber der zweckmäßigen Vergleichstherapie wird festgestellt als Verbesserung der Beeinflussung patientenrelevanter Endpunkte zum Nutzen. Gem. § 5 Abs. 5 AM-NutzenV iVm § 5 Abs. 5 Kap. 5 VerfO sind für den Nachweis des Zusatznutzens vorrangig **randomisierte, verblindete und kontrollierte direkte Vergleichsstudien** zu berücksichtigen, deren Methodik internationalen Standards und der evidenzbasierten Medizin entspricht und die an Populationen oder unter Bedingungen durchgeführt sind, die für die übliche Behandlungssituation repräsentativ und relevant sind sowie gegenüber einer zweckmäßigen Vergleichstherapie durchgeführt wurden. Liegen keine direkten Vergleichsstudien für das neue Arzneimittel gegenüber der zweckmäßigen Vergleichstherapie vor oder lassen diese keine Aussagen über den Zusatznutzen zu, können verfügbare klinische Studien, vorrangig randomisierte, verblindete und kontrollierte Studien, für die zweckmäßige Vergleichstherapie herangezogen werden, die sich für einen indirekten Vergleich gegenüber dem Arzneimittel mit neuen Wirkstoffen und somit für den Nachweis eines Zusatznutzens durch indirekten Vergleich eignen. Können zum Zeitpunkt der Bewertung valide Daten zu patientenrelevanten Endpunkten noch nicht vorliegen, erfolgt die Bewertung auf Grundlage der besten verfügbaren Evidenz unter Berücksichtigung der Studienqualität mit Angabe der Wahrscheinlichkeit für den Beleg eines Zusatznutzens.

93 Der pharmazeutische Unternehmer hat die **Aussagekraft der Nachweise** unter Berücksichtigung der Studienqualität, der Validität der herangezogenen Endpunkte sowie der Evidenzstufe darzulegen und zu bewerten, mit welcher Wahrscheinlichkeit und in

§ 11 Preisfestsetzung und Erstattung

welchem Ausmaß ein Zusatznutzen vorliegt (§ 5 Abs. 6 Kap. 5 VerfO). Die Aussagekraft der mit dem Dossier eingereichten Nachweise wird auf Grundlage verschiedener **Evidenzstufen nach § 5 Abs. 6 Kap. 5 VerfO** beurteilt. In seinem Dossier hat der Hersteller darzulegen, welchen von § 5 Abs. 6 Kap. 5 VerfO vorgegebenen Evidenzgrad er den von ihn eingereichten Nachweisen zuordnet.

Das **Ausmaß des Zusatznutzens** und die **therapeutische Bedeutung** des Zusatznutzens **sind** unter Berücksichtigung des Schweregrades der Erkrankung gegenüber der zweckmäßigen Vergleichstherapie nach Maßgabe des § 5 Abs. 7 Nr. 1 bis 6 Kap. 5 VerfO in den Stufen erheblich, beträchtlich, gering, nicht quantifizierbar, nicht belegt oder geringer als bei der zweckmäßigen Vergleichstherapie **zu quantifizieren**. Besonderheiten bestehen seit dem **AMVSG** bei der Bewertung des Zusatznutzens von Antibiotika: Hierbei soll künftig die Resistenzsituation berücksichtigt werden, um den zielgenauen Einsatz von Antibiotika zu fördern, § 5 Abs. 5 S. 2 AM-NutzenV. 94

Für den **Nachweis des Zusatznutzens von erstattungsfähigen Arzneimitteln mit neuen Wirkstoffen, die mit Festbetragsarzneimitteln pharmakologisch-therapeutisch vergleichbar sind**, ist der **Nachweis der therapeutischen Verbesserung nach § 35 Abs. 1b S. 4 und 5 SGB V** zu erbringen. Nach § 35 Abs. 1b S. 1 bis 3 SGB V liegt eine therapeutische Verbesserung vor, wenn das Arzneimittel für gemeinsame Anwendungsgebiete der Arzneimittel der Wirkstoffgruppe einen therapierelevanten höheren Nutzen einschließlich einer Verringerung der Häufigkeit oder des Schweregrades therapierelevanter Nebenwirkungen als andere Arzneimittel dieser Wirkstoffgruppe hat und deshalb als zweckmäßige Therapie regelmäßig oder für relevante Patientengruppen oder für relevante Indikationsbereiche den anderen Arzneimitteln dieser Gruppe vorzuziehen ist. Der Nachweis einer therapeutischen Verbesserung erfolgt gem. § 35 Abs. 1b S. 4 SGB V aufgrund der **Fachinformationen und durch Bewertung von klinischen Studien nach den internationalen Standards der evidenzbasierten Medizin**. Vorrangig sind nach § 35 Abs. 1b S. 5 SGB V klinische Studien, insbesondere direkte Vergleichsstudien mit anderen Arzneimitteln dieser Festbetragsgruppe mit patientenrelevanten Endpunkten, insbesondere Mortalität, Morbidität und Lebensqualität zu berücksichtigen (vgl. auch § 5 Abs. 2 S. 2 und 3 Kap. 5 VerfO). 95

Für **Arzneimittel, die zur Behandlung eines seltenen Leidens** nach der Verordnung (EG) Nr. 141/2000 des Europäischen Parlaments und Rates vom 16.12.1999 über Arzneimittel für seltene Leiden zugelassen sind (Orphan Drugs), ist die Nutzenfiktion nach § 35a Abs. 1 S. 10 und 11 SGB V zu beachten, wonach bis zur Erreichung eines Umsatzes des Arzneimittels mit der GKV von 50 Millionen EUR der Zusatznutzen als durch die arzneimittelrechtliche Zulassung belegt gilt[317]. Nachweise zum medizinischen Nutzen und Zusatznutzen nach § 35a Abs. 1 S. 3 Nr. 2 und 3 SGB V müssen insoweit nicht erbracht werden[318]. Jedoch sind die Nachweise nach § 35a Abs. 1 S. 3 Nr. 4 bis 6 SGB V durch den pharmazeutischen Unternehmer zu erbringen, was gem. § 12 Nr. 1 Kap. 5 VerfO den Nachweis des Ausmaßes des Zusatznutzens für die Anzahl der Patienten und Patientengruppen, für die ein therapeutisch bedeutsamer Zusatznutzen besteht, beinhaltet. Überschreitet hingegen der Umsatz des Arzneimittels mit der GKV zu Apothekenverkaufspreisen einschließlich Umsatzsteuer innerhalb eines Jahres nach der arzneimittelrechtlichen Zulassung die Umsatzgrenze von 50 Millionen EUR, hat der pharmazeutische Unternehmer innerhalb von drei Monaten nach Aufforderung durch den G-BA ein voll- 96

---

[317] Hintergrund dieser Sonderregelung ist der Umstand, dass es sich bei Orphan drugs regelmäßig um das einzige Arzneimittel mit einem neuen Wirkstoff handelt und keine therapeutisch gleichwertige Alternative existiert, die als zweckmäßige Vergleichstherapie zur Bewertung des Zusatznutzens bestimmt werden könnte, BT-Drs. 17/3698, S. 50.
[318] *Hauck* GesR 2011, 69 (73); *Maasen* GesR 2011, 82 (86); *Hess* GesR 2011, 65 (68); *Kraftberger* in LPK-SGB V § 35a Rn. 16.

ständiges Dossier nach Maßgabe des § 35a Abs. 1 S. 3 VerfO zu übermitteln und darin den Zusatznutzen gegenüber der zweckmäßigen Vergleichstherapie nachzuweisen[319]. Der Umsatz ist gem. Kap. 5 § 12 Nr. 2 VerfO aufgrund der Angaben nach § 84 Abs. 5 S. 4 SGB V zu ermitteln.

97 dd) **Nachweispflicht des Herstellers, Anspruch auf Beratung durch den G-BA.** Den Nachweis des Zusatznutzens gegenüber einer verfügbaren, zweckmäßigen Vergleichstherapie hat der **pharmazeutische Unternehmer** gem. § 5 Abs. 1 S. 1 Kap. 5 VerfO von sich aus zu erbringen und er trägt hierfür die **Darlegungs- und Beweislast**[320]. Ihn trifft die **uneingeschränkte Nachweispflicht** für einen von ihm geltend gemachten Zusatznutzen gegenüber einer bereits verfügbaren zweckmäßigen Vergleichstherapie[321]. Eine Verantwortung des G-BA zur umfassenden eigenverantwortlichen Aufklärung der Sachlage iS einer Amtsermittlungspflicht besteht gem. § 5 Abs. 1 S. 2 Kap. 5 VerfO ausdrücklich nicht[322].

98 Nach § 35a Abs. 7 SGB V iVm § 7 Kap. 5 VerfO hat der Hersteller einen **Anspruch auf frühzeitige, gebührenpflichtige Beratung durch den G-BA** zu den vorzulegenden Unterlagen und Studien sowie zur Vergleichstherapie. Ziel der Beratung ist es, Unvollständigkeiten und Unrichtigkeiten des Dossiers und insbesondere eine spätere unzutreffende Auswahl der zweckmäßigen Vergleichstherapie zu vermeiden[323]. Über die Inhalte der Beratung kann der pharmazeutische Unternehmer Vereinbarungen mit dem G-BA treffen. Beratungen zum Inhalt von abgeschlossenen Verfahren sowie anhängigen Rechtsverfahren sind nach § 7 Abs. 1 Kap. 5 VerfO grundsätzlich ausgeschlossen. Es findet auch keine Vorprüfung von Daten im Hinblick auf eine zukünftige Dossiereinreichung statt. Ferner sind die Auskünfte des G-BA zu den Beratungsthemen nicht verbindlich (§ 7 Abs. 2 S. 4 Kap. 5 VerfO). Diesen Vorgaben zur Folge können Gegenstand einer Vereinbarung nur Anforderungen an die Vollständigkeit der einzureichenden Unterlagen sowie verfahrenstechnische Details sein. Eine Zusicherung im Hinblick auf den Beschl. des G-BA über die Nutzenbewertung stellt hingegen eine unzulässige Vereinbarung dar[324]. Die Beratung vor Beginn von Zulassungsstudien der Phase drei soll unter Beteiligung des BfArM oder Paul-Ehrlich-Instituts (PEI) stattfinden (§ 35a Abs. 7 S. 3 SGB V). Der Anspruch auf Beratung **erlischt** mit dem Verstreichen der Frist für die Einreichung des Dossiers oder mit der Einreichung des Dossiers[325].

99 ee) **Fristen für die Dossiervorlage.** Die maßgeblichen Zeitpunkte für die Vorlage des Dossiers ergeben sich aus § 35a Abs. 1 und 5 SGB V iVm §§ 4 Abs. 3 AM-NutzenV, 8 Kap. 5 VerfO. Für neu zugelassene Arzneimittel mit neuen Wirkstoffen ist das Dossier spätestens im **Zeitpunkt des erstmaligen Inverkehrbringens** zu übermitteln (§§ 35a Abs. 1 S. 3 SGB V, 8 Nr. 1 S. 1 Kap. 5 VerfO). Als maßgeblicher Zeitpunkt gilt die Aufnahme des Arzneimittels in die Lauer-Taxe (§ 8 Nr. 1 S. 2 Kap. 5 VerfO). Bei der Zulassung neuer Anwendungsgebiete ist, wenn für das Arzneimittel eine frühe Nutzenbewertung durchgeführt wurde, das Dossier **innerhalb von vier Wochen** nach Zulassung des neuen Anwendungsgebietes oder der Unterrichtung des Herstellers über eine Geneh-

---

[319] Hintergrund der Rückausnahme ist die Entwicklung des Arzneimittelmarktes. Für einige seltene Erkrankungen sind bereits mehrere Orphan drugs zugelassen und durch eine Ausweitung der Anwendungsgebiete haben sich einige Orphan drugs zu Blockbustern mit hohen Umsatzzahlen entwickelt.
[320] *Baierl/Kellermann*, Arzneimittelrecht, S. 293.
[321] *Hess* in KassKomm SGB V § 35a Rn. 22; *Hess* GesR 2011, 65 (66).
[322] *Joussen* in KKW SGB § 35a Rn. 2; *Baierl/Kellermann*, Arzneimittelrecht, S. 293; *Brixius* PharmR 2010, 373 (375); *Kraftberger* in LPK-SGB V § 35a Rn. 8; *Hauck* GesR 2011, 69 (74).
[323] *von Dewitz* in BeckOK SGB V § 35a Rn. 42.
[324] *von Dewitz* in BeckOK SGB V § 35a Rn. 43.
[325] *Hess* in KassKomm SGB V § 35a Rn. 66.

migung für eine Änderung des Typs 2 nach Anhang 2 Nr. 2 lit. a der Verordnung (EG) Nr. 1234/2008 vorzulegen (§§ 35a Abs. 1 S. 3 SGB V, 8 Nr. 2 Alt. 1 und 2 und Nr. 3 Kap. 5 VerfO). Ausnahmsweise kann auf Antrag eines pharmazeutischen Unternehmers von der Fristvorgabe des Abs. 1 S. 3 abgesehen werden, wenn innerhalb eines Zeitraums von sechs Monaten ab dem nach Abs. 1 S. 3 maßgeblichen Zeitpunkt die Zulassung von mindestens einem neuen Anwendungsgebiet zu erwarten ist (§ 35a Abs. 5b SGB V). Die Neufassung des § 35a Abs. 5b SGB V im Rahmen des **AMVSG** ermöglicht damit die Bündelung von mehreren Bewertungsverfahren zu einem Wirkstoff und trägt zu einer Erhöhung der Verfahrenstransparenz sowohl bei der Nutzenbewertung als auch bei der anschließenden Vereinbarung des Erstattungsbetrags bei[326]. Findet eine frühe Nutzenbewertung auf einen Antrag des pharmazeutischen Herstellers hin statt, ist das Dossier **innerhalb von drei Monaten** nach Anforderung durch den G-BA zu übermitteln (§ 35a Abs. 5 S. 3 SGB V, § 8 Nr. 3 und 4 Kap. 5 VerfO). Die gleiche **Dreimonatsfrist** gilt, wenn der G-BA den Inhaber einer Zulassung für ein Arzneimittel für seltene Leiden bei Überschreitung der GKV-Umsatzgrenze von 50 Millionen EUR auffordert, die Nachweise zum Nutzen und Zusatznutzen vorzulegen (§ 35a Abs. 1 S. 11 SGB V). Wurde eine frühe Nutzenbewertung vom G-BA befristet, ist das Dossier spätestens am **Tag des Fristablaufs** einzureichen (§ 8 Nr. 5 Kap. 5 VerfO).

ff) Rechtsfolgen bei unvollständiger oder nicht fristgerechter Vorlage. Wird vom Hersteller trotz Aufforderung durch den G-BA das Dossier nicht rechtzeitig oder unvollständig vorgelegt, so tritt die **Fiktionswirkung** des § 35a Abs. 1 S. 5 SGB V ein, derzufolge ein **Zusatznutzen** in der Relation zur zweckmäßigen Vergleichstherapie **als nicht belegt gilt**. Auch ohne ein vorliegendes Dossier **besteht für den G-BA die Pflicht, einen Beschl. über die Nutzenbewertung als Grundlage für die Vereinbarung eines Erstattungsbetrages zu treffen**[327]. Seit dem **AMVSG** wird nun in der Rechtsfolge zwischen unvollständiger bzw. nicht fristgerechter Einreichung der Unterlagen und Fällen, in denen ein Zusatznutzen aufgrund der vollständig eingereichten Unterlagen nicht belegt werden kann, unterschieden[328]. Gilt der Zusatznutzen nach § 35a Abs. 1 S. 5 SGB V als nicht belegt, ist nach dem neu gefassten § 130b Abs. 3 S. 5 SGB V ein Erstattungsbetrag zu vereinbaren, der zu in angemessenem Umfang geringeren Jahrestherapiekosten führt als die nach § 35a Abs. 1 S. 7 SGB V bestimmte zweckmäßige Vergleichstherapie. Die **fristgerechte Vorlage eines vollständigen Dossiers** liegt demnach **im eigenen Interesse des pharmazeutischen Unternehmers**, wenn er eine ungünstige Vergütung verhindern möchte. Insofern **trifft den Hersteller die Obliegenheit,** von sich aus den Nachweis eines Zusatznutzens als Grundlage für die Verhandlung eines möglichst hohen Erstattungspreises zu erbringen[329].

d) Bewertungsverfahren. § 35a Abs. 1 S. 1 SGB V ermächtigt den **G-BA** zur Vornahme der frühen Nutzenbewertung. Die Durchführung des Bewertungsverfahrens erfolgt gem. § 4 Abs. 1 Kap. 5 VerfO durch den **Unterausschuss Arzneimittel** des G-BA. Gem. § 35a Abs. 2 SGB V ist das Bewertungsverfahren **innerhalb von drei Monaten nach dem erstmaligen Inverkehrbringen** des Arzneimittels abzuschließen.

aa) Prüfung des Herstellerdossiers. Nach Eingang des Herstellerdossiers prüft der G-BA gem. § 17 Abs. 1 Kap. 5 VerfO die **fristgerechte Einreichung** und **Vollständigkeit** des vom Hersteller vorgelegten Dossiers. Hat der Hersteller das Dossier trotz Aufforde-

---

[326] BT-Drs. 18/11449, S. 35.
[327] BT-Drs. 17/2413, S. 21; *Joussen* in KKW SGB V § 35a Rn. 6; *Hess* in KassKomm SGB V § 35a Rn. 18; *Kraftberger* in LPK-SGB V § 35a Rn. 13; *Brixius* PharmR 2010, 373 (375); *Luthe* PharmR 2011, 193 (198).
[328] BT-Drs. 18/11449, S. 33.
[329] *Hess* GesR 2011, 65 (65); *Maasen* GesR 2011, 82 (85).

rung nicht fristgerecht oder nicht vollständig vorgelegt, trifft der G-BA durch Beschl. die Feststellung, dass der Zusatznutzen des Arzneimittels als nicht belegt gilt. Maßgebend für die Beurteilung der fristgerechten Einreichung sind die in § 8 Kap. 5 VerfO bestimmten Zeitpunkte. Diese Zeitpunkte sind auch maßgebend für die Beurteilung der Vollständigkeit, soweit nicht die Übergangsvorschrift des § 10 AM-NutzenV zur Anwendung kommt oder der G-BA die Vollständigkeit nach § 4 Abs. 5 AM-NutzenV innerhalb der Dreiwochenfrist geprüft und nicht beanstandet hat[330].

103 **bb) Entscheidung über die Durchführung der Nutzenbewertung.** Im Anschluss an die Prüfung des vorgelegten Herstellerdossiers entscheidet der G-BA, ob er die Nutzenbewertung selbst durchführt oder hiermit das **IQWiG** oder einen **Dritten** beauftragt (§ 35a Abs. 2 S. 1 SGB V). Welche Kriterien für die Entscheidung maßgebend sind, wird von der VerfO nicht näher geregelt. In der Gesetzesbegründung wird darauf hingewiesen, dass der G-BA idR das IQWiG beauftragen wird, das für diesen Zweck von der gemeinsamen Selbstverwaltung eingerichtet ist[331]. Jedenfalls steht dem G-BA bei der Auswahlentscheidung ein weiter Beurteilungs- und Ermessensspielraum zu[332]. Soweit das IQWiG oder ein Dritter die Nutzenbewertung durchführt, ist gem. § 17 Abs. 3 Kap. 5 VerfO der Auftrag mit der Maßgabe zu versehen, dass die Nutzenbewertung unter Beachtung der in der Verfahrensordnung des G-BA festgelegten Grundsätze erfolgt. Die Durchführung der Nutzenbewertung durch das IQWiG oder Dritte ändert an der **Verantwortlichkeit des G-BA für die Verfahrensdurchführung** nichts[333].

104 **cc) Bewertungskriterien.** Die Nutzenbewertung als solche ist ein Verfahren zur wissenschaftlichen Begutachtung des Zusatznutzens eines Arzneimittels im Vergleich zur zweckmäßigen Vergleichstherapie. Als gutachterliche, wissenschaftliche Stellungnahme beschreibt sie, ob für das zu bewertende Arzneimittel ein Zusatznutzen gegenüber der zweckmäßigen Vergleichstherapie belegt ist, welcher Zusatznutzen für welche Patientengruppen in welchem Ausmaß belegt ist, wie die vorliegende Evidenz zu bewerten ist und mit welcher Wahrscheinlichkeit der Beleg jeweils erbracht wird (§ 18 Abs. 1 S. 1 Kap. 5 VerfO). Dies geschieht gem. § 18 Abs. 2 S. 1 Kap. 5 VerfO aufgrund einer Prüfung der Validität und Vollständigkeit der Angaben im Dossier. Dabei werden die Unterlagen hinsichtlich ihrer Planungs-, Durchführungs- und Auswertungsqualität im Hinblick auf ihre Aussagekraft für Wahrscheinlichkeit und Ausmaß des Zusatznutzens und hinsichtlich der Angaben zu den Therapiekosten bewertet (§ 18 Abs. 2 S. 2 Kap. 5 VerfO). **Maßstab für die Beurteilung ist der allgemein anerkannte Stand der medizinischen Erkenntnisse.** Grundlage sind die internationalen Standards der evidenzbasierten Medizin und der Gesundheitsökonomie (§§ 35a Abs. 1 S. 7 Nr. 2 SGB V, 18 Abs. 2 S. 4 und 5 Kap. 5 VerfO). Gem. § 35a Abs. 2 S. 2 SGB V haben der G-BA und das IQWiG einen Anspruch auf Einsicht in die Zulassungsunterlagen bei der zuständigen Bundesoberbehörde. Unerheblich ist, ob der pharmazeutische Hersteller der Zulassungsbehörde die Weitergabe der Daten erlaubt[334]. Die Nutzenbewertung enthält eine Zusammenfassung der wesentlichen Aussagen als Bewertung der Angaben im Dossier (§ 18 Abs. 2 S. 3 Kap. 5 VerfO).

105 **dd) Veröffentlichung und Anhörung.** Das Ergebnis der Nutzenbewertung ist im Internet zu veröffentlichen (§ 35a Abs. 2 S. 3 SGB V). Zur vorgelegten Nutzenbewertung hat der G-BA eine **Anhörung der Fachkreise**, insbesondere der medizinischen und pharmazeutischen Wissenschaft und Praxis durchzuführen. Die Anhörung ist durch

---

[330] *Hess* in KassKomm SGB V § 35a Rn. 43.
[331] BT-Drs. 17/2413, S. 21.
[332] *von Dewitz* in BeckOK SGB V § 35a Rn. 24.
[333] *Axer* SGB 05/11, 246 (249).
[334] *Baierl/Kellermann*, Arzneimittelrecht, S. 290.

§ 19 Kap. 5 VerfO als zweistufiges Stellungnahmeverfahren ausgestaltet. Gem. § 19 Abs. 1 Kap. 5 VerfO ist den in Abs. 1 S. 1 genannten Stellungnahmeberechtigten Gelegenheit zur **schriftlichen Stellungnahme innerhalb von drei Wochen** gegeben. Im Anschluss an das schriftliche Stellungnahmeverfahren haben die Stellungnahmeberechtigten Gelegenheit, zur Nutzenbewertung auch **mündlich Stellung zu nehmen**. § 19 Abs. 2 S. 3 Kap. 5 VerfO stellt klar, dass die mündliche Stellungnahme nicht das schriftliche Stellungnahmeverfahren ersetzt. Die mündliche Stellungnahme soll dazu dienen, nach Abgabe der schriftlichen Stellungnahme aufgetretene neue Gesichtspunkte einzubringen und zu den nach der AM-NutzenV und der VerfO für das betreffende Arzneimittel möglichen Entscheidungsvarianten Stellung zu nehmen. Die schriftlich und mündlich abgegebenen **Stellungnahmen werden in den Entscheidungsprozess einbezogen**[335].

e) **Beschl. über die Nutzenbewertung.** Innerhalb von drei Monaten nach ihrer Veröffentlichung hat der G-BA einen **Beschl. über die Nutzenbewertung** zu fassen (§ 35a Abs. 3 S. 1 SGB V). Mit diesem Beschl. wird gem. § 35a Abs. 3 S. 3 SGB V das **Bestehen oder Nichtbestehen eines Zusatznutzens** des zu bewertenden Arzneimittels **festgestellt** sowie eine **vorhandene oder fehlende Festbetragsfähigkeit**. Die für die Beschlussfassung denkbaren Entscheidungsvarianten und ihre Rechtsfolgen ergeben sich aus § 35a Abs. 3 iVm § 130b Abs. 1 und 3 SGB V und § 35a Abs. 4 und 5a SGB V sowie aus §§ 21, 22 Kap. 5 VerfO.

aa) **Arzneimittel mit Zusatznutzen.** Ergibt die Nutzenbewertung, dass für das Arzneimittel ein Zusatznutzen nach dem allgemein anerkannten Stand der medizinischen Erkenntnisse belegt ist, stellt der G-BA dies durch Beschl. nach § 35a Abs. 3 SGB V in der Arzneimittel-RL mit Angaben zum Ausmaß des Zusatznutzens fest (§ 22 Kap. 5 VerfO). Innerhalb von sechs Monaten nach dem Beschl. vereinbart der pharmazeutische Unternehmer mit dem Spitzenverband Bund der Krankenkassen auf der Grundlage des Beschlusses einen Erstattungsbetrag nach § 130b Abs. 1 SGB V.[336]

bb) **Festbetragsfähige Arzneimittel ohne Zusatznutzen.** Ergibt die Nutzenbewertung, dass für das Arzneimittel mit dem neuen Wirkstoff ein therapierelevanter **Zusatznutzen** nach dem allgemein anerkannten Stand der medizinischen Erkenntnisse nicht belegt ist, ist zu prüfen, ob das Arzneimittel einer Festbetragsgruppe nach § 35 Abs. 1 SGB V zugeordnet werden kann (§ 21 Kap. 5 VerfO). Wurde für ein Arzneimittel mit einem neuen Wirkstoff, das gem. § 35 Abs. 1 S. 2 Nr. 2 SGB V pharmakologisch-therapeutisch vergleichbar mit Festbetragsarzneimitteln ist, kein Zusatznutzen iS einer therapeutischen Verbesserung belegt, ist das Arzneimittel mit dem Beschl. nach § 35a Abs. 3 SGB V der Festbetragsgruppe nach § 35 Abs. 1 SGB V mit pharmakologisch-therapeutisch vergleichbaren Arzneimitteln zuzuordnen (§§ 35a Abs. 4 S. 1 SGB V, 21 Nr. 1 Kap. 5 VerfO). Ist die Einordnung des bewerteten Arzneimittels mit einem neuen Wirkstoff in eine bestehende Festbetragsgruppe nach § 35 Abs. 1 S. 2 Nr. 3 SGB V (therapeutisch vergleichbare Wirkung) möglich, stellt der G-BA dies in dem Beschl. nach § 35a Abs. 3 SGB V fest (§ 21 Nr. 2 Kap. 5 VerfO).

cc) **Nichtfestbetragsfähige Arzneimittel ohne Zusatznutzen.** Für ein Arzneimittel, das nach dem Beschl. des G-BA nach § 35a Abs. 3 SGB V keinen Zusatznutzen hat und keiner Festbetragsgruppe zugeordnet werden kann, ist ein Erstattungsbetrag nach § 130b Abs. 1 SGB V zu vereinbaren, der nicht zu höheren Jahrestherapiekosten führt als die nach § 35a Abs. 1 S. 7 SGB V bestimmte zweckmäßige Vergleichstherapie (§ 130b Abs. 3 SGB V). Sind mehrere Alternativen für die zweckmäßige Vergleichstherapie bestimmt,

---
[335] *Hess* in KassKomm SGB V § 35a Rn. 51.
[336] Zu den Auswirkungen des 14. SGB V-ÄndG v. 27.3.2014 vgl. Rn. 73.

soll der Erstattungsbetrag nicht zu höheren Jahrestherapiekosten führen als die wirtschaftlichste Alternative (§ 130b Abs. 3 S. 2 SGB V).

110 **dd) Befristung, Veröffentlichung, Rechtswirkungen des Beschlusses.** Der Beschl. über die Nutzenbewertung kann in seiner Geltung befristet werden, § 35a Abs. 3 S. 4 SGB V. Er ist ferner im Internet zu veröffentlichen, § 35a Abs. 3 S. 5 SGB V. Seit dem **AMVSG** muss der G-BA gem. § 35a Abs. 3a SGB V innerhalb eines Monats zusätzlich eine maschinenlesbare Fassung zu dem Beschl. veröffentlichen, die zur Abbildung in elektronischen Programmen nach § 73 Abs. 9 SGB V geeignet ist und den Anforderungen der Rechtsverordnung nach § 73 Abs. 9 S. 2 SGB V genügt. Der Beschl. ist Grundlage für Vereinbarungen für alle Arzneimittel mit dem Wirkstoff nach § 130b SGB V über Erstattungsbeträge und für die Bestimmung von Anforderungen an die Zweckmäßigkeit, Qualität und Wirtschaftlichkeit der Verordnung sowie für die Anerkennung als Praxisbesonderheit oder für die Zuordnung von Arzneimitteln ohne Zusatznutzen zu einer Festbetragsgruppe (§ 20 Abs. 2 Kap. 5 VerfO). Zudem ist der Beschl. gem. § 35a Abs. 3 S. 6 SGB V Teil der Richtlinien nach § 92 Abs. 1 S. 2 Nr. 6 SGB V und daher **auch für Vertragsärzte und Patienten verbindlich.** Bei seiner Entscheidung über das Bestehen oder Nichtbestehen eines Zusatznutzens gegenüber der zweckmäßigen Vergleichstherapie ist dem G-BA ein **Beurteilungsspielraum** zuzugestehen[337]. Die Überprüfung von Beschlüssen zur Nutzenbewertung beschränkt sich daher im Rahmen einer **rechtsaufsichtlichen Kontrolle durch das Bundesministerium für Gesundheit nach § 91 Abs. 8 S. 1 SGB V** auf die Beanstandung von Verfahrensfehlern und Verstößen gegen die Vorgaben des § 35a SGB V und die Festlegungen der AM-NutzenV[338].

111 **f) Rechtsschutz.** § 35a Abs. 8 S. 1 SGB V schließt ein gesondertes prozessuales Vorgehen gegen einzelne Verfahrensschritte der frühen Nutzenbewertung aus. Unzulässig sind demnach eine Klage gegen die frühe Nutzenbewertung nach § 35a Abs. 2 SGB V, den Beschl. über das Bestehen oder Nichtbestehen des Zusatznutzens nach § 35a Abs. 3 SGB V sowie gegen die Einbeziehung eines Arzneimittels in eine Festbetragsgruppe nach § 35a Abs. 4 SGB V. Ein **prozessuales Vorgehen** ist dem pharmazeutischen Unternehmer gem. § 130b Abs. 4 SGB V nur **gegen die Festsetzung des Festbetrages durch den Spitzenverband Bund der Krankenkassen nach § 35 Abs. 7 SGB V** oder **gegen den Schiedsspruch zur Festsetzung eines Erstattungsbetrages nach gescheiterter Verhandlung** möglich[339]. Eine gerichtliche Überprüfung der Beschlüsse nach § 35a Abs. 3 und 4 SGB V findet gegebenenfalls inzident im Rahmen einer gerichtlichen Überprüfung des Schiedsspruches nach § 130b Abs. 4 SGB V statt[340]. Der Gesetzgeber begründet die Einschränkung des gerichtlichen Rechtsschutzes nach § 35a Abs. 8 S. 1 SGB V damit, dass es sich bei den **einzelnen Zwischenschritten der frühen Nutzenbewertung nur** um **unselbständige Vorbereitungshandlungen** für Preisvereinbarungen nach § 130b SGB V oder Festbetragsgruppenzuordnungen nach § 35 Abs. 3 SGB V handele. Zudem bezwecke der Ausschluss von gesonderten Rechtsmitteln gegen die einzelnen Schritte der Nutzenbewertung die Beschleunigung des Abschlusses einer Vereinbarung nach § 130b Abs. 1 oder 3 SGB V bzw. die Festsetzung eines Festbetrages[341].

---

[337] *von Dewitz* in BeckOK SGB V § 35a Rn. 29.
[338] *Kraftberger* in LPK-SGB V § 35a Rn. 26.
[339] *Hess* in KassKomm SGB V § 35a Rn. 68; *von Dewitz* in BeckOK SGB V § 35a Rn. 49; *Schacks* PharmR 2011, 305 (307).
[340] *von Dewitz* in BeckOK SGB V § 35a Rn. 49; *Schacks* PharmR 2011, 305 (307).
[341] BT-Drs. 17/2413, S. 23.

g) **Erneute Nutzenbewertung auf Antrag des Unternehmers oder durch Beschl.** 112
des G-BA. Einer frühen Nutzenbewertung nach § 35a SGB V im Frühstadium nach der
arzneimittelrechtlichen Zulassung kommt Prognosecharakter zu[342]. Zum Zeitpunkt der
frühen Nutzenbewertung stehen regelmäßig nur die Unterlagen für die arzneimittelrechtliche Zulassung als Bewertungsgrundlage zur Verfügung, hingegen nicht Daten aus
der Routineanwendung. Aufgrund der begrenzten Studienlage wird dem pharmazeutischen Unternehmer der Nachweis eines Zusatznutzens des zu bewertenden Arzneimittels zum Zeitpunkt der frühen Nutzenbewertung nur selten gelingen[343]. Gelingt dem
Hersteller der Nachweis eines Zusatznutzens, hat er das Interesse, eine für ihn günstige
Erstattungsvereinbarung zu erreichen. Jedoch ermöglichen die im Zeitpunkt der frühen
Nutzenbewertung vorliegenden Zulassungsdaten nicht die Durchführung einer Nutzenbewertung auf höheren Evidenzstufen. Vor diesem Hintergrund eröffnet § 35a Abs. 5
SGB V dem pharmazeutischen Unternehmer die Möglichkeit einer **erneuten Nutzenbe-
wertung**. Liegen **neue Erkenntnisse zum bewerteten Arzneimittel** vor, kann der
Hersteller gem. § 35a Abs. 5 S. 1 iVm S. 4 SGB V eine erneute Nutzenbewertung
beantragen, die dann frühestens ein Jahr nach Veröffentlichung des Beschlusses beginnt.
Der pharmazeutische Unternehmer muss dabei die Erforderlichkeit einer erneuten Nutzenbewertung wegen neuer wissenschaftlicher Erkenntnisse nachweisen. Damit besteht
die Möglichkeit, auf der Grundlage von Versorgungsstudien, die nach der ersten frühen
Nutzenbewertung erstellt werden, eine Nutzenbewertung auf höheren Evidenzstufen
durchzuführen und eine günstigere Erstattungsvereinbarung zu erreichen[344]. Das Verfahren der erneuten Nutzenbewertung findet auf **Antrag des pharmazeutischen Unternehmers** statt und ist somit – anders als das Erstverfahren einer frühen Nutzenbewertung – ein **Verwaltungsverfahren iSv § 8 SGB X**[345]. Gem. § 35a Abs. 5 S. 5 SGB V
iVm § 35a Abs. 1 bis 4 SGB V müssen alle Verfahrensschritte des Erstverfahrens einer
frühen Nutzenbewertung erneut durchgeführt werden. Die Begründung der Erforderlichkeit einer erneuten Nutzenbewertung kann der Hersteller nur auf **neu vorliegende
Studien** stützen[346]. Gem. § 35a Abs. 5 S. 2 SGB V hat der G-BA über einen entsprechenden Antrag innerhalb von acht Wochen zu entscheiden. Die Entscheidung über die
Durchführung einer erneuten Nutzenbewertung ist ein Verwaltungsakt iSd § 31 S. 1
SGB X. Hält der G-BA den Antrag für begründet, fordert er den pharmazeutischen
Unternehmer auf, die für die Nutzenbewertung erforderlichen Nachweise nach § 35a
Abs. 1 S. 3 SGB V zu übermitteln. Das Dossier ist gem. § 14 Abs. 2 S. 3 Kap. 5 VerfO
innerhalb von drei Monaten nach Zustellung des Beschlusses dem G-BA vorzulegen.
Hält der G-BA einen entsprechenden Antrag für unbegründet, muss die Ablehnung
einer erneuten Nutzenbewertung begründet und mit einer Rechtsbehelfsbelehrung ver-
sehen sein[347].

Beim Verfahren der erneuten Nutzenbewertung handelt es sich um ein **Verwaltungs-** 113
verfahren iSv § 8 SGB X[348]. Mit der Zustellung des Beschlusses über die Eröffnung des
Verfahrens der erneuten Nutzenbewertung sind dem pharmazeutischen Unternehmer die
Gründe für die Nutzenbewertung mitzuteilen (§ 13 Abs. 2 Kap. 5 VerfO). Innerhalb von
drei Monaten nach Zustellung dieses Beschlusses sind die für die Nutzenbewertung
erforderlichen Nachweise nach § 35a Abs. 1 S. 3 SGB V (Herstellerdossier) dem G-BA
vorzulegen (§ 13 Abs. 2 S. 2 Kap. 5 VerfO).

---

[342] *von Dewitz* in BeckOK SGB V § 35a Rn. 46; *Kingreen* NZS 2011, 442 (445).
[343] *von Dewitz* in BeckOK SGB V § 35a Rn. 38.
[344] *Kingreen* NZS 2011, 442 (446).
[345] *Hess* in KassKomm SGB V § 35a Rn. 57.
[346] *Hess* in KassKomm SGB V § 35a Rn. 57.
[347] *Hess* in KassKomm SGB V § 35a Rn. 57.
[348] *Hess* in KassKomm SGB V § 35a Rn. 58.

114 **h) Kosten-Nutzen-Bewertung nach § 35b SGB V im Anschluss an eine frühe Nutzenbewertung.** Stellt der G-BA in seinem Beschl. über die Nutzenbewertung **keinen Zusatznutzen** – auch nicht im Sinne einer therapeutischen Verbesserung – fest, kann der **pharmazeutische Unternehmer auf seine Kosten** die Durchführung einer **Kosten-Nutzen-Bewertung nach § 35b SGB V oder nach § 139a Abs. 3 Nr. 5 SGB V verlangen.** Der G-BA hat einem solchen Verlangen stattzugeben. Die Verpflichtung des G-BA zur Festsetzung eines Festbetrages oder eines Erstattungsbetrages durch Beschl. nach § 35a Abs. 3 SGB V bleibt unberührt. Das Verfahren einer Kosten-Nutzen-Bewertung im Anschluss an die frühe Nutzenbewertung verfolgt den Zweck, das bewertete Arzneimittel einer erneuten Bewertung auf der Grundlage einer gegenüber der frühen Nutzenbewertung breiteren Datenbasis zu unterziehen, um eine günstigere Erstattungsvereinbarung oder Festbetragsgruppenzuordnung erreichen zu können[349]. **Praktische Bedeutsamkeit wird diese Option jedoch nicht erlangen,** da der pharmazeutische Unternehmer eine Preisverhandlung im Anschluss an die frühe Nutzenbewertung, die er aktiv mit gestalten kann, einem Bewertungsverfahren nach § 35b SGB V, an dem er lediglich beteiligt ist[350], vorziehen wird. Praktische Relevanz kommt dem Verfahren der Kosten-Nutzen-Bewertung nur noch in den Fällen zu, in denen die Preisverhandlungen über einen Erstattungsbetrag gescheitert sind und ein Schiedsspruch vorliegt. (Zu den Einzelheiten des Verfahrens der Kosten-Nutzen-Bewertung → Rn. 114). In diesen Fällen können sowohl der SpiBuKK als auch der pharmazeutische Unternehmer eine Kosten-Nutzen-Bewertung beantragen und damit eine Grundlage zur Vereinbarung eines Erstattungsbetrages schaffen[351]. Entscheidet sich im Anschluss an die frühe Nutzenbewertung der pharmazeutische Unternehmer für die Durchführung einer Kosten-Nutzenbewertung, ist innerhalb der sechsmonatigen Frist des § 130b Abs. 4 S. 1 SGB V auf der Grundlage des Beschlusses des G-BA zur Kosten-Nutzen-Bewertung nach § 35b Abs. 3 SGB V eine Vereinbarung über einen Erstattungsbetrag gem. § 130b Abs. 8 S. 3 und 4 iVm Abs. 1 SGB V zu treffen[352].

3. Vereinbarungen über Erstattungsbeträge nach § 130b Abs. 1 oder Abs. 3 SGB V

115 **a) Gegenstand von Vereinbarungen über Erstattungsbeträge.** Für **Arzneimittel, für die** durch den Beschl. des G-BA über die Nutzenbewertung nach § 35a SGB V **ein Zusatznutzen festgestellt** wurde sowie für **Arzneimittel, die** nach diesem Beschl. **keinen Zusatznutzen haben und keiner Festbetragsgruppe zugeordnet** werden können, vereinbart der pharmazeutische Unternehmer mit dem Spitzenverband Bund der Krankenkassen im Benehmen mit dem Verband der PKV innerhalb von sechs Monaten nach dem Beschl. des G-BA einen Erstattungsbetrag, zu dem der pharmazeutische Unternehmer das Arzneimittel abgibt (§ 130b Abs. 1, 3 SGB V iVm § 78 Abs. 3a S. 1 AMG).

116 **b) Rechtsnatur und Voraussetzungen für den Vertragsschluss.** Entsprechend den Heil- und Hilfsmittelverträgen im Recht der Leistungserbringung ist die Neuregelung des § 130b SGB V als **Vertragsmodell** ausgestaltet. Bei einer nach § 130b Abs. 1 oder Abs. 3 SGB V zu schließenden Vereinbarung handelt es sich um einen **öffentlich-rechtlichen Vertrag** iSd §§ 53, 54 SGB X, so dass die §§ 53 bis 61 SGB X anwendbar sind, soweit nicht durch § 130b SGB V besondere gesetzliche Vorgaben für den Vertragsschluss gesetzt werden. Die Vorschriften des BGB über den Vertragsschluss finden subsidiär Anwendung, soweit nicht durch das SGB V oder das SGB X abschließende

---

[349] *Hauck* GesR 2011, 69 (75); *von Dewitz* in BeckOK SGB V § 35a Rn. 40.
[350] § 35b Abs. 1 S. 6 SGB V.
[351] *Kingreen* NZS 2011, 442 (445); *Brixius* Pharm 2011, 373 (376); *Joussen* in KKW SGB V § 35b Rn. 1.
[352] *von Dewitz* in BeckOK SGB V § 35a Rn. 40 und § 35b Rn. 19.

Regelungen getroffen wurden (§ 61 S. 2 SGB X[353]). Die Vereinbarung nach § 130b Abs. 1 oder Abs. 3 SGB V verpflichtet neben dem pharmazeutischen Unternehmer und den Krankenkassen der GKV auch die private Krankenversicherung und die Beihilfe (§ 78 Abs. 3a S. 3 AMG). Wegen der **Bindungswirkung der Vereinbarung gegenüber der PKV** ist der Verband der PKV gem. § 130b Abs. 1 SGB V vor dem Vertragsabschluss im Wege des Benehmens einzubeziehen. Rechtsbegrifflich ist das Benehmen zwischen dem Einvernehmen als Herbeiführung einer Willensübereinstimmung und der Anhörung im Sinne einer Gelegenheit zur Stellungnahme einzuordnen[354]. Zwar bedarf die Wirksamkeit des Vertrags keiner Zustimmung durch den Verband der PKV. Jedoch soll er **Gelegenheit zur Einflussnahme auf das Vereinbarungsergebnis** erhalten[355]. Dies verlangt die **Information** des Verbandes der PKV über die beabsichtigten Vertragsverhandlungen und ihre Inhalte sowie die rechtzeitige Gelegenheit zur **Stellungnahme** noch vor dem Abschluss der Vereinbarung. Die vertragsschließenden Parteien sind nicht an die Stellungnahme des Verbandes der PKV gebunden. Vom Verband der PKV geäußerte **Einwände sind daher nicht zu befolgen, aber angemessen zu würdigen** und, soweit es den Vertragsparteien sinnvoll erscheint, in die Vereinbarung aufzunehmen[356]. Droht die Überschreitung des in § 130b Abs. 4 S. 1 SGB V gesetzten zeitlichen Verhandlungsrahmens durch zeitliche Verzögerungen seitens des Verbandes der PKV, so bleiben Stellungnahmen des Verbandes unberücksichtigt. Letztlich **entscheidungserheblich ist der Wille der vertragsschließenden Parteien** angesichts der ihnen eingeräumten Entscheidungskompetenz[357].

c) Kriterien für die Bestimmung des Erstattungsbetrages für Arzneimittel mit Zusatznutzen. aa) Beschl. des G-BA über die Nutzenbewertung. § 130b Abs. 1 S. 1 SGB V verweist zunächst auf den **Beschl. des G-BA über die Nutzenbewertung** nach § 35a Abs. 3 SGB V. Dies verweist ua auf die **Quantifizierung des Zusatznutzens** nach § 5 Abs. 7 AM-NutzenV. Hier ist eine Abstufung von erheblich über beträchtlich und gering bis zu einem nicht quantifizierbaren Zusatznutzen vorgesehen, an die die vertragsschließenden Parteien anknüpfen können[358].

117

bb) Herstellerangaben zur Höhe des europäischen Referenzpreises. § 130b Abs. 1 S. 6 SGB V sieht vor, dass der pharmazeutische Unternehmer dem Spitzenverband Bund der Krankenkassen die **Angaben zur Höhe seines tatsächlichen Abgabepreises in anderen europäischen Ländern** übermitteln soll. Allerdings ist die Berücksichtigung dieser Preise **kein verbindliches Kriterium** für eine Vereinbarung nach § 130b Abs. 1 SGB V[359]. Die Norm des § 130b Abs. 1 S. 6 SGB V ist nicht im Sinne einer zwingenden Verpflichtung anzusehen und muss restriktiv ausgelegt werden. Zunächst ist mit Blick auf den Wortlaut der Vorschrift zu bedenken, dass es sich bei dieser Regelung um eine Sollvorschrift handelt. Daraus kann die Schlussfolgerung gezogen werden, dass den Abgabepreisen in anderen europäischen Ländern keine maßgebliche Bedeutung für eine Vereinbarung nach § 130b Abs. 1 SGB V zukommt[360]. Dies bestätigt auch die Gesetzesbegründung, nach der die Feststellung des Nutzens eines Arzneimittels durch den G-BA die Grundlage der Vereinbarung bildet und die Jahrestherapiekosten in einem angemesse-

118

---

[353] *Luthe* PharmR 2011, 193 (197); *von Dewitz* in BeckOK SGB V § 130b Rn. 6.
[354] *Luthe* PharmR 2011, 193 (199).
[355] BT-Drs. 17/3698, S. 79; *Axer* SGb 05/11, 246 (251).
[356] *von Dewitz* in BeckOK SGB V § 130b Rn 7; *Luthe* Pharm 2011, 193 (199).
[357] *Luthe* Pharm 2011, 193 (200).
[358] *Huster* GesR 2011, 76 (81); *Luthe* Pharm 2011, 193 (198); *Kaufmann* PharmR 2011, 223 (225).
[359] *Kaufmann* PharmR 2011, 223 (225); aA *von Dewitz* in BeckOK SGB V § 130b Rn. 11 (noch auf den § 130b Abs. 1 S. 9 SGB V aF Bezug nehmend); *Kingreen* NZS 2011, 441 (447); *Luthe* Pharm 2011, 193 (199).
[360] *Schickert* PharmR 2010, 452 (459).

nen Verhältnis zum festgestellten Nutzen stehen sollen. Die Beachtung der europäischen Abgabepreise sieht die Gesetzesbegründung gerade nicht vor. Im Sinne einer restriktiven Auslegung der Regelung zur Mitteilung der Referenzpreise kann sich der pharmazeutische Unternehmer vielmehr auf eine **Mitteilung der für ihn günstigen Informationen** beschränken[361].

119 cc) Rahmenvereinbarung. Maßgeblich für die Vereinbarung des Erstattungsbetrages sind schließlich die Kriterien der nach § 130b Abs. 9 SGB V abzuschließenden Rahmenvereinbarung zwischen dem Spitzenverband Bund der Krankenkassen und den Pharmaverbänden[362]. Die als öffentlich-rechtlicher Vertrag zu qualifizierende Rahmenvereinbarung[363] soll gem. § 130b Abs. 9 S. 2 SGB V regeln, welche Kriterien für eine Vereinbarung nach § 130b Abs. 1 SGB V neben dem Beschl. nach § 35a Abs. 3 SGB V und den Vorgaben nach § 130b Abs. 1 SGB V zu berücksichtigen sind. Zur Orientierung gibt die Gesetzesbegründung vor, dass unter Heranziehung der in der Rahmenvereinbarung festgelegten Kriterien ein Erstattungsbetrag vereinbart werden soll, der für den festgestellten Zusatznutzen angemessen ist und einen Ausgleich der Interessen der Versichertengemeinschaft mit denen des pharmazeutischen Unternehmers darstellt. § 6 der Rahmenvereinbarung regelt die **Kriterien zur Vereinbarung eines Erstattungsbetrages**[364]. In Übereinstimmung mit der gesetzlichen Regelung in § 130b Abs. 1 S. 1 SGB V bestimmt zunächst § 6 Nr. 1 Rahmenvereinbarung, dass der **Beschl. des G-BA über die Nutzenbewertung** nach § 35a Abs. 3 SGB V ein Kriterium zur Vereinbarung eines Erstattungsbetrages ist. Ergänzend zum Beschl. sind gem. § 6 Nr. 2 Rahmenvereinbarung die **Nutzenbewertung nach § 35a Abs. 2 SGB V** und das vom pharmazeutischen Unternehmer erstellte **Dossier nach § 35a Abs. 1 S. 3 SGB V** einschließlich der gem. § 4 Abs. 4 S. 2 AM-NutzenV nachgereichten und vom G-BA berücksichtigten Unterlagen als Kriterien mit zu berücksichtigen. § 6 Nr. 3 Rahmenvereinbarung sieht entsprechend § 130b Abs. 1 S. 6 SGB V als weiteres Kriterium die **tatsächlichen Abgabepreise in anderen europäischen Ländern** vor[365]. Insofern ist jedoch zu berücksichtigen, dass es sich bei der

---

[361] AA *von Dewitz* in BeckOK SGB V § 130b Rn. 11, wonach der Mitteilungspflicht nach § 130b Abs. 1 S. 6 SGB V nur dann nicht nachzukommen ist, wenn sie mangels einer Vermarktung des betreffenden Arzneimittels in anderen europäischen Ländern faktisch nicht erfüllt werden kann oder aufgrund gesetzlicher Geheimhaltungspflichten in diesen Ländern rechtlich nicht erfüllt werden darf.

[362] Rahmenvereinbarung nach § 130b Abs. 9 SGB V zwischen dem Spitzenverband Bund der Krankenkassen und den Spitzenorganisationen der pharmazeutischen Unternehmen (RahmenV), https://www.gkv-spitzenverband.de/media/dokumente/krankenversicherung_1/arzneimittel/rahmenvertraege/pharmazeutische_unternehmer/Rahmenvereinbarung_130b_Abs9__SGB_V_2016.pdf.

[363] von Dewitz in BeckOK SGB V § 130b Rn. 51.

[364] Zum Ganzen *Anders* PharmR 2012, 81.

[365] Zunächst konnte zwischen den Parteien der Rahmenvereinbarung keine Einigung zu der Frage erzielt werden, welche anderen europäischen Länder einzubeziehen sind und wo die rechtlichen Grenzen der Übermittlungspflicht liegen. Am 3.2.2012 fand dazu eine Schiedsstellenverhandlung statt, bei der die Vertragspartner aufgefordert wurden, bis zum 24.2.2012 einvernehmlich auszuwählende europäische Länder für die Mitteilungspflicht zur Höhe des tatsächlichen Abgabepreises zu bestimmen (Länderkorb). In ihrem Schiedsspruch vom 29.2.2012 legt die gemeinsame Schiedsstelle vom Spitzenverband Bund der Krankenkassen und Pharmaverbänden fest, dass der pharmazeutische Unternehmer die Höhe des tatsächlichen Abgabepreises in anderen europäischen Ländern gem. einem von der Schiedsstelle festgesetzten Länderkorb mitzuteilen hat, sofern das betreffende Arzneimittel dort angeboten wird. Folgende 15 Länder sind nach § 3 Abs. 2 und Anlage 2 der Rahmenvereinbarung nach § 130b Abs. 9 SGB V einzubeziehen: Belgien, Dänemark, Finnland, Frankreich, Griechenland, Großbritannien, Irland, Italien, Niederlande, Österreich, Portugal, Schweden, Slowakei, Spanien und Tschechien. Die Länderliste wird von den Vertragspartnern jährlich, frühestens zum 1.1.2014 einvernehmlich angepasst, soweit die von der Schiedsstelle im Schiedsspruch genannten Kriterien zu einer anderen Länderauswahl führen. Danach sind bei der Erstellung und Weiterentwicklung des Länderkorbs folgende Kriterien zu berücksichtigen: Die Auswahl der Länder beschränkt sich nicht auf die Mitgliedstaaten des Euro-Währungsgebietes, sondern kann aus allen

gesetzlichen Regelung zur Mitteilung der Referenzpreise **gem. § 130b Abs. 1 S. 6 SGB V** lediglich um eine **Soll-Vorschrift** handelt. Dem pharmazeutischen Unternehmer dürfen keine Nachteile daraus erwachsen, dass er dieser Soll-Vorschrift nicht nachkommt; insbesondere dürfen daraus keine zwingenden Nachteile für die Verhandlungsposition des pharmazeutischen Unternehmers gegenüber den Krankenkassen erwachsen. Genau dies ist aber der Fall, wenn die Rahmenvereinbarung auf die Mitteilung der europäischen Referenzpreise Bezug nimmt und dadurch die Berücksichtigung dieser Preise – entgegen der Ausgestaltung der Mitteilung als Sollvorschrift – zu einem verbindlichen Kriterium für Kollektivvereinbarungen erhöht wird. Die Mitteilungspflicht schwächt potentiell die Verhandlungsposition des pharmazeutischen Unternehmers, wodurch die grundsätzliche Wahl des Gesetzgebers zugunsten eines Vertrages als Handlungsinstrument und damit die Gleichberechtigung beider Vertragspartner konterkariert wird[366]. Wie bereits dargelegt kann sich der pharmazeutische Unternehmer vielmehr auf eine **Mitteilung der für ihn günstigen Informationen beschränken**. Als Kriterium für die Vereinbarung eines Erstattungsbetrages sind ferner gem. § 6 Nr. 4 Rahmenvereinbarung die **Jahrestherapiekosten vergleichbarer Arzneimittel** zu berücksichtigen. Diese bestimmen sich gem. § 6 Nr. 4 Rahmenvereinbarung entsprechend § 4 Abs. 8 S. 3 und 4 AM-NutzenV. Danach sind die direkten Kosten für die GKV über einen bestimmten Zeitraum maßgeblich. Bestehen bei Anwendung des zu bewertenden Arzneimittels und des Vergleichsarzneimittels entsprechend der Fach- oder Gebrauchsinformation regelhaft Unterschiede bei der notwendigen Inanspruchnahme ärztlicher Behandlung oder bei der Verordnung sonstiger Leistungen zwischen dem zu bewertenden Arzneimittel und dem Vergleichsarzneimittel, sind diese bei den tatsächlich entstehenden Kosten zu berücksichtigen. Kommt eine Rahmenvereinbarung nicht zustande, sieht § 130b Abs. 9 S. 5 SGB V die **Festsetzung der Rahmenvereinbarung durch die unparteiischen Mitglieder der Schiedsstelle** vor. Voraussetzung hierfür ist ein **Antrag** einer Partei der Rahmenvereinbarung (Spitzenverband Bund der Krankenkassen bzw. Pharmaverbände). Bei diesem antragsgebundenen Festsetzungsverfahren handelt es sich um ein **Verwaltungsverfahren** iSv § 8 SGB X. Der Beschl. der Schiedsstelle stellt einen gestaltenden **Verwaltungsakt**[367] iSv § 31 S. 1 SGB X dar. Die Mitglieder der Schiedsstelle sind an den Antrag gebunden und können daher nur insoweit Festsetzungen treffen, wie der Antrag und die gesetzlichen Vorgaben nach § 130b Abs. 9 SGB V dies vorgeben[368]. Vor einer Festsetzung der Rahmenvereinbarung ist eine **Anhörung der Parteien der Rahmenvereinbarung** durchzuführen (§§ 12, 24 SGB X). Gem. § 130b Abs. 9 S. 5 SGB V hat die Festsetzung der Rahmenvereinbarung im **Benehmen mit den Verbänden** zu erfolgen. Verbände iSd Norm sind neben den Parteien der Rahmenvereinbarung nach § 130b Abs. 9 S. 1 SGB V auch der Verband der PKV, was aus der sprachlichen Unterscheidung des Wortlauts der Norm zwischen Verbänden und Vertragsparteien zu folgern ist[369]. Gegen den Festsetzungsbeschluss der Schiedsstelle nach § 54 Abs. 1 S. 1 Alt. 1 SGG ist eine Anfechtungsklage statthaft. In § 130b Abs. 9 S. 8 SGB V hat der Gesetzgeber ein Vorverfahren ausgeschlossen. Zudem hat eine **Anfechtungsklage** gegen den Festsetzungsbeschluss nach § 54 Abs. 1 S. 1 Alt. 1 SGG gem. § 130b Abs. 9 S. 7 SGB V **keine aufschiebende Wirkung iSd § 86a Abs. 1**

Staaten des europäischen Wirtschaftsraumes (EWR) erfolgen. Die ausgewählten Länder sollen einen Bevölkerungsanteil des europäischen Wirtschaftsraumes (ohne Deutschland) von rund 80 Prozent abdecken. Die Auswahl soll vorrangig solche Länder beinhalten, die eine mit Deutschland vergleichbare wirtschaftliche Leistungsfähigkeit besitzen. Kriterium dafür ist insbesondere das Bruttoinlandsprodukt pro Kopf.

[366] *Kaufmann* PharmR 2011, 223 (225).
[367] *von Dewitz* in BeckOK SGB V § 130b Rn. 64; *Axer* SGb 05/11, 246 (252).
[368] *von Dewitz* in BeckOK SGB V § 130b Rn. 63.
[369] *von Dewitz* in BeckOK SGB V § 130b Rn. 64.

und Abs. 2 Nr. 4 SGG. Das Landessozialgericht Berlin-Brandenburg kann, als das nach § 29 Abs. 4 Nr. 3 SGG ausschließlich zuständige Gericht der Hauptsache, im Rahmen eines **Eilverfahrens nach § 86b Abs. 1 Nr. 2 SGG** die aufschiebende Wirkung ganz oder teilweise anordnen[370].

120 **d) Kriterien für die Bestimmung des Erstattungsbetrages für nicht festbetragsfähige Arzneimittel ohne Zusatznutzen.** Gem. § 130b Abs. 3 SGB V ist für nicht festbetragsfähige Arzneimittel ohne Zusatznutzen ein Erstattungsbetrag nach § 130b Abs. 1 SGB V zu vereinbaren. Die Bezugnahme in Abs. 3 auf Abs. 1 bedeutet, dass für die Vereinbarung eines Erstattungsbetrages für nicht festbetragsfähige Arzneimittel ohne Zusatznutzen **alle in § 130b Abs. 1 SGB V normierten Anforderungen gelten**[371]. Als besondere Anforderung an eine Vereinbarung nach § 130b Abs. 3 SGB V soll **der Erstattungsbetrag auf das Kostenniveau der Vergleichstherapie gedeckelt** werden. Nach § 130b Abs. 3 S. 1 SGB Vsoll der für ein nicht festbetragsfähiges Arzneimittel ohne Zusatznutzen zu vereinbarende Erstattungsbetrag daher grundsätzlich nicht höher liegen als die Jahrestherapiekosten der vom G-BA bestimmten zweckmäßigen Vergleichstherapie[372]. **Zu berücksichtigen sind etwaige unterschiedliche Kosten der ärztlichen Behandlung und sonstiger verordneter Leistungen,** wenn diese im Regelfall bei Anwendung des Arzneimittels entsprechend der Fach- und Gebrauchsinformation entstehen[373]. Im begründeten Einzelfall kann seit dem **AMVSG** nun davon abgewichen werden, dass sich der Erstattungsbetrag an der zweckmäßigen Vergleichstherapie orientiert, zB wenn dies aus Gründen der Versorgung erforderlich ist.[374]

121 **e) Vereinbarungsinhalte. aa) Vereinbarung des Erstattungsbetrages als Abgabepreis für das Arzneimittel.** Der zwischen den Vertragsparteien vereinbarte Erstattungsbetrag ist gem. § 78 Abs. 3a S. 1 AMG der Abgabepreis für das betreffende Arzneimittel. Gem. § 78 Abs. 3 AMG gilt der Abgabepreis des pharmazeutischen Unternehmers für alle Abnehmer grundsätzlich als einheitlicher Listenpreis. Dieser wird durch eine Vereinbarung nach § 130b Abs. 1 oder 3 SGB V nicht verändert. Gem. § 130b Abs. 1 S. 4 iVm § 130a Abs. 8 S. 4 SGB V kann der vereinbarte Erstattungsbetrag nach § 130b Abs. 1 SGB V den **Herstellerabschlag nach § 130a Abs. 1 und 1a und 2 SGB V ganz oder teilweise ablösen,** wenn die Vertragsparteien dies ausdrücklich vorsehen.

122 **bb) Anforderungen an die Arzneiverordnung, Abrede zur Anerkennung als Praxisbesonderheit.** Gem. § 130b Abs. 1 S. 5 SGB V soll die Vereinbarung eines Erstattungsbetrages für Arzneimittel mit Zusatznutzen Anforderungen an die Zweckmäßigkeit, Qualität und Wirtschaftlichkeit einer Verordnung beinhalten[375]. Die zu treffenden Anforderungen dürfen nicht in Widerspruch zu den diesbezüglichen Inhalten der Beschlüsse des G-BA über die Feststellung des Nutzens nach § 35a SGB V oder des Kosten-Nutzen-Verhältnisses nach § 35b SGB V stehen[376]. Nach § 130b Abs. 2 SGB V sollen die vertragsschließenden Parteien in einer Vereinbarung nach § 130b Abs. 1 Regelungen treffen, damit Verordnungen des Arzneimittels von der Prüfungsstelle als bei den Wirtschaftlichkeitsprüfungen nach den §§ 106 bis 106c SGB V zu berücksichtigende Praxis-

---

[370] *von Dewitz* in BeckOK SGB V § 130b Rn. 65.
[371] *Luthe* PharmR 2011, 193 (201).
[372] *Schickert* Pharm 2010, 451 (459); *Kingreen* NZS 2011, 442 (447).
[373] BT-Drs. 17/2413, S. 31.
[374] Durch die nun in § 130b Abs. 7a SGB V neu eingefügte Regelung kann von dieser Möglichkeit innerhalb eines Übergangszeitraums auch für Arzneimittel Gebrauch gemacht werden, für die bereits ein Erstattungsbetrag nach Abs. 3 vereinbart oder von der Schiedsstelle nach Abs. 4 festgesetzt wurde, s. BT-Drs. 18/11449, S. 37 f.
[375] Näher dazu *von Dewitz* in BeckOK SGB V § 130b Rn. 10.
[376] BT-Drs. 17/2413, S. 31.

besonderheiten anerkannt werden, wenn der Arzt bei der Verordnung im Einzelfall die dafür vereinbarten Anforderungen an die Verordnung eingehalten hat[377]. Hingegen sind gem. § 130b Abs. 3 S. 3 SGB in der Vereinbarung eines Erstattungsbetrages für nicht festbetragsfähige Arzneimittel ohne Zusatznutzen Regelungen zur Anerkennung des Arzneimittels als Praxisbesonderheit nicht zu treffen. Die vereinbarten Anforderungen an die Arzneiverordnung sind gem. § 130b Abs. 2 S. 2 SGB V in den Programmen zur Verordnung von Arzneimitteln nach § 73 Abs. 8 S. 7 SGB V zu hinterlegen. Das Nähere ist in den Verträgen nach § 82 Abs. 1 SGB V zu vereinbaren.

f) Kündigung. aa) Ordentliche Kündigung. Die Vereinbarung eines Erstattungsbetrages nach § 130b Abs. 1 oder Abs. 3 SGB V kann von jeder vertragsschließenden Partei frühestens ein Jahr nach der beiderseitigen Unterzeichnung der getroffenen Vereinbarung gekündigt werden (§ 130b Abs. 7 S. 1 SGB V[378]). Bei Veröffentlichung eines neuen Beschlusses zur Nutzenbewertung nach § 35a Abs. 3 SGB V oder zur Kosten-Nutzen-Bewertung nach § 35b Abs. 3 SGB V für das Arzneimittel sowie bei Vorliegen der Voraussetzungen für die Bildung einer Festbetragsgruppe nach § 35 Abs. 1 SGB V ist eine Kündigung vor Ablauf eines Jahres möglich (§ 130b Abs. 7 S. 3 Var. 1 bis 3 SGB V). Seit dem **AMVSG** kann für Arzneimittel, für die nach dem Beschl. nach § 35a Abs. 3 SGB V ein Zusatznutzen in keinem Anwendungsgebiet belegt ist und für die vor dem 13.5.2017 ein Erstattungsbetrag nach Abs. 3 vereinbart oder nach Abs. 4 festgesetzt wurde, die Vereinbarung oder der Schiedsspruch von jeder Vertragspartei bis zum 13.8.2017 gekündigt werden, auch wenn sich das Arzneimittel im Geltungsbereich dieses Gesetzes nicht im Verkehr befindet (§ 130b Abs. 7a SGB V). Der Spitzenverband Bund der Krankenkassen hat sein Kündigungsrecht nach pflichtgemäßen Ermessen auszuüben. Das rechtlich geschützte Interesse der Versichertengemeinschaft an einer Versorgung mit wirksamen, nützlichen und wirtschaftlichen Arzneimitteln (§ 12 Abs. 1 SGB V) und das wirtschaftliche Interesse des pharmazeutischen Unternehmers (Art. 12 GG) sind bei der Ausübung des Ermessens angemessen zu berücksichtigen und durch Abwägung zu einem Ausgleich zu bringen[379]. Zu ihrer Wirksamkeit bedarf die Kündigung der **Schriftform**, § 59 Abs. 2 SGB X. Wird die Vereinbarung gekündigt, gilt sie so lange fort, bis eine neue Vereinbarung zustande gekommen ist. Nach der Kündigung der Vereinbarung ist **innerhalb von sechs Monaten**[380] **eine neue Vereinbarung** nach § 130b Abs. 1 SGB V zu treffen. **Dies gilt nicht,** wenn das Arzneimittel, für das kein Zusatznutzen festgestellt wird, jetzt einer Festbetragsgruppe zugeordnet und für die Erstattung ein Festbetrag durch den Spitzenverband Bund der Krankenkassen festgesetzt werden kann[381].

bb) Außerordentliche Kündigung. Der Fortschritt in der medizinischen Entwicklung eröffnet die Möglichkeit der späteren Zuordnung eines **Arzneimittels ohne Zusatznutzen** zu einer Festbetragsgruppe. **Zur Festsetzung eines Festbetrages nach § 35 Abs. 3 SGB V kann der Spitzenverband Bund der Krankenkassen** gem. § 130b Abs. 3 S. 4 SGB V abweichend von § 130b Abs. 7 SGB V eine **Vereinbarung nach § 130b Abs. 3 SGB V außerordentlich kündigen,** soweit nichts anderes vereinbart wird. Außerordentlich ist die Kündigung, da sie nicht den Anforderungen an eine Kündigung nach § 130b Abs. 7 SGB V genügen muss. Die Ausübung des Kündigungsrechts liegt im **pflichtgemäßen Ermessen** des Spitzenverbands Bund der Krankenkassen. In Ansehung des Wirtschaftlichkeitsgebotes nach § 12 Abs. 1 SGB V und mit Rücksicht auf die Berufsfreiheit

---
[377] Näher dazu *von Dewitz* in BeckOK SGB V § 130b Rn. 17.
[378] *von Dewitz* BeckOK SGB V § 130b Rn. 47.
[379] *Luthe* PharmR 2011, 193 (205); *von Dewitz* in BeckOK SGB V § 130b Rn. 50.
[380] BT-Drs. 17, 2413 S. 32.
[381] *von Dewitz* in BeckOK SGB V § 130b Rn. 52.

des pharmazeutischen Herstellers nach Art. 12 GG ist die außerordentliche Kündigung nur dann als verhältnismäßig anzusehen, wenn die Voraussetzungen für die Einordnung in eine Festbetragsgruppe vorliegen, der im Anschluss an die Kündigung festzusetzende Festbetrag gegenüber dem vereinbarten Erstattungsbetrag eine Kosteneinsparung erwarten lässt und der Hersteller eine Gelegenheit zur Stellungnahme hatte[382]. Die Kündigung muss dem pharmazeutischen Unternehmer zugehen und bedarf gem. § 59 Abs. 2 S. 1 SGB X der Schriftform[383]. Der vereinbarte Erstattungsbetrag tritt mit der Festsetzung eines entsprechenden Festbetrages außer Kraft[384]. Der pharmazeutische Unternehmer kann gegen die außerordentliche Kündigung gerichtlich im Wege einer Feststellungsklage gem. § 55 Abs. 1 Nr. 1 SGG X sowie eines Antrags nach § 86b Abs. 2 S. 2 SGG auf einstweilige Anordnung des Fortbestehens der getroffenen Vereinbarung nach § 130b Abs. 3 SGB V vorgehen[385].

125 **g) Festsetzung des Erstattungsbetrages durch Schiedsspruch (§ 130b Abs. 4 S. 3 SGB V). aa) Zweck des Schiedsverfahrens, Rechtsnatur und Verfahrensgrundsätze.** Können sich die Parteien einer Vereinbarung nach § 130b Abs. 1 oder 3 SGB V nicht innerhalb von sechs Monaten nach Veröffentlichung des Beschlusses über die frühe Nutzenbewertung nach § 35a Abs. 3 SGB V oder über eine Kosten-Nutzen-Bewertung nach § 35b Abs. 3 SGB V über einen Erstattungsbetrag einigen, **setzt eine Schiedsstelle den Erstattungsbetrag** und alle sonstigen nach § 130b Abs. 1 oder 3 SGB V notwendigen Vertragsinhalte **innerhalb von drei Monaten** fest (§ 130b Abs. 4 SGB V). Sinn und Zweck des Schiedsverfahrens ist es, sicherzustellen, dass der durch Schiedsspruch festgelegte Erstattungsbetrag spätestens ein Jahr nach Markteinführung eines nicht festbetragsfähigen Arzneimittels gilt. Zudem soll das Schiedsverfahren verhindern, dass Verzögerungen in der Preisfindung zu ungerechtfertigten finanziellen Vorteilen für die Vertragspartner führen[386]. Die **Durchführung des Schiedsverfahrens** bestimmt sich nach **§ 130b Abs. 4 bis 6 SGB V** sowie der auf § 130b Abs. 6 S. 1 SGB V beruhenden **Geschäftsordnung** und der auf § 130b Abs. 6 S. 4 und 5 iVm § 129 Abs. 10 SGB V beruhenden **Schiedsstellenverordnung**[387]. Bei dem Schiedsverfahren handelt es sich um ein **Verwaltungsverfahren** iSd § 8 SGB X, so dass die §§ 8–52 SGB X zur Anwendung kommen, soweit sie nicht durch die bereichsspezifischen Regelungen des § 130b SGB V verdrängt werden[388]. Für das Schiedsverfahren als Verwaltungsverfahren gilt der **Untersuchungsgrundsatz** nach § 20 SGB X, wonach die Schiedsstelle den Sachverhalt von Amts wegen zu ermitteln hat. Zudem besteht die **Pflicht zur Anhörung** der Parteien einer Vereinbarung nach § 130b SGB V (§ 24 Abs. 1 SGB X[389]).

126 **bb) Bildung und Zusammensetzung der Schiedsstelle.** Die Schiedsstelle wird **gebildet aus dem Spitzenverband Bund der Krankenkassen** und den **maßgeblichen Spitzenorganisationen der pharmazeutischen Unternehmer** auf Bundesebene. Maßgeblich sind Verbände, deren satzungsmäßige Zwecksetzung die Vertretung von Unternehmen ist, die potentiell Vertragspartner einer Vereinbarung über einen Erstattungsbetrag

---

[382] *von Dewitz* in BeckOK SGB V § 130b Rn. 21.
[383] *von Dewitz* in BeckOK SGB V § 130b Rn. 22.
[384] BT-Drs. 17/2413, S. 31.
[385] Näher hierzu *von Dewitz* in BeckOK SGB V § 130b Rn. 22.
[386] BT-Drs. 17/2413, S. 31.
[387] Schiedsstellenverordnung vom 29.9.1994 (BGBl. I S. 2784), die zuletzt durch Art. 1e des Gesetzes vom 21.12.2015 (BGBl. I S. 2408) geändert worden ist.
[388] So findet gegenüber den Regelungen des SGB X die auf § 130b Abs. 6 S. 4 und 5 iVm § 129 Abs. 10 SGB V beruhenden Schiedsstellenverordnung vorrangig Anwendung, § 37 SGB I. Zudem schließen die Beendigungstatbestände nach § 130b Abs. 7 SGB V und 130b Abs. 8 SGB V als leges speciales die §§ 46–48 SGB X aus, *von Dewitz* in BeckOK SGB V § 130b Rn. 30.
[389] von Dewitz in BeckOK SGB V § 130b Rn. 32; *Luthe* PharmR 2011, 193 (204).

sind³⁹⁰. Maßgebliche Spitzenorganisationen sind derzeit der Verband forschender Arzneimittelhersteller (**vfa**), der Bundesverband der Arzneimittelhersteller (**BAH**) und der Bundesverband der Pharmazeutischen Industrie (**BPI**) sowie der **proGenerika-Verband**³⁹¹. Die Schiedsstelle besteht gem. § 130b Abs. 5 S. 2 SGB V aus einem **unparteiischen Vorsitzenden und zwei weiteren unparteiischen Mitgliedern als ständige Mitglieder** sowie aus jeweils **zwei wechselnden Vertretern des Spitzenverbandes Bund der Krankenkassen und der pharmazeutischen Unternehmer**³⁹². Gem. § 130b Abs. 5 S. 4 SGB V sollen sich der Spitzenverband Bund der Krankenkassen und die Spitzenorganisationen der pharmazeutischen Unternehmer **über den Vorsitzenden und die zwei weiteren unparteiischen Mitglieder sowie deren Stellvertreter einigen.** Kommt eine Einigung nicht zustande, findet gem. § 130b Abs. 5 S. 5 SGB V ein Losverfahren nach § 89 Abs. 3 S. 4 und 5 SGB V statt. Die **Bestellung der Mitglieder** der Schiedsstelle erfolgt gem. § 1 Abs. 4 Schiedsstellenverordnung **durch ihre Benennung gegenüber dem Bundesministerium für Gesundheit.** Die Mitglieder der Schiedsstelle führen nach § 130b Abs. 6 S. 4 iVm § 129 Abs. 9 S. 2 und 3 SGB V ihr Amt als **Ehrenamt** und sind **an Weisungen nicht gebunden.** Nach § 130b Abs. 6 S. 4 iVm § 129 Abs. 10 SGB V unterliegt die Aufsicht über die Geschäftsführung der Schiedsstelle dem Bundesministerium für Gesundheit und beschränkt sich auf die Einhaltung des Verfahrens und die Beanstandung offenkundiger Rechtsverstöße bei der Schiedsentscheidung. Aufgrund der Weisungsunabhängigkeit der Mitglieder der Schiedsstelle erstreckt sich die **Rechtsaufsicht** nicht auf den Inhalt der Entscheidung³⁹³. Die Schiedsstelle gibt sich eine **Geschäftsordnung,** über deren Inhalt die unparteiischen Mitglieder im Benehmen mit dem Spitzenverband Bund der Krankenkassen und den Spitzenorganisationen der pharmazeutischen Unternehmer entscheiden. Bei der Geschäftsordnung handelt es sich um Binnenrecht, das Bindungswirkung nur gegenüber Mitgliedern der Schiedsstelle entfaltet. Die Geschäftsordnung bedarf der Genehmigung des Bundesministeriums für Gesundheit (§ 130b Abs. 6 S. 1 bis 3 SGB V). § 130b Abs. 6 S. 5 SGB V ermächtigt das Bundesministerium für Gesundheit das Nähere über die Zahl und die Bestellung der Mitglieder, die Erstattung der baren Auslagen und die Entschädigung für Zeitaufwand der Mitglieder, das Verfahren sowie über die Verteilung der Kosten durch Rechtsverordnung zu regeln³⁹⁴.

cc) Anforderungen an das Schiedsverfahren und die Festsetzung durch Schiedsspruch. Eingeleitet wird das Schiedsverfahren gem. § 6 Abs. 1 Schiedsstellenverordnung durch einen **Antrag** des Spitzenverbands Bund der Krankenkassen oder des pharmazeutischen Unternehmers innerhalb der sechsmonatigen Frist nach § 130b Abs. 4 S. 1 SGB V. Ist bis zum Ablauf dieser Frist kein Antrag gestellt worden, entscheidet die Schiedsstelle innerhalb der in § 130b Abs. 4 S. 1 SGB V genannten dreimonatigen Frist ohne einen solchen³⁹⁵. Dem **Verband der PKV** ist gem. § 130b Abs. 4 SGB V vor der Entscheidung **Gelegenheit zur Stellungnahme**³⁹⁶ zu geben. **Vertreter der Patientenorganisationen** iSd § 140f SGB V sind gem. § 130b Abs. 5 S. 3 SGB zu den Sitzungen **zu laden** und können beratend hieran teilnehmen. Obwohl sie keine Beteiligten iSd § 12

127

---

³⁹⁰ BT-Drs. 17/2413, S. 32; idS *von Dewitz* in BeckOK SGB V § 130b Rn. 35, wonach die Zahl der vertretenen pharmazeutischen Unternehmen und ihre wirtschaftliche Bedeutung für den Arzneimittelmarkt ausschlaggebend sein soll; aA *Luthe* PharmR 2011, 193 (194), wonach es für die Frage der Maßgeblichkeit ausschließlich auf den Marktanteil ankomme.
³⁹¹ *von Dewitz* in BeckOK SGB V § 130b Rn. 35.
³⁹² BT-Drs. 17/2413, S. 32; *Luthe* PharmR 2011, 193 (204).
³⁹³ *Luthe* PharmR 2011, 193 (205); von Dewitz in BeckOK SGB V § 130b Rn. 41.
³⁹⁴ Zum Verhältnis dieser Verordnungsbefugnis u. der Verordnungsermächtigung in § 130b Abs. 6 S. 5 i. V. m § 129 Abs. 10 S. 2 SGB V *von Dewitz* in BeckOK SGB V § 130b Rn. 43.
³⁹⁵ *von Dewitz* in BeckOK SGB V § 130b Rn. 3.
³⁹⁶ Rechtsbegrifflich handelt es sich um eine Anhörung, über Einwände kann sich die Schiedsstelle bei ihrer Entsch. hinwegsetzen, *Luthe* PharmR 2011, 193 (203).

Kaufmann

374   5. Teil. Arzneimittel u. Medizinprodukte i. d. ges. u. priv. Krankenkasse

SGB X sind und ihnen eine Antragsbefugnis und ein Stimmrecht fehlt, sind ihre Äußerungen einzuholen und bei der Entscheidungsfindung zu berücksichtigen[397].

128   Der Schiedsspruch setzt gem. § 130b Abs. 4 S. 1 SGB V den Vertragsinhalt fest und unterliegt deshalb den für die Vertragsparteien geltenden Vorgaben an Vereinbarungen über Erstattungsbeträge. Somit ist die Schiedsstelle bei ihrer Entscheidung über die Höhe des Erstattungsbetrages sowohl an die gesetzlichen **Vorgaben nach § 130b Abs. 1 und 3 SGB V** als auch an die **Kriterien der Rahmenvereinbarung** nach § 130b Abs. 9 SGB V gebunden[398]. Bei dem den Erstattungsbetrag festsetzenden Schiedsspruch handelt es sich um einen **Verwaltungsakt** iSd § 31 S. 1 SGB X, der gem. § 8 Abs. 5 Schiedsstellenverordnung schriftlich zu erlassen, zu begründen und den beteiligten Vertragsparteien zuzustellen ist. Der mit dem Schiedsspruch **festgesetzte Erstattungsbetrag gilt ab dem 13. Monat** nach dem erstmaligen Inverkehrbringen oder nach der Zulassung neuer Anwendungsgebiete des Arzneimittels. Weicht der von der Schiedsstelle festgesetzte Erstattungsbetrag vom tatsächlich gezahlten Abgabepreis ab, ist bei der Festsetzung die **Preisdifferenz zwischen dem festgesetzten Erstattungsbetrag und dem tatsächlichen Abgabepreis auszugleichen** (§ 130b Abs. 4 S. 3 SGB V). Das Nähere zum Verfahrensablauf regeln die Schiedsstellenverordnung und die Geschäftsordnung.

129   dd) Rechtsschutz. Ein Vorverfahren iSd § 78 Abs. 1 Nr. 1 SGG findet gem. § 130b Abs. 4 S. 6 SGB V nicht statt. Eine Anfechtungsklage nach § 54 Abs. 1 S. 1 Alt. 1 SGG gegen den Schiedsspruch hat gem. § 130b Abs. 4 S. 5 SGB V keine aufschiebende Wirkung iSd § 86 Abs. 1 und Abs. 2 Nr. 4 SGG. Auf Antrag des pharmazeutischen Unternehmers oder des Spitzenverbands Bund der Krankenkassen kann das Landessozialgericht Berlin-Brandenburg als das nach § 29 Abs. 4 Nr. 3 SGG ausschließlich zuständige Gericht der Hauptsache im Rahmen eines **Eilverfahrens nach § 86b Abs. 1 Nr. 2 SGG** die aufschiebende Wirkung ganz oder teilweise wieder anordnen[399]. Zweck des Verzichts auf ein Vorverfahren und des Ausschlusses der aufschiebenden Wirkung ist es zu verhindern, dass ein Rechtsmittel allein deshalb eingelegt wird, um die Rechtswirkung der Entscheidung zu Lasten der Wirtschaftlichkeit der Arzneimittelversorgung in der GKV zu verzögern[400]. Im Rahmen der gerichtlichen Kontrolle des Schiedsspruchs ist auch eine gerichtliche **Überprüfung der Entscheidung des G-BA über die Nutzenbewertung** nach § 35a Abs. 3 SGB V möglich. Der Schiedsstelle als paritätisch besetztem Gremium ist bei ihrer Entscheidung über den Erstattungsbetrag ein Beurteilungsspielraum zuzugestehen, was zur Folge hat, dass die gerichtliche Überprüfung der Schiedsentscheidung auf die Prüfung der rechtlichen Maßstäbe sowie der Einhaltung der Verfahrensvorschriften durch die Schiedsstelle beschränkt ist. Ebenso entziehen sich die Beschlüsse des G-BA einer vollgerichtlichen Überprüfung[401].

130   ee) Kündigung des Schiedsspruchs und Rechtsfolgen. Ein den Erstattungsbetrag festsetzender Schiedsspruch kann von einer Vertragspartei grundsätzlich **unter den Voraussetzungen des § 130b Abs. 7 S. 1 und 2 SGB V gekündigt** werden[402]. Wird der Schieds-

---

[397] von Dewitz in BeckOK SGB V § 130b Rn. 32.
[398] Axer SGB 05/2011, 246 (253); Luthe PharmR 2011, 193 (202); von Dewitz in BeckOK SGB V § 130b Rn. 33.
[399] „Im Rahmen eines gerichtlichen Eilverfahrens, das sich gegen die Festlegung eines Erstattungsbetrages iSv § 130b Abs. 3 SGB V durch die Schiedsstelle nach § 130b Abs. 5 SGB V richtet, kann die aufschiebende Wirkung der Klage gegen den Schiedsspruch nur so weit angeordnet werden, dass bis zur rechtskräftigen Entscheidung in der Hauptsache der höchste rechtlich denkbare Erstattungsbetrag zu gelten hat", LSG Bln-Bbg, Beschl. v. 10.5.2016 – L 9 KR 513/15 KL ER – Rn. 47.
[400] BT-Drs. 17/2413, S. 32.
[401] LSG Bln-Bbg, Beschl. v. 19.3.2015 – L 1 KR 499/14 KL ER – Rn. 23; von Dewitz in BeckOK SGB V § 130b Rn. 34; Luthe PharmR 2011, 193 (203); Dalichau in Prütting SGB V § 130b Rn. 106.
[402] Näheres zur Kündigung s. bereits → Rn. 123 ff.

§ 11 Preisfestsetzung und Erstattung

spruch gekündigt, gilt er so lange fort, bis eine neue Vereinbarung nach § 130b Abs. 1 oder Abs. 3 SGB V zustande gekommen ist (§ 130b Abs. 7 S. 2 SGB V). Nach der Kündigung des Schiedsspruches ist innerhalb der sechsmonatigen Frist des § 130b Abs. 4 SGB V **eine neue Vereinbarung über einen Erstattungsbetrag nach § 130b Abs. 1 oder Abs. 3 SGB V abzuschließen.** (Näheres zur Kündigung → Rn. 123 ff.).

4. Kosten-Nutzen-Bewertung nach § 35b SGB V nach Schiedsspruch

a) **Grundlagen.** Nach erfolglos gebliebener Vereinbarung über einen Erstattungsbetrag und nachfolgender Festsetzung des Erstattungsbetrages durch Schiedsspruch kann jede Vertragspartei beim G-BA eine **Kosten-Nutzen-Bewertung nach § 35b SGB V beantragen**[403] (§ 130b Abs. 8 S. 1 SGB V). Die Geltung des Schiedsspruches bleibt hiervon unberührt. Ungeschriebene formelle Voraussetzung für die Durchführung des Bewertungsverfahrens ist, dass der den Erstattungsbetrag festsetzende Schiedsspruch auf einem Beschl. zur frühen Nutzenbewertung nach § 35a Abs. 3 SGB V und nicht auf einem Beschl. nach § 35b Abs. 3 SGB V beruht[404]. Im **Unterschied zur frühen Nutzenbewertung**, die als medizinisch-wissenschaftliche Begutachtung zur Feststellung eines Zusatznutzens in Relation zu einer vom G-BA bestimmten, zweckmäßigen Vergleichstherapie durchgeführt wird, dient die Kosten-Nutzen-Bewertung als gesundheitsökonomische Begutachtung der **Evaluierung des therapeutischen Zusatznutzens im Verhältnis zu den Therapiekosten.** Sinn und Zweck des Verfahrens der Kosten-Nutzen-Bewertung ist es, eine **verbindliche empirische Grundlage für die Vereinbarung eines Erstattungsbetrages** zwischen dem Spitzenverband Bund der Krankenkassen und dem pharmazeutischen Unternehmer zu erhalten[405]. Als **gutachterliche Stellungnahme** ist die Kosten-Nutzen-Bewertung als solche rechtlich nicht bindend[406].

131

b) **Auftragserteilung durch den G-BA an das IQWiG.** Gem. § 35b Abs. 1 S. 1 SGB V hat der G-BA auf Grund eines Antrags nach § 130b Abs. 8 SGB V das **IQWiG** mit der Durchführung der Kosten-Nutzen-Bewertung zu beauftragen und **im Rahmen der Auftragserteilung die für das Bewertungsverfahren maßgeblichen Kriterien vorzugeben.** Der Auftrag des G-BA an das IQWiG ist auf Entscheidungen gerichtet, die neben der wissenschaftlichen Entscheidung auch Wertentscheidungen beinhalten, die zu treffen dem IQWiG die Legitimation fehlt. Solche Entscheidungen können das Ergebnis der Bewertung maßgeblich beeinflussen. Daher ist bereits bei der Auftragserteilung durch den G-BA zu bestimmen, welche Nutzenparameter von Bedeutung sind, wie diese nachgewiesen werden und ob sie zu einem Gesamtwert für den Nutzen zusammengeführt werden müssen[407]. Im Auftrag ist gem. § 35b Abs. 1 S. 1 SGB V **insbesondere festzulegen, für welche zweckmäßigen Vergleichstherapien und Patientengruppen** die Bewertung erfolgen soll sowie welcher **Zeitraum**, welche **Art von Nutzen und Kosten** und welches **Maß für den Gesamtnutzen** bei der Bewertung zu berücksichtigen sind. Wegen der besonderen Bedeutung des Auftrags für das Ergebnis des Bewertungsverfahrens ist gem. § 35b Abs. 1 S. 2 Hs. 3 iVm § 92 Abs. 3a SGB V **vor der Auftragsvergabe eine schriftliche und mündliche Anhörung** der Beteiligten und Sachverständigen durchzuführen.

132

c) **Bewertungsgrundlagen, Bewertungskriterien und Bewertungsmethodik.** Das IQWiG ist verpflichtet, die **Bewertung auf Grundlage der Ergebnisse klinischer Studi-**

133

---

[403] Im Anschluss an einen Schiedsspruch besteht neben der Beantragung einer Kosten-Nutzen-Bewertung nach § 35b SGB V die Möglichkeit, eine erneute Nutzenbewertung nach § 35a Abs. 5 S. 1 SGB V zu beantragen, *Luthe* PharmR 2011, 193 (204); *von Dewitz* in BeckOK SGB V § 130b Rn. 53.
[404] *von Dewitz* in BeckOK SGB V § 130b Rn. 53.
[405] BT-Drs. 17/2413, S. 23; *Joussen* in KKW SGB V § 35b Rn. 1.
[406] BT-Drs. 17/2413, S. 24.
[407] BT-Drs. 17/2413, S. 24; *Joussen* in KKW SGB V § 35b Rn. 3.

en sowie derjenigen **Versorgungsstudien** vorzunehmen, die mit dem G-BA und dem pharmazeutischen Unternehmer vereinbart wurden oder die der G-BA auf Antrag des pharmazeutischen Unternehmers anerkennt (§ 35b Abs. S. 3 Hs. 2 SGB V). Ergebnisse klinischer Studien iSv § 35b Abs. 1 SGB V sind die Ergebnisse konfirmatorischer klinischer Prüfungen der Phasen I-III zum betreffenden Arzneimittel nach § 4 Abs. 23 S. 1 AMG. Unter Versorgungsstudien sind wissenschaftliche Untersuchungen zur Versorgung einzelner Patienten und/oder der Bevölkerung mit gesundheitsrelevanten Produkten und Dienstleistungen unter Alltagsbedingungen zu verstehen, wozu auch klinische Prüfungen der Phase IV zählen können[408].

134 Nach § 35b Abs. 2 SGB V kann der pharmazeutische Unternehmer mit dem G-BA Versorgungsstudien und die darin zu behandelnden Schwerpunkte als Grundlage für die Kosten-Nutzen-Bewertung vereinbaren. Eine solche Vereinbarung ist als **öffentlich-rechtlicher Vertrag** iSd § 53 Abs. 1 SGB X zu qualifizieren[409]. Der Zweck einer derartigen Vereinbarung ist es, neben den Ergebnissen klinischer Prüfungen der Phasen I–III auch **valide Daten aus der klinischen Routine** für die Bewertung zu gewinnen, wodurch sicher gestellt werden soll, dass die Kosten-Nutzen-Bewertung zu verlässlichen Ergebnissen führt[410]. Die zu behandelnden Schwerpunkte, über die eine Vereinbarung getroffen werden kann, beziehen sich auf die zu untersuchenden Hypothesen, die zu untersuchenden primären und sekundären Endpunkte und Messparameter. Die vereinbarten Schwerpunkte müssen erforderlich und geeignet sein, die in der Kosten-Nutzen-Bewertung zu untersuchenden Fragestellungen aufzuklären. Daher muss die jeweilige **Versorgungsstudie eine auf den primären Endpunkt bezogene Fallzahlschätzung aufweisen** und die **Behandlungsroutine im räumlichen Geltungsbereich des SGB V möglichst realitätsnah abbilden** können[411].

135 Gem. § 35b Abs. 1 S. 3 Hs. 3 SGB V sind die Ergebnisse der klinischen Studien und Versorgungsstudien **vom pharmazeutischen Unternehmer an den G-BA zu übermitteln**. Um eine langwierige Dauer der Kosten-Nutzen-Bewertung zu vermeiden, beträgt die **maximale Frist zur Vorlage der Versorgungsstudien drei Jahre**. Die Kosten für die Durchführung der Versorgungsstudien trägt der pharmazeutische Unternehmer. Die Versorgungsstudien sind bevorzugt in Deutschland durchzuführen. Nach der Vorstellung des Gesetzgebers soll so gewährleistet werden, dass die Ergebnisse für die Versorgungs- und Kostensituation in Deutschland aussagekräftig sind[412].

136 Die **Bewertung erfolgt durch Vergleich mit anderen Arzneimitteln und Behandlungsformen unter Berücksichtigung des therapeutischen Zusatznutzens für die Patienten im Verhältnis zu den Kosten.** Im Hinblick auf den Patientennutzen sollen insbesondere die Verbesserung des Gesundheitszustandes, eine Verkürzung der Krankheitsdauer, eine Verlängerung der Lebensdauer, eine Verringerung der Nebenwirkungen sowie eine Verbesserung der Lebensqualität, angemessen berücksichtigt werden. Hierbei handelt es sich teils um in klinischen Studien und teils in Versorgungsstudien üblicherweise als primäre oder sekundäre Endpunkte ausgewählte Messparameter[413]. Die Gesundheitsökonomische Bewertung soll zudem die **Angemessenheit und Zumutbarkeit einer Kostenübernahme durch die Versichertengemeinschaft**[414] zum Gegenstand haben (§ 35b Abs. 1 S. 4 Hs. 2 SGB V).

---

[408] *von Dewitz* in BeckOK SGB V § 35b Rn. 8.
[409] *von Dewitz* in BeckOK SGB V § 35b Rn. 15.
[410] BT-Drs. 17/2413, S. 24, *von Dewitz* in BeckOK SGB V § 35b Rn. 15.
[411] BT-Drs. 17/2413, S. 24; *von Dewitz* in BeckOK SGB V § 35b Rn. 15.
[412] BT-Drs. 17/2413, S. 24.
[413] *von Dewitz* in BeckOK SGB V § 35b Rn. 9.
[414] Str. ist, ob die Zumutbarkeit als eine im Anwendungsbereich der Kosten-Nutzen-Bewertung zu berücksichtigende Größe als notwendige, angemessene und wirtschaftliche Leistung iSd Wirt-

Das IQWiG hat die für die Bewertung zur Anwendung kommenden **Methoden auf der** 137
**Grundlage der in den jeweiligen Fachkreisen anerkannten internationalen Standards
der evidenzbasierten Medizin und der Gesundheitsökonomie** festzulegen und die jeweiligen Methoden und Kriterien im Internet zu veröffentlichen. Das IQWiG hat vor dem Abschluss der Bewertung hohe Verfahrenstransparenz und eine angemessene Beteiligung der in § 35 Abs. 2 und § 139a Abs. 5 SGB V genannten Fachkreise zu gewährleisten.

d) Beschl. des G-BA über die Kosten-Nutzen-Bewertung als Grundlage für Ver- 138
einbarungen über Erstattungsbeträge nach § 130b SGB V. Auf Grundlage der Kosten-Nutzen-Bewertung fasst der G-BA einen Beschl. über die Kosten-Nutzen-Bewertung in Form eines Verwaltungsaktes iSd § 31 S. 1 SGB X[415] und veröffentlicht diesen im Internet. Vor der Beschlussfassung hat der G-BA gem. § 35b Abs. 3 S. 2 iVm § 92 Abs. 3a SGB V die **Stellungnahme der Sachverständigen und Verbände einzuholen** und bei der Beschlussfassung inhaltlich zu würdigen. Mit dem Beschl. werden insbesondere der **Zusatznutzen sowie die Therapiekosten bei Anwendung des jeweiligen Arzneimittels verbindlich festgestellt.** Zwar wurde bereits durch den Beschl. über die frühe Nutzenbewertung nach § 35a Abs. 3 SGB V das Bestehen oder Nichtbestehen eines Zusatznutzens im Verhältnis zu einer zweckmäßigen Vergleichstherapie verbindlich festgestellt. Jedoch kann die Kosten-Nutzen-Bewertung **in Bezug auf das Bestehen oder Nichtbestehen eines Zusatznutzens zu einem gegenüber der frühen Nutzenbewertung abweichenden Ergebnis** führen. Anders als zum Zeitpunkt der frühen Nutzenbewertung, wenn meist nur die Ergebnisse konfirmatorischer klinischer Prüfungen der Phase I–III vorliegen, können im Zeitpunkt der Kosten-Nutzen-Bewertung Daten aus Versorgungsstudien, also klinischen Prüfungen der Phase IV bei der Feststellung eines Zusatznutzens berücksichtigt werden. Gem. § 35b Abs. 1 S. 2 SGB V wird die Kosten-Nutzen-Bewertung auch in Bezug auf eine zweckmäßige Vergleichstherapie durchgeführt. Im Gegensatz zur frühen Nutzenbewertung stellt die Relation des Zusatznutzens zur zweckmäßigen Vergleichstherapie jedoch nur einen Teilaspekt der Bewertung dar. Im Zentrum der Kosten-Nutzenbewertung als gesundheitsökonomischer Betrachtung steht vielmehr die Feststellung eines Zusatznutzens im Verhältnis zu den Therapiekosten[416]. Der Beschl. über die Kosten-Nutzen-Bewertung nach § 35b Abs. 3 SGB V ist als Teil **der RL nach § 92 Abs. 1 S. 2 Nr. 6 SGB V** für die Vertragsärzte und die GKV-Versicherten rechtlich bindend und kann **Therapiehinweise nach § 92 Abs. 2 SGB V** enthalten (§ 35b Abs. 3 S. 4 SGB V). Er kann im Rahmen der allgemeinen Rechtsaufsicht durch das Bundesministerium für Gesundheit überprüft werden; eine Vorlagepflicht besteht ausdrücklich nicht, § 35b Abs. 3 S. 5 SGB V. **Auf Grundlage des Beschlusses über die Kosten-Nutzen-Bewertung** nach § 35b Abs. 3 SGB V ist eine **neue Vereinbarung über einen Erstattungsbetrag nach § 130b Abs. 1 oder Abs. 3 SGB V** nach den hierfür geltenden Vorgaben zu treffen (§ 130b Abs. 8 S. 3 und 4 SGB V iVm 130b Abs. 1 oder 3 SGB V). Kommt es bei den erneut vorzunehmenden Preisverhandlungen innerhalb der Sechsmonatsfrist nach § 130b Abs. 8 S. 4 iVm § 130b Abs. 4 S. 1 SGB V **nicht zu einer Einigung, entscheidet erneut die Schiedsstelle** (§ 130b Abs. 8 S. 4 iVm § 130b Abs. 4 S. 1 SGB V).

e) Rechtsschutz. Gesonderte Anfechtungsklagen nach § 54 Abs. 1 S. 1 Alt. 1 SGB X 139
gegen die Beauftragung des IQWiG durch den G-BA oder gegen die Bewertung durch das IQWiG sind gem. § 35b Abs. 4 S. 1 SGB unzulässig. Eine gesonderte **Anfechtungs-**

---

schaftlichkeitsgebots des § 12 SGB V zu verstehen ist oder ein erweiterter über den Wirtschaftlichkeitsbegriff hinausgehender Zumutbarkeitsmaßstab zugrunde zu legen ist, *von Dewitz* in BeckOK SGB V § 35b Rn. 9; *Luthe* PharmR 2011, 193 (206).
[415] *von Dewitz* in BeckOK SGB V § 35b Rn. 4 und 7.
[416] Zum Ganzen *von Dewitz* in BeckOK SGB V § 35b Rn. 4, 7 und 22.

klage gegen den Beschl. über die Kosten-Nutzen-Bewertung hat nach § 35b Abs. 3 SGB V gem. § 35b Abs. 4 S. 2 SGB V **keine aufschiebende Wirkung** iSd § 86a Abs. 1 und Abs. 2 Nr. 4 SGG. Allerdings kann das Landessozialgericht Berlin-Brandenburg als das nach § 29 Abs. 4 Nr. 3 SGG ausschließlich zuständige Gericht der Hauptsache im Rahmen eines **Eilverfahrens nach § 86b Abs. 1 Nr. 2 SGG** die aufschiebende Wirkung einer gegen den Beschl. nach § 35b Abs. 3 SGB V gerichteten Anfechtungsklage ganz oder teilweise wieder anordnen (§ 86b Abs. 1 Nr. 2 SGG[417]).

§ 12 Kollektivvertragliche Steuerungsinstrumente

A. Rechtsbeziehungen in der Arzneimittelversorgung

I. Arzneimittelverordnung und -verkauf

1   Beim Arzneimittelverkauf treffen Krankenkassen und Apotheker nicht unmittelbar aufeinander, aufgrund des Sachleistungsprinzip jedoch zumindest mittelbar[418]. Der Vertragsarzt als „Schlüsselfigur der Arzneimittelversorgung"[419] handelt aufgrund seiner ihm durch das Vertragsarztrecht verliehenen Kompetenz durch die Verordnung eines Arzneimittels mit Wirkung für und gegen die Krankenkassen. Daran hat auch die dogmatische Neubestimmung der Rechtsgrundlage des Arzneimittelverkaufs durch das Bundessozialgericht nichts geändert[420]. Nach früherer Rechtsprechung wurde der Patient als Bote eingeordnet, dessen sich der Vertragsarzt durch die Verordnung eines Arzneimittels bediente und hierdurch eine Willenserklärung abgibt, die der Apotheker annimmt, indem er dem Patienten das Arzneimittel aushändigt. Aus dem so geschlossenen öffentlich-rechtlichen Kaufvertrag zwischen Krankenkasse und Apotheker gem. § 433 BGB analog[421], wurde für die Apotheke ein Anspruch auf Zahlung nach § 433 Abs. 2 BGB analog iVm § 129 SGB V und den auf dieser Grundlage vereinbarten vertraglichen Vorschriften hergeleitet[422]. Die neuere Rechtsprechung stellt demgegenüber den öffentlich-rechtlichen Charakter der Rechtsbeziehungen in den Vordergrund. Aus § 129 SGB V iVm den Verträgen nach § 129 Abs. 2 und 5 SGB V wird eine öffentlich-rechtliche Leistungsberechtigung und -verpflichtung für die Apotheker zur Abgabe von verordneten Arzneimitteln abgeleitet. Im Gegenzug erhalten diese einen Anspruch auf Vergütung gegen die Krankenkassen[423]. Obwohl § 129 SGB V eine Zahlungspflicht der Krankenkassen nicht ausdrücklich statuiert, wird diese dort nach der Rechtsprechung selbstverständlich vorausgesetzt[424]. Es bleibt aber dabei, dass die vertragsärztliche Verordnung das Rahmenrecht des Patienten auf Versorgung mit Arzneimitteln erst konkretisiert und diesem damit eine zentrale Rolle zukommt[425]. Die Krankenkasse hat gegenüber dem Zahlungsanspruch der Apotheke ein Recht zur Aufrechnung (Retaxierung), wenn die Voraussetzungen eines

---

[417] Zu den Einzelheiten des Rechtsschutzes, insbesondere zur Notwendigkeit der Durchführung eines Vorverfahrens iSv § 78 Abs. 1 Nr. 1 SGG vor Erhebung einer Anfechtungsklage *von Dewitz* in BeckOK SGB V § 35b Rn. 25.
[418] *von Dewitz* in BeckOK SGB V § 129 Rn. 3.
[419] BSG SozR 4-2500 § 129 Nr. 2 Rn. 20; *Axer* in Becker/Kingreen SGB V § 129 Rn. 10.
[420] BGH Beschl. v. 5.5.2011 – 3 StR 458/10, MPR 2011, 121 (126).
[421] *Kuhlmann* in NK-MedizinR SGB V § 129 Rn. 1;; *Axer* in Becker/Kingreen SGB V § 129 Rn. 10 f.; *Barth* in Spickhoff SGB V § 129 Rn. 1.
[422] BSG SozR 4-2500 § 129 Nr. 2 Rn. 20; *Wodarz* in Sodan HdB KrankenVersR-HdB § 27 Rn. 34; *Axer* in Becker/Kingreen SGB V § 129 Rn. 10 f.
[423] BSG SozR 4-2500 § 129 Nr. 5 Rn. 15 f.; BSG Urt. v. 28.9.2010 – B 1 KR 3/10 R Rn. 13.
[424] BSG SozR 4-2500 § 129 Nr. 5 Rn. 16.
[425] BGH Beschl. v. 5.5.2011 – 3 StR 458/10, MPR 2011, 121 (126).

öffentlich-rechtlichen Erstattungsanspruchs vorliegen[426]. Der Versicherte ist selbst nicht Vertragspartner, sondern gem. § 328 BGB analog begünstigter Dritter dieses öffentlich-rechtlichen Kaufvertrages[427]. Er erhält das von der Apotheke unter der Vorlage der Verordnung erworbene Arzneimittel auf Kosten seiner Krankenkasse.

II. Arzneimittelabgabe

Die Arzneimittelversorgung der gesetzlich Versicherten erfolgt durch die Abgabe ärztlich verordneter Arzneimittel durch öffentliche Apotheken, denen der Verkauf und die Weitergabe von Arzneimitteln übertragen[428] ist[429]. Für die Teilnahme der Apotheken an der Arzneimittelversorgung der gesetzlich Versicherten ist kein öffentlich-rechtliches Zulassungsverfahren vorgesehen[430]. Statt dessen erfolgt die **Arzneimittelabgabe** durch die Apotheken an die gesetzlich Versicherten auf der Grundlage von **kollektivvertraglichen Vereinbarungen über die Arzneimittelversorgung zwischen den Krankenkassen und den Apotheken** nach § 129 SGB V. Die Norm regelt die Rechtsbeziehungen zwischen Krankenkassen und Apotheken auf der Grundlage von **Rahmenverträgen** über die Arzneimittelversorgung auf Bundes- und Landesebene (§ 125 Abs. 2 bzw. Abs. 5 SGB V). Durch diese Rahmenverträge erfüllen die Krankenkassen ihren öffentlich-rechtlichen Versorgungsauftrag, den gesetzlich Versicherten die ihnen zustehenden Leistungen als Sachleistung zur Verfügung zu stellen[431]. Die Apotheken sind gegenüber den Krankenkassen verpflichtet, ärztlich verordnete Arzneimittel an die gesetzlich Versicherten nach Maßgabe dieser Verträge abzugeben. So hat die Apotheke bei der Auswahl des Arzneimittels die Vorgaben des § 129 Abs. 1 SGB V und des Rahmenvertrages zu beachten. Aus § 129 Abs. 1 SGB V ergeben sich die Vorgaben für eine **wirtschaftliche Arzneimittelversorgung**, wie etwa die Verpflichtung zur Abgabe wirkstoffgleicher Arzneimittel, die gem. § 129 Abs. 1 SGB V nach Maßgabe des Rahmenvertrages über die Arzneimittelversorgung nach § 129 Abs. 2 SGB V umzusetzen sind. Der Rahmenvertrag nach § 129 Abs. 2 SGB V konkretisiert das Wirtschaftlichkeitsgebot und regelt das Nähere über die Pflichten der Apotheken bei der Abgabe verordneter Arzneimittel an Versicherte zu Lasten der GKV. Im Zusammenspiel mit den konkretisierenden rahmenvertraglichen Vereinbarungen auf Bundes- und Landesebene begründet § 129 SGB V eine öffentlich-rechtliche Leistungsberechtigung und -verpflichtung für die Apotheken zur Abgabe von ärztlich verordneten Arzneimitteln an die Versicherten[432].

B. Rahmenverträge über die Arzneimittelversorgung nach § 129 Abs. 2 und 5 SGB

I. Bundesrahmenvertrag nach § 129 Abs. 2 SGB V

1. Rechtsnatur und Rechtswirkungen

Gem. § 129 Abs. 2 SGB V regeln die Spitzenverbände der Krankenkassen und die für die Wahrnehmung der wirtschaftlichen Interessen gebildeten maßgeblichen Spitzenorga-

---
[426] BSG SozR 4-2500 § 129 Nr. 1 Rn. 15 ff.; BSG SozR 4-2500 § 129 Nr. 2 Rn. 18 ff.; *Axer* in Becker/Kingreen SGB V § 129 Rn. 12; *Wodarz* in Sodan HdB KrankenVersR-HdB § 27 Rn. 34.
[427] BSG SozR 4-2500 § 129 Nr. 2 Rn. 20; *Wodarz* in Sodan HdB KrankenVersR § 27 Rn. 41.
[428] Rechtliche Grundlagen für die Übertragung sind das AMG, die BApO sowie die AAppO.
[429] *Wodarz* in Sodan HdB KrankenVersR-HdB § 27 Rn. 33.
[430] Im Rahmen des sonstigen Leistungserbringungsrechts, etwa für Heil- u. Hilfsmittelbringer ist für die Teilnahme an der GKV-Versorgung ein öffentlich-rechtliches Zulassungsverfahren vorgesehen (vgl. §§ 108 Nr. 3, 126, 127 SGB V), *Barth* in Spickhoff SGB V § 129 Rn. 1.
[431] BSG NJW-RR 2002, 405; *Wodarz* in Sodan HdB KrankenVersR-HdB § 27 Rn. 41.
[432] BSG SGB 2010, 643; *Axer* in Becker/Kingreen, SGB V § 129 Rn. 11.

Kaufmann

nisationen der Apotheker in einem gemeinsamen Rahmenvertrag das Nähere für die Abgabe verordneter Arzneimittel an Versicherte[433]. Der Abschluss eines solchen bundeseinheitlichen Rahmenvertrages über die Arzneimittelversorgung ist zwingend. Dieser ist als **öffentlich-rechtlicher Normvertrag** zu qualifizieren[434] und als **Mantelvertrag** einzuordnen, der kraft Gesetzes jede einzelne Krankenkasse bindet und für diese wirksam ist[435]. Die Bindungswirkung des Bundesrahmenvertrages für die Apotheken ist hingegen nicht zwingend gegeben. So hat der Bundesrahmenvertrag Rechtswirkung für die Apotheke, wenn diese entweder einem Mitgliedsverband der Spitzenorganisation angehört und die Satzung des Verbandes vorsieht, dass von der Spitzenorganisation abgeschlossene Verträge dieser Art Rechtswirkung für die dem Verband angehörenden Apotheken haben (§ 129 Abs. 3 Nr. 1 SGB V) oder die nicht verbandlich organisierten Apotheken dem Rahmenvertrag beitreten (§ 129 Abs. 3 Nr. 2 SGB V). Dennoch entfaltet ein abgeschlossener Rahmenvertrag auch Rechtswirkung für die Apotheker bereits unabhängig von einer durch Mitgliedschaft oder Beitritt vermittelten Einverständniserklärung. Aus § 129 Abs. 3 Nr. 2 SGB V und § 129 Abs. 4 SGB V wird regelmäßig gefolgert, dass nur diejenigen Apotheken an der Arzneimittelversorgung der gesetzlich Versicherten zu beteiligen sind, die sich an die gesetzlichen und insbesondere an die vertraglichen Regelungen halten. Dies setzt aber voraus, dass ein geschlossenen Rahmenvertrag für den jeweiligen Apotheker Rechtswirkung hat. Demzufolge muss ein abgeschlossener Rahmenvertrag unabhängig von einer durch Mitgliedschaft oder Beitritt vermittelten Einverständniserklärung **Rechtswirkung für Apotheker** haben[436].

2. Inhalte und Sanktionen

4   Der **Pflichtinhalt** des Rahmenvertrages bestimmt sich unmittelbar aus § 129 Abs. 1 SGB V. Danach sind die Apotheken insbesondere zur Abgabe preisgünstiger Arzneimittel verpflichtet, wenn der verordnende Arzt ein Arzneimittel auf der Grundlage seiner Therapiefreiheit nur unter seiner Wirkstoffbezeichnung verordnet oder die Ersetzung des Arzneimittels durch ein wirkstoffgleiches Arzneimittel durch den Apotheker zugelassen hat (§ 129 Abs. 1 Nr. 1 SGB V). Ebenfalls trifft sie die Pflicht zur Abgabe preisgünstiger importierter Arzneimittel (§ 129 Abs. 1 Nr. 2 SGB V), zur Abgabe wirtschaftlicher Einzelmengen sowie zur Preisangabe auf der Packung (§ 129 Abs. 1 Nr. 3, 4 SGB V). Nach § 129 Abs. 2 SGB V erstreckt sich die **Regelungskompetenz der Vertragsparteien** darauf, das Nähere für die Abgabe verordneter Arzneimittel an Versicherte zu regeln. Damit steht den Vertragsparteien eine weitreichende Regelungskompetenz zur näheren Konkretisierung des Pflichtinhaltes des Bundesrahmenvertrages nach § 129 Abs. 1 SGB V zu[437]. Die nähere Ausgestaltung hat sich maßgeblich an dem gesetzgeberischen Ziel der **Kostendämpfung** zu orientieren[438]. Seit dem Jahre 2011 sieht der Rahmenvertrag in § 2b die **Beitrittsmöglichkeit einer ausländischen Apotheke** vor[439]. Demnach kann

---

[433] Maßgeblich ist der Rahmenvertrag über die Arzneimittelversorgung nach § 129 Abs. 2 SGB V idF vom 30.9.2016, einschließlich der Inhalte der 1. Änderungsvereinbarung vom 30.5.2015 und der 2. Änderungsvereinbarung vom 30.9.2016, https://www.gkv-spitzenverband.de/media/dokumente/krankenversicherung_1/arzneimittel/rahmenvertraege/apotheken/AM_20160930_Rahmenvertrag_129_Abs.-2_SGB-V.pdf.
[434] *Axer* in Becker/Kingreen SGB V § 129 Rn. 28; *Barth* in Spickhoff SGB V § 129 Rn. 13; *Knittel* in Krauskopf SGB V § 129 Rn. 12.
[435] *von Dewitz* in BeckOK SGB V § 129 Rn. 23; *Axer* in Becker/Kingreen SGB V § 129 Rn. 29.
[436] *Axer* in Becker/Kingreen SGB V § 129 Rn. 29; *von Dewitz* in BeckOK SGB V § 129 Rn. 23; aA *Hess* in KassKomm SGB V § 129 Rn. 13.
[437] *Axer* in Becker/Kingreen SGB V § 129 Rn. 30.
[438] *von Dewitz* in BeckOK § 129 Rn 21.
[439] Diese Beitrittsmöglichkeit geht auf das Urteil des Bundessozialgerichts über den Beitritt einer ausländischen Versandapotheke zurück, BSG PharmR 2008, 595 – Doc Morris.

diese im Folgemonat nach der Beitrittserklärung Arzneimittel zulasten der Krankenkassen abrechnen, sofern sie sich den deutschen Preisvorschriften nach dem AMG und dem HWG unterwirft. Liegen die Liefervoraussetzungen nach den Preisvorschriften nicht vor, so bedarf es einer Preisabsprache mit der Krankenkasse oder einer Preisregelung der Krankenkassenverbände[440]. Mit den zum 1.4.2011 und 1.8.2012 in Kraft getretenen Neufassungen wurden die Änderungen des **AMNOG** aufgegriffen. Insbesondere wurden die Definition der Austauschbarkeit (§ 4 Abs. 1) und das Wahlrecht des Versicherten (§ 4 Abs. 4a) angepasst. Die von dem Spitzenverband Bund der Krankenkassen zu übermittelnden und für die Abrechnung maßgeblichen Daten wurden durch § 12 Abs. 5 auf Impfstoffabschläge erweitert. Zudem wurden die §§ 5, 6, 8b und 14 überarbeitet. Weiterer Inhalt des Vertrages sind gem. § 129 Abs. 4 SGB V Regelungen darüber, welche **Sanktionsmaßnahmen** gegen Apotheker getroffen werden können, die ihren Pflichten nach § 129 Abs. 1, 2 und 5 SGB V nicht nachkommen. Grobe Verstöße können nach §§ 129 Abs. 4 SGB V, 11 des Rahmenvertrages bis zum Ausschluss von der Arzneimittelversorgung führen. Allerdings können im Rahmenvertrag nur Sanktionen gegen Verstöße gegen Vorgaben der Verträge vorgesehen werden, nicht hingegen Sanktionen gegen berufsrechtliche Verstöße[441].

3. Vertragsfestsetzung durch die Schiedsstelle

Für den Fall, dass ein Bundesrahmenvertrag nach § 129 Abs. 2 SGB V ganz oder teilweise nicht oder nicht fristgemäß zustande kommt, wird gem. § 129 Abs. 7 bis 10 SGB V der Vertragsinhalt durch eine gemeinsame Schiedsstelle des Spitzenverbands Bund der Krankenkassen und des Deutschen Apothekerverbandes e. V. festgesetzt, die der Aufsicht des Bundesministeriums für Gesundheit untersteht. Gem. der durch das **AMNOG** neu eingeführten Regelung in § 129 Abs. 9 SGB V haben **Klagen gegen eine Vertragsfestsetzung durch die Schiedsstelle keine aufschiebende Wirkung,** wodurch sichergestellt werden soll, dass die Festsetzungen der Schiedsstelle unverzüglich umgesetzt werden können[442].

II. Arzneimittellieferverträge nach § 129 Abs. 5 SGB V

Neben dem verpflichtend vorgesehenen Bundesrahmenvertrag können gem. § 129 Abs. 5 SGB V die Landesverbände der Krankenkassen und die Verbände der Ersatzkrankenkassen mit der für die Wahrnehmung der wirtschaftlichen Interessen maßgeblichen Organisation der Apotheker **auf Landesebene ergänzend Rahmenverträge** abschließen (sog. **Arzneimittellieferverträge**). Der Abschluss dieser Verträge ist freiwillig. Die Rahmenverträge auf Landesebene können den unmittelbar verbindlichen Bundesrahmenvertrag nach § 129 Abs. 2 SGB V ergänzen, aber dürfen nicht in Widerspruch zu diesem stehen[443]. So kann gem. § 129 Abs. 5 S. 3 SGB V eine von dem bundeseinheitlichen Rahmenvertrag nach § 129 Abs. 2 SGB V abweichende **Zielpreisvereinbarung** getroffen werden, wonach die Apotheke die Ersetzung wirkstoffgleicher Arzneimittel so vorzunehmen hat, dass der Krankenkasse Kosten nur in Höhe eines zu vereinbarenden durchschnittlichen Betrags je Arzneimittel entstehen. Zudem enthalten die zahlreichen, den Bundesrahmenvertrag ergänzenden Arzneimittellieferverträge auf Landesebene vor allem Regelungen zur Rechnungslegung und -begleichung, zur Abwicklung von Zuzahlungen und Eigenbeteiligungen, zur Weiterleitung von Verordnungsblättern und zur

---

[440] *Baierl/Kellermann*, Arzneimittelrecht, S. 200.
[441] *Axer* in Becker/Kingreen SGB V § 129 Rn. 31; *Murawski* in LPK-SGB V, § 129 Rn. 14.
[442] BT-Drs. 17/3698, S. 76.
[443] *Axer* in Becker/Kingreen SGB V § 129 Rn. 33; *Wodarz* in Sodan HdB KrankenversR-HdB § 27 Rn. 40.

Datenübermittlung⁴⁴⁴. Die Krankenkassenverbände sind nicht berechtigt, unter Umgehung der Vorgaben von § 129 SGB V mit anderen Vertragspartnern als den Apothekerverbänden Verträge über die Abgabe verordneter Arzneimittel (sogenannte add-on-Verträge) abzuschließen⁴⁴⁵. Bezüglich der Rechtswirkung der Arzneimittelliefervertäge für die Apotheken gilt § 129 Abs. 3 SGB V entsprechend. § 129 Abs. 5 S. 3 SGB V aF sah darüber hinaus vor, dass auch die Versorgung mit in Apotheken hergestellten parenteralen Zubereitungen aus Fertigarzneimitteln in der Onkologie zur unmittelbaren ärztlichen Anwendung bei Patienten durch Rahmenverträge auf Landesebene sichergestellt werden konnte. Durch das **AMVSG** wurde nun in § 129 Abs. 5 S. 4 SGB V geregelt, dass Verträge nach § 129 Abs. 5 S. 3 SGB V aF mit Ablauf des 31.8.2017 unwirksam werden. Die bisher vorgesehene Vertragsmöglichkeit zwischen Krankenkassen und Apotheken führt nämlich dazu, dass eine Arztpraxis von einer größeren Zahl von Apotheken beliefert wird, was einen erhöhten Koordinationsaufwand zur Folge hat und damit ein Versorgungsrisiko birgt. Durch die Neuregelung soll daher die Qualität und Sicherheit in der Versorgung mit Arzneimitteln zur Krebsbehandlung sichergestellt werden⁴⁴⁶.

C. Wirtschaftliche Arzneimittelversorgung durch die Rahmenverträge über die Arzneimittelversorgung

7   § 129 Abs. 1 SGB V statuiert Abgabeverpflichtungen des Apothekers gegenüber der GKV. Hierbei handelt es sich um Wirtschaftlichkeitsmaßnahmen auf der Ebene der Abgabe von Arzneimitteln, die eine Kostendämpfung bei der Arzneimittelversorgung durch eine **wirtschaftliche Auswahl und Abgabe von Arzneimitteln** zu erzielen versuchen⁴⁴⁷. Die Apotheken sind insbesondere zur **Abgabe preisgünstiger, wirkstoffgleicher Arzneimittel** (Aut-Idem-Substituion, § 129 Abs. 1 Nr. 1 SGB V) verpflichtet. Ebenfalls trifft sie die Pflicht zur **Abgabe preisgünstiger Importarzneimittel** (§ 129 Abs. 1 Nr. 2 SGB V), zur **Abgabe wirtschaftlicher Einzelmengen** sowie zur **Angabe des Apothekenpreises auf der Packung** (§ 129 Abs. 1 Nr. 3 bzw. 4 SGB V). § 129 Abs. 1 Nr. 3 bis 4 SGB V gibt die wesentlichen Pflichten vor, die durch die auf Grundlage von § 129 Abs. 2 und 5 SGB V geschlossenen **Rahmenverträge** auf Bundes- und Landesebene näher ausgestaltet werden⁴⁴⁸.

I. Aut-Idem-Substitution nach § 129 Abs. 1 S. 1 Nr. 1 SGB V

1. Systematik

8   Von besonderer Bedeutung in den Rahmenverträgen nach § 129 Abs. 2 und 5 SGB V ist die Aut-Idem-Substitution nach § 129 Abs. 1 S. 1 Nr. 1 SGB V. Die Vorschrift legt zusammen mit dem Rahmenvertrag über die Arzneimittelversorgung nach § 129 Abs. 2 SGB V fest, unter welchen Voraussetzungen die Apotheke dazu verpflichtet ist, ein ärztlich verordnetes Arzneimittel durch ein **preisgünstiges wirkstoffgleiches Arzneimittel** zu ersetzen⁴⁴⁹. Gem. § 129 Abs. 1 S. 1 Nr. 1 SGB V sind die Apotheken zur Abgabe eines preisgünstigen Arzneimittels verpflichtet, wenn der verordnende Arzt ein Arzneimittel nur unter seiner Wirkstoffbezeichnung verordnet (Wirkstoffverordnung nach § 129 Abs. 1 S. 1 Nr. 1 lit. a SGB V) oder die Ersetzung des Arzneimittels durch ein wirkstoff-

---

⁴⁴⁴ *Wodarz* in Sodan HdB KrankenVersR-HdB § 27 Rn. 40.
⁴⁴⁵ LSG Rheinland Pfalz NZS 2006, 318.
⁴⁴⁶ Bt-Drs. 18/11449, S. 36 f.
⁴⁴⁷ *Reese/Stallberg* in Dieners/Reese PharmaR-HdB § 17 Rn. 232.
⁴⁴⁸ *Wodarz* in Sodan HdB KrankenVersR-HdB § 27 Rn. 50.
⁴⁴⁹ *Reese/Stallberg* in Dieners/Reese PharmaR-HdB § 17 Rn. 272.

gleiches Arzneimittel (Namensverordnung nach § 129 Abs. 1 S. 1 Nr. 1 lit. b SGB V) nicht ausgeschlossen hat. Dabei ist gem. § 129 Abs. 1 S. 2 SGB V ein Arzneimittel abzugeben, das mit dem verordneten in Wirkstärke und Packungsgröße identisch ist, für ein gleiches Anwendungsgebiet zugelassen ist und die gleiche oder eine austauschbare Darreichungsform besitzt. Gem. § 4 Abs. 4 des aktuellen Rahmenvertrages über die Arzneimittelversorgung hat der Apotheker die **freie Auswahlmöglichkeit** unter den **drei preisgünstigsten Arzneimitteln**. Im Falle einer Aut-Idem-Ersetzung nach § 129 Abs. 1 S. 1 Nr. 1 lit. b SGB V kann er auch das namentlich verordnete Arzneimittel oder nach Maßgabe von § 129 Abs. 1 S. 1 Nr. 2 SGB V ein Importarzneimittel abgeben. Die Pflicht zur Abgabe preisgünstiger Arzneimittel **gilt nicht, wenn** für den vom Arzt verordneten Wirkstoff eine **Rabattvereinbarung nach § 130a Abs. 8 SGB V** besteht. Gem. § 129 Abs. 1 S. 3 SGB V hat die Apotheke das verordnete Arzneimittel vorrangig durch ein wirkstoffgleiches Arzneimittel zu ersetzen, für das eine Rabattvereinbarung nach § 130a Abs. 8 SGB V besteht. Die **Pflicht zur vorrangigen Abgabe rabattbegünstigter Arzneimittel** besteht gem. § 4 Abs. 2 des Rahmenvertrages nur dann, wenn die Angaben zu dem rabattbegünstigten Arzneimittel vollständig sind und bis zum vereinbarten Stichtag den Apotheken mitgeteilt wurden, das rabattbegünstigte Arzneimittel zum Zeitpunkt der Vorlage der Verordnung verfügbar ist und in den ergänzenden Vereinbarungen nach § 129 Abs. 5 SGB V nichts anderes vereinbart ist. Sofern keine vorrangige Rabattvereinbarung besteht, ist ein preisgünstiges Arzneimittel nach Maßgabe des Rahmenvertrages abzugeben (§ 129 Abs. 1 S. 5 SGB V iVm § 4 Abs. 4 des Rahmenvertrages über die Arzneimittelversorgung). Eine Ersetzung durch ein wirkstoffgleiches Arzneimittel ist seit dem **AMVSG** auch bei Fertigarzneimitteln vorzunehmen, die für in Apotheken hergestellte parenterale Zubereitungen verwendet werden, wenn für das wirkstoffgleiche Arzneimittel eine Vereinbarung nach § 130a Abs. 8a SGB V mit Wirkung für die Krankenkasse besteht und sofern in Verträgen nach Abs. 5 nichts anderes vereinbart ist, § 129 Abs. 1 S. 4 SGB V.

2. Abgabe preisgünstiger Arzneimittel

a) Rechtlicher Hintergrund. Die Funktionsweise und Reichweite der Aut-Idem-Substitution nach § 129 Abs. 1 S. 1 Nr. 1 SGB V ergeben sich aus den einschlägigen Vorschriften des Arzneimittel- und Apothekenrechts[450]. Gem. § 48 Abs. 1 AMG dürfen verschreibungspflichtige Arzneimittel nur bei Vorliegen einer ärztlichen Verschreibung an den Verbraucher abgegeben werden. Auf diese Weise soll sichergestellt werden, dass Präparate, deren Anwendung mit besonderen Risiken verbunden sind, weil etwa die enthaltenen Wirkstoffe nicht hinreichend erforscht sind oder die auch bei bestimmungsgemäßem Gebrauch mit signifikanten Gefahren für den Patienten verbunden sind, nicht ohne vorherige ärztliche Anordnung abgegeben werden[451]. § 48 AMG dient damit dem **gesundheitlichen Verbraucherschutz**[452]. Nach der gesetzlichen Aufgabenverteilung zwischen Arzt und Apotheker im Gesundheitswesen obliegt es dem behandelnden Arzt im Rahmen seines Therapie- und Verordnungsmonopols, die für den Patienten angemessene Therapie zu bestimmen. Den Apotheken verbleibt es, die Arzneimittelversorgung sicherzustellen. Aus dieser Funktionsverteilung im Gesundheitswesen folgt das **Dispensierverbot**, wonach die Abgabe von Arzneimitteln durch den Arzt verboten ist[453]. Aus § 17 Abs. 5 S. 1 Apothekenbetriebsordnung (ApBetrO) resultiert für die Apotheke die Pflicht, auf die ärztliche Verschreibung nur das gem. § 48 Abs. 1 S. 1 AMG verschriebene Arzneimittel abzugeben (**Substitutionsverbot**). Danach müssen die vom Apotheker

9

---

[450] *Reese/Stallberg* in Dieners/Reese PharmaR-HdB § 17 Rn. 274.
[451] *Hesshaus* in Spickhoff AMG § 48 Rn. 1.
[452] *Hofmann* in KMH AMG § 48 Rn. 6.
[453] *Dieners/Reese* in Reese/Stallberg PharmaR-HdB § 17 Rn. 275; *Baierl/Kellermann,* Arzneimittelrecht, S. 191.

abgegebenen Arzneimittel der ärztlichen Verordnung entsprechen. Stünde es den Apotheken frei, sich über die Verordnung des Arztes hinwegzusetzen, so würde die Aufgabenverteilung im Gesundheitssystem ins Leere laufen und das im Interesse der Patienten stehende Therapie- und Verordnungsmonopol der Ärzte konterkariert[454]. Das aus § 17 Abs. 5 S. 1 ApBetrO resultierende Substitutionsverbot erfährt jedoch durch § 129 Abs. 1 S. 1 Nr. 1 SGB V zu Gunsten des Wirtschaftlichkeitsgebotes eine Durchbrechung. Gem. § 129 Abs. 1 S. 1 Nr. 1 SGB V sind die Apotheken nach Maßgabe des Rahmenvertrages verpflichtet, statt des vom Arzt verordneten Medikaments ein **preisgünstiges Substitutionsarzneimittel** abzugeben, soweit der Arzt ein Arzneimittel nur unter seiner Wirkstoffbezeichnung verordnet (**Wirkstoffverordnung** nach § 129 Abs. 1 S. 1 Nr. 1 lit. a SGB V) oder die Ersetzung des nur unter seinem Produktnamen verordneten Arzneimittels (**Namensverordnung** nach § 129 Abs. 1 S. 1 Nr. 1 lit. b SGB V) durch ein wirkstoffgleiches Arzneimittel nicht ausgeschlossen hat (**Aut-Idem-Substitution**). Damit statuiert § 129 Abs. 1 S. 1 Nr. 1 SGB V eine **sozialrechtliche Ausnahme vom arzneimittel- und apothekenrechtlich begründeten Substitutionsverbot**. Durch die Abgabe preisgünstiger, wirkstoffgleicher Arzneimittel sollen bedeutende Einsparungen im Bereich der Arzneimittelversorgung in der GKV erzielt werden[455].

10   b) **Voraussetzungen der Substitution. aa) Kein Ausschluss der Substitution.** Die aut-idem Regelung belässt dem Arzt die Entscheidung, ob und in welchem Umfang er dem Apotheker Auswahlmöglichkeiten bei der Abgabe des Arzneimittels überlassen will, so dass dessen Therapiefreiheit, aber auch dessen Verantwortung für die Verordnung bestehen bleibt. Soweit der Arzt eine Substitution nicht ausschließt, trägt die Apotheke die Verantwortung für eine ordnungsgemäße Substitution[456]. Im Falle einer reinen Wirkstoffverordnung gem. § 129 Abs. 1 S. 1 Nr. 1 lit. a SGB V überlässt der Arzt dem Apotheker die Auswahl des Herstellers. Der Apotheker tauscht hier kein verordnetes Arzneimittel aus, sondern trifft lediglich eine Auswahl innerhalb des durch die Angabe des Wirkstoffes vorgegebenen Rahmens. Die vom Apotheker getroffene Auswahl entspricht in jedem Falle der Verordnung des Arztes, so dass im Falle einer reinen Wirkstoffverordnung streng genommen keine echte Substitution vorliegt[457]. Anders verhält es sich dagegen bei der Auswahl eines bestimmten Produktnamens durch den verordnenden Arzt. Wählt der verordnende Arzt im Falle einer **Namensverordnung** gem. § 129 Abs. 1 S. 1 Nr. 1 lit. b SGB V einen bestimmten Produktnamen aus, kann der Apotheker ein verschriebenes Arzneimittel durch „das Gleiche" ersetzen. Voraussetzung hierfür ist, dass der Arzt nicht **das aut-idem-Feld auf dem Rezeptformular angekreuzt** und damit jegliche **Substitution ausgeschlossen** hat[458]. Nach § 129 Abs. 8 S. 8 aF SGB V konnte die Substitution auch in dem Rahmenvertrag ausgeschlossen werden. Durch das 14. SGB V-ÄndG wurde diese Aufgabe nun in § 129 Abs. 1a SGB V dem GBA übertragen, der in Richtlinien nach § 92 Abs. 1 S. 2 Nr. 6 SGB V die Arzneimittel zu bestimmen hat, bei denen die Ersetzung durch ein wirkstoffgleiches Arzneimittel ausgeschlossen ist[459].

11   bb) **Wirkstoffgleichheit.** Sofern die Substitution zugelassen ist, haben die Apotheken bei der Abgabe eines Arzneimittels nach § 129 Abs. 1 Nr. 1 SGB V ein Arzneimittel abzugeben, das gem. §§ 129 Abs. 1 S. 2, 4 Abs. 1 des Rahmenvertrages in **Wirkstoff,**

---

[454] *Reese/Stallberg* in Dieners/Reese PharmaR-HdB § 17 Rn. 275.
[455] *Dieners/Reese* in Reese/Stallberg PharmaR-HdB § 17 Rn. 275; *Baierl/Kellermann*, Arzneimittelrecht, S. 196.
[456] *Barth* in Spickhoff SGB V § 129 Rn. 3; *Axer* in Becker/Kingreen SGB V § 129 Rn. 21.
[457] *Dieners/Reese* in Reese/Stallberg PharmaR-HdB § 17 Rn. 272, Rn. 419; *Barth* in Spickhoff SGB V, § 129 Rn. 5; *Wodarz* in Sodan KankenVersR-HdB § 27 Rn. 52.
[458] *Barth* in Spickhoff SGB V § 129 Rn. 5.
[459] Vgl. zu den gesetzgeberischen Motiven die Beschlussempfehlung des Gesundheitsausschusses BT-Drs. 18/606 S. 11.

Wirkstärke und Packungsgröße identisch ist, für ein gleiches Anwendungsgebiet zugelassen ist und die gleiche oder eine austauschbare Darreichungsform besitzt (§ 129 Abs. 1 S. 2 SGB V). Hierdurch soll die weitgehende Identität des vom Arzt verordneten mit dem vom Apotheker ausgewählten Arzneimittels hergestellt werden[460]. Wirkstoffgleich iSv § 129 SGB V meint **wirkstoffidentisch**[461]. Das an Stelle des verschriebenen Arzneimittels abgegebene Arzneimittel muss den identischen Wirkstoff besitzen[462]. Eine lediglich chemische Verwandtschaft zwischen den Wirkstoffen ist daher für eine Substitution nicht ausreichend, so dass eine Substitution von pharmakologisch-therapeutisch vergleichbaren Wirkstoffen nach § 129 Abs. 1 S. 1 Nr. 1 SGB V nicht möglich ist. Eine Substitution nach § 129 Abs. 1 Nr. 1 SGB V ist nur möglich, wenn es **generische Produkte** zu dem verordneten Arzneimittel gibt[463]. § 4 Abs. 1 des Rahmenvertrages konkretisiert insbesondere gleiche Wirkstoffe[464]. Nach § 4 Abs. 1a des Rahmenvertrages können auch **biotechnologisch hergestellte Arzneimittel** als wirkstoffgleich gelten. Bei diesen Arzneimitteln ist die Vergleichbarkeit nicht wie bei chemisch definierten Präparaten gegeben und muss im Einzelfall konkret nach Zulassung und Herstellungsbetrieb bewertet werden. Zu biotechnologisch hergestellten Arzneimitteln sind vergleichbare Produkte in Anlage 1 zum Rahmenvertrag gelistet.

cc) **Identität der Wirkstärke und Packungsgröße.** Nach der durch das **AMNOG** eingeführten Neuregelung in § 129 Abs. 2 S. 2, 2. Hs. SGB V gelten Packungsgrößen mit dem **gleichen Packungsgrößenkennzeichen** nach der Packungsgrößenverordnung (PackungsV[465]) als identisch. Grundsätzlich dürfen alle Packungen mit demselben N-Kennzeichen gegeneinander ausgetauscht werden[466]. Seit dem 1.7.2013 orientiert sich die Bestimmung der Packungsgrößen N1, N2 und N3 nicht mehr wie zuvor an der Einteilung nach Messzahlen, sondern an der Dauer typischer **Behandlungszyklen**[467].

dd) **Zulassung für ein gleiches Anwendungsgebiet.** Der Gesetzgeber des **AMNOG** hat in § 129 Abs. 1 S. 2 SGB V klargestellt, dass es für die Substitution ausreichend ist, wenn das Arzneimittel nur für *ein* gleiches Anwendungsgebiet zugelassen ist. Der Begriff des Anwendungsgebietes ist synonym mit dem wissenschaftlichen Begriff der Indikation und bezeichnet die Zweckbestimmung des Arzneimittels unter Angabe seiner Eigenschaften und Wirkungsweise[468]. Durch die Regelung sollen die Voraussetzungen für die Substitutionspflicht des Apothekers präziser gefasst und – nach Angaben des Gesetzgebers – Umgehungsmöglichkeiten bei der Substitutionspflicht und von Rabattverträgen verhindert werden[469]. Aus der Perspektive der Arzneimittelsicherheit wirft die Neurege-

---

[460] *Barth* in Spickhoff SGB V § 129 Rn. 5.
[461] Zur Wirkstoffgleichheit vgl. auch die Ausführungen in BSG Urt. v. 30.9.2015, BSGE 120, 11–23, SozR 4–2500 § 130a Nr. 10, Rn. 43.
[462] *Reese/Stallberg* in Dieners/Reese PharmaR-HdB § 17 Rdn. 279.
[463] *Barth* in Spickhoff SGB V § 129 Rn. 6; *Reese/Stallberg* in Dieners/Reese PharmaR-HdB § 17 Rn. 279.
[464] Dabei gelten die verschiedenen Salze, Ester, Ether, Isomere, Mischungen von Isomeren, Komplexe und Derivate eines Wirkstoffes als ein- und derselbe Wirkstoff, es sei denn ihre Eigenschaften unterscheiden sich nach wissenschaftlichen Erkenntnissen erheblich hinsichtlich der Unbedenklichkeit und der Wirksamkeit.
[465] Verordnung über die Bestimmung und Kennzeichnung von Packungsgrößen für Arzneimittel in der vertragsärztlichen Versorgung (Packungsgrößenverordnung-PackungsV) vom 22.6.2004 aufgrund von § 31 Abs. 4 S. 1 SGB V. Zuletzt geändert durch Art. 1 Siebte ÄndVO vom 18.6.2013 (BGBl. I S. 1610).
[466] *Kaufmann* PharmR 2011, 223 (228).
[467] Art. 12 Abs. 4 AMNOG. Die ursprüngliche Einteilung nach **Messzahlen** wurde durch das **AMNOG** zunächst nur abgeändert: Die Messzahlen stellten nicht mehr Obergrenzen dar, sondern markierten einen Korridor von Packungsgrößen, die dem entsprechenden Packungsgrößenkennzeichen zugeordnet wurden (*Nitz* PharmR 2011, 208 (208)).
[468] *Rehmann* in Rehmann AMG § 11 Rn. 6.
[469] BT-Drs. 17/2413, S. 29 f.

lung die Problematik auf, dass der Gesetzgeber einerseits den Informationen über das Anwendungsgebiet als Zweckbestimmung für das Arzneimittel eine wichtige Bedeutung zuschreibt, das sich sowohl in den Bestimmungen der §§ 11 Abs. 1 Nr. 2, 11a Abs. 2 Nr. 4a AMG hinsichtlich der Gebrauchs- und Fachinformationen als auch hinsichtlich der Zulassung findet (vgl. die Änderungspflicht nach § 29 Abs. 2a S. 1 Nr. 1 AMG). Andererseits soll es jedoch für die Substitutionspflicht unerheblich sein, ob die in der Fachinformation aufgeführten Anwendungsgebiete abschließend übereinstimmen[470]. Vielmehr ist das Arzneimittel bereits dann abzugeben, wenn es **einen gemeinsamen Anwendungsbereich mit dem verordneten Arzneimittel** aufweist, wobei die für das Arzneimittel angegebene Indikation nicht mit der des Patienten zwingend übereinstimmen muss. Ausweislich der Gesetzesbegründung ist diese Neuregelung jedoch gerechtfertigt, da durch die Zulassung von wirkstoffgleichen Arzneimitteln (§ 24b AMG) sichergestellt ist, dass ein tatsächlich substituierbares Arzneimittel vorliegt. In diesem Fall weist das Arzneimittel nämlich die gleiche Zusammensetzung der Wirkstoffe nach Art und Menge sowie die gleiche Darreichungsform auf, die Bioäquivalenz wird durch Bioverfügbarkeitsstudien nachgewiesen[471].

14   ee) **Gleiche oder austauschbare Darreichungsform.** Unter der Darreichungsform ist die **Arzneiform** zu verstehen, in der ein oder mehrere Wirkstoffe dem menschlichen Körper verabreicht werden[472]. Gem. § 4 Abs. 1 lit. d des Rahmenvertrages liegt die **gleiche Darreichungsform** vor, wenn die Darreichungsformen die identische Bezeichnung in der Lauer-Taxe besitzen. Für die Gleichheit der Darreichungsform sind somit die Angaben der Herstellers maßgeblich. Demnach können Filmtabletten gegen Filmtabletten, Dragees gegen Dragees etc. gegeneinander ausgetauscht werden. Zur **Austauschbarkeit von Darreichungsformen** hat der G-BA unter Berücksichtigung ihrer therapeutischen Vergleichbarkeit **Hinweise in der Anlage VII zur Arzneimittel-RL** gegeben (§ 129 Abs. 1a SGB V). Diese Vorgaben sind trotz der gesetzlichen Formulierung „Hinweise" für den Apotheker verbindlich[473].

3. Vorrangige Abgabe rabattbegünstigter Arzneimittel

15   a) **Regelungszweck.** Gem. § 129 Abs. 1 S. 3 SGB V hat die Apotheke das verordnete Arzneimittel **vorrangig durch ein wirkstoffgleiches Arzneimittel zu ersetzen, für das eine Rabattvereinbarung nach § 130a Abs. 8 SGB V besteht. Die Abgabepflicht für rabattbegünstigte Arzneimittel** besteht auch dann, wenn ein wirksamer Rabattvertrag für ein Originalpräparat abgeschlossen wurde, aber gleichzeitig noch andere, im Apothekenabgabepreis günstigere Arzneimittel zur Verfügung stehen[474]. Sinn der privilegierten Abgabe von rabattbegünstigten Arzneimitteln ist es, den Abschluss von Rabattverträgen zu fördern und als gestalterisches Mittel der Arzneimittelversorgung zu etablieren[475]. Die Regelung geht von der Annahme aus, dass Arzneimittel, über die eine Rabattvereinbarung nach § 130a Abs. 8 SGB V getroffen wurde, immer preisgünstig iSv § 129 SGB V sind[476].

16   b) **Voraussetzungen der vorrangigen Abgabe rabattbegünstigter Arzneimittel.** Die Rechtspflicht des Apothekers zur vorrangigen Abgabe von rabattbegünstigten Arzneimitteln hat über die für eine **Substitution nach § 129 Abs. 1 S. 1 Nr. 1 SGB V gelten-

---

[470] BT-Drs. 17/2413, S. 30.
[471] BT-Drs. 17/2413, S. 29 f.
[472] ZB (Film-)Tablette, Kapsel, Dragee, Salbe, Gel, Zäpfchen, Tropfen, Lösung, Puder etc.; *Reese/Stallberg* in Dieners/Reese PharmaR-HdB § 17 Rn. 284.
[473] *Axer* in Becker/Kingreen SGB V § 129 Rn. 18; *Reese/Stallberg* in Dieners/Reese PharmaR-HdB § 17 Rn. 286; *Wodarz* in Sodan HdB KrankenVersR-HdB § 27 Rn. 53.
[474] *Baierl/Kellermann*, Arzneimittelrecht, S. 317; *Wodarz* in Sodan HdB KrankenVersR-HdB § 27 Rn. 58.
[475] *Reese/Stallberg* in Dieners/Reese PharmaR-HdB § 17 Rn. 288.
[476] *Wodarz* in Sodan HdB KrankenVersR-HdB § 27 Rn. 58.

den Anforderungen[477] hinaus zur Voraussetzung, dass die **rabattbegünstigten Arzneimittel** der Krankenkassen den Apotheken **bekannt** sind, die rabattbegünstigten Arzneimittel zum Zeitpunkt der Vorlage der Verordnung **verfügbar** sind und in den ergänzenden **Verträgen nach § 129 Abs. 5 S. 1 SGB V** nichts anderes vereinbart ist[478].

aa) **Rechtzeitige und umfassende Datenübermittlung.** § 4 Abs. 2 Bundesrahmenvertrag konkretisiert die Rechtspflicht des Apothekers zur vorrangigen Abgabe von rabattbegünstigten Arzneimitteln dahingehend, dass dem Apotheker das **Bestehen eines Rabattvertrages bekannt** sein muss, was durch die allgemein verwendete Apothekensoftware garantiert ist. Die zwingende Abgabeverpflichtung des Apothekers für rabattbegünstigte Arzneimittel setzt demnach voraus, dass die Angaben zu dem rabattbegünstigten Arzneimittel vollständig und bis zum vereinbarten Stichtag über den GKV-Spitzenverband und die ABDATA Pharma-Daten-Service in der **Apothekensoftware** mitgeteilt wurden[479]. 17

bb) **Verfügbarkeit.** Hat eine Krankenkasse mehrere Rabattverträge abgeschlossen und stehen dadurch mehrere austauschbare Arzneimittel zur Verfügung, kann der Apotheker **unter mehreren rabattbegünstigten Arzneimitteln frei wählen.** Insofern kann von den rabattbegünstigten Arzneimitteln auch das mit dem teuersten Herstellerpreis abgegeben werden[480]. Bei **Nichtverfügbarkeit** des rabattbegünstigten Arzneimittels zum Zeitpunkt der Vorlage der Verordnung gilt die Pflicht zur vorrangigen Abgabe rabattbegünstigter Arzneimittel nicht. In diesem Fall hat die Apotheke gem. § 4 Abs. 4 des Bundesrahmenvertrages die Wahl zwischen den **drei preisgünstigsten Arzneimitteln** und – im Falle der aut-idem Ersetzung nach § 129 Abs. 1 S. 1 Nr. 1 lit. b SGB V – dem **namentlich verordneten Arzneimittel**[481]. Die Nichtverfügbarkeit muss von der Apotheke durch Erklärung des pharmazeutischen Herstellers oder Großhändlers nachgewiesen und in der Abrechnung des Apothekers gesondert gekennzeichnet werden[482]. Für den Fall der unverzüglichen Abgabe eines Arzneimittels zur **Akutversorgung** räumt § 4 Abs. 3 des Rahmenvertrages dem Apotheker **Wahlfreiheiten** ein. 18

cc) **Keine abweichenden Regelungen in den Rahmenverträgen nach § 129 Abs. 5 SGB V.** Gem. § 129 Abs. 5 S. 3 SGB V kann in den Rahmenverträgen auf Landesebene eine **von der Abgabepflicht für rabattbegünstigte Arzneimittel abweichende Zielpreisvereinbarung** getroffen werden, wonach die Apotheke die Ersetzung wirkstoffgleicher Arzneimittel so vorzunehmen hat, dass der Krankenkasse Kosten nur in Höhe eines zu vereinbarenden durchschnittlichen Betrags je Arzneimittel entstehen. Im Rahmen einer solchen Zielpreisvereinbarung genießt der Apotheker die **Freiheit zur Auswahl des konkreten Arzneimittels**[483]. 19

c) **Wahlrecht der Versicherten.** Durch die Einfügung von § 129 Abs. 1 S. 5 SGB V und § 13 Abs. 2 S. 11 SGB V im Zuge des **AMNOG** haben die Versicherten die Möglich- 20

---

[477] Danach greift die vorrangige Abgabe eines rabattbegünstigten Arzneimittels immer dann, wenn bei einem unter dem Produktnamen verordneten Arzneimittel die Substitution nicht ausgeschlossen wurde und das verordnete und das rabattbegünstigte Arzneimittel in Wirkstärke und Packungsgröße identisch sind sowie für den gleichen Indikationsbereich zugelassen sind und ferner die gleiche oder eine austauschbare Darreichungsform besitzen → Rn. 10 ff.
[478] *Baierl/Kellermann*, Arzneimittelrecht, S. 197 und 317; *Wodarz* in Sodan HdB KrankenVersR-HdB § 27 Rn. 59; *Barth* in Spickhoff SGB V § 129 Rn. 7.
[479] *Baierl/Kellermann*, Arzneimittelrecht, S. 197; *Wodarz* in Sodan HdB KrankenVersR-HdB § 27 Rn. 59; *Barth* in Spickhoff SGB V § 129 Rn. 7.
[480] *Reese/Stallberg* in Dieners/Reese PharmaR-HdB § 17 Rn. 289; *Wodarz* in Sodan HdB KrankenVersR-HdB § 27 Rn. 58; *Baierl/Kellermann*, Arzneimittelrecht, S. 317.
[481] *Reese/Stallberg* in Dieners/Reese PharmaR-HdB § 17 Rn. 289; *Wodarz* in Sodan HdB KrankenVersR-HdB § 27 Rn. 59; *Baierl/Kellermann*, Arzneimittelrecht, S. 197.
[482] *Barth* in Spickhoff SGB V § 129 Rn. 7.
[483] *Wodarz* in Sodan HdB KrankenVersR-HdB § 27 Rn. 61.

keit, **anstelle des Rabattarzneimittels gegen Kostenerstattung ein anderes wirkstoffgleiches Arzneimittel** iRd Voraussetzungen nach § 129 Abs. 1 S. 2 SGB V zu wählen[484]. Durch die Wahl der Option Kostenerstattung sind die Versicherten nicht an diejenigen Arzneimittel gebunden, über welche ihre Krankenkasse mit dem Hersteller einen Rabattvertrag nach § 130a Abs. 8 SGB V geschlossen hat oder welche gem. den Regelungen des Rahmenvertrages als preisgünstigeres Arzneimittel abzugeben sind[485]. Abweichend von § 13 Abs. 2 S. 2 SGB V muss der Versicherte seine Krankenkasse nicht vorab von der Ausübung seines Wahlrechts informieren und ist abweichend von § 13 Abs. 2 S. 12 SGB V an seine Wahl nicht für mindestens ein Kalendervierteljahr gebunden (§ 129 Abs. 1 S. 7 SGB V). Dies ermöglicht dem Versicherten, in jedem Einzelfall in der Apotheke ad hoc zu entscheiden, ob er das nach § 129 Abs. 1 S. 3 oder 5 SGB V abzugebende wirtschaftlichste Arzneimittel nehmen möchte oder zu höheren eigenen Kosten ein teureres iSv § 129 Abs. 1 S. 2 SGB V identisches[486]. Grundsätzlich kommt der Versicherte bei der Wahl von Kostenerstattung für den Rabatt auf, während die **Kostenerstattung auf die Höhe der Vergütung begrenzt ist, die die Krankenkasse bei Erbringung der Sachleistung zu tragen hätte** (§ 13 Abs. 2 S. 11 SGB V). Angesichts der Vertraulichkeit der Höhe der Rabatte – in Rabattverträgen findet sich diesbezüglich regelmäßig eine Geheimhaltungsklausel – soll hierfür eine pauschalierte Lösung gefunden werden, die im neuen Rahmenvertrag über die Arzneimittelversorgung nach § 129 Abs. 2 SGB V zu treffen ist[487].

II. Abgabe preisgünstiger Importarzneimittel

21   Nach § 129 Abs. 1 S. 1 Nr. 2 SGB V sind die Apotheken zur Abgabe von preisgünstigen importierten Arzneimitteln verpflichtet, deren für den Versicherten maßgeblicher Arzneimittelabgabepreis unter Berücksichtigung der Abschläge nach § 130a Abs. 1, 1a, 2, 3a und 3b SGB V mindestens 15 vom Hundert oder mindestens 15 EUR niedriger ist als der Preis des Bezugsarzneimittels (**Importförderklausel**). Durch die Abgabepflicht für Importarzneimittel sollen Preisdifferenzen auf den verschiedenen europäischen Arzneimittelmärkten zugunsten der GKV nutzbar gemacht werden[488]. Von der Abgabepflicht nach § 129 Abs. 1 S. 1 Nr. 2 SGB V werden **Re- und Parallel-Importe** erfasst[489]. Re-Importarzneimittel wurden ursprünglich im Empfängerland produziert, Parallel-Importarzneimittel außerhalb des Empfängerlandes hergestellt[490]. Importarzneimittel sind bis auf Verpackung, Handelsnamen und Beipackzettel mit dem Originalpräparat identisch. Bezugsarzneimittel ist das originär für den deutschen Markt vorgesehene (Referenz-) Arzneimittel, auf das im Rahmen der Zulassung des Importarzneimittels für den deutschen Markt Bezug genommen wird[491]. **Preisgünstigkeit des Importarzneimittels** meint den Preisabstand des Importarzneimittels zum Referenzarzneimittel[492]. Der Preisunterschied, der von importierten Arzneimitteln mindestens einzuhalten ist, um im Rahmen der Importförderklausel nach § 129 Abs. 1 S. 1 Nr. 2 SGB V bevorzugt abgegeben zu werden, ist

---

[484] Das gewählte Arzneimittel muss demnach mit dem verordneten in Wirkstärke, Packungsgröße identisch sowie für einen gleichen Anwendungsbereich zugelassen sein. Zu den Voraussetzungen der Substitution → Rn. 10 ff.
[485] *Ebsen* GuP 2011, 41 (44).
[486] *Ebsen* GuP 2011, 41 (44).
[487] IdS § 13 Abs. 2 S. 11, 2. Hs. SGB V: „die Abschläge sollen pauschalisiert werden".
[488] *Wodarz* in Sodan HdB KrankenVersR-HdB § 27 Rn. 56; *Dalichau* in Prütting SGB V § 129 Rn. 111.
[489] *Wodarz* in Sodan HdB KrankenVersR-HdB § 27 Rn. 56; *Reese/Stallberg* in Dieners/Reese PharmaR-HdB § 17 Rn. 296.
[490] *Reese/Stallberg* in Dieners/Reese PharmaR-HdB § 17 Rn. 296.
[491] *Wodarz* in Sodan HdB KrankenVersR-HdB § 27 Rn. 56.
[492] *Barth* in Spickhoff SGB V § 129 Rn. 10.

auf Basis des Apothekenabgabepreises nach Abzug der gesetzlichen Herstellerabschläge nach § 130a Abs. 1, 1a, 2, 3a und 3b SGB V zu ermitteln[493]. Gem. § 129 Abs. 1 S. 1 Nr. 2 SGB V muss der Abgabepreis mindestens 15 % oder mindestens 15 EUR günstiger sein als der Preis des Bezugarzneimittels. Als ergänzende Regelung legt der Rahmenvertrag über die Arzneimittelversorgung nach § 129 Abs. 2 SGB V eine Importquote von 5 % pro Krankenkasse fest, die zu einer Wirtschaftlichkeitsreserve von 10 % des mit der Importquote festgelegten Umsatzes führen soll. Die Importquote bezeichnet den prozentualen Umsatzanteil abzugebender Arzneimittel am Fertigarzneimittel-Umsatz der Apotheke[494]. Auf dieser Grundlage erfolgen Gutschriften oder Abschläge von den Rechnungsanforderungen einer Apotheke. Bei der Abgabe von importierten Arzneimitteln und ihren Bezugsarzneimitteln gelten nach § 129 Abs. 1 S. 8 SGB V die Grundsätze nach § 129 Abs. 1 S. 3 und 5 SGB V entsprechend. Das bedeutet, dass die **Abgabe eines Arzneimittels, für das eine Vereinbarung nach § 130 Abs. 8 SGB V besteht, Vorrang vor der Abgabe eines preisgünstigen importierten Arzneimittels** hat[495].

III. Abgabe wirtschaftlicher Einzelmengen

Gem. § 129 Abs. 1 S. 1 Nr. 3 SGB V ist der Apotheker zur Abgabe wirtschaftlicher Einzelmengen verpflichtet. Jedoch wird die Pflicht zur Abgabe wirtschaftlicher Einzelmengen nur dann relevant, wenn der Arzt nicht schon eine bestimmte Abgabenmenge verordnet hat[496]. § 6 Abs. 1 des Rahmenvertrages über die Arzneimittelversorgung konkretisiert diese Abgabepflicht dahingehend, dass die **Packung mit der kleinsten Stückzahl** durch die Apotheke abzugeben ist, wenn der Vertragsarzt die verordnete Menge mit einer Kurzbezeichnung nach der Packungsgrößenverordnung (N1, N2, N3) bestimmt hat und unter dieser Kurzbezeichnung mehrere Packungen mit verschiedenen Stückzahlen im Handel sind. Bei Verordnung einer bestimmten Stückzahl des Arzneimittels dürfen gem. § 6 Abs. 2 des Rahmenvertrages mehrere Packungen nur bis zur maximal verordneten Tablettenanzahl abgegeben werden. Die Abgabe einer Teilmenge aus einer Fertigarzneimittelpackung (**Auseinzelung**) erfordert gem. § 6 Abs. 2 S. 3 des Rahmenvertrages eine ausdrückliche ärztliche Anordnung, soweit zwischen den Parteien des Rahmenvertrages nichts anderes vereinbart worden ist. **Überschreitet** die nach Stückzahl **verordnete Menge die größte Messzahl** nach der Packungsgrößenverordnung, darf gem. § 6 Abs. 3 S. 1 des Rahmenvertrages nur die größte nach den Messzahlen bestimmte Packung oder ein Vielfaches dieser Packung, jedoch nicht mehr als die verordnete Menge an den Patienten abgegeben werden. Ein Vielfaches der größten Packung darf nur abgegeben werden, soweit der Vertragsarzt durch einen besonderen Vermerk auf die Abgabe der verordneten Menge hingewiesen hat (§ 6 Abs. 3 S. 2 des Rahmenvertrages).

IV. Angabe des Apothekenabgabepreises

Nach § 129 Abs. 1 S. 1 Nr. 4 SGB V sind die Apotheken bei der Abgabe verordneter Arzneimittel an Versicherte zur Angabe des Apothekenabgabepreises auf der Arzneimittelpackung verpflichtet. Durch die Preisangabe auf der Arzneimittelpackung soll das **Kostenbewusstsein der Versicherten** geschärft werden[497].

---

[493] *von Dewitz* in BeckOK § 129 Rn. 15; BT-Drs. 17/3698, S. 76.
[494] *Wodarz* in Sodan HdB KrankenVersR-HdB § 27 Rn. 56.
[495] *Dalichau* in Prütting SGB V § 129 Rn. 112.
[496] *Wodarz* in Sodan HdB KrankenVersR-HdB § 27 Rn. 62; *Axer* in Becker/Kingreen SGB V § 129 Rn. 24.
[497] *Wodarz* in Sodan HdB KrankenVersR-HdB § 27 Rn. 62; *Axer* in Becker/Kingreen SGB V § 129 Rn. 24.

```
                    Markteinführung
                           │
                           ▼
                   Herstellerdossier
                  (§ 35a Abs. 1 S. 3 SGB V)
                           │
                           ▼
                 Frühe Nutzenbewertung         ◄──   IQWiG oder
                  (§ 35a Abs. 3 SGB V)                Dritter
                           │
                           ▼
                   Veröffentlichung
                 (§ 35a Abs. 3 S. 2 SGB V)
                           │
                           ▼
                 Stellungnahmeverfahren
                 (§ 35a Abs. 2 S. 3 SGB V)
                           │
                           ▼
                    G-BA Beschluss
                 (§ 35a Abs. 3 S. 1 SGB V)
         ┌─────────────────┼─────────────────┐
         ▼                 ▼                 ▼
    Arzneimittel      Arzneimittel      Nicht festbe-
    ohne Zusatz-      mit Zusatz-       tragsfähige
    nutzen            nutzen            Arzneimittel
                                        ohne Zusatz-
                                        nutzen
         │                 │                 │
         ▼                 ▼                 ▼
    Festbetrag        Erstattungs-      Erstattungs-
    (§ 35a Abs. 4     betrag nach       betrag nach
    S. 1 SGB V)       § 130b Abs. 1     § 130b Abs. 3
                      SGB V             S. 1 SGB V
                           │                 │
                           ▼                 ▼
                      Schiedsstellenverfahren
                      (§ 130b Abs. 4 S. 1 SGB V)
                                │
                                ▼
                      Kosten-Nutzen-Bewertung nach
                             § 35b SGB V
```

6. Teil. Wettbewerbliche Selektivverträge für Arzneimittel und Medizinprodukte

Das traditionell kollektivvertraglich geprägte Versorgungssystem der GKV[1] unterliegt bereits seit Anfang der 1990er Jahre grundlegenden Veränderungen. Diese Veränderungen wurden insbesondere mit dem Gesundheitsstrukturgesetz[2] angestoßen, das eine wettbewerbliche Ausrichtung des Systems der gesetzlichen Krankenkassen initiierte[3]. Den wesentlichen Kern dieser Neuausrichtung des GKV-Systems stellte die Einführung eines freien Krankenkassenwahlrechts (§ 173 ff. SGB V) für die Mitglieder der GKV mit Wirkung zum 1.1.1996 dar. Infolge des Wahlrechts kam es zu einem gesetzgeberisch intendierten Wettbewerb zwischen den gesetzlichen Krankenkassen[4] um die Gewinnung neuer Mitglieder und einen Haltewettbewerb um den Bestand an Versicherten.

Wettbewerb in der GKV dient stets der Unterhaltung eines Versicherungssystems, welches dem Ziel des sozialen Ausgleichs verpflichtetet ist[5]. Primärer Wettbewerbsfaktor ist dabei der Preis der Vorsorge für die Versicherten, welcher zunächst durch die Beitragssätze der einzelnen Krankenkassen gesteuert wurde[6] und gegenwärtig durch die Erhebung von Zusatzbeiträgen gem. § 242 SGB V gesteuert wird[7]. Der Wettbewerb um Mitglieder schafft Anreize für die gesetzlichen Krankenkassen, eine möglichst attraktive Kombination aus Versicherungsbeitrag und Versorgungsleistung anzubieten[8]. Besondere Bedeutung kommt in diesem Zusammenhang der möglichst wirtschaftlichen Beschaffung von Arzneimitteln und Medizinprodukten zu. Schließlich stellen die Kosten für Arzneimittel mit einem Anteil von etwa 16 Prozent und einer absoluten Kostenhöhe von rund 35 Mrd. Euro den drittgrößten Ausgabeposten der GKV im Jahr 2015 dar[9]. Durch eine wirtschaftliche Beschaffung können die Kosten der GKV dementsprechend gesenkt und entsprechende Wettbewerbsvorteile gegenüber anderen Krankenkassen erzielt werden.

Diesem Umstand wurde bereits durch zahlreiche Gesetzesänderungen und -erweiterungen[10] Rechnung getragen, die den gesetzlichen Krankenkassen entsprechende Spielräume für eigenes und individuelles unternehmerisches Verhalten bei dem Abschluss von Versorgungsverträgen mit den Leistungserbringern und der Verwirklichung einer eigenen Preispolitik bei der Arznei- und Hilfsmittelversorgung einräumen[11]. Vor diesem

---

[1] → § 12 Rn. 2 ff.
[2] Gesetz zur Sicherung und Strukturverbesserung der gesetzlichen Krankenversicherung (GSG) v. 21.12.1992, BGBl. I 2266.
[3] Zu der instrumentellen Funktion wettbewerblicher Instrumente im Gesundheitswesen *Becker/Schweitzer*, Gutachten B zum 69. Deutschen Juristentag, B 26 ff.
[4] *Schwintowski/Klaue* PharmR 2011 469; *Gaßner/Eggert* NZS 2011, 249 f.
[5] BSG Urt. v. 24.1.2003 – B 12 KR 19/01 R, BSGE 90, 231 Rn. 109.
[6] Gem. § 241 SGB V beträgt der allgemeine Beitragssatz einheitlich für alle gesetzlichen Krankenkassen 14,6 % der beitragspflichtigen Einnahmen ihrer Mitglieder.
[7] *Becker/Kingreen* NZS 2010, 417 (418).
[8] Monopolkommission, Achtzehntes Hauptgutachten gem. § 44 Abs. 1 S. 1 Hs. 1 GWB, 2010, 1122.
[9] Quelle: https://www.vdek.com/presse/daten/d_ausgaben_arzneimittel.html.
[10] So zB Beitragssicherungsgesetz (BSSichG) v. 23.12.2002, BGBl. I 4637; Gesetz zur Verbesserung der Wirtschaftlichkeit in der Arzneimittelversorgung (AVWG) v. 26.4.2006, BGBl. I 984; Gesetz zur Stärkung des Wettbewerbs in der gesetzlichen Krankenversicherung (GKV-WSG) v. 26.3.2007, BGBl. I 378; Gesetz zur Neuordnung des Arzneimittelmarktes in der gesetzlichen Krankenversicherung (AMNOG) v. 22.12.2010, BGBl. I 2262.

Hintergrund bildet daher insbesondere die Möglichkeit der gesetzlichen Krankenkassen, mit einzelnen pharmazeutischen Unternehmern individuelle Versorgungsverträge – sog *Selektivverträge* oder *Direktverträge* – abzuschließen, den entscheidenden Ansatzpunkt, um den jahrzehntelang überproportional ansteigenden Kosten in der GKV[12] entgegenzuwirken. Mit selektiven Versorgungsverträgen können sich Krankenkassen im Ergebnis bezüglich Qualität, Wirtschaftlichkeit und Patientenorientierung voneinander abheben[13].

4   Bereits der Begriff des Selektivvertrags bringt dabei zum Ausdruck, dass die Auswahlentscheidung einer Krankenkasse zwischen mehreren Anbietern eines Arzneimittels oder Medizinprodukts bei einem solchen Vertrag im Vordergrund steht[14]. Den Krankenkassen steht es dabei frei, sowohl die zu erbringende Leistung einschließlich der konkreten Bedingungen der Leistungserbringung als auch die entsprechende Vergütung unmittelbar mit den Leistungserbringern vertraglich zu vereinbaren[15]. Bezweckt wird damit aus Perspektive der Krankenkassen die Begründung eines (Preis-)Wettbewerbs auf der Marktgegenseite, dh zwischen den pharmazeutischen Unternehmern bzw. den Herstellern von Medizinprodukten. Diese sollen veranlasst werden, möglichst wirtschaftliche Angebote zum Abschluss entsprechender selektiver Versorgungsverträge abzugeben, zwischen denen die Krankenkassen zum Wohle ihrer Versicherten wählen können. Da der Abgabepreis von Arzneimitteln aufgrund von § 78 AMG für alle Krankenkassen einheitlich bleiben muss, werden entsprechende Einsparungen einzelner Krankenkassen in der Praxis durch die Vereinbarung von kassenindividuellen Preisabschlägen erzielt, welche im gesetzlichen Terminus regelmäßig als „Rabatte" bezeichnet werden[16].

5   Aus Perspektive der pharmazeutischen Industrie stellt der Abschluss von selektiven Versorgungsverträgen über Arzneimittel und Medizinprodukte das maßgebliche und entscheidende Kriterium dar, um (noch) an den entsprechenden Absatzmärkten im Inland partizipieren zu können. Aufgrund des hohen Marktanteils der gesetzlichen Krankenkassen als Nachfrager von Arzneimitteln und Medizinprodukten und entsprechenden gesetzlichen und vertraglichen Umsetzungsmechanismen selektiver (exklusiver) Versorgungsverträge[17], kommt die Nichtberücksichtigung einzelner pharmazeutischer Unternehmer im Rahmen vergaberechtlicher Ausschreibungen zum Abschluss von selektiven Versorgungsverträgen faktisch einem Verkaufsverbot in Apotheken für die gesamte Laufzeit des Vertrags im Verhältnis zur jeweiligen Krankenkasse gleich[18].

6   Vor diesem Hintergrund stellen Rabattverträge über die Versorgung der gesetzlichen Krankenkassen mit Arzneimitteln gem. § 130a Abs. 8 SGB V bislang den weitaus praxisrelevantesten Bereich selektiver Versorgungsverträge dar. Durch die mit dem Abschluss von Rabattverträgen verbundene Wettbewerbsgenerierung auf Seiten der pharmazeutischen Unternehmer sollen im Jahr 2016 Einsparungen bei den Arzneimittelausgaben der GKV durch Rabattvereinbarungen in Höhe von rund 3,85 Mrd. Euro erzielt worden sein[19].

---

[11] *Schwintowski/Klaue* PharmR 2011, 469 (473).
[12] Monopolkommission, Achtzehntes Hauptgutachten gem. § 44 Abs. 1 S. 1 Hs. 1 GWB, 2010, 435.
[13] *Rebscher/Sewekow/Ziesemer* in Ecker/Preuß/Roski (Hrsg.), Handbuch Direktverträge, 2008, 98.
[14] *Burgi* NZBau 2008, 480 (481).
[15] Dazu *Theuerkauf* NZS 2011, 921 (922 f.).
[16] So bspw. in § 130a Abs. 8 SGB V.
[17] Dazu ausführlich → § 14 Rn. 36 ff.
[18] Zitat LSG Baden-Württemberg Urt. v. 27.2.2008, L 5 KR 507/08 ER-B, L 5 KR 508/08 W-A mAnm *v. Czettritz* PharmR 2008, 253.
[19] Pressemitteilung „Finanzergebnisse der GKV 2016" des BMG v. 6.3.2017.

Entsprechende Rechtsgrundlagen für den Abschluss von Selektivverträgen gibt es inzwischen auch in anderen Leistungsbereichen der GKV[20]. So sieht etwa § 130c SGB V den Abschluss von direkten Versorgungsverträgen zwischen Krankenkassen und pharmazeutischen Unternehmern im Hinblick auf nicht-festbetragsfähige Arzneimittel[21] vor, um von bestehenden Erstattungspreisvereinbarungen iSv § 130b SGB V abzuweichen bzw. diese abzulösen oder zu ergänzen. Zudem können Krankenkassen gem. § 127 Abs. 1 SGB V Verträge mit Leistungserbringern zur Versorgung mit Hilfsmitteln abschließen. Außerdem bietet § 130a Abs. 8a SGB V den Krankenkassen die Möglichkeit, Rabattverträge über Zytostatika direkt mit den pharmazeutischen Herstellern zu schließen.

Zuvor wurden auf Grundlage des § 129 Abs. 5 S. 3 SGB V aF, der im Zuge des Inkrafttretens des Gesetzes zur Stärkung der Arzneimittelversorgung in der GKV (GKV-Arzneimittelversorgungsstärkungsgesetz – AMVSG) gestrichen wurde, Rabattverträge direkt zwischen den Krankenkassen und Apothekern abgeschlossen. Dadurch wurde die Versorgung mit in Apotheken hergestellten parenteralen Zubereitungen aus Fertigarzneimitteln in der Onkologie zur unmittelbaren ärztlichen Anwendung bei Patienten sichergestellt und die Möglichkeit geboten, dabei Abschläge auf den Abgabepreis des pharmazeutischen Unternehmers und die Preise und Preisspannen der Apotheken zu vereinbaren. Zytostatikarabattverträge, die auf Grundlage des in der bis zum 12.5.2017 geltenden Fassung des § 129 Abs. 5 S. 3 SGB V aF geschlossen wurden, wurden mit Ablauf des 31.8.2017 unwirksam.

Darüber hinaus ergeben sich Ermächtigungsgrundlagen zur Sicherstellung einer flächendeckenden hausarztzentrierten Versorgung aus § 73b Abs. 4 SGB V und zum Abschluss von besonderen Versorgungsverträgen (insbes. zur sog besonderen bzw. integrierten Versorgung und zur besonderen ambulanten ärztlichen Versorgung) aus § 140a SGB V. Schließlich besteht gem. § 64 Abs. 1 SGB V die Möglichkeit für die Krankenkassen oder ihre Verbände, mit in der GKV zugelassenen Leistungserbringern Vereinbarungen über die Durchführung von Modellvorhaben iSv § 63 Abs. 1 oder 2 SGB V zu schließen.

Im Zusammenhang mit dem Abschluss wettbewerblicher Selektivverträge durch gesetzliche Krankenkassen ergeben sich insbesondere zwei rechtliche Themengebiete mit erheblicher praktischer Relevanz: Einerseits die inhaltliche Gestaltung solcher Verträge[22], andererseits die EU/GWB-vergaberechtliche Ausschreibungspflicht als rechtlich obligatorisches Mittel zum Vertragsabschluss[23].

§ 13 Individualvertragliche Steuerungsinstrumente

Schrifttum: *Amelung/Eble/Hildebrandt*, Innovatives Versorgungsmanagement, 2011; *Becker/Kingreen*, SGB V – Gesetzliche Krankenversicherung: Kommentar, 2017; *Dettling/Kieser/Ulshöfer*, Zytostatikaversorgung nach der AMG-Novelle, PharmR 2009, 421; *Ecker/Hußmann*, Verträge nach § 130c SGB V – eine frühe Nutzenbewertung, PharmR 2011, 389; *Ecker/Preuß/Roski* (Hrsg.), Handbuch Direktverträge, 2008; *Esch/Feldmann*, Die geplanten Neuregelungen zur ambulanten Zytostatikaversorgung im GKV-Arzneimittelversorgungsgesetz, PharmR 2017, 1; *Gabriel/Burholt* First come first served? – Open-House Rabattverträge für „substitutionsschwache" Generika-Arzneimittel aus vergabe- und kartellrechtlicher Sicht, PharmR 2017, 323; *Gabriel/Krohn/Neun*, Handbuch des Vergaberechts, Kapitel 14 – Auftragsvergaben im Bereich der gesetzlichen Krankenversicherungen:

---

[20] Dazu im Einzelnen → § 13 Rn. 6.
[21] → § 11 Rn. 67 ff.
[22] → § 13.
[23] → § 14.

Krankenkassenausschreibungen (SGB V), 2017; *Wolf/Jäkel*, Änderungen bei Rabattverträgen durch das AMNOG, PharmR 2011, 1.

A. Einführung

1   Der Abschluss selektiver Arzneimittelversorgungsverträge ist ein wettbewerbliches Instrument für die einzelnen gesetzlichen Krankenkassen, um abseits bestehender Kollektivverträge sowohl die Arzneimittelkosten als auch die Qualität der Versorgung ihrer Versicherten individuell zu steuern.

2   Aus sozialrechtlicher Perspektive ist der Abschluss von Direktverträgen zwischen einzelnen gesetzlichen Krankenkassen und pharmazeutischen Unternehmern vor allem deshalb eine atypische Regelungsform, weil sich diese Verträge nicht an den typischen Versorgungs- und Vertragsverhältnissen der GKV (Arzt-Patient-Apotheke-Zwischenhandel) orientieren, sondern unmittelbar auf die wirtschaftlichen Hauptakteure bei der Versorgung mit Arzneimitteln und Medizinprodukten abstellen[24].

3   Zu den sozialrechtlich begründeten Pflichtleistungen im System der GKV gehört gem. § 31 Abs. 1 SGB V auch die Versorgung der Versicherten mit Arzneimitteln und Medizinprodukten. Die Leistungen erbringen die gesetzlichen Krankenkassen in der Regel nicht selbst, sondern sie bedienen sich dazu Dritter (sog Leistungserbringer). Hinzu treten regelmäßig weitere Beteiligte, wie der verordnende Arzt oder der Arzneimittel abgebende Apotheker. Im Zusammenhang mit der Hilfsmittelversorgung spricht man aufgrund dessen von einem sozialrechtlichen „Dreieck" der Leistungserbringung[25]. Der Versicherte hat einen Anspruch auf das Hilfsmittel gegenüber der Krankenkasse, der Leistungserbringer verpflichtet sich, das Hilfsmittel dem Versicherten zur Verfügung zu stellen, die Krankenkasse zahlt die Vergütung für das Hilfsmittel an den Leistungserbringer[26].

4   Bei der Versorgung mit Arzneimitteln tritt zu dieser Dreiecksbeziehung gem. § 43 Abs. 1 AMG zusätzlich der Apotheker, weshalb insofern ein sozialrechtliches „Viereck" vorliegt[27]. Das jeweilige Arzneimittel wird von dem Apotheker, der zuvor von einem pharmazeutischen Unternehmer (zumeist vermittelt durch einen zusätzlichen Zwischen- bzw. Großhändler) beliefert wurde, an den Versicherten abgegeben. Daraus ergibt sich sodann eine Zahlungsverpflichtung des Apothekers gegenüber dem pharmazeutischen Unternehmer in Form der Kaufpreiszahlung. Dabei hat der Versicherte ggf. einen finanziellen Anteil im Wege der Zuzahlung nach § 31 Abs. 3 SGB V zu tragen. Den übrigen Apothekenverkaufspreis abzüglich der gesetzlichen Pflichtrabatte nach § 130a Abs. 1 ff. SGB V erbringt schließlich die Krankenkasse an den Apotheker (§ 31 Abs. 2 S. 2 SGB V).

5   Die Versicherten erhalten in der Praxis ärztlich verordnete Arzneimittel und Medizinprodukte weder unmittelbar von ihrer jeweiligen Krankenkasse noch erfolgt eine Arzneimittelbelieferung von dem pharmazeutischen Unternehmer unmittelbar an die Krankenkasse. Letzteres ist auch der Grund, weshalb die Krankenkasse nicht direkt ein Entgelt an den pharmazeutischen Unternehmer zahlt[28]. Nach den typischen sozialrechtlich determinierten, multilateralen Leistungsbeziehungen der GKV agieren Krankenkassen und pharmazeutische Unternehmer damit bei der Arzneimittelversorgung nicht unmittelbar mit-

---

[24] *Willenbruch/Bischoff* PharmR 2005, 477.
[25] Dazu *Kingreen* VergabeR 2007, 353 (355) sowie ausführlich *Lange*, Sozialrecht und Vergaberecht, 2011, 31 ff.
[26] *Kaeding* PharmR 2007, 239 (244).
[27] *Stolz/Kraus* VergabeR 2008, 1 (2).
[28] *Schickert* PharmR 2009, 164 (166).

einander. Gleichwohl sind es die Krankenkassen, die letztlich die Kosten für die abgegebenen Arzneimittel gegenüber den pharmazeutischen Unternehmern tragen. An diesem Umstand orientieren sich entsprechend die gesetzlichen Regelungen zum Abschluss von selektiven Versorgungsverträgen.

B. Die gesetzlich vorgesehenen Selektivvertragsarten im Einzelnen

Innerhalb des SGB V findet sich keine generalklauselartige Ermächtigungsgrundlage der gesetzlichen Krankenkassen zum Abschluss von selektiven Arzneimittelversorgungsverträgen mit pharmazeutischen Unternehmern oder Herstellerunternehmen von Medizinprodukten. Vielmehr bestehen nebeneinander mehrere unterschiedliche Rechtsgrundlagen, die in ihrem Regelungsgehalt sowie ihrer Praxisrelevanz durchaus variieren und jeweils an verschiedene Vertragsgegenstände anknüpfen.

I. Arzneimittelrabattverträge nach § 130a Abs. 8 SGB V

Die gem. § 130a Abs. 1 ff. SGB V vorgesehenen gesetzlichen Pflichtrabatte[29] auf den Abgabepreis des pharmazeutischen Unternehmers (ApU) werden durch § 130a Abs. 8 SGB V um die Möglichkeit des freiwilligen Abschlusses selektiver Arzneimittelrabattverträge zwischen gesetzlichen Krankenkassen oder ihrer Verbände und den pharmazeutischen Unternehmern ergänzt[30].

Im Rahmen der Arzneimittelversorgung stellt die Vorschrift des § 130a Abs. 8 SGB V die praxisrelevanteste Vorschrift zum Erlass von Direktverträgen zwischen Krankenkassen und Leistungserbringern in der GKV dar. Das liegt insbesondere an ihrem weiten sachlichen Anwendungsbereich[31]. Verträge nach § 130a Abs. 8 SGB V können grundsätzlich gleichermaßen zur Versorgung mit chemisch-synthetisch hergestellte Generika, innovativen patentgeschützten Präparaten sowie biologisch/biotechnologisch hergestellten Arzneimitteln abgeschlossen werden.

1. Grundsätzliche Konzeption

Der Hersteller eines bestimmten Arzneimittels gewährt einer gesetzlichen Krankenkasse im Rahmen eines Arzneimittelrabattvertrags nach § 130a Abs. 8 SGB V einen zusätzlichen Rabatt auf den regulären Abgabepreis des vertragsgegenständlichen Pharmazeutikums (sog Abgabepreis des pharmazeutischen Unternehmers, kurz „ApU"). Bedingt durch die spezifischen sozialrechtlichen Leistungsbeziehungen bei der Arzneimittelversorgung in der GKV findet zwischen den Vertragspartnern eines selektiven Arzneimittelversorgungsvertrags kein unmittelbarer Sach- und Geldaustausch statt[32]. Der unternehmerseitig gegenüber der Krankenkasse vertraglich eingeräumte Rabatt auf den ApU besteht deshalb tatsächlich in einer selbstständigen Zahlungsverpflichtung des pharmazeutischen Unternehmers gegenüber der Krankenkasse im Wege der Rückvergütung[33].

Auf Seiten der Krankenkasse besteht keine mit der Lieferverpflichtung des pharmazeutischen Unternehmers unmittelbar korrespondierende (Gegen-)Leistungspflicht. Hier

---
[29] → § 11 Rn. 55 ff. Vgl. auch zusammenfassend *Luthe* SGB 2011, 316.
[30] *Gabriel/Burholt* PharmR 2017, 323; *Willenbruch/Bischoff* PharmR 2005, 477.
[31] *Jaeckel* in: Amelung/Eble/Hildebrandt, Innovatives Versorgungsmanagement, 60.
[32] → Rn. 5.
[33] *Stolz/Kraus* VergabeR 2008, 1 (3); *Dreher/Hoffmann* NZBau 2009, 273 (275); *Wolf/Jäkel* PharmR 2011, 1 (2).

kommt es in der Regel lediglich zu einer individualvertraglichen Verpflichtung der gesetzlichen Krankenkasse, während der Vertragslaufzeit keine weiteren Rabattverträge über die gleichen Wirkstoffe mit anderen pharmazeutischen Unternehmern abzuschließen (sog Exklusivitätsvereinbarung[34]).

2. Substitutionspflicht nach § 129 Abs. 1 S. 3 SGB V

11   Ein tatsächlicher Anreiz für pharmazeutische Unternehmer zum Abschluss von Arzneimittelrabattverträgen mit gesetzlichen Krankenkassen und damit in einen Rabattwettbewerb mit anderen pharmazeutischen Unternehmern einzutreten, wird primär durch die gesetzliche Substitutionspflicht des § 129 Abs. 1 S. 3 SGB V bewirkt[35]. Aufgrund der Substitutionspflicht hat der das Arzneimittel an den Versicherten abgebende Apotheker grundsätzlich die Ersetzung eines ärztlich verordneten Arzneimittels durch ein anderes Arzneimittel vorzunehmen. Voraussetzung für die Ersetzung ist, dass das ausgegebene Produkt mit dem verordneten in Wirkstärke und Packungsgröße identisch ist, dass es für ein gleiches Anwendungsgebiet zugelassen ist und die gleiche oder eine austauschbare Darreichungsform besitzt und für das ausgegebene Produkt eine Vereinbarung nach § 130a Abs. 8 SGB V mit Wirkung für die Krankenkasse des jeweiligen Versicherten besteht. Die Substitutionspflicht zielt damit auf eine Lenkung und Steuerung des Arzneimittelabsatzes[36].

12   Eine solche Substitution ist allerdings lediglich dann möglich, wenn der verordnende Arzt ein Arzneimittel gem. § 129 Abs. 1 S. 1 lit. a) SGB V nur unter seiner Wirkstoffbezeichnung verordnet oder die Ersetzung durch ein wirkstoffgleiches Arzneimittel gem. § 129 Abs. 1 lit. b) SGB V nicht durch das Ankreuzen des aut-idem Feldes auf dem Rezept ausgeschlossen hat. Eine Substitution gegen den Willen des verordnenden Arztes ist mit Rücksicht auf die ärztliche Therapiefreiheit nicht möglich[37].

II. Erstattungsvereinbarungen nach § 130b SGB V und § 130c SGB V

13   Die bisher erzielten Einsparungen durch den Abschluss von Arzneimittelrabattverträgen iSv § 130a Abs. 8 SGB V bezogen sich zum weit überwiegenden Teil auf den Bereich der (chemisch-synthetisch hergestellten) generischen Präparate. Da jedoch tatsächlich mehr als die Hälfte der Arzneimittelausgaben der GKV auf den Bereich der patentgeschützten Originalpräparate entfällt, geht in jüngerer Vergangenheit die Tendenz dahin, auch hinsichtlich innovativer, nicht-festbetragsfähiger Arzneimittel, Einsparungen durch Herstellerrabatte zu erzielen.

14   Hierfür stehen den Krankenkassen grundsätzlich zwei Möglichkeiten zur Verfügung. Zum einen können sie Arzneimittelrabattverträge nach § 130a Abs. 8 SGB V abschließen. Zum anderen hat der Gesetzgeber im Hinblick auf nicht-festbetragsfähige Arzneimittel mit den §§ 130b und 130c SGB V im Rahmen des AMNOG[38] zusätzlich spezielle Vorschriften erlassen, die explizit für eine Reduzierung der Preise für innovative Arzneimittel mit neuen Wirkstoffen sorgen sollen[39]. Dabei handelt es sich nach der gesetzgeberischen

---

[34] Zu den weiteren vertraglichen (Gegen-)Leistungen der Krankenkassen und ergänzenden gesetzlichen Steuerungsinstrumenten, die an die jeweiligen Selektivverträge anknüpfen → § 14 Rn. 32 ff.

[35] Zu den wirtschaftlichen Konsequenzen für rabattvertragsbeteiligte pharmazeutische Unternehmer → § 14 Rn. 40.

[36] Dazu ausführlich → § 14 Rn. 39 ff.

[37] *Axer* in Becker/Kingreen, SGB V, § 129 Rn. 9 sowie allgemein zur Aut-idem-Regelung *Uwer/Koch* PharmR 2008, 461.

[38] Zu den Änderungen durch das AMNOG in Bezug auf Erstattungsverträge *Wolf/Jäkel* PharmR 2011, 1; *Kingreen* NZS 2011, 441; *Luthe* PharmR 2011, 193; *Kaufmann* PharmR 2011, 223 sowie *Gabriel* VergabeR 2011, 372.

[39] BT-Drs. 17/2413, 31.

Konzeption einerseits um den obligatorischen Abschluss von „Vereinbarungen zwischen dem Spitzenverband Bund der Krankenkassen und pharmazeutischen Unternehmern über Erstattungsbeträge für Arzneimittel" gem. § 130b SGB V[40], andererseits um die fakultative Möglichkeit, zusätzlich zu den dadurch bereits gewährten Abschlägen individuelle „Verträge von einzelnen Krankenkassen mit pharmazeutischen Unternehmern" gem. § 130c SGB V abzuschließen. Dabei können den Krankenkassen zusätzliche Rabatte eingeräumt werden[41]. Der sachliche Anwendungsbereich von Erstattungspreisvereinbarungen nach § 130b SGB V und Erstattungsvereinbarungen nach § 130c SGB V beschränkt sich auf erstattungsfähige Arzneimittel mit neuen Wirkstoffen iSd § 35a Abs. 1 SGB V.[42]

III. Impfstoffversorgungsverträge[43]

Mit Inkrafttreten des Gesetzes zur Stärkung der Arzneimittelversorgung in der GKV (GKV-Arzneimittelversorgungsstärkungsgesetz – AMVSG)[44] im Frühjahr 2017 wurde die Rechtsgrundlage für den Abschluss von Rabattverträgen zwischen den Krankenkassen und pharmazeutischen Herstellern über Grippeimpfstoffe (§ 132e Abs. 2 SGB V aF) gestrichen. Damit endete für Krankenkassen die Möglichkeit, Grippeimpfstoffe exklusiv auszuschreiben. Ob bereits geschlossene Verträge sowie gegebenenfalls beschlossene Vertragsverlängerungen unverändert bis zu deren Ablauf fortbestehen oder ob hier ebenfalls mit Inkrafttreten des AMVSG die Exklusivität entfallen ist, ist umstritten[45]. 15

Mit dem GKV-WSG[46] im Jahr 2007 wurde die Versorgung der Versicherten mit Schutzimpfungen gem. Anlage 1 der Schutzimpfungs-RL des gemeinsamen Bundesausschusses durch § 20d Abs. 1 SGB V in den Kanon der Pflichtleistungen der GKV aufgenommen. 16

Vor diesem Hintergrund kam es in den Jahren 2009 und 2010 zur Ausschreibung von selektiven Impfstoffversorgungsverträgen durch gesetzliche Krankenkassen. Die Ausschreibungen hatten zu Beginn lediglich Schutzimpfstoffe gegen die saisonale Influenza zum Vertragsgegenstand und beschränkten sich auf Apotheken als Auftragnehmer. Von Beginn an bestand jedoch Uneinigkeit bei der Beurteilung der Ausschreibungsfähigkeit selektiver Impfstoffversorgungsverträge, da zunächst keine gesetzliche Rechtsgrundlage existierte, welche die Krankenkassen zum Abschluss derartiger Rabattvereinbarungen mit Apotheken ermächtigt hätte.

Mit Wirkung zum 1.1.2011 wurde durch das AMNOG mit § 132e Abs. 2 SGB V aF eine Vorschrift eingeführt, die an ein prognostiziertes Wirtschaftlichkeitspotential von Rabattverträgen über Impfstoffe nach § 20d SGB V anknüpfte und den Krankenkassen die Möglichkeit eröffnete, Rabatte auf den einheitlichen Abgabepreis des pharmazeutischen Unternehmers nach § 130a Abs. 8 SGB V zu vereinbaren. Über eine solche Vereinbarung konnten die Krankenkassen die Versorgung ihrer Versicherten mit Impfstoffen sicherstellen[47]. Der Selektivvertragswettbewerb im Impfstoffbereich verlagerte sich in der

---

[40] Dazu *Anders* PharmR 2012, 81.
[41] Dazu sowie zu dem systematischen Verhältnis der verschiedenen Vereinbarungstypen ausführlich → § 14 Rn. 60 ff.
[42] *v. Dewitz* in BeckOK SGB V, § 130c Rn. 4.
[43] Dazu auch → § 14 Rn. 75 ff.
[44] Gesetz zur Stärkung der Arzneimittelversorgung in der GKV (GKV-Arzneimittelversorgungsstärkungsgesetz – AMVSG) v. 4.5.2017, BGBl. I 1050.
[45] S. hierzu im Folgenden → Rn. 18.
[46] Gesetz zur Stärkung des Wettbewerbs in der gesetzlichen Krankenversicherung (GKV-WSG) v. 26.3.2007, BGBl. I 378.
[47] Beschlussempfehlung des Ausschusses für Gesundheit, BT-Drs. 17/3698, 80.

Folge der Einführung der Norm allerdings nahezu vollständig auf die Ebene der pharmazeutischen Unternehmer[48].

17 Mit Inkrafttreten des AMVSG am 13.5.2017 wurde die Rechtsgrundlage für die Ausschreibung von Rabattverträgen über Grippeimpfstoffe in § 132e Abs. 2 SGB V wieder gestrichen. Künftig soll jeder Hersteller von Impfstoffen seine Produkte auf dem Markt anbieten können. Grund hierfür ist, dass sich der Impfstoffmarkt per se durch eine nur geringe Wettbewerbsintensität auszeichnet, da für bestimmte Wirkstoffe von vornherein nur wenige oder sogar nur einzelne Anbieter zur Verfügung stehen[49]. Aufgrund der Komplexität der Herstellung von Impfstoffen bestehen Risiken, die Auswirkungen auf die Sicherheit und Sicherstellung der Versorgung haben können. Im Falle von exklusiven Versorgungsvereinbarungen können Versorgungs- bzw. Lieferprobleme entstehen. Diese Gefahr soll durch die Öffnung des Marktes für alle Impfstoffhersteller gebannt werden[50].

18 Uneinigkeit besteht allerdings darüber, wie mit bereits laufenden Verträgen umzugehen ist und wie etwaige beschlossene Vertragsverlängerungen zu handhaben sind. Anders als beispielsweise im Bereich der Ausschreibung von Rabattverträgen über Zytostatika soll die Gesetzesänderung nicht in bereits bestehende Verträge und deren etwaige Vertragsverlängerungen eingreifen. Diese sollen nach Auffassung des LSG Niedersachsen und des SG Hannover unverändert und mit der durch sie gewährten Exklusivität fortbestehen[51].

§ 132e Abs. 2 SGB V wurde im Zuge des Inkrafttretens des AMVSG ersatzlos gestrichen. Im Unterschied zur Neuregelung im Bereich der Zytostatikaversorgungsverträge, in denen die Unwirksamkeit bereits bestehender Verträge mit Ablauf des 31. August 2017 explizit in § 129 Abs. 5 S. 4 SGB V angeordnet wurde, wurde im Bereich der Impfstoffversorgung von einer solchen Regelung abgesehen.

Der Gesetzesbegründung zur Streichung des § 132e Abs. 2 SGB V kann nur entnommen werden, dass bestehende Rabattverträge nicht verlängert werden können[52]. Daraus ergibt sich nicht, dass bereits laufende Verträge oder bestehende Verlängerungen unwirksam werden. Nach Auffassung des LSG Niedersachsen hat der Gesetzgeber keine Aufhebung bzw. kein Unwirksamwerden bereits geschlossener / sich in der Umsetzung befindlicher Verträge gewollt bzw. angeordnet, weil hierin anderenfalls ein rückwirkender Eingriff in bereits abgeschlossene bzw. laufende Verträge läge, der einer Rechtfertigung seitens des Gesetzgebers bedurft hätte[53]. Es sei nicht ersichtlich, warum der Zeitpunkt des Unwirksamwerdens im Falle der Zytostatikaversorgungsverträge explizit angeordnet wurde, im vorliegenden Falle aber nicht.

Das LSG Niedersachsen sowie das SG Hannover gehen vielmehr davon aus, dass der Gesetzgeber eine solche Unwirksamkeitsregelung nicht als notwendig ansah, weil er wusste, dass entsprechend bestehende exklusive Rabattvereinbarungen über Impfstoffe in der Regel nach zwei Jahren auslaufen und so ein überschaubarer Zeitraum vorliegt.

Darüber hinaus sei nicht ersichtlich, warum der Gesetzgeber explizit darauf hinweisen sollte, dass bestehende Verträge nicht verlängert werden können, wenn diese sowieso mit Inkrafttreten des AMVSG und der dadurch bedingten Streichung des § 132e Abs. 2 SGB V unwirksam würden[54].

---

[48] S. hierzu ausführlich in der Vorauflage *Gabriel* § 13 Rn. 15 ff.
[49] *Gabriel* PharmR 2013, 300.
[50] Beschlussempfehlung des Ausschusses für Gesundheit, BT-Drs. 18/11449, 38.
[51] LSG Niedersachsen Beschl. v. 20.7.2017 – L 4 KR 307/17 B ER; SG Hannover Beschl. v. 23.6.2017 – S 10 KR 724/17 ER.
[52] Beschlussempfehlung des Ausschusses für Gesundheit, BT-Drs. 18/11449, 38.
[53] LSG Niedersachsen Beschl. v. 20.7.2017 – L 4 KR 307/17 B ER; SG Hannover Beschl. v. 23.6.2017 – S 10 KR 724/17 ER.

Die bestehenden Verträge sollen somit bis zu ihrer Beendigung beide Parteien des Rabattvertrags weiter exklusiv binden.

Nach Ansicht des Bundesministeriums für Gesundheit soll durch das Inkrafttreten der Streichung die Exklusivität der Versorgung mit Vertragsimpfstoffen in Gänze entfallen sein. Eine Verlängerung von Rabattverträgen könne nicht mehr vereinbart werden und etwaige vertraglich vereinbarten Verlängerungsoptionen sollen ebenfalls nicht mehr geltend gemacht werden dürfen. Bereits laufende Verträge würden nach Ansicht des BMG – jedoch ohne dass es hierfür einen Anhaltspunkt in der Gesetzesbegründung gibt – ebenfalls keine Exklusivität mehr gewähren, sondern durch die Streichung beendet worden sein. Das Aufheben oder Anpassen bestehender Verträge sei Sache der Vertragspartner[55]. Das BMG hat allerdings nicht erläutert, wie die nach dieser Auffassung entstehende Rückwirkung aus Vertrauensgesichtspunkten zu rechtfertigen ist. 19

IV. Zytostatikaversorgungsverträge nach § 130a Abs. 8a SGB V

Zytostatika sind verschreibungspflichtige Arzneimittel zur Verhinderung bzw. Verzögerung von Zellwachstum und Zellteilung. Sie werden von onkologischen Fachärzten als anwendungsfertige Zubereitungen in der Darreichungsform parenteraler Lösungen Patienten mit Tumorerkrankungen intravenös injiziert (sog. Chemotherapie[56]). 20

Im Unterschied zu Arzneimittelrabattverträgen nach § 130a Abs. 8 SGB V wurden Versorgungsverträge bisher nach § 129 Abs. 5 S. 3 SGB V aF nicht mit pharmazeutischen Unternehmern, sondern mit Apotheken abgeschlossen, die parenterale Zubereitungen aus Fertigarzneimitteln herstellen. Zytostatikaversorgungsverträge mit Apotheken waren dementsprechend überwiegend als Werklieferungsverträge einzustufen.[57] Schätzungen zufolge stellten in Deutschland bisher ca. 350 öffentliche Apotheken und ca. 230 Krankenhausapotheken parenterale Zubereitungen her[58]. Der dabei erzielte Umsatz mit der GKV liegt im Milliarden-Euro-Bereich. Für das Jahr 2014 wird der Umsatz mit Zytostatikazubereitungen auf ca. 1,3 Mrd. Euro beziffert[59]. 21

Seit Inkrafttreten des AMVSG[60] im Frühjahr 2017 können – im Zuge der Neuregelungen zur ambulanten Zytostatika-Versorgung – Rabattverträge über die Zytostatikaversorgung gem. § 130a Abs. 8a SGB V nur noch direkt zwischen Krankenkassen und pharmazeutischen Herstellern geschlossen werden. Zum 31. August 2017 wurden alle bestehenden Verträge zwischen Krankenkassen und Apotheken gem. § 129 Abs. 5 S. 4 SGB V unwirksam. Die Rechtsgrundlage zum Abschluss entsprechender Rabattverträge zwischen Krankenkassen und Apothekern wurde gestrichen. Sinn und Zweck der gesetzlichen Änderungen war die Sicherstellung der problemlosen Zusammenarbeit zwischen Arzt und Apotheker. Insbesondere sollen durch den Vertragsabschluss direkt zwischen pharmazeutischem Hersteller und Krankenkasse künftig Versorgungsprobleme vermieden sowie Wirtschaftlichkeitsgesichtspunkte besser berücksichtigt werden. Anders als noch im Gesetzesentwurf vorgesehen, wurde die Apothekenwahlfreiheit nicht in die Gesetzesfassung übernommen. Versicherte können somit nach wie vor die Apotheke 22

---

[54] LSG Niedersachsen Beschl. v. 20.7.2017 – L 4 KR 307/17 B ER; SG Hannover Beschl. v. 23.6.2017 – S 10 KR 724/17 ER.

[55] Schreiben des Bundesministerium für Gesundheit zur Streichung der Impfstoffausschreibung vom 7.3.2017.

[56] *Dettling/Kieser/Ulshöfer* PharmR 2009, 421.

[57] VK Bund Beschl. v. 29.4.2010 – VK 2–20/10.

[58] *Neises/Clobes/Palsherm* PharmR 2009, 506 (507).

[59] Faktenblatt Zytostatikaversorgung der ABDA, Stand 7.9.2016, abzurufen unter https://www.abda.de/fileadmin/assets/Faktenblaetter/Faktenblatt_Zytostatika_September_2016.pdf.

[60] Gesetz zur Stärkung der Arzneimittelversorgung in der GKV (GKV-Arzneimittelversorgungsstärkungsgesetz – AMVSG) v. 4.5.2017, BGBl. I 1050.

nicht frei wählen. Ob im Übrigen die Zielsetzung durch die geplanten Maßnahmen erreicht werden kann, bleibt abzuwarten und wird bereits kontrovers diskutiert[61].

23   Vorher wurde den gesetzlichen Krankenkassen durch die sog 15. AMG-Novelle[62] aus dem Jahr 2009 die Möglichkeit eröffnet, Versorgungsverträge mit einzelnen Apotheken über parenterale Zubereitungen (Infusionslösungen) aus Fertigarzneimitteln in der Onkologie abzuschließen. Hierfür wurde der Wortlaut des § 129 Abs. 5 S. 3 SGB V aF auf diese Arzneimittel erweitert. Danach konnten Krankenkassen die Versorgung mit in Apotheken hergestellten parenteralen Zubereitungen aus Fertigarzneimitteln in der Onkologie zur unmittelbaren ärztlichen Anwendung bei Patienten durch Verträge mit Apotheken sicherstellen. Hierzu konnten Abschläge auf den Abgabepreis des pharmazeutischen Unternehmers und die Preise und Preisspannen der Apotheken vereinbart werden.

24   Mit Inkrafttreten des AMVSG ist nun die Rechtsgrundlage für den Abschluss von Zytostatikaversorgungsverträgen zwischen Krankenkassen und Apotheken entfallen. Für den Vertragsschluss zwischen dem pharmazeutischen Hersteller und der Krankenkasse gelten gem. § 130a Abs. 8a S. 2 SGB V die gleichen gesetzlichen Vorgaben wie für Arzneimittelrabattverträge. Allerdings besteht auch nach der Gesetzesänderung von vornherein keine Substitutionspflicht gem. § 129 Abs. 1 S. 3 SGB V[63]. Einerseits handelt es sich bei parenteralen Zubereitungen aus Fertigarzneimitteln in der Onkologie regelmäßig um biologisch/biotechnologische Arzneimittel, hinsichtlich welcher schon keine Wirkstoffidentität vorliegt[64]. Andererseits sind solche Versorgungsvereinbarungen keine Rabattverträge nach § 130a Abs. 8 SGB V, was jedoch für eine Substitutionspflicht des Apothekers ausdrücklich erforderlich ist; sondern richten sich nach § 130a Abs. 8a SGB V. Auf diesen wird in § 129 Abs. 1 SGB V aber ausdrücklich nicht verwiesen.

25   Einer vergaberechtlichen Ausschreibungspflicht unterfallen Zytostatikaversorgungsverträge dementsprechend nur dann, wenn sich für die pharmazeutischen Unternehmen aus dem Versorgungsvertrag selbst ein geldwerter Wettbewerbsvorteil in Form von (Liefer-)Exklusivität ergibt. Andernfalls würde es sich mangels Gegenleistung für die vertragsbeteiligten pharmazeutischen Hersteller nicht um einen entgeltlichen öffentlichen Auftrag handeln. Der Rechtsprechung zufolge ist ein entgeltlicher öffentlicher Auftrag allerdings bereits dann anzunehmen, wenn vertraglich eine Exklusivität zu Gunsten eines pharmazeutischen Herstellers vereinbart und ein tatsächlicher Wettbewerbsvorteil für diesen bewirkt werden soll[65]. In der Vergangenheit erhielten – soweit ersichtlich – sämtliche Zytostatikaversorgungsvereinbarungen nach § 129 Abs. 5 S. 3 SGB V aF entsprechende Exklusivitätsabreden. Praktisch war das auch notwendig, da sonst für Apotheken kein Anreiz bestanden hätte, sich an einem entsprechenden Versorgungsvertrag zu beteiligen. Wie sich das künftig bei Zytostatikaversorgungsvereinbarungen auf Grundlage des § 130a Abs. 8a SGB V zwischen Krankenkassen und pharmazeutischen Herstellern verhalten wird, bleibt abzuwarten.

26   Bei selektiven Zytostatikaversorgungsverträgen verpflichten sich die Krankenkassen bspw. gegenüber den vertragsbeteiligten pharmazeutischen Herstellern dazu, vertragsgegenständliche parenterale Zubereitungen, die von Dritten hergestellt werden und nicht Gegenstand des Versorgungsvertrages sind, bei der Abrechnung nicht zu berücksichtigen

---

[61] *Esch/Feldmann* PharmR 2017, 1.
[62] Gesetz zur Änderung arzneimittelrechtlicher und anderer Vorschriften, v. 17.7.2009, BGBl. I 2009, 1990.
[63] *Dettling/Kieser/Ulshöfer* PharmR 2009, 421 (429).
[64] → § 14 Rn. 64.
[65] LSG Berlin-Brandenburg Beschl. v. 17.9.2010 – L 1 SF 110/10 B Verg; LSG Berlin-Brandenburg, Beschl. v. 17.9.2010 – L 1 SF 98/10 B Verg; VK Bund Beschl. v. 29.4.2010 – VK 2–20/10.

und vollständig von der Erstattung auszunehmen. Um die Qualität und Sicherheit der Versorgung mit Zytostatika (Arzneimittel zur Krebsbehandlung) sicherzustellen, wurde die Möglichkeit zum Abschluss von Rabattverträgen auf die Ebene zwischen Krankenkassen und pharmazeutischen Herstellern verlagert. Dadurch soll eine nachhaltige Finanzierbarkeit ermöglicht werden und die Möglichkeiten der Selbstverwaltung zur Verhandlung über die Preise (Hilfstaxe) sollen erweitert werden[66].

Die zuständigen Nachprüfungsinstanzen haben die Zytostatikaversorgungsverträge bislang übereinstimmend als entgeltliche öffentliche Aufträge iSv § 103 Abs. 1 und 2 GWB angesehen und eine europaweite vergaberechtliche Ausschreibungspflicht bei Überschreitung der Schwellenwerte bejaht[67]. Es ist nicht zu erwarten, dass sich durch die Verlagerung der Rabattverträge auf die Herstellerebene an dieser Einstufung etwas ändern wird. Zu diskutieren könnte dann lediglich sein, ob noch ein Lieferauftrag gem. § 103 Abs. 2 GWB vorliegt oder nicht vielmehr ein Werkliefervertrag und ob sich dadurch an der rechtlichen Einschätzung etwas ändert. 27

Vergaberechtlich problematisch ist vor diesem Hintergrund auch weiterhin nicht, ob vertragliche Exklusivitätsvereinbarungen als entgeltliche öffentliche Aufträge ausschreibungspflichtig sind, sondern wie diese in rechtlich zulässiger Art und Weise ausgestaltet werden können. Nicht ohne Grund hat es der Gesetzgeber bislang vermieden, die Substitutionspflicht nach § 129 Abs. 1 S. 3 SGB V auf sämtliche selektivvertragsgegenständlichen Arzneimittel zu erstrecken. Soweit die (bewusst) fehlenden gesetzlichen Lenkungs- und Steuerungsmechanismen durch individualvertragliche Vereinbarungen ersetzt werden sollen, ergeben sich deshalb zwangsläufig sowohl sozialrechtliche als auch vergaberechtliche Folgeprobleme[68]. 28

Allerdings könnten die neuen Ausschreibungen auf der Ebene zwischen Krankenkassen und pharmazeutischen Unternehmen ein anderes Problem mit sich bringen. Dieses betrifft zwar keine vergaberechtlichen Aspekte, wohl aber kartellrechtliche. 29

Dass die allgemeinen Vorschriften des deutschen Kartellrechts im Vergabenachprüfungsverfahren überprüft werden, war lange umstritten, wird aber von der Rechtsprechung primär abgelehnt. Für die Rechtsbeziehungen der Krankenkassen zu ihren Vertragspartnern ergibt sich das bereits schon aus dem Wortlaut von § 69 Abs. 2 S. 1 SGB V. Ungeklärt ist allerdings, ob die kartellrechtlichen Vorschriften auf Rabattverträge anwendbar sind.

Krankenkassen müssen Rabattverträge nicht ausschreiben, denn § 130a Abs. 8a SGB V spricht nur von einem „können". Durch die gegebene Möglichkeit, Verträge abschließen zu „können" entfällt für solche Vereinbarungen der Schutz des § 69 Abs. 2 S. 2 SGB V, nach dem die in § 69 Abs. 2 S. 1 SGB V genannten kartellrechtlichen Vorschriften nicht für Verträge gelten, zu deren Abschluss die Krankenkassen oder deren Verbände gesetzlich verpflichtet sind. Das könnte dazu führen, dass exklusive Rabattverträge, die auf Grundlage des § 130a Abs. 8a SGB V zwischen pharmazeutischen Herstellern und Krankenkassen geschlossen werden, künftig anhand kartellrechtlicher Vorschriften im Vergabenachprüfungsverfahren zu prüfen sind und das gegebenenfalls kartellrechtliche Probleme zufolge haben könnte[69].

---

[66] Pressemitteilung BMG vom 9.3.2017, abrufbar unter https://www.bundesgesundheitsministerium.de/presse/pressemitteilungen/2017/1-quartal/amvsg.html.
[67] VK Bund Beschl. v. 29.4.2010 – VK 2–20/10; VK Brandenburg Beschl. v. 27.8.2010 – VK 20/10; LSG Berlin-Brandenburg Beschl. v. 17.9.2010 – L 1 SF 98/10 B Verg; LSG Berlin-Brandenburg Beschl. v. 17.9.2010 – L 1 SF 110/10 B Verg; LSG Nordrhein-Westfalen Beschl. v. 22.7.2010 – L 21 SF 152/10 Verg.
[68] → § 14 Rn. 116 ff.
[69] *Gabriel/Burholt* PharmR 2017, 323 (330).

30   Die gesetzliche Neufassung des § 129 Abs. 5c S. 2 SGB V sieht die Verpflichtung zur Neuvereinbarung der Hilfstaxe sowie der § 130a Abs. 8a SGB V die Ermächtigung zum Abschluss von Rabattverträgen zwischen den Landesverbänden der Krankenkassen bzw. Ersatzkassen und den pharmazeutischen Unternehmen vor. Damit wurde der vergaberechtliche Wettbewerb zum Abschluss exklusiver Vereinbarungen im Bereich der Zytostatika lediglich auf eine andere Ebene verlagert – die pharmazeutische Herstellung[70].

V. Hilfsmittelversorgungsverträge nach § 127 SGB V

31   Den gesetzlichen Ausgangspunkt für den Wechsel von einem kollektivvertraglichen zu einem selektivvertraglichen GKV-Versorgungssystem stellen das GKV-WSG[71] vom 26.3.2007 und die dadurch konstituierten Vorschriften für den Abschluss von Direktverträgen zur Versorgung mit Hilfsmitteln dar. Seitdem hängt die Berechtigung zur Versorgung der Versicherten mit Hilfsmitteln nicht mehr von einer generellen Zulassung, sondern von dem Bestehen einer selektivvertraglichen Versorgungsberechtigung[72] ab.

32   Es stehen zwei alternative Vertragsarten zur Verfügung: sog Ausschreibungsverträge nach § 127 Abs. 1 SGB V und sog Beitrittsverträge nach § 127 Abs. 2, 2a SGB V.

33   Krankenkassen, ihre Landesverbände oder Arbeitsgemeinschaften können nach § 127 Abs. 1 SGB V Verträge mit Leistungserbringern oder zu diesem Zweck gebildeten Zusammenschlüssen der Leistungserbringer über die Lieferung einer bestimmten Menge von Hilfsmitteln, die Durchführung einer bestimmten Anzahl von Versorgungen oder die Versorgung für einen bestimmten Zeitraum schließen. Voraussetzung hierfür ist, dass die Verträge zur Gewährleistung einer wirtschaftlichen und in der Qualität gesicherten Versorgung zweckmäßig sind. Die Verträge sind ausweislich des Gesetzeswortlauts im Wege der Ausschreibung abzuschließen.

34   Alternativ besteht nach § 127 Abs. 2 SGB V die Möglichkeit, entsprechende Verträge ausschreibungslos, dh unmittelbar mit den Leistungserbringern zu vereinbaren. Beabsichtigt eine Kasse, einen solchen Vertrag ausschreibungslos abzuschließen, ist das nach § 127 Abs. 2 S. 3 SGB V in geeigneter Weise öffentlich bekannt zu machen. Über den Inhalt eines abgeschlossenen Vertrags sind andere Leistungserbringer auf Nachfrage unverzüglich zu informieren. Diese Informationspflicht ist Grundlage für das diese Verträge charakterisierende Beitrittsrecht nach § 127 Abs. 2a SGB V. Danach können Leistungserbringer diesen Verträgen zu den gleichen Bedingungen als Vertragspartner beitreten, soweit sie nicht aufgrund bestehender Verträge bereits zur Versorgung der Versicherten berechtigt sind.

35   Sollten für ein erforderliches Hilfsmittel keine Verträge der Krankenkasse nach Abs. 1 und 2 mit Leistungserbringern bestehen oder ist durch die Vertragspartner eine Versorgung der Versicherten in einer für sie zumutbaren Weise nicht möglich, besteht für die Krankenkasse nach § 127 Abs. 3 SGB V die Möglichkeit, mit einem Leistungserbringer eine Einzelfallvereinbarung zu treffen. Diese Vertragskategorie spielt in der Praxis jedoch eine lediglich untergeordnete Rolle.

36   Verträge nach § 127 SGB V stellen zudem diejenige Vertragskategorie dar, die aufgrund ihrer tatbestandlichen Voraussetzungen auch zur Versorgung mit Medizinprodukten[73] iSv § 3 Nr. 1 MPG dient. Nach § 3 Nr. 1 MPG sind nahezu alle Hilfsmittel iSv § 33 Abs. 1 SGB V zugleich als Medizinprodukte zu qualifizieren[74].

---

[70] *Gabriel* in Gabriel/Krohn/Neun, VergabeR-HdB, § 78, Fn. 7.
[71] Gesetz zur Stärkung des Wettbewerbs in der gesetzlichen Krankenversicherung (GKV-WSG) v. 26.3.2007, BGBl. I 378.
[72] Dazu BSG Urt. v. 10.3.2010 – B 3 KR 26/08 R.
[73] Zu diesen vgl. → § 5 Rn. 4.
[74] *Lücker* NZS 2007, 401.

VI. Besondere Versorgungsverträge nach § 140a SGB V

Die gesetzlichen Krankenkassen sind schließlich gem. der § 140a SGB V dazu ermächtigt, Verträge über besondere Formen der Versorgung zu schließen. Dazu gehört neben der verschiedene Leistungssektoren übergreifenden oder interdisziplinär fachübergreifenden Versorgung (sog integrierten Versorgung) auch die besondere ambulante ärztliche Versorgung. Als Vertragspartner kommen dabei die in § 140a Abs. 3 S. 1 SGB V abschließend aufgeführten Leistungserbringer in Betracht. Ziel der besonderen Versorgung ist eine Verbesserung von Effizienz und Qualität der medizinischen Versorgung. Hierzu sollen durch den Abschluss entsprechender Verträge mit den Leistungserbringern typische Schnittstellenprobleme wie lange Wartezeiten, Doppeluntersuchungen, Behandlungsdiskontinuitäten und Fehlmedikationen vermieden werden[75]. 37

Als potenzielle Vertragspartner eines besonderen bzw. integrierten Versorgungsvertrags kommen seit Inkrafttreten des AMNOG gem. § 140a Abs. 3 S. 1 Nr. 5 SGB V auch pharmazeutische Unternehmer sowie gem. § 140a Abs. 3 S. 1 Nr. 6 SGB V Medizinproduktehersteller[76] in Betracht. Auch das dient der Verbesserung der Qualität und Wirtschaftlichkeit der medizinischen Versorgung sowie einer zielgerichteten und effizienten Versorgung der Versicherten mit Arzneimitteln und Medizinprodukten[77]. 38

C. Vertragsmodelle

Die Krankenkassen oder ihre Verbände können gem. § 130a Abs. 8 SGB V mit pharmazeutischen Unternehmern Rabatte für die zu ihren Lasten abgegebenen Arzneimittel vereinbaren, um Kostensenkungspotentiale zu realisieren[78]. Nach § 130c Abs. 1 S. 6 SGB V gilt die Vorschrift des § 130a Abs. 8 SGB V entsprechend für Vereinbarungen zwischen Krankenkassen und pharmazeutischen Unternehmern zur Ablösung von Erstattungsvereinbarungen über innovative (patentgeschützte) Präparate iSv § 130c SGB V[79]. 39

Sämtlichen selektiven Arzneimittelrabattverträgen ist gemein, dass sie einen Preisabschlag auf den Abgabepreis des pharmazeutischen Unternehmers (vgl. § 78 AMG) zum Gegenstand haben. Hieran knüpfen in der Praxis die unterschiedlichen individualvertraglichen Gestaltungskonzepte an. Zudem hat der Gesetzgeber mit dem AMNOG sowohl in § 130a Abs. 8 S. 2 SGB V als auch in § 130c Abs. 1 S. 2 SGB V die möglichen Ziele eines selektiven Arzneimittelrabattvertrags näher präzisiert. Diese Regelungen benennen ausdrücklich eine mengenbezogene Staffelung des Preisnachlasses, ein jährliches Umsatzvolumen mit Ausgleich von Mehrerlösen oder eine Erstattung in Abhängigkeit von messbaren Therapieerfolgen exemplarisch als mögliche Vertragsinhalte eines Arzneimittelrabattvertrags[80]. 40

Diese konkreten vertraglichen Gestaltungskonzepte lassen sich anhand der jeweils verfolgten Zwecksetzung in verschiedene Vertragskategorien systematisieren, ohne dass es hierbei indes einen gesetzlich determinierten *numerus clausus* möglicher Vertragstypen gäbe. Es kann typisierend zwischen inputbezogenen, prozessbezogenen und outcomebezogenen Vertragsmodellen unterschieden werden. Die individualvertragliche Gestaltung 41

---

[75] *Dreher/Hoffmann* NZBau 2009, 273 (279); *Goodarzi/Schmid* NZS 2008, 518, (519); *Gabriel* NZS 2007, 344 (345).
[76] Dazu *Heil/Schork* MPR 2011, 10 (11).
[77] BT-Drs. 17/3698, 57.
[78] → Rn. 4.
[79] Dazu ausführlich → § 14 Rn. 52 ff.
[80] *Wolf/Jäkel* PharmR 2011, 1 (3). Vgl. auch *Jaeckel* in Amelung/Eble/Hildebrandt, Innovatives Versorgungsmanagement, 2011, 60.

einer selektiven Versorgungsvereinbarung zwischen einer Krankenkasse und einem Leistungserbringer ist schließlich abhängig von dem jeweiligen konkreten Vertragsgegenstand, dh dem zu beschaffenden Arzneimittel oder Medizinprodukt. Die Gestaltungsfreiheit der kontrahierenden Parteien bezieht sich auf die zu erbringende Leistung des pharmazeutischen Unternehmers und die damit unmittelbar korrespondierende Vergütung.

42   Grundsätzlich sind die verschiedenen Vertragsmodelle auf sämtliche der genannten Arten von Arzneimittelrabattverträgen anwendbar. Die Zweckmäßigkeit des Einsatzes der unterschiedlichen Vertragsmodelle variiert jedoch in Abhängigkeit von dem jeweiligen konkreten Vertragsgegenstand erheblich[81]. Besonderheiten gelten in diesem Zusammenhang insbesondere für Verträge über eine besondere Versorgung. Denn hier sehen bereits die gesetzlichen Rechtsgrundlagen keine Vereinbarungen von Preisabschlägen vor. Die entsprechenden vertraglichen Gestaltungsformen zeichnen sich vielmehr durch eine besondere Vielfältigkeit aus[82], die weder einer Verallgemeinerung noch einer Anwendung der typischen Gestaltungsform von Rabattverträgen zugänglich ist. Aufgrund dessen dürften lediglich outcomebezogene Vertragsmodelle Relevanz für besondere Versorgungsverträge besitzen.

43   Der praktische Stellenwert solcher Vertragsmodelle ist im Vergleich zu der Aufmerksamkeit, die GKV-Selektivverträge in den letzten Jahren in der gesundheits-ökonomischen Literatur auf sich gezogen haben, eher gering. Das liegt insbesondere an der EU/GWB-vergaberechtlichen Ausschreibungspflicht sowie den grundlegenden vergaberechtlichen Prinzipien der Wettbewerblichkeit, Transparenz, Gleichbehandlung und Nichtdiskriminierung, welche die zur Vereinbarung innovativer Vertragskonzepte notwendige privatautonome Gestaltungsfreiheit der gesetzlichen Krankenkassen erheblich einschränken.

I. Inputbezogene Vertragsmodelle

44   Eine erste Typenkategorie selektiver Arzneimittelversorgungsverträge stellen die inputorientierten Verträge dar. Unter Input wird bei diesen Versorgungsverträgen vor allem das vertragsgegenständliche Produkt, dh das Arzneimittel oder Medizinprodukt selbst verstanden[83]. Dementsprechend haben inputorientierte Selektivverträge schwerpunktmäßig den Erwerb konkreter Arzneimittel und/oder Medizinprodukte sowie die zu erbringende Gegenleistung der Krankenkasse zum Gegenstand. Eine besondere Bedeutung hat dabei vor allem der in der überwiegenden Anzahl der rechtlichen Regelungen bereits qua Gesetz vorgesehene Rabatt des pharmazeutischen Unternehmers auf den Abgabepreis des Arzneimittels (ApU).

45   Daher eignet sich eine inputbezogene Vertragsgestaltung vor allem für den Abschluss von Arzneimittelrabattverträgen zur Versorgung mit generischen Pharmazeutika[84]. Denn Versorgungsverträge, die generische Wirkstoffe betreffen, zielen in erster Linie auf die Arzneimittelkosten[85]. Eine Ausnahme gilt jedoch für die Bereiche hochpreisiger, innovativer (oftmals patentgeschützter) Präparate und innovativer Versorgungskonzepte, wie der besonderen Versorgung. Hier können andere Vertragsgestaltungen angezeigt sein, die neben dem Preis insbesondere die Qualität der pharmazeutischen Versorgung bzw. des jeweiligen Therapieprozesses berücksichtigen[86].

---

[81] Dazu jeweils im Folgenden → Rn. 44 ff.
[82] → § 14 Rn. 78 ff.
[83] *Ecker/Preuß* in Ecker/Preuß/Roski, Handbuch Direktverträge, 2008, 27.
[84] *Eble* in Amelung/Eble/Hildebrandt, Innovatives Versorgungsmanagement, 2011, 64.
[85] *Parow/Czerner/Erbe* in Amelung/Eble/Hildebrandt, Innovatives Versorgungsmanagement, 2011, 77.
[86] → Rn. 59 ff.

1. Grundtypus des Rabattvertrags

Grundstein eines jeden selektiven Arzneimittelrabattvertrags ist nach der gesetzlichen Vorgabe des § 130a Abs. 8 SGB V die Gewährung eines zusätzlichen Rabatts auf den regulären ApU des vertragsgegenständlichen Pharmazeutikums durch den Hersteller zugunsten einer gesetzlichen Krankenkasse im Rahmen eines Rabattvertrags. Aufgrund der vergleichsweise einfachen rechtlichen Ausgestaltung eignet sich der Grundtypus der Rabattverträge insbesondere zur Versorgung mit chemisch-synthetischen Generika[87].

Die neben der Gewährung eines Rabatts zulässigen Vertragsgegenstände richten sich nach der jeweiligen Rechtsgrundlage. Hinsichtlich des Umfangs eines Rabattvertrags bestehen grundsätzlich keine Beschränkungen. Demzufolge können Arzneimittelrabattverträge sowohl einzelne Wirkstoffe als auch indikationsbezogene Produktportfolien der pharmazeutischen Hersteller oder den gesamten Arzneimittelbedarf einer jeweiligen Krankenkasse zum Gegenstand haben.

Aufgrund der spezifischen sozialrechtlichen Leistungsbeziehungen bei der Arzneimittelversorgung in der GKV findet zwischen den Vertragspartnern eines selektiven Arzneimittelrabattvertrags kein unmittelbarer Sach- und Geldaustausch statt. Vielmehr besteht der unternehmerseitig gegenüber der Krankenkasse vertraglich eingeräumte Rabatt auf den ApU in der Praxis in einer selbstständigen Rückvergütungspflicht des pharmazeutischen Unternehmers gegenüber der Krankenkasse[88].

Bezüglich der Rabattgewährung haben sich in der Praxis im Wesentlichen zwei verschiedene vertragliche Gestaltungsmodelle beim Abschluss von selektiven Generikarabattverträgen herausgebildet. Sie knüpfen jeweils auf unterschiedliche Weise an das Merkmal „Preis" an. Im Rahmen des ersten Modells räumt der pharmazeutische Unternehmer der vertragsbeteiligten Krankenkasse einen festen rabattierten Abgabepreis (sog Rabatt-ApU) ein. Der Rabatt-ApU gilt für alle im Handel befindlichen Darreichungsformen, Packungsgrößen und Wirkstärken zu einem mittels Pharmazentralnummer (PZN) gekennzeichneten Wirkstoff und ist während der gesamten Vertragslaufzeit gültig. Bei dem zweiten Modell wird ein fester Rabattsatz während der Vertragslaufzeit bei variabel bleibendem Abgabepreis des pharmazeutischen Unternehmers nachgefragt.

2. Staffelrabattvertrag

Eine bereits im Wortlaut des § 130a Abs. 8 SGB V sowie in § 130c Abs. 1 S. 2 SGB V exemplarisch aufgeführte Variante des Rabattvertrags ist der Staffelrabattvertrag[89]. Gegenstand eines Staffelrabattvertrags ist die Vereinbarung einer Staffelung der Rabatthöhe in Abhängigkeit der tatsächlich zu Lasten der vertragsbeteiligten Krankenkasse abgegebenen Menge des vertragsgegenständlichen Arzneimittels.

Der Abschluss eines Staffelrabattvertrags eignet sich vor allem in Fällen, in denen deutliche Prognoserisiken hinsichtlich der tatsächlichen Umsetzung eines Arzneimittelrabattvertrags bestehen. Denn in der Praxis finden sich vielfältige Konstellationen, in denen aus tatsächlichen oder rechtlichen Gründen die Absatzmenge eines rabattvertragsgegenständlichen Arzneimittels nicht mit hinreichender Sicherheit prognostiziert werden kann[90]. Das liegt unter anderem daran, dass die vertragsbeteiligten Krankenkassen aufgrund der spezifischen sozialrechtlichen Versorgungsstrukturen lediglich in begrenztem

---

[87] Mit Inkrafttreten des AMVSG ist die Möglichkeit zum Abschluss von Zytostatikarabattverträgen zwischen Krankenkassen und Apotheken entfallen. Bestehende Verträge werden mit Ablauf des 31.8.2017 unwirksam, vgl. § 129 Abs. 5 S. 4 SGB V.
[88] *Stolz/Kraus* VergabeR 2008, 1 (3); *Dreher/Hoffmann* NZBau 2009, 273 (275); *Wolf/Jäkel* PharmR 2011, 1 (2).
[89] Zu den spezifischen vergaberechtlichen Folgeprobleme solcher Rabattstaffeln → § 14 Rn. 221.
[90] → § 14 Rn. 99.

Maße Einfluss auf die tatsächliche Umsetzung des Rabattvertrags haben, dh ob die letztlich ärztlich verordneten und vom Apotheker abgegebenen Präparate auch wirklich denjenigen des Rabattvertrags entsprechen. Zudem ist es der Arzneimittelnachfrage wesensimmanent, dass sich diese nach der allgemeinen Morbidität, dem Auftreten von Pandemien und weiteren externen Faktoren richtet[91]. Gerade bei Rabattverträgen, die auf die Vereinbarung eines Abschlags auf den ApU abzielen, stellt die Kenntnis über die Menge der im Rahmen eines solchen Vertrags abzugebenden, rabattierten Arzneimittel jedoch eine essentielle Komponente dar, um einen wirtschaftlichen Rabattsatz kalkulieren zu können[92]. Diesem Umstand kann durch die Vereinbarung von Rabattstaffeln Rechnung getragen werden.

3. Budget-/Capitation-Vertrag

52 Sogenannte Budget- oder Capitation-Verträge stellen eine Möglichkeit der Strukturierung von Direktverträgen zwischen gesetzlichen Krankenkassen und pharmazeutischen Unternehmern dar. Mithilfe von Budget- oder Capitation-Verträgen kann die Versorgung der Versicherten mit Arzneimitteln und Medizinprodukten an gegenwärtige und bereits prognostizierbare zukünftige Herausforderungen angepasst werden. Das erfolgt, indem dergestalt Anreize gesetzt werden, dass die Gesundheit eines Patienten (und eben nicht dessen Krankheit) einen wirtschaftlichen Ertrag generiert[93].

53 Innerhalb eines Budget-/Capitation-Vertrags wird die Höhe der kassenseitig aufzuwendenden Arzneimittelkosten prospektiv festgelegt[94]. Hierzu wird eine Budget-Obergrenze für die anfallenden Medikationskosten entweder pro behandelten Patienten oder für alle behandelten Patienten abhängig von einer konkreten medizinischen Indikation oder indikationsunabhängig im Rabattvertrag vereinbart[95]. Der pharmazeutische Unternehmer erhält von der Krankenkasse lediglich den vereinbarten Pauschalbetrag, unabhängig von der tatsächlichen Menge verordneter Arzneimittel. Liegen die tatsächlichen Arzneimittelkosten über der vorab vereinbarten Budget-Obergrenze, bilden die darüber liegende Kosten den Rabatt des pharmazeutischen Unternehmers. Der Rabatt verbleibt dann bei der kostentragenden Krankenkasse.

54 Der Vorteil von Budget- oder Capitation-Verträgen für die Krankenkassen ist insbesondere, dass sie die Arzneimittelkosten während der Vertragslaufzeit besser vorhersehen und damit budgetieren können. Das gilt vor allem für solche medizinischen Indikationsbereiche, in denen der Umfang der therapeutisch erforderlichen Pharmazeutika variiert. Aufgrund der damit verbundenen Planungssicherheit bieten sich Capitation-Verträge daher besonders für Konzepte zur integrierten Versorgung an[96].

55 Für vertragsbeteiligte pharmazeutische Unternehmer wiederum schafft eine solche Vertragsgestaltung Anreize, möglichst effektive Präparate in den Vertrag einzustellen bzw. eine möglichst effektive Medikation, etwa durch ausführliche und spezifische Anwendungshinweise, anzustreben.

---

[91] Entsprechende Probleme resultieren bei der Beteiligung mehrerer Vertragspartner auf Auftragnehmerseite. Zur vergabe- und sozialrechtlichen Beurteilung solcher Mehr-Partner-Rabattverträge vgl. *Gabriel* VergabeR 2012, 490 sowie → § 14 Rn. 236.

[92] VK Bund Beschl. v. 8.6.2011 – VK 2–58/11; VK Bund Beschl. v. 19.5.2009 – VK 2–15/09; VK Bund Beschl. v. 3.7.2009 – VK 1–107/09.

[93] *Amelung* in Amelung/Eble/Hildebrandt, Innovatives Versorgungsmanagement, 2011, 7.

[94] *Ecker/Preuß* in Ecker/Preuß/Roski (Hrsg.), Handbuch Direktverträge, 2008, 38; *Ecker/Hußmann* PharmR 2011, 389 (391).

[95] *Ecker/Preuß* in Ecker/Preuß/Roski (Hrsg.), Handbuch Direktverträge, 2008, 39 f.

[96] *Ecker/Preuß* in Ecker/Preuß/Roski (Hrsg.), Handbuch Direktverträge, 2008, 43.

4. Cost-Sharing-Vertrag

Eine ebenfalls im Wortlaut von § 130a Abs. 8 S. 2 SGB V und § 130c Abs. 1 S. 2 SGB V exemplarisch aufgeführte Variante des Rabattvertrags ist der sog Cost-Sharing-Vertrag. Hierbei wird ein jährliches Umsatzvolumen bei gleichzeitigem Ausgleich von Mehrerlösen vereinbart. 56

Kennzeichnend für den Cost-Sharing-Vertrag ist, dass für ein vertragsgegenständliches Arzneimittel ein Rabatt unter der aufschiebenden Bedingung des Erreichens einer vertraglich festgelegten Umsatzschwelle vereinbart wird. Innerhalb des so vorab vereinbarten Umsatzvolumens erfolgt keine Rabattierung. Sollte der tatsächliche jährliche Umsatz eines vertragsgegenständlichen Arzneimittels das vereinbarte Umsatzvolumen aber überschreiten, werden Rabattzahlungen des pharmazeutischen Herstellers an die Krankenkasse fällig. Die Rabatthöhe steigt, je weiter der Arzneimittelumsatz die vereinbarte Umsatzschwelle überschreitet[97]. 57

Der Vorteil von Cost-Sharing Verträgen für pharmazeutische Unternehmer besteht darin, dass sie hierdurch für die vertragsbeteiligten Krankenkassen Anreize setzen, durch Einwirkung auf Ärzte und Apotheker eine effektive Umsetzung des Rabattvertrags zu veranlassen. Denn je effektiver der Vertrag in der Praxis umgesetzt wird, desto höher sind die kassenseitigen Kosteneinsparungen, die durch die Rabattierung des ApU generiert werden können. 58

II. Prozessbezogene Vertragsmodelle

Prozessbezogene Vertragsmodelle zielen vornehmlich auf eine Verbesserung des Behandlungsprozesses ab. Hierzu steht nicht allein ein Arzneimittel im Zentrum des Versorgungsvertrags, sondern es werden zumindest auch die dessen Einsatz flankierenden Behandlungsprozesse berücksichtigt[98]. Das Modell knüpft daran an, dass ein effektiver Medikamenteneinsatz nicht nur die Behandlungsqualität erhöht, sondern vor allem auch zu Kosteneinsparungen für die Krankenkassen führt. 59

Grundsätzlich sind pharmazeutische Unternehmer nur selten an prozessorientierten Versorgungsverträgen beteiligt, da sie kaum Einfluss auf den tatsächlichen Einsatz ihrer Produkte haben[99]. Die Entscheidung über den Einsatz obliegt ausschließlich den Leistungserbringern der GKV, dh den Ärzten und Apothekern. 60

Im Einzelfall kann eine Einbindung pharmazeutischer Unternehmer jedoch durch einen Arzneimittelversorgungsvertrag erfolgen. Hierbei verpflichtet sich der pharmazeutische Unternehmer dazu, bestimmte Prozessvorgaben für die Leistungserbringer zu erarbeiten. Denkbar sind bspw. Leitlinien über eine stufenschemagerechte Verschreibung, die optimale Co-Medikation, die complianceoptimale Darreichungsform oder die dem Schweregrad angepasste Wirkstoffdosis[100]. Darüber hinaus kann der Behandlungsprozess dadurch verbessert werden, dass neben dem Medikament an sich zusätzliche medizinische Produkte wie Applikationshilfen oder medizinische Servicedienstleistungen des pharmazeutischen Unternehmers zum Gegenstand eines Versorgungsvertrages gemacht werden. Als solche kommt bspw. der gezielte Einsatz von Casemanagern oder das gezielte Coaching von Patienten in Betracht[101]. 61

Vertraglich definierte Qualitätsindikatoren in Form konkreter Verhaltensvorgaben für die Leistungserbringer bieten sich darüber hinaus für Verträge zur besonderen Versorgung nach § 140a SGB V oder Verträge zur hausärztlichen Versorgung nach § 73b 62

---

[97] *Ecker/Preuß* in Ecker/Preuß/Roski (Hrsg.), Handbuch Direktverträge, 2008, 31.
[98] *Ecker/Hußmann* PharmR 2011, 389 (391).
[99] *Ecker/Preuß* in Ecker/Preuß/Roski (Hrsg.), Handbuch Direktverträge, 2008, 31, 47.
[100] *Ecker/Hußmann* PharmR 2011, 389 (392).
[101] *Ecker/Preuß* in Ecker/Preuß/Roski (Hrsg.), Handbuch Direktverträge, 2008, 48.

SGB V an. Dabei werden die Verhaltensvorgaben in Zusammenarbeit mit pharmazeutischen Unternehmern erarbeitet. Denkbar ist es bspw., ein Zusatzhonorar für die Leistungserbringer zu vereinbaren, das an die Einhaltung vorgegebener Verfahren geknüpft ist[102]. Wird eine solche vertragliche Gestaltung gewählt, handelt es sich um einen sog. „pay-for-performance-Vertrag". Teilweise werden diese vertraglichen Gestaltungsoptionen auch dazu genutzt, das Verordnungsverhalten der teilnehmenden Ärzte auf bestimmte Präparate zu lenken[103].

III. Outcomebezogene Vertragsmodelle

63 Outcomebezogene Verträge stellen die komplexeste Vertragsgestaltung dar. Bei diesem Modell bemisst sich die Vergütung vertragsbeteiligter pharmazeutischer Unternehmer abhängig von dem Medikationsergebnis. Outcomebezogene Vertragsgestaltungen sind ausdrücklich in § 130a Abs. 8 S. 2 Var. 3 SGB V und § 130c Abs. 1 S. 2 Var. 3 SGB V vorgesehen.

64 Sogenannte Risk-Share-Verträge sind eine Variante des outcomebezogenen Vertragsmodells. Mit ihnen soll das wirtschaftliche Risiko der Krankenkasse dafür, dass ein innovatives und oftmals kostspieliges Präparat tatsächlich den vom Hersteller angeführten relativen zusätzlichen Nutzen aufweist, zwischen der Krankenkasse und dem pharmazeutischen Unternehmern aufgeteilt werden. Hierzu wird gerade der relative (Zusatz-) Nutzen eines Arzneimittels zum Gegenstand eines selektiven Arzneimittelversorgungsvertrags gemacht[104]. Das erfolgt, indem vertraglich ein Abschlag auf den ApU des von der Krankenkasse zu erstattenden Arzneimittels vereinbart wird. Der Abschlag wird fällig, sofern das vertragsgegenständliche Präparat in der Praxis nicht den prognostizierten Nutzen aufweist[105]. Für den entgegengesetzten Fall, dass sich durch den Nutzen des Arzneimittels zusätzliche Folgekosten der Krankenkassen verringern, ist die Vereinbarung einer zusätzlichen Sonderzahlung an den pharmazeutischen Hersteller möglich[106].

65 Eine solche Vertragsgestaltung erscheint für Erstattungspreisvereinbarungen nach § 130c SGB V als besonders geeignet. Das dürfte vor allem bei solchen Präparaten gelten, bei denen aufgrund fehlender Daten zum Zeitpunkt der Nutzenbewertung ein bestimmter Patientennutzen nicht zweifelsfrei nachgewiesen werden kann[107].

66 Die praktische Umsetzung von Risk-Share-Verträgen kann sich allerdings insbesondere aus datenschutzrechtlichen Gründen als problematisch erweisen. Soweit die Vergütung eines pharmazeutischen Unternehmers von einem tatsächlich feststellbaren Nutzen eines Arzneimittels abhängt, besteht von Seiten des Herstellers ein berechtigtes Interesse daran, die Nutzenergebnisse zu kontrollieren. Das Interesse steht indes grundsätzlich im Widerspruch zu den Anforderungen zum Schutz der Patientendaten gem. § 305 SGB V[108].

§ 14 Ausschreibung von Verträgen in der GKV

Schrifttum: *Anders/Knöbl*, Arzneimittelrabattverträge mit mehreren pharmazeutischen Unternehmen – Verläuft die Schnittstelle von Sozial- und Vergaberecht durch die Apotheke?, PharmR 2009, 607;

---

[102] *Ecker/Preuß* in Ecker/Preuß/Roski (Hrsg.), Handbuch Direktverträge, 2008, 45.
[103] Dass diese Steuerungsmechanismen teilweise den Beschlüssen des GBA zuwiderlaufen, zeigen *Sauer/Beck* A&R 2016, 158 ff.
[104] *Ecker/Preuß* in Ecker/Preuß/Roski (Hrsg.), Handbuch Direktverträge, 2008, 49.
[105] *Pelzer/Klein* in Fuhrmann/Klein/Fleischfresser, Arzneimittelrecht, § 46 Rn. 142.
[106] *Ecker/Preuß* in Ecker/Preuß/Roski (Hrsg.), Handbuch Direktverträge, 2008, 49.
[107] *Ecker/Hußmann* PharmR 2011, 389 (392).
[108] *Ecker/Preuß* in Ecker/Preuß/Roski (Hrsg.), Handbuch Direktverträge, 2008, 52.

Boldt, Rabattverträge – Sind Rahmenvereinbarungen zwischen Krankenkasse und mehreren pharmazeutischen Unternehmen unzulässig?, PharmR 2009, 377; *Boldt*, Müssen gesetzliche Krankenkassen das Vergaberecht beachten?, NJW 2005, 3757; *Böhnke/Jürschik*, Austauschbarkeit von Biopharmazeutika, PharmR 2015, 215; *Burgi*, Hilfsmittelverträge und Arzneimittel-Rabattverträge als öffentliche Lieferaufträge, NZBau 2008, 480; *Burgi/Dreher*, Beck'scher Vergaberechtskommentar: Vergaberecht, GWB 4. Teil, 2017; *Conrad*, Drohende Patentverletzung als Eignungsmangel: Zur Ausschreibung von Verträgen nach § 130a Abs. 8 SGB V bei indikationsbezogenem Patentschutz, NZS 2016, 687; *Csaki*, Vergaberecht im Gesundheitswesen, 2015; *Csaki*, Vergaberechtsfreiheit von Zulassungsverfahren?, NZBau 2012, 350; *Csaki/Münnich*, Auswirkungen der Neuregelung des § 130a Abs. 8 S. 8 SGB V auf bestehende Arzneimittelrabattverträge, PharmR 2013, 159; *Dettling/Kieser/Ulshöfer*, Zytostatikaversorgung nach der AMG-Novelle, PharmR 2009, 421; *Dierks*, Ähnlich aber nicht gleich – Rechtliche Aspekte biotechnologischer Nachfolgepräparate, NJOZ 2013, 1; *Dreher/Hoffmann*, Der Auftragsbegriff nach § 99 GWB und die Tätigkeit der gesetzlichen Krankenkassen, NZBau 2009, 273; *Ecker/Hußmann*, Verträge nach § 130c SGB V – eine frühe Nutzenbewertung, PharmR 2011, 389; *Esch/Feldmann*, Die geplanten Neuregelungen zur ambulanten Zytostatikaversorgung im GKV-Arzneimittelversorgungsgesetz, PharmR 2017, 1; *Gabriel/Burholt* First come first served? – Open-House Rabattverträge für „substitutionsschwache" Generika-Arzneimittel aus vergabe- und kartellrechtlicher Sicht, PharmR 2017, 323; *Gabriel/Krohn/Neun* (Hrsg.), Handbuch des Vergaberechts, Kapitel 14 – Auftragsvergaben im Bereich der gesetzlichen Krankenversicherungen: Krankenkassenausschreibungen (SGB V), 2017; *Gabriel*, in: Stief/Bromm (Hrsg.), Vertragshandbuch Pharma und Life Sciences, Kapitel VII – Formulare bei Ausschreibungen, 2015; *Gabriel/Wilkinson*, Die Versorgung mit (Grippe-)Impfstoffen durch Ausschreibung von Rabattvereinbarungen, A&R 2014; *Gabriel/Schulz*, Nochmals: Die (Un-)Wirksamkeit nicht ausgeschriebener Rabattvereinbarungen nach der 16. AMG-Novelle – Generische, innovativ-patentgeschützte bzw. biologische Arzneimittel, NZBau 2013, 273; *Gabriel*, Die vergaberechtliche Preisprüfung auf dritter Angebotswertungsstufe und die (Un-)Zulässigkeit von sog. Unterkostenangeboten, VergabeR 2013, 300; *Gabriel*, Krankenkassenausschreibungen nach dem Arzneimittelmarktneuordnungsgesetz (AMNOG), VergabeR 2011, 372; *Gabriel*, Vom Festbetrag zum Rabatt: Gilt die Ausschreibungspflicht von Rabattverträgen auch im innovativen Bereich patentgeschützter Arzneimittel?, NZS 2008, 455; *Gabriel/Kaufmann*, Zum Spezialitätsverhältnis zwischen Erstattungsvereinbarungen nach § 130c SGB V und Arzneimittelrabattverträgen nach § 130a SGB V, PharmR 2014, 553; *Gabriel/Weiner*, Arzneimittelrabattvertragsausschreibungen im generischen und patentgeschützten Bereich: Überblick über den aktuellen Streitstand, NZS 2009, 422; *Gabriel/Weiner*, Kollateralproblem Prozesskosten: Kostenphänomene, Klarstellungen und Korrekturbedarf bei Krankenkassenausschreibungen, NZS 2010, 423; *Gaßner*, Sind gemeinsame Informationen von Gesetzlichen Krankenkassen und pharmazeutischen Unternehmern über Rabattverträge gem. § 130a Abs. 8 SGB V zulässig?, NZS 2016, 921; *Gaßner/Strömer*, Mutiges Querdenken oder Abschied von der klassischen Subsumtion? – Der „Open-house"-Beschl. des OLG Düsseldorf vom 13. August 2014 – VII-Verg 13/14 –, NZS 2014, 811; *Gaßner/Strömer*, Arzneimittelrabattverträge als Allgemeine Geschäftsbedingungen, PharmR 2015, 41; *Hansen/Heilig*, Beschaffung von Arzneimitteln durch die Krankenkassen im vergaberechtsfreien Zulassungsverfahren, NZS 2017, 290; *Hattenhauer/Wilke*, Vergaberecht im Gesundheitswesen – Zur Behandlung der Auswahlentscheidung für das Vorliegen eines öffentlichen Auftrags, ZfBR 2014, 662; *Kaeding*, Ausschreibungspflicht der gesetzlichen Krankenkasse oberhalb der Schwellenwerte, PharmR 2007, 239; *Kaltenborn*, Der kartellvergaberechtliche Auftragsbegriff im Vertragswettbewerb des SGB V, GesR 2011, 1; *Kamann/Gey*, Die Rabattvertragsstreitigkeiten der „zweiten Generation" – Aktuelle Fragen nach dem GKV-OrgWG, PharmR 2009, 114; *Kaufmann*, Zentrale sozialrechtliche Weichenstellungen durch das AMNOG, PharmR 2011, 223; *Kulartz/Kus/Portz/Prieß*: Kommentar zum GWB-Vergaberecht, 4. Auflage 2016; *Kulartz/Kus/Marx/Portz/Prieß*: Kommentar zur VgV, 1. Auflage 2016; *Lietz/Natz*, Vergabe- und kartellrechtliche Vorgaben für Rabattverträge über patentgeschützte Arzneimittel, A&R 2009, 3; *Luthe*, Erstattungsvereinbarungen mit pharmazeutischen Unternehmen, PharmR 2011, 193; *Meyer-Hofmann/Wenig*, Rabattverträge mit mehreren pharmazeutischen Unternehmen – Wettbewerbsprinzip und sozialrechtliche Notwendigkeit, PharmR 2010, 324; *Müller-Wrede*, GWB Vergaberecht Kommentar, 2016; *Neises/Clobes/Palsherm*, Das Gesetz zur Änderung arzneimittelrechtlicher Vorschriften und seine Folgen für die Vergütung von Fertigarzneimitteln in parenteralen Zubereitungen, PharmR 2009, 506; *Neun* Vergaberechtsfreiheit des „Open-House-Models" – Zulassungssysteme ohne Bieterauswahl, NZBau 2016, 681; *Otting*, Das Vergaberecht als Ordnungsrahmen in der Gesundheitswirtschaft zwischen GWB und SGB V, NZBau 2010, 734; *Röbke*, Besteht eine vergaberechtliche Ausschreibungspflicht für Rabattverträge nach § 130a VIII SGB V?, NVwZ 2008, 726; *Röbke*, Hilfsmittel- und Arzneimittelrabattverträge im Spannungsfeld zwischen GWB und dem Recht der GKV, NZBau 2010,

346; *Sauer/Beck,* Arzneimittelsteuerungsinstrumente in der gesetzlichen Krankenversicherung auf regionaler und selsktivvertraglicher Ebene, A&R 2016, 158; *Schickert,* Rabattverträge für patentgeschützte Arzneimittel im Sozial- und Vergaberecht, PharmR 2009, 164; *Schickert,* Schnelle Nutzenbewertung und Preisverhandlungen nach dem AMNOG – Gefahren für Originalhersteller durch den Parallelimport, PharmR 2013, 152; *Steiff/Sdunzig,* Der Eintritt der Unwirksamkeit direkt geschlossener Arzneimittelrabattverträge, NZBau 2013, 203; *Stolz/Kraus,* Sind Rabattverträge zwischen gesetzlichen Krankenkassen und pharmazeutischen Unternehmern öffentliche Aufträge nach § 99 GWB?, VergabeR 2008, 1; *Willenbruch/Bischoff,* Vergaberechtliche Anforderungen nach dem Gesetz gegen Wettbewerbsbeschränkungen GWB an den Abschluss von Rabattverträgen/Direktverträgen zwischen gesetzlichen Krankenkassen und Pharmaunternehmen gem. § 130a Abs. 8 SGB V, PharmR 2005, 477; *Wolf/Jäkel,* Änderungen bei Rabattverträgen durch das AMNOG, PharmR 2011, 1.

A. Die Anwendung des Vergaberechts auf Versorgungsverträge der GKV

1   Der Abschluss von Selektivverträgen zwischen gesetzlichen Krankenkassen und pharmazeutischen Unternehmern, Apotheken, Herstellerunternehmen von Medizinprodukten oder anderen Leistungserbringern zur Deckung des Versorgungsbedarfs der Krankenkassen an Arzneimitteln, Hilfsmitteln, Dienstleistungen, etc. ist im Regelfall mit der Auswahl eines entsprechenden Vertragspartners verbunden. Diesbezüglich stellt sich die Frage, nach welchen rechtlichen Vorgaben sich diese Auswahlentscheidung der Krankenkasse zwischen den potentiellen Selektivvertragspartnern zu richten hat.

2   Hierfür gibt das (EU/GWB)Vergaberecht[109] einen tauglichen und europarechtlich verbindlichen Rechtsrahmen vor. Innerhalb dieses Rahmens werden die Auswahl unter den potenziellen Vertragspartnern und der entsprechende Abschluss von Direktverträgen rechtsförmig gestaltet und strukturiert[110]. Dabei ist unter dem Begriff des Vergaberechts grundsätzlich ganz allgemein die Gesamtheit der Normen zu verstehen, die ein Träger öffentlicher Verwaltung bei der Beschaffung von sachlichen Mitteln und Leistungen, die er zur Erfüllung von Verwaltungsaufgaben benötigt, zu beachten hat[111].

I. Systematik der vergaberechtlichen Vorschriften

3   Die konkrete Ausgestaltung des Ausschreibungsverfahrens im Bereich der GKV bemisst sich insbesondere nach dem Auftragswert der zu vergebenden Leistung. Denn entsprechend den europäischen Vorgaben ist das deutsche Vergaberecht zweigeteilt und unterscheidet zwischen Aufträgen, die unterhalb eines bestimmten Schwellenwerts liegen und solchen, die den Schwellenwert erreichen oder überschreiten[112].

4   Unterhalb der Schwellenwerte gelten lediglich nationale Bestimmungen. Sie werden in Deutschland auch als „Haushaltsvergaberecht" bezeichnet. Daneben greifen die Vorgaben des europäischen Primärrechts, insbesondere die europäischen Grundfreiheiten und die allgemeinen Grundsätze des Unionsrechts. Hierbei handelt es sich um die Warenverkehrsfreiheit (Art. 28 AEUV), die Niederlassungsfreiheit (Art. 49 AEUV), die Dienstleistungsfreiheit (Art. 56 AEUV) und die Grundsätze der Nichtdiskriminierung, der

---

[109] Dazu sogleich → Rn. 9 ff.
[110] *Burgi* NZBau 2008, 480 (481).
[111] BVerfG Beschl. v. 13.6.2006 – 1 BvR 1160/03, VergabeR 2006, 871 (872).
[112] Die EU-Schwellenwerte betragen für Liefer- und Dienstleistungsaufträge 221.000 EUR. Ausnahmen gelten für Liefer- und Dienstleistungsaufträge der obersten Bundesbehörden (144.000 EUR) und für Aufträge der Sektorenauftraggeber (443.000 EUR). Ob die Schwellenwerte erreicht werden, richtet sich nach dem gesamten Auftragswert (einschließlich etwaiger Verlängerungsoptionen) ohne Umsatzsteuer.

Gleichbehandlung, der Transparenz und der Verhältnismäßigkeit sowie der gegenseitigen Anerkennung[113].

Das koordinierte europäische Vergaberecht findet hingegen immer dann Anwendung, wenn der Auftragswert die Schwellenwerte der europäischen Richtlinien erreicht oder überschreitet[114]. Es setzt sich in erster Linie aus Regelungen zusammen, die sich aus europäischem Sekundärrecht, insbesondere der Vergaberichtlinie 2014/24/EU[115] (VRL), der Sektorenrichtlinie 2014/25/EU[116] (SRL) und der Konzessionsrichtlinie (KRL)[117] 2014/23/EU ergeben.

1. Nationales Haushaltsvergaberecht

Bei den nationalen vergaberechtlichen Regelungen in Deutschland handelt es sich traditionell um einen Teil des Haushaltsrechts. Es dient gem. § 6 Abs. 1 HGrG dem Zweck einer möglichst wirtschaftlichen Verwendung öffentlicher Haushaltsmittel. Das Haushaltsvergaberecht bindet als staatliches Binnenrecht die Verwaltung lediglich intern, entfaltet also keine Außenwirkung. Als solches verleiht es Bietern und Bewerbern als potenziellen Auftragnehmern, keine subjektiven, justiziablen Rechte.

Bei der Deckung seines Beschaffungsbedarfs im Unterschwellenbereich hat der öffentliche Auftraggeber aufgrund der haushaltsrechtlichen Grundsätze der Wirtschaftlichkeit und Sparsamkeit grundsätzlich eine förmliche öffentliche Ausschreibung des jeweiligen Auftrags durchzuführen. Eine Pflicht zur öffentliche Ausschreibung eines Auftrags ergibt sich vor allem aus § 30 HGrG, § 55 BHO und den entsprechenden Landeshaushaltsordnungen und Gemeindehaushaltsverordnungen. Die dabei anwendbaren Verfahrensvorgaben folgen aus den ersten Abschnitten der Vergabe- und Vertragsordnungen VOB/A[118] und UVgO[119].

Eine Ausschreibungspflicht der gesetzlichen Krankenkassen als öffentliche Auftraggeber besteht gem. § 22 Abs. 1 der Verordnung über das Haushaltswesen in der gesetzlichen Sozialversicherung vom 30.12.1977[120] (SVHV). Sie betrifft jedoch nur Beschaffungen, die nicht der Erbringung gesetzlicher oder satzungsmäßiger Versicherungsleistungen dienen, sondern allgemein im Zusammenhang mit der Verwaltung einer gesetzlichen Krankenversicherung als Sozialversicherungsträger stehen[121]. Aufgrund dessen haben lediglich die ab Erreichen der Schwellenwerte anwendbaren EU/GWB-vergaberechtlichen Vorschriften Relevanz für den Abschluss selektiver GKV-Versorgungsverträge.

---

[113] Dazu ausführlich *Noch* Vergaberecht kompakt, 30 ff.; *Gabriel* in: Gabriel/Krohn/Neun, VergabeR-HdB, Kapitel 14.
[114] Dazu ausführlich → Rn. 83 ff.
[115] RL 2014/24/EU des Europäischen Parlaments und des Rates v. 26.2.2014 über die öffentliche Auftragsvergabe und zur Aufhebung der RL 2004/18/EG, ABl. EU L 94/65, v. 28.3.2014.
[116] RL 2014/25/EU des Europäischen Parlaments und des Rates v. 26.2.2014 über die Vergabe von Aufträgen durch Auftraggeber im Bereich der Wasser-, Energie-, und Verkehrsversorgung sowie der Postdienste und zur Aufhebung der RL 2004/17/EG, ABl. EU L 94/243 v. 28.3.2014.
[117] RL 2014/23/EU des Europäischen Parlaments und des Rates v. 26.2.2014 über die Konzessionsvergabe, ABl. EU L 94/1, v. 28.3.2014.
[118] Vergabe- und Vertragsordnung für Bauleistungen – Teil A, v. 7.1.2016, BAnz AT 19.1.2016, B 3, 3.
[119] Verfahrensordnung für die Vergabe öffentlicher Liefer- und Dienstleistungsaufträge unterhalb der EU-Schwellenwerte, v. 2.2.2017, BAnz AT 7.2.2017, B1.
[120] BGBl. I, 3147, geändert durch die erste Verordnung zur Änderung der Verordnung über das Haushaltswesen in der Sozialversicherung (1. SVHV-ÄndV) v. 30.10.2000, BGBl. I, 1485.
[121] *Koenig/Busch* NZS 2003, 461 (466 f.); *Esch* MPR 2009, 149 (154); *Goodarzi/Schmid* NZS 2008, 518 (520); *Gabriel* NZS 2007, 344 (345).

2. EU/GWB-Vergaberecht

9   Die ab dem Erreichen oder Überschreiten der Schwellenwerte anwendbaren europäischen Vergaberichtlinien wurden vom deutschen Gesetzgeber in Teil 4 des GWB, der VgV[122], der SektVO[123], der KonzVgV[124] und der VSVgV[125] sowie dem 2. Abschnitt der VOB/A in nationales Recht umgesetzt.

10 **a) Funktionale Ausrichtung.** Die Anwendung strukturierter und formalisierter Vergabeverfahren auf Beschaffungsvorgänge der öffentlichen Hand dient der möglichst wirtschaftlichen Mittelbeschaffung des Staates sowie der Verwirklichung eines (Vergabe-)Binnenmarkts[126].

11 Intention der europäischen Vergaberichtlinien ist es, bei der Vergabe öffentlicher Aufträge einen EU-weiten Wettbewerb zu eröffnen. So soll erreicht werden, dass öffentliche Auftraggeber möglichst wie private Akteure am Markt auftreten[127]. Die europarechtlich vorgegebenen vergaberechtlichen Bestimmungen zeichnen sich daneben vor allem durch die Gewährung justiziabler subjektiver Rechte für die Bieter und Bewerber gem. § 97 Abs. 6 GWB aus.

12 **b) Regelungssystematik des „Kaskadensystems".** Die EU/GWB-vergaberechtlichen Regelungen werden aufgrund ihrer Regelungssystematik oftmals verbildlicht als sog Kaskadensystem bezeichnet, denn die vergaberechtlichen Vorschriften erstrecken sich über mehrere normhierarchische Ebenen, die sich gleichzeitig in die Breite verzweigen.

13 Gesetzlicher Ausgangspunkt dieses Systems sind die §§ 97 ff. GWB. Sie beinhalten wesentliche vergaberechtliche Regelungen, die allgemein anwendbar sind und zudem in den §§ 155 ff. GWB ein spezielles vergaberechtliches Rechtsschutzverfahren[128]. Gem. § 113 GWB wird die Bundesregierung ermächtigt, durch den Erlass von Rechtsverordnungen nähere Bestimmungen über die bei der Auftragsvergabe einzuhaltenden Verfahren zu treffen. Auf dieser Ermächtigung beruhen die VgV, die SektVO, die KonzVgV und die VSVgV. Für die Vergabe von Bauaufträgen ist gem. § 2 VgV ergänzend Abschnitt 2 der VOB/A anzuwenden. Für die Vergabe öffentlicher Aufträge der gesetzlichen Krankenkassen zur Beschaffung von Arzneimitteln und Medizinprodukten kommt in der Regel lediglich die VgV zur Anwendung, die insbesondere nähere Bestimmungen für die Vergabe von Liefer- und Dienstleistungsaufträgen enthält.

14 Hinsichtlich der anwendbaren vergaberechtlichen Regelungen ist bei Dienstleistungsaufträge im Gesundheitsbereich allerdings gem. § 130 GWB zu differenzieren. Bei der Vergabe von Aufträgen über soziale und andere besondere Dienstleistungen gelten gem. § 130 GWB, §§ 64 ff. VgV erleichterte vergaberechtliche Vorgaben. Die sozialen und anderen besonderen Dienstleistungen sind in Anhang XIV der VRL unter Bezugnahme auf bestimmte CPV-Kategorien[129] abschließend aufgelistet. Anders als bei der Vergabe öffentlicher Dienstleistungsaufträge nach § 14 VgV vorgesehen, dürfen öffentliche Auf-

---

[122] Verordnung über die Vergabe öffentlicher Aufträge – Vergabeverordnung v. 12.4.2016, BGBl. I, 624.
[123] Verordnung über die Vergabe von öffentlichen Aufträgen im Bereich des Verkehrs, der Trinkwasserversorgung und der Energieversorgung – Sektorenverordnung v. 12.4.2016, BGBl. I, 624, 657.
[124] Verordnung über die Vergabe von Konzessionen – Konzessionsvergabeverordnung v. 12.4.2016, BGBl. I, 624, 683.
[125] Vergabeverordnung für die Bereiche Verteidigung und Sicherheit zur Umsetzung der RL 2009/81/EG des Europäischen Parlaments und des Rates vom 13.7.2009 über die Koordinierung der Verfahren zur Vergabe bestimmter Bau-, Liefer- und Dienstleistungsaufträge in den Bereichen Verteidigung und Sicherheit und zur Änderung der Richtlinien 2004/17/EG und 2004/18/EG – Vergabeverordnung Verteidigung und Sicherheit v. 12.7.2012, BGBl. I, 1509.
[126] Burgi/Dreher/*Dörr*, Einl., Rn. 2.
[127] *Noch*, Vergaberecht kompakt, 57; *Knauff* in MüKoBeihilfeR VergabeR, § 97 Rn. 1 ff.
[128] → Rn. 259 ff.

traggeber bei der Vergabe von Aufträgen über soziale und andere besondere Dienstleistungen gem. § 130 Abs. 1 GWB zwischen dem offenen, dem nicht offenen, dem Verhandlungsverfahren mit Teilnahmewettbewerb, dem wettbewerblichen Dialog und der Innovationspartnerschaft wählen. Das wird damit begründet, dass diese speziellen Dienstleistungen oftmals personen- oder ortsgebunden sind und diesen deshalb nur eingeschränkt eine grenzüberschreitende Dimension zukommt. Gerade Dienstleistungen im Sozial-, Gesundheits- und Bildungsbereich werden in einem besonderen Kontext erbracht, der sich aufgrund unterschiedlicher kultureller Tradition in den einzelnen Mitgliedstaaten sehr unterscheidet.[130] Für den Abschluss von Verträgen über Modellvorhaben nach § 63 SGB V und zur besonderen Versorgung nach § 140a SGB V gelten darüber hinaus gem. § 69 Abs. 4 SGB V nochmals erleichterte vergaberechtliche Vorgaben, sofern diese Verträge die Beschaffung der in Rede stehenden sozialen und anderen besonderen Dienstleistungen zum Gegenstand haben.[131]

II. Allgemeine Grundsätze

Aus den europäischen vergaberechtlichen Vorgaben ergeben sich zahlreiche materielle Rechtsgrundsätze. Sie stellen bindende Anforderungen an die Vergabeverfahren sowie die Verhaltensweisen der Verfahrensbeteiligten[132]. Dabei handelt es sich um vergaberechtliche Mindestanforderungen, an die öffentliche Auftraggeber auch außerhalb des Anwendungsbereichs des Vergabesekundärrechts ohnehin gebunden wären[133]. 15

Die den europäischen Grundfreiheiten entstammenden Grundsätze der Wettbewerblichkeit, Transparenz und Nichtdiskriminierung stellen die prägenden Elemente des EU/GWB-vergaberechtlichen Regelungsregimes dar[134]. Sie haben in § 97 Abs. 1 und 2 GWB ihren Niederschlag gefunden. Danach müssen öffentliche Auftraggeber Waren, Bau- und Dienstleistungen grundsätzlich im Wettbewerb und im Wege transparenter Vergabeverfahren beschaffen, wobei die Grundsätze der Wirtschaftlichkeit und der Verhältnismäßigkeit zu wahren sind. Zudem sind die Teilnehmer an einem Vergabeverfahren gleich zu behandeln. Der Regelungsort am Anfang des vierten Teils des GWB, dem Ausgangspunkt der vergaberechtlichen Rechtskaskade, verdeutlicht die große Bedeutung dieser Prinzipien für das deutsche Vergaberecht[135]. 16

Die allgemeinen vergaberechtlichen Grundprinzipien wirken sich auf verschiedene Art und Weise sowohl auf das vergaberechtliche Regelungswerk als auch auf konkrete öffentliche Beschaffungsvorgänge aus. Die drei Grundsätze der Wettbewerblichkeit, Transparenz und Nichtdiskriminierung sind eng miteinander verwoben. Sie stehen nicht in einem Rangverhältnis zueinander, sondern bedingen sich gegenseitig[136] und begründen so eine ver- 17

---

[129] Die Abkürzung CPV steht für Common Procurement Vocabulary. Dabei handelte es sich um ein besonderes Klassifizierungssystem, mit dem der Gegenstand eines öffentlichen Auftrags einheitlich bestimmt wird. Die CPV Nr. und Bezeichnungen ergeben sich aus der Verordnung 213/2008 der Kommission v. 28.11.2007 zur Änderung der Verordnung (EG) Nr. 2195/2002 des Europäischen Parlaments und des Rates über das Gemeinsame Vokabular für öffentliche Aufträge (CPV) und der Vergaberichtlinien des Europäischen Parlaments und des Rates 2004/17/EG und 2004/18/EG im Hinblick auf die Überarbeitung des Vokabulars, ABl. 2008 EG L74/1.
[130] Gesetzesbegründung zum VergRModG, BT-Drs. 18/6281, 115; Erwägungsgrund Nr. 114 VRL.
[131] Eingeführt durch das zweite Gesetz zur Änderung des Buchpreisbindungsgesetzes, BT-Drs. 18/8260, S. 3 ff.
[132] Burgi/Dreher/*Dörr* GWB § 97 Rn. 1 ff.
[133] Dazu allgemein EuGH Urt. v. 13.10.2005 – C-458/03, Slg. 2005 I-8585, Rn. 50 – Parking Brixen, NZBau 2005, 644.
[134] *Burgi* NZBau 2008, 29 (31).
[135] BT-Drs. 13/9340, 13 f.
[136] *Knauff* in MüKoBeihilfeR VergabeR, § 97 Rn. 4, 52.

gaberechtliche Grundordnung. Durch den Ursprung im primären Europarecht gilt diese unabhängig davon, ob und welche spezifischen vergaberechtlichen Bestimmungen im Einzelfall auf einen Beschaffungsvorgang Anwendung finden. Zudem kommt diesen auch eine Funktion als Direktive bei der Auslegung der EU/GWB-vergaberechtlichen Bestimmungen zu[137]. Dabei ist allerdings sowohl die Rechtsprechung der Vergabekammern und der Vergabesenate der Oberlandesgerichte als auch des EuGH zur Konkretisierung dieser allgemeinen Grundsätze im Vergabeverfahren so umfangreich wie komplex. In Deutschland ergehen seit 1999 pro Jahr etwa 2000 Entscheidungen; in den letzten Jahren einige Hundert allein im Bereich der Vergabe selektiver GKV-Versorgungsverträge. Neben den verallgemeinerungsfähigen Einzelausformungen hängt es deshalb von dem jeweiligen Beschaffungsgegenstand ab, welche Anforderungen im Hinblick auf eine ausreichende Wettbewerblichkeit, Transparenz und Gleichbehandlung im Einzelfall erfüllt sein müssen.

1. Wettbewerbsgrundsatz

18   Der Wettbewerbsgrundsatz bildet das Kernprinzip der öffentlichen Auftragsvergabe[138]. Er soll dazu dienen, allen potenziellen Bietern einen Zugang zu den nationalen Beschaffungsmärkten zu gewährleisten[139]. Ferner hat er die Aufgabe, den Beschaffungsvorgang gegen Beschränkungen des Wettbewerbs zu schützen. Insofern besitzt der Wettbewerbsgrundsatz für Auftraggeber und Bieter gleichermaßen Geltung[140]. Für den Bereich selektiver GKV-Versorgungsverträge ergibt sich aus dem Wettbewerbsgrundsatz, insbesondere das Verbot, solche Vereinbarungen bilateral zwischen einer gesetzlichen Krankenkasse und einem Leistungserbringer zu vereinbaren. Eine solche Möglichkeit ergibt sich lediglich in eng definierten Ausnahmekonstellationen[141].

2. Transparenzgrundsatz

19   Nach dem Transparenzgrundsatz müssen Vergabeverfahren klar und nachvollziehbar (dh überprüfbar) ausgestaltet werden. Hierfür ist den Bietern ein möglichst hohes Maß an Informationen zur Verfügung zu stellen. Das bedeutet, dass jedem potenziellen Bieter ein angemessener Grad an Öffentlichkeit zu gewährleisten ist[142], damit alle Betroffenen bei der Abfassung ihrer Teilnahmeanträge oder Angebote über die gleichen Chancen verfügen[143]. Dem Bieter muss bereits im Vorfeld der Beteiligung an einem Vergabewettbewerb eine Einschätzung seiner persönlichen Chancen auf den Zuschlag möglich sein (sog *ex-ante*-Transparenz[144]). Zudem ist die Nachvollziehbarkeit der einzelnen Schritte im Vergabeverfahren eine unverzichtbare Voraussetzung für eine Überprüfbarkeit der unparteiischen Durchführung des Vergabeverfahrens im Rahmen eines Nachprüfungsverfahrens[145] (sog *ex-post*-Transparenz[146]).

---

[137] Vgl. *Burgi* NZBau 2008, 29 (32); Burgi/Dreher/*Dörr*, GWB, Vor § 97 Rn. 13.
[138] *Knauff* in MüKoBeihilfeR VergabeR, § 97 Rn. 6; Burgi/Dreher/*Dörr*, GWB, § 97 Abs. 1 Rn. 5; *Müller/Zeise/Wiedemann/Kus/Dicks* in Kulartz/Kus/Portz, GWB-Vergaberecht, § 97 Rn. 22.
[139] *Knauff* in MüKoBeihilfeR VergabeR, § 97 Rn. 7.
[140] Burgi/Dreher/*Dörr*, GWB, § 97 Abs. 1 Rn. 9.
[141] Dazu eingehend → Rn. 90 ff.
[142] EuGH Urt. v. 7.12.2000 – C-324/98, Slg. 2000 I-10745 Rn. 62 – Telaustria, NZBau 2001, 148; EuGH Urt. v. 12.12.2002 – C-470/99, Slg. 2002 I-11617 Rn. 91 f. – Universale-Bau AG, NZBau 2003, 162.
[143] EuGH Urt. v. 25.4.1996 – C-87/94, Slg. 1996 I-2043 – Kommission/Belgien, NVwZ 1997, 374.
[144] *Höfler* NZBau 2010, 73 (76).
[145] EuGH Urt. v. 7.12.2000 – C-324/98, Slg.2000 I-10745 Rn. 61 – Telaustria, NZBau 2001, 148.
[146] *Höfler* NZBau 2010, 73 (76).

3. Grundsatz der Gleichbehandlung und Nichtdiskriminierung

Der Gleichbehandlungsgrundsatz gehört zu den elementaren Prinzipien des europäischen Unionsrechts sowie des deutschen Verfassungsrechts[147]. Gem. § 97 Abs. 2 GWB ist er auch im Zusammenhang mit der Vergabe öffentlicher Aufträge ein verpflichtender Grundsatz. In vergaberechtlicher Hinsicht wirkt er sich dergestalt aus, dass von den verfahrensrechtlichen Vorschriften nicht zu Lasten einzelner Bieter abgewichen werden darf[148]. Das bedeutet, dass der öffentliche Auftraggeber nach Beginn eines förmlichen Vergabeverfahrens nicht mehr von den im Vorhinein festgelegten Anforderungen an die Bewerber/Bieter bzw. der nachgefragten Leistung abweichen darf.

Der Gleichbehandlungsgrundsatz gilt jedoch nicht uneingeschränkt. Nach § 97 Abs. 2 GWB ist eine Benachteiligung einzelner Bieter dann zulässig, wenn das aufgrund dieses Gesetzes (dh des GWB) ausdrücklich geboten oder gestattet ist. Der Verweis bezieht sich insbesondere auf §§ 122 ff. GWB. Danach sind Aufträge nur an fachkundige und leistungsfähige (geeignete) Unternehmen zu vergeben, die vom Vergabeverfahren auszuschließen sind. Weitergehende Anforderungen an die Auftragsausführung dürfen gem. § 129 GWB nur dann gestellt werden, wenn Bundes- oder Landesgesetze das vorsehen.

III. Anwendbarkeit des Vergaberechts gem. § 69 Abs. 3 SGB V

Das EU/GWB-Vergaberecht gilt grundsätzlich auch für selektive Versorgungsverträge der gesetzlichen Krankenkassen. Das war allerdings lange Zeit umstritten. Insbesondere wurde in diesem Zusammenhang vorgebracht, die Anwendung der vergaberechtlichen Vorschriften des GWB sei durch eine kartell- und wettbewerbsrechtliche Bereichsausnahme des § 69 Abs. 1 S. 1 SGB V für den Gesundheitssektor und damit für die gesetzlichen Krankenkassen als Träger der Sozialversicherung ausgeschlossen[149]. Denn nach § 69 Abs. 1 S. 1 SGB V werden die Rechtsbeziehungen der Krankenkassen und ihrer Verbände zu Ärzten, Zahnärzten, Psychotherapeuten, Apotheken sowie sonstigen Leistungserbringern und ihren Verbänden grundsätzlich abschließend durch das vierte Kapitel des SGB V sowie die §§ 63, 64 SGB V geregelt[150]. Für eine ergänzende Anwendung des EU/GWB-Vergaberechts sei deshalb kein Raum.

Allerdings enthalten die vermeintlich abschließenden Regelungen des Sozialrechts nur wenige, uneinheitliche Vorgaben über die Art und Weise, wie selektive GKV-Versorgungsverträge abzuschließen sind und eine wettbewerbliche Auswahl zwischen den potentiellen Vertragspartnern vorzunehmen ist (vgl. etwa § 127 Abs. 1 SGB V[151]). Die europarechtlich determinierten Vorgaben an eine wettbewerbliche, transparente und diskriminierungsfreie Auftragsvergabe vermögen diese Vorschriften dementsprechend von vornherein nicht zu erfüllen. Die vergaberechtlichen Vorgaben des Europarechts genießen dabei außerdem bereits aus Gründen der Normenhierarchie einen Anwendungsvorrang gegenüber den Bestimmungen des Sozialrechts[152].

Vor diesem Hintergrund ordnete der Gesetzgeber, lediglich um fortbestehende Zweifel an der Anwendbarkeit des Vergaberechts auszuräumen, zunächst die entsprechende

---

[147] BT-Drs. 13/9340, 14.
[148] *Burgi* NZBau 2008, 29 (34).
[149] So uA BayObLG Beschl. v. 24.5.2004 – Verg 6/04; LSG Baden-Württemberg Beschl. v. 27.2.2008 – L 5 KR 508/08 W-A, L 5 KR 507/08 ER-B mAnm *v.Czettritz* PharmR 2008, 253; vgl. dazu auch ausführlich *Sodan/Adam* NZS 2006, 113; *Gabriel* in MüKoBeihilfeR VergabeR, SGB V, Rn. 9 mwN.
[150] Dazu ausführlich → Rn. 26 ff.
[151] Vgl. die instruktive Übersicht bei *Boldt* NJW 2005, 3757 (3758).
[152] So auch OLG Düsseldorf Beschl. v. 23.5.2007 – VII-Verg 50/06 mAnm *Gabriel* VergabeR 2007, 630; *Becker/Kingreen*, SGB V, § 69 Rn. 46; *Klöck* NZS 2008, 178 (179).

Geltung der materiellen Vergaberechtsvorschriften der §§ 97–101 GWB aF einschließlich der Regelungen über das vergaberechtliche Nachprüfungsverfahren vor der Vergabekammer nach §§ 102–115 GWB aF[153] und nach der aktuellen Rechtslage gem. § 69 Abs. 3 SGB V die vollumfängliche Anwendbarkeit von Teil 4 des GWB an. Die Anwendung dieser Regelungsinhalte des GWB auf den Bereich der GKV betrifft sämtliche selektiven Vertragsformen und stellt damit gegenüber Kollektivverträgen ein wesentliches Unterscheidungskriterium dar[154].

25 Aufgrund der weitgehend europarechtlichen Determinierung des Vergaberechts und der ausdrücklichen gesetzgeberischen Intention, klarstellen zu wollen, dass das GWB-Vergaberecht auch auf GKV-Versorgungsverträge Anwendung findet[155], handelt es sich bei § 69 Abs. 3 SGB V um eine Rechtsgrundverweisung mit lediglich deklaratorischem Charakter[156]. Bei der Vereinbarung von Einzelverträgen in der GKV ist danach in jedem Einzelfall zu prüfen, ob die tatbestandlichen Voraussetzungen der §§ 97 ff. GWB vorliegen, insbesondere ob es sich bei den jeweiligen Vergaben um öffentliche Aufträge iSd § 103 GWB handelt. Diese Frage wird je nach Vertragstyp unterschiedlich zu beantworten sein[157].

IV. Berücksichtigung sozialrechtlicher Besonderheiten

26 Wettbewerb ist im Bereich der gesetzlichen Krankenkassen kein Ziel an sich, sondern in die Erfüllung einer staatlichen Aufgabe eingebunden[158]. Einerseits unterscheiden sich selektive Versorgungsverträge im Bereich der GKV damit wesentlich von den sog fiskalischen Hilfsgeschäften, die die öffentliche Hand zur Erfüllung ihrer staatlichen Aufgaben durchführt, indem die genannten Versorgungsverträge selbst einen unmittelbaren Bestandteil der den Krankenkassen zugewiesenen Aufgaben und damit der Daseinsvorsorge darstellen[159]. Andererseits gilt es jedoch zu berücksichtigen, dass es sich auch bei dem Abschluss von Selektivverträgen im GKV-Bereich ausschließlich um ein Mittel zur Generierung pekuniärer Einsparungen handelt. Würden solche Individualverträge nicht geschlossen, würde das nicht zu einem Wegfall der Versorgung führen. Diese würde dann lediglich im Rahmen von Kollektivverträgen geregelt, die es im deutschen GKV-System immer schon gegeben hat[160].

27 Vor Inkrafttreten des AMNOG bestimmte § 69 Abs. 2 S. 3 SGB V aF ausdrücklich, dass die Vorschriften des EU/GWB-Vergaberechts auf die Rechtsbeziehungen zwischen den Krankenkassen und den Leistungserbringern der GKV nur mit der Maßgabe anwendbar sind, dass der Versorgungsauftrag der gesetzlichen Krankenkassen besonders zu berücksichtigen ist. Dieser Versorgungsauftrag der Krankenkassen wiederum ist auf eine qualitativ ordnungsgemäße und wirtschaftliche Versorgung der Versicherten ausgerichtet[161]. Obwohl die Regelung des § 69 Abs. 2 S. 3 SGB V aF durch das AMNOG ersatzlos gestrichen wurde, hat sich an dieser Rechtslage nichts geändert. Vielmehr weißt die entsprechende Gesetzesbegründung ausdrücklich darauf hin, dass jede Krankenkasse bei der Erteilung eines Zuschlags zu prüfen hat, ob ihr Versorgungsauftrag auch durch den

---

[153] BT-Drs. 16/10609, 52; *Kamann/Gey* PharmR 2009, 114; *Willenbruch* PharmR 2009, 111.
[154] *Jaeckel* in Amelung/Eble/Hildebrandt, Innovatives Versorgungsmanagement, 2011, 60.
[155] BT-Drs. 16/10609, 52.
[156] *Burgi* NZBau 2008, 480 (482); *Gabriel* VergabeR 2007, 630 (634); *Gabriel* NZS 2007, 344 (345); *Kamann/Gey* PharmR 2009, 114.
[157] BT-Drs. 16/10609, 52.
[158] *Becker/Kingreen* NZS 2010, 417 (419).
[159] BT-Drs. 16/10609, 66 f.
[160] Dazu → § 12 Rn. 1 ff.
[161] *Hencke* in Peters, Handbuch der Krankenversicherung, 2009, § 69 SGB V Rn. 11b; → § 10 Rn. 16.

ausgewählten Anbieter sichergestellt werden kann[162]. Die zuständigen Stellen (Vergabekammern und Oberlandesgerichte) haben im Rahmen des Vergabenachprüfungsverfahrens weiterhin die besonderen Aufgaben der gesetzlichen Krankenkassen zu berücksichtigen.

In der Praxis wird diese Auslegungsdirektive oftmals zur Rechtfertigung von Entscheidungen genutzt, die von tradierten vergaberechtlichen Auffassungen abweichen. Diese oftmals schwer vorhersehbaren rechtlichen Beurteilungen stehen jedoch in einem gewissen Kontrast zu dem rechtlich möglichen Einflusspotential des Sozialrechts auf das Vergaberecht. Denn Regelungen zu der Art und Weise, wie der Versorgungsauftrag der gesetzlichen Krankenkassen im Rahmen der öffentlichen Auftragsvergabe konkret zu berücksichtigen ist, bestehen gerade nicht. Aufgrund des unionsrechtlichen Charakters des EU/GWB-Vergaberechts ist dessen Anpassung an die Besonderheiten des Gesundheitswesens auch schon normhierarchisch lediglich innerhalb europarechtlich vorgegebener Grenzen möglich[163]. Das Vergaberecht genießt damit bereits einen grundsätzlichen Vorrang vor dem sozialrechtlichen Regelungsrahmen des SGB V[164]. Es ist daher allenfalls eine sozialrechtliche Konkretisierung solcher vergaberechtlicher Bereiche denkbar[165], in denen das Vergaberecht den öffentlichen Auftraggebern einen Ermessensspielraum zugesteht bzw. eine Heranziehung der sozialrechtlichen Bestimmungen zur Auslegung von Verträgen, die sich im Rahmen der Vorgaben des europäischen Vergaberechts halten[166]. Das kann beispielsweise bei der Ausgestaltung der Leistungsbeschreibung, der angemessenen Losaufteilung oder bei der Anzahl von Verhandlungs-/Rahmenvertragspartnern der Fall sein. Dabei darf diese Konkretisierung der Anwendbarkeit des Vergaberechts durch das Sozialrecht jedoch schon aufgrund des normhierarchischen Verhältnisses dieser Regelungsregime nicht zu einer Ausschaltung, Umgehung oder Aushöhlung der europarechtlich vorgegebenen vergaberechtlichen Grundsätze der Transparenz, Nichtdiskriminierung und Gleichbehandlung führen[167].

B. Materielles Vergaberecht

Die Anwendung des EU/GWB-Vergaberechts auf den Abschluss einer selektiven Versorgungsvereinbarung zwischen einer gesetzlichen Krankenkasse und einem pharmazeutischen Unternehmern setzt voraus, dass es sich bei dem avisierten Vertrag um einen öffentlichen Auftrag handelt (§ 103 GWB), die jeweilige gesetzliche Krankenkasse als öffentlicher Auftraggeber zu qualifizieren ist (§ 99 GWB), der geschätzte Auftragswert die maßgeblichen Schwellenwerte erreicht oder überschreitet (§ 106 GWB) und kein Ausnahmetatbestand erfüllt ist (§§ 107 ff., 116 ff. GWB).

I. Personeller Anwendungsbereich, § 99 GWB

Erste Voraussetzung für die Begründung einer förmlichen europaweiten Ausschreibungspflicht zum Abschluss selektiver Versorgungsverträge ist die öffentliche Auftraggebereigenschaft[168] der gesetzlichen Krankenkasse iSv § 99 GWB. Diese lange umstritte-

---

[162] BT-Drs. 17/2413, 27.
[163] OLG Düsseldorf Beschl. v. 22.10.2008 – I-27 U 2/08 mAnm *Weiner* VergabeR 2009, 189 (190).
[164] *Kamann/Gey* PharmR 2009, 114 (116).
[165] *Otting* NZBau 2010, 734 (737); *Kamann/Gey* PharmR 2009, 114 (116).
[166] *Anders/Knöbl* PharmR 2009, 607 (610).
[167] Vgl. *Kamann/Gey* PharmR 2009, 114 (116); *Willenbruch* PharmR 2009, 111 (113 f.).
[168] Dazu allgemein *Gabriel* in Stief/Bromm, Vertragshandbuch Pharma und Life Sciences, 2014, Kap. VII, 2.

ne[169] Frage hat der EuGH durch die grundlegende Entscheidung im Rahmen eines Vorabentscheidungsverfahrens in der Rechtssache „*Oymanns*"[170] bejaht.

31   Die gesetzlichen Krankenkassen fallen daher unter den Auftraggeberbegriff des § 99 Nr. 2 GWB. Denn als Körperschaften des öffentlichen Rechts und damit als juristische Personen (vgl. § 4 Abs. 1 SGB V, § 29 Abs. 1 SGB IV) erfüllen sie mit der Herstellung und Erhaltung der Gesundheit der Versicherten eine im Allgemeininteresse liegende Aufgabe. Zwar werden die gesetzlichen Krankenkassen lediglich mittelbar über die gesetzlich geregelten Pflichtversicherungsbeiträge der Krankenkassenmitglieder gem. §§ 3, 5, 220 ff. SGB V bzw. durch den Gesundheitsfonds vom Staat, namentlich dem Bund, finanziert[171]. Das ist jedoch für die Erfüllung des Kriteriums der überwiegenden staatlichen Finanzierung durch einen öffentlichen Auftraggeber iSv § 99 Nr. 1 GWB ausreichend[172]. Sie handeln zudem nichtgewerblich und stehen unter staatlicher Aufsicht[173].

II. Sachlicher Anwendungsbereich

1. Öffentlicher Auftrag

32   Öffentliche Aufträge iSv § 103 Abs. 1 GWB sind entgeltliche Verträge von öffentlichen Auftraggebern mit Unternehmen über die Beschaffung von Leistungen, wobei sich Lieferaufträge gem. § 103 Abs. 2 GWB gerade durch die Beschaffung von Waren auszeichnen. Ein Vertrag ist daher lediglich dann als öffentlicher Auftrag – in Form eines Lieferauftrags – zu qualifizieren, wenn dieser jedenfalls auch die Beschaffung von Waren gegen Entgelt zum Gegenstand hat.

33   Entgeltlichkeit iSv § 103 Abs. 1 GWB liegt vor, sobald ein öffentlicher Auftraggeber eine Gegenleistung im Sinne einer eigenen Zuwendung erbringt[174]. Mit dem Kriterium der Entgeltlichkeit erfolgt eine Abgrenzung zwischen einer wirtschaftlichen Ausrichtung der erfassten Aufträge und zB wohltätigen oder rein karitativen Zwecken[175]. Dabei ist der Begriff der Entgeltlichkeit funktional und weit auszulegen. Eine synallagmatische Verknüpfung von Leistung und Gegenleistung ist grundsätzlich nicht erforderlich. Als ausreichend ist vielmehr jeder wirtschaftliche, dh geldwerte Vorteil anzusehen, den der öffentliche Auftraggeber dem Auftragnehmer als Gegenleistung für dessen Leistung einräumt[176].

34   Ob ein Beschaffungsvorgang einer gesetzlichen Krankenkasse zur Versorgung mit Arzneimitteln oder Hilfsmitteln als entgeltlicher öffentlicher Lieferauftrag zu qualifizieren ist, hängt von dem jeweiligen Vertragstyp sowie der konkreten individualvertraglichen Ausgestaltung im Einzelfall ab[177]. Insbesondere die sozialrechtlich bedingten Spezi-

---

[169] Nachweise bei *Gabriel* NZS 2007, 344 (346).
[170] EuGH Urt. v. 11.6.2009 – C-300/07, Slg. 2009 I-4779 – Oymanns mAnm *Kingreen* NJW 2009, 2417.
[171] LSG Nordrhein-Westfalen Beschl. v. 3.9.2009 – L 21 KR 51/09 SFB; VK Bund Beschl. v. 3.7.2009 – VK 1–107/09 mwN.
[172] EuGH Urt. v. 11.6.2009 – C-300/07, Slg. 2009 I-4779 Rn. 52 ff. – Oymanns mAnm *Kingreen* NJW 2009, 2417.
[173] GA Mazák SchlA – C-300/07, Slg. 2009 I-4779 Rn. 45 ff. – Oymanns; LSG Nordrhein-Westfalen Beschl. v. 28.4.2009 – L 21 KR 40/09 SFB; LSG Baden-Württemberg Beschl. v. 28.10.2008 – L 11 KR 4810/08 ER-B; VK Düsseldorf Beschl. v. 31.10.2007 – VK-31/2007-L; VK Bund Beschl. v. 12.11.2009, – VK 3–193/09; VK Bund Beschl. v. 19.11.2008 – VK 1–126/08; *Gabriel* NZS 2007, 344 (345).
[174] EuGH Urt. v. 25.3.2010 – C-451/08, Slg. 2010 I-2673 Rn. 48 – Helmut Müller GmbH.
[175] *Eschenbruch/Zeise* in Kulartz/Kus/Portz, GWB-Vergaberecht, § 103 Rn. 244.
[176] BGH Beschl. v. 1.2.2005 – X ZB 27/04; *Dreher/Hoffmann* NZBau 2009, 273 (276); *Kaltenborn* GesR 2011, 1 (3).

fika der einzelnen GKV-Versorgungsvertragsarten wirken sich in dieser Hinsicht aus. Relevant sind dabei zwei unterschiedliche tatbestandliche Elemente, zwischen denen es zu differenzieren gilt: die Feststellung des Vorliegens eines Lieferauftrags einerseits und der Entgeltlichkeit dieses Auftrags andererseits. Darüber hinaus hat der EuGH jüngst klargestellt, dass es sich bei dem Abschluss sog Open-House-Verträge selbst dann nicht um die Vergabe eines öffentlichen Auftrags handelt, wenn damit die entgeltliche Beschaffung von Leistungen verbunden ist. Bei Open-House-Verträgen handelt es sich vielmehr um eine besondere Art der Vertragsgestaltung, bei der jedem interessierten Unternehmen während der gesamten Vertragslaufzeit ein Recht zum Vertragsbeitritt zusteht[178].

Eine erwähnenswerte Differenzierung hat schließlich die 3. Vergabekammer des Bundes im Zusammenhang mit Arzneimittelrabattverträgen vorgenommen. Da es sich bei diesen um Rahmenvereinbarungen handelt, die gem. § 4 EG VOL/A aF (jetzt: § 103 Abs. 5 GWB, § 21 VgV) ohnehin dem GWB-Vergaberecht unterliegen, müssten diese nicht notwendigerweise selbst als öffentliche Aufträge iSv § 103 Abs. 1 GWB qualifiziert werden, um einer vergaberechtlichen Ausschreibungspflicht zu unterliegen[179]. Vielmehr erweitere der Vertragstypus der Rahmenvereinbarung den Anwendungsbereich des Vergaberechts ohne selbst öffentlicher Auftrag zu sein. Erforderlich sei lediglich, dass die Rahmenvereinbarung auf Einzelverträge gerichtet ist, die ihrerseits öffentliche Aufträge darstellen. Diese Rechtsauffassung führt dazu, dass bei GKV-Versorgungsverträgen – die in aller Regel in Form einer Rahmenvereinbarung iSv § 103 Abs. 5 GWB, § 21 VgV abgeschlossen werden[180] – zur Beantwortung der Frage, ob es sich um einen öffentlichen Auftrag handelt, auf die avisierten Einzelabrufe abzustellen ist.

a) Rabattverträge gem. § 130a Abs. 8 SGB V betreffend Generika. Entsprechend der vorgenannten Definition, müsste es sich bei einem Arzneimittelrabattvertrag nach § 130a Abs. 8 SGB V zunächst um einen öffentlichen Auftrag handeln, der des Weiteren als entgeltlich zu qualifizieren sein müsste.

Arzneimittelrabattverträge nach § 130a Abs. 8 SGB V sind so konzipiert, dass die Krankenkasse als Auftraggeber einen Rabatt in Form einer unmittelbaren Geldleistung von dem pharmazeutischen Unternehmer erhält[181]. Wirtschaftlich betrachtet müssen die Krankenkassen dadurch nur einen geringeren Preis für die an die Versicherten abgegebenen vertragsgegenständlichen Arzneimittel zahlen. Sie erhalten so durch den Rabattvertrag einen geldwerten Vorteil[182]. Dieser ist allerdings an sich noch nicht hinreichend, um einen Rabattvertrag als (Arzneimittel-)Lieferauftrag zu qualifizieren[183]. Dafür müsste dieser außerdem die Beschaffung entsprechender Waren durch die gesetzliche Krankenkasse von dem vertragsbeteiligten pharmazeutischen Unternehmer zum Gegenstand haben. Die Lieferung der vertragsgegenständlichen Generika, durch den pharmazeutischen Unternehmer erfolgt tatsächlich jedoch nicht direkt und unmittelbar gegenüber der Krankenkasse. Das ist den typischen sozialrechtlich geprägten multilateralen Leistungsbeziehungen im System der GKV geschuldet[184] und steht der Einordnung des jeweiligen Vertrages als öffentlicher Lieferauftrag anerkanntermaßen nicht entgegen[185]. Die Kran-

---

[177] Vgl. dazu auch den Überblick bei *Kaltenborn* GesR 2011, 1.
[178] Dazu ausführlich → Rn. 223 ff.
[179] VK Bund Beschl. v. 10.6.2011 – VK 3-59/11; VK Bund Beschl. v. 14.6.2011 – VK 3-62/11; VK Bund Beschl. v. 6.7.2011 – VK 3-80/11.
[180] S. → Rn. 235 ff.
[181] → § 13 Rn. 9.
[182] *Kaeding* PharmR 2007, 239 (245 f.).
[183] Vgl. dazu und zum Folgenden auch *Gabriel* in Stief/Bromm, Vertragshandbuch Pharma und Life Sciences, 2014, Kap. VII, 2. Anm. 9.
[184] → § 13 Rn. 3 ff.

kenkasse erfüllt durch den Abschluss von Rabattverträgen mit pharmazeutischen Unternehmern ihre im Sachleistungsprinzip begründete Pflicht, die Versicherten so wirtschaftlich und kosteneffizient wie möglich mit Arzneimitteln und Medizinprodukten zu versorgen. Mit dem Abschluss von Rabattverträgen verfolgen die Krankenkassen damit einen eigenen Beschaffungszweck. Als Kostenträger bei der Arzneimittelversorgung ist es die Krankenkasse, die bei gebotener funktionaler Betrachtungsweise im Ergebnis für jedes Arzneimittel, dass an ihre Versicherten abgegeben wird, die Kosten gegenüber dem pharmazeutischen Unternehmer trägt, welche sich entsprechend um den vereinbarten Rabatt reduzieren. Mittelbar fragt die Krankenkasse damit bei dem pharmazeutischen Unternehmer Arzneimittel zu Gunsten ihrer Versicherten nach und trägt die anfallenden Kosten. Damit stellt ein Rabattvertrag jedenfalls einen öffentlichen (Arzneimittel-)Lieferauftrag dar.

38 Einer vergaberechtlichen Ausschreibungspflicht unterliegt ein solcher Lieferauftrag jedoch nur, wenn er zudem auch als entgeltlich zu qualifizieren ist. Mit dem Arzneimittelrabattvertrag müsste dazu eine geldwerte Gegenleistung der Krankenkasse zu Gunsten des pharmazeutischen Unternehmers verbunden sein. Grundsätzlich wird es dabei als ausreichend angesehen, dass der Abschluss des Rabattvertrags den Abs. des vertragsgegenständlichen Arzneimittels fördert[186] und der pharmazeutische Unternehmer dadurch einen geldwerten Wettbewerbsvorteil erlangt. Solche Wettbewerbsvorteile können sich aus expliziten vertraglichen Vereinbarungen innerhalb des Rabattvertrags oder gesetzlichen Regelungen ergeben, die an das Bestehen eines Rabattvertrags Rechtsfolgen knüpfen, die zu einem Vorteil für den vertragsbeteiligten pharmazeutischen Unternehmer führen:

39 **aa) Lenkungs- und Steuerungswirkung des Arzneimittelabsatzes.** Das wesentliche und zugleich wirkungsvollste Mittel, um den Abs. eines generischen Arzneimittels auf einen rabattvertragsbeteiligten pharmazeutischen Unternehmer zu lenken, stellt die Substitutionspflicht des Apothekers nach § 129 Abs. 1 S. 3 SGB V dar[187]. Danach ist der Apotheker verpflichtet, bei der Abgabe eines Generikums für das ein Rabattvertrag nach § 130a Abs. 8 SGB V besteht, das Präparat auszuwählen, das Gegenstand des Rabattvertrags ist. Auf diese Weise lenkt die Krankenkasse das Nachfrageverhalten der Apotheker bereits durch den Abschluss eines Rabattvertrags auf die vertragsgegenständlichen Medikamente[188].

40 Im Generikabereich hat die Substitutionspflicht zu einer durchschnittlichen Umsetzungsquote der jeweiligen Arzneimittelrabattverträge von über 70 % geführt[189]. Unterliegt ein pharmazeutischer Unternehmer in einer Rabattvertragsausschreibung einem Konkurrenten, bedingt die Substitutionspflicht nach § 129 Abs. 1 S. 3 SGB V aufgrund der Lenkungs- und Steuerungswirkung für dessen Arzneimittel *„faktisch ein Verkaufs-*

---

[185] *Moosecker*, Öffentliche Auftragsvergaben der gesetzlichen Krankenkassen, 102; *Kaeding* PharmR 2007, 239 (245); *Burgi* NZBau 2008, 480 (484 f.).

[186] *Dreher/Hoffmann* NZBau 2009, 273 (276); *Kamann/Gey* PharmR 2009, 114 (117); *Kamann/Gey* PharmR 2006, 291 (296); *Schickert* PharmR 2009, 164 (166); *Stolz/Kraus* VergabeR 2008, 1 (3); *Luthe* SGb 2011, 372 (375).

[187] → § 13 Rn. 11.

[188] OLG Düsseldorf Beschl. v. 19.12.2007 – VII-Verg 51/07 mAnm *Amelung/Dörn* VergabeR 2008, 73; OLG Düsseldorf Beschl. v. 23.5.2007 – VII-Verg 50/06 mAnm *Gabriel* VergabeR 2007, 630; VK Bund Beschl. v. 22.8.2008 – VK 2-73/08; VK Bund Beschl. v. 15.11.2007 – VK 2-102/07; VK Düsseldorf Beschl. v. 31.10.2007 – VK31/2007-L; *Gabriel* NZS 2007, 344 (348); *Gabriel/Burholt* PharmR 2017, 323 (323 f.).

[189] Pressemitteilung der AOK Baden-Württemberg v. 30.3.2010. In der Rechtsprechung wird überdies im Rahmen der Streitwertberechnung regelmäßig von einer Umsetzungsquote in Höhe von 70 % ausgegangen, vgl. OLG Düsseldorf Beschl. v. 11.5.2011 – VII-Verg 4/11.

verbot in den Apotheken für die Laufzeit des Rabattvertrags"[190]. Ein Rabattvertrag über Generika führt damit durch die Substitutionspflicht *ipso iure* zu einem geldwerten Wettbewerbsvorteil für den pharmazeutischen Unternehmer und ist bereits deshalb als entgeltlicher öffentlicher Auftrag zu qualifizieren.

Neben die unmittelbar wirkende Substitutionspflicht für rabattierte Arzneimittel treten zudem weitere Anreizmechanismen, deren Wirkung von der tatsächlichen Umsetzung im Einzelfall abhängt[191]. So können Krankenkassen bspw. gem. § 31 Abs. 3 S. 5 SGB V Patienten ganz oder teilweise von der gesetzlichen Zuzahlung befreien. Daneben werden rabattierte Arzneimittel gem. § 73 Abs. 8 SGB V in spezielle Praxissoftware einbezogen, welche die Kassenärzte über Kosten und Nutzen verordnungsfähiger Leistungen informieren. In der Praxis machen Ärzte zudem von der Möglichkeit, eine Ersetzung des verordneten Arzneimittels durch ein rabattiertes wirkstoffgleiches Arzneimittel durch Ankreuzen des sog aut-idem-Feldes zu verhindern, so gut wie keinen Gebrauch. Denn sie müssen befürchten, aufgrund einer mutmaßlich unwirtschaftlichen Verordnungsweise nach § 106 Abs. 2 S. 1 Nr. 2 SGB V eine Auffälligkeitsprüfung auszulösen und ggf. in Höhe der daraus resultierenden Zusatzkosten von den Krankenkassen in Regress genommen zu werden[192]. Lediglich die Verordnung von Arzneimitteln, für die ein Rabattvertrag nach § 130a Abs. 8 SGB V besteht, ist gem. § 106b Abs. 4 Nr. 2 SGB V nicht Gegenstand einer solchen Wirtschaftlichkeitsprüfung, wenn der Vertragsarzt dem Rabattvertrag beigetreten ist[193]. 41

bb) Vertraglich zugesicherte Exklusivität. Rabattverträge iSv § 130a Abs. 8 SGB V enthalten regelmäßig zusätzliche vertragliche Exklusivitätsvereinbarungen. Die Krankenkassen verpflichten sich darin, während der Vertragslaufzeit keine weiteren Rabattverträge über die gleichen Wirkstoffe mit anderen pharmazeutischen Unternehmern abzuschließen. 42

Außerdem ist die vertragliche Vereinbarung absatzlenkender Mechanismen zu Gunsten des rabattierten Arzneimittels denkbar, etwa die Verpflichtung der Krankenkasse, mittels Informationsschreiben oder Pressemitteilungen an Versicherte, Ärzte und Apotheker eine bevorzugte Abgabe der vertragsgegenständlichen Medikamente zu veranlassen oder aber die Verpflichtung, Umsetzungsvereinbarungen mit Ärzten und (Krankenhaus-)Apotheken zu vereinbaren[194]. 43

Bei dieser vertraglich begründeten Exklusivität handelt es sich um einen Wettbewerbsfaktor, der grundsätzlich als hinreichend angesehen wird, um die Entgeltlichkeit eines öffentlichen Arzneimittellieferauftrags bejahen zu können[195]. Dadurch kommt ausschließlich der vertragsbeteiligte pharmazeutische Unternehmer in den Genuss der Wettbewerbsvorteile, die mit der gesetzlichen Substitutionspflicht des § 129 Abs. 1 S. 3 SGB V verbunden sind. Diese vertraglichen Exklusivitätsrechte stellen damit zwar ein hinreichendes, nicht aber ein notwendiges (konstitutives) Element einer vergaberechtlichen Ausschreibungspflicht dar. Entscheidend ist vielmehr, dass ein Rabattvertrag tatsächlich geeignet ist, einen Wettbewerbsvorteil im Hinblick auf Mitbewerber zu bewirken[196]. Es kommt daher auch hinsichtlich der vertraglichen Gewährung von Exklusivität 44

---

[190] Zitat LSG Baden-Württemberg Urt. v. 27.2.2008 – L 5 KR 507/08 ER-B, L 5 KR 508/08 W-A mAnm *v. Czettritz* PharmR 2008, 253.
[191] S. zu selektivvertraglichen Steuerungsinstrumenten *Sauer/Beck* A&R 2016, 158 ff.
[192] *Bickenbach* MedR 2010, 302 (303).
[193] Dazu *Scholz* in Becker/Kingreen, SGB V, § 106 Rn. 7.
[194] *Gabriel* in MüKoBeihilfeR VergabeR, SGB V Rn. 57; *Gaßner* NZS 2016, 921 (921 f.).
[195] LSG Nordrhein-Westfalen Beschl. v. 15.4.2009 – L 21 KR 37/09 SFB; LSG Nordrhein-Westfalen Beschl. v. 9.4.2009 – L 21 KR 29/09 SFB; LSG Baden-Württemberg Beschl. v. 23.1.2009 – L 11 WB 5971/08 mAnm *Gabriel* VergabeR 2009, 465; LSG Baden-Württemberg Beschl. v. 28.10.2008 – L 11 KR 4810/08 ER-B; zusammenfassend *Goodarzi/Jansen* NZS 2010, 427 (430).

auf die jeweiligen Umstände des Einzelfalls an, um einen Rabattvertrag als ausschreibungspflichtigen entgeltlichen öffentlichen Auftrag zu qualifizieren.

45 b) **Rabattverträge betreffend patentgeschützte Originalpräparate.** Mit dem Abschluss selektiver Rabattverträge über patentgeschützte nicht festbetragsfähige Originalpräparate bezwecken die gesetzlichen Krankenkassen erhebliche Einsparungen für die GKV. Von den GKV-Gesamtausgaben in Höhe von rund 34,8 Mrd. Euro[197] entfielen mehr als die Hälfte auf patentgeschützte Originalpräparate. In diesem Zusammenhang ist in Bezug auf die öffentliche Auftragseigenschaft entsprechender Verträge über innovative patentgeschützte Arzneimittel anhand der jeweils in Betracht kommenden Rechtsgrundlage wie folgt zu differenzieren.

46 aa) **Rabattverträge gem. § 130a Abs. 8 SGB V.** Rabattverträge nach § 130a Abs. 8 SGB V können, auch wenn sie ein patentgeschütztes Originalpräparat zum Gegenstand haben, grundsätzlich als öffentliche (Liefer-)Aufträge iSv § 103 Abs. 1 GWB qualifiziert werden[198]. Insofern ergeben sich in dieser Hinsicht keine Unterschiede zum Abschluss von Generika-Rabattverträgen[199].

47 Hinsichtlich der marktmäßigen Gegenleistung zu Gunsten des pharmazeutischen Unternehmers unterscheidet sich die rechtliche Ausgangslage bei Rabattverträgen über patentgeschützte Originalpräparate allerdings von der bei Generikarabattverträgen. Denn die Substitutionspflicht des Apothekers gem. § 129 Abs. 1 S. 3 SGB V findet bei Rabattverträgen über patentgeschützte Originalpräparate keine Anwendung[200]. Im Fall chemisch-synthetisch hergestellter Originalpräparate mit Wirkstoffpatentschutz kann es bereits aus patentrechtlichen Gründen keine (zugelassenen) wirkstoffgleichen Arzneimittel iSv § 129 Abs. 1 S. 1 SGB V geben[201]. Aus diesem Grund kommt der konkreten Verordnungsentscheidung des Arztes bei patentgeschützten Präparaten eine besondere Bedeutung zu, die sich auch auf die Umsetzung einer Arzneimittelrabattvereinbarung auswirkt. Die Verordnung eines patentgeschützten Wirkstoffs führt zwangsläufig dazu, dass – von Re- und Parallelimporteuren abgesehen – lediglich das Präparat des Patentinhabers an den Patienten/Versicherten abgegeben werden kann (sog. Solist[202]). Diese Entscheidung liegt grundsätzlich im Rahmen der ärztlichen Therapiefreiheit und vollzieht sich anhand der medizinischen Indikation. Ein Wettbewerbsverhältnis mehrerer Präparate besteht hier lediglich, soweit für einen Indikationsbereich mehrere Arzneimittel zugelassen sind[203] oder sofern re-/parallelimportierte Produkte auf dem deutschen Markt vertrieben werden[204].

---

[196] LSG Nordrhein-Westfalen Beschl. v. 10.9.2009 – L 21 KR 53/09 SFB mAnm *Gabriel* VergabeR 2010, 135.
[197] Quelle: https://www.vdek.com/presse/daten/d_versorgung_leistungsausgaben.html; Vgl. zur Kostenentwicklung auch *Schwintowski/Klaue* PharmR 2011, 469 (470).
[198] OLG Düsseldorf Beschl. v. 20.10.2008 – VII-Verg 46/08; OLG Düsseldorf Beschl. v. 22.10.2008 – I-27 U 2/08, s. auch die Anm. zu beiden Beschlüssen v. *Weiner* VergabeR 2009, 189.
[199] → Rn. 36 ff.
[200] *Gabriel/Weiner* NZS 2009, 422 (423); *Kamann/Gey* PharmR 2009, 114 (118) sowie LSG Baden-Württemberg Beschl. v. 28.10.2008 – L 11 KR 4810/08 ER-B, welches aufgrund dessen sowie einer fehlenden individualvertraglichen Exklusivitätsvereinbarung eine Entgeltlichkeit ablehnte. Dazu kritisch *Weiner* VergabeR 2009, 189 (190 f.).
[201] VK Bund Beschl. v. 22.8.2008 – VK 2–73/08.
[202] Zu der damit zusammenhängenden Folgefrage, unter welchen Voraussetzungen diese wettbewerbliche Alleinstellung eines patentgeschützten Präparats bei Vorliegen eines ausschreibungspflichtigen öffentlichen Auftrags die Anwendung des Verhandlungsverfahrens ohne Bekanntmachung rechtfertigen kann → Rn. 164 ff.
[203] VK Bund Beschl. v. 15.8.2008 – VK 3–107/08; VK Bund Beschl. v. 22.8.2008 – VK 2–73/08.
[204] OLG Düsseldorf Beschl. v. 20.10.2008 – VII-Verg 46/08.

Gleichwohl ist die Qualifizierung eines Rabattvertrags nach § 130a Abs. 8 SGB V **48** über patentgeschützte Arzneimittel als entgeltlicher öffentlicher Auftrag trotz der fehlenden Substitutionspflicht des Apothekers nicht ausgeschlossen, da diese keine notwendige Bedingung für eine vergaberechtliche Auftragseigenschaft darstellt[205]. Es bedarf dazu vielmehr einer Prüfung, ob aufgrund der übrigen sozialrechtlich vorgegebenen Anreizmechanismen[206] ein Wettbewerbsvorteil für den pharmazeutischen Unternehmer begründet wird. Entsprechendes Gewicht hat insbesondere der individualvertraglichen Ausgestaltung der Rabattvereinbarung zuzukommen, soweit die entsprechenden Lenkungs- und Steuerungsmechanismen einer fakultativen Vereinbarung bedürfen[207]. Entscheidend für die Frage, welches Maß an Lenkungswirkung hierfür erforderlich ist, wird sein, ob und inwieweit eine Krankenkasse mit dem Rabattvertrag auf die Auswahlentscheidung, welches Arzneimittel im einzelnen Versorgungsfall abgegeben wird, Einfluss nimmt[208].

Bei Rabattverträgen über patentgeschützte Arzneimittel bildet aus Sicht des Originators die Befreiung der Apotheker von der Importquote nach § 129 Abs. 1 S. 1 Nr. 2 SGB V einen zusätzlichen Anreizmechanismus, dessen absatzlenkende Wirkung aber qualitativ nicht mit derjenigen der Substitutionspflicht nach § 129 Abs. 1 S. 3 SGB V vergleichbar ist. **49**

Besondere Bedeutung kommt bei der Beurteilung der Entgeltlichkeit eines Rabattvertrags über patentgeschützte Arzneimittel angesichts der fehlenden Substitutionspflicht der vertraglichen Zusicherung von Exklusivität zu. Die Zusicherung von Exklusivität an sich wurde von der Rechtsprechung bereits als hinreichend erachtet, um trotz fehlender Substitutionspflicht eine für die Entgeltlichkeit iSv § 103 Abs. 1 GWB ausreichende Lenkungs-/Steuerungswirkung der Rabattvereinbarung festzustellen[209]. Denn bereits die Zusicherung der Krankenkasse, für die Laufzeit des Rabattvertrags keine anderen Rabattverträge über (therapeutisch) vergleichbare Arzneimittel mit anderen pharmazeutischen Unternehmern abzuschließen, führt zu einem Wettbewerbsvorteil des Rabattvertragspartners[210]. **50**

Das LSG Nordrhein-Westfalen ging sogar noch darüber hinaus und hielt es für ausreichend, dass ein Rabattvertrag tatsächlich dazu geeignet ist, einen Wettbewerbsvorteil zu bewirken. Danach komme es nicht darauf an, ob Exklusivitätsrechte ausdrücklich vertraglich vereinbart wurden[211]. Diese Auffassung ist überzeugend, solange im Einzelfall nachweisbar ist, dass bereits zum Zeitpunkt des Vertragsschlusses – unabhängig vom Wortlaut des Vertrags – eine exklusive Stellung des Vertragspartners tatsächlich vereinbart bzw. beabsichtigt worden ist[212]. **51**

bb) Erstattungspreisvereinbarungen nach § 130b SGB V. Bei neuen, innovativen **52** (patentgeschützten) Arzneimittel, die nicht nach § 35 Abs. 3 SGB V einer bestehenden Festbetragsgruppe zugeordnet werden können, ist nach § 130b SGB V der Abschluss

---

[205] VK Bund Beschl. v. 22.8.2008 – VK 2–73/08; OLG Düsseldorf Beschl. v. 20.10.2008 – VII-Verg 46/08; VK Bund Beschl. v. 29.11.2010 – VK 2–113/10; OLG Düsseldorf Beschl. v. 17.1.2011 und v. 8.6.2011 – VII-Verg 2/11; aA *Lietz/Natz* A&R 2009, 3 (6 f.).
[206] → Rn. 38.
[207] → Rn. 39 ff.
[208] Gesetzesbegründung zum GKV-OrgWG, BT-Drs. 16/10609, 52 f. sowie *Schickert* PharmR 2009, 164 (171).
[209] VK Bund Beschl. v. 22.5.2009, VK 1–77/09; VK Bund Beschl. v. 18.2.2009, VK 3–158/08.
[210] LSG Nordrhein-Westfalen Beschl. v. 10.9.2009 – L 21 KR 53/09 SFB, 135 mAnm *Gabriel* VergabeR 2010, 142; ebenso *Dreher/Hoffmann* NZBau 2009, 273 (275); *Stolz/Kraus* VergabeR 2008, 1 (3).
[211] LSG Nordrhein-Westfalen Beschl. v. 10.9.2009 – L 21 KR 53/09 STB mAnm *Gabriel* VergabeR 2010, 142.
[212] Ausführlich hierzu *Gabriel* VergabeR 2010, 142 (143 f.).

einer Erstattungspreisvereinbarung zwischen dem Spitzenverband Bund der Krankenkassen (stellvertretend für alle Krankenkassen) und dem jeweiligen pharmazeutischen Unternehmer[213] obligatorisch[214]. Der vereinbarungsgegenständliche Erstattungsbetrag wird gem. § 130b Abs. 1 S. 4 SGB V seitens des pharmazeutischen Unternehmers als Rabatt auf den ApU gewährt.

53 Hinsichtlich der Zielrichtung, Einsparungen bei der Arzneimittelversorgung der GKV durch die Vereinbarung von Rabatten zu generieren, besteht demnach eine Vergleichbarkeit zwischen Erstattungsvereinbarungen nach § 130b SGB V und „klassischen" Rabattverträgen nach § 130a Abs. 8 SGB V. Um eine solche Erstattungsvereinbarung als entgeltlichen öffentlichen Auftrag iSv § 103 Abs. 1 GWB qualifizieren zu können, muss dieser eine den Arzneimittelabsatz des rabattgewährenden pharmazeutischen Unternehmers lenkende Wirkung besitzen oder diesem anderweitige absatzfördernde Exklusivitätsrechte vermitteln[215]. Die Frage nach der vergaberechtlichen Ausschreibungspflicht wird, wenngleich unter Vermeidung eines ausdrücklichen vergaberechtlichen Bezugs, bereits in der Gesetzesbegründung des AMNOG gestellt – und dort deutlich verneint: *„Mit der Vereinbarung eines Erstattungsbetrags für ein Arzneimittel ist keine Auswahlentscheidung für das einzelne Arzneimittel verbunden. Sie hat ebenso wenig eine verordnungslenkende Wirkung, wie die Festsetzung von Festbeträgen."*[216] Damit bringt der Gesetzgeber zum Ausdruck, dass es sich bei den Erstattungsvereinbarungen konzeptionell eher um eine Maßnahme zur erstmaligen Preisfindung als um eine nachgelagerte Preisreduzierung handelt.

54 Gegen eine Ausschreibungspflicht spricht zudem, dass Erstattungsvereinbarungen nach § 130b SGB V für die Krankenkassen obligatorisch sind und der Vertragspartner in Gestalt des jeweiligen pharmazeutischen Unternehmers bereits im Vorhinein feststeht. Kommt eine solche Vereinbarung nicht zustande, wird der Erstattungsbetrag gem. § 130b Abs. 4 SGB V durch eine Schiedsstelle festgesetzt. Demzufolge wurde seitens der Rechtsprechung im Zusammenhang mit der hausarztzentrierten Versorgung gem. § 73b Abs. 4 S. 1 SGB V entschieden, dass eine geltende gesetzliche Pflicht zum Abschluss entsprechender Selektivverträge zur Unanwendbarkeit des Vergaberechts führen kann[217]. Denn soweit ein öffentlicher Auftraggeber aufgrund gesetzlicher Vorgaben einem Kontrahierungszwang mit der Folge unterliegt, dass ihm keine Entscheidungsfreiheit mehr im Hinblick auf die Auswahl des Vertragspartners zukommt, sei der Wettbewerb zwischen verschiedenen Bietern als Grundprinzip des Vergaberechts ausgeschaltet. Hierdurch habe der Sozialgesetzgeber einen Regelungswiderspruch auf nationaler Ebene herbeigeführt, der nur zu Lasten des (deutschen) GWB-Vergaberechts aufgelöst werden könne. Ob diese Rechtsprechung von den Vergabenachprüfungsinstanzen künftig auf den Abschluss von Vereinbarungen nach § 130b SGB V übertragen werden wird, bleibt abzuwarten.

55 Unter vergaberechtlicher Betrachtung sind jedoch durchaus auch Zweifel angebracht, ob Vereinbarungen nach § 130b SGB V von vornherein jegliche vergaberechtliche Relevanz abzusprechen ist. Verträge nach § 130b SGB V haben eine zumindest schwach ausgeprägte Lenkungs- und Steuerungswirkung. Denn die Substitutionspflicht nach § 129 Abs. 1 S. 3 SGB V findet, wie bei patentgeschützten Arzneimitteln allgemein, keine Anwendung[218]. Vor dem Hintergrund der einschlägigen Rechtsprechung der Nachprü-

---

[213] Zu der Pflicht für Parallelimporteure, Erstattungspreisvereinbarungen nach § 130b SGB V abzuschließen, s. *Schickert* PharmR 2013, 152.
[214] → § 11 Rn. 115; sowie *Anders* PharmR 2012, 81.
[215] → Rn. 39 ff.
[216] BT-Drs. 17/2413, 31.
[217] LSG Nordrhein-Westfalen Beschl. v. 3.11.2010 – L 21 SF 208/10 Verg; ebenso die Vorinstanz VK Bund Beschl. v. 2.7.2010 – VK 1–52/10.

fungsinstanzen, welche Rabattverträgen nach § 130a Abs. 8 SGB V über patentgeschützte Arzneimittel auch aufgrund der übrigen Anreizmechanismen des SGB V sowie individualvertraglicher Exklusivitätsabreden im Einzelfall eine hinreichende absatzsteigernde Wirkung attestieren und entsprechende Verträge mithin als öffentliche Aufträge ansehen, erscheint es jedenfalls nicht von vornherein ausgeschlossen, Erstattungsvereinbarungen nach § 130b SGB V als ausschreibungsrelevant zu qualifizieren[219]. Ob es in der Praxis allerdings tatsächlich einmal zu einer entsprechenden Konstellation kommt/kommen kann, erscheint doch eher unwahrscheinlich.

cc) Erstattungsvereinbarungen nach § 130c SGB V. Bei Vereinbarungen nach § 130c 56 SGB V handelt es sich um typische selektive GKV-Versorgungsverträge, die ihrer Konzeption nach denjenigen nach § 130a Abs. 8 SGB V nahezu vollständig nachempfunden sind[220]. Sie sollen den Wettbewerb zwischen den Krankenkassen um eine möglichst wirtschaftliche Kostenerstattung stärken[221]. Eine solche Vereinbarung erfordert, ohne dass der Gesetzeswortlaut das ausdrücklich formuliert, die Vereinbarung eines weiteren Abschlags auf den Abgabepreis des pharmazeutischen Unternehmers[222].

Im Hinblick auf eine vergaberechtliche Ausschreibungspflicht solcher Vereinbarungen 57 führt die Gesetzesbegründung des AMNOG bejahend aus: „*Darüber hinaus gelten die Vorschriften über die Vereinbarung von Rabattverträgen nach § 130a Abs. 8 entsprechend. Zulässig ist somit ein Wettbewerb um bessere Patientenversorgung, höhere Qualität und geringere Kosten. [...] Soweit die Voraussetzungen des Vergaberechts vorliegen, ist auszuschreiben. Die mittelstandsschützenden Regelungen des Vergaberechts, insbesondere zur Bildung von Sach- und Teillosen, gelten bei der Ausschreibung in der Weise, dass Ausschreibungen von Verbänden eine angemessene Bildung von Regionallosen vorzusehen haben.*"[223].

Mit Erstattungsverträgen nach § 130c SGB V sind zahlreiche gesetzliche Lenkungs- 58 und Steuerungsmechanismen verbunden. Sie qualifizieren die Erstattungsverträge als ausschreibungsfähige und im Einzelfall ausschreibungspflichtige öffentliche Aufträge.

Die Krankenkassen haben ihre Versicherten sowie die an der vertragsärztlichen Versor- 59 gung teilnehmenden Ärzte umfassend über die vereinbarten Versorgungsinhalte gem. § 130c Abs. 2 SGB V zu informieren. Sie oder ihre Verbände können weitergehend Regelungen einer bevorzugten Verordnung von vertragsgegenständlichen Arzneimitteln mit Ärzten und kassenärztlichen Vereinigungen gem. § 130c Abs. 3 SGB V vereinbaren. Außerdem erfolgt gem. § 130c Abs. 4 SGB V eine Anerkennung vertragsgegenständlicher Arzneimittelverordnungen als vom Wirtschaftlichkeitsvergleich ausgenommener Praxisbesonderheit iSv § 106b Abs. 4 Nr. 2 SGB V sowie schließlich gem. § 130c Abs. 5 SGB V eine Kennzeichnung dieser vertragsgegenständlichen Arzneimittel in der Verordnungssoftware der Ärzte iSv § 73 Abs. 10 SGB V. Ein zusätzlicher Vorteil für vertragsschließende pharmazeutische Unternehmer ist die in § 130c SGB V explizit gesetzlich vorgesehene Möglichkeit, intelligente, dh flexible bzw. individuelle Rabattvereinbarungen zu schließen[224].

dd) Exkurs: Verhältnis von Erstattungsvereinbarungen nach § 130c SGB V und 60 **Rabattverträgen nach § 130a Abs. 8 SGB V.** Da die Vorschrift des § 130c SGB V weitgehend der Vorschrift des § 130a Abs. 8 SGB V nachempfunden wurde, stellt sich die Frage nach dem Verhältnis dieser beiden Vorschriften zueinander[225]. Grundsätzlich stellt

---

[218] → Rn. 47.
[219] *Gabriel* VergabeR 2011, 372 (379).
[220] *Ecker/Hußmann* PharmR 2011, 389.
[221] Vgl. *Anders/Scriba* A&R 2011, 109 (112).
[222] *Ecker/Hußmann* PharmR 2011, 389 (390).
[223] BT-Drs. 17/2413, 32.
[224] → § 13 Rn. 32 ff.

sich § 130c SGB V als *lex specialis* gegenüber der allgemeineren Vorschrift des § 130a Abs. 8 SGB V dar[226]. Damit genießt § 130c SGB V nach dem Grundsatz *lex specialis derogat legi generali* einen Anwendungsvorrang vor § 130a Abs. 8 SGB V[227]. Das ergibt sich einerseits aus dem in sachlicher wie in zeitlicher Hinsicht spezielleren Anwendungsbereich sowie andererseits aus den besonderen, mit dem Abschluss einer solchen Vereinbarung verbundenen Anreizmechanismen[228].

61 Eine Vereinbarung nach § 130c Abs. 1 SGB V ist indes zeitlich betrachtet nur dann statthaft, wenn zwischen dem pharmazeutischen Unternehmer und dem Spitzenverband Bund der Krankenkassen eine Vereinbarung über den Erstattungsbetrag für ein erstattungsfähiges Arzneimittel mit neuen Wirkstoffen nach § 130b Abs. 1 SGB V geschlossen wurde oder ein Schiedsspruch nach § 130b Abs. 4 SGB V existiert[229].

62 Dass Erstattungsvereinbarungen nach § 130c Abs. 1 SGB V nicht vor dem Abschluss einer obligatorischen Erstattungspreisvereinbarung nach § 130b SGB V getroffen werden können, wirkt sich auch hinsichtlich des sachlichen Anwendungsbereichs der Vorschrift einschränkend aus. Erstattungspreisvereinbarungen nach § 130b SGB V können nur für Arzneimittel abgeschlossen werden, die nach dem Beschl. des Gemeinsamen Bundesausschuss zur frühen Nutzenbewertung gem. § 35a Abs. 3 SGB V keiner Festbetragsgruppe zugeordnet werden konnten[230]. Lediglich für diese kann also in sachlicher Hinsicht eine Erstattungsvereinbarung nach § 130c Abs. 1 SGB V getroffen werden. Auf andere Arzneimittel finden weder § 130c SGB V noch § 130a Abs. 8 SGB V Anwendung[231]. Als Rechtsgrundlage kommt § 130a Abs. 8 SGB V in sachlicher Hinsicht lediglich für solche patentgeschützten Originalpräparate in Betracht, die nach Maßgabe der frühen Nutzenbewertung gem. § 35a Abs. 4 SGB V in Ermangelung eines Zusatznutzens einer Festbetragsgruppe zugeordnet worden sind.

63 Geht man davon aus, dass Verträge nach § 130c SGB V ausschreibungspflichtig sind, bleibt offen, ob bereits eine Vereinbarung gem. § 130b SGB V mit *einem* pharmazeutischen Unternehmer hinreichend ist oder ob es mehrerer Vereinbarungen mit *mehreren* oder gar *allen* Unternehmern bedarf, die Arzneimittel auch im Bestandsmarkt in Verkehr bringen, die für das gleiche Anwendungsgebiet zugelassen sind, wie das gerade erst nutzenbewertete und mit einem Vertrag nach § 130b SGB V (zu) versehene Arzneimittel[232]. Dementsprechend ist der Zeitpunkt, ab dem Ausschreibungen von selektiven Erstattungsverträgen bzw. Ausschreibungen im patentgeschützten Originalbereich zulässig sind, unklar[233]. Infolge dieses unklaren Zeitraums, bis zu dem eine Ausschreibungsreife für Verträge nach § 130c SGB V vorliegt (*scil.* Abschluss einer/aller Vereinbarung/en auf Bundesebene nach § 130b SGB V für Arzneimittel, die für das gleiche Anwendungsgebiet zugelassen sind) könnte ggf. der Schluss begründet sein, bis dahin nicht zur Durchführung weiterer Vergabeverfahren zum Abschluss von Rabatt-/Erstattungsvereinbarungen im Originalbereich (nach dem Muster der „TNF-Alpha-Blocker"-Ausschreibung[234]) berechtigt zu sein[235]. Das gilt jedenfalls, sofern mit der Vorschrift des § 130c

---

[225] Dazu *Gabriel* VergabeR 2011, 372.
[226] *Wolf/Jäkel* PharmR 2011, 1 (3); *Axer* in Becker/Kingreen, SGB V, § 130c Rn. 4; *Luthe* PharmR 2011, 193 (196); *Kaufmann* PharmR 2011, 223, (227); *Ecker/Hußmann* PharmR 2011, 389 (390); *Gabriel/Kaufmann* PharmR 2014, 553 (556 ff.).
[227] *Ecker/Hußmann* PharmR 2011, 389 (390); *Gabriel/Kaufmann* PharmR 2014, 553 (556 ff.).
[228] → Rn. 57 f.; sowie *Wolf/Jäkel* PharmR 2011, 1 (4).
[229] *Axer* in Becker/Kingreen, SGB V, § 130c Rn. 5 ff.
[230] → § 13 Rn. 14.
[231] *Ecker/Hußmann* PharmR 2011, 389 (390).
[232] Vgl. § 35a Abs. 1, 6 SGB V.
[233] *Gabriel* VergabeR 2011, 372.

SGB V eine *lex specialis* eingeführt wurde, die den Rückgriff auf § 130a Abs. 8 SGB V sperrt[236] und der Rückgriff auf diese Rechtsgrundlage damit versperrt ist.

c) Rabattverträge gem. § 130a Abs. 8 SGB V betreffend biologisch/biotechnologisch hergestellter Arzneimittel. Der Abschluss von Rabattverträgen nach § 130a Abs. 8 SGB V kommt auch hinsichtlich biologisch/biotechnologisch hergestellter Arzneimittel in Betracht. Bei diesen sog „*Biologicals*" handelt es sich um komplexe, hochmolekulare Proteine, die im Gegensatz zu chemisch-synthetischen Arzneimitteln mit Hilfe von gentechnisch veränderten lebenden Zellen oder Mikroorganismen biotechnologisch hergestellt werden. Sowohl der auf DNA-Technologie und Hybridomtechniken beruhende Produktionsprozess als auch die spätere Zulassung eines biopharmazeutischen Arzneimittels sind höchst aufwendig und führen deshalb regelmäßig zu sehr hohen Forschungs- und Entwicklungskosten. Hieraus resultieren für die Haupteinsatzgebiete biopharmazeutischer Arzneimittel – die Onkologie und die Behandlung von Autoimmunerkrankungen – gleichsam hohe Therapiekosten. Dementsprechend werden auch und insbesondere in diesem Bereich erhebliche Einsparpotentiale für die GKV durch Wettbewerbsgenerierung auf Herstellerebene angestrebt.

Erste Rabattverträge nach § 130a Abs. 8 SGB V über biopharmazeutischen Arzneimittel bezogen sich dabei auf sog „*Bioidenticals*". Das sind biologisch/biotechnologisch hergestellte Arzneimittel, bei denen sowohl Wirkstoff als auch Herstellungsprozess identisch sind bzw. aus ein und demselben Herstellungsprozess stammen, die aber gleichwohl von verschiedenen Herstellern auf dem Arzneimittelmarkt angeboten werden. Der Abschluss von Rabattverträgen über bioidentische Arzneimittel, wurde von den Vergabenachprüfungsinstanzen von vornherein nahezu einhellig als ausschreibungspflichtiger öffentlicher Auftrag qualifiziert[237]. Entsprechende Nachprüfungsverfahren im Zusammenhang mit der Ausschreibung solcher Verträge waren in der Folge schwerpunktmäßig auf die Rechtmäßigkeit der konkreten Beschaffungsbedarfsbestimmung und die Gestaltung der Vergabeunterlagen durch die ausschreibenden Krankenkassen gerichtet[238]. Zweifel an der Vergaberechtmäßigkeit der Ausschreibungsgestaltungen ergaben sich dabei insbesondere aus der (damals noch) fehlenden Substituierbarkeit bioidentischer Arzneimittel[239] nach § 129 Abs. 1 S. 3 SGB V[240]. Vor diesem Hintergrund wurde die Substitutionspflicht durch eine Änderung des Arzneimittelrahmenvertrags nach § 129 Abs. 2 SGB V[241] auch auf bestimmte biologische/biotechnologische Arzneimittel erstreckt. Als therapeutisch

---

[234] OLG Düsseldorf Beschl. v. 20.10.2008 – VII-Verg 46/08 und Beschl. v. 22.10.2008 – I-27 U 2/08, mAnm *Weiner* VergabeR 2009, 189; sowie VK Bund Beschl. v. 22.8.2008 – VK 2–73/08.

[235] *Gabriel* VergabeR 2011, 372 (380).

[236] *Ecker/Hußmann* PharmR 2011, 389 (390); *Kaufmann* PharmR 2011, 223 (227); *Wolf/Jäkel* PharmR 2011, 1 (3).

[237] VK Bund Beschl. v. 15.8.2008 – VK 3–107/08 (später aufgehoben durch LSG Baden-Württemberg Beschl. v. 28.10.2008 – L 11 KR 4810/08 ER-B); VK Bund Beschl. v. 22.5.2009 – VK 1–77/09; LSG Nordrhein-Westfalen Beschl. v. 10.9.2009 – L 21 KR 53/09 SFB mAnm *Gabriel* VergabeR 2010, 135; VK Bund Beschl. v. 21.9.2012 – VK 3–102/12. Anders nur: LSG Baden-Württemberg Beschl. v. 28.10.2008 – L 11 KR 4810/08 ER-B.

[238] Dazu VK Bund Beschl. v. 29.11.2010 – VK 2–113/10; OLG Düsseldorf Beschl. v. 17.1.2011 und 8.6.2011 – VII-Verg 2/11.

[239] LG Hamburg Urt. v. 5.8.2009 – 315 O 347/0: „§§ 129 Abs. 1 1 Nr. 1 lit. b), Abs. 2 SGB V knüpfen bei der Bestimmung des Begriffs des wirkstoffgleichen Arzneimittels an den Begriff des 'selben Wirkstoffs' in § 24b Abs. 2 S. 2 AMG an, dem biologische Arzneimittel mit unterschiedlichen biologischen Ausgangsstoffen und Herstellungsprozessen nicht unterfallen."

[240] Zu den Problemen der rechtssicheren Ausgestaltung von Rabattvertragsausschreibungen bzgl. Arzneimitteln, die nicht nach § 129 Abs. 1 S. 3 SGB V substituierbar sind, vgl. → Rn. 118.

[241] Rahmenvertrag über die Arzneimittelversorgung nach § 129 Abs. 2 SGB V idF v. 15. Juni 2012 zwischen dem Spitzenverband Bund der Krankenkassen und dem Deutschen Apothekerverband e. V.

vergleichbar und damit als substituierbar gelten diese nunmehr gem. § 4 Abs. 1 lit. a S. 2 des Rahmenvertrags nach § 129 Abs. 2 SGB V iVm § 129 Abs. 1 S. 3 SGB V, sofern sie unter Bezugnahme auf das Referenzarzneimittel zugelassen wurden, sich in Ausgangsstoffen und Herstellungsprozess nicht unterscheiden sowie in Anlage 1 zum Rahmenvertrag nach § 129 Abs. 2 SGB V namentlich aufgelistet sind[242]. Bei diesen in Anlage 1 zum Rahmenvertrag benannten Arzneimitteln, handelt es sich bislang ausschließlich um Bioidenticals.

66   Von Bioidenticals sind grundsätzlich sog „*Biosimilars*" zu unterscheiden. Dabei handelt es sich um Nachahmerpräparate von biopharmazeutischen Arzneimitteln, die nach Patenablauf des Originalpräparats auf den Markt gebracht werden können[243]. Biosimilars enthalten eine Wirksubstanz, die mit der des Originalpräparats in Bezug auf Sicherheit, Wirksamkeit und Qualität vergleichbar und üblicherweise auch für die gleichen Indikationen zugelassen ist. Durch den biologisch/biotechnologischen Herstellungsprozess, der bei jedem Hersteller zwangsläufig unterschiedlich ausgestaltet ist, können Biosimilars dem Originalprodukt aber immer nur ähnlich, nie aber vollständig identisch sein[244]. Soweit Biosimilars damit weder einen identischen Wirkstoff besitzen, noch einem identischen Herstellungsprozess entstammen, ist mit dem Abschluss eines Rabattvertrags nach § 130a Abs. 8 SGB V jedenfalls keine Substitutionspflicht nach § 129 Abs. 1 S. 3 SGB V verbunden[245]. Zu einer gesetzlich zwingend vorgeschriebenen Substitution in der Apotheke kann es bei Biosimilars schließlich bereits deshalb nicht kommen, weil Ärzte einen Austausch mit anderen Arzneimitteln oftmals für nicht angezeigt halten und einen solchen im Rahmen ihrer Therapiefreiheit sodann nicht vornehmen (müssen). Gleiches gilt für Apotheker, die aufgrund pharmazeutischer Bedenken eine Substitution, unabhängig vom Vorliegen der Voraussetzungen gem. § 129 Abs. 1 S. 3 SGB V, verweigern dürfen[246]. Im Rahmen der Wirtschaftlichkeitsprüfung wird das gegenwärtig regelhaft als Praxisbesonderheit anerkannt.[247]

67   Die fehlende Substitutionspflicht nach § 129 Abs. 1 S. 3 SGB V für biosimilare Arzneimittel führt allerdings nicht dazu, dass Rabattverträge über Biosimilars keiner öffentlichen Ausschreibungspflicht unterlägen. Wie bereits die Rechtsprechung der Vergabenachprüfungsinstanzen zu Rabattverträgen über bioidentische und patentgeschützte Arzneimittel gezeigt hat, handelt es sich bei der Substitutionspflicht nach § 129 Abs. 1 S. 3 SGB V zwar regelmäßig um eine hinreichende, keinesfalls aber um eine notwendige Bedingung für eine vergaberechtliche Ausschreibungspflicht eines Rabattvertrags. Vielmehr ist im konkreten Einzelfall festzustellen, ob der beteiligte pharmazeutische Unternehmer durch den Rabattvertrag einen geldwerten Wettbewerbsvorteil erlangt. Legt man die bisherige Vergaberechtsprechung zu Arzneimittelrabattverträgen[248] zu Grunde, dürfte das tendenziell eher zu bejahen sein, soweit diese entsprechende Exklusivitätsvereinbarungen enthalten.

---

[242] Vgl. VK Bund Beschl. v. 29.11.2010 – VK 2–113/10; OLG Düsseldorf Beschl. v. 17.1.2011 sowie v. 8.6.2011 – VII-Verg 2/11; VK Bund Beschl. v. 25.11.2011 – VK 135/11; OLG Düsseldorf Beschl. v. 30.1.2012 – VII-Verg 103/11.
[243] Zu den arzneimittelrechtlichen Besonderheiten biopharmazeutischer Nachahmerpräparate ausführlich: *Dierks* NJOZ 2013, 1.
[244] Vgl. *Dierks* NJOZ 2013, 1; *Gabriel/Weiner* NZS 2009, 422 (425); vfa/vfa bio-Positionspapier „Biosimilars". Abrufbar unter http://www.vfa.de/de/wirtschaft-politik/positionen/pos-biosimilars.html.
[245] *Dierks* NJOZ 2013, 1, 6 f.
[246] Im Kommentar des Deutschen Apothekerverbands (DAV) zum Rahmenvertrag nach § 129 SGB V von 2008 (dort S. 7 ff.) werden typische Fallgruppen genannt, bei denen in jedem Einzelfall eine sorgfältige Prüfung auf einen Austausch hindernde pharmazeutische Bedenken zu erfolgen hat.
[247] *Böhnke/Jürschik* PharmR 2015, 215 (219).
[248] → Rn. 42 ff.

In der Praxis besitzt dementsprechend nicht primär die Frage vergaberechtliche Relevanz, ob ein Rabattvertrag auch ohne Geltung der Substitutionspflicht als entgeltlicher öffentlicher Auftrag zu qualifizieren ist. Im Vordergrund steht vielmehr die Vergaberechtmäßigkeit solcher Exklusivvertragsgestaltungen und deren vergaberechtskonforme Ausschreibung. Gesetzliche Krankenkassen werden hier insbesondere bei der Bildung von Preisvergleichsgruppen immer dann vor erhebliche praktische Probleme gestellt, wenn sie sich diesbezüglich – mangels Geltung der Substitutionspflicht – nicht an den gesetzlichen Substitutionskriterien orientieren können. Es obliegt dann den Krankenkassen selbst, im Zusammenhang mit der Ausschreibung von Arzneimittelrabattverträgen unterschiedliche Präparate in einen Ausschreibungswettbewerb miteinander zu stellen. In Abhängigkeit von den jeweiligen pharmakologischen Eigenschaften und den konkreten Marktverhältnissen eines Arzneimittels ist dabei allerdings oftmals fraglich, ob vertragliche Exklusivitätsvereinbarungen in der Praxis tatsächlich umsetzungsfähig sind. Das wird nicht zuletzt durch die Vielzahl diesbezüglicher Vergabenachprüfungsverfahren belegt[249]. **68**

Das wird insbesondere im Hinblick auf die angestrebte, künftige Ausschreibung von Rabattverträgen über Biosimilars zu gelten haben. Denn im Unterschied zum chemisch-synthetischen Arzneimittelbereich konnte sich für Biosimilars einerseits noch kein vergleichbarer Markt entwickeln. Andererseits ist grundsätzlich fraglich, ob es auf Grundlage vertraglicher Exklusivitätsvereinbarungen tatsächlich zu einem Austausch der Präparate in der Apotheke kommen wird. Ob Biosimlars vor diesem Hintergrund tauglicher Gegenstand eines im Wettbewerb zu vergebenden, exklusiven Rabattvertrags nach § 130a Abs. 8 SGB V sein können, erscheint dementsprechend zumindest fraglich. In diesem Zusammenhang dürfte jedoch einer vielbeachteten Entscheidung des OLG Düsseldorf hinsichtlich der Ausschreibung eines Rabattvertrages über TNF-alpha-Inhibitoren Bedeutung zukommen. Gegenstand der Entscheidung war die Ausschreibung einer Rahmenvereinbarung über bis zu drei von insgesamt fünf am Markt verfügbaren Wirkstoffen, deren Indikationsbereiche sich nur teilweise überschneiden und die nicht substituierbar sind. Das OLG Düsseldorf entschied, dass es für eine vergaberechtliche Vergleichbarkeit und damit für eine Ausschreibungsfähigkeit bereits ausreiche, wenn es in therapeutischer Hinsicht zu einer Überschneidung lediglich in den drei (Haupt-)Indikationen komme, die bei einem wesentlichen Teil der Versicherten der Krankenkasse relevant sind, vorliegt.[250] **69**

d) Hilfsmittelversorgungsverträge. Bei der Qualifizierung von Hilfsmittelversorgungsverträgen als öffentlichen Aufträgen gem. § 103 Abs. 1 GWB muss zwischen grundsätzlich auszuschreibenden Verträgen nach § 127 Abs. 1 SGB V und Verträgen mit Beitrittsrecht gem. § 127 Abs. 2, Abs. 2a SGB V unterschieden werden. **70**

aa) Ausschreibungsverträge nach § 127 Abs. 1 SGB V. An der Qualifizierung von Hilfsmittelversorgungsverträgen gem. § 127 Abs. 1 SGB V als öffentliche Aufträge iSv § 103 Abs. 1 GWB bestehen keine Bedenken. Soweit ausgeschriebene Hilfsmittelversorgungsverträge in der Vergangenheit im Rahmen von Nachprüfungsverfahren zur Überprüfung kamen, wurde die öffentliche Auftragseigenschaft ohne Weiteres angenommen[251]. **71**

Eine vergaberechtliche Besonderheit besteht bei Hilfsmittelversorgungsverträgen aber dann, wenn diese neben der Belieferung mit Hilfsmitteln zusätzliche Dienstleistungsele- **72**

---

[249] → Rn. 18.
[250] OLG Düsseldorf Beschl. v. 27.5.2015 – VII-Verg 2/15; so auch bereits VK Bund Beschl. v. 12.1.2015 – VK 1–104/14.
[251] LSG Nordrhein-Westfalen Beschl. v. 30.1.2009 – L 21 KR 1/08 SFB; OLG Düsseldorf Beschl. v. 17.4.2008 – VII-Verg 15/08.

mente wie bspw. Beratung, Herstellung, Anpassung, Einweisung oder Betreuung enthalten.

73 Solche Elemente können bei der Frage nach der Qualifizierung eines selektiven Hilfsmittelversorgungsvertrags als öffentlichem Auftrag von Bedeutung sein, wenn es sich bei diesen um „Dienstleistungen im Rahmen der gesetzlichen Sozialversicherung"[252] und damit um soziale und andere besondere Dienstleistungen iSv § 130 Abs. 1 GWB iVm Anhang XIV der VRL handelt. Ein Hilfsmittelversorgungsvertrag, der derartige Dienstleistungen umfasst, ist zwar als öffentlicher Auftrag iSv § 103 Abs. 1 GWB zu qualifizieren; für diesen gelten gem. § 130 GWB iVm §§ 64 ff. VgV jedoch lediglich eingeschränkte vergaberechtliche Vorgaben. Insbesondere gilt für diesem Bereich ein Schwellenwert von 750.000 EUR. Unterhalb dieses Schwellenwerts werden seit Bekanntmachung der UVgO im Februar 2017 künftig nicht mehr die – im Vergleich zu den besonderen Regelungen für die Vergabe von Aufträgen über soziale und andere besondere Dienstleistungen – strengeren Vorgaben des ersten Abschnitts der VOL/A Anwendung finden, sondern die ebenfalls reduzierten vergaberechtlichen Anforderungen des neuen § 49 UVgO.

74 Die Abgrenzung, ob ein Hilfsmittelversorgungsvertrag einen Liefer- oder Dienstleistungsauftrag darstellt, wird gem. § 110 Abs. 1 und 2 GWB anhand einer wertmäßigen Festlegung vorgenommen. Danach gilt ein öffentlicher Auftrag, der sowohl den Einkauf von Waren als auch die Beschaffung von Dienstleistungen zum Gegenstand hat, als Dienstleistungsauftrag, wenn der Wert der Dienstleistungen den Wert der Waren übersteigt. Nach einer Entscheidung des EuGH werden die mit der Anfertigung eines Hilfsmittels zusammenhängenden Dienstleistungen wertmäßig dem Warenlieferanteil zugerechnet[253]. Für die Qualifizierung eines Hilfsmittelversorgungsvertrags ist demnach auf das Verhältnis zwischen dem Wert des hergestellten Hilfsmittels (Warenlieferungsanteil) und dem Wert der Beratung/Betreuung (Dienstleistungsanteil) abzustellen[254]. Das führt in der Praxis häufig zu einer Qualifizierung eines Hilfsmittelversorgungsvertrags als Lieferauftrag.

75 **bb) Beitrittsverträge nach § 127 Abs. 2, 2a SGB V.** Bei Beitrittsverträgen nach § 127 Abs. 2, 2a SGB V handelt es sich nach der Rechtsprechung grundsätzlich nicht um entgeltliche öffentliche Aufträge[255]. Sie unterliegen danach keiner vergaberechtlichen Ausschreibungspflicht. Die Verneinung der Auftragseigenschaft beruht auf der Überlegung, dass öffentliche Aufträge entgeltliche Verträge zwischen öffentlichen Auftraggebern und Unternehmen seien, die notwendigerweise eine exklusive Auswahlentscheidung des Auftraggebers bezüglich des Leistungserbringers beinhalten müssten[256]. Das Vorliegen einer solchen Auswahlentscheidung sei bei Beitrittsverträgen indes regelmäßig zu verneinen. Denn der Abschluss eines Hilfsmittelversorgungsvertrags gem. § 127 Abs. 2 SGB V begründet aufgrund des Beitrittsrechts nach § 127 Abs. 2a SGB V keine exklusive Leistungsbeziehung mit einer gesetzlichen Krankenkasse[257]. Der Vertragsschluss als solcher beinhaltet keine zwangsläufig absatzfördernde bzw. umsatzsteigernde Lenkungs- bzw. Steuerungswirkung, da er keinen Anspruch auf Exklusivität beinhaltet[258]. Die Prämisse der Rechtsprechung, der zufolge es sich bei Hilfsmittelversorgungs-

---

[252] Referenznummer 75300000-9 der VO 213/2008 der Kommission v. 28.11.2007 betreffend das Common Procurement Vocabulary – CPV.
[253] EuGH Urt. v. 11.6.2009 – C-300/07, Slg. 2009 I-4779 – Oymanns mAnm *Kingreen* NJW 2009, 2417.
[254] GA Mazák SchlA – C-300/07, Slg. 2009 I-4779 Rn. 57 – Oymanns.
[255] LSG Nordrhein-Westfalen Beschl. v. 14.4.2010 – L 21 KR 69/09 u. 67/09 SFB mAnm *Gabriel* VergabeR 2010, 1026.
[256] Zu der Frage, ob es sich bei der Auswahlentscheidung des öffentlichen Auftraggebers um ein konstitutives Element für eine vergaberechtliche Ausschreibungspflicht handelt → Rn. 248. Hierzu auch *Gabriel* VergabeR 2010, 142; *Schickert/Schulz* MPR 2009, 1 (7).
[257] LSG Nordrhein-Westfalen Beschl. v. 14.4.2010 – L 21 KR 69/09 u. 67/09 SFB, mAnm *Gabriel* VergabeR 2010, 1026; *Esch* MPR 2010, 156 (160).

verträgen mit Beitrittsrecht gem. § 127 Abs. 2, Abs. 2a SGB V grundsätzlich nicht um ausschreibungspflichtige öffentliche Aufträge handelt, ist vergaberechtlich allerdings nicht gänzlich unproblematisch[259]. Trotz eines bestehenden Beitrittsrechts sind grundsätzlich Fallkonstellationen denkbar, in denen der Vertragsschluss dem Erstvertragspartner ausnahmsweise dennoch einen geldwerten Wettbewerbsvorteil verschaffen kann[260]. Obwohl die Auffassung der Rechtsprechung insofern eindeutig ist, erscheint es deshalb sachgemäß, solchen Verträgen nicht von vornherein jegliche vergaberechtliche Relevanz abzusprechen und stattdessen eine einzelfallabhängige Prüfung des jeweiligen Versorgungsvertrags vorzunehmen.

Indem § 127 Abs. 1 SGB V vorsieht, dass Krankenkassen Hilfsmittelversorgungsverträge im Wege einer Ausschreibung schließen können, wenn sie das für zweckmäßig halten, wird den Krankenkassen eine Einschätzungsprärogative darüber eröffnet, ihren Bedarf an Hilfsmitteln und damit zusammenhängenden Dienstleistungen entweder im Wege der Ausschreibung eines dem EU/GWB-Vergaberecht unterliegenden Vertrags nach § 127 Abs. 1 SGB V zu decken oder zu diesem Zweck einen Vertrag mit Beitrittsrecht iSv § 127 Abs. 2, 2a SGB V abzuschließen, der nach der vorstehend aufgeführten Rechtsprechung nicht dem EU/GWB-Vergaberecht unterliegt.[261] Die Entscheidung der Krankenkasse für eine der zur Auswahl stehenden Vertragsformen unterliegt dabei einer nur eingeschränkten gerichtlichen Kontrolle und ist nur darauf zu überprüfen, ob sie auf einer unrichtigen oder unzureichenden Sachverhaltsermittlung oder einer groben Fehleinschätzung beruht oder willkürlich getroffen worden ist.[262]

76

Daneben handelt es sich bei Hilfsmittelversorgungsverträgen mit Beitrittsrecht gem. § 127 Abs. 2, Abs. 2a SGB V nicht um Rahmenvereinbarungen iSv § 103 Abs. 5 GWB, § 21 VgV. Denn Rahmenvereinbarungen setzen gem. § 21 Abs. 2 VgV einen geschlossenen Teilnehmerkreis voraus. Sie sind nur zwischen den von Anbeginn an der Rahmenvereinbarung beteiligten Auftraggebern und Unternehmern zulässig. Ein nachträgliches Beitrittsrecht ist daher bei Rahmenvereinbarungen ausgeschlossen[263].

77

e) Besondere Versorgungsverträge. Verträge über eine besondere Versorgung iSv § 140a SGB V lassen sich ihrem Inhalt nach kaum typisieren. Das gilt insbesondere, wenn diese ein sog integrierte Versorgung zum Gegenstand haben. Aufgrund dessen kann die Entgeltlichkeit und damit auch die öffentliche Auftragsqualität von besonderen Versorgungsverträgen bereits nicht abstrakt-generell festgestellt werden. Es bedarf daher stets einer einzelfallabhängigen Würdigung der konkreten vertraglichen Gestaltung. Das stellt auch die Gesetzesbegründung zum GKV-OrgWG heraus[264]. Danach handele es sich bei integrierten Versorgungsverträgen in der Regel nicht um öffentliche Aufträge. Denn die Entscheidung über den Abruf der jeweiligen Leistung werde nicht von den Krankenkassen, sondern von den Versicherten getroffen, die die angebotenen Versorgungsformen in Anspruch nehmen können. Die Entscheidung im Einzelfall hinge jedoch von der konkreten Vertragsgestaltung ab und obliege den mit der Nachprüfung betrauten Vergabekammern und Landessozialgerichten[265].

78

---

[258] *Gabriel* VergabeR 2010, 142 (144); *Schickert/Schulz* MPR 2009, 1 (7); *Weiner* in Willenbruch/Wieddekind, 8. Teil Vergaben im Sozialrecht, Rn. 34.
[259] Dazu ausführlich → Rn. 223 ff.
[260] Vereinzelt wird in diesem Sinne sogar vertreten, Hilfsmittelversorgungsverträge nach § 127 Abs. 2, Abs. 2a SGB V seien grundsätzlich ausschreibungspflichtige öffentliche Aufträge: VK Bund Beschl. v. 12.11.2009 – VK 3-193/09; ebenso *Kingreen* NJW 2009, 3552 (3558); ähnlich *Dreher/Hoffmann* NZBau 2009, 273 (279).
[261] OLG Düsseldorf Beschl. v. 24.9.2014 – VII-Verg 17/14.
[262] OLG Düsseldorf Beschl. v. 24.9.2014 – VII-Verg 17/14.
[263] So auch *Esch* MPR 2010, 156 (160).
[264] BT-Drs. 16/10609, 52.

79 Zwar obliegt die tatsächliche Inanspruchnahme von Leistungen im Rahmen eines integrierten Versorgungsvertrags der autonomen Entscheidung der Versicherten. Jedoch ist bereits mit der Vorauswahl der vertragsbeteiligten Leistungserbringer durch die Krankenkasse eine Vorhersehbarkeit der späteren Inanspruchnahme durch die Versicherten verbunden[266]. Die Lenkungs- und Steuerungswirkung zugunsten der vertragsbeteiligten pharmazeutischen Unternehmer kann beispielsweise vorliegen, wenn Krankenkassen Vergünstigungen an die Inanspruchnahme der Leistungserbringer für ihre Versicherten knüpfen[267]. Als derartige Vergünstigungen kommen sowohl Boni für gesundheitsbewusstes Verhalten iSv § 65a SGB V als auch Zuzahlungsermäßigungen iSv § 53 Abs. 3 SGB V in Betracht. Die Steuerungswirkung ist noch intensiver, wenn integrierte Versorgungsverträge exklusiv mit einzelnen Leistungserbringern für bestimmte Indikationen und räumliche Bereiche abgeschlossen werden.

80 Bei einer derartigen Ausgestaltung eines integrierten Versorgungsvertrags ist dieser als entgeltlicher öffentlicher Auftrag iSv § 103 Abs. 1 GWB zu qualifizieren. Entgegen einer früher vereinzelt vertretenen Ansicht[268], handelt es sich damit bei integrierten Versorgungsverträgen nicht um Dienstleistungskonzessionen iSv § 105 Abs. 1 Nr. 2 GWB[269].

81 Mit der Ausschreibungspflicht von Verträgen im Zusammenhang mit der integrierten Versorgung beschäftigt sich auch eine jüngere Entscheidung des OLG Düsseldorf. Entscheidungsgegenständlich war dabei eine Fallkonstellation, in der ein von einer Krankenkasse im Rahmen der integrierten Versorgung beauftragtes Managementunternehmen mit einem Hersteller von Medizinprodukten einen Kooperationsvertrag schloss[270]. Die Krankenkasse hatte mit der Managementgesellschaft ohne vorherige Ausschreibung einen unbefristeten Vertrag zur integrierten Versorgung von an Diabetes leidenden Versicherten nach § 140a SGB V geschlossen. Aufgrund dieses Vertrags schloss die Managementgesellschaft ebenfalls ohne Ausschreibung einen Kooperationsvertrag mit einem Hersteller von Medizinprodukten über die Versorgung mit Blutzuckermessgeräten und Teststreifen. Nach dem Vertrag hatte der Hersteller die an der integrierten Versorgung teilnehmenden Versicherten ohne gesondert festgeschriebenes Entgelt mit dem Erstversorgungsbedarf bestimmter Medizinprodukte zu versorgen. In seiner Entscheidung stellte das OLG Düsseldorf fest, dass der Abschluss eines solchen Kooperationsvertrags vergaberechtswidrig sei und entschied, dass die Krankenkasse die Lieferungen aus diesem Vertrag nicht zulassen oder vergüten dürfe. Die Kooperationsvereinbarung qualifizierte der Vergabesenat als Rahmenvereinbarung iwS gem. § 4 EG VOL/A aF (jetzt: § 103 Abs. 5 GWB, § 21 VgV). Der Kooperationsvertrag allein rechne sich für den Hersteller der Produkte nicht, da er hiernach nur zur unentgeltlichen Lieferung von „Startersets" verpflichtet sei. Aufgrund der eingeführten Geschäftsverbindung zu Versicherten und Ärzten werde allerdings eine gute Ausgangslage für Folgelieferungen geschaffen. Die fehlende Exklusivität sei daher unerheblich. Schuldnerin des Vergütungsanspruchs sei dann die Krankenkasse, sodass die einzelnen Lieferaufträge entgeltliche öffentliche Aufträge darstellten. Die Rahmenvereinbarung betreffe damit eine entgeltliche Lieferung und unterliege daher dem Vergaberecht. Die Antragsgegnerin hätte die Folgeverträge entweder selbst ausschreiben oder die Managementgesellschaft zur Ausschreibung verpflichten müssen.

---

[265] BT-Drs. 16/10609, 52.
[266] Hierzu *Gabriel* in MüKoBeihilfeR VergabeR, SGB V Rn. 93.
[267] *Dreher/Hoffmann* NZBau 2009, 273 (280); *Baumeister/Struß* NZS 2010, 247 (249) und bereits *Koenig/Engelmann/Hentschel* MedR 2003, 562 (568): „*Versichertensteuerung durch Anreizwirkung*".
[268] So noch *Zuck* f&w 2002, 534 (536); *Hesselmann/Motz* MedR 2005, 498 (500); für eine einzelfallabhängige Beurteilung *Kaltenborn* GesR 2011, 1 (5).
[269] Dazu ausführlich *Gabriel* in MüKoBeihilfeR VergabeR, SGB V Rn. 94.
[270] OLG Düsseldorf Beschl. v. 1.8.2012 – VII-Verg 15/12.

Sofern ein besonderer Versorgungsvertrag iSv § 140a SGB V soziale oder andere besondere Dienstleistungen iSv § 130 Abs. 1 GWB iVm Anhang XIV der VRL zum Gegenstand hat, gelten auch für dessen Abschluss ab einem Auftragswert von mindestens 750.000 EUR die eingeschränkten vergaberechtlichen Vorgaben des § 130 GWB iVm §§ 64 ff. VgV. Auch im Unterschwellenbereich wurde die Rechtslage angepasst. So wurde der – vergleichsweise strenge – erste Abschnitt der VOL/A durch die UVgO ersetzt und mit § 49 UVgO eine Regelung eingeführt, die in Bezug auf Verträge nach § 140a SGB V besondere Relevanz besitzt, da diese regelmäßig Dienstleistungen zum Gegenstand haben. 82

2. EU-Schwellenwerte

Die für die Anwendung des EU/GWB-Vergaberechts maßgeblichen, am jeweiligen Auftragswert orientierten Schwellenwerte ergeben sich für gesetzliche Krankenkassen als Auftraggeber aus § 106 Abs. 2 Nr. 2 GWB iVm Art. 4 VRL. Danach gilt für Dienstleistungs- und Lieferaufträge ein Schwellenwert in Höhe von derzeit 221.000 EUR. 83

Der konkrete Wert eines bestimmten öffentlichen Auftrags bemisst sich anhand der nachgefragten Leistung. Er kann regelmäßig nicht bereits zu Beginn eines Vergabeverfahrens genau beziffert werden. Aufgrund dessen bestimmt § 3 VgV, dass zur Feststellung der Schwellenwerterreichung/-überschreitung ein geschätzter, an der Gesamtvergütung orientierter Auftragswert heranzuziehen ist. Dabei sind nach § 3 Abs. 1 S. 2 und 3 VgV ausdrücklich auch etwaige Optionen oder Vertragsverlängerungen sowie Prämien und sonstige Zahlungen an Bewerber oder Bieter zu berücksichtigen. In diesem Zusammenhang enthält § 3 VgV entsprechende Vorgaben, die durch den Auftraggeber zur Erstellung einer seriösen Prognose über den Auftragswert im Einzelnen zu beachten sind. Die Schätzung ist nach rein objektiven Kriterien durchzuführen und soll jenen Wert treffen, den ein umsichtiger und sachkundiger öffentlicher Auftraggeber nach sorgfältiger Prüfung des relevanten Marktsegments und auf dem Boden einer betriebswirtschaftlichen Finanzplanung veranschlagen würde[271]. 84

Der öffentliche Auftraggeber verfügt bei der Ermittlung des Auftragswerts über eine weite Beurteilungsprärogative. Diese findet ihre Grenzen allerdings insbesondere in dem Verbot einer missbräuchlichen Umgehung einer EU/GWB-vergaberechtlichen Ausschreibungspflicht durch absichtlich niedrige Schätzung oder sachwidrige Aufteilung des Auftrags nach § 3 Abs. 2 VgV. 85

Bei selektiven Verträgen der GKV zur Versorgung mit Arzneimitteln und Medizinprodukten handelt es sich grundsätzlich um Rahmenvereinbarungen iSv § 103 Abs. 5 GWB, § 21 VgV[272]. Dementsprechend ist bereits die Anzahl der späteren Einzelaufträge zu Beginn des Vergabeverfahrens ungewiss. Es bedarf deshalb einer Prognose des Gesamtauftragswerts. Der Gesamtauftragswert ist gem. § 3 Abs. 4 VgV auf Grundlage des geschätzten Gesamtwerts aller Einzelaufträge zu berechnen, die während der Laufzeit der Rahmenvereinbarung geplant sind. 86

Sofern ein (Liefer-)Auftrag in mehreren Losen vergeben wird, ist bei der Schätzung gem. § 3 Abs. 8 S. 1 VgV der Wert aller Lose zu addieren, soweit es sich iSv § 3 Abs. 8 S. 2 VgV um gleichartige Lieferungen handelt. 87

Ausgangspunkt für die Beurteilung, ob ein selektiver Versorgungsvertrag in der GKV über Arzneimittel und Medizinprodukte den maßgeblichen Schwellenwert überschreitet ist die prognostizierte Bruttoauftragssumme. Die Bruttoauftragssumme ist unter Zugrundelegung des Abgabepreises des pharmazeutischen Unternehmers (ApU) hinsichtlich aller wirkstoff- oder indikationsbezogenen Fachlose, der Anzahl der zu versorgenden 88

---

[271] OLG Düsseldorf Beschl. v. 8.5.2002 – Verg 5/02.
[272] → Rn. 238 ff.

Versicherten und der Dauer der Rahmenvereinbarung sowie dem erfahrungsgemäß zu erwartenden Bedarf pro Versichertem zu bestimmen. Aufgrund der spezifischen Konzeption entsprechender Versorgungsverträge, bei denen der Auftragnehmer einer Krankenkasse als Gegenleistung für die Einräumung exklusiver Versorgungsrechte einen Rabatt auf den ApU gewährt, sind auch die erwartete Rabatthöhe sowie die prognostizierte Umsetzungsquote[273] in Ansatz zu bringen. Schließlich gewinnt auch die Frage Relevanz, ob es sich um einen Ein-Partner- oder einen Mehr-Partner-Rabattvertrag handelt, da zu berücksichtigen ist, wie viele Rahmenvertragspartner beteiligt sind.

89 Soweit eine gesetzliche Krankenkasse ihren Bedarf an Arzneimitteln oder Medizinprodukten durch den Abschluss selektiver Versorgungsverträge sicherstellen will, wird der Gesamtauftragswert einer solchen, sich über mehrere Jahre erstreckenden Vereinbarung den entsprechenden Schwellenwert von 221.000 EUR regelmäßig überschreiten.

3. Ausnahmen

90 In den §§ 107 bis 109, 116 und 117 GWB sind abschließend[274] verschiedene Bereichsausnahmetatbestände vom GWB-Vergaberecht geregelt. Diese Ausnahmetatbestände tragen dem Umstand Rechnung, dass bestimmte Aufträge aus übergeordneten Gründen nicht dem EU/GWB-vergaberechtlichen Ausschreibungswettbewerb unterliegen sollen.

91 Ein wettbewerbliches Vergabeverfahren, bei dem der Grundsatz der Transparenz eine maßgebliche Bedeutung hat, erscheint bspw. in Bezug auf militärische und sonstige sicherheitsrelevante Beschaffungsvorgänge im Hinblick auf die notwendige Wahrung staatlicher Sicherheitsinteressen regelmäßig ungeeignet. Das gilt auch für die Arzneimittelbeschaffung für die Angehörigen des Militärs. Medikamente und Impfstoffe für die Bundeswehr werden unter Inanspruchnahme entsprechender Ausnahmevorschriften grundsätzlich im Verhandlungsverfahren ohne vorherige Bekanntmachung[275] beschafft. Darüber hinaus greift die europäische Ausschreibungspflicht nicht in Fällen, in denen ein grenzüberschreitendes, dh vor allem binnenmarktrelevantes Potential fehlt.

92 Für den Bereich selektiver Versorgungsverträge in der GKV besitzen die übrigen Bereichsausnahmetatbestände regelmäßig eine zu vernachlässigende, untergeordnete Bedeutung.

C. Überblick und Besonderheiten der Ausschreibung von GKV-Versorgungsverträgen über Arzneimittel und Medizinprodukte

93 Das Vergaberecht stellt den objektiven und abstrakten Rechtsrahmen für die Vergabe öffentlicher Aufträge dar. Von wenigen Sondervergaberechtsregimen abgesehen, kommen die allgemeinen GWB-vergaberechtlichen Vorschriften auf jeglichen Beschaffungsgegenstand gleichermaßen zur Anwendung. Die entsprechenden Spezifika des jeweiligen Beschaffungsgegenstands wirken sich deshalb nicht nur auf die vergaberechtliche Ausschreibungsbedürftigkeit[276], sondern auch auf die tatsächliche Ausschreibung diesbezüglicher Verträge aus.

---

[273] In der Rechtsprechung wird im Rahmen der Streitwertberechnung bei Arzneimittelrabattverträgen nach § 130a Abs. 8 SGB V von einer Umsetzungsquote in Höhe von 70 % ausgegangen, vgl. OLG Düsseldorf Beschl. v. 11.5.2011 – VII-Verg 4/11; LSG Baden-Württemberg Beschl. v. 17.2.2009 – L-11 WB 381/09; LSG Nordrhein-Westfalen Beschl. v. 11.11.2010 – L 21 SF 52/10.
[274] BT-Drs. 13/9340, S. 15.
[275] Zum Verhandlungsverfahren → Rn. 156 ff.
[276] → Rn. 33 ff.

Diese betreffen insbesondere die vergaberechtliche Vergleichbarkeit von wirkstoffverschiedenen Arzneimitteln, Anforderungen an vergaberechtsgemäße Leistungsbeschreibungen, die Bildung von Losen, Eignungsanforderungen sowie die Wertung der angebotenen Rabatte und Arzneimittel. Ein Sonderproblem stellt die wettbewerbsrechtliche Relevanz kassenseitig zentrierter Ausschreibungen von selektiven Versorgungsverträgen, insbesondere hinsichtlich Zytostatika dar.

Diese ausschreibungsrelevanten Besonderheiten der jeweiligen GKV-Versorgungsverträge werden im Folgenden zusammenfassend dargestellt.

I. Grundlagen der Ausschreibung

Vor der öffentlichen Ausschreibung eines Auftrags ist durch den Auftraggeber die notwendige Ausschreibungsreife herzustellen. Dazu muss zweifelsfrei feststehen, welche Einrichtung die Ausschreibung als öffentlicher Auftraggeber vornimmt und welcher Beschaffungsbedarf im Einzelnen besteht.

1. Öffentlicher Auftraggeber

Vor Beginn der öffentlichen Ausschreibung muss die Person des öffentlichen Auftraggebers feststehen.

Insbesondere bei dem Abschluss von Rabattverträgen nach § 130a Abs. 8 SGB V über generische und patentgeschützte Arzneimittel erfolgt grundsätzlich eine autonome Ausschreibung durch eine bestimmte gesetzliche Krankenkasse. Allerdings gehen die Krankenkassen vielfach dazu über, gemeinsame Verträge abzuschließen. Das ist etwa bei Arzneimittelrabattverträgen nach § 130a Abs. 8 SGB V bei gemeinsamen Ausschreibungen der allgemeinen Ortskrankenkassen der Fall[277]. Darüber hinaus kam es in der Vergangenheit bei der Beschaffung von saisonalem Grippeimpfstoff sowohl auf Apotheken- als auch auf Herstellerebene zu einer Bedarfsbündelung durch gemeinsame Ausschreibungen mehrerer bzw. aller gesetzlichen Krankenkassen innerhalb eines bestimmten Bundeslands. Die Ausschreibungspflicht von Impfstoffverträgen ist mit Einführung des AMVSG weggefallen[278].

Die kassenseitig zentrierte Ausschreibung von GKV-Selektivverträgen birgt indes die Gefahr, als Nachfragekartell gegen § 1 GWB iVm § 69 Abs. 2 S. 1 SGB V zu verstoßen. Diese können zudem wegen des Missbrauchs einer marktbeherrschenden bzw. marktstarken Stellung entsprechend §§ 19, 20 GWB iVm § 69 Abs. 2 S. 1 SGB V zu einem Anspruch auf Unterlassung des Zuschlags nach § 33 GWB iVm § 69 Abs. 2 S. 1 SGB V führen[279]. In der Vergangenheit sind diese kartellrechtlichen Implikationen von kassenseitig zentrierten Ausschreibungen insbesondere bei der Ausschreibung von Impfstoffversorgungsverträgen auf Apotheken- wie auf Herstellerebene praxisrelevant geworden[280]. Während sich die in Rede stehenden kartellrechtlichen Probleme grundsätzlich bei allen Formen selektiver GKV-Versorgungsverträge stellen können, besaßen diese für Impf-

---

[277] Vgl. BT-Drs. 17/1423, 26.

[278] S. dazu LG Hannover Urt. v. 15.6.2011 – 21 O 25/11; VK Bund Beschl. v. 1.3.2012 – VK 2-5/12; OLG Düsseldorf Beschl. v. 27.6.2012 – VII-Verg 7/12; VK Bund Beschl. v. 21.3.2012 – VK 3-57/12.

[279] Zur kartellrechtlichen Relevanz solcher Nachfragekonzentrationen gesetzlicher Krankenkassen auch *Möschel* JZ 2007, 601.

[280] Zur gemeinsamen Ausschreibung von Impfstoffversorgungsverträgen auf Apothekenebene: VK Bund Beschl. v. 2.12.2010 – VK 3- 120/10; OLG Düsseldorf Beschl. v. 13.4.2011 – VII-Verg 3/11; LG Hannover Urt. v. 15.6.2011 – 21 O 25/11 sowie zur gemeinsamen Ausschreibung von Impfstoffversorgungsverträgen auf Ebene der pharmazeutischen Hersteller: VK Bund Beschl. v. 1.3.2012 – VK 2-5/12; OLG Düsseldorf Beschl. v. 27.6.2012 – VII-Verg 7/12; VK Bund Beschl. v. 21.3.2012 – VK 3-57/12.

stoffversorgungsverträge noch eine gesteigerte Relevanz. Das war durch den Umstand bedingt, dass die gesetzlichen Krankenkassen hinsichtlich der Nachfrage von Grippeimpfstoffen als sachlich relevantem Markt ungefähr einen Marktanteil von über 90 % innerhalb des jeweiligen Bundeslandes als örtlich relevantem Markt aufwiesen. Des Weiteren zielten die Auftraggeber bei solchen Verträgen ausdrücklich darauf ab, innerhalb der jeweiligen Gebietslose nur von den Ausschreibungsgewinnern Grippeimpfstoffe zu beziehen[281]. Der Vertragsabschluss führte also zumindest zu einer zeitweiligen Monopolisierung des Markts zu Gunsten des obsiegenden pharmazeutischen Unternehmers (oder der Apotheke) bei gleichzeitiger Erzwingung exzeptioneller Sonderkonditionen iSv § 20 Abs. 3 GWB. Durch Inkrafttreten des AMVSG wurde dieses Problem vom Gesetzgeber gelöst. Die Möglichkeit zur Ausschreibung exklusiver Impfstoffverträge wurde aus dem Gesetz gestrichen.[282]

100 Die Frage, ob im Rahmen eines vergaberechtlichen Nachprüfungsverfahrens auch die Einhaltung kartellrechtlicher Vorschriften durch den öffentlichen Auftraggeber Prüfungsgegenstand sein kann, war lange umstritten. Die Rechtsprechung lehnt die Überprüfung kartellrechtlicher Vorschriften in einem Vergabenachprüfungsverfahren grundsätzlich ab[283]. Gestützt wird das vor allem auf §§ 160 Abs. 2 S. 1, 97 Abs. 6 GWB, wonach Prüfungsgegenstand eines Nachprüfungsverfahrens die Frage ist, ob ein Auftraggeber die Bestimmungen *„über das Vergabeverfahren"* einhält. Zu diesen gehören die kartellrechtlichen Vorschriften des GWB nach Auffassung der Rechtsprechung jedoch nicht, da sich diese auf Verstöße außerhalb eines Vergabeverfahrens bezögen.[284] Ob etwa eine gemeinsame Beschaffung mehrerer öffentlicher Auftraggeber ein mit § 1 GWB unvereinbares Nachfragekartell darstellt, sei eine Frage, die dem Vergabeverfahren als solchem vorgelagert ist und für die die Zuständigkeit des Bundeskartellamt eröffnet sei.[285] Darüber hinaus wird auf einen *„eindeutigen Zielkonflikt"*[286] zwischen kartellrechtlichen Prüfungen und dem vergaberechtlichen Beschleunigungsgrundsatz nach § 167 GWB verwiesen. Umfangreiche kartellrechtliche Markterhebungen seien im Rahmen eines Nachprüfungsverfahrens nicht zu leisten[287]. Rechtsschutz gegen kartellrechtliche Verstöße öffentlicher Auftraggeber

---

[281] S. Vorauflage → § 14 Rn. 80 ff.

[282] S. hierzu auch schon → § 13 Rn. 15 ff. sowie § 14 Rn. 98 ff.

[283] So OLG Düsseldorf Beschl. v. 4.5.2009 – VII-Verg 68/08; OLG Düsseldorf Beschl. v. 6.12.2004 – VII-Verg 79/04; OLG Düsseldorf Beschl. v. 22.5.2002 sowie v. 10.4.2002 – VII-Verg 6/02; LSG Nordrhein-Westfalen Beschl. v. 22.7.2010 – L 21 KR 152/10 SFB; LSG Nordrhein-Westfalen Beschl. v. 8.10.2009 – L 21 KR 44/09 SFB; LSG Nordrhein-Westfalen Beschl. v. 15.4.2009 – L 21 KR 37/09 SFB; LSG Nordrhein-Westfalen Beschl. v. 9.4.2009 – L 21 KR 29/09 SFB; LSG Nordrhein-Westfalen Beschl. v. 26.3.2009 – L 21 KR 26/09 SFB mAnm *Ulshöfer* VergabeR 2009, 931 (932); LSG Nordrhein-Westfalen Beschl. v. 30.1.2009 – L 21 KR 1/08; LSG Baden-Württemberg Beschl. v. 23.1.2009 – L 11 WB 5971/08 mAnm *Gabriel* VergabeR 2009, 465; VK Bund Beschl. v. 27.7.2016 – VK 2–63/16; VK Bund Beschl. v. 27.7.2016 – VK 2–65/16. VK Bund Beschl. v. 1.3.2012 – VK 2–5/12; VK Bund Beschl. v. 1.2.2011 – VK 3–135/10; VK Bund Beschl. v. 27.3.2009 – VK 3–46/09; VK Bund Beschl. v. 22.3.2009 – 3–22/09; VK Bund Beschl. v. 16.3.2009 – VK 3–37/09; VK Bund Beschl. v. 23.1.2009 – VK 3–194/08; VK Bund Beschl. v. 15.11.2007 – VK 2–102/07; VK Baden-Württemberg Beschl. v. 27.11.2008 – VK 52/08; VK Bund Beschl. v. 31.10.2007 – VK 31/2007-L.

[284] LSG Nordrhein-Westfalen Beschl. v. 22.7.2010 – L21 SF 152/10; VK Brandenburg Beschl. v. 27.8.2010 – VK 20/10; LSG Berlin-Brandenburg Beschl. v. 22.10.2010 – L 1 SF 214/10; LSG Nordrhein-Westfalen Beschl. v. 23.4.2009 – L 21 KR 36/09 SFB; ebenso OLG Düsseldorf Beschl. v. 4.5.2009 – VII-Verg 68/08; LSG Nordrhein-Westfalen Beschl. v. 28.4.2009 – L 21 KR 44/09 SFB; VK Bund Beschl. v. 1.2.2011 – VK 3–135/10; VK Bund Beschl. v. 29.4.2010 – VK 2–20/10; VK Nordbayern Beschl. v. 30.10.2009 – 21.VK3194-32/09.

[285] VK Bund Beschl. v. 27.7.2016, VK 2–63/16; VK Bund Beschl. v. 27.7.2016, VK 2–65/16.

[286] VK Bund Beschl. v. 23.1.2009 – VK 3–194/08; ebenso VK Bund Beschl. v. 27.3.2009 – VK 3–46/09; VK Bund Beschl. v. 29.1.2009 – VK 3–200/08; VK Bund Beschl. v. 12.12.2008 – VK 2–136/08.

[287] VK Bund Beschl. v. 27.3.2009 – VK 3–46/09; VK Bund Beschl. v. 23.1.2009 sowie 20.3.2009 – VK 3–194/08; vgl. auch VK Bund Beschl. v. 1.2.2011 – VK 3–135/10.

im Zusammenhang mit einem Vergabeverfahren kann dementsprechend grundsätzlich nur im Wege eines förmlichen Kartellprüfverfahrens vor dem BKartA erlangt werden.

Ausnahmsweise wird die Geltendmachung kartellrechtlicher Verstöße und deren Überprüfung in einem Vergabenachprüfungsverfahren jedoch auch von der Rechtsprechung zugelassen, wenn sich ein solcher Kartellrechtsverstoß zugleich als Verstoß gegen Vergaberecht darstellt, wozu eine vergaberechtliche Anknüpfungsnorm erforderlich ist.[288] So erkannte die 2. Vergabekammer des Bundes in einer Entscheidung im Zusammenhang mit der – zu diesem Zeitpunkt vergaberechtlich vorgeschriebenen – Ausschreibung einer saisonalen Influenzarabattvereinbarung nach § 132e Abs. 2 aF iVm. § 130a Abs. 8 SGB V an, dass eine materiell-rechtliche Prüfung kartellrechtlicher Regelungen zumindest insoweit erfolgen könne, als diese einen konkreten Anknüpfungspunkt zum Vergabeverfahren besitzen, *„sich also in Vorschriften des Vergabeverfahrens spiegeln"*[289]. In der Beschwerdeinstanz bejahte das OLG Düsseldorf die Berücksichtigungsfähigkeit solcher kartellrechtlicher Verstöße des Auftraggebers, die ohne zeitaufwändige Untersuchung einwandfrei festzustellen sind, im Rahmen eines Vergabenachprüfungsverfahrens[290]. Ob sich nach dem Wegfall der Ausschreibungspflicht für Impfstoffversorgungsverträge hierfür weitere Anwendungsfelder finden lassen, bleibt abzuwarten.

101

2. Gegenstand der Ausschreibung

a) Bestimmung des Beschaffungsbedarfs. Als zweiten Schritt hat der öffentliche Auftraggeber seinen Beschaffungsbedarf zu definieren. Dabei steht ihm grundsätzlich ein weites Bestimmungsrecht iSe Einschätzungsprärogative zu, ob und welchen Gegenstand er wie beschaffen will[291]. Innerhalb dieser Einschätzungsprärogative unterliegen die Entscheidungen des Auftraggebers nicht der Überprüfung durch die Vergabenachprüfungsinstanzen. Gegenstand eines Nachprüfungsverfahrens ist dementsprechend nicht, ob die Art und Weise, in der der öffentliche Auftraggeber seinen Beschaffungsbedarf definiert hat, tatsächlich zweckmäßig ist oder durch eine andere Ausschreibungsgestaltung effektiver hätte nachgefragt werden können. Allerdings sind der Beschaffungsbedarfsautonomie des Auftraggebers Grenzen gesetzt. So darf er nicht offen oder versteckt ein bestimmtes Produkt bevorzugen und andere Anbieter diskriminieren. Vielmehr müssen die Produktanforderungen objektiv auftrags- und sachbezogen sein und auf einer nachvollziehbaren Begründung beruhen.

102

Um möglichst vielen Bietern einen Zugang zum Ausschreibungswettbewerb zu ermöglichen, verpflichtet § 31 Abs. 6 VgV den Auftraggeber dazu, bei der Bestimmung seines Beschaffungsbedarfs und der Erstellung der Leistungsbeschreibung produktneutral vorzugehen.

103

In welchem Verhältnis das Gebot der produktneutralen Ausschreibung zum Leistungsbestimmungsrecht des Auftraggebers steht, wird in der Rechtsprechung unterschiedlich beurteilt. Daraus ergeben sich verschiedene Konsequenzen für die Durchführung eines Vergabeverfahrens. Das OLG Düsseldorf[292] und das OLG München[293] gehen davon aus, dass die Bestimmung des Auftraggebers über den Beschaffungsgegenstand der Ausschreibung und Vergabe vorgelagert und eine vorhergehende Markterforschung oder Markterkundung entbehrlich sei. Demgegenüber gehen das OLG Jena[294] und das OLG Celle[295]

104

---

[288] Vgl. *Schüttpelz/Dicks* in Prieß/Lau/Kratzenberg, FS Marx, 691 (702 f.); *Dreher* NZBau 2013, 665 (673).
[289] Vgl. VK Bund Beschl. v. 1.3.2012, VK 2–5/12.
[290] OLG Düsseldorf Beschl. v. 27.6.2012 – VII-Verg 7/12.
[291] VK Bund Beschl. v. 8.1.2004 – VK 1–117/03; OLG Düsseldorf Beschl. v. 27.6.2012 – VII-Verg 7/12.
[292] OLG Düsseldorf Beschl. v. 27.6.2012 – VII-Verg 7/12.
[293] OLG München Beschl. v. 9.9.2010 – Verg 10/10 sowie Beschl. v. 28.6.2007 – Verg 7/07.

davon aus, dass der Auftraggeber sich zunächst einen Marktüberblick verschaffen und dann begründen müsse, warum eine andere als die von ihm gewählte Lösung nicht in Betracht komme. Relevant wurde diese unterschiedliche Akzentuierung etwa im Zusammenhang mit der Ausschreibung von Impfstoffversorgungsverträgen iSv § 132e Abs. 2 aF iVm § 130a Abs. 8 SGB V, wo es um Details der Alterszulassung eines Impfstoffs bzw. die konkreten Applikationshilfen (Fertigspritzen mit abnehmbarer oder feststehender Kanüle) ging.

105 **b) Eindeutige und erschöpfende Leistungsbeschreibung.** Die Leistungsbeschreibung stellt einen elementaren Bestandteil jeder vergaberechtlichen Ausschreibung dar. Der im Rahmen seiner Bestimmungsautonomie festgelegte Beschaffungsbedarf des öffentlichen Auftraggebers manifestiert sich in der Leistungsbeschreibung rechtsverbindlich nach außen. Sie legt den sachlichen Gehalt der Angebote und den Inhalt des abzuschließenden Vertrags fest[296].

106 Für die Ausschreibung von Arzneimittellieferverträgen haben das Gebot der produktneutralen Ausschreibung[297] sowie die Pflicht zur eindeutigen und erschöpfenden Ausgestaltung der Leistungsbeschreibung besondere Relevanz[298]. Nach § 121 Abs. 1 GWB hat der öffentliche Auftraggeber die ausschreibungsgegenständliche Leistung so eindeutig und erschöpfend zu beschreiben, dass alle Bewerber diese in gleichem Sinne verstehen müssen und miteinander vergleichbare Angebote zu erwarten sind, um eine vergleichende Wertung eingereichter Angebote vornehmen zu können.

107 Ausschreibungspflichtige GKV-Selektivverträge zeichnen sich allgemein sowohl durch die besonderen Leistungen – Gewährung eines Rabatts durch den pharmazeutischen Unternehmer und absatzfördernder, exklusiver Bezug durch die Krankenkasse – als auch durch den Einfluss sozialrechtlicher Vorgaben aus[299]. Gleichzeitig werden entsprechende Verträge als Rahmenvereinbarung oftmals mit mehreren Vertragspartnern auf Auftragnehmerseite[300] für einen mehrjährigen Zeitraum geschlossen. Damit wird die Umsetzung eines selektiven GKV-Arzneimittelversorgungsvertrags, dh der tatsächliche exklusive Arzneimittelbezug von dem vertragsbeteiligten pharmazeutischen Unternehmer zu den festgelegten Rabattkonditionen, durch eine Vielzahl grundsätzlicher sowie einzelfallabhängiger Faktoren beeinflusst, die außerhalb der Sphäre der vertragsbeteiligten Parteien liegen. Auf Seiten des pharmazeutischen Unternehmers stellt jedoch gerade die prognostizierte Menge der während der Vertragslaufzeit abzugebenden Arzneimittel eine wesentliche Grundlage zur Kalkulation von Rabattsätzen dar[301]. Je größer die zu erwartende Absatzmenge ist, desto höher dürfte in der Regel der Rabatt ausfallen[302]. Diese Umstände müssen im Rahmen der Leistungsbeschreibung Berücksichtigung finden:
Soweit es für die ausschreibende Krankenkasse möglich und zumutbar ist, sind die Verordnungs- und Abgabevolumina in Bezug auf den ausschreibungsgegenständlichen Wirkstoff für einen in der jüngeren Vergangenheit liegenden Refrenzzeitraum und nach

---

[294] OLG Jena Beschl. v. 26.6.2006 – Verg 2/06.
[295] OLG Celle Beschl. v. 22.5.2008 – 13 Verg 1/08.
[296] Vgl. *Prieß/Simonis* in Kulartz/Kus/Portz, GWB-Vergaberecht, § 121 Rn. 1 ff.
[297] Dazu bereits → Rn. 104 ff.
[298] Eine ausführlich kommentierte Musterrüge, die eine nicht eindeutige und erschöpfende Leistungsbeschreibung im Zusammenhang mit der Vergabe eines Arzneimittelrabattvertrags nach § 130a Abs. 8 SGB V zum Gegenstand hat, findet sich in *Gabriel* in *Stief/Bromm*, Vertragshandbuch Pharma und Life Sciences.
[299] → Rn. 32 ff.
[300] → Rn. 233 ff.; sowie *Gabriel* VergabeR 2012, 490.
[301] Vgl. VK Bund Beschl. v. 28.7.2009 – VK 3–142/09; *Anders/Knöbl* PharmR 2009, 607 (608).
[302] Vgl. VK Bund Beschl. v. 28.7.2009 – VK 3–142/09.

Wirkstoffstärke, Darreichungsform und Packungsgröße untergliedert in der Leistungsbeschreibung anzugeben[303]. Unzureichend und deshalb vergaberechtswidrig ist es hingegen, wenn eine Krankenkasse lediglich die selbst berechnete tägliche Wirkstoffmenge/-gewicht (sog Daily Defined Dosis) angibt[304].

c) **Ausschreibungsgestaltungen.** Bei der Beschaffung von Arzneimitteln durch die gesetzlichen Krankenkassen ist mit der Festlegung des Beschaffungsbedarfs grundsätzlich auch die Entscheidung darüber verbunden, ob eine wirkstoffbezogene oder eine indikationsbezogene Ausschreibung erfolgen soll. Diese Entscheidung ist regelmäßig in Abhängigkeit von dem jeweiligen Vertragsgegenstand und den tatsächlichen Marktverhältnissen zu treffen. 108

Besondere Bedeutung besitzt dabei der Umstand, ob für das jeweilige Arzneimittel, das zum Gegenstand eines öffentlich zu vergebenen GKV-Selektivvertrags gemacht werden soll, die Substitutionspflicht des § 129 Abs. 1 S. 3 SGB V gilt. Denn mit der Substitutionspflicht wird einerseits von Gesetzes wegen ein Wettbewerb zwischen wirkstoffidentischen Arzneimitteln begründet. An diesem gesetzlichen Wettbewerb kann sich eine Krankenkasse als Auftraggeber rechtssicher bei der Ausgestaltung der Leistungsbeschreibung orientieren, indem ausdrücklich bestimmte Wirkstoffe nachgefragt werden. Andererseits stellen die durch die Substitutionspflicht begründeten Lenkungs- und Steuerungswirkungen für den Arzneimittelabsatz des selektivvertragsbeteiligten pharmazeutischen Unternehmers eine effektive Umsetzung des auszuschreibenden GKV-Selektivvertrags sicher. Soweit die Substitutionspflicht des § 129 Abs. 1 S. 3 SGB V gilt, ist eine wirkstoffbezogene Ausschreibung dementsprechend im Regelfall der praktikabelste Weg, um einen GKV-Selektivvertrag rechtssicher auszuschreiben. 109

Für Arzneimittel, die nicht der Substitutionspflicht nach § 129 Abs. 1 S. 3 SGB V unterliegen, bestehen diese Möglichkeiten nicht. Es obliegt hier vielmehr den gesetzlichen Krankenkassen, bei der Ausgestaltung der Leistungsbeschreibung und der Festlegung von Wertungskriterien zu bestimmen, welche Arzneimittel in einen Ausschreibungswettbewerb miteinander gestellt werden sollen. Zudem muss die effektive Umsetzung eines solchen Selektivvertrags durch individualvertragliche Exklusivitätsvereinbarungen sichergestellt werden. Das führt in der Praxis regelmäßig zu besonderen Schwierigkeiten. Mit den vergaberechtlichen Grundsätzen der Wettbewerblichkeit und Nichtdiskriminierung sowie dem Gebot, die Leistungsbeschreibung eindeutig und erschöpfend auszugestalten ist es grundsätzlich unvereinbar, wenn verschiedene Arzneimittel in einen Ausschreibungswettbewerb miteinander gestellt werden, zwischen denen tatsächlich jedoch kein Wettbewerb besteht. Dementsprechend war und ist die vergaberechtskonforme Ausgestaltung der Leistungsbeschreibung regelmäßiger Gegenstand vergaberechtlicher Streitigkeiten. In Teilbereichen konnte sich deshalb bereits eine differenzierte Judikatur der Nachprüfungsinstanzen herausbilden. Die dort aufgestellten Anforderungen werden nachfolgend zusammenfassend unter Berücksichtigung der individuellen Spezifika der jeweiligen Vertragsgegenstände behandelt. 110

aa) **Generische Präparate.** Der Abschluss von Arzneimittelrabattverträgen nach § 130a Abs. 8 SGB V über generische Präparate erfolgt in der Praxis regelmäßig im Wege wirkstoffbezogener Ausschreibungen iSv § 24b Abs. 2 AMG. Dabei bestimmt die jeweilige Krankenkasse ihren Arzneimittelbedarf zumeist durch die Bildung von Vergleichsgruppen (auch: Preisvergleichsgruppen). Hierbei wird ein konkreter einzelner Wirkstoff benannt, jedoch kein konkretes Arzneimittel nachgefragt. Eine ausschreibende Krankenkasse stellt damit sämtliche sich auf dem Markt befindlichen und arzneimittelrechtlich 111

---

[303] Vgl. LSG Baden-Württemberg Beschl. v. 27.2.2008 – L 5 KR 507/08 ER-B, L 5 KR 508/08 W-A, mAnm v. *Czettritz* PharmR 2008, 253; VK Bund Beschl v. 15.11.2007 – VK 2–102/07.
[304] VK Bund v. 10.4.2008 – VK 2–37/08; *Kamann/Gey* PharmR 2009, 114.

zugelassenen generischen Medikamente, die diese Wirksubstanz beinhalten, in einen Ausschreibungswettbewerb.

112 Daneben erfolgt bei der Ausschreibung von Arzneimittelrabattverträgen über generische Präparate in der Praxis grundsätzlich eine wettbewerbliche Einteilung in wirkstoffbezogene Fachlose[305]. In Anlehnung an die Voraussetzungen für die Substitution eines rabattvertragsgegenständlichen Pharmazeutikums nach § 129 Abs. 1 S. 3 SGB V stellen die ausschreibenden gesetzlichen Krankenkassen generische Präparate lediglich innerhalb einer Vergleichsgruppe in einen Ausschreibungswettbewerb miteinander. Innerhalb einer Vergleichsgruppe werden also nur solche Präparate zusammengefasst, die iSv § 129 Abs. 1 S. 3 SGB V sowohl in Wirkstärke und Packungsgröße identisch als auch für ein gleiches Anwendungsgebiet zugelassen sind und die gleiche oder eine austauschbare Darreichungsform besitzen.

113 Die Rechtsprechung erkennt mittlerweile allgemein an, dass die Beschreibung des Beschaffungsbedarfs anhand der Bezugnahme auf Pharmazentralnummern (PZN) sowie der Vorgabe eines vor dem Zeitpunkt der EU-Bekanntmachung liegenden Stichtags, ab dem die angebotsgegenständlichen Arzneimittel in der Lauer-Taxe[306] gelistet sein müssen, erfolgen kann, ohne dass hierdurch gegen den Grundsatz der Produktneutralität verstoßen wird[307].

114 Um dem Gebot einer eindeutigen und erschöpfenden Leistungsbeschreibung vor dem Hintergrund von Mengenprognoserisiken zu Lasten der Bieter[308] hinreichend Rechnung zu tragen, wird der bezifferten Angabe der Verordnungs- und Abgabevolumina – bezogen auf die ausschreibungsgegenständlichen Wirkstoffe und einen in der jüngeren Vergangenheit liegenden Referenzzeitraum – von der Rechtsprechung besondere Bedeutung beigemessen[309]. Dabei sind die in der Leistungsbeschreibung anzugebenden arzneimittelbezogenen Verordnungsdaten, soweit diese Daten auf Seiten der Krankenkasse vorhanden bzw. mit angemessenem Aufwand beschaffbar sind, entsprechend der Substitutionskriterien gem. § 129 Abs. 1 S. 3 SGB V nach Wirkstoffstärke, Darreichungsform und Packungsgröße untergliedert, mitzuteilen.

115 Dass eine Krankenkasse statt der Mitteilung dieser branchenüblichen Angaben in der Leistungsbeschreibung lediglich die selbst berechnete tägliche Wirkstoffmenge bzw. das selbst berechnete tägliche Wirkstoffgewicht (sog. Daily Defined Dosis) mitteilt, wurde demgegenüber als unzureichend und vergaberechtswidrig erachtet[310].

116 Darüber hinaus haben ausschreibende Krankenkassen etwaige aktuelle Gesetzgebungsverfahren durch entsprechend flexible Vorgaben in der Leistungsbeschreibung zu berücksichtigen, um unkalkulierbare Risiken für die Bieter bei der Angebotserstellung zu vermeiden[311]. Dazu kann bspw. die Angebotsfrist bis zu einem Zeitpunkt nach dem „mate-

---

[305] → Rn. 176 ff.
[306] Große Deutsche Spezialitätentaxe (sog. Lauer-Taxe). Die Lauer-Taxe enthält die Daten aller bei der Informationsstelle für Arzneispezialitäten GmbH (IfA) gemeldeten Fertigarzneimittel und apothekenüblichen Waren, die in Deutschland für den Handel zugelassen sind.
[307] LSG Nordrhein-Westfalen Beschl. v. 8.10.2009 – L 21 KR 39/09 SFB; LSG Nordrhein-Westfalen Beschl. v. 9.4.2009 – L 21 KR 27/09 SFB; VK Bund Beschl. v. 20.3.2009 – VK 3–55/09; VK Bund Beschl. v. 18.3.2009 – VK 3–25/09. Zur vergaberechtlichen Bedeutung von PZN in Rabattvertragsausschreibungen eingehend *Kamann/Gey* PharmR 2009, 114 (119); *Willenbruch* PharmR 2009, 543 (544); *Goodarzi/Jansen* NZS 2010, 427 (434 f.).
[308] Dazu grundsätzlich bereits → Rn. 107.
[309] LSG Baden-Württemberg Beschl. v. 27.2.2008 – L 5 KR 507/08 ER-B, L 5 KR 508/08 W-A, mAnm *v. Czettritz* PharmR 2008, 253; VK Bund Beschl v. 15.11.2007 – VK 2–102/07.
[310] VK Bund v. 10.4.2008 – VK 2–37/08; *Kamann/Gey* PharmR 2009, 114.
[311] Vgl. zu den Auswirkungen des (damals) laufenden Gesetzgebungsverfahrens zum GKV-OrgWG auf eine Hilfsmittelausschreibung: VK Bund Beschl. v. 12.12.2008 – VK 2–136/08 und zur Änderung der Packungsgrößenverordnung VK Bund Beschl. v. 1.2.2011 – VK 3–126/10; VK Bund Beschl. v. 1.2.2011 – VK 3–135/10 sowie *Nitz* PharmR 2011, 208.

riellen" Abschluss des Gesetzgebungsverfahrens verlängert bzw. bemessen werden, den Bietern die Gelegenheit eingeräumt werden, hinsichtlich des Preises Alternativangebote für den Fall einer entsprechenden Gesetzesänderung abzugeben oder ein vertragliches Sonderkündigungsrecht eingeräumt werden[312].

bb) Patentgeschützte Originalpräparate. Rabattverträge nach § 130a Abs. 8 SGB V über patentgeschützte Originalpräparate unterliegen anderen Rahmenbedingungen als Rabattverträge über Generika. Für patentgeschützte Originalpräparate findet die Substitutionspflicht des Apothekers nach § 129 Abs. 1 S. 3 SGB V keine Anwendung[313]. Zwar entspricht es gefestigter Rechtsprechung, dass keine vergaberechtliche Pflicht besteht, eine Rabattvertragsausschreibung auf Arzneimittel zu beschränken, die untereinander nach § 129 Abs. 1 S. 3 SGB V substituierbar sind[314]. Bei der Bestimmung des Beschaffungsbedarfs und dessen Wiedergabe in der Leistungsbeschreibung kann sich eine Krankenkasse dann allerdings nicht an den Substitutionskriterien des § 129 Abs. 1 S. 3 SGB V orientieren. Da es im Fall chemisch-synthetisch hergestellter Originalpräparate mit Wirkstoffpatentschutz zudem bereits aus patentrechtlichen Gründen keine (zugelassenen) wirkstoffgleichen (anderen) Arzneimittel geben kann[315], stellt sich die Frage, ob bzw. wie es hinsichtlich des Abschlusses eines Rabattvertrags nach § 130a Abs. 8 SGB V, der patentgeschützte Originalpräparate zum Gegenstand hat, auf Seiten der pharmazeutischen Unternehmer überhaupt einen (Ausschreibungs-)Wettbewerb geben kann. Denn ein Vertragswettbewerb setzt notwendigerweise voraus, dass mehrere potentielle Vertragspartner zu Verfügung stehen. Insofern kommt es auf die konkrete Ausschreibungsgestaltung im konkreten Einzelfall an.

117

aaa) Indikationsbezogene Ausschreibung. Um einen Ausschreibungswettbewerb im Bereich patentgeschützter Arzneimittel zu begründen, kann eine gesetzliche Krankenkasse ihren Beschaffungsbedarf indikationsbezogen definieren. Gegenstand des Ausschreibungswettbewerbs sind dann sämtliche Präparate, die zur Behandlung der jeweiligen medizinischen Indikation zugelassen sind. Ein effektiver Wettbewerb kann jedoch nur dann begründet werden, wenn die einbezogenen Arzneimittel auch tatsächlich miteinander vergleichbar sind. Denn bei einer fehlenden Vergleichbarkeit könnte ein Rabattvertrag nicht effektiv umgesetzt werden. Voraussetzung dafür ist schließlich, dass für die Behandlung der im Rabattvertrag bestimmten Indikation tatsächlich eine möglichst freie Auswahl zwischen den geeigneten Arzneimitteln besteht. Lediglich dann können vertragliche Exklusivitätsvereinbarungen dazu führen, dass die jeweilige medizinische Indikation vorrangig mit dem rabattvertragsgegenständlichen Arzneimittel behandelt wird.

118

Der vergaberechtliche Begriff der Vergleichbarkeit muss dabei unter Berücksichtigung der spezifischen Besonderheiten bei Arzneimittelbeschaffungen und der gesetzlichen Rahmenbedingungen des SGB V konkretisiert werden. Der Feststellung der Vergleichbarkeit unterschiedlicher patentgeschützter Arzneimitteln bedarf es insbesondere hinsichtlich solcher Fälle, in denen verschiedene Originalpräparate für unterschiedliche, sich (aber/nur) teilweise überschneidende Indikationsbereiche zugelassen sind. Ob hinsichtlich solcher Arzneimittel eine vergaberechtliche Vergleichbarkeit iSv § 121 Abs. 1 GWB besteht, ist in der vergaberechtlichen Rechtsprechung noch nicht abschließend geklärt.

119

---

[312] Vgl. VK Bund Beschl. v. 12.12.2008 – VK 2–136/08.
[313] Dazu bereits → Rn. 47.
[314] OLG Düsseldorf Beschl. v. 11.5.2011 – VII Verg 3/11; OLG Düsseldorf Beschl. v. 17.1.2011 – VII Verg 2/11; VK Bund Beschl. v. 29.11.2010 – VK 2–113/10; LSG Baden-Württemberg Beschl. v. 17.2.2009 – L 11 WB 381/09; OLG Düsseldorf Beschl. v. 20.10.2008 – VII-Verg 46/08; VK Bund Beschl. v. 22.8.2008 – VK 2–73/08; VK Bund Beschl. v. 15.8.2008 – VK 3–107/08.
[315] VK Bund Beschl. v. 22.8.2008 – VK 2–73/08.

120 Zur Beantwortung dieser Frage, kann nicht allein auf die Beurteilungsrichtlinien, die im Zusammenhang mit den Festbetragsgruppen gem. § 35 SGB V entwickelt wurden, abgestellt werden[316]. Denn die Bildung von Festbetragsgruppen nach § 35 SGB V zielt ausschließlich auf die Preisbildung und soll durch die Begrenzung der Erstattungshöchstbeträge Preisspannen reduzieren[317]. Gegen das Abstellen auf diese Festbetragsgruppenbildungen allein zur Beurteilung der Vergleichbarkeit im vergaberechtlichen Sinne sprach bisher insbesondere, dass das SGB V in diversen anderen Zusammenhängen eine Privilegierung patentgeschützter Medikamente vorsah. So liegt zB den besonderen Regelungen zur eingeschränkten Festbetragsgruppentauglichkeit patentgeschützter Medikamente in § 35 Abs. 1 S. 6 SGB V der Gedanke zugrunde, dass der durch das Patent gewährte Investitionsschutz durch die Einstufung in eine einheitliche Erstattungsgruppe nicht untergraben werden sollte.

121 Die Rechtsprechung hat eine Vergleichbarkeit und eine indikationsbezogene Ausschreibungsfähigkeit zunächst nur in solchen (wenigen) Fällen bejaht, in denen es um Arzneimittel mit nicht nur teilweise, sondern nahezu identischen Indikationsbereichen ging. So etwa bei einer ca. 99%igen Schnittmenge der betroffenen Indikationen[318] oder einer bloßen Abweichung der Anzahl von Dosiereinheiten, die in den ausgeschriebenen Normpackungsgrößen enthalten sind[319]. Das spricht dafür, bei Arzneimitteln mit nur teilweise überschneidenden Indikationsbereichen eine Vergleichbarkeit iSv § 121 Abs. 1 GWB tendenziell eher zu verneinen.

122 Gleichwohl ist in der Rechtsprechung bereits seit Langem anerkannt, dass Krankenkassen Rabattvertragsausschreibungen nicht ausschließlich auf iSv § 129 SGB V substituierbare Arzneimittel beschränken müssen. Vielmehr steht der Aspekt des (gleichen) therapeutischen Nutzens im Vordergrund[320]. Hieraus folgt, dass eine Zusammenfassung mehrerer Originalpräparate im Rahmen einer Ausschreibung keine Substitutionsmöglichkeit nach § 129 SGB V iVm § 4 Abs. 1 lit. a) des Rahmenvertrags nach § 129 Abs. 2 SGB V[321] voraussetzt, wenn bereits aus anderen Gründen ein Wettbewerbsverhältnis zwischen den Arzneimitteln besteht. Bei der Leistungsbeschreibung ist für die Feststellung eines solchen Wettbewerbsverhältnisses der Bezug zur ärztlichen Indikation bzw. zur Auffassung der Nachfrageentscheider, Ärzte und ggf. Apotheker, ausreichend[322]. Das ist bereits dann der Fall, wenn zwar potenziell ein indikationsbegründetes Wettbewerbsverhältnis besteht, es aber aufgrund der Kategorisierung des entsprechenden Wirkstoffs als „Critical-Dose-Wirkstoff" in tatsächlicher Hinsicht regelmäßig nicht zu einer echten Auswahl seitens des Nachfrageentscheiders und damit häufig auch nicht zu einer Substitution

---

[316] Hierzu *Gabriel* NZS 2008, 455 (458). Anders LSG Baden-Württemberg Beschl. v. 17.2.2009 – L 11 WB 381/09: „Dabei dürfen die Ag. entsprechend der für die Bildung von Festbetragsgruppen geltenden Bestimmungen in §§ 35 I 2, 35a III 1 SGB V davon ausgehen, dass Arzneimittel mit denselben Wirkstoffen auch den gleichen therapeutischen Nutzen haben und etwas anderes nur gilt, wenn die Arzneimittel trotz vorhandener Wirkstoffidentität unterschiedliche Bioverfügbarkeiten aufweisen, sofern diese für die Therapie bedeutsam sind.".

[317] *Hess* in Kasseler Kommentar Sozialversicherungsrecht, 2008, § 35 SGB V Rn. 2; *Axer* in Becker/Kingreen, SGB V, § 35 Rn. 1.

[318] VK Bund Beschl. v. 15.8.2008 – VK 3–107/08; VK Bund Beschl. v. 22.8.2008 – VK 2–73/08.

[319] VK Bund Beschl. v. 29.11.2010 – VK 2–113/10; OLG Düsseldorf Beschl. v. 17.1.2011 – VII-Verg 2/11.

[320] LSG Baden-Württemberg Beschl. v. 17.2.2009 – L 11 WB 381/09; OLG Düsseldorf Beschl. v. 20.10.2008 – VII-Verg 46/08; VK Bund Beschl. v. 22.8.2008 – VK 2–73/08; VK Bund Beschl. v. 15.8.2008 – VK 3–107/08.

[321] Rahmenvertrag über die Arzneimittelversorgung nach § 129 Abs. 2 SGB V idF v. 30. September 2016 zwischen dem Spitzenverband Bund der Krankenkassen und dem Deutschen Apothekerverband e. V.

[322] VK Bund Beschl. v. 29.11.2010 – VK 2–113/10; OLG Düsseldorf Beschl. v. 17.1.2011 – VII-Verg 2/11; OLG Düsseldorf Beschl. v. 8.6.2011 – VII-Verg 2/11.

kommt[323]. Vor diesem Hintergrund setzt eine wettbewerbliche Auswahl im Ergebnis nicht etwa voraus, dass die Wirkstoffe in jeder Hinsicht vergleichbar sind, vielmehr kommt es vergaberechtlich allein darauf an, dass die Angebote im Hinblick auf den konkreten Auftrag, gemessen an den Vorgaben des Auftraggebers, einem Vergleich zugänglich sind[324]. Ein Wettbewerbsverhältnis zwischen zwei Produkten sei bereits darin zu erkennen, dass der verordnende Arzt nach medizinischer Erkenntnis in einer Vielzahl von Fällen bei erkrankten Patienten zwischen diesen beiden Präparaten auswählen kann[325].

Ähnlich entschied die Rechtsprechung im Zusammenhang mit der indikationsbezogenen Ausschreibung von Rabattverträgen zur Beschaffung bildgebender (Röntgen-)Kontrastmittel für den Sprechstundenbedarf. Soweit verschiedene Kontrastmittel arzneimittelrechtlich jeweils für dasselbe Anwendungsgebiet zugelassen sind und ein Radiologe deshalb für die größte Zahl der Untersuchungen auf austauschbare Präparate zurückgreifen kann, seien die nachfragenden Krankenkassen gehalten, diese Produkte – durch die Zusammenfassung in einem Fachlos – einem wettbewerblichen Verfahren auszusetzen[326]. Dem stehe nicht entgegen, dass die pharmakologische/therapeutische Wirkweise der so beschafften Kontrastmittel im Einzelfall wegen patientenspezifischer Besonderheiten ungeeignet sein können[327].

123

Große Beachtung fand in diesem Zusammenhang unlängst eine Entscheidung des OLG Düsseldorf, die die Vergabe einer Rahmenvereinbarung über bis zu drei von fünf am Markt verfügbaren (biologisch hergestellten) Wirkstoffen zum Gegenstand hatte, die nicht substituierbar sind und deren Indikationsbereiche sich nur in Teilen überschneiden. Wie auch die 1. Vergabekammer des Bundes erachtete es das OLG Düsseldorf als ausreichend, dass eine Überschneidung in therapeutischer Hinsicht in den drei (Haupt-)Indikationen vorliegt, die bei einem wesentlichen Teil der Versicherten der Krankenkasse relevant sind.[328]

124

Vor diesem Hintergrund bildet die Ausschreibungsgestaltung der Techniker Krankenkasse zum Abschluss von „Rabattkooperationen" nach § 130a Abs. 8 SGB V über TNFalpha-Blocker ein vielbeachtetes Praxisbeispiel[329]. Dabei handelte es sich um eine indikationsbezogene Ausschreibung, die verschiedene Wirkstoffe zur Behandlung arthritischer Erkrankungen im Wege der Blockierung des Botenstoffs TNF-Alpha nachfragte. Zum Ausschreibungszeitpunkt waren auf dem Arzneimittelmarkt insgesamt drei verschiedene patentgeschützte Präparate verfügbar, die sich teilweise in den Merkmalen Anwendungsgebiet, Therapien, klinische Wirkungsweise, Applikationswege, Infektionsrisiken, Verträglichkeit und Wirtschaftlichkeit unterschieden. Um gleichwohl eine Vergleichbarkeit eingehender Angebote der verschiedenen Patentinhaber herzustellen, wählte die Krankenkasse eine spezifische Wertungssystematik. Im Hinblick auf die Rabatthöhe wurde von den Bietern lediglich ein Grundrabatt verlangt. Der wertungsmäßige Schwerpunkt wurde auf ein von den Bietern als Angebotsbestandteil zu erstellendes Konzept zur Rabattvertragssteuerung und Kooperationsstrategie gelegt. Damit wurde zum einen der

125

---

[323] VK Bund Beschl. v. 25.11.2011 – VK 1–135/11; OLG Düsseldorf Beschl. v. 30.1.2012 – VII-Verg 103/11; OLG Düsseldorf Beschl. v. 10.4.2013 – VII-Verg 45/12.
[324] VK Bund Beschl. v. 22.8.2008 – VK 2–73/08.
[325] OLG Düsseldorf Beschl. v. 17.1.2011 – VII-Verg 2/11.
[326] VK Bund Beschl. v. 29.1.2015 – VK 2–117/14.
[327] OLG Düsseldorf Beschl. v. 17.6.2015 – VII-Verg 12/15.
[328] VK Bund Beschl. v. 12.1.2015 – VK 1–104/14; OLG Düsseldorf Beschl. v. 27.5.2015 – VII-Verg 2/15.
[329] Veröffentlicht im Supplement zum EU-Amtsblatt v. 18.4.2008 (ABl. EU/S 2008/S 76–102835). Hierzu OLG Düsseldorf Beschl. v. 20.10.2008 – VII-Verg 46/08 und OLG Düsseldorf Beschl. v. 22.10.2008 – I-27 U 2/08, mAnm *Weiner* VergabeR 2009, 189; VK Bund Beschl v. 22.8.2008 – VK 2–73/08.

Vergleichbarkeit der Angebote Rechnung getragen, da die unterschiedlichen Umsetzungskonzepte ohne Weiteres einem wertenden Vergleich zugänglich sind. Zum anderen wurde damit der Versuch unternommen, durch möglichst innovative Umsetzungskonzepte innerhalb der Angebote, die fehlende Substitutionspflicht nach § 129 Abs. 1 S. 3 SGB V zu kompensieren.

126 **bbb) Wirkstoffbezogene Ausschreibung.** Grundsätzlich kann der Abschluss eines Rabattvertrags nach § 130a Abs. 8 SGB V auch im Wege einer wirkstoffbezogenen Ausschreibung erfolgen. Für den Patentinhaber kann der Abschluss eines solchen Vertrags vorteilhaft sein, da rabattbegünstigte Arzneimittel gem. § 5 Abs. 1 S. 3 des Rahmenvertrags nach § 129 Abs. 2 SGB V gegenüber nicht rabattbegünstigten importierten Arzneimitteln vorrangig abzugeben sind. Ein Rabattvertrag nach § 130a Abs. 8 SGB V führt damit hinsichtlich des vertragsgegenständlichen Arzneimittels zur Aufhebung der Importquote nach § 129 Abs. 1 S. 1 Nr. 2 SGB V.

127 Vergaberechtlich problematisch erscheinen wirkstoffbezogene Ausschreibungen im patentgeschützten Bereich allerdings, da durch den bestehenden Wirkstoffpatentschutz grundsätzlich lediglich der Patentinhaber sowie Re- und Parallelimporteure[330] als Ausschreibungsteilnehmer in Betracht kommen (im Fall von Co-Marketing-Konstellationen käme der mit einem eigenen Vertriebsrecht zur Angebotsabgabe berechtigte Vertragspartner als potentieller Wettbewerber hinzu[331]). Die Wettbewerblichkeit einer wirkstoffbezogenen Rabattvertragsausschreibung ist durch diesen beschränkten Kreis potentieller Verfahrensteilnehmer damit von vornherein eingeschränkt.

128 Die Ausschreibung würde sich daher – insbesondere wenn vertraglich gesteigerte und/oder sanktionsbewehrte Anforderungen an die Liefer und Leistungsfähigkeit aufgestellt werden[332] – faktisch ausschließlich an den Patentinhaber richten. Das OLG Düsseldorf betont in diesem Zusammenhang, dass eine solche Vorgehensweise vom öffentlichen Auftraggeber mit Bezug zum Auftragsgegenstand besonders zu begründen wäre und der einfache Verweis auf einen entsprechenden Wirkstoffpatentschutz nicht ausreiche, um eine Abweichung vom Grundsatz der wettbewerbsoffenen Vergabe zu rechtfertigen[333]. Ein Wirkstoffpatent schützt damit gerade nicht vor Wettbewerb bei der Ausschreibung von Arzneimittelrabattverträgen. Vielmehr sei es erforderlich, eine indikationsbezogene Ausschreibung vorzunehmen, dh den Beschaffungsbedarf anhand eines medizinischen Indikationsbereichs festzulegen. So könne den tatsächlichen Wettbewerbsverhältnissen zwischen mehreren Wirkstoffen – sofern es denn im Einzelfall solche gibt – zur Behandlung eines im Wesentlichen identischen Indikationsbereichs Rechnung getragen werden[334].

---

[330] **Reimporteure** kaufen Arzneimittel, die in Deutschland produziert und ins Ausland exportiert wurden, zu günstigeren Preisen im Ausland auf und vertreiben diese auf dem deutschen Arzneimittelmarkt. **Parallelimporteure** importieren Arzneimittel, die in einem anderen Mitgliedstaat der Europäischen Union (dezentral) zugelassen worden sind nach Deutschland und vertreiben diese hier nach einer Änderung der Kennzeichnung der Packungsbeilage. Ähnlich verfahren sog. **Parallelvertreiber**, die zentral zugelassene und damit innerhalb der Europäischen Union frei handelbare Arzneimittel nach Deutschland importieren.

[331] *Schickert* PharmR 2009, 164 (172).

[332] Einstweilen wird man davon ausgehen müssen, dass Re- und Parallelimporteure nicht über die in Rabattvertragsausschreibungen zum Zweck der Eignungsprüfung regelmäßig geforderte und vergaberechtlich gebotene Liefer-/Leistungsfähigkeit verfügen; der valide Nachweis gesicherter Herstellungs-, Produktions- bzw. Lieferkapazitäten wird ihnen regelmäßig (ggf. abhängig vom relevanten Mengenvolumen) nicht möglich sein.

[333] OLG Düsseldorf Beschl. v. 20.10.2008 – VII-Verg 46/08 sowie OLG Düsseldorf Beschl. v. 22.10.2008 – I-27 U 2/08 mAnm *Weiner* VergabeR 2009, 189. Dazu auch *Gabriel/Weiner* NZS 2009, 422 (423).

Gleichwohl wurde im Januar 2013 der Versuch unternommen, einen Rabattvertrag 129
nach § 130a Abs. 8 SGB V über patentgeschützte Präparate mittels einer wirkstoffbezogenen Ausschreibung zu vergeben[335]. Eine Allgemeine Ortskrankenkasse veröffentlichte eine Auftragsbekanntmachung zum Abschluss eines solchen Vertrags zu zwei patentgeschützten sog Blockbuster-Präparaten im offenen Verfahren, wobei pro Wirkstoff je ein Fachlos vorgesehen war. An der Ausschreibung hätten sich neben den beiden Patentinhabern (jeweils bezogen auf „sein" Los) nur Re- und Parallelimporteure beteiligen können. Allerdings enthielt die ausschreibungsgegenständliche Rabattvereinbarung neben vertragsstrafenbewehrten Lieferverpflichtungen und Gewährleistungsklauseln dezidierte Pflichten zum Nachweis der Lieferfähigkeit, einschließlich der Vorgabe obligatorischer Verpflichtungserklärungen der Nachunternehmer (zu denen im Fall von Re-/Parallelimporteuren, nach zutreffender Ansicht auch Apotheken und Großhändler als Bezugsquellen des Originalpräparats zählen), die die Leistungsfähigkeit von Re- und Parallelimporteuren regelmäßig übersteigen. Das offene Vergabeverfahren wurde schließlich aufgehoben, da weder von Seiten der Originatoren, noch von Re- oder Parallelimporteuren Angebote abgegeben wurden.

cc) Biologisch/biotechnologisch hergestellte Arzneimittel. Hinsichtlich der Aus- 130
schreibungsgestaltung bei biologisch/biotechnologisch hergestellten Arzneimitteln ist zwischen Bioidenticals und Biosimilars zu differenzieren[336]. Bioidenticals sind im hier gegenständlichen Zusammenhang grundsätzlich mit chemisch-synthetischen Generika vergleichbar, da für beide Gruppen von Arzneimitteln die Substitutionspflicht nach § 129 Abs. 1 S. 3 SGB V gilt. Bei der Bildung von Preisvergleichsgruppen im Rahmen von Rabattvertragsausschreibungen über Bioidenticals kann deshalb auf die entsprechenden Vergleichsgruppen in Anlage 1 zum Rahmenvertrag nach § 129 Abs. 2 SGB V rekurriert und eine wirkstoffbezogene Ausschreibung damit rechtssicher durchgeführt werden.

Anders verhält es sich hingegen mit Biosimilars. Für diese besteht von vornherein keine 131
Substitutionspflicht nach § 129 Abs. 1 S. 3 SGB V. Bedingt durch den biologischen/biotechnologischen Herstellungsprozess besteht auch im Verhältnis zwischen dem Originalpräparat und dem biosimilaren Nachahmerpräparat keine Wirkstoffgleichheit. Im Hinblick auf die Ausschreibungsgestaltung stellen sich mithin vergleichbare Problemstellungen wie bei der Ausschreibung von Rabattverträgen im Bereich patentgeschützter Originalpräparate.

Zudem ergeben sich jedoch im Zusammenhang mit der indikationsbezogenen Aus- 132
schreibung von Biosimilars einige relevante Besonderheiten, die mit den spezifischen Marktverhältnissen dieses Arzneimittelbereichs zusammenhängen. Bei der Ausschreibung biosimilarer Arzneimittel handelt es sich um einen nur eingeschränkt wettbewerblichen Bereich, da sich bei biosimilaren Arzneimitteln noch kein mit dem Generikasegment im chemisch-synthetischen Arzneimittelbereich vergleichbarer Markt etabliert hat. Auch wenn mehrere Biosimilars für einen spezifischen Indikationsbereich zum Gegenstand eines öffentlich ausgeschriebenen Rabattvertrags gemacht werden, besteht aufgrund der unterschiedlichen strukturellen Eigenschaften der jeweiligen Medikamente[337] die Gefahr, dass es in der Verschreibungs- und Abgabepraxis der Ärzte und Apotheker aus therapeutischen Gesichtspunkten nicht zur Umsetzung entsprechender Exklusivitätszusagen[338]

---

[334] VK Bund Beschl. v. 19.11.2008 – VK 1–135/08; VK Bund Beschl. v. 29.11.2010 – VK 2–113/10; OLG Düsseldorf Beschl. v. 17.1.2011 – VII-Verg 2/11.
[335] Veröffentlicht im Supplement zum EU-Amtsblatt v. 23.1.2013 (ABl. EU/S S 16 22969-2013-DE).
[336] Zur Definition und Abgrenzung s. bereits → Rn. 64 ff.
[337] → Rn. 66.
[338] → Rn. 68.

Gabriel

bzw. der vertraglich in Aussicht gestellten Lenkungs- und Steuerungswirkung zu Gunsten des Ausschreibungsgewinners kommt[339]. Im Ergebnis bestehen wesentlich niedrigere Umsetzungsquoten exklusiver GKV-Versorgungsverträge über biosimilare Nachfolgeprodukte als bei chemisch-synthetischen Generika.

133 Soweit seitens der gesetzlichen Krankenkassen gleichwohl ein Rabattvertragswettbewerb bezüglich biosimilarer Arzneimittel begründet werden soll, stellt das einerseits eine gesundheitspolitisch sensible Entscheidung dar, wenn die vertraglich vereinbarten Exklusivitätszusagen tatsächlich nicht zu einer Lenkung und Steuerung des Arzneimittelabsatzes auf den vertragsbeteiligten pharmazeutischen Unternehmer führen. Es besteht dann die Gefahr, dass dem im Vertragswettbewerb eingeräumten Rabatt keine adäquate Gegenleistung für den pharmazeutischen Unternehmer gegenübersteht. Der getroffenen Wertentscheidung der gesetzlichen Krankenkassen, hin zu einem Rabattwettbewerb zwischen biotechnologischen Arzneimitteln, könnte deshalb sogar eine innovations- und wettbewerbshemmende Wirkung zukommen, soweit der gerade im Entstehen befindliche Markt für Biosimilars durch einen intensiven Rabattwettbewerb wieder zum Erliegen käme.

134 Die gegenwärtig noch geringe Wettbewerbsintensität auf dem Markt für biosimilare Arzneimittel, dürfte sich jedoch andererseits auch bei der Ausschreibungsgestaltung auswirken. Die wenigen in diesem Bereich bislang geführten Vergabenachprüfungsverfahren zu bereits praktizierten Rabattvertragsausschreibungen, bezogen sich auf bioidentische Arzneimittel und wurden zu einer Zeit geführt, als die Substitutionspflicht des § 129 Abs. 1 S. 3 SGB V für diese noch nicht galt. Die Nachprüfungsverfahren hatten vor dem hier dargestellten Hintergrund nachvollziehbarerweise die Ausgestaltung der Leistungsbeschreibung und die entsprechende Wertungssystematik zum Gegenstand[340]. Beispielsweise wurde in einem besonders engen Wettbewerbsverhältnis, in dem lediglich zwei Bieter einen nachgefragten Wirkstoff hätten anbieten können, die eigentlich dem Substitutionskriterium der Packungsgröße konsequent entsprechende Vorgabe, dass jeder Bieter jede Normpackungsgröße (N1, N2 und N3) anbieten müsse, vergaberechtlich beanstandet, weil der ausschreibenden Krankenkasse hätte bekannt sein müssen, dass eines der zwei in Frage kommenden, marktbekannten Unternehmen aus wohl erwogenen Gründen lediglich zwei dieser Normpackungsgrößen in Vertrieb hat und die Einführung einer weiteren Normpackungsgröße allein zum Zweck der Angebotslegung in der verfahrensrelevanten Ausschreibung einen unverhältnismäßigen Aufwand bedeutet hätte[341]. Für Rabattvertragsausschreibungen über biosimilare Arzneimittel, bei denen von vornherein nur wenige pharmazeutische Unternehmer als Vertragspartner in Betracht kommen, dürfte vor diesem Hintergrund besonders zu berücksichtigen sein, bei der Gestaltung der Leistungsbeschreibung und dem Aufstellen der Wertungssystematik den jeweiligen Marktbedingungen Rechnung zu tragen und einzelne Anbieter nicht faktisch zu bevorzugen.

135 **dd) Impfstoffversorgungsverträge.** Die Ausschreibungspflicht von Rabattverträgen über Impfstoffe ist mit Einführung des AMVSG im Mai 2017 weggefallen. Künftig sollen alle Hersteller ihre Produkte auf dem Markt anbieten können.

Im Zusammenhang mit dem Abschluss von Impfstoffversorgungsverträgen iSv § 132e Abs. 2 SGB V aF iVm § 130a Abs. 8 SGB V wurde im Rahmen von Vergabenachprüfungsverfahren wiederholt eine lediglich indikationsbezogene Ausschreibung als diskriminierend und wettbewerbshemmend gerügt. Damit wurde auf eine Einschränkung der

---

[339] Dazu VK Bund Beschl. v. 29.11.2010 – VK 2–113/10; OLG Düsseldorf Beschl. v. 17.1.2011 und OLG Düsseldorf Beschl. v. 8.6.2011 – VII-Verg 2/11.
[340] VK Bund Beschl. v. 29.11.2010 – VK 2–113/10; OLG Düsseldorf Beschl. v. 17.1.2011 und OLG Düsseldorf Beschl. v. 8.6.2011 – VII-Verg 2/11.
[341] VK Bund Beschl. v. 21.9.2012 – VK 3–102/12.

Beschaffungsbedarfsbestimmungsautonomie des öffentlichen Auftraggebers abgezielt. Gegenstand von Ausschreibungen waren in diesem Zusammenhang saisonaler Influenzaimpfstoff in Fertigspritzen mit oder ohne abnehmbarer Kanüle[342] sowie Influenzaimpfstoff zur Impfung von Versicherten ab dem sechsten Lebensmonat ohne Altersobergrenze[343]. In beiden Fällen wurde die Leistungsbeschreibung als vergaberechtsgemäße Beschaffungsbedarfsbestimmung anerkannt.

Wie alle sonstigen wirkstoffverschiedenen Arzneimittel zeichnen sich auch Impfstoffe dadurch aus, dass sie für unterschiedliche, spezifische Indikationsbereiche arzneimittelrechtlich zugelassen sind und von verschiedenen Herstellern, teilweise in differierenden Applikationssystemen, angeboten werden. 136

Sofern der öffentliche Auftraggeber seinen Beschaffungsbedarf ohne die Berücksichtigung der bestehenden konkreten Marktverhältnisse auf Anbieterseite weit bzw. unspezifisch und lediglich anhand einer medizinischen Indikation definiert, bestand bisher grundsätzlich die Gefahr, auf einem ohnehin oligopolisch geprägten Markt lediglich einigen wenigen pharmazeutischen Unternehmern die Teilnahme an einer Ausschreibung zu ermöglichen. Das barg die Gefahr, potenziell unrentable Ergebnisse mangels hinreichenden Wettbewerbs zu erzielen. Um diese Gefahr zu vermeiden, wurde im Frühjahr 2017 mit Inkrafttreten des AMVSG die Rechtsgrundlage zum Abschluss von Rabattverträgen über Impfstoffe aus dem SGB V (zuvor § 132e Abs. 2 SGB V) gestrichen. Von nun an können alle zur Verfügung stehenden potenziellen Hersteller von Grippeimpfstoffen ihre Produkte auf dem Arzneimittelmarkt anbieten. 137

Problematisch war insbesondere, dass der regelmäßig kassenseitig zentrierte Abschluss von Impfstoffversorgungsverträgen mittels Einkaufsgemeinschaften stets die Gefahr barg, als Nachfragekartell gegen § 1 GWB iVm § 69 Abs. 2 S. 1 SGB V verstoßen. Daneben konnte der Anschluss auch wegen des Missbrauchs einer marktbeherrschenden bzw. marktstarken Stellung entsprechend §§ 19, 20 GWB iVm § 69 Abs. 2 S. 1 SGB V zu einem Anspruch auf Unterlassung des Zuschlags nach § 33 GWB iVm § 69 Abs. 2 S. 1 SGB V führen[344]. Die dadurch hervorgerufenen Unsicherheiten für die vertragsbeteiligten Apotheken, ob ein Impfstoffversorgungsvertrag mit einer Einkaufsgemeinschaft von gesetzlichen Krankenkassen überhaupt wirksam ist, wurden in der vergaberechtlichen Rechtsprechung jedoch mit der Begründung unberücksichtigt gelassen, derartige kartellrechtliche Untersuchungen seien innerhalb der kurzen gesetzlichen Fünf-Wochen-Frist des vergaberechtlichen Nachprüfungsverfahrens nicht leistbar. Kartellrechtliche Fragestellungen seien dementsprechend nicht Gegenstand eines Nachprüfungsverfahrens[345]. Nach der Rechtsprechung des OLG Düsseldorf[346] war allerdings auch in solchen Konstellationen mit hoher Wahrscheinlichkeit eine Neubewertung veranlasst. Zwar wird diese Problematik im Bereich der Impfstoffe durch Abschaffung der Ausschreibungspflicht für Impfstoffrabattverträge in der Zukunft vermieden. Allerdings bleibt die Gefahr des Verstoßes gegen § 1 GWB iVm § 69 Abs. 2 S. 1 SGB V für andere Bereiche bestehen. 138

ee) Zytostatika. Durch die Streichung der Rechtsgrundlage zum Abschluss von Rabattverträgen über Zytostatika zwischen den Krankenkassen und Apotheken im Rahmen des Inkrafttretens des AMVSG und das ipso iure angeordnete Unwirksamwerden solcher 139

---

[342] VK Bund Beschl. v. 1.3.2012 – VK 2–5/12; OLG Düsseldorf Beschl. v. 27.6.2012 – VII-Verg 7/12.
[343] VK Bund Beschl. v. 21.6.2012 – VK 3–57/12.
[344] → Rn. 99.
[345] Vgl. VK Bund Beschl. v. 2.12.2010 – VK 3–120/10 sowie hinsichtlich der Ausschreibung eines Impfstoffversorgungsvertrages auf Herstellerebene VK Bund Beschl. v. 1.3.2012 – VK 2–5/12 und VK Bund Beschl. v. 21.6.2012 – VK 3–57/12.
[346] OLG Düsseldorf Beschl. v. 27.6.2012 – VII-Verg 7/12. Dazu → Rn. 100.

bestehender Verträge zum 31. August 2017[347], wurde die Möglichkeit zum Abschluss von Rabattverträgen auf die Ebene von Krankenkassen und pharmazeutischen Herstellern verlagert, vgl. § 130a Abs. 8a SGB V. Versorgungsverträge über zytostatikahaltige parenterale Zubereitungen aus Fertigarzneimitteln zur Anwendung in der Onkologie (Zytostatikaversorgungsverträge) zwischen gesetzlichen Krankenkassen und pharmazeutischen Herstellern zeichnen sich vor allem durch das Fehlen einer ausdrücklichen gesetzlichen Regelung aus, die dem bezuschlagten pharmazeutischen Hersteller für die vertragliche Gewährung von Preisabschlägen gegenüber der ausschreibenden Krankenkasse eine marktmäßige Gegenleistung zusichert. Dementsprechend enthalten Zytostatikaversorgungsverträge zwischen Krankenkassen und pharmazeutischen Herstellern detaillierte Klauseln, um eine Exklusivität individualvertraglich zu konstituieren[348].

140 Allerdings ist nicht von vornherein und für jeden Einzelfall sicher, ob solche vertraglichen Exklusivitätsklauseln tatsächlich durchsetzbar und überhaupt rechtlich wirksam sind. Daher ist es den Bietern (pharmazeutischen Herstellern) nicht sicher möglich, den tatsächlichen Umfang des selektivvertragsgegenständlichen Zytostatikaabsatzes mit hinreichender Wahrscheinlichkeit zu prognostizieren. Es besteht deshalb ein unmittelbarer Kausalzusammenhang zwischen der potenziellen (kartell- oder sozialrechtlich bedingten) Unwirksamkeit vertraglicher Exklusivitätsmechanismen und der Vergaberechtswidrigkeit einer nicht eindeutigen und erschöpfenden Leistungsbeschreibung nach § 121 Abs. 1 GWB[349].

141 Die bisher mögliche vertragliche Gestaltung exklusiver Zytostatikaversorgungsverträge zwischen gesetzlichen Krankenkassen und Apotheken gem. § 129 Abs. 5 S. 3 SGB V aF ist von der vergaberechtlichen Rechtsprechung gleichwohl nicht als Verstoß gegen das Gebot einer eindeutigen und erschöpfenden Leistungsbeschreibung qualifiziert worden. Die Verpflichtung der Krankenkasse gegenüber der Apotheke, vertragsgegenständliche parenterale Zubereitungen, die von Dritten an Arztpraxen abgegeben werden, die in das entsprechend bezeichnete, exklusive Belieferungsgebiet der Apotheke fallen, bei der Abrechnung nicht zu berücksichtigen und vollständig von der Erstattung auszunehmen, konnte allerdings als vollständige Marktabschottung des jeweiligen Gebietsloses zu einer Wettbewerbsbeschränkung iSv § 1 GWB führen. Gleiches gilt für die korrespondierende Verpflichtung der Apotheken, keine vertragsgegenständlichen Zubereitungen an Ärzte aus nicht vertragsgegenständlichen Gebietslosen abzugeben. Diese wettbewerbsrechtliche Dimension der Gestaltung selektiver Zytostatikaversorgungsverträge ist indes, entsprechend einer in der Vergangenheit weit verbreiteten Ansicht in der vergaberechtlichen Rechtsprechung, unberücksichtigt geblieben[350] und infolge des Unwirksamwerdens solcher Verträge gem. § 129 Abs. 5 S. 4 SGB V von nun an irrelevant.

II. Die anzuwendende Vergabeverfahrensart

1. Überblick

142 Zur Umsetzung der europäischen Vergabekoordinierungsrichtlinien sind in § 119 GWB die im Bereich des EU/GWB-Vergaberechts zulässigen Verfahrensarten zur Vergabe öffentlicher Aufträge abschließend[351] benannt und definiert[352].

143 Dabei wird differenziert zwischen dem

---

[347] Vgl. § 129 Abs. 5 S. 4 SGB V.
[348] → § 13 Rn. 19.
[349] Vgl. zu dieser durch § 8 EG Abs. 1 VOL/A aF (jetzt: § 121 GWB) begründeten vergaberechtlichen Problematik zu sozial-, arzneimittel- und apothekenrechtlichen Normen auch VK Bund Beschl. v. 29.4.2010 – VK 2–20/10.
[350] Dazu ausführlich → Rn. 100.
[351] BT-Drs. 13/9340, 15.

- offenen Verfahren nach § 119 Abs. 3 GWB iVm § 15 VgV,
- dem nicht offenen Verfahren nach § 119 Abs. 4 GWB, § 16 VgV,
- dem Verhandlungsverfahren nach § 119 Abs. 5 GWB, § 17 VgV,
- dem wettbewerblichen Dialog nach § 119 Abs. 6 GWB, § 18 VgV
- und der Innovationspartnerschaft nach § 119 Abs. 7 GWB, § 19 VgV.

Bis zum Inkrafttreten der Vergaberechtsreform 2016 am 18.4.2016 galt im deutschen GWB-Vergaberecht ein grundsätzlicher Vorrang des offenen Verfahrens gegenüber den übrigen Vergabeverfahrensarten. Seitdem steht öffentlichen Auftraggebern gem. § 119 Abs. 2 S. 1 GWB neben dem offenen Verfahren auch das nicht offene Verfahren nach ihrer Wahl zur Verfügung. Die anderen Verfahrensarten sind nur unter bestimmten Voraussetzungen zulässig, die in § 14 VgV geregelt sind. Wählt ein Auftraggeber eine andere Verfahrensart als das offene oder nicht offene Verfahren, ist diese Entscheidung im Vergabevermerk gesondert zu begründen. **144**

Im Zusammenhang mit dem Abschluss selektiver Versorgungsverträge der gesetzlichen Krankenkassen stellt die Anwendung kompetitiver offener Verfahren den absoluten Regelfall dar[353]. Eine Ausnahme kommt insofern lediglich für den Abschluss von wirkstoffbezogenen Rabattvereinbarungen nach § 130a Abs. 8 SGB V über patentgeschützte Originalpräparate in Betracht. Hier kann im Einzelfall ein Verhandlungsverfahren mit Teilnahmewettbewerb gem. § 14 Abs. 4 Nr. 2 lit. a) VgV zulässig sein[354]. **145**

Bei den Vorschriften über die Tatbestandsvoraussetzungen der einzelnen Vergabeverfahrensarten und dem Rangverhältnis zwischen diesen handelt es sich um bieterschützende Normen iSv § 97 Abs. 6 GWB, weshalb Bietern und Bewerbern ein Anspruch auf die Wahl der richtigen Vergabeart zusteht, der im Rahmen eines vergaberechtlichen Nachprüfungsverfahrens geltend gemacht werden kann[355]. **146**

2. Merkmale der einzelnen Vergabearten

Die Vorschrift des § 119 GWB enthält lediglich Definitionen der anwendbaren Vergabearten sowie der wesentlichen Verfahrensunterschiede[356]. Eine nähere Präzisierung, insbesondere hinsichtlich des konkreten Verfahrensablaufs, erfahren die einzelnen Vergabeverfahrensarten erst durch die VgV sowie – für die Vergabe von Bauaufträgen – durch die VOB/A. **147**

a) Offenes Verfahren. Das neben dem nicht offenen Verfahren grundsätzlich vorrangig anwendbare offene Verfahren iSv § 119 Abs. 3 GWB ist stark formalisiert[357] und bietet das höchste Maß an Wettbewerblichkeit und Transparenz[358]. **148**

Zunächst erfolgt eine europaweite öffentliche Vergabebekanntmachung durch den Auftraggeber im Supplement zum Amtsblatt der Europäischen Union. Die Bekanntmachung enthält die wesentlichen Auftragsbedingungen und bezeichnet diejenige Stelle, **149**

---

[352] Vgl. dazu auch *Gabriel* in Stief/Bromm, Vertragshandbuch Pharma und Life Sciences, 2014, Kap. VII, 2. Anm. 8.
[353] Die weiteren Ausführungen hinsichtlich der Vergabeverfahren beschränken sich deshalb im Wesentlichen auf das offene Verfahren und sollen lediglich der Vollständigkeit halber auch eine knappe Übersicht der anderen Vergabearten beinhalten.
[354] Zur grundsätzlichen Zulässigkeit einer solchen Ausschreibung sowie zu der ausnahmsweisen Anwendung des Verhandlungsverfahrens → Rn. 164 ff.
[355] Vgl. nur BGH Beschl. v. 10.11.2009 – X ZB 8/09, NZBau 2010, 124 sowie mAnm *Greb* VergabeR 2010, 210. Allgemein zum vergaberechtlichen Rechtsschutz → Rn. 259 ff.
[356] *Kulartz* in Kulartz/Kus/Portz/Prieß, GWB, § 119 Rn. 2.
[357] *Knauff* in Müller-Wrede, GWB, § 119 Rn. 20.
[358] Burgi/Dreher/*Jasper*, § 119 Rn. 19 ff.; *Antweiler* in Ziekow/Völlink, Vergaberecht, GWB, § 119 Rn. 10.

von der die Vergabeunterlagen angefordert werden können. Entweder in der Vergabebekanntmachung und/oder innerhalb der Vergabeunterlagen wird zudem eine Frist gesetzt, bis zu welcher Angebote abgegeben werden können. Die Bekanntmachung einer beabsichtigten Auftragsvergabe wird gem. § 37 Abs. 2 VgV nach dem Muster in Anhang II der Durchführungsverordnung zur Einführung von Standardformularen für die Veröffentlichung von Vergabebekanntmachungen für öffentliche Aufträge erstellt[359].

150 Zur Anforderung der Vergabeunterlagen sowie zur Abgabe eines Angebots sind grundsätzlich alle interessierten Unternehmer berechtigt. Eine Vorauswahl der Unternehmer, die Angebote abgeben dürfen, findet nicht statt[360]. Die Vergabeunterlagen umfassen alle Angaben, die erforderlich sind, um dem Bieter eine Entscheidung zur Teilnahme am Vergabeverfahren zu ermöglichen. Sie bestehen gem. § 29 VgV in der Regel aus dem Anschreiben, insbesondere der Aufforderung zur Abgabe von Angeboten, den Bewerbungsbedingungen und den Vertragsunterlagen, die aus der Leistungsbeschreibung und den Vertragsbedingungen bestehen. Die Vergabeunterlagen müssen den Ausschreibungsgegenstand gem. § 121 Abs. 1 GWB eindeutig und erschöpfend bezeichnen, sodass alle Bieter diesen in gleicher Weise verstehen können und in die Lage versetzt werden, annahmefähige und miteinander vergleichbare Angebote abzugeben. In Bezug auf die Angebote der einzelnen Unternehmer gilt eine Geheimhaltungspflicht. Verhandlungen zwischen dem öffentlichen Auftraggeber und Bietern sind gem. § 15 Abs. 5 VgV verboten.

151 Nach dem Ende der Angebotsfrist kommt es im Rahmen der Angebotsphase zu einer Prüfung sowohl der persönlichen Eignung des Bieters als auch der Zuschlagsfähigkeit des Angebots. Angebote, die erst nach Ablauf der Angebotsfrist abgegeben werden, sind zwingend auszuschließen und werden nicht berücksichtigt. Bei der Wertung der Angebote ist innerhalb der zweiten Wertungsstufe nach § 42 Abs. 1 VgV zunächst nach Maßgabe der im Vorhinein vom öffentlichen Auftraggeber aufgestellten Eignungskriterien festzustellen, ob der Bieter die notwendige Eignung besitzt.

152 Schließlich erfolgt anhand der zuvor bekanntgemachten Wertungskriterien eine vergleichende Bewertung der Angebote hinsichtlich ihrer Wirtschaftlichkeit, um eine Zuschlagsentscheidung zu treffen. Das Vergabeverfahren endet mit der Erteilung des Zuschlags, wobei die unterlegenen Bieter gem. § 134 GWB vorab über die Zuschlagserteilung informiert werden müssen.

153 **b) Nicht offenes Verfahren.** Im Gegensatz zum offenen Verfahren handelt es sich beim nicht offenen Verfahren nach § 119 Abs. 4 GWB, § 16 VgV um ein zweistufiges Vergabeverfahren. Auf einer ersten Stufe findet ein öffentlicher Teilnahmewettbewerb statt. Er wird durch die öffentliche Bekanntmachung des Auftraggebers initiiert.

154 Auf einer zweiten Stufe erfolgt auf Grundlage der eingereichten Teilnahmeanträge eine Eignungsprüfung der Unternehmer. Innerhalb des nicht offenen Verfahrens ist es zulässig, bei der Eignungsprüfung auch eine „besondere Eignung" der Bewerber zu berücksichtigen, die über die grundsätzlichen Anforderungen hinausgeht[361]. Lediglich diejenigen Bewerber, welche die vorgegebenen Eignungskriterien erfüllen, werden dann zur Abgabe eines Angebots aufgefordert und erhalten die Vergabeunterlagen.

155 Der wesentliche Unterschied des nicht offenen gegenüber dem offenen Verfahren ist damit die Beschränkung der Anzahl der zur Angebotsabgabe berechtigten Unternehmer durch den vorgelagerten Teilnahmewettbewerb. Im Übrigen ähneln sich beide Verfahrensarten jedoch. Insbesondere gelten auch im nicht offenen Verfahren der Grundsatz der

---

[359] Aktuelle Fassung: VO (EU) Nr. 2015/1986, v. 11.11.2015, ABl. EU v. 12.11.2015, L 296/1 sowie deren Berichtigung ABl. EU v. 5.7.2017, L 172/36.
[360] *Knauff* in Müller-Wrede, GWB, § 119 Rn. 23.
[361] BGH Urt. v. 15.4.2008 – X ZR 129/06, NZBau 2008, 505.

eindeutigen und erschöpfenden Leistungsbeschreibung, das Geheimhaltungsgebot und das Nachverhandlungsverbot[362].

c) **Verhandlungsverfahren.** Charakteristisches wie namensgebendes Element des Verhandlungsverfahrens gegenüber den anderen Vergabeverfahrensarten ist der Umstand, dass die Angebote der Bieter während des Verfahrens verhandelbar sind. Aufgrund dessen ist das Verhandlungsverfahren vergleichsweise anfälliger für steuernde Einflussnahmeversuche im Interesse bestimmter als vorzugswürdig erachteter Bieter/Bewerber. Deshalb kommt es lediglich dann zur Anwendung, wenn einer der abschließend benannten Anwendungsfälle des § 14 Abs. 3 und 4 VgV einschlägig ist[363]. 156

Im Hinblick auf die Teilnehmerauswahl ist weiter zwischen dem Verhandlungsverfahren mit und ohne öffentlicher Bekanntmachung zu differenzieren. In der ersten Variante fordert der öffentliche Auftraggeber zu Beginn des Vergabeverfahrens mittels einer öffentlichen Bekanntmachung im Supplement zum Amtsblatt der Europäischen Union Unternehmer zur Abgabe eines Teilnahmeantrags auf. Bei der zweiten, nur in engen Ausnahmefällen nach § 14 Abs. 4 VgV zulässigen Variante erfolgt hingegen eine unmittelbare Kontaktaufnahme zwischen dem öffentlichen Auftraggeber und ausgewählten Unternehmern. 157

Das eigentliche Verhandlungsverfahren beginnt mit dem Einreichen von Angeboten durch die zuvor ausgewählten Teilnehmer und besteht grundsätzlich aus mehreren Verhandlungsrunden. Auch dieses Vergabeverfahren wird durch Zuschlag beendet, welcher auf das wirtschaftlichste Angebot zu erteilen ist. Während des gesamten Verfahrens gelten die vergaberechtlichen Grundsätze der Wettbewerblichkeit, der Gleichbehandlung und der Transparenz. 158

d) **Wettbewerblicher Dialog.** Der wettbewerbliche Dialog iSv § 119 Abs. 6 GWB, § 17 VgV ist eine spezielle Vergabeverfahrensart für die Beschaffung besonders komplexer Leistungen, bei denen der öffentliche Auftraggeber objektiv nicht in der Lage ist, die technischen Mittel, mit denen seine Bedürfnisse und Ziele erfüllt werden können, und/oder die rechtlichen bzw. finanziellen Konditionen eines Vorhabens anzugeben[364]. Diesem Umstand kann mittels eines wettbewerblichen Dialogs Rechnung getragen werden. Denn hier kann schon bei der Konzeptionierung des zu vergebenden Auftrags auf die Kenntnisse und die Kreativität spezialisierter Unternehmer zurückgegriffen werden[365]. 159

Ähnlich wie bei einem Verhandlungsverfahren erfolgt zunächst eine öffentliche Bekanntmachung mit der Aufforderung, Anträge zur Teilnahme an dem wettbewerblichen Dialog einzureichen. Der Auftraggeber hat seine Anforderungen entweder im Rahmen dieser Bekanntmachung oder innerhalb einer gesonderten Beschreibung näher zu erläutern. Diese Beschreibung kann allerdings weniger detailliert sein als die üblichen Vergabeunterlagen. Die grundlegenden Elemente der Bekanntmachung und der Beschreibung dürfen aber während des Vergabeverfahrens nicht geändert werden[366]. Beim wettbewerblichen Dialog darf die Vergabe des Auftrags ausschließlich nach dem Kriterium des wirtschaftlichsten Angebots erfolgen[367]. Die Zuschlagskriterien sind entweder in der Bekannt- 160

---

[362] *Kulartz* in Kulartz/Kus/Portz/Prieß, GWB, § 119 Rn. 11.
[363] Burgi/Dreher/*Jasper*, § 119 Rn. 26.
[364] Dazu *Knauff* VergabeR 2004, 287; *Pünder/Franzius* ZfBR 2006, 20; *Müller/Veil* VergabeR 2008, 298; *Schröder* NZBau 2007, 216.
[365] *Knauff* VergabeR 2004, 287 (288).
[366] „Erläuterungen – Wettbewerblicher Dialog – Klassische RL" der Europäischen Kommission, v. 5.10.2005, CC/2005/04_rev1, S. 4 Fn 9.
[367] „Erläuterungen – Wettbewerblicher Dialog – Klassische RL" der Europäischen Kommission, v. 5.10.2005, CC/2005/04_rev1, S. 6.

machung, in der Beschreibung oder in der Aufforderung zur Teilnahme am Dialog anzugeben.

161 Innerhalb der Dialogphase tritt der öffentliche Auftraggeber in einen Dialog mit den ausgewählten Bewerbern ein. Der Dialog kann alle Aspekte des Auftrags, dh sowohl technische als auch wirtschaftliche und rechtliche Aspekte betreffen und zielt darauf ab, eine spezifische Lösung für die Deckung des Beschaffungsbedarfs des Auftraggebers zu finden und den späteren Auftrag zu konzeptionieren[368]. Wurde ein solches Konzept gefunden oder ist es auch nach der Dialogphase nicht zu erwarten, erklärt der Auftraggeber die Dialogphase für beendet und fordert die beteiligten Unternehmer zur Angebotsabgabe auf Grundlage der Ergebnisse des Dialogs auf. Nach der Wertung der Angebote anhand der Zuschlagskriterien, innerhalb derer begrenzte Möglichkeiten zur Nachverhandlung bestehen, erfolgt der Zuschlag auf das wirtschaftlichste Angebot.

162 **e) Innovationspartnerschaft.** Schließlich wurde im Zuge der Vergaberechtsreform 2016 die Innovationspartnerschaft als neue Vergabeverfahrensart eingeführt, die zur Entwicklung und dem anschließenden Erwerb innovativer Liefer-, Bau- oder Dienstleistungen zur Anwendung kommen soll, wenn der bestehende Bedarf nicht durch bereits auf dem Markt verfügbare Lösungen befriedigt werden kann[369]. Die Innovationspartnerschaft ist dementsprechend gem. § 19 Abs. 1 VgV ausschließlich in dem Fall zulässig, in dem der Beschaffungsbedarf nicht durch bereits verfügbare Leistungen befriedigt werden kann.

163 Auch bei der Innovationspartnerschaft handelt es sich um ein zweistufiges Vergabeverfahren. Der Auftraggeber fordert zunächst gem. § 19 Abs. 2 VgV eine unbeschränkte Anzahl von Unternehmen im Rahmen eines Teilnahmewettbewerbs zur Abgabe eines Teilnahmeantrags auf. Sodann sind lediglich diejenigen Unternehmen, die vom Auftraggeber dazu ausdrücklich aufgefordert werden, zur Abgabe eines Angebots berechtigt. Die Anzahl der Unternehmen, die zur Angebotsabgabe aufgefordert werden, kann gem. § 19 Abs. 4 VgV begrenzt werden. Wie in einem Verhandlungsverfahren verhandelt der Auftraggeber mit den Bietern über die Erst- und Folgeangebote. Schließlich wird die Innovationspartnerschaft mit dem bezuschlagten Bieter gem. § 19 Abs. 7 VgV in zwei aufeinander folgenden Phasen strukturiert. In einer Forschungs- und Entwicklungsphase wird ein Prototyp hergestellt oder eine Dienstleistung entwickelt. In einer darauf folgenden Leistungsphase wird die aus der Partnerschaft hervorgegangene Leistung erbracht.

3. Anwendung des Verhandlungsverfahrens bei Rabattverträgen über patentgeschützte Originalpräparate (Solisten)

164 Die Vergabe selektiver Versorgungsverträge über Arzneimittel und Medizinprodukte der gesetzlichen Krankenkassen erfolgt regelmäßig durch öffentliche Ausschreibung im Wege des offenen Verfahrens[370]. Im Hinblick auf Rabattvereinbarungen zwischen gesetzlichen Krankenkassen und pharmazeutischen Unternehmern könnte allerdings für den Bereich der innovativen, patentgeschützten Originalpräparate eine Ausnahme zu Gunsten der Anwendung des Verhandlungsverfahrens ohne vorherige Bekanntmachung, dh eine Auftragsvergabe im Wege (freihändiger) Verhandlungen mit einem bestimmten pharmazeutischen Unternehmer ohne die Durchführung einer förmlichen Ausschreibung statthaft sein[371].

165 Die Frage nach den Voraussetzungen einer solchen Auftragsvergabe im Wege von Verhandlungen ohne öffentliche Bekanntmachung wird künftig insbesondere vor dem

---

[368] *Müller/Veil* VergabeR 2008, 298 (301).
[369] Gesetzesbegründung zum VergRModG, BT-Drs. 18/6281, S. 98.
[370] → Rn. 148 ff.
[371] Dazu *Gabriel* in MüKoBeihilfeR VergabeR, SGB Rn. 75.

Hintergrund der insofern spezifischen, neuen Vertragskategorien nach § 130b SGB V und § 130c SGB V eine noch größere Bedeutung zukommen, als das in der Vergangenheit der Fall war[372].

Pharmazeutischen Unternehmern sind Rabattverhandlungen über innovative Arzneimittel nunmehr gem. § 130b SGB V zwingend vorgeschrieben[373]. Fakultative Erstattungsverträge sind gem. § 130c SGB V mit zusätzlichen gesetzlich vorgesehenen, absatzfördernden Lenkungs- und Steuerungsmechanismen verbunden[374]. Pharmazeutische Unternehmer haben gem. § 35a SGB V zur Markteinführung ein Dossier über die Kosten und Nutzen eines innovativen Arzneimittels einzureichen, damit der Gemeinsame Bundesausschuss und/oder das Institut für Qualität und Wirtschaftlichkeit im Gesundheitswesen auf dieser Grundlage entscheiden können, ob es sich für bestimmte Patienten und Erkrankungen um ein „Arzneimittel mit Zusatznutzen" ohne therapeutische Alternative (sog Solist) handelt oder ob Wettbewerb mit ähnlichen, vergleichbaren Arzneimitteln besteht (kein Solist). Sofern es sich um einen Solisten handelt, wird der pharmazeutische Unternehmer nach § 130b SGB V verpflichtet, unter unveränderter Beibehaltung des Listenpreises mit dem Spitzenverband Bund der Krankenkassen innerhalb eines Jahres nach Zulassung in Direktverhandlungen einen Rabatt auf den Abgabepreis des pharmazeutischen Unternehmers mit Wirkung für alle Krankenkassen zu vereinbaren. Sollte keine Einigung erzielt werden, ist eine Schiedsstelle aufgerufen, innerhalb von drei Monaten den Rabatt festzusetzen. Das gilt nach § 35a Abs. 6 SGB V auch für bereits markteingeführte, patentgeschützte (nicht festbetragsfähige) Arzneimittel. Lediglich für Arzneimittel, für die bereits eine Erstattungsvereinbarung nach § 130b SGB V besteht, ist der Abschluss eines zusätzlichen, fakultativen Erstattungsvertrags nach § 130c SGB V zulässig[375].

Die Anerkennung eines Zusatznutzens welche gleichzeitig notwendige Bedingung für den Abschluss von Erstattungsverträgen nach § 130c SGB V ist, belegt für den jeweiligen Indikationsbereich gleichzeitig eine Alleinstellung des (patentgeschützten) Arzneimittels im Wettbewerb. Denn das Ergebnis der frühen Nutzenbewertung besteht gerade darin, dass für den entsprechenden Indikationsbereich kein anderes zugelassenes Arzneimittel gleicher Wirksamkeit auf dem Arzneimittelmarkt vorhanden ist. Sofern in Ansehung der konkreten Rabattvertragsgestaltung sowie der mit dieser einhergehenden Lenkungs- und Steuerungswirkung ein ausschreibungspflichtiger öffentlicher Auftrag besteht, kann diese wettbewerbliche Alleinstellung, die auf dem Ergebnis der frühen Nutzenbewertung beruht, die Auftragsvergabe im Wege des Verhandlungsverfahrens ohne Bekanntmachung jedenfalls grundsätzlich rechtfertigen.

In diesem Zusammenhang gestattet die Ausnahmevorschrift des § 14 Abs. 4 Nr. 2 lit. c) VgV einen direkten Vertragsabschluss mit einem ausgewählten Vertragspartner (nur) dann, *„wenn der Auftrag nur von einem bestimmten Unternehmen erbracht oder bereitgestellt werden kann, […] wegen des Schutzes von ausschließlichen Rechten, insbesondere von gewerblichen Schutzrechten."*[376]

Ob diese Voraussetzungen bei „Arzneimitteln mit Zusatznutzen" (Solisten) – automatisch oder nur in manchen Fällen – vorliegen, kann nicht pauschal beantwortet werden, sondern bedarf einer sorgfältigen Prüfung anhand der hierfür einschlägigen vergaberechtlichen Kriterien. Aus diesem Grund ist es zur künftigen rechtssicheren Gestaltung des Verfahrens der Direktverhandlungen ratsam, dass das bei Markteinführung vorzulegende Kosten-Nutzen-Dossier von vornherein – auch – im Hinblick auf diese vergaberechtlich

---

[372] Hierzu ausführlich *Gabriel* VergabeR 2011, 372; *Wille* A&R 2008, 164.
[373] Dazu *Anders* PharmR 2012, 81; *Gabriel* VergabeR 2011, 372.
[374] → Rn. 59 f.
[375] → Rn. 60.
[376] Vgl. *Gabriel* NZS 2008, 455.

gebotene Prüfung verfasst wird und die aus vergaberechtlicher Sicht maßgeblichen Erwägungen einbezogen werden. Dabei kann im Hinblick auf die vergaberechtlichen Kriterien das Folgende festgehalten werden:

170 § 14 Abs. 4 Nr. 2 lit. c) VgV ist nach Maßgabe der Vergaberechtsprechung als Ausnahmetatbestand eng auszulegen[377]. Die in Art. 31 Abs. 1 lit. b) VKR [jetzt: Art. 26 Abs. 4 lit. a) VRL] formulierten Voraussetzungen sind auch nach Auffassung der Europäischen Kommission „harte Tatbestandsmerkmale" und nicht nur bloße Regelbeispiele, die auch in (lediglich) vergleichbaren Konstellationen angenommen werden könnten[378]. Der Beweis dafür, dass ein solcher Ausnahmetatbestand vorliegt, ist vom öffentlichen Auftraggeber zu erbringen; er trägt die Darlegungs- und Beweislast dafür, dass einzig und allein ein bestimmter Anbieter den Auftrag ausführen und das betreffende Präparat liefern kann[379]. Das Vorliegen eines Ausschließlichkeitsrechts iSv § 14 Abs. 4 Nr. 2 lit. c) VgV, wozu neben behördlichen Genehmigungen insbesondere auch Patentrechte zählen, reicht hierfür allein (noch) nicht aus, sondern es muss nachweisbar sein, dass tatsächlich nur ein einziger Anbieter in der Lage ist, die Auftragsleistung zu erbringen[380]. Gerade in Bezug auf Arzneimittel wurde es vom EuGH als nicht ausreichend erachtet, dass ein (typischerweise: wirkstoffbezogener) Schutz durch Ausschließlichkeitsrechte besteht[381]. Vielmehr sei erforderlich, dass das betreffende Arzneimittel nur von einem pharmazeutischen Unternehmer hergestellt bzw. geliefert werden kann, sodass dieser eine Alleinstellung besitzt[382]. Davon kann nach der Rechtsprechung des OLG Düsseldorf ausgegangen werden, wenn ausschließlich dieser Anbieter ein Patent an dem betreffenden Arzneimittel (Wirkstoff) besitzt, dieses Arzneimittel nicht zu anderen Konditionen von Dritten, etwa Re- und Parallelimporteuren oder etwaigen Lizenznehmern, angeboten werden kann und es objektiv-sachliche, indikationsbezogene Gründe dafür gibt, dass nur dieses Arzneimittel beschafft werden soll[383].

171 Bei der Feststellung, ob ein bestehender Wirkstoffpatentschutz die Durchführung eines Verhandlungsverfahrens ohne Teilnahmewettbewerb rechtfertigen kann, ist danach grundsätzlich auch zu berücksichtigen, ob Re- oder Parallelimporteure das entsprechende Arzneimittel auf dem deutschen Arzneimittelmarkt vertreiben. Dabei ist allerdings grundsätzlich zu bezweifeln, dass Re- und Parallelimporteure tatsächlich über eine hinreichende Leistungsfähigkeit verfügen um eine ausreichende Versorgungssicherheit mit rabattvertragsgegenständlichen Arzneimitteln zu gewährleisten. Jedenfalls faktisch wird in einer solchen Konstellation tatsächlich lediglich der Originalhersteller (Patentinhaber) als einziger Vertragspartner in Betracht kommen.

172 Die Frage, ob Re- und Parallelimporteure neben dem Originalhersteller eines patentgeschützten Originalpräparats als Rabattvertragspartner in Betracht kommen, sodass die Durchführung eines Verhandlungsverfahrens ohne Teilnahmewettbewerb nach § 14

---

[377] *Gabriel* NZS 2008, 455 (457).
[378] EuGH Urt. v. 2.6.2005 – C-394/02, Slg. 2005 I-4713 – Kommission/Griechenland; VK Düsseldorf Beschl. v. 15.8.2003, VK 23/2003 L.
[379] EuGH Urt. v. 2.6.2005 – C-394/02, Slg. 2005 I-4713 – Kommission/Griechenland; OLG Düsseldorf Beschl. v. 28.5.2003 – VII-Verg 10/03; VK Bund Beschl. v. 20.5.2003 – VK 1–35/03; *Gabriel* in MüKoBeihilfeR VergabeR, SGB Rn. 75.
[380] OLG Düsseldorf Beschl. v. 20.10.2008 – VII-Verg 46/08 mAnm *Weiner* VergabeR 2009, 189 (190 f.); dazu *Lietz/Natz* A&R 2009, 3 (7); *Gabriel* NZS 2008, 455 (458); *Wille* A&R 2008, 164; *Schickert* PharmR 2009, 164; *Gabriel* in MüKoBeihilfeR VergabeR, SGB Rn. 75.
[381] EuGH Urt. v. 3.5.1994 – C-328/92, Slg. 1994 I-1569 Rn. 17 – Kommission/Spanien; *Gabriel* in MüKoBeihilfeR VergabeR, SGB Rn. 75.
[382] EuGH Urt. v. 3.5.1994 – C-328/92, Slg. 1994 I-1569 Rn. 17 – Kommission/Spanien; *Gabriel* in MüKoBeihilfeR VergabeR, SGB Rn. 75.
[383] OLG Düsseldorf Beschl. v. 20.10.2008 – VII-Verg 46/08; VK Bund Beschl. v. 6.7.2011 – VK 3–80/11; *Gabriel* NZS 2008, 455 (458); *Gabriel* in MüKoBeihilfeR VergabeR, SGB Rn. 75.

Abs. 4 Nr. 2 lit. c) VgV in Ermangelung einer Alleinstellung (des Originalherstellers) unzulässig wäre, war bereits mehrfach Gegenstand von Vergabenachprüfungsverfahren und wurde im Ergebnis bejaht.

Die 3. Vergabekammer des Bundes sowie das OLG Düsseldorf haben dazu festgestellt, dass eine prognostizierte mangelnde Lieferfähigkeit von Re-/Parallelimporteuren an sich nicht dazu geeignet ist, den Rückgriff auf ein Verhandlungsverfahren ohne Bekanntmachung gem. § 3 EG Abs. 4 lit. c VOL/A [jetzt: § 14 Abs. 4 Nr. 2 lit. c) VgV] mit dem entsprechenden Originalhersteller zu rechtfertigen[384]. Bei der kontinuierlichen und umfassenden Lieferfähigkeit während der Vertragslaufzeit handele es sich gerade nicht um ein Element des Beschaffungsbedarfs, sondern vielmehr um ein klassisches Eignungskriterium. Die vertragsschließende Krankenkasse dürfe deshalb nicht ohne Aufruf zum Wettbewerb darüber befinden, ob die rabattvertragsgegenständlichen Lieferverpflichtungen lediglich durch den Originalhersteller sichergestellt werden können und unter Berufung auf dieses Alleinstellungsmerkmal auf ein Verhandlungsverfahren ohne Bekanntmachung zurückgreifen. Die Versorgungssicherheit und -kontinuität für die Patienten hätten durch die Bildung von Losen oder die Wahl mehrerer Vertragspartner berücksichtigt werden können.

Im Rahmen eines zeitlich wie inhaltlich gleichgelagerten Nachprüfungsverfahrens gelangte allerdings die VK Baden-Württemberg zu dem entgegengesetzten Ergebnis und wies den Nachprüfungsantrag eines Re-/Parallelimporteurs gegen einen Rabattvertrag, der unter Berufung auf § 3 EG Abs. 4 lit. c VOL/A [jetzt: § 14 Abs. 4 Nr. 2 lit. c) VgV] zwischen einer Krankenkasse und einem Originalhersteller im Wege eines Verhandlungsverfahrens ohne Teilnahmewettbewerb geschlossen wurde, als unbegründet zurück. Der Importeur hatte seine Lieferfähigkeit im Vergabenachprüfungsverfahren nicht glaubhaft machen können und sei deshalb von vornherein nicht als Rabattvertragspartner in Betracht gekommen, weshalb er mangels Schadens nicht in seinen Rechten iSv § 114 Abs. 1 S. 1 GWB [jetzt: § 160 Abs. 2 GWB] verletzt sei[385]. Zudem können die Voraussetzungen für ein Verhandlungsverfahren ohne Bekanntmachung gem. § 3 EG Abs. 4 lit. c VOL/A [§ 14 Abs. 4 Nr. 2 lit. c) VgV] im Einzelfall vorliegen, weil die rabattvertraglich vereinbarten und zulässigerweise in den Beschaffungsbedarf der vertragsschließenden Krankenkasse aufgenommenen Mehrwertleistungen wie zB sog Schwestern-/Patientenbetreuungsprogramme nur vom Originalhersteller angeboten und durchgeführt werden könnten. Der Beschl. wurde jedoch in der Beschwerdeinstanz durch das OLG Karlsruhe aufgehoben, das sich entsprechend der Auffassung des OLG Düsseldorf anschloss[386]. Die Entscheidung der VK Baden-Württemberg erscheint gleichwohl vor allem insofern zutreffend, als diese dem Umstand Rechnung trägt, dass Re- und Parallelimporteure einerseits im Rahmen eines regelmäßig auf mehrere Jahre angelegten Rabattvertrags niemals die Belieferung einer Krankenkasse mit bestimmten Mengen von patentgeschützten Arzneimitteln gewährleisten können und andererseits auch eine Alleinstellung kraft Lieferfähigkeit, zumal wenn diese durch ein Ausschließlichkeitsrecht bzw. eine faktische Alleinstellung ergänzt wird, die wettbewerbliche Ausschreibung eines Vertrags entbehrlich machen kann. Im Ergebnis wird jedoch erst die weitere Behandlung in der Rechtsprechung, zu einer endgültigen Klärung der Rechtslage führen können. Im Beschwerdeverfahren wurde entschieden, ohne sich mit dem Kernvortrag der Parteien auseinanderzusetzen[387].

---

[384] VK Bund Beschl. v. 24.7.2013 – VK 3–59/13; OLG Düsseldorf Beschl. v. 18.12.2013 – VII-Verg 24/13, VII-Verg 21/13 und VII-Verg 25/13.
[385] VK Baden-Württemberg Beschl. v. 8.8.2013 – 1 VK 20/13, 1 VK 21/13 und 1 VK 22/13.
[386] OLG Karlsruhe Beschl. v. 20.12.2013 – 15 Verg 6/13.
[387] OLG Düsseldorf Urt. v. 28.2.2014 – 15 Verg 6/13, 15 Verg 7/13, 15 Verg 8/13, 15 Verg 6–8/13.

175 Vor dem Hintergrund der bislang zu der Vorgängervorschrift des § 14 Abs. 4 Nr. 2 lit. c) VgV (§ 3a Nr. 2 lit. c) VOL/A aF) ergangenen strengen Rechtsprechung[388] sind Zweifel angezeigt, dass bereits jedweder Zusatznutzen zur Begründung einer vergaberechtlichen Alleinstellung im Sinne dieser Vorschrift ausreichen kann. Zur Beurteilung, ob ein Arzneimittel eine vergaberechtliche Alleinstellung besitzt, ergeben sich aus dem Vergaberecht selbst keine greifbaren Kriterien. Es bieten sich daher mehrere Argumentationswege an, bei denen die Frage der Vergleichbarkeit bzw. Alleinstellung anhand sozialversicherungsrechtlicher oder wettbewerbsrechtlicher Erwägungen beantwortet wird[389]. Inwieweit diese Argumente tragfähig sind, muss in Ansehung der medizinisch- bzw. therapeutisch-pharmakologischen Eigenschaften des jeweils in Rede stehenden Arzneimittels abschließend geprüft werden, wobei diese Prüfung in Ansehung der neu eingeführten frühen Nutzenbewertung nach § 35a SGB V bereits in dem zur Markteinführung einzureichenden Kosten-Nutzen-Dossier vorgenommen werden sollte.

III. Aufteilung in Lose

176 Gem. § 97 Abs. 4 GWB sind im Rahmen eines EU/GWB-Vergabeverfahrens mittelständische Interessen vornehmlich zu berücksichtigen. Durch die Bildung einzelner Teil-/Fachlose, dh der Aufteilung der Leistungen in der Menge und getrennt nach Art und Fachgebiet, soll mittelständischen Unternehmen die Teilnahme am Vergabeverfahren ermöglicht werden. Denn so wird ihrer möglicherweise limitierten quantitativen Leistungsfähigkeit Rechnung getragen.

177 Entsprechend der Differenzierung zwischen wirkstoffbezogenen und indikationsbezogenen Ausschreibungen[390] weisen Fachlose im Rahmen von Selektivvertragsausschreibungen zur Arzneimittelbeschaffung der gesetzlichen Krankenkassen entweder einen Wirkstoff- oder einen Indikationsbezug auf.

178 Hinsichtlich der Anforderungen an die Bildung von Losen gem. § 97 Abs. 4 GWB, § 30 VgV wird es in der Vergaberechtsprechung der Nachprüfungsinstanzen als vergaberechtsgemäß erachtet, wenn überregional bzw. bundesweit tätige Krankenkassen in Ausschreibungen Gebietslose in der Größe mehrerer Bundesländer bilden und, im Fall der Ausschreibung von Arzneimittelrabattvereinbarungen, zusätzlich wirkstoffbezogene Fachlose (Bildung eines Fachloses pro Wirkstoff) vorgegeben werden[391]. Gleiches dürfte grundsätzlich für die Bildung von indikationsbezogenen Losen gelten.

IV. Bieter

1. Bietergemeinschaft

179 Soweit ein pharmazeutischer Unternehmer nicht die notwendige Leistungsfähigkeit besitzt, um sich mit einem eigenen Angebot an der Ausschreibung eines öffentlichen Auftrags zu beteiligen, kann dieses mit anderen pharmazeutischen Unternehmern eine Bietergemeinschaft eingehen und dadurch am Ausschreibungswettbewerb teilnehmen. Gem. § 43 Abs. 2 VgV werden Bietergemeinschaften Einzelbietern gleichgestellt[392].

180 Die Gründung einer Bietergemeinschaft bewegt sich in einem wettbewerbsrechtlichen Spannungsverhältnis zwischen der wettbewerbsrechtlich gewollten Erweiterung des Bie-

---

[388] Statt vieler: OLG Düsseldorf Beschl. v. 20.10.2008 – VII-Verg 46/08.
[389] Hierzu *Gabriel* NZS 2008, 455 (458 ff.); *Wille* A&R 2008, 164 (165 ff.).
[390] → Rn. 108 ff.
[391] LSG Nordrhein-Westfalen Beschl. v. 8.10.2009 – L 21 KR 39/09 SFB; LSG Nordrhein-Westfalen Beschl. v. 9.4.2009 – L 21 KR 27/09 SFB; LSG Baden-Württemberg Beschl. v. 27.2.2008 – L 5 KR 507/08 ER-B, L 5 KR 508/08 W-A.
[392] Dazu ausführlich *Gabriel/Benecke/Geldsetzer*, Die Bietergemeinschaft, 3 ff.

terwettbewerbs³⁹³ und der kartellrechtlich begründeten latenten Gefahr unzulässiger Wettbewerbsbeschränkungen³⁹⁴. Gem. § 124 Abs. 1 Nr. 4 GWB haben öffentliche Auftraggeber die Möglichkeit, ein Unternehmen unter Berücksichtigung des Grundsatzes der Verhältnismäßigkeit zu jedem Zeitpunkt des Vergabeverfahrens von der Teilnahme auszuschließen, wenn diese über hinreichende Anhaltspunkte dafür verfügen, dass das Unternehmen Vereinbarungen mit anderen Unternehmen getroffen hat, die eine Verhinderung, Einschränkung oder Verfälschung des Wettbewerbs bezwecken oder bewirken.

Vor diesem Hintergrund entsprach es jahrzehntelang ständiger Rechtsprechung, eine Bietergemeinschaft auch zwischen solchen Unternehmen als wettbewerbsrechtlich zulässig anzusehen, wenn diese grundsätzlich objektiv auch zur Abgabe eines selbstständigen eigenen Angebots in der Lage gewesen wären. Eine solche Bietergemeinschaft verstoße lediglich dann gegen das Kartellverbot des § 1 GWB, wenn die Beteiligung an dieser für eines der beteiligten Unternehmen nicht eine im Rahmen wirtschaftlich zweckmäßigen und kaufmännisch vernünftigen Handelns liegende Unternehmensentscheidung darstellt³⁹⁵. Den Kriterien der „wirtschaftlichen Zweckmäßigkeit" und der „kaufmännischen Vernunft" sei dabei ein objektiviertes Verständnis zugrunde zu legen³⁹⁶. Die unternehmerische Entscheidung sei lediglich auf eine objektive Nachvollziehbarkeit zu überprüfen³⁹⁷. 181

In Abkehr von der bisherigen Rechtsprechung stellten sowohl das Berliner KG als das OLG Düsseldorf in Entscheidungen seit dem Jahr 2009 fest, dass die Verabredung einer Bietergemeinschaft in Bezug auf eine Auftragsvergabe im Allgemeinen die Verpflichtung einschließe, von eigenen Angeboten abzusehen, was grundsätzlich den Tatbestand einer Wettbewerbsbeschränkung iSd § 1 GWB erfülle³⁹⁸. Eine Bietergemeinschaft zwischen gleichartigen Unternehmen sei lediglich dann wettbewerbsunschädlich, sofern die beteiligten Unternehmen ein jedes für sich für eine Teilnahme an der Ausschreibung mit einem eigenständigen Angebot aufgrund ihrer betrieblichen oder geschäftlichen Verhältnisse nicht leistungsfähig seien und erst der Zusammenschluss zu einer Bietergemeinschaft sie in die Lage versetze, sich daran zu beteiligen. In subjektiver Hinsicht sei außerdem darauf abzustellen, ob die Zusammenarbeit eine im Rahmen wirtschaftlich zweckmäßigen und kaufmännisch vernünftigen Handelns liegende Unternehmensentscheidung darstelle. 182

Diese neuere Rechtsprechungslinie ist von besonderer Relevanz für die Ausschreibung von Arzneimittelrabattverträgen. Schließlich werden objektiv leistungsfähige Unternehmen damit faktisch der Möglichkeit enthoben, sich als Mitglied einer Bietergemeinschaft an einem Vergabeverfahren zu beteiligen. Dabei entspricht es der gängigen Praxis, dass sich auch objektiv leistungsfähige Unternehmen bei solchen Ausschreibungen zu Bietergemeinschaften zusammenschließen, um gerade die Wirtschaftlichkeit eines Angebots dadurch zu verbessern, eine höhere Anzahl wirkstoffbezogener Fachlose durch eine solche 183

---

³⁹³ *Wiedemann* ZfBR, 2003, 240 (241); OLG Naumburg Beschl. v. 21.12.2000 – 1 Verg 10/00.
³⁹⁴ *Maasch* ZHR, 150 (1986), 657; VK Nordbayern Beschl. v. 28.7.2003 – 320.VK-3194-16/03; *Gabriel* in Gabriel/Krohn/Neun, Handbuch des Vergaberechts, § 17 Rn. 1; *Langen* in Langen/Bunte, Kartellrecht, 13. Auflage, Band 1, § 1 Rn. 152.
³⁹⁵ BGH Urt. v. 13.12.1983 – KRB 3/83; OLG Naumburg Beschl. v. 21.12.2000 – 1 Verg 10/00; OLG Frankfurt a. M. Beschl. v. 27.6.2003 – 11 Verg 2/03; OLG Koblenz Beschl. v. 29.12.2004 – 1 Verg 6/04; OLG Düsseldorf Beschl. v. 3.6.2004 – W (Kart) 14/04 sowie zuletzt OLG Brandenburg Beschl. v. 16.2.2012 – Verg W 1/12 mAnm *Gabriel/Voll* VergabeR 2012, 866.
³⁹⁶ *Koenig/Kühling/Müller* WuW 2005, 126 (131); *Schulte/Voll* ZfBR 2013, 223; so auch schon *Immenga* DB 1984, 385 (391).
³⁹⁷ OLG Naumburg Beschl. v. 21.12.2000 – 1 Verg 10/00; OLG Frankfurt a. M. Beschl. v. 27.6.2003 – 11 Verg 2/03.
³⁹⁸ OLG Düsseldorf Beschl. v. 9.11.2011 – Verg 35/11; OLG Düsseldorf, Beschl. v. 11.11.2011 – Verg 92/11; KG Beschl. v. 21.12.2009 – 2 Verg 11/09, mAnm *Kohler* VergabeR 2010, 501; KG Beschl. v. 24.10.2013 – Verg 11/13. Vgl. dazu ausführlich *Gabriel* VergabeR 2012, 555 sowie *Schulte/Voll* ZfBR 2013, 223; *Gabriel/Voll* VergabeR 2014, 179.

Kooperation bedienen zu können[399]. In diesem Zusammenhang haben jedoch sowohl die 1. Vergabekammer des Bundes als auch das OLG Düsseldorf klargestellt, dass die strengere Rechtsprechung zur vergabe- und kartellrechtlichen Zulässigkeit von Bietergemeinschaften jedenfalls nicht auf Vergabeverfahren zum Abschluss von Arzneimittelrabattverträgen übertragen werden kann, bei denen die Zuschlagschancen eines Angebots nach der Ausschreibungskonzeption steigen, je mehr Fachlose abgedeckt werden und die Bildung der Bietergemeinschaft der Angebotserweiterung und damit der Erhöhung der Zuschlagschancen dient.[400] Die objektive Leistungsfähigkeit eines Bietergemeinschaftsmitglieds solle sich lediglich darauf beziehen, ob ein „aussichtsreiches" eigenes Angebot abgegeben werden kann, sodass eine Bietergemeinschaft zulässig ist, wenn sie ihre Mitglieder in die Lage versetzt, sich an einer Ausschreibung „mit Erfolgsaussicht" zu beteiligen.

184 Nachdem bereits mehrere Vergabekammern und -senate der strengeren Rechtsprechungslinie des KG und des OLG Düsseldorfs nicht gefolgt waren[401], hat jedenfalls das OLG Düsseldorf diesen Ansatz offensichtlich wieder aufgegeben und entschieden, dass Bietergemeinschaften lediglich dann gegen § 1 GWB und Art. 101 AEUV verstoßen, wenn sie eine Verhinderung, Einschränkung oder Verfälschung des Wettbewerbs bezwecken oder bewirken.[402] Auch Bietergemeinschaften zwischen Unternehmen, die auf demselben Markt tätig sind und zueinander in einem potentiellen Wettbewerbsverhältnis stehen, seien wettbewerbsunschädlich, wenn

– die beteiligten Unternehmen jedes für sich zu einer Teilnahme an der Ausschreibung mit einem eigenständigen Angebot aufgrund ihrer betrieblichen und geschäftlichen Verhältnisse (zB mit Blick auf Kapazitäten, technischen Einrichtungen und/oder fachliche Kenntnisse) nicht leistungsfähig sind und erst der Zusammenschluss zu einer Bietergemeinschaft sie in die Lage versetzt, sich daran mit Erfolgsaussicht zu beteiligen (Fallgruppe 1), oder

– die Unternehmen für sich genommen zwar leistungsfähig sind (insbesondere über die erforderlichen Kapazitäten verfügen), Kapazitäten aufgrund anderweitiger Bindung aktuell jedoch nicht einsetzbar sind (Fallgruppe 2), oder

– die beteiligten Unternehmen für sich genommen leistungsfähig sind, aber im Rahmen einer wirtschaftlich zweckmäßigen und kaufmännisch vernünftigen Entscheidung erst der Zusammenschluss ein erfolgversprechendes Angebot ermöglicht (Fallgruppe 3) [403].

185 Darüber hinaus sind Bietergemeinschaften zwischen konzernangehörigen Unternehmen nach einer jüngeren Entscheidung des OLG Düsseldorf unter bestimmten Voraussetzungen von vornherein als wettbewerbsrechtlich unbedenklich anzusehen. Das gilt zunächst für den Fall eines vertraglichen Unterordnungskonzerns, sofern es dem beherrschenden Unternehmen – etwa aufgrund eines Beherrschungs- und Gewinnabführungsvertrags nach § 291 Abs. 1 AktG – möglich ist, konzernangehörige Unternehmen zur Eingehung einer Bietergemeinschaft anzuweisen. Bereits die jederzeitige rechtliche Möglichkeit zu einer solchen Anweisung entziehe die Bietergemeinschaftsabrede dem Schutzbereich des § 1 GWB[404]. Entsprechendes gilt aber auch für einen faktischen Unterord-

---

[399] Vgl. zu der diesbezüglichen Relevanz für die Angebotswertung → Rn. 214 ff.
[400] VK Bund Beschl. v. 16.1.2014 – VK 1–119/13; VK Bund Beschl. v. 16.1.2014 – VK 1–117/13; OLG Düsseldorf Beschl. v. 17.2.2014 – VII-Verg 2/14, mAnm *Gabriel/Voll* VPR 2014, 2644.
[401] OLG Brandenburg Beschl. v. 16.2.2012 – Verg W 1/12; mAnm *Gabriel/Voll* VergabeR 2012, 866; VK Münster Beschl. v. 22.3.2013 – VK 3/13; dazu *Gabriel/Voll* VergabeR 2014, 184 ff.; VK Baden-Württemberg Beschl. v. 4.6.2014 – 1 VK 15/14; offen gelassen von OLG Karlsruhe Beschl. v. 5.11.2014 – 15 Verg 6/14; VK Rheinland Beschl. v. 11.2.2015 – VK VOB 32/2014; dazu *Gabriel* VPR 2015, 105 sowie *Hausmann/Queisner* NZBau 2015, 402, 403 f.; VK Sachsen Beschl. v. 1.2.2016 – Z3-3-3194-1-58-11/15; VK Südbayern Beschl. v. 23.5.2015 – 1/SVK/011–14.
[402] OLG Düsseldorf Beschl. v. 8.6.2016 – VII-Verg 3/16.
[403] OLG Düsseldorf Beschl. v. 8.6.2016 – VII-Verg 3/16.

nungskonzern, sofern das herrschende Unternehmen aufgrund einer mehrheitlichen oder ausschließlichen Kapitalbeteiligung und/oder personellen Verflechtungen in der Geschäftsführung oder im Aufsichtsrat über die tatsächliche und rechtliche Möglichkeit verfügt, das Wettbewerbsverhalten der konzernangehörigen Unternehmen zu steuern[405].

2. Nachunternehmer

Ein Bieter ist nicht dazu verpflichtet, einen Auftrag vollumfänglich eigenständig auszuführen. Ihm steht stattdessen die Möglichkeit offen, sich dazu eines Nachunternehmers[406] zu bedienen. Als Nachunternehmer wird bezeichnet, wer sich an der Erbringung der Leistung beteiligt, selbst aber lediglich in einem Vertragsverhältnis zum Auftragnehmer, nicht jedoch zum Auftraggeber steht. Bei Selektivvertragsausschreibungen im GKV-Bereich ist der Bieter idR gehalten, im Falle des Einsatzes von Nachunternehmern umfangreiche Nachweise (insbesondere zur persönlichen Eignung des jeweiligen Nachunternehmers) und Verpflichtungserklärungen des Nachunternehmers beizubringen. Im Gegensatz zu sonstigen an der Auftragsausführung mittelbar beteiligten Dritten (sog Lohnherstellern) sind Nachunternehmer zwingend selbst der Eignungsprüfung[407] des öffentlichen Auftraggebers unterworfen. 186

Die Nachweispflicht führt in der Praxis immer wieder zum Ausschluss vermeintlich unvollständiger Angebote. Ein solcher Angebotsausschluss droht allerdings nur dann, wenn es sich tatsächlich um einen Nachunternehmer und nicht lediglich um einen bloßen Zulieferer handelt. 187

Die Abgrenzung zwischen Nachunternehmer und Lohnhersteller erfolgt anhand der Frage, ob der öffentliche Auftraggeber ein legitimes Interesse am Nachweis der Eignung des Dritten besitzt[408]. Kommt dem Dritten lediglich eine Hilfsfunktion zu, ist ein Interesse des öffentlichen Auftraggebers an der Eignungsprüfung grundsätzlich zu verneinen[409]. Dritte mit bloßer Hilfsfunktion werden überwiegend als Zulieferer bezeichnet und insoweit vom Nachunternehmer abgegrenzt[410]. Gemessen an diesem Maßstab ist grundsätzlich jedenfalls derjenige als Nachunternehmer anzusehen, der im Pflichtenkreis des Auftragnehmers tätig wird. Was zum Pflichtenkreis des Auftragnehmers gehört, wird durch den Gegenstand des Auftrags und damit insbesondere durch die Leistungsbeschreibung definiert[411]. 188

Für die Einordnung einer Leistung als Nachunternehmerleistung spricht insbesondere, dass der sie erbringende Dritte über eine besondere fachliche Qualifikation verfügen 189

---

[404] OLG Düsseldorf Beschl. v. 29.7.2015 – VII-Verg 5/15 und VII-Verg 6/15; OLG Düsseldorf, Beschl. v. 17.2.2016 – VII-Verg 41/15. So auch bereits Vorinstanz: VK Bund Beschl. v. 21.1.2015, VK 1–116/14; VK Bund Beschl. v. 20.1.2015 – VK 1–110/14 sowie VK Bund Beschl. v. 21.1.2015 – VK 1–118/14; VK Bund Beschl. v. 22.1.2015 – VK 1–112/14; VK Bund Beschl. v. 23.1.2015, VK 1–122/14. Dazu: *Gabriel* VPR 2015, 2076.
[405] OLG Düsseldorf Beschl. v. 29.7.2015 – VII-Verg 5/15 und VII-Verg 6/15.
[406] Synonym gebrauchte Begriffe zur Bezeichnung eines Nachunternehmers sind „Subunternehmer", „Unterauftragnehmer" und „Nachauftragnehmer".
[407] → Rn. 197.
[408] VK Sachsen Beschl. v. 10.10.2008 – 1/SVK/051-08; OLG Naumburg Beschl. v. 26.1.2005 – 1 Verg 21/04; OLG Naumburg Beschl. v. 9.12.2004 – 1 Verg 21/04; VK Bund Beschl. v. 13.10.2004 – VK 3–194/04.
[409] OLG Naumburg Beschl. v. 4.9.2008 – 1 Verg 4/08; VK Sachsen-Anhalt Beschl. v. 23.7.2008 – VK 2 LVwA LSA-07/08; VK Sachsen-Anhalt Beschl. v. 6.6.2008 – 1 VK LVwA 07/08; VK Bund Beschl. v. 4.6.2007 – VK 2–42/07; OLG Dresden Beschl. v. 25.4.2006 – 20 U 0467/06; VK Lüneburg Beschl. v. 8.4.2005 – VgK-10/2005; OLG Naumburg Beschl. v. 26.1.2005 – 1 Verg 21/04.
[410] VK Sachsen Beschl. v. 10.10.2008 – 1/SVK/051-08; VK Rheinland-Pfalz Beschl. v. 29.5.2007 – VK 20/07; OLG Naumburg Beschl. v. 26.1.2005 – 1 Verg 21/04; OLG Naumburg Beschl. v. 9.12.2004 – 1 Verg 21/04; VK Bund Beschl. v. 13.10.2004 – VK 3–194/04.
[411] VK Bund Beschl. v. 26.5.2008 – VK 2–49/08; VK Bund Beschl. v. 13.10.2004 – VK 3–194/04.

muss[412]. Gleiches gilt, wenn die vom Dritten erbrachte Teilleistung im Verhältnis zur gesamten Auftragsleistung eine gewisse Eigenständigkeit aufweist. Daneben können auch qualitative und quantitative Aspekte der Leistung des Dritten für ihre Qualifikation als Nachunternehmerleistung eine Rolle spielen[413]. Auch der Umstand, dass die Teilleistung im Hinblick auf ihre Kosten einen wesentlichen Teil des Gesamtangebotspreises ausmacht, spricht dafür, dass die Leistung als Nachunternehmerleistung einzustufen ist[414]. Im Hinblick auf die qualitativen Aspekte der Drittleistung kann ihre Bedeutung für die Funktionsfähigkeit der Gesamtleistung maßgeblich sein[415].

190 Hieraus folgt für die im pharmazeutischen Fertigungsprozess tätigen Dritten[416] im Rahmen der Ausschreibung von Versorgungsverträgen über Arzneimittel und Medizinprodukte:

- Lieferung der Grundstoffe: Ein Dritter, der dem Auftragnehmer des Rabattvertrags die zur Herstellung der nachgefragten Arzneimittel benötigten Grundstoffe liefert, erbringt eine Hilfstätigkeit. Denn Gegenstand eines Rabattvertrags ist regelmäßig die Lieferung hergestellter bzw. herzustellender Arzneimittel. Eine andere Einschätzung ist in Bezug auf Bulkwarehersteller denkbar.
- Herstellungsprozess als solcher: Ein Dritter, der den Auftragnehmer des Rabattvertrags bei der Herstellung der nachgefragten Arzneimittel im Herstellungsprozess (iSv § 4 Abs. 14 AMG) unterstützt, ist zumeist unmittelbar an der Erbringung der Auftragsleistung beteiligt. Das legitime Interesse des Auftraggebers an dem Nachweis der Eignung dieses Dritten ist demnach zu bejahen. Es spricht daher viel dafür, den Dritten als Nachunternehmer zu qualifizieren.
- Verblisterung: Ein Dritter, welcher die Verblisterung (sog Primärverpackung) der nachgefragten Arzneimittel für den Auftragnehmer des Rabattvertrags vornimmt, erbringt einen Teil der ausgeschriebenen Leistung (vgl. § 4 Abs. 14 AMG). Denn diese Leistung steht mit dem Vertragsgegenstand, den zu liefernden Arzneimitteln, in unmittelbarem Zusammenhang. Es spricht daher viel dafür, den Dritten als Nachunternehmer zu qualifizieren.
- Sekundärverpackung: Ein Dritter, der für den Auftragnehmer des Rabattvertrags die Verpackungsschachteln/Packungsbeilagen (sog Sekundärverpackung) für die nachgefragten Arzneimittel herstellt, erfüllt lediglich eine Hilfsfunktion, für die keine besondere Qualifikation erforderlich ist und die nicht im fachlichem Bezug zur nachgefragten Leistung steht. Es spricht daher viel dafür, diesen Dritten nicht als Nachunternehmer zu qualifizieren.
- Arzneimittelrechtliche Freigabe: Ein Dritter, der für die vom Auftragnehmer des Rabattvertrags zu liefernden Arzneimittel die arzneimittelrechtliche Freigabe erteilt, erbringt einen Teil der ausgeschriebenen Leistung. Diese Leistung steht mit dem Vertragsgegenstand, den zu liefernden Arzneimitteln, in unmittelbarem Bezug. Denn die arzneimittelrechtliche Freigabe gehört gem. § 4 Abs. 14 AMG zum Herstellungsprozess. Das legitime Interesse des Auftraggebers an dem Nachweis der Eignung dieses Dritten ist daher zu bejahen, sodass viel dafür spricht, den Dritten als Nachunternehmer zu qualifizieren.

---

[412] OLG Naumburg Beschl. v. 4.9.2008 – 1 Verg 4/08; VK Rheinland-Pfalz Beschl. v. 29.5.2007 – VK 20/07; OLG Naumburg Beschl. v. 26.1.2005 – 1 Verg 21/04.
[413] VK Lüneburg Beschl. v. 30.1.2009 – VgK-54/08.
[414] OLG Celle Beschl. v. 5.7.2007 – 13 Verg 8/07; OLG Naumburg Beschl. v. 26.1.2005 – 1 Verg 21/04; OLG Naumburg Beschl. v. 9.12.2004 – 1 Verg 21/04.
[415] OLG Naumburg Beschl. v. 26.1.2005 – 1 Verg 21/04; VK Lüneburg Beschl. v. 30.1.2009 – VgK-54/08.
[416] Zu den einzelnen Herstellungshandlungen s. *Krüger* in Fuhrmann/Klein/Fleischfresser, HdB-ArzneimittelR, § 13 Rn. 5 ff.; so auch *Gabriel* in Gabriel/Krohn/Neun, VergabeR-HdB, § 79 Rn. 91.

3. Geheimwettbewerb und parallele Beteiligung konzernverbundener Unternehmen

Aufgrund der im Pharmasektor häufigen Konzernverflechtungen kommt es schließlich, insbesondere im Generikabereich, nicht selten zu einer parallelen Beteiligung konzernverbundener Unternehmen an derselben Rabattvertragsausschreibung. Dabei ist eine Verletzung des im Wettbewerbsprinzip begründeten Grundsatzes des Geheimwettbewerbs zu besorgen[417]. Die betroffenen konzernverbundenen Unternehmen bewegen sich zwar überwiegend wirtschaftlich selbstständig am Markt und stehen zumindest im konzerninternen Wettbewerb miteinander. Allerdings besteht aufgrund typischerweise bestehender gesellschaftsrechtlicher, personeller und organisatorischer Verflechtungen die latente Gefahr wettbewerbsbeschränkender Absprachen. Dementsprechend wird grundsätzlich widerleglich vermutet, dass zwischen gleichzeitig am Vergabeverfahren beteiligten konzernangehörigen Unternehmen der Geheimwettbewerb nicht gewahrt wird[418]. Allein die Tatsache der Konzernverbundenheit genügt mithin bereits, um einen Angebotsausschluss seitens des Auftraggebers zu rechtfertigen, sofern die betroffenen Unternehmen nicht die Unabhängigkeit und Vertraulichkeit der Angebotserstellung gewährleisten und das auch durch im Vorfeld ergriffene spezifische strukturelle Präventionsmaßnahmen nachweisen können[419].

191

Dieser Umstand hat im Bereich der Arzneimittelrabattausschreibungen nach § 130a Abs. 8 SGB V bereits zu zahlreichen Nachprüfungsverfahren geführt. Ob der vergaberechtliche Geheimwettbewerb in Rabattvertragsausschreibungen trotz konkurrierender Ausschreibungsbeteiligung gewahrt wird, ist nach der Rechtsprechung der Vergabenachprüfungsinstanzen anhand einer losbezogenen Betrachtung zu beantworten[420]. Denn eine Verletzung des Geheimwettbewerbs kommt nicht in Betracht, wenn sich die betroffenen (konzernverbundenen) Bieter auf verschiedene Lose bewerben, da in einem solchen Fall von vornherein keine Konkurrenzsituation zwischen den Unternehmen entsteht, sodass eine etwaige Kenntnis des jeweils anderen Angebotsinhalts keine schädlichen Auswirkungen auf den Wettbewerb haben kann[421]. Etwas anderes könnte jedoch in einer bestimmten Sondersituation gelten, nämlich wenn die Ausschreibung in Gebietslose aufgeteilt und gleichzeitig eine Loslimitierung vorgesehen wird[422]. In einem solchen Fall kann ausnahmsweise eine gebietslosübergreifende Betrachtung angezeigt sein, um Gebietsabsprachen zu verhindern, mit denen diese Loslimitierung umgangen werden könnte.

192

Darüber hinaus sind auch die Nachweisanforderungen konzernverbundener pharmazeutischer Unternehmen, um die in Rede stehende Vermutung der Verletzung des Geheimwettbewerbs zu widerlegen, durch die Rechtsprechung konkretisiert worden[423]. Dazu geeignet sind bspw. konkrete Ausführungen zu den strukturellen Bedingungen der

193

---

[417] Vgl. dazu *Boldt/Zerwell* VergabeR 2012, 9.
[418] OLG Düsseldorf Beschl. v. 13.4.2011 – VII-Verg 4/11; OLG Düsseldorf Beschl. v. 11.5.2011 – VII-Verg 8/11; OLG Düseldorf Beschl. v. 12.5.2011 – VII-Verg 1/11; *Aschoff* Vergaberechtliche Kooperation und Konkurrenz im Konzern, 200 f.; *Jansen* WuW 2005, 502 (505 f.). Vgl. dazu ausführlich *Dicks* VergabeR 2013, 1.
[419] OLG Düsseldorf Beschl. v. 13.4.2011 – VII-Verg 4/11; OLG Düsseldorf Beschl. v. 11.5.2011 – VII-Verg 8/11; OLG Düseldorf Beschl. v. 12.5.2011 – VII-Verg 1/11.
[420] OLG Düsseldorf Beschl. v. 13.4.2011 – VII-Verg 4/11.
[421] VK Sachsen Beschl. v. 13.12.2013 – 1/SVK/039-13; vgl. auch VK Bund Beschl. v. 30.11.2012 – VK 2-131/12.
[422] VK Bund, Beschl. v. 8.7.2015 – VK 2-53/15 und OLG Düsseldorf, Beschl. v. 17.2.2016 – VII-Verg 41/15.
[423] Vgl. dazu VK Bund Beschl. v. 17.12.2010 – VK 2-119/10; OLG Düsseldorf Beschl. v. 13.4.2011 – VII-Verg 4/11; VK Bund Beschl. v. 6.10.2010 – VK 2-89/10; OLG Düsseldorf Beschl. v. 11.5.2011 – VII-Verg 8/11; VK Bund Beschl. v. 27.8.2010 – VK 3-84/10; LSG Nordrhein-Westfalen – Beschl. v.

Angebotserstellung, dh zum etwaigen Einfluss der Konzernmutter auf das Ausschreibungsverhalten der einzelnen Unternehmen, zur potenziellen Unterwerfung unter eine Konzernstrategie, zur Abstimmung auf den Unternehmensebenen in Bezug auf Teilnahme an Ausschreibungen sowie die Darlegung organisatorischer und personeller Verflechtungen und zur räumlichen Trennung der Unternehmen[424]. Diese Angaben und Erklärungen darf ein öffentlicher Auftraggeber aber nicht unterschiedlos von sämtlichen Bietern bereits mit Angebotsabgabe fordern[425]. Der damit verbundene Aufwand steht – da die Bieter verpflichtet sind, vollständige und wahrheitsgemäße Angaben zu machen und eine unvollständige oder fehlerhafte Erklärung einen Angebotsausschluss nach sich ziehen kann – außer Verhältnis zu dem Nutzen für den Auftraggeber.

V. Angebotsauswahl

194 Im Rahmen von Krankenkassenausschreibungen zum Abschluss eines Versorgungsvertrags kommen, je nach Vertragsgegenstand, pharmazeutische Unternehmer, Re- und Parallelimporteure oder Apotheken als Vertragspartner in Betracht. Wesentliches Merkmal eines solchen Vergabeverfahrens ist damit die Auswahl eines geeigneten Vertragspartners und eines vorzugswürdigen Angebots.

1. Prüfung und Wertung der Angebote

195 Die Prüfung und Wertung der eingereichten Angebote vollzieht sich innerhalb von vier aufeinanderfolgenden Wertungsstufen:

196 Zunächst erfolgt gem. § 56 VgV eine formale Überprüfung der eingereichten Angebote auf ihre Vollständigkeit sowie fachliche und rechnerische Richtigkeit. Angebote, die nicht form- und fristgerecht eingereicht worden sind, werden nach Maßgabe des § 57 VgV vom Vergabeverfahren ausgeschlossen.

197 Die zweite Wertungsstufe umfasst die persönliche Eignung der Bieter. Die Eignungsprüfung ist eine unternehmensbezogene Untersuchung. Sie dient beim offenen Verfahren dazu, die Unternehmen zu ermitteln, die zur Erbringung der konkret nachgefragten Leistungen nach Fachkunde, Leistungsfähigkeit, Zuverlässigkeit und Gesetzestreue generell in Betracht kommen und die unzureichend qualifizierten Bieter auszusondern[426].

198 Auf der dritten Stufe der Angebotswertung wird im Rahmen der sog Preisprüfung ermittelt, ob der Angebotspreis in einem offensichtlichen Missverhältnis zu der vom Auftraggeber nachgefragten Leistung steht. Gem. § 60 VgV muss der Auftraggeber Aufklärung vom Bieter verlangen. Kann dieser den ungewöhnlich niedrigen Preis oder die Kosten des Angebots im Verhältnis zu der zu erbringenden Leistung nicht rechtfertigen, soll der Zuschlag nicht erteilt werden[427]. Sofern tatsächlich ein ungewöhnlich niedriges Angebot vorliegt, ist dieses vom weiteren Vergabeverfahren auszuschließen. Dadurch soll eine hinreichende Leistungsfähigkeit des Auftragnehmers sichergestellt[428] und der Auftraggeber vor einer nicht ordnungsgemäßen Auftragsausführung bewahrt werden[429]. Eine

---

10.3.2010, L 21 SF 41/10; VK Bund Beschl. v. 15.6.2011 – VK 1–66/11; OLG Düsseldorf Beschl. v. 12.5.2011 – VII Verg 1/11; OLG Düsseldorf Beschl. v. 19.9.2011 – VII-Verg 63/11.

[424] Vgl. OLG Düsseldorf Beschl. v. 13.4.2011 – VII-Verg 4/11.
[425] OLG Düsseldorf Beschl. v. 17.2.2016 – VII-Verg 41/15; dazu *Franßen* VPR 2016, 2848.
[426] OLG Düsseldorf Beschl. v. 14.1.2009 – VII-Verg 59/08, NZBau 2009, 398.
[427] Zur Preisprüfung und (Un-)Zulässigkeit sog. Unterkostenangebote auch im Bereich von Arzneimittelrabattvertragsausschreibungen s. *Gabriel* VergabeR 2013, 300.
[428] VK Niedersachsen Beschl. v. 26.8.2011 – VgK-34/2011; *Müller-Wrede* in Müller-Wrede, GWB, § 97 Rn. 256 sowie *Gnittke/Hattig* in Müller-Wrede, GWB, § 181 Rn. 29 ff.
[429] *Dicks* in Kulartz/Kus/Marx/Portz/Prieß, VgV, § 60 Rn. 27 ff.; *Frister* in Kapellmann/Messerschmidt, VOB Teile A und B, § 16 VOB/A Rn. 98.

§ 14 Ausschreibung von Verträgen in der GKV

solche kann ggf. daraus resultieren, dass ein Bieter während der Auftragserfüllung aufgrund nicht ausreichend veranschlagter Preise in finanzielle Schwierigkeiten gerät und seine vertraglichen Pflichten gegenüber dem Auftraggeber nicht mehr erbringen kann.

Während die Preisprüfung auf der dritten Stufe der Angebotsprüfung im Vergaberecht 199 allgemein keine vorrangige Rolle spielt, kommt dieser bei der Ausschreibung von Arzneimittelrabattverträgen eine besondere Relevanz zu. Schließlich bewegen sich die angebotsgegenständlichen Rabatte hier häufig an der Grenze zu Unterkostenangeboten. Aufgrund der weitreichenden Rechtsfolge des Angebotsausschlusses kommt der Feststellung, ob ein Angebot ungewöhnlich bzw. unangemessen niedrig ist, dann eine besondere Bedeutung zu. Üblicherweise wird die Feststellung durch eine vergleichende Betrachtung der eingereichten Angebote unter Berücksichtigung der üblichen Marktpreise vorgenommen. Soweit ein Angebot dabei einen bestimmten – im Vorhinein vom Auftraggeber unter Berücksichtigung der spezifischen Marktverhältnisse festgelegten – prozentualen Abstand zu dem nächstplatzierten Angebot aufweist, besteht Anlass, dieses Angebot als ungewöhnlich bzw. unangemessen niedrig zu qualifizieren. Nach der Rechtsprechung löst in der Regel ein Preisabstand zwischen den Angeboten von/ab 20 %[430] die Überprüfungspflicht des Auftraggebers aus. Vor diesem Hintergrund hat die dritte Wertungsstufe besondere Relevanz für die Vergabe von selektiven Arzneimittelversorgungsverträgen, die regelmäßig sehr hohe Rabatte auf den ApU vorsehen. Daher weisen die verschiedenen Angebote in der Praxis oftmals erhebliche Preisunterschiede auf.

Bevor ein ungewöhnlich bzw. unangemessen niedrig erscheinendes Angebot vom Ver- 200 gabeverfahren ausgeschlossen wird, hat der Auftraggeber nach der Rechtsprechung des EuGH die betroffenen Bieter zum Nachweis der Seriosität ihrer Angebote aufzufordern und sodann anhand der konkreten Einzelposten[431] dieser Angebote zu ermitteln, ob der Gesamtpreis (Endpreis) wirtschaftlich adäquat kalkuliert ist[432]. Ein Missverhältnis zwischen angebotener Leistung und veranschlagtem Preis liegt jedenfalls dann nicht vor, wenn das Angebot über alle Leistungsteile hinweg für den Bieter kostendeckend ist[433]. Dabei ist zu berücksichtigen, dass die Auskömmlichkeitsprüfung stets losbezogen – dh über alle Einzelpreispositionen hinweg – zu erfolgen hat und die Unauskömmlichkeit einer einzelnen Position durch eine andere Position desselben Loses ausgeglichen werden kann. Aber auch im Fall eines nicht kostendeckenden Angebots kann dieses im Einzelfall als angemessen qualifiziert werden. Dazu ist allerdings im Einzelfall der gesicherte Nachweis erforderlich, dass trotz der Unauskömmlichkeit des Angebots eine ordnungsgemäße Auftragsdurchführung aufgrund der Leistungsfähigkeit und -bereitschaft des Bieters zu erwarten ist[434] und das Unterkostenangebot nicht in der Absicht abgegeben wurde, einen Wettbewerber vom Markt verdrängen zu wollen[435]. Dass es vor diesem Hintergrund bei der Preisprüfung nach § 60 VgV entscheidend darauf ankommt, ob zu erwarten ist, dass

---

[430] BGH, Beschl. v. 31.1.2017 – X ZB 10/16; hierzu auch *Gabriel* VPR 2017, 42; OLG Düsseldorf Beschl. v. 25.4.2012 – VII-Verg 61/11; OLG Celle Beschl. v. 17.11.2011 – 13 Verg 6/11; VK Niedersachsen Beschl. v. 26.8.2011 – VgK-34/2011; OLG Frankfurt Beschl. v. 30.3.2004 – 11 Verg 4/04; OLG Düsseldorf Beschl. v. 23.3.2005 – VII-Verg 77/04; OLG Jena Beschl. v. 26.10.1999 – 6 Verg 3/99.

[431] Zuletzt EuGH Urt. v. 29.3.2012 – C-599/10, Rn. 28 – SAG ELV Slovensko a.s. NVwZ 2012, 745.

[432] Vgl. zur Aufforderung der Bieter mittels sog. Aufklärungsschreiben *Gabriel* VergabeR 2013, 300.

[433] VK Nordbayern Beschl. v. 15.1.2004 – 320.VK-3194-46/03; *Bechtolsheim/Fichtner,* VergabeR 2005, 574 (581); zu den konkreten Mitteln zum Nachweis der Auskömmlichkeit vgl. *Gabriel* VergabeR 2013, 300.

[434] Vgl. KG Beschl. v. 15.3.2004 – 2 Verg 17/03; KG Beschl. v. 26.2.2004 – 2 Verg 16/03; BayObLG Beschl. v. 18.9.2003 – Verg 12/03; OLG Jena Urt. v. 27.2.2002 – 6 U 360/01; *Dicks* in Kulartz/Kus/Marx/Portz/Prieß, VgV, § 60 Rn. 24; *Christiani/Ruhland* in Pünder/Schellenberg, Vergaberecht, 2. Auflage 2015, § 16 VOB/A Rn. 100.

der Bieter seine vertraglichen Verpflichtungen bis zum Ablauf des Vertrages wird erfüllen können, wird auch in einer jüngeren Entscheidung der 2. Vergabekammer des Bundes bestätigt. Es kann deshalb selbst ein Unterkostenangebot, das ganz erheblich unterhalb des Marktpreises liegt, nicht ohne Weiteres vom Vergabeverfahren ausgeschlossen werden. Konkret betraf das ein Angebot über ein Arzneimittel, das zu 75 % an Selbstzahler und nur zu 25 % auf Grundlage eines Rabattvertrags zu Lasten der Krankenkassen abgegeben wird. Der Bieter erhoffte sich vom Erhalt des Zuschlags sog Spin-Off-Effekte zu Gunsten der Selbstzahler und legte darüber hinaus eine Patronatserklärung der Konzernmutter vor[436]. Aufgrund dessen sah die Vergabekammer einen Angebotsausschluss trotz der bestehenden Unauskömmlichkeit nicht als gerechtfertigt an.

201 Auf der vierten Wertungsstufe erfolgt die Wirtschaftlichkeitsprüfung im engeren Sinn. Diese bezieht sich nicht auf die Person der konkurrierenden Unternehmen, sondern ausschließlich auf deren Angebote[437]. In der Wirtschaftlichkeitsprüfung findet eine vergleichende Bewertung der eingereichten Angebote statt, um entweder das wirtschaftlichste Angebot, dh das mit dem besten Preis-Leistungs-Verhältnis, oder das mit dem niedrigsten Preis auszuwählen[438].

2. Auswahlkriterien

202 Für die Auswahl eines oder mehrerer Selektivvertragspartner kommt es entscheidend auf die personelle Eignung des potenziellen Auftragnehmers sowie auf die Wirtschaftlichkeit des abgegebenen Angebots an. Es obliegt mithin dem öffentlichen Auftraggeber, Kriterien hinsichtlich der persönlichen Eignung der Bieter und der Ermittlung des wirtschaftlichsten Angebots aufzustellen, anhand derer sich die spätere Prüfung und Wertung der Angebote vollziehen soll. Sowohl die Eignungskriterien als auch die Zuschlagskriterien sowie deren Gewichtung sind im Rahmen der Bekanntmachung und/oder der Leistungsbeschreibung den Bietern zugänglich zu machen.

203 **a) Eignung.** Aufträge werden gem. § 122 GWB ausschließlich an geeignete, dh vor allem an fachkundige und leistungsfähige Unternehmen vergeben[439]. Die Eignungskriterien beziehen sich im Wesentlichen auf die Person, ihr bisheriges Verhalten und den bisherigen Betrieb des Bieters[440]. Nur wenn ein Bieter die vorgegebenen Eignungskriterien vollumfänglich erfüllt, gelangt sein Angebot in die Wirtschaftlichkeitsprüfung am Maßstab der Zuschlagskriterien. Darüber hinaus darf das Angebot eines Bieters freilich auch keinen Ausschlussgrund iSv §§ 123, 124 GWB erfüllen.

204 **aa) Eignungskriterien bei Arzneimittelversorgungsverträgen.** In § 45 VgV werden beispielhaft verschiedene Nachweise benannt, die der Auftraggeber von den Bietern zum Nachweis ihrer wirtschaftlichen und finanziellen Leistungsfähigkeit verlangen kann. Ein abschließender Katalog von Nachweisen, die zum Beleg der technischen und beruflichen Leistungsfähigkeit gefordert werden darf, findet sich in § 46 VgV[441].

---

[435] Vgl. zur Nachweisführung bei unauskömmlichen Angeboten *Gabriel* VergabeR 2013, 300. Ob es auch in Zukunft auf das Kriterium der Marktverdrängungsabsicht ankommen wird, ist nach einer neueren Rechtsprechung des BGH fraglich, s. hierzu BGH Beschl. v. 31.1.2017 – X ZB 10/16 und *Gabriel* VPR 2017, 42.
[436] OLG Düsseldorf Beschl. v. 8.6.2016 – VII-Verg 57/15.
[437] OLG Düsseldorf Beschl. v. 14.1.2009 – VII-Verg 59/08, NZBau 2009, 398.
[438] Dazu iE → Rn. 213 ff.
[439] Dazu ausführlich *Gabriel* in Stief/Bromm, Vertragshandbuch Pharma und Life Sciences, 2014, Kap. VII, 3. Anm. 24.
[440] *Gnittke/Hattig* in Müller-Wrede, GWB § 122, Rn. 2; *Hausmann/von Hoff* in Kulartz/Kus/Portz/Prieß, GWB, § 122 Rn. 15 ff.
[441] Vgl. Verordnungsbegründung der BReg, BR-Drs. 87/16, S. 199.

Im Rahmen der Ausschreibung von GKV-Versorgungsverträgen über Arzneimittel 205
kommt der Aufstellung von Eignungskriterien lediglich in quantitativer, nicht jedoch in
qualitativer Hinsicht Relevanz zu. Spezieller qualitativer Eignungskriterien für die Auswahl eines pharmazeutischen Unternehmers als Versorgungsvertragspartner einer gesetzlichen Krankenkasse bedarf es grundsätzlich nicht, da die Qualität sämtlicher abgabefähiger Arzneimittel bereits durch die arzneimittelrechtliche Zulassung[442] und Aufsicht[443]
umfassend sichergestellt wird. Aufgrund dessen werden im Rahmen diesbezüglicher Ausschreibungen regelmäßig lediglich folgende Eignungsnachweise verlangt:
- Zulassungsnachweise für sämtliche angebotsgegenständlichen Arzneimittel durch Vorlage eines Auszugs aus dem öffentlichen Teil (AJ 29) der AMIS-Datenbank des Deutschen Instituts für Medizinische Dokumentation und Information (DIMDI[444]),
- Aktueller Handelsregisterauszug,
- Eigenerklärung der Zuverlässigkeit, die bspw. die Versicherung des Bieters umfasst, dass kein Insolvenzverfahren über dessen Vermögen eröffnet wurde, er sich nicht in Liquidation befindet, keine schweren Verfehlungen begangen wurden und er seinen Pflichten zur Zahlung von Steuern, Abgaben und Sozialversicherungsbeiträgen nachgekommen ist,
- Eigenerklärung zu wettbewerbsbeschränkenden oder den Geheimwettbewerb verletzenden Abreden,
- Eigenerklärung zu den Produktionskapazitäten für die Herstellung der angebotenen Arzneimittel, um eine Lieferfähigkeit während der gesamten Vertragslaufzeit nachzuweisen.

Im Zusammenhang mit den Kriterien zum Eignungsnachweis hat die 2. Vergabekam- 206
mer des Bundes eine Ausschreibungsgestaltung in einem jüngeren Beschl. für diskriminierend gegenüber Re- und Parallelimporteuren beurteilt[445]. Diesem lag ein vergleichsweise „strenges" Ausschreibungsdesign im Hinblick auf den Eignungsnachweis, insbesondere den Nachweis der Produktions- und Lieferkapazitäten sowie der Vorlage von Nachunternehmerverpflichtungserklärungen zu Grunde. Zum Nachweis der Produktions- bzw. Lieferfähigkeit sollten lediglich Verträge mit Auftragsherstellern zulässig sein, Lieferverträge mit pharmazeutischen Großhändlern hingegen von vornherein nicht akzeptiert werden. Gerade diese konkrete Vorgabe, welche bereits in der Auftragsbekanntmachung enthalten war, wurde von der 2. Vergabekammer des Bundes als Diskriminierung von Re- und Parallelimporteuren erachtet, die nicht durch den Auftragsgegenstand gerechtfertigt sei und durch die der grundsätzlich zwischen den Originalpräparateherstellern und den Re- und Parallelimporteuren bestehende Wettbewerb verhindert werde. Die von der ausschreibenden Krankenkasse vorgesehenen hohen Anforderungen an den Nachweis der Lieferfähigkeit wurden in der hier in Rede stehenden Entscheidung jedoch gerade nicht per se beanstandet. Vielmehr seien diese in der entscheidungsgegenständlichen Sachverhaltskonstellation von besonderer Bedeutung, da Zweifel an der faktischen Beteiligungsmöglichkeit von Re- bzw. Parallelimporteuren bestünden.

bb) Eignungskriterien bei Hilfsmittelversorgungsverträgen. Besonderheiten ergeben 207
sich bei der Eignungsprüfung im Zusammenhang mit Hilfsmittelversorgungsverträgen nach § 127 SGB V zur Versorgung mit Medizinprodukten. Sowohl bei Ausschreibungs-

---

[442] → § 3 Rn. 49 ff.
[443] → § 4 Rn. 73 ff.
[444] Soweit die AMIS-Datenbank zum Zeitpunkt der Angebotsabgabe unvollständig, unrichtig oder nicht aktuell ist, kann im Einzelfall grundsätzlich auch ein anderweitiger Nachweis der relevanten Kriterien in Betracht kommen.
[445] VK Bund Beschl. v. 7.8.2013 – VK 2-68/13.

verträgen nach § 127 Abs. 1 SGB V als auch bei Beitrittsverträgen nach § 127 Abs. 2, 2a SGB V wird die Eignungsprüfung durch ein vorgelagertes sog Präqualifizierungsverfahren iSv § 126 Abs. 1a SGB V ersetzt.

208 Unter einer Präqualifizierung wird eine von einer konkreten Auftragsvergabe unabhängige Prüfung und Bewertung eines Unternehmens verstanden, inwieweit dieses zur – vorab hinreichend bestimmten – Leistungserbringung geeignet ist[446]. Unter Eignung ist dabei im vergaberechtlichen Sinne die Fachkunde und Leistungsfähigkeit eines Unternehmens (§ 122 Abs. 1 GWB) zu verstehen.

209 **cc) Ausschlussgründe.** Die Ausschlussgründe in Bezug auf die Eignung eines Bieters wurden im Zuge der Vergaberechtsreform 2016 überarbeitet und in §§ 123, 124 GWB geregelt. Die Neuregelung wirft insbesondere im Zusammenhang mit der Vergabe von Versorgungsverträgen in der GKV Fragen auf, die bislang weder in Rechtsprechung noch in der Literatur beantwortet wurden.

210 Gem. § 123 Abs. 1 Nr. 6 GWB schließen öffentliche Auftraggeber Unternehmen zu jedem Zeitpunkt des Vergabeverfahrens von der Teilnahme aus, wenn sie Kenntnis davon haben, dass eine Person, deren Verhalten dem Unternehmen zuzurechnen ist, wegen Bestechlichkeit oder Bestechung im geschäftlichen Verkehr nach § 299 StGB rechtskräftig verurteilt worden ist. Eine Verurteilung aufgrund der Straftatbestände der Bestechlichkeit im Gesundheitswesen nach § 299a StGB und der Bestechung im Gesundheitswesen nach § 299b StGB führt nach dem Wortlaut der Vorschrift mithin – jedenfalls gegenwärtig – nicht zu einem Ausschluss eines Bieters von einem Vergabeverfahren. Es spricht jedoch einiges dafür, auch an eine Verurteilung aufgrund dieser Straftatbestände einen Verfahrensausschluss zu knüpfen. Insbesondere dürfte das europarechtlich geboten sein. Die Regelung des § 123 Abs. 1 Nr. 6 GWB geht auf Art. 57 Abs. 1 lit. b) VRL zurück, die ganz allgemein vorsieht, dass öffentliche Auftraggeber einen Wirtschaftsteilnehmer von der Teilnahme an einem Vergabeverfahren ausschließen, wenn dieser rechtskräftig wegen Bestechung verurteilt worden ist. Bei den §§ 299a, 299b StGB handelt es um klassische Bestechungstatbestände, mit der Strafbarkeitslücken geschlossen werden sollen, die sich ua daraus ergeben, dass der Straftatbestand des § 299 StGB weder auf niedergelassene Ärzte noch auf Apotheker oder auf sonstige entsprechend selbstständig tätige Angehörige von Heilberufen anwendbar ist[447].

211 Darüber hinaus sieht § 124 Abs. 1 GWB diverse enumerativ aufgezählte fakultative Ausschlusstatbestände vor. Im Zusammenhang mit der Vergabe von GKV-Selektivverträgen sind vor allem die Ausschlussgründe des § 124 Abs. 1 Nr. 7 und Nr. 9 GWB relevant. Nach § 124 Abs. 1 Nr. 7 GWB können öffentliche Auftraggeber ein Unternehmen zu jedem Zeitpunkt des Vergabeverfahrens von der Teilnahme ausschließen, wenn das das Unternehmen eine wesentliche Anforderung bei der Ausführung eines früheren öffentlichen Auftrags oder Konzessionsvertrags erheblich oder fortdauernd mangelhaft erfüllt hat und dies zu einer vorzeitigen Beendigung, zu Schadensersatz oder zu einer vergleichbaren Rechtsfolge geführt hat. Dass es bei der Durchführung von Arzneimittelrabattverträgen zu Lieferverzögerungen und Lieferausfällen kommt, die individuell vereinbarte Vertragsstrafen oder die vorzeitige Beendigung eines Vertrages nach sich ziehen, ist nicht ungewöhnlich. Ursächlich dafür sind regelmäßig die komplexen Herstellungsverfahren – insbesondere bei der Herstellung von Impfstoffen und biologisch/biotechnologischen Wirkstoffen – die in nicht unerheblichem Maße von externen Faktoren abhängen, auf die die pharmazeutischen Unternehmer keinen Einfluss haben. Unklar ist

---

[446] *Werner* NZBau 2006, 12 sowie insbesondere zur Rechtsnatur der Bestätigung *Flasbarth* MedR 2011, 81. Zum Präqualifizierungsverfahren allgemein vgl. Verband der Ersatzkassen e.V. (vdek), Fragen und Antworten – Präqualifizierung im Hilfsmittelbereich, Stand: 12.5.2010.

[447] BT-Drs. 18/6446, 12; dazu auch *Dieners/Cahnley* MPR 2016, 48 ff.

vor diesem Hintergrund, ob auch diese Fälle geeignet sind, einen Verfahrensausschluss zu begründen. Dafür spricht zwar der Wortlaut von § 124 Abs. 1 Nr. 7 GWB, der gerade nicht darauf abstellt, ob das jeweilige Unternehmen eine Nicht- bzw Schlechterfüllung eines öffentlichen Auftrags zu vertreten hat. Dieser Umstand wurde jedoch im Rahmen der gebotenen Ermessensentscheidung des öffentlichen Auftraggebers eine maßgebliche Rolle spielen müssen, da dieser einen Ausschluss lediglich unter Berücksichtigung des Verhältnismäßigkeitsgrundsatzes treffen darf.

Schließlich können öffentliche Auftraggeber ein Unternehmen gem. § 124 Abs. 1 Nr. 9 lit. a) GWB auch dann vom Vergabeverfahren ausschließen, wenn das Unternehmen versucht hat, die Entscheidungsfindung des öffentlichen Auftraggebers in unzulässiger Weise zu beeinflussen. Fraglich ist in diesem Zusammenhang, wie die durch das sozialrechtliche Dreiecksverhältnis bedingte, übliche Kontaktpflege zwischen Krankenkassen, Ärzten, Apothekern und pharmazeutischen Unternehmern in diesem Zusammenhang zu beurteilen ist. Mit absoluter Sicherheit könnte ein Verfahrensausschluss nur verhindert werden, wenn zwischen diesen Akteuren während der Dauer eines Vergabeverfahrens überhaupt kein Kontakt außerhalb des Verfahrens bestehen würde. Angesichts der Vielzahl von Vergabeverfahren im GKV-Bereich würde das faktisch zu einer Kontaktsperre führen. Ob die Vorschrift des § 124 Abs. 9 GWB in der Praxis – insbesondere durch die Vergabenachprüfungsinstanzen – tatsächlich derart streng angewendet und ausgelegt werden wird, ist zum gegenwärtigen Zeitpunkt indes noch nicht absehbar. 212

b) Zuschlagskriterien. aa) Allgemeines. Die von dem öffentlichen Auftraggeber festzulegenden Zuschlagskriterien sollen eine vergleichende Bewertung der eingereichten Angebote ermöglichen, um entweder das wirtschaftlichste Angebot oder dasjenige mit dem niedrigsten Preis zu ermitteln. Grundsätzlich kommt dem Auftraggeber bei der Festlegung von Wirtschaftlichkeitskriterien ein weiter Ermessensspielraum zu, der nur eingeschränkt der gerichtlichen Kontrolle unterliegt[448]. Sämtliche Zuschlagskriterien müssen jedoch stets einen Bezug zum Auftragsgegenstand aufweisen, ausdrücklich im Leistungsverzeichnis oder der Bekanntmachung des Auftrags genannt sein und dürfen dem Auftraggeber keine uneingeschränkte Entscheidungsfreiheit einräumen[449]. 213

bb) Praxisbeispiel: Wirtschaftlichkeitsprüfung bei Rabattvertragsausschreibungen über Generika. Bei der Ausschreibung von Rabattverträgen nach § 130a Abs. 8 SGB V über generische Arzneimittel scheiden Qualitätskriterien als Zuschlagskriterien grundsätzlich aus, da es sich bei generischen Arzneimitteln um standardisierte Produkte handelt, die von vornherein keine berücksichtigungsbedürftigen Qualitätsunterschiede aufweisen. Das einzige Zuschlagskriterium ist deshalb regelmäßig die Wirtschaftlichkeit des angebotenen Rabatt-ApU. 214

Die vergleichende Wertung der Angebote erfolgt meist auf Grundlage von wirkstoffabhängigen und anhand der Substitutionskriterien gem. § 129 Abs. 1 S. 3 SGB V gebildeten Preisvergleichsgruppen. Eine solche Preisvergleichsgruppe enthält diejenigen Arzneimittel eines jeweiligen Wirkstoffs, die in der Darreichungsform vergleichbar sowie im Wirkstoffgehalt und in der Normpackungsgröße identisch sind. 215

Die für den Zuschlagsfall zu erwartenden Einsparungen werden prognostiziert, indem für jeden in einer bestimmten Preisvergleichsgruppe angebotenen Rabatt-ApU die Differenz zwischen der in der Lauer-Taxe an einem bestimmten Stichtag gelisteten Durchschnitts-ApU je Gramm Wirkstoff und dem Rabatt-ApU gebildet wird. Diese wird mit der Menge an Wirkstoff multipliziert, die in der jeweiligen Preisvergleichsgruppe in einem vorausgegangenen Referenzzeitraum zu Lasten der ausschreibenden Krankenkasse abgegeben worden ist. Preisvergleichsgruppen, für die ein Bieter kein Angebot abgegeben 216

---

[448] OLG Düsseldorf Beschl. v. 14.1.2009 – VII-Verg 59/08.
[449] EuGH Urt. v. 4.12.2003 – C-448/01, Slg. 2003 I-14527 Rn. 34 – *Wienstrom* NVwZ 2004, 201.

hat, gehen mit dem Wert Null in die Wertung ein, da sich für die ausschreibende Krankenkasse dadurch im Fall des Zuschlags keine Einsparungen verwirklichen lassen. Dementsprechend werden bei der Wirtschaftlichkeitsbewertung sowohl die mit den Rabattangeboten erzielbaren Einsparungen pro wirkstoffbezogenem Fachlos als auch die Produktbreite des anbietenden pharmazeutischen Unternehmers berücksichtigt.

217 Die Zuschlagsentscheidung erfolgt, abhängig vom Rahmenvertragsmodell, entweder mit dem Bieter, der das wirtschaftlichste Angebot vorgelegt hat, oder aber mit mehreren Bietern, deren Angebote für die Krankenkasse am wirtschaftlichsten sind.

3. Angebotswertung bei Arzneimittelversorgungsverträgen in der vergaberechtlichen Rechtsprechung

218 Lässt sich aus den Vergabeunterlagen nicht widerspruchsfrei ermitteln, auf welcher Grundlage die von der Krankenkasse gebildeten Preisvergleichsgruppen tatsächlich gebildet werden, stellt das einen Verstoß gegen den Grundsatz der eindeutigen und erschöpfenden Leistungsbeschreibung nach § 121 Abs. 1 GWB dar. So entschied die 1. Vergabekammer des Bundes in einem Fall, in dem sich den Vergabeunterlagen einerseits entnehmen lies, dass in einer Preisvergleichsgruppe diejenigen Arzneimittel zusammengefasst werden, die über eine identische Darreichungsform iSd Lauer-Taxe verfügen, wohingegen an anderer Stelle der Vergabeunterlagen ausgeführt wurde, dass allein die aktuelle Zulassungssituation maßgeblich sein soll.[450]

219 Hinsichtlich der Anforderungen an die Wertung der angebotenen Rabatte und Arzneimittel wurde die Vorgabe einer Krankenkasse, für alle angebotenen PZN eines Fachloses einen einheitlichen Rabattsatz zu bilden (dh das Angebot eines einheitlichen Rabatts für alle PZN zu einem Wirkstoff), als vergaberechtsgemäß befunden[451]. Ebenso wurde die Festlegung einer Untergrenze für den vom Bieter zu entrichtenden Rabatt in Gestalt einer Mindestgebotsvorgabe nicht beanstandet[452]. Dagegen wurde die Vorgabe, dass Bieter einen Grundrabatt gewähren müssen, der während der gesamten Dauer des Rabattvertrags eine preisliche Gleichsetzung mit dem günstigsten am Markt befindlichen wirkstoffgleichen Alternativprodukt sicherstellt, als ungewöhnliches Wagnis gem. § 8 Nr. 1 Abs. 3 VOL/A aF bewertet. Hierdurch würde eine kaufmännisch vernünftige Kalkulation des Angebots unmöglich gemacht[453].

220 Auch die wertungstechnische Berücksichtigung von § 31 Abs. 2 S. 3 SGB V, wonach bei Rabattverträgen über Festbetragsarzneimittel die Mehrkosten der Überschreitung des Festbetrags durch den Rabattvertrag ausgeglichen werden müssen, war bereits Gegenstand von Nachprüfungsverfahren. Die Nachprüfungsinstanzen haben eine Wertungssystematik, bei der die Vorgabe des § 31 Abs. 2 S. 3 SGB V im Rahmen der Wirtschaftlichkeitsbewertung der Angebote berücksichtigt wird, bislang nicht beanstandet, obwohl hierdurch Anbieter von Arzneimitteln mit einem Apothekenverkaufspreis über dem Festbetrag benachteiligt werden[454].

221 Die Bildung einer einheitlichen (Preis-)Vergleichsgruppe für Arzneimittel mit der topischen (zur äußerlichen Anwendung bestimmten) Darreichungsform „flüssig" wurde vom LSG Nordrhein-Westfalen als vergaberechtswidrig erachtet, wenn darunter sowohl Lösungen als auch Emulsionen fallen. Dann seien diese Darreichungsformen nicht gem.

---

[450] VK Bund Beschl. v. 11.1.2016, VK 1–114/15 (noch nicht rechtskräftig; ein Beschwerdeverfahren ist unter dem Az. VII-Verg 4/16 beim OLG Düsseldorf anhängig).
[451] LSG Nordrhein-Westfalen Beschl. v. 3.9.2009 – L 21 KR 51/09 SFB.
[452] VK Bund Beschl. v. 29.9.2009 – VK 3–166/09.
[453] VK Bund Beschl. v. 22.8.2008 – VK 2–73/08; hierzu *Kamann/Gey* PharmR 2009, 114 (121).
[454] VK Bund Beschl. v. 27.3.2009 – VK 3–46/09; VK Bund Beschl. v. 26.11.2009 – VK 1–197/09; LSG Nordrhein-Westfalen Beschl. v. 8.10.2009 – L 21 KR 44/09 SFB; BVerfG Beschl. v. 1.11.2010 – 1 BvR 261/10.

§ 129 Abs. 1 SGB V substituierbar. Bei topischen Darreichungsformen sei daher darauf zu achten, dass die verfügbaren Verordnungszahlen zu den nachgefragten Darreichungsformen (Cremes, Gels, Salben, flüssig) die Austauschbarkeit berücksichtigen. Denn dies sei für die Kalkulationssicherheit der Bieter notwendig[455]. Eine insofern fehlerhafte Bildung von Preisvergleichsgruppen kann ansonsten Auswirkungen auf die Angebotswirkung entfalten, wenn Präparate miteinander verglichen werden, die tatsächlich nicht austauschbar und damit nicht vergleichbar sind.

Besondere Anforderungen an die Transparenz des Vergabeverfahrens begründet darüber hinaus die Einbeziehung von Staffelrabatten in die Angebotswertung. Das betrifft den Fall, dass pro Preisvergleichsgruppe mehrere Staffelpreiskategorien vorgegeben werden, die sich an der späteren Umsetzungsquote (dh der Absatzmenge) orientieren. Dadurch wird den Bietern die grundsätzlich legitime Möglichkeit eröffnet, die Wahrscheinlichkeit der verschiedenen Umsetzungs(quoten)szenarien in ihre Preiskalkulation einzubeziehen. Enthält eine solche Ausschreibung allerdings keine Regelung, wonach die Preise in den niedrigen Quoten nicht unter denen der höheren Quoten liegen dürfen, bietet sich ein wettbewerbswidriges Einfallstor für die Optimierung der Wirtschaftlichkeit eines Angebots. Dann nämlich könnten in eher unwahrscheinlichen Umsetzungsquotenbereichen extrem niedrige Rabatt-ApUs angeboten werden, um so die Chancen auf den Zuschlag (manipulativ) zu erhöhen[456]. Aufgrund der Möglichkeit solcher Angebotsgestaltungen, spielt die Auskömmlichkeitsprüfung gem. § 60 VgV[457] auf der dritten Wertungsstufe eine entscheidende Rolle, um einen fairen Wettbewerb sicherzustellen und offensichtlich unauskömmliche Angebote auszuschließen. Dabei hat die ausschreibende Krankenkasse in den Vergabeunterlagen unmissverständlich anzugeben, ob im Rahmen der Auskömmlichkeitsprüfung die Einzelpreise in jeder Umsetzungsquote innerhalb der Preisvergleichsgruppe, jede Preisvergleichsgruppe mit allen Umsetzungsquoten oder das Gesamtergebnis für das jeweilige Fach-/Gebietslos den Wertungsmaßstab für die Auskömmlichkeitsprüfung darstellt[458]. Sachgerecht ist die Heranziehung der Einzelpreise in jeder Umsetzungskategorie[459]. In diesem Zusammenhang stellen die seitens der Bieter der Preiskalkulation zu Grunde gelegten Umsetzungsquoten einen essentiellen Bestandteil für die Preisprüfung dar. Denn nur anhand der Umsetzungsquoten kann die Auskömmlichkeit des Angebots nachgewiesen werden. Allerdings besteht für die ausschreibende Krankenkasse keine Pflicht, die Offenlegung dieser Umsetzungsquoten zu verlangen[460].

Nach einer Entscheidung des OLG Düsseldorf darf schließlich die Bereitstellung eines Patientenprogramms durch den Originalhersteller bei der Vergabe eines Rabattvertrages über patentgeschützte Originalpräparate als Qualitätskriterium im Rahmen der Angebotswertung positiv berücksichtigt werden[461]. Insbesondere stellt das keine Diskriminierung von Re- und Parallelimporteuren dar.

---

[455] LSG Nordrhein-Westfalen Beschl. v. 28.1.2010 – L 21 KR 68/09 SFB. Die Vorinstanz hatte hierin keinen Vergabeverstoß gesehen: VK Bund Beschl. v. 10.11.2009 – VK 1–191/09 ebenso VK Bund Beschl. v. 30.10.2009 – VK 1–188/09.
[456] Vgl. dazu VK Bund Beschl. v. 10.2.2011 – VK 3–162/10.
[457] Vgl. dazu ausführlich *Gabriel* VergabeR 2013, 300.
[458] Vgl. VK Bund Beschl. v. 10.2.2011, VK 3–162/10; VK Bund Beschl. v. 1.2.2011, VK 3–126/10.
[459] Ein Abstellen auf die jeweilige Umsetzungsquote für sachgerecht hält VK Bund Beschl. v. 10.2.2011 – VK 3–162/10; VK Bund Beschl. v. 1.2.2011 – VK 3–126/10; zu einer entsprechend den Transparenzanforderungen abgeänderten Ausschreibung vgl. VK Bund Beschl. v. 7.4.2011 – VK 3–28/11.
[460] Vgl. VK Bund Beschl. v. 26.4.2011 – VK 3–50/11; OLG Düsseldorf Beschl. v. 9.5.2011 – VII-Verg 45/11.
[461] OLG Düsseldorf Beschl. v. 19.11.2014 – VII-Verg 30/14; dazu *Gabriel* VPR 2015, 36.

D. Vergaberechtliche Sonderfragen

224 Bei der Anwendung des Vergaberechts auf selektive Versorgungsverträge in der GKV handelt es sich um eine vergleichsweise junge Materie. Während die grundsätzlichen Fragen hinsichtlich der Anwendbarkeit des Vergaberechts durch zahlreiche Vergabenachprüfungsverfahren mittlerweile beantwortet wurden, werfen die nachfolgend behandelten Themen entweder noch immer Fragen auf oder sind erst in jüngster Vergangenheit durch einzelne Judikate von der Rechtsprechung aufgegriffen worden.

I. Vergaberechtsfreie Open-House-Verträge

225 Ob der ausschreibungslose Abschluss nicht-exklusiver Arzneimittelrabattverträge (sog Open-House-Verträge[462]) vergaberechtlich zulässig ist, war längere Zeit umstritten. Bei diesem Vertragsmodell schließt eine Krankenkasse einen Arzneimittelrabattvertrag mit einer größtmöglichen Anzahl von pharmazeutischen Unternehmern. Ziel dieses nicht-selektiven/exklusiven Kontrahierens ist es, die Substitution der vertragsgegenständlichen Präparate nach § 129 Abs. 1 S. 3 SGB V zu vermeiden und den Versicherten damit eine größtmögliche Arzneimittelproduktbreite zu erhalten[463]. Nunmehr hat der EuGH im Rahmen eines Vorabentscheidungsverfahrens jedoch klargestellt, dass Open-House-Verträge unter bestimmten Voraussetzungen nicht als öffentliche Aufträge zu qualifizieren sind und deshalb ohne vorherige Durchführung eines Vergabeverfahrens geschlossen werden dürfen. Es fehle regelmäßig an der Auswahlentscheidung des Auftraggebers.

1. Hintergrund

226 Ausgangspunkt der vergaberechtlichen Bewertung dieser Vertragskonzeption ist die Rechtsprechung des LSG-Nordrhein-Westfalen zur Ausschreibungspflicht bei ebenfalls nicht-exklusiven Hilfsmittelversorgungsverträgen mit Beitrittsrecht iSv § 127 Abs. 2, 2a SGB V[464]. Danach soll ein Hilfsmittelversorgungsvertrag dann nicht als ausschreibungspflichtiger entgeltlicher öffentlicher Auftrag einzuordnen sein, wenn durch den Vertragsschluss für den vertragsschließenden Leistungserbringer keine Sonderstellung im Wettbewerb bewirkt wird[465]. Die Auswahlentscheidung durch einen öffentlichen Auftraggeber wird als grundlegende Voraussetzung für die Wirksamkeit absatzlenkender und -steuernder gesetzlicher Mechanismen zu Gunsten des pharmazeutischen Unternehmers angesehen. Ein gesetzlich geregelter Anspruch auf Beitritt zu einem Versorgungsvertrag iSv § 127 Abs. 2a SGB V führt hingegen zu einem gleichberechtigten Marktzugang und gewährleistet die Teilhabe an der Versorgung der Versicherten wodurch eine Auswahlentscheidung ebenso wie eine vergaberechtliche Ausschreibungspflicht ausgeschlossen wird.

227 Vor diesem Hintergrund war es fraglich, ob durch ein individualvertraglich vereinbartes Beitrittsrecht für jeden interessierten pharmazeutischen Unternehmer eine bestehende

---

[462] Ein ausführlich kommentiertes Muster eines Antrags auf Einleitung eines Nachprüfungsverfahrens am spezifischen Beispiel eines Open-House-Vertrags findet sich bei *Gabriel* in Stief/Bromm, Vertragshandbuch Pharma und Life Sciences, 2014, Kap. VII, 4.

[463] Zum Modell vgl. *Meyer-Hofmann/Hahn* A&R 2010, 59 (61); *Noch,* Vergaberecht kompakt, 100 f.; *Csaki* NZBau 2012, 350 sowie *Gabriel* in *Stief/Bromm,* Vertragshandbuch Pharma und Life Sciences, 2014, Kap. VII, 4. Anm. 32.

[464] Vgl. dazu ausführlich *Gabriel* in MüKoBeihilfeR VergabeR, SGB Rn. 39.

[465] LSG Nordrhein-Westfalen Beschl. v. 14.4.2010 – L 21 KR 69/09 SFB mAnm *Gabriel* VergabeR 2010, 1026.

Ausschreibungspflicht vergaberechtskonform auch für solche GKV-Versorgungsverträge abbedungen werden kann, für die nicht schon von Gesetzes wegen ein Zulassungsrecht besteht. In einer viel diskutierten Entscheidung befasste sich das OLG Düsseldorf[466] mit einer Konstellation, in der eine gesetzliche Krankenkasse einen Arzneimittelrabattvertrag nach § 130a Abs. 8 SGB V in Form einer Rahmenvereinbarung mit dem erklärten Ziel öffentlich (wenngleich weitgehend formlos) ausschrieb, mit möglichst vielen am Markt tätigen pharmazeutischen Unternehmern jeweils über deren gesamtes Produktportfolio zu kontrahieren, und ihren Versicherten damit eine größtmögliche Arzneimittelproduktbreite zur Verfügung stellen zu können. Eine Substitution der betroffenen Arzneimittel nach § 129 Abs. 1 S. 3 SGB V sollte ausdrücklich vermieden und eine Exklusivität bei der Versorgung der Versicherten durch den in Rede stehenden Vertrag weder hergestellt noch bezweckt werden. Die Ausschreibung erfolgte offensichtlich unter der Prämisse, aufgrund der vorgenannten offenen Vertragsgestaltung nicht dem EU/GWB-Vergaberecht zu unterliegen.

Die 3. Vergabekammer des Bundes sah die hier in Rede stehende vertragliche Gestaltung als missbräuchliche Verwendung einer Rahmenvereinbarung an und beurteilte diese als vergaberechtswidrig[467]. Dafür spricht, dass anders als bei Hilfsmittelversorgungsverträgen nach § 127 Abs. 2, 2a SGB V kein gesetzliches Recht auf einen Vertragsbeitritt für interessierte Unternehmen besteht und ein solcher deshalb nicht in gleichem Maße gewährleistet wird. Zudem kann der Abschluss von Arzneimittelrabattverträgen ohne vorherige Durchführung eines Vergabeverfahrens dem Sinn und Zweck des § 130a Abs. 8 SGB V zuwiderlaufen, der gerade darin besteht, eine möglichst wirtschaftliche Beschaffung von Arzneimitteln durch die gesetzlichen Krankenkassen sicherzustellen[468]. Demgegenüber führte das OLG Düsseldorf in seiner Entscheidung aus, es sei nicht von vornherein ausgeschlossen, dass bloße „Zulassungen" nicht dem Vergaberecht unterfallen. Soweit ein Vertragsschluss mit jedem geeigneten pharmazeutischen Unternehmer ohne Probleme, jederzeit rechtlich und tatsächlich möglich ist, entfalle ein Wettbewerbsvorteil für vertragsbeteiligte pharmazeutische Unternehmer und es finde kein Wettbewerb statt, sodass letztlich die öffentliche Auftragseigenschaft entfiele. 228

Nachdem die 1. Vergabekammer des Bundes einen ausschreibungslos geschlossenen Open-House-Vertrag in erster Instanz für vergaberechtswidrig erklärt hatte[469], legte das OLG Düsseldorf die Frage nach der vergaberechtlichen Zulässigkeit von ausschreibungslos geschlossenen Open-House-Verträgen dem EuGH vor[470]. 229

2. Entscheidung des EuGH

Der EuGH hat die Rechtsauffassung des OLG Düsseldorf bestätigt. Ein Vertrag zur Beschaffung von Leistungen, der es Wirtschaftsteilnehmern während der gesamten Laufzeit gestattet, dem Vertrag beizutreten und die betreffenden Waren zu im Vorhinein festgelegten Bedingungen zu liefern, stellt keinen öffentlichen Auftrag iSd EU-Vergaberichtlinien dar[471]. Das wird zum einen damit begründet, dass die Auswahl eines Angebots – und damit die Auswahl eines Auftragnehmers – ein Element darstelle, das mit 230

---

[466] OLG Düsseldorf Beschl. v. 11.1.2012 – VII-Verg 58/11, dazu *Csaki* NZBau 2012, 350.
[467] VK Bund Beschl. v. 6.7.2011 – VK 3–80/11.
[468] Ähnlich: *Hattenhauer/Wilke* ZfBR 2015, 662. Dazu auch → § 13 Rn. 7. Zu vergaberechtlichen Bedenken gegen den ausschreibungsfreien Abschluss von Open-House-Verträgen ausführlich auch die Vorauflage, § 14 Rn. 251 ff.
[469] VK Bund Beschl. v. 20.2.2014 – VK 1–4/14.
[470] OLG Düsseldorf Beschl. v. 13.8.2014 – VII-Verg 13/14.
[471] EuGH Urt. v. 2.6.2016 – C-410/14, ECLI:EU:C:2016:399 – Dr. Falk Pharma. Dazu auch *Neun* NZBau 2016, 681; *Hansen/Heilig* NZS 2017, 290.

dem Begriff des öffentlichen Auftrags untrennbar verbunden sei[472]. Fehlt eine solche Auswahlentscheidung, ist der Vertragsschluss folglich auch nicht als Vergabe eines öffentlichen Auftrags zu qualifizieren. Zum anderen unterscheide sich das Open-House-Modell dadurch von einer Rahmenvereinbarung iSv § 103 Abs. 5 GWB, § 21 VgV, dass es Wirtschaftsteilnehmern während der gesamten Laufzeit durchgängig – und nicht nur während einer Eingangsphase, in der diese aufgefordert sind, ihr Interesse zu bekunden – offensteht[473]. Schließlich stellt der EuGH klar, dass selbst wenn der Abschluss eines Vertrages im Open-House-Modell nicht unter das EU/GWB-Vergaberecht fällt, gleichwohl die Grundsätze der Nichtdiskriminierung, der Gleichbehandlung und der Transparenz nach Maßgabe des AEUV zu beachten sind. In diesem Zusammenhang verfügen die Mitgliedstaaten zwar über einen gewissen Gestaltungsspielraum; das Transparenzerfordernis setzt jedoch eine Bekanntmachung voraus, die es den potenziell interessierten Wirtschaftsteilnehmern ermöglicht, vom Ablauf und von den wesentlichen Merkmalen eines Zulassungsverfahrens gebührend Kenntnis zu nehmen[474].

231 Damit ist der Abschluss eines Arzneimittelrabattvertrages ohne die Durchführung eines förmlichen Vergabeverfahrens grundsätzlich zulässig. Voraussetzung dafür ist allerdings, dass damit im konkreten Einzelfall tatsächlich keine Auswahlentscheidung des öffentlichen Auftraggebers und dem damit einhergehenden Problem der Diskriminierung unter den Bietern verbunden ist, dem das Vergaberecht entgegentreten will.[475] Es wird deshalb künftig entscheidend darauf ankommen, ob die jeweilige vertragliche Gestaltung tatsächlich geeignet ist, jedem interessierten Wirtschaftsteilnehmer gleichermaßen eine Vertragsbeteiligung zu ermöglichen. Dazu bedarf es – die Binnenmarktrelevanz des Vertrages vorausgesetzt – einer europaweiten öffentlichen Bekanntmachung und einer praktikablen sowie rechtlich durchsetzbaren, jederzeitigen Beitrittsmöglichkeit für geeignete Unternehmen, welche innerhalb eines transparenten und nachvollziehbaren Zulassungs- bzw. Beitrittsverfahrens ausgeübt werden können muss und nichtdiskriminierende Beitrittsbedingungen voraussetzt. Insbesondere darf es nicht zu einer Bevorzugung einzelner Unternehmen durch die Gewährung von Wettbewerbsvorteilen kommen, indem etwa bestimmten Unternehmen Einfluss auf die Gestaltung der Vertragsbedingungen oder ein Informationsvorsprung – ggf auch nur in zeitlicher Hinsicht – eingeräumt wird[476]. Zudem kann es einen Vorteil darstellen, wenn einigen Unternehmen eine frühere Vertragsschluss-/Beitrittsmöglichkeit als anderen eingeräumt wird[477].

Sollte es dagegen im Einzelfall an einer diskriminierungsfreien Zugangsmöglichkeit für alle geeigneten Marktteilnehmer zu gleichen Bedingungen fehlen, lägen die Ausnahmevoraussetzungen eines vergabefreien Open-House-Modells nicht vor. Die VK Bund stellte in einer jüngeren Entscheidung deutlich klar: „Die Ausnahme von der Regel wurde ... nicht anerkannt, damit ein öffentlicher Auftraggeber die Möglichkeit erhält [...] Sachverhalte auf eine Art und Weise zu regeln, die an vergaberechtlichen Maßstäben gemessen nicht zulässig wäre"[478]. Ein entsprechender Rabattvertragsabschluss wurde im Wege eines Vergabenachprüfungsverfahrens überprüft und als De-Facto-Vergabe für

---

[472] EuGH Urt. v. 2.6.2016 – C-410/14, ECLI:EU:C:2016:399 Rn. 38 – Dr. Falk Pharma. In diese Richtung tendiert auch die Gesetzesbegründung zu § 103 Abs. 1 GWB, BT-Drs. 18/6281, 73. S. auch Erwägungsgrund Nr. 4 VRL.
[473] EuGH Urt. v. 2.6.2016 – C-410/14, ECLI:EU:C:2016:399 Rn. 41.
[474] EuGH Urt. v. 2.6.2016 – C-410/14, ECLI:EU:C:2016:399 Rn. 44 ff.
[475] So auch *Schüttpelz/Dicks* in Prieß/Lau/Kratzenberg, FS Marx, 691 (697 f.).
[476] Vgl. OLG Düsseldorf Beschl. v. 11.1.2012 – VII-Verg 58/11; OLG Düsseldorf Beschl. v. 11.1.2012 – VII-Verg 67/11; *Schüttpelz/Dicks* in Prieß/Lau/Kratzenberg, FS Marx, 691 (698); *Gabriel/Burholt* PharmR 2017, 323 (325 f.).
[477] Vgl. zum sog „First-Mover-Effekt": *Schickert/Schulz* MPR 2009, 1 (7) und *Schickert* PharmR 2009, 164 (171); *Gabriel/Burholt* PharmR 2017, 323 (326).
[478] VK Bund Beschl. v. 6.2.2017 – VK 2–6/17.

unwirksam erklärt, weil dieser Vertrag nicht im Wege eines Vergabeverfahrens abgeschlossen wurde[479].

3. Folgefragen

Nachdem nunmehr durch die Rechtsprechung des EuGH geklärt ist, unter welchen Voraussetzungen der ausschreibungslose Abschluss von Open-House-Verträgen vergaberechtlich zulässig ist, schließt sich die Frage an, ob und wie die Einhaltung der Grundsätze des Vergabeprimärrechts bei dem Abschluss nicht-exklusiver Arzneimittelrabattverträge gerichtlich überprüft werden kann.

In diesem Zusammenhang wurde bereits im Anschluss an die Rechtsprechung des OLG Düsseldorf erwogen, die Zivil-, Sozial- oder die Verwaltungsgerichte anzurufen[480]. Zur Geltendmachung eines Verstoßes gegen Vergabeprimärrecht ist das – in Abhängigkeit von der Rechtsnatur des jeweiligen Streitgegenstandes – im Grundsatz durchaus möglich[481]. Jedoch dürfte hier gleichwohl der Rechtsweg zu den Vergabenachprüfungsinstanzen eröffnet sein, soweit ein Antragsteller geltend macht, dass die Vertragsgestaltung im Einzelfall nicht geeignet ist, einen gleichberechtigten und diskriminierungsfreien Vertragsbeitritt zu gewährleisten. Das würde zugleich die Rüge beinhalten, dass der jeweilige Vertrag gerade nicht als nicht-exklusiv zu qualifizieren ist, es sich bei diesem mithin um einen öffentlichen Auftrag iSv § 103 Abs. 1 GWB handelt und der Vertragsschluss ohne die Beachtung des EU/GWB-Vergaberechts rechtswidrig ist. Über diese Rügen entscheiden nach § 156 GWB die Vergabekammern[482].

Weitergehend ist dabei allerdings zu beachten, dass ein Vergabenachprüfungsantrag nur solange statthaft ist, wie es noch nicht zu einem Vertragsschluss gekommen ist. Denn gem. § 168 Abs. 2 GWB kann ein einmal erteilter Zuschlag nicht mehr aufgehoben werden. Auch später erfolgende Vertragsbeitritte dürften mit einem Nachprüfungsantrag, der sich gegen den Open-House-Vertrag als solchen wendet, nicht mehr angegriffen werden können. Hätte ein entsprechender Nachprüfungsantrag Erfolg würde das einerseits zu einem Beitrittsverbot für weitere Unternehmen führen, wohingegen die bereits geschlossenen Verträge wirksam wären. Das würde jedoch dem Wettbewerbsgrundsatz sowie der Vorgabe aus § 130a Abs. 8 S. 7 SGB V – wonach bei dem Abschluss von Rabattverträgen der Vielzahl der Anbieter Rechnung zu tragen ist – widersprechen, da gerade nicht jedes interessierte Unternehmen zur Teilhabe am Vertrag berechtigt wäre. Um angesichts der Besonderheit von Open-House-Verträgen, bei denen erste Zuschläge mit der in § 168 Abs. 1 S. 1 GWB vorgesehenen Folge bereits unmittelbar nach Bekanntmachung erteilt werden können, gleichwohl einen effektiven Primärrechtsschutz zu gewährleisten, erachtet es die 2. Vergabekammer des Bundes für sinnvoll, dass Auftraggeber zwischen Bekanntmachung und Zuschlagserteilung eine angemessene Wartefrist vorsehen[483]. In Anbetracht der Vorgaben von Art. 2 der europäischen Rechtsmittelrichtlinie 89/665/EWG (in der Fassung der RL 2007/66/EG) zur Gewährleistung eines effektiven Vergaberechtsschutzes, dürfte das auch (europa-)rechtlich geboten sein.

---

[479] So entschieden von VK Bund Beschl. v. 6.2.2017- VK 2 – 6/17; VK Bund Beschl. v. 14.2.2017 – VK 2–4/17.
[480] *Csaki* NZBau 2012, 350 (353).
[481] Dazu: *Gabriel* in Gabriel/Krohn/Neun, VergabeR-HdB, § 79 Rn. 36 ff.
[482] Die VK Bund hat in jüngerer Zeit mehrfach die Rechtswegzuständigkeit bejaht, s. VK Bund Beschl. v. 6.2.2017 – VK2-6/17; VK Bund Beschl. v. 14.2.2017 – VK2-4/17.
[483] VK Bund Beschl. v. 21.1.2015 – VK 2–113/14.

II. Rahmenvereinbarung nach § 130 Abs. 5 GWB, § 21 VgV

1. Allgemeines

235 Soweit Arzneimittelrabattverträge iSv § 130a Abs. 8 SGB V über generische[484], patentgeschütze[485] oder biologisch/biotechnologische[486] Wirkstoffe, Zytostatikaversorgungsverträge nach § 130a Abs. 8a SGB V, Hilfsmittelversorgungsverträge[487] oder besondere Versorgungsverträge nach § 140a SGB V als öffentliche Lieferaufträge gem. § 103 Abs. 1, 2 GWB ausgestaltet sind, handelt es sich bei diesen regelmäßig um Rahmenvereinbarungen iSv § 103 Abs. 5 GWB, § 21 VgV. Eine solche Rahmenvereinbarung zeichnet sich dadurch aus, dass sie noch nicht den eigentlichen Austauschvertrag beinhaltet, sondern lediglich abstrakte Bedingungen für die in einem bestimmten Zeitraum vorzunehmenden Einzelabrufe innerhalb des jeweiligen Vertragsverhältnisses vorgibt, insbesondere über den in Aussicht genommenen Preis[488]. Rahmenvereinbarungen sind eine besondere Form eines öffentlichen Auftrags und dienen vor allem der vereinfachten Beschaffung wiederkehrender gleichartiger Leistungen, indem diese als Einzelaufträge nach den bereits zuvor in der Rahmenvereinbarung festgelegten Konditionen ohne die erneute Durchführung eines Vergabeverfahrens abgerufen werden können.

236 Nach § 21 Abs. 6 VgV darf die Laufzeit einer Rahmenvereinbarung ein Höchstmaß von vier Jahren nicht überschreiten. Eine längere Laufzeit kann in Sonderfällen durch auftrags- und sachbezogene Gründe gerechtfertigt werden, etwa wenn ein Auftrag Investitionen mit einem Amortisationszeitraum von mehr als vier Jahren erfordert[489]. § 130a Abs. 8 S. 6 SGB verhält sich demgegenüber mit der Regel-Laufzeitvorgabe für Rabattverträge von zwei Jahren als bereichsspezifische lex specialis.

2. Rahmenvereinbarungen im Versorgungssystem der GKV

237 Der Abschluss selektiver GKV-Versorgungsverträge über Arzneimittel und Medizinprodukte in Form einer Rahmenvereinbarung iSv § 103 Abs. 5 GWB, § 21 VgV und die damit einhergehenden Unsicherheiten im Hinblick auf die im Auftragsverhältnis abzurufenden Mengen korrespondieren mit der typischen Situation der Arzneimittelversorgung im GKV-System des Sachleistungsprinzips. Art und Menge der an die Versicherten abzugebenden Arzneimittel und Medizinprodukte können hier bereits aufgrund der spezifischen Leistungsstrukturen[490] nicht von vornherein durch die Krankenkassen fest-

---

[484] LSG Nordrhein-Westfalen Beschl. v. 15.4.2009 – L 21 KR 37/09 SFB; LSG Nordrhein-Westfalen Beschl. v. 9.4.2009 – L 21 KR 29/09 SFB; LSG Baden-Württemberg Beschl. v. 23.1.2009 – L 11 WB 5971/08; LSG Baden-Württemberg Beschl. v. 28.10.2008 – L 11 KR 4810/08 ER-B; VK Bund Beschl. v. 27.3.2009 – VK 3–46/09; VK Bund Beschl. v. 20.3.2009 – VK 3–55/09; VK Bund Beschl. v. 18.3.2009 – VK 3–25/09; VK Bund Beschl. v. 24.2.2009 – VK 3–203/08; *Dreher/Hoffmann* NZBau 2009, 273 (276 f.); *Kamann/Gey* PharmR 2009, 114 (117); *Byok/Csaki* NZS 2008, 402 (404); *Röbke* NVwZ 2008, 726 (731); *Stolz/Kraus* VergabeR 2008, 1 (10); *Willenbruch* PharmaR 2008, 488 (489); *Marx/Hölzl* NZBau 2010, 31 (34).
[485] OLG Düsseldorf Beschl. v. 20.10.2008 – VII-Verg 46/08; OLG Düsseldorf Beschl. v. 22.10.2008 – I-27 U 2/08; LSG Baden-Württemberg Beschl. v. 28.10.2008 – L 11 KR 4810/08 ER-B; jeweils mAnm *Weiner* VergabeR 2009, 189; VK Bund Beschl. v. 29.11.2010 – VK 2–113/10; OLG Düsseldorf Beschl. v. 17.1.2011 – VII-Verg 2/11; OLG Düsseldorf Beschl. v. 8.6.2011 – VII-Verg 2/11.
[486] VK Bund Beschl. v. 29.11.2010 – VK 2–113/10; OLG Düsseldorf Beschl. v. 17.1.2011 sowie v. 8.6.2011 – VII-Verg 2/11; VK Bund Beschl. v. 25.11.2011 – VK 1–135/11; OLG Düsseldorf Beschl. v. 30.1.2012 – VII-Verg 103/11.
[487] LSG Hessen Beschl. v. 15.12.2009 – L 1 KR 337/09 ER Verg.
[488] Vgl. Art. 1 Abs. 5 VKR und Art. 1 Abs. 4 SKR.
[489] Vgl. „Erläuterungen – Rahmenvereinbarungen – Klassische RL" der Europäischen Kommission, v. 19.2.2009, S. 5 f.
[490] → § 13 Rn. 3 ff.

gelegt werden, sondern unterliegen dem Einfluss zusätzlicher Akteure wie dem verordnenden Arzt, dem abgebenden Apotheker oder dem Versicherten selbst. Sie werden zudem maßgeblich durch externe Faktoren wie der allgemeinen Morbidität oder dem Auftreten von Pandemien beeinflusst. Bisher wurde speziell bei GKV-Versorgungsverträgen, die saisonale Influenzaimpfstoffe zum Gegenstand hatten, der jeweilige saisonale Bedarf maßgeblich durch die veränderliche Risikowahrnehmung in der Bevölkerung beeinflusst[491].

3. Ein-Partner-Modell und Mehr-Partner-Rabattverträge

Nach § 21 Abs. 3 und 4 VgV besteht die Möglichkeit, Rahmenvereinbarungen mit einem oder mehreren Rahmenvertragspartnern auf Auftragnehmerseite abzuschließen. Soweit allerdings gesetzliche Krankenkassen Arzneimittelrabattverträge nach § 130a Abs. 8 SGB V in der Form einer Rahmenvereinbarung mit mehreren pharmazeutischen Unternehmern pro wirkstoffbezogenem Fachlos als Auftragnehmer schließen (sog Mehr-Partner-Modell), stellt sich die Frage nach der vergaberechtlichen Zulässigkeit einer solchen Vertragsgestaltung. Die Frage wurde von den zuständigen Nachprüfungsinstanzen in der Vergangenheit uneinheitlich beantwortet[492]. 238

Aufgrund der für Rabattverträge nach § 130a Abs. 8 SGB V geltenden Substitutionspflicht des Apothekers gem. § 129 Abs. 1 SGB V stehen Rahmen-Rabattvereinbarungen mit mehreren pharmazeutischen Unternehmern grundsätzlich in einem Spannungsverhältnis zwischen vergaberechtlichen und sozialrechtlichen Vorgaben[493]. Einerseits bestimmen § 121 Abs. 1 GWB und § 21 Abs. 4 VgV, dass die Leistungsbeschreibung der Rahmenvereinbarung in Bezug auf die spezifischen Einzelaufträge so eindeutig und erschöpfend ausgestaltet werden muss, dass miteinander vergleichbare Angebote zu erwarten sind. Daher hat der öffentliche Auftraggeber bereits in der Rahmenvereinbarung zu regeln, nach welchem Auswahlmechanismus der zeitlich nachgelagerte Abruf der Einzelaufträge an den jeweiligen Rahmenvertragspartner erfolgen soll. Andererseits obliegt die konkrete Entscheidung über die Auswahl eines von mehreren rabattierten Arzneimitteln gem. § 4 Abs. 2 S. 5 des Rahmenvertrags nach § 129 Abs. 2 SGB V ausschließlich dem abgebenden Apotheker, der insofern ein freies Wahlrecht hat. 239

Vor diesem Hintergrund erachteten die 1. und 2. Vergabekammer des Bundes entsprechende Rahmenrabattvereinbarungen mit mehreren Auftragnehmern wegen eines Verstoßes gegen § 4 EG Abs. 5 lit. a) VOL/A aF (jetzt: § 21 Abs. 4 VgV) und § 8 EG Abs. 1 VOL/A aF (jetzt: § 121 Abs. 1 GWB) wiederholt für vergaberechtlich unzulässig. Das gelte jedenfalls, sofern keine über einen Verweis auf die Auswahlfreiheit des Apothekers hinausgehenden Konkretisierungen des Verfahrens zur Auswahl des Vertragspartners für jeden Einzelabruf in der Rahmenvereinbarung vorgesehen seien[494]. Die Auswahlfreiheit des Apothekers bei mehreren rabattierten Arzneimitteln lasse aufgrund der Vielzahl individueller und einzelfallabhängiger Auswahlkriterien nicht erkennen, wonach sich dessen Entscheidung im Einzelfall richte und wie sich infolgedessen die Verteilung der Einzelaufträge auf die Rahmenvertragspartner über die Vertragslaufzeit entwickeln werde. Das Vorgehen des Apothekers bleibe für einen im Kalkulationsprozess befindlichen Bieter völlig intransparent, weshalb den potenziellen Rahmenvertragspartnern ein wesentlicher Faktor als Grundlage für die Angebotskalkulation fehle. 240

---

[491] Vgl. IGES-Institut, et. al., Gutachten zur Verbesserung der Wirtschaftlichkeit von Impfstoffen in Deutschland, 2010, 119.
[492] Dazu *Gabriel* VergabeR 2012, 490.
[493] *Ulshöfer* VergabeR 2010, 132; *Anders/Knöbl* PharmR 2009, 607; *Boldt* PharmR 2009, 377 (381).
[494] VK Bund Beschl. v. 8.6.2011 – VK 2-58/11; VK Bund Beschl. v. 19.5.2009 – VK 2-15/09; VK Bund Beschl. v. 3.7.2009 – VK 1-107/09.

241 Demgegenüber wurde eine solche Vertragsgestaltung zunächst vom LSG Nordrhein-Westfalen[495] und sodann vom OLG Düsseldorf[496] für vergaberechtlich zulässig erachtet. Die Auswahlfreiheit des Apothekers führe insbesondere nicht zu einer Intransparenz des Auswahlvorgangs, da dessen Entscheidung durch die Grundsätze des § 70 SGB V und § 1 Abs. 1 ApoG sowie § 1 BApO bereits sozial- und berufsrechtlich determiniert sei. Daher erfolge die Entscheidung des Apothekers anhand objektiver und sachlicher Kriterien. Aufgrund hinreichender Transparenz und Diskriminierungsfreiheit der Auswahlentscheidung bedürfe es diesbezüglich keiner zusätzlichen kompensatorischen Regelungen in der konkreten Rahmenvereinbarung.

4. Abrufreihenfolge der Rahmenvertragspartner bei Mehr-Partner-Rabattverträgen

242 Die Rechtmäßigkeit der Vorgabe einer bestimmten Abrufreihenfolge unter den Rahmenvertragspartnern durch den öffentlichen Auftraggeber steht in engem sachlichen Zusammenhang mit der vergaberechtlichen Zulässigkeit von Mehr-Partner-Rabattvereinbarungen iSv § 130a Abs. 8 SGB V iVm § 21 VgV, die keine über die lediglich sozial- und berufsrechtlich determinierte Wahlfreiheit des Apothekers hinausgehenden Konkretisierungen der Einzelauftragsvergabe beinhalten.

243 Ein solcher Auswahlmechanismus unter mehreren Rabattvertragspartnern könnte so aussehen[497], dass bei der Abgabe rabattierter Arzneimittel zunächst der im Rahmen der Ausschreibung erstplatzierte Bieter, dh derjenige, der den höchsten Rabatt angeboten hat, berücksichtigt wird. Nur wenn dessen Arzneimittel nicht verfügbar ist, dürfte auf den zweit-, dritt- usw. platzierten Rabattvertragspartner ausgewichen werden.

244 Die Vorgabe einer Abrufreihenfolge durch den öffentlichen Auftraggeber würde dem in § 4 Abs. 2 S. 5 des Rahmenvertrags nach § 129 Abs. 2 SGB V vorgesehenen freien Wahlrecht des Apothekers zwischen mehreren rabattierten Arzneimitteln jedoch entgegenstehen. Eine solche von dem Arzneimittelrahmenvertrag der jeweiligen Spitzenverbände abweichende Vorgabe einzelner Krankenkassen in individuellen Rabattverträgen ist rechtlich nicht möglich. Denn einzelne Krankenkassen sind schon nicht Vertragspartei des Rahmenvertrags und dürfen demzufolge nicht im Wege der Ausschreibung von Selektivverträgen hiervon abweichende Vorgaben gegenüber Apothekern aufstellen[498]. Mit dieser gesetzlich normierten exklusiven Vertragsschlusskompetenz der Spitzenverbände/Spitzenorganisation soll die Implementierung eines Abrechnungsmechanismus ermöglicht werden, der den Erfordernissen der Massenverwaltung Rechnung trägt.

5. Kaskadenmodell

245 Das sog Kaskadenmodell stellt eine Gestaltungsvariante eines Mehr-Partner-Rahmenrabattvertrages dar. Dabei wird ein Rabattvertrag mit mehreren (in der Regel: drei) Rabattvertragspartnern abgeschlossen. Eine Abrufreihenfolge hinsichtlich der Abgabe der vertragsgegenständlichen Arzneimittel in der Apotheke wird dabei zwar nicht vorgegeben. Jedoch ist zunächst ausschließlich derjenige Bieter zur Lieferung berechtigt, dessen Angebot in der vergleichenden Angebotswertung den ersten Platz erzielt hat (sog Hauptversorger). Nur für den Fall, dass der Hauptversorger seine Leistungspflicht aus dem Rabattvertrag nicht mehr erfüllen kann (dh lieferunfähig wird), den Vertrag für

---

[495] LSG Nordrhein-Westfalen Beschl. v. 3.9.2009 – L 21 KR 51/09-SFB mAnm *Ulshöfer* VergabeR 2010, 126.
[496] OLG Düsseldorf Beschl. v. 24.11.2011 – VII-Verg 62/11 mAnm *Gabriel* VergabeR 2012, 482.
[497] Veröffentlicht im Supplement zum EU-Amtsblatt v. 28.7.2009 (ABl. EU/S 2009/S 142–207880).
[498] So LSG Rheinland-Pfalz Beschl. v. 25.7.2005 – L 5 ER 57/05 KR; VK Bund Beschl. v. 28.7.2009 – VK 3–142/09.

ruhend erklärt oder der Vertrag durch (Teil-)Kündigung endet, ist die Krankenkasse berechtigt, den Zweitplatzierten (sog Ersatzversorger) im Wege des Einzelabrufs mit der Belieferung zu beauftragen. Gleiches gilt im Verhältnis zum Drittplatzierten.

Diese Vertragsgestaltung ist im Hinblick auf die Stellung der Ersatzversorger nicht unproblematisch, wenn diese zum Zeitpunkt der Angebotserstellung nicht beurteilen können, ob, wann, wie lange und in welchem Umfang sie als Ersatzversorger zum Einsatz kommen werden. Daraus können im Einzelfall (Kosten-)Risiken resultieren, die den Bietern die Grundlage für die Kalkulation ihrer Angebote entziehen. Das ist insbesondere anzunehmen, wenn ein Rabattvertrag vorsieht, dass die Ersatzversorger während der gesamten Vertragslaufzeit ihre Lieferfähigkeit gewährleisten müssen und auf Abruf zur Belieferung nicht nur berechtigt, sondern auch verpflichtet sind und für den Fall, dass ein Zweit- oder Drittplatzierter die kurzfristig entstehende Pflicht zur Ersatzlieferung nicht erfüllen kann, Vertragsstrafen und Schadensersatzansprüche begründet, gleichzeitig aber für die Ersatzversorger keine Möglichkeit zur Preisanpassung vorsieht. Um nämlich eine realistische Chance auf den Zuschlag zu haben, müssen die Verfahrensteilnehmer ihre Angebote an den für einen Hauptversorger geltenden Konditionen, dh insbesondere den zu erwartenden Umsätzen, orientieren. 246

Vor diesem Hintergrund spricht einiges dafür, dass ein Mehr-Partner-Rabattvertrag im Kaskadenprinzip nur dann vergaberechtlich zulässig ist, wenn die Ersatzversorger von vornherein keine Pflicht zur Lieferung trifft, sondern diese nur dazu berechtigt sind oder ihnenandernfalls ein sanktionsloses vertragliches Leistungsverweigerungsrecht eingeräumt wird. Eine entsprechende vertragliche Gestaltung, aufgrund derer die Ersatzversorger im Falle des Ausfalls des Hauptversorgers die Leistung verweigern können, ohne dass dafür Vertragsstrafen oder Schadensersatzansprüche des Auftraggebers drohen, hat dementsprechend auch die 1. Vergabekammer des Bundes als hinreichende Bedingung für eine vergaberechtliche Zulässigkeit des Kaskadenprinzips beurteilt[499]. Ob eine solche Gestaltung auch eine notwendige Bedingung darstellt, konnte die Vergabekammer freilich offen lassen, da die Voraussetzungen im konkreten Einzelfall erfüllt waren. 247

Darüber hinaus hat die 1. Vergabekammer des Bundes entschieden, dass für den Auftraggeber bei dem Abschluss eines Mehr-Partner-Rahmenrabattvertrages keine vergaberechtliche Pflicht besteht, für den Hauptversorger vertraglich ein Recht vorzusehen, den Vertrag ruhen zu lassen, wenn für ein vertragsgegenständliches Arzneimittel nachträglich erstmals ein Festbetrag eingeführt wird und der Hauptversorger seinen ApU auf diesen Festbetrag senkt[500]. Eine solche Pflicht würde lediglich dann entstehen, wenn den Verfahrensteilnehmern andernfalls eine kaufmännisch vernünftige Kalkulation unzumutbar wäre. Das sei bei der nachträglichen Einführung eines Festbetrages jedoch nicht der Fall, da die Einführung eines Festbetrages ebenso wie dessen voraussichtliche Höhe, die sich nach § 35 Abs. 5 S. 3 SGB V an bestimmten gesetzlichen Vorgaben orientieren soll, für einen Verfahrensteilnehmer durchaus vorhersehbar seien. 248

III. Rabattvertragsausschreibungen trotz indikationsbezogenen Patentschutzes

Die Ausschreibung eines Rabattvertrages iSv § 130a Abs. 8 SGB V führt zu erheblichen Problemen im Schnittfeld von Vergabe-, Sozial- und Patentrecht, wenn damit ein Wirkstoff nachgefragt wird, der zwar für mehrere medizinische Indikationen arzneimittelrechtlich zugelassen ist, der (Original-)Hersteller jedoch für einige dieser Indikationen ein Anwendungs-/Verwendungspatent (sog „second medical use patent") für das von ihm vertriebene Arzneimittel besitzt. Dann dürfen Generika aus patentrechtlichen Gründen 249

---

[499] VK Bund Beschl. v. 19.1.2016 – VK 1–124/15.
[500] VK Bund Beschl. v. 21.1.2016 – VK 1–132/15.

ausschließlich für den Einsatz in den nicht patentgeschützten Indikationsbereichen am Markt angeboten werden. Die vergaberechtlichen Auswirkungen dieser Patentrechtslage war in jüngster Vergangenheit mehrfach Gegenstand von Vergabenachprüfungsverfahren.

250 Den Ausgangspunkt dafür bildet eine wirkstoffbezogene Ausschreibung, mit der ein Rabattvertrag ua über den Wirkstoff Pregabalin abgeschlossen werden sollte. Dieser Wirkstoff war für drei unterschiedliche medizinische Indikationen zugelassen, wobei für eine dieser Indikationen ein Anwendungs-/Verwendungspatent bestand. Der Zuschlag sollte auf das Angebot erteilt werden, mit dem die höchsten Einsparungen für die ausschreibende Krankenkasse generiert werden. Die geltende Patentrechtslage wurde in der Ausschreibungskonzeption nicht berücksichtigt. Das ist nach Auffassung des OLG Düsseldorf[501] und der 2. Vergabekammer des Bundes[502] nicht mit dem GWB-Vergaberecht vereinbar. Es obliege grundsätzlich der ausschreibenden Krankenkasse, die Wahrung des Patentschutzes sicherzustellen. Dieser Pflicht war die Krankenkasse im konkreten Fall jedoch nicht nachgekommen. Würde der Zuschlag auf das Angebot eines Generikaherstellers erteilt werden, wäre damit vielmehr die Gefahr einer verbotswidrigen Missachtung des Anwendungs-/Verwendungspatents verbunden. Das folgt daraus, dass bei der ärztlichen Verordnung von Arzneimitteln die medizinische Indikation – dh der Grund für die Verordnung – nicht angegeben wird. Ein Apotheker kann deshalb bei der Abgabe eines Arzneimittels, das einem Anwendungs-/Verwendungspatent unterliegt, weder erkennen noch auf anderem Wege ermitteln, ob die Anwendung des Wirkstoffs im patentgeschützten oder im patentfreien Bereich erfolgen soll. Gem. § 129 Abs. 1 S. 3 SGB V müsste deshalb eine Substitution zu Gunsten des Rabattvertragspartners auch dann erfolgen, wenn es sich bei diesem um einen Genrikaanbieter handelt, das Arzneimittel aber im konkreten Fall für eine patentgeschützte Indikation eingesetzt werden soll, das generische Arzneimittel aber nicht über das erforderliche Patentrecht verfügt. Das würde eine Patentverletzung darstellen. Das OLG Düsseldorf leitet daraus die vergaberechtliche Konsequenz ab, dass Generikaanbieter bei Vergabeverfahren, die einen Wirkstoff betreffen, der einem Anwendungs-/Verwendungspatent unterliegt, und in dem keine besonderen Vorkehrungen getroffen wurden, um bei der Vertragsdurchführung die Berücksichtigung dieses Patentrechts sicherzustellen, wegen Zweifeln an der (technischen) Leistungsfähigkeit aus rechtlichen Gründen vom Vergabeverfahren auszuschließen sind, um die drohende Patentrechtsverletzung zu vermeiden[503]. Diese Problematik kann, nach Hinweis des Vergabesenats, jedoch umgangen werden, wenn bei der Ausschreibung durch die Bildung einzelner Fachlose zwischen dem patentgeschützten Anwendungsbereich des Wirkstoffs und den sonstigen Anwendungsbereichen differenziert wird.

251 Diese Entscheidungen wurden in Folgeausschreibungen aufgegriffen und eine Gestaltungsform gewählt, mit der eine Patentrechtsverletzung so weit wie möglich vermieden werden sollte. Die Krankenkasse schrieb in zwei verschiedenen Vergabeverfahren jeweils einen Rabattvertrag aus. Beide Rabattverträge hatten bei fortbestehendem Patenschutz den Wirkstoff Pregabalin zum Gegenstand, der einem Anwendungs-/Verwendungspatent unterliegt. Die Patentrechtslage wurde nunmehr dadurch berücksichtigt, dass sich ein Vertrag lediglich auf Arzneimittel bezog, die „ausschließlich" für die patentfreien Indikationen zugelassen sind, während der andere Rabattvertrag/die andere Ausschreibung sich

---

[501] OLG Düsseldorf Beschl. v. 1.12.2015 – VII-Verg 20/15; dazu *Czernik* VPR 2016, 2827; *Conrad* NZS 2016, 687.
[502] VK Bund Beschl. v. 22.8.2008 – VK 2–73/08; VK Bund Beschl. v. 16.3.2015 – VK 2–7/15.
[503] OLG Düsseldorf Beschl. v. 1.12.2015 – VII-Verg 20/15. Darüber hinaus hat das LG Hamburg (Urt. v. 2.4.2015 – 327 O 140/15) entschieden, dass der Vertreiber eines Generikums, das ausschließlich für patentfreie Indikationen zugelassen ist, mittelbar ein Anwendungs-/Verwendungspatent verletzt, wenn dieser einem Open-House-Rabattvertrag nach § 130a Abs. 8 SGB V beitritt, der nicht auf die patentfreie Indikation beschränkt ist.

lediglich auf Arzneimittel bezog, die „ausschließlich" für die patentgeschützte Indikation zugelassen sind. Um bei der Vertragsdurchführung, insbesondere bei der Arzneimittelverordnung und bei der Abgabe der Arzneimittel, die Beachtung des Patentschutzes zu gewährleisten, beabsichtigte die Krankenkasse von ihren Informationsrechten gegenüber der kassenärztlichen Vereinigungen und den Vertragsärzten gem. § 106 SGB V und § 73 Abs. 8 SGB V Gebrauch zu machen und die Vertragsärzte darüber zu informieren, dass (1.) der Wirkstoff Pregabalin einen patentgeschützten und einen nicht patentgeschützten Anwendungsbereich hat, (2.) ein Rabattvertrag für Pregabalin-Präparate für bestimmte Indikationsbereiche besteht, (3.) kein Rabattvertrag für das patentgeschützte Präparat besteht, (4.) im Falle der Behandlung eines Versicherten mit einer patentgeschützten Indikation das Präparat des Patentinhabers zu verordnen ist und (5.) andernfalls das rabattierte Arzneimittel zu verordnen ist.

Während das Vergabeverfahren, das sich auf Arzneimittel bezog, die ausschließlich für die patentgeschützte Indikation zugelassen sind, in Ermangelung von Angeboten aufgehoben wurde, wurden gegen das Vergabeverfahren, das Arzneimittel (nur) für patentfreie Indikationen betraf, Nachprüfungsverfahren einerseits durch einen Generikaanbieter und andererseits durch den Originator (Patentinhaber) eingeleitet. In dem Verfahren des generischen Antragstellers wurde die Ausschreibung sowohl von der 1. Vergabekammer des Bundes als auch vom OLG Düsseldorf[504] als vergaberechtskonform beurteilt, was bemerkenswert ist. Zum einen ist die Ausschreibungsgestaltung nicht geeignet, eine Patentverletzung tatsächlich auszuschließen. Die Vorgabe, dass lediglich Medikamente angeboten werden dürfen, die ausschließlich für die Verwendung in patentfreien Indikationen zugelassen sind, ändert nichts daran, dass Apotheker bei der Abgabe des Arzneimittels nicht erkennen können, für welche Indikation der Wirkstoff verordnet wurde[505]. Eine solche „wilde Substitution" könnte nur dadurch verhindert werden, dass der jeweilige Arzt ein für die patentgeschützte Indikation zugelassenes Präparat namentlich verordnet und die Ersetzungsbefugnis durch das Aut-idem-Kreuz auf der Verordnung ausschließt. Das setzt aber wiederum entsprechende Kenntnisse von dem Patentschutz seitens der Ärzte voraus, die aber – zumal ein second medical use patent regelmäßig schlechter zu erkennen ist als ein originäres Wirkstoffpatent – nicht in allen Fällen vorhanden sind[506]. Das OLG Düsseldorf geht vor diesem Hintergrund ausdrücklich davon aus, dass das Risiko einer Patentverletzung durch Abgabe eines rabattierten Generikums als hoch einzuschätzen ist. Zum anderen folgt das OLG Düsseldorf aus dem Grundsatz von Treu und Glauben nach § 242 BGB Rücksichtnahme- und Schutzpflichten des öffentlichen Auftraggebers, die darin bestehen, bereits bei der Ausschreibung seines Beschaffungsvorhabens dafür Sorge zu tragen, dass der Bieter, sollte er den Zuschlag auf sein Angebot erhalten, durch die Erfüllung des Auftrags nicht gegen Gesetz oder Rechte Dritter verstößt und Gefahr läuft, wegen dieser Verstöße in Anspruch genommen zu werden. Der Auftraggeber habe im Rahmen des Möglichen und Zumutbaren – durch Einwirkung auf das Verordnungsverhalten der Kassenärzte – alles zu unternehmen, um eine Beachtung des Verwendungspatents sicherzustellen. Dass die Ausschreibungsgestaltung im konkreten Fall gleichwohl als vergaberechtlich zulässig beurteilt wurde, beruhte letztlich auf der Erwägung, dass dieses Risiko einer Patentverletzung systemimmanent sei und auch dann bestehe, wenn kein Rabattvertrag über den verfahrensgegenständlichen Wirkstoff abgeschlossen werden würde. In einem solchen Fall hätte der Apotheker nach § 129 Abs. 1 S. 1 Nr. 1 SGB V das preisgünstigste Arzneimittel abzugeben. Das wäre jedoch im Regelfall ein Generikum, wodurch es auch ohne den

---

[504] OLG Düsseldorf Beschl. v. 13.4.2016 – VII-Verg 2/16.
[505] IdS, wenngleich in anderem Kontext: VK Bund Beschl. v. 12.1.2015 – VK 1–104/14.
[506] VK Bund Beschl. v. 21.12.2015 – VK 1–106/15.

Abschluss eines Rabattvertrages zu einer wilden Substitution ohne Beachtung des bestehenden Anwendungs-/Verwendungspatent kommen würde.

253 Schließlich wurde das Vergabeverfahren auch in dem Nachprüfungsverfahren des Originators (Patentinhabers) von der 1. Vergabekammer des Bundes[507] für rechtmäßig erachtet. Zwar wird der Patentinhaber dadurch, dass lediglich Medikamente angeboten werden dürfen, die ausschließlich für die patentgeschützte Indikation zugelassen ist, im entscheidungsgegenständlichen Fall faktisch von der Teilnahme am Vergabeverfahren ausgeschlossen, da dieser zum Zeitpunkt der Veröffentlichung der Bekanntmachung nur ein Präparat mit dem ausschreibungsgegenständlichen Wirkstoff im Sortiment führte, das sowohl für die patentgeschützte als auch für die patentfreien Indikationen zugelassen ist. Das sei allerdings durch den Umstand gerechtfertigt, dass die gewählte Ausschreibungsgestaltung der einzige gangbare Weg sei, um eine Patentrechtsverletzung zu vermeiden und gleichzeitig einen Wettbewerb zwischen den am Markt tätigen Anbietern zu gewährleisten. Das OLG Düsseldorf beurteilte die Ausschreibungsgestaltung in der Beschwerdeinstanz hingegen als vergaberechtswidrig. Einerseits handele es sich bei der Beschränkung des Ausschreibungsgegenstandes auf Arzneimittel, die ausschließlich auf die patentgeschützte Indikation zugelassen sind, um eine unerfüllbare Forderung. Andererseits verstößt dieses Ausschreibungsmodell gegen das vergaberechtliche Diskriminierungsverbot, da dem Originator die Teilnahme am Vergabeverfahren faktisch unmöglich gemacht wird. Schließlich besteht für den Patentinhaber aufgrund zulassungsrechtlicher Vorgaben des EU-Rechts (insbesondere nach Art. 82 der Verordnung Nr. 726/2004) kaum eine Chance, die Zulassungslage zu ändern, um die Vorgaben der Ausschreibung zu erfüllen[508].

254 Auch nach diesen Entscheidungen stellen sich im Hinblick auf die in Rede stehende Problematik noch offene Fragen. Unter welchen Voraussetzungen kann von pharmazeutischen Unternehmern verlangt werden, entweder ein sog „skinny label" Patent zu beantragen oder eine Dublette auf den Markt zu bringen, um in der Lage zu sein, sich auf ein exklusives Los/eine exklusive Ausschreibung zu bewerben, mit dem ein Medikament nachgefragt wird, das ausschließlich für eine bestimmte Indikation zugelassen ist? Wie kann man eine indikationsbezogene Differenzierung auf Rabattvertragsebene in der Apothekensoftware umsetzen, die dazu nach gegenwärtigem Stand nicht geeignet ist? Fraglich ist vor diesem Hintergrund auch, ob Krankenkassen nunmehr für den Abschluss von Rabattverträgen über Arzneimittel, die einem indikationsbezogenen Patentschutz unterliegen, verstärkt auf den Abschluss von Open-House-Verträgen ausweichen werden. Dann stellen sich zwar weniger die dargestellten vergaberechtlichen Probleme, gleichwohl sind auch solche Verträge nicht frei von Rechtsschutzrisiken, wie die bereits geführten wettbewerbs- und patentrechtlich gelagerten zivilrechtlichen Verfahren zeigen[509].

IV. Arzneimittelsortimentsverträge

255 Als öffentlicher Auftraggeber darf eine gesetzliche Krankenkasse ihren in der Leistungsbeschreibung angegebenen Beschaffungsbedarf nicht absichtlich auf einen zuvor ausgewählten Bieter zuschneiden. Eine solchermaßen gelenkte Vergabe stellte den Extremfall einer diskriminierenden Leistungsbeschreibung dar[510].

---

[507] VK Bund Beschl. v. 21.12.2015 – VK 1–106/15 und VK Bund Beschl. v. 23.12.2015 – VK 1–110/15.
[508] OLG Düsseldorf Beschl. v. 14.9.2016 – VII-Verg 13/16.
[509] OLG Düsseldorf v. 12.2.2014, Verg 29/2014; OLG Düsseldorf v. 1.8.2012, Verg 10/12; VK Bund v. 5.3.2008, VK 3–32/08; VK Schleswig-Holstein v. 28.11.2006, VK-SH 25/06; VK Münster v. 20.4.2005, VK 6/05; *Schellenberg* in Pünder/ders., Vergaberecht, § 8 EG VOL/A Rn. 7.
[510] LG Hamburg Urt. v. 2.4.2015 – 327 O 140/15; LG Hamburg Urt. v. 2.4.2015 – 327 O 67/15; LG Hamburg Urt. v. 2.4.2015 – 327 O 143/15.

Ein damit eng verbundenes ausschreibungsrelevantes Sonderproblem, das spezifisch **256**
mit dem Abschluss von Arzneimittelrabattverträgen im Generikabereich zusammenhängt, sind sog Arzneimittelsortimentsverträge, die auch als Portfolio-Rabattverträge bezeichnet werden. Dabei richtet eine Krankenkasse ihren Beschaffungsbedarf an dem konkreten Produktsortiment eines bestimmten pharmazeutischen Unternehmers aus, um unter Berufung auf dieses vermeintliche Alleinstellungsmerkmal des pharmazeutischen Herstellers auf eine öffentliche Ausschreibung zu verzichten und einen Rabattvertrag im Rahmen bilateraler Verhandlungen mit diesem abzuschließen (sog De-facto-Vergabe[511]).

Arzneimittelsortimentsverträge im Generikabereich verstoßen sowohl in formeller als **257**
auch in materieller Hinsicht gegen das Vergaberecht. In formeller Hinsicht verstoßen solche Rabattverträge gegen das Vergaberecht, da sie ohne ein ordnungsgemäßes Vergabeverfahren nach §§ 97 ff. GWB zustande gekommen sind, ohne dass das gesetzlich gestattet wäre[512]. In materieller Hinsicht verstoßen sie gegen das Vergaberecht, da ihr Inhalt, dh die Bezugnahme auf das gesamte generische Portfolio eines bestimmten pharmazeutischen Unternehmers als Leistungsbeschreibung, nicht mit dem vergaberechtlichen Wirtschaftlichkeitsgrundsatz zu vereinbaren ist. Aufgrund der lediglich bilateralen Verhandlungen zwischen der Krankenkasse und dem pharmazeutischen Unternehmer bietet der Abschluss von Portfolio-Rabattverträgen keine Gewähr dafür, dass tatsächlich das für den öffentlichen Auftraggeber wirtschaftlichste Angebot den Zuschlag erhält[513]. Es fehlt nämlich an einer wettbewerblichen Auswahlentscheidung. Gleichzeitig gewährt diese Situation den pharmazeutischen Unternehmern, die einen entsprechenden Portfolio-Rabattvertrag abschließen, einen andere Wettbewerber benachteiligenden Wettbewerbsvorteil[514].

Trotz der formellen und materiellen Vergaberechtswidrigkeit von Portfolio-Rabattverträgen **258**
bestand für Wettbewerber lange Zeit keine effektive Möglichkeit, vergaberechtlich gegen in der Vergangenheit geschlossene und aktuell noch fortgeltende Portfolio-Rabattverträge vorzugehen[515]. Vor Einführung von § 101b Abs. 1 Nr. 2 GWB aF (jetzt: § 135 Abs. 1 Nr. 2 GWB) wäre dazu lediglich ein Vorgehen auf Grundlage von § 13 S. 6 VgV aF in Betracht gekommen, was jedoch aufgrund des lediglich bilateralen Vertragsschlusses von Alt-Portfolio-Rabattverträge ausschied.[516] Aber auch nach § 101b Abs. 1 Nr. 2 GWB aF (jetzt: § 135 Abs. 1 Nr. 2 GWB) konnte/kann die Unwirksamkeit von Alt-Portfolio-Rabattverträgen nicht geltend gemacht werden.[517] Dem steht insbesondere die sechsmonatige Ausschlussfrist nach § 135 Abs. 2 GWB entgegen, die in Bezug auf Alt-Portfolioverträge bereits bei Einführung der in Rede stehenden Regelung abgelaufen war. Hierdurch kam es zu einer Benachteiligung derjenigen pharmazeutischen Unternehmer, die keinen solchen Rabattvertrag mit der betreffenden Krankenkasse geschlossen haben und durch die De-facto-Vergabe vor vollendete Tatsachen gestellt wurden, indem sie insoweit vom Wettbewerb ausgeschlossen wurden und infolge dessen Umsatzeinbußen erlitten.

Vor diesem Hintergrund erklärte der Gesetzgeber sämtliche Verträge, die entgegen den **259**
Vorschriften des GWB-Vergaberechts geschlossen wurden, durch die Einführung von

---

[511] Dazu allgemein BGH Beschl. v. 1.2.2005 – X ZB 27/04; OLG München Beschl. v. 7.6.2005 – Verg 04/05; OLG Karlsruhe Beschl. v. 6.2.2007 – 17 Verg 7/06.
[512] VK Bund Beschl. v. 18.2.2009 – VK 3–158/08.
[513] *Gabriel* in MüKoBeihilfeR VergabeR, SGB, Rn. 62; sowie OLG Düsseldorf Beschl. v. 11.1.2012 – VII-Verg 58/11.
[514] VK Bund Beschl. v. 18.2.2009 – VK 3–158/08; zur Wirksamkeit eines gleichwohl mittels einer De-facto-Vergabe geschlossenen Gesamtportfoliovertrags vgl. VK Bund Beschl. v. 10.7.2009 – VK 1–113/09.
[515] BT-Drs. 17/10156, 128.
[516] Hierzu ausführlich *Gabriel* PharmR 2008, 577 (579).
[517] Dazu ausführlich *Gabriel* in Gabriel/Krohn/Neun, VergabeR-HdB, § 79 Rn. 127 ff.

§ 130a Abs. 8 S. 8 SGB V aF qua Gesetz *ex nunc*[518] zum 30.4.2013 für unwirksam. Mit Wirkung zum 18.4.2016 wurde diese Regelung wieder aufgehoben. Der Gesetzgeber ist mithin offenbar der Auffassung, dass das Ziel, solche Verträge, die entgegen den Vorschriften des GWB-Vergaberechts geschlossen wurden, per Gesetz zu beenden, erreicht worden ist. Fraglich ist allerdings, welche Verträge durch die kurzfristige Einführung von § 130a Abs. 8 S. 8 SGB V aF tatsächlich beendet worden sind. Obwohl diese Initiative insbesondere auf die Beendigung von Alt-Portfolio-Rabattverträgen im Generika-Bereich abzielte, war der Anwendungsbereich der Vorschrift dem Wortlaut nach nicht auf diese beschränkt. Aufgrund dessen und vor dem Hintergrund der einschlägigen Rechtsprechung der vergaberechtlichen Nachprüfungsinstanzen[519] werden deshalb auch faktisch patentverlängernde Rabattverträge durch diese Regelung für unwirksam erklärt worden sein. Gesamtportfolio- und faktisch patentverlängernde Rabattverträge dürften allerdings die einzigen verallgemeinerungsfähigen Vertragsgruppen darstellen, bei denen eine Unwirksamkeit unmittelbar durch die gesetzliche Vorschrift des § 130a Abs. 8 S. 8 SGB V aF eingetreten ist.

260 Schließlich wurde die Unwirksamkeit von vergaberechtswidrig geschlossenen Verträgen – anders als nach § 135 Abs. 2 GWB – *ipso iure* (dh automatisch und ohne vorherige Bewertung und Entscheidung durch einen gerichtlichen oder gerichtsähnlichen Spruchkörper) vorgesehen, sodass darunter zwangsläufig nur eindeutige und unstreitige Fälle einer De-facto-Vergabe fallen können.[520] Denn eine derart weitreichende grundrechtsrelevante staatliche Maßnahme setzt den gesicherten Nachweis der Vergaberechtswidrigkeit sowie das Fehlen jeglichen schützenswerten Bestandsinteresses voraus, was derzeit wohl nur im Bereich der Rabattverträge über Generika anzunehmen ist. Abgesehen von den hier in Rede stehenden Fallgruppen, ist dazu bereits aus rechtsstaatlichen Gesichtspunkten eine dezidierte Prüfung im Einzelfall erforderlich. Insbesondere hinsichtlich ausschreibungslos geschlossener Einzelmolekülverträge im innovativen, patentgeschützten oder biologisch/biotechnologischen Bereich – in dem eine Ausschreibungspflicht nicht bzw. nicht in einer vergleichbaren Eindeutigkeit[521] besteht – ist eine pauschale Subsumtion unter den Wortlaut der Vorschrift grundsätzlich nicht möglich.[522] Vielmehr ist insofern eine einzelfallabhängige Prüfung am Maßstab des § 14 Abs. 4 Nr. 2 lit. c VgV vorzunehmen.

E. Grundzüge des vergaberechtlichen Rechtsschutzes

261 Der vergaberechtliche Rechtsschutz ist durch europäisches Sekundärrecht geprägt. Maßgeblich sind in diesem Bereich die Rechtsmittelrichtlinien 89/665/EWG[523] und 92/13/EWG[524]. Sie wurden vom deutschen Gesetzgeber in den §§ 155 ff. GWB umgesetzt.

---

[518] *Csaki/Münnich* PharmR 2013, 159 (160).
[519] VK Bund Beschl. v. 6.7.2011 – VK 3–80/11.
[520] *Gabriel/Schulz* NZBau 2013, 273 (276); ähnlich auch *Steiff/Sdunzig* NZBau 2013, 203 (205 f.), die in zeitlicher Hinsicht differenzieren und insofern auf die „Oymanns"-Entscheidung des EuGH abstellen.
[521] Dazu bereits oben, Rn. 24 ff.
[522] *Gabriel/Schulz* NZBau 2013, 273 (277 ff.); aA unter Verweis auf den Wortlaut der Vorschrift: *Meyer-Hofmann/Weng/Kruse* PharmR 2014, 85.
[523] RL 89/665/EWG des Rates v. 21.12.1989, ABl. EG, L 395, 33 v. 30.12.1989.
[524] RL 92/13/EWG des Rates v. 25.2.1992, ABl. EG, L 76, 14, v. 23.3.1992.

I. Primärrechtsschutz

Der vergaberechtliche Rechtsschutz dient nur der Durchsetzung von Primäransprüchen, vgl. § 168 Abs. 1 GWB[525]. Der Rechtsschutz soll die Rechte der Unternehmen auf Durchführung eines rechtmäßigen Vergabeverfahrens sicherstellen und trägt damit ihrem Interesse am Erhalt des Auftrags Rechnung. Ein Vergabeverstoß soll noch während des laufenden Verfahrens revidiert werden.

262

Durch die Anwendung des EU/GWB-Vergaberechts auf selektive Versorgungsverträge der GKV haben potenzielle Auftragnehmer und Bieter die Möglichkeit, die Einhaltung der vergaberechtlichen Vorschriften und Grundsätze im Wege eines zwei Instanzen umfassenden Primärrechtsschutzverfahrens nach §§ 155 ff. GWB gerichtlich einzufordern[526]. Stellt ein Unternehmen einen Verstoß gegen vergaberechtliche Bestimmungen fest, hat es diesen zunächst unverzüglich beim Auftraggeber zu rügen, dh den Verstoß anzuzeigen und Abhilfe zu fordern. Kommt der Auftraggeber dem Abhilfeverlangen nicht nach, kann in erster Instanz ein Nachprüfungsantrag (§§ 155 ff. GWB) bei der zuständigen Vergabekammer gestellt werden. Gegen die Entscheidung der Vergabekammer kann in zweiter Instanz mit dem Rechtsmittel der sofortigen Beschwerde (§§ 171 ff. GWB) zum Vergabesenat des zuständigen Oberlandesgerichts (OLG) vorgegangen werden.

263

1. Nachprüfungsverfahren und sofortige Beschwerde

Das erstinstanzliche Nachprüfungsverfahren iSv § 155 GWB ist bei jeder Vergabe eines öffentlichen Auftrags statthaft. Grundsätzlich unterliegen sämtliche Entscheidungen der öffentlichen Hand der Nachprüfung durch die Vergabekammern, bei denen die Einhaltung von Vergabevorschriften erforderlich ist[527].

264

Zuständig für die Entscheidung über den Nachprüfungsantrag (die erste Instanz des Vergabenachprüfungsverfahrens) sind die Vergabekammern des Bundes und der Länder. Auf Bundesebene gibt es zwei beim Bundeskartellamt angesiedelte Vergabekammern. In den Bundesländern variiert die Anzahl der Vergabekammern. Bei den Vergabekammern handelt es sich nicht um Gerichte, sondern um Verwaltungsbehörden, die nicht durch Urteil oder gerichtlichen Beschl., sondern mittels Verwaltungsakt entscheiden. Die jeweilige örtliche Zuständigkeit bestimmt sich danach, ob der Auftraggeber dem Bund oder einem bestimmten Land zuzurechnen ist (§ 159 GWB). Gem. § 37 Abs. 3 VgV geben die Auftraggeber in der Bekanntmachung und den Vergabeunterlagen die Anschrift der Vergabekammer an, der die Nachprüfung obliegt.

265

Gem. § 160 Abs. 3 S. 1 Nr. 1–3 GWB besteht für Unternehmen, die sich aufgrund eines Vergaberechtsverstoßes in ihren Rechten verletzt sehen, die Obliegenheit, zunächst in Form einer unverzüglichen Rüge Abhilfe vom öffentlichen Auftraggeber zu fordern[528]. Die Einleitung eines Nachprüfungsverfahrens durch schriftlichen Antrag nach § 160 Abs. 1 GWB ist nur zulässig, soweit der öffentliche Auftraggeber der Rüge nicht abgeholfen hat. Gem. § 160 Abs. 3 S. 1 Nr. 4 GWB ist der Nachprüfungsantrag unzulässig, soweit mehr als 15 Kalendertage nach Eingang der Mitteilung des Auftraggebers, einer Rüge nicht abhelfen zu wollen, vergangen sind. Die Anwendung dieser Regelung setzt

266

---

[525] Dazu auch *Gabriel* in Stief/Bromm, Vertragshandbuch Pharma und Life Sciences, 2014, Kap. VII, 2. Anm. 1.
[526] Ausführlich kommentierte Muster für Rüge und Nachprüfungsantrag im Zusammenhang mit GKV-Selektivverträgen finden sich bei *Gabriel* in Stief/Bromm, Vertragshandbuch Pharma und Life Sciences, 2014, Kap. VII, 2 ff.
[527] BGH Beschl. v. 1.2.2005 – X ZB 27/04, NZBau 2005, 290.
[528] Dazu ausführlich *Gabriel* in Stief/Bromm, Vertragshandbuch Pharma und Life Sciences, 2014, Kap. VII, 2. Anm. 2.

voraus, dass den Bieter eine entsprechende Rügeobliegenheit trifft. Gem. § 160 Abs. 3 S. 1 GWB gilt das nicht bei einem Antrag auf Feststellung der Unwirksamkeit des Vertrags im Falle einer De-facto-Vergabe.

267 Zum Kreis der nach § 160 Abs. 2 GWB antragsbefugten Unternehmen gehören lediglich diejenigen Unternehmen, die ein unmittelbares Interesse an dem Auftrag haben. Hierunter fällt insbesondere jeder potenzielle Auftragnehmer, der im Verfahren fristgemäß einen Teilnahmeantrag oder ein Angebot eingereicht hat. Ein mittelbares Interesse, etwa von Nachunternehmern, Beratern oder Vorlieferanten, genügt nicht. Die Abgabe eines Angebots oder eines Teilnahmeantrags ist jedoch keine zwingende Voraussetzung für das Vorliegen einer Antragsbefugnis. Führte gerade das beanstandete Verhalten des Auftraggebers dazu, dass eine Angebots- bzw. Teilnahmeantragsabgabe seitens des antragstellenden Unternehmens unterblieben ist und wird das in der Antragsbegründung substantiiert dargelegt, so liegt regelmäßig auch ohne Angebot bzw. Teilnahmeantrag die Antragsbefugnis vor.

268 Der Antragsteller muss zudem einen bereits entstandenen oder drohenden Schaden durch die Verletzung seiner Rechte aus § 97 Abs. 6 GWB geltend machen. Um die Verletzung eigener Rechte durch einen Vergaberechtsverstoß geltend zu machen, genügt es grundsätzlich, wenn eine solche nach der Darstellung des antragstellenden Unternehmens als möglich erscheint[529].

269 Der Nachprüfungsantrag löst gem. § 169 Abs. 1 GWB einen Suspensiveffekt aus. Damit ist der öffentliche Auftraggeber grundsätzlich bis zum Abschluss der ersten Instanz sowie dem Ablauf der zweiwöchigen Beschwerdefrist daran gehindert, einen Zuschlag zu erteilen. Gerade dieser Umstand zeigt die besondere Wirksamkeit des vergaberechtlichen Nachprüfungsverfahrens. Dabei können sich insbesondere bei dem Abschluss von mehrjährigen Arzneimittelversorgungsverträgen der gesetzlichen Krankenkassen mit einer oftmals hohen Anzahl von Fach- und Gebietslosen sowie mehreren Rahmenvertragspartnern aus dem Suspensiveffekt bedeutende wirtschaftliche Konsequenzen ergeben.

270 Hält die Vergabekammer einen Nachprüfungsantrag für zulässig und begründet, stellt sie gem. § 168 Abs. 1 S. 1 GWB fest, dass der Antragsteller in seinen Rechten aus § 97 Abs. 6 GWB durch einen Vergaberechtsverstoß des Auftraggebers verletzt wurde. Zusätzlich trifft sie geeignete Maßnahmen, um diese Rechtsverletzung zu beseitigen und eine Schädigung der betroffenen Interessen zu verhindern. Dabei kann die Vergabekammer den Auftraggeber etwa dazu verpflichten, das gesamte Vergabeverfahren oder einzelne Durchführungsakte unter Beachtung der Rechtsauffassung des Gerichts zu wiederholen[530] oder sogar eine Aufhebung der Ausschreibung bzw. des gesamten Vergabeverfahrens anordnen[531].

271 Gegen die erstinstanzliche Entscheidung der Vergabekammer ist die Erhebung der sofortigen Beschwerde gem. § 171 Abs. 1 S. 1 GWB innerhalb einer Beschwerdefrist von zwei Wochen nach § 172 Abs. 1 GWB zum Vergabesenat des für den Sitz der Vergabekammer zuständigen Oberlandesgerichts zulässig[532]. Mit dem GKV-OrgWG[533] wurde die Zuständigkeit für die sofortige Beschwerde im Bereich des SGB V vorübergehend auf die Landessozialgerichte übertragen. Diese Zuweisung ist allerdings mit dem AMNOG wieder entfallen.

---

[529] Vgl. BGH Beschl. v. 10.11.2009 – X ZB 8/09, NZBau 2010, 124.
[530] Vgl. VK Thüringen Beschl. v. 1.8.2008 – 250–4003.20–1952/2008-015-GRZ.
[531] Vgl. OLG Frankfurt a. M. Beschl. v. 29.5.2007 – 11 Verg 12/06; *Fett* NZBau 2005, 141 (142).
[532] Dazu ausführlich *Gabriel* in *Stief/Bromm*, Vertragshandbuch Pharma und Life Sciences, 2014, Kap. VII, 2. Anm. 1.
[533] Gesetz zur Weiterentwicklung der Organisationsstrukturen in der GKV v. 15.12.2008.

Für das Verfahren vor dem Oberlandesgericht besteht Anwaltszwang. Beschwerdeberechtigt sind gem. § 174 GWB alle am Nachprüfungsverfahren vor der Vergabekammer Beteiligten. Ungeschriebene, aber anerkannte Voraussetzung ist außerdem die formelle oder materielle Beschwer, dh der Umstand, dass die Entscheidung der Vergabekammer für den Beteiligten nachteilig ist. 272

2. Kosten

Für das Verfahren vor der Vergabekammer werden gem. § 182 Abs. 1 GWB Gebühren und Auslagen zur Deckung des Verwaltungsaufwands erhoben. Gem. § 182 Abs. 3 GWB hat ein Beteiligter die Verfahrenskosten insoweit zu tragen, wie er im Verfahren unterliegt. 273

Außerdem hat ein unterlegener Beteiligter gem. § 182 Abs. 4 GWB die zur zweckentsprechenden Rechtsverfolgung oder Rechtsverteidigung notwendigen Aufwendungen des Antragsgegners zu tragen. Hierbei spielen regelmäßig die Rechtsanwaltsgebühren die bedeutsamste Rolle. Sie richten sich sowohl im Nachprüfungs- als auch im Beschwerdeverfahren nach dem Streitwert. Dieser beträgt gem. § 50 Abs. 2 GKG lediglich 5 % der Bruttoauftragssumme, weshalb ein vergaberechtliches Nachprüfungsverfahren insgesamt als äußerst kosteneffizient gilt. 274

Nachprüfungsverfahren, welche die Ausschreibung von Arzneimittelrabattverträgen nach § 130a Abs. 8 SGB V zum Gegenstand haben, können indes ein hohes Kostenrisiko für die Beteiligten bergen[534]. Das liegt zum einen an der potenziell hohen Anzahl an Beigeladenen aufgrund der regelmäßig überdurchschnittlich hohen Losanzahl bei wirkstoffbezogenen Generika-Rabattverträgen. Zum anderen ist das Kostenrisiko dadurch bedingt, dass der Antragsteller die notwendigen Aufwendungen der Beigeladenen gem. § 182 Abs. 4 S. 3 GWB auch dann zu erstatten hat, wenn der Nachprüfungsantrag zurückgenommen wird[535]. Nachdem vor diesem Hintergrund im Schrifttum, aufgrund der kostenbedingten abschreckenden Wirkung europarechtlich begründete Bedenken an der tatsächlichen Effektivität des Vergaberechtsschutzregimes, speziell in der hiesigen Konstellation, geäußert wurden[536], hat die Rechtsprechung diesen Bedenken dadurch Rechnung getragen, dass sie es seitdem zur Minimierung des Kostenrisikos für sachgemäß hält, dem Antragsteller des Nachprüfungsantrags entsprechend § 182 Abs. 4 S. 2 GWB lediglich dann die zur zweckentsprechenden Rechtsverteidigung notwendigen Auslagen der Beigeladenen aus Billigkeitsgründen aufzuerlegen, sofern sich dieser mit seinem Nachprüfungsantrag in einen Interessengegensatz zu den Beigeladenen gestellt hat[537]. In der Praxis wird ein solcher Interessengegensatz idR angenommen, wenn der Antragsteller mit seinem Nachprüfungsantrag den Ausschluss eines konkurrierenden Bieters bezweckt, der dann im Nachprüfungsverfahren beigeladen wird. 275

Um die Kosten eines Nachprüfungsverfahrens im Rahmen zu halten, kann die Beiladung auch auf ein Los beschränkt werden. Ein solcher Beigeladener kann diese Beschränkung in kostenrechtlicher Hinsicht nicht dadurch umgehen, dass er auch zu den übrigen Losen Stellung nimmt[538]. 276

---

[534] Eingehend dazu *Gabriel/Weiner* NZS 2010, 423 (426). Allgemein zur Gebührenberechnung im Nachprüfungsverfahren LSG Nordrhein-Westfalen Beschl. v. 27.5.2010 – L 21 KR 65/09 SFB. Die Gerichtskosten bestimmen sich auch in Vergabeverfahren im sozialrechtlichen Bereich nach § 3 Abs. 2 GKG, vgl. BVerfG Beschl. v. 20.4.2010 – 1 BvR 1670/09; dazu auch OLG Brandenburg Beschl. v. 16.5.2011 – Verg W 2/11.
[535] Hierzu *Gabriel* NJW 2009, 2016.
[536] *Gabriel/Weiner* NZS 2010, 423.
[537] VK Bund Beschl. v. 4.8.2011 – VK 3–44/11; VK Bund Beschl. v. 4.8.2011 – VK 3–38/11.
[538] OLG Düsseldorf Beschl. v. 2.5.2011 – VII-Verg 18/11.

II. Sekundärrechtsschutz

277 Neben dem spezifischen vergaberechtlichen Primärrechtsschutz besteht für betroffene Unternehmen die Möglichkeit, zivilrechtliche Schadensersatzansprüche im Rahmen des Sekundärrechtsschutzes geltend zu machen.

278 Als solche stehen Ansprüche nach § 181 GWB gegen den Auftraggeber auf Ersatz des Vertrauensschadens aufgrund schuldhafter Verletzung bieterschützender Rechte sowie gem. § 180 GWB gegen einen Beschwerdeführer aufgrund rechtsmissbräuchlichen Gebrauchs der vergaberechtlichen Primärrechtsbehelfe zur Verfügung. Beide Ansprüche weisen allerdings hohe Nachweisanforderungen hinsichtlich des Verschuldens auf. Deshalb ist die Geltendmachung von Regressansprüchen regelmäßig nicht erfolgversprechend. Gleiches gilt für allgemeine zivilrechtliche Schadensersatzansprüche.

279 Soweit ein Vergabeverfahren bereits durch ein Nachprüfungsverfahren oder eine sofortige Beschwerde auf seine Rechtmäßigkeit hin überprüft wurde, sind die für den Sekundärrechtsschutz zuständigen ordentlichen Gerichte gem. § 179 Abs. 1 GWB bei der Entscheidung über den Schadensersatzanspruch an die Feststellungen der Nachprüfungsinstanzen gebunden.

Sachregister

Fette Zahlen bezeichnen die Paragrafen, magere die Randnummern

„Accelerated Procedure" 3 209
Änderungen der Arzneimittelzulassung (nationales Zulassungsverfahren) 3 153 ff.
– Bezeichnungsänderung 3 158
– Neuzulassungserfordernis, Änderungen mit, § 29 Abs. 3 AMG 3 161
– „Tell and Do"-Änderungen 3 154 ff.
– zustimmungsbedürftige Änderungen 3 159 f.
Änderungen der Arzneimittelzulassung (Verfahren der Gegenseitigen Anerkennung und dezentrales Verfahren) 3 236 ff.
– geringfügige Änderungen des Typs IA 3 237
– geringfügige Änderungen des Typs IB 3 237
– größere Änderungen des Typs II 3 237
Änderungen der Arzneimittelzulassung (zentrales europäisches Zulassungsverfahren) 3 211 ff.
– geringfügige Änderung des Typs IA 3 213
– geringfügige Änderung des Typs IB 3 213
– größere Änderungen des Typs II 3 213
– Klassifizierung der Änderungen 3 213 f.
– Überwachungsinstrumente 3 215 ff.
– Überwachungsmaßnahmen 3 215 ff.
– Zulassungserweiterung 3 213
aktive implantierbare Medizinprodukte 1 8
AMG *s. Arzneimittelgesetz (AMG)*
AMVV *s. Arzneimittelverschreibungsverordnung (AMVV)*
Anwendungsbeobachtung 3 32 ff.
– Abgrenzung 3 32 ff.
– Anzeigepflicht 3 36
– Ausgestaltung, sonstige Vorgaben für die 3 37
– Begriff 3 32 ff.
– „Generelle Anforderungen" 3 37
– Nichtintervention, Prinzip der 3 35
Apothekenpflicht 4 22 ff.
– Ausnahmen 4 25 ff.
Apothekenrabatt (§ 130 SGB V) 11 56
Arzneimittel, Abgrenzung zu anderen Produktkategorien 2 19 ff.
– bestimmungsgemäße Hauptwirkung 2 28
– Biozid-Produkte 2 25 f.
– E-Zigarette 2 24
– kosmetische Mittel 2 22
– Lebensmittel 2 20 f.
– Medizinprodukte und Zubehör für Medizinprodukte 2 27 ff.
– menschliche Organe 2 30 f.
– Tabakerzeugnisse 2 23 f.
– Zweifelsfallregelung für Medizinprodukte 2 29

– Zweifelsfallregelung des § 2 Abs. 3a AMG 2 32
Arzneimittel, allgemeine Anforderungen 2 39 ff.
– Informationspflichten 2 47 ff.
– Kennzeichnungspflichten 2 47 ff.
– Täuschungsverbote 3 46 ff.
– Verkehrsverbote 2 40 ff.
Arzneimittel, Inverkehrbringen 4 1 ff.
– Abgabe 4 31 ff.
– Abgabeformen 4 31 ff.
– Abgabeformen, sonstige 4 37 ff.
– Apothekenpflicht 4 22 ff.
– Arzneimittelmuster, Abgabe 4 34 f.
– Arzneimittelschäden, Haftung für 4 54 ff.
– Auskunftsanspruch § 84a AMG 4 67 ff.
– Automaten 4 39
– Bereitstellung von Arzneimitteln 4 44 ff.
– diamorphinhaltige Fertigarzneimittel 4 36
– Direktbelieferung 4 31
– Einzelhandel 4 37
– Fachinformation § 11a AMG 4 16 ff.
– Großhandel 4 40 ff.
– Großhandelsbeauftragter 4 42
– Informationsbeauftragter 4 47 ff.
– Kennzeichnung 4 3 ff.
– Muster 4 34
– Musterabgabe 4 34 f.
– Packungsbeilage § 11 AMG 4 10 ff.
– Pflichtangaben, Inhalt und Umfang 4 5 ff.
– Pharmaberater 4 50 ff.
– Reisegewerbe 4 38
– Schwangerschaftsabbruch, Arzneimittel zur Vornahme 4 36
– Selbstbedienungsverbot 4 39
– Sondervertriebswege 4 36
– substitutionsgestützte Behandlung 4 36
– Umverpackung 4 3 ff.
– Verschreibungspflicht 4 28 ff.
– Vertriebswege, generelle 4 31 ff.
– Vorgaben des § 10 AMG, sonstige 4 9
– Zulässigkeit weiterer Angaben 4 7 f.
Arzneimittel, Prüfung, Herstellung und Zulassung 3 1 ff.
– Prüfung von Arzneimitteln am Menschen 3 1 ff.
Arzneimittel für neuartige Therapien *s. neuartige Therapien, Arzneimittel für*
Arzneimittel für seltene Leiden *s. seltene Leiden, Arzneimittel für*

Arzneimittel-TSE-Verordnung 2 45
Arzneimittelbegriff 2 9 ff.
– Abgrenzung zu anderen Produktkategorien 2 19 ff.
– Biozid- Produkte 2 25
– Diagnostika 2 15
– Funktionsarzneimittel 2 13 f.
– Geltungsarzneimittel 2 17 f.
– kosmetische Mittel 2 22
– krankhafte Beschwerden 2 12
– Krankheit 2 12
– Lebensmittel 2 20 f.
– Medizinprodukte 2 27 ff.
– Medizinprodukte, Zubehör für 2 27 ff.
– menschliche Organe 2 30 f.
– Präsentationsarzneimittel 2 12
– Stoffe 2 10
– Tabakerzeugnisse 2 23 f.
– Wirkung 2 16
– Zubereitungen aus Stoffen 2 11
– Zweckbestimmung, objektive 2 16
– Zweifelsfallregelungen des § 2 Abs. 3a AMG 2 32
Arzneimittelbehörden, nationale s. nationale Arzneimittelbehörden
Arzneimittelfarbstoff-Verordnung 2 45
Arzneimittelgesetz (AMG) 1 5 ff., 2 1 ff.
– Anwendungsbereich 2 35 ff.
– 4. AMG-Änderungsgesetz 3 93 f.
Arzneimittelgesetz (AMG), Anwendungsbereich 2 35 ff.
– Ausnahmen vom Anwendungsbereich 2 36
– Eröffnung des Anwendungsbereichs 2 35
– Sondervorschriften für neuartige Therapien 2 37 ff.
Arzneimittelmuster
– Abgabe 4 34 f.
Arzneimittelpreisverordnung 2 5; 7 17 f.
Arzneimittelrabattverträge nach § 130a Abs. 8 SGB V 13 7 ff.
– grundsätzliche Konzeption 13 9 f.
– Substitutionspflicht nach § 129 Abs. 1 S. 3 SGB V 13 11 f.
Arzneimittelrecht 1 3
– Europäisierung 1 10 ff.
– Globalisierung 1 24 f.
Arzneimittelrecht, Grundlagen 2 1 ff.
– Arzneimittelbegriff 2 9 ff.
– Forschungsprinzip 2 6
– Funktionen 2 2
– Rechtsgrundlagen 2 1 ff.
– Versorgungsprinzip 2 6
– Vorsorgeprinzip 2 6
– Zweck 2 6
Arzneimittelschäden, Haftung für 4 54 ff.
– Auskunftsanspruch § 84a AMG 4 67 ff.
– Deckungsvorsorge 4 74
– Gefährdungshaftung 4 55 ff.
– Gerichtszuständigkeit 4 72

– Haftender 4 60
– Haftung, weitergehende 4 73
– Haftungsgrund 4 58 f.
– Haftungsobjekt 4 57
– Haftungsumfang 4 65 f.
– Kausalitätsvermutung 4 61 ff.
– Personenschaden 4 56
Arzneimittelsortimentsverträge 14 253 ff.
Arzneimittelüberwachung 4 75 ff.
– Anzeigepflichten 4 107 ff.
– behördliche Überwachung 4 98 ff.
– Bundesministerium für Gesundheit 4 99
– Bundesoberbehörden 4 99
– datenbankgestütztes Informationssystem 4 112 f.
– Deutsches Institut für Medizinische Dokumentation und Information (DIMDI) 4 112 f.
– Duldungspflichten 4 106
– Durchführung der Überwachung 4 101 ff.
– Landesüberwachungsbehörden 4 99
– Maßnahmen der zuständigen Aufsichtsbehörde 4 114 ff.
– Mitwirkungspflichten 4 106
– Pharmakovigilanz 4 76 ff.
– Probenahme 4 105
– Überwachungsbehörden, zuständige 4 98 ff.
Arzneimittelverordnung, Rechtsbeziehungen in der 12 1 ff.
– Arzneimittelabgabe 12 2
– Arzneimittelverkauf 12 1
– Arzneimittelverordnung 12 1
Arzneimittelverschreibungsverordnung (AMVV) 4 29
Auskunftsanspruch § 84a AMG 4 67 ff.
– Anspruchsausschluss 4 70
– Anspruchsinhalt 4 69
– Anspruchsvoraussetzungen 4 68
– Auskunftsverpflichtete 4 71
– Deckungsvorsorge 4 74
– Gerichtszuständigkeit 4 72
– Haftung, weitergehende 4 73
Ausschreibung von Verträgen in der GKV 14 1 ff.
– allgemeine Grundsätze 14 15 ff.
– Angebotsauswahl 14 194 ff.
– Angebotswertung bei Arzneimittelversorgungsverträgen in der vergaberechtlichen Rechtsprechung 14 218 ff.
– Anwendbarkeit des Vergaberechts gemäß § 69 Abs. 2 S. 4 SGB V 14 22 ff.
– Anwendung des Vergaberechts auf Versorgungsverträge der GKV 14 1 ff.
– Anwendung des Verhandlungsverfahrens bei Rabattverträgen über patentgeschützte Originalpräparate (Solisten) 14 164 ff.
– Ausschlussgründe 14 209 ff.
– Ausschreibungsgestaltungen 14 108 ff.
– Auswahlkriterien 14 202 ff.
– Beschaffungsbedarf, Bestimmung 14 102 ff.

- Besonderheiten der Ausschreibung von GKV-Versorgungsverträgen über Arzneimittel und Medizinprodukte 14 93 ff.
- Bieter 14 179 ff.
- Bietergemeinschaft 14 179 ff.
- biologisch/biotechnologisch hergestellte Arzneimittel 14 130 ff.
- Eignung 14 203 ff.
- Eignungskriterien 14 203 ff.
- Eignungskriterien bei Arzneimittelversorgungsverträgen 14 204 ff.
- Eignungskriterien bei Hilfsmittelversorgungsverträgen 14 207 f.
- EU/GWB-Vergaberecht 14 9 ff.
- funktionale Ausrichtung 14 10 f.
- Gegenstand der Ausschreibung 14 102 ff.
- Geheimwettbewerb und parallele Beteiligung konzernverbundener Unternehmen 14 191 f.
- generische Präparate 14 111 ff.
- Gleichbehandlung, Grundsatz der 14 20 f.
- Grundlagen der Ausschreibung 14 96 ff.
- Impfstoffversorgungsverträge 14 135 ff.
- indikationsbezogene Ausschreibung 14 118 ff.
- Innovationspartnerschaft 14 162 f.
- „Kaskadensystem", Regelungssystematik 14 12 ff.
- Leistungsbeschreibung, eindeutige und erschöpfende 14 105 ff.
- Lose, Aufteilung in 14 176 ff.
- materielles Vergaberecht 14 29 ff.
- Merkmale der einzelnen Vergabearten 14 147 ff.
- Nachunternehmer 14 186 ff.
- nationales Haushaltsvergaberecht 14 6 ff.
- nicht offenes Verfahren 14 153 ff.
- Nichtdiskriminierung, Grundsatz der 14 20 f.
- öffentlicher Auftraggeber 14 97 ff.
- offenes Verfahren 14 148 ff.
- patentgeschützte Originalpräparate 14 117 ff.
- Prüfung der Angebote 14 195 ff.
- sozialrechtliche Besonderheiten, Berücksichtigung 14 26 ff.
- Systematik der vergaberechtlichen Vorschriften 14 3 ff.
- Transparenzgrundsatz 14 19
- Vergabeverfahrensart, anzuwendende 14 142 ff.
- Verhandlungsverfahren 14 156 ff.
- Wertung der Angebote 14 195 ff.
- wettbewerblicher Dialog 14 159 ff.
- Wettbewerbsgrundsatz 14 18
- wirkstoffbezogene Ausschreibung 14 126 ff.
- Wirtschaftlichkeitsprüfung bei Rabattvertragsausschreibungen über Generika 14 214 ff.
- Zuschlagskriterien 14 213 ff.
- Zytostatika 14 139 ff.

Aut-Idem-Substitution nach § 129 Abs. 1 S. 1 Nr. 1 SGB V 12 8 ff.
- Abgabe preisgünstiger Arzneimittel 12 9 ff.
- Ausschluss der Substitution, kein 12 10

- Darreichungsform, gleiche oder austauschbare 12 14
- Identität der Wirkstärke und Packungsgröße 12 12
- rechtlicher Hintergrund 12 9
- Systematik 12 8
- Voraussetzungen der Substitution 12 10 ff.
- vorrangige Abgabe rabattbegünstigter Arzneimittel 12 15 ff.
- Wahlrecht der Versicherten 12 20
- Wirkstoffgleichheit 12 11
- Zulassung für ein gleiches Anwendungsgebiet 12 13

Automaten 4 39
AWB s. *Anwendungsbeobachtung*

benannte Stellen, Medizinprodukte 5 85 ff.
besondere Versorgungsverträge nach § 140a SGB V 13 37 f.
Bewerbung von Arzneimitteln und Medizinprodukten 7 1 ff.
- Aktualität, hohe 7 27
- Arzneimittelpreisverordnung 7 17 f.
- Entstehungsgeschichte des HWG 7 1 ff.
- Gemeinschaftskodex für Humanmedizin 7 8 f.
- Gemeinschaftsrecht, Vorrang 7 11
- gesetzestechnische Einordnung des HWG 7 13 ff., 19
- Grundwertungen des Heilmittelwerbe- und des allgemeinen Wettbewerbsrechts 7 20 ff.
- Harmonisierungsstandard der im Heilmittelwerberecht einschlägigen Richtlinien 7 12
- Heilmittelwerbegesetz (HWG) 8 1 ff.
- heilmittelwerberechtliches Strengprinzip 7 25
- Kodizes 7 18
- Medikamentenfehlgebrauch, Vorbeugung 7 26
- nationales Recht, maßgebliches, neben dem HWG zu berücksichtigendes 7 13 ff.
- Richtlinien, einschlägige 7 10
- StGB 7 16a
- UWG 7 16
- Verfassungsrecht 7 13 ff.

BfArM 1 22; **3** 29
biologische/biotechnologische Arzneimittel 1 2; **3** 351
Biosimilar-Antrag 3 125
biotechnologisch bearbeitete Gewebeprodukte 3 353
Biozid-Produkte
- Abgrenzung zu Arzneimitteln 2 25 f.

Brexit 1 9, 26 ff.
- Europäische Arzneimittelagentur (EMA) 1 28
- Firmensitz 1 27
- Importgenehmigungen 1 27
- MHRA, Rolle im EU Netzwerk 1 27
- Vertriebsgenehmigungen 1 27

Budget-Vertrag 13 52 ff.
Bulkware 2 49

Capitation-Vertrag 13 52 ff.
„Clock-Stop" 3 188
Committee for Advanced Therapies (CAT) 3 356 f.
Common Technical Document (CTD) 3 24
Compassionate Use 3 11
„conditional marketing authorisation" 3 205
Contergan-Fall 1 6
Cost-Sharing-Vertrag 13 56 ff.
CROs (Contract Research Organisations) 3 27
CTD s. *Common Technical Document (CTD)*

Deckungsvorsorge 4 74
Design, eingetragenes 4 159 ff.
– Eintragungsverfahren 4 163
– rechtliche Grundlage 4 160
– Schutzvoraussetzungen 4 161 f.
– Wirkung 4 164 f.
Deutsches Arzneibuch 109
Deutsches Institut für Medizinische Dokumentation und Information (DIMDI) 4 112 f.
dezentrales Zulassungsverfahren 3 231 ff.
– Änderungen der Arzneimittelzulassung 3 236 ff.
– Concerned Member States (CMSs) 3 232
– Erlöschen der Zulassung 3 250 f.
– erste Beurteilungsstufe 3 234
– nationale Phase 3 235
– Rechtsschutz 3 252
– Referenzmitgliedstaat (RMS) 3 232
– Referral-Verfahren 3 240 ff.
– Rücknahme der Zulassung 3 240 ff.
– Ruhen der Zulassung 3 240 ff.
– Verlängerung der Zulassung 3 250 f.
– Widerruf der Zulassung 3 240 ff.
– Zulassungsantrag in den betroffenen Mitgliedsstaaten 3 232
– Zulassungsverfahren 3 233 ff.
– zweite Beurteilungsstufe 3 234
Diagnostika 2 15
diamorphinhaltige Fertigarzneimittel 4 36
DIMDI s. *Deutsches Institut für Medizinische Dokumentation und Information (DIMDI)*
Dopingmittel-Mengen-Verordnung (DmMV) 2 43
Dopingzwecke im Sport, Verbot 2 42 f.
Doppelblindstudie 3 13

eingetragenes Design s. *Design, eingetragenes*
EMA s. *Europäische Arzneimittelagentur (EMA)*
Entwicklung des Pharmarechts 1 5 ff.
ergänzendes Schutzzertifikat 4 145 ff.
– Erteilungskriterien 4 147
– Erteilungsverfahren 4 148
– rechtliche Grundlage 4 145 f.

– Supplementary Protection Certificate (SPC) 4 146
– Wirkung 4 150 ff.
EPAR 3 202
Erstattungsbeträge (§§ 130b I, III SGB V) 11 73 ff.
– Anforderungen an die Arzneiverordnung 11 122
– Beschluss des G-BA über die Nutzenbewertung 11 117
– frühe Nutzenbewertung nach § 35a SGB V 11 74 ff.
– Herstellerangaben zur Höhe des europäischen Referenzpreises 11 118
– Kosten-Nutzen-Bewertung nach § 35b SGB V nach Schiedsspruch 11 131 ff.
– Kriterien für die Bestimmung des Erstattungsbetrages für Arzneimittel mit Zusatznutzen 11 117 ff.
– Kriterien für die Bestimmung des Erstattungsbetrages für nicht festbetragsfähige Arzneimittel ohne Zusatznutzen 11 120
– Kündigung 11 123 f.
– Kündigung, außerordentliche 11 124
– Kündigung, ordentliche 11 123
– Praxisbesonderheit, Abrede zur Anerkennung als 11 122
– Rahmenvereinbarung 11 119
– Schiedsspruch, Festsetzung des Erstattungsanspruchs durch (§ 130b Abs. 4 S. 3 SGB V) 11 125 ff.
– Vereinbarung des Erstattungsbetrages als Abgabepreis für das Arzneimittel 11 121
– Vereinbarungen über Erstattungsbeträge nach § 130b Abs. 1 oder Abs. 3 SGB V 11 115 ff.
– Vereinbarungsinhalte 11 121 ff.
Erstattungsvereinbarungen nach § 130b SGB V und § 130c SGB V 13 13 f.
EU-Datenbank 3 66, 68
EudraCT-Nr. 3 29
EudraVigilance-Datenbank 4 78
EU-Portal 3 66 ff.
Europäische Arzneimittelagentur (EMA) 1 2, 18 ff., 25
– Arbeitsgruppen 1 19
– Aufgaben 1 20
– Brexit 1 28
– wissenschaftliche Ausschüsse 1 19
Europäischer Öffentlicher Beurteilungsbericht (EPAR) 3 202
Europäisches Arzneibuch 109
Europäisierung des Arzneimittelrechts 1 10 ff.
– Anwendungsvorrang des Gemeinschaftsrechts 1 12
– arzneimittelrechtliche Verwaltungsstrukturen, Veränderungen 1 17 ff.
– arzneimittelrechtliche Verwaltungsverfahren, Veränderungen 1 22 f.

Sachregister

- Bindungswirkung von Sekundärrechtsakten 1 13
- Europäische Arzneimittelagentur (EMA) 1 18 ff.
- Europäische Kommission 1 18 ff.
- gemeinschaftsrechtskonformer Vollzug nationaler Bestimmungen 1 16
- nationale Arzneimittelbehörden 1 21
- Parallelimport von Arzneimitteln 1 15
- Warenverkehrsfreiheit 1 15

European Public Assessment Report (EPAR) 3 202

E-Zigarette 2 24

Fachinformation § 11a AMG 4 16 ff.
FDA 1 25
Fixkombination 3 123
Forschungsprinzip 2 6
frühe Nutzenbewertung nach § 35a SGB V 11 74 ff.
- Anhörung 11 105
- Antrag des pharmazeutischen Unternehmens 11 83
- Anwendungsbereich 11 76 ff.
- Arzneimittel mit Zusatznutzen 11 108
- befristete Nutzenbewertungen 11 83
- Befristung 11 110
- Beschluss über die Nutzenbewertung 11 106
- Bewertungskriterien 11 104
- Bewertungsverfahren 11 101 ff.
- Entscheidung über die Durchführung der Nutzenbewertung 11 103
- erneute Nutzenbewertung auf Antrag des Pharmaunternehmens oder durch Beschluss des G-BA 11 112 f.
- festbetragsfähige Arzneimittel ohne Zusatznutzen 11 108
- Freistellung des Pharmaherstellers vom Verfahren der frühen Nutzenbewertung 11 84
- Fristen für die Dossiervorlage 11 99
- G-BA, Anspruch auf Beratung durch den 11 97 f.
- Grundlagen 11 74 f.
- Herstellerdossier als Grundlage der frühen Nutzenbewertung 11 85 ff.
- Kosten-Nutzen-Bewertung nach § 35b SGB im Anschluss an eine frühe Nutzenbewertung 11 114
- Nachweispflicht des Herstellers 11 97 f.
- neu zugelassene Arzneimittel mit neuen Wirkstoffen 11 77
- neu zugelassene Arzneimittel mit neuen Wirkstoffkombinationen 11 78
- neue wissenschaftliche Erkenntnisse 11 83
- nichtfestbetragsfähige Arzneimittel ohne Zusatznutzen 11 109
- Prüfung des Herstellerdossiers 11 102
- Rechtsfolgen bei unvollständiger oder nicht fristgerechter Vorlage 11 100

- Rechtsschutz 11 111
- Rechtswirkungen des Beschlusses 11 110
- Unterlagenschutz, Arzneimittel mit neuem 11 82
- Veröffentlichung 11 105
- Veröffentlichung des Beschlusses 11 110
- vorzulegende Angaben, Unterlagen und Studien 11 88 ff.
- Zulassung neuer Anwendungsgebiete 11 79 ff.
- Zusatznutzen, Anforderungen an den Nachweis 11 91 ff.
- Zusatznutzen gegenüber einer zweckmäßigen Vergleichstherapie, Nachweis eines 11 85 ff.

Funktionsarzneimittel 2 13 ff.
- immunologische Wirkung 2 14
- metabolische Wirkung 2 14
- pharmakologische Wirkung 2 14

GCP (Good Clinical Practice)-Verordnung 2 5
Gebrauchsmuster 4 152 ff.
- Eintragungsverfahren 4 155 f.
- Löschungsverfahren 4 156
- Neuheitsschonfrist 4 153
- rechtliche Grundlage 4 152
- Schutzdauer 4 157 f.
- Schutzvoraussetzungen 4 153 f.
- Verletzungsverfahren 4 156
- Wirkung 4 157 f.

Geltungsarzneimittel 2 17 ff.
- Kombinationsprodukte 2 17

„Genehmigung für die pädiatrische Verwendung" (PUMA) 3 329 ff.
- Begriff 3 330 f.
- Genehmigung der PUMA 3 332 f.
- spezifisches Anreizsystem für PUMA 3 334
- Übereinstimmung mit dem pädiatrischen Prüfkonzept 3 335 f.

Generikumsantrag 3 119 ff.
Gentherapeutika 3 353
Geschmacksmuster s. *Design, eingetragenes*
gewerbliche Schutzrechte 4 125 f.
Global Marketing Authorisation s. *Prinzip der globalen Marktzulassung*
globale Marktzulassung, Prinzip s. *Prinzip der globalen Marktzulassung*
Globalisierung des Arzneimittelrechts 1 24 f.
GMA s. *Prinzip der globalen Marktzulassung*
Großhandel mit Arzneimitteln 4 40 ff.
Großhandelsbeauftragter 4 42

Hauptprüfer 3 65
Heilmittelwerbegesetz (HWG) 8 1 ff.
- Abgegrenztheit 8 45 ff.
- Adressatenkreis des HWG 8 18 ff.
- Anwendungsgebiete 8 37
- ausländische Unternehmen, Werbung 8 21
- Begriff der Werbung 8 3 ff.
- Bezeichnung des Arzneimittels 8 35
- einbezogene Produktgruppen 8 1 f.

- Entstehungsgeschichte 7 1 ff.
- Erinnerungswerbung 8 49
- Fachkreise, Definition 8 11 ff.
- Firma des pharmazeutischen Unternehmens 8 34
- Form der Pflichtangaben 8 45 ff.
- Gegenanzeigen 8 38 ff.
- gute Lesbarkeit 8 45 ff.
- heilmittelrechtliche Informationspflichten 8 22 ff.
- homöopathische Arzneimittel, Werbung für 8 54
- irreführende Werbung, § 3 HWG 8 98 ff.
- Name des pharmazeutischen Unternehmens 8 34
- Nebenwirkungen 8 38 ff.
- Pflichtangaben 8 22 ff., 34 ff.
- Pflichtangaben in der Öffentlichkeitswerbung 8 44
- Pflichtangabenkatalog gemäß § 4 Abs. 1 bis 3 HWG 8 29 ff.
- Publikumswerbung, §§ 10, 11 und 12 HWG 8 80 ff.
- sachlicher Anwendungsbereich (§ 1 HWG) 8 1 ff.
- Sitz des pharmazeutischen Unternehmens 8 34
- Tierarzneimittel 8 43
- Verbot der Werbung für den Bezug von Arzneimitteln im Wege des Teleshopping und der Einzeleinfuhr 8 59 ff.
- Verbot der Werbung mit der Verordnungsfähigkeit eines Arzneimittels, § 4a Abs. 2 HWG 8 53
- Verbot von Werbegaben, § 7 HWG 8 62 ff.
- Verschreibungspflichtigkeit 8 42
- Warnhinweise 8 38 ff.
- Wartezeit bei Tierarzneimitteln 8 43
- Werbung für nicht zugelassene Arzneimittel, § 3a HWG 8 134 ff.
- Werbung in Packungsbeilagen, § 4a Abs. 1 HWG 8 50 ff.
- Werbung mit Gutachten und wissenschaftlichen Veröffentlichungen, § 6 HWG 8 55 ff.
- Zusammensetzung des Arzneimittels 8 36

Heilmittelwerberecht 1 3
Heilversuch 3 11
Herstellerrabatte (§ 130a SGB V) 11 57 ff.
- allgemeiner Herstellerrabatt (§ 130a Abs. 1) 11 58
- erhöhter Herstellerabschlag (§ 130a Abs. 1a SGB V) 11 59
- Generikaabschlag (§ 130a Abs. 3b SGB V) 11 61
- Impfstoffabschlag (§ 130a Abs. 2 SGB V) 11 62
- Preismoratorium (§ 130a Abs. 3a SGB V) 11 60

Herstellung von Arzneimitteln 3 96 ff.
- Herstellungserlaubnis 3 99 ff.
- Qualitätsanforderungen 3 108 f.

Herstellungserlaubnis 3 99 ff.
- Entscheidung über die Herstellungserlaubnis 3 104 ff.
- Erforderlichkeit 3 99 ff.
- Versagungsgründe 3 103

Hilfsmittelversorgungsverträge nach § 127 SGB V 13 31 ff.
- Ausschreibungsverträge nach § 127 Abs. 1 SGB V 14 71 ff.
- Beitrittsverträge nach § 127 Abs. 2, 2a SGB V 14 75 ff.

homöopathische Arzneimittel, Registrierung 3 256 ff.
- Änderungen der Registrierung 3 265 f.
- Antragsunterlagen 3 258
- Gültigkeit der Registrierung 3 265 f.
- Kennzeichnung homöopathischer Arzneimittel 3 261 ff.
- materielle Anforderungen 3 259 f.
- Packungsbeilage 3 264
- Registrierungspflicht homöopathischer Arzneimittel 3 257

Homöopathisches Arzneibuch 3 109
Hybrid-Zulassungsantrag 3 122

ICH s. *International Conference On Harmonisation of Technical Requirements for Registration of Pharmaceuticals für Human Use (ICH)*
IIT s. *Investigator Initiated Trials (IITs)*
immunologische Wirkung
- Funktionsarzneimittel 2 14

Impfstoffversorgungsverträge 13 15 ff.; **14** 135 ff.
In-vitro Diagnostika 1 8
indikationsbezogener Patentschutz, Rabattausschreibungen 14 247 ff.
individualvertragliche Steuerungsinstrumente 13 1 ff.
- Arzneimittelrabattverträge nach § 130a Abs. 8 SGB V 13 7 ff.
- besondere Versorgungsverträge nach § 140a SGB V 13 37 f.
- Budget-Vertrag 13 52 ff.
- Capitation-Vertrag 13 52 ff.
- Cost-Sharing-Vertrag 13 56 ff.
- Erstattungsvereinbarungen nach § 130b SGB V und § 130c SGB V 13 13 ff.
- gesetzlich vorgesehene Selektivvertragsarten im Einzelnen 13 6 ff.
- Hilfsmittelversorgungsverträge nach § 127 SGB V 13 31 ff.
- Impfstoffversorgungsverträge nach § 132e Abs. 2 SGB V 13 15 ff.
- inputbezogene Vertragsmodelle 13 44 ff.
- integrierte Versorgungsverträge nach §§ 140a ff. SGB V 13 37 f.

Sachregister

- outcomebezogene Vertragsmodelle 13 63 ff.
- prozessbezogene Vertragsmodelle 13 59 ff.
- Rabattvertrag, Grundtypus 13 46 ff.
- Staffelrabattvertrag 13 50 f.
- Vertragsmodelle 13 39 ff.
- Zytostatikaversorgungsverträge nach § 129 Abs. 5 S. 3 SGB V 13 20 ff.

Informationsbeauftragter 4 47 ff.
Informationspflichten s. Kennzeichnungs- und Informationspflichten
informed consent 3 27
„Informed-Consent-Antrag" 3 118
Innovationspartnerschaft 14 162 f.
integrierte Versorgungsverträge nach §§ 140a ff. SGB V 13 37 f.
- Vergaberecht 14 81 f.

International Conference On Harmonisation of Technical Requirements for Registration of Pharmaceuticals für Human Use (ICH) 1 25
Inverkehrbringen von Arzneimitteln s. Arzneimittel, Inverkehrbringen
Investigator Initiated Trials (IITs) 3 16
ionisierende Strahlen
- Herstellung von Arzneimitteln, Verkehrsverbote 2 44

Japan 1 25

Kennzeichnungs- und Informationspflichten 2 47 ff.
Kinderarzneimittel 3 313 ff.
- Anreize 3 337 ff., 345 ff.
- Art. 7-PIP 3 319
- Art. 8-PIP 3 320
- Ausnahmen 3 321 f.
- Bonusse 3 345 ff.
- freigestellte Arzneimittel 3 323 f.
- „Genehmigung für die pädiatrische Verwendung" (PUMA) 3 329 ff.
- Kennzeichnungsanforderungen 3 339
- Möglichkeit des zentralen Zulassungsverfahrens 3 337 f.
- Pädiatrieausschuss 3 316 f.
- pädriatisches Prüfkonzept, Änderung 3 327 f.
- pädiatrisches Prüfkonzept, Billigung 3 325 f.
- pädiatrisches Prüfkonzept, Zurückstellung 3 327 f.
- pädiatrische Verpflichtungen, weitere 3 337 f.
- rechtliche Grundlage 3 313 ff.
- spezifische Anforderungen im Anschluss an die Genehmigung 3 340 ff.
- Studien, Durchführung gemäß einem pädiatrischem Prüfkonzept 3 318 ff.
- Übereinstimmung mit dem pädiatrischen Prüfkonzept 3 335 f.
- Veröffentlichung der Studienergebnisse 3 343 f.

klinische Prüfung 3 11 ff.
- Anwendungsbeobachtung 3 32 ff.
- Behördengenehmigungen 3 27
- BfArM 3 29
- Bias 3 13
- Bundesoberbehörde, zuständige 3 28 f.
- Compassionate Use 3 11
- CROs (Contract Research Organisations) 3 27
- Detailplanung 3 27
- Doppelblindstudie 3 13
- Durchführung 3 27 ff., 30 ff.
- Ethik-Kommission 3 28 f.
- EudraCT-Nummer 3 29
- Europäische Arzneimittelagentur (EMA) 3 29
- Genehmigung 3 28 ff.
- Heilversuch 3 11
- informed consent 3 27
- Investigator Initiated Trials (IITs) 3 16
- Kontrollgruppen 3 13
- kontrollierte Studie 3 13
- Kriterien der klinischen Prüfung 3 11 ff.
- Leiter der Klinischen Prüfung (LKP) 3 17
- multizentrische Prüfungen 3 17
- nicht-interventionelle Prüfung 3 11, 32 ff.
- Off-Label-Use 3 11
- Patientenrekrutierung 3 27
- Paul-Ehrlich-Institut (PEI) 3 29
- Phasen klinischer Prüfungen 3 18 ff. s. a. klinische Prüfung, Phasen
- Placebo 3 13
- Planung 3 27 ff.
- primäre Endpunkte 3 13
- Probandenrekrutierung 3 27
- Prüfer 3 17
- Prüfpräparate 3 15
- Randomisierung 3 13
- sekundäre Endpunkte 3 13
- Sponsor 3 16
- Studienprogramm 3 27
- Study Reports 3 27
- verblindete Studie 3 13
- Verumgruppe 3 13
- Zielparameter der Studie 3 13

klinische Prüfung, Phasen 3 18 ff.
- Common Technical Document (CTD) 3 24
- Phase 0 3 19
- Phase I 3 20
- Phase II 3 21 f.
- Phase IIa 3 21
- Phase IIb 3 22
- Phase III 3 23 f.
- Phase-IV-Studien 3 25 f.
- Post Authorisation Efficacy Study (PAES) 3 25
- Post Authorisation Safety Study (PASS) 3 25
- Proof Of Concept (PoC) 3 21
- Therapiedosis 3 22
- Therapiekonzept 3 21
- Zulassungserteilung, klinische Prüfungen nach 3 25 f.

- Zulassungserteilung, klinische Prüfungen vor 3 18 ff.
klinische Studien 3 3
Know-how 4 127
kollektivvertragliche Steuerungselemente 12 1 ff.
- Arzneimittelverordnung, Rechtsbeziehungen in der 12 1 ff.
- Rahmenverträge über die Arzneimittelversorgung nach § 129 Abs. 2 und 5 SGB V 12 3 ff.
kombinierte Arzneimittel für neuartige Therapien 3 353
Kombinationsprodukte 2 17
Konformitätserklärung, Medizinprodukte 5 92 ff.
- Medizinprodukte der Klasse I 5 94 f.
- Medizinprodukte der Klasse IIa 5 96 f.
- Medizinprodukte der Klasse IIb 5 98
- Medizinprodukte der Klasse III 5 99 ff.
kosmetische Mittel
- Abgrenzung zu Arzneimitteln 2 22
Kosten-Nutzen-Bewertung nach § 35b SGB V nach Schiedsspruch 11 131 ff.
- Auftragserteilung durch den G-BA an das IQWiG 11 132
- Beschluss des G-BA über die Kosten-Nutzen-Bewertung als Grundlage für Vereinbarungen über Erstattungsbeträge nach § 130b SGB V 11 138
- Bewertungsgrundlagen 11 133 ff.
- Bewertungskriterien 11 133 ff.
- Bewertungsmethodik 11 133 ff.
- Grundlagen 11 131
- Rechtsschutz 11 139
Krankenkasse, gesetzliche 10 1 ff.
- Anspruchskonkretisierung durch untergesetzliche Normen 10 5 ff.
- Arzneimittelgesetz 10 10
- Dreiecksbeziehung 10 13
- Erstattung von Arzneimitteln und Medizinprodukten durch die GKV 11 1 ff.
- gesetzliche Grundlagen 10 4 ff.
- Grundprinzipien des Leistungsrechts im System der GKV 10 13 ff.
- Hilfsmittelverzeichnis 10 9
- Institut für Qualität und Wirtschaftlichkeit im Gesundheitswesen (IQWiG) 10 7
- Kodifikation der GKV im SGB V 10 4 ff.
- Kostenerstattungsprinzip 10 15
- Leistungsanspruch auf Versorgung mit apothekenpflichtigen Arzneimitteln 11 1 ff.
- Leistungserbringung in der GKV 10 13
- Medizinprodukte, Erstattung 11 26 ff.
- Medizinproduktegesetz 10 10
- Normsetzungsverträge 10 8
- Rechtskonkretisierungskonzept 10 4
- Richtlinien des Gemeinsamen Bundesausschusses (G-BA) 10 5
- Richtlinienkompetenz des G-BA 10 6

- Sachleistungsprinzip 10 14
- System 10 2
- Vierecksverhältnis 10 13
- Wirtschaftlichkeitsgebot 10 16
Krankenversicherung 10 1 ff.
- Erstattung 11 1 ff.
- leistungsrechtliche Grundprinzipien 10 13 ff.
- Preisfestsetzung 11 1 ff.
- private, Grundlagen 10 1 ff.
- SGB V, Grundlagen 10 1 ff.
- Sozialstaatsprinzip 10 1
- System 10 2 ff.
Krankenversicherung, private 10 1 ff.
- AGG 10 12
- Arzneimittel 11 48
- AVB 10 12
- Einschränkung der Leistungspflicht 11 50 f.
- Entstehen von Aufwendungen 11 43
- Erstattung von Arzneimitteln und Medizinprodukten durch die PKV 11 41 ff.
- Heilbehandlung, Durchführung einer 11 45
- Kostenerstattung als zentrales leistungsrechtliches Prinzip der PKV 10 17
- Krankenversicherungsaufsichtsverordnung (KVAV) 10 12
- Krankheit 11 44
- Leistungsausschlüsse, § 5 Abs. 1 MB/KK 11 50
- Leistungspflicht, Voraussetzungen 11 42 ff.
- medizinische Notwendigkeit 11 46
- Medizinprodukte 11 49
- Musterbedingungen (MB) 10 12
- Rechtsbeziehungen in der privatärztlichen Versorgung 10 11
- Rechtsgrundlagen 10 11 f.
- System 10 3
- Tarifbedingungen 10 12
- Tarife 10 12
- Umfang der Leistungspflicht 11 47 ff.
- „Unisex-Urteil" 10 12
- Verbot der Übermaßvergütung, § 192 Abs. 2 VVG 11 51
- Versicherungsaufsichtsgesetz (VAG) 10 12
- VVG 10 12
Krankenversicherungsaufsichtsverordnung (KVAV) 10 12

Lebensmittel
- Abgrenzung zu Arzneimitteln 2 20 f.
Leiter der Klinischen Prüfung (LKP) 3 17
Literaturzulassungsantrag 3 124
LKP s. *Leiter der Klinischen Prüfung (LKP)*

„**Mandatory Scope**" 3 178
Marken 4 166 ff.
- Erteilungskriterien 4 167
- Erteilungsverfahren 4 168 ff.
- Gemeinschaftsmarke 4 176 ff.
- Internationale Registrierung, Antrag auf 4 186 f.

– nationale Marke 4 168 ff.
– rechtliche Grundlagen 4 166
„marketing authorisation under exceptional circumstances" 3 206 ff.
MEDDEV 5 62 ff., 122
Medical Apps 5 44 f.
Medizinprodukt-Klassen 5 78 ff.
– Klassifizierung 5 79 ff.
– Module 5 84
Medizinprodukte 1 3, 8; 5 1 ff.
– Abgrenzung von anderen Produktklassen 5 14 ff.
– Abgrenzung zu Arzneimitteln 2 27 ff.
– aktive implantierbare 1 8
– Arzneimittel, Abgrenzung 5 17 ff.
– Arten 5 5 ff.
– benannte Stellen 5 85 ff.
– bestimmungsgemäße Hauptwirkung 2 28
– Biozide, Abgrenzung 5 40 f.
– Definition 5 4
– Dokumentation 5 123
– Einschalten einer Benannten Stelle 5 112 f.
– Entwicklung 5 1 ff., 109 ff.
– EU-Richtlinien 5 48 ff.
– EU-Verordnungen 5 47
– europäische Medizinprodukterichtlinien 5 52 ff.
– europäisches Recht 5 46 ff.
– Inverkehrbringen 6 1 ff.
– Klassifizierung 5 78 ff.
– klinische Bewertung 5 118 ff.
– klinische Prüfung 5 118 ff.
– klinische Studien 5 115 ff.
– Konformitätserklärung 5 92 ff.
– Kosmetika, Abgrenzung 5 31 ff.
– Lebensmittel, Abgrenzung 5 37 ff.
– Leitlinien 5 61 ff.
– MEDDEV 5 62 ff., 122
– Medical Apps 5 44 f.
– Medizinprodukt-Klassen 5 78 ff.
– Medizinproduktegesetz 5 65 ff.
– Nahrungsergänzungsmittel, Abgrenzung 5 38 f.
– nationales Recht 5 65 ff.
– Produktbeobachtung 5 114
– Risikoklassen 1 8; 5 78 ff.
– Überwachung 6 1 ff., 47 ff.
– Vermarktung 5 109 ff.
– Verordnungen 5 69 ff.
– Verordnung über klinische Prüfungen von Medizinprodukten (MPKPV) 5 121
– Zertifizierung 5 1 ff., 124 ff.
– Zubehör 2 27 ff.
– Zweifelsfallregelung 2 29
Medizinprodukte, Erstattung, GKV 11 26 ff.
– ärztliche Behandlung, Erstattung von Medizinprodukten im Rahmen der 11 39
– arzneimittelähnliche Medizinprodukte 11 38

– Einordnung von Medizinprodukten in die Leistungskategorien des SGB V 11 26
– Hilfsmittel, Erstattung als 11 27 ff.
– Hilfsmittelverzeichnis nach § 139 SGB V 11 34 ff.
– Sprechstundenbedarf, Erstattung von Medizinprodukten als 11 40
Medizinprodukte, Inverkehrbringen 6 1 ff.
– Anzeigepflichten 6 7 f.
– Bewerbung 6 38 ff.
– Dokumentationspflichten 6 15 ff.
– CE-Kennzeichnung 6 31 ff.
– europäische Rechtsvorschriften 6 1 ff.
– Hersteller 6 9 ff.
– Kennzeichnungspflichten 6 25 ff.
– Medizinprodukteberater 6 19 ff.
– Medizinproduktebetreiberverordnung (MPBetreibV) 6 17 f.
– nationale Rechtsvorschriften 6 1 ff.
– Sicherheitsbeauftragter für Medizinprodukte 6 23 f.
– Übergangsvorschriften nach MDR 6 35 ff.
– Verantwortlichkeiten 6 9 ff.
– Vertreiber 6 12 ff.
– Voraussetzungen 6 5 ff.
Medizinprodukte, Überwachung 6 47 ff.
– Befugnisse 6 52 ff.
– Rechtsschutz 6 60 ff.
– Rechtsweg 6 61 ff.
– Verwaltungsvorschrift zur Durchführung des Medizinproduktegesetzes (MPGVwV) 6 54 ff.
– zuständige Behörden, europäisch 6 51
– zuständige Behörden, national 6 49 f.
Medizinprodukte, Zertifizierung 5 1 ff., 124 ff.
– CE-Kennzeichnung 5 124
– Rechtsqualität des CE-Zeichens 5 127 ff.
– Zuständigkeiten 5 125 f.
Medizinproduktebetreiberverordnung (MPBetreibV) 6 17 f.
Medizinproduktegesetz (MPG) 5 10 ff., 65 ff.
– aktuelle Entwicklungen 5 12 f.
– Entstehungsgeschichte 5 10 ff.
– Regelungsanlass 5 10 f.
Medizinprodukterecht 5 1 ff.
– Gegenstand 5 1 ff.
menschliche Organe
– Abgrenzung zu Arzneimitteln 2 30 f.
– Gewebe, einzelne 2 31
– Organteile 2 31
metabolische Wirkung
– Funktionsarzneimittel 2 14
MHLW 1 25
MHRA
– Rolle im EU Netzwerk 1 27
minimalinterventionelle klinische Prüfung 3 52 f.
MPBetreibV s. Medizinproduktebetreiberverordnung (MPBetreibV)

MPGVwV s. *Verwaltungsvorschrift zur Durchführung des Medizinproduktegesetzes (MPGVwV)*
MPKPV s. *Verordnung über klinische Prüfungen von Medizinprodukten (MPKPV)*
multizentrische Prüfungen 3 17

Nachzulassung
– Antrag auf 3 130
nationale Arzneimittelbehörden 1 21
neuartige Therapien, Arzneimittel für 1 2; 3 351 ff.
– Anforderungen nach erfolgter Genehmigung 3 367
– Anreize 3 368
– Ausnahmen vom Anwendungsbereich 3 355
– Anwendungsbereich 3 352 ff.
– Begriff 3 353
– biologische Arzneimittel 3 351
– biotechnologisch bearbeitete Gewebeprodukte 3 353
– Committee for Advanced Therapies (CAT) 3 356 f.
– EMA 3 356 f.
– Genehmigung für das Inverkehrbringen 3 358 ff.
– Genehmigung für das Inverkehrbringen, Anforderungen für die 3 359 ff.
– Genehmigungsverfahren 3 364 f.
– Gentherapeutika 3 353
– Kennzeichnung, Anforderungen an die 3 366
– kombinierte Arzneimittel für neuartige Therapien 3 353
– nicht gleichwertige Verwertung 3 353
– non-homologous use 3 353
– somatische Zelltherapeutika 3 353
– Zweifelsfallregelungen 3 354
nicht-interventionelle Prüfung 3 11, 32 ff.
nichtinterventionelle Studie
– Verordnung (EU) Nr. 536/2014 3 54
NIS s. *nicht-interventionelle Prüfung*
non-interventional study s. *nicht-interventionelle Prüfung*

öffentliches Wirtschaftsrecht 1 4
Off-Label-Use 3 11
„Optional Scope" 3 179 ff.
Orphan Exklusivität 4 127, 212 ff.
– Abweichungen vom Orphan Marktexklusivrecht 4 216
– Rechtsschutz 4 217
– Schutzwirkung des Orphan Marktexklusivrechts 4 212 ff.

Packungsbeilage § 11 AMG 4 10 ff.
pädiatrische Exklusivität 4 127
pädiatrisches Exklusivrecht 4 218 ff.
– Anforderungen 4 219
– pädiatrische Belohnung 4 218 ff.

– pädiatrische Verlängerung 4 220 ff.
– PUMA, Unterlagenschutz für 4 229
– SPC-Verlängerung um 6 Monate für non-orphan Arzneimittel 4 220 ff.
– Verlängerung der Orphan Exklusivität um 2 Jahre 4 228
PAES s. *Post Authorisation Efficacy Study (PAES)*
Parallelimport 1 15
Parallelimportzulassung 3 126 ff.
PASS s. *Post Authorisation Safety Study (PASS)*
Patent 4 128 ff.
– Erteilungskriterien 4 130 f.
– Erteilungsverfahren 4 132 ff.
– europäische Patentanmeldung 4 137 f.
– nationale Patentanmeldung 4 132 ff.
– Patentanmeldung nach dem Zusammenarbeitsvertrag (PCT) 4 139
– rechtliche Grundlagen 4 128 f.
– Schutzdauer 4 140 ff.
– Wirkung 4 140 ff.
Paul-Ehrlich-Institut (PEI) 1 22; 3 29
„personalised medicines" 3 2
Pharmaberater 4 50 ff.
pharmakologische Wirkung
– Funktionsarzneimittel 2 14
Pharmakovigilanz 4 76 ff.
– Dokumentationspflichten 4 86 ff.
– EudraVigilance-Datenbank 4 78
– Meldepflichten 4 86 ff.
– Pharmakovigilanz-Pflichten des Zulassungsinhabers 4 84 ff.
– Pharmakovigilanz-System der zuständigen Behörden 4 78
– Stufenplan 4 79 ff.
– Stufenplanbeauftragter 4 81 ff.
– Unbedenklichkeitsberichte, regelmäßige aktualisierte 4 89
– Unbedenklichkeitsprüfungen, nichtinterventionelle 4 91 ff.
Pharmarecht
– Entwicklung 1 5 ff.
– Grundlagen 1 1 ff.
– Strukturen 1 1 ff.
Phase-IV-Studien 3 25 f.
Placebo 3 13
PoC s. *Proof Of Concept (PoC)*
Post Authorisation Efficacy Study (PAES) 3 25
Post Authorisation Safety Study (PASS) 3 25
prä-klinische Prüfungen 3 3
Preisbildung 11 52 ff. s. a. *Preisregulierung*
– Apothekenrabatt (§ 130 SGB V) 11 56
– Arzneimittelpreisbildung nach dem Arzneimittelgesetz (AMG) 11 52 f.
– Erstattungsbeträge (§§ 130b I, III SGB V) 11 73 ff.
– Festbeträge für Arzneimittel (§§ 31 Abs. 2, 35 SGB V) 11 65 ff.

- Festbeträge für Hilfsmittel (§ 36 SGB V) 11 72
- Festbetragsfestsetzung 11 70
- Festbetragsgruppenbildung 11 67 ff.
- Festsetzungsverfahren 11 66 ff.
- frühe Nutzenbewertung nach § 35a SGB V 11 74 ff.
- gesetzliche Preisabschläge 11 55 ff.
- Herstellerrabatte (§ 130a SGB V) 11 57 ff.
- Herstellerrabatte zugunsten der PKV nach dem AMRabG 11 64
- Kosten-Nutzen-Bewertung nach § 35b SGB V nach Schiedsspruch 11 131 ff.
- Kriterien für die Bestimmung des Erstattungsbetrages für Arzneimittel mit Zusatznutzen 11 117 ff.
- Rechtsschutz 11 71
- Vereinbarungen über Erstattungsbeträge nach § 130b Abs. 1 oder Abs. 3 SGB V 11 115 ff.
- Verhältnis der gesetzlichen Rabatte 11 63
- Zweck der Festbetragsfestsetzung 11 65

Preisregulierung 11 52 ff. *s. a. Preisbildung*
- Regulierung der Arzneimittelpreise nach dem SGB V 11 54

primäre Endpunkte 3 13
PRIME („PRIority MEdicines")-Programm 3 210
Prinzip der globalen Marktzulassung 2 33 f.
Proof Of Concept (PoC) 3 21
Prüfer 3 17
- Hauptprüfer 3 65
- Verordnung (EU) Nr. 536/2014 3 65

Prüfpräparat 3 15
Prüfung von Arzneimitteln am Menschen 3 1 ff.
- Abgrenzungen 3 11 ff.
- Arzneimittelprüfrichtlinien 3 5
- Begrifflichkeiten 3 11 ff.
- Good-Clinical-Practice-Verordnung (GCP-V) 3 5
- Guidelines on Good Clinical Practice 3 6
- klinische Prüfung 3 11 ff.
- klinische Studien 3 3
- „personalized medicines" 3 2
- prä-klinische Prüfungen 3 3
- rechtlicher Rahmen für die Durchführung klinischer Prüfungen 3 5 f.
- Richtlinie 2001/20/EG 3 6
- Richtlinie 2003/94/EG 3 6
- Richtlinie 2005/28/EG 3 6
- Verordnung (EU) Nr. 536/2014 3 7 ff.
- Wirkstoffsuche 3 2
- Zulassung, Antrag 3 4

PUMA s. *„Genehmigung für die pädiatrische Verwendung" (PUMA)*

Rabattausschreibungen trotz indikationsbezogenen Patentschutzes 14 247 ff.
Rabatte, Verhältnis der gesetzlichen 11 63
Rabattvertrag, Grundtypus 13 46 ff.

radioaktive Arzneimittel 2 44
Rahmenvereinbarungen im Versorgungssystem der GKV 14 235 ff.
- Abrufreihenfolge der Rahmenvertragspartner bei Mehr-Partner-Rabattverträgen 14 240 ff.
- Ein-Partner-Modell 14 236 ff.
- Kaskadenmodell 14 243
- Mehr-Partner-Rabattverträge 14 236 ff.

Rahmenverträge über die Arzneimittelversorgung nach § 129 Abs. 2 und 5 SGB V 12 3 ff.
- Apothekenabgabepreis, Angabe 12 23
- Arzneimittellieferverträge nach § 129 Abs. 5 SGB V 12 6
- Aut-Idem-Substitution nach § 129 Abs. 1 S. 1 Nr. 1 SGB V 12 8 ff.
- Bundesrahmenvertrag nach § 129 Abs. 2 SGB V 12 3 ff.
- Importarzneimittel, Abgabe preisgünstiger 12 21 ff.
- Inhalte 12 4
- Rechtsnatur 12 3
- Rechtswirkungen 12 3
- Sanktionen 12 4
- Vertragsfestsetzung durch die Schiedsstelle 12 5
- wirtschaftliche Arzneimittelversorgung 12 7
- wirtschaftliche Einzelmengen, Abgabe 12 22

Randomisierung 3 13
RDP *s. Regulatory Data Protection (RDP)*
Referral-Verfahren 3 240 ff.
- Ablauf 3 249
- Arten 3 243 ff.
- Artikel 13-Referral 3 247
- Artikel 20-Verfahren 3 245
- Artikel 29-Verfahren 3 246
- Artikel 29(4)-Referral 3 247
- Artikel 30-Referral 3 247
- Artikel 31-Verfahren 3 245
- Artikel 107i-Verfahren 3 244
- DCP-Arzneimittel 3 247
- Harmonisierung von nationalen Verfahren 3 247
- MRP-Arzneimittel 3 247
- pädiatrische Arzneimittel 3 246
- Type-II-Variation 3 247
- Veröffentlichung von Informationen über Referral-Verfahren 3 248

Registrierung von Arzneimitteln 3 256 ff.
- homöopathische Arzneimittel 3 256 ff.
- traditionelle pflanzliche Arzneimittel 3 267 ff.

regulatorisches Arzneimittelrecht 1 3
Regulatory Data Protection (RDP) 4 127
Richtlinie 2001/83/EG 2 2
Richtlinie 2002/98/EG 2 3
Richtlinie 2003/63/EG 2 3
Richtlinie 2003/94/EG 2 3
Richtlinie 2004/24/EG 2 3
Richtlinie 2004/27/EG 2 3
Richtlinie 2008/29/EG 2 3

Richtlinie 2009/53/EG 2 3
Richtlinie 2009/120/EG 2 3
Richtlinie 2011/62/EU 2 3
Richtlinie 2012/26/EU 2 3

Schiedsspruch, Festsetzung des Erstattungsanspruchs durch (§ 130b Abs. 4 S. 3 SGB V) 11 125 ff.
– Anforderungen an das Schiedsverfahren 11 127 f.
– Festsetzung durch Schiedsspruch 11 127 f.
– Kündigung des Schiedsspruchs und Rechtsfolgen 11 130
– Rechtsnatur des Schiedsverfahrens 11 125
– Rechtsschutz 11 129
– Schiedsstelle, Bildung und Zusammensetzung 11 126
– Verfahrensgrundsätze 11 125
– Zweck des Schiedsverfahrens 11 125
Schutz von Arzneimitteln 4 123 ff.
– Design, eingetragenes 4 159 ff.
– ergänzendes Schutzzertifikat 4 145 ff.
– Erschöpfung von Schutzrechten 4 188 f.
– Gebrauchsmuster 4 152 ff.
– gewerbliche Schutzrechte 4 125 f.
– Know-how 4 127
– Marken 4 166 ff.
– Orphan Exklusivität 4 127, 212 ff.
– pädiatrisches Exklusivitätsrecht 4 127, 218 ff.
– Parallelimport 4 188 f.
– Patent 4 128 ff.
– Regulatory Data Protection (RDP) 4 127
– sonstige Schutzrechte 4 127
– Unterlagenschutz 4 127, 190 ff.
– Urheberrecht 4 127
– wettbewerbsrechtlicher Leistungsschutz, ergänzender 4 127
Schutzzertifikat, ergänzendes s. *ergänzendes Schutzzertifikat*
Schwangerschaftsabbruch, Arzneimittel zur Vornahme 4 36
sekundäre Endpunkte 3 13
seltene Leiden, Arzneimittel für 3 292 ff.
– Ausnahmen vom Orphan Marktexklusivitätsrecht 3 311 f.
– Ausschuss für Arzneimittel für seltene Leiden 3 294 ff.
– Ausweisung als Arzneimittel für seltene Leiden 3 296 ff.
– Behandlung eines seltenen Leidens 3 297
– COMP 3 294 ff.
– erheblicher Nutzen 3 298
– Gemeinschaftsregister für Arzneimittel für seltene Leiden 3 303
– Kriterien für die Ausweisung als Arzneimittel für seltene Leiden 3 296 f.
– Marktexklusivitätsrecht 3 307 ff.
– Prüfungsverfahren der EU-Kommission 3 302
– rechtliche Grundlage 3 292 f.

– Schutzumfang des Orphan Marktexklusivitätsrechts 3 308 f.
– spezifische Zweckbestimmung 3 297
– Streichung aus dem Register für Arzneimittel für seltene Leiden, Verfahren 3 306
– Übertragung der Ausweisung als Arzneimittel für seltene Leiden 3 305
– Verfahren zur Ausweisung als Arzneimittel für seltene Leiden 3 299 ff.
– Verkürzung des Schutzzeitraums 3 310
– Zulassung, eigenständige, für Orphan Drugs 3 304
somatische Zelltherapeutika 3 353
– nicht gleichwertige Verwertung 3 353
– non-homologous use 3 353
Sozialgesetzbuch V 1 3
SPC s. *ergänzendes Schutzzertifikat*
Sponsor 3 16
– Verordnung (EU) Nr. 536/2014 3 59 ff.
Staffelrabattvertrag 13 50 f.
Study Reports 3 27
Stufenplan 4 79 ff.
Stufenplanbeauftragter 4 81 ff.
substitutionsgestützte Behandlung 4 36
Supplementary Protection Certificate (SPC) s. *ergänzendes Schutzzertifikat*

Tabakerzeugnisse
– Abgrenzung zu Arzneimitteln 2 23 f.
Täuschungsverbote 2 46
„**Tell and Do**"-**Änderungen** 3 154 ff.
Therapiehinweise 11 17, 22 f.
Tierarzneimittel 4 121 f.
– Sondervorschriften 4 122
traditionelle pflanzliche Arzneimittel, Registrierung 3 267 ff.
– Entscheidung über die Registrierung 3 272
– Gültigkeit der Registrierung 3 275 ff.
– Kennzeichnung der traditionellen pflanzlichen Arzneimittel 3 273 f.
– Packungsbeilage 3 274
– Registrierungsunterlagen 3 270 f.
– Rücknahme der Registrierung 3 278
– Ruhen der Registrierung 3 278
– Umverpackung 3 273
– Verfahrensvorschriften 3 275 ff.
– Widerruf der Registrierung 3 278
Type-II-Variation 3 247

Unbedenklichkeitsberichte 4 89
Unbedenklichkeitsprüfungen, nichtinterventionelle 4 91 ff.
– Anzeigepflicht 4 93
– Anzeigepflichten, weitere 4 96
– Begriff der Unbedenklichkeitsprüfung 4 92
– Tierarzneimittel 4 97
– Unzulässigkeit der Unbedenklichkeitsprüfung 4 95
– Zulassungsverfahren 4 94

"Unisex-Urteil" 10 12
Unterlagenschutz 4 127, 190 ff.
– Datenexklusivität 4 190
– Durchsetzung der Datenexklusivität 4 209 f.
– Durchsetzung des Marktschutzes 4 211
– globale Marktzulassung 4 202 f.
– Marktschutz 4 190
– neue Indikation anerkannter Substanzen, ein Jahr Datenexklusivität 4 204 ff.
– OTC-Switch, ein Jahr Datenexklusivität 4 207
– Rechtsschutz 4 208
– Referenzarzneimittel, bestehender Unterlagenschutz 4 191 ff.
– relativer Schutzzeitraum bei einem europäischen Referenzarzneimittel 4 201
– Unterlagenschutz nach altem Recht 4 199 f.
– Unterlagenschutz nach geltendem Recht („8+2+1 Formel") 4 193 ff.
– Verlängerung der Marktexklusivität bei Zulassung einer neuen Indikation 4 195 ff.
Urheberrecht 4 127
USA 1 25
UWG im Heilmittelwerberecht 9 1 ff.
– Bestechlichkeit im Gesundheitswesen, § 3a UWG nF iVm § 299a StGB 9 9
– Bestechung im Gesundheitswesen, § 3a UWG nF iVm § 299b StGB 9 9
– Herabsetzung, § 6 Abs. 2 Nr. 5 UWG 9 11
– Sanktionierung der Vorschriften des HWG über § 4 Nr. 11 UWG aF/§ 3a UWG nF 9 2 ff.
– unmittelbare Anwendung des UWG 9 6 ff.
– Unzulässigkeit der Abgabe von Arzneimittelmustern an Apotheker, § 3a UWG nF/§ 4 Nr. 11 UWG aF iVm § 47 Abs. 3 AMG 9 9
– Vergleich von Waren oder Dienstleistungen für den gleichen Bedarf oder dieselbe Zweckbestimmung, § 6 Abs. 2 Nr. 1 UWG 9 10
– Vergleich wesentlicher, nachprüfbarer, typischer und für die Kaufentscheidung relevanter Eigenschaften der Waren und Dienstleistungen, § 6 Abs. 2 Nr. 2 UWG 9 10
– Verjährung des Unterlassungs- und Schadensersatzanspruchs 9 11
– Verunglimpfung, § 6 Abs. 2 Nr. 5 UWG 9 11

Verfahren der Gegenseitigen Anerkennung 3 224 ff.
– Anerkennungsantrag in den betroffenen Mitgliedsstaaten 3 227
– Anerkennungsverfahren 3 228 f.
– Coordination Group for Mutual Recognition and Decentralised Procedures (CMDh) 3 228
– Erstellung der Zulassungsdokumentation 3 226
– Koordinierungsgruppe 3 228
– nationale Phase 3 230
Vergaberecht 1 4

Vergaberecht, materielles 14 29 ff.
– Ausnahmen 14 90 ff.
– Ausschreibungsverträge nach § 127 Abs. 1 SGB V 14 71 ff.
– Beitrittsverträge nach § 127 Abs. 2, 2a SGB V 14 75 ff.
– besondere Versorgungsverträge 14 78 ff.
– Erstattungspreisvereinbarungen nach § 130b SGB V 14 52 ff.
– Erstattungspreisvereinbarungen nach § 130c SGB V 14 56 ff.
– EU-Schwellenwerte 14 83 ff.
– Hilfsmittelversorgungsverträge 14 70 ff.
– Impfstoffversorgungsvereinbarungen 14 135 ff.
– integrierte Versorgungsverträge 14 78 ff.
– Lenkungs- und Steuerungswirkung des Arzneimittelabsatzes 14 39 ff.
– öffentlicher Auftrag 14 32 ff.
– personeller Anwendungsbereich 14 30 f.
– Rabattverträge betreffend patentgeschützte Originalpräparate 14 45
– Rabattverträge gemäß § 130a Abs. 8 SGB V 14 46 ff.
– Rabattverträge gemäß § 130a Abs. 8 SGB V betreffend biologisch/biotechnologisch hergestellte Arzneimittel 14 64 ff.
– Rabattverträge gemäß § 130a Abs. 8 SGB V betreffend Generika 14 36 ff.
– sachlicher Anwendungsbereich 14 32 ff.
– Verhältnis von Erstattungsvereinbarungen nach § 130c SGB V und Rabattverträgen nach § 130a Abs. 8 SGB V 14 60 ff.
– vertraglich zugesicherte Exklusivität 14 42 ff.
– Zytostatika 14 139 ff.
vergaberechtlicher Rechtsschutz, Grundzüge 14 259 ff.
– Kosten 14 271 ff.
– Nachprüfungsverfahren 14 262 ff.
– Primärrechtsschutz 14 260 ff.
– Sekundärrechtsschutz 14 275 ff.
– sofortige Beschwerde 14 262 ff.
Verkehrsverbote 2 40 ff.
– absolute Verkehrsverbote der §§ 5 und 6a AMG 2 40 ff.
– Arzneimittel-TSE-Verordnung 2 45
– Arzneimittelfarbstoff-Verordnung 2 45
– Dopingmittel-Mengen-Verordnung (DmMV) 2 43
– Dopingzwecke im Sport, Verbot 2 42 f.
– ionisierende Strahlen 2 44
– radioaktive Arzneimittel 2 44
– relative Verkehrsverbote der §§ 6 und 7 AMG 44 f.
– Schädlichkeitsverdacht 2 40
Verordnung (EG) Nr. 141/2001 2 4
Verordnung (EG) Nr. 469/2009 2 4
Verordnung (EU) Nr. 536/2014 2 4; 3 38 ff.
– Antragsprüfung 3 73 ff.
– Antragsvalidierung 3 73 ff.

- Bewertungsbericht 3 76 ff.
- Bewertungsbericht, Teil II 3 82 f.
- Dokumente, Zugang 3 69 ff.
- Einreichung des Antrags 3 72
- Einwilligung nach Aufklärung 3 92
- Entscheidung über die Durchführung der klinischen Prüfung 3 84 ff.
- Erstbewertung, Phase 3 79
- EU-Datenbank 3 66, 68
- EU-Portal 3 67 f.
- Hauptprüfer 3 65
- Hintergrund 3 38 ff.
- Implementierung in den Mitgliedsstaaten 3 42 ff.
- Informationen, Zugang 3 69 ff.
- klinische Prüfung 3 51
- klinische Studie 3 50
- Konsolidierung 3 79
- koordinierte Überprüfung, Phase 3 79
- künftige Rechtslage 3 38 ff.
- minimalinterventionelle klinische Prüfung 3 52 f.
- neue Terminologie 3 49 ff.
- Neueinreichung eines Genehmigungsantrags 3 87 f.
- nichtinterventionelle Studie 3 54
- Prüfer 3 65
- Schutz der Prüfungsteilnehmer 3 92
- Sicherheitsberichterstattung im Rahmen einer klinischen Prüfung 3 91
- Sponsor 3 59 ff.
- Verfahren zu Genehmigung einer klinischen Prüfung 3 72 ff.
- 4. AMG-Änderungsgesetz, ergänzende Regelungen 3 93 f.
- wesentliche Änderung einer klinischen Prüfung 3 90
- Ziele 3 38 ff.
- Zufügung eines weiteren betroffenen Mitgliedstaats 3 89
- Zugang zu Dokumenten und Informationen 3 69 ff.
- Zurückziehung eines Genehmigungsantrags 3 87 f.

Verordnung (EG) Nr. 726/2004 2 4
Verordnung (EG) Nr. 1394/2007 2 4
Verordnung (EG) Nr. 1901/2006 2 4
Verordnung über klinische Prüfungen von Medizinprodukten (MPKPV) 5 121
Verordnungsausschlüsse 11 18
Verordnungseinschränkungen 11 18
Verschreibungspflicht 4 28 ff.
- Anordnung 4 30
- Anwendung bei Tieren 4 29
- Aufhebung 4 30
- Arzneimittelverschreibungsverordnung (AMVV) 4 29
- automatische Verschreibungspflicht für neue Stoffe 4 29

Versicherungsaufsichtsgesetz (VAG) 10 12
Versorgung mit apothekenpflichtigen Arzneimitteln, Leistungsanspruch auf 11 1 ff.
- Anspruchsvoraussetzungen 11 2 ff.
- Apothekenpflichtigkeit 11 4
- Arzneimittel iSd SGB V 11 3
- arzneimittelrechtliche Zulassung 11 5 ff.
- Bagatell-Arzneimittel, Ausschluss 11 13
- Compassionate Use, Erstattung bei 11 6 ff.
- Richtlinien des G-BA nach § 92 Abs. 1 S. 2 Nr. 6 SGB V, Einschränkung oder Ausschluss der Verordnung von Arzneimitteln durch 11 17 ff.
- Erlaubnisvorbehalt für Arzneimitteltherapie 11 9
- gesetzliche Leistungsausschlüsse nach § 34 SGB V 11 10 ff.
- Krankheit im krankenversicherungsrechtlichen Sinne 11 7
- Lifestyle-Präparate, Ausschluss 11 15
- Nachweis der Unzweckmäßigkeit oder Unwirtschaftlichkeit durch den G-BA 11 19
- nicht verschreibungspflichtige Arzneimittel, Ausschluss 11 11 ff.
- Off-Label Use, Erstattung bei 11 6 ff.
- Rechtsschutz 11 25
- Therapiehinweise 11 17, 22 f.
- unwirtschaftliche Arzneimittel, Ausschluss 11 16
- Verfahren 11 24
- Verhältnismäßigkeitsprinzip 11 24
- Vorrang von Festbetrags- oder Erstattungsbetragsregelungen 11 21
- Zulassungsbehörde, kein Widerspruch zu den Beurteilungen der 11 20

Versorgungsprinzip 2 6
Verumgruppe 3 13
Verwaltungsverfahren, arzneimittelrechtliche
- Veränderungen 1 22
Verwaltungsvorschrift zur Durchführung des Medizinproduktegesetzes (MPGvwV) 6 54 ff.
4. AMG-Änderungsgesetz 3 93 f.

Vollantrag 3 115 ff.
Vorsorgeprinzip 2 6

Warenverkehrsfreiheit 1 15
„Well-established-use-Antrag" 3 124
wettbewerbliche Selektivverträge für Arzneimittel und Medizinprodukte, vor 13 1 ff.
wettbewerbsrechtlicher Leistungsschutz, ergänzender 1 127
Wirkstoffsuche 3 2

zivilrechtliche Fragestellungen 1 3
Zulassung von Arzneimitteln 3 110 ff.
- Antragsarten 3 114 ff.
- Biosimilar-Antrag 3 125

Sachregister

- Fixkombination 3 123
- Generikumsantrag 3 119 ff.
- Hybrid-Zulassungsantrag 3 122
- „Informed-Consent-Antrag" 3 118
- Literaturzulassungsantrag 3 124
- mehrfache Zulassungsanträge 3 253 ff.
- Nachzulassung, Antrag auf 3 130
- Parallelimportzulassung 3 126 ff.
- Vollantrag 3 115 ff.
- „Well-established-use-Antrag" 3 124
- widerstreitende Zulassungsanträge 3 253 ff.
- Zulassungsbehörden 3 113
- Zulassungsverfahren 3 111 f.

zulassungspflichtige Arzneimittel 3 131 ff.
- Grundsatz der Zulassungspflicht 3 131
- Ausnahmen von der Zulassungspflicht 3 132 ff.

Zulassungsverfahren, nationales 3 111, 136 ff.
- Änderungen der Arzneimittelzulassung 3 153 ff.
- Änderungen mit Neuzulassungserfordernis § 29 Abs. 3 AMG 3 161
- Antragsteller 3 137
- Anwendungsbereich 3 136
- Bezeichnungsänderung 3 158
- Entscheidung über den Zulassungsantrag 3 145 ff.
- Erlöschen der Zulassung 3 168 ff.
- Mängelbescheid 3 141
- Rechtsschutz 3 171 f.
- Rücknahme der Zulassung 3 162 ff.
- Ruhen der Zulassung 3 162 ff.
- Sonderregelungen 3 144
- „Tell and Do"-Änderungen 3 154 ff.
- Untätigkeitsklage 3 171
- Validierung 3 138
- Verfahrensablauf 3 137 ff.
- Verlängerung der Zulassung 3 168 ff.
- Versagungsgründe 3 138 ff.
- Versagungsgründe des § 25 Abs. 2 AMG 3 139
- Versagungsgründe des § 25 Abs. 3 AMG 3 140
- Vorprüfung 3 142 f.
- Widerruf der Zulassung 3 162 ff.
- zustimmungsbedürftige Änderungen 3 159

Zulassungsverfahren, zentrales europäisches 3 173 ff.
- „Accelerated Procedure" 3 209
- Änderung der Arzneimittelzulassung 3 211 ff.
- Anwendungsbereich 3 177 ff.
- Ausschuss für Humanarzneimittel (Committee for Human Medicinal Products – CHMP) 3 175, 190 ff.
- bedingte Zulassung 3 205
- beschleunigtes Beurteilungsverfahren 3 209
- besondere Zulassungsarten und -verfahren 3 205 ff.
- CHMP 3 175, 190 ff.
- CHMP, Einbeziehung 3 195 ff.
- CHMP-Empfehlung 3 190 ff.
- „Clock-Stop" 3 188
- Co-Rapporteur, Ernennung 3 183
- „conditional marketing authorisation" 3 205
- Entscheidung der Europäischen Kommission 3 199 ff.
- Entscheidungsentwurf der Europäischen Kommission 3 195 ff.
- Entstehungsgeschichte 3 173 ff.
- EPAR 3 202
- Erlöschen der Zulassung 3 221 f.
- Erstbeurteilung 3 186 f.
- Europäische Arzneimittel-Agentur („European Medicines Agency" – EMA) 3 175
- Europäischer Öffentlicher Beurteilungsbericht (EPAR) 3 202
- European Public Assessment Report (EPAR) 3 202
- Gutachten des CHMP 3 186 ff.
- Kommissionsentscheidung 3 190 ff., 199 ff.
- „Mandatory Scope" 3 178
- „marketing authorisation under exceptional circumstances" 3 206 ff.
- Notifizierung der EMA 3 183
- „Optional Scope" 3 179 ff.
- PRIME („PRIority MEdicines")-Programm 3 210
- Rapporteur, Ernennung 3 183
- Rechtsschutz 3 223
- Rücknahme der Zulassung 3 218 ff.
- Ruhen der Zulassung 3 218 ff.
- Submission 3 185
- Übersicht: Verfahrensablauf beim zentralen Zulassungsverfahren 3 204
- Validierung 3 185
- Validierungsphase 3 184 f.
- Verfahrensablauf 3 183 ff.
- Verlängerung der Zulassung 3 221 f.
- Versagungsgründe 3 183 ff.
- Widerruf der Zulassung 3 218 ff.
- wissenschaftliche Bewertung des CHMP 3 186 f.
- Zulassung unter außergewöhnlichen Umständen 3 206 ff.
- Zulassungsantrag, Einreichung 3 184 ff.
- Zweitbeurteilung 3 189

Zytostatikaversorgungsverträge 13 20 ff.
- Ausschreibung 14 139 ff.
- Vertragsabschlusskompetenz 13 22 ff.